上海博物馆·学人文丛

宋建考古文集

宋建 著

上海古籍出版社

宋　建　1953年8月生于上海，1974年至1977年南京大学历史系考古专业学生，1977年至1985年南京大学历史系考古专业教师，1978年至1979年赴北京大学历史系考古专业进修，1985年至1987年南京大学历史系考古专业研究生并兼职教师，1987年获历史学硕士学位，1987年至2015年间，历任上海博物馆考古研究部副主任、主任，先后获馆员、副研究馆员、研究馆员（三级岗位、二级岗位）职称。曾任中国社会科学院古代文明研究中心专家委员会委员、中华文明探源工程第三方评估咨询专家监理组成员、中国考古学会理事、中国环境考古学会理事、日本国立历史民俗博物馆客座教授等。主持发掘马桥遗址、志丹苑水闸遗址和广富林遗址等，主编的《马桥——1993～1997发掘报告》获"夏鼐考古学研究成果"三等奖，主持发掘的志丹苑水闸遗址被评为2006年"中国十大考古发现"之一，通过广富林遗址的发掘辨识并确认了广富林文化。

以学术创新为抓手，打造国际文博学术高地（代序）

◎ 褚晓波

为加快将上海建设为具有世界影响力的社会主义现代化国际大都市，以中华优秀传统文化创造性转化、创新性发展，更好地回应时代之变、人民之需，在建馆70周年之际，上海博物馆"大博物馆计划"应时而生。"大博物馆计划"之"大"，重在大思路、大理念、大格局，其中很重要的一个抓手就是要促进大科研，助推上海博物馆建设成为"中国特色 世界一流"的博物馆。

上海博物馆馆藏文物102万余件，其中珍贵文物14.4万件，文物收藏包括32个门类，藏品种类齐全、体系完整，被誉为"包罗中国古代艺术万象"的顶级艺术博物馆。依托馆藏文物资源，上海博物馆在文物学与艺术史、考古学、博物馆学等领域均确立了学术领先地位，举办过各类高规格学术研讨会，学术研究成果丰硕。

上海博物馆拥有一批在国内外享有盛誉的专家学者，包括国家级领军人才、国家文物鉴定委员会委员、文化名家暨"四个一批"人才、国务院特殊津贴专家、上海市领军人才、文化部优秀专家等。同时，上海博物馆注重青年人才培养，在近年获批的各类项目中，5项国家社会科学基金项目、2项国家自然科学基金项目均由青年科研人员主持。2020年，上海博物馆经批准设立了博士后科研工作站。

为从不同层面不断扩大上海博物馆在学术引领、文化传承、艺术普及等的积极作用，上海博物馆统筹馆内学术出版项目，主要分为"藏品研究大系""典藏丛刊""学人文丛""青年文库"四大板块。四者各有侧重，优势互补，以学术创新为切入点，推动博物馆事业的高质量发展。

"藏品研究大系"主要是结合馆藏文物，发挥馆内专家在研究上的优势，融馆藏文物与研究为一体。目前已经出版了《中国古代封泥》《中国古代纸钞》《明代官窑瓷器》《中国古代玉器》《中国古砚》《清代雍正—宣统官窑瓷器》《明清竹刻》等七种。

"典藏丛刊"为馆内进一步加快将文物资源分享给社会、分享给人民大众，坚持"保护第一、加强管理、挖掘价值、有效利用、让文物活起来"的工作方针，特别策划选编的一套图文并茂的学术著作，尤其关注那些以往没有或较少有机会进入展厅与公众见面的精品，让它们亮相于世。目前已出版《上海博物馆藏楹联》《上海博物馆藏碑帖珍本丛刊》《上海博物馆藏雕漆》三种。《上海博物馆藏碑帖珍本丛刊》第一、二辑一经出版面世,即获得了社会各界的广泛关注和一致好评,荣获中国出版政府奖印刷复制奖提名奖、上海图书奖一等奖、"金牛杯"优秀美术图书金奖、全国古籍百佳图书奖二等奖、第二十三届华东地区古籍优秀图书奖等一系列含金量极高的大奖。这是社会对上海博物馆学术成果的肯定。

"学人文丛"为馆内专家个人高质量科研论文的集结,优中选优,精中选精。目前已出版《孙慰祖玺印封泥与篆刻研究文选》《周亚吉金文集》两种,并在学术界和社会上产生了一定的影响,特别是2019年出版的《孙慰祖玺印封泥与篆刻研究文选》荣获2021年第七届中国书法兰亭奖金奖(理论研究方向)。后续还有《陆明华陶瓷文集》《陈克伦陶瓷与博物馆论集》《宋建考古文集》等将陆续出版。

"青年文库"为进一步加大对馆内青年科研人员的科研创新支持力度,加强人才队伍建设而特设的出版资助项目。以此为抓手,加快培养具有国际领先水平的学科带头人、具有创新能力和发展潜力的青年学术骨干。

"大博物馆计划"提出,到2025年,上海博物馆基本实现建成全国文物科技创新中心、世界文博科研前沿阵地、全球文博人才聚集高地的目标,为中国文博事业高质量发展、融入国际科技创新中心建设赋能增彩。

面对实现"大博物馆计划"的短期目标和长期愿景,上博人深感责任之重大、任务之艰巨。建馆七十多年来,上博人始终不畏艰难、勇立潮头。随着东馆、北馆的逐步建成和全面开放,上博人将迸发出新的学术思想,进一步做好"以物论史""以史增信"两篇大文章,发出上博的学术声音,传播上博的学术力量,扩大上博的学术影响力,增强国际学术话语权,扎扎实实以学术创新助力上海博物馆成为全球顶级的艺术殿堂、国际文博的学术高地、文旅融合的卓越典范、人民城市的重要标识、文明互鉴的形象大使。

2022年12月

天行健　勉于学

——宋建先生访谈录(代自序)*

2018年9月26日在上海博物馆考古研究部接受《南方文物》代表肖宇的采访,历时近5小时。是以《访谈录》代自序。

肖宇:宋先生,您好!感谢您接受《南方文物》的专访,首先向您介绍一下此次访谈的缘起。中国古代有一个很好的学术史传统,《史记·儒林列传》和《汉书·儒林传》确立了以学者类传记录学术史的范式。考古学自20世纪初期传入中国,是一门研究古代历史的年轻学科,几代学者筚路蓝缕、薪火相传,从物质文化史的角度开创了对古代中国的认识,在研究实践的基础上丰富了考古学的理论方法。现在,我们需要以某种方式记录这门学科的发展,多维度地构建中国考古学发展的历史、逻辑乃至心路,企望从中获取学术思辨,以学者访谈的第一视角为切入无疑是最佳路径之一。考古学依赖发掘资料的积累、研究经验的传递而不断修正、深化旧有认知,如何看待前辈学者的学术成果,是考古学发展与进步的关键问题之一。五〇后、六〇后学者有其特殊性,他们在前辈学者的引领下,伴随着中国考古学的"黄金时代"而成长,多已成为考古界的中流砥柱,更加直接地影响着当下中国考古学的整体面貌。您是中国考古界五〇后学者的代表之一,长期从事环太湖地区早期文明的研究,在诸多研究领域有独到建树。首先请谈谈您的学术成长经历?

宋建:我出生于上海,祖籍江西奉新,祖父是光绪进士、晚清翰林,民国时期曾出任南昌教育官员,20世纪20年代末迁居沪上。由于特殊历史原因,我在上海所接受的基础教育只延续到1966年,此后便"上山下乡"。70年代初,由于考古学关涉意识形态较少及"文物外交"的推波助澜,考古及考古教育重入正轨,"三大杂志"复刊,高校考古专业恢复招生,在此背景下南京大学于1972年创办考古专业,我也缘此踏上考古之路。1974年,我进入南京大学历史系考古专业学习,当时有个颇具时代感的身份——"工农兵学员",学制只有三年。若以1976年10月为"文革"结束的时间节点,我在南京大学的求学跨越了两个政治年代。南京大学考古专业的教学活动紧凑而有序,开设从旧石

---

* 常州博物馆肖宇采访。

1973年参观北京八达岭长城

1974年至1977年与樊昌生同学在南京大学求学

器时代考古至隋唐考古的分段考古课程，包括书画、陶瓷等门类的专题课程，并组织我们进行了三次考古实习，分别在江苏邳州大墩子遗址、湖北江陵纪南城遗址和陕西咸阳城遗址，但每次实习相对短暂。于我而言，这三年的学习，在基础知识方面是系统的，在考古发掘方面是丰沛的，所欠缺的主要是考古学方法论上的严格训练。1977年，我毕业后留校任教，南京大学考古专业缺乏商周考古专职教师，长期外聘徐州师范学院阎孝慈先生授课，所以我留校承担的教学与科研方向很明确，就是商周考古。

留校不久，学校派我去北京大学进修三个学期，从1978年2月至1979年7月。在此期间，我接受了严格的基础知识学习、田野考古训练。邹衡先生是我的指导老师，先生安排我的学习分为三部分，包括听课、考古发掘和资料整理，所听课程主要是新石器时代考古、商周考古及古文字学，参加了后冈遗址的考古发掘、大甸子遗址的资料整理工作。后冈遗址是龙山文化聚落，人类长期居住，文化堆积丰富，遗址的每个阶段均有活动面、房基、废弃堆积，非常适合考古地层学训练。我们在发掘过程中将地层划分得特别细致，类似于山东大学同美国学者在两城镇所做的合作发掘。但当时学术目的还不够清晰，在如何阐释地层划分上存在困惑，又将划得过细的地层合并了。大甸子遗址夏家店下层墓葬的整理工作，也是我在北京大学进修的重要环节，白天待在库房里看陶器，晚上画图直至深夜。

1979年下半年，我从北京大学回到南京大学，着手准备商周考古课程，备课基础是在北京大学进修的笔记与讲义。我最早的授课对象是南京大学78级本科生。1980年下半年，邹衡先生邀请我去山西曲村辅导北京大学77级本科生考古实习，这对我而言其实也是一种学习。当时，几十座墓葬的出土陶器存放在一个很大的活动板房里，邹衡先生坐在小板凳上排陶器，我负责搬陶器，将陶器排来、搬去，或是调前、调后，直到邹衡先生看顺眼了、陶器序列排得差不多了，第二天或第三天再把学生们叫入库房上课，这个过程对我的考古类型学实践颇有助益。

回到南京大学后,我在讲课的同时开始做些研究,写了两篇论文,一篇是《关于西周时期的用鼎问题》,另一篇是《"马桥文化"试析》。当时,我在报考研究生的问题上有些纠结,首先考虑报考的是北京大学邹衡先生,其次是上海高校的先秦史研究,这主要是考虑到上海无法培养考古学研究生和家庭因素,再次就是继续留在南京大学读研,但前两个选项很快就被学校方面否定了。1985年,我开始攻读蒋赞初

1980年发掘曲村遗址M81

先生的研究生,恰巧那年没有在职读研名额,所以我在名义上算是脱产读研,实际上商周考古的授课还得由我负责。那时,南京大学只有蒋赞初先生能带考古学研究生,但他的主要研究方向是魏晋南北朝考古,并不熟悉商周考古。蒋赞初先生考虑自己也曾发掘和研究过史前遗址,也为了照顾我的研究志愿,专门为我开设了新石器时代考古方向课程。读研期间我比较自由,既不用参加教研室活动,也无需参加研究生活动,两年就毕业了。1987年,我进入上海博物馆工作,一直从事考古发掘与研究。

这段读研经历对我学术生涯最大的意义在于,我的硕士学位论文选题基本上决定了我此后的学术研究领域,这是一个偶然,但也似乎带有某种必然。我学位论文选题是《太湖地区文明探源——从良渚文化到马桥文化》,这主要综合考虑了以下几个因素:第一是我的研究生专业方向,必须涉及新石器时代考古;第二是我的学术兴趣,需要兼顾商周考古;第三是我的工作地区,以环太湖地区或长江下游为宜。从1987年完成硕士学位论文至今,我的学术研究基本不外乎两条主线。一条主线是考古学文化谱系研究,从良渚文化到马桥文化,既有年代上的跨度,亦有文化上的差异。另一条主线是社会史,即社会发展进程研究,囊括经济生产、社会结构和观念形态,也就是历史唯物主义的经济基础和上层建筑。对文化谱系、文化关系和文化变异的思考,最终还要落实到社会层面的研究上,我用力最勤的是环太湖地区文明探源研究。

除了这两条主线,还有一条支线,就是环境考古与科技考古。这条支线同我少年时的志向有些许关系,1960年至1966年读小学期间,我数学成绩很好,但对作文发怵,或许是为了锻炼文字能力,我有写日记的习惯,少年时记得比较认真,后来就成了流水账,至今还保留着。"文革"打碎了我的升学梦,否则我学考古的可能性几乎没有。由于对数学的偏爱,加之受"数理化走遍天下"想法的影响,我很想学习理科。后来,大学阶段觉得学考古也不错,不是纯文科,可以学习绘图、摄影和测量等技术,因而还是很庆幸学了考古。在南京大学任教后,我与一位地理学教授多有交往,他从地理学的角度思考环境考古,受其影响,我对环境考古产生了兴趣。

以上就是我学术经历的前半生,后半生也是围绕它转,没有多少出此范围,只是将研究一步步深入下去。

肖宇：您对自己研究方向的选择、学术主线的把握都很精准，也很执着，较早为自己奠定了坚实的学术基础，令人钦敬。那么，您的两条学术主线是怎样产生的呢？是一种学术自觉吗？

宋建：我当时虽然没有明晰的文化史和社会史概念，但已经意识到，既要研究考古学的基本问题，但又不能囿于此，还需要思考社会历史的相关问题，并将这种理念运用到具体研究实践之中。这可能和我当时阅读的书籍有关，尤其是张光直先生的著作。1979年在安阳后冈发掘时，考古队有两位江苏人，苏州的杨锡璋先生和镇江的杨宝成先生。杨锡璋先生英文很好，他手头有两本张光直先生的英文专著，即《古代中国考古学》和《商文明》，于是我借来阅读。安阳工作站的夜晚非常静谧，我有时同杨宝成先生下象棋，有时阅读张光直先生的书，从中受到不少启发。

肖宇：您能否谈谈蒋赞初先生、邹衡先生和黄宣佩先生对您的成长帮助和学术影响？

宋建：蒋赞初先生既是我的导师，也曾是我的同事，他是一个颇有绅士风度的学者，对学生和同事都很谦和，和蔼近人，从未见他发过火、红过脸。我在南京大学读书时，蒋先生只身一人住在教师楼，受1976年唐山地震的影响，他搬到历史系一楼的办公室居住，我、吴建民和蒋先生还在这间办公室同住过一段时间。蒋先生当时面临吃饭难的问题，学校既没有专门的教师食堂，他也没有学生食堂的饭票，我和吴建民轮流给他打饭。蒋先生的学术素养比较"通"，从早段至晚段的考古课都能教，学校创建考古专业安排教学内容时，他让其他老师先选，剩下没人选的，由他负责授课。我读研究生时，蒋先生为我和另一位研究生讲课，讲得很认真。他的新石器时代考古研究基础，主要是"文革"前参与的发掘与研究，他担心自己脱离新石器时代考古太久，又帮我找了三位辅导老师。蒋先生是第三期"考古工作人员训练班"的指导教师，便从自己的学生中挑了三位长期从事史前考古的学者来辅导我学习，包括上海的黄宣佩先生、湖北的王劲先生和浙江的牟永抗先生。黄宣佩先生当时已是上海博物馆副馆长，工作繁忙，主要以面谈的形式来指导我，王劲先生写了一本厚厚的讲稿，牟永抗先生则是在杭州为我亲自讲课。

邹衡先生是我在北京大学进修期间的指导老师，为我悉心安排进修计划，实际上同自己带研究生无异。邹先生极其勤奋，做学问常常到下半夜，甚至通宵达旦，他当时在撰写《商周考古》讲义和《夏

2003年陪同邹衡先生参观苏州太平天国忠王府

商周考古学论文集》。那段时间，我大致一两个星期去邹先生家里一次，聊起来几乎忘记时间，往往要到下半夜。一方面，我将阅读邹先生文章或相关书籍过程中遇到的问题提出来，由他进行答疑；另一方面，邹先生也会主动聊及自己的情况，比如他在"文革"中的境遇。《关于西周时期的用鼎问题》成稿之后，我把论文初稿寄给邹先生，他用铅笔在文稿上写满了蝇头大小的修改意见，我据其建议把论文修改好又寄回去，他再次为我修改。我在文尾致谢邹先生的指导，他特地把致谢删去。让邹先生失望的是，我最终未能读他的研究生，邹先生和张光直先生有联合培养博士的计划，他希望我能来读博士，但由于种种原因未能如愿，后来蒋祖棣去读了。我每次去北京出差，只要有机会都会去拜访邹先生，他还曾留我在家中住过两个晚上。

黄宣佩先生也是我的指导老师之一，虽然没给我正式授课，但读研那两年我每次到上海博物馆，都会向他请教问题。犹记得1986年冬，黄先生带队在福泉山发掘，我去工地参观，黄先生进行了详细介绍与指导，并一起在考古队搭伙的"重固公社食堂"吃午饭。我至今仍对那次现场"听课"印象很深，这对我当时正在撰写的硕士学位论文有很大帮助，次年蒋赞初先生又邀请黄先生担任我的论文评阅人。

肖宇： 您参加过1977年在南京召开的"长江下游新石器时代文化研讨会"和1978年在庐山召开的"江南地区印纹陶问题学术讨论会"，这两次会议开风气之先，对于南方考古学研究的推动、中国考古学的复苏具有重要意义。请您回忆一下这两次考古会议及其对您的影响？

宋建： "长江下游新石器时代文化研讨会"和"江南地区印纹陶问题学术讨论会"是"文革"后召开的两次重要会议，"文革"使考古学的学术活动一度中断，但考古发掘、学者的个人研究并未中断，积累了不少新材料、新观点，因而这两个会议应运而生，一个讨论长江下游新石器时代考古，另一个讨论南方青铜时代考古。

我对"长江下游新石器时代文化研讨会"印象最为深刻的是，大家对青莲岗文化的分歧与讨论。在南京大学读书时，老师教的就是青莲岗文化。会上，青莲岗文化受到山东、浙江、上海等地学者的多方面质疑，但是江苏想保留青莲岗文化的命名，同时也已认识到"大一统"的青莲岗文化存在值得商榷之处，于是在青莲岗文化的框架下区分出江南类型、江北类型。

"江南地区印纹陶问题学术讨论会"召开前夕，我尚在北京大学进修，蒋赞初先生、邹衡先生都向我提及可以参会，我跟随邹衡、严文明、李仰松、李伯谦等北大老师沿途考察了不少重要遗址，包括山东、福建、广东和湖北等省份，这是一个非常难得的学习机会。此外，通过这次会议，我还结识了很多南方考古界的中青年学者。对我而言，"江南地区印纹陶问题学术讨论会"有两个重要的学术收获。其一是摈弃"印纹硬陶文化"的提法，李伯谦先生的《我国南方几何形印纹陶遗存的分区、分期及其有关问题》、张之恒先生的《略论长江下游地区的几何印纹陶问题》都对印纹陶遗存进行了分区，两篇文章尽管结论有异，但方法论相同。其二是关于马桥文化，黄宣佩先生汇报了上海印纹陶遗

1978年与邹衡先生等人参观福
州涌泉寺
（后排左起：严文明、李仰松、李
伯谦、邹衡、庄锦清；前排左起：
宋建、于海广、林公务）

存的分期，并首次在会上介绍了马桥遗址的发掘收获，蒋赞初先生通过这次会议首次提
出"马桥文化"的命名。邹衡先生虽未带文章参会，但做了一个非常长的发言，邹先生
的会议发言很有特点，往往是时间长、材料丰、立意高。

　　肖宇：从80年代撰写《"马桥文化"试析》、硕士论文选题，到主持马桥遗址的发掘，
再到广富林遗址的发掘。您学术实践的主体脉络似乎是围绕马桥文化而铺展延伸的。
是什么机缘使您开始关注马桥文化？并请您谈谈马桥文化的探索历程。

　　宋建：马桥文化在当时是一个较为新颖的学术课题。大致有三个因素促使我研
究马桥文化。首先是刚刚提及的1978年"江南地区印纹陶问题学术讨论会"，那是我
第一次接触马桥文化。1981年初回南京大学不久，得知要召开江苏省考古学年会，我
筹划写一篇与南方考古密切相关的会议论文，马桥文化恰是合适的选题。其次，马桥
文化的学术背景与基本看法相对清晰，马桥遗址发掘报告发表不久，资料公布全面，蒋
赞初先生所撰《关于长江下游地区几何印纹陶问题》已初涉马桥文化分析，我也向他
请教过相关问题。第三是上海博物馆的大力支持与帮助，1981年暑假我虽已决定研
究马桥文化，但尚未轻易付诸笔墨，上海博物馆考古研究部的同志十分热忱，不光允许
我在库房一件件查看马桥遗址出土陶器，还可让我一件件绘图。在此背景下，我完成
了《"马桥文化"试析》一文，这是我撰写的第一篇马桥文化研究论文。蒋赞初先生比
较谨慎，他在文章中用的是加引号的"马桥文化"，我胆子较大，在《"马桥文化"试析》
正文中把引号去掉了。现在，有些人认为马桥文化是我命名的，实际上，发掘者黄宣佩

等先生已有相当深刻的认识，只是出于谨慎，未立即提出命名问题，蒋赞初先生首先命名，这是我需要澄清的。

马桥文化研究也是我硕士学位论文的重要内容之一，随着研究的深入，我对马桥文化越发有兴趣，总想围绕马桥遗址再做些工作。这个机会在90年代初终于到来，1987年我入职上海博物馆，1993年提出要发掘马桥遗址，1993年至1995年进行了大规模考古。

通过这次调查与发掘，对马桥遗址的分布范围、分布规律有了全新的认识，60年代发掘时认为马桥遗址面积约为五千平方米，我们发现马桥遗址的实际分布面积超过十万平方米。从聚落选址与环境之间相互协调的角度，马桥遗址是个颇具典型性的个案。马桥遗址呈南北长、东西宽的宽带状，整个遗址坐落在一道贝壳沙堤上，遗址和沙堤的走向基本一致。

开展发掘工作首先面临的一个问题是，这么大范围的遗址应该怎样合理发掘？既要揭示遗址总体面貌，但受制于各种条件，发掘面积又不可能太大。马桥遗址横跨在沙堤上，从沙堤顶端延伸到沙堤两坡，沙堤顶端由于地势较高，侵蚀严重，遗迹破坏殆尽。因此，我规划了一个发掘方案，把发掘重点放在沙堤两坡，分为东、西两个发掘区，再以长探沟连接两个发掘区。

马桥遗址发掘过程中，我们辨识出一种新的遗迹现象——陶片堆，即成片分布的陶片、残陶器、石器和动物骨骼，陶片的复原率相对较高，陶片堆分布在平地或洼地上，周围边界不甚清晰，有的陶片堆附近还有柱洞。陶片堆的概念类似于灰坑，其功能与性质需要具体分析，有些陶片堆可能与房屋建筑相关，是因风暴潮损毁坍塌的建筑废墟。

1991年参观纽约大都会博物馆

马桥遗址发掘工作完成后，我将大量精力投入马桥文化的分期研究之中。60年代、90年代马桥遗址发掘的一个重要区别，就在于地层的划分。60年代发掘时，马桥文化存在于遗址的第四层，故有学者习称其为"马桥四层文化"。我在发掘中把马桥文化划在遗址的第三层，并将第三层划分成4到6个小层。地层划分构成了马桥文化分期的基础，结合遗迹打破关系，再进行类型学分析，最后形成了两期四段的分期结果。马桥文化陶器在制陶工艺上可分为两类，一类是轮制，另一类是手制加轮修，前者器形演变易于掌握，后者则难寻规律。

马桥遗址的发掘与研究，是我90年代最主要的工作内容。以马桥遗址发掘材料为基础，我从不同视角、不同层面、不同学科对马桥文化进行研究，从考古学文化的分期、分布、类型、来源、去向，到印纹陶、原始瓷、原始文字，再到环境、生业等等。甚至可以说，我所能想到的问题，几乎都会去研究一番。21世纪初，马桥遗址发掘报告完成后，我对马桥文化的研究也暂告一段落。

肖宇：近年来，环太湖地区新石器时代末期文化谱系研究取得了重要突破，在良渚文化与马桥文化之间先后辨识出"广富林文化""钱山漾文化"。您是如何辨识出广富林文化的？对钱山漾文化又有何认识？

宋建：现在所谓的"广富林文化""钱山漾文化"，器物早就摆在我们面前，只是我们"熟视无睹"。尤其是钱山漾文化，有独立的文化层，50年代即已发现。当时主要受两方面误导：一方面是碳十四测年偏早，长期将其视为良渚文化早期遗存；另一方面是夏鼐先生在提出良渚文化命名时，主要依据的材料就是良渚遗址和钱山漾遗址。钱山漾遗址出土的鱼鳍形鼎足和良渚文化常见的所谓"鱼鳍形"鼎足，二者存在显著的形态差异，我之前就将其区分开，分别称作鱼鳍足、翅形足，但也未意识到它们是两种考古学文化。60年代初发表的广富林遗址发掘简报中，就包含广富林文化的鼎，但也是将其放在良渚文化框架中认识的。

马桥遗址发掘完成后，我开始思考下一步的发掘与研究方向。当时，我也曾考虑福泉山遗址是否应该再做些工作，之前发掘重点在墓地，未从聚落角度进行深入思考。另外一个思路是寻找其他遗址、开辟新方向，毕竟福泉山遗址已取得过重大发现。那么，为什么会选择广富林遗址呢？主要有两个原因：其一，广富林遗址已发现良渚文化遗存和印纹陶，但对其文化内涵、延续过程和分布范围均了解不够；其二，是想证实我的一个学术观点，广富林遗址位于我所认为的潟湖沉积区域，地势低洼，成陆较晚，不会出现早于崧泽文化晚期的遗存，即使存在马桥文化遗存，也不会太丰富。

1999年，上海博物馆和复旦大学联合发掘广富林遗址。2000年初的一天，我在发掘现场发现一些出土器物和良渚文化不大一样，有些鱼鳍形鼎足，灰陶较多，绳纹也较多。然后，我回到库房翻检陶片，发现有白陶鬶、筒形杯，这两件陶器我认识，属于北方龙山文化，具体而言是豫东、鲁西南的王油坊类型。在此认识基础上，我又把所有陶器、陶片重新检索一遍，确实存在一批遗物与王油坊类型关系密切，我旋即意识到这是一个重大发现。不久，我去日本国立历史民俗博物馆担任客座教授，考虑到发现的重要性，我在日本撰写了《广富林遗存的发现与思考》一文，出于学术谨慎，暂未称"广富林文化"，征求高蒙河、陈杰意见后，我以"广富林考古队"的名义将文章投给《中国文物报》，于是迅速为学界知晓。

2001年，我在"全国考古工作汇报会"上介绍了广富林遗址的考古收获，受到与会学者的高度关注。从2000年发现到2006年"广富林文化"命名，其间多个遗址的广富林遗存被辨识或发现，譬如宜兴骆驼墩、昆山绰墩、湖州钱山漾等。之所以迟至2006年才提出"广富林文化"命名，我考虑的是考古学文化需要有较稳定的分布范围，广富林遗存能否作为环太湖地区新石器时代末期文化谱系的一环，会不会仅是北方人群的短暂流动现象，还需要更多的考古发现和学术辨识作为命名基础。

刚才我提到广富林遗址2000年发现不少鱼鳍形鼎足，后来2003年又发现含有鱼鳍形鼎足、细颈鬶的灰坑叠压于良渚文化最晚期墓葬之上，从而确认了二者的早晚关系。但是，我当时的注意力主要聚集于广富林遗存，未对以鱼鳍形鼎足和细颈鬶为代表的遗存进行深入追索。2005年，钱山漾遗址取得了新的考古收获，发现了钱山漾一期、钱山漾二期、马桥文化的三叠层，并初步提出"钱山漾文化"的概念，钱山漾文化一期就是以鱼鳍形鼎足为代表的遗存，钱山漾文化二期则为广富林遗存。这时另有学者提出"广富林文化"，并将广富林文化分为早晚两期，与钱山漾文化一期、二期相对应。在此背景下，为避免命名混乱，我觉得有必要根据新材料理清思路、交流观点，因而组织召开"环太湖地区新石器时代末期文化暨广富林遗存学术研讨会"，并展出广富林遗址、钱山漾遗址出土标本。大多数与会学者，达成三点共识，一是以广富林遗址为代表的遗存可称为"广富林文化"，二是钱山漾一期遗存和二期遗存具有不同性质，三是钱山漾一期遗存目前发现数量较少，可暂不称文化。钱山漾文化的正式命名是在2014年，钱山漾发掘报告出版，并召开了"环太湖地区新石器时代晚期文化暨钱山漾遗址学术研讨会"。

2002年发掘广富林遗址J14

肖宇：您似乎比较关注考古学文化之间的过渡阶段，除了在良渚文化与马桥文化之间发现了广富林文化，还研究过"后马桥文化""崧泽—良渚文化过渡段"，请谈谈您在这方面的研究体会？

宋建：实际上，关于考古学文化之间的过渡阶段，并非我刻意去研究。现在回过头来想想，两个考古学文化的过渡阶段，是研究中找问题、找方向最恰当的时间段，易于寻找突破口或切入点。过渡阶段的共性是文化发生变异，首先要思考到底有无过渡阶段，其次要考虑过渡阶段的性质，是同一个考古学文化的量变积累，还是两个不同考古学文化的兴衰交替。

我对"过渡阶段"的研究也可溯源至读研时期，当时有一门课需要写读书报告，我有意找了一批内涵相对不确定的材料来分析，以苏州越城中层墓葬为代表，这批墓葬随葬品中有的带有良渚文化特征，有的带有崧泽文化特征，还有些是明确的良渚文化。1989年发掘姚家圈遗址，在整理发掘资料时，我发现一批遗物，既延续了崧泽文化特征，又出现了良渚文化特征，后来以这批材料为基础撰写《关于崧泽至良渚文化过渡阶段的几个问题》一文。

所谓"崧泽—良渚文化过渡段"，我现在倾向于将这个阶段归入良渚文化，称为"良渚文化初期"。这个阶段的陶器确实兼有良渚文化、崧泽文化的特征，我之所以将其纳入良渚文化，并非主要依据陶器，更多是从社会发展层面来思考。陶器器形特征的意义在于文化编年，有些既有的考古学文化分期，其实不是文化分期，也不是社会发展阶段分期，而是编年序列。"良渚文化初期"发生了一系列重大社会变化，福泉山遗址、赵陵山遗址开始修筑土台，土台后来发展成权贵墓地，良渚古城范围内出现一批新兴聚落，典型者如庙前、吴家埠和官井头等，尔后迅速发展为良渚古城。良渚文化的崛起看似突然，陡然出现了规模宏大的城址、设计精致的神像，其实这些现象均孕育于"崧泽—良渚文化过渡段"，而非陶器编年意义上的良渚文化时期。

我以"崧泽—良渚文化过渡段"的认知历程为例，从不刻意研究它，但有意识去关注它，到揭示它在文明进程中的重要意义，旨在说明"过渡阶段"研究的特殊价值。

肖宇：自20世纪30年代施昕更先生在良渚镇发掘，良渚文化的考古与研究已历经八十余年，良渚文化是您长期关注的学术议题，成果斐然。您刚才言及考古学文化分期需要在陶器编年的基础上关注社会进程，是一种兼顾文化史、社会史的分期方法，颇值得我们深思。请您再具体谈谈对良渚文化年代、分期、发展过程的研究。

宋建：年代和分期既是两个问题，又是一个问题的两个方面，一般来说，粗略断代可以不依赖分期，判定一个考古学文化的大致年代，而精确断代一定以严格的分期为基础。有精确纪年之前的时代，其断代研究莫不如此。考古文化断代的基本方法是寻找参照物，再进行比较分析，缺陷是依赖于材料的掌握、观察材料的视角及经验，容易自说自话，不易形成共识。碳十四测年固然是革命性进展，但其技术尚在完善之中，不同碳样标本、埋藏环境及实验操作都会造成测年偏差，测年数据不断更新，需要一个数据积累过程。

从1936年施昕更先生发现良渚遗址，到2010年中华文明探源工程建立年代学框架，属于良渚文化年代学研究的粗略阶段。良渚文化年代学研究历程，存在四个节点。第一个节点是梁思永先生把良渚看作是龙山文化的一部分，称为"龙山文化杭州湾区"。第二个节点是50年代出现碳十四测年技术，可测得绝对年代，并命名了良渚文化，但由于钱山漾遗址测年数据及其他因素，将良渚文化的开始年代定得早于龙山文化。第三个节点是80年代末花厅墓地发掘，栾丰实先生提出良渚文化与大汶口文化中晚期相当,即结束年代早于龙山文化,栾丰实先生在其访谈录中对此研究过程曾有述及。至于第四个节点,依据种种迹象,良渚文化最晚期的一部分可能和龙山文化早期重叠,这一观点可能还需要一个认知、论证与接受过程。

良渚文化的分期研究晚于年代研究很久,始于"文革"结束后的1977年。那年,蒋赞初先生首次提出良渚文化早晚期的区别,将钱山漾和水田畈看作早期遗存,良渚和雀幕桥归入晚期遗存。1985年读研之前,我不太关注良渚文化,后来由于硕士学位论文才有所涉及。1986年初《文物》刊布了福泉山良渚大墓资料,但未公布层位关系。这一年是良渚文化发现50周年,浙江方面非常重视,提交了一系列论文,其中包括几处墓地所出小墓的分期研究,大致分了四期。根据当时公布的材料,1987年我的学位论文将分期研究扩展到整个良渚文化,最终将良渚文化分为四期六段,这是当时对良渚文化最细致的综合性分期。1987年6月论文答辩时,可能因第一次得出这样比较细致的分期结论而难免存在不足,作为阅卷人的黄宣佩先生表达了委婉的书面质疑,答辩委员纪仲庆先生是评阅书的宣读者,当场表示亦有同感。良渚文化发现60周年时,我将这一分期结果纳入《论良渚文明的兴衰过程》之中发表,只补充了新材料,结论大致未变。目前看来,这一分期基本能够经受时间的检验。

后来,我对良渚文化分期又产生了新思考,原来的四期六段,给人的感觉似乎是良渚文化突然崩溃了,问题的症结在于第六段是不是良渚文化最晚期遗存? 好川墓地的发现为思考这一问题提供了关键线索。好川墓地受到良渚文化的强烈影响,其中就存在晚于第六段的遗存。那么,环太湖地区能不能发现晚于第六段的良渚文化? 目前已有零星发现与线索,如庄桥坟、徐步桥和周家浜等地点,亦即存在良渚文化第七段。进而言之,以前并未以良渚文化最晚期遗存确定良渚文化的结束年代,良渚文化和大汶口文化、龙山文化的关系也存在调整空间。良渚文化发现70周年之际,我撰写了《良渚文化衰变研究》,阐述这一新识。

2016年"十大考古发现"评选现场评委提问

肖宇: 过程研究的基础仍然是年代学,考古学对年代把握越精细,由此展现的人类行为过程就越丰满。您是怎样认识良渚文化到马桥文化期间的族群变迁的? 再进一步讲,新石器时代末期至夏商这一阶段,发生在环太湖地区的文化变异、迁徙与融合,在该地区文明进程中有何种意义?

宋建: 我觉得这个问题更宜表述为,长江下游地区的前一个发展高峰良渚文化和后一个发展高峰吴越文化之间所发生的族群故事。这一阶段是文化低谷,远不如其前后那样跌宕起伏、风云变幻,但也是你来我往、生生不息。从考古学的学科立场出发,这问题可从两个方面加以考虑。一方面是良渚文化的去向及其同钱山漾文化的关系，另一方面是钱山漾文化、广富林文化和马桥文化的来源。

良渚文化的衰落伴随着人口的骤减，良渚文化聚落与钱山漾文化聚落在数量上存在巨大反差，可谓霄壤之别，良渚人群是消失还是迁徙？可能性很多，但缺乏实证性，莫衷一是。从考古学文化的角度，良渚文化与钱山漾文化之间近于断裂性变化，当然也不乏融合。钱山漾文化在钱山漾遗址发展得最好，基本自成体系，鲜见良渚文化因素，包含少量龙山文化因素，这些人群可能与皖南浙西山地文化及北方龙山文化有关。到了广富林文化，则包含大量龙山文化因素，王油坊类型从苏鲁豫皖出发，经过苏北，抵达环太湖，这一迁徙路线是可以确定的，广富林文化早期以龙山人群为主，晚期则以百越人群为主。到了马桥文化，百越人群完全取代龙山人群。其后，百越人群和中原人群共同缔造吴越文化，重又形成文化发展高峰。

从族群变迁的角度，我有一个总体认知框架，即环太湖由东夷主导逐渐变为百越主导。大汶口文化、崧泽文化和良渚文化均可纳入东夷范畴，东夷内部南北交流频繁，当良渚文化衰落之际，东夷族群、百越族群均向环太湖挺进，形成了广富林文化。东夷族群逐渐又被百越族群所替代，形成马桥文化。这一阶段，东夷、百越及少量皖南浙西山地人群，在环太湖竞相角逐。

至于这一阶段在区域文明进程中的意义，可从不同角度切入，一是社会的动荡，二是族群的变迁，三是夏商文化的南拓，四是以瓷业为龙头的地域经济发展。区域互动和人群博弈的社会低谷，是一个文化积累、蓄势待发的过程，孕育和促使下一个文化发展高峰的到来。这可以同世界其他文明稍作比较：在希腊历史中，迈锡尼文明和古典时期之间有个所谓"黑暗期"，"黑暗期"对希腊古典时期文明腾飞起到了孕育作用。

2016年考察希腊迈锡尼遗址　　　　　2017年考察罗马竞技场

肖宇：文明崩溃是学界讨论较多的议题之一，世界各大文明体系均有相应的研究，您刚才也提及了良渚文化的去向问题。那么，您是怎样思考良渚文化衰落的过程和原因的？

宋建：在具体措辞方面，我不主张使用"崩溃"或"消失"，而是良渚文化的"衰变"，以长时段的眼光观察良渚文化的衰落变化过程。关于良渚文化衰变的原因，观点颇多，诸如洪水说、战争说、瘟疫说和玉料匮乏说，不一而足，但均为假说，缺乏充分证据。那么，怎么来思考这一问题？总得寻找一个合适的考古学途径，不能陷入就事论事的泥潭。我觉得存在这样一个思考方式，一是寻找考古资料中的良渚文化衰变现象，二是寻找线索合理阐释衰变现象。

良渚古城城垣外侧有壕，壕内有废弃堆积，包括陶片、动物骨骼及人骨等，能够辨别时代的陶器均为良渚文化后期。这说明，良渚文化后期城垣上可能有人居住，并将生活废弃物丢弃于城壕，良渚古城已经丧失原有的管理秩序。此外，良渚文化后期假玉的使用量增加，一方面可能是玉料资源趋于匮乏，另一方面可能是一部分不够资格使用真玉的权贵僭越社会规范，社会愈发失序。

我将维系文明发展的各类因素视为链条，链条由诸多环节相扣而成，一环套一环，这些环节包括环境、农业、玉料和信仰等，只要一个环节出了问题，链条就会断裂，社会便会开启衰变过程，我以"链环断裂"来解释良渚文化的衰变。

肖宇：在良渚文化研究中，余杭良渚遗址群始终是讨论焦点之一，尤其是近年良渚古城、大型水利工程的发现，对于这些新发现您有何新的认识？此外，青浦福泉山遗址、武进寺墩遗址也是反映良渚社会文明程度的重要发现，请您一并谈谈。

宋建：良渚古城的认知历程存在一个三部曲，从若干散布的遗址点，到相互关联的遗址群，再到良渚古城，在良渚遗址群阶段已经发现若干城市要素，包括祭坛、权贵墓地及高台建筑等，后来由于城垣的发现，才将其明确作为城市来看待。第一届"世界考古论坛"上，我评议良渚古城考古发现时曾指出，良渚古城的重要性不依赖于城垣，即便没有城垣的发现，良渚也是古城，因其具备了城市的基本特征，城垣的发现起到了锦上添花的作用。

我对良渚古城的总体认识，作一扼要归纳，大致有三点：其一是城市的布局与规划，良渚古城内圈城垣中有宫殿、王陵和粮仓，外圈城垣中有官署，城外有水坝，可以管理和利用水资源。这种完整而系统的城市布局必然需要精心规划设计，良渚古城不是由小到大缓慢发展而来的，而是按照特定蓝图专门建设而成的。其二是政治的等级与结构，良渚古城内外的居住者，拥有各自的政治身份与社会阶层，分为权贵阶层和平民阶层，权贵阶层又有相应的等级划分，不同等级的人共同维持着良渚古城的运转。其三是古国的观念体系，良渚文化是神权主导的古国，神权本质上是一套观念体系，在这一观念体系主导下良渚古城才能正常运转，并维系、协调与其他聚落的关系。

2011年陪同张忠培先生考察吴家场墓地出土器物　　　　2013年在罗马尼亚国家博物馆演讲

由于良渚古城的炫耀夺目，其他聚落则稍显黯然失色，譬如福泉山遗址、寺墩遗址，但我认为这两处遗址的重要性并未得到应有的凸显。1988年福泉山墓地发掘结束后，再未开展聚落考古工作，直至2006年良渚古城发现，开始思考像福泉山这样的较高层级聚落有没有城垣，随即开展勘探与试掘。结果没找到城垣，却新发现一处高等级权贵墓地，即吴家场墓地。一个聚落拥有多处高等级权贵墓地，这种情况目前仅见于良渚古城和福泉山遗址。寺墩遗址很可惜，破坏严重，难睹原貌，我相信其规模不亚于福泉山遗址，也应存在多处高等级权贵墓地。

良渚文化前期，良渚古城一枝独秀，未有可与之比肩的聚落，到了良渚文化后期，福泉山遗址、寺墩遗址臻于繁荣，呈现多雄并立的格局。这一现象颇具启发性，良渚古城应是良渚文化前期环太湖地区共同规划、营建和拥戴的"超级城市"，良渚文化后期其他中心聚落的兴起，则反映了良渚古国体制的结构性变化，我称为"复合型古国"。

良渚文化是公元前第三千纪中国社会发展程度最高的早期文明之一，"良渚文明"的提法为学界所接受，良渚文化着眼于考古学文化属性，良渚文明则侧重于社会发展水平。放眼世界文明史，良渚文明应占据一席之地，相较于古埃及文明、美索不达米亚文明，除了未发现成熟的文字书写系统，其他方面均各持所长、各具特色。良渚古城之所以看上去似乎稍显逊色，是因为良渚古城为土质建筑，而非石质建筑，视觉上不显宏伟，但内涵同样深邃。

肖宇： 玉器是良渚文化中较为显著的物质文化特征，在良渚社会中扮演着非常重要的角色。请谈谈您对良渚文化用玉制度的研究，您是怎么看待玉器这一文明因素在良渚文化中的作用与属性的？

宋建： 玉器之于良渚文化的重要性自不待言，我从不同视角对良渚文化玉器进行观察与思考，研究目的很明确，就是要通过玉器探索良渚文化的社会结构、观念体系。

我较早涉及的问题是良渚文化用玉等级，企望通过器用情况了解良渚社会的权贵等级，这和我早年研究西周用鼎制度异曲同工。以良渚社会的发展阶段，权贵阶层内部必然存在等级差异，如何在玉器使用方面揭示这种差异呢？在研究方法上，有个常见操作模式，先将墓葬随葬玉器情况进行梳理，再以人为标准进行等级分类，包括用玉与否、用玉品类和用玉数量，用玉者等级高于未用玉者，用玉礼器（琮钺璧）者等级高于用普通玉饰者，用玉

2003年观察研究良渚琮王

的品类与数量多者等级更高。这种方法实际上是对良渚社会所有成员进行等级区分，很多学者，包括我自己，都曾采用这种分类方式。后来，我察觉这样研究存在缺陷：首先，只有权贵阶层才有等级差异，平民阶层无所谓等级区别，要先把平民墓葬从研究中剔除；其次，不是所有的玉器都能反映等级，周代主要是鼎和簋，良渚社会中琮和璧虽很重要，但在区分等级方面指示意义不大，因为未发现其是否随葬与随葬数量有规律可循，而权杖、玉钺和冠徽对等级身份有较强指示性。通过研究，我发现用玉制度在良渚古城中执行严格，在其他地区则不甚规范，良渚文化前期用玉比较规范，后期用玉规范松弛。广而言之，任何一套社会规范的执行程度，都会因地域、时间的区别而异，古今皆然。

玉器可以视作良渚社会的文明要素之一，一方面玉器是生产力的体现，从玉料开采到玉器加工有赖于人力与技术，玉器的生产、流通还需要严格的社会管理；另一方面玉器是礼制的载体，礼制就是制度与规范，既用以规范权贵之间的关系，也用以规范权贵和神灵的关系，从中还可衍生出规范聚落之间的关系。

玉器在良渚社会中存在两大属性，一是政治和社会结构属性，二是观念体系属性，二者同属上层建筑的范畴。在聚落考古研究中，聚落面积是确定聚落层级的重要指标，其实践基础在于区域系统调查。但是，环太湖地区史前遗址尚未开展大规模区域系统调查。此外，水网地带由于独特的生存环境和聚居方式，能否有效确定遗址分布范围，也有待验证。这一情况促使我另辟蹊径，探寻一套以玉器分析良渚聚落层级的研究方法。良渚社会的运作以神权为主导，玉琮是神权的物化，玉琮的拥有方式与聚落层级密切相关。那么，依据聚落拥有玉琮的方式，可将聚落分为四个等级，依次为：持续性拥有玉琮的聚落、间断性拥有玉琮的聚落、短暂性拥有玉琮的聚落、不拥有玉琮的聚落，这就是玉器与聚落层级的关系。高城墩M8是这个墓地年代最晚的随葬玉琮的墓葬，玉琮被人为打碎，十分罕见，暗示其代表的权贵群体掌控神权的终结，这是玉器与聚落变迁的关系。玉钺是统治权的象征，一般也表示军权。良渚文化前期权贵墓葬只随葬一件玉钺，已成规范，无有例外，良渚文化后期不少权贵墓葬拥有数件玉钺，甚至多达五六件，军权在良渚文化后期权力系统中的分量大为增加，亦即世俗权力得以提升，这是玉器同

权力结构的关系。

近年,我着力于良渚社会意识形态研究,对其思考发轫于我的硕士学位论文,真正系统阐述这一问题则是最近十年间。首先是对良渚文化神灵崇拜渊源的探索,通过河姆渡遗址冠冕刻划纹饰的重新识读,为良渚文化"鸟辅于主神两侧"找到了图像与观念的源头。其次是对良渚文化主神的讨论,良渚文化有一套神祇体系,主神为人虎复合,虎神由张陵山M4兽神分化而来,人形神踞于虎神之后,不同于骑在虎背上的一般认识,商周时期甲骨文和金文的"祝"字之形与良渚主神形似、义相关。再次是辨识出良渚文化太阳神,良渚文化观念体系在一千年间不可能一成不变,即便主体不变,也应存在些许"波澜",太阳神的发现便是一例,主神的载体主要是玉琮,而太阳神的载体是玉璧,太阳神的出现可能是良渚文化一次失败的"观念变革"。2018年10月23日,在成都召开的"第二届中国考古学大会"上,我以《浙江余姚百亩山玉璧图符与良渚文化太阳神》为题发表了这一认识。

现在回头审视自己的良渚文化研究兴趣,最开始比较关注生业经济,然后是社会政治,再然后是观念信仰。需要说明的是,在此过程中,这三方面内容既有先后,又相互交织、互为启发。

肖宇: 中国文明起源是中国考古学孜孜以求的核心命题之一,既是重建中国上古史的应有担当,亦是填补世界文明史的应有贡献,从"探源工程"到"考古中国",体现了这种学术责任与问题自觉。环太湖地区社会复杂化研究成果荟萃,良渚文化是中国古代文明进程的关键节点,您是如何开展文明起源研究的? 环太湖地区在中国文明起源过程中有何特殊地位?

宋建: 我对中国文明起源的研究,可以分为两个阶段。前一阶段是从80年代读研究生至90年代初,由于"文革"后的一系列重大考古发现,诸如牛河梁、东山嘴、反山和福泉山,80年代考古界掀起中国文明起源研究热潮。夏鼐先生从"文明三要素"角度进

2002年"长江下游文明化进程学术研讨会"发言

行分析,即青铜、城市和文字,学界讨论往往着眼于文明要素出现与否、迈入文明门槛与否。当时,中国社会科学院考古研究所成立专门机构开展文明起源研究,考察各地重大考古发现,其中就包括上海福泉山,我跟随黄宣佩先生参加了回访参观,重点考察二里头遗址和陶寺遗址。这次考察机会非常难得,我是最年轻的一位,其他人员包括牟永抗、王明达、纪仲庆、汪遵国和邹厚本等先生。1991年北京召开了一次研讨会,苏秉琦先生要求大家不要在文明要素上兜圈子,要做更深层次的思考,有学者提出中国文明有其特质,可以从礼制和人

的关系等方面入手,这次会议对我影响很深,特别是在研究方法上。后一阶段是90年代初以后,尤其是2002年我参与了中华文明探源工程预研究,后来又参加中华文明探源工程第三方评估咨询专家监理组,在近十年的时间内,考察了全国各地的重要遗址,从中受益颇多,这为开展文明起源的比较研究奠定了基础。

在不同研究阶段,我曾提出过不同的文明探源途径,这也从方法论的角度反映出我的心路历程。首先是"六个内涵",即青铜、玉器、大型工程建筑、城市、社会阶层分化及文字(原始文字)。对于城市、文字和青铜的认识不应该停留于何时何地出现,更应关注其本质内涵:城市出现体现聚落的分化,文字出现体现交流的扩大,青铜出现体现经济组织和政治结构的复杂化。其次是"三个集中",即权力、财富和知识的集中,这是文明社会与非文明社会的显著差异。再次是"两个分化",即人的分化和聚落的分化,人和聚落的分化达到一定程度就是文明社会。探源途径的变化,越来越符合考古学的观察视角、工作方式和研究立场。也就是说,不能因为中国文明起源问题的历史学属性,而忽视解决这一问题的考古学主导作用。

我的学术基点在于环太湖地区,立足环太湖,以环太湖为标杆来观察其他文明,最早比较的是中原地区,后来在中华文明探源工程中先后开展过海岱、江淮、长江中游等地区的比较研究,也涉及过红山文化。比较研究的目的在于,一是对中国文明起源的格局有个总体把握,二是在比较中揭示环太湖地区的文明特质。

对于环太湖地区在中国文明起源过程中的特殊地位,简而言之,我有两句话可以概括。第一句话,距今五千年前后,良渚文明在东亚文明化进程中位于前列,璀璨文明星空中,良渚文明大可与埃及文明、美索不达米亚文明比一比哪个星辰更加耀眼。第二句话,良渚文明是东方文明的先行者,但良渚星辰较早陨落,东方文明星空"此落彼起",继续与西方(埃及与两河流域)媲美。

2018年考察埃及阿布辛贝神庙　　　　　2018年考察约旦佩特拉古城

肖宇：环境考古也是您较为关注的研究领域，21世纪初整理出版的马桥遗址发掘报告，将"微体生物、植物和古土壤""动物"与文化遗存一样作为报告的独立章节予以介绍和分析。您在主持马桥遗址的考古发掘、资料整理时，何以将自然环境信息放在如此突出的位置？您如何看待科技考古？

宋建：马桥发掘报告编写模式的形成，主要有两方面原因。一方面，主观上重视科技考古，采取多学科交叉的方式提取更丰沛的考古信息，所以在马桥遗址发掘设计之初，就纳入了科技考古，包括环境分析、动植物考古和分子生物学等，邀请相关领域专家参与其中。另一方面，很多发掘报告中正文的考古资料与附录的科技检测是两张皮，发掘者与科技分析者各说各话，甚至有所抵牾。我将科技分析结果在考古学认知框架中进行再验证、再诠释，作为独立章节纳入发掘报告，并由我负责这部分内容的统写工作。当然，这也有龙虬庄遗址发掘报告的示范作用，我也曾考虑考古资料与研究成果各出一本，最终未能付诸实施。

我在发掘和研究中特别注重自然环境的重建，这和环太湖地区环境的特殊性有关，碟形洼地，海拔较低，自然因素对生业方式、文明进程影响甚巨。当海面上升时，海水入侵洼地，内水排泄不畅，导致洪水泛滥。良渚文化在相当长的时间内与水患为伴，良渚文化地层中常见淤土层、冲积层，但水患对良渚文明的作用是长期而缓慢的，并未导致文明的突然中断。

关于科技考古，我们首先应该弄清楚什么是科技考古？科技考古与考古学是怎样的关系？科技史或古代科技、文物保护技术或科技文保，均不是科技考古。科技考古也并非考古学的分支学科，而是将科技方法与技术应用于考古学领域的实践。这是由考古学的学科属性所决定的，考古学属于人文学科，主要研究对象是人，是已经消失的人类及人类社会所遗留下的物质遗存，科技方法与技术的研究对象是广义的物质，因而也能够在考古学领域发挥重要作用。人类的政治活动、精神活动也是考古学的研究对象，虽然科技考古不能直接研究它们，但是政治活动、精神活动均以物质为载体，这些载体也能够成为科技考古的研究对象。科技考古在学理层面要落实到考古上，是考古学研究的一部分，而非一般意义上的科技研究。

科技考古要落到实处，需要遵循"两个主导"。一是以考古学科为主导，由考古学的问题意识来决定研究目标和研究对象。进入新世纪后，我国考古领域最重要、规模最大的中华文明探源工程，就是以考古学问题为导向、利用多种自然科学方法进行整合研究并取得重大成果的案例。二是以考古人为主导，考古项目负责人或发掘领队应主动、积极地承担科技考古的责任与义务，不能止步于考古报告中附录几篇鉴定或测试报告，这对考古人的学科胸怀和知识储备均有很高要求。

肖宇：近年来，在考古发掘与研究之外，考古遗存的保护、展示和利用，已逐渐成为考古工作者必须直面的重要问题。您长期在博物馆从事考古研究工作，也参与过上海博物馆"申城寻踪：上海考古大展"的策展。有鉴于此，请您谈谈对考古遗存展示的认识,您怎样看待考古工作与博物馆工作之间的关系?

宋建: 上海博物馆自身定位是古代艺术博物馆,以展示艺术价值突出的文物为主,因而长久以来考古发掘为博物馆提供的仅是少量精品文物,难以通过考古发现在博物馆中讲述完整的故事。上海博物馆拥有不同类别的文物专题陈列,诸如青铜器、玉器和陶瓷等,我们也曾倡导增设考古专题展览,囿于博物馆属性,一直未能实现。但每有重要考古发现,我们都会策划相应的临时展览,广富林遗址、志丹苑遗址和青龙镇遗址的考古收获都成功转化为面向公众的展览。2014年举办的"申城寻踪:上海考古大展",是上海考古集大成的展览,展览框架与叙事线索是我根据上海考古成果进行策划的,展览分为"文明之光""城镇之路"和"古塔遗珍",从考古的视角讲述古代上海的故事,兼顾文物的历史价值与审美价值,这是考古学对城市文明内涵挖掘与展示应有的责任。自80年代以来,大多数考古机构从博物馆中分离而出,表层原因是考古工作的独立性,及其与博物馆工作的差异性,本质原因是学科目的和价值取向的隔阂。考古学在中国学科分类体系中是一级学科,拥有明确的学科体系、研究对象、学术目标,博物馆则更倾向于保管、展示和教育,承担多元化的事务性实践。我主张将博物馆视作一座大学,各种学科会聚其中,相互配合,优势互补。博物馆既为出土文物提供保护条件、保存环境,也为考古发现提供惠及大众的展示平台。实际上,很多世界著名博物馆都担负着考古工作,现在国内有些考古机构已经开始建立自己的博物馆。

2016年参观柏林佩加蒙博物馆

肖宇: 您长期主持上海考古工作,能否展望一下上海地区乃至环太湖地区考古研究工作? 从您的治学经验出发,年轻的考古工作者应该如何拓展当前的研究?

宋建: 上海的考古工作应紧紧围绕文明与城市这两条主线继续拓展,即上海早期文明的演进、上海城镇的起源与城市的发展。福泉山遗址对于上海早期文明研究具有重要价值,除钱山漾文化外,从马家浜文化到马桥文化在福泉山遗址均有发现。所以,这个遗址既是上海早期文明研究的"基地",也是上海早期文明的"名片"。福泉山墓地虽已发掘,但吴家场墓地保存完好,今后若干年应对福泉山遗址开展系统的聚落考古工作,兼顾周邻相关史前遗址。上海古代城镇研究要重视青龙镇遗址,青龙镇遗址保存非常完整,与沿海城市、海外国家均有贸易交往,且有丰富的文献记载可资参考。至于环太湖地区,有很多工作可开展,就其薄弱环节而言,我觉得马桥文化阶段的工作尚存较大空间,有待深入。

对于年轻的考古工作者，我有两点建议。其一，立足本地区、面向全国、放眼世界，当然现在有不少考古工作者已走出国门进行发掘，这是可喜的新局面，譬如上海博物馆远赴斯里兰卡考古。其二，考古工作者应该自觉学习那些可以应用于考古研究的科技方法，并争取做到对某一技术有相当深入的了解，成为"一专二能"甚至"一专多能"的考古人才。

肖宇：在研读您著述的过程中，我们有一个体会，就是对考古学基本理论方法的高度重视、精深理解与灵活运用，循径学理，不囿陈说。以文化史、社会史为研究主线，以历史主义为研究本色，以环太湖考古为研究基础，以系列个案研究撬动整体思考。在考古学文化谱系研究中，着重把握重要遗址的地层关系、典型器物的演变序列，对文化演变过程的时空性倾力尤多，勾画环太湖地区新石器时代末期至夏商时期基本框架，良渚文化兴衰过程研究多有创见。在文明起源研究中，将文明发展进程作为展开讨论的出发点，从不同地域文明的比较研究中观察本地区的特征，善于捕捉关键切入点，在生业、社会和观念等层面抽丝剥茧。在引入科技手段的跨学科综合研究中，坚持考古学的基本立场和问题意识，基于陶器、印纹陶、原始瓷器理化分析的研究便是这样的研究佳例。现在回过头看您的学位论文题目《太湖地区文明探源——从良渚文化到马桥文化》，恰是您学术人生的选题，题外之意必是执着与勤勉。

最后，再次感谢您拨冗接受访谈。

附记：本次访谈由《南方文物》编辑部周广明先生策划，访谈大纲亦承其修改与建议，特志谢忱。

目　录

古代文明化进程

文化、社会、环境

上海考古与遗址保护

其他

考古学文化谱系和时空观

从陶釜看马家浜文化时空变迁

1959年在浙江嘉兴发现的马家浜遗址,在较长时间一直归入青莲岗文化体系内。1975年和1977年,吴汝祚先生和夏鼐先生先后提出马家浜文化的命名。1977年在南京召开的"长江下游新石器时代学术讨论会"上和稍后一段时间,学术界就长江下游和中国东部地区的考古学文化谱系展开深入讨论。随后,环太湖地区逐渐从大一统的青莲岗文化分离,马家浜文化得以确立。但是在很长时期马家浜文化的发掘和研究重点主要集中在太湖的东部地区,对西部地区了解很少,资料积累和研究课题极不平衡。新世纪初,江苏在太湖西部地区发掘了多处遗址,从而使马家浜文化的研究领域和层次大为改观[1]。

马家浜文化分布区内事实上存在不同的文化面貌。马家浜文化的陶釜有多种不同的形制,但特别能够显示其形态特征的是平底釜和圜底釜两类,这两类釜又可以各自细分为筒形深腹和斜弧腹等。如果粗略区分它们的空间分布,太湖西部地区为平底釜或以平底釜为主,东部地区为圜底釜或以圜底釜为主。埋葬习俗也有所不同。墓葬方向最常见的是以向北为主和以向东为主。太湖西部地区流行东向,东部地区流行北向。埋葬方式最常见的是俯身葬和仰身葬。太湖西部地区仰身葬比较多,东部地区俯身葬多。但在一些遗址这两种葬式共存,或者还有其他葬式。如江苏昆山绰墩遗址1999～2003年共发掘马家浜文化墓葬29座,头向以北为主,有的偏东或偏西。葬式多样,其中仰身15座,俯身7座,侧身1座,二次葬1座,不清者5座。陶釜和埋葬方式的流行区域缺乏完全的一致性,如浙江余杭吴家埠遗址流行平底釜,也流行俯身葬,头向以北为主,有的偏东。

由于太湖东部地区和西部地区的文化面貌存在差异,因此有学者提出,东部地区仍然叫马家浜文化,西部地区新命名为骆驼墩文化或祁头山文化,也有学者认为太湖东部地区和西部地区可以看作是马家浜文化内的两个不同类型。最近有学者根据马家浜文化早期和晚期的差异,分别称为不同类型,如将西部地区的早期文化叫骆驼墩—吴家埠

---

[1] 现在的太湖经历了漫长的形成过程,从而有了今天的环太湖地区,大致区分为东、东南等多个小区域。不过本文因论及相关内容的需要,有时将环太湖地区区分为西部和东部两大地区,在这个意义上,西部地区包括太湖北部和南部的部分区域。本文在表述前者时用"太湖东部""东南部"等,表述后者时,用"东部地区"和"西部地区"等称谓。

类型,晚期文化叫西溪—神墩晚期类型。

马家浜文化除了在太湖东部地区和西部地区之间存在明显差异,如果细分还有更多的地域性差异,这成为以往将马家浜文化分为多个不同类型的依据。苏秉琦先生用了"马家浜诸文化"这样一个特殊名称来表述,"马家浜诸文化"是"一条板凳上的兄弟"[1]。考古学文化的区分和一个考古学文化内不同类型的区分,是区系类型或文化谱系研究的基本问题,也是一个难题。俞伟超先生认为这是一个"严肃的问题",并由此设问了三个问题:"划分考古学文化的主要标准,究竟应该是什么? 考古学文化的划分,是否应该有不同的层次? 不同层次的划分标准当然是不一样的,不同层次的空间范围又当然是从大到小的,但一个空间范围最大的层次,应当以什么标准为其界限呢(如果没有控制界限的标准,人类所到之处,皆可划归同一文化)?"[2]当苏秉琦先生说"一条板凳上的兄弟"的时候还没有太湖西部的一系列发现,即使在西部地区有一些发现,也没有深刻的认识。那么太湖西部的马家浜文化与其他地区的是否在同一条板凳上?"同一条板凳"和"诸文化"是否是两个不同的层次? 苏秉琦先生和俞伟超先生所论对我们试图回答这些问题、深入研究考古学区系类型与文化谱系具有理论指导意义。

2007年12月15～16日在江苏常州和江阴召开的"环太湖西北部马家浜时期古文化研讨会"上,我就马家浜文化的地域性差异设问:"马家浜文化延续了一千多年的时间,这种区别(指西部地区和东部地区的区别)是一直存在的,还是在哪个地方发生了变化?"也就是说,考古学文化变迁的共时性和历时性与考古学文化的层次同等重要。回答这个问题的前提是比较太湖东部地区和西部地区文化遗存的年代。现在我将这一比较的切入点放在太湖北部的三个遗址:张家港东山村、江阴祁头山和无锡彭祖墩,这里可能比较接近太湖东部地区和西部地区考古学文化意义上的分界线。祁头山遗址一共发掘了132座马家浜文化墓葬,大多数墓葬随葬陶釜,一墓只有一件。据发掘报告的附表四,共有85件陶釜,在"结语"中说有73件,而区分型、亚型的总数是63件。这63件陶釜中,平底釜55件,圜底釜8件。祁头山基本体现了太湖西部地区的文化特征。132座马家浜文化墓葬中,层位最早的是⑩a层下,最晚的是②层下。从⑩a至②层下,几乎所有层位的墓葬都有平底釜。圜底釜只有1件出自⑥层下墓葬,7件出自②层下墓葬。显而易见,祁头山先民比较认同圜底釜的时间是在墓地最晚时期。

东山村遗址在祁头山以东仅7公里。发表材料中能够确定陶釜底部的都是圜底釜。但有一件陶釜的上部值得注意,就是A I 式釜(T3⑧：1),斜直口。直口或斜直口在平底釜中很常见,而在圜底釜中比较少见,从草鞋山遗址可以看到直口、斜直口圜底釜的完整形制。根据东山村报告的分期,马家浜文化分为五期,A I 式釜所在层位为第一期,而多数确认的圜底釜都为第四期。

无锡彭祖墩遗址在东山村遗址南。出土了许多陶釜,如果根据陶釜底部可以分为

[1] 苏秉琦:《太湖流域考古问题——在"太湖流域古动物古人类古文化学术座谈会"上的讲话》,《苏秉琦文集(二)》,文物出版社,2009年,第349～355页。
[2] 俞伟超:《江阴祁头山遗存的多文化因素》,《祁头山》,文物出版社,2007年,第247～249页。

折角平底、圆角平底和圜底三种。根据发掘报告所公布材料，第一期有折角平底釜19件，第二期有折角平底釜7件、圆角平底釜36件、圜底釜11件。参考不同底部陶釜的数量，彭祖墩遗址第一期以折角平底陶釜为主，没有确认的圜底釜；第二期三种不同形态器底的陶釜并存。

彭祖墩和东山村一线是目前在太湖北部发现平底釜最靠东的地点。总的看来在太湖北部的东、西部地区交界处，平底釜的出现早于圜底釜，圜底釜出现后两种釜共存。在炊器类，圜底逐渐取代平底应该是大趋势。

太湖西部是平底釜的发源地。宜兴骆驼墩遗址于2002年结束的发掘，发现了房址、墓葬、祭祀遗迹等。陶釜的整体形态可以区分，但都以平底为基本特征，绝对不见圜底釜，甚至不见任何圜底器。宜兴西溪遗址2003年发现了不同形式的建筑遗存、墓葬和祭祀遗迹等，陶器以平底器为主，不见一般意义上的圜底器，但值得注意的是，在该遗址的晚期阶段，圜底身形的鼎和平底身形的鼎共存。溧阳神墩遗址在其晚期阶段，也出现同西溪相同的两类不同身形的鼎。

圜底釜的原生地在哪里？太湖南部偏东的桐乡罗家角遗址值得关注。罗家角的陶釜分为三类，带脊釜、圆弧腹腰沿釜和斜直腹腰沿釜，前两类釜为圜底，后者为平底。斜直腹平底腰沿釜与源于太湖西部的釜同属一类，罗家角是目前所见这类陶釜在太湖南部分布的最靠东的地域了。罗家角的带脊釜同河姆渡文化关系密切。从陶釜看，以罗家角为代表的文化遗存的因素组合并不单纯，是一个处于文化边缘区域的混合体，缺乏深厚久远的当地传统。然而恰恰是这样的文化却充满了创造性的活力，很可能就是新文化因素的诞生地，圜底和斜直腹筒形身的结合形成了陶釜新的形态。

这里稍显粗略地将马家浜文化分为早期与晚期。太湖西部是马家浜文化的发源地，以骆驼墩和西溪为代表。这个地区具有悠久深厚的传统，文化持续性地平稳发展，比较长期地保持延续性的文化面貌，文化心态相对单纯而保守。除了太湖西部外，早期的马家浜文化还分布在太湖北部和南部，这两片区域的开始年代应该略晚于太湖西部。这一时期的太湖东部还没有发现马家浜文化。如果形象地描述，早期马家浜文化分布区为围绕太湖大半的C形，C形的缺口在太湖东部。

以罗家角为代表的遗存是早期马家浜文化C形分布的东南端，处于特定时间段的文化地理位置。陶釜有三种基本形态，一种是早期马家浜文化的固有传统形态，另一种同河姆渡文化关系密切，第三种具有罗家角遗存的自身特点，即圆弧腹腰沿釜，圜底，腰沿以多角形居多。

太湖北部的祁头山遗址有不少瘦高体的平底釜。这种陶釜在已经公布的太湖西部材料中十分罕见，复原器中尚未见到祁头山那样特征显著的瘦高体。根据祁头山的年代排序，瘦高体釜晚于体态较矮者。骆驼墩的瘦高体釜口沿残片所在层位比较晚，属于该遗址马家浜文化最晚的第三期5段。太湖西部罕见这类瘦高体陶釜的原因值得关注。首先是年代或文化的延续性方面，太湖西部的骆驼墩等遗址同祁头山是否有不一致的地方，是否存在年代的参差与交错。第二是葬俗的差异。祁头山遗址一共发掘了132

座墓葬，其中应该有85座墓葬是随葬陶釜的，各墓1件，这是祁头山遗址很重要的特征之一。骆驼墩Ⅰ号墓地和Ⅱ号墓地共发现墓葬52座和瓮棺葬39座，墓葬大多没有随葬品，现仅公布了5座墓的详细资料，仅M40随葬1件罐形釜。其余均不随葬陶釜，而瓮棺的葬具则是不同形制的平底釜。溧阳神墩的252座墓葬，以陶鼎随葬的比例很大，公布详细资料的8座墓葬有7座随葬陶鼎，而这7座中只有1座（M170）平底釜与鼎共存。神墩的16座瓮棺葬的葬法与骆驼墩基本一样，不同之处是有的以鼎作为葬具。从总体上看，神墩的墓葬晚于骆驼墩。瘦高体釜在太湖南部也十分罕见，在远离祁头山的余杭潘板遗址见到一件。看来陶釜形态在太湖北部祁头山的变异是一个值得关注的问题。

太湖南部的平底釜有相当一部分是多角形的腰沿，如在邱城和吴家埠遗址所见到的那样。它们同罗家角遗址圆弧腹腰沿釜的相似点一目了然，都使用多角形的腰沿。太湖南部这两个遗址的地理位置更加靠近罗家角，这应该是陶釜形态相互影响的结果。也可以将这类因素的出现看作是在太湖南部发生的地区性变异。多角形腰沿陶釜在太湖西部就很少见到了，骆驼墩未见，神墩发表的材料中有1件。另外在骆驼墩发现等边多角形口的"豆盘"，同罗家角的"多角沿盘"有所关联。太湖南部流行的多角形风格也被太湖西部有限地接受。

马家浜文化晚期太湖东部的自然环境开始逐渐适合人居，可能发生了规模比较可观的人群迁徙。如果认为腰沿圜底釜系统发端于充满活力的以罗家角为代表的遗存，那么迁徙人群的出发地主要应该来自太湖的东南部。晚期马家浜文化在太湖东部形成了以腰沿圜底釜为核心的新的文化区，并在太湖北部与马家浜文化的固有传统交汇、融合，形成平底釜与圜底釜短时间共存的比较复杂的文化面貌。

太湖西部，就骆驼墩和神墩已发表的材料未见圜底釜，西溪有1件残器。太湖西部比较难以接受圜底釜的原因可能是比较远的地理距离或差异明显的自然环境，也不排除当地传统的排异性，其根源是马家浜文化发源地可能具有根深蒂固的偏保守的文化心态。太湖西部的这种态势一直延续到陶鼎的出现，圜底鼎身和平底鼎身共存，偏爱于平底的文化心态被圜底形炊器的实用性所改变。太湖南部除了较早接受了多角形腰沿的形态特征，与太湖西部保持了较多的一致性。

综上所述，马家浜文化分布区域的文化差异分为三个不同的层次。太湖的东部地区和西部地区的差异是第一层次的差异，以时间差异为主，空间差异为次。太湖西部地区绝大部分区域同以罗家角为代表遗存的文化差异为第二层次的差异，为空间差异。太湖西部、北部、南部（不包括以罗家角为代表的遗存）之间的文化差异为第三层次，以空间差异为主、时间差异为次。尽管马家浜文化内存在差异是事实，但是同为一个马家浜文化是我的认识，用苏秉琦先生的话说，就是"同一条板凳"，板凳上坐着个性不同的"诸文化兄弟"。

原载《中国社会科学院古代文明研究中心通讯》2011年总21期

关于崧泽—良渚文化过渡阶段的几个问题

——上海姚家圈遗址的发掘与研究

　　1979年在兴修水利工程时发现了上海松江县姚家圈遗址[1]。1989年春夏之交,我们对该遗址进行了正式发掘。

　　姚家圈遗址的主要文化内涵包含了崧泽文化和良渚文化,是研究这两个文化过渡阶段的重要资料。现以这批资料为基础,结合其他遗址的相关资料,对崧泽—良渚文化过渡阶段的几个问题进行讨论。

(一) 姚家圈遗址文化遗存的特征

　　以遗址的地层叠压关系为基础,结合陶器特征的分析和分类排比,可将姚家圈遗址的文化遗存分为二期,早期是T6、T7的第③层和T1~T4的第④层,晚期是T1~T4的第③层(含③A层和③B层)。

　　第一期

　　陶器分夹砂陶和泥质陶。陶系比例第一期和第二期相差不大,唯第一期泥质红陶稍多,而泥质黑陶少见;第二期泥质红陶减少,泥质黑陶稍多,主要出现在T1~T4的③A层。

　　第一期具有鲜明特征的陶器有ＡⅠ式和ＢⅠ式鼎,Ａ型、Ｂ型和ＣⅠ式豆盘,Ａ型豆圈足,Ⅱ式杯和ＢⅠ式罐。鼎,深腹釜形(ＡⅠ式)比较多见,折沿不明显,溜肩,有的肩部有一周斜捺指窝。浅腹盆形鼎(ＢⅠ式),体形比较小,肩部有一周模糊凸脊。鼎足种类很多,有凿形足、顺装扁形足、凹弧形足等,后者既有向内弧,也有向外弧。豆,比较常见的是浅盘(Ａ型)加三段式圈足(Ａ型),圈足上流行圆形和等腰弧线三角形装饰,绝大多数是穿透的镂孔,少数是未穿透的戳印或剔刻。也有一些三角形有两条边深凹弧,另一条边比较平直,近似Ｔ形。另外还有敛口折腹豆(Ｂ型)和垂棱豆(ＣⅠ式),后者豆盘比较深,圆腹,腹下有垂棱。罐的种类较多,口、领、肩部富于变化,最大腹径一般在中部,常有一周堆贴的附加凸脊(ＢⅠ式)。偏晚阶段少数罐的肩腹部开始装饰一周或多

---

[1] 黄宣佩、张明华:《上海地区古文化遗址综述》,《上海博物馆集刊(第二期)》,上海古籍出版社,1982年。

周带状凸棱。杯底以花瓣式圈足最具特色（Ⅱ式）。

第一期文化遗存具有很典型的崧泽文化内涵。

釜形鼎和盆形鼎以及凹弧形足等是崧泽文化的常见形态。浅盘三段式圈足豆是钱底巷第三期和崧泽第三期的典型器[1]，此类型的陶豆在这一期的另一特点是敛口窄小，唇沿明显趋薄（图一，1）。敛口折腹豆盘和垂棱豆的同类型者也都在崧泽文化的第三期出现，前者如崧泽M75∶1（图一，2），后者如崧泽M86∶2（图一，3），豆盘、垂棱的形式与姚家圈的几乎完全相同。似T形的镂孔在崧泽墓地出现的有M98∶10（图一，4）。花瓣式圈足在钱底巷第三期不见，却是崧泽第三期的典型器（图一，5）。腹部堆贴附加凸脊的罐也流行于钱底巷和崧泽。但是，装饰一周或多周带状凸棱的罐不见于钱底巷，崧泽第三期也几乎不见，而在略晚于崧泽第三期的其他遗址中多见。这些对比材料说明，姚家圈第一期大致与钱底巷第三期和崧泽第三期相当，但它的下限要略晚于崧泽第三期，而钱底巷第三期的结束时间最早。

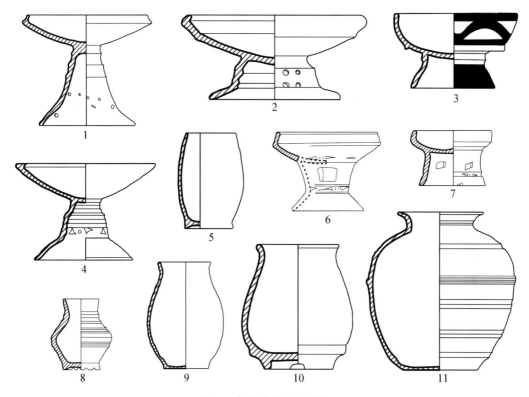

图一　相关遗址出土陶器

1. 豆（钱底巷M2∶1）　2. 豆（崧泽M75∶1）　3. 豆（崧泽M86∶2）　4. 豆（崧泽M98∶10）
5. 杯（崧泽M77∶4）　6. 豆（汤庙村M3∶2）　7. 豆（越城M2∶2）　8. 壶（汤庙村M1∶3）
9. 杯（福泉山M140∶2）　10. 杯（福泉山M149∶2）　11. 瓮（双桥H1∶2）

[1]　南京大学历史系考古专业、常熟博物馆：《江苏常熟钱底巷遗址发掘报告》，《考古学报》1996年4期；上海市文物管理委员会：《崧泽》，文物出版社，1987年。

第二期文化和第一期文化紧密联系,是第一期文化的直接延续。典型陶器有 AⅡ式和 BⅡ式鼎,CⅡ式豆盘,B型豆圈足,Ⅳ和Ⅴ式杯底和 BⅡ式罐。盆形鼎(BⅡ式)与第一期同类型者相近,唯折沿比较宽,肩部有明显的凸脊。釜形鼎(AⅡ式)肩部凸出,似窄平台,安装凿形足,足外侧常有指捺窝、戳印、刻划等装饰。凿形足釜形鼎是这个时期很流行的鼎形,形态相似者出现在龙南88H1[1]。还有一种无肩的鼎,卷沿。侧装鼎足增多,应该与这类鼎足的承重力比较强相关。本期的较晚阶段出现了 T 形足,但是极为罕见。豆类中,垂棱豆(CⅡ式)是第一期同类型者的延续,垂棱从下腹部上升到了腹中部。豆的圈足(B型)上有比较大的长方形镂孔是相当流行的装饰手法。而第一期豆圈足上比较普遍存在的圆圈和三角形装饰已经不再盛行。圈足上装饰长方形镂孔源于崧泽文化,如属于第三期的崧泽 M59：8,但是并不流行。类似姚家圈豆的完整器形和装饰在汤庙村出现[2],M3：2在圈足上饰长方形镂孔,其上下还各有一周剔刻装饰：中间是两个相对的凹点,两边为等腰的弧线三角形,作为一个组合单元(图一,6)。此装饰在这个阶段很有特色,它的来源应该是崧泽文化典型的两个等边三角形夹圆形镂孔,二者之间的过渡形态是等腰的弧线三角形夹圆形,一般不穿透,为剔刻而非镂孔。剔刻的等腰弧线三角形夹圆形或夹两个相对的凹点,在豆上的装饰部位不再局限于圈足,也常常饰于豆盘与圈足的结合部,更扩展到圈足盆与平底盘的口沿沿面和罐腹等。这种装饰风格可延续到良渚文化第二段,如越城 M2：2(图一,7)[3]。罐或瓮,最明显的特点是肩腹部有一周或多周带状凸棱,数量明显多于前期。双桥 H1 的瓮上有完全相同的装饰风格(图一,11)[4]。杯,虽然花瓣足仍然存在,但是更有特色的是另外两种。一种是将圈足分割为几爿(Ⅳ式),常见三爿或四爿,爿与爿之间有比较大的缺口,与花瓣足仅刻出三角形小缺口显然有别,而与福泉山 M149：2相近(图一,8)[5]。多爿形圈足在崧泽墓地几乎不见,仅在 M87有一件近似,爿比较多,似可看作由花瓣足向典型多爿足发展的中间形态。另一种陶杯底是小饼形假圈足(Ⅴ式),与福泉山 M140：2相似(图一,9)。壶(A型),小口,以瓦棱纹装饰,器形和纹饰都同汤庙村 M1：3近似(图一,10)。马桥的一件也仅存上半部,形态稍微显得瘦长一些,壶身以等腰弧线三角形夹两个相对的凹点装饰[6]。

第二期除了在偏晚的三A层出了极个别的 T 形鼎足外,良渚文化特色并不鲜明,因此,它的文化属性是一个需要讨论的问题。

［1］苏州市博物馆、吴江县文管会：《江苏吴江龙南新石器时代村落遗址第一、二次发掘简报》,《文物》1990年7期。
［2］上海市文物管理委员会：《上海松江县汤庙村遗址》,《考古》1985年7期。
［3］南京博物院：《江苏越城遗址的发掘》,《考古》1982年5期。我将良渚文化分为四期六段,第一期即第一段,第二期包括第二、第三段,第三期包括第四、第五段,第四期即第六段。见《良渚文化的兴衰》,提交给1996年良渚文化国际学术讨论会论文。
［4］浙江省文物考古研究所：《嘉兴双桥遗址发掘简报》,《浙江省文物考古研究所学刊》,科学出版社,1993年。
［5］黄宣佩：《论良渚文化分期》,《上海博物馆集刊(第六期)》,上海古籍出版社,1992年。
［6］上海市文物管理委员会：《上海马桥遗址第一、二次发掘》,《考古学报》1978年1期。

（二）崧泽文化至良渚文化的延续和发展

崧泽文化和良渚文化有着基本相同的分布区域。在此区域内，有的遗址只含崧泽文化遗存，最典型的就是崧泽遗址，另一些遗址只含良渚文化遗存，如亭林遗址[1]。崧泽文化和良渚文化又在一些遗址中共存，其中有的存在明显的有上下叠压的地层关系，草鞋山遗址是其中之一[2]，有的则地层关系不甚清晰，发掘者将它们划分于同一大地层中，如越城遗址中层。

越城遗址经过多次调查，1960年5～7月发掘了98平方米，文化堆积厚达8米，分为上、中、下三层。中层厚1米左右，发掘出7座墓葬。对越城中层这7座墓葬文化属性的认识有一个过程。遗址的发掘整理者已经注意到这7座墓葬是有所区别的，一方面有不少器物具有良渚文化的特点，同时有一些是崧泽文化的典型器物。虽然如此，考虑到地层等因素，还是将它们一起归并为早期良渚文化，或称之良渚文化的越城期，早于雀幕桥期。后来，有学者明确指出，越城M4的随葬陶器与崧泽墓地第三期的同类器比较接近[3]。1986年我为准备学位论文对这7座墓葬作了比较细致的对比分析。发现M5也不应该属于良渚文化（图二）。随葬的豆（M5：1），泥质灰胎黑衣陶，钵形盘，矮喇叭形圈足（图二，1），与崧泽墓地的豆ⅢC（M92：2）相似。越城的发掘报告已经指出："这类豆是崧泽文化的典型器物。"M5的另一件随葬品陶壶（M5：4）带单柄（图二，2）。带柄陶器在崧泽墓地比较罕见，但在钱底巷却有多件发现，也出现在薛家岗和北阴阳营[4]。海安青墩第一、第二期墓葬中则发现了带柄的鼎和鬶形器[5]。钱底巷是典型的崧泽文化，青墩、薛家岗和北阴阳营具有崧泽文化的时代风格。因此M5更接近崧泽文化。越城M1稍晚（图三），随葬的陶豆，豆盘与圈足结合处有等腰弧线三角形夹两个相对凹点的装饰（图三，1）；罐腹部有一周窄凸棱

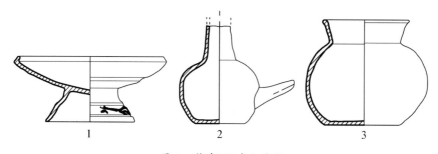

图二　越城M5出土陶器

1. 豆　2. 壶　3. 罐

---

［1］黄宣佩、张明华：《上海地区古文化遗址综述》，《上海博物馆集刊（第二期）》，上海古籍出版社，1982年。

［2］南京博物院：《江苏吴县草鞋山遗址》，《文物资料丛刊（第三集）》，文物出版社，1980年。

［3］王仁湘：《崧泽文化初论》，《考古学集刊（第四集）》，中国社会科学出版社，1984年。

［4］安徽省文物工作队：《潜山薛家岗新石器时代遗址》，《考古学报》1982年3期；南京博物院：《北阴阳营——新石器时代及商周时期遗址发掘报告》，文物出版社，1993年。

［5］南京博物院：《江苏海安青墩遗址》，《考古学报》1983年2期。

（图三，2）。此墓与姚家圈第二期比较接近。由此可见，越城的7座墓葬虽被归为同一层位，但是年代拉得很长，既有比较典型的崧泽文化或良渚文化的，也有处于两个文化的过渡阶段的，必须把它们区分开来。

除了姚家圈和越城，环太湖地区还有几处遗址的部分文化遗存具有崧泽文化和良渚文化过渡阶段的特征，如汤庙村的4座墓、福泉山T8M4、双桥H1、龙南88H22和草鞋山T802M1等[1]。

汤庙村遗址的4座墓葬，文化内涵与姚家圈遗址第二期基本相同。福泉山T8M4的陶杯垂折腹；陶豆圈足上有较大的方形镂孔；陶豆和陶罐上都有等腰的弧线三角形夹圆形或夹两个相对的凹点（图四）。双桥H1出多件釜形鼎，腹中部多有突脊，或呈窄平台状，皆安装凿形足，足外侧有指捺捏纹；陶瓮宽卷沿、深腹、平底，以宽凸棱和多组弦纹装饰；圈足盘口沿上饰弧线三角形夹两个相对的凹点；另一件矮圈足盘下腹部装饰陶索纹（图五）。龙南88H22与双桥H1相似的器物有釜形鼎、陶瓮和饰陶索纹的圈足盘。两个灰坑所出的器盖亦相同，都是圈状捉手、敞口。龙南88H22还有一件豆，豆盘与圈足的结合部有等腰的弧线三角形夹圆形的装饰，比起双桥H1圈足盘口沿上的等腰弧线三角形夹两个相对凹点的装饰来，在序列上似略早一些（图六）。

晚于上述过渡阶段遗存的，一般认为属于良渚文化，典型的墓葬遗存如张陵山西山M4和金山坟M2[2]，居址遗存是龙南88H1。在我已经建立的分期方案中，它们均属良

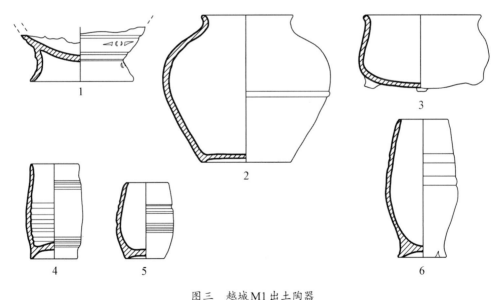

图三　越城M1出土陶器

1. 豆　2. 罐　3. 鼎　4～6. 杯

［1］　上海市文物管理委员会：《青浦福泉山遗址崧泽文化遗存》，《考古学报》1990年3期。

［2］　南京博物院：《江苏吴县张陵山遗址发掘简报》，《文物资料丛刊（第六集）》，文物出版社，1982年；上海市文物保管委员会：《上海青浦县金山坟遗址试掘》，《考古》1989年7期。

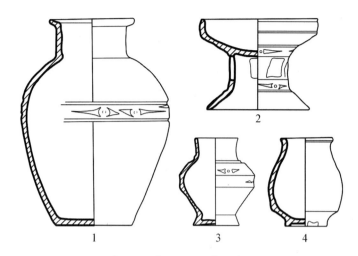

图四　福泉山 T8M4 出土陶器

1. 罐　2. 豆　3. 壶　4. 杯

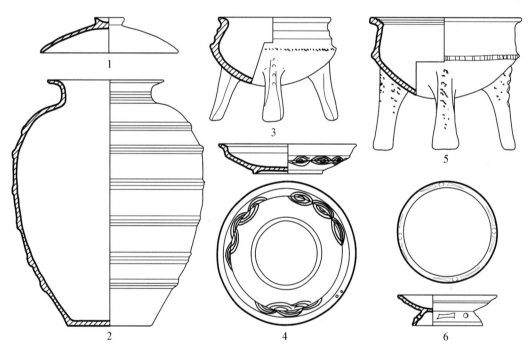

图五　双桥 H1 出土陶器

1. 器盖　2. 瓮　3、5. 釜形鼎　4、6. 圈足盘

渚文化第一期第一段[1]。

　　综上所述，可以把崧泽文化晚期至良渚文化早期遗存的序列关系作一归纳。较早的居址遗存是姚家圈第一期、墓葬遗存是崧泽第三期；较晚一些的居址遗存是双桥 H1 和龙南

[1]　我将良渚文化分为四期六段，第一期即第一段，第二期包括第二、第三段，第三期包括第四、第五段，第四期即第六段。见《良渚文化的兴衰》，提交给 1996 年良渚文化国际学术讨论会论文。

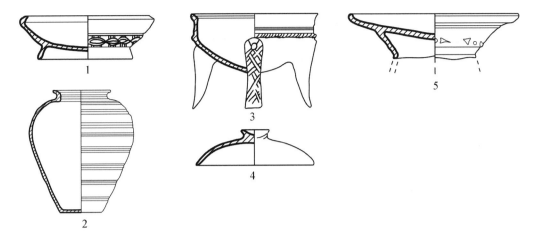

图六　龙南88H22出土陶器

1. 圈足盘　2. 瓮　3. 釜形鼎　4. 器盖　5. 豆

88H22，墓葬遗存是福泉山T8M4、汤庙村4座墓葬和草鞋山T802M1，为过渡阶段的文化遗存；偏晚的居址遗存是龙南88H1、墓葬遗存是金山坟M2和张陵山西山M4，属于良渚文化。早中晚三个阶段的文化遗存之间没有缺环，紧密衔接。

　　正因为崧泽文化和良渚文化之间的延续关系非常紧密，所以对兼有二者部分文化因素、属于崧泽文化和良渚文化过渡阶段的一类遗存的属性，看法不尽一致。汤庙村遗址的发掘报告认为："汤庙村遗址下层墓葬是目前发现的崧泽文化墓葬中最晚的一类遗存。由于汤庙村遗址崧泽文化墓葬随葬品比较丰富，地层单纯，器物形制有比崧泽遗址第三期更晚的因素，绝对年代更加接近良渚早期类型，所以，汤庙村遗址崧泽文化墓葬及随葬器物，是我们研究崧泽文化向良渚文化演变的重要的实物资料。"对双桥下文化层内涵的认识是，它们与崧泽墓地的器物比较，"几乎无一例外地都可找到对应关系"，"属于崧泽墓地为代表的崧泽文化类型"。但是，前面的分析已经说明，属于双桥下文化层的H1明显不同于崧泽墓地所代表的崧泽文化，而与汤庙村遗址的4座墓葬年代接近，因此至多只能说，"是目前发现的崧泽文化墓葬中最晚的一类遗存"。福泉山T8M4所在的第五层被定为崧泽文化晚期墓地，但是T8M4与同层的其他墓葬显然有别，含有一些新的文化因素，它们不见于崧泽墓地的典型遗存。即使像金山坟M2这样的墓葬，发掘报告也只是指出，该墓所出陶鼎"从质地上呈现了向良渚炊器胎夹细砂的特征靠拢"，"与马桥遗址第五层的良渚文化陶鼎无异"，但是未确认属于良渚文化，仅"显示了较目前所知崧泽文化最晚期的上海汤庙村遗址下层更加接近良渚文化的征兆"。

　　龙南遗址发掘报告将新石器时代文化遗存分为三期，第一期叫崧泽—良渚文化过渡期，第二、三期均为良渚文化。上面提及与双桥H1接近的龙南88H22为第二期，属良渚文化。

　　尽管有上述对过渡阶段文化遗存属性的不同认识，但是不同遗存之间的相互关系还是比较清楚的。从崧泽文化的第三期到良渚文化第一段，陶器演化序列清晰，需要确认的是二者之间一类遗存的文化归属,如双桥H1和龙南88H22等。考虑到借以命名的崧泽中层是单纯的崧泽文化,而双桥H1和龙南88H22出现了新的文化因素,不宜仍放在崧泽文化。另一方面,因为有部分崧泽文化因素的延续,所以放在良渚文化也不甚妥当。我们认为可以单独列出,称为崧泽—良渚文化过渡段。姚家圈第二期基本属之,但个别遗物略晚。汤庙村的4座墓葬、福泉山T8M4、草鞋山T802M1和双桥H1、龙南88H22等都属于崧泽—良渚文化过渡段。

(三) 环境变迁与人类生存、社会发展的关系

姚家圈遗址及其相邻的汤庙村和广富林遗址[1],起始年代非常相似,都是崧泽—良渚文化过渡段前后,其上限不早于崧泽文化的第三期,更未曾发现马家浜文化遗存。形成这一现象的内在原因是杭州湾北岸新石器考古研究中值得探讨的一个问题。

史前时期的上海,地貌环境同现在有很大的差别。地理学家把3000年以前的上海分为三种不同的地貌区域(图七)[2]。上海西部地区,主要是今天的青浦区,位于上海的

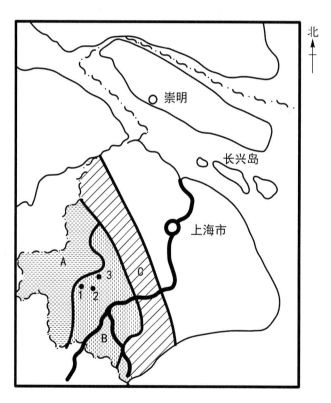

图七　上海沉积区和遗址分布位置示意图

A. 西部地区　B. 泻湖沉积区　C. 砂堤沉积区　1. 汤庙村　2. 姚家圈　3. 广富林

[1] 1989年在广富林采集了1座墓葬中的出土器物,其特征与汤庙村的4座墓葬相同。
[2] 李金安、严钦尚:《上海地区全新世中晚期沉积环境的演变》,《长江三角洲现代沉积研究》,华东师范大学出版社,1987年。

最西部,与江苏、浙江接壤,这里是上海最早成陆的地区,地势比较高,全新世以来基本没被海水淹没。在上海中部,自西北至东南的一条宽带区域,是第二种地貌类型——砂堤沉积区,是以几条贝壳砂堤为基础而形成的,形成时间在距今5500年,地势高亢。上海的西南部地区,属于泻湖沉积区。成陆时间比较晚。在冈身地区形成前后,这个地区逐渐由海湾变成了泻湖、咸水沼泽和面积不大的陆地。以后陆地面积有所扩大,但是地势仍然比较低洼。现在的松江区和金山区的一部分就在这个区域之内。比较恶劣的自然环境使这个区域成为上海境内最不适合古人居住生存的地区。马家浜文化时期,环太湖地区成陆不久,是先人们刚开辟的生存地区。那时聚落数量少,人口也少,征服或者适应自然环境的能力比较低,只能选择那些环境稍好的地区生存。马家浜文化总的聚落数量比较少和特殊的自然条件,应该是没有发现马家浜文化遗址的主要因素。

姚家圈和汤庙村遗址的新石器文化遗存存在的时间都比较短,汤庙村遗址尚未发现良渚文化第二期遗存,姚家圈遗址只有个别遗物具有第二期的某些特征。广富林遗址延续的时间比较长,可到良渚文化第三期的早段。姚家圈和汤庙村遗址都有比较长的文化堆积层中断期。我认为这也与它们地处地势最为低洼的泻湖沉积区域有关。大约良渚文化第二期后,自然环境发生变化,湖泊沼泽面积扩大,从而对一些低洼地区产生不利影响,导致人类生存发生困难,先民们被迫远走他乡。人类文化遗存由此而中断。

环境变迁与人类生存密切相关,这在具有独特的自然地理条件的环太湖地区尤其重要。这个地区的现代地形是只有少数突出的孤立山冈,大部分地区属于平原地貌,以太湖为中心的碟形洼地是其重要特征,周围地区比较高,中间地区比较低。海拔高度平均4至6米,而洼地中心高出平均海面仅仅2至4米。而在几千年前,区域范围内还有海湾和江口,泻湖和咸水沼泽,有的可能刚刚淤积成陆。低洼的地形和开放的海湾江口,对海平面的变化尤为敏感,区域内的水位、河湖水量都会随之发生变化。海面上升,会导致河湖水量激增,水位抬升,沼泽发育。有的遗址就留下了被淹没冲毁的迹象。如吴兴钱山漾遗址在太湖以南,分两大文化层,下层是良渚文化第二期,上层是马桥文化,发掘报告发表了遗址两个发掘区的地层剖面,甲区的上层和下层之间是淡黄色或灰白色的淤土,厚度为10至29厘米,几乎不见文化遗物;乙区的良渚文化层之上也叠压着断续的淤土。地层堆积可以解释为大约在良渚文化第三期,由于水患,使先人迁移他处[1]。

环境变化不仅会危及人类在某些地域的生存,甚至还可能影响社会的发展和文明的进程。

很多学者都注意到古史记载有关新石器时代晚期的"滔滔洪水",并根据考古资料和环境地理的研究成果,认为良渚文化的衰亡与海侵和洪水有很重要的关系。我也认为环境恶化是良渚文化走向衰亡的重要原因之一。现在需要进一步探讨的问题是良渚文化时期环境发生变异的时间和过程。在以往的研究工作中一般是把良渚文化

---

[1]　浙江省文物管理委员会:《吴兴钱山漾遗址第一、二次发掘报告》,《考古学报》1960年2期。

作为一个整体,只要是在良渚文化地层之上发生的事件,就认为是在整个良渚文化之后发生的事件。一些不太熟悉考古资料的研究者更是如此。实际上这种认识是很片面的。良渚文化延续发展了1200年,一些遗址的良渚文化层仅仅是良渚文化的某个阶段,而一些事件可能只是良渚文化的某个阶段之后发生的,并非整个良渚文化之后。对良渚文化研究的深入,尤其是对良渚文化分期的细化,使我们对一些事件的发生有了比较精确的时间概念。例如姚家圈文化层的中断是在良渚文化第二期,钱山漾的中断则要晚一些时间。

关于良渚文明的衰落,也并非在良渚文化末期突然发生的,而应该有一个变化与衰落的过程。

良渚文化的最高级中心遗址在浙江余杭的良渚、瓶窑地区。这个遗址实际上是一处面积很大的遗址群,分为东、西两片。最早的发掘清理工作始于东片。早在1936年施昕更先生就在良渚镇周围的棋盘坟、横圩里等地点进行了发掘。50年代以来,又在东片作了大量深入细致的调查工作,并且发掘清理了长坟、荀山东坡和庙前等地点。遗址群的西片更为重要,80年代以来发掘的反山、瑶山、莫角山等充分证明,这个地区在良渚文化第二期前后极其繁荣,是权力和财富的集中地和良渚文明的最高中心。但是西片没有再发现三期以后的上层贵族墓葬。或以为是否存在三期后中心区向东扩展的可能?虽然过去在东片盗掘出土的玉器甚多,流散于海内外,但已无从考察它们的出土地点与所属年代的关系了。而在东片发掘出的文化遗存仅局限于普通的生活遗存和墓葬,似乎还看不出中心区东移的明显迹象。另外,无论东片还是西片,都很少见到明确属于第四期的典型单位。这是否可以看作良渚文明最高中心逐渐衰退的征兆?

环太湖地区还发现了多处良渚文化贵族的高台墓地,它们是良渚文明的次级中心所在。但是目前只在福泉山和寺墩发现了个别第四期上层贵族墓葬[1]。从第四期贵族墓葬及其随葬品的数量和质量看,已经无法与之前相比。这个时期的大多数文化遗存为中下层贵族和平民阶层所留下,如亭林、千金角、徐步桥和平邱墩等地所表现的那样[2]。很多迹象都表明,在几乎整个环太湖地区,良渚文化第四期处于全面的衰退之中。但是寺墩遗址似乎是一个例外,它与绝大多数遗址不同,第三期和第四期恰是它的繁荣阶段。从目前的发现看,寺墩遗址的发展程度已经超过了同一时期的良渚—瓶窑。值得注意的是,寺墩遗址的空间位置在良渚文化次级中心遗址分布区的西北角。

可以看出,在时间和空间两根轴线上,良渚文明的繁荣点都发生了转移。在讨论良渚文明的衰亡时,它在时间和空间上的变化应该是一个重要的切入点。

前面提到,姚家圈遗址文化层的中断是在良渚文化第二期,钱山漾遗址则要晚一些时间。而良渚文明最高中心的繁荣是在良渚文化第二期,第三期之后逐渐呈现出衰

[1]　上海市文物保管委员会:《上海青浦福泉山良渚文化墓地》,《文物》1986年10期;江苏省寺墩考古队:《江苏武进寺墩遗址第四、第五次发掘》,《东方文明之光》,海南国际新闻出版中心,1996年。

[2]　浙江省文物考古研究所:《浙江北部地区良渚文化墓葬的发掘(1978～1986)》,《浙江省文物考古研究所学刊》,科学出版社,1993年。

落的迹象。第三期和第四期的繁荣中心转移到偏西北的寺墩遗址。姚家圈和钱山漾文化层的中断原因应该是自然环境的恶化，繁荣中心的转移是否也存在环境变异的因素呢？作为地理学者的赵希涛先生认为，距今4000多年前的一次海侵是由南向北逐渐延伸发展的[1]。这样，环境变异对环太湖地区乃至对中国东部的影响就应该有一个过程。过程研究的基础是年代学。由于研究对象和研究方法等方面的原因，地理环境研究在年代上的分辨率要低于考古学，因此作为两种学科的结合，在环境考古领域，事件的发生演变过程应该以考古年代学为基础。

　　综合考古资料和古环境研究成果，可以提出环太湖地区环境变异过程与人类社会发展相互关系的推论。在崧泽文化晚期和良渚文化早期，这个地区是自然环境和人类发展最为协调的时期。即使在那些地形相对低洼的地区仍然有大片的陆地，适合定居生活。属于泻湖沼泽沉积区的松江地区，这时有了最早的村落——姚家圈。环太湖地区的文明进程走向一个快速发展的时期。在良渚文化第二期，良渚—瓶窑发展成为良渚文明的一级中心，在其他地区还逐渐形成了多个次级中心。但是不久开始发生环境变异，导致变异的直接原因是海平面上升。局部地区发生海侵，海湾扩大，地下水位抬升，湖泊、沼泽等水域面积随之增大。姚家圈遗址所在的泻湖沉积区由于低洼的地势首先因此轮环境变异而受到影响。海水侵入局部低洼地区，一些村落的居民被迫迁移，姚家圈等遗址的文化遗存因此中断。由于环境变异以东南地区为先，也更加严重，使得良渚—瓶窑遗址首先出现了文明衰退的迹象。而位置偏北、距离岸线比较远的寺墩遗址继续保持繁荣景象。最后，良渚文化在衰退过程中又遭受异族的入侵，终于全部融合于其他文化之中。

　　　　　　　　　　　　　　　　　　　原载《考古》2000年11期

---

[1]　赵希涛:《中国海岸变迁研究》,福建科技出版社,1984年。

良渚文化年代之讨论

20世纪90年代之前,学术界对良渚文化的年代问题基本上没有分歧。80年代后半叶在花厅墓地发现良渚文化玉器同大汶口文化遗存共存,于是有的研究者开始怀疑以往对良渚文化年代的认识。栾丰实先生提出良渚文化年代同大汶口文化中晚期大体相当的看法[1],对此,赞同与反对均有,目前尚未达成共识。2003年,栾丰实先生再论良渚文化年代,作了更加深入的阐释,并称我为"另一位详细论证良渚文化年代的学者",详尽分析了我提出的一些论点[2]。自2000年确认晚于良渚文化的广富林遗存以来[3],我感到确实需要在梳理新旧材料的基础上深入讨论长江下游地区的考古年代学问题[4]。在搜集资料阶段读到了栾丰实先生的论文,为共同探讨写就本文。

一、良渚文化的开始年代

栾丰实认为良渚文化开始于距今5500年,大致与大汶口文化中期的开始年代相当。关于大汶口文化和崧泽文化、良渚文化的年代对应关系有不同的看法。刘斌以南河浜数据为基础,并结合其他遗址的崧泽文化遗存,将崧泽文化分为早期和晚期,早期相当于大汶口文化早期,晚期和良渚文化(应指其一部分)相当于大汶口文化中期[5]。张敏指出,江苏新沂小徐庄发现崧泽文化中期与大汶口文化早期共存现象;花厅的大汶口晚期墓地中发现了良渚文化墓葬,认为这一"异族征服"现象发生在良渚文化早期[6]。

---

[1] 栾丰实:《良渚文化的分期与年代》,《中原文物》1992年3期,第79~87页。

[2] 栾丰实:《再论良渚文化的年代》,《故宫学术季刊》2003年4期,第15~43页;《再论良渚文化的年代》,《浙江学刊》(2003年增刊),第53~69页。

[3] 广富林考古队:《广富林遗存的发现与思考》,《中国文物报》2000年9月13日第3版。

[4] 1987年我在南京大学研究生毕业论文《太湖地区文明探源——从良渚文化到马桥文化》中发表了对良渚文化分期与年代的观点,后作修改,于1996年纪念良渚文化发现六十周年国际学术讨论会上发表,题为《论良渚文明的兴衰过程》(《良渚文化研究——纪念良渚文化发现六十周年国际学术讨论会文集》,科学出版社,1999年,第86~103页),将良渚文化分为四期六段,推订年代距今约5200~4000年。

[5] 刘斌:《崧泽文化的分期及与良渚文化的关系》,《庆祝张忠培先生七十岁论文集》,科学出版社,2004年,第271~288页。

[6] 张敏:《关于环太湖地区原始文化的思考》,《庆祝张忠培先生七十岁论文集》,科学出版社,2004年,第255~270页。

　　栾丰实确定年代的主要依据是良渚文化与大汶口文化同类陶器形制的对比,再参考两文化的测年数据。双鼻壶和大口尊是作为大汶口文化和良渚文化年代互为参照的典型陶器,栾丰实对它们在大汶口文化中的时间定位作了详尽的论述,并借以推订它们所属良渚文化的年代。他对伴出双鼻壶的几座大汶口文化墓葬排序,最早的第1组是野店M31,为"大汶口文化中期(即大汶口文化第三期)",在发表稍早的另一篇论述大汶口文化分期的论文中将野店M31放在大汶口文化第三期第6段[1],即"大汶口文化中期阶段前期后段"。又将野店M31的双鼻壶定位在良渚早期略晚阶段,并估计野店M31的上限在公元前3400年前后。良渚文化的开始年代早于野店M31,即早于"大汶口文化中期阶段前期后段",为公元前3500年。

　　值得注意的是,野店M31的双鼻壶并不是大汶口文化中最早的,尽管它整体比较胖矮、颈比较粗、中矮圈足(图一,3),但是花厅南区M115:11,形体更为胖矮,圈足亦更矮(图一,2);花厅南区M105:4,假圈足(图一,1),它们在双鼻壶发展序列中的位置都应该排在野店M31的前面。从花厅南区这2座墓葬中出土的其他大汶口文化器物也早于野店M31。如钵形鼎是大汶口文化的典型陶器,演化序列比较清楚。栾丰实总结了

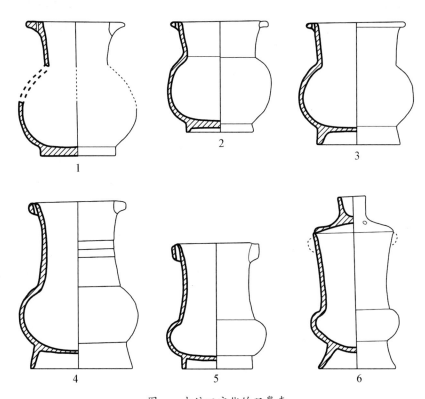

图一　大汶口文化的双鼻壶
1. 花厅南区M105:4　2. 花厅南区M115:11　3. 野店M31:10　4. 花厅北区M36:32　5. 呈子M65:9　6. 花厅北区M18:46

[1]　栾丰实:《大汶口文化的分期和类型》,《海岱地区考古研究》,山东大学出版社,1997年,第69~113页。

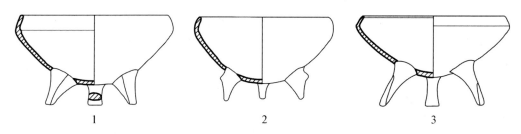

图二　大汶口文化的钵形鼎

1. 花厅南区M105：6　2. 花厅南区M115：10　3. 刘林M127：2

钵形鼎的演化规律，其中包括三足由矮向高发展，花厅南区M105和M115的钵形鼎（图二，1、2）基本与栾丰实所分的Ⅳ式（刘林M127：2）（图二，3）相同，属于大汶口文化早期第二期第4段[1]。

从花厅南区M105：4和M115：11开始，大汶口文化双鼻壶有比较完整的序列，排在最后面的是花厅北区M18：46（图一，6）。通过图一和图三可以看出，良渚文化和大汶口文化的双鼻壶，不仅形制近似，而且有基本相同的演化过程。二者之间存在怎样的相互关系呢？双鼻壶是良渚文化的典型陶器之一，其中常型双鼻壶有完整的发展序列[2]。大汶口文化中发现的似良渚常型双鼻壶数量比较少，因此多认为它们来自良渚文

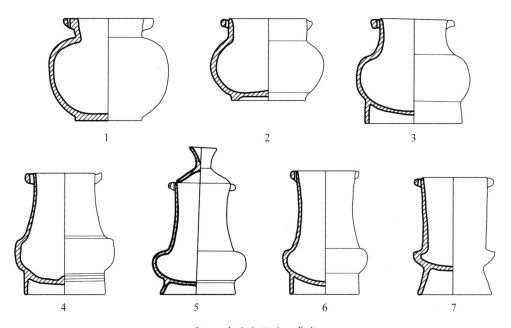

图三　良渚文化的双鼻壶

1. 福泉山T35④：3　2. 张陵山西山M5　3. 福泉山M120：2　4. 马桥94Ⅰ M5：3

5. 福泉山M74：166　6. 福泉山M101：83　7. 千金角M3：6

［1］ 栾丰实：《大汶口文化的分期和类型》，《海岱地区考古研究》，山东大学出版社，1997年，第69～113页。

［2］ 大汶口文化和良渚文化的双鼻壶各自可以分为不同的型，本文论及的双鼻壶是良渚文化的常型双鼻壶和大汶口文化中大致与之相同的形制。关于双鼻壶的分类，已另撰文。

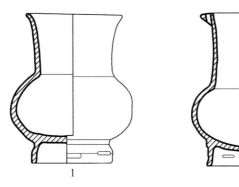

图四　带条形镂孔的壶
1. 大汶口文化(花厅南区M105∶22)　2. 良渚文化(广富林M23∶5)

化地区,或者是良渚文化影响下的产物。栾丰实也是据此以双鼻壶在大汶口文化的年代定位帮助作良渚文化的年代定位。但是花厅南区M105为这样的定位方法提出疑问。该墓除了假圈足双鼻壶外,另出一件无鼻壶(花厅南区M105∶22)(图四,1),除无鼻外,其余均具备双鼻壶的特征。此壶的颈部与圈足都比较高,圈足上有多个条形镂孔。良渚文化第二期才出现这样形制的双鼻壶和镂孔形式(图四,2)。如果在大汶口文化早期第二期第4段就出现良渚文化第二期双鼻壶的基本特征,良渚文化的开始年代岂不是早到大汶口文化第4段之前了吗? 虽然目前我只发现花厅南区M105无鼻壶这一个案,但是如果将双鼻壶作为年代定位的标准之一,就必须对此做出合理的解释。如果改订花厅南区M105的年代,就要改变M105所出钵形鼎的排序,甚至要修改大汶口文化的分期,看来这是不可能的。因此,将双鼻壶在大汶口文化的年代定位完全等同于其在良渚文化的年代定位,方法是有缺陷的,依据并不充分。

对花厅所出双鼻壶已经采用中子活化技术和X射线衍射长石定量分析法进行测试。以前种技术测试的结论是,"凡考古器型属良渚文化的陶器皆来自良渚文化地区,未发现用大汶口地区的陶土烧制良渚文化风格陶器"[1],以后种方法测试的结论是,有的似良渚文化陶器器形的"为良渚文化分布地域的制品",但是又指出,"不能绝对否定具有良渚文化因素的陶器是在新沂附近的大汶口文化分布区域内制造的可能"[2]。但是这两次测试使用的考古数据似不够严谨。两种测试用的是同一批材料,其中一件贯耳壶(即双鼻壶)器号为M122∶26。查发掘报告,M122在花厅南区墓地,陶器分类并未单独列出贯耳壶,而且M122∶26是一件器盖,因未发表器形材料,不知是否为贯耳壶的器盖? 令人费解的是,用中子活化分析的文章却说,"考古学家指出,样品M122∶26发现于花厅遗址以南20公里处"。材料使用不够严谨和结论的不确定性,使自然科学支持"花厅所出双鼻壶来自良渚文化地区"结论的力度降低。

[1] 徐安武等:《新沂县花厅遗址出土古陶器产地的INAA研究》,《核技术》1997年12期,第727～731页。
[2] 池锦祺等:《中国新沂市新石器时期古陶器的产地分析研究》,《花厅——新石器时代墓地发掘报告》,文物出版社,2003年,第222～228页。

　　大口尊在海岱地区和环太湖地区都是比较重要的一类陶器,在石家河文化也不罕见。通过器形的模拟,栾丰实认为良渚文化最早的大口尊与大汶口文化中期相同,因此年代也相同。

　　良渚文化的大口尊绝大多数属于它的第一期和第二期。自我对崧泽文化到良渚文化的过渡阶段问题作专题研究[1]以来,感到对这类大口尊的年代上限还有必要作进一步的探讨,试举几例出大口尊的单位。

　　1. 草鞋山T802M1[2],大口尊上腹部饰菱格纹,下腹部饰红、黄彩绘带(图五,1),同出折肩折腹壶(图五,2)延续崧泽文化同类器的风格(图五,3、4),曾以为"在良渚文化第一段还是偏早的"[3]。

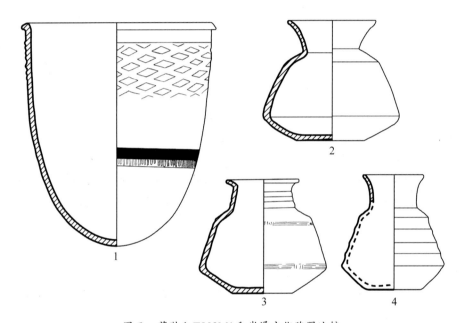

图五　草鞋山T802M1和崧泽文化陶器比较

1、2. 草鞋山T802M1的陶器　3、4. 崧泽文化陶器(崧泽M30:3、崧泽M61:1)

　　2. 福泉山T3M2[4],所出双鼻壶,小鼻未穿孔,序列定位应在穿孔双鼻壶之前,曾以为属于良渚文化"第一段,甚至可能偏早"[5]。

[1] 宋建:《关于崧泽文化至良渚文化过渡阶段的几个问题》,《考古》2000年11期,第49～57页。
[2] 南京博物院:《苏州草鞋山良渚文化墓葬》,《东方文明之光——良渚文化发现60周年纪念文集(1936～1996)》,海南国际新闻出版中心,1996年,第1～17页。
[3] 宋建:《论良渚文明的兴衰过程》,《良渚文化研究——纪念良渚文化发现六十周年国际学术讨论会文集》,科学出版社,1999年,第86～103页。
[4] 上海市文物保管委员会:《上海青浦福泉山良渚文化墓地》,《文物》1986年10期,第1～25页。发掘报告专刊改为祭祀器物堆(T3④),上海市文物管理委员会、黄宣佩:《福泉山》,文物出版社,2000年,第67～69页。
[5] 宋建:《论良渚文明的兴衰过程》,《良渚文化研究——纪念良渚文化发现六十周年国际学术讨论会文集》,科学出版社,1999年,第86～103页。

3. 福泉山M139[1],大口尊上腹部饰篮纹(图六,1),同出豆(M139：42)(图六,2)形制似崧泽M127：1(图六,3)[2];杯(M139：24),圈足分割成三片(图六,6),是崧泽——良渚过渡段的特征;陶豆圈足上有弧线三角和圆形组合镂孔(图六,4);另出翅足鼎(图六,5)。

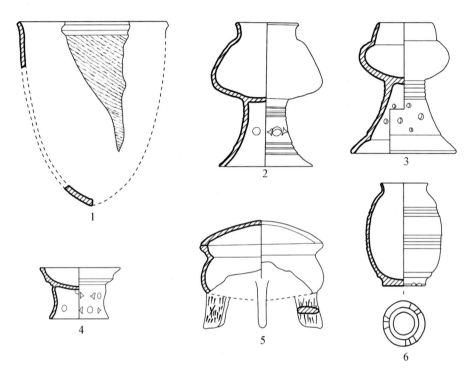

图六　福泉山M139和崧泽文化陶器比较

1、2、4、5、6. 福泉山M139的陶器　3. 崧泽文化陶器(崧泽M127：1)

4. 福泉山M126[3],大口尊上腹部饰菱格纹(图七,1),同出罐(M126：6)(图七,2),似福泉山M15：4(报告定M15为崧泽文化墓葬)(图七,4)[4],另出翅足鼎(图七,3)。

5. 福泉山M151[5],大口尊上腹部饰小菱形纹和篮纹(图八,1),同出陶豆(M151：10)圈足上有弧线三角和圆形组合镂孔(图八,2)。

[1] 上海市文物管理委员会、黄宣佩:《福泉山》,文物出版社,2000年,第63页。
[2] 上海市文物管理委员会:《1994～1995年上海青浦崧泽遗址的发掘》,《上海博物馆集刊(第八期)》,上海书画出版社,2000年,第13～46页。
[3] 上海市文物管理委员会、黄宣佩:《福泉山》,文物出版社,2000年,第60页。
[4] 上海市文物管理委员会、黄宣佩:《福泉山》,文物出版社,2000年,第39页。
[5] 上海市文物管理委员会、黄宣佩:《福泉山》,文物出版社,2000年,第67页。

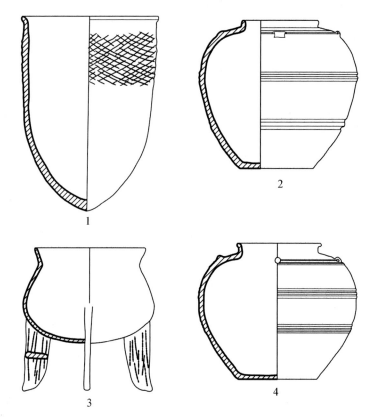

图七　福泉山 M126 和崧泽文化陶器比较

1、2、3. 福泉山 M126 的陶器　4. 崧泽文化陶器（福泉山 M15：4）

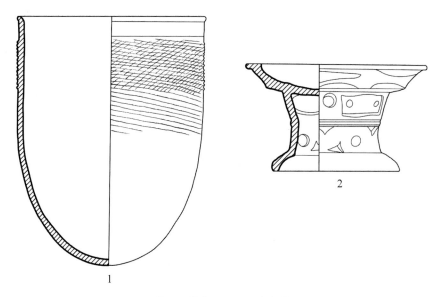

图八　福泉山 M151 的陶器

6. 达泽庙M9[1],大口尊上腹部饰菱格纹(图九,1),同出塔形壶(M9∶1)(图九,2)形制似南河浜M29∶8(图九,3)[2]。

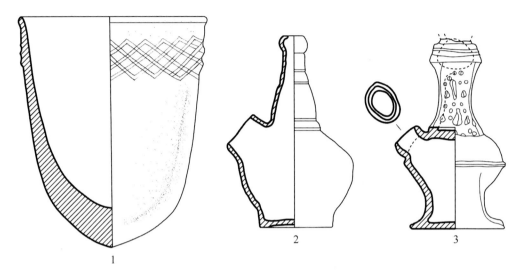

图九　达泽庙M9和崧泽文化陶器比较

1、2. 达泽庙M9的陶器　3. 崧泽文化陶器(南河浜M29∶8)

以上出大口尊的被看作良渚文化的6个单位均或多或少表现了崧泽文化风格,除了福泉山T3M2有小鼻未穿孔的双鼻壶外,均不见典型双鼻壶,其中两个单位出翅足鼎。我认为这6个单位的年代都可以定位在崧泽—良渚过渡段。如果仅从大口尊的形制相似性看,大汶口文化中期的一部分和崧泽—良渚过渡段具有可比性。

现将上述双鼻壶和大口尊的比较归纳为:根据两地双鼻壶的形制和演变序列,良渚文化的开始年代同大汶口文化早期4段有可比性。但如果根据壶的整体形态和镂孔,又出现了花厅南区M105∶22无鼻壶那样的个案,这样,良渚第二期就只能同早于或等于大汶口文化早期4段比较了。如根据两地的大口尊,崧泽—良渚过渡段同大汶口文化中期偏早段具有可比性。显而易见,用这样具有几种不同结果的比较推订良渚文化的开始年代,其结论难以令人信服。

再从14C测年数据看良渚文化的开始年代。栾丰实的"良渚文化14C测年数据一览表"比我作的表[3]多4个14C测年资料,其中3个排在"一览表"内最早的位置。我未采纳这4个数据的理由并非它们最早或比较早,而是因为张陵山的一个(ZK-0433)普

[1] 浙江省文物考古研究所、海宁市博物馆:《海宁达泽庙遗址的发掘》,《浙江省文物考古研究所学刊》,长征出版社,1997年,第94～112页。
[2] 刘斌:《崧泽文化的分期及与良渚文化的关系》,《庆祝张忠培先生七十岁论文集》,科学出版社,2004年,第271～288页。
[3] 宋建:《论良渚文明的兴衰过程》,《良渚文化研究——纪念良渚文化发现六十周年国际学术讨论会论文集》,科学出版社,1999年,第86～103页。

遍被认为不可靠；吴家埠第2层（海洋局二所）的一个我认为所采集的地层尚未进入良渚文化，青墩的一个（WB78-09）不仅所采集的地层和标本材料（树根）是否进入良渚文化存疑，而且遗址位置在长江以北。因此，尽管栾丰实认为对 ^{14}C 测年数据"相信而不迷信"，但由于增加了这几个我不采纳的数据，因此同他"对良渚文化绝对年代的估计是基本吻合的"。去除这4个数据后，可供推订良渚文化开始年代的测年数据，有 5295±120（ZK-1250）、5260±135（ZK-49）、5255±130（ZK-97）和 5240±130（BK89025）（均经达曼表校正，距1950年前）。如果要将良渚文化的开始年代推订为距今5500年，必须采用两个标准偏差高置信率的上限，或者采用栾丰实引用张雪莲计算的高精度校正年代的上限，才能吻合。很显然这样的吻合是相当勉强的。

刘斌分析并参考崧泽文化最后时期的测年数据，其中有吴家埠第2层（海洋局二所）的 5410±145，把崧泽文化的结束年代定在距今5100年。虽然没有直接谈良渚文化的年代，但由于刘斌将崧泽—良渚过渡段放在崧泽文化中，因此崧泽文化的结束年代就是良渚文化的开始年代[1]。

我参考测年数据，将良渚文化（除崧泽—良渚过渡段）开始年代放在距今5200前后，在没有足够的证据改变这一推订之前，仍然保留原有推订。

二、良渚文化的结束年代

栾丰实将花厅北区M18及其所出双鼻壶定在"大汶口文化第四期（中期阶段）偏晚"，双鼻壶形态属于良渚文化第三组（栾丰实共分四组），因此推订第三组的年代在公元前3000年前后，"第四组的下限也不会晚于公元前2600年"。他认为"第四组是目前所知良渚文化最晚的"，如向后延伸也只能是微小的移动，这恐怕是他将良渚文化的结束年代推订在2600年的主要依据之一。另外栾丰实将良渚文化的圈足簋（我称为异型大口尊）的年代基本等同于大汶口文化晚期阶段偏早时期，作为旁证。

前节已经说明，尽管大汶口文化和良渚文化的双鼻壶有大致相同的演变过程，然而有些基本特征的出现并非完全同步，以双鼻壶推订良渚文化年代具有不确定因素，不宜作为直接证据。花厅北区M18的双鼻壶（M18：46）腹部稍扁（图一，6），是从呈子M65：9发展而来（图一，5）。花厅北区M18所出阔把杯在海岱地区罕见，环太湖地区出土比较多，我已指出该墓所出阔把杯早于良渚文化第4段的福泉山M65的同类器[2]。花厅北区M18所出玉琮和晚于它的花厅北区M50所出玉琮都是良渚文化鼎盛时期（良渚文化第二期）的制品。

---

[1] 刘斌：《崧泽文化的分期及与良渚文化的关系》，《庆祝张忠培先生七十岁论文集》，科学出版社，2004年，第271～288页。

[2] 宋建：《论良渚文明的兴衰过程》，《良渚文化研究——纪念良渚文化发现六十周年国际学术讨论会文集》，科学出版社，1999年，第86～103页。

海岱地区和环太湖地区的大口尊尽管有较长一段时间形态比较相近,具有一定程度的可比性,但是在它们发展的稍晚阶段却有完全不同的演化轨迹。良渚文化的大口尊经历了从常型到异型的变化。龙潭港 G1 西部分布的 5 座墓葬揭示了这一变化过程[1]。这 5 座墓中有 4 座各随葬一件常型大口尊(发掘报告称"缸"),都置于墓坑外的东南端(图一〇,1、2)。另有 1 座(M28)在墓坑内放置 1 件发掘报告称"大口尊"的陶器(图一〇,4)。根据发表的材料,有 3 墓的时间顺序比较清楚,为 M9—M27—M28,从良渚文化第 3 段到第 4 段。根据墓葬的位置,可以尝试复原龙潭港墓地的埋葬顺序:先葬南排(M9、M26、M27),后葬北排(M10、M28),各排均从东往西先后埋葬。随葬新器形"大口尊"的 M28 年代最晚,而且它的放置位置也发生了变化。孙国平认为这件"大口尊"与"缸"是同一类器物[2]。从器物形态学的角度分析,寺墩 M3 的"簋",夹砂红陶,通体饰篮纹(图一〇,3)[3],更加接近常型大口尊,但形态已经明显异化,我称形态异化的大口尊为异型大口尊。因寺墩 M3 异型大口尊的确认,龙潭港 M28"大口尊"的位置也就清楚了。带圈足的异型大口尊后来又演变为亭林的尖底异型大口尊(图一〇,5)。

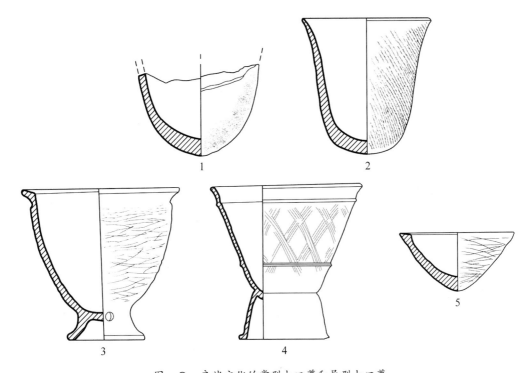

图一〇　良渚文化的常型大口尊和异型大口尊

1. 龙潭港 M9∶01　2. 龙潭港 M27∶01　3. 寺墩 M3∶8　4. 龙潭港 M28∶48　5. 亭林 M16∶73

[1]　浙江省文物考古研究所、海盐县博物馆:《浙江海盐县龙潭港良渚文化墓地》,《考古》2001年10期,第26～45页。
[2]　孙国平:《良渚文化陶缸观察与分析》,《纪念浙江省文物考古研究所建所二十周年论文集(1979～1999)》,西泠印社,1999年,第70～88页。
[3]　南京博物院:《1982年江苏常州武进寺墩遗址的发掘》,《考古》1984年2期,第109～129页。

两种异型大口尊都放置在墓坑内。器物形态的显著变化伴随着放置部位的改变，可能意味着器物功能和与之密切相关的社会观念也发生了某种变化。发生变化的时间是良渚文化第4段。

大汶口文化大口尊的形态变化完全不同于良渚文化，从大汶口文化晚期后半开始比较流行瘦高体的大口尊。值得关注的是大口尊使用形式所发生的变化。目前考古发现的瘦高体大口尊绝大多数都是大型墓葬的随葬品，如大朱家村的2件大口尊分别出自2座大墓M17（图一一，1）和M26[1]；杭头M8随葬2件大口尊[2]，均放置于坑内棺外靠近下肢处；陵阳河M19和M25的大口尊放置在脚端正中[3]。但在尉迟寺完全不同，发掘报告公布的3件刻有符号的瘦高体大口尊（M96、M177、M215）都作为小孩墓的葬具（图一一，2）[4]。这种行为表明尉迟寺人已经改变了大口尊的使用形式，并折射出尉迟寺人观念的变化。尉迟寺遗址地处大汶口文化分布区的边缘，大汶口文化遗存的年代下限已经进入该文化的最后阶段，此时海岱地区可能已经进入山东龙山文化时期。这就是大汶口文化大口尊使用形式发生改变的时间。

石家河文化早期也出土了许多大口尊（发掘报告称为臼[5]），与大汶口文化瘦高体大口尊形态很像，属于石家河文化早期后段。有相当数量的大口尊腹部刻有符号，如JY7绝大多数大口尊刻相同的符号（图一一，3）。在一件残片上的符号与大汶口文化的完全一样（图一一，4）。大口尊的放置形式与大汶口文化、良渚文化完全不同，有两种，一种是多件大口尊口底相互套接；另一种是多件大口尊口朝下底朝上直线排列置于地面。（2003年在尉迟寺发现大口尊组合埋葬，共9件，南北一条，东西一条，近折尺形，无人骨，故非墓（《考古2004年3期》）。找到了大汶口文化与石家河文化大口尊使用方式与功能的联结点）石家河文化早期和晚期实际上是两个不同的考古学文化。韩建业、杨新改指出，石家河文化晚期不应再纳入石家河文化，石家河文化仅指其早期。石家河文化与王湾三期文化前期存在显而易见的互相影响和交流，王湾三期文化前期的年代为公元前2500～前2200年[6]。因为只有同时，至少部分同时才能发生互相影响和交流，这样石家河文化的瘦高体大口尊就超出甚至远离大汶口文化晚期的年代范围了。

在讨论大口尊时必须提到北阴阳营H2[7]，该遗址位于大汶口文化和良渚文化分布

［1］　山东省文物考古研究所、莒县博物馆：《莒县大朱家村大汶口文化墓葬》，《考古学报》1991年2期，第167～206页。
［2］　山东省文物考古研究所、莒县博物馆：《山东莒县杭头遗址》，《考古》1988年12期，第1057～1071页。
［3］　山东省文物考古研究所、山东省博物馆、莒县文管所：《山东莒县陵阳河大汶口文化墓葬发掘简报》，《史前研究》1987年3期，第62～82页。
［4］　中国社会科学院考古研究所：《蒙城尉迟寺——皖北新石器时代聚落遗存的发掘与研究》，科学出版社，2001年，第224、228、229、256页。
［5］　石家河考古队：《肖家屋脊》，文物出版社，1999年，第171页。
［6］　韩建业、杨新改：《王湾三期文化研究》，《考古学报》1997年1期，第1～22页，注释58。
［7］　南京博物院：《北阴阳营——新石器时代及商周时期遗址发掘报告》，文物出版社，1993年，第87页。

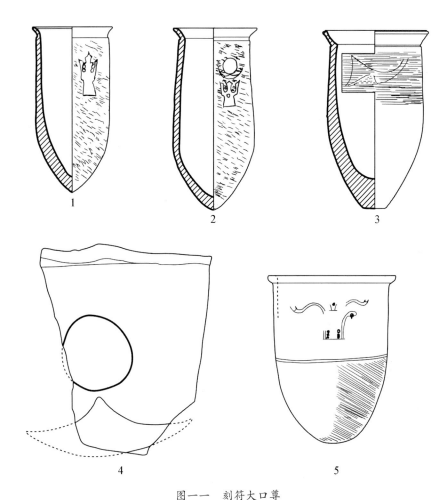

图一一　刻符大口尊

1. 大朱家村 M17：1　2. 尉迟寺 M177：1　3. 石家河 JY7：9　4. 石家河 H327：3　5. 北阴阳营 H2：1

中心区之间，被看作是通道或走廊地区。出自这个灰坑的3件陶器非常重要。一件被认为是大汶口文化晚期的刻划符号大口尊，形体不显瘦长，直器身（图一一，5），同海岱地区大汶口文化晚期典型的瘦高形大口尊不同。联系到石家河文化早期的大口尊，我认为分析器物形体的变化，要认真分析器物的空间位置、空间距离和传播关系等干扰因素。刻划符号大口尊在不同地域出现形体、时间等不完全同步的现象是可以理解的。上述大口尊的形体、刻划符号和功能及其相互关系的时空变化是很复杂的，在大致相同的时间段内，器物的形体、功能等都有可能发生不同程度的变异，反之，形体大致相同的器物，既有共时的可能，又未必都在同一时间段内。因此在遇到复杂现象时，要作细致周详的分析。

北阴阳营H2的另外2件重要器物是良渚文化袋足鬶和大汶口文化联裆袋足鬶。前者的流部位残缺，颈部特征介于粗颈与细颈之间（图一二，1），基本特征与好川墓地第四期相同（图一二，3），早于好川五期（图一二，4）和钱山漾、太岗寺、广富林等地的细高颈陶鬶（图一二，2）。后者口流部位残缺（图一三，1），形制与高广仁、邵望平所分的山东龙山文化早期ⅢC型袋足鬶相近[1]。相同的鬶亦出自大范庄[2]和呈子[3]（图一三，2、3）等遗址。栾丰实对这类鬶的年代持大致相同的看法，明确将呈子M19和大范庄M26放在山东龙山文化第一期前段[4]。由于两种不同文化来源的陶鬶在北阴阳营H2中共存，那件良渚文化袋足鬶的年代就很可能同龙山文化早期（起始于距今4500年前后）相去不远，晚于北阴阳营H2、包含细高颈袋足鬶的良渚文化遗存的年代就有了比较明确的参照体。

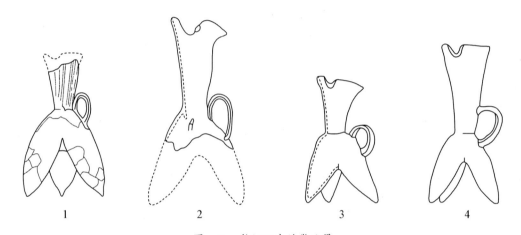

图一二　长江以南的袋足鬶
1. 北阴阳营H2：2　2. 广富林H128　3. 好川M49：19　4. 好川M58：9

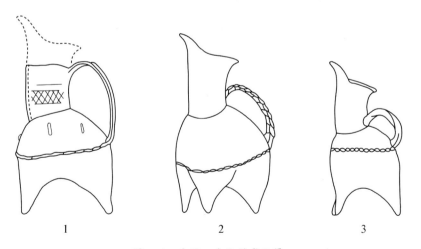

图一三　大汶口文化的袋足鬶
1. 北阴阳营H2：4　2. 大范庄M26：11　3. 呈子M19：7

［1］　高广仁、邵望平：《史前陶鬶初论》，《考古学报》1981年4期，第427～460页。
［2］　临沂文物组：《山东临沂大范庄新石器时代墓葬的发掘》，《考古》1975年1期，第13～22页。
［3］　昌潍地区文物管理组、诸城县博物馆：《山东诸城呈子遗址发掘报告》，《考古学报》1980年3期，第329～385页。
［4］　栾丰实：《海岱龙山文化的分期和类型》，《海岱地区考古研究》，山东大学出版社，1997年，第229～282页。

1999年确认的广富林遗存晚于良渚文化，早于马桥文化，是长江下游地区十分重要的考古发现[1]，广富林遗存是讨论良渚文化结束年代的关键节点。广富林遗存目前仅有的两个^{14}C测年资料分别为公元前2310和前2320年（均经达曼表校正）。广富林遗存的考古学文化谱系属于龙山文化系统，同分布于豫东南、鲁西南和皖北地区的王油坊类型的相似程度最高，广富林遗存的主要来源是王油坊类型。分布于江苏里下河地区的南荡类型的文化性质同广富林遗存相似，因此王油坊类型和南荡类型的年代可以作为推订广富林遗存年代的参照体。王油坊遗址的8个^{14}C测年数据绝大多数在公元前2500～前2200年（经达曼表校正）范围内[2]。南荡类型发掘者对它的年代估计是公元前2000年前后[3]。我认为广富林遗存年代应该接近王油坊类型年代的下限，与南荡类型相近，距今4000年前后。另外栾丰实认为广富林遗存"与龙山文化第五期的同类器基本相同"[4]。栾丰实将海岱龙山文化共分六期，延续约600年（距今4600～4000年）[5]，虽然所定绝对年代尚可商榷，但可反映他对广富林遗存的时间定位。

如果广富林遗存与良渚文化紧密衔接，那么广富林遗存的上限就是良渚文化的结束年代了，即与距今4000年相去不远。但是从近几年的发掘数据看，良渚文化衰变的最后阶段有不同来源的外来文化进入环太湖地区的迹象，除了有来自北方的龙山文化遗存，还有几何印纹陶遗存。浙江南部的好川遗址使用印纹陶比环太湖地区早，这类几何印纹陶遗存应该是从南方过来的。目前对良渚文化衰变最后阶段的研究几乎还没有开始，面貌朦胧，无法为之定性。随着研究的深入，对这一特定阶段的面貌逐渐清晰后，才能比较有把握地确定良渚文化的结束年代。

原载《故宫学术季刊》2005年2期

————————

［1］广富林考古队：《广富林遗存的发现与思考》，《中国文物报》2000年9月13日第3版；上海博物馆考古研究部：《上海松江区广富林遗址1999～2000年发掘简报》，《考古》2002年10期，第31～48页。

［2］中国社会科学院考古研究所河南二队、河南商丘地区文物管理委员会：《河南永城王油坊遗址发掘报告》，《考古学集刊（第五集）》，中国社会科学出版社，1987年，第79～119页。

［3］南京博物院考古研究所等：《江苏兴化戴家舍南荡遗址》，《文物》1995年4期，第16～30页。

［4］栾丰实：《再论良渚文化的年代》，《故宫学术季刊》2003年4期，第15～43页；《再论良渚文化的年代》，《浙江学刊》（2003年增刊），第53～69页。

［5］栾丰实：《海岱龙山文化的分期和类型》，《海岱地区考古研究》，山东大学出版社，1997年，第229～282页。

中国东部地区的三种陶器与良渚文化的年代

本文所涉及的中国东部地区包括黄河与长江两条大河的下游三角洲地区及其中间区域和邻境,现行政区划为山东、安徽、江苏、上海和浙江。东部地区的北片以海岱地区为中心,南片以环太湖地区为中心。两个中心都是考古学文化长期、稳定发展的区域,也是早期文明发展程度最高的地区,甚至有些方面的社会复杂化程度并不比后来的成熟文明二里头文化低。它们在中国甚至世界的文明化进程中占有极其重要的位置。

海岱地区和环太湖地区的文明化都经历了发展、达到巅峰、逐渐衰退衰变的过程,在社会复杂程度方面具有可比性,而且在一些陶器的形制、演变与功能方面也具有可比性,鬶、双鼻壶和大口尊就是最值得关注的三种陶器,有的学者对它们分别作过专门研究[1]。本文的重点是研究东部地区的这三种陶器,并以此为主要依据讨论良渚文化的年代。

鬶

鬶分实足与袋足两大类,有的学者将环太湖地区的实足鬶称为实足盉。海岱地区鬶的发现量大大多于环太湖地区,袋足鬶由实足鬶演化而来的轨迹很清晰,袋足鬶流行后,实足鬶不久就消失了。环太湖地区实足鬶出现于崧泽文化,早于袋足鬶,但是一直到良渚文化的最后时期仍然在使用,并未发现像海岱地区那样清晰的演化轨迹。环太湖地区鬶的保存状况也与海岱地区不同,只有少数墓葬随葬实足鬶,袋足鬶不作为随葬品。由于环太湖地区的墓葬中不出袋足鬶,而一般文化层或生活遗迹中所出又多为残片,难以复原,所以发表的袋足鬶数量很少。

袋足鬶的颈部粗细高矮不等,属于渐进的变化,粗矮颈和细高颈只是一种模糊的描述。目前长江三角洲地区发表的粗矮颈袋足鬶有亭林[2]、雀幕桥[3]等地点,细高颈的有

[1] 高广仁、邵望平:《史前陶鬶初论》《考古学报》1981年4期。黄宣佩:《陶鬶起源探讨》,《东南文化》1997年2期。孙国平:《良渚文化陶缸观察与分析》,《纪念浙江省文物考古研究所建所二十周年论文集(1979～1999)》,西泠印社,1999年。
[2] 孙维昌:《上海市金山县查山和亭林遗址试掘》,《南方文物》1997年3期。
[3] 嘉兴市文化局:《浙江嘉兴雀幕桥遗址试掘简报》,《考古》1986年9期。

钱山漾[1]、太岗寺[2]和北阴阳营[3]等地点。与长江三角洲地区关系密切的遂昌好川,袋足鬶是随葬品的主要品种,颈部富于变化[4]。

以往环太湖地区袋足鬶的发表资料很少见到分辨率比较高的有年代学意义的地层关系,又没有作为墓葬随葬品而存在器物组合关系的辅助,一段时期以来对粗颈和细颈的演变关系存在截然相反的看法。大多数研究者都曾认为细高颈鬶早于粗矮颈鬶,栾丰实从器物发生学分析并参照海岱地区鬶的演化序列,提出了细高颈鬶晚于粗矮颈鬶的观点[5]。

细高颈鬶早于粗矮颈鬶的认识恐怕同钱山漾发现细高颈鬶有关。钱山漾遗址中良渚文化的[14]C年代都比较早,ZK-49和ZK-97在距今5000年前,最晚的ZK-50也在距今4500年前后(数据均经树轮校正),因此一直将钱山漾的良渚文化看作是早期遗存。对所谓"鱼鳍形鼎足"年代的判读是导致认为细高颈鬶早于粗矮颈鬶的另一个主要原因,钱山漾的发掘报告发表了一件完整的"鱼鳍形足"陶鼎。"鱼鳍形足"早于T形足似乎是一个共识。实际上我们现在笼统叫作"鱼鳍形"的鼎足应该区分为两类:鱼鳍足和翅形足,前者几乎不出自墓葬,后者演变为T形足。翅形足流行于良渚文化早期,后来鼎足外侧出背,演变成T形足。鱼鳍足出现的时间还不很清楚,但是根据广富林等遗址的发现,可以确定的是良渚文化晚期比较常见。

好川墓地有了关于东部地区南片陶鬶的第一批完整材料,发掘者通过对随葬品各类器形和组合的排比,认为细颈袋足鬶晚于粗颈。粗颈袋足鬶出现于好川第二期,由粗矮颈向细高颈演变,第五期的颈部最为细高(图一,4～6)。后来这一判断又从广富林发现的地层关系上得到证明:包含细颈鬶(图一,3)的灰坑打破了良渚文化第6段墓葬,细颈鬶确实是良渚文化最晚阶段的器物。同时也证明栾丰实的器形分析和好川墓地的类型学排比是正确,良渚文化的袋足鬶确实是由粗矮颈向细高颈演变(图一,1～3)。鱼鳍足抱腹鼎和细高颈鬶都曾经被看作良渚文化早期的典型器物,现在可以确定是错误的。

关于良渚文化细颈袋足鬶的年代也有几种不同的观点,有的甚至差别很大。栾丰实认为大汶口文化的细颈鬶[莒县大朱(家)村M18∶56]"已走到了大汶口文化陶鬶的尽头",而良渚细颈鬶与其"相似"[6],因此它的年代与大汶口文化晚期相当。高广仁和邵望平则认为细颈鬶的年代为良渚文化早期,是在大汶口文化晚期鬶的"影响下所发生的亦步亦趋变化的结果"[7]。《好川墓地》认为该墓地的"年代大体在良渚文化晚期至夏末商初",出细颈鬶的M58是第5期(最后一期)墓葬,即好川最晚细颈鬶的年代已到商初。

可以比较海岱地区和长江三角洲地区陶鬶年代关系的好材料是北阴阳营H2,与良渚文化细颈鬶共存的器物,比较重要的是一件大口尊和一件海岱地区形态的陶鬶。大口

[1] 浙江省文物管理委员会:《吴兴钱山漾遗址第一、二次发掘报告》,《考古学报》1960年2期。
[2] 江苏省文物工作队太岗寺工作组:《南京西善桥太岗寺遗址的发掘》,《考古》1962年2期。
[3] 南京博物院:《北阴阳营——新石器时代及商周时期遗址发掘报告》,文物出版社,1993年。
[4] 浙江省文物考古研究所、遂昌县文物管理委员会:《好川墓地》,文物出版社,2001年。
[5] 栾丰实:《论大汶口文化与崧泽、良渚文化的关系》,《中国考古学会第九次年会论文集》,文物出版社,1997年。
[6] 栾丰实:《论大汶口文化与崧泽、良渚文化的关系》,《中国考古学会第九次年会论文集》,文物出版社,1997年。
[7] 高广仁、邵望平:《史前陶鬶初论》《考古学报》1981年4期。

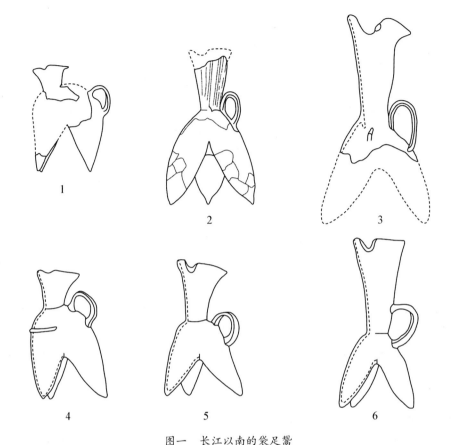

图一　长江以南的袋足鬶

1. 亭林T4M1∶2　2. 北阴阳营H2∶2　3. 广富林　4. 好川M32∶12　5. 好川M49∶19　6. 好川M58∶9

尊上腹部刻有符号，虽然完全相同者尚未在海岱地区发现，但是有相似者[1]，因此可以基本确认这是大汶口文化的符号。被认为属于大汶口文化的联裆鬶，口流部位残缺（图二，1），经形体比较，与高广仁、邵望平所分的ⅢC型近似[2]，曾出自大范庄和呈子（图二、2、3）等遗址。大范庄发掘报告将相关遗存定为大汶口文化晚期[3]，高广仁、邵望平定ⅢC型年代在海岱地区龙山文化早期。栾丰实对这类形态联裆鬶的年代持大致相同的看法，明确将呈子M19放在龙山文化六段中的第1段[4]。这一阶段确实比较特殊，既有大汶口文化残留的器物形态，又出现了一些新器形。北阴阳营H2的那件鬶就是这个阶段的。H2的那件良渚文化袋足鬶口流部位亦残缺，颈部特征介于粗颈与细颈之间（图一，2），形体同好川墓地第四期相当，早于钱山漾、太岗寺和广富林的细高颈陶鬶（图一，3）。H2中，海岱地区系统和长江三角洲地区的两类陶鬶共存，这的确是一种非常有意义的文化

［1］　李学勤：《论新出大汶口文化陶器符号》，《文物》1987年12期。
［2］　高广仁、邵望平：《史前陶鬶初论》《考古学报》1981年4期。
［3］　临沂文物组：《山东临沂大范庄新石器时代墓葬的发掘》，《考古》1975年1期。
［4］　栾丰实：《海岱龙山文化的分期和类型》，《海岱地区考古研究》，山东大学出版社，1997年。

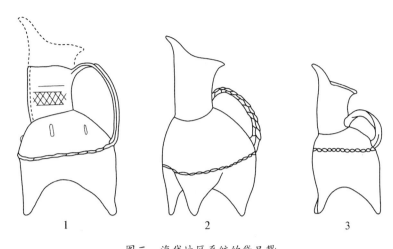

图二　海岱地区系统的袋足鬶

1. 北阴阳营H2：4　2. 大范庄M26：11　3. 呈子M19：7

现象。如果那件海岱地区系统袋足鬶能够进入龙山文化，同坑所出良渚文化袋足鬶的年代就同龙山文化早期相去不远。这样，良渚文化有一部分的年代可以同山东龙山文化共时，那些晚于H2的包含细高颈袋足鬶的良渚文化遗存就更应该同山东龙山文化共时了。

双鼻壶

双鼻壶是良渚文化的典型陶器之一，早晚延续，连绵不断。

大汶口文化中也发现了双鼻壶。最近栾丰实再次论证良渚文化年代时，将双鼻壶作为典型良渚文化因素，对其在大汶口文化中的时间定位作了详尽的论述，伴出双鼻壶的几座大汶口文化墓葬排序为，最早的第1组是野店M31，第2组的代表是呈子M59，第3组是花厅M18。第1组为"大汶口文化中期阶段前期（即大汶口文化第三期）"，第2组是"大汶口文化中期阶段前期后段（即大汶口文化第三期第6段）"，第3组是"大汶口文化第四期（中期阶段）偏晚"[1]。栾丰实在发表稍早的另一篇论述大汶口文化分期的论文中将野店M31放在大汶口文化第三期第6段[2]。如是，则第1组和第2组应该共时。

环太湖地区双鼻壶的类型学研究一般都将其作为同型器物排序，总的变化趋向是，双鼻壶体形包括颈部、圈足等均由胖、矮向瘦、高变化，腹部逐渐向扁腹变化。随着材料的积累，现在看来有必要对双鼻壶作进一步细化分型。根据福泉山发掘报告的附表四，M120共随葬4件双鼻壶，从所列式别看，胖矮与比较瘦高者共存。另外还有一类细颈双鼻壶，如广富林所出。我们现将双鼻壶分为胖矮（图三，1～3）、细颈（图三，4）和常型（图三，5、6）等三种比较常见的型。以往环太湖地区双鼻壶的分期是在常型和胖矮型相混的基础上建立的演化序列，现在应该在分型的基础上重新排列。胖矮型双鼻

［1］　栾丰实：《再论良渚文化的年代》，《浙江学刊》2003年增刊。
［2］　栾丰实：《大汶口文化的分期和类型》，《海岱地区考古研究》，山东大学出版社，1997年。

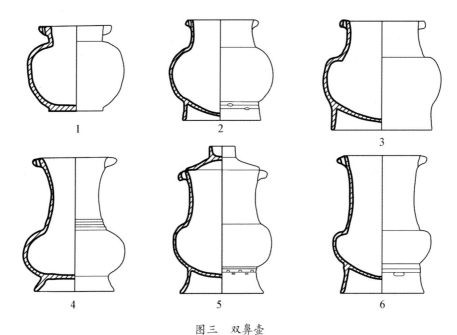

图三　双鼻壶

胖矮：1. 福泉山T35④：3　2. 福泉山M132：53　3. 福泉山M120：2
细颈双鼻壶：4. 广富林M13：1
常型：5. 福泉山M132：17　6. 福泉山M120：11

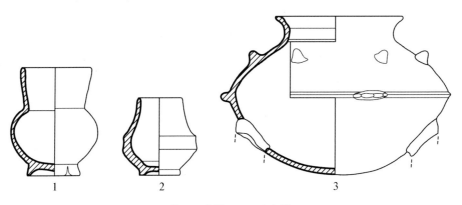

图四　崧泽M111的陶器

壶出现在良渚文化第一期，延续到第三期第4段。常型双鼻壶出现在良渚文化第二期（M120：11），延续到第四期第6段。常型双鼻壶的源头可能同胖矮型有关，崧泽M111的壶（M111：1）为常型双鼻壶的来源提供了另一条线索（图四）。这件壶口沿旁有未贯穿的鼻，花瓣形圈足，其颈部明显比胖矮型双鼻壶高（图四，1）[1]。

海岱地区双鼻壶也可以分型，现拟分三型，第一种为"似良渚型"（图五，1～6）；第二种以平底为共同特征，绝大多数的双鼻位于口沿下至颈中部，个别在口沿旁（称"平

[1]　上海市文物管理委员会：《1994～1995年上海青浦崧泽遗址的发掘》，《上海博物馆集刊（第八期）》，上海书画出版社，2000年。

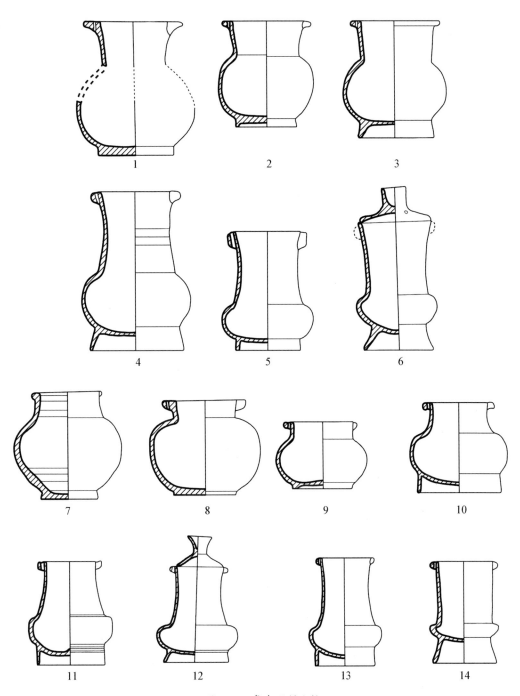

图五 双鼻壶形制比较

海岱地区似良渚型：1. 花厅南区 M105：4　2. 花厅南区 M115：11　3. 野店 M31：10

4. 花厅北区 M36：32　5. 呈子 M65：9　6. 花厅北区 M18：46

良渚文化常型：7. 福泉山 T3④：3　8. 福泉山 T35④：3　9. 张陵山西山 M5　10. 福泉山 M120：2

11. 马桥 94 I M5：3　12. 福泉山 M74：166　13. 福泉山 M101：83　14. 千金角 M3：6

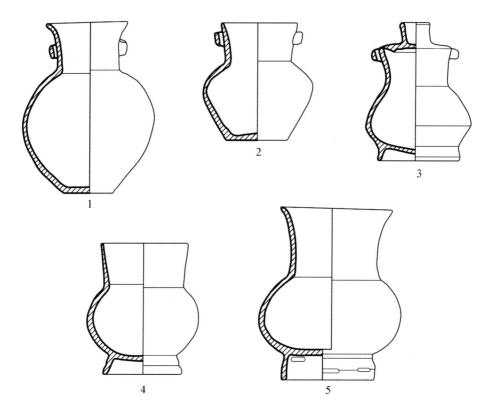

图六　大汶口文化的双鼻壶和似双鼻壶

1. 大汶口M59：4　2. 大汶口M2：3　3. 花厅北区M19：12　4. 花厅南区M108：11　5. 花厅南区M105：22

底型")（图六，1、2）；第三种以垂折腹为特征（称"垂折腹型"）（图六，3）。另外还有一类形体与良渚型基本一样却无双鼻的壶（称"无鼻壶"）（图六，4、5）。表一是上述四种壶在部分大汶口文化墓葬中的组合分布。在"似良渚型"双鼻壶中，能够确定数量在1件以上的只有野店M31，但却只发表了1件双鼻壶的图，因此无从了解是否有类似良渚文化中不同类型的双鼻壶共存的现象。但是，花厅M105除了有"似良渚型"双鼻壶，也有无鼻壶，前者为假圈足，后者为圈足，上有条形镂孔，这是一种不见于良渚文化的共存形式。

表一

	双鼻壶			无鼻壶
	似良渚型	平底型	垂折腹型	
花厅M105	▲			▲
花厅M108				▲1
花厅M115	▲	▲		
花厅M18	▲1			

	双鼻壶			无鼻壶
	似良渚型	平底型	垂折腹型	
花厅 M19			▲ 1	
花厅 M36	▲ 1			
野店 M31	▲ 4			
野店 M66		▲ 1		
呈子 M59	▲ 1			
呈子 M65	▲ 1			

未标数字的,数量不详。

如果对上述海岱地区的"似良渚型"双鼻壶排序,栾丰实所分最早的第1组野店 M31的双鼻壶比较胖矮、粗颈、中矮圈足(图五,3),但这件双鼻壶并不是大汶口文化中最早的形制。花厅南区M115∶11,形体更为胖矮,圈足亦更矮(图五,2)。花厅南区 M105∶4,假圈足(图五,1),这两件双鼻壶都应该排在野店 M31的前面。从花厅南区这两座墓葬中出土的其他大汶口文化器物也早于野店 M31。如果与环太湖地区形制类似的双鼻壶作比较,张陵山西山 M5所出为矮圈足(图五,9),福泉山 T35④∶3是假圈足(图五,8),这两件双鼻壶都属于良渚文化第一期。

通过图五的双鼻壶形制比较可以看出,环太湖地区的常型双鼻壶和海岱地区的"似良渚型"双鼻壶,不仅形制相似,而且有基本相同的演化过程,二者之间的相互关系确实耐人寻味,不外乎以下三种可能:

1. 现已发现的环太湖地区双鼻壶数量大大多于海岱地区,因此是双鼻壶源和流的原生地。海岱地区的"似良渚型"双鼻壶都是从环太湖地区直接输入的产品。这一可能性的前提是,环太湖地区出现最早的双鼻壶(假圈足和矮圈足)时,就开始传播到海岱地区,而且在此后的几百年间,不断有人员的交往,只有这样两地双鼻壶形制的发展变化才会同步。海岱地区的"似良渚型"双鼻壶的源和流都是次生的。

2. 双鼻壶的源在环太湖地区,传播到海岱地区后两地开始了各自的流,换言之,海岱地区不仅在当地制作"似良渚型"双鼻壶,而且还持续性地变化着它的款式。这里也不排斥几百年间,间断性地有直接来自环太湖地区的制成品。这一可能性的前提是两地的人对常型(似良渚型)双鼻壶器形演变的潜意识几乎完全相同,这样才会有同样的形制演变过程。

3. 海岱地区的所有"似良渚型"双鼻壶都是在当地制作的,这里是双鼻壶源和流的另一原生地。这一可能性的前提是两地对双鼻壶器形演变的潜在意识有较高程度的相似性。

如果前两种可能性成立，那么基本可以认为两地的双鼻壶是共时的。第三种可能如果成立，两地的形制大致相同的双鼻壶就不一定共时。

前两种可能性的理论基础都是传播论。现代自然科学的测试似乎也支持它们。自然科学家对花厅的陶器运用中子活化技术和X射线衍射长石定量分析法研究，前者的结论是，"凡考古器型属良渚文化的陶器皆来自良渚文化地区，未发现用大汶口地区的陶土烧制良渚文化风格陶器"[1]，后者的结论是，有的似良渚文化陶器器形的"为良渚文化分布地域的制品"，但是又指出，"不能绝对否定具有良渚文化因素的陶器是在新沂附近的大汶口文化分布区域内制造的可能"[2]。两种测试方法用的是花厅的同一批材料，其中有一件贯耳壶（即双鼻壶），器号为M122：26。M122在花厅南区墓地，发掘报告的陶器分类并未单独列出贯耳壶，而且在发掘报告上，M122：26是一件器盖，因未发表器形材料，不知是否为贯耳壶的器盖？令人费解的是，用中子活化分析的文章却说，"考古学家指出，样品M122：26发现于花厅遗址以南20公里处"。由于材料描述表现的漏洞、结论的不确定性，使自然科学支持的力度降低，双鼻壶的自然科学测试研究还有进一步做下去的必要。

支持第三种可能性的有以下依据，基本都属于类型学研究：

1. 两地双鼻壶的分型不完全相同，两地居民对双鼻壶的形制有各自的喜好，对器形与功能用途的关系也有各自的理解。

2. 壶的共存形式不同，环太湖地区常型和胖矮型双鼻壶共存于同一座墓葬；海岱地区则有另外两种不同的共存关系。

3. 两地均有假圈足和矮圈足的双鼻壶，但海岱地区尚未见到颈部特别矮的那类，环太湖地区则罕见"平底型"双鼻壶和无鼻壶。

尽管海岱地区的"似良渚型"双鼻壶和环太湖地区的双鼻壶的共时性并非唯一的认识，但仍然可以作形制比较。

花厅北区M36：32、呈子M59：12和M65：9三件双鼻壶的形制，同福泉山M120：11、马桥94ⅠM5：3相似。海岱地区的呈子M59，从栾丰实说，为大汶口文化中期阶段前期后段（即大汶口文化第三期第6段）。环太湖地区的两件属良渚文化第二期。花厅北区的另一件双鼻壶（M18：46）腹部比M36：32稍扁。M18所出阔把杯在海岱地区罕见，环太湖地区出土比较多，我已指出该墓所出阔把杯早于良渚文化第4段的福泉山M65的同类器[3]。另外该墓所出玉琮也是比较早的形制。M18的背壶形体明显瘦长，是大汶口文化中期最晚阶段的形态。现在发现的海岱地区双鼻壶没有比M18：46更晚的了。环太湖地区的常型双鼻壶比马桥94ⅠM5：3晚的至少还有三个式别，不可能全部放在大汶口文化

————————

[1] 徐安武等：《新沂县花厅遗址出土古陶器产地的INAA研究》，《核技术》1997年12期。
[2] 池锦祺等：《中国新沂市新石器时期古陶器的产地分析研究》，《花厅——新石器时代墓地发掘报告》，文物出版社，2003年，第222～228页。
[3] 宋建：《论良渚文明的兴衰过程》，《良渚文化研究——纪念良渚文化发现六十周年国际学术讨论会文集》，科学出版社，1999年。

晚期的范围内。因此，即使以海岱地区的"似良渚型"双鼻壶和环太湖地区的双鼻壶具有共时性为前提，良渚文化也有一部分遗存同山东龙山文化共时。

大口尊

大口尊是东部地区比较重要的陶器，海岱地区和环太湖地区都有较多发现。

良渚文化大口尊后来发生异化，本文区分为常型大口尊和异型大口尊。发现常型大口尊的地点有福泉山、反山、瑶山、草鞋山、大坟和龙潭港等地，绝大多数出自第一期和第二期墓葬。孙国平将常型大口尊定位在良渚文化早期和中期[1]。必须指出，目前虽然对良渚文化的分期顺序没有争议，但是对期别的时间段和各遗存在整个良渚文化中的时间定位仍有不同的看法。我将反山、瑶山等墓葬定在良渚文化四期中的第二期，也有学者定在良渚文化三期中的中期，《瑶山》发掘报告定在中期偏早阶段，同我的分期比较接近。由于对一些遗存的分期定位不一，导致常型大口尊的时间定位点不同，我认为常型大口尊时间定位基本在良渚文化的前半段，孙国平则定位在良渚文化的前三分之二时间段。

良渚文化的常型大口尊源自崧泽文化，如张陵山下层和草鞋山第六层所出，大口尊形体粗胖。良渚文化的后半段大口尊的形体发生突变，出现了异型大口尊。龙潭港G1西部五座规模较大的墓葬是揭示这一变化过程的重要资料[2]。这五座墓中有四座在墓坑外的东南端放置常形大口尊（发掘报告称"缸"），一座（M28）在墓坑内放置一件新出器物，发掘报告称"大口尊"。M9和M28发表了比较多的陶器，M27为残墓，另两座墓（M10、M26）发表材料较少。排比前三座墓的陶器，时间顺序为M9—M27—M28，从第3段到第4段。根据墓葬的排列，龙潭港墓地的埋葬顺序为先葬南排（M9、M26、M27），后葬北排（M10、M28），各排均从东往西先后埋葬。值得注意的是M28，该墓不再延续墓坑外放置常型大口尊的葬俗，却在墓坑内放置以往不曾见过的"大口尊"。孙国平认为这件"大口尊"与"缸"是同一类器物[3]。从器物形态学的角度分析，龙潭港M9和M27的常型大口尊（图七，1、2）同M28的"大口尊"（图七，4）形态差异太大，难以看出直接的演变关系。可以看出明显演变关系的是寺墩M3的"簋"，夹砂红陶，通体饰篮纹（图七，3）[4]，显然是常型大口尊的变异，我称为异型大口尊。这样，龙潭港M28的"大口尊"的位置就清楚了。带圈足的异型大口尊后来演变为亭林的尖底异型大口尊（图七，5）。所有异型大口尊都放置在墓坑内，随着器物形态的显著变化，放置的部位跟着改变，可能意味着器物功能和与之密切相关的社会观念也发生了某种变化。发生变化的时间是良渚文化第4段。

---

［1］ 孙国平：《良渚文化陶缸观察与分析》，《纪念浙江省文物考古研究所建所二十周年论文集（1979～1999）》，西泠印社，1999年。

［2］ 浙江省文物考古研究所、海盐县博物馆：《浙江海盐县龙潭港良渚文化墓地》，《考古》2001年10期。

［3］ 孙国平：《良渚文化陶缸观察与分析》，《纪念浙江省文物考古研究所建所二十周年论文集（1979～1999）》，西泠印社，1999年。

［4］ 南京博物院：《1982年江苏常州武进寺墩遗址的发掘》，《考古》1984年2期。

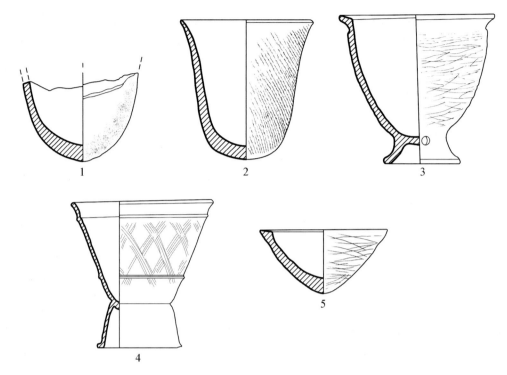

图七　常型大口尊和异型大口尊

1. 龙潭港 M9∶01　2. 龙潭港 M27∶01　3. 寺墩 M3∶8　4. 龙潭港 M28∶48　5. 亭林 M16∶73

　　大汶口文化大口尊，形体类似良渚文化常型大口尊的，流行于大汶口文化中期至晚期，晚期后半比较流行瘦高体的大口尊。

　　大汶口文化中心地区的大口尊，尤其是那些有刻符号的，几乎都是大型墓葬的随葬品。大朱家村的两件大口尊分别出自两座大墓 M17 和 M26[1]，杭头 M8 随葬两件大口尊[2]，均放置于坑内棺外靠近下肢处。陵阳河 M19 和 M25 的大口尊放置在脚端正中[3]。有的发掘者开始注意大口尊内盛放的物品，陵阳河 M25 大口尊内"有炱灰"，"似伴有灰烬类物"[4]，这是了解大口尊原有功能的重要资料。但是尉迟寺发表的3件刻有符号的瘦长体大口尊（M96、M177、M215）都作为小孩墓的葬具[5]，改变了大口尊的固有功能，尉迟寺人似乎不再将大口尊作为特别尊崇的礼器看待。

　　目前学术界一般认为大汶口文化直接演变为山东龙山文化，然而迄今在山东龙山文化中丝毫不见大口尊这样一种举足轻重的器物，发生器物链的突然断裂，令人深思。体现器物链断裂的另一种器物是背壶。山东龙山文化基本不见这类大汶口文化非常流

［1］　山东省文物考古研究所、莒县博物馆：《莒县大朱家村大汶口文化墓葬》，《考古学报》1991年2期。
［2］　山东省文物考古研究所、莒县博物馆：《山东莒县杭头遗址》，《考古》1988年12期。
［3］　山东省文物考古研究所等：《山东莒县陵阳河大汶口文化墓葬发掘简报》，《史前研究》1987年3期。
［4］　王树明：《莒县陵阳河墓二十五及其发现树社文字》，《故宫学术季刊》2001年4期。
［5］　中国社会科学院考古研究所：《蒙城尉迟寺——皖北新石器时代聚落遗存的发掘与研究》，科学出版社，2001年。

行的陶器,而尉迟寺发现的背壶同海岱地区比较,突变的迹象非常清楚,不宜仅以地方性差异来认识。从背壶等陶器形态的比较,尉迟寺大汶口文化的下限已经进入该文化的最后阶段,恐怕此时海岱地区已经是山东龙山文化的天下。如果将尉迟寺大口尊功能的改变放在这个大变化的背景下观察,可能比较容易理解。

大汶口文化刻划符号的大口尊通常为瘦高体,它们的特征除了整个形体比较瘦高外,器身的最大直径一般在中下部(图八,1、2)。但是也有例外,杭头的一件明显不如大朱家村和尉迟寺的瘦高,当然符号也不一样(图八,3)。北阴阳营H2的一件刻划符号大口尊被认为是大汶口文化晚期的,但却同海岱地区大汶口晚期典型的瘦高形大口尊有别,它的形体并不显得瘦长,直器身(图八,4)。与这件大口尊同出的一件联裆鬶,在海岱地区可进入龙山文化初年(见前文分析)。北阴阳营的地理位置已经远离大汶口文化的分布区域,同灰坑的另一件陶鬶形态也从不见于大汶口文化。这些现象表明,在分析器物形体的变化时,对器物不同的空间位置、空间的距离和传播关系等干扰因素要有足够的考虑,既要注意时间因素,也要注意空间因素,后者有时候更为重要。刻划符号大口尊在异地出现不完全同步的现象是可以理解的。尉迟寺和北阴阳营的现象还说明,大汶口文化大口尊的形体、刻划符号和功能及其相互关系的时空变化是很复杂的,在大致相同的时间段内,器物的形体、功能等都有可能发生不同程度的变异,必须特别注意。

本文不打算讨论良渚文化和大汶口文化大口尊的源,它们的流则有很大的差异,演化轨迹不能作一一对应,良渚文化的常形大口尊后来蜕变为异形大口尊,一直延续到良渚文化相当晚的时期,而大汶口文化在瘦长体大口尊之后当地就绝迹了。从北阴阳营H2看,大汶口文化同形不同地域的大口尊都未必共时,更何况两个不同的文化,常型大口尊在时间上很难有完全的共时性,这同前述双鼻壶有相似之处。而且,器物是否同形是很主观的,栾丰实最近将北阴阳营H2的大口尊判定为大汶口文化第四阶段(晚期阶

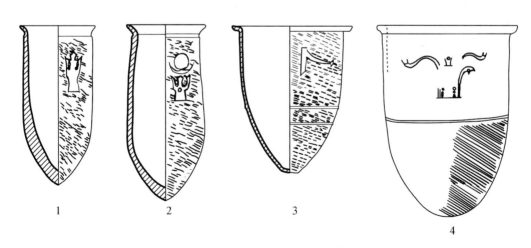

图八　大汶口文化刻符大口尊

1. 大朱家村M17:1　2. 尉迟寺M177:1　3. 杭头M8:49　4. 北阴阳营H2:1

段偏晚时期)[1]，那就意味它与瘦高体大口尊同形，而我看来二者差别很大。以前他还曾认为H2的这件大口尊是良渚文化的[2]。这种判别器物形态的主观性恐怕也是传统器物形态学方法论的缺陷吧。

大汶口文化和良渚文化的大口尊形体相似，在各自的文化传统中都是非常重要的器物，功能也有相近之处，因此仍然可以作形制比较。它们在各自区域生息的时间，可以作为年代对比上的参考。以此为出发点，我认为二者的年代"大致相当"[3]，这同双鼻壶的研究方法相同。

良渚文化的常型大口尊在第4段突变成异型大口尊，异型大口尊继续按照自身的逻辑轨迹演变。形制相似的大汶口文化大口尊主要出现在它的中期，晚期后半发生比较大的变化，流行瘦高体，并刻划符号，但是在远离海岱地区的南京北阴阳营，形体并没有太大的变化。进入山东龙山文化海岱地区大口尊消失。这样看来，良渚文化一部分异型大口尊的年代与山东龙山文化重叠。

自20世纪80年代末90年代初以来，对良渚文化年代认识具有较大冲击力的考古发现有两个，第一个是花厅墓地。在花厅北区的大汶口文化墓葬中发现了典型的良渚文化玉器，栾丰实认为，良渚文化基本不与龙山文化共时，同大汶口文化中晚期的年代大体相当[4]，或下限比大汶口文化略晚[5]。第二个重要发现是广富林遗存[6]，这是环太湖地区新发现的文化遗存，晚于良渚文化，早于马桥文化。

良渚文化究竟是否有一部分遗存与龙山文化共时，此前我已就此问题参与讨论[7]，本文又对东部地区的三种陶器鬶、双鼻壶和大口尊作了更加深入的探讨，对"共时"问题的结论应该是肯定的。现在的问题是良渚文化部分遗存与龙山文化共时的程度，即有多长时间共时。在讨论这一问题时，广富林遗存是一个时间节点。广富林遗存的考古学文化谱系属于龙山文化系统，同王油坊类型的相似程度最高，王油坊类型是广富林遗存的主要来源。王油坊遗址的八个14C测年数据绝大多数在公元前2500～前2200年（经树轮校正）范围内。同广富林遗存性质相似的还有分布于江苏里下河地区的南荡类型，发掘者对它的年代估计是公元前2000年前后[8]。栾丰实认为广富林遗存"与龙山文

[1] 栾丰实：《再论良渚文化的年代》，《浙江学刊》2003年增刊。

[2] 栾丰实：《论大汶口文化与崧泽、良渚文化的关系》，《中国考古学会第九次年会论文集》，文物出版社，1997年。

[3] 宋建：《论良渚文明的兴衰过程》，《良渚文化研究——纪念良渚文化发现六十周年国际学术讨论会文集》，科学出版社，1999年。

[4] 栾丰实：《良渚文化的分期与年代》，《中原文物》1992年3期。

[5] 栾丰实：《再论良渚文化的年代》，《浙江学刊》2003年增刊。

[6] 广富林考古队：《广富林遗存的发现与思考》，《中国文物报》2000年9月13日第3版。上海博物馆考古研究部：《上海松江区广富林遗址1999～2000年发掘简报》，《考古》2002年10期。

[7] 上海市文物管理委员会：《上海市闵行区马桥遗址1993～1995年发掘报告》，《考古学报》1997年2期。宋建：《论良渚文明的兴衰过程》，《良渚文化研究——纪念良渚文化发现六十周年国际学术讨论会文集》，科学出版社，1999年。

[8] 南京博物院考古研究所等：《江苏兴化戴家舍南荡遗址》，《文物》1995年4期。

化第五期的同类器基本相同"[1]。栾丰实将海岱龙山文化共分六期，延续约600年[2]，以此可以估计广富林遗存的时间定位。我认为广富林遗存应该比王油坊类型略晚，距今4000年前后。广富林遗存目前仅有两个^{14}C测年数据：公元前2310和前2320年（经树轮校正），似比通过其他条件推断的年代略早一点。从广富林遗址的发掘资料看，良渚文化衰变的最后阶段有不同来源的外来文化进入环太湖地区的迹象，除了有来自北方的龙山文化遗存，还有南方过来的几何印纹陶遗存。目前对这个阶段良渚文化的研究几乎还没有开始。相信通过对这一特定阶段的深入研究，不仅可以逐步破解良渚文明衰变之谜，良渚文化部分遗存与龙山文化共时的程度问题也将迎刃而解。

　　　　　　　原载上海博物馆：《上海博物馆集刊（第十期）》，上海书画出版社，2005年

---

［1］　栾丰实：《再论良渚文化的年代》，《浙江学刊》2003年增刊。
［2］　栾丰实：《海岱龙山文化的分期和类型》，《海岱地区考古研究》，山东大学出版社，1997年。

良渚文化衰变研究

　　良渚文化是公元前第三千纪中国社会发展程度最高的早期文明之一，"良渚文明"的提法逐渐为学术界所接受，成为新的专用词汇。良渚文化着眼于其考古学文化属性，良渚文明侧重于其社会发展水平。良渚文明的过程是兴起、鼎盛、平稳发展直至衰变，本文的研究重点是过程的后阶段。

一、良渚文化后阶段的年代学

　　文化遗存的发展变化是年代学研究的主要内容。自1980年代以来，我以墓葬为基本材料将良渚文化分为四期，几种典型陶器如鼎、豆、双鼻壶等，在这四期中都有清晰的演变序列[1]。属于第四期的典型单位在高等级贵族墓葬中有寺墩M5和福泉山M40等，平民墓葬在浙江嘉兴地区发现比较多，邻近的上海金山也有发现。随着墓葬材料越来越多，逐渐感到第四期内还有差别，可以再细分。

　　引起关注的是叽喇浜的18座墓葬与2座灰坑[2]。多数墓葬随葬宽背T形足鼎，属第四期无疑，但是这批墓葬随葬陶器的基本组合形式是鼎、三鼻篝、平底盆或尊或罐，没有豆，只有1座墓（M6）有双鼻壶。两座灰坑的地层堆积顺序均早于墓葬，其中H1有竹节形豆把，豆盘缺失，以及宽背T形足鼎。H2的宽背T形足鼎的四期特征更加明显。H1的竹节形豆把上部加戳条形镂孔，基本特征与福泉山M40、寺墩M5的翻缘豆相同（图一）。寺墩M5的另一类陶豆（寺墩M5：76、79）豆把上部的装饰风格同叽喇浜H2：1也很近似（图二）。福泉山M40和寺墩M5均属第四期墓葬，而根据地层顺序，叽喇浜的墓葬比灰坑晚，这可以作为第四期内可以再细分的一条依据。

　　第四期墓葬之后，环太湖地区还没有发现良渚文化墓葬，那么第四期是否可以认为就是良渚文化的最后阶段？在提出这一问题时我们注意到远离环太湖地区的浙江南部发现了同良渚文化关系十分密切的遂昌好川墓地，这批材料为探讨良渚文化的结束时

---

[1]　宋建：《论良渚文明的兴衰过程》，《良渚文化研究——纪念良渚文化发现六十周年国际学术讨论会文集》，科学出版社，1999年。良渚文化分四期6段，其中第二期包括第2段和第3段，第三期包括第4段和第5段。

[2]　浙江省文物考古研究所：《桐乡叽喇浜遗址发掘》，《沪杭甬高速公路考古报告》，文物出版社，2002年。

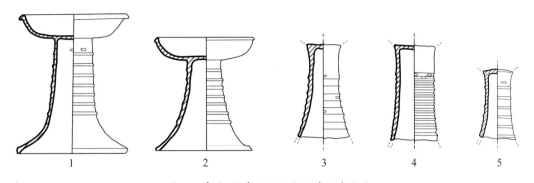

图一　寺墩、福泉山及叭喇浜遗址出土豆

1. 寺墩 M5：74　2. 福泉山 M40：16　3～5. 叭喇浜 H1：36、37、38

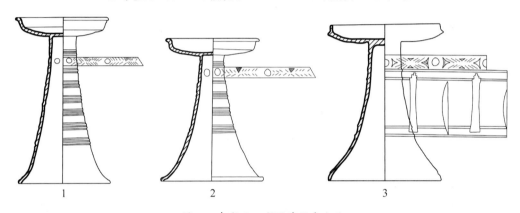

图二　寺墩及叭喇浜遗址出土豆

1. 寺墩 M5：76　2. 寺墩 M5：79　3. 叭喇浜 H2：1

间提供了极其重要的线索和依据。

　　首先必须讨论的是好川墓地和与之相同遗存的性质。关于好川墓地的年代与文化属性，随着资料整理、比较和研究的逐步深入，发掘者的认识也在不断地深化。最早见于《中国文物报》的报道将好川定为良渚文化墓地，后来在《浙江考古精华》描述器物时，又将其定为马桥文化，在正式发掘报告中则命名为好川文化，并定性为“一支分布于浙西南仙霞岭山地的新石器时代末期的考古学文化”。

　　好川文化遗存与环太湖地区良渚文化相同的因素很多。后者常见的陶器豆、三鼻簋、袋足鬹、尊等，在好川墓地都有，多数器类所占比例还很高，是随葬品的主要器类。环太湖地区良渚文化中常见的阔把带流杯和双鼻壶在好川墓地也有，但很少见，前者出自 M7，后者出自 M8。玉石器相同的有锥形器和平端石镞。好川文化遗存的阶形玉片虽然还未发现于环太湖地区，但是同形的刻纹出现在余杭良渚遗址群的玉璧上，同形的镂孔出现在叭喇浜 H2 的陶豆把上。

　　好川墓地二期和三期十分流行三角形和圆形的组合镂孔，主要装饰在豆把上。以往一般认为三角形、圆形或其组合镂孔，是崧泽文化的特征，良渚文化虽然延续，但已经简化或弱化。现在看来良渚玉器神像上的透雕与刻纹都将它们作为基本的构图元素。

良渚文化晚期陶器上三角形、圆形或其组合镂孔又很流行，叭喇浜M8随葬一件圈足罐（M8：11），圈足上饰三角形镂孔，H2有不少豆把和圈足上有三角形、圆形组合镂孔，因此可以把相同或相似的镂孔形式作为第四期的重要装饰特征。良渚遗址群的横圩里、昆山绰墩、湖州塔地[1]、桐乡新地里[2]等都发现了相同的遗存。当初好川墓地集中发现三角形和圆形的组合镂孔时似乎不太好理解，随着环太湖地区发现越来越多这样的镂孔形式，认识到这是环太湖地区自崧泽文化以来的传统构图形式，应该从历史文化背景出发理解三角形和圆形镂孔从流行到弱化又再度流行的发展过程。

命名为好川文化最为关键的依据是好川发掘报告所分B组陶器的存在。因为B组陶器中有同良渚文化相似的，如报告作者提到的A型鬶、A型豆、C型豆和A型杯等，所以被认为"既脱胎于良渚文化陶器原型又不同于原型的新型式"。后来王海明先生又提到C型豆、F型豆的圆形、三角形组合镂孔及其排列形式，以及圈足底曲折内勾特征均与余杭卞家山的良渚文化"如出一辙"[3]。报告作者又认为B组陶器中还有一部分"具有鲜明自身特征的典型陶器，是好川墓地文化的主体即主导文化因素"。实际上B组陶器中除了A型鬶、A型豆、C型豆、F型豆和A型杯外，还有H型豆、管流盉等均见之于良渚文化，只是有些器物在环太湖地区尚未作为墓葬随葬品，如鬶；有的发现少或被辨识得少，如管流盉；有些可能略晚于目前比较取得共识的良渚晚期遗存，如垂棱比较发达的豆等，因此有些在好川一经发现就被看作是新因素。B组陶器中包含这样多的良渚文化陶器种类和器形，再认为B组陶器仅仅是"脱胎于良渚文化陶器原型"显然是不够的，应该说B组陶器中有相当一部分或者说大部分同A组陶器的性质是相同的，均属于良渚文化。

关于好川墓地的性质，王明达先生用"外来户"的措辞表达，进而明确指出"这批良渚文化族群的人们在好川一带定居"，但是又说好川墓地"归入良渚文化的范畴显然不合适"[4]，读来似乎有点不易理解。

根据以上对墓葬随葬品的分析，好川墓地的主人当属是良渚文化族群南迁者中的一支，他们在好川定居后，接受了当地原住民的部分习俗，但并未摒弃原有的主流习俗。M4和M14就反映了当两种不同传统发生碰撞时墓主人的偏好与亲疏观念。M4中代表良渚文化传统的遗物均放置在葬具内，而当地传统的3件印纹陶罐放在葬具外的填土中，M14随葬的3件印纹陶罐放在脚端的葬具之上，证明墓主的族群指向明显偏良渚文化。因此好川墓地仍属良渚文化。好川同环太湖地区确实存在不同之处，如好川随葬品组合中的鬶、管流盉等在环太湖地区只出自生活遗存，从不见之于墓葬。好川长方形墓坑的长/宽之比小于环太湖地区等，因此从文化属性上以好川为代表的遗存可以看作

［1］ 国家文物局：《浙江湖州塔地新石器时代遗址》，《2004中国重要考古发现》，文物出版社，2005年。
［2］ 浙江省文物考古研究所、桐乡市文物管理委员会：《浙江桐乡新地里遗址发掘简报》，《文物》2005年11期。
［3］ 王海明：《好川文化的几个问题》，《长江下游文明化进程学术研讨会论文集》，上海书画出版社，2004年。
［4］ 王明达：《良渚文化的去向——当前良渚文化研究的一点思考》，《长江下游文明化进程学术研讨会论文集》，上海书画出版社，2004年。

是良渚文化的一个地方性变体。

明确了好川墓地的文化属性,就可以充分利用不同区域之间资料的互补,梳理年代的对应关系。

环太湖地区的浅盘高圈足豆,圆弧形盘壁,翻缘,豆把上部戳条形镂孔,如福泉山M40和寺墩M5所出,属于良渚文化第四期第6段。形制近似的折腹豆出自平邱墩M9,亦属第6段。寺墩M5所出另一类装饰形式的豆,也以翻缘为豆盘的重要特征。这类豆在好川被分为G型(图三),数量不多,但比较集中,M10出1件,M12有6件,两座墓均属于三期前段。第6段与好川三期前段存在对应关系。

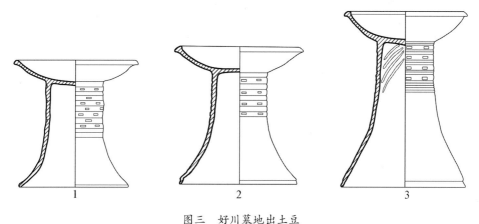

图三　好川墓地出土豆
1～3. 好川M10∶10、M12∶11、M12∶12

陶尊是太湖东南片常见的陶器,延续时间比较长,新地里M28属第5段,陶尊已经出现,第6段也很流行。陶尊也是叭喇浜墓葬陶器组合中的一类,这批墓葬同两座灰坑的地层堆积顺序表明相对年代晚于寺墩M5。陶尊在好川墓地发现不多,与环太湖地区陶尊形制近似者集中出现于三期。好川第四期前段M72的陶尊整体趋高,肩部下溜。环太湖地区有高体尊,但无论整体形态如何,端肩特征保持不变。

带垂棱的豆在好川墓地有F型和H型,后者始见于四期,前者从第二期到第五期。据发掘报告F型豆的变化趋势是"小豆盘大底足发展为大豆盘小底足",另外,垂棱自身也有其演变轨迹,第五期M28和M30的垂棱最宽。垂棱豆在良渚文化墓葬中很少见,庄桥坟M12的垂棱[1],带盖,子口,垂棱窄小,圈足上有圆形三角形镂孔。徐步桥编号为M4∶2的垂棱豆[2]同好川四期的F型豆相近(图四),问题是发掘报告中的徐步桥M4∶2不是这件器物。不管怎样,只要这件垂棱豆出自墓葬,就可以为环太湖地区良渚文化第四期细分提供又一证据。环太湖地区遗址堆积中以往也很少发现这一时期的垂棱豆,余杭庙前发掘报告公布了几件,形制亦同好川四期的F型豆相似(图五)。近年广富林

[1]　嘉兴市文物局:《崧泽、良渚文化在嘉兴》,浙江摄影出版社,2005年,第240页,图十九。
[2]　嘉兴市文物局:《崧泽、良渚文化在嘉兴》,浙江摄影出版社,2005年,第58页,图四十六。

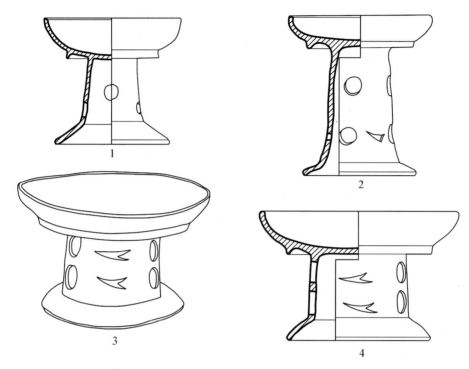

图四　好川墓地及徐步桥遗址出土豆
1. 好川M49：4　2. 好川M38：6　3. 徐步桥M4：2　4. 根据3改绘

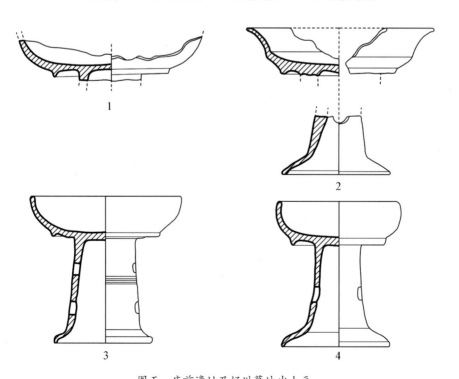

图五　庙前遗址及好川墓地出土豆
1. 庙前G1：103　2. 庙前H7：1、3　3. 好川M56：11　4. 好川M49：9

发掘出土窄垂棱豆和宽垂棱豆,后者所属地层叠压在前者地层之上。

　　管流盉在好川墓地共修复10件,从三期后段的M14出现开始,延续到第五期的M28,其中属于第四期的数量最多。根据形态排比,管流盉的演变趋向是,"直口变侈口,领部增高,盉嘴加长,整体造型由矮胖到瘦高端庄"。形制相同的管流盉在环太湖地区也发现了多件,出土地点有湖州塔地、苏州独墅湖(苏博藏品)、余杭庙前等。参照好川序列,塔地的管流盉领部直口,领部不太高,与好川第四期前段的M72∶10比较相似。庙前J1①[1]的管流盉残损,管流较长,与好川第四期后段的M49∶11比较相似(图六)。

　　细颈鬶在好川排在最晚的第五期。环太湖地区已经发现相同形制细颈鬶的遗址或遗迹单位有广富林H128、钱山漾和亭林等。在广富林和钱山漾,与细颈鬶共存的有鱼鳍足鼎,这两种器物存续的时间相同或部分相同。好川墓地不见鱼鳍足鼎,环太湖地区发现鱼鳍足鼎的遗址也不多,已知地点或遗迹单位还有吴江龙南H1,杭州湾以南有绍兴仙人山。

　　综上所述,环太湖地区良渚第四期大体相当于好川墓地第三期,前者少数较晚的墓葬可以相当于好川墓地第四期前段,个别甚至相当第四期后段,如徐步桥M4。环太湖地区尚未发现相当于好川墓地第五期的墓葬,但在此时,两地仍然保持比较多的联系,从细颈鬶、管流盉、宽垂棱豆以及平端石镞等器物可见其端倪,这一阶段可作为良渚文化第五期。目前虽然还没有发现第五期墓葬,但文化遗存已在多个地点发现。第五期

图六　好川墓地及塔地、庙前遗址出土管流盉

1. 好川M72∶10　2. 好川M49∶11　3. 塔地出土管流盉　4. 庙前J1①∶14、15

[1]　浙江省文物考古研究所:《浙江良渚庙前遗址第五、六次发掘简报》,《文物》2001年12期。

遗存自第四期发展而来的延续关系表现在几种典型陶器上,鬶从短粗颈演变为长细颈,垂棱豆从垂棱较弱发展到较强,豆把镂孔从组合镂孔常见到单一圆孔常见,这些陶器的演变同好川墓地所表现的延续关系十分相似。在充分的考古资料发现或公布之前,暂将良渚文化第五期的下限划定在与好川墓地下限相同的时间。

二、良渚文明的衰变过程

以良渚文化后阶段的年代学研究为基础,我们可以从后阶段的文化遗存观察良渚文明的衰变过程。首先是文明的中心浙江余杭的良渚—瓶窑遗址群。莫角山超大型基址和反山第一阶段、瑶山等最高等级墓地都属于我的分期方案中的第二期,是良渚—瓶窑遗址群的极度繁荣期。反山M12墓主使用极其尊贵的琮和钺,特别是那件独一无二的权杖,其显赫的王者地位充分展现。遗址群成为良渚文明的最高中心,权力和财富高度集中,同时期的任何遗址均不能与之匹敌。到第四期,遗址群的地位显然不能同第二期相提并论了。遗址群的规模小了,根据最新的清单,遗址群一共包含了135个“点”,这些“点”中可以初步确定时期的仅29处(这里采用报告中粗略的早中晚三分法),早期4处,中期8处,晚期3处,包含早、中、晚期的1处,包含中、晚期的13处,综合统计,早期最少,中期最多,晚期较少,这是近年来发现较多晚期遗址的最新数据[1]。没有发现像反山第一阶段、瑶山那样最高等级的墓葬。但是高等级的贵族仍然在这里活动则是毋庸置疑的,吴家埠的高15.51厘米六节人首纹玉琮、文家山的残多节玉琮、瓶窑外窑的长16厘米的玉琮钻芯,以及卞家山的变体鸟纹漆器,这些都表明晚期的遗址群仍然是一个不可忽略的中心。现在的问题有两个,一个是这些高贵物品比较准确的时间定位;这些高贵物品所指向的中心是至高无上的,还是同其他中心相并列。多节琮在良渚第5段已经流行,并不能作为四期贵族活动的可靠证据。对第二个问题,现有材料也不能证明遗址群作为中心的地位高于寺墩。

良渚遗址群还有一个现象值得关注。1955年在长坟遗址出土了二百多件完整或能够复原的黑陶器,出自面积约130平方米的水塘底部和16平方米的探沟内,分布范围不大。陶器种类有双鼻壶、三鼻篗、竹节形豆、圈足尊、T形鼎足等,年代下限至良渚晚期。这批陶器保存完好的程度竟使得当时的发掘者认为是一批未经使用的陶器。2003～2005年卞家山发掘,在所谓“大沟”的水域淤积土内发现大量各类材质的器物,有不少以往罕见的制作精致的漆器,器物年代为良渚晚期。这些陶器多丢弃在低洼区域。长坟在丢弃陶器近旁发现木桩,卞家山发现器物的近旁有大量木桩。其他一些遗址也存在类似现象。大量完整陶器和精品被集中丢弃说明了什么社会现象,如果仅以一般生活废弃物解释恐怕还难以令人信服,应该存在发生了某种重大社会变故的可能。

---

[1]　浙江省文物考古研究所:《良渚遗址群》,文物出版社,2005年。

良渚文化第五期遗存在遗址群只有零星发现，前述庙前J1①是比较确定的。在一些晚期遗址中所见到的三棱石镞和饰绳纹、方格纹的陶器等可能也属于这个时期。现有材料表现的遗址群景象似乎衰败而萧条。

良渚遗址群外发现晚期高等级贵族墓葬较多的地点有福泉山、寺墩。

福泉山出玉琮的墓葬共有五座，M53、M65、M67、M9和M40，这五座墓葬的位置在墓地的中部和东部，可称为中部墓组和东部墓组，两墓组均大致南北向排列，比较有序，M65和M67在中部，M9和M40在东部，被破坏的M53应该也属中部，相距稍远。在M65的北部还有M60，未随葬琮或琮类器，但其他随葬品很丰富，玉器有璧、冠形器、锥形器和福泉山发现的唯一的带钩。从随葬品分析，中部墓组早于东部墓组，中部墓组的M60和M65最早，均属第4段。东部墓组的M40最晚，属第6段，这几座使用玉琮的墓葬时间定位于第4段至第6段，延续了比较长的时间。中部墓组与东部墓组、西部墓区之间都各有宽十多米的无墓葬区域。西部墓区的埋葬十分密集，墓葬之间的叠压关系比较复杂。西部墓区延续时间很长，自崧泽文化开始一直到良渚文化较晚时期。从第4段起福泉山主人的地位显著提升，开始掌控玉琮，在西部墓区以东新开辟当地最高等级贵族的专有墓地。在福泉山还没有发现第6段以后的遗存。第6段贵族墓M40的一件6节玉琮被分割为两件，材质为滑石，另一件"琮"（形制同早先的柱形器有渊源关系）的材质为叶蛇纹石。同墓所出的一件钺也是滑石，以上三器均为假玉。"重器"用假玉制作可见此时真玉材质的渐趋匮乏，这一现象同第6段后贵族活动的结束似有内在的联系。

寺墩发现四座随葬玉琮的大墓，其中唯一保存完好的M3共有33件琮。四座大墓东西横向排列，周围近旁没有发现其他墓葬。除M4外，其余三座墓都有陶器。M1的"杯形器"（M1：2），同亭林的异形大口尊（M16：73，发掘简报称"器盖"，有误）形制相似，但形体更小，更明器化，应是异型大口尊最后阶段的形态，可归入第6段。M3出4件陶器，其中圈足异形大口尊最早出现于4段，双鼻壶与豆具有第5段的形态特征，M3的埋葬年代应为第5段。M5的鼎、豆、双鼻壶等陶器具有明显的第6段形态特征。M4只能依靠玉器确定大致期别，在收集的被认为属于该墓的玉琮中有九节人首纹长琮（寺：38）[1]。余杭瑶山的主墓地发现了三节人首纹琮形管（M2和M7）和两节人首纹玉琮，而在瑶山西区收集的玉器中有六节人首纹琮形管（2846）。瑶山西区应略晚于主墓地。三节及以上的人首纹多节琮最早出现于良渚第4段，流行于第5段和第6段，M4的年代应该在此范围内。综上所述，寺墩的四座大墓，M3较早，M1和M5晚。如果确为先埋中间，再埋两侧，M4可能早于M1和M5。上述资料表明寺墩是第5、第6两段高等级贵族的专有墓地。

经发掘的高等级贵族墓葬还有草鞋山、丘承墩[2]、横山、亭林等墓地。草鞋山至少有4座高等级贵族墓葬，但只有1座即M198为科学发掘，属第三期，还没有发现同时期

［1］ 陈丽华：《常州市博物馆收藏的良渚文化玉器》，《东方文明之光——良渚文化发现60周年纪念文集（1936～1996）》，海南国际新闻出版中心，1996年，第57～66页。

［2］ 张敏等：《江苏无锡丘承墩遗址首次发现良渚文化高台墓地的双祭台》，《中国文物报》2006年4月19日第1版。

等级较低的墓葬。丘承墩发掘3座高等级贵族墓葬,其中2座即M3和M5随葬玉琮,发表的1件为五节长琮。同墓地还发现7座等级较低的墓葬,期别不详。从发表的丘承墩陶器看,其与草鞋山接近,属第三期。横山只发现2座高等级贵族墓葬,M2的长琮同福泉山M40一样被分割成2个,但切割方法不同。福泉山M40原为6节,切割时将第三节(自上而下)的鼻嘴修整掉大半,为琮的下端射,又将第四节的弦纹修去上部,为另一件琮的上端射。横山M2原为8节,切割时将第四节(自上而下)的鼻嘴全部修整掉,为琮的下端射,又将第五节的弦纹全部修去,为另一件琮的上端射。尽管切割与修整方法不完全相同,但应该反映相同的观念。亭林共发掘23座墓葬,仅1座随葬9节长琮。

以上良渚文化晚期高等级贵族墓地,材料相对比较完整的是福泉山、寺墩和亭林,前两处墓地高等级贵族活动的延续时间很长。如福泉山至少延续三段,即从第4段到第6段,寺墩至少延续第5和第6两段。草鞋山等几处墓地,高等级贵族活动也延续了一段时间,但其长度不能确定。只有1座高等级贵族墓葬的亭林是延续时间最短的。如果排除考古资料贫富的差异,那么这与第4段之前的高等级贵族的活动延续就有很大不同。第4段之前只有高城墩的贵族活动延续较长,从第二期延续到第三期前段(第4段),其余地点从琮的发现看,延续时间都很短。这种不同强烈暗示第4段以后良渚遗址群以外的高等级贵族及其所代表的群落可能具有较以往更强的独立性。

除了亭林和期别不详的丘承墩,这几处墓地的另一个重要特征是为高等级贵族所专有,同第4段以前有显著反差。第4段以前的专有高等级贵族墓地除了良渚遗址群,高城墩是可以确定的一处。需要注意的是高城墩的地理位置,这是良渚文化区域内距离中心最远的高等级贵族墓地,联系到高城墩同寺墩在时间上的衔接关系,以及寺墩在良渚第5、6段的特殊地位,确实耐人寻味,可以进一步探究的内容很多。其他含有高等级贵族墓葬的墓地皆非专有墓地。能够拥有贵族专有墓地的群落应该具有很高的地位,在考虑同良渚遗址群的相互关系时,它们与第4段以前那些没有贵族专有墓地的群落相比,是完全不一样的。第4段以前二者之间是最高中心与次级中心的关系,而现在已经变了。

目前还没有发现第6段以后高等级贵族的遗存,在拥有高等级贵族墓地的地点也不能确认存在第6段以后的文化遗存。很可能第6段以后高等级贵族的活动已经不再存续,或改变为其他形式。

已发现的平民墓葬年代下限比高等级贵族墓葬要晚一些,也就是说第四期应该细分为两段,新增第7段,有属于该段的平民墓葬。目前环太湖地区包含第四期墓葬的材料还没有像好川那样全部公布的,从而为准确排序带来困难。对照好川,在太湖东南片的墓地中有多处包含了第四期第7段的墓葬,如庄桥坟、徐步桥、图泽、周家浜等地点。

分析良渚文明这样一个庞大的社会体系发生衰变的动因,我认为首先应该考虑它的社会运作机制。良渚文明运作机制的基石是其特有的宗教,这是调节社会各群落各阶层等相互关系的溶化、溶合剂。我们说良渚文明的聚落结构与社会管理模式是单中心的金字塔形,主要是指鼎盛时期及其前后的发展。在那么广阔的区域形成单中心的治理结构有赖于统一的宗教。玉是良渚文明开展宗教活动最重要的物质基础,第6段的福泉山M40较多"重器"使用假玉制作表明这一物质基础比起早先阶段已经大为削弱。使用假玉的直接原因很可能是真玉材的匮乏或开采不易，真玉的产量难以满足使用量大增后的需求。以良渚文化第4段的前后划线，究竟是前段使用玉量大，还是后段大，似乎很难找到一种可靠的比较方法。玉的使用者是贵族，特别是高等级贵族大量使用玉，因此从高等级贵族活动的时空范围作比较，不失为有益的尝试。在良渚遗址群以外，延续时间很长或比较长的高等级贵族专有墓地的数量，后段明显多于前段。后段高等级贵族活动的空间范围扩大、时间延续更长，用玉必然大量增加。进一步分析，大量玉器的制作过程是纯消耗性开支，需要等量生产性经济活动以获取资源来支撑。如果二者趋于失去平衡，恐怕就只能以降低玉的质量、加快玉器的生产速度以减少资源的消耗来勉强维持平衡了。从中也折射以农业为主的生产性经济在维持社会发展方面不再游刃有余。高等级贵族活动时空范围的改变，大大削弱了从良渚文明鼎盛时期以来的金字塔形的单中心聚落结构与社会管理机制，高等级贵族所在聚落的性质已经不同于原先的次级中心，与此相关的聚落形态也在发生变化。

　　良渚文明的快速崛起走向繁盛的巅峰是因为在同一宗教旗帜下维持着一条完整的社会发展链，以宗教为依托的社会管理机制是其中极其重要的一环。第4段以后这一环逐渐松弛直至发生局部的断裂，作为文明中心的良渚遗址群高度集中的控制能力逐渐被削弱，一批新的中心崛起，离心力不断增大，形成与原有中心地区并列甚至超越的地位。社会控制力量的分散导致跨地区之间合力的萎缩与竞争的加剧。社会发展链的其他环节如对外关系，与农业生产能力关系密切的自然环境等对维持社会链的完整性来说，都是缺一不可的。公元前第三千纪后半叶，也就是所谓龙山时代的后一阶段，黄河流域发生了一系列重大的经济和社会变化，部族之间冲突加剧，战争频仍，社会动荡，各种不同规模的族群主动或被动迁徙。以北来族群为主的向环太湖地区的扩张、迁移，分散离心的良渚族群无法与之作有效的抗衡。长江三角洲特殊的地貌使得人与环境的相互依存特别重要，洪灾频发是水网低地环境恶化的主要形式，会极大地降低农业生产能力，对人类社会发展产生负面影响。社会链的诸多环节互相牵制，松弛、局部断裂和弥补、修复继续维持文明的存在。第6段以后社会发生变动，首先被波及的是高等级贵族，他们改变了活动形式或者部分终止活动。然后是普通聚落，第7段以后各族群内部的固有秩序被打乱，管理体制遭受极大破坏，社会动荡不定，生活方式也发生了很大变化。只是在偏远的好川还维持了原有的秩序，社会相对稳定。可以说到良渚文化第五期，特定意义上的早期文明已经不复存在。

　　良渚文化第五期以及其后的一段时间，来自不同方向的文化因素复杂多元，有当地的，有来自黄河流域的，也有来自南方地区以几何形印纹为特征的文化遗存，其中源起王油坊类型的文化遗存逐渐占据了主导地位，形成广富林文化。

原载浙江省文物考古研究所：《浙江省文物考古研究所学刊（第八辑）——纪念良渚遗址发现七十周年学术研讨会文集》，科学出版社，2006年

环太湖地区文明进程的新课题

——从好川与广富林的新发现谈起

     中国的文明起源是多元性的发展过程,这一认识得到越来越多研究者的认同,环太湖地区是举足轻重的文明发源地之一。在讨论中国文明起源时,人们关注的目光落在距今5000年至4000年前后这段时间。这个时期发生在环太湖地区的事情是,良渚文化走完了它的文明进程,以后被马桥文化所取代,发展过程完全不同于中原嵩山地区从河南龙山文化到夏文化(二里头文化)的演进,从而成为文明进程中的另一种模式[1]。近年来,随着浙江遂昌好川墓地[2]和上海松江广富林遗址[3]的新发现,不仅为再深入研究增添了新鲜材料,也是环太湖文明进程研究中的一个新课题。

一

     好川墓地位于浙江西南的山地丘陵地区,这是近年来的重大考古发现之一。目前发掘资料正在进行全面整理,本文仅依靠已经发表的很少部分的材料,以尽快进入相关课题的探讨。

     好川墓地发现于1997年,当年进行发掘,在大约4000平方米的墓地范围内,一共清理了80座墓葬。因为在工程施工中有些墓葬已经遭受破坏,所以好川墓地的墓葬总数超过了100座。经发掘的80座墓有相同的埋葬习俗,均为土坑竖穴墓,有的墓坑平面的长与宽相差不大,接近方形。墓坑规模差别比较大,较大的墓坑长4.2、宽4米,较小的长仅1米多,宽不到1米。墓坑多比较深,较深者达3米左右。多数墓葬有木质葬具。根据个别发现人骨的头向和所有墓葬的随葬品排列位置分析,墓葬方向在95～155度之间者居多,即东偏南,少数墓向为东偏北(30～55度)。随葬品以陶器为主,还有少量玉

[1] 宋建:《嵩山地区与太湖地区文明进程的比较研究》,《上海博物馆集刊(第六期)》,上海古籍出版社,1992年。
[2] 王海明、罗兆荣:《遂昌好川发现良渚文化大型墓地》,《中国文物报》1997年10月19日;浙江省文物考古研究所:《浙江考古精华》,文物出版社,1999年。
[3] 广富林考古队:《广富林遗存的发现与思考》,《中国文物报》2000年9月13日。

器、石器和漆器,常见器物有陶鼎、豆、壶、罐、鬶、盉,玉(石)钺、锥形器和石镞。

关于好川墓地的年代与文化属性,随着资料整理、比较和研究的逐步深入,发掘者的认识也在不断地深化。最早见之于《中国文物报》的报道将好川定为良渚文化墓地,后来在《浙江考古精华》中认为它的“相对年代大体处于良渚晚期至马桥文化阶段”,同书在描述器物时,又将其定为马桥文化。因为发掘资料的整理和报告的编写工作正在进行之中,所以上述认识应该只是对墓地存在年代的初步判断。

从已经发表的少量资料看,好川墓地确实延续了一段相当长的时间。在年代比较早的陶器中,有一类豆颇具特色,泥质灰胎黑皮陶,浅盘上有一周凸棱,盘下缘有宽大的垂棱,豆把上盛行以圆形和弧线三角形镂孔装饰。另一类是弧腹浅盘豆,豆把上也盛行同样的镂孔装饰。一般认为圆形和等边的弧线三角形镂孔是崧泽文化的典型纹饰,有规范化的表现形式,即以圆形居中,三角形在其两侧,形成了特定的组合关系(图一,1)。崧泽文化以后,圆形和等边弧线三角形镂空装饰发生了退化和变异。在崧泽—良渚的过渡阶段流行的是等腰的弧线三角形夹圆形,一般不穿透,为剔刻而非镂孔(图一,2)。后来又演变为等腰弧线三角形夹两个相对的凹点,进一步简化。在豆上的装饰部位也不再局限于圈足,还常常饰于豆盘与圈足的结合部,更扩展到圈足盆与平底盘的口沿沿面和罐腹等(图一,3~6)[1]。尽管发生了变异,但它们那特定的组合形式仍然保留下来,这种装饰风格一直可延续到良渚文化第2段,如越城M2:2(图一,3)。从良渚文化起,陶器上典型的圆形和等边弧线三角形在环太湖地区已经消失,但是这种风格并未绝迹,它们以大致相同的形式出现在玉器上,用来表示兽面的眼睛和眼角,从而出现内涵上的变异(图二)。

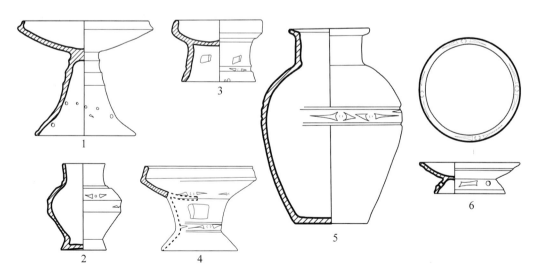

图一　环太湖地区陶器的圆形和弧线三角形纹饰及其变异

1. 钱底巷M2　2、5. 福泉山T8M4　3. 越城M2　4. 汤村庙M3　6. 双桥H1

[1]　宋建:《关于崧泽文化至良渚文化过渡阶段的几个问题》,《考古》2000年11期。

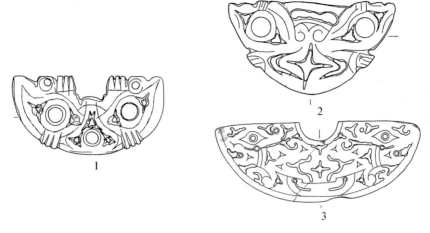

图二　环太湖地区玉器的圆形和弧线三角形纹饰及其变异

1. 反山M16：3　2. 瑶山M7：55　3. 瑶山M11：84

　　受环太湖地区文化影响，有的地区也以圆形和等边弧线三角形装饰，并且可能延续到稍晚的时期。得出这一认识缘起对新沂花厅墓地年代的讨论。该墓地在1980年代的发掘中分北区和南区[1]，南区墓葬为典型的大汶口文化，北区墓葬相当复杂，既有大汶口文化因素，又有良渚文化因素，后者主要是随葬品中的大部分玉器。也有一部分陶器很难与良渚文化陶器相区别，如M18的贯耳壶、双鼻壶、带流阔把杯和M20的瓦棱纹陶豆和折腹豆等（图三）。经组成成分的微量元素分析，不排除有良渚文化陶器属于环太湖地区产品的可能[2]。这两座墓葬也随葬大汶口文化的典型陶器背壶，显示了它们复杂的文化背景。值得注意的是，北区墓葬随葬的另一类陶豆，圈足上饰圆形和三角形镂孔，其中有的带有明显的崧泽文化遗风（图四，1），有的虽然镂孔还保留着崧泽文化的样式，但是组合与排列已经发生明显的变化，圆形镂孔和等边弧线三角形镂孔均纵向排列（图四，2），相互之间分得比较开（图四，3）。南区墓地的大汶口文化墓葬中随葬的陶豆圈足上也装饰圆形和三角形镂孔（图四，4），但陶豆深腹，形制与北区墓葬的那部分陶豆判然有别，二者镂孔的排列形式也全然不同。根据良渚文化陶器的排序，M18的带流阔把杯为良渚文化第二期，M20的瓦棱纹陶豆接近良渚文化第4段的装饰风格[3]，这是确定花厅墓地圆形和等边弧线三角形镂孔相对年代的基本依据。

　　好川墓地发表了几件浅盘陶豆，圈足上的圆形和弧线三角形镂孔或纵向排列（图四，5），或交错排列（图四，6），相互之间也分得比较开。虽然器形有本地特色，但镂孔的

　　[1]　南京博物院：《1987年江苏新沂花厅遗址的发掘》，《文物》1990年2期。南京博物院花厅考古队：《江苏新沂花厅遗址1989年发掘纪要》，《东南文化》1990年1、2期。
　　[2]　池锦祺：《中国新沂市新石器时期古陶器的产地分析研究》，《东方文明之光——良渚文化发现60周年纪念文集（1936～1996）》，海南国际新闻出版中心，1996年。
　　[3]　本文良渚文化分期方案为四期6段分法。宋建：《论良渚文明的兴衰过程》，《良渚文化研究——纪念良渚文化发现六十周年论文集》，科学出版社，1999年。

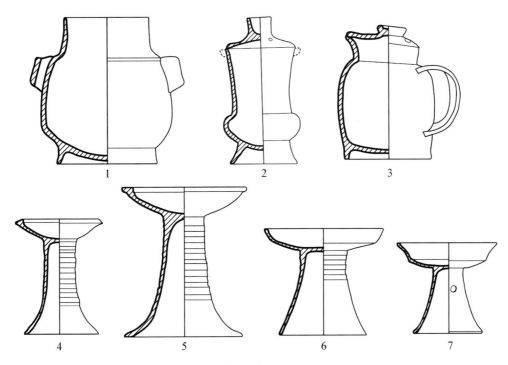

图三　花厅的良渚文化陶器
1. 花厅M18：38　2. 花厅M18：46　3. 花厅M18：35　4～7. 花厅M20：35、38、59、63

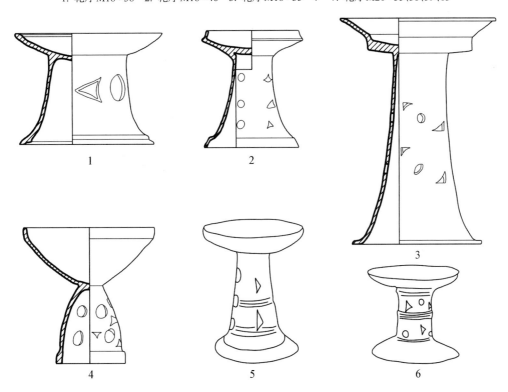

图四　花厅与好川陶器的圆形和弧线三角形纹饰比较
1. 花厅M18：45　2. 花厅M8：5　3. 花厅M20：32　4. 花厅M122：25　5. 好川M10：14　6. 好川M50：6

表现形式,好川与花厅是很相近的,因此其性质也应该是相同的,即环太湖地区的装饰风格在其他地区的延续。

从崧泽—良渚过渡期到良渚文化时期,圆形和三角形风格发生了三种不同形式的变异。其中,在它的发源地环太湖地区有两种变异:大致相同的形式在玉器上表现为兽面的眼睛,这是内涵的变异;陶器上镂孔变成戳印、圆形变为两个凹点、等边三角形变为等腰三角形,这是形式上的变异。另一种变异发生在环太湖地区以外良渚文化波及的地区,主要表现为镂孔形式的变异。

好川墓地的玉器是另一类可资断定年代和性质的材料。在M10、M37、M60和M62等四座墓葬中出土了数件特殊的玉片,较大的一件高8.24厘米,上部为台阶形,两侧线条流畅,略向内弧,下端平,其横剖面呈凹弧形,暗示其可能是包嵌在某种圆柱状物体的外面(图五,1)。我们对这种玉片的造型并不陌生,一些被认为是良渚文化的玉器如玉璧和玉琮上刻有形态几乎完全相同的徽记[1]。可惜的是,这些刻有徽记的玉器都不是正式发掘品,能够确指其出土地点的只有一件玉璧,出自良渚安溪(图五,2)。以后又在良渚文化的陶器上发现了与徽记样式相同的镂孔,进一步证明这是良渚文化的典型标志物。

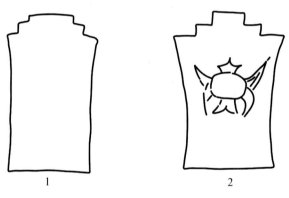

图五　玉器和刻纹比较
1. 好川玉器　2. 安溪玉璧的刻纹

此外,好川墓地还以袋足鬶作随葬品。这是良渚文化的典型器,其特征是整体器形前倾,似禽类作前行状,细颈,捏流,宽把附于后袋足上,腹上部常附一周附加堆纹(图六)[2]。

这样,可以认为好川墓地中有一部分墓葬的年代相当于良渚文化时期。大约自良渚文化第二期开始,良渚文化曾与浙江西南地区有过交往。

好川墓地的随葬品中还有绝不见于良渚文化的印纹陶器,其质地有软硬的差别,

[1]　邓淑苹:《中国新石器时代玉器上的神秘符号》,《故宫学术季刊》1993年3期。
[2]　黄宣佩:《陶鬶起源探讨》,《东南文化》1997年2期。

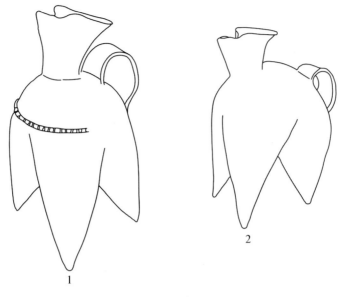

图六　陶鬶比较
1. 好川　2. 亭林

器形有夹砂灰陶圜底罐、夹砂红陶圈足罐和带嘴扁腹壶等,印纹有条格纹、曲折纹、叶脉纹等。这部分文化内涵同良渚文化判然有别,却同以往在邻近地区发现的文化遗存相似,例如在江山山崖尾、肩头弄等地发现的墓葬和印纹陶器。山崖尾H1当时认为是一个灰坑,年代可能早于肩头弄遗存一单元[1]。因好川的发现而重新审视,这个灰坑平面呈长方形,长206、宽120、深50厘米,坑底平整,其形制、规模都同好川墓葬相似,当为墓葬无疑。该墓随葬4件陶器,其中陶鬶细颈、捏流、袋足,陶豆的盘下有垂棱,它们的特征亦同好川墓地所出相同或近似(图七)。山崖尾墓葬能够归入好川80座墓葬的年代序列之中。

浙南闽北的古遗址和墓地多分布在山地丘陵,好川也不例外。这个地区对外交往不便,处于相对封闭的环境中。分布在不同地区的文化遗存既有共性,又表现出独特的个性。在闽北的浦城牛鼻山遗址,墓葬为土坑竖穴,多长方形,少数为梯形,也有的墓坑近方形,方向呈东南—西北和东—西方向。墓坑形制与方向同好川几乎一样。牛鼻山陶器以泥质陶为主,夹砂陶比较少,可分两期,第二期出现了印纹陶,其中个别陶质比较硬。印纹种类有梯格纹、叶脉纹和编织纹等。陶器形制同好川墓葬所出基本相同或相似的有侈口圜底罐、带流圈足壶等(图八)。据福建省考古部门调查,牛鼻山这类文化遗存在闽西北的山地丘陵地区有着广泛的分布范围[2]。虽然浦城与遂昌相互毗邻,但是牛鼻山遗址尚未见到环太湖地区的文化因素。根据现有资料可以区别出它们不同的个

[1] 牟永抗、毛兆廷:《江山县南区古遗址、墓葬调查试掘》,《浙江省文物考古研究所学刊(1981)》,文物出版社,1981年。
[2] 福建省博物馆:《福建浦城县牛鼻山新石器时代遗址第一、二次发掘》,《考古学报》1996年2期。

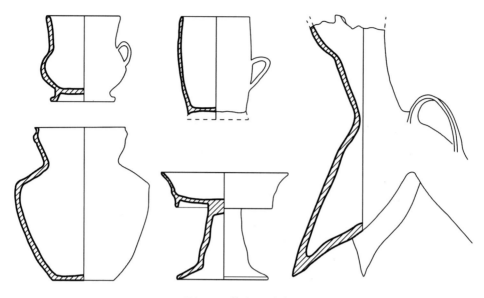

图七　山崖尾H1的陶器

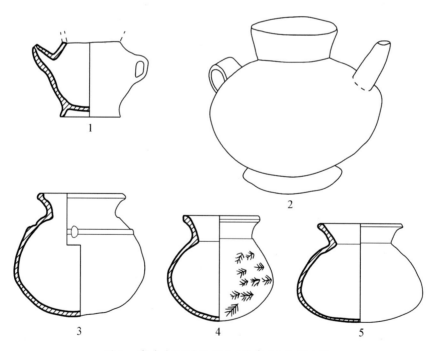

图八　浙南(好川)和闽北(牛鼻山)陶器比较

1、3～5. 牛鼻山　2. 好川

性,浙南闽北地区在一个大文化区域内还存在不同的文化亚区。

二

广富林遗址发现于1960年代初[1]。1999年冬又对遗址进行了比较全面的勘探,对遗址的分布范围有了全新的认识,并初步了解了不同时期文化遗存的分布情况,然后在勘探的基础上进行了发掘。这次发掘特别值得重视的是在遗址范围内不仅有良渚文化遗存,而且还发现了非当地文化传统的新石器时代文化遗存。它们完全不同于环太湖地区现已认识的新石器文化,因此是探讨环太湖地区新石器时代文化发展和文明进程的新课题。我们认为应该给予这类遗存一个新的名称:广富林遗存,以便于深入研究。

广富林遗存的生活遗迹目前只发现了灰坑,坑口平面近椭圆形,坑壁近直,平底,其功能应为窖穴,用以储存物品。另外还发现了浅坑形的洼地,洼地内堆积了生活垃圾。

广富林遗存的陶器具有鲜明的特征,完全不同于以往分布于该地区的所有其他文化。陶器可以分为夹砂陶和泥质陶两大类,夹砂陶占65%左右,泥质陶占35%左右,前者明显多于后者。夹砂陶又分灰陶、黑陶与红褐陶三种,灰陶比较多,黑陶次之,红褐陶略少。泥质陶分灰陶、黑陶和红陶,灰陶和黑陶占大多数,红陶很少,黑陶中有的经过打磨,但非常罕见。素面陶大约占三分之二,带纹饰的为三分之一。纹饰的制作技法主要有压印、刻划和附加堆纹。压印纹饰有绳纹、篮纹和方格纹,其中以绳纹最常见,并有粗细和排列形式的差别。刻划纹种类比较多,饰有单线方格纹、复线菱格纹。叶脉纹、八字纹、错向斜线纹、相交斜线纹、竖条纹等。附加堆纹围绕器物堆贴,其上多有指捺纹,大型器物如瓮上常有数周附加堆纹(图九)。其他纹饰还有弦纹和凸棱纹等。在陶器器类和形制特征方面,鼎多为垂腹釜形,口沿面凹弧,鼎足多为三角形侧扁足,足外缘或有指按捺,两侧面或刻竖条纹,鼎足部位的内壁常见近椭圆形按窝(图一〇,1)。豆多为浅盘细高柄形,浅盘敛口或敞口,细柄上常饰多道凸棱,最上端的那道凸棱比较粗壮(图一〇,7),也有粗柄喇叭形圈足的陶豆(图一〇,5)。瓮,直领或短颈,有的领部内壁内凹(图一〇,3)。带流鬶,薄胎,流不太高(图一〇,6)。深腹盆,侈沿,窄圆肩,口沿内壁有一周凹槽。浅腹盆,斜腹,大平底(图一〇,2)。筒形杯,平底,近底部有一周凸棱,杯身饰竖条纹(图一〇,4)。器盖,胎比较薄,矮圈状捉手。

实际上1960年代广富林遗址的初次勘探已经发现了这类新文化遗存,例如在遗址下层发现的刻划纹饰、侧装扁足的陶鼎和尖锥形鬶足等。但是以当时对环太湖地区古文化乃至全国其他地区新石器文化的认识水平,还不能看到此类遗存的重要性。在30多年后,中国的新石器文化谱系越来越清晰的今天,广富林遗存在环太湖地区文化发展过程中的作用和意义凸显出来。

---

[1]　上海市文物保管委员会:《上海松江县广富林新石器时代遗址试探》,《考古》1962年9期。

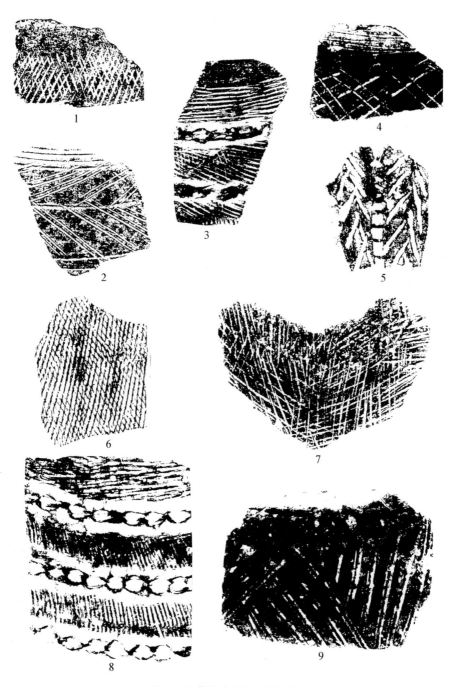

图九　广富林遗存的陶器纹饰

1. 刻划方格纹　2. 叶脉纹　3. 篮纹、方格纹和附加堆纹　4. 复线菱格纹　5. 八字纹
6. 压印方格纹　7. 相交斜线纹　8. 绳纹和附加堆纹　9　错向斜线纹

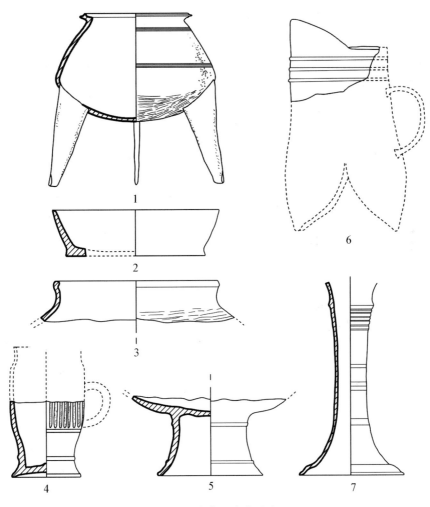

图一〇　广富林遗存的陶器

通过1999年的调查发掘，广富林遗址的分布范围也比30多年前的认识大得多，超过10万平方米。良渚文化和广富林遗存分布在两个区域，广富林遗存同本地的新石器文化遗存之间没有发现直接的地层关系。广富林遗存被叠压在东周文化层下，压在生土层上。在包含广富林遗存的地层和灰坑中，文化内涵非常单纯，几乎不见良渚文化遗物，只发现了形体比较大的鱼鳍形鼎足，其轮廓为弧线。这种鼎足以往曾见之于吴兴钱山漾和绍兴仙人山等地点，被认为属于良渚文化偏早的遗物。广富林文化遗存的细高柄豆，细柄上饰多道凸棱纹，如果同良渚文化偏晚的竹节形细柄豆比较，二者仍有细微差别：前者最上部的那一道凸棱比其余的略显粗壮，后者的多道凸棱形态相同，没有粗细的差别。在距发现广富林遗存区域大约170米的另一发掘区发现了良渚文化墓地，地面采集的陶片中见到流行于良渚文化第5段的T形鼎足。

由于广富林遗存是一种新的文化遗存，在当地既找不到它的渊源关系，又缺乏可资比较的材料，因此必须同其他地区的文化遗存比较，寻找其来源。结果发现长江以北的南荡文化遗存同广富林遗存的相似性颇多。南荡文化遗存分布在江苏高邮、兴化一带的里下河地区，这里地形低洼，环境潮湿，分布着众多湖荡沼泽。属于该文化遗存的有南荡、周邶墩、龙虬庄等遗址[1]。广富林遗存与南荡遗存相似之处表现在陶器的陶系、纹饰、器类和器形方面。根据周邶墩遗址陶系的统计，南荡遗存夹砂陶所占比例明显高于泥质陶，也以灰陶和黑陶为主，红褐陶比较少；泥质陶中的灰、黑陶同样多于红陶。纹饰中有绳纹、篮纹、方格纹、附加堆纹和不同样式的刻划纹等，均与广富林遗存相同。两种遗存相同的陶器器形有垂腹釜形鼎、细高柄浅盘豆、直领瓮、带流鬶、侈沿深腹盆、筒形杯等（图一一）。

然而，南荡文化遗存在里下河地区也是一支外来文化，在当地同样找不到来源。在它到来之前的1000多年，因自然环境恶劣，这个地区几乎无人居住。南荡文化遗存在里下河地区只存在了不太长的时间，以后似乎神秘地消失了。在追寻南荡遗存的来源时，找到了王油坊类型[2]。那么广富林遗存与王油坊类型有怎样的相似程度呢？

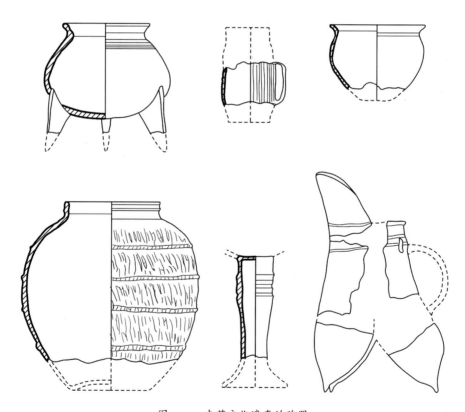

图一一　南荡文化遗存的陶器

［1］南京博物院考古研究所、扬州博物馆、兴化博物馆：《江苏兴化戴家舍南荡遗址》，《文物》1995年4期；南京博物院考古研究所、扬州博物馆、高邮文管会：《江苏高邮周邶墩遗址发掘报告》，《考古学报》1997年4期；龙虬庄遗址考古队：《龙虬庄——江淮东部新石器时代遗址发掘报告》，科学出版社，1999年。

［2］中国社会科学院考古研究所河南二队、河南商丘地区文物管理委员会：《河南永城王油坊遗址发掘报告》，《考古学集刊（第五集）》，中国社会科学出版社，1987年。

　　王油坊类型分布于淮河以北的豫东和鲁西南地区，具有很强的独特性，将其归之于河南龙山文化或山东龙山文化都不太合适。王油坊类型陶器上的流行纹饰有篮纹、绳纹、方格纹、附加堆纹，刻划纹中有竖条纹、交叉浅槽纹（即广富林遗存的复线菱格纹）（图一二，3）、平行斜槽纹（即广富林遗存的错向斜线纹）（图一二，5），这些纹饰均见之于广富林遗存。广富林遗存的陶器种类同王油坊类型相同的亦不少，这与南荡遗存同王油坊类型的关系是一样的。王油坊一些陶器器形的细部特征都与广富林遗存相同，如陶鼎口沿面上有凹槽、直领瓮的领内壁呈凹弧状等，至于高流鬶和竖条纹筒形杯，两文化遗存所出几乎完全一样（图一二）。广富林遗存与王油坊类型之间也存在差别，最显而易见的差别是王油坊遗址中流行蚌器和在陶器中掺蚌壳末，而广富林遗存不见。

　　根据以上分析，广富林遗存可以溯源到豫东鲁西南的王油坊类型。王油坊类型在向南迁徙时，不仅到达了里下河地区，也来到了路途更为遥远的环太湖地区。广富林遗存的年代可以同王油坊类型和南荡遗存的年代互为参考。王油坊类型是龙山时代的文化，其年代基本与王湾三期、后冈二期和山东龙山文化相同[1]。王油坊遗址的8个¹⁴C测年数据，绝大多数落在2500～2200B.C（经树轮校正）之间，这基本上应该就是王油坊类型的年代。南荡遗存既然源自王油坊类型，自然不得早于它。在南荡和周邺墩两地点共测得5个¹⁴C年代，经树轮校正后均不早于2000B.C。广富林遗存目前仅测得两个¹⁴C年代，分别是3770±60和3780±60BP，经树轮校正后为2310和2320B.C。要确定广富

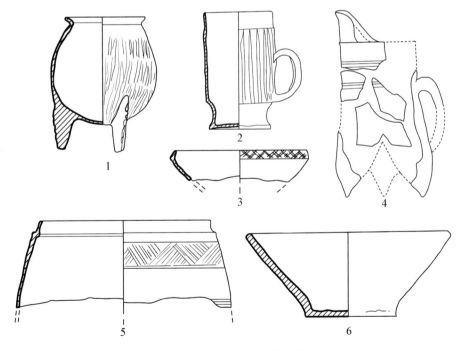

图一二　王油坊类型的陶器

[1]　严文明：《龙山文化和龙山时代》，《文物》1981年6期。

林遗存和南荡遗存的年代,仅靠这几个数据显然不够,目前只能初步判断广富林遗存与南荡遗存的年代大致相当,大约晚于王油坊类型,或是王油坊类型的最晚阶段。

三

从上述的两项新发现可以看到,在好川墓地中出现了良渚文化因素,而在良渚文化的原发地环太湖地区又插进了广富林遗存这样一支外来文化。两项看似无关的新发现提出了一个共同的问题——公元前第三千纪,发生在环太湖地区的文化和文化因素的迁徙、融合与分异,及其在文明进程中的作用。

文化因素分析是考古学研究的基本方法之一,在分析考古学文化的组成、谱系及其渊源等问题时卓有成效。考古研究者还从不同角度尝试着深究文化(因素)发生变化的社会与自然动力。例如,嵩山地区在夏文化诞生过程中融入了东方文化的因素,邹衡先生认为,夏文化的"瓬、爵、鸡彝、瓦足皿,大都来自东方,或者同东方有着密切的关系",又据文献考证,有虞氏地处东方,且同夏的关系密切,因此推测夏礼可能是继承虞礼而来[1]。夏初战乱时,少康还曾逃奔有虞氏,表明夏与东方交往是有其历史背景的。河北平原两侧的新石器文化从距今8000年到4000年的发展过程中,相互关系发生过几次显著的变化。距今8000～7000年,平原两侧文化包含大量相同的因素;距今6000年前文化面貌存在明显差异;5000年以来,两地又同时出现了另一方的文化因素。韩嘉谷发现自距今8000年以来海平面升降的变化曲线与河北平原两侧文化关系的变化相对应,因此这种在大面积的地域范围内文化因素的流动和静止是以自然环境的变迁即发生洪水作为其动力的[2]。邓淑苹从神祖像玉器上的多重风格得到的启示是:黄帝和蚩尤的大战、华夏族对苗蛮族的征伐、战败后部族分裂远距离迁徙,暗示了战争在文化因素转移过程中的作用[3]。

好川墓地作为一个整体经历了相当长的发展时期,它的较早阶段与良渚文化相当,而且其中确实包含了一些良渚文化的因素,有些因素更源于崧泽文化。参照花厅墓地出现圆形和弧线三角形镂孔的年代,好川墓地比较多地接受良渚文化因素大约始于良渚文化第二期。为什么这个时期在偏远的浙西南丘陵山地出现了良渚文化因素,这是一个耐人寻味的问题。我认为这应该从良渚文化自身的发展历程和良渚文化的社会发展机制方面寻找原因。良渚文化是一个迅速发展、畸形膨胀的文化,借助于崧泽文化晚期以来自然环境由劣转优,良渚社会以农业为基础的社会经济进入良性循环状态,创造出环太湖地区自有人类居住以来前所未有的巨大的物质财富。到良渚文化第二期就已经发展到它的鼎盛时期。在经济发展、人口不断增加的同时,良渚社会一直将大量的人

[1] 邹衡:《试论夏文化》,《夏商周考古学论文集》,文物出版社,1980年。
[2] 韩嘉谷:《河北平原两侧新石器文化关系变化和传说中的洪水》,《考古》2000年5期。
[3] 邓淑苹:《晋、陕出土东夷系玉器的启示》,《考古与文物》1999年5期。

力资源和物质资源投入贵族的精神活动之中,这种精神活动反映出良渚文化特定的观念意识,它是至高无上的统治力量的源泉。贵族统治者通过弘扬其意识观念得到力量,又反过来进一步加强了统治,从而使良渚文化成为高度一体化的社会。在这样的背景下,良渚文化的贵族们不再满足于仅在本地区的统治,他们迫切需要向外扩张,也具备了扩张的实力。他们扩张的手段是传播、宣扬自己的意识观念,实际上这已经是一种宗教,以此掌握对社会和自然界的最终解释权。其操作过程应该有特殊的形式,不为常人所理解,这就更加增添了它的神秘性和不可知性。当良渚贵族以其神秘的操作显示力量和权力时,征服当地居民的过程也就开始了。可以说,良渚贵族是用传播宗教的形式来达到征服当地原住民的目的。良渚文化向外扩张的路线分北、南、西三线,向北到了海岱地区,向西沿长江而上,向南主要是通过鄱阳湖、赣江等地区,然后直下岭南。良渚势力到达浙西南地区应该是南向的一条支线。与花厅相比,到达浙西南地区的良渚势力似乎并不太强盛,当地势力仍然保持着强大的控制力。从这时候起,浙西南地区开始同环太湖地区发生接触,以后当良渚文化走向衰落之际,浙南闽北的文化趁机向北扩展。马桥文化以红褐陶为特征的文化因素就是在这一背景下发展起来的。环太湖地区的文明进程走向一条曲折发展的道路。

在文明进程中,广富林遗存是新近发现的一类新的文化遗存,大约同一时期南荡遗存出现在里下河地区,这两个文化遗存具有基本相同的特征,它们都与豫东鲁西南地区的王油坊类型有关。广富林遗存和南荡遗存在相近的时间分别出现在长江南北的两个地区应该同王油坊类型的去向问题密切相关。豫东鲁西南地区在王油坊类型之后是岳石文化的分布区,或与二里头文化交错分布。王油坊类型同岳石文化和二里头文化分属迥然不同的传统,并非直接的传承关系,换言之,岳石文化和二里头文化均是这个地区的外来文化。从现有资料看,王油坊类型和岳石文化之间应该还有年代上的空白。王油坊类型的居民主动或者被迫离开了他们世世代代的生息地,远走他乡,其原因似乎应该考虑到距今4000年前的社会持续动荡,这个阶段各部族不断分化与重组,结果导致华夏国家文明的诞生。然而,如果王油坊类型与后继文化之间的年代缺环确实存在,那么因部族冲突导致文化更迭就缺乏足够的依据。这样我们就转向自然原因,历史文献中所记载的洪水传说恰恰就发生在这个年代。王油坊类型所在地区是黄河与淮河的冲积平原,地形平坦,在洪水泛滥时首当其冲,自古以来洪涝灾害连绵不断,不少古代遗址被埋藏在洪灾过后的淤土和积沙之下。1994年以来中国和美国联合在豫东地区考古调查和发掘,发现龙山时代的遗址埋藏很深,有的距现今地面深达10米左右[1]。频繁的水患迫使先人们择高地而居,当地常称这类高地为"堌堆"或"孤堆"。但是在特大洪水袭来,且持续不断时,即使在高地之上也难以长期生存。因此,我们认为洪灾应该是王油坊类型在当地消失的主要原因。

离开家园的王油坊类型先民们开始了漫长的迁徙里程,里下河地区是迁徙过程中

---

[1] 张长寿、张光直:《河南商丘地区殷商文明调查发掘初步报告》,《考古》1997年4期。

的一处居住区域。从南荡遗存的分布范围看，这支从黄河流域长途跋涉来的移民具有相当的规模，分别定居在里下河地区的几个不同地点。环太湖地区是王油坊类型先民南迁的另一处歇息地，目前仅发现广富林一个地点。里下河地区属湖沼平原，环境并不好，长期以来乏人居住，迁居来的先民虽然没有与原住民冲突之虞，但生存不易，居住分散。广富林遗存与南荡遗存完全不同，在前者来到之前，这里是良渚文化长期的定居地，现在已经发现了良渚文化的墓地。外来者和原住民是否发生了直接的碰撞？碰撞产生了什么结果？它对环太湖地区的文明进程具有什么意义？这些新问题的解决还有待于进一步的发掘和深入的研究。

综上所述，文化和文化因素的迁移、融合和分异有多种不同的动力，如洪水、战争、以宗教传播为背景的扩张等。另外，还应该有经济方面的动因，例如原材料的获取和产品的交换、人口的过度膨胀、生活资源的衰竭等。即使在相同的动力作用下，文化和文化因素的运动还会有不同的表现形式。文化因素运动的实质是人群的移动，甚至是族群作大规模的迁移。如果以这样的视角看问题，考古学文化和文化因素的研究就会更加丰富多彩。

原载北京大学考古文博学院：《考古学研究（五）——纪念邹衡先生七十五寿辰暨从事考古研究五十年论文集》，科学出版社，2003年

环太湖地区新石器时代末期考古学研究的新进展

本文所指的环太湖地区新石器时代末期按时间先后为良渚文化晚期，以鱼鳍足及细颈鬶为代表的文化遗存和广富林文化。自1999年末以来，这一阶段的考古学研究取得了许多新的进展，首先是基本确立了该地区一支新的考古学文化，因其首先在上海松江的广富林遗址被辨识出来所以命名为广富林文化。另一个新进展是良渚文化年代的下限比以往认识的要晚，这已经被日益增多的材料所证明。以鱼鳍足及细颈鬶为代表的文化遗存是新石器时代末期的一个特殊阶段，目前正在积累资料，深入研究。下面根据认识的深入程度分别叙述。

一、广富林文化

上海松江广富林遗址发现于1959年，1961年首次发掘，自1999年冬开始进行有计划的全面勘探发掘，发现了一类新的文化遗存，并在2000年9月13日的《中国文物报》上公布了这一新发现和初步研究成果，暂称广富林遗存。以后又在广富林多次发掘，材料更为丰富，面貌越发清晰。在太湖周围的浙江湖州钱山漾、江苏宜兴骆驼墩和昆山绰墩等遗址也发现了同类遗存。至此我们认为根据考古学文化的定名原则，以广富林为代表的文化遗存可以命名为广富林文化。

包含广富林文化的地层叠压在以鱼鳍足及细颈鬶为代表的文化遗存之上，并被马桥文化地层所叠压，从而确定了它的相对年代。目前确认的广富林文化遗址比较少，主要分布于太湖周围地区，个别遗址位于杭州湾以南地区，如宁波慈城小东门遗址。

广富林是经过发掘的包含广富林文化内涵最丰富的遗址，主要遗迹有水井、灰坑和陶片堆等。遗物以陶器最多，也有少量石器和骨角器，以陶器为重要组成部分的遗迹、遗物反映了广富林文化的基本特征。陶器按陶质分为夹砂和泥质两大类，前者大约占三分之二，后者占三分之一，泥质陶中包含少量印纹陶，印纹陶中极个别紫褐色者烧制火候较高，胎质较硬。陶器纹饰的制作技法主要有压印、刻划、堆贴和拍印，压印纹饰中绳纹最常见；刻划纹的种类比较多，拍印纹主要是各种几何形纹饰。陶器的主要器类有鼎、钵形釜、瓮、罐、豆、盆、钵、圈足盘和器盖等。鼎的数量最多,其中以侧扁三角足鼎的特征性最强,足尖多被捏捺,鼎足部位的内壁多见椭圆形捺窝,为鼎身和足拼接时的刻意加工。钵形釜为夹砂陶,胎较厚,有錾,有的釜底有烟炱,当为炊器。瓮以装饰刻划纹或附加堆纹为特色。印纹陶主要是罐类,形态多样,凹圜底或圜底附加圈足是其共同特征。豆有细柄和粗柄之分,细柄上常饰凸棱,粗柄则饰凸弦纹。器盖为覆碗式,平顶捉手。广富林文化中有几件特殊器物的残片,它们是白陶鬶、竖条纹杯、封口盉,都是孤器,虽然并不能反映广富林文化的基本特征,但对理解文化的源流关系具有非常重要的意义。广富林文化的石器有犁、镞、刀、斧、锛和凿等,犁为等腰三角形,中线上琢钻四孔,并残留犁架痕迹。镞的前锋截面有三角形、菱形和六边形等不同形制。

　　广富林文化发现之初,我们就指出它同王油坊类型的密切关系,在相关资料更为丰富的今天,仍然肯定这一认识,同时根据新发现的材料作进一步的补充与完善。首先是来自黄河、淮河流域的文化以王油坊类型为主干,同时也有龙山时代其他地域的文化因素。考虑到距今4000年前后部族的分化重组和频繁的文化碰撞,文化要素源流的指认需要更加细致的辨认。其次是在广富林文化中的南来者以印纹装饰的罐类器为代表,其原生地在浙南闽北地区。第三是外来文化的本土化过程,外来因素中只有个别者是制品的直接输入,相当一部分是仿制,另有一部分在综合多种因素的基础上加以改造。

二、良渚文化晚期

　　较长时间以来,良渚文化晚期以寺墩M5、福泉山M40等高层贵族墓和太湖东南同时期的中小型墓葬为代表是绝大多数研究者的共识。自发现好川遗存,特别是在认定其为良渚文化的地方性变体后(另撰文),以及近年来的考古新发现,对良渚文化晚期遗存逐渐有了新的认识。寺墩M5、福泉山M40的浅盘高圈足豆的特征为翻缘,豆把上戳条形镂孔,与好川三期前段所出相似。良渚文化晚期比较流行的陶尊在好川比较集中出现于三期。好川遗存中很流行的垂棱豆,在良渚晚期墓葬中罕见,徐步桥墓地发现1件,形制与好川四期者相同。因此以往对良渚文化晚期年代下限的认识是最晚者可至好川第四期,但大多数人认为良渚晚期的遗存不晚于好川第三期。

　　好川墓地前后共五期,是一个连续发展的过程,具有同一文化属性,为良渚文化的地方性变体。以此为标尺,近年来在良渚遗址群乃至整个环太湖地区都发现了相当于好川第四和第五期的遗存。这一时期在良渚遗址群中比较典型的单位有庙前J1第1层、庙前G1和H7,在横圩里、卞家山等遗址也包含了此阶段的遗存。太湖以东的江苏昆山绰墩和上海松江广富林遗址,以南的浙江湖州塔地遗址均发现了这一时期的遗存。这一时期具有年代特征的典型器物群由中粗颈鬶和细颈鬶、垂棱和镂孔豆、管流盉组成。

　　中粗颈鬶和细颈鬶是从粗矮颈鬶发展过来的,好川墓地有比较完整的序列,演变轨迹比较清晰。环太湖地区还没有发现以袋足鬶作为随葬品的墓,其他遗存出的多为残器或残片，也不清楚其演变的轨迹。垂棱豆以豆盘下有垂棱、豆把下端的弧曲度加大而明显外撇或外折为特征，豆把上常见圆形镂孔，保留了一部分稍早阶段流行的三角形和圆形组合镂孔。管流盉在环太湖地区发现少，多出自水井，在好川墓地有比较完整的序列，可以作为区分早晚的参照。

虽然目前已经在环太湖地区的多个地点发现了这一时期的遗存，但总的来看材料还很少，有待于更多的发现或从旧材料中重新辨识。从现有材料看，此时不再有高等级贵族墓葬，良渚遗址群的景象衰败而萧条，良渚文明已走向末路。

三、鱼鳍足鼎及细颈鬶为代表的文化遗存

这类遗存发现很早，可以追溯到20世纪50年代钱山漾遗址的发掘，在以后相当长的一段时期内都将鱼鳍足鼎及细高颈鬶定位在良渚文化较早阶段，将鱼鳍足鼎与翅足鼎相混，认为细颈鬶早于雀幕桥等遗址的粗矮颈鬶。现在看来，这些认识都是错误的，对年代判断的失误很大程度上应该归咎于钱山漾[14]C样品年代的误导。自好川陶鬶排序被确认，广富林发现鱼鳍足鼎同良渚晚期墓葬的地层关系后，以鱼鳍足鼎及细颈鬶为代表的文化遗存成了新石器时代末期研究的新问题。

这类遗存的分布区域也在环太湖地区，钱山漾是其内涵最丰富的遗址，其他还有广富林、吴江龙南、绍兴仙人山等。陶器器物群由鱼鳍足鼎、细颈鬶、大口尊、浅盘豆、高领罐、深腹罐、乳丁足壶等组成。其中鱼鳍足鼎或在中腹饰一周凸带纹或满饰弦断绳纹，大口尊有尖圜底和圈足两种形制，浅盘豆有粗高把和细把之分，但把上都有多道凸弦纹。深腹罐以大口、折凹底、饰弦断绳纹为基本特征。石器有柳叶形和三棱形的镞、犁和有段锛等。

上述陶器和石器中有一部分继承了良渚文化，如陶鬶延续了前述良渚晚期细颈鬶的形态，有的更发展为细高颈，演变序列很清楚。大口尊是良渚文化的典型器，先后流行圆圜底的常型大口尊和圈足的异型大口尊。豆把上的凸弦纹似乎保留了所谓"竹节形"遗风。刻划水波纹、石犁、柳叶形石镞也为良渚文化常见。同时陶器中也出现了部分基本不见于以往所公认的良渚文化的因素，或可以称为本地传统的变异。如大口深腹罐、乳丁足壶，还有绳纹、篮纹、方格纹等，可以归类为黄河中下游地区的龙山因素。鱼鳍足鼎非常特别，是这类遗存中特点最鲜明的器物，时代性很强，目前还不清楚它们的源流关系。

以鱼鳍足鼎及细颈鬶为代表的文化遗存处在一个非常特殊的阶段，曾经辉煌的良渚文明肯定不复存在，良渚文化走向衰亡，强势的龙山诸文化开始进入。对于这样一种文化因素复杂的遗存如何定性，从现在的材料看尚有很大难度，与其仓促地将其定性为新的考古学文化，不如暂时将其看作是良渚文化的延续或后续。

原载《南方文物》2006年4期

"钱山漾文化"的提出与思考

　　2014年10月15日在浙江湖州召开的"环太湖地区新石器时代晚期文化暨钱山漾遗址学术研讨会"上，正式提出"钱山漾文化"的命名，这是长江下游地区继1999年末发现广富林遗存以来的一次重要学术活动，确立了良渚文化与马桥文化之间的两个发展阶段：钱山漾和广富林，环太湖和钱塘江以南地区考古进入一个新时期。

　　1999年之前，尽管已经认识到良渚文化和马桥文化之间存在缺环，但几乎没有人想到这个缺环的填补能够以隐藏在良渚文化中的材料作为寻找路径。1960年发表的钱山漾报告所述第四层（又称下层或早期）有鱼鳍足鼎、细颈鬶和弦断绳纹等特征性因素，但囿于认识，一直被认为是良渚文化的典型遗存。1962年发表的广富林简报所述良渚文化遗存中也包含了广富林文化的陶鼎。对钱山漾第四层认识的实质性改变起始于1999年以来广富林和钱山漾的发掘。2002年初发掘广富林J14，出土垂腹鼎2件，鼎足已残断，仅保留足端痕迹，是鱼鳍足鼎。2003年发表材料未指出这是鱼鳍足鼎，并将其归于良渚文化末期。2003年上半年发掘广富林H128，出土鱼鳍足鼎和细颈鬶。H128打破了随葬宽背T形足鼎的M30，这是第一次发现钱山漾第四层晚于良渚文化第6段的层位关系。2005年上半年发掘钱山漾，发现钱山漾一期文化遗存（即前述第四层）早于广富林遗存的层位关系。1999年的广富林发掘将广富林遗存从良渚文化中区分出来，2000年9月公布新发现。2006年在上海松江召开的"环太湖地区新石器时代末期暨广富林遗存学术研讨会"上提出命名"广富林文化"。对于钱山漾一期文化遗存，张忠培先生在松江会议上指出："将它归入另一种文化，这种认识可能更接近事实。我希望我的看法能够得到验证，如果这一认识能够成立，可以命名为一个某某文化，我认为可以命名为'钱山漾文化'。"2006年以后，广富林遗址在建设浪潮中开展大规模考古发掘，获得更多新材料。2014年钱山漾发掘报告出版。钱山漾和广富林目前是保存这两个阶段遗存最为丰富的遗址。湖州会议正式提出的"钱山漾文化"是以钱山漾一期遗存为代表。

　　从良渚文化分辨出钱山漾和广富林两个阶段的遗存，差异非常明显，因此被区分为不同的考古学文化。目前存在的问题是，这两个阶段是否完全填补了良渚文化和马桥文化之间的空白？有学者提出的良渚遗址群内"良渚文化晚期后段"概念同"钱山漾文化"有怎样的联系？环太湖和钱塘江以南地区是否存在区域性差异？第一个问题主要关乎文化序列，后两个问题主要关乎文化谱系。

回答上述问题必须把握一个重要节点,就是良渚文化诸古国的社会上层政治和精神活动的终止,这是探讨后良渚时期的起点。从此时开始,良渚文化诸古国的治理、制度、观念等基本丧失,古国实际已经消亡;良渚文化(主要是社会下层)的日常生活方式随之逐步变化,出现许多新的文化因素。

以我的良渚文化分期方案,第四期6段的结束就是诸古国的消亡时间。对于此后的发展,我在2006年纪念良渚发现70年的会议论文使用了"良渚文化第四期7段和第五期"的概念。以钱山漾一期文化遗存为代表的"钱山漾文化"同此概念的"第五期"基本相当,它的起点晚于良渚诸古国的消亡时间,可以用"第四期7段"填补其间的空白。

所谓"良渚文化晚期后段"大体相当于"第四期7段和第五期",也就是说,"良渚晚期后段"的始点略早于"钱山漾文化",然后与"钱山漾文化"共时。"良渚晚期后段"概念限制使用于良渚遗址群区域,这里的文化面貌同钱山漾一期遗存有所不同。良渚遗址群流行扁侧足鼎,而鱼鳍足鼎很少,还有管流盉、垂棱豆和细颈鬶等。钱山漾一期遗存流行鱼鳍足鼎,而扁侧足鼎比较少,有细颈鬶,但是尚未发现管流盉和垂棱豆。可以用钱山漾和文家山所出两类鼎足的数量统计说明它们的差异。钱山漾一期遗存的鼎足1223个,其中鱼鳍足932个、扁侧足和扁方足78个,还有其他形制鼎足,未见T形足。文家山二层的鼎足共229个,其中鱼鳍足22个、扁侧足和扁方足共183个、T形足3个和其他足。新地里H1内,扁侧足鼎和宽背T形足鼎、粗颈鬶共存,表明环太湖地区至迟在良渚文化第四期6段孕育扁侧足因素,延续至"第四期7段、第五期"和"钱山漾文化"。以龙南、尖山湾等遗址所见,扁侧足和扁方足鼎的器身比较近似于扁翅足、T形足鼎身,而同鱼鳍足的垂腹鼎身相去较远。从出现时间和鼎身特征,扁侧足鼎更接近良渚文化,而鱼鳍足鼎同良渚文化基本无关。扁侧足鼎除了出现时间早于鱼鳍足鼎,更应该是代表两种传统。这两种鼎在不同地区的数量变化反映了不同文化因素此消彼长的态势。

"良渚文化晚期后段"也同好川墓地后期(三期后段至五期)相当。好川墓地前期(一期至三期前段)同良渚文化相似性很高,是良渚文化的变体,或同属良渚文化圈。好川后期作为良渚文化的变体延续了前期。而良渚文化本体所在地因为社会突变,古国消亡,看不见像好川那样的文化延续性。管流盉、垂棱豆和鬶在好川墓地都有比较完整的序列,垂棱豆出现于第二期,管流盉出现于第三期,都延续发展到好川第五期。环太湖地区的管流盉和鬶均出自生活遗存,还未发现出自墓葬,垂棱豆只在个别墓葬中发现。垂棱豆和管流盉在良渚遗址群的出现时间不晚于良渚文化第四期6段,属于这一段的庙前G3第一层有垂棱豆,陶片统计表记录有管嘴(管流盉)残片。扁侧足和扁方足鼎在好川第一期已经出现,以后沿用,但数量少,演变规律不清楚。好川墓地未见T形足。目前尚不能确定扁侧足因素是来自好川,还是直接从良渚文化扁翅足演变而来?

这一时期钱山漾与良渚遗址群的文化差异性表现得较其他遗址明显。钱山漾遗址新的文化因素完整而系统,受原有传统的干扰最少。2005年以来钱山漾的发掘没有发现早于钱山漾一期的遗存,如果钱山漾一期是这里最早的定居者,或许可以作为新文化因素得以完整体现的原因之一。鱼鳍足鼎是"钱山漾文化"具有标识意义的器物,它们在钱山漾出现、在这个时期流行略显突兀。值得注意的是,数百公里之外、地处皖南山地的歙县新洲遗址的鱼鳍足鼎具有相同的标识作用,二者之间的相关性值得关注。良渚遗址群是最大古国的中心区域,古国消亡后仍然保留某些传统,延续部分固有生活方式并发生相对缓慢的变化,这不失为解释新文化因素不够系统的理由之一。目前在其他古国中心区域例如像福泉山、草鞋山等地点,都基本没有发现这一时期遗存,或者尚未辨识其典型特征。将来如果发现或辨识,其表现很可能同良渚遗址群比较相似。环太湖和钱塘江南其他遗址的新文化因素和与传统的联系介于钱山漾和良渚遗址群之间。以钱塘江南的尖山湾为例,出土扁侧足数量虽多于鱼鳍足,但二者的数量差距远远小于钱山漾和文家山。尖山湾还有许多圆锥足,数量介于扁侧足和鱼鳍足之间,并有垂棱豆、细颈鬶和管流盉等。由此可见,钱山漾文化时期的区域性差异确实存在。

从以上对环太湖和钱塘江南的文化序列和谱系的思考,可以认为"钱山漾文化"的提出是一个新的学术起点,今后应该更加关注这一时期复杂多元的文化因素及其所反映的社会现象,进而探索社会变迁的动力与原因。

原载《中国文物报》2015年2月13日第6版

上海松江区广富林遗址发掘简报结语与讨论[*]

1999～2000年结语

（一）良渚文化

1. 年代

1999～2000年度发掘的23座墓葬均开口于同一地层，但是根据对良渚文化陶器的认识，其年代存在区别。本简报暂不分期，仅确定其在良渚文化年代标尺上的位置。良渚文化分期有多种不同的分期方案，对典型器物的演变序列已经基本达成共识。现以四期6段的分期方案为标尺[1]，将这23座墓葬纳入该方案。

凿形足是崧泽文化流行的形制，在良渚文化较早阶段也有延续。良渚文化典型的鼎足为翅形—"T"字形足序列，发展关系清楚，即从翅形足到翅形足外缘加厚，发展到"T"字形足，最晚的形制是T形足外侧很宽。广富林的23座墓葬中随葬的陶鼎不见典型的"T"字形足，而流行不同形态的翅形足，最晚的形制是翅形足外缘比较厚，处于向"T"字形足过渡阶段，如M8所出。陶豆是良渚文化主要的器形，从早到晚延续使用，豆柄（圈足）由矮到高，由粗到细，浅豆盘基本都是敞口的，最后发展到卷沿。双鼻壶的演变规律是从矮胖到瘦高，从圆腹到扁腹，从矮圈足到高圈足。M23的陶鼎为凿形足，陶豆为粗柄，双鼻壶为圆腹，圈足较矮，属于第二期2段。M8的陶鼎，鼎足外缘比较厚，俗称"出背"，陶豆为粗柄，属于第二期3段。其他墓葬大多数属于第二期2、3段，个别墓葬属于第一期1段。

2. 埋葬习俗

在良渚文化墓地内划分墓区是一个新的课题。龙潭港墓地的发现说明良渚文化墓地可以划分出不同的墓区，区分出的两个墓区可根据随葬品的种类和数量划分出两个不同的社会阶层[2]。广富林的良渚文化墓地现分为两个墓区，墓区之间的空白地带地势

---

* 各篇发掘简报由宋建修改定稿，并撰写结语与讨论。

[1] 宋建：《论良渚文明的兴衰过程》，载《良渚文化研究——纪念良渚文化发现六十周年国际学术讨论会文集》，科学出版社，1999年。

[2] 浙江省文物考古研究所、海盐县博物馆：《浙江海盐县龙潭港良渚文化墓地》，《考古》2001年10期。

稍低洼,墓区的边缘放置石块。G18位于此空白地带,沟的走向为西南—东北方向,同墓葬的方向完全一致。虽然G18的开挖时间早于墓葬,以后被填没后又在上面铺设芦草,但从它的布局分析,应该看作是墓地的有机组成部分,在规划墓地时就开始划分区域。M15、M16等三墓为同一墓区,其余墓葬为另一墓区。与龙潭港不同的是,此遗址的墓区并不反映社会阶层的区分,可能代表了不同的血缘组织成员。

良渚墓地上发现了不少石块,应采自附近的天目山余脉,有的表面平整,或稍作加工。部分石块的放置保留了原有位置,有的作为墓区的边界,有的作为墓上标志物,如M9墓坑口正对头部的石块和M16坑外头向的石块。以石块作为墓上标志物,可以标识墓葬的所在位置,以免后埋的墓破坏了先埋的墓,也便于在先祖的墓前进行祭祀活动。

虽然这次发现的墓葬人骨保存比较好,但移位、错位现象比较普遍。相似的迹象过去在金山亭林等墓地也曾发现[1]。发生人骨移位、错位的墓葬一般都有独木棺葬具,可能是人死后并未立即下葬,其间隔了一段时间,即所谓的厝葬,或为《礼记·丧服小记》所记葬俗"三年而后葬""久而不葬"的前身。

3. 祭祀

良渚文化崇尚"礼",宗教观念的同一性很强,盛行祭祀活动。广富林遗址的良渚文化墓地上发现的祭祀形式有:燎祭、用牲和用红烧土。"燎祭"现象以前在多处遗址中都有发现,广富林墓地发现最多的形式是在墓地上烧火,留下一片片大小、厚薄不等的黑灰。"用牲"是用动物祭祀,如H21是用整只狗进行祭祀的。用红烧土是把被火焚毁后烧红的房屋残块搬到墓地上来祭祀先人,有的把红烧土块搬至墓地上再烧,成为燎祭的另一种形式。

(二) 广富林遗存

1. 年代

广富林遗存是本地区新发现的一种文化遗存,地层上叠压在遗址内良渚文化遗存之上。对于广富林遗存的绝对年代,北京大学考古文博院科技考古与文物保护实验室测有两个 ^{14}C 年代数据(半衰期为5568年),分别是距今 3770 ± 60 年(实验室编号20003)和距今 3780 ± 60 年(实验室编号20004),经树轮校正后为公元前2310年和公元前2320年。

2. 文化谱系

广富林遗存在当地找不到它的渊源,却与长江以北的南荡文化遗存有较多相似之处。南荡遗存分布在江苏高邮、兴化一带的里下河地区,包括南荡、周邶墩、龙虬庄等遗址。广富林遗存与南荡遗存的相似之处表现在陶器的陶系、纹饰、器类和器形等方面。根据周邶墩遗址陶系的统计,南荡遗存夹砂陶所占比例明显高于泥质陶,也以灰陶和黑

---

[1]　上海博物馆考古研究部:《上海金山区亭林遗址1988、1990年良渚文化墓葬的发掘》,《考古》2002年10期。

陶为主,红褐陶比较少,泥质陶中的灰、黑陶同样多于红陶。纹饰中有绳纹、篮纹、方格纹、附加堆纹和不同样式的刻划纹等,均与广富林遗存相同。两种遗存相同的陶器器形有垂腹釜形鼎、细高柄浅盘豆、直领瓮、带流鬶、侈口深腹盆、筒形杯等。

根据研究,南荡遗存来自王油坊类型[1]。广富林遗存同王油坊类型也有相当密切的联系。王油坊类型分布于淮河以北的豫东、鲁西南和皖北地区,陶器流行篮纹、绳纹、方格纹、附加堆纹,刻划纹中有竖条纹、交叉浅槽纹(即广富林遗存的复线菱格纹)、平行斜槽纹(即广富林遗存的错向斜线纹),这些特点亦见于广富林遗存。广富林遗存的陶器种类和形制同王油坊类型相同的也有不少,其中,两个文化遗存所出的鬶和筒形杯几乎完全一样,而且王油坊类型有些陶器器形的细部特征都与广富林遗存相同,如陶鼎口沿面上有凹槽、直领瓮的领内壁呈凹弧状等。广富林遗存与王油坊类型之间也存在差别,如在王油坊遗址中流行的蚌器和在陶器中羼蚌壳末,在广富林遗存中不见。

由此可见,广富林遗存源自王油坊类型。王油坊类型南迁不仅到达了里下河地区,也来到了路途更为遥远的环太湖地区。广富林遗存的发现为环太湖地区的文化谱系研究和文明进程研究提出了新的问题。

原载《考古》2002年10期

2001～2005年讨论

广富林遗址第一阶段大致相当于良渚文化的第四期。这一阶段的典型陶器有T形足鼎、贯耳壶、阔把杯、中粗颈鬶、垂棱豆和镂孔豆、管流盉等。目前尚未在环太湖地区的墓葬中见到陶鬶,但好川墓地中有陶鬶,从形制看,中粗颈和细颈鬶是从粗矮颈鬶发展过来的。垂棱豆以豆盘下有垂棱、豆把下端的弧曲度加大而明显外撇或外折为特征,豆把上常见圆形镂孔,也流行三角形和圆形组合镂孔。陶豆的另一特征是子口比较常见。管流盉在环太湖地区发现很少,也不作随葬品。值得注意的是,第一阶段已经出现少量弧背鱼鳍足鼎,在良渚遗址群,距莫角山西南不到1公里的葡萄畈遗址也有出土,被认为是良渚晚期后段的遗物[2]。

通过寺墩M5、福泉山M40等权贵墓和同时期的众多中小型墓葬,才对良渚文化第四期有了基本认识。近几年来一系列的考古发现,如广富林和良渚遗址群的庙前、横圩里、卞家山等,使我们对包括第四期在内的良渚文化晚期遗存逐渐有了新的认

[1] 南京博物院考古研究所、扬州博物馆、兴化博物馆:《江苏兴化戴家舍南荡遗址》,《文物》1995年4期。
[2] 赵晔:《良渚遗址群的时空观察》,载《浙江省文物考古研究所学刊(第8辑)——纪念良渚遗址发现七十周年学术研讨会文集》,科学出版社,2006年。

识[1]。因为好川墓地是良渚文化向南发展的地方性变体，所以好川墓葬中的良渚文化器物排序可以作为环太湖地区分期的标尺。环太湖地区良渚第四期大体相当于好川墓地第三期，但也有一些较晚的遗存，如徐步桥墓地M4∶2的垂棱豆[2]和好川四期的F型豆相近，余杭庙前也有几件这样的豆。中粗颈鬶在好川第四期流行。这些发现和认识表明，良渚文化晚期还有比寺墩M5、福泉山M40等更晚的遗存。

属于第二阶段的H128打破良渚文化第四期的M30，为二者的相对早晚关系提供了直接的地层依据。H128的陶器器物群由鱼鳍足鼎、细颈鬶、子口浅盘豆、高领壶等组成。钱山漾一期遗存大致相当于本阶段，遗物比较丰富[3]。有的鱼鳍足鼎在中腹饰一周凸带纹，有的满饰弦断绳纹；大口尊为尖圜底；浅盘豆可区分为粗高柄和细柄，柄上都有多道凸弦纹。它们同第一阶段的延续性比较明显。第二阶段陶器中也出现了一些基本不见于良渚文化的因素，如侧扁三角足鼎、乳丁足壶、饰弦断绳纹的大口深腹罐，还有弦断篮纹等，均为黄河中下游地区的龙山文化因素。从细颈鬶同好川第五期同类器物的相似性和鬶的演变序列看，本阶段的年代上限与第一阶段相接。对于第二阶段这种文化因素复杂的遗存如何定性，仅凭现有材料尚有很大难度，与其仓促定为新的考古学文化，不如暂时将其看作是良渚文化的延续或后续。

第三阶段即"广富林遗存"。自1999年末发现以来，在太湖周围的浙江湖州钱山漾、江苏宜兴骆驼墩和昆山绰墩等遗址也发现了同类遗存，初步了解了它的分布范围。2001～2005年广富林遗址的发掘，发现了更为丰富的资料。在广富林遗址，这类遗存叠压在以鱼鳍足鼎和细颈鬶为代表的遗存之上；在钱山漾遗址，这类遗存被马桥文化地层所叠压，从而确定了它的相对年代。我们认为这些发现已经符合考古学文化的定名原则，以广富林为代表的文化遗存可以命名为广富林文化[4]，并在2006年6月举办的"环太湖地区新石器时代末期文化暨广富林遗存学术研讨会"上正式提出。

广富林是经过发掘的包含广富林文化内涵最丰富的遗址，主要遗迹有水井、灰坑和陶片堆等。遗物以陶器最多，也有少量石器和骨角器。陶器按陶质分为夹砂和泥质两大类，另有少量印纹陶。印纹陶中极个别紫褐色者烧制火候较高，胎质较硬。陶器纹饰的制作技法主要有压印、刻划、堆贴和拍印，绳纹是最常见的压印纹饰，刻划纹具有鲜明特色，拍印纹主要是各种几何形纹饰。陶器的主要器类有鼎、钵形釜、甗、瓮、罐、豆、盆、钵和器盖等。鼎的数量最多，大多数为侧扁三角足圜底鼎，个别为平底，足尖多被捏撺，鼎足部位的内壁多见椭圆形按窝。钵形釜为夹砂陶，胎较厚，有的有錾。甗的数量比较少。罐和瓮盛行底内凹的风格。印纹陶主要是罐类，形态多样，凹圜底或圜底附加圈足是其共同特征。豆有细柄和粗柄之分，细柄上常饰较粗大的凸棱，粗柄则饰凸弦纹。器

[1]　宋建：《良渚文化衰变研究》，载《浙江省文物考古研究所学刊（第8辑）——纪念良渚遗址发现七十周年学术研讨会文集》，科学出版社，2006年。
[2]　嘉兴市文物局编：《崧泽·良渚文化在嘉兴》，浙江摄影出版社，2005年，第58页，图四六。
[3]　丁品：《钱山漾遗址第三次发掘与"钱山漾类型文化遗存"》，载《浙江省文物考古研究所学刊（第8辑）——纪念良渚遗址发现七十周年学术研讨会文集》，科学出版社，2006年。
[4]　宋建：《环太湖地区新石器时代末期考古学研究的新进展》，《中国文物报》2006年7月21日第7版。

盖流行覆碗式,平顶捉手。广富林文化中有几件特殊器物的残片,它们是白陶鬶、竖条纹杯和封口盉,都是孤器,虽然并不能反映广富林文化的基本特征,但对理解文化的渊源关系具有非常重要的意义。广富林文化的石器有犁、镞、刀、斧、锛和凿等,犁为等腰三角形,中线上琢钻四孔。镞的前锋截面有三角形、菱形和六边形等不同形制。

　　广富林文化中的良渚文化因素甚少,也不见鱼鳍足鼎和细颈鬶等和良渚文化相关的器类,却同王油坊类型的关系比较密切。根据新发现的资料,我们提出对广富林文化来源的三点基本认识:一是广富林文化中的龙山文化因素以来自黄河、淮河流域的王油坊类型为主,同时也有龙山时代其他地域的文化因素;二是广富林文化中的南来者主要以印纹罐类器为代表,其原生地在浙南闽北地区;三是外来因素中只有个别者是制品的直接输入,相当一部分为仿制,另有一部分在综合多种因素的基础上加以改造。

原载《考古》2008年8期

2008年结语

(一) 广富林文化的重要发现

　　2008年的发掘首次发现广富林文化房址、墓葬和水稻田等遗迹,还发现了大范围的竹、木构遗存。这些重要发现使我们加深了对该遗址广富林文化时期的地貌环境、村落生活和经济形态的认识。村落的北面和东北面为水域,广富林文化先民缘水而居。初步判断这片水域为范围较大的湖泊,但对其分布状况尚了解不详。这样的聚落布局既有利于生活取水和排水,也有利于捕捞养殖和农业灌溉。房址分布在村落北部和东北部的靠近水域地带,规模最大的地面式建筑F3位于村落东部并临水,废弃后的房址东侧留下了被水覆盖的痕迹。房址有地面式建筑和干栏式建筑两种样式,其分布呈散点式,看不出严整的布局,似乎呈现了一种比较松散的社群结构。确认的一处水稻田距离水域稍远一些。水稻田的确认说明稻米是广富林先民的食物来源之一,临水而居和大范围竹、木建筑遗存则有利于先民开发和利用水生食物资源。广富林文化墓葬比较集中的埋葬区域范围很小,仅有6座墓,仅在十分粗浅的程度上反映了广富林文化的埋葬习俗。这些墓葬头向不一,墓葬间距较大,有四五米之远,反映了墓地安排的随意性;无一致头向,可能折射其社会凝聚力不强的特点。

(二) 对广富林文化陶器器类的新认识

　　在"2001～2005发掘简报"中定名为"夹砂罐(TD9∶15)"的器物,2008年度发掘复原了它的完整器形,为陶釜,是广富林文化的另一类常用炊器,与陶鼎并列。

　　以往称为"钵形釜"的器物,器形较大,口径多在30厘米以上,附装一对环耳或錾,錾有舌状或鸡冠状两种,器表多饰绳纹。曾在这类器物上发现烟炱附着,因此称为"钵形釜",也有叫"盆形釜"。这次在F1中发现它与一件大型陶瓮共出,碎片堆叠在一起。在对这两种器物进行比照试用后,发现所谓"钵形釜"盖在陶瓮口上正合适,两者应是一组器物,成套使用。另外在仔细观察"钵形釜"錾的安装位置和安装方式时,发现它们更适合作为器盖的錾,使用时得心应手,而作为釜錾则不太方便,甚至有些碍手。因此器盖是它们的基本功能。至于有的器盖上有烟炱,表明它们也可在需要时替代陶釜,作炊器用是它们的临时功能。

"2001～2005发掘简报"发表的"陶鬲(H198∶3)",属于商末西周初的后马桥文化。工作中误将其作为出自广富林文化的灰坑,特在此更正。

(三) 广富林文化的年代

上海广富林、浙江钱山漾等遗址的层位关系已经为广富林文化相对早晚关系的确定提供了可靠的地层依据。广富林文化晚于"以鱼鳍足鼎和细颈鬶为代表的遗存",即所谓"钱山漾一期遗存",早于马桥文化。^{14}C测年对广富林文化确切年代的认定具有参考价值。目前,钱山漾遗址有3个^{14}C测年数据,广富林遗址有7个。其中,钱山漾的3个和广富林的4个数据均由北京大学以加速器质谱(AMS)测出,并使用相同的树轮校正曲线。钱山漾的测试样品为木头和木炭,^{14}C年代(B.P.)为3545、3580、3775,误差值均为±35。广富林的测试样品为桃核、葫芦籽和稻米,^{14}C年代(B.P.)为3555、3635、3665、3730,误差值均为±25。

钱山漾3个数据和广富林4个数据的年代范围分别是230年和175年。但是,如果考虑误差值,这7个^{14}C数据的综合年代范围则可达300年。参照它们的树轮校正年代及其置信度,广富林文化存续了大约200余年,其距今年代落在距今4100～3900年范围内的可能性较大,或略超出这个范围。

广富林文化可以分期,2006年6月召开的"环太湖地区新石器时代末期文化暨广富林遗存学术研讨会"上翟杨提交的论文已进行了分期的尝试[1]。2008年以来的发掘材料更为丰富。本简报发表的H566和G70分别开口于⑤A层下和④B层下,为观察陶器演变、进行陶器分期提供了依据。陶鼎的差异最为明显,尤以口唇的变化为甚。H566陶鼎口沿多为尖圆唇,侧扁三角足的足背略拱;G70的陶鼎以方唇为主,足背较直,鼎足内壁的指捺窝较H566的更为明显。陶釜的变化也比较清楚。H566陶釜的形制较为单一,折沿、沿面内凹、垂腹、装饰以篮纹为主;G70陶釜形制多样,出现卷沿、腹壁渐直、装饰以绳纹为主等新的特征。

上述钱山漾和广富林的7个测年数据均未引入广富林文化的分期研究,这是在作广富林文化年代学研究时必须注意的问题。

原载《广富林——考古发掘与学术研究论集》,上海古籍出版社,2014年

---

[1] 翟杨:《广富林遗址广富林文化的分期和年代》,《南方文物》2006年4期,第64～72页。

广富林遗存的发现与思考[*]

　　上海松江广富林遗址发现于1959年,1961年第一次发掘[1],1999年冬又对遗址进行了比较全面的勘探发掘。这次发掘最值得关注的新收获是在遗址分布范围内,不仅有良渚文化遗存,而且还发现了非当地文化传统的新遗存(为行文方便,本文将其称为广富林遗存)。这是一批新的材料,是首次发现于环太湖地区的新石器时代晚期文化遗存,为探讨文明起源和文明发展进程提出了新的问题。

　　广富林遗存的陶器具有鲜明的特征,完全不同于以往分布于环太湖地区的所有其他文化。陶器可以分为夹砂陶和泥质陶两大类,夹砂陶占65%左右,泥质陶占35%左右,前者明显多于后者(图一、二)。夹砂陶又分灰陶、黑陶与红褐陶三种,灰陶比较多,黑陶次之,红褐陶略少。泥质陶分灰陶、黑陶和红陶,灰陶和黑陶占大多数,红陶很少,黑陶中有的经过打磨,但非常罕见。素面陶大约占三分之二,带纹饰的为三分之一。纹饰的制作技法主要有压印、刻划和附加堆纹。压印纹中有绳纹、篮纹和方格纹,其中以绳纹最常见,并有粗细和排列形式的差别。刻划纹种类比较多,有单线方格纹、复线菱格纹、叶脉纹、八字纹、错向斜线纹、相交斜线纹、竖条纹等。附加堆纹围绕器物堆贴,其上多有指捺纹,大型器物如瓮上常有数周附加堆纹(图一)。其他纹饰还有弦纹和凸棱纹等。在陶器器类和形制特征方面,鼎多为垂腹釜形,口沿面凹弧,鼎足多为三角形侧扁足,足外缘或有手指按捺窝,足两侧面或刻竖条纹,鼎足部位的内壁常见近椭圆形捺窝(图二,1)。豆多为浅盘细高柄形,浅盘敛口或敞口,细柄上常饰多道弦纹或凸棱,最

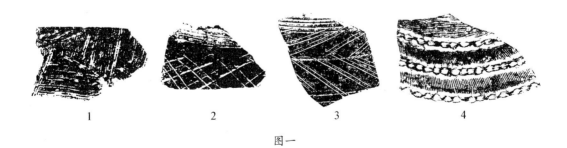

1　　　　　2　　　　　3　　　　　4

图一

---

　　*　宋建撰稿,以广富林考古队名义发表。
[1]　上海市文物保管委员会:《上海松江县广富林新石器时代遗址试探》,《考古》1962年9期。

1　　　　　　　　　　　　　　　　　　2

图二　夹砂陶鼎与泥质灰陶杯

上端的那道凸棱比较粗壮，也有粗柄喇叭形圈足的陶豆。瓮为直领或短颈，有的领部内壁内凹。带流鬶薄胎，流不太高。深腹盆侈沿，窄圆肩，口沿内壁有一周凹槽。浅腹盆斜腹，大平底。筒形杯平底，近底部有一周凸棱，杯身饰竖条纹（图二，2）。器盖胎比较薄，矮圈状捉手。另外还发现了个别似瓢腰与裆的标本。

　　在发现广富林遗存的发掘区域内，它被叠压在东周文化层下、生土层之上，同本地的新石器文化遗存没有直接的地层关系。距此区域大约170米的另一发掘区发现了良渚文化的墓地。在地面采集到的陶片中见到了流行于良渚文化第5段的T形鼎足[1]。但是在包含广富林遗存的地层和灰坑中，文化内涵非常单纯，几乎不见良渚文化遗物，只发现了形体比较大的鱼鳍形鼎足，其轮廓为弧线。这种鼎足以往曾见之于吴兴钱山漾和绍兴仙人山等地点，被认为是属于良渚文化偏早阶段的遗物。广富林遗存的细高柄豆，细柄上饰多道凸棱纹，如将其同良渚文化偏晚阶段的竹节形细柄豆比较，仍有细微差别：前者最上部的那一道凸棱比其余的略显粗壮，后者的多道凸棱形态相同，没有粗细的差别。

　　广富林遗存是环太湖地区一种新的文化遗存，在当地既找不到它的渊源关系，又缺乏可资比较的材料，因此必须同其他地区的文化遗存比较，从而确定其年代与文化属性。比较的结果发现，长江以北的南荡文化遗存同广富林遗存有不少相似之处[2]。南荡遗存分布在江苏高邮、兴化一带的里下河地区，这里地形低洼，环境潮湿，分布着众多湖

［1］　采用宋建的良渚文化分期方案，《从良渚到马桥——环太湖地区的文化变迁》，《日中文化研究》第11号，1996年。
［2］　南京博物院考古研究所等：《江苏兴化戴家舍南荡遗址》，《文物》1995年4期。

荡沼泽。属于该文化遗存的有南荡、周邶墩、龙虬庄等遗址。广富林遗存与南荡遗存的相似之处表现在陶器的陶系、纹饰、器类和器形等方面。根据周邶墩遗址陶系的统计，南荡遗存夹砂陶所占比例明显高于泥质陶，也以灰陶和黑陶为主，红褐陶比较少；泥质陶中的灰、黑陶同样多于红陶。纹饰中有绳纹、篮纹、方格纹、附加堆纹和不同样式的刻划纹等，均与广富林遗存相同。两个类型相同的陶器器形有垂腹釜形鼎、浅盘细高柄豆、直领瓮、带流鬶、侈沿深腹盆、筒形杯等。

然而，南荡遗存在里下河地区也是一支外来文化，在当地同样找不到来源。在它到来之前的1000多年，因自然环境恶劣，这个地区几乎无人居住。南荡遗存在里下河地区只存在了不太长的时间，以后就似乎神秘地消失了。在追溯南荡遗存的来源时，有的研究者寻到了王油坊类型（即造律台类型）[1]。那么广富林遗存与王油坊类型相似程度如何呢？

王油坊类型分布于黄河以南、淮河以北的豫东和鲁西南地区。王油坊类型陶器上的流行纹饰有篮纹、绳纹、方格纹、附加堆纹，刻划纹中有竖条纹、交叉浅槽纹（类似广富林遗存的复线菱格纹）、平行斜槽纹（类似广富林遗存的错向斜线纹），这些纹饰均见之于广富林遗存。广富林遗存的陶器种类同王油坊类型相同的亦不少，这与南荡遗存同王油坊类型的关系是一样的。王油坊一些陶器器形的细部特征与广富林遗存相同，如陶鼎口沿面上有凹槽、直领瓮的领内壁呈凹弧状等，至于带流鬶和竖条纹筒形杯，相距遥远的两文化遗存所出几乎完全一样。广富林遗存与王油坊类型之间也存在差别，最显而易见的差别是王油坊遗址中流行蚌器和在陶器中掺蚌壳末，而广富林遗存不见。

这样，广富林遗存同南荡遗存一样，也可以溯源到豫东鲁西南的王油坊类型。王油坊类型在向南迁徙时，不仅到达了里下河地区，也来到了路途更为遥远的环太湖地区。在自身缺乏必需的断代依据之前，广富林遗存的年代可以根据王油坊类型和南荡遗存的年代推演。王油坊类型是龙山时代的文化[2]，其年代大致与王湾三期、后冈二期和山东龙山文化相当。王油坊遗址的8个C^{14}测年数据，经树轮校正后绝大多数落在2500～2200BC之间，这基本上应该就是王油坊类型的年代。南荡遗存既然源自王油坊类型，自然不得早于它。在南荡和周邶墩两地点共测得5个C^{14}年代，经树轮校正后均不早于2000BC。因此南荡遗存的年代最可能在2200～2000BC之间，或稍后。根据目前广富林遗存资料很少的现状，可初步判断其年代与南荡遗存大致相当，如果再考虑到王油坊类型向南迁徙的路程距离，广富林遗存的实际年代应该比南荡遗存还要略晚一些。

南荡遗存和广富林遗存为什么会分别出现在里下河地区与环太湖地区，尤其是广富林遗存，突然插进了当地的文化演进过程，然后又消失得无影无踪？我们认为这应该和王油坊类型的去向有关。豫东和鲁西南地区在王油坊类型之后是岳石文化的分布

---

[1] 南京博物院考古研究所等：《江苏兴化戴家舍南荡遗址》，《文物》1995年4期。
[2] 严文明：《龙山文化和龙山时代》，《文物》1981年6期。

区，或与二里头文化交错分布。王油坊类型同岳石文化和二里头文化分属迥然不同的文化传统，并非直接的传承关系，换言之，岳石文化和二里头文化均是这个地区的外来文化。从现有资料看，王油坊类型和岳石文化之间应该还有年代上的空白。王油坊类型的居民离开他们世代生息的家园，远走他乡，其原因不外乎社会或自然两个方面。社会原因应该是距今4000年前的社会持续动荡，部族的不断分化与重组，其结果是华夏国家文明的诞生。如果是自然原因，那就是差不多同一时期的那场可怕的洪水，洪水持续了很长时间，传说中经过鲧禹两代方得平息。王油坊类型所在地区是黄河与淮河的冲积平原，地形平坦，在洪水泛滥时首当其冲，自古以来洪涝灾害连绵不断。不少古代遗址被埋藏在淤土和积沙之下，1994年以来中国和美国联合在豫东地区考古调查和发掘，发现龙山时代的遗址埋藏很深，有的距现今地面深达10米左右[1]。频繁的水患迫使先人们择高地而居，当地常称这类高地为"堌堆"或"孤堆"。但是在特大洪水袭来，且持续不断时，即使在高地之上也难以长期生存。因此，我们认为洪灾应该是王油坊类型在当地消失的主要原因。

　　离开家园的王油坊类型先民们开始了漫长的迁徙过程。里下河是其中的歇息地之一。从南荡遗存的分布范围看，这支迁徙的队伍还具有比较大的规模。环太湖地区是另一处歇息地，目前仅发现广富林一个地点。里下河地区属湖沼平原，环境并不好，长期以来乏人居住，迁居来的先民虽然没有与原住民冲突之虞，但生存不易，居住分散，一段时间以后又被迫离开。广富林与南荡遗存不同，这里的原住民是良渚文化的先民。根据年代分析，此阶段是良渚文化第6段或稍后。外来人和原住民的关系，广富林遗存在环太湖地区文化演进过程中扮演了什么角色？这是我们目前面临的新问题。

原载《中国文物报》2000年9月13日第3版

---

[1]　张长寿、张光直:《河南商丘地区殷商文明调查发掘初步报告》,《考古》1997年4期。

王油坊类型与广富林遗存

早在20世纪30年代，在豫东地区的考古调查和小规模发掘中已经发现了现在称为王油坊类型的文化遗存。以后的几十年先后又在鲁西南、皖北发现了同类遗存，从而确定了王油坊类型的分布区域。20世纪末，在上海松江的广富林遗址发现了环太湖地区新石器时代晚期的文化遗存，为便于研究，我们暂称其为广富林遗存[1]。广富林遗存的发现是探讨文化谱系与文明进程的新课题，已经引起了学界的关注。

一

分布在豫东一带的龙山文化的面貌比较复杂，这一点早已为学者所认识。梁思永在对20世纪50年代以前的发掘资料整理研究后，将龙山文化划分为山东沿海区、豫北区和杭州湾区，并指出这三个区的一些文化特征在豫东一带都有明显反映[2]。由于其文化面貌的复杂性，对这个地区的文化属性有三种不同的意见。第一种意见比较传统，将此类文化作为河南龙山文化（或称中原龙山文化）的一个类型[3]，这种意见为过去的一些考古教科书所采用；另一种意见认为，"王油坊类型本来就不属于中原文化系统，而是东方的海岱龙山文化系统的一部"[4]，也就是山东龙山文化的一个类型；第三种意见认为王油坊类型有其独特的文化特征，是一支独立的考古学文化[5]。我们在将王油坊类型同相邻文化进行比较并分析了王油坊类型的源流后，认为王油坊类型确实难以归类到其他的考古学文化中，因此同意第三种意见。

王油坊类型之后，豫鲁皖地区成为岳石文化的分布区，在有的遗址中还发现了二里头文化（夏文化）的因素，因此二里头文化也直接或间接地到达了这个地区。二里头文化的前身同王湾类型密切相关，或者说它的主要来源是王湾类型，显然同王油坊类

[1] 广富林考古队：《广富林遗存的发现与思考》，《中国文物报》2000年9月13日第3版。
[2] 梁思永：《龙山文化——中国文明的史前期之一》，《考古学报》第七册，1954年。
[3] 杨锡璋：《黄河中游的龙山文化》，载《新中国的考古发现和研究》，文物出版社，1984年。
[4] 栾丰实：《王油坊类型初论》，载《海岱地区考古研究》，山东大学出版社，1997年。
[5] 李伯谦：《论造律台类型》，《文物》1983年4期。

型分属两个不同的文化传统。二里头文化之所以出现在豫鲁皖地区，当与夏文化在鼎盛时期向东扩张有关。至于王油坊类型同岳石文化之间的关系，虽然可以在当地的岳石文化中看到王油坊类型的因素，但是还不能说二者之间有直接的传承关系，正如在马桥文化中可以看到良渚文化的某些因素一样。从现有资料看，岳石文化和二里头文化均是这个地区的外来文化。王油坊类型和岳石文化之间应该还有年代上的缺环。

二

作为一支独立的考古学文化，其重要标志就是有一定的空间分布范围。以现在的研究水平看，考古学文化和类型的分布范围实际上不应该是一个静止的状态，而是在时间和空间两根轴线上不断发生变化的动态过程。文化、类型的分布范围随着族群的强势与弱势而放大或缩小，也会随着族群的迁徙而改变其分布范围，甚至在另一区域产生新的分布区和分布点。从分布范围的动态过程引申出考古学文化、类型在原生地的分布这个概念。

王油坊类型在原生地的分布范围在豫鲁皖交界地区。在豫东南地区最重要的遗址是王油坊，另外还有栾台、平粮台等，在鲁西南的典型遗址有安丘堌堆，在皖北有尉迟寺。

在王油坊类型原生地以外出现的类似文化遗存的分布，可以叫次生地的分布。目前发现的次生地主要有两处，一处是长江以北的江苏里下河地区，另一处是长江以南的环太湖地区，分别被称为南荡遗存[1]和广富林遗存。南荡遗存是王油坊类型和广富林遗存之间在文化谱系和地域上的连接点。

广富林遗存发现与确认于1999年，2000年正式公布了环太湖地区的这一新的文化遗存，并受到学术界的重视。目前环太湖地区发现的广富林遗存极为稀少，可以基本确认的遗址只有广富林和太湖西岸的江苏宜兴骆驼墩[2]，根本不能同环太湖地区的其他几类新石器文化遗址相提并论，也无法同稍后的马桥文化遗址相比。从1999年开始，我们在广富林遗址进行了重点发掘和大范围的勘探。经过几年的田野工作，对广富林遗存的分布范围有了初步的认识，其分布面积超过10000平方米，不到20000平方米。广富林遗址的总面积达150000平方米，广富林遗存只占整个遗址的很小部分，而在遗址的大部分区域都发现了良渚文化遗存。在分布面积方面，广富林遗存同良渚文化相比，反差十分强烈。

三

王油坊类型的生活遗存发现了房屋、水井和灰坑。灰坑多为圆形和椭圆形口，坑口

---

[1] 南京博物院考古研究所、扬州博物馆、兴化博物馆：《江苏兴化戴家舍南荡遗址》，《文物》1995年4期。
[2] 林留根2002年7月在上海"长江下游文明化进程学术研讨会"上的演讲。

略大于底,或直壁,其功能应为窖穴,用以储存物品。墓葬发现比较少,尉迟寺的12座墓葬分布零散,看不出相互之间的关系。墓葬均无随葬品。广富林遗存发现的窖穴,坑口平面近椭圆形,坑壁近直,底近平。尚未发现墓葬。

陶器能够比较充分地反映文化遗存之间的亲缘关系。王油坊类型最常见且具有典型意义的陶器有釜形或罐形鼎、袋足鬹、带流鬶、罐和瓮、筒形杯、大平底盆、弧腹豆、平底碗等。南荡遗存、广富林遗存与王油坊类型相近,三者的器形特征亦相近。陶鼎的口沿多呈凹弧状,以承盖,多圆腹圜底,鼎足以三角形侧扁足最为流行,足外缘或有指按捺,足根外侧或有手指捏痕。广富林遗存鼎足部位的内壁还常见近椭圆形捺窝(图一)。袋足鬶是王油坊类型和南荡遗存的常用炊器,大口,斜折沿,分裆,袋足,实足根。但在广富林遗存尚不能确认,只见到个别似鬹腰和裆的标本。带流鬶虽然是不少文化类型的多见器皿,但王油坊类型陶鬶的形制特征很明显,可以比较容易地与其他文化的区别开来。陶鬶颜色有灰、白、褐等,流不高,筒形颈、身,颈、身部常饰弦纹,高分裆袋足。南荡遗存陶鬶的颜色、形制和纹饰与王油坊类型的近似。广富林遗存仅发现一件陶鬶的上半部分,白色,薄胎,形制、纹饰与王油坊类型常见者完全一样(图二)。王油坊类型的罐和瓮,侈沿,直领或短颈,器形比较大者的肩腹部常有数周附加堆纹,以加固器身。南荡遗存和广富林遗存的与之相同或近似(图三)。王油坊类型的筒形杯,常饰竖条纹,泥质灰陶,直

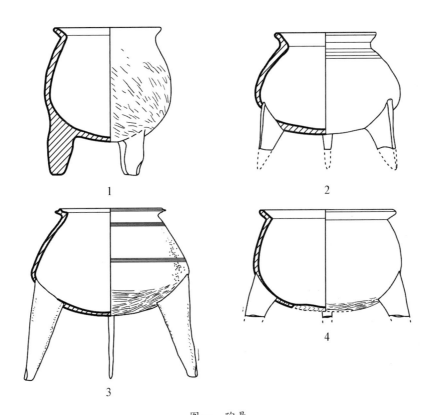

图一　陶鼎

1. 王油坊类型　2. 南荡遗存　3. 广富林遗存　4. 广富林遗存

口,杯身下部内收,近底部外撇,似假圈足,平底或近平微凹,一侧附把手。南荡遗存和广富林遗存均发现筒形杯(图四),形制相似。王油坊类型的盆有多种不同的形制,其中的斜腹大平底盆很有特色,斜腹略朝内凹弧,广富林发现的一件平底盆,斜腹略朝外弧(图五)。王油坊类型的弧腹豆,豆盘比较深,圆弧腹,豆柄粗矮。广富林遗存的同类器,形制

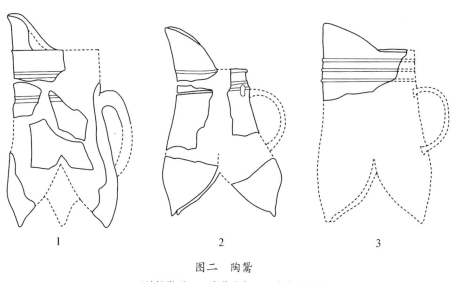

1　　　　　2　　　　　3

图二　陶鬶

1. 王油坊类型　2. 南荡遗存　3. 广富林遗存

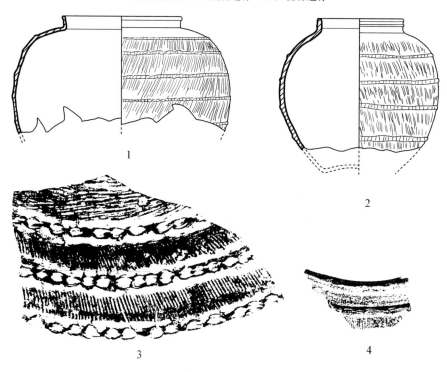

1

2

3

4

图三　陶瓮(罐)

1. 王油坊类型　2. 南荡遗存　3. 广富林遗存　4. 广富林遗存

与之相似(图六)。王油坊类型的平底碗,量多,特征是斜腹,近底部内凹,外观似假圈足。广富林遗存的平底碗也具有同样特征(图七)。王油坊类型陶器上的流行纹饰有篮纹、绳纹和方格纹等印纹,竖条纹、交叉浅槽纹和平行斜槽纹等刻划纹,还有附加堆纹。在尉迟寺等遗址中的陶器上,有的同时施两种印纹,如上部绳纹、下部方格纹,或者反之。方

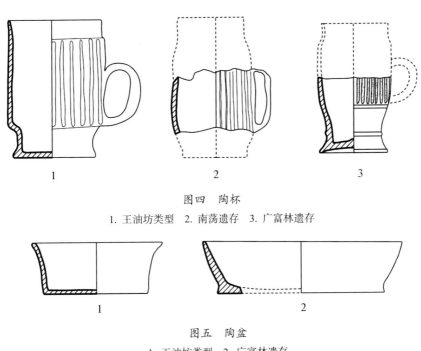

图四　陶杯
1. 王油坊类型　2. 南荡遗存　3. 广富林遗存

图五　陶盆
1. 王油坊类型　2. 广富林遗存

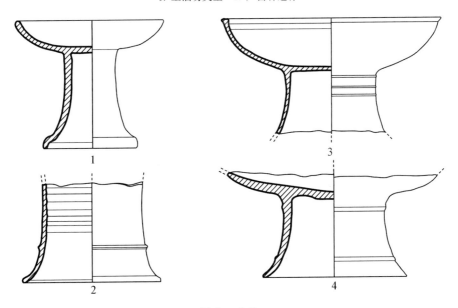

图六　陶豆
1. 王油坊类型　2. 南荡遗存　3. 广富林遗存　4. 广富林遗存

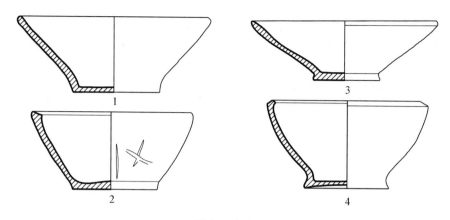

图七　陶碗

1. 王油坊类型　2. 王油坊类型　3. 南荡遗存　4. 广富林遗存

格纹有正方格和菱形方格之别。广富林遗存陶器纹饰的制法和种类与王油坊类型的基本相同,绳纹有粗细和排列形式的差别,并十分流行弦断绳纹。广富林遗存的刻划纹种类比较多,有单线方格纹、复线菱格纹、叶脉纹、八字纹、错向斜线纹、相交斜线纹、竖条纹等。其中,复线菱格纹同王油坊类型的交叉浅槽纹相似,错向斜线纹同王油坊类型的平行斜槽纹相似(图八)。附加堆纹常围绕器物堆贴多道,并有指捻纹。

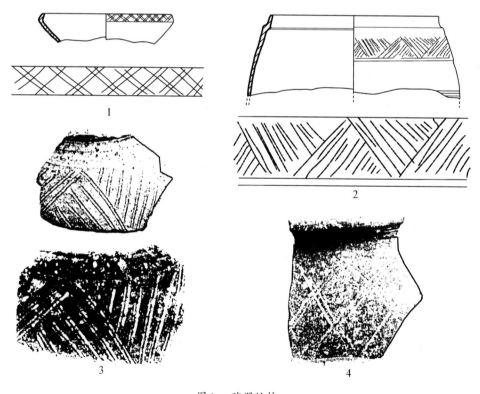

图八　陶器纹饰

1. 王油坊类型　2. 王油坊类型　3. 广富林遗存　4. 广富林遗存

四

广富林遗存的年代目前测得两个 ^{14}C 数据，分别是 3770 ± 60 和 3780 ± 60B.P.，经树轮校正后为 2310BC 和 2320BC，如果参照南荡遗存，其年代为距今 4000 年前后应该更为恰当一些。

南荡遗存和广富林遗存的发现，表明王油坊类型的族群在异地开辟了一片新的天地。他们离开原生地域的原因可能同其所处地区的自然环境有关。在黄河与淮河的冲积平原上，洪水泛滥时他们难免遭受灭顶之灾。因此，逃避洪灾应该是王油坊类型出现在次生地域的主要原因。

现在发现王油坊类型的次生地域除了南荡遗存和广富林遗存比较典型、易于辨识外，宁镇地区也发现了王油坊类型的文化因素[1]。由此看来，王油坊类型的迁移方向似以东南方向为主。他们新落脚的有些地点的环境条件并不好，如里下河地区属湖沼平原。先民们在那里生存艰难，居住相当分散，如龙虬庄遗址，南荡遗存仅在遗址东部有零星小片分布。龙虬庄的南荡遗存同它之前的遗存有近千年的空白[2]。在周邶墩和南荡二遗址，南荡遗存之前更是无人居住。这几处遗址南荡遗存分布的共同特征是文化层薄而零散，水域面积比较大而且经常变动，先民无法在一个地点长期定居，经常在小区域内不断变更居住地。广富林遗址地处海湾泻湖沉积环境，地势低洼，直到距今 5500 年后才有崧泽—良渚过渡阶段的先民来此定居。从环境角度看，也不是理想的生存地。王油坊类型的迁移方向是一个值得探讨的问题。龙山时代天下万国，各部族之间不断分化与重组。王油坊类型以西和西北的王湾类型后演进为强大的夏文化（二里头文化）。王油坊类型以东和东北的海岱区龙山文化历史悠久，势力强盛。这些强势文化对王油坊类型形成了一个大半月形的包围。王油坊类型选择了向东南方迁移，进入无人区或弱势文化区寻找暂栖之地。另外，如果王油坊类型向其他方向迁移，恐怕也融进了邻境的强势文化之中。

五

广富林遗存的发现为环太湖地区的文化谱系和长江下游的文明化进程提出了全新的问题。广富林遗存早于马桥文化，同良渚文化的年代关系则涉及良渚文化的结束时间。一些学者注意到大汶口文化中有良渚文化因素，而山东龙山文化中却基本不见，因

[1] 谷建祥、申宪：《王油坊类型龙山文化去向初探——江苏境内王油坊类型龙山文化遗存分析》，载《南京大学历史系考古专业成立三十周年纪念文集》，天津人民出版社，2002年。
[2] 龙虬庄遗址考古队：《龙虬庄》，科学出版社，1999年。

此良渚文化的结束年代没有到山东龙山文化，或略早于龙山时代。如是，则广富林遗存同良渚文化之间可能还有年代间隔，因为前者的年代与距今4000年前后不会相去太远。我以为探讨考古学文化的年代，不能回避文化谱系以及相关的理论问题，具体说，就是外来文化和当地文化传承的关系。环太湖地区从崧泽文化到良渚文化是同一文化传统的延续和演进。马桥文化的来源相当复杂，其主体是外来的，从考古学文化因素的表现看，就是以红褐陶系为代表的一组陶器。这些新出现的大量来自浙南闽北的新因素使之同良渚文化之间的文化链断裂。但是马桥文化中仍然可以见到一些良渚文化的因素，石器中就有当地所特有的典型器形如斜柄石刀。因此，良渚文化和马桥文化的联系恐怕不能轻易完全割断，二者之间的年代间隔恐怕也不会隔了一个龙山时代甚至更长那么大。现在环太湖地区文化的延续发展过程中，插进了一个全新的广富林遗存，它的出现虽然可能补上环太湖地区古人活动的年代缺环，但并不能填补良渚文化和马桥文化之间的文化断裂。因此广富林遗存的发现对探讨环太湖地区的社会发展进程提出了更为复杂的新问题。

自20世纪60年代以来，广富林遗址一共发现了数十座良渚文化墓葬，绝大多数属于第1～3段。最近又新发现了良渚文化第5段和第6段的遗存。广富林遗址中，虽然良渚文化的分布范围比广富林遗存大很多，但是良渚文化延续了千年之久，可以说对各期段文化遗存分布的了解才刚刚开始。根据目前所知，良渚文化的分布范围是发生过变化的，第5、6两段遗存的分布范围比较小。

良渚文化最后阶段的衰变日益严重，遗址的数量也明显减少，逐渐有越来越多的外来因素或非当地文化传统的遗存进入环太湖地区，其中以同王油坊类型关系密切的广富林遗存最典型，特征也最鲜明。如果再联系后来进入环太湖地区、以来自浙南闽北为主体的马桥文化，可以认为，在良渚文化的衰退消亡过程中，当地曾发生过激烈的社会动荡，一些原来活动于其他地区的族群先后进入环太湖地区，在相对有限的时间和空间范围内生存。最后马桥文化成为环太湖地区新的主宰。

原载《华夏文明的形成与发展——河南省文物考古研究所建所五十周年庆祝会暨华夏文明的形成与发展学术研讨会论文集》，大象出版社，2003年

二里头文化中的南方因素

　　二里头文化不仅是探索中国文明化进程的最关键的考古学文化,也与中国最早的王朝密切相关。二里头文化所代表的文明反映从早期文明发展到成熟文明的历程,其所代表的特征汇集了中华大地早期文明的精粹。二里头文化兴起于黄河中游嵩山周围地区,在当地早于它的是以王湾三期为代表的河南龙山文化,但是二里头文化并非直接继承王湾三期文化而来,二里头文化包含了不少非本地传统的文化因素。研究者在探讨这些外来因素时提到来自东方的山东龙山文化和岳石文化[1],东北方的后岗二期龙山文化、王油坊类型和西部的齐家文化等[2]。对于近年新出土的绿松石龙,有学者认为源自陶寺文化陶器上的龙纹,间接来自良渚文化陶器上的龙纹。另有学者认为二里头文化的印纹陶器"显然与南方的印纹陶有密切的关系",但是基于其对二里头文化和南方印纹陶年代的认识,不赞成"二里头印纹技术由南方传入"的看法[3]。

　　本文从二里头文化的印纹陶入手,着重分析其中云雷纹的纹样种类、载体和存在方式等,并同南方地区发现的云雷纹进行比较,进而探寻它们的来源。

一、二里头文化云雷纹的分类

　　印纹或印纹陶泛指所有以拍印、压印、模印等技法制作的陶器纹样,这样最常见的绳纹、篮纹都将包括在印纹或印纹陶中。但是考古学研究在使用这一术语时通常使用其特指含义,仅指在中国南方地区先秦时期广为流行的印纹,而将绳纹、篮纹等排除在外(本文所称印纹也不包括黄河流域流行的方格纹)。云雷纹是二里头文化中特别引起关注的一类印纹,不仅因为其制作精致,沿用时间长,并延续至二里头文化以后的时期,更重要的是它们同商周青铜器上云雷纹之间的渊源关系。二里头文化的印纹还有几何形纹饰如双线S纹、回字点纹、菱形点纹、圈点纹等(图一)。其中,云雷纹与南方的关系相当密切。

[1]　方辉:《二里头文化与岳石文化》,《中原文物》1987年1期。
[2]　隋裕仁:《二里头类型早期遗存的文化性质及其来源》,《中原文物》1987年1期。
[3]　郑光:《二里头陶器文化略论(代前言)》,《二里头陶器集粹》,中国社会科学出版社,1995年。

图一　二里头文化的几何形印纹

（均出自偃师二里头）

1　　　　2　　　　3

4

图二　二里头文化的直云雷纹

4. 出自郑州大师姑　余出自偃师二里头

二里头文化云雷纹的种类按个体单元排列分类，有直云雷纹（图二）、斜云雷纹（图三，1～3）、菱形雷纹（图四，1～3）和云纹（图五，1、2），以上四种都为宽带形布局。另有一种云雷纹为整器整体布局（图六，1～3）。

二、二里头文化云雷纹的载体和存在形式

二里头文化云雷纹多装饰在质量比较高的黑陶器上，这些黑陶器大多数已经破碎，未能复原。目前所能够见到的完整器数量极少，有代表性的两件是高领尊（84YLⅣM72：10）和圆腹罐（87YLⅥM56：1）（图七），均为磨光泥质陶，腹部饰一周直

图三　二里头文化和马桥文化的斜云雷纹

1～3. 出自偃师二里头　4～6. 出自闵行马桥

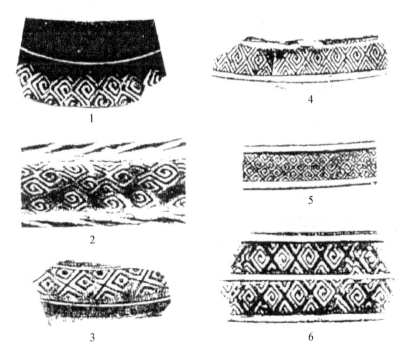

图四　二里头文化和马桥文化的菱形云雷纹

1～3. 出自偃师二里头　4～6. 出自闵行马桥

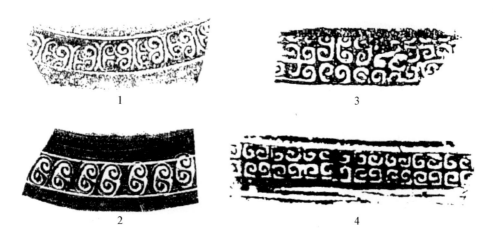

图五　二里头文化和马桥文化的云纹

1、2. 出自偃师二里头　3、4. 出自闵行马桥

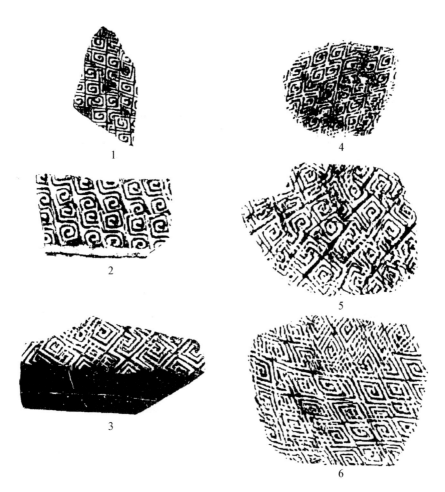

图六　二里头文化和马桥文化的云雷纹

1～3. 出自偃师二里头　4～6. 出自闵行马桥

云雷纹[1]。郑光指出，"尊类陶器和一些甚精致的罐类陶器饰戳印花纹较普遍"[2]。因此，质精是云雷纹载体的一个基本特征，云雷纹同比较精致的一类陶器联系在一起。

图七　二里头文化圆腹罐
（出自偃师二里头）

二里头文化云雷纹多数出在比较大的遗址，二里头作为夏代最大的城邑遗址，发现的云雷纹最多。郑州大师姑是夏代的另一个重要城邑，也发现了一些云雷纹。然而，即使在这两个规模相当可观的城邑遗址，云雷纹在整个陶器中仍然仅占很小的比例。1959～1978年的二十年间，二里头遗址发掘资料中没有见到一件饰云雷纹的完整或者可以复原的陶器[3]。1995年出版的《二里头陶器集粹》集中发表了1980年代和90年代最初几年的陶器资料，共有完整或复原陶器441件，其中仅有2件饰云雷纹。90年代以来笔者曾经数次到二里头遗址考察学习，参观考古工作站的陈列室，并未见到有新的云雷纹陶器展示。郑州大师姑遗址在2002年至2003年间共发掘540平方米，发掘报告按单位和文化层发表了所有完整或可以复原的陶器，并尽可能多地发表了陶片，为研究者提供了极大的方便。在大师姑遗址的二里头文化阶段，使用拍印或戳印技法的仅见云雷纹，没有一片几何形印纹，按报告编写者的撰文原则，应该不至于漏掉特征性强又罕见的这类纹饰，看来二里头以外的其他遗址几何印纹的数量确实极少。大师姑遗址没有发现饰云雷纹的完整或复原陶器，饰云雷纹的陶片也十分罕见，根据发表的二里头文化5个单位纹饰统计数据，只有2个单位有云雷纹陶片，其中H76有2片云雷纹陶片，占该单位陶片总数的0.14%；H43只有1片，占0.35%[4]。

登封王城岗1975～1981年间发掘的二里头文化遗存中未见云雷纹，只有二里头文化二期的圆圈纹可能属于印纹[5]。

综上所述，数量少和比较集中出土于规模非常大或相当大的遗址是二里头云雷纹陶器的另一个基本特征。

二里头文化有一类通常被称为"象鼻盉"的陶器，数量屈指可数，它们的共同特征是有比较长的管状流（嘴）。这类陶器的质地、形制等同云雷纹也存在某种内在的关联。盉的陶质有两种：磨光黑陶和硬陶或原始瓷。前者有的在肩部刻竖向曲折纹，发表的1件称指甲线纹（84YLⅣM51∶1）（图八，2）[6]，这类纹饰还饰于其他形制的磨光黑陶器

［1］　中国社会科学院考古研究所：《二里头陶器集粹》，中国社会科学出版社，1995年，彩图四右。
［2］　郑光：《二里头陶器文化略论（代前言）》，《二里头陶器集粹》，中国社会科学出版社，1995年。
［3］　中国社会科学院考古研究所：《偃师二里头——1959～1978年考古发掘报告》，中国大百科全书出版社，1999年。
［4］　郑州市文物考古研究所：《郑州大师姑（2002～2003）》，科学出版社，2004年。
［5］　河南省文物研究所、中国历史博物馆考古部：《登封王城岗与阳城》，文物出版社，1992年。
［6］　中国社会科学院考古研究所：《二里头陶器集粹》，中国社会科学出版社，1995年，彩图一〇。

1　　　　　　　　　　　2　　　　　　　　　　　3

图八　二里头文化的"象鼻盉"

1、2. 出自偃师二里头　3. 出自伊川南寨

上。另一件出自伊川县南寨,泥质黑陶,通体磨光(T85M26：2)(图八,3;图一一,3)[1]。硬陶或原始瓷盉饰印纹,发表的1件为复线方格纹,局部方格中间带有凸点,整体布局同云雷纹相似(02ⅤM5：1)(图八,1)[2]。

关于二里头文化云雷纹的出现时期,郑光1995年发表的文章中指出是第二期,尚未提及二里头文化一期已经出现包括云雷纹的印纹。《偃师二里头》公布的1959年至1978年发掘资料,从第一期到第四期都有包括云雷纹的印纹。产生这一分歧的缘由尚不得而知,应该是对分期的不同认识所致。大师姑遗址包含云雷纹的H76和H43分属该遗址的第二段和第三段。另外在插图中公布的云雷纹出自G5,属于第三段。根据报告编写者的年代排序,大师姑遗址的第二段、第三段等同于二里头文化第三期早段和晚段。从上述材料和分析中可以认识到,二里头文化一期很可能是云雷纹陶器最早出现的时间,二期是最丰富的时期,最早出现和最丰富的地点都在二里头文化最大的城邑,二期或二期后才逐渐扩散到其他地区规模比较大的聚落。这种扩散的性质可能属于精致物品从中心区域向次中心区域乃至普通聚落的传播。

三、马桥文化云雷纹及其与二里头文化的关系

普遍使用云雷纹装饰陶器是马桥文化的重要特征,纹样种类有斜云雷纹(图三,4～6)、菱形雷纹(图四,4～6)、云纹(图五,3、4)和蝶形云雷纹(图一〇,4)等。其中与

［1］　河南省文物考古研究所：《河南伊川县南寨二里头文化墓葬发掘简报》,《考古》1996年12期,图版肆,4。
［2］　《考古》2004年11期,图版捌,6。

二里头文化几乎完全相同的有斜云雷纹、菱形雷纹和云纹，而且二者不仅纹样相同，装饰的布局风格也相同，均呈宽带形布局，即围绕器身一周或数周的宽带图案。宽带形布局的各类云雷纹饰于泥质灰黑陶系的豆、簋、觯、瓿、尊和盆上。与二里头文化相同，马桥文化也有整器整体布局的云雷纹（图六，4～6），主要饰于罐、尊等器皿上（图九）[1]。马桥文化有一类陶觯上比较多见的蝶形云雷纹则不见于二里头文化。马桥文化与二里头文化云雷纹相似者占有相当高的比例，甚至可以这样说，二里头文化的云雷纹种类马桥文化基本上都有，马桥文化云雷纹的种类比二里头文化更多。

图九　马桥文化陶罐
（出自闵行马桥）

　　马桥文化中发现云雷纹是非常普遍的现象，大多数遗址都出土云雷纹陶器，其中尤以经过大规模发掘的马桥遗址所出云雷纹的数量最多。《马桥——1993～1997年发掘报告》发表了所有出土的完整与复原陶器，以觯为例看云雷纹的使用概况，陶觯A型以素面居多，B型中几乎所有的陶器都装饰以宽带形式布局的云雷纹，多数为斜云雷纹，少数为菱形雷纹（图一〇，1、2），C型绝大多数饰菱形雷纹和蝶形云雷纹（图一〇，3、4）。马桥文化云雷纹的陶器载体种类、数量和保存均大大压倒二里头文化。

　　二里头文化和马桥文化云雷纹的可比性显而易见，两文化云雷纹的种类、制作技法与装饰风格在很大程度上相同或十分相似。不少学者都注意到这种可比性，如郑光看到了二里头文化同南方印纹陶的密切关系，认为南方印纹陶的兴盛"约相当于二里冈期上层时期"，因此二里头文化的印纹陶"是此时（约公元前1800～前1700年）南方任何地方的印纹陶所望尘莫及的"，表达了对"二里头印纹技术由南方传入"观点的强烈质

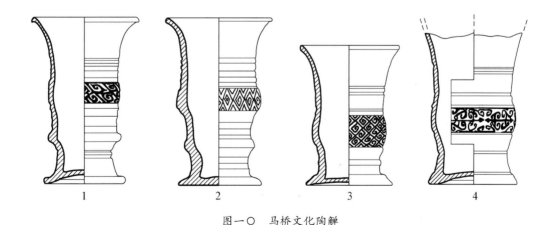

图一〇　马桥文化陶觯
（均出自闵行马桥）

---

[1]　上海市文物管理委员会：《马桥——1993～1997年发掘报告》，上海书画出版社，2002年，图版二四，1。

疑[1]。由于二里头文化的强势特征,因此对于二里头文化与南方相似的文化因素,一般认为二里头文化是其源,如杜金鹏曾经指出马桥文化中有许多二里头文化因素出现在二里头文化二、三期,"可能都是在二里头文化影响下产生的",并进一步将二里头文化因素的扩散同所谓"桀奔南巢"联系起来[2]。

文化因素扩散与接受的前提条件是授、受文化的年代,其次也要考虑文化因素在授、受文化中各自的存在形态以及文化因素的传播方式与传播路线。马桥文化遗存一般叠压在良渚文化之上,比较典型的遗址有上海的闵行马桥、金山亭林等,马桥遗址的马桥文化遗存叠压在良渚文化第6段墓葬之上。2000年在上海松江的广富林遗址第一次辨识并确认了晚于良渚文化的广富林遗存[3],2005年在浙江湖州的钱山漾遗址发现马桥文化叠压在广富林遗存之上的地层[4]。广富林遗存的主体同豫鲁皖地区的龙山文化王油坊类型关系密切,经参照比较,其年代为距今4000年前后[5]。马桥文化的起始晚于距今4000年,与广富林遗存相衔接。与黄河流域的二里头文化、商文化、岳石文化和长江流域的湖熟文化等进行比较,并参照相关的测年数据,笔者认为马桥文化的年代为距今大约3900~3200年,马桥文化的起始时间与二里头文化相近。目前马桥文化分为三期,早期正是云雷纹最繁荣的阶段。因此南方印纹陶"约相当于二里冈期上层时期",二里头文化印纹陶是"南方任何地方的印纹陶所望尘莫及的",马桥文化等"可能都是在二里头文化影响下产生的"等观点缺乏年代学根据。

以拍印、压印和戳印技法制作的云雷纹是一种特征性很强的文化因素,在二里头文化中云雷纹陶器被看作特别珍贵的器具,质量精而数量少,在大型都邑二里头发现略多,但多为残片,完整或复原器屈指可数,其他规模的遗址甚至像大师姑这样的城邑则很少发现云雷纹,甚至没有。与此形成鲜明对照,马桥文化的云雷纹陶器是日常生活用具,即使像在马桥这样渔猎经济占有相当比重的普通村落,仍然大量使用云雷纹陶器,不仅器物种类多样,纹饰富于变化,而且器物形态的演变轨迹比较清晰,具有系统而完整的传承。基于云雷纹的年代和存在形态,马桥文化是其原生地或原产地的可能性比二里头文化应该更大一些。

马桥文化的源头可以追溯到浙江南部和福建北部地区,大约距今4000年时该地区出现一支延续相当长时间的肩头弄遗存[6]。在该遗存的较早阶段有类似二里头文化所谓"象鼻盉"的器物。福建光泽马岭的一件为灰色硬陶,腹部拍印细密的勾连雷纹,陶胎很薄(图一一,1)[7]。浙江江山肩头弄的一件制作相当精致,胎壁的厚度仅有2毫米,腹部拍印规整的斜向云雷纹(图一一,2)。肩头弄另还出几件相同形制的,但为泥质陶,

[1]　郑光:《二里头陶器文化略论(代前言)》,《二里头陶器集粹》,中国社会科学出版社,1995年。
[2]　杜金鹏:《夏商文化断代新探》,《中原文物》1993年1期。
[3]　广富林遗址考古队:《广富林遗存的发现与思考》,《中国文物报》2000年9月13日第3版。
[4]　丁品等:《浙江湖州钱山漾遗址进行第三次发掘》,《中国文物报》2005年8月5日第1版,报道称为"钱山漾文化遗存"。
[5]　宋建:《从广富林遗存看环太湖地区早期文明的衰变》,《长江下游文明化进程学术研讨会论文集》,上海书画出版社,2004年。
[6]　牟永抗、毛兆廷:《江山县南区古遗址古墓葬调查试掘》,《浙江省文物考古所学刊(1981)》,文物出版社,1981年。
[7]　福建省博物馆、光泽县文化局文化馆:《福建省光泽县古遗址古墓葬的调查和清理》,《考古》1985年12期。

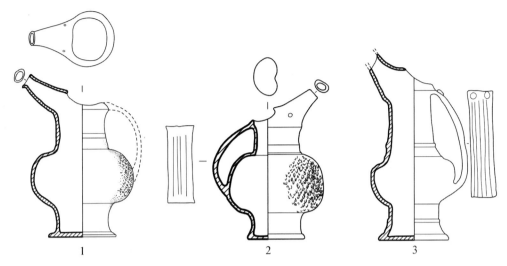

图一一 肩头型遗存和二里头文化的"象鼻盉"

1. 出自光泽马岭 2. 出自江山肩头弄 3. 出自伊川南寨

火候低,表层剥落,纹样不详(原发掘报告未发表图)。仅从马岭与肩头弄的两件硬陶盉就可以看出同二里头文化的共同点,除了整体形制基本相同外,细部特征也相同,如器物下部均为假圈足,管流近器口处有对称的两乳丁等。陶器的质地、形制、制法和装饰的相同程度表明,二里头文化和浙闽地区的这类盉也是同源的。

马桥文化的鸭形壶是源于浙南地区肩头弄遗存的新兴器类,不仅数量多,种类也多(图一二,1、2)。而二里头文化的鸭形壶极罕见(图一二,3),应该是从南方输入的产品。

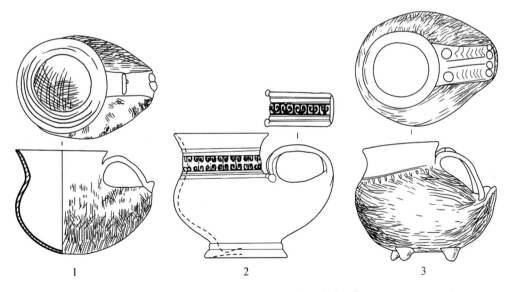

图一二 马桥文化和二里头文化的鸭形壶

1、2. 出自闵行马桥 3. 出自偃师二里头

对硬陶与原始瓷的成分分析结果也支持上述比较后的推论。二里头文化的硬陶胎中氧化硅含量较高,氧化铝含量较低,与我国南方硬陶、原始瓷的组成特征相同,而且其组成点与浙江、上海和江苏的硬陶及部分原始瓷胎比较接近,因此二里头文化硬陶产地在南方的可能性很大[1]。

四、南方距今4000年前的云雷纹

比马桥文化和二里头文化更早的以印制方法形成的云雷纹出现在距今4000年前后,广富林遗存、好川遗存和江西清江的筑卫城中层遗存都包含云雷纹。这一时期的云雷纹均为整器整体布局,尚未见到宽带形布局。

云雷纹这种纹样形态在南方出现比较早。良渚文化陶器上有刻制的云雷纹,上海青浦寺前遗址的一件双鼻壶对称的鼻下各刻一云雷纹(图一三,1)[2]。云雷纹也是良渚文化玉器神像的基本构图元素。江苏金坛三星村的一件陶豆采用凿刻技法制作云雷纹(图一三,2、3)[3],表明长江以南地区至少在距今5500年以前就已经创造了云雷纹的形式。不过这类较早时期云雷纹的制作技法为凿与刻,不同于距今4000年前后逐渐开始流行的拍印和戳印技法。云雷纹的刻制法到夏代已不多见,二里头文化和马桥文化均有很少的刻制云雷纹,从中可以看到云雷纹制作技法和表现形式的继承与发展。

综上所述,二里头文化的云雷纹有刻制与印制两种方法,以印制为主,其出现的时间很可能是在一期,但数量极少,二里头文化二期是云雷纹最丰富的时期,因此特别引人注目,以后继续延续。偃师二里头最早出现云雷纹陶器这类精制品,而且发现最多,种类也

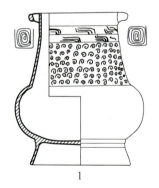  

1　　　　　　　　　2　　　　　　　　　3

图一三　新石器时代的刻凿云雷纹

1. 出自青浦寺前　2、3. 出自金坛三星村

［1］　陈尧成等:《河南偃师二里头夏商陶器研究》,《'02古陶瓷科学技术国际讨论会论文集》,上海科学技术文献出版社,2002年。
［2］　上海博物馆考古研究部:《上海青浦区寺前史前遗址的发掘》,《考古》2002年10期。
［3］　南京师范大学、金坛市博物馆:《金坛三星村出土文物精华》,南京出版社,2004年,第124、25页。

最丰富,应该同它作为二里头文化最大城邑具有密切的内在联系。二里头文化二期后这类稀罕物品才逐渐扩散到其他规模比较大的聚落。南方在距今4000年前已经以印制法生产云雷纹陶器,稍后的马桥文化云雷纹十分流行,纹样及其表现风格同二里头文化非常相似,而且普及程度比二里头文化高得多。因此,南方应该是云雷纹的原生地,二里头文化的云雷纹以及其他一些因素是在南方影响下产生的。至于二里头文化云雷纹陶器等的原产地问题,仅依靠考古类型学是无法回答的,必须借助其他方法与技术,前述二里头文化硬陶产地的探讨就是一种尝试,今后应该更多地开展多学科的综合研究。

原载杜金鹏、许宏:《二里头遗址与二里头文化研究——中国·二里头遗址与二里头文化国际学术研讨会论文集》,科学出版社,2006年

"马桥文化"试析

一

    50年代和60年代初，在太湖周围地区曾作过不少田野考古调查和发掘工作，但由于种种原因，我们对这个地区早期青铜时代文化面貌的认识不很清楚。上海马桥遗址前后两次发掘的报告正式发表以后[1]，特别是1978年夏召开的"江南地区印纹陶问题学术讨论会"上对我国南方地区古代文化的分区研究，使我们对以马桥遗址第四层为代表的这一类文化遗存的面貌、性质等问题有了新的认识。现在，大多数同志都认为这是一种有别于其他文化的新的文化类型，对此，有的同志已直接命名为"马桥文化"[2]，但更多的同志还是称为"马桥遗址第四层"或"马桥第四层文化"。我们认为，从目前已发表的以及各地区零星收集的材料看，对于这类文化遗存的分布、大体的文化面貌和它的来源、自身的发展及其归宿，认识已比较清楚。为了把它们从其他文化中区别出来，进而作深入一层的研究，我们同意"马桥文化"这一命名。

    马桥文化的分布中心在太湖以东、以南、以北的水网地区，这里地势平坦，湖泊河流密布。主要遗址有上海市的马桥、亭林、查山、寺前等[3]，浙江省的钱山漾[4]、水田畈遗址也可包括在内[5]。另外，在江苏吴县澄湖[6]、无锡许巷[7]和浙江长兴等地也发现了马桥文化的遗物。马桥文化分布的最东部可到达海边，查山遗址即是；它的西部边缘还不清楚，在太湖以西地区还未见到这个文化的典型器物；它的南部边缘似可到富春江流域。

[1] 上海市文物管理委员会：《上海马桥遗址第一、二次发掘》，《考古学报》1978年1期。

[2] 蒋赞初：《关于长江下游地区的几何印纹陶问题》，《文物集刊（第三集）》，文物出版社，1981年。

[3] 黄宣佩、孙维昌：《上海地区几何印纹陶遗存的分期》，《文物集刊（第三集）》，文物出版社，1981年。

[4] 浙江省文物管理委员会：《吴兴钱山漾遗址第一、二次发掘报告》，《考古学报》1960年2期。

[5] 浙江省文物管理委员会：《杭州水田畈遗址发掘报告》，《考古学报》1960年2期。

[6] 南京博物院、吴县文管会：《江苏吴县澄湖古井群的发掘》，《文物资料丛刊（第九集）》，文物出版社，1985年。

[7] 江苏省文物工作队：《江苏无锡许巷村新石器时代遗址》，《考古》1961年8期。

二

以陶系分类,马桥文化的陶器主要分成三种:(1) 泥质红陶或红褐陶;(2) 泥质灰陶包括一部分黑衣、红衣或橘黄衣的灰胎陶,这类所谓的衣陶,实际上多为烧成气氛的差异所致;(3) 夹砂红陶或红褐陶。这三种陶系在器类、器形、纹饰等方面也各具特色。泥质红(褐)陶数量最多,都是盛器和饮食器。器形有凹圜底或凸圜底罐、鸭形壶、碗、杯等。表面纹饰以拍印的编织纹样居多,如席纹、叶脉纹、回纹、兰纹等,另外还有为数不多的绳纹和雷纹。两种纹饰同饰一件器物上也集中出现于这种陶系,有席纹和回纹、席纹和雷纹的组合纹样。泥质灰陶的数量也比较多,这种陶系的器形多样化,其中以圈足器最为发达,有各种形式的簋、豆、尊等。除圈足器外,还有宽錾带流鬶、高领罐、三足盘、瓿、觯、盆、碗、碟、杯、盂等。菱形雷纹和云雷纹是这一陶系的圈足器上最常见的纹饰,凹、凸弦纹和鱼鸟纹也主要饰于泥质灰陶器上。夹砂红(褐)陶最少,均为炊器,器形有侧凹弧形足和圆锥形足的鼎、实足鬲、凹圜底或凸圜底釜、捉手呈圈足状的敞形器盖,纹饰以直行绳纹为主,也有一些篮纹。

必须指出,马桥文化中已开始出现数量虽然不多,却代表了制陶技术已发展到一个新水平的质地坚硬或比较坚硬的陶器。特别是有一种呈紫褐色的陶器,其质地的坚硬程度与稍晚些时候在江南地区大量流行的所谓硬陶相比,几乎不相上下。除此之外,带釉陶器也有少量发现。

马桥文化的生产工具仍以石器为主,其中比较有代表性的是:(1) 有肩石器,如有肩石斧和石锄,这类石器通常也称为"钺形器";(2) 长条形和半月形石器,多用来切割,如石镰和石刀;(3) 三角形石器,从形制和大小来看,似属于用来耕耘的农具。除上述三类外,比较常见的还有石凿、石锛等。青铜工具只发现小型的凿和刀。

三

马桥文化与良渚文化有着密切的关系。两者的分布区域大体一致,良渚文化的人们主要也生息在太湖周围的水网湖泊地区。迄今发现的马桥文化遗存大多数都压在良渚文化遗存上,如马桥、亭林等遗址。由于这两种文化的人们赖以生存的自然条件和生活环境基本相同,所以他们在生活习惯和生产劳动上呈现出多方面的同一性。马桥文化的陶器形制从整体上可分为四大类:圈足器、平底器、三足器、凸圜或凹圜底器。前三类在良渚文化中大量存在,特别是圈足器占了极大的比例,这也正是马桥文化中相当发达的一种器类。在器物的个体形态方面,马桥文化和良渚文化都以鼎作为主要炊器,都使用豆、簋形器、圈足尊(壶)等。尊壶类的器物在良渚文化中圈足较矮,多有双贯耳，1978年春在浙江海宁千金角遗址的良渚晚期墓葬中还发现了不少类似马桥文化的尊形器[1]。良渚文化陶器上的宽鋬作风在马桥文化中仍然流行。马桥文化的另一特征是在陶器上有多种刻划符号，其中有些符号与良渚文化中的完全相同，或对后者稍作变化。在生产工具方面，两种文化石器的质料、形制和制法也有较多的一致性。

根据以上分析，马桥文化的陶质生活器皿和石质生产工具都继承了良渚文化的相当一部分因素，因此我们认为马桥文化基本上是从良渚文化发展而来的。但是，从良渚文化到马桥文化显然已发生了质变。这种质变主要表现在后者有了青铜器，制陶技术进一步提高，出现了少量硬陶器和一部分新的陶器形制。在陶器中，主要是凸圜底器和凹圜底器的大量涌现，平底器中也有一些不同于良渚文化的新器形，很多陶器的表面拍印或压印了种类繁多的纹样加以装饰，其中的各种编织纹又集中在凹、凸圜底器上。所有这些都显示了马桥文化的性质不同于良渚文化。

还值得一提的是，马桥文化中出现了少量所谓"二里头文化因素"，例如鸭形壶、三足盘（瓦足簋）、觚等陶器。然而，二里头文化的主要生活器皿如炊器中的夹砂深腹罐、盛食器中的大口尊以及花边口沿圆腹罐等，在马桥文化中绝对不见，其他陶器形制两者区别也很大。实际上，类似鸭形壶和三足盘的器物除了在马桥文化中出现外，南方其他地区也有，前者在福建南安民安村[2]和闽侯黄土仑（《文物集刊》第三集192页图二），后者在广东曲江石峡[3]和福建长汀都曾发现过。上海松江广富林遗址中出土的一件属于良渚文化的阔扁足浅腹鼎[4]，与马桥文化的三足盘也有相似之处。至于觚形器，在大汶口文化早期就有其雏形，并且是商文化中最常见的器物之一。

根据目前的考古调查和发掘，已知二里头文化的中心地区在豫西的伊水、洛水流域和嵩山周围地区。在它们的南部和东南部边缘，过去曾在湖北黄陂发现花边口沿圆腹罐的口部残片，皖北的肥西大墩孜也出过类似二里头文化的铜铃（《文物》1978年8期2页图二），这些地方有可能受到二里头文化的影响，但不能肯定就是二里头文化的分布区域。迄今为止，在上述两个地区的东和东南面还未曾发现二里头文化的遗址，因而二里头文化和马桥文化之间并不存在明显的交流路线。从以上分析，我们认为马桥文化中的所谓"二里头文化因素"未必与二里头文化有直接联系。如果说马桥文化与其他地区有某种交流和相互影响，更大的可能性倒是与东南沿海某些地区的联系。例如石峡和长汀的三足盘都稍早于马桥文化，而民安村和黄土仑的鸭形壶又同时或稍晚于马桥文化。这些地区都位于东南沿海，古代同属所谓"百越"的活动范围，它们之间的交往应是相当频繁的。

［1］　牟永抗：《浙江的印纹陶——试谈印纹陶的特征以及与瓷器的关系》，《文物集刊（第三集）》，文物出版社，1981年。
［2］　福建省文物管理委员会：《闽南新石器时代遗址的调查》，《考古》1961年5期。
［3］　广东省博物馆、曲江县文化局石峡发掘小组：《广东曲江石峡墓葬发掘简报》，《文物》1978年7期。
［4］　上海市文物保管委员会：《上海松江县广富林新石器时代遗址试探》，《考古》1962年9期。

四

马桥文化经历了一段很长的发展时期。现在看来它的上限已比较清楚，多数遗址的发掘已经表明，马桥文化层直接叠压在良渚文化层之上，后者的下限不会晚到商代。属于马桥文化的亭林中层 C^{14} 年代是距今 3730±150 年，考虑到 C^{14} 年代测定的误差，马桥文化的上限正值夏末商初，即它与良渚文化几乎是直接衔接的。

马桥文化的下限问题比较复杂，这里牵涉它与商周时期分布于宁镇丘陵地区的湖熟文化和土墩墓的关系问题。过去曾把湖熟文化分成早晚两期，并认为早期大体相当于商代，晚期大体相当于西周[1]，这一时代的划分基本可信。在年代上，马桥文化与"湖熟文化早期"接近，它们的分布大体以邻近太湖西岸地区为界。这两种文化在陶器器形方面存在比较大的差异，例如"湖熟文化早期"的高裆尖锥足鬲、带流研磨盆、钵形三足器、红陶大口缸等典型器不见于马桥文化；而马桥文化中的鸭形壶、宽錾带流鬶、簋、三足盘、觯、瓬等也不见于"湖熟文化早期"的遗址中。即使是两种文化中共见的器形，在形制上也迥然不同，例如"湖熟文化早期"的甗，束腰不甚明显，有三个袋足（与鬲足相似）；鼎足多为与腹壁成直角的扁形足，足上端外侧有两或三个指捏窝；豆把多为细高形。马桥文化的甗，束腰明显，有三个圆锥形实足（与鼎足相似）；鼎足为圆锥形，或为侧扁形而两侧外弧；豆把一般较粗。另外，两种文化流行的纹饰也大不相同，马桥文化的纹饰前已述，"湖熟文化早期"除了有相当部分的绳纹外，还流行梯格纹和贝纹，甚至发现过具有明显商文化特征的饕餮纹。因此，马桥文化与"湖熟文化早期"为两种不同性质的文化是显而易见的。近些年来，在宁镇丘陵地区发掘了一大批年代大体相当于周代的土墩墓，从分布情况和出土遗物看，它们就是所谓"湖熟文化晚期"的墓葬。当土墩墓在宁镇地区开始盛行后不久，原来马桥文化分布的区域内也开始出现了土墩形墓葬。这类墓葬中出的曲折纹硬陶瓿和回纹、曲折纹相间的硬陶坛（《文物集刊》第三集 277 页图二：16、18）与宁镇地区所出（《考古》1977 年 5 期 294 页图二：9 和图版壹：3）几乎完全一样。另外，在太湖周围地区还发现了数量众多的印纹硬陶和原始瓷，它们的形制、制作和装饰办法也与宁镇地区相像。同样，这个时期宁镇地区流行的纹饰也是早些时候马桥文化中常见的各种编织纹。由此可以得出初步的结论，即太湖地区这一时期的文化遗存已与宁镇地区的所谓"湖熟文化晚期"同属一个大的文化系统，而不再归于马桥文化的范畴。因此，马桥文化的下限可能比这个时期稍早，它的绝对年代可以将查山中层的 C^{14} 年代（距今 3114±120 年，经树轮校正）和马桥第四层及查山中层的陶片热释光年代（距今

---

[1] 蒋赞初：《关于长江下游地区的几何印纹陶问题》，《文物集刊（第三集）》，文物出版社，1981 年。

3087±153年,经权重平均)作为参考年代[1],这也与所谓"湖熟文化晚期"的起始年代相接近。

根据以上对马桥文化的年代分析,我们认为它前后经历数百年,与商文化基本相同,只是结束的时间可能稍晚一些。在这样一段漫长的时期内,无疑是能够进一步分期的。由于目前有关它的分期资料还不够完备,我们仅先将某些分期的线索提出来讨论:第一,亭林中层的上半部和下半部出土的陶器有着比较明显的区别,下部多出矮胖形的罐和鸭形壶,而上部的这两种器形却比较瘦长[2]。这种在同一文化层中区分上、下部,并以此作为分期的依据,虽有某种缺陷,但仍不失为马桥文化分期的良好线索。考虑到福建黄土仑的商代末年的鸭形壶也呈瘦长形,那么,马桥文化的鸭形壶由矮胖到瘦长这一发展趋势,应该是代表了早、晚两个时期不同的特征。第二,上海境内的印纹陶遗存已被分为三期,其中第一期属于典型的马桥文化遗存(包括亭林中层的上、下部),第二期中的某些器物似与第一期的关系甚为密切,例如寺前中层的簋,显然是从第一期发展而来,豆也表现出明显的地方特征(《文物集刊》第三集277页图二:25、26),与"湖熟文化晚期"流行的粗矮圈足豆(《考古学报》1957年3期"锁金村"图版叁:4、5)完全不同。与此相反,同属此期的硬陶器却与宁镇地区土墩墓所出非常相似。因此,这就出现一个问题:即目前归属于第二期的器物可能不完全属于一个时期,有可能分化,或者在年代上有所交错。第三,在浙江境内发现的印纹陶,第一期也有马桥文化的鸭形壶(《文物集刊》第三期265页图二:7),第二期又被认为属于商代[3],那么,后者是否仍然属于马桥文化?

上述三点,只是提出问题,以便为马桥文化的进一步分期提供一些线索。不过,由于江浙两省和上海市所出土的这一时期的遗物比较分散,并且缺乏明确的地层关系,因此,有关马桥文化分期问题的圆满解决,尚有待今后的考古工作。

五

总体来说,马桥文化的人们生活在有着特定自然条件的地区,他们使用着一群具有明显自身特征的陶器。马桥文化与同一地区早些时候的良渚文化有着密切的承袭关系,但又存在质的变化。马桥文化经历了几百年之久,大约在西周初年以后,太湖水网地区与宁镇丘陵地区呈现出基本一致的文化面貌。这是一种新的文化,但是从中仍然可以看到马桥文化和"湖熟文化早期"的许多因素,从而充分说明了这种新的

---

[1] 夏鼐:《碳-14测定年代和中国史前考古学》,《考古》1977年4期;王维达:《古代陶器的热释光测定年代》,《考古》1979年1期。

[2] 黄宣佩、孙维昌:《上海地区几何印纹陶遗存的分期》,《文物集刊(第三集)》,文物出版社,1981年。

[3] 牟永抗:《浙江的印纹陶——试谈印纹陶的特征以及与瓷器的关系》,《文物集刊(第三集)》,文物出版社,1981年。

文化是由太湖和宁镇两个地区的两种早期文化融合而成。这种融合主要应是两个相邻地区的文化长期接触、相互影响和渗透的结果。在另一方面,据文献记载,商代末年周族的太伯、仲雍奔荆蛮,他们的后代周章被封为吴君,周公、穆王多次征讨东夷和淮夷,还有在丹徒烟墩山发现了不晚于穆王的宜侯夨簋,这些都说明了西周前期的周人势力对长江下游和江淮地区的强烈影响。因此,我们也并不否认这一外来势力在两种文化融合过程中所起的作用。由于这个问题不在本文论述的范围内,所以不再赘述。

原载《江苏省哲学社会科学联合会1981年年会论文选（考古学分册）》,1982年

马桥文化探源

上海马桥遗址的发掘报告于1978年发表[1]，以马桥四层为代表的文化内涵的特殊性开始受到考古学界的关注。有的学者将这类文化遗存命名为"马桥文化"[2]，或马桥类型文化[3]，有的学者把它作为几何形印纹陶遗存太湖区的一个阶段进行研究[4]，还有的学者称为古吴越文化（后良渚文化）[5]。浙江省境内的所谓"高祭台类型"，实际上也将马桥四层一类文化遗存包括在内[6]。我赞成使用马桥文化这个名称，它是存在于公元前二千纪、以太湖地区为分布中心的一种考古学文化[7]。

马桥文化的渊源是研究该文化的重要问题，一些学者曾从不同角度作过探讨。本文是在前人工作的基础上，主要通过对陶器特征的分析，阐述我对这个问题的看法。

一、马桥文化陶器的特征

根据陶系、制法、形态、纹饰等方面的区别，马桥文化的陶器可以分为三群。

A群　以泥质灰陶为主，包括一部分器表呈黑色、红色或橘黄色的灰胎陶。陶器绝大多数是轮制成型，形态一般都很规整，没有烧变形的现象。器类中大半是圈足器，也有平底器，它们的主要用途是饮食。另外，还有少量夹砂红陶和红褐陶。

以器形和纹饰特征区分，A群还可以细分为二亚群。

Aa群　器形特征是敞口圆唇，纹饰中以凹、凸弦纹最多。常见器物有高圈足尊、喇叭形圈足的豆、三足盘（瓦足皿）、大平底深腹盆和圆锥足鼎等。

Ab群　翻缘方唇器很多，比较常见的纹饰是压印和戳印的菱形雷纹和斜云雷纹，

［1］　上海市文物保管委员会：《上海马桥遗址第一、二次发掘》，《考古学报》1978年1期。
［2］　蒋赞初：《关于长江下游地区的几何印纹陶问题》，《文物集刊（第三集）》，文物出版社，1981年。
［3］　黄宣佩、孙维昌：《马桥类型文化分析》，《考古与文物》1983年3期。
［4］　李伯谦：《我国南方几何形印纹陶遗存的分区、分期及其有关问题》，《北京大学学报（哲学社会科学）》1981年1期。
［5］　中国考古学会：《中国考古学年鉴（1985）》，文物出版社，1985年，第301页。
［6］　牟永抗：《浙江新石器时代文化的初步认识》，《中国考古学会第三次年会论文集（1981）》，文物出版社，1984年。
［7］　宋建：《马桥文化试析》，《江苏省哲学社会科学联合会1981年年会论文选（考古学分册）》，1982年。

鱼鸟纹亦为该亚群所特有。常见器物有细柄浅盘形豆、粗高圈足豆、高圈足簋,另外还有宽錾翘嘴盉等。

B群 泥质红陶、红褐陶和泥质灰陶较多,也有颜色稍浅的橘红或浅黄陶与紫褐陶,个别夹砂陶。全部以泥条盘筑成型,有的再辅以轮修。烧成火候一般比较高,陶质亦硬,个别紫褐陶的火候相当高,陶质极硬。陶器形态不甚规整,许多陶器不是正圆形。有一部分陶器已经变形,或者外表起泡,显然是烧坏的次品。几乎全部是凹圜底器,用于盛储。纹饰以拍印的几何形编织纹居多,如席纹、条纹、方格纹(包括长方格、斜菱形方格)、叶脉纹、回纹,还有为数不多的绳纹和雷纹。两种纹饰同饰于一件器物上也集中出现在本群陶器,有席纹和回纹、席纹和雷纹的组合纹样。不少陶器的内壁有拍打陶器时遗留的垫印窝。一些陶器的口沿上有刻划符号。主要器形有垂鼓腹双耳罐、高领圆肩罐、带錾或不带錾的圆腹罐、有棱凸圜底盆、深腹盆、扁鼓形碗、鸭形壶、顺装凹弧形扁足鼎等。

C群 有夹砂红陶、红褐陶和泥质灰陶,以后者为多。夹砂陶和一部分泥质陶系泥条盘筑,基本成型后再轮修,多半泥质陶是轮制而成。三足器、平底器较多,也有一些凹底器、圜底器。器形有侧装扁方足鼎、实足束腰甗、大口盆、平底瓿、凹底觯形器、凸脊平底簋、箕形器等。

二、马桥文化与良渚文化的关系

马桥文化与良渚文化的分布区域重叠,都是以太湖地区为分布中心。绝大多数马桥文化遗存叠压在良渚文化遗存之上。有些地点两种遗存共存,例如澄湖古井,既有良渚时期,又有马桥时期的[1]。还有一些五十年代和六十年代初期发掘的遗址,曾定为新石器时代,实际上有的包含良渚与马桥两个时期,甚至还有其他时代的遗存,无锡仙蠡墩[2]和昆山荣庄[3]就是这样的遗址。从先后都居住在同一地区同一地点这个意义上说,马桥居民应是良渚居民的后继者。

在马桥居民使用的陶器中,A群陶器与良渚文化的关系相当密切。良渚文化中,泥质灰陶占相当比例,这种陶系正是A群陶器的特征,差别是前者包括饮食器和盛储器,后者主要是饮食器;前者常见"黑衣",后者"红衣""橘黄衣"甚多。两者都以轮制法做陶器,形态规整,良渚文化尤为突出。在器种方面,良渚文化的圈足器十分发达,A群陶器亦如此。在器形与纹饰方面,良渚文化与Aa群更为接近,最常见的都是凹、凸弦纹,相似的陶器有:

尊,两者都是高领,敞口,高圈足。所不同的是,马桥文化的尊,领和圈足比较高,并

[1] 南京博物院、吴县文管会:《江苏吴县澄湖古井群的发掘》,《文物资料丛刊(第九集)》,文物出版社,1985年。
[2] 江苏省文物管理委员会:《江苏无锡仙蠡墩新石器时代遗址清理简报》,《文物参考资料》1955年8期。
[3] 王德庆:《江苏昆山荣庄新石器时代遗址》,《考古》1960年6期。

且由良渚文化的圆肩变成溜肩垂腹（图一，1、10）[1]。

豆，共同之处是细柄，喇叭形圈足，足壁曲度甚大（图一，2、11）。

三足盘，共同点是浅腹盘式，三片倒梯形瓦足。不同之处是，良渚文化的盘束腰，腹比较深，而马桥文化的盘腹很浅（图一，5、12）。

盆，两者相似到难以看出明显的差异（图一，6、13）。

在夹砂陶中，两者都有锥足釜形鼎（图一，8、14）。

Ab群陶器形态与良渚文化比较，有一定程度的相似性，两者的差异则比Aa群明显，纹饰方面同样如此。试比较如下：

豆，有两种。一种是豆盘为直口鼓腹，细柄形圈足，形制上两者接近，然而Ab群的豆盘中部有一周宽带菱形雷纹是良渚文化没有的（图一，3、15）。另一种是折腹豆，两者形态有些差异，良渚文化者，敞口，圈足上有竹节式凸棱；Ab群者，翻缘方唇，有的在圈足上有一周斜向云雷纹（图一，4、16）。

簋，共同之处是圈足都比较高，足上端直，下端外撇。不同点是，良渚文化者，折沿圆唇，圈足上或有宽凹弦纹和长方形镂孔数道；Ab群者，翻缘方唇，圈足上或有一周宽带菱形雷纹（图一，7、17、18）。

盉，良渚文化中不见带嘴盉，但是鬶的袋足与宽鋬风格与Ab群盉相像（图一，9、19）。

马桥文化与良渚文化相关联的另一个因素是石器。两者俱见的石器种类有条形的割刈工具，如石镰、条形石刀，三角形的破土工具，如石犁、斜柄刀（破土器）。有些石器还能看出良渚到马桥的演化轨迹，如三角形器和石锛。有肩石器像石斧、石钺、石锄，马桥文化比较常见，良渚文化也有。半月形石刀是马桥文化常见的收割工具之一，而良渚文化少见。

根据以上分析，马桥文化的A群陶器与良渚文化有承继关系，马桥石器的器种、形制多数与良渚相同或相似，两者在住地的选择上也基本一致。可以肯定，良渚文化是马桥文化的主要来源之一。

值得注意的是，马桥文化Ab群陶器上流行的云雷纹。这种云雷纹与B群陶器的纹样不同，不是拍印，而是压印或者戳印在陶器上。这就是说，做出云雷纹不是为了使陶胎更加致密，即工艺的需要，而是为了装饰与美观，即审美意识观念上的需要。云雷纹在良渚文化陶器上罕见，已经发表的资料中共有四件陶器的纹饰被称为云雷纹，或谓卷

---

[1]　图一的陶器图采自下列书刊：1. 海宁千金角，芮国耀：《浙江良渚文化小墓的分期》（打印本），纪念良渚遗址发现五十周年会议论文，杭州，1986年。2. 青浦福泉山，上海市文物保管委员会：《上海福泉山良渚文化墓葬》，《文物》1984年2期；《上海青浦福泉山良渚文化墓地》，《文物》1986年10期。3. 杭州良渚，施昕更：《良渚（杭县第二区黑陶文化遗址初步报告）》，浙江省教育厅，1938年。4. 松江广富林，上海市文物保管委员会：《上海市松江县广富林新石器时代遗址试掘》，《考古》1962年9期。5. 上海马桥，上海市文物保管委员会：《上海马桥遗址第一、二次发掘》，《考古学报》1978年1期。6. 武进寺墩，南京博物院：《江苏武进寺墩遗址的试掘》，《考古》1981年3期。

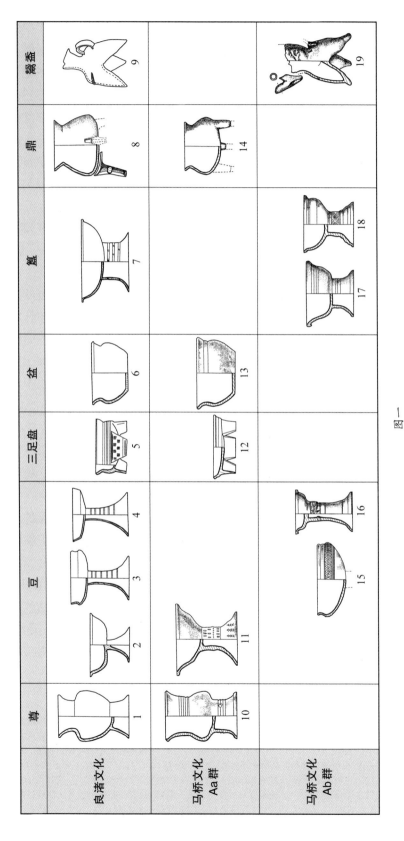

图一

1. 海宁千金角　2,6. 青浦福泉山　3,4,7. 杭州良渚　5. 松江广富林　8,10～19. 上海马桥　9. 武进寺墩

云纹与重菱纹[1]。耐人寻味的是,这些纹饰均为戳印,而且都报道纹饰是在陶豆上,其中,三件有图的,都只有细豆柄,不见豆盘与圈足底部。这种"细豆柄"与马桥文化瓬的中段偏下部十分近似,似乎还有必要弄清它们的真实器形。另外,有的良渚文化玉琮上的兽面纹以云雷纹作为构成单元,纹饰是刻划而成[2]。无论是纹饰风格,还是制作工艺,它们都与马桥文化的陶器云雷纹有一定的距离,而且还有两者过分悬殊的数量差别。因此,目前还难以确认马桥文化的云雷纹是直接源于良渚文化。由于马桥文化中也有中原夏商文化的因素(详第四节),同时再考虑到马桥云雷纹确实与商代青铜器上的云雷纹非常近似,认为前者是受后者的直接影响而产生似乎更加恰当一些。

三、马桥文化与肩头弄期文化遗存的关系

马桥文化的B群陶器,无论是成型方法、烧制工艺,还是器物形制、纹饰,都与良渚文化没有关系,它们不可能源于良渚文化,必须另外寻找相关者。有的学者已经注意到这个时期太湖地区与浙江西南的金华衢州地区的联系[3],这为研究的进一步深入提供了良好的基础。

浙南闽北地区有代表性的文化遗存是浙江江山[4]与福建光泽[5]的诸地点。两地文化性质基本相同,可以视为一个文化区域。江山遗存的肩头弄期,即一至三单元,上限早于商代,下限不会晚至西周。发掘或清理过的肩头弄期遗存多为土墩墓,三个单元具有共同的葬俗:墓地与遗址分开;墓区地势一般比较高,在岗地或岗坡上;自平地堆起封土,一般没有明显墓穴,有些墓底部排列着整齐的卵石层,作为棺床之用;随葬陶器中基本不见炊器,一般不随葬生产工具,也没有发现金属器。这些特征与江苏南部的周代土墩墓大致相同[6]。三个单元陶器的演化轨迹非常明晰。第一单元的陶系以器表均着染成黑色为特征;第二单元着黑陶器的数量减少至占陶器总数的55.4%,其余是质软火候低的灰黄陶或淡黄陶和质硬火候高的青灰陶,发掘报告将这两类统称为"印纹陶";第三单元着黑陶偶见,主要是"印纹陶"。在纹饰方面,第一单元盛行拍印条纹,多数又将条纹抹去,第二单元条纹仍然是主要纹样;还有斜方格纹和斜向相交的席纹;第三单元条纹罕见,常见席纹等几何形纹饰。三个单元几种主要陶器的形态也是一脉相承(图二)。例如小口深腹罐,一单元敛口,高领,平底;二单元口微敛,矮领,凹圜底。高领罐,

---

[1] 吴兴钱山漾一件,见《考古学报》1960年2期第80页图五,1,又见《文物集刊(第三集)》第264页图一,1,文物出版社,1981年;吴兴邱城一件,见《文物集刊(第三集)》第264页图一,2;嘉兴双桥一件,见《浙江省文物考古所学刊(1981)》第201页图三,文物出版社;吴兴花城一件,见《考古》1980年4期第337页,无图。
[2] 上海市文物保管委员会:《上海福泉山良渚文化墓葬》,《文物》1984年2期;《上海青浦福泉山良渚文化墓地》,《文物》1986年10期。
[3] 黄宣佩、孙维昌:《马桥类型文化分析》,《考古与文物》1983年3期。
[4] 牟永抗、毛兆廷:《江山县南区古遗址、墓葬调查试掘》,《浙江省文物考古所学刊(1981)》,文物出版社,1981年。
[5] 福建省博物馆、光泽县文化局文化馆:《福建省光泽县古遗址古墓葬的调查和清理》,《考古》1985年12期。
[6] 邹厚本:《江苏南部土墩墓》,《文物资料丛刊(第六集)》,文物出版社,1982年。

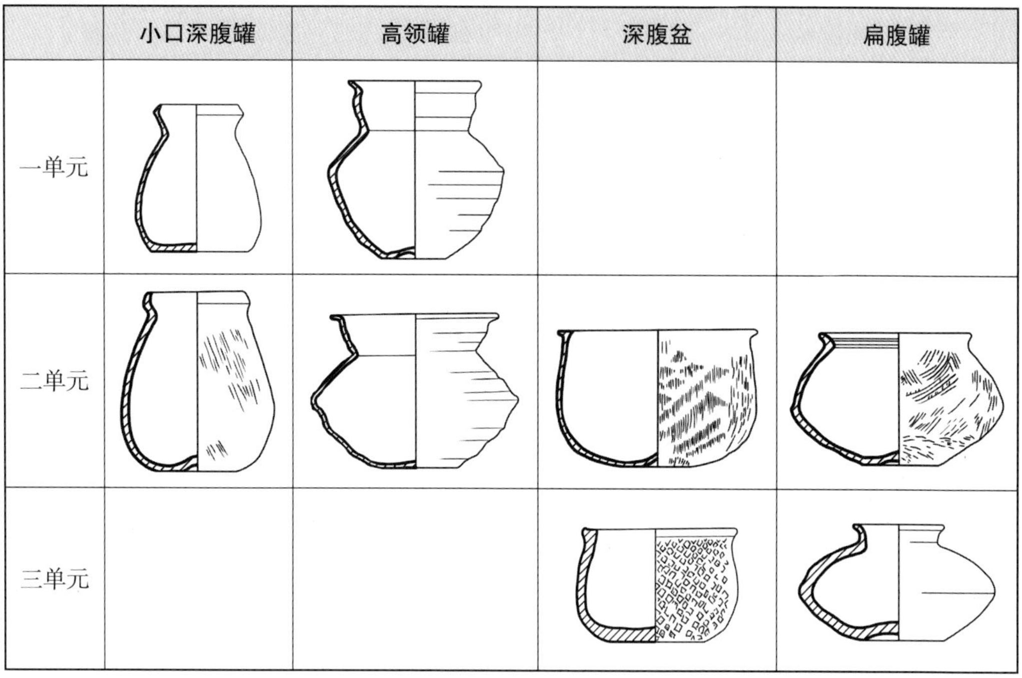

	小口深腹罐	高领罐	深腹盆	扁腹罐
一单元				
二单元				
三单元				

图二

肩头弄期陶器图　均出自江山

一单元整体略呈方形,领较直,底微凹;二单元扁方形,斜领,底近平。深腹盆,二单元口沿近平,凹圜底;三单元侈缘,圜底近平。扁腹罐,都是凹圜底,唯三单元的比二单元器身更扁。另外,第一单元除了有平底器,还出现了凹圜底器,第二单元的"印纹陶"以凹圜底器为主。

肩头弄期,特别是它的二、三单元的陶器与马桥文化B群陶器有许多相似之处。后者的陶色、陶质与前者的"印纹陶"近似,但是后者罕见着黑陶。两者都以凹圜底器最为常见,有多种形态的凹圜底盆与罐,圜底近平也是它们的共同之处。两者的纹饰基本相同,都有条纹、方格纹、席纹等。前者采用泥条盘筑法成型,然后拍打使之致密,这正是后者生产陶器的方法。两者还有不少陶器在个体形态上十分相近(图三)[1],如垂腹罐,共同点是侈缘,腹最大径在偏下部;带鋬罐,都是近直口,附有单鋬;盆,均为凸圜底,底部有一周凸棱,还有高领罐和深腹盆。

这样多文化因素在肩头弄期和B群陶器中共见,清楚地显示出它们之间的相关性。这种相关性还表现在某些因素的演化序列上。

---

[1] 图三的陶器图采自下列书刊:1. 江山,牟永抗、毛兆廷:《江山县南区古遗址、墓葬调查试掘》,《浙江省文物考古所学刊(1981)》,文物出版社,1981年。2. 光泽马岭,福建省博物馆、光泽县文化局文化馆:《福建省光泽县古遗址古墓葬的调查和清理》,《考古》1985年12期。3. 上海马桥,上海市文物保管委员会:《上海马桥遗址第一、二次发掘》,《考古学报》1978年1期。4.《吴兴钱山漾遗址第一、二次发掘报告》,《考古学报》1960年2期。

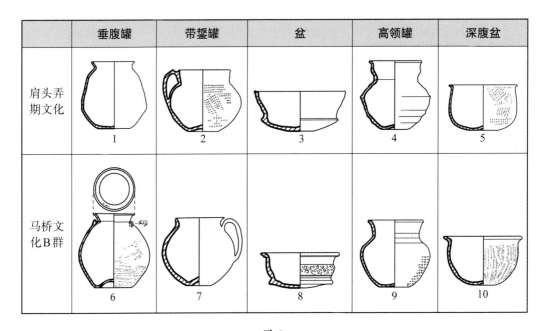

	垂腹罐	带鋬罐	盆	高领罐	深腹盆
肩头弄期文化	1	2	3	4	5
马桥文化B群	6	7	8	9	10

图三

1、2、4、5. 江山　3. 光泽马岭　6、8～10. 上海马桥　7. 吴兴钱山漾

鸭形壶是马桥文化的常见器物之一，主要有两种形态，一种是斜领粗短，敞口，腹比较深，腹、领之界限清晰，圜底，扁尾上翘；另一种是细高领，浅腹，圈足。在马桥四层，这两种鸭形壶都有，前一种是泥质红色，后一种是泥质紫褐色，硬度极高。后者与福建闽侯黄土仑遗址的Ⅰ式鬶形壶有些相像。黄土仑的一个碳14年代是距今3250±150年[1]。因此，马桥文化两种鸭形壶的形态差异是进行分期工作的重要线索[2]。江山大桶后山也出过一种鸭形壶[3]，属肩头弄期一单元，直领粗矮，侈缘，深腹，一侧的领、腹界限不明显，凹圜底，尖圆尾不上翘。它与马桥文化的两种鸭形壶比较，形态上的递嬗关系十分清楚，换句话说，肩头弄期一单元稍早于马桥文化。

肩头弄期一单元的着黑陶众多，有的学者称为泥釉黑陶[4]，认为从化学成分、显微结构、烧成温度和吸水率等方面考察，这种黑陶上的泥釉是原始瓷釉的先驱。马桥文化中很少见到着黑陶，却有少量施釉陶器。

一部分陶器的外表被抹过是肩头弄期一单元陶器的又一个特点，有的器皿上条纹完全被抹去，有的只在局部留有条纹或者印痕浅而不清晰。这种现象说明，起初拍打陶器并印上纹饰不是为了装饰，因此没有必要保留，还特意再将纹饰抹去。后来才认识到拍印除了有生产上的意义外，同时还有美化装饰的功能，就不再抹去纹饰，而且纹饰的

[1] 福建省博物馆：《福建闽侯黄土仑遗址发掘简报》，《文物》1984年4期。

[2] 宋建：《马桥文化试析》，《江苏省哲学社会科学联合会1981年年会论文选（考古学分册）》，1982年。

[3] 1986年12月参观浙江省江山县文管会库房时，承毛兆廷同志惠示，并且准予引用，谨致谢意。

[4] 李家治、牟永抗、毛兆廷：《浙江江山泥釉黑陶器及原始青瓷的研究》，《中国古代陶瓷科学技术国际讨论会论文摘要汇编》，1982年。

种类越来越多。马桥文化的陶器正是这样,很少再见到故意将纹饰抹去的现象。

B群陶器中有一种鼎足很独特,即顺装的外凹弧形,罐式鼎和盆式鼎上都有这种足。在江山的山崖尾遗址曾采集到形制近似的鼎足,是粗砂红陶,凹弧足外侧有楔形凹点戳纹。目前在没有找到更为直接的来源之前,可以认为这两种凹弧形足有某种亲缘关系。山崖尾遗址的年代与肩头弄期一单元接近或者稍早。

B群陶器同肩头弄期的关系十分紧密,如上所述,一单元的陶器又表现出一些早于马桥文化的迹象,因此有理由相信,B群陶器的直接来源在浙南闽北地区。在另一方面,B群陶器与闽江下游的昙石山文化(以闽侯昙石山[1]中层和白沙溪头[2]下层为代表)也有关系。

白沙溪头下文化层,即第五层,包括32个灰坑和42座墓葬。灰坑、墓葬与第五层的层位关系,发掘报告没有直接的文字说明,可是在T218和T212的东壁地层剖面图上,第五层下压灰坑和墓葬,反映了两者的早晚关系。灰坑与墓葬中的出土物比较单纯,有不少陶器拍印条纹和交错条纹。值得注意的是H15的一件广口罐上,腹部曾拍印条纹,后来又被抹去,与肩头弄期一单元的现象类同。昙石山中层出过一件灰色夹砂的陶拍,拍面直径7厘米,上有直行条纹,显然就是用来拍印条纹和交错条纹的工具。溪头灰坑所出陶片的平均热释光年代为距今4240±190(Sb27)、4310±190(Sb28)和3660±110年[3]。昙石山的碳14年代(经树轮校正)是距今3905±100(ZK-99-0)和3270±155(ZK98-Ⅰ)[4],后者年代偏晚,明显有误。总的看来,昙石山文化比马桥文化的年代要早。然而,还不能简单地将昙石山文化视为B群陶器的直接来源,因为昙石山文化中尽管有数量众多的圜底器,陶器形态却同B群陶器差距太大。这样看来,闽江下游地区很可能是通过浙南闽北与太湖地区发生联系的。

四、马桥文化中其他因素的分析

马桥文化的其他文化因素主要是指它的C群陶器,内涵比较复杂,其中有外来文化的影响,也有不见或少见于其他文化的自身因素。

C群陶器中的觚有两种,一种是细体,平底,器身偏下部有三周凸弦纹;另一种是粗体,底略有内凹,器身下部饰凹弦纹,前者数量比较多。觚形器的发源地是黄河流域下游,在大汶口文化早期就有其雏形。觚也是商文化的常见器物之一,随着商王朝的灭亡而逐渐消失。形态上与马桥文化觚比较接近的是夏文化(二里头文化)的觚,束

[1] 福建省博物馆:《闽侯昙石山遗址第六次发掘报告》,《考古学报》1978年1期;《福建闽侯县昙石山遗址发掘新收获》,《考古》1983年12期。
[2] 福建省博物馆:《闽侯溪头遗址第二次发掘报告》,《考古学报》1984年4期。
[3] 上海博物馆实验室:《热释光测定年代报告一》,《上海博物馆集刊(第二期)》,上海古籍出版社,1982年。
[4] 中国社会科学院考古研究所:《中国考古学中碳十四年代数据集(1965~1981)》,文物出版社,1983年;《放射性碳素测定年代报告(10)》,《考古》1983年7期。

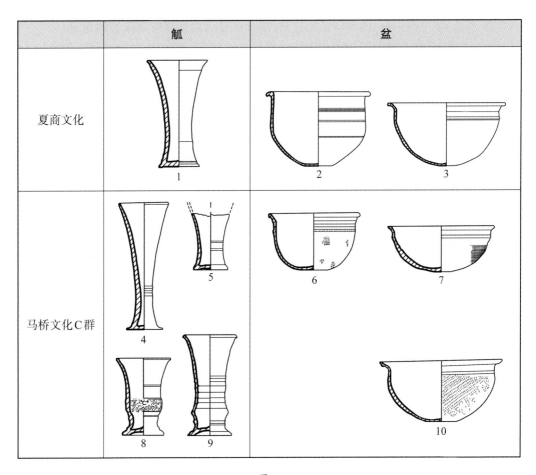

	觚	盆	
夏商文化	1	2	3
马桥文化C群	4　5　8　9	6	7　10

图四

1. 偃师二里头　2、3. 郑州商城　4～9. 上海马桥　10. 金山亭林

腰,平底,腰部多有一周凸弦纹(图四,1、4、5)[1]。C群陶器的觯形器实际上是粗体觚的变异形态,从外形上已经能分出胫部、腹部和圈足,不过是假圈足(图四,8、9)。接受中原地区夏商文化影响的还有盆,盆的形制种类比较多,有的口缘外翻(图四,2、3、6、7、10)。

　　C群陶器中有个别因素可能是来自山东半岛,这就是器身上有相当发达的凸脊。马桥文化有一种器物,风格上与其他器物迥异,它被称作"簋",口稍敛,大平底,上中下各有三周粗大凸脊(图五,2)。这种凸脊在岳石文化的泥质陶中非常盛行,其中被称作"尊"的与马桥文化"簋"最相似,特征是直口,或稍敛,或略侈,大平底,或稍作内凹,器

［1］　图四的陶器图采自下列书刊:1. 偃师二里头,中国社会科学院考古研究所二里头队:《1980年秋河南偃师二里头遗址发掘简报》,《考古》1983年3期。2. 郑州商城,河南省博物馆、郑州市博物馆:《郑州商代城遗址发掘报告》,《文物资料丛刊(第一集)》,文物出版社,1977年。3. 上海马桥,上海市文物保管委员会:《上海马桥遗址第一、二次发掘》,《考古学报》1978年1期。4. 金山亭林,黄宣佩、张明华:《上海地区古文化遗址综述》,《上海博物馆集刊(第二期)》,上海古籍出版社,1982年。

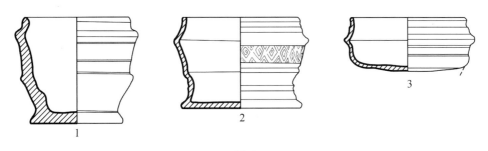

图五
1. 牟平照格庄　2、3. 上海马桥

身有三道凸脊(图五,1)[1]。C群陶器中还有一种带凸脊的陶器,圈足已残,可能也是簋一类的器物(图五,3)。

不见或少见于其他文化的陶器中,比较有代表性的是实足束腰甗、箕形器、短颈翻缘扁腹罐和敞口束颈垂腹罐(图六)。束腰甗虽见于吴城文化和福建光泽,然而它们都没有实足。可以说C群陶器中的这组器物与别的文化和地区基本上没有什么联系。

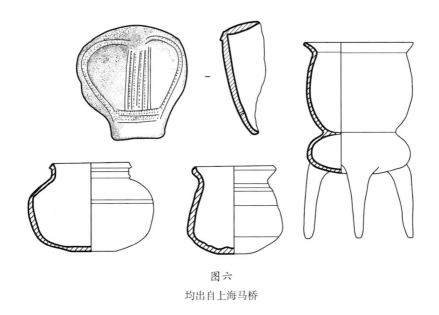

图六
均出自上海马桥

结　语

马桥文化的陶器分为三群,它们反映了不同的文化因素,说明马桥文化是若干种文化因素相互融合的产物。分析这些因素的来源,实际上就是追寻马桥文化的来源。

----

[1]　中国社会科学院考古所东山队、烟台市文管会:《山东牟平照格庄遗址》,《考古学报》1986年4期。

根据本文分析,马桥文化的主要来源有两个,一个是太湖地区的良渚文化,另一个是浙南闽北地区以江山肩头弄期第一单元遗存为代表的文化。在马桥文化的发展过程中,还不同程度地接受了来自中原地区夏商文化和山东半岛岳石文化的影响(图七)。

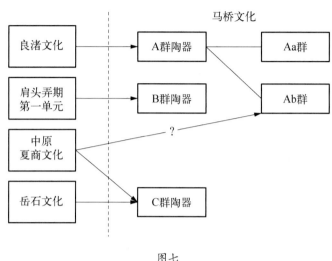

图七

在太湖地区,马桥文化是继良渚文化之后出现的,由于两者的文化面貌有比较大的差异,容易产生它们之间存在"缺环"的想法。现在看来应该把所谓"缺环"理解为文化性质的突然变异。从本文探讨结果看,由于以肩头弄期一单元为代表的文化的涌入,改变了良渚文化发展的方向和速度,从而一种全新文化融合、取代了良渚文化,这应该是文化性质变异的一个重要原因。另一方面,马桥文化的分期问题没有解决,也容易使人们感到有"缺环"。马桥遗址第四层事实上包含了一个比较长的时期,过去定为新石器时代实为马桥文化的遗存也是有早有晚,如果不加区别地以马桥文化中比较晚的遗存去与良渚文化比较,就难免得出错误的结论。随着今后新材料的发现与研究工作的深入,马桥文化的分期得以确立之后,可能就不会认为有"缺环"了。

原载《东南文化》1988年1期

补记:《马桥文化探源》和下一篇《良渚文化向马桥文化演化过程初探》是我1987年完成硕士论文中的两个部分。考古学文化探源的基本方法是"文化因素分析法",正确的操作应该是对文化因素进行全方位的分析比较。《马桥文化探源》着重陶器比较;《良渚文化向马桥文化演化过程初探》则指明良渚文化和马桥文化社会分化表现的巨大差异、原始文字表达的明显不同,这在文化因素比较中的位置更为重要。

广富林文化发现之前,对马桥文化来源的几种主要认识如下:

1960年代马桥遗址的发掘者黄宣佩和孙维昌最早提出对其来源的认识,1978年在

"南方地区印纹陶学术研讨会"上予以公布,认为可能源于良渚文化,接受南方印纹陶和中原文化的影响[1]。1989年李伯谦在此认识基础上进一步指明南方印纹陶因素源自于浙南闽北地区[2]。

1990年陆建方特别强调了浙南肩头弄文化是马桥文化的渊源,甚至提出"马桥—肩头弄文化"的命名,同时又认为该文化中含有良渚文化、夏商文化、岳石文化等因素[3]。同年,张敏持有相似认识,认为马桥文化的主体是外来的肩头弄类型,只是含有少量的良渚文化因素[4]。1998年杨楠的认识亦大致相同,即以印纹陶因素为主,还有良渚、中原、岳石等因素,马桥类型是肩头弄类型的部分北迁[5]。

可以说2000年之前对马桥文化渊源的认识,从良渚文化和印纹陶因素(肩头弄为主)大致平分秋色,兼有中原、岳石因素,修订为以肩头弄为主体、良渚等因素为配角。值得注意的是,大多数研究者并没有否认良渚因素的存在。

2000年公布广富林遗存(2006年命名为广富林文化)新发现之后,良渚文化与马桥文化之间的年代空白开始被填补。马桥文化探源研究进入一个新阶段。

根据新的发现修正以往认识固然十分必要,但更重要的是反思错误认识的原因。将文化层堆积的连续性等同或基本等同文化层堆积时间的连续性,是马桥文化发现之初,以良渚文化作为溯源的首选对象或重要对象的认识基础。另一个认识基础是对两个文化的年代认知。环太湖地区很多遗址的马桥文化地层直接叠压于良渚文化地层上,其间没有人类活动迹象,因此以生存延续性的"事实"为依据,马桥居民应该是良渚的后继者,从先行者找源头看似顺理成章。随着研究的深入,逐渐认识到二者之间的文化差异和年代断裂,良渚文化退居至"少数"乃至"个别"因素,从"主要来源"缩小至"少量影响"。

良渚文化和马桥文化之间,我曾提出"文化缺环"的概念[6],即"考古学文化"的缺失,从外来文化因素寻找马桥文化的来源。随着2000年广富林文化的发现,弥补文化缺环又开始增加了新的路径(参见本文集的《长江下游地区的早期印纹陶研究——以广富林文化和马桥文化为中心》)。

[1] 黄宣佩、孙维昌:《马桥类型文化分析》,《考古与文物》1983年3期。
[2] 李伯谦:《马桥文化的源流》,《中国原始文化论集》,文物出版社,1989年。
[3] 陆建方:《初论马桥—肩头弄文化》,《东南文化》1990年1、2期。
[4] 张敏:《华夏文明起源的假说》,《东南文化》1990年4期。
[5] 杨楠:《江南土墩墓遗存研究》,民族出版社,1998年。
[6] 上海市文物管理委员会:《上海市闵行区马桥遗址1993～1995年发掘报告》,《考古学报》1997年2期。

良渚文化向马桥文化演化过程初探

    良渚文化和马桥文化,是公元前三千纪至公元前二千纪以太湖平原地区为分布中心、相继兴起的两个文化。良渚文化是怎样演化到马桥文化的,这是近年来许多研究者颇感兴趣的课题。这个问题的提出、研究和逐步解决,对说明太湖地区古文化的兴起和衰亡,该地区文明的起源和发展过程,肯定是有意义的。本文拟从比较两个文化的主要因素入手,找出它们之间的重大差异,然后试图寻求产生这些差异的原因,以此说明良渚文化向马桥文化演化的过程。

一、材料的比较[1]

1. 制陶业

    良渚文化的制陶业以生产泥质黑陶器皿为其特色,黑陶系采用渗碳工艺制成。除黑陶外,还有泥质灰陶,夹砂红陶和少量泥质红陶。夹砂红陶以砂粒、稻壳、介壳末为羼和料,器表有的经过打磨,有的似有红褐色陶衣。还有少量彩陶、彩绘和漆绘。除了少量特殊器形和陶器附件如鬶、耳、流采用手制和模制外,普遍运用轮制法,因此陶器造型规整,形态美观,种类多样,胎厚度均匀。纹饰制法以刻划为主,少量锥刺,还有多种形状的镂孔。烧成温度一般不高,经过测定的是摄氏940度[2]。

    代表良渚时期最精湛的制陶工艺水平的是动物造型、薄胎陶器和细刻图案。吴县澄湖的猪形壶、鳖形壶和青浦福泉山近年出土的鸟形三足壶是塑造动物形象的佳作[3]。它们既准确真实地表现了动物外形的特征,又把动物形象与器皿的实用性巧妙地结合在一起。薄胎陶器的最薄处只有0.13厘米,数量虽不多,其精细程度却几乎能与山东龙山文化的蛋壳陶相媲美。陶器上的细刻图案出现在良渚文化晚期,通常只在一些大型墓中才有。这类陶器很有特色,它们的价值更多的是在于其象征性和艺术性,而非实用性。图案以流畅飘逸的曲线为主,具有浓厚的写意风格,非出自经验丰富、手艺高超的

---

[1] 本节着重比较两个文化共有的因素,对那些仅见于其中一个文化者,亦略加分析。
[2] 冯先铭等:《中国陶瓷史》,文物出版社,1982年,第49页。
[3] 南京博物院、吴县文管会:《江苏吴县澄湖古井群的发掘》,《文物资料丛刊(第九集)》,文物出版社,1985年。

工匠不可。

马桥文化的制陶业只是部分地继承了良渚文化的工艺传统,主要表现在它的 A 群陶器上[1],即仍然烧制纯灰陶与带色衣的灰陶,采用轮制方法,器形比较规整。但是上述良渚文化中最精湛的陶器工艺似乎已经失传。

马桥文化制陶工艺的独到之处是生产 B 群陶器的技术。在太湖地区这是一种全新的制陶工艺。B 群陶器的烧成温度比较高,最高可达摄氏1200度。窑温的提高显然是制陶术中十分关键的一步,其他工艺和陶器的质态都随之变化。首先是选择胎料与掌握窑温火候,马桥文化遗址中经常能见到变形起泡的陶器,说明技艺还不太熟练,正在逐步改进与完善。窑温得到提高使陶质更加坚硬。以泥条盘筑法制陶使陶器的形态与器表装饰大为改观,以凹、凸圜底器为特征,出现了各式由简至繁的拍印纹饰。有理由认为,拍印纹饰起初只是生产过程中的重要环节,泥条盘筑成型后必须去除陶器表面的盘筑痕,提高陶胎的致密度,因此拍打是必不可少的,以后才将审美情趣与生产必需结合在一起。另外,马桥时期开始烧制带釉器皿。釉的发明是陶器生产中的一大进步,它改变了陶器易吸水的性质,保护了器表的光洁度,还为瓷器的出现准备了条件。

2. 冶铜业

迄今尚未发现良渚文化的金属实物。有的研究者根据良渚时期很高的文化发展水平推测已发明金属[2],也有学者认为玉琮兽面纹上表示眼睛的圆圈直径最小者只有1～2毫米,不可能以竹木钻成如此之小的圈,应该有了金属管钻[3]。

世界上许多文明发生较早的地区如古埃及、西亚、高加索在公元前三千纪甚至更早就开始加工使用金属器[4]。目前我国发现年代最早的铜器是陕西临潼姜寨第一期文化的残铜片[5],属黄铜,经树轮校正的碳十四年代为公元前4675±135年。至公元前三千纪时,长江以北出铜器的地点虽然不算多,分布面却相当辽阔,已知最南的遗址是安徽省含山县大城墩,距长江北岸很近,在相当于龙山晚期的地层中出土一件青铜小刀和较多颗粒状铜锈[6]。同一时期的太湖地区是长江以南生产力和社会发展最先进的地区,理应认识金属的性能并且能加工使用,很可能良渚铜器的发现只是时间问题。

可以确定为马桥文化的铜器有出自上海马桥四层的刀和凿[7],嘉兴雀幕桥上层出过铜渣[8]。刀身呈矩形,单面斜刃,系浇铸成形,中国科学院冶金研究所取小样作化学

[1] 拙作《马桥文化探源》将马桥文化陶器分 A、B、C 三群,载《东南文化》1988年1期。
[2] 佟柱臣:《中国新石器时代文化的多中心发展论和发展不平衡论——论中国新石器时代文化发展的规律和中国文明的起源》,《文物》1986年2期。
[3] 汪遵国:《良渚文化"玉敛葬"述略》,《文物》1984年2期。
[4] 林耀华:《原始社会史》,中华书局,1984年,第313～314页。
[5] 巩启明:《姜寨遗址考古发掘的主要收获及其意义》,《人文杂志》1981年4期。
[6] 中国考古学会:《中国考古学年鉴(1985)》,文物出版社,1985年,第151页;张敬国:《含山大城墩遗址第四次发掘的主要收获》,《文物研究(第四辑)》,黄山书社,1988年。
[7] 上海市文物保管委员会:《上海马桥遗址第一、二次发掘》,《考古学报》1978年1期。
[8] 中国考古学会:《中国考古学年鉴(1984)》,文物出版社,1984年,第108页。

分析，成分中主要是铜，占74.54%，少量硅，占2.29%，微量元素有钠、镁、铝、铅、锡、铁、锰、钙、银等。

铜矿石中含有多种成分的杂质，其中硅和铁的含量比较大。湖北大冶铜绿山铜矿的孔雀石含铜量为53.52%～55%，含二氧化硅2.14%～3.52%，含铁0.7%[1]。经过冶炼，铜液与渣液分离，铜绿山的粗铜含铜量高达91.86%～93.318%，杂质含量极少，发表的数据中不含铁和硅，而炼渣中仅含铜0.7%～0.95%，含二氧化硅与氧化铁分别高达22.22%～36.74%、36.02%～50.67%[2]。中国社会科学院考古所铜绿山工作队曾采用当地原料作过炼铜模拟实验，结果粗铜的含铜量为94%～97%，炼渣的含铜量为0.837%、铁为36.67%、二氧化硅为32.67%[3]。实验结果与考古发现十分接近。商周青铜容器和兵器中的杂质含量也非常小，没有报道有含硅的。龙山时代的山东胶县三里河遗址出土两件黄铜锥，经电子探针测定，含杂质较多，有铁、锡、铅、硫、硅，其中硅含量为0.043%～0.11%[4]。在相当于仰韶文化晚期的山西榆次源涡镇遗存中，1942年出过铜渣，含铜量高达47.67%，含硅26.81%、钙12.39%、铁8%，是熔铜后留下的炼渣[5]。两个分析结果表明，在公元前三千纪，炼铜所用原料不纯，熔炼方法比较原始，分离铜液与渣液的技术水平很低。

马桥四层铜小刀的含铜量并不高（相对红铜而言），杂质含量却很大，特别是硅含量。究其原因，如果能排除器表污染，很可能就是原料和冶炼技术方面的问题。这样，马桥文化炼铜技术只达到我国北方地区公元前三千纪的水平，甚至还要低些。

浙江北部太湖南岸的一些地区出过几件青铜兵器，与马桥文化有一定关系。长兴县收集到一件青铜钺，有内，平肩，弧刃两侧凸出翘起，钺身饰叶脉纹与方格纹[6]，形制和马桥文化石钺近似（图一），叶脉纹和方格纹更是马桥文化常见的纹饰。长兴铜钺的年代当为商代中晚期[7]。吴兴袁家汇出土过三件青铜兵器，其中一件三面有刃而前刃弧凸，饰云雷纹和方格纹，年代与长兴铜钺相去不远[8]。如果长兴铜钺确实属马桥文化，那么整个马桥时期的冶炼水平不是同一的，而是经过了一个从低级到高级的发展过程。

3. 符号与原始文字

商代后期的甲骨文是非常成熟的文字，成熟到足以用象形、象意、象声三种造字方法来记录语言。在此之前，中国境内尚未发现成熟的文字系统，因此不妨先把良渚文化和马桥文化的有关资料称为符号。

［1］　北京钢铁学院冶金史组：《中国早期铜器的初步研究》，《考古学报》1981年3期。

［2］　黄石市博物馆：《湖北铜绿山春秋时期炼铜遗址发掘简报》，《文物》1981年8期。

［3］　中国社会科学院考古研究所铜绿山工作队：《湖北铜绿山古铜矿再次发掘——东周炼铜炉的发掘和炼铜模拟实验》，《考古》1982年1期。

［4］　北京钢铁学院冶金史组：《中国早期铜器的初步研究》，《考古学报》1981年3期。

［5］　安志敏：《中国早期铜器的几个问题》，《考古学报》1981年3期。

［6］　夏星南：《浙江长兴出土五件商周铜器》，《文物》1979年11期。

［7］　刘兴：《东南地区青铜器分期》，《考古与文物》1985年5期。

［8］　牟永抗：《浙江新石器时代文化的初步认识》，《中国考古学会第三次年会论文集（1981）》，文物出版社，1984年。

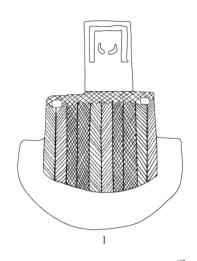
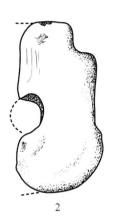

图一

1. 浙江长兴　2. 上海马桥

　　已知良渚文化符号有二十余个,分别出自武进寺墩[1]、昆山太史淀[2]、吴县澄湖、上海马桥、金山亭林、杭州良渚等遗址[3]。这些符号都刻划在陶器上,注明刻划部位的,多数刻划于器物底部,个别在肩腹部与口沿部。只有两件陶器分别刻有符号两个和四个,其余都是一件陶器上刻一个符号。刻有两个符号的出自上海马桥五层(图二,1),四个符号的出自吴县澄湖(图二,2)[4]。比起一器一符号者,它们的形体显得比较复杂。良渚文化的二十几个符号绝大多数属于表意符号,有的能与后来的成熟文字比较,有的则从形体上难以看出其含义。前者有相当一部分是数字,如"十"(图三,1)、"五"(图三,2、3)、"六"(图三,4)、"七"(图三,5),还有天干字"癸"(图三,6),有的符号被释为矛(图三,7)[5]。少数符号是从图形发展而来的象形符号,例如像镰与斧(图三,8、9),不过它们

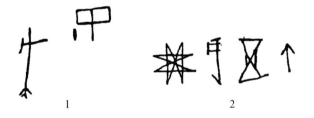

图二

1. 上海马桥五层　2. 吴县澄湖

[1]　南京博物院:《1982年江苏常州武进寺墩遗址的发掘》,《考古》1984年2期。
[2]　陈兆弘:《昆山太史淀新石器时代遗址考察》,江苏省考古学会1981年年会论文。
[3]　施昕更:《良渚(杭县第二区黑陶文化遗址初步报告)》,浙江省教育厅,1938年。
[4]　南京博物院、吴县文管会:《江苏吴县澄湖古井群的发掘》,《文物资料丛刊(第九集)》,文物出版社,1985年。只发表了三个符号,今据实物,应为四个。在第一与第二个符号之间,还有一横线,因此或为五个。
[5]　于省吾:《关于古文字研究的若干问题》,《文物》1973年2期。

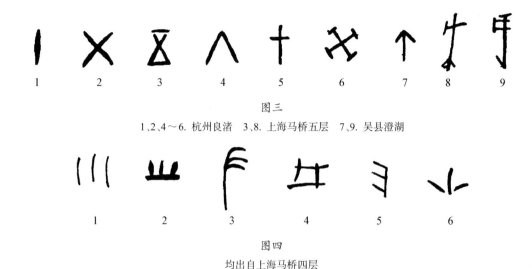

图三

1、2、4～6. 杭州良渚　　3、8. 上海马桥五层　　7、9. 吴县澄湖

图四

均出自上海马桥四层

与真正的图形符号之间仍有一些距离。

马桥文化的符号已经发表了四十多个，大多数出自上海马桥，吴县澄湖也有一些。它们一般都刻划在陶器的口沿上，皆一器一个符号，与良渚文化不同。符号形体与良渚文化相比，完全相同的很少，大致类似的也不多。这些符号大体上都属于表意一类。有些学者对其中的一部分符号所表达的意义作过解释，其中有"三""卅""左""井""阜"和"草"（图四）[1]。

与良渚、马桥同属一类的符号在全国很多地区都有，年代最早的当推西安半坡与临潼姜寨[2]，距今大约六千年，它们绝大多数是表意符号，真正的图形符号很少。比较典型的图形符号是山东莒县陵阳河与诸城前寨的几种[3]。现在考古学界与文字学界对上述资料的性质，看法不尽相同，或认为可以称为文字，是文字起源阶段产生的简单文字，有几个已是用两三个偏旁构成的比较复杂的会意字[4]；或认为它们不属于文字范畴，主要理由是它们不能确切记录语言，不是表音的，所以只能归类于符号图像[5]，或者叫原始的记事方法[6]。比较令人感兴趣的看法是将图画式的符号与非图画式的符号加以区别，前者是原始文字，后者是刻划记号[7]。近年在陕西长安县斗门乡花园村发现了龙山文化晚期（距今大约四千年以上）刻在动物骨牙上的原始文字，从形体结构与刻划方式

[1]　Cheung, Kwong-yue, "Recent Archaeological Evidence Relating to the Origin of Chinese Characters", *The Origin of Chinese Civilization*, ed. David N. Keightley, Berkeley: University of California Press, 1983. 又参见于省吾：《关于古文字研究的若干问题》，《文物》1973年2期。

[2]　中国科学院、陕西省西安半坡博物馆：《西安半坡》，文物出版社，1963年，图一四一；西安半坡博物馆：《临潼姜寨新石器时代遗址的新发现》，《文物》1976年8期。

[3]　山东省文物管理处、济南市博物馆：《大汶口》，文物出版社，1974年，第117页；任日新：《山东诸城县前寨遗址调查》，《文物》1974年1期。

[4]　于省吾：《关于古文字研究的若干问题》，《文物》1973年2期。

[5]　徐中舒、唐嘉弘：《关于夏代文字的问题》，《夏史论丛》，齐鲁书社，1985年。

[6]　汪宁生：《从原始记事到文字发明》，《考古学报》1981年1期。

[7]　裘锡圭：《汉字形成问题的初步探索》，《中国语文》1978年3期。

两方面看，很可能与晚商甲骨文有直接的渊源关系，现已初步释读出四个字[1]。这一发现为探索中国成熟的文字系统的起源提供了新的材料。

世界上有几种独立形成的古老文字体系，它们的主要来源，一类是图画式表意符号，即所谓象形符号，另一类是非图画式却也能表达某种意义的符号。所谓符号，就是人类在不同时间不同地区创造的，可以表达一定的意义，并且在某个人类群体中通行的交流媒介。在这个意义上，各种不同的文字都是符号。符号这个概念所包含的内容太丰富，可以是图形、字形，也可以是物体、颜色，因此有必要把那些与成熟文字有关的特殊符号区别出来。商代后期成熟文字的主要来源是图画式的表意符号，但是也确有少数字源于非图画式的表意符号。如果仅仅因为后者在成熟文字中比较少见，就把二者割裂开来，未必妥当。我赞成把它们都叫作原始文字。

与成熟文字不同，良渚文化和马桥文化的原始文字大多数是非图画式的表意符号，只有少数符号与图画类似。其他新石器时代遗址中的原始文字也基本如此，这是一个十分有趣的现象。创造图画式原始文字受到模仿实物实事的限制，不同地区不同时期的人都是看物作图，大家从同样的物事中创造了大致相似或有详略的原始文字，不太可能有完全不同的字。相反，创造非图画式文字的随意性很大，约定俗成，同样的物事在不同的群体中可用不同的原始文字表示，相同的字在不同的群体中又能够代表不同的意义[2]。后来在原始文字进化到成熟文字的漫长过程中，文字体系逐步完善，文字形体也规范起来，淘汰了大量同义异形的各种非图画式符号，图画式符号则大多被保留下来。另外，有些非图画式符号在意义上与实际运用中被图形符号取代，也是成熟文字中前者少后者多的原因之一。现在无法确认是否每个原始文字都能记录语言。有理由相信，从原始文字出现开始，到语言中的每一个成分都有记录它的符号，必定走过了一段漫长的道路。全部表音的文字是成熟文字体系已经形成的标志，不表音或者不完全表音的文字只能是原始文字。

良渚文化与马桥文化都在使用数量不多的原始文字，其中有些能够通过与成熟文字比较来猜测字义。但是两种原始文字的差别很明显。良渚文化的原始文字常常刻划在陶器底部，刻于肩腹部与口沿部的比较少见，而马桥文化的原始文字则通常刻划在陶器的口沿上。良渚文化已经出现形体结构比较复杂的原始文字，马桥文化的原始文字多数比较简单。特别是良渚文化就能以两个和四个字联合表达相对复杂的事实与思想，然而在马桥文化中迄今还没有发现两个以上的字一起联用的资料。由此看来，分布中心发生重叠的这两个文化却未必具有共同的原始文字传统，换言之，马桥文化的原始文字并非良渚文化的直接延续。

4. 其他文化因素（目前仅见于良渚文化）

除制陶业外，良渚文化的玉器制造业、纺织业、竹木业也相当发达，还能制作象牙器。玉器生产过程十分繁复，至少包括开采玉料、切割（解玉）、琢磨等多道工序，有些

［1］《西安出土一批原始时期甲骨文》，《光明日报》1986年5月1日；《西安又出土一批原始时期甲骨文》，《光明日报》1987年3月19日。
［2］汪宁生：《从原始记事到文字发明》，《考古学报》1981年1期。

玉器还需要钻孔与雕刻。值得一提的是那些雕刻着精细繁缛纹饰的玉器,例如青浦福泉山玉琮(T4M6：21)上的纹饰[1],余杭反山玉器上的"神人"形象[2],充分展示了专业工匠们高超的总体设计水平和精湛的镂刻技艺。在纺织业方面,已发现的织片有苎麻织品和丝织品两种,从外观初步鉴定,后者中的绢片是缫而后织的家蚕丝织物。良渚时期的太湖地区盛产竹子,竹编业非常兴盛,用不同的编织方法生产出不同用途的各类竹器,有的做工相当细致。这个时期的木器有桨、千篰、盆、杵等,还有木筒圈水井。福泉山 T4M6 的随葬品中有件精美的象牙器,饰浅刻阴线兽面纹。象牙的硬度比普通骨料高,裁割、刻镂的难度比较大。据记载,我国有的少数民族在生产力水平很低的原始社会阶段就能够用极其简陋的工具制作象牙器,方法是先将象牙置于酸性液体中浸泡,降低象牙硬度,然后再行加工[3]。推想良渚先人们会采用大致类似的方法。

良渚文化的墓葬有大型墓与小型墓之分。绝大多数的大型墓埋在专门的墓地中,共同特征是建在一个大土墩上。现已确认,有的土墩为人工堆筑而成,如福泉山墓地与反山墓地。大型墓的随葬品量多质精,有细琢精雕的玉器、图案精细的细刻纹陶器,还有贵重的象牙器、玛瑙器以及绿松石。个别大型墓中还有殉人[4]。小型墓的墓地主要在地势比较平坦的地面之下,随葬品量少质次,一般只有生活必备的陶器和石器。墓葬规模的差别和墓地形式的不同,说明良渚文化的社会成员分为不同的阶层。从能够组织许多人力堆筑大型高台墓地看,此时应有某种组织比较严密的管理机构存在。

二、问题的讨论

良渚文化中那些耗工费时的稀世珍品,包括玉器、饰细刻图案的陶器和象牙器,到了马桥时期竟荡然无存,制作这些珍品的高超技术没有得到延续,确实容易使研究者们迷惑不解。事实上,上述珍品多出自良渚文化的大型墓葬,而目前所知的材料中尚未见到马桥文化的墓葬,故缺乏同等的对比条件,这样就不能完全排除将来在马桥文化大型墓中发现贵重物品的可能性。但是,这是一种表层的解释,应该还有更加深刻的原因。在良渚显贵们的随葬物品中,凡是有纹饰的,几乎都是繁简不同的兽面、人面、禽鸟,还有个别完整的"神人"形象,它们构成一个目前还无法全面理解的神秘世界,引起许多研究者的浓厚兴趣。现在至少可以认为,各类贵重物品不仅是死者所拥有的私人财富及社会地位的象征,而且反映了良渚文化特有的思想意识与观念形态。如果良渚文化的社会上层不复存在,那么反映特定观念形态的那些精品随之消失,是可以理解的。

使用马桥文化原始文字的人群也不像是单纯良渚文化人群的后裔。不仅良渚文化与

[1] 上海市文物保管委员会:《上海福泉山良渚文化墓葬》,《文物》1984年2期。
[2] 浙江省文物考古研究所:《浙江余杭反山良渚墓地发掘简报》,《文物》1988年1期。
[3] 宋兆麟等:《中国原始社会史》,文物出版社,1983年,第279页。
[4] 上海市文物保管委员会:《福泉山遗址第三次发掘的重要发现》,《东南文化》1987年3期。

马桥文化刻划原始文字的习惯部位不尽相同,更重要的是,马桥文化原始文字的形体结构和表意方式都不比良渚文化更为复杂。有的学者指出,这是文字发展过程中的反常现象[1]。

马桥文化不是直接从良渚文化发展而来,在制陶术方面特别明显。实际上马桥文化的制陶术主要分为两大系统,一个是良渚文化的延续,另一个是与良渚文化完全无关的新工艺,其特征可以归纳为泥条盘筑加拍打成形、拍印纹饰和高温烧制而成。另外,目前还没有证据说明马桥文化的冶铜业与良渚文化有任何联系。综合以上分析,可以看出良渚文化在向马桥文化演化过程中,曾经发生过重大的变异。变异的主要原因是有相当比例的外来因素渗透进太湖地区。拙作《马桥文化探源》认为马桥文化的主要来源有两个,一个就是当地的良渚文化,另一个是来自浙江江山以肩头弄一单元为代表的文化遗存。后者就是这个外来因素,它进入太湖地区后,与当地文化结合,良渚文化因此而改变了原有的发展方向与速度。

尽管外来因素在良渚文化向马桥文化演化过程中所扮演的重要角色显而易见,然而,良渚文化是一个十分繁荣兴盛的文化,它的晚期甚至看到了文明曙光,看来仅用外来文化因素的介入还不足以说明良渚文化突然而迅速地衰退和马桥文化的崛起。我认为,在讨论良渚文化向马桥文化演进的问题时,除了应该看到社会因素的决定性影响之外,生态环境因素的作用也不可忽视。

江苏吴县唯亭三十四个孢粉样品的分析结果表明,良渚时期气候凉干,木本花粉中松柏的数量增加,出现喜凉的阔叶落叶椴树花粉,而阔叶落叶的栎、柳、榆的数量比较少,青刚栎等常绿阔叶花粉已不见。花粉中水生植物大量减少,说明湖泊沼泽面积缩小;旱生菊科花粉的数量激增,说明陆地面积较大[2]。同一地点的"吴越文化"时期(距今大约2500年前后),气候与良渚文化近似,偏凉干。良渚文化与"吴越文化"之间的千余年,比较温暖潮湿[3],马桥文化应该包括在这个阶段内。

除江苏唯亭外,还有许多太湖地区全新世沉积的孢粉样品分析与研究资料。总的看来,该地区的孢粉组合具有明显的相似性,它们所代表的植物群反映了各时期的气候变化。距今大约四千年左右,气候凉干,平均温度比现在低摄氏一度上下。到距今3885～3500年时,气候变得温暖湿润,平均温度比现在高摄氏二度,年降水量多200～300毫米[4]。

气候的暖湿与凉干,降水量的多少,都会直接影响局部地区海平面的高低和海岸线的进退。当气候暖湿时,海面上升,发生海侵;气候变得凉干时,海平面下降,岸线前伸。中国东部地区,由于地壳下降和丰富的泥沙来源,形成了广阔的冲积平原。海平面波动对坡度极小的平原地区影响很大,有些地区海平面只要波动一米,岸线可以进退二十公

[1] Cheung, Kwong-yue, "Recent Archaeological Evidence Relating to the Origin of Chinese Characters", *The Origin of Chinese Civilization*, ed. David N. Keightley, Berkeley: University of California Press, 1983. 又参见于省吾:《关于古文字研究的若干问题》,《文物》1973年2期。

[2] 王开发、张玉兰:《根据孢粉分析推论沪杭地区一万多年来的气候变迁》,《历史地理》创刊号,1981年。

[3] 王开发、王宪曾:《孢粉学概论》,北京大学出版社,1983年,第65页。

[4] 王开发、张玉兰:《根据孢粉分析推论沪杭地区一万多年来的气候变迁》,《历史地理》创刊号,1981年。

里[1]。有的学者认为距今3800～3100年是一个较高海平面时期[2]。马桥时期虽然不曾发生大规模海侵,但是岸线比良渚时期应有所退缩。

海平面的升降对太湖水容量和面积具有相当的影响力。地理学家的理论计算表明,如果海平面瞬时下降一米,两年半内太湖的容量就会减少五分之四,面积缩小一半以上。如果下降三米,一年之内太湖就会疏干成为陆地。反之,如果海平面瞬时上升一至三米,那么在同样短的时间,太湖面积就会增加52%～156%[3]。太湖周围还有很多中小湖泊与沼泽地,它们的容量与面积势必随之发生相应变化。

由此可见,气候的变迁与太湖地区水域和陆地的面积密切相关。良渚时期气候凉干,陆地广阔,水域面积较小,故孢粉中的水生植物比较少,旱生植物甚多。马桥时期气候变暖,雨水充足,水域面积相应扩大,早些时候的陆地此时有一部分被水淹没,变成湖泊沼泽。

青浦果园村遗址在良渚文化之后被淹。该遗址第三层属良渚文化晚期,它的上面是层黑土,"似泥炭层",未见任何文化遗物,属湖沼相沉积[4]。吴江梅堰袁家埭遗址有大致相同的现象。从出土物看,袁家埭遗址延续的时间相当长,始于马家浜文化,经崧泽文化至良渚文化晚期。从地层堆积看,第二层是黑色泥炭层,第三层是黄色淤土层,土质极富黏性,第四层包含许多良渚文化陶片,堆积杂乱,棱角圆滑,显系被水冲刷所致。以上现象说明袁家埭遗址在良渚文化以后被湖泊沼泽覆盖。在吴江团结村大三墩遗址,良渚时期的遗物被压在泥炭层与沼泽之下[5]。吴兴钱山漾遗址发掘报告发表了两个地层剖面,上层是马桥文化,下层是良渚文化,甲区的上、下层之间为淡黄或灰白色淤土,厚10～29厘米,极少见文化遗物,乙区下层的上面也有断续的淤土。它们提供了良渚文化之后,此地有一段时间曾被水覆盖过的证据[6]。

太湖地区不同时期的许多古代遗存都曾经被水域覆盖或者至今仍在水底。其中有些良渚遗址被水域覆盖后就一直无人居住,提示淹没时间比较长。也有些良渚遗址虽被水淹,但是在水退去后,马桥文化的人群又住在那里。这些现象均反映了良渚文化之后局部地区一段时间内自然环境的改变。但是那些至今仍在水底的古代遗存,包括良渚文化的遗迹、遗物等,就无法归因于环境的局部改变。地质地理学家一般认为太湖是新构造运动中的一个沉降区域,太湖地区不同程度的沉降应该是导致古代遗存沉入水底的主要原因。从各类古代遗存的年代分析,不同地区的沉降时间与幅度并不完全一样,有的沉降大些、早些,有的小些、晚些,有的地区可能还会局部隆起。区域性的地面沉降与环境的局部改变,共同影响了古代遗址的沉积环境与保存现状,同时也决定了古人如何来选择他们的定居地。

---

［1］ 杨怀仁、陈西庆:《中国东部第四纪海面升降、海侵海退与岸线变迁》,《海洋地质与第四纪地质》1985年4期。
［2］ 冯怀珍、王宗涛:《全新世浙江的海岸变迁与海面变化》,第三次全国第四纪海岸线问题学术讨论会论文,1985年。
［3］ 杨怀仁、陈西庆:《中国东部第四纪海面升降、海侵海退与岸线变迁》,《海洋地质与第四纪地质》1985年4期。
［4］ 黄宣佩、张明华:《上海地区古文化遗址综述》,《上海博物馆集刊(第二期)》,上海古籍出版社,1982年。
［5］ 尹焕章、张正祥:《对江苏太湖地区新石器文化的一些认识》,《考古》1962年3期。
［6］ 浙江省文物管理委员会:《吴兴钱山漾遗址第一、二次发掘报告》,《考古学报》1960年2期。

　　良渚时期陆地面积很大，适合人类居住，因此这时的聚落分布点非常辽阔，相对密集，在现今的太湖平原上没有大面积的分布空白区。目前太湖地区可以肯定的良渚文化遗址和墓地（可代表定居地点）已达一百四十处以上，比较乐观的估计甚至可达三百余处[1]。马桥时期遗址的调查与发掘资料均不及良渚文化丰富，研究也不够深入，对遗址地点缺乏比较可靠的统计数。目前只有上海的马桥文化遗址数目相对准确，共十二处，与当地良渚遗址相差无几。至于江浙两省，根据现有材料经过甄别可以确定为马桥文化的地点不多，仅有二十多处，与良渚遗址相去甚远。考虑到常常存在零星的调查发现不及时报道的情况，实际数肯定更多。但是，由于马桥时期水域面积有所扩大，限制了人类对定居地点的选择，遗址总数不太可能超过前一时期。

　　综上所述，马桥时期的自然环境与良渚时期相比，有所变化，这种变化很可能开始于良渚末期，然后逐渐深化。变化的原因比较复杂，其中最重要的是气候转为暖湿，由此可能引起一系列的生态环境变异：植物种类改变，海平面上升，岸线退缩，湖面扩展，沼泽发育，水域增大。太湖地区区域性的沉降也是不可忽视的另一个原因，两者产生了相辅相成的后果。良渚文化难以完全适应这种变化，正常的发展受到一定程度的阻碍。大约也就在此前后不久，以江山肩头弄期一单元为代表的文化到了太湖地区。自然环境的变异与外来文化的进入，共同促成了良渚文化向马桥文化的演化。

＊　＊　＊　＊

　　太湖地区相继而起的良渚文化和马桥文化在一些主要文化因素方面有相当程度的差异，因此有必要讨论良渚文化向马桥文化演化的过程。我认为有两个重要因素在影响这个过程中发生作用，一个是社会因素，另一个是生态因素。关于前者，拙作《马桥文化探源》已作比较详尽的论述，由于一支外来人群来到太湖地区，阻碍了良渚文化原来的发展道路，甚至改变了它的前进方向。至于后者，虽然本文提出了几个方面的事实，但是远非作最后结论的时候，还有待于更多的有说服力的证据。敬请各学科专家不吝指教。

　　原载上海博物馆：《上海博物馆集刊（第五期）》，上海古籍出版社，1990年

　　附记： 本文的初稿是《太湖地区文明探源——从良渚文化到马桥文化》的部分章节。该文1987年6月通过公开答辩，作者被授予南京大学历史学硕士学位。学位论文提出良渚文化在向马桥文化演化过程中受到社会人文因素与自然环境因素的双重影响。关于社会方面的内容，已发表在《东南文化》1988年1期，题为《马桥文化探源》。而关于环境方面的内容，由于种种原因未能及时正式发表。三年来，拙作的有些观点已被一些文章引用。本文在探讨良渚文化向马桥文化演化过程问题时，所阐述的环境方面的内容，是在学位论文的基础上修改而成。

---

[1]　吴建民：《长江三角洲史前遗址的分布与环境变迁》，《东南文化》1988年6期。

马桥文化的分区和类型

自20世纪前半叶发现马桥文化遗存，1960年发掘上海马桥遗址以来，历经数十年的考古资料积累和认识深化，终于在1970年代末提出了"马桥文化"的命名[1]。相关的文化名称还有"高祭台类型"、马桥—肩头弄文化等。随着马桥文化的确立，开始有学者提出了马桥文化的类型问题，并区分为马桥类型和肩头弄类型[2]。

我于80年代初涉足马桥文化的研究领域[3]，认为马桥文化的主要分布区域是环太湖地区。在杭州湾以南的浙东北地区也发现了马桥文化遗存，属于马桥文化的分布范围。马桥文化的主要来源是浙闽地区的肩头弄文化遗存一单元，环太湖地区和浙闽地区有相当密切的文化交往和联系。因此本文将环太湖地区、浙东北地区和浙闽地区作为研究马桥文化的三个特定区域。

一、环太湖地区

环太湖地区为长江三角洲的前缘，在钱塘江与杭州湾以北，以平原地貌为主。遗址现代地貌类型有坡地型、台墩型、平原型和湖泊型。主要遗址有闵行马桥、嘉兴雀幕桥、苏州星火等，以马桥遗址最为重要[4]。

马桥遗址现在的地貌为平原，但在遗址使用时期属砂堤地貌。聚落顺砂堤而建，呈宽带状分布。房址损毁严重，仅残留柱洞和遗弃物的堆积。水井在马桥、澄湖等多处遗址发现，为土坑直筒形。灰坑从功能上分为两类，一种是窖穴，坑口有方形、圆形等不同的形状，有的坑壁上还保留了加工修整痕迹。另一种为垃圾坑，坑口多为椭圆形或不规则形，口大而比较浅。墓葬发现很少，目前仅在马桥发现了四座，其中一座为单人仰身直肢葬，未见随葬品，另一座有近长方形的土坑，骨架呈被反绑状。

---

[1] 蒋赞初：《关于长江下游地区的几何印纹陶问题》，《文物集刊（第三集）》，文物出版社，1981年。
[2] 陆建方：《初论马桥—肩头弄文化》，《东南文化》1990年1、2期；杨楠：《江南土墩遗存研究》，民族出版社，1998年。
[3] 宋建：《马桥文化试析》，《江苏省哲学社会科学联合会1981年年会论文选（考古学分册）》。
[4] 上海市文物管理委员会：《上海市闵行区马桥遗址1993～1995年发掘报告》，《考古学报》1997年2期。

陶器分夹砂陶、红褐陶（包括硬陶和软陶）、泥质灰陶、泥质黑陶。另外还有少量原始瓷。

夹砂陶多为橘红色和浅黄色，几乎都是炊器，主要有鼎和甗两大类及其配套的器盖，甗均为联体束腰鼎式甗。鼎和甗足都有凹弧形、舌形和圆锥形三种。舌形足鼎一般装饰横绳纹，凹弧形足和圆锥形足鼎多饰竖绳纹和斜绳纹（图一，1～3、6）。器盖为圈状捉手覆钵式，素面。釜极少见，圜底略凸。

红褐陶系相当复杂，实际上包含了不同色质的陶器，如橘红、红褐、深褐、紫褐等颜色和不同的硬度。但他们的共性是泥条盘筑，拍印纹饰。红褐陶多为盛器，以凹圜底为特征，器形主要有不同形制的罐和盆（图一，5、8、9）。纹饰有条格纹、叶脉纹、方格纹、席纹、篮纹、曲折纹、云雷纹等。有的器物饰有两种或两种以上的组合纹。泥质

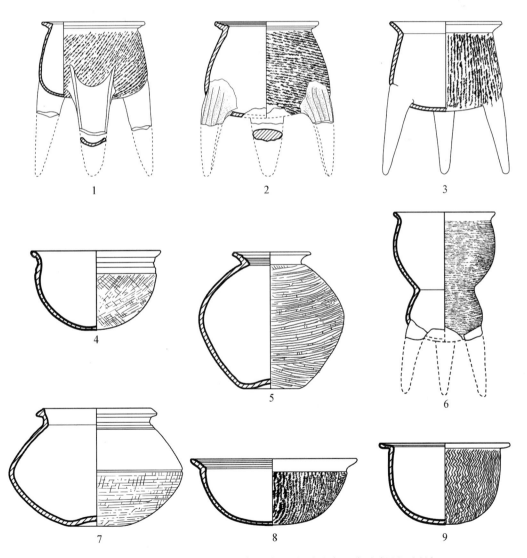

图一　环太湖地区陶器之夹砂陶、红褐陶和印纹灰陶（闵行马桥）

红褐陶系的部分罐类器口沿上刻有陶文。少量小型陶器如鸭形壶和小罐,表面附有黑色涂层。

　　泥质灰陶,根据器类和装饰的差异,分印纹灰陶和普通灰陶,前者均纯灰色,器形多为盆和罐,印方格纹和绳纹等(图一,4、7)。后者一部分是纯灰,另一部分器表灰,内胎为黑色,制作工艺与泥质黑陶相近,采用轮制法,器类和器形大多数与黑陶相同。泥质黑陶中,纯黑者极其罕见,大部分仅是器表黑而内胎为灰白色或灰黄色,另有一些灰胎中间再夹黑色层。普通灰陶和黑陶都以食器和酒器为主,常见簋(图二,1)、豆、

图二　环太湖地区陶器之普通灰陶和黑陶(闵行马桥)

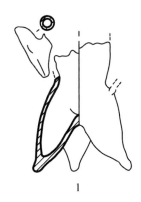

图三　陶盉
1. 环太湖地区（闵行马桥）　2. 浙闽地区（江山肩头弄）

三足盘、器盖、觯（图二，12）和觚。豆的形态特别丰富，有浅盘细柄、浅盘粗柄、圆腹深盘等不同的形制（图二，2～5）。器盖，最常见的两种是蘑菇形捉手和圈状捉手（图二，10、11）。三足盘分浅盘和深盘，浅盘者附瓦足（图二，8），深盘者足端外撇（图二，7）。觯的数量多，形制多样。觚的常见形制是细体和粗体（图二，13、14），偶见垂腹异型觚（图二，9）。袋足盉很少见，还没有发现完整器形（图三，1）。泥质黑陶和普通灰陶上流行富于变化的压印或戳印云雷纹和弦纹，包括凹弦纹和阶状弦纹等。此外，在少数陶器上还装饰之字纹，采用的是刻划或剔刻的技法。

在食器中，有种豆的质地比较特殊，为外红内黑的三夹层，质地较普通灰陶硬，喇叭形圈足，装饰刻划菱格纹和戳印圆点纹（图二，6）。

原始瓷分黑釉和青釉，黑釉同黑色涂层有相当密切的关系，器形主要是小罐。青釉原始瓷有豆和罐。

石器加工比较粗糙，在打制成形后，磨制并未完全到位，器身上常留下打制痕迹。以石锛、石刀和石镞为常见的三大类，都有多种不同的形制。石锛，变化集中表现在一个侧面上，有平面、弧面、有脊、有段、有凹槽等。其中，有脊的石锛在脊以上部分呈凹弧状，很有特色，数量最多。石刀中常见的是斜柄、条形和半月形等。石镞中柳叶形已很少见到，流行的是等腰三角形和带铤的两大类。其他石器还有斧、钺、戚、锄、镰、戈、矛等。

二、浙东北地区

浙东北地区包括宁绍平原、浙东北沿海和舟山群岛等地区，地貌形态多元化。已经发掘的遗址有象山塔山、宁波慈城小东门、绍兴仙人山等。在奉化名山后，宁波八字桥、留村和灵山，镇海庶来，鄞县百梁桥和钱岙等地点，也采集到马桥文化的遗物。已发表资料的遗址以塔山最丰富。遗址分布在塔山南麓的缓坡上，塔山为一海拔69米的山丘，遗址海拔5～12米,属于坡地型遗址[1]。慈城小东门位于海拔15米的汤山东南麓,也应属坡地型遗址[2]。

浙东北地区发现的遗迹不丰富,已发表的仅有塔山的两座灰坑和一座墓葬。灰坑坑口为圆形和不规则形,坑底皆呈圜底形,坑口最大径1.6和2米,深0.3和0.6米。发掘报告未指出两座灰坑是否有人工挖掘、修整痕迹。根据形状,似为自然低洼地或略作修整的垃圾坑。墓葬为长方形浅坑,头向97度,未见随葬品。

遗物主要是陶器和石器。

陶器的陶系和器类有相应的或基本相应的对应关系。夹砂陶有鼎、甗、釜、器盖、勺等。还有少量夹炭陶,这是当地河姆渡文化以来的延续。鼎是最常用的炊器,鼎身多为深腹圜底。有一类鼎,小口,口径明显小于腹径,凸鼓腹,凸圜底,属于典型的釜形鼎。鼎足有凹弧形足和圆锥形足,但是最有特色的还属侧装扁足,有的在足外侧有手指按捺窝。甗为联体束腰鼎式甗。釜不常见,圜底,明显尖凸。鼎、甗多饰竖绳纹。陶甗下半部有的饰横绳纹。有的鼎腹部有一周堆贴纹。还发现了素面鼎(图四,1～6)。器盖为圈状捉手覆钵形。

泥质陶分两大类,一类颜色比较杂,有青灰色、红色、灰黄色、红黄色、灰色等,以泥条法制作和拍印纹为特征,简称为印纹陶。从印纹陶的色质特征看,应该包括了环太湖地区的红褐陶和印纹灰陶。还有一类是泥质灰陶和所谓的黑衣陶。

印纹陶器类多为盛器,有罐、盆等,这两种器皿都有不同的规格,大小差别很大,以适应不同的用途,还分高领、直口、平折沿、斜折沿等不同形制,但它们共有的特征是凹圜底。纹饰种类有条纹、叶脉纹、方格纹、席纹、云雷纹等。在罐类器口沿上常刻有陶文(图四,7～10)。

泥质灰陶和黑衣陶都采用轮制法,器类多为食器和酒器,也有一部分盛器。所谓黑衣陶,应为泥质灰陶表面渗碳之后形成。塔山还有个别泥质褐陶,很少见,实际上应该是烧制工艺不规范而形成的色质不纯现象。

食器中,簋比较少见,最常见的是豆。豆有多种不同形态,其中,浅盘细高柄豆,有的在豆柄上部装饰云雷纹;粗柄豆,装饰阶状弦纹,或装饰戳印云雷纹;另有一种浅盘豆,圈足上部有凹凸弦纹(图五,1、2、6、8)。浅盘三足盘装瓦足(图五,5)。塔山的一种"鼎足",足端外撇,也可能是三足盘。酒器发现了粗体觚(图五,9)和垂腹觚,后者有不同形制,共同特征是平底略内凹,细长体,下腹向外鼓凸(图五,11)。有的垂腹觚腹部饰刻划(剔)之字纹(图五,10)。

除了上述几大陶系,还有一些豆的质地比较硬,豆盘折腹,圈足喇叭形,下端外撇,豆柄上常施刻划纹装饰,有折线纹、菱格纹等(图五,3、7)。

另外,据报道塔山发现了原始瓷。

---

[1] 浙江省文物考古研究所等:《象山县塔山遗址第一、二期发掘》,《浙江省文物考古研究所学刊》,长征出版社,1997年。
[2] 王海明:《慈城小东门新石器时代及商周遗址》,《中国考古学年鉴(1993)》。

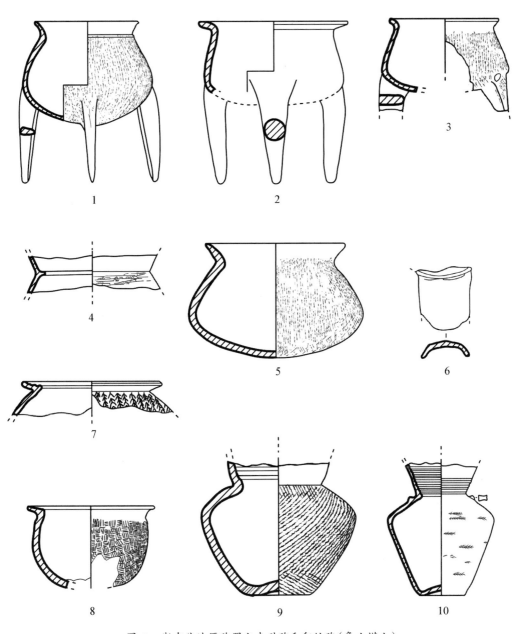

图四　浙东北地区陶器之夹砂陶和印纹陶（象山塔山）

　　石器加工粗糙，器身上常有打制痕迹。常见器类是石锛、石刀和石镞。石锛的一面有弧面、有脊、有段等不同形制，脊和段多在石锛的中部，有的甚至略偏下，更靠近刃部。这种形态的石锛和木柄或角柄捆绑结合，在使用发力时比较牢固。石刀分半月形、条形、斜柄和弧刃形等类型。石镞有柳叶形和有铤形，还发现了等腰三角形石镞的半成品。

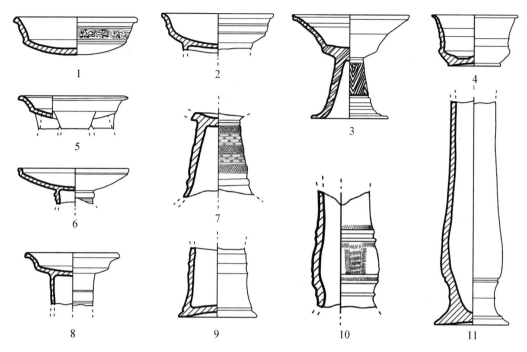

图五　浙东北地区陶器之泥质灰陶和黑衣陶、硬陶豆（象山塔山）

三、浙闽地区

浙闽地区指毗邻的浙南和闽北地区，地貌形态以山地丘陵为主。这个地区的典型遗存是浙江江山肩头弄1～3单元墓葬[1]和福建光泽马岭墓葬[2]。尚未正式发掘居住遗存。

墓葬遗存中的陶器几乎都是泥质陶。调查采集品中的夹砂陶饰绳纹，器形不详[3]。

泥质陶分三类，一是着黑陶；二是以饰印纹为特色，其中青灰或灰色的，质地多比较硬，红、灰黄或黄色的，质地多比较软，这类陶器一般称印纹陶；三是其他泥质陶，颜色多为土黄或土红色，中间再夹灰黑层。

肩头弄着黑陶，以表面施黑色涂层为特色，有的涂层为暗褐色，颜色变化取决于涂料的呈色成分和烧成气氛。着黑陶胎质也有软硬之分，较硬者，色灰白；较软者，色橙黄，均以泥条法成形。器形以盛器为主，有各种不同形制的罐，如折肩罐、垂腹罐、扁腹罐，前两种罐又都有平底和凹底之分。还有阔把带流壶和盆，后者又分平底和凸圜底（图六）。

---

［1］牟永抗、毛兆廷：《江山县南区古遗址、墓葬调查试掘》，《浙江省文物考古研究所学刊（1981）》，文物出版社，1981年。

［2］福建省博物馆、光泽县文化局文化馆：《福建省光泽县古遗址古墓葬的调查和清理》，《考古》1985年12期。

［3］杨楠：《江南土墩遗存研究》，民族出版社，1998年，第121页。

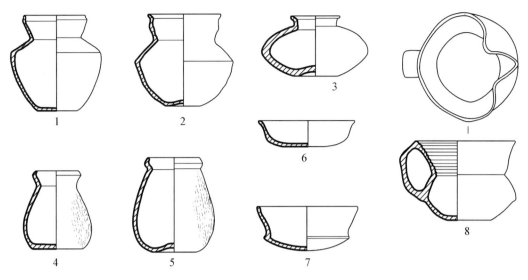

图六　浙闽地区陶器之条纹和素面着黑陶

1～6. 江山肩头弄　7、8. 光泽马岭

　　着黑陶器以施条纹为主，拍印后又常常被抹掉，在有的发掘报告中称为素面者，可能就是被抹去了条纹。肩头弄报告称着黑陶常施不太平行的凸弦纹，应该是在抹去条纹的同时制成。因此条纹不是一种装饰，而应该被看作是制作流程中的遗留痕迹。有些着黑陶上没有保留痕迹，即成素面。当然也不排除着黑陶中确有一些是素面陶。着黑陶也有少量饰几何形印纹，有斜方格纹和席纹，以及这两种纹饰的组合纹（图七，1、2）。有的着黑陶器以刻划纹装饰，如三角平形线纹（图七，3、4）。

　　印纹陶，在数量上有从少到多的发展过程。过去或以为印纹陶虽有色质之分别，但两者的器形、花纹均无区别，因此是相同胎料的制品。随着研究工作的深入，已经发现

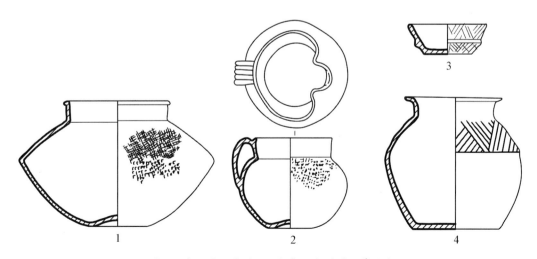

图七　浙闽地区陶器之几何印纹和刻划纹着黑陶

1、2. 江山肩头弄　3、4. 光泽马岭

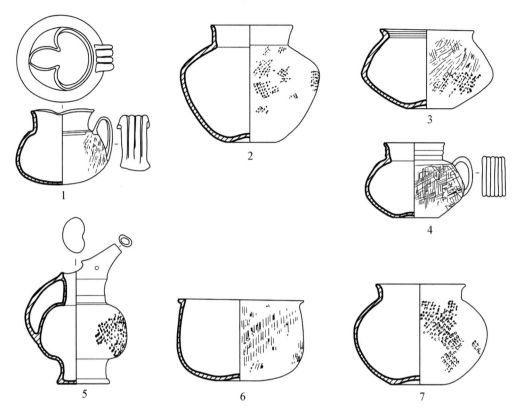

图八　浙闽地区陶器之印纹陶

1. 光泽马岭　2、3、5～7. 江山肩头弄　4. 江山地山岗

胎料化学组成的差异对陶器的质地具有实质性的影响。印纹陶器形也以盛器为主,流行圆腹罐、扁腹罐、阔把罐、单柄罐、深腹盆、阔把带流壶、长嘴平底盉等(图八)。

　　印纹陶的装饰比起着黑陶来要复杂得多,既有单独施条纹的,又有单独施几何形纹饰的,其中流行的是斜方格纹,席纹也比较常见。组合纹饰有纹样的叠加和不同的纹饰饰于器物的不同部位两种。前者如先拍印大方格纹再在上面叠加印条纹。后者有条纹和几何形纹饰的组合,如折肩罐的腹部为斜方格纹,肩部拍印条纹。另有个别肩部施斜向相交的席纹,腹部饰斜方格纹。还出现了不同工艺的纹样组合,如刻划纹和印纹的组合,有件折肩罐肩部施刻划纹,腹部拍印大方格纹再加印条纹(图九)。

　　需要指出的是,虽然着黑陶和印纹陶基本上属于两种不同的陶系,但是二者之间也有某种内在的联系。如印纹陶中有施条纹,却不加黑色涂层,而在施几何形印纹的陶器中,也有少数器皿通体再加黑色涂层。

　　不包括在以上两种之内的即为其他泥质陶,以三夹层为特色,胎为黑色,内外层表为土黄或土红色,采用轮制法,质地比较软。器形以食器为主,有豆、三足盘、平底盆等(图一○),还有袋足盉(图三,2)。此类泥质陶多见素面,或装饰简洁的弦纹。

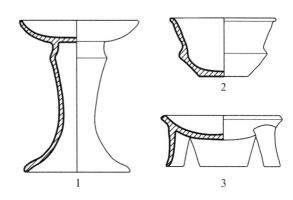

图九　浙闽地区陶器之组合装饰　　　　图一〇　浙闽地区陶器之其他泥质陶
（江山肩头弄）　　　　　　　　　　　1、3. 江山肩头弄　2. 光泽马岭

四、区域交往与文化源流

上述三个地区的文化内涵既有相同的方面,也有不同的方面。

首先比较环太湖地区和浙东北地区。两个地区的陶系大致相同,有夹砂陶、泥质黑陶(黑衣)、普通泥质灰陶等。环太湖地区的红褐陶和印纹泥质灰陶基本上等同于浙东北地区的印纹陶。两地都发现了原始瓷(青釉)。

两地的陶器都分为炊器、盛器、食器和酒器四大类。炊器有鼎和甗,后者均为联体束腰鼎式甗。凹弧形足和圆锥形足为两地所共有。炊器以饰绳纹为主,都发现了竖绳纹。与鼎、甗配套的器盖都是圈状捉手覆钵形。

环太湖地区的红褐陶、印纹灰陶和浙东北地区的印纹陶都是盛器,都以不同规格、形制的罐和盆为主,以泥条盘筑法成形,拍印纹饰,纹样种类相近。在一部分罐和深腹盆等的口沿上刻陶文,也是两个地区的相同之处。

两地的普通泥质灰陶和黑陶均以食器和酒器为主,采用轮制法,流行戳印的云雷纹,纹样富于变化。食器方面,两地都常见的是豆,有浅盘细高柄豆,也有粗柄豆,都有在豆柄或豆盘上装饰云雷纹的风尚,阶状弦纹也常见于豆盘上。两地流行的三足盘,一种是浅盘瓦足,浙东北地区足端外撇的“鼎足”,也见于环太湖地区,器形应该是三足盘。

酒器中两地共见的是粗体觚和垂腹觚。在酒器上两地都发现了剔刻的之字纹。

另外,在一种质地比较硬的陶豆把上,两地都以刻划的菱格纹作装饰。

尽管环太湖地区和浙东北地区文化内涵的相同和相似占有主导地位,但是除了红褐陶、印纹灰陶和印纹陶,制法、器形、纹饰两地几乎完全相同外,其他几类陶系中,部分陶器的器类、器形、纹饰都存在比较明显的差异。

浙东北地区有少量夹炭陶,是当地固有传统的延续。夹炭陶不见于环太湖地区。

两地炊器方面的差异是,环太湖地区盛行舌形足鼎,装饰横绳纹,在器形和纹饰两方面都有鲜明特征。它们不见于浙东北地区。而浙东北地区流行侧装足鼎，口稍小，凸圜底，足上常有手指捏窝，是很典型的釜形鼎，为本地区特有。另外在浙东北地区还发现了素面鼎，而环太湖地区不见。

釜在两个地区都不算常见器。形制也有明显区别，虽然均为圜底，但是环太湖地区的略凸，浙东北地区的明显尖凸，与釜形鼎身相似。

在食器方面的区别，环太湖地区除了豆，还特别盛行簋。浙东北地区簋比较少见。

陶豆在两地都有多种不同形态，相同形制的比较多，但也有一部分不同的形制。深盘圆腹豆在环太湖地区比较流行（图二，2），而浙东北地区的一种豆，把上带有凸棱（图五，6），不见于环太湖地区。

两地都有少量质地较硬的陶豆。但是，浙东北地区有地域特色的豆为折腹，喇叭形圈足，把上刻划曲折纹装饰（图五，3），它们不见于环太湖地区。

环太湖地区最常见的两种器盖以蘑菇形捉手和圈状捉手为特征，大多数装饰云雷纹，它们在浙东北地区尚未发现。

在酒器方面，环太湖地区的鬶丰富多彩，数量多，形制复杂。而浙东北地区的垂腹盉有几种不同形制，它们的共同特征是细长体，下腹外鼓，有的在腹部饰之字纹（图五，10、11）。这种垂腹盉在环太湖地区是偶见器形，数量远不如粗体和细体的盉。两地垂腹盉的形制也有所不同。另外，环太湖地区盉比起浙东北地区来，形制更加多样。

再看浙闽地区，这里发现的文化遗存几乎都是墓葬，而环太湖和浙东北两地主要是居住遗存，性质不同，尚不具备严格的比较条件。例如，浙闽地区的墓葬遗存中缺乏炊器，酒器和食器的品类很少，完全不同于另两个地区。

具备可比条件的是浙闽地区的着黑陶、印纹陶，环太湖地区的红褐陶、印纹灰陶和浙东北地区的印纹陶，它们有很多共同的特征。都以泥条法成形，拍印纹饰，流行凹圜底，在器物形态方面也有诸多相似点。相同和相似的器形有深腹盆、高领罐、凸圜底盆、单鋬罐和鸭形壶等[1]。

在具备可比条件的陶器中，浙闽地区也表现出清晰的地域性特征。首先是着黑陶在陶器中占有较大比例，尤其是在较早阶段的文化遗存。肩头弄1单元的陶器几乎全部都是着黑陶。反观环太湖地区，只在个别陶器上，如鸭形壶、小罐上施黑色涂层，数量很少。浙闽地区的印纹陶以灰黄和淡黄为主色调，而环太湖地区则以橘红、红褐为主色调，反映出制陶工艺的差异。在器形方面，浙闽地区比较流行深垂腹大底罐和扁腹罐，这在其他两个地区不很流行。长嘴平底盉只见于浙闽地区。在纹饰方面，浙闽地区的特色是刻划纹和印纹的组合装饰，其他两地尚未见到。

泥质陶中，浙闽地区的三足盘同另两地的同类器有相同的形制，而豆的差别很大。袋足盉在环太湖和浙东北两地区尚未发现完整器，器形与浙闽地区相比，有所不同。浙闽地区基本不见戳印纹饰。

---

[1]　宋建：《马桥文化探源》，《东南文化》1988年1期。

从三个地区的文化差异可以探讨它们的文化背景、渊源和文化亲缘关系。

环太湖地区和浙东北地区分属不同的地理区域。从距今10000年前开始,经历了海平面迅速上升时期,在沉积作用下,地面也随着抬升。大约7000多年以前,海平面相对稳定后,环太湖地区和浙东北地区差不多同时出现了新石器时代稳定的人类定居村落。这时,两个地区就分属不同的文化系统。环太湖地区文化序列清晰,先后为马家浜—崧泽—良渚文化。浙东北地区略显复杂,较早的河姆渡文化一、二期,与环太湖地区基本不同,而三、四期除了保留固有传统,也开始出现环太湖地区的文化因素。至良渚文化阶段,环太湖地区的文化传统快速而且强有力地向浙东北地区扩张,使这个地区的新石器文化传统遭受强力冲击,文化性质发生变异,成为良渚文化的地方类型。良渚文化的分布范围扩大到浙东北地区。但是当地文化传统仍然在作顽强的抵抗,两地仍然存在明显的地区性差异[1]。

对马家浜—崧泽—良渚文化系统而言,马桥文化是一种全新的文化。此时环太湖地区和浙东北地区文化因素的相同性仍然占主导地位,因此它们属于同一个文化。同时,两地的文化相异性仍继续延续,分属两个不同的区域类型。根据两地的典型遗址,可分别称为马桥类型和塔山类型。这两个类型的形成机制不同于良渚文化时期的扩张机制,应该同良渚文化的衰落和浙闽地区文化的崛起并向北传播有关。

马桥文化时期,浙闽地区已经发现的文化遗存性质与其他两个地区差异显著,因此严格说,还不具备全面比较的条件。在具备可比条件的那部分文化内涵中,共性是主要的,但也表现出一定程度的地域性差异。

如追根溯源,浙闽地区比较系统的考古资料是距今5000～4000年的新石器时代晚期文化,其具有不同于其他地区的特征。不过,因丘陵山地特殊的自然地理条件,不便交往,区域内存在若干文化亚区。浙江遂昌好川[2]和福建浦城牛鼻山[3]就是不同文化亚区的代表地点,而江山山崖尾与遂昌好川为同一亚区。这个时期,环太湖地区的良渚文化繁荣发达,其鼎盛时期频繁向外扩张。浙闽山地区域北部也成为此阶段良渚文化的扩张对象。从考古学材料中可以看出明显的单向性文化联系,其性质与江苏花厅墓地中出现良渚文化因素相似,即宗教礼仪的传播和政治性的扩展。

从良渚文化第三期开始,良渚—瓶窑地区已经越过了它的发展高峰,良渚文明最高政治中心发生北移迹象。良渚文化第四期开始全面衰退,最后为马桥文化所取代。马桥文化是当地文化传统在浙闽地区向北扩张背景下突然的和重大的文化变异,表现在当地原有文化的部分保留、延续和外来文化的大量涌现。这种外来文化我曾认为是以江山肩头弄1单元为代表的文化遗存[4]。随着遂昌好川遗址的发掘,更明确了它们的文化渊源。因为有共同的来源,所以在三个地区的红褐陶、印纹陶、着黑陶中所表现出那

[1] 黄宣佩:《良渚文化分布范围的探讨》,《文物》1998年2期。
[2] 王海明、罗兆荣:《遂昌好川发现良渚文化大型墓地》,《中国文物报》1997年10月19日。
[3] 福建省博物馆:《福建浦城县牛鼻山新石器时代遗址第一、二次发掘》,《考古学报》1996年2期。
[4] 宋建:《马桥文化探源》,《东南文化》1988年1期。

么多的共性就不足为奇了。文化变异在环太湖地区和浙东北地区几乎同时出现,至少在目前还无法确认两地发生变异的时间孰早孰晚。同时,马桥文化中还出现了一部分新的文化因素,它们既不见于当地原有文化,也不见于浙闽地区的文化遗存。它们中间,有一部分属于来自其他文化的外部因素,另一部分可能更为重要,它们是各文化要素和文化传统在冲突、融合和变异过程中产生出来的全新内涵。以上各组成部分共同构成了马桥文化。

浙闽地区的环境条件决定了其文化传统的相对封闭特征,即使在良渚文化鼎盛时期的扩张中,也没有根本改变其文化属性。当良渚文化衰亡之际,浙闽地区的文化向北渗透,促使环太湖地区和浙东北地区文化发生突变。在另一方面,由于考古发掘的局限性,对浙闽地区文化面貌的了解还有很多工作要做。在这个地区的现有材料中,还看不出马桥文化产生时所发生的文化突变。如果没有这种突变,也就不会出现变异中所衍生的文化新要素。换言之,浙闽地区有不同于其他两地马桥文化产生的背景、过程和结果。再者,由于已经发现的文化遗存的不完整性,就无法深入分析浙闽地区与其周边地区的文化异同程度,当然也就不能确定这种异同的性质。因此目前还不能将浙闽地区作为马桥文化的一个类型。

原载《东南文化》1999年6期

马桥文化的编年研究

继良渚文化之后，长江下游地区兴起了一支青铜文化——马桥文化。1930年代，最早发现良渚文化的施昕更在良渚地区进行考古调查发掘时，实际上同时也发现了马桥文化的遗存，但是没有区分出来。1950年代和60年代先后在浙江、上海发掘了钱山漾与马桥遗址，由于有明确的地层叠压关系，开始认识到这是一支晚于良渚文化的新文化，其年代已经进入夏商时期，能够制作青铜生产工具，80年代正式将它命名为马桥文化。

关于马桥文化的编年问题，曾有少数学者作过初步的尝试，但是因依据不足，无法进行可靠的分期工作，收效甚微。90年代，在配合基本建设过程中，我们在马桥遗址进行了大规模发掘，不仅对马桥遗址分布范围的认识有了突破性进展，而且发现了多层叠压的地层关系，从而为马桥文化遗存的分期奠定了坚实基础[1]。

一、马桥遗址的地层关系

马桥遗址坐落在一道贝壳砂堤之上，砂堤形成于大约5500年前，走向330～340度。砂堤的剖面形态为中部厚两侧薄的透镜状，在中部砂堤最厚的部位，其顶端已经接近现代的地表。因遗址具有特殊的自然环境背景，所以其文化层和自然沉积地层的堆积有其特定的规律，即砂堤东西两侧的堆积不完全相同，砂堤以西区域的地层序列比以东区域完整，地层厚度比较厚，层次比较多。另外，距离砂堤顶端比较远的区域比距离砂堤顶端比较近的区域，地层层数更多，总地层更厚。这样，有些区域就会缺失一些层位。另外晚期人类的行为或自然因素也会导致地层的缺失。因此在分析层位关系时不仅要了解遗迹单位在某一层位之下，而且要了解它在某一层位之上。遗迹单位的分期，不仅要以它的上下地层为依据，而且要参照所包含器物的器形特征和遗迹之间的相互关系。

1990年代马桥遗址的发掘分为Ⅰ区和Ⅱ区两个发掘区，Ⅱ区位于遗址的北部，Ⅰ区

---

[1] 上海市文物管理委员会：《上海市闵行区马桥遗址1993～1995年发掘报告》，《考古学报》1997年2期。

位于遗址的中部。Ⅰ区的地层堆积不如Ⅱ区丰富,地层关系也比Ⅱ区简单。遗址的地层堆积含文化层和自然层,其中马桥文化时期的多个文化层连续堆积。Ⅰ区完整的堆积顺序是:

③C—③B—③A

Ⅱ区砂堤西侧绝大多数探方完整的地层堆积顺序是:

③F—③E—③D—③C—③B—③A

Ⅱ区砂堤东侧探方完整的地层堆积顺序是:

③D—③C—③B$_2$—③B(③B$_1$)—③A

Ⅰ区和Ⅱ区共发现了186个各类遗迹单位,包括柱洞群4处、水井14座、灰坑143个、灰沟8条、陶片堆11处、灶坑2个和墓葬4座等,它们主要分布在Ⅱ区,分别开口于各个地层之下。因此,Ⅱ区的地层堆积顺序和相关的各遗迹单位在地层中的位置是分期的基础和主要依据,Ⅰ区仅作为补充。

二、典型陶器的形制和序列

典型陶器是指那些形态变化比较快且明显、演变规律比较清晰的陶器。我们主要以Ⅱ区的地层堆积顺序、各遗迹单位与地层的相互关系为依据,对各地层和遗迹单位所出陶器划分出不同的类、型、亚型,进行分式排比。结果发现有12种(以亚型为基础)器物的演化轨迹比较清晰,可作为排序分期的典型器物。

鼎有两种。

第一种鼎,灰色或灰黄色,夹粗砂,胎质比较疏松,折沿,舌形足,足横断面呈扁椭圆形。腹部多饰横绳纹,或略斜。形体比较大,口径在20厘米以上。分三式。

Ⅰ式 垂腹,腹径大于口径(图一,1)。

Ⅱ式 鼓腹,腹径略大于口径(图一,2)。

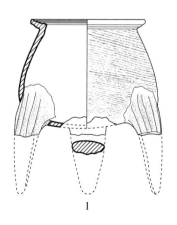
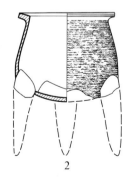
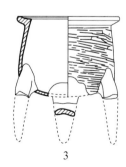

图一 A型陶鼎

Ⅲ式 直腹微鼓,腹径等于或略小于口径(图一,3)。

第一种鼎的演变轨迹是:由腹径大于口径向腹径等于或略小于口径发展,由垂腹到鼓腹,再演变为直腹微鼓。

第二种鼎,红色,夹粗砂,气孔比较大,胎质比较疏软,凹弧形足,腹部多饰斜绳纹。分五式。

Ⅰ式 圆鼓腹(图二,1)。

Ⅱ式 腹近直微鼓,口沿与器身连接处有一周明显凸棱(图二,2)。

Ⅲ式 垂腹,腹径大于口径(图二,3)。

Ⅳ式 垂腹,腹径略小于口径(图二,4)。

Ⅴ式 圆弧腹,腹径小于口径(图二,5)。

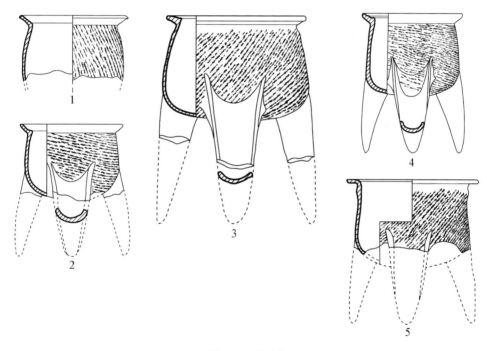

图二 B型陶鼎

第二种鼎的关键变化部位发生在腹部,由圆鼓腹和直腹微鼓发展到垂腹和圆弧腹。

上述两种鼎有不同的色质、形制和装饰,其演化轨迹也不一样。

小盆,近底部一周有凸脊,大多数为圜底,仅饰弦纹。分四式。

Ⅰ式 下腹近底部内凹弧曲大,底周缘凸脊明显,上腹部阶状弦纹凸出,似窄肩(图三,1)。

Ⅱ式 下腹近底部内凹弧曲比较小,底周缘凸脊趋弱(图三,2)。

Ⅲ式 底部周缘的凸脊更弱,下腹近底部的内凹基本消失(图三,3)。

Ⅳ式 浅腹,中腹部有圆弧凸脊(图三,4)。

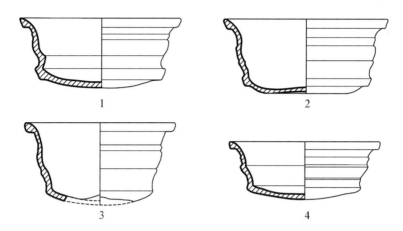

图三　盆

小盆的演变轨迹是底部周缘的凸脊由强趋弱,与之相应,近底部的内凹弧曲由大趋小,即由小盆底部周缘凸脊发达、下腹近底部内凹弧曲大发展到底部周缘凸脊不明显、近底部内凹弧曲基本消失,最后在中腹部出现圆弧形凸脊。

豆有两种。

第一种豆,深盘,圆腹,大多数柄比较细,少数粗柄,形体比较矮。分五式。

Ⅰ式　沿下内凹比较明显,斜弧腹,弧曲比较小(图四,1)。

Ⅱ式　沿下内凹不明显,弧腹(图四,2)。

Ⅲ式　腹部弧曲比较大,有粗柄和细柄之分,粗柄为弧腹,细柄者为圆腹(图四,3)。

Ⅳ式　圆鼓腹,腹部弧曲比较大(图四,4)。

Ⅴ式　垂腹,细柄(图四,5)。

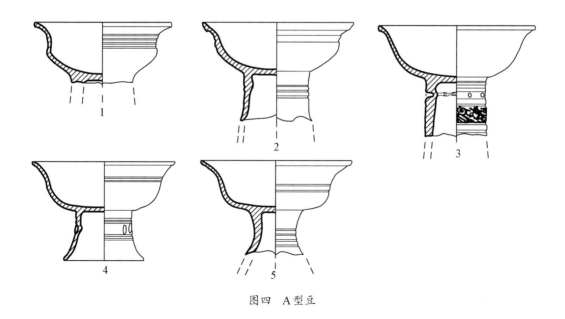

图四　A型豆

第一种豆的演化轨迹是由斜弧腹、弧腹发展到圆鼓腹和垂腹,腹壁弧曲从比较小到比较大。

第二种豆,浅盘,细高柄,形体比较小。分四式。

Ⅰ式　豆盘腹壁向内凹弧,圆腹,直柄(图五,1)。

Ⅱ式　豆盘斜收腹,折腹不明显,直柄(图五,2)。

Ⅲ式　折腹,直柄(图五,3)。

Ⅳ式　折腹折角大,豆柄下部内收(图五,4)。

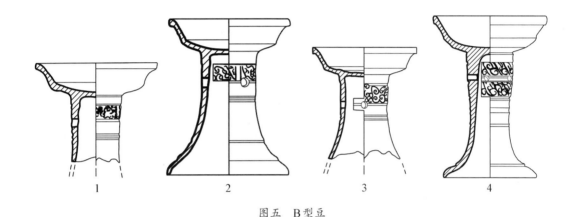

图五　B型豆

第二种豆的豆盘腹部变化比较明显,豆柄在序列的后部才有显著变化。

三足盘,以浅盘、矮圆足或椭圆形足为基本特征。

Ⅰ式　敞口,沿下凹弧明显(图六,1)。

Ⅱ式　敞口,沿下凹弧不明显或无凹弧(图六,2)。

Ⅲ式　直口或敛口(图六,3)。

三足盘的关键变化部位发生在口部,从敞口发展到直口或敛口。

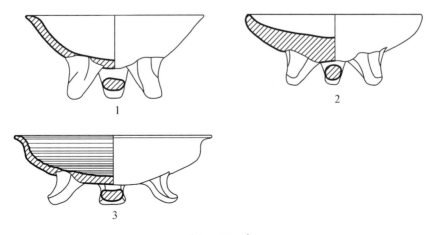

图六　三足盘

觯有两种。

第一种觯,瘦高体,喇叭口,方唇,器身内弧,假圈足,器身与假圈足交接处有凸脊。分四式。

　　Ⅰ式　假圈足下部弧曲比较大,显著外撇,器底显得较大(图七,1)。

　　Ⅱ式　假圈足下部弧曲较Ⅰ式小,器底显得稍小(图七,2)。

　　Ⅲ式　假圈足下部弧曲比较小,外撇不明显,器底显得比较小(图七,3)。

　　Ⅳ式　假圈足下部弧曲比较小,器底边缘上部有一周凹槽(图七,4)。

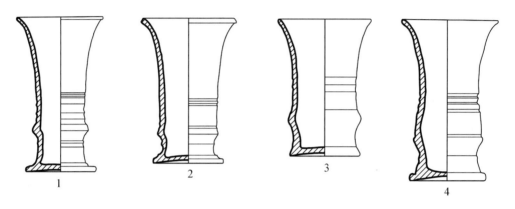

图七　A型觯

第一种觯的演化轨迹是假圈足下部弧曲度的变化,由弧曲比较大到比较小,与之相应,器底也从显得比较大到比较小。

第二种觯与第一种觯的形制和演变轨迹基本相同,不同之处是第二种觯的器身饰斜向云雷纹。分三式。

　　Ⅰ式　假圈足下部弧曲比较大,显著外撇,器底显得较大(图八,1)。

　　Ⅱ式　假圈足下部弧曲较Ⅰ式小,器底显得稍小,器底边缘上部有一周不太明显的凹槽(图八,2)。

　　Ⅲ式　假圈足下部弧曲更小(图八,3)。

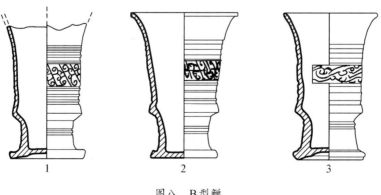

图八　B型觯

觚,分两种。

第一种觚,粗体。分四式。

Ⅰ式 下部弧曲大,显著外撇,器底显得较大(图九,1)。

Ⅱ式 下部弧曲稍小,外撇,器底仍显得比较大(图九,2)。

Ⅲ式 下部弧曲较Ⅱ式小,器底显得稍小(图九,3)。

Ⅳ式 下部弧曲比较小,外撇不明显,器底显得比较小(图九,4)。

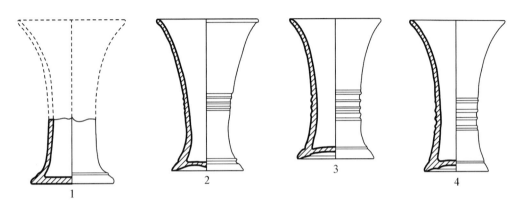

图九 A型觚

第二种觚,细体。分三式。

Ⅰ式 下部弧曲大,显著外撇,器身和底的连接处为折角,器底显得很大(图一〇,1)。

Ⅱ式 下部弧曲比较大,外撇,器身和底的连接处折角模糊,器底显得比较大(图一〇,2)。

Ⅲ式 下部弧曲比较小,外撇不明显,器身和底的连接处折角消失,器底显得比较小(图一〇,3)。

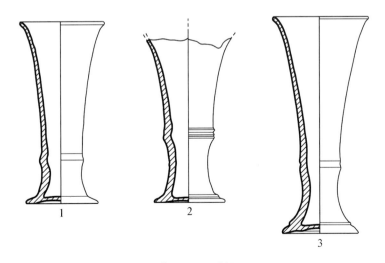

图一〇 B型觚

　　第一种瓹为粗体瓹,第二种瓹为细体瓹,二者的演变轨迹大致相同,关键变化部位发生在下部近底处,从器身下部弧曲大、显著外撇、器底显得较大发展到器身下部弧曲小,器底也相应显得小。

　　器盖,泥质陶,有两种。

　　第一种器盖,以圈状捉手,盖缘撇口为基本特征。分三式。

　　Ⅰ式　捉手比较矮(图一一,1)。

　　Ⅱ式　捉手比较高(图一一,4)。

　　Ⅲ式　盖身偏下部有一周凸阶(图一一,2)。

　　第一种器盖的演化轨迹是捉手由较矮到较高;盖身由无凸阶到出现一周凸阶。

　　第二种器盖,蘑菇形捉手,盖缘子口。分三式。

　　Ⅰ式　盖顶与周壁连接处为圆弧形(图一一,3)。

　　Ⅱ式　盖顶与周壁连接处起凸棱(图一一,5)。

　　Ⅲ式　盖顶与周壁连接处的凸棱发达(图一一,6)。

　　第二种器盖的主要变化在盖顶与周壁的连接处,由圆弧形到起凸棱,再到凸棱发达。

　　综上所述,根据地层的堆积顺序,上述12种器物的各式代表了各自的演变顺序。在此基础上进行综合,可以将马桥遗址的马桥文化遗存分为四段。下面是这12种典型器物在各段中的延续和共存关系(图一二)。

　　12种典型陶器共44式,仅出现在单独一段的共有24式,出现在连续两段的共有20式,反映了它们既持续发展又部分共存的逻辑关系。除了3种器物(觯第二种、瓹第一种和第二种)序列不完整,其余9种均序列完整。以这9种器物为标准,可以看出在所分

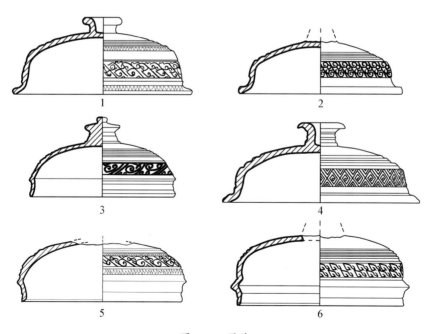

图一一　器盖

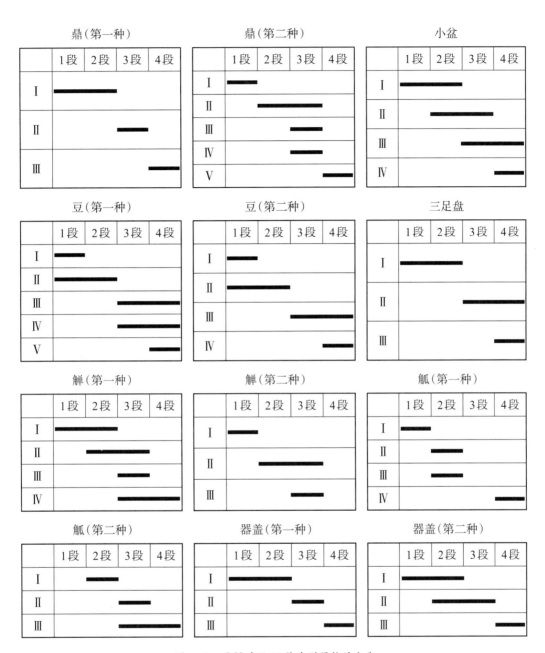

图一二　马桥遗址12种典型器物的分期

出的四段中，1段和2段之间存在显著差异的只有1种器物：鼎第二种；2段和3段之间存在显著差异的多达5种：鼎第一种、豆第一种和第二种、三足盘和器盖第一种；3段和4段之间存在显著差异的有4种：鼎第一种和第二种、器盖第一种和第二种。因此2段和3段之间的差异明显大于1段和2段之间、略大于3段和4段之间。

　　此外，1段和2段的共同之处还有：盛行器形比较大、粗柄的豆；簋的数量比较少；流行饰云雷纹的小盆；亦流行瓦足三足盘。3段和4段，大型陶豆已经不见，而簋的数量增加,为常用食器。从这两类食器此消彼长的趋势看,簋在3、4两段基本取代了大型豆。云雷纹小盆的数量逐渐减少,到4段基本绝迹。3段和4段已经不见瓦足三足盘,新出现了高扁足三足盘。由此进一步表明,1段和2段之间的差异比较小,2段和3段之间的差异比较大,3段和4段之间的差异又略小。这样,可以把1、2段合并,为马桥遗址中马桥文化遗存的前期;3、4段合并为后期。

此外,圆腹簋、高领小罐和其他形制的觯自前期到后期也有比较明显的变化。圆腹簋的变化趋势类似第一种豆,前期弧腹,后期鼓腹,但是簋的阶段性特征不如豆清楚。高领小罐前期流行翻贴缘、球形腹或垂腹;后期流行卷沿、扁腹。各种不同形制的觯的演化轨迹基本相同,主要变化都是假圈足下部的弧曲程度,即弧曲度由比较大发展到比较小,但它们的阶段性特征都不如典型陶器(第一种觯和第二种觯)明显。

三、年　　代

1960年代马桥遗址的第一、二次发掘报告已经注意到,马桥文化地层有些出土遗物"与河南偃师二里头、郑州二里冈的商代早中期文化有着紧密的联系"。二里头文化已经属于夏代的范畴,因此马桥遗址中的马桥文化遗存年代大约相当于夏代和商代前期。这一认识是现在进行马桥文化年代分析的基础。

首先是地层证据。金山亭林和闵行马桥的马桥文化地层都叠压在良渚文化第四期第6段(最后一段)之上,表明马桥文化晚于分布于同一地区的良渚文化。

其次是测年数据。1990年代的几次发掘共测定了五个碳14年代数据,用常规方法测定的两个,分别为3275±80(BK94162)和3340±65(BK95045),经树轮校正后分别为3500±150和3580±125。用AMS方法测定的三个,分别是2690±160(BA94104)、4160±220(BA94119)和4380±150(BA95082),经树轮校正后分别为2775±190、4605±？和4875±220。

马桥遗址1960年代的发掘和其他遗址也有二十余个年代测定数据,分别采用碳14测定方法和热释光测定方法,以后者的数据居多。在热释光测定的数据中,金山亭林中层(下)六个数据的加权平均年代为距今4110±150年;亭林中层(上)七个数据的加权平均年代为距今3380±120年;闵行马桥三个数据的加权平均年代为距今3250±250年;金山查山三个数据的加权平均年代为距今3030年。碳14年代数据,较早的是3455±105(ZK255),树轮校正后为3730±150;较晚的是2960±90(ZK204),树轮校正后为3110±120。

上述测年数据中,有的热释光测年和AMS测年数据明显偏早,甚至超过了距今4500年。即使将金山亭林中层(下)的六个热释光测年数据作加权平均,仍为4110±150,而良渚文化的下限为距今4000年左右,因此这个加权平均数据仍然偏早。也有几个热释光测年和AMS测年数据明显偏晚。不过,碳14测年经树轮校正数据和大部分热释光测年数据都落在公元前第二千纪的范围内,它们是判定马桥文化真实年代的参考(表一)。

表一 马桥文化年代测定数据一览表

序号	测定方法	编 号	出土地点	标本	距今年代(树轮校正年代)
1	AMS	BA95082	马桥Ⅱ J102	烟囱	4380±150(4875±220)
2	AMS	BA94119	马桥Ⅰ H14	朽木	4160±220(4605±?)
3	T	SB12el	亭林中层(下)	陶片	4520±650
4	T	SB12e	亭林中层(下)	陶片	4500±390
5	T	SB12c1	亭林中层(下)	陶片	4390±430
6	T	SB12c	亭林中层(下)	陶片	4270±470
7	T	SB12a	亭林中层(下)	陶片	3910±280
8	T	SB12b	亭林中层(下)	陶片	3810±310
9	T	SBc1	亭林中层(上)	陶片	3780±330
10	T	SBc2	亭林中层(上)	陶片	3760±270
11	T	SBd	亭林中层(上)	陶片	3750±530
12	C	ZK255	亭林中层H2	木头	3455±105(3730±150)
13	C	BK95045	马桥Ⅱ T620(3F)	木炭	3340±65(3580±125)
14	C	BK94162	马桥Ⅰ T1203(3C)	木炭	3275±80(3500±150)
15	T	SBm2	马桥四层	陶片	3470±380
16	T	SBa2	亭林中层(上)	陶片	3350±260
17	T	查3	金山查山	陶片	3260
18	T	SBa1	亭林中层(上)	陶片	3230±510
19	T	SBm3	马桥四层	陶片	3140±460
20	C	ZK204	金山查山四层	木头	2960±90(3110±120)
21	T	SBm1	马桥四层	陶片	3030±480
22	T	SBa	亭林中层(上)	陶片	3020±240
23	T	SBc	亭林中层(上)	陶片	2950±430
24	T	查1	金山查山	陶片	2930
25	T	查2	金山查山	陶片	2890
26	AMS	BA94104	马桥Ⅰ H14	木炭	2690±160(2775±190)

C ^{14}C方法 T 热释光方法 AMS 加速器质谱^{14}C方法

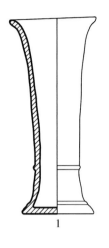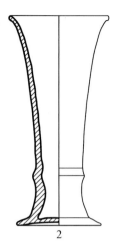

图一三　陶觚比较

1. 二里头文化　2. 马桥文化

马桥文化的部分陶器器形和装饰与二里头文化、商代前期文化、岳石文化、湖熟文化等相同或者相似，从而为不同文化的交叉比较、推定年代提供了依据。

在二里头文化和马桥文化中，觚都是比较常见的一类器物。二里头文化觚首先出现在二期，有的在下腹部有一周凸棱，近底部的弧曲比较大，明显外撇，形成比较大的平底[1]，这一点与马桥文化前期的觚非常相似，马桥文化前期细体觚，有的在下腹部也有一周凸棱（图一三）。二里头文化三期和四期的陶觚，近底部的弧曲度比较小，显得底部也比较小[2]。虽然马桥文化后期陶觚的年代未必与二里头三、四期相当，但是二者的演化轨迹基本相同。

二里头文化袋足盉、矮圈足的豆（形制相似者在马桥文化中称簋）、瓦足三足盘等的流行都是始于二期。二里头文化陶器上也有戳印或压印的纹饰，主要装饰在尊、罐、盆等的肩部和腹部，这虽然同马桥文化主要装饰在觯、豆、簋、器盖等类器物上有所不同，但二者的装饰技法相似，装饰母题都是云雷纹。二里头文化的这类装饰同样是在二期最为丰富。据此，可以认为马桥文化的上限与二里头文化的二期比较接近，距今约3900年。

马桥遗址1990年代的发掘新发现了之字形折线纹，装饰在觚、器盖、盆等泥质黑陶和灰陶上。用之字形折线纹装饰陶器、地理位置距离马桥文化又最近的是岳石文化（图一四）[3]。马桥遗址还新发现了圈足上有镂孔并带贴耳的豆，与在江苏丹徒团山遗址发现的湖熟文化早期遗存相同[4]。岳石文化和湖熟文化早期的年代相当于夏代和商

［1］　中国社会科学院考古研究所：《二里头陶器集粹》，中国社会科学出版社，1995年，第33、74、80、162号器。

［2］　《二里头陶器集粹》中的二里头三期，第228、260号器；二里头四期，第301、309号器。

［3］　中国社会科学院考古所山东队、烟台市文物管理委员会：《山东牟平照格庄遗址》，《考古学报》1986年4期。

［4］　团山考古队：《江苏丹徒赵家窑团山遗址》，《东南文化》1989年1期。

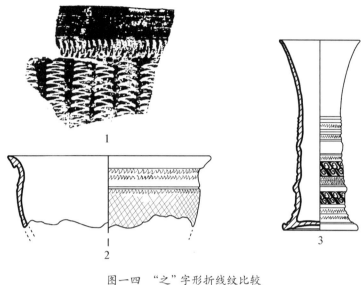

图一四　"之"字形折线纹比较
1. 岳石文化　2、3. 马桥文化

初。马桥遗址的这类豆集中出现在3段的两个灰坑中（Ⅱ H107和Ⅱ H149），因此3段的年代大致与商初相当。

根据相关文化的交叉比较，马桥遗址第1段和第2段的年代应相当于二里头文化的二期到四期，第3段和第4段相当于商代前期。

值得注意的是，马桥遗址的马桥文化遗存前期与后期只是这一文化的早、中两个阶段。需要对马桥文化的晚期阶段继续探讨，从而确定马桥文化的年代下限。

在马桥遗址1990年代发掘之前，研究者已对马桥文化早晚的区别进行过努力的探索。金山查山的马桥文化遗存有三个热释光年代测定数据，它们的加权平均年代为距今3030年。而同层的碳14年代经树轮校正后为3110±120年（ZK204）。用两种不同方法测定的年代很接近。查山遗址出一种高圈足外撇的鸭形壶，序列上属于晚出的形态，在马桥遗址基本不见。因此查山遗址的年代虽然不能同马桥遗址早晚衔接，但它的结束年代要比马桥遗址晚，查山遗址的部分遗存要晚于马桥遗址。金山亭林中层同马桥遗址相同，属于马桥文化的早中阶段[1]，亭林上层有一部分遗存介于马桥文化的早中阶段和后马桥文化之间，即属于马桥文化的晚期。

目前对马桥文化晚期知道的还很少，三足盘和鸭形壶是同早、中期连接比较紧密的两种器物。三足盘主要有三种不同的形制：瓦足、矮圆形足或椭圆形足、高足。瓦足三足盘在早期阶段比较常见。矮圆足或椭圆足三足盘，早期数量很少，中、晚期流行，中期以敞口和直口多见，比较流行矮圆足，晚期以直口或敛口多见，流行椭圆形或扁圆形足（图一五，1、3）。高三足盘中有一种是高扁足，中期流行扁足外撇，晚期流行足端外折（图

[1]　孙维昌：《上海市金山县查山和亭林遗址试掘》，《南方文物》1997年3期。

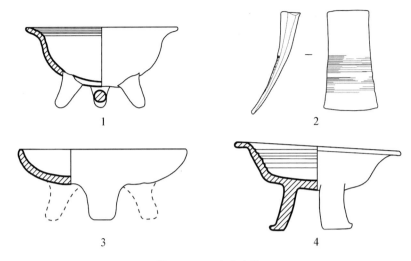

图一五　三足盘比较

1、2. 马桥文化中期(马桥)　3、4. 马桥文化晚期(亭林)

一五,2、4)。鸭形壶分圈足和圜底两种,圈足鸭形壶从早、中期的中矮圈足演变为晚期的高撇圈足,如查山遗址所出。另外鸭形壶在早期和中期,带把一侧凸出,似鸭尾,而晚期鸭形壶的"鸭尾巴"已不明显,称为带把的高颈壶更为合适。

关于马桥文化年代的下限,除了可以参考金山查山的热释光测年和碳14测年数据外,还可以联系到对后马桥文化的年代判断[1]。后马桥文化中含有类似于殷墟文化晚期的文化因素,例如刻划三角纹等,也包含中原地区和宁镇地区西周早期的文化因素,因此可将后马桥文化定在商末至西周早期。马桥文化的晚期阶段相当于殷墟文化早期,即商代后期的前一半。马桥文化的年代下限距今3200年左右。

综上所述,马桥文化一共延续了大约700年,可以分为三期:早期以马桥遗址的前期第1段和第2段为代表,相当于二里头文化的二期到四期;中期以马桥遗址的后期第3段和第4段为代表,相当于商代前期,这两期的资料比较丰富。晚期资料相对贫乏,尚缺乏典型遗存,在亭林、查山等遗址有所发现,年代相当于殷墟文化早期。马桥文化晚期与后马桥文化衔接。

原载高崇文、安田喜宪:《长江流域青铜文化研究》,科学出版社,2002年

---

[1]　宋建:《马桥文化的去向》,《中国考古学会第九次年会论文集(1993)》,文物出版社,1997年。

论马桥文化的时空结构

马桥文化遗物的发现，可以追溯到20世纪30年代，施昕更先生发现著名的良渚文化时，实际上也找到了马桥文化的遗物。以后在50年代和60年代发掘了钱山漾、水田畈、马桥等重要遗址，为研究工作积累了一批资料。但是这个时期的相关研究中存在两个误区：在年代上把它们看作是新石器时代文化；在文化属性上认为是湖熟文化的一部分[1]。这个错误认识一直持续到70年代末。

1977年召开的"长江下游新石器时代文化讨论会"上，苏秉琦先生作了重要演讲，第一次提出了后来称为"区系类型理论"的思想，为中国考古学研究奠定了坚实的理论基础。1978年是环太湖地区青铜时代文化研究史上很重要的一年，这一年发表了马桥遗址的发掘报告，随后召开了"南方印纹陶学术讨论会"。马桥遗址发现于1959年，1960年和1966年先后进行了两次发掘，发掘报告对马桥文化的认识有了突破性进展，虽然还没有提出马桥文化的命名，但是已经认为此类文化遗存的部分内涵与二里头文化和商文化有紧密的联系，属于青铜时代文化[2]。自此马桥文化开始受到学术界的重视，注意到它们具有鲜明的特性，明显区别于宁镇地区的湖熟文化，也不宜笼统称为印纹陶文化。"南方印纹陶学术讨论会"上，李伯谦将夏商周时期的太湖地区作为一个独立的文化区[3]。通过讨论，学术界达成共识：应该分区研究以印纹陶为特征的南方古文化，将宁镇地区（包括皖南地区）与太湖地区（包括杭州湾地区）分开。会上已有学者提出了"马桥文化"的命名[4]。嗣后提出的相关文化命名还有后良渚文化、马桥—肩头弄文化和"高祭台类型"等。

高祭台遗址位于浙江省淳安县进贤，1957年在建设新安江水库前，进行了清理发掘，发掘报告未正式发表。"高祭台类型"是指浙江境内包含有几何形印纹陶的古代遗存，属于青铜时代的文化遗存。"高祭台类型"包含了浙江境内的马桥文化，但是它所包含的内容比马桥文化多，包容的年代比马桥文化长，并不具备考古学文化的典型

[1] 尹焕章 张正祥：《对江苏太湖地区新石器文化的一些认识》，《考古》1962年3期。
[2] 上海市文物保管委员会：《上海马桥遗址第一、二次发掘》，《考古学报》1978年1期。
[3] 李伯谦：《我国南方几何印纹陶遗存的分区、分期及其有关问题》，《北京大学学报（哲学社会科学版）》1981年1期。
[4] 蒋赞初：《关于长江下游地区的几何印纹陶问题》，《文物集刊（第三集）》，文物出版社，1981年。

意义[1]。马桥遗址发现较早,文化遗存最丰富,具有典型性,因此我们支持马桥文化这一名称。

1978年以后又在苏浙沪三地发掘了多处含马桥文化的遗址,如青浦崧泽、苏州星火、嘉兴雀幕桥、嘉善大往、吴兴邱城,发掘面积最大、文化内涵最丰富的是90年代中叶发掘的闵行马桥遗址[2]。这些发掘为马桥文化的深入研究提供了一大批新鲜的资料。

本文着重于研究马桥文化的基本问题:时间与空间。时间指文化的编年。空间包含两个方面,一个是空间的自然属性,即遗址所在的地理环境和分布规律;另一个是空间的社会属性,即文化谱系的研究,包括文化因素及其来源的分析、相关文化之间的关系。

一、文 化 编 年

以往对环太湖地区青铜时代所作的文化分期,将马桥遗址第四层(60年代所划分)作为独立的一期,实际上就是指马桥文化或者是它的主要部分[3]。1987年发掘的江苏常熟钱底巷遗址含有比较单纯的晚于马桥文化的遗存,考虑到它们同马桥文化的密切关系,我在一篇论文中暂且使用了"后马桥文化"这个名称[4]。

1993～1995年,为了配合当地的建设工程,又一次大规模发掘了马桥遗址。这次发掘将马桥文化地层统一定为第三层,在遗址的大部分区域第三层的堆积比较厚,可以分为多个小层。在第三层还发现了不少遗迹,有灰坑、灰沟、水井、陶片堆和墓葬等,它们分别开口于第三层的不同小层下。这些地层叠压关系为马桥文化的文化编年提供了坚实的依据。现在马桥遗址的发掘资料正在全面整理之中,作为阶段性的研究成果,我们将该遗址的马桥文化陶器分为两期。马桥遗址的发掘简报已经指出,其第三层实际上只是相当于马桥文化的早中阶段,因此这两期分别属于整个马桥文化的早期和中期。

马桥文化早中期陶器中,有8种形态变化敏感程度比较高,演化轨迹比较清楚,它们是舌形足鼎、凹弧足鼎、浅盘细高柄豆、深盘粗柄豆、蘑菇头捉手器盖、圈状捉手器盖、粗体觚和细体觚。

舌形足鼎,几乎都是灰黄色夹砂陶,胎质比较疏松,器表满布粗砂粒脱落之后留下的凹坑,多数饰横绳纹,少数饰斜绳纹。采用泥条盘筑法成形,口沿以慢轮法修整,口沿面上都有轮旋时留下的弦纹,舌形足单独制作,然后粘贴于腹侧底。早期的舌形足鼎多为垂鼓腹,腹径大于口径;中期者多为垂腹,腹径一般小于口径,或略等于口径(图一,1、6)。

[1] 宋建:《马桥文化二题》,《上海博物馆集刊(第七期)》,上海书画出版社,1996年。
[2] 上海市文物管理委员会:《上海市闵行区马桥遗址1993～1995年发掘报告》,《考古学报》1997年2期。
[3] 黄宣佩、孙维昌:《略论太湖地区几何印纹陶遗存的分期》,《上海博物馆集刊(第一期)》,上海人民出版社,1981年。
[4] 宋建:《马桥文化的去向》,《中国考古学会第九次年会论文集》,文物出版社,1997年。

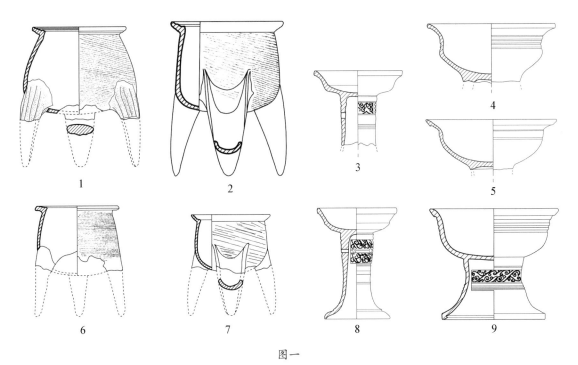

图一

1、6. 舌形足鼎（ⅡT821③F：16，ⅠTD：20）　2、7. 凹弧足鼎（ⅡT624③C：6，ⅡTD101：11）

3、8. 浅盘细高柄盘豆（ⅡH148，ⅡT725③B：7）

4、5、9. 深盘粗柄豆（ⅡT918③F：23，ⅡT919③F，ⅡT1021③B：3）

（以上均出自马桥）

　　凹弧足鼎，几乎都是红色或橘红色夹砂陶，胎质比较软，气孔多而大，以饰斜绳纹比较常见，不见横绳纹。鼎身、鼎足分制，鼎身泥条盘筑，鼎足手制，凹弧面朝外。早期的凹弧足鼎，鼎身下部外鼓，腹径大于口径；中期的鼎腹比较直，腹径一般小于口径（图一，2、7）。

　　浅盘细高柄豆，大多数为泥质灰陶，轮制，豆柄上有多道弦纹，柄上部常以云雷纹装饰一周。豆盘均为敞口，早期的豆盘略向内凹弧，豆柄比较直，上下粗细基本相等；中期的豆盘比较直，豆柄下部比上部略细（图一，3、8）。

　　深盘粗柄豆，多数是泥质灰陶，也有泥质黑陶，轮制，器形比较规整，弦纹很普遍，豆柄上或饰以云雷纹。早期的豆盘常见有两种形制，一种是敞口下微显束颈，斜收腹，另一种不显束颈，腹壁斜收，微向外弧；中期的豆盘丰满圆鼓（图一，4、5、9）。

　　蘑菇形捉手器盖，泥质黑陶或泥质灰陶，轮制，质地致密，器形比较规整，捉手形似蘑菇，子口，盖身一周常饰云雷纹。早期者，盖顶与近子口处弧线连接流畅；中期者，盖面圆鼓，与子口连接处起凸脊（图二，1、5）。

　　圈状捉手器盖，陶质、制法和装饰与蘑菇形捉手器盖相同，捉手为圈状、敞口。早期者，捉手比较矮，盖顶比较平，盖身较外鼓；中期者，捉手比较高，盖身不明显外鼓，盖身周围有一凸阶（图二，2、6）。

　　觚，泥质黑陶比较多，也有泥质灰陶，轮制，器形相当规整，据形体特征分为粗体和

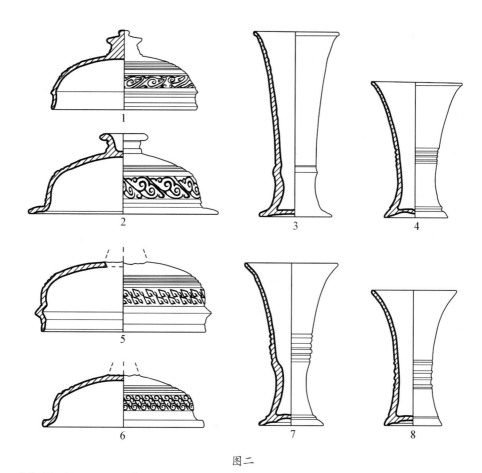

图二

1、5. 蘑菇形捉手器盖（ⅡT522③F：17，ⅡT922③B：7）　2、6. 圈状捉手器盖（ⅡT1020③D：7，ⅡT825③B：6）

3、7. 细体觚（ⅡT1032③D：8，ⅡT1031③B2：6）　4、8. 粗体觚（ⅡT720③E：8，ⅡT1132③B：7）

（以上均出自马桥）

细体两大类。粗体，形体粗矮，早期者，器身曲率比较大，近底处外撇，器底显得比较大；中期者，器身曲率比较小，近底部稍向外撇，器底相应比较小。细体觚，形体细高，变化规律与粗体相同。早期者，近底部外撇更明显，形成折棱、大底；中期没有折棱，底比较小（图二，3、4、7、8）。

上面所分的马桥文化中期遗存尚不能与后马桥文化直接衔接，有必要继续区分出马桥文化的晚期内涵。

在马桥遗址1993～1995年度发掘之前，研究者已对马桥文化早晚的区别进行过努力的探索。例如，金山查山的马桥文化遗存有三个热释光年代测定数据，它们的加权平均年代为距今3030年。而同层的碳14年代经树轮校正后为3110±120年（ZK204）。用两种不同方法测定的年代很接近，因此一般认为查山遗址的马桥文化要晚于马桥遗址。60年代马桥遗址发掘的报告上有圜底鸭形壶，而查山遗址出高圈足鸭形壶[1]，因此我曾

---

[1]　孙维昌：《上海市金山县查山和亭林遗址试掘》，《南方文物》1997年3期。

推测这两种鸭形壶可能有早晚演变关系。1993～1995年马桥遗址的发掘,发现了很多圈足鸭形壶。因此圜底与圈足两种鸭形壶是并行发展的关系。但是马桥文化绝大多数鸭形壶的圈足都比较矮,像查山那样的高圈足很少见到,而高圈足外撇很大者尤为罕见。这就提示,查山遗址虽然不是与马桥遗址相互衔接,但它的结束年代要比马桥遗址晚,也就是说,查山遗址的部分遗存可以看作是马桥文化的晚期阶段,它的年代测定数据仍然可以作为参考。

金山亭林中层属于马桥文化,有的学者认为,在这一层中,上部和下部陶罐的器形存在差异,上部出高卷唇、高颈的罐和器形瘦长的壶,下部则以折唇、矮胖的罐和壶为主[1]。这种推测在马桥遗址新的发掘资料中还不能得到可靠的支持。根据最近发表的亭林遗址试掘报告,可以确认其中层亦为马桥文化早中阶段[2]。亭林上层有一部分遗存介于马桥文化的早中阶段和后马桥文化之间,即属于马桥文化的晚期。

可以将马桥文化早中期和晚期连接起来的是三足盘和鸭形壶。马桥文化的三足盘主要有三种不同的形制:矮瓦足、矮圆足或椭圆形足、高足。其中,矮瓦足三足盘在早期比较常见。矮圆足和椭圆足三足盘,早期罕见,中、晚期流行,中期以敞口多见,比较流行矮圆足,晚期以直口或敛口多见,流行椭圆形或扁圆形足(图三,2、5)。高三足盘中有一种是高扁足,中期流行扁足外撇,晚期流行足端外折(图三,3、6)。在鸭形壶中,查山出土的圈足鸭形壶提供了器形演变的可能,但是没有直接的地层依据。亭林上层的

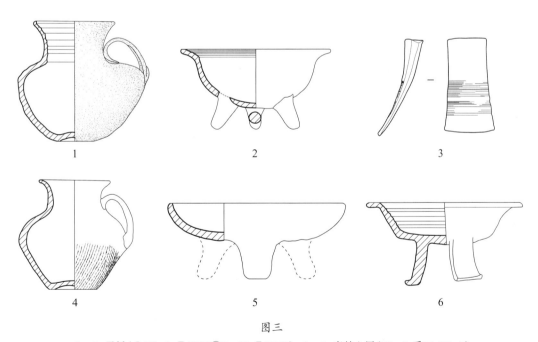

图三

1～3. 马桥(ⅠH9:1,ⅡT818③B:27,ⅡH212)　4～6. 亭林上层(H1:2,采11,T2:1)

---

[1]　黄宣佩、孙维昌:《上海地区几何印纹陶遗存的分期》,《文物集刊(第三集)》,文物出版社,1981年。
[2]　孙维昌:《上海市金山县查山和亭林遗址试掘》,《南方文物》1997年3期。

鸭形壶,鸭尾巴已明显退化,更像是带把的高颈壶,而早期和中期的鸭形壶,带把一侧凸出,似鸭尾,这种变化在圈足和圜底两种鸭形壶上都比较明显。因此,鸭形壶由比较像鸭形到不像是它的演化轨迹(图三,1、4)。

综上所述,马桥文化目前可以分为三期,早期和中期以马桥遗址为代表,资料比较丰富,晚期资料则相对贫乏。马桥文化晚期与后马桥文化衔接。

马桥文化的年代,地层学证据表明它晚于分布于同一地区的良渚文化,如金山亭林和闵行马桥的马桥文化地层都叠压在良渚文化第四期(最后一期)之上。另外还采用不同方法做了马桥文化测年。有几个热释光测年和AMS测年数据明显偏早,甚至超过了距今4500年。即使将金山亭林中层(下)的6个热释光测年数据作加权平均,仍为4110±150年,而良渚文化的下层为距今4000年左右,因此这个加权平均数据仍然偏早。不过,碳14测年和大部分热释光测年数据都落在公元前第二千纪的范围内,它们是判定马桥文化真实年代的参考。

马桥文化的部分陶器器形和装饰同二里头文化和商代前期文化相同或相似,从而为不同文化的交叉比较、推定年代提供了依据。

在二里头文化和马桥文化中,觚都是比较常见的一类器物。二里头文化觚首先出现在二期,泥质灰陶,没有明显的粗体和细体的区分,形态似介于马桥文化的粗体和细体之间,下腹部或有一周凸棱,近底部明显外撇,形成比较大的平底,这一点与马桥文化早期的觚非常相似。马桥文化早期细体觚,有的在下腹部也有一周凸棱。

二里头文化袋足盉、矮圈足的豆(形制相似者在马桥文化中称簋)、三足盘等的流行都是始于二期。二里头文化陶器上也有戳印或压印的纹饰,主要装饰在尊、罐、盆等的肩部和腹部,这虽然同马桥文化主要装饰在觯、豆、器盖等类器物上有所不同,但二者的装饰技法相似,装饰母题都是云雷纹。二里头文化的这类装饰同样是在二期最为丰富。据此,可以认为马桥文化的上限与二里头文化的二期比较接近,距今约3900年。

关于马桥文化年代的下限,除了可以参考金山查山的热释光测年和碳14测年数据外,还可以联系到对后马桥文化的年代判断。后马桥文化含有类似于殷墟文化晚期的文化因素,例如刻划三角纹等,也包含中原地区和宁镇地区西周早期的文化因素,因此我将后马桥文化定在商末至西周早期。这样可以把马桥文化的下限定在殷墟文化早期,即距今3200年左右。马桥文化延续了大约700年。

二、地理环境和遗址的分布规律

马桥文化分布的中心是杭州湾以北的环太湖地区,这里是长江三角洲的江南部分,是一个独立的地理单元。它南临杭州湾,东濒海,西为茅山山地和天目山地。环太湖地区的自然地理具有明显的特征,以太湖为中心,地形呈中部低洼周围稍高的碟形,绝大多数区域属平原地貌,海拔高度平均仅4至6米,而洼地中心高出平均海平面仅仅2至4

米。少数突出的孤立山冈主要分布在无锡、苏州境内,海拔高程300米左右。

　　在太湖周围地区发现的马桥文化遗址,东部和东南有闵行马桥、嘉兴雀幕桥;南部有钱山漾;北部和东北部有无锡许巷和苏州横塘星火;南部和西南部有长兴上莘桥和安吉王母山等(图四)。在杭州湾以南的宁绍平原也发现了属于马桥文化的器物,见之

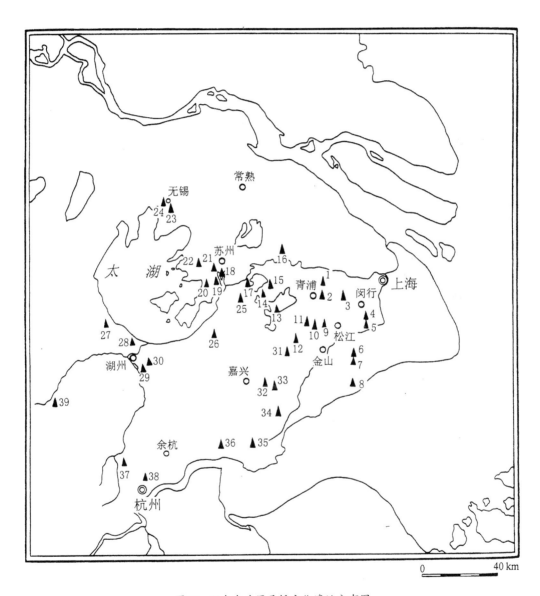

图四　环太湖地区马桥文化遗址分布图

1. 福泉山　2. 崧泽　3. 刘夏　4. 马桥　5. 董家村　6. 亭林　7. 招贤浜　8. 查山　9. 姚家圈　10. 汤庙村
11. 㴇塔　12. 金山坟　13. 淀山湖　14. 昆山太史淀　15. 昆山陈墓镇　16. 昆山墓庄　17. 吴县澄湖
18. 吴县张墓村　19. 吴县徐巷　20. 吴县郭新河　21. 吴县高景山　22. 苏州星火　23. 无锡许巷
24. 无锡仙蠡墩　25. 吴江九里湖　26. 吴江龙南　27. 长兴上莘桥　28. 吴兴丘城　29. 吴兴钱山漾
30. 吴兴莫蓉(花城)　31. 嘉善大往　32. 嘉兴雀幕桥　33. 嘉兴(姚)墩　34. 嘉兴新篁
35. 海宁三官墩　36. 海宁达泽庙　37. 杭州水田畈　38. 余杭长明桥　39. 安吉王母山

于鄞县百梁桥、钱岙和宁波八字桥等地,这个地区也是马桥文化的分布范围。但是从象山塔山比较完整的发掘资料看,一种侧装扁形足的鼎不见于环太湖地区的马桥文化遗存,锥形足鼎的器身也有异于环太湖地区,又不见舌形足[1]。杭州湾以南地区和环太湖地区应该有类型的差异。在太湖西北地区还没有发现典型的马桥文化遗存。夏商时期分布于宁镇地区的是点将台文化和湖熟文化。点将台文化的东界大致北起镇江周围地区,南至高淳县的固城湖地区。湖熟文化的西、北缘比点将台文化扩大,而其东缘与点将台文化相差无几。甚至到了周代,所谓"吴文化"的分布东缘仍然在漏湖以西[2]。马桥文化和点将台文化、湖熟文化之间有一块文化分布的模糊地区。太湖以北地区和杭州湾的北岸,马桥文化遗址也比较贫乏。根据地理学家的研究,杭州湾北岸地区在全新世以来受海水影响十分强烈,从贝壳砂堤的后缘往西发育了大片海湾—泻湖环境[3]。这样的自然环境必然会使人类的定居与生存发生困难。在上海地区,砂堤沉积区以西是大片的泻湖沉积区,该地区3000年前遗址的分布受到环境的强烈制约[4]。因此,对于马桥遗址分布贫乏或者模糊的地区,除了要加强考古调查工作,更应该注重古环境研究,注重环境变迁与人类生存的相互关系。

环太湖地区马桥文化遗址的现代地貌有很大的差别,大致可以区分为四种不同的地貌形态:坡地型、台墩型、平原型和湖泊型。

坡地遗址,一般分布在山坡东南方向的坡地上或山脚下,朝阳。由于长年的流水冲刷等侵蚀作用,多数遗址的文化堆积已遭受不同程度的破坏,文化遗物暴露于地表,或者在表土层下就是马桥文化层。坡地遗址以金山查山比较典型。

台墩遗址,是突出于地表一定高度的台墩,近旁有河流或湖泊。马桥文化层埋藏在表土或晚期地层下,如浙江海宁达泽庙和青浦金山坟遗址[5]。

平原遗址,表面为平地,文化层埋藏在地下,大多数遗址在地面上看不到任何迹象,只是在开河挖坑时,暴露出文化遗物和文化层。平地遗址以马桥遗址最具代表性。

湖泊遗址,被淹没在湖泊中,在人工围筑鱼塘、围垦耕地时,因排干湖水,从湖底露出古代遗迹、遗物,如水井、灰坑、柱洞等,有时在捕捞作业时捞出古代遗物。太湖东部的吴江九里湖、昆山太史淀和青浦淀山湖都是这类遗址。另外还有一类半湖泊型的遗址,文化遗存的一部分或绝大部分被淹没,例如吴县澄湖和吴兴钱山漾[6]。

上述四种地貌形态的遗址,以台墩型和平原型最多,山坡型较少。这应该与环太湖

[1]　浙江省文物考古研究所、象山县文物管理委员会:《象山县塔山遗址第一、二期发掘》,《浙江省文物考古研究所学刊》,长征出版社,1997年。

[2]　张敏:《宁镇地区青铜文化谱系与族属的研究》,《南京博物院建院60周年纪念文集》,南京博物院,1993年。

[3]　陈中原等:《太湖地区环境考古》,《地理学报》1997年2期。

[4]　李金安、严钦尚:《上海地区全新世中晚期沉积环境的演变》,《长江三角洲现代沉积研究》,华东师范大学出版社,1987年;宋建:《马桥文化二题》,《上海博物馆集刊(第七期)》,上海书画出版社,1996年。

[5]　浙江省文物考古研究所、海宁市博物馆:《海宁达泽庙遗址的发掘》,《浙江省文物考古研究所学刊》,长征出版社,1997年;上海市文物管理委员会:《上海青浦县金山坟遗址试掘》,《考古》1989年7期。

[6]　南京博物院、吴县文管会:《江苏吴县澄湖古井群的发掘》,《文物资料丛刊(第九集)》,文物出版社,1985年;浙江省文物管理委员会:《吴兴钱山漾遗址第一、二次发掘报告》,《考古学报》1960年2期。

地区主要属于平原地貌有关。

遗址的现代地貌同它的原始地貌既有某种联系，又不完全相同。遗址的现代地貌是几千年来人类行为和自然因素对其原始地貌多重作用的结果。各类不同现代地貌的遗址，其形成时期的原始地貌可能相同，现代地貌相同的遗址，原始地貌未必一样。在遗址的形成和使用阶段，人类的生产活动和生活行为会改变遗址的地貌。例如，建造台基式建筑必须从其他地方搬运物质来垫高地面；普通建筑废弃之后，原有的建筑材料、设施和日用物件被埋藏在原地，二者都使局部地形隆起。反之，开挖壕沟、取土又会使局部地形凹陷。不过从总体上看，人类的行为是在抬高他们聚居处的地面。当某一时期的遗址废弃后，可能会有新的人群迁入此地定居下来，他们又开始了新一轮的堆积和侵蚀活动，这也会改变那一特定时期遗址的地貌形态。另一方面，自然因素也在影响地貌形态，使之发生变化。海潮、风暴、江河会带来沉积物质，使遗址所在的低洼地被逐渐填平，或者使地面逐渐加高。自然的堆积力量有时是非常惊人的，可使人类文化遗存被埋藏在很深的地下。自然力在不同的条件下也会形成完全相反的结果。例如江湖之水对滨岸或近岸遗址的冲刷，会严重侵蚀、破坏文化遗存。而在有些地区，风暴又会带走覆盖在古代文化遗存上的砂土，使它们再现。

遗址所在地貌的变化，反映了在人类和自然行为的双重作用下，遗址的堆积和侵蚀过程。分析这个过程，可以解释具有不同现代地貌的遗址的形成基础和原因。从分析遗址的原始地貌来解释人类活动与自然环境的关系。对于相同现代地貌的遗址，如果文化方面存在差异，除了探讨形成差异的社会原因外，还不妨换一个角度，从原始环境上去寻找原因，以此来揭示人类行为对自然环境的影响、自然环境对人类行为的制约。

马桥文化的坡地型遗址不多见，查山遗址比较典型，分布在东面山坡上下。坡地型遗址的地貌变化比较微弱，原始地貌即为略显平缓的坡地，文化遗存堆积其上。顺坡而下的流水是坡地型遗址最主要的自然侵蚀力，它对浅地表的文化遗存构成破坏作用，经常会将古代文化遗存暴露于地面。但是如果没有大的人为作用，这种侵蚀对总的地貌形态影响并不大。

台墩型遗址的地貌变化比坡地型复杂。研究者在论及台墩型遗址时，一般都要强调人类为了避开水害而选择高地居住，然而有时却只注意到遗址的现代地貌而忽略了遗址的原始地貌以及复杂的堆积过程。实际上在研究一个特定时期的文化现象时，首先必须了解各相关因素之间的相互联系，这里就是文化遗存和土墩的联系。太湖地区包含马桥文化的土墩型遗址，至少有两种不同的情况。一种是马桥遗址建筑在早期文化的土墩遗存之上，比较常见的是在良渚文化的土冢上，如海宁达泽庙遗址。该遗址土墩高2.5米，马桥文化层下是良渚文化时期人工堆筑的高台土冢，良渚土墩分两次堆成，填土中虽然有崧泽文化陶片，但是未见原生堆积，应是良渚时期人们从附近的崧泽文化遗址取土搬运过来的二次堆积。马桥文化时期，人们选择了这个高地居住。这种情况可以称为马桥人的择高而居。另一种情况恰恰相反，堆高土墩是不同时期包括晚于马桥文化时期的人类行为，例如青浦金山坟遗址。该遗址分布范围大约为40000平方米。

遗址中心保留一台墩,原形已不清楚,现存者为不规则形,东西65米,南北15～20米,高约2米。在墩上发掘的第5号探方剖面地层表明,自墩顶至深1米左右是晚期遗存,其下的商周文化层厚达84～122厘米,此层上部为商末至周代文化,下部是马桥文化。这就是说,现金山坟墩高2米的大部分堆积是马桥文化以后形成的。因此,不能仅仅依据台墩现存高度来断定马桥文化人类对居地的选择行为。

环太湖地区的平原型遗址地貌变化最为复杂,原始地貌和现代地貌常常有很大的差别。有的平原型遗址中马桥文化遗存的分布也会有明显的不同。闵行马桥和青浦崧泽遗址是一对典型的对比。

马桥遗址的现代地貌是非常典型的平地,地表平坦,海拔高度4.1米。但是,遗址的原始地貌同现代地貌完全不同,马桥文化以来的几千年,地貌形态发生了很大的变化。马桥遗址坐落在一道古称竹冈的贝壳砂堤之上,这道砂堤形成于大约5500年前。砂堤呈弓背状,东西宽约几十米,地势比较高,是遗址分布的中轴线。砂堤的东西两侧逐渐向下倾斜,东部向海滩延伸,西部为低洼的湖沼区域。马桥遗址最早的文化遗存是崧泽—良渚文化的过渡阶段,以后的一千多年成为良渚文化先民的居地。因人为因素和自然堆积的作用,至马桥文化时期,砂堤之上与两侧的地面坡度减小,马桥文化的先民开始在这里定居。为了适应这种特殊的砂堤地貌,马桥遗址的分布呈宽带状,东西窄,南北很长,遗址的走向与砂堤完全相同,形成了比较少见的遗址分布格局。以后,因各种复杂因素造成的堆积和侵蚀作用,原始的砂堤地貌才变成了现代的平原地貌。马桥遗址所处的冈身地区地势高亢,是整个环太湖地区除山地外海拔高程最高的地区,因此遗址分布面积最大,文化遗存的延续时间相当长,而且非常丰富。

形成对照的另一处平原型遗址是崧泽遗址。该遗址马桥文化的分布范围相当分散,前后几次规模较大的发掘都没有发现马桥文化遗存。只是1987年冬的发掘,在崧泽墓地中心西南200余米处发现了马桥文化遗存,文化层很薄,厚度仅有20厘米,遗物也不多。在相距仅20米的另一个探方就未见马桥文化地层[1]。可以看出,崧泽遗址的马桥文化居住址延续时间不长,规模比较小。我们在崧泽遗址进行钻探,发现遗址的原始地貌比较复杂,分布着不少湖沼相的沉积。这样的地貌环境限制了马桥文化的居住环境,先民分散居住,有时还要随着水域的变化而时常搬迁。

湖泊型遗址的原始地貌大多数应该属于平原型,根据一些半湖泊型遗址的现存状况判断,它们原来多为傍湖的平原遗址。吴县澄湖和吴兴钱山漾就是其中的两处。

澄湖遗址发现于70年代澄湖西岸围湖造田时。当时在几个湖湾处筑坝,抽干坝内湖水后,湖底暴露出大批各时期的水井,根据发表材料,有两座水井可以确认属马桥文化,报告未指明具体位置,因是围湖造田,距离湖岸不会太远。另有一座马桥文化水井在湖岸边,井口距地表约1米,井自深1.7米,打破原生土的部分为1.25米,原生土上是文化层,厚度应该是0.45米,该文化层的内涵,原报告未作说明。从残留的三口水井看,澄

---

[1]　上海市文物管理委员会:《1987年上海青浦县崧泽遗址的发掘》,《考古》1992年3期。

湖遗址的马桥文化遗存应该是处村落,附近有湖泊,因湖泊位置的变化,越来越靠近遗址,在拍岸湖浪的作用下,遗址的文化堆积逐渐坍塌,沉没于湖底。水井因为埋得比较深,所以它的下半部能完好地保存于湖底。

钱山漾也是一个湖泊,遗址就在此漾东南。湖泊东西宽约1公里,南北长约3公里,是东苕溪的一段。1956年考古调查时,在干枯的湖滩上采获了大量的文化遗物。在岸旁的遗址剩余部分还保留了比较完好的文化堆积,含良渚文化和马桥文化两个时期,因此有条件进行了相当规模的发掘。根据钱山漾遗址所处位置,遭受侵蚀应在冬春季节西北风肆虐时最为严重,拍岸浪猛击东南方的遗址,文化遗存逐渐塌陷水中,部分质量比较大的遗物如石器、陶片等遗留在原地,被水淹没,待枯水季节,它们又暴露于地表。

湖泊型和半湖泊型遗址的形成,除了拍岸水浪作用外,还同它们的地理位置有关。多数此类遗址距太湖不远,地处太湖之水向外宣泄的通道地区。太湖是碟形洼地的中心,越是靠近太湖,地势越低,向东渐高。这样特殊的地形,致使邻近太湖的地区极易遭受水患。另一方面,近几千年来的海平面呈上升趋势,致使环太湖地区的地下水位作相应抬升。因此也不能排除由于水域的变迁导致遗址淹没于湖泊中的可能性。

三、文 化 谱 系

马桥文化中存在多元文化因素及其渊源,不同来源文化因素的交互作用也比较复杂。我曾将马桥文化各因素分为三群,对三群的特征作了归纳,探讨了各自的来源[1]。随着马桥文化和相关文化的资料积累和增加,有必要进一步细化乃至更正以往的认识。

马桥文化的多元性特别突出地表现在泥质陶上。根据陶色,泥质陶可以分成红褐陶、黑陶和灰陶。泥质黑陶中,大部分是器表黑而内胎为灰白色或灰黄色,也有一部分为外表黑,内夹两层灰色和一层黑色,形成灰、黑相间的“五夹层”。这类陶器的烧制工艺相当复杂,在窑内经过多次还原与渗碳处理。而真正胎表纯黑的陶器极其罕见。泥质灰陶中,一部分是胎表纯灰,另一部分的烧制工艺与黑陶相近,只是在还原和渗碳的次数和时间先后上存在差别,表现为器表灰,内胎仍为黑色,同那些“五夹层”的黑陶相比,没有内外层表的黑衣,成为“三夹层”。这部分泥质灰陶和黑陶的制法、器类、装饰技法与纹饰几乎完全相同,在文化谱系方面亦具相似性,因此合并简称为黑灰陶。

泥质黑灰陶除了个别三足器外,基本采用轮制方法制作。有些器类采用了分制再黏合的方法,例如簋和豆,器身和圈足分别制作;一部分鬶,筒身和器底分别制作。器类分食器和酒器两大类,前者以圈足器居多,后者主要是平底器或平底稍凹。食器以豆与簋为大宗,豆的器形变化比较多,有浅盘细高柄、浅盘粗高柄、深盘等不同的形态。酒器主要是鬶和甗,盉很少见。鬶是马桥文化特有的器物,有多种不同的器形,富于变化。

［1］　宋建:《马桥文化探源》,《东南文化》1988年1期。

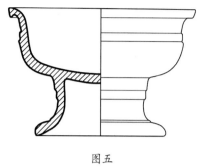

图五
陶簋与阶状弦纹（马桥Ⅰ T1108③B∶4）

装饰方面，绝大多数陶器上饰弦纹，有凹弦纹，也有凸弦纹。还有些弦纹，其上稍内收，为窄阶状，一般在簋的腹部，也有弦纹下稍内收，多在簋的圈足上，恰与簋腹相反而对称（图五）。变化多端的云雷纹是这类陶器上最有特点的装饰，有的规整，有的飘逸。有趣的是，有的云雷纹只装饰在某种特定形态的器类上，反映了制陶业内部的分工和专业化。弦纹是伴随着轮制而来的装饰技法，云雷纹则采用纹饰模进行压印或戳印。

马桥文化和良渚文化的主要分布区域相同，年代上的缺环也不太大。因此马桥文化的黑灰陶器同良渚文化的关系比较密切。主要表现在二者的色质相同、采用轮制技术、圈足器和平底器为主、弦纹常见等方面。在陶器形态方面也表现了一定程度的相似性。

马桥文化陶觯的时代特征和地域特征都很强烈，它绝不见于良渚文化。良渚文化酒器有双鼻壶，它可能与陶觯有某种联系。双鼻壶的发展轨迹之一是腹部从圆鼓丰满到逐渐退化，第六段时腹部已经很扁。马桥文化的觯腹下部多有凸出，凸出部分的下面看上去像是圈足，实际上为假圈足。而假圈足恰好也是良渚文化晚期双鼻壶的一种分化形态。觯腹下部的凸出部分可以看作是双鼻壶扁腹的进一步发展（图六）。因此不妨将良渚文化双鼻壶看作是马桥文化一种新器形诞生之前的雏形。

泥质黑灰陶盛行压印或戳印云雷纹。虽然云雷纹在良渚文化玉器和陶器上都已出现，但是它们都是运用刻划技法。二者的形式基本相同，制作技术却分别属于两种不同的传统。

马桥文化黑灰陶中的部分因素是本地文化的延续和发展，而那些发生了明显变化的文化因素还要放到更大的空间进行对比研究。

马桥遗址第一、二次发掘报告就已经指出，部分遗物"与河南偃师二里头、郑州二里冈的商代早中期文化有着紧密的联系"，这实际上是指夏代和商代前期。马桥文化与夏

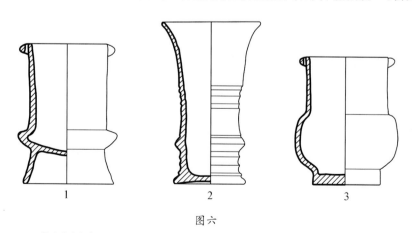

1   2   3

图六

1. 双鼻壶（千金角M3∶6） 2. 觯（马桥Ⅱ T1021③E∶5） 3. 双鼻壶（亭林T4M12∶6）

商文化相似的文化因素有盉、鬶、三足盘、觚和各类戳印花纹等。

　　盉与鬶是二里头文化比较常见的酒器。盉的管状流朝上，俗称"冲天流"，整个形体比较粗壮，袋足也比较肥硕，鬶的形体略显修长，袋足较瘦，槽状流。另有一种介于二者之间的带流器，整体似鬶，但在一侧有斜装的细管状流。马桥文化的盉偶尔见之，泥质灰陶，形体较瘦，似二里头文化之鬶，只是束腰更为明显（图七）。

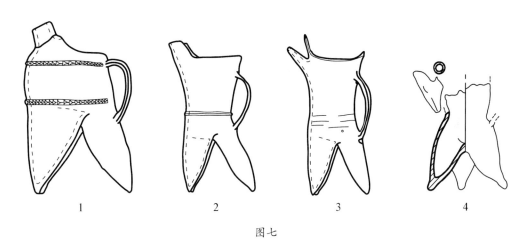

图七

1～3. 二里头文化（82YLⅨM20∶9，87YLⅥM49∶2，85YL，Ⅵ M7∶1）　4. 马桥文化（马桥A1∶12）

　　二里头文化的三足盘，偏早的盘腹比较深，偏晚的盘腹比较浅，足的形制富于变化，有瓦足、舌形足、C形足等不同的形态。形似二里头文化的三足盘，在马桥文化不能算常见器，其盘腹很浅，均为瓦足。

　　觚是二里头文化和马桥文化最有共性的器物，不仅表现在数量都比较多，而且在演变轨迹方面都有相近的趋势。不过，看起来似乎马桥文化的觚更有特色，从早期开始，粗体、细体即已分化。而二里头文化觚，总的说来偏早者细高，偏晚者较矮（图八，2、3）。中原地区粗体和细体觚的分化，在商文化前期的铜觚上才有明显的表现。

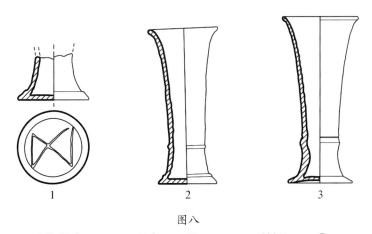

图八

1. 周邺墩采∶027　2. 二里头84YLⅣM72∶3　3. 马桥Ⅱ T1032③D∶8

戳印和压印的纹饰也是二里头文化和马桥文化都有的一种装饰技法,而且都以变化多端的云雷纹作为主要的装饰。但是二里头文化戳印纹饰并不很普遍,比较集中出现在二期陶器上,纹饰载体主要是尊、罐类,装饰部位是肩部和腹部。马桥文化的戳印纹饰在早期、中期都很常见,纹饰载体几乎均属泥质黑灰陶,最常见的器类载体有觯、豆、器盖、簋、瓿等。

上述几项互见于二里头文化和马桥文化的因素,有的学者认为是二里头文化向外传播,发生在二里头文化第二期偏晚的时候,"二里头文化居民因为某种强大的作用力,而大规模远距离迁徙"。并将这种传播与某些传说记载联系起来[1]。另有学者对"二里头印纹技术由南方传入"的看法提出疑问,因为二里头印纹最丰富的时间是在二期,而"南方印纹陶的兴盛是在此之后,即约相当二里冈期上层时期"[2]。

实际上,二里头文化的三足盘的来源比较清楚,源于豫东鲁西的龙山文化,是二里头文化中所包含的东方文化因素之一[3]。

盉在马桥文化中罕见。虽然良渚文化中已有鬶的存在,但是形体差异太大,并非传承关系,因此盉应该另有来源。二里头文化盉、鬶数量较多,特色鲜明,演变脉络清楚,自成序列,因此可以看作是马桥文化盉的来源。

马桥文化的主要酒器是觯,数量多,种类复杂多变,富于变化。相比较而言,瓿的数量比较少,除了少数异体者外,其主要部分是细体和粗体两类。马桥文化中期以后陶瓿似已绝迹。二里头文化陶瓿与陶爵是并行发展、同等重要的两种酒器,一直发展到商代末年才衰退消亡,它们始终是中原夏、商文化典型器皿的主流。从这个意义上说,马桥文化的瓿只是酒器发展中的一个支流,因受到中原文化影响而产生也是可能的。但是在另一方面,马桥文化陶瓿,较早就形成了细体和粗体两个系列,而在中原地区,商代前期的铜瓿才有明显区分,铜瓿粗、细体的差异一直延续到殷商文化晚期。在陶瓿这一器物上,具体显示了中原、太湖两大文化体系的交互作用与影响。

鸭形壶也是中原地区接受南方文化影响的因素之一。鸭形壶不是二里头文化的典型器,十分罕见,发表资料中见有一件,三矮足。而鸭形壶是马桥文化的常见器皿,数量多、变化大,主要分圜底和圈足两大类,尚未见到三足鸭形壶。只是泥质黑灰陶的鸭形壶极为少见,绝大多数属于红褐陶系。

关于马桥文化戳印与压印纹饰,曾先要澄清的问题是它们的年代,在马桥文化的早期和中期,此类装饰技法与纹样非常丰富而盛行,它们在泥质黑灰陶中占有极其重要的位置。认为马桥文化印纹晚于二里头文化,从而完全否认该项技术由南方传入的可能性,是不准确的。如果进一步比较云雷印纹在两地陶器上流行的时间和程度,我们至少可以说,环太湖地区是这类技法、纹样的重要渊源地区。

总之,二里头文化、早商文化和马桥文化共有的部分文化因素,并非只有单向传播

［1］　杜金鹏:《夏商文化断代新探》,《中原文物》1993年1期。
［2］　郑光:《二里头陶器文化略论(代前言)》,《二里头陶器集粹》,中国社会科学出版社,1995年。
［3］　宋建:《嵩山地区与太湖地区文明进程的比较研究》,《上海博物馆集刊(第六期)》,上海古籍出版社,1992年。

的一种可能,也存在两地的独立发展和双向的交互作用。

马桥文化的泥质黑灰陶上还表现出与黄河下游的岳石文化相似的文化因素。在以往的研究中,我已经提到过岳石文化多种器物上都有很明显的凸脊,而马桥文化中有个别器物也带有这种风格[1]。90年代的发掘,我们又在马桥文化中发现了之字形折线纹,不太流行,仅作觯、盆、器盖等类器物的辅助性装饰(图九)。之字形折线纹不是环太湖地区的装饰传统,却在东北地区的新石器时代文化中比较流行[2]。以之字形折线纹装饰陶器,与马桥文化时间和空间上最接近的是岳石文化。但是在岳石文化中,它也不是典型装饰。据对泗水尹家城遗址陶器纹饰的统计,仅在晚期三段单位发现了一件之字纹,占该段总数的0.04%[3]。牟平照格庄遗址发现的之字纹也很少[4]。岳石文化称之为尊的器物有两种形态,一种是平底,另一种是圈足,都以凸脊、子口为特征。形制近似者,马桥文化称簋,过去发现过平底的,90年代又新发现了圈足子口簋,有的有明显凸脊,有的不太明显,大多数簋的圈足比岳石文化的高(图一〇)。上述因素,应该是从黄河下游地区,或者通过这个地区传播到马桥文化的。

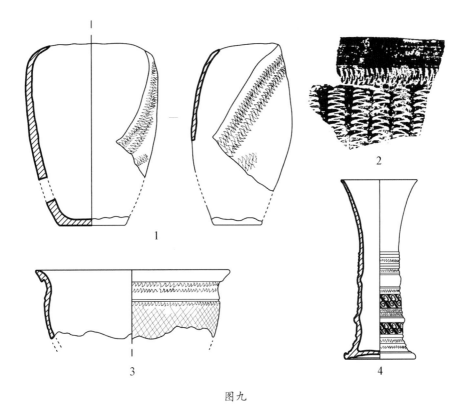

图九

1. 新乐F1:5　2. 尹家城T214⑦:32　3. 马桥Ⅱ H246　4. 马桥Ⅱ T522③F:22

[1] 宋建:《马桥文化探源》,《东南文化》1988年1期。
[2] 沈阳市文物管理办公室:《沈阳新乐遗址试掘报告》,《考古学报》1978年4期。
[3] 方辉:《岳石文化的分期和年代》,《考古》1998年4期。
[4] 中国社会科学院考古所山东队、烟台市文物管理委员会:《山东牟平照格庄遗址》,《考古学报》1986年4期。

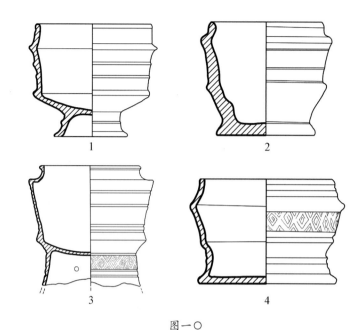

图一〇

1. 周邶墩 H10：22　2. 照格庄 H27：30　3. 马桥 Ⅱ T923③B：2　4. 马桥 T101：3

　　环太湖地区与黄河下游交往,江淮地区是必经之地。过去对这个地区了解不够,可喜的是,进入90年代以来,江淮地区的考古调查与发掘工作有了长足的进展,已经初步搞清了这里的文化面貌与谱系。在里下河地区,公元前第二千纪的前半段,先后有周邶墩第一类文化遗存(南荡文化遗存)和周邶墩第二类文化遗存。后者包括了很多岳石文化因素。发掘报告指出,它的文化来源是岳石文化的尹家城类型。同样,周邶墩第一类文化遗存也以黄河流域文化因素为主,被认为源于龙山文化的王油坊类型(造律台类型)[1]。在长江以南地区也发现了岳石文化因素,其中比较典型的就是点将台文化中的所谓丙组陶器[2]。

　　二里头文化含有东方文化的因素。另一方面,二里头文化因素在豫东、皖北、苏北地区的岳石文化遗存中也有发现[3]。在江淮地区,周邶墩遗址采集到一件瓠的下半部,发掘报告把它放在周邶墩第一类文化遗存,陶瓠平底,底部有一陶文(图八,1)。此器与第一类文化遗存中的陶器应该有所区别,属于马桥文化或者二里头文化,也有可能它就是联系两个文化之间的桥梁。

　　泥质红褐陶是马桥文化陶器的一个大类,实际上红褐陶中,不同陶器的颜色和质地还有很大差别。颜色可以分为橘红、红褐、灰褐、紫褐,硬度和吸水率也有程度上的差异。但是颜色和质地方面的差异又很难截然分开,都是一种渐变的过程。它们普遍采

[1]　南京博物院考古研究所、扬州博物馆、高邮文管会:《江苏高邮周邶墩遗址发掘报告》,《考古学报》1997年4期。
[2]　张敏:《宁镇地区青铜文化谱系与族属的研究》,《南京博物院建院60周年纪念文集》,南京博物院,1993年。
[3]　方辉:《岳石文化的分期和年代》,《考古》1998年4期。

用泥条盘筑法成形,器表再施拍打,器内有垫痕,器表有印纹,主要是条格纹和叶脉纹。考虑到区别的不易和成形、装饰技法的相同,而将红褐陶作为一个大类。

颜色和质地的差别主要取决于烧制工艺。我们对一部分样品进行了烧成温度的测试分析,发现不同样品的烧成温度也是逐渐变化的,最低的是902度,最高的是1114度,它们之间还有多种不同的烧成温度。一般来说,烧成温度比较高的,胎质也较致密,气孔率和吸水率则相应比较低。反之,烧成温度比较低的,气孔率和吸水率就比较高,胎质也要略疏松些。这种渐变与颜色从橘红到紫褐、质地从软到硬的渐变基本一致。在测试样品的化学组成方面,各样品之间没有发现有规律的明显区别,只是多数软陶的氧化铁含量相对高于或略高于硬陶。看来马桥文化时期,窑工在烧制硬陶时,对原材料的选择、处理,对窑温的控制尚处在摸索、提高阶段,不能针对不同的材料,采用不同的烧制工艺,因此无法掌握好产品的颜色和质地,而且还经常烧出次品和坏器。

红褐陶器多为盛储器,器类有罐、盆和鸭形壶等。各类罐的形态、规格差别很大,大多数是凹圜底,也有凸圜底。鸭形壶采用各部位分制的方法,将壶身、壶颈、鋬手分别制成后,再捏合在一起。

红褐陶在当地找不到承继的文化传统,却与分布在浙南闽北的肩头弄期文化遗存有颇多的相似之处。通过比较,我们认为,马桥文化红褐陶系是在肩头弄期一单元文化遗存影响下的产物,后与二单元与三单元并行发展。对此,我以前有过详细的论述[1]。

马桥文化的一大发明是在它的中期已经能够制作黑釉原始瓷器[2],釉层的厚度达到150～250微米,而且光亮透明,已经完全形成玻璃态。马桥文化早期,在个别灰褐色和紫褐色硬陶上也发现有人工施加的黑色涂层,涂层比较薄,约为100微米,还没有完全形成玻璃态层,仅在局部处光亮,因此还不能称釉。马桥文化黑釉原始瓷器的起源也可以追溯到肩头弄期文化遗存。陶器上加黑色涂层在肩头弄期一单元特别盛行,特称之"着黑陶"。马桥文化早期引进了"着黑"技术,但不流行,仅局限于鸭形壶和小型的罐类器上。这种黑色涂层显然是黑釉的先驱,为黑釉的诞生做好了物质和技术上的准备。经过不断的摸索、试验,马桥文化中期终于在技术上获得突破,烧出了真正的黑釉原始瓷。

1997年在肩头弄期文化遗存的分布区域遂昌好川的考古发掘,为研究马桥文化的谱系提供了新的重要资料。据报道,发掘者对好川墓地80座墓葬相对年代的初步判断是良渚文化晚期至马桥文化阶段,器物的演变发展有清晰的轨迹,可以作更细的分期研究。墓葬随葬品组合、随葬品的形态特征,一方面同良渚文化相同或者相似,另一方面又有鲜明、浓厚的自身特色[3]。环太湖地区的良渚文化和马桥文化之间存在断层,好川墓地的重要特征是文化上一脉相承,年代环环相扣。这就为环太湖地区研究工作的深入提供了新的契机。

[1] 宋建:《马桥文化探源》,《东南文化》1988年1期。
[2] 陈尧成等:《陶瓷高温釉起源新探》,《福建文博》1996年2期。
[3] 王海明、罗兆荣:《遂昌好川发现良渚文化大型墓地》,《中国文物报》1997年10月19日。

马桥文化的谱系分析表明,它的红褐陶系源于浙南闽北的肩头弄期一单元文化遗存。过去这个地区的考古发现,只有山崖尾H1可能早于一单元。因好川的发现而重新审视,这个灰坑应该是墓葬,随葬品为四件陶器[1]。此墓葬应该能归入好川80座墓葬的序列之中。从好川墓地可以看出,良渚文化兴盛时期,环太湖地区对浙南闽北的传播影响广泛而深入。良渚文化走向衰落之际,浙南闽北的文化又趁机向北扩展。马桥文化以红褐陶为特征的文化因素就是在这一背景下发展起来的。

马桥文化的黑灰陶系,其主体部分是当地良渚文化的延续,并在延续的基础上,有跳跃式的更新和发展,其间有外来因素的介入,这就是二里头文化和岳石文化。二里头文化大约始于夏代的太康少康之时,岳石文化与之相当。在此前后一段时间,黄河流域各部族之间冲突激烈,战争频繁。有的部族强大、开拓,有的部族衰亡或迁移。正是在这个大变革、大动荡时刻,文化因素最容易得到传播。马桥文化虽偏处江南一隅,仍不免受到波及。这就是我们在马桥文化中所看到的二里头文化和岳石文化因素。但是我不赞成过分夸大马桥文化中的二里头文化因素。相反我认为,一方面可以在马桥文化中看到黄河流域的文化因素,另一方面马桥文化的某些因素也传播到中原地区,即所谓交互作用。这就是马桥文化谱系的大模式(图一一)。

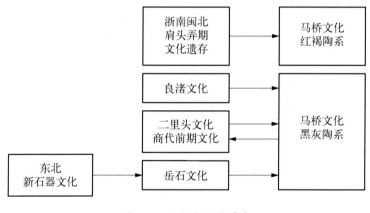

图一一　马桥文化的谱系

原载宿白:《苏秉琦与当代中国考古学》,科学出版社,2001年

---

[1] 牟永抗、毛兆廷:《江山县南区古遗址、墓葬调查试掘》,《浙江省文物考古研究所学刊(1981)》,文物出版社,1981年。

马桥文化的去向

70年代之前,学术界把环太湖地区的夏商周文化一般归之于湖熟文化,或者笼统叫作"印纹陶文化"[1]。1978年召开的"南方印纹陶讨论会"上,学术界达成共识,分区研究以印纹陶为特征的南方古文化,将宁镇地区(包括皖南地区)与太湖地区(包括杭州湾地区)分开[2]。环太湖地区的夏商时期文化特征鲜明,以上海市的马桥遗址第④层最为典型,命名为马桥文化。目前关于马桥文化的地域分布、年代、文化特征及其来源等问题的研究已经比较深入[3]。

关于马桥文化的去向,现在发表的论文,大致从两个方面进行探讨。一个方面是直接论及马桥文化的去向。李伯谦先生认为,上海的寺前遗址中层和江苏的无锡华利湾墓葬等西周早期遗存,在年代上已同马桥文化基本衔接,但是它们的文化面貌与马桥文化明显有别,因此"这类遗存的性质已不再是马桥文化,而是属于宁镇地区同期文化的范畴了"。同时又认为,环太湖地区仍然特色鲜明,"形成了一个具有地方特点的和宁镇地区不同的吴文化新类型"[4]。另一个方面是对环太湖地区的夏商周文化进行分期研究,黄宣佩、孙维昌先生分了三期,第一期为马桥文化,第二期的年代定为西周,以寺前中层和青浦骆驼墩等遗存为代表,认为第二期的印纹陶等演变为与镇江等地具有共同的特征,反映了吴的政治与文化影响到达了上海地区[5]。本文在前辈学者的基础上,进行深入一层的分析。

根据现在积累的考古发掘、调查资料,环太湖地区与马桥文化去向有关的文化遗存有几种不同的情况。

一种是经正式发掘后发现的直接叠压在马桥文化之上的遗存。上海马桥遗址的第④层为马桥文化;第③层,报告定为春秋战国时代[6]。这两层之间的年代缺环太大,因此马桥第③层不可能是马桥文化直接的去向。上海金山县亭林遗址,已经发掘多次。

---

[1] 曾昭燏、尹焕章:《古代江苏历史上的两个问题》,《江海学刊》1962年12期。
[2] 李伯谦:《我国南方几何印纹陶遗存的分区、分期及其有关问题》,《北京大学学报(哲学社会科学版)》1981年1期。
[3] 蒋赞初:《关于长江下游地区的几何印纹陶问题》,《文物集刊(第三集)》,文物出版社,1981年;宋建:《马桥文化探源》,《东南文化》1988年1期。
[4] 李伯谦:《马桥文化的源流》,《中国原始文化论集》,文物出版社,1989年。
[5] 黄宣佩、孙维昌:《上海地区几何印纹陶遗存的分期》,《文物集刊(第三集)》,文物出版社,1981年。
[6] 上海市文物管理委员会:《上海马桥遗址第一、二次发掘》,《考古学报》1978年1期。

根据70年代的发掘,第④层是马桥文化,第③层的主要遗存有灰陶三足盘、细高柄豆,绳纹、折线纹、回纹、梯格纹等,年代相当于西周时期,上海学者将其定为紧接马桥文化之后的亭林类型[1]。亭林类型是我们探讨马桥文化去向的重要资料。

第二种是在调查与发掘中所发现的一部分与马桥文化相混杂的遗存。江苏吴县郭新河遗址是调查资料,其中有属于马桥文化的,如压印云雷纹的陶鬶等,另外还有不能归属于马桥文化的三足盘、束腰甗和刻槽盆[2]。浙江萧山蜀山遗址1980年发掘,发掘报告待发表,作为发掘者之一的林华东先生在论文中披露了一部分资料[3]。其中,有少量马桥文化的遗物,如鸭形壶、饰鱼鸟纹的陶鬶和陶鬲的袋足等。但是,大部分遗物要晚于马桥文化,有些陶器与"亭林类型"相似,其中有束腰甗、带羊角把手的鼎和甗、细柄豆、三足盘、刻槽盆等,还有梯格纹。

第三种是经过发掘,发现了比较单纯的晚于马桥文化的遗存,但是与马桥文化没有直接的地层关系。江苏常熟钱底巷遗址,1987年发掘,该遗址Ⅲ区T604第③、第④层,即为此类遗存[4]。上海寺前遗址1966年和1990年先后发掘两次,发现的此类遗存比钱底巷遗址的分布面积更大,内涵更丰富[5]。

上述三种遗存现存状况,除马桥遗址第③层,其余都与马桥文化的直接去向相关,因此是本文进行探讨的材料基础。考虑到它们同马桥文化的密切关系,本文暂且使用"后马桥文化"这个名称。

后马桥文化的陶器分为六系:泥质灰陶、夹砂红陶、泥质红陶、泥质黑陶、硬陶和原始瓷。根据对钱底巷遗址出土陶片的统计,泥质灰陶占37.4%,夹砂红陶占28.6%,泥质红陶占21.8%,泥质黑陶占2.7%,硬陶占8.7%,原始瓷占0.8%。

陶器纹饰从制作方法上区分,有拍印、压印和刻划等。纹样种类有绳纹、梯格纹、席纹、叶脉纹、方格纹、折线纹、云雷纹、圆点纹、三角纹以及弦纹等。绳纹多饰于夹砂红陶上,以陶甗为大宗,一般在上部饰横绳纹,下部饰竖或斜绳纹。一些泥质灰陶和泥质红陶上也饰绳纹,但所占比例远少于夹砂红陶。梯格纹等几何形纹样主要饰于泥质红陶和硬陶上。梯格纹数量较多,纹样单元有细微差别,线条有的较粗,有的较细。有些梯格纹拍印紊乱,有重叠现象。席纹数量也比较多,仅次于梯格纹,单元结构可分为菱形与方形两类,前者线条比较细密,后者则比较粗疏。折线纹,由多道平行的曲折线条组成,折角有的小于90°,也有大于90°的。云雷纹,纹样呈菱形结构者一般比较规则,另有一些变化丰富,结构却不太规则。云雷纹拍印常有重叠,比较杂乱。叶脉纹,拍印者,单元常常相互重叠;刻划叶脉纹多为单排,围绕器物1周。圆点纹是很规则的压印(戳印),一般不会发生重叠现象,表现形式为单排横向排列或者多排平行横向排列,后者还

[1] 黄宣佩、张明华:《上海地区古文化遗址综述》,《上海博物馆集刊(第二期)》,上海古籍出版社,1983年。
[2] 姚勤德:《江苏吴县南部地区古遗址调查简报》,《考古》1990年10期。
[3] 林华东:《对湖熟文化正名、分期及其他》,《东南文化》1990年5期。
[4] 南京大学历史系考古专业、常熟博物馆:《江苏常熟钱底巷遗址发掘报告》,《考古学报》1996年4期。
[5] 黄宣佩、张明华:《上海地区古文化遗址综述》,《上海博物馆集刊(第二期)》,上海古籍出版社,1983年;中国考古学会:《中国考古学年鉴(1992)》,文物出版社,1994年。

以多道弦纹加以分隔。三角纹,以数道平行线条刻划组成。另外,也有将不同纹饰、不同制法集合于一器之上的组合纹样,如压印圆点纹与拍印折线纹、刻划叶脉纹与拍印云雷纹、压印圆圈纹和刻划三角纹。除了平面的各种纹样外,其他装饰形式有采用贴塑技法,制成微微凸出于器表的小圆饼和扉棱等(图一)。

陶器种类丰富,有炊器、盛器、食器,下面择主要者介绍其形制特征。

鼎 数量很多,均为鼎、甑合体形。口沿形制多样,有斜折沿、平折沿、剖面为 T 形口沿、外翻沿和束颈外翻沿等。器身可分两种形式,一种是甑腹径略大于鼎腹径,另一种是甑腹径明显大于鼎腹径。不同的口沿与腹径比率的差别基本对应:折沿者与前一种腹径比率对应;T 形沿、翻沿者与后一种腹径比率对应。器内有的在隔部还有几个凸

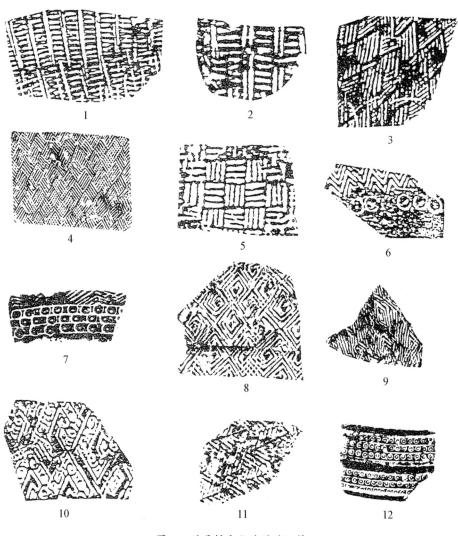

图一 后马桥文化陶器的纹饰

1、2. 梯格纹 3～5. 席纹 6、7. 折线纹与圆点纹 8～10. 云雷纹 11. 叶脉纹

12. 圆点纹 (1～3、5、6、10. 常熟钱底巷,4、7～9、11. 青浦寺前,12. 金山亭林)

钮,用以承箅。钱塘江以南的萧山蜀山遗址出土的陶甗一侧附羊角形把手,鼎腹开有注水口,与钱塘江以北的甗略有不同(图二,1～4)。

鼎　数量略少,器腹一般不太深,敛口或直口,凸圜底,附单把手或双耳,把手为上翘羊角形,耳为扁环形贴耳,器足断面为圆形或椭圆形。钱塘江南北的陶鼎形制相近(图二,5、6)。

三足盘　泥质灰陶,皆为素面,浅腹盘形,口沿平齐,圆弧腹或折腹,高足。器足位置与形制有变化,常见两种,一种是三足内聚,足端间距小于口径,断面近椭圆形,但一侧稍微内凹;另一种是外撇足,足端间距基本等于口径,断面为椭圆形或圆形(图二,7、8)。

簋　多为泥质灰陶,深腹,高圈足,沿部可分平沿方唇与翻沿尖唇。器腹是主要装饰部位,母题为压印圆点纹,平行多排,有的在圆点纹之间加饰堆贴的小圆饼(图二,9、10)。

豆　泥质灰陶,浅盘形,外轮廓为流畅的弧线,细高柄,喇叭形圈足,柄上端有1周或2周凸棱(图三,1)。

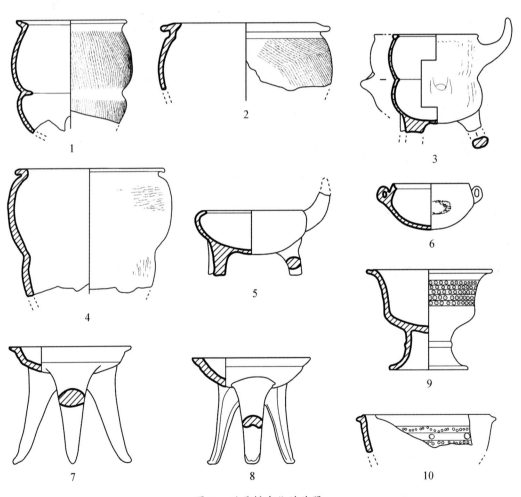

图二　后马桥文化的陶器

1～4. 甗　5、6. 鼎　7、8. 三足盘　9、10. 簋

(1. 吴县张墓村　2、9、10. 青浦寺前　3、5. 萧山蜀山　4、7、8. 常熟钱底巷　6. 吴县郭新河)

　　甗　数量不多,尚未见完整器。钱底巷出土1件残片,是甗的肩部,宽陶索状耳,饰多行圆点纹,行间以弦纹分开(图三,2)。

　　罐　种类比较多,寺前出的1件,直口,圆肩,底部已残,可能为圜底,肩部有2个对称小耳。胎质较硬,肩部刻划叶脉纹,腹部饰菱形雷纹,纹样略重叠杂乱(图三,3)。

　　刻槽盆　常用器类,非常流行。多为泥质灰陶,有深腹与浅腹之分。深腹者,敛口,斜收腹,底部不详,口一侧有半圆形流,有的在流旁贴小圆饼2个;浅腹者,不带流,敛口或敛口窄沿,圆腹,圜底。刻槽盆的外壁装饰绳纹、方格纹或梯格纹,内壁刻划多线菱形浅细槽(图三,4、7)。

　　器盖　比较流行的形制是杯口形捉手,盖身轮廓为弧线,寺前的1件盖身上饰1周刻划叶脉纹。另有一种比较精致的器盖,捉手部残缺,盖身作折线形,盖口较直,微内收。装饰比较复杂,盖口饰1周三角纹,盖面以4根扉棱等分,再饰圆圈纹、三角纹和凸起的小圆饼(图三,6、8、9)。

　　杯　不常见,郭新河的1件为夹砂红陶,质较硬,侈口,近直腹,杯底残缺,杯身一侧

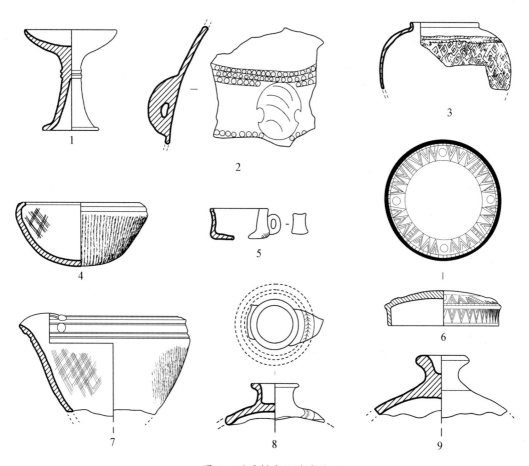

图三　后马桥文化的陶器

1. 豆　2. 甗　3. 罐　4、7. 刻槽盆　5. 杯　6、8、9. 器盖

(1、3、6、8. 青浦寺前　2、7、9. 常熟钱底巷　4. 吴县张墓村　5. 吴县郭新河)

贴扁环形耳,下部饰绳纹(图三,5)。

从以上叙述,可以看出后马桥文化具有非常鲜明的特征。我们再接着分析它与马桥文化的演化渐进关系。

根据对马桥遗址第④层的陶片统计数据,马桥文化夹砂红陶占25.9%,泥质灰陶占33%,泥质红褐陶最多,达41.1%。未单独统计硬陶,但是在泥质红褐陶中,因为烧成温度不同,还应有胎料的区别,使陶质硬度差别很大,其中的一部分紫红与紫褐色陶,硬度已经相当高,无疑它们已经属于硬陶的范畴。这样看来,在陶系比率方面,后马桥文化与马桥文化的近似性占主导地位。此外,二者的泥质灰陶一般采用轮制法成型,它们的形态比较规整。

马桥文化的纹饰制法以拍印法和压印法为主。拍印法与后马桥文化相同,纹样常有重叠,显然是拍印时操作距离比较大而难免出现的现象。压印法的使用比后马桥文化普遍得多,操作时工具先与陶坯接触,然后再压印,所以一般不会发生重叠。马桥文化的刻划不如后马桥文化发达,较少使用,纹饰种类也很少。

绳纹是马桥文化的常见纹饰之一,主要施于夹砂陶器上,陶鼎与陶甗上的绳纹,有竖行,也有斜行,纹样多比较纤细、清晰。而后马桥文化的绳纹比较粗,也不如马桥文化的清晰。马桥文化的拍印几何形纹饰,主要施于泥质红褐陶上,不见梯格纹,条格纹、叶脉纹和方格纹比较多,其次是席纹、折线纹、雷纹和回纹等。这些纹饰大部分都是后马桥文化的常见纹饰。叶脉纹形态与后马桥文化很像,有通体拍印,也有将一个个单元叶脉纹压印在豆的圈足上,很有规律。后者在后马桥文化中尚未见到。席纹中,方形席纹常常由4根短线组成,线条较粗;菱形或近菱形席纹由六七根比较细的线条组成,也与后马桥文化相似。折线纹,曲折的夹角大于90°。后马桥文化也有曲折纹。马桥文化云雷纹十分发达,拍印雷纹与后马桥文化相似,方角菱形,纹样重叠。另一种圆角近方形的云雷纹,纹样也有重叠,却不见于后马桥文化。马桥文化的压印云雷纹很有特色,常常施于灰陶或带有黑衣的灰胎陶器上,以圈足器为主,有豆、簋、尊,其他还有瓯、盆等。压印纹与拍印纹不同,主要目的是美化陶器的外观。压印云雷纹富于变化,除圆角近方形者外,还有规整的菱形雷纹,活泼多变的各种卷云纹。它们一般组成宽带围绕器身一二周,少数多周。有的可以看出一排四个菱形雷纹组成一个压印单元。另外还有压印的鱼纹、鸟纹。这些压印纹样不见于后马桥文化。后马桥文化压印制纹法不发达,只流行圆点纹,饰于簋、罍、器盖等器物之上。圆点纹在马桥文化中十分罕见,一件箕形器上的小圆圈纹与后马桥文化的圆点纹比较近似。后马桥文化采用刻划法制出的叶脉纹、三角纹和堆贴的扉棱、凸圆饼都是新出现的装饰,不见于马桥文化(图四)。

在陶器形态方面,马桥文化与后马桥文化联系密切的有甗、簋、豆、器盖、刻槽盆等,还有一些陶器附件,如鼎足、器耳等。

马桥文化也流行甑、鼎合体的实足甗,口沿形制常见宽沿,不及后马桥文化的多样。沿下角大于90°,比后马桥文化的沿下角大;束腰夹角比较小,表现出比较明显的内束,甑径与鼎径差不多。后马桥文化甗的口沿多数比较窄,束腰夹角大,甑径大于或略大于鼎径(图五)。

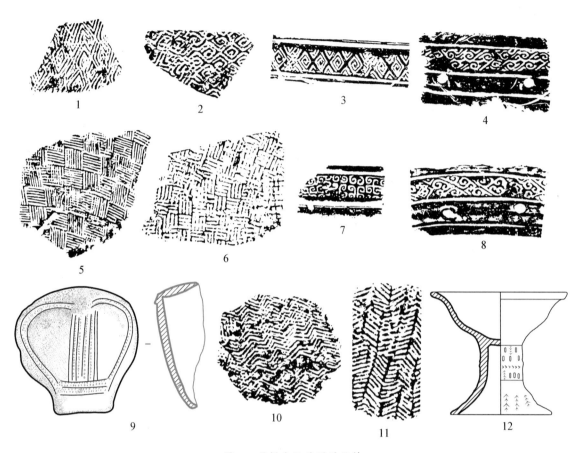

图四　马桥文化陶器的纹饰
均上海马桥出土

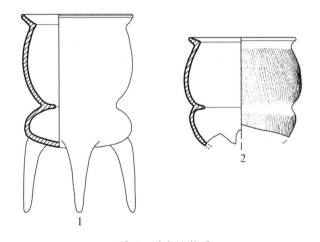

图五　陶鬶比较图
1. 马桥文化（上海马桥）　2. 后马桥文化（吴县张墓村）

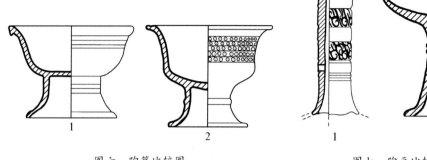

图六 陶簋比较图
1. 马桥文化（上海马桥） 2. 后马桥文化（青浦寺前）

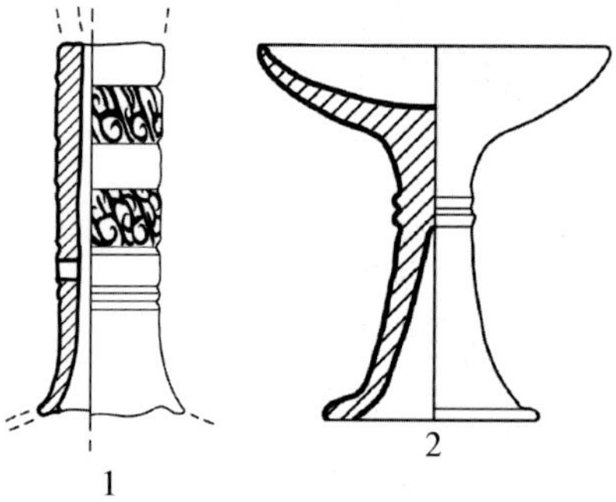

图七 陶豆比较图
1. 马桥文化（金山查山）
2. 后马桥文化（青浦寺前）

簋是马桥文化常见食器之一，多为泥质灰陶，口沿方唇下钩，沿下作凹槽状，腹部圆鼓内收，圈足一般都比较高，花纹多饰于圈足。从总的形态看，后马桥文化簋与之相似，但是细部不同，如口沿、器腹、纹饰等，后马桥文化的腹轮廓线微向内弧，花纹饰于腹部（图六）。

马桥文化陶豆形制多样，有深盘与浅盘、粗柄与细柄之分。细柄豆可能与后马桥文化有渊源关系。前者的细柄上压印上下两周卷云纹，并以弦纹与镂孔作辅助装饰，后者的细柄装饰大为简化，只有凸棱（图七）。

马桥文化常见两种器盖，以捉手的差异最显著。一种是伞头状捉手，流行年代较早，可相当于中原地区的二里头文化和早商时期，此类捉手到后马桥文化已经不复存在。另一种是杯口形捉手，作敞口状，捉手的外轮廓线或直，或微凸弧。后马桥文化的器盖即从此演化而来，杯口形捉手为卷缘，外轮廓线微内弧，值得注意的是，捉手的演化在上海金山查山遗址已露端倪，该遗址所出器盖的捉手为卷缘，因有1周凸棱，所以轮廓线的凹弧不甚明显。查山出土陶器有瘦高体鸭形壶，因其形制接近福建黄土仑出土的陶壶，所以被看作马桥文化中比较晚的遗存[1]。这样就可以勾勒出马桥、查山和后马桥文化三种杯口形捉手的演化轨迹了（图八）。

马桥文化刻槽盆比较少见，现在还不太清楚它的完整形态。马桥遗址发表了一件残片，器内刻槽是多条平行线相交组成，纹样不规整，还有重叠现象。后马桥文化同样是多条平行线组成，但是菱形纹样很清晰，未见重叠（图九，1、2）。

马桥文化与后马桥文化的甗足和鼎足都以剖面圆形和椭圆形为大宗。马桥文化的凹弧形鼎足很有特色，向外一面呈凹弧形，有的是舌形体，有的触地部位平直。后马桥文化很少见到此类鼎足，未见舌形凹弧足。后马桥文化很流行的三足盘，罕见于马桥文

---

[1] 李伯谦：《我国南方几何印纹陶遗存的分区、分期及其有关问题》，《北京大学学报（哲学社会科学版）》1981年1期；黄宣佩、孙维昌：《上海地区几何印纹陶遗存的分期》，《文物集刊（第三集）》，文物出版社，1981年。

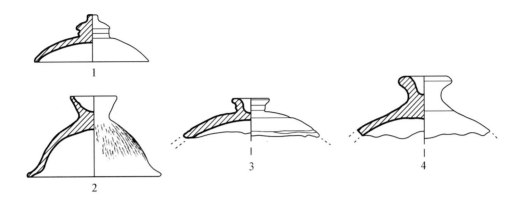

图八　器盖比较图

1～3. 马桥文化（1、2. 上海马桥　3. 金山查山）　4. 后马桥文化（常熟钱底巷）

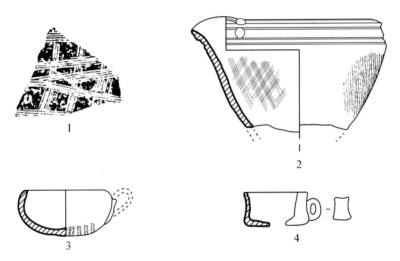

图九　刻槽盆、陶杯比较图

1、3. 马桥文化（上海马桥）　2、4. 后马桥文化（2. 常熟钱底巷　4. 吴县郭新河）

化，不过有种三足盘的足，椭圆形，一侧稍微内凹，倒可能是马桥文化凹弧形足的衍生。

马桥文化有宽扁形贴耳，将宽扁泥条环绕贴合后，再贴于器身上作耳。这种作风在后马桥文化中继续流行（图九，3、4）。

根据上面的分析，后马桥文化与马桥文化在陶系、纹饰、器形等方面联系紧密，可以说演化轨迹是很清楚的。同时，马桥文化的某些因素在后马桥文化时衰退，甚至消失，后马桥文化又出现了一些不见于马桥文化的新因素，这是文化演进过程中的正常现象。

关于后马桥文化的绝对年代，上文的分析已经准确无误地显示，它与马桥文化的年代衔接，不存在缺环。马桥文化的下限一般认为是商代晚期。查山中层的 ^{14}C 年代为距今 3110 ± 120 年，可以作为马桥文化年代下限的参考值，也应该看作是后马桥文化年代的上限。

我们还可以将后马桥文化的一些装饰手法比照中原地区的同样风格。后马桥文化的刻划三角纹在中原地区非常流行。安阳殷墟，三角纹常见于殷墟文化晚期，刻在陶簋、陶罍的腹部,多为1周,也有上下两周的[1]。从刻划技法与排列上看,后马桥文化都与它们相似。到西周早期,河南洛阳、陕西长安等地仍然有这类纹饰,但已不如殷墟晚期盛行。此外,在江苏宁镇地区也发现了刻划三角纹,饰于簋腹,如丹徒断山墩遗址所出,年代为西周早期[2]。鉴于后马桥文化与宁镇地区的三角纹都很少见,有理由认为这是中原文化因素影响下的产物(图一〇)。

西周早期,周文化的漆器上出现圆形蚌泡装饰,贴嵌于漆豆之上,以至于同时期的陶器也模仿漆器,堆贴泡形小圆饼在豆、簋的腹部[3]。距环太湖地区较近的苏、皖滁河流域,西周前期也有这种仿漆器装饰的陶器,江苏江浦蒋城子遗址的豆盘上,有的就贴附了小圆饼[4]。后马桥文化的陶簋与器盖上有这种装饰(图一一)。此外,后马桥文化比较

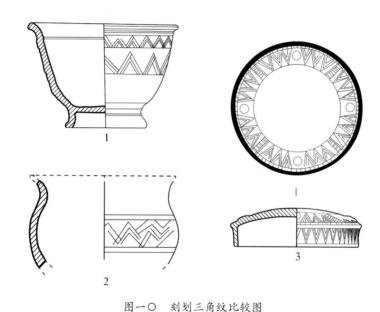

图一〇　刻划三角纹比较图

1. 殷墟西区M477　2. 丹徒断山墩　3. 青浦寺前

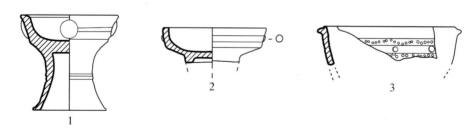

图一一　陶器上的泡形装饰

1. 长安普渡村M35　2. 江浦蒋城子　3. 青浦寺前

[1]　中国社会科学院考古研究所安阳工作队:《1969～1977年殷墟西区墓葬发掘报告》,《考古学报》1979年1期。
[2]　邹厚本、宋建、吴绵吉:《丹徒断山墩遗址发掘纪要》,《东南文化》1990年5期。
[3]　中国社会科学院考古研究所沣西发掘队:《1984年长安普渡村西周墓葬发掘简报》,《考古》1988年9期。
[4]　南京市博物馆、南京大学历史系:《江苏江浦蒋城子遗址》,《东南文化》1990年1、2期。

流行的以弦纹间隔、多排平行排列的圆点纹,与陕西沣西张家坡西周前期遗存的双圈纹对比,技法与纹样都比较相似。综合上述参照系,后马桥文化的年代定在商末至西周早期比较恰当。

后马桥文化的分布区域与马桥文化相同,都在环太湖地区。太湖东北有常熟钱底巷,东部遗址较多,江苏境内有张墓村、郭新河,越城遗址上层的甗、梯格纹等也归属于后马桥文化。上海境内有亭林、寺前、崧泽等遗址。后马桥文化的分布南界已越过钱塘江,目前仅知萧山蜀山遗址。

以往我们曾对马桥文化所包括的文化因素及其来源作过分析,认为它的主要来源是良渚文化、浙江南部的"肩头弄期"文化、二里头文化、商代前期文化和岳石文化[1]。这些因素在后马桥文化中当然已经基本消失。后马桥文化包含殷墟晚期文化和周文化因素,如前所述。后马桥文化还含有江苏宁镇地区湖熟文化的某些因素。首先是梯格纹,宁镇地区从商代开始一直流行到西周前期。马桥文化不见梯格纹,到后马桥文化竟成为泥质红陶一系的主要纹样之一。其次是羊角形把手,宁镇地区商末周初出现,西周比较流行,一般安于炊器甗、鼎上[2]。后马桥文化也发现了安于甗、鼎上的羊角形把手,但是并不普遍。另外还有刻槽盆,马桥文化少见,到后马桥文化突然数量大增,并有不同的种类。而宁镇地区早在商代就广泛使用刻槽盆。后马桥文化中这些因素的新出或盛行,当属这一时期两地往来比较频繁、湖熟文化对环太湖地区的影响渗透。

长期以来,人们对后马桥文化了解不太多,认识上有些模糊,有的将此类遗存与马桥文化相混,有的又将其部分遗存与西周中期以后的遗存归并到一起。近年从钱底巷遗址和寺前遗址所获得的新鲜资料,无疑将有助于廓清这些迷雾。后马桥文化分布在环太湖地区,与马桥文化大致相同,其主要文化面貌是马桥文化的延续与发展,年代相当于殷墟文化晚期和西周早期,即公元前第二千纪末、第一千纪初。后马桥文化中含有中原商、周文化因素和宁镇地区湖熟文化因素。后马桥文化的确立,对探讨环太湖地区人文背景、自然环境的变化,具有直接的意义,也是研究吴文化的形成及其区域性差异的基础。

原载中国考古学会:《中国考古学会第九次年会论文集(1993)》,

文物出版社,1997年

---

[1]　宋建:《马桥文化探源》,《东南文化》1988年1期。
[2]　邹厚本:《略论宁镇地区青铜文化序列》,《东南文化》1990年5期。

马桥文化二题

一、上海地区马桥文化遗存的分布及其规律的探讨

古代文化遗存的分布应该从两个方面进行考察,一是从横向考察,即在一定区域范围内,聚落遗址的分布、相互距离和相互关系,遗址与自然环境的关系,还应该考察一个聚落内居址和居址群的分布情况;二是从纵向考察,即文化遗存的堆积厚度、密度、堆积的过程、文化遗存堆积和自然堆积的关系。

目前在上海地区所发现含马桥文化遗存的共有13处遗址,它们是青浦县的福泉山、崧泽、淀山湖、金山坟、刘夏和泖洲,松江县的汤庙村、姚家圈,金山县的亭林、查山、招贤浜(原名张堰口),闵行区(原上海县)的马桥和董家村。其中8处经过正式考古发掘,其余则为调查资料。

根据文化遗存的分布情况和保存现状,上面的13处遗址可以分为3类(图一)。

第一类遗址,马桥文化遗存的分布面积比较大,保存丰富或者比较丰富,共有4处。

马桥遗址[1],自50年代末发现以来,已经发掘了多次。经过最近两年的调查与发掘,了解到该遗址顺着一道贝壳砂堤呈宽带状分布,遗址中心东西宽约150米,南北长可达700米,东西两侧还有宽几十米的边缘区域。遗址的宽带状走向与砂堤走向相同,大约为330～340度。现在看来,马桥遗址的面积比原来估计的要大。60年代的发掘区仅是遗址的南部。遗址的中部在近年开挖鱼塘时,遭受了相当严重的破坏。据当事人告知,因开挖鱼塘,曾经挖出许多带纹饰的陶器及其残件,经与实物对照,属马桥文化遗存无疑。遗址的北部保存较好。

马桥遗址的地貌基础是地势比较高亢的贝壳砂堤区。这道砂堤是吴淞江以南所谓"冈身"地区偏东的一条,古称竹冈,其形成年代距今5500年左右。砂堤的物质组成包括贝壳及其碎屑和细砂,厚几十厘米,宽约几十米,其底部比较平坦,中间厚,向两侧变薄,西侧的倾斜度比较大,东侧倾斜度比较小。

贝壳砂堤形成之后,首先成为良渚文化先民的居地。此时遗址的地表高差比较悬

---

[1] 上海市文物保管委员会:《上海市马桥遗址第一、二次发掘》,《考古学报》1978年1期。

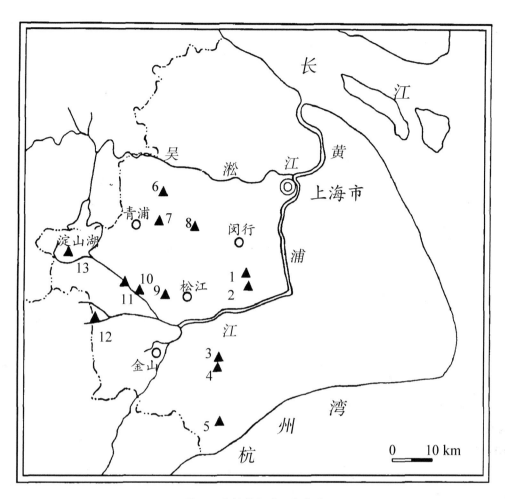

图一　马桥文化遗址分布图

1. 马桥　2. 董家村　3. 亭林　4. 招贤浜　5. 查山　6. 福泉山　7. 崧泽　8. 刘夏　9. 姚家圈　10. 汤庙村　11. 泖塔　12. 金山坟　13. 淀山湖

殊，最高处是砂堤的顶部，距现今地面仅几十厘米，宽度只有5米左右。砂堤西侧，即向内陆一侧，已知距地表达1.5米以上。嗣后，砂堤在自然因素作用下堆积黏土，在人为因素作用下堆积良渚文化遗存。经过一千多年的文化堆积和自然沉积，砂堤上及其两侧的地面已经比较平坦，马桥文化的先民开始在这里定居，留下了丰富的马桥文化层，堆积厚度在砂堤东为30至60厘米，比较薄；砂堤西侧为30至130厘米，比较厚。根据陶器年代和碳14年代学的研究，马桥文化先民在这里长期生存，遗址延续使用的时间达数百年。

　　无论从横向还是纵向分布，都表明马桥遗址是一处人口众多、长期定居的大型聚落，值得引起充分的重视。

　　查山遗址[1]，1972年发掘了163平方米。遗址分布范围超过1万5千平方米。在发

---

[1]　黄宣佩、张明华：《上海地区古文化遗址综述》，《上海博物馆集刊（第二期）》，上海古籍出版社，1982年。

掘的十一号探方内,马桥文化层的厚度近70厘米,表明其堆积时间相当长。

亭林遗址[1],自1972年以来已经发掘多次。它的分布范围,南北约200米,东西约100米,第三号探方的第四层是马桥文化层,厚度可达50厘米,堆积时间也比较长。被该层所叠压的良渚文化层,堆积厚度达1米,它的持续时间应该更长。

金山坟遗址[2],经过1985年发掘,初步了解到遗址范围大约为4万平方米。遗址中心保留一土墩,现存者为不规则形,东西长65、南北宽15至20、高约2米。土墩上所发掘的五号探方地层剖面表明,自墩顶至深1米左右为晚期遗存,其下的商周文化层厚84至122厘米,该层上部是商末至周代文化,下部是马桥文化,估计马桥文化层的厚度可能有几十厘米。根据土墩保存现状与地层堆积综合分析,土墩范围原来要大得多,现存土墩只是其残余部分。

金山坟遗址除了有商周文化层,还发现了崧泽文化和良渚文化遗存。对不同时期文化堆积的分布范围,目前所知甚少,只是考虑到整个遗址的面积和商周文化层的厚度,暂将该遗址归入本类。

第二类遗址,马桥文化遗存分布面积小,或者比较分散,文化堆积不够丰富,有3处。

崧泽遗址[3],1961年和1976年在崧泽假山墩上先后进行了两次规模比较大的发掘,都没有发现马桥文化遗存。1987年冬,配合一水利工程作抢救性发掘时,在假山墩西南相距大约200米处,发现了马桥文化遗存,十四号探方中保留了厚仅20厘米的马桥文化层,遗物不多。而在相隔仅20米的十五号探方就未见到此层堆积。可以看出,崧泽遗址的马桥文化遗存延续时间不长,规模比较小,或者相当分散。

姚家圈遗址[4],1980年作考古调查时,采集到马桥文化的有段石锛和拍印叶脉纹的陶片等,同时发现了崧泽文化遗物。1989年在该遗址发掘了大约150平方米,结果崧泽文化遗存相当丰富,马桥文化遗存却一无所获,因此不能不对这里是否存在马桥文化的居住点产生疑问,即使存在,它的延续时间与分布面积也是很有限的。

福泉山遗址[5],1979年曾在福泉山南面和距福泉山西南约500米的庄泾港发掘,发现了马桥文化遗存。其中有的探方马桥文化层厚度大约50厘米。庄泾港与福泉山南的马桥文化遗存是否相连,还是一个有待解决的问题。不过从2处已经发现的遗存看,它们显然不及马桥、查山等遗址丰富,因此这里将福泉山遗址暂时归入第二类。

第三类遗址,虽有马桥文化遗存,但是其后遭严重破坏。

[1] 黄宣佩、张明华:《上海地区古文化遗址综述》,《上海博物馆集刊(第二期)》,上海古籍出版社,1982年。
[2] 上海市文物保管委员会:《上海青浦县金山坟遗址试掘》,《考古》1989年7期。
[3] 上海市文物保管委员会:《崧泽》第一章第四节《遗址的发掘》,文物出版社,1987年;上海市文物管理委员会:《1987年青浦县崧泽遗址的发掘》,《考古》1992年3期。
[4] 黄宣佩、张明华:《上海地区古文化遗址综述》,《上海博物馆集刊(第二期)》,上海古籍出版社,1982年;宋建:《上海市松江县姚家圈新石器时代遗址》,《中国考古学年鉴(1990)》,文物出版社,1991年,第200页。
[5] 黄宣佩、张明华:《上海地区古文化遗址综述》,《上海博物馆集刊(第二期)》,上海古籍出版社,1982年。

淀山湖遗址[1]，从湖泊中曾经打捞出良渚文化的耘田器、黑衣灰陶器，马桥文化的带柄石刀、石钺和拍印蓝纹、叶脉纹及云雷纹的陶器残片，春秋战国时代的印纹硬陶，说明此处曾经是这三个时期的遗址。

古代文化遗存发现于湖内，这在环太湖地区不是个别现象，以江苏昆山的澄湖遗址最为典型[2]。70年代发现澄湖遗址时，绝大部分已经被湖水淹没，其时在澄湖的湖湾处筑坝，抽干坝内湖水后，湖底暴露出大批古井。古井年代上起崧泽文化，下迄宋代，其中可以确证有2座马桥文化水井。另有一座马桥文化水井在湖岸旁的高地上，井身打破文化层和生土。显然，湖底的水井只是残存的下半部，上部以及各时期的文化层已被破坏殆尽。据此分析，淀山湖的水域范围自良渚文化以来发生过很大的变化。各时期的遗址原来都在湖岸上，后来在湖浪的作用下，岸旁的遗址堆积逐渐坍塌，遗物沉于湖底。

汤庙村遗址[3]，1980年至1982年发掘时，在所谓晚期遗存中发现了马桥文化的半月形石刀和斜柄石刀、饰叶脉纹的凹底陶罐等，又有春秋战国、汉代、晋唐的陶器。出土物中年代最晚的属于宋代。由此看来，这个遗址的马桥文化遗存已被历史时期人为因素所扰动破坏。

另外还有3处遗址，只作过调查。对这些遗址的分布范围、文化堆积与保存情况，目前只有初步的认识。其中，刘夏遗址，从河岸断面上观察有文化层，采集到的遗物中既有马桥文化的，也有大量周代的。招贤浜遗址，有所谓"早期印纹陶"；董家村遗址，采集遗物的"时代相当于马桥遗址第四层"，可见这两个遗址都有马桥文化遗存[4]。泖洲是新近发现的马桥文化遗址，近期将要作比较深入的勘探工作。

马桥文化所处的环太湖地区是一个独立的地理单元，有特殊的自然地理条件。上海位于长江三角洲地区的前缘，因受各种自然因素和人为因素作用，区域范围和地貌形态几千年来变化很大。它们对上海地区马桥文化遗存的分布构成怎样的影响，二者是否有某种内在的联系？

根据地理环境学者的研究[5]，将距今3000多年前的上海地貌大致分为三块区域。一块是与江浙接壤的西部地区，7000年前已经成陆，该地区的东缘即为此时的岸线。由于这里的地面原来就比较高起，全新世以来基本没被海水淹没（图二之Ⅰ区）。第二块是所谓"反曲砂嘴沉积区"（图二之Ⅲ区），在当时上海的最东部。该区在大约6500年前刚刚开始出露水面，5000年前形成了两三条贝壳砂堤。该区域地势相对比较高亢。实际上这是各地贝壳砂堤区域共同的地貌特征，例如苏北的"贝壳砂堤分布区地势高爽，海拔高度一般在4～5米，西侧里下河地区，地势低卑，海拔仅2米。"由于贝壳砂堤的形

[1] 黄宣佩、张明华：《上海地区古文化遗址综述》，《上海博物馆集刊（第二期）》，上海古籍出版社，1982年。
[2] 南京博物院、吴县文管会：《江苏吴县澄湖古井群的发掘》，《文物资料丛刊（第九集）》，文物出版社，1985年，第1～22页。
[3] 上海市文物保管委员会：《上海松江县汤庙村遗址》，《考古》1985年7期。
[4] 黄宣佩、张明华：《上海地区古文化遗址综述》，《上海博物馆集刊（第二期）》，上海古籍出版社，1982年。
[5] 李金安、严钦尚：《上海地区全新世中晚期沉积环境的演变》，《长江三角洲现代沉积研究》，华东师范大学出版社，1987年。

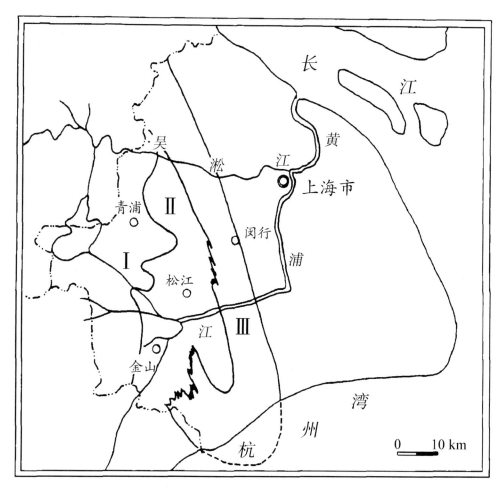

图二　全新世中晚期沉积分区图
I. 淡水沼泽区　II. 泻湖沉积区　III. 反曲砂嘴沉积区

成,阻止了水流的贯通,因此在两块地域之间成为泻湖沉积区(图二之 II 区),这里地势相对低洼。

地处或者邻近"反曲砂嘴沉积区"的马桥文化遗址共有5处:马桥、查山、亭林、招贤浜、董家村。前3处经过发掘的都是第一类遗址。由于这个地区高爽的地形,遭受水淹的可能性很小,因此先人们能在那里长期定居,繁衍生息。伴随着长期的定居生活,人类群体规模扩大,聚落的空间范围也在不断拓展,从而留下了分布面积大、地层堆积厚的遗址。"反曲砂嘴沉积区"是我们今后寻找新的马桥文化遗址,进行发掘与研究的重要地区。

在泻湖沉积区内的马桥文化遗址有4处:崧泽、姚家圈、福泉山和刘夏。多数属于第二类遗址。这个区域湖泊众多,水域面积非常辽阔,地势低卑,因此遭受水患的机会大大增加。为了避开水害,先民们很难在一处地点长期居住,他们被迫经常迁徙,远走他乡,或者在邻近地区另觅高地。本地区已经发现的遗址,文化堆积一般比较薄,或者比较分散,这应该是先民适应环境、顽强生存的如实反映。值得注意的是,泻湖沉积区的遗址多分布在该区的北端,这是否暗示着其余地区的自然环境更加恶劣,几乎无法供人居住?

上海西部地区成陆较早,地势高起,也适合人类长期定居。只是因为自然和人为的侵蚀、扰动,这个地区已发现的马桥文化遗存受到比较严重的破坏。但是,地理环境的分析为我们提供了新的思路:应该加强那里的调查工作,以期找到更多的古文化遗址。

二、马桥文化与高祭台类型关系之探讨

上海马桥遗址的发掘报告于1978年发表。当年夏,在庐山召开了"南方印纹陶学术讨论会",即有学者提出了"马桥文化"的命名[1]。十多年来,已经有多篇有关马桥文化的论文问世,马桥文化的研究工作正在逐步深入。

"高祭台类型"的最早提出见于1981年牟永抗先生的论文[2]。该文将浙江境内包含几何形印纹陶的古代遗存统称为"高祭台类型",属于浙江境内青铜时代的文化遗存。后来牟永抗先生对"高祭台类型"又有更为详尽的论述[3]。

高祭台遗址位于浙江省淳安县进贤,1957年在建设新安江水库前,进行过小规模清理发掘,发掘区属于次生堆积。发掘报告至今尚未正式发表。可以说,高祭台对于不少研究者来说,还是一个不太熟悉的名称,或者虽然知道高祭台的名称,却不很清楚它的内涵。

根据我的理解,"高祭台类型"的年代上限主要从对浙江江山土墩墓的研究中获得,大约相当于中原地区的夏代。关于年代下限,因为出现了米字纹和细方格纹(麻布纹),所以已经进入了战国时代。"高祭台类型"的分布区域不太清晰,似乎大致以今浙江省境为框,但是可能没有全省范围那么大,同时又不完全受省界的限制。

"高祭台类型"的延续年代包括了整个青铜时代,马桥文化的年代只是夏商时期,而且对"高祭台类型"不同时期文化内涵的认识,似无明确界定。为达到比较二者文化内涵异同的目的,只能从当前认识出发,尽量将"高祭台类型"的夏商部分区分出来,探讨它们同马桥文化的关系。

首先看马桥文化的生产工具,主要部分是磨制石器,品类包括石斧、石锛、石凿、石刀、石镰、斜柄石刀、纺轮,还有工具与武器兼之的石镞等。其中特征鲜明的石器有:有槽石锛,手工业工具,形体比较小,一面琢磨出横槽,供装柄缚绳用(图三);石刀,形体呈半月形或长条形,近背部有双孔,运用琢制法或锥钻法制成,单面钻与双面钻均有。采用锥钻法者,有的孔壁上有明显的旋转痕迹(图四)。有槽石锛和这种形态的石刀是不见于良渚文化的新器形。斜柄石刀,或称为斜把破土器,良渚文化已出现,是太湖地区

[1] 蒋赞初:《关于长江下游地区的几何印纹陶问题》,《文物集刊(第三集)》,文物出版社,1981年。
[2] 牟永抗:《浙江新石器时代文化的初步认识》,《中国考古学会第三次年会论文集》,文物出版社,1984年。
[3] 牟永抗:《高祭台类型初析》,《浙江省文物考古研究所学刊》,科学出版社,1993年。

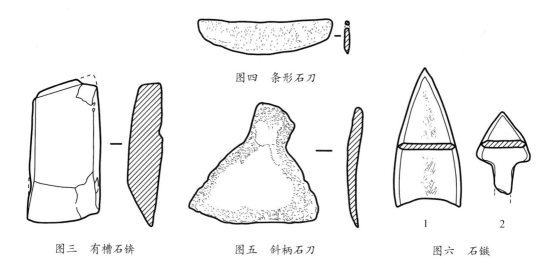

图四　条形石刀

图三　有槽石锛　　　　　图五　斜柄石刀　　　　　图六　石镞

很有特色的工具,亦见于华北地区的某些遗址,如山西襄汾陶寺和陕西延安庐山峁所出者。但是良渚文化的石刀,刀背与斜柄上缘多为直线,V形特征比较突出;而马桥文化的石刀,刀背与斜柄上缘多为曲线,刀身上还保留了比较多的打制痕迹(图五)。石镞,平面呈等腰三角形,后缘凹弧,扁薄体,磨制极为精致(图六,1)。在马桥遗址还发现了这种石镞的半成品,打制成形,并经初步磨制,但两腰线条欠对称,应属未加工完毕即丢弃的废品。稍晚一些的石镞亦扁薄体,唯近等边三角形,后缘有铤(图六,2)。以上这些特征明显的石器同样也是"高祭台类型"常见的生产工具。

马桥文化的石钺,从形态上说,与良渚文化有一定的联系,但是差别也显而易见,如内部变窄,并且更加突出,肩稍宽,弧刃两侧翘起,钻孔多采用琢制法。在浙江长兴发现的铜钺,与在上海马桥发掘出的石钺形态近似,铜钺上的叶脉纹和方格纹是马桥文化陶器上最经常拍印的两种纹饰,可认定此件铜钺归属于马桥文化。1992年,参观湖北黄陂盘龙城遗址,看到一件铜钺,估计其年代大致在早商的偏晚阶段。这差不多也就是马桥石钺和长兴铜钺的年代。长兴还发现了两种兵器,一种是铜戈(图七,1);另一种长内似戈,尖弧刃似钺,当为戚(图八,1、2),器身饰方格纹、云雷纹,也是马桥文化的常见纹饰,因此,它们的年代当与铜钺相近。这就为过去在浙江地区发现,却缺乏地层关系的同类石器找到了可供对比的参照物(图七,2;图八,3)。

上述马桥文化铜质和石质的兵器也是研究"高祭台类型"的基本材料。换句话说,

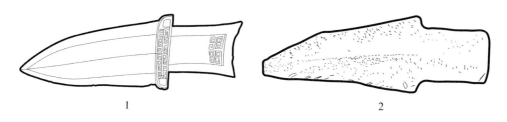

1　　　　　　　　　　　　　　　2

图七　铜戈与石戈

在石器与铜器方面，马桥文化与"高祭台类型"的夏商阶段实际上是一回事。

马桥文化的日常生活用器几乎全部都是陶器，按照外观、原材料和制作技术，可以把它们分成几类。

夹砂陶，器表绝大部分为橘红色和灰红色两种，含砂量较多，砂粒粗细不匀。其中有少量橘红色陶器，器表的砂粒脱落较多，出现许多小凹坑。最常见的器形是鼎和鬲，圆锥（柱）形足和凹弧形即瓦形足为二者所共有，这两种足也为"高祭台类型"所常见。此外还有一种舌形足，上宽下窄，剖面作扁体，也是马桥文化中常见的一种鼎足（图九）。"高祭台类型"有种鬶，它的下腹部开设所谓"流口"，即添水孔，此类鬶在马桥文化中尚未见到。从浙江萧山遗址出土的一件鬶，有添水孔（图一○），以其口沿与腰部的形态特征，我将

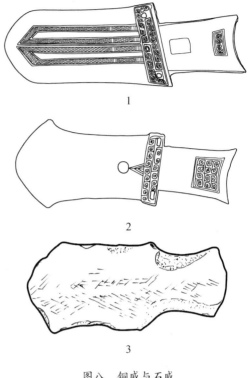

图八　铜戚与石戚

其放在后马桥文化阶段[1]。马桥文化的夹砂陶，除鼎、鬲大类外，还有釜和器盖等，盉则比较少见。

"高祭台类型"的非夹砂陶器，综合考察它们的色质和制陶工艺后，分出了黑灰陶和硬陶两大系。其中泥质黑陶和灰陶还能分开，二者之间，除了色质存在一定差别，主要区别看来是成型方法的不同和由此造成的器形差异：黑陶"几乎全部为轮制产品"，器形有

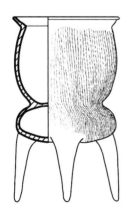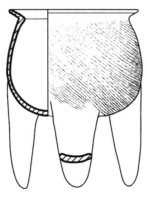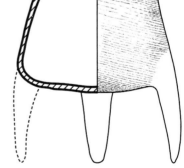

图九　陶鼎与陶鬶

[1]　宋建：《马桥文化的去向》，《中国考古学会第九次年会论文集》，文物出版社，1997年。

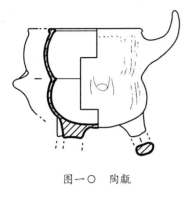

图一〇　陶甗

圈足器、三足盘等；灰陶"均用泥条法成型"，伴之而来的是在器表拍印几何形花纹，器形以罐为主，有少量的盆。"高祭台类型"与硬陶一系有关的是浙西南的"着黑陶"，又叫泥釉黑陶、浙北地区的红陶。"着黑陶"表面的黑色是人工所施的涂层，有学者认为它是原始瓷釉的先驱。与着染成黑色的陶器对应，在浙北地区有的红陶也是着染成的，同时又存在"并不着色而胎表呈现较深的橙红色"的红陶。凡此种种不同，"或许反映着时代和区域的不同"[1]。

由此看来，"高祭台类型"的非夹砂陶比较复杂，这恐怕与该类型的延续时间太长、地域大致以今日的省界划分不无关系。

马桥文化的年代是夏商时期，地域在环太湖地区，包括现在的上海、苏东南和浙北。马桥文化的泥质陶，从外观色质上可以分黑、灰、红、褐几大类。而从制作技法和器皿用途上看，一部分泥质灰陶和黑陶比较接近。红陶和褐陶，一般能够明显区分，但是也有少数不太好分，因为从外表观察，颜色的区别只是一种渐变，硬度的区别也是这样。

泥质黑陶，胎表全黑的极为少见，大部分是器表黑，内胎呈灰白色和灰黄色。还有一些内胎黑，外层为灰色，器表又有黑衣，这样从剖面上就可以看到五层，工艺过程比较复杂。泥质黑陶普遍采用轮制法成型，常常能在器表观察到明显的轮旋痕迹。器形大类主要是圈足器和平底器（图一一）。多数陶器的器表装饰是伴随轮制而来的弦纹。少数陶器的装饰比较精致，是在陶坯成形后用纹饰模压印花纹，有的陶器保留了轮旋弦纹与模压印纹相结合的痕迹。模印纹母题以变幻多端的云雷纹为主，有些纹样的线条流畅飘逸，堪与同时代的青铜器纹饰媲美。泥质黑陶有一部分火候不很高，硬度相对较低，比较容易分解破碎。这一陶系在非夹砂陶器中是数量比较少的一类。它们的成型方法、烧制技术、器皿形态和色泽等方面，受良渚文化的影响颇深。

泥质灰陶可以分两类。一类与泥质黑陶的关系相当密切，皆轮制成型，圈足器与平底器居多、有压印纹饰（图一二）。这与"高祭台类型"的泥质灰陶"均用泥条法成型"似乎有所不同。与泥质黑陶不一样的是它的颜色：一部分是胎表一致的灰色；另一部

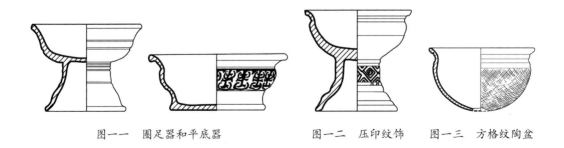

图一一　圈足器和平底器　　　　图一二　压印纹饰　　图一三　方格纹陶盆

［1］　牟永抗：《高祭台类型初析》，《浙江省文物考古研究所学刊》，科学出版社，1993年。

分是内胎为黑色,器表是灰色,后者同一部分黑陶相比,只是少了一层表面的黑衣。灰陶和黑陶颜色的差别表明烧制工艺不同。

另一类灰陶仅在色泽上与前类灰陶相同,其他方面差别很大。这类灰陶几乎全用泥条盘筑法成型,器内有的留下了拍打时的垫痕,凹凸不平,器外拍印几何形纹饰。器形大类是圜底器与凹圜底器,最常见的是各种各样的盆(图一三),最流行的装饰是方格纹。

红陶与褐陶除了表面颜色不同外,更重要的是烧成温度和硬度的差别。烧红陶的窑温比较低,陶器的硬度也相应较低;烧褐陶的窑温较高,硬度就比较高,特别是那些呈紫褐色的陶器硬度很高,叩击声清亮。红陶与褐陶、紫褐陶的数量与各自的烧成温度呈反比例,即烧成温度低的陶器数量多,烧成温度高的陶器数量少,反映当时想要得到高的窑温必须有较高的技术,因此不很普及。反过来说,窑温高,对制作陶器的原材料的要求也就提高了,所用泥料必须能经得住高温。考古发掘品中见到的烧坏陶器,有些就是材料素质与烧窑温度没有得到很好匹配的结果。

红陶与褐陶都普遍采用泥条盘筑法成型,器表一般都拍印纹饰,数量最多的是条格纹与叶脉纹。条格纹又称为条纹或篮纹,都不太准确。因为纹饰由近似平行长线组成,又不规律地以短线分隔,所以叫条格纹比较合适。它们还有不同的变化形式。红陶、褐陶绝大多数都是盛储器,器底内凹,有些凹得很深(图一四)。

图一四　盛储器

比较"高祭台类型"与马桥文化的陶器。夹砂陶类,在排除了年代差异的因素后,二者几乎没有什么不同。泥质陶类,除了灰陶二者存在差异外,还有一点显著不同:"高祭台类型"有"着黑陶",而且数量较多,马桥文化的"着黑陶"很少见。实际上,"高祭台类型"的浙北地区也不见或少见"着黑陶"。无疑说明在"高祭台类型"中,存在比较明显的地域性差异,浙江西南部和浙江北部是最突出的两个显示区别的地域。此外,还要指出陶器装饰风格的差异,即马桥文化富有特色的压印纹饰,几乎只见于"高祭台类型"的浙江北部,与前述差别显著的地域重叠。

对这种显著差异如何看,究竟是"认作马桥类型对高祭台类型的影响",还是那里原本就是马桥文化的分布区? 也就是说,我们应该怎样认识马桥文化与浙北地区"高祭台类型"早期遗存的关系?

牟永抗先生指出:"在上海近郊地区与高祭台类型处于同一发展阶段的马桥类型文化,特征和高祭台类型早期遗存的文化似乎完全一致……马桥类型可能是和高祭台类型早期同时并存的两个类型。"

确实,马桥文化是以其发现于上海地区的马桥遗址,并由此对该文化有了比较充分的认识而得名的。它的存在有其特定的社会环境和自然环境背景。

社会环境的含义是人和文化的因素。良渚文化早于马桥文化,两个文化又大致分布于同一地区,因此良渚文化衰落消亡后,它的部分文化因素得以在马桥文化中得到延续。表现最突出的是泥质黑陶和部分灰陶器,无论其制法、色质及其所反映的烧成工艺,还是器物形态,二者都有千丝万缕的联系(图一五)。从陶鼎形态上也能看出两个文化之间的延续性(图一六)。在器表装饰方面,马桥文化和良渚文化都有与轮制密切相关的弦纹。马桥文化在这类陶器上压印的云雷纹与良渚文化玉器、陶器上的细刻云雷

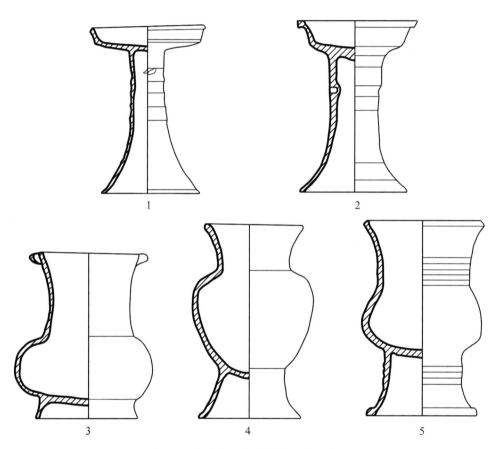

图一五　良渚文化与马桥文化陶器对比

1、3、4. 良渚文化　2、5. 马桥文化

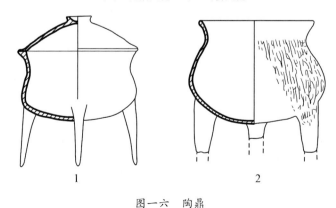

图一六　陶鼎

1. 良渚文化　2. 马桥文化

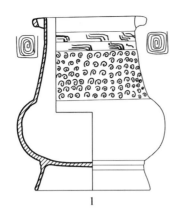

图一七　良渚文化的云雷纹
1. 陶器纹饰　2. 玉器纹饰

纹之间，也有间接的联系（图一七）。

马桥文化的泥质红、褐陶和部分灰陶，是肩头弄期一单元文化遗存影响下的产物，又与二单元和三单元并行发展。这类陶器的成型方法、烧制工艺和器形、纹饰，在马桥文化和肩头弄期文化遗存中比较相似。但是，即使在这类陶器上，二者也有不同的地方。后者一单元特别盛行、二单元比较盛行的"着黑陶"，马桥文化就很少见。陶器颜色也有差异，马桥文化红陶和橘红陶比较多，而肩头弄期文化除"着黑陶"外，以灰黄、淡黄陶器多见。表明二者制作陶器的工艺技术在大致相同的前提下，仍然有所区别。

马桥文化中还能找到与黄河流域相近的文化因素。其中以二里头文化和早商文化比较突出，如器形方面的觚、簋、盆，纹饰方面的压印云雷纹等。甚至装饰这种云雷纹的器形，二者也都以圈足器，特别是簋比较常见。由于总体上的相似性，以至于有些长期在二里头从事发掘和研究工作的学者，在看过马桥文化陶器后，有一种很熟悉的感觉。

实际上，社会环境造就马桥文化是一种综合性的影响，有时很难将某种因素确指其来源，而只能指出它们的相关性，云雷纹就是一个比较典型的例子，有几种不同来源的文化因素交错、糅合在一起。这就是马桥文化有别于其他文化的特色。我们不应该看到它有良渚文化的影子，就称它为"后良渚文化"，也不能看到它有肩头弄期文化的影响，就称它为肩头弄文化或马桥—肩头弄文化。同样，马桥文化与二里头文化、商文化的关系亦如此。

自然环境是指自然的、非人为的因素。马桥文化的分布区域恐怕不仅仅局限在上海近郊地区，而应该包括苏南浙北地区在内的环太湖地区，这是一个独立的地理单元。它是长江三角洲的江南部分，南临杭州湾，东濒海，西为茅山山地和天目山山地。地区内只有少数凸出的孤立山冈，主要分布在无锡、苏州境内，海拔高程300米左右。绝大多数区域属平原地貌，目前的地面高出平均海平面仅2～6米。特殊的自然地理条件使本地区比较容易受到气候变化与海平面波动的影响。大约公元前第二千纪的前半叶，我国东部广大地区仍然处于距今7000年以来的大暖期末期，气候湿暖，降水量比较多，海平面出现波动。东海海域此时是一个高海平面时期。台湾海峡发生了大湖期海进,海峡水平比现在高20～60米[1]。在环渤海地区,辽宁省东沟县王坨子遗址有道古贝壳堤,碳14测年为距今4000年左右。这道贝壳堤在今海岸线内大约15公里。辽宁省新金县单坨子遗址的文化层上面有含海贝的水成层,系海水淹没后形成。该遗址现在高出周围平地达10米。二遗址反映出当时发生海侵的大致情况[2]。

这个时期的海平面上升对海拔较低、地势平坦的环太湖地区应该产生了比较大的影响,直接引起海岸线退缩,区域内的水域面积相应有所扩大。马桥文化的先民恰恰主要就是生活在这个时期。面对相对比较恶劣的自然条件,他们竭力寻找适应环境的生存方式。目前,我们仅仅了解到他们的村落有不少延续使用的时间比较短,并且比较分散,以对付经常变迁的水域和不时侵袭的水患。至于马桥先民的经济形态和生活行为,还有待更加深入的研究。

根据以上分析,马桥文化分布在一个独特的地理环境区域,文化内涵在融合了多种来源的文化因素之后,总体上形成了有别于其他文化的自身特色。马桥文化与"高祭台类型"早期遗存(浙江北部)内涵特征基本一致,因此在这个地域内似乎没有必要再继续使用两个名称。虽然淳安高祭台遗址发现、发掘都比较早,理应以之命名,但是考虑到该遗址的发掘区域属于次生堆积,未出发掘报告,人们并不太了解其内涵。另一方面,高祭台已经地处环太湖地区的外围,再以它来命名就不太合适了。马桥遗址虽发掘稍晚,但是它的面积最大,文化遗存非常丰富,在同类遗址中具有典型性,因此,已经使用了十多年的"马桥文化"名称应该继续沿用。

原载上海博物馆:《上海博物馆集刊(第七期)》,上海书画出版社,1996年

[1]　张光直:《新石器时代的台湾海峡》,《考古》1989年6期。
[2]　许玉林:《辽东半岛新石器时代文化初探》,《考古学文化论集(二)》,文物出版社,1989年。

马桥文化研究的反思

马桥文化在学术领域的重要性不能同良渚文化相比，甚至可以说马桥文化所代表的阶段是环太湖地区两个社会发展高峰之间的中间期。但是随着田野考古的不断深入、发掘资料的持续积累和研究领域的进一步拓展，马桥文化越来越凸显其重要性。2018年是马桥文化命名40年，回顾以往研究，有以下四个方面值得反思。

一、考古学文化的命名

1978年发表了1960年代马桥的发掘报告，全新的材料立即引起学术界的关注。在1978年8月召开的"江南地区印纹陶问题学术讨论会"上，蒋赞初先生首次提出了"马桥文化"的概念，并为马桥文化打上双引号，足以显示先生的细心与慎重[1]。三年后的"江苏省考古学会第二次年会暨吴文化学术讨论会"上，1960年代马桥遗址的发掘者黄宣佩和孙维昌先生撰文《马桥类型文化分析》[2]，对文化名称有三种不同提法：一是马桥类型，如第一节名为"关于马桥类型的特征、年代和分布范围"；二是马桥类型文化，如文章开头的"被称为马桥类型文化"；三是马桥文化，如第三节中提到"马桥文化的延续是亭林类型"。虽然第三种提法在文中出现的次数最少，但是作者显然是将其作为独立的考古学文化对待，而非第二层级的"类型"。文中出现几种不同提法可能反映了认识的不确定性，或为发掘者的学术谨慎。此后，马桥文化被大多数研究者认可，并拿去了定名初期因谨慎而加上的双引号。马桥文化以1960年代发掘的马桥中层（四层）为代表，因此而有马桥中层或马桥四层文化的概念，并被个别研究者长时期习惯性沿用。

高祭台类型是和马桥文化相关的另一个名称，牟永抗先生于中国考古学会1981年年会上提交的一篇主要论述浙江新石器文化的论文中首次提及，以后又专门撰文全面论述[3]。在后文中，牟永抗先生指出："对这类遗存不能排除进一步划分类型的可能性，

---

[1] 蒋赞初：《关于长江下游地区的几何印纹陶问题》，《文物集刊（第三集）》，文物出版社，1981年。

[2] 黄宣佩、孙维昌：《马桥类型文化分析》，《江苏省考古学会第二次年会暨吴文化学术讨论会论文集（第一册）》，1981年；又载于《考古与文物》1983年3期。

[3] 牟永抗：《浙江新石器时代文化的初步认识》，《中国考古学会第三次年会论文集（1981）》，文物出版社，1984年；牟永抗：《高祭台类型初析》，《浙江省文物考古研究所学刊》，科学出版社，1993年。

高祭台的称谓也只能是暂时的代称,随着发掘和研究的深入,今后可以重新命名。"可见牟永抗先生是将高祭台类型作为考古学文化的暂时称谓。牟永抗先生虽然指出了考古学文化的分布范围不等同于现代行政区域,但是他所论述的高祭台类型基本不出浙江省界。

在时间方面,高祭台类型是"青铜时代的文化遗存",涵盖浙西南夏商时期的着黑陶和更大区域的周代土墩墓、土墩石室。牟永抗先生也使用马桥类型的概念,认为其分布于上海近郊地区,"可能是和高祭台类型早期同时并存的两个类型"。但是后来不晚于1999年,牟永抗先生有了不同的认识,在回忆1950年代一次配合浙江大学新校舍的抢救性考古发掘时提及,出土遗存"现在看来既有马家浜文化的遗物,也有良渚文化和马桥文化的堆积"[1]。学界对高祭台类型这一名称的认同者甚少,目前所见只有2006年出版的《昆山》发掘报告仍然沿用。

另外还有陆建芳先生提出了马桥,肩头弄文化的名称,这一认识的核心是,1960年代马桥第四层文化遗存由五种文化因素构成,其中一种代表马桥类型文化,占领主导地位,它同肩头弄期遗存属同一性质,是同一个考古学文化[2]。

今天反思马桥文化的命名过程可以认识到,一个考古学文化的命名首先必须有丰富的发掘材料,并且尽早尽完整发表报告。马桥遗址发掘于1960年和1966年,地层堆积清晰,文化遗存保存较好,发掘材料得到及时整理和研究,10年动乱结束后不久即发表报告,当年即提出"马桥文化"的概念。而淳安高祭台遗址1950年代进行过两次发掘,直到2005年才发表报告[3]。另外据牟永抗先生的《高祭台类型初析》,高祭台遗址的发掘部位属于次生地层。这些决定了高祭台并不具备考古学文化命名的基本条件。再者,关于考古学文化分布范围和现代行政区域的关系,应该说当时是不够清晰的。牟永抗先生在2005年发表1958年高祭台第二次发掘总结的后记中回顾了当时的思考,"如果说在高祭台发掘的那个阶段曾经在我们观念中模糊地出现过江苏、浙江和安徽诸省的边界不一定是考古学文化区分及其年代分期的标准,考古学文化的某些因素和特征,可以穿越省界进行传播或交流等等一丝的闪念……"因此,高祭台类型的地域为浙江省界所限,排斥了其他地区的同类文化。另外高祭台类型延续太长时间,包含多种不同属性的考古学文化,也是命名不被绝大多数研究者认同的原因。

对于一种新发现的文化遗存命名必须慎重,不应该在认识不明确时仓促提出文化命名,也不必以加引号表示不确定性,可以先以某某遗存称之,待认识比较明确后再命名为文化。随着研究的深入可以再区分类型,作为第二层级。另外还应该避免文化类

---

[1] 牟永抗:《关于良渚、马家浜考古的若干回忆——纪念马家浜文化发现四十周年》,《农业考古》1999年3期。
[2] 陆建芳:《初论马桥—肩头弄文化》,《东南文化》1990年1期。
[3] 新安江水库考古工作队:《浙江省淳安县进贤高祭台遗址第一次发掘报告》,《浙江省文物考古研究所学刊(第七辑)》,杭州出版社,2005年;《浙江省淳安县进贤高祭台遗址第二次发掘总结》,《浙江省文物考古研究所学刊(第七辑)》,杭州出版社,2005年。

型、类型文化、某层文化这样具有歧义的用语。

陆建芳先生的命名方式是一种尝试，但是可操作性不强，因此几乎没有认同者。

二、马桥文化的探源

1978年以来，马桥文化来源即成为一项关键研究内容。大致相同地域分布的良渚文化是马桥文化的先行者，因此探源从良渚文化入手，绝大多数研究者或多或少都将良渚文化因素作为来源之一或所谓"影响"之一。随着钱山漾文化和广富林文化的确认，张忠培先生指出："以往基于良渚文化—马桥文化这一考古学文化序列认识的基础上提出的任何论述，都将随之于现实的学术研究中失去存在的空间。"[1]今天我们反思马桥文化的探源过程，对于改善乃至修正相关研究的方法论是很有必要的。

1980年代马桥文化的研究者屈指可数，除了黄宣佩、孙维昌先生，只有李伯谦先生和我数人，且观点大致相同，均将良渚文化作为马桥文化的来源之一，同时也有非本地文化因素的来源。我将良渚文化和浙南闽北地区以江山肩头弄第一单元遗存为代表的文化视为两个主要来源，并特别指出，由于马桥文化和良渚文化的分布区域重叠，先后生活于同一地区甚至同一地点，从这个意义上说，马桥居民应是良渚居民的后继者。这一阶段的研究者在探寻文化来源时比较关注同一地区先行者和后来者的文化关联性。

1990年代，马桥文化的外来性被放到突出的位置，提出了"文化断层"和"文化缺环"的概念。张敏先生认为，良渚文化到马桥文化之间出现了文化断层，尽管马桥文化中含有少量的良渚文化因素，然而马桥文化绝不是良渚文化的后继，而是从南方迁来的肩头弄类型文化填补了良渚文化区的空白，进而发展演变为马桥文化[2]。我的认识是，从良渚文化到马桥文化有两个重要因素发生作用，社会因素是外来文化的进入，生态因素是自然环境的变异[3]。"马桥文化替代良渚文化只延续了一部分良渚文化因素，却融入了大量非当地传统的新文化因素，其中最多的是肩头弄文化遗存，其含量比率甚至超过了良渚文化因素，还有二里头文化、商文化、岳石文化和湖熟文化早期因素。这些新的文化因素，有的是外来文化的传入或影响，有的是文化的交互作用。马桥文化在融合了多种来源的文化因素之后，形成了有别于其他文化的自身特色。因此从总体上看，它与良渚文化有相当大的差别，形成文化缺环"[4]。

实际上，考古发掘资料中马桥文化同当地文化比较直接的关联早有发现。年代

[1] 张忠培：《钱山漾第三、四次发掘报告·序》，文物出版社，2014年。
[2] 张敏：《华夏文明起源的假说》，《东南文化》1990年4期。
[3] 宋建：《良渚文化向马桥文化的演化过程初探》，《上海博物馆集刊（第五期）》，上海古籍出版社，1990年。
[4] 上海市文物管理委员会：《上海市闵行区马桥遗址1993～1995年发掘报告》，《考古学报》1997年2期。

上的关联是1959年发现、1961年发掘、1962年发表的广富林，发现了广富林文化的陶鼎，但当时归之于良渚文化。年代和文化因素的关联则是1934年发现、1936年发表和1956、1958年发掘、1960年发表的钱山漾，发现了方格纹、竹编纹（席纹）等，并在1978年"江南地区印纹陶问题学术讨论会"上受到关注。当时也将钱山漾的相关遗存归于良渚文化。2000年，确认了广富林遗存（2006年正式提出广富林文化）。2003年广富林发现了包含鱼鳍形足、细颈鬶的遗存晚于良渚后期较晚阶段墓葬的层位关系。2005年钱山漾发现钱山漾1期—钱山漾2期—马桥文化之三叠层，并于2014年正式提出以钱山漾1期为代表的钱山漾文化。这些发现使环太湖地区马桥文化之前的文化年代关系较之以往更加清晰，从而为探讨同一地域文化的关联性找到新的切入点。此后，马桥文化起源的本土属性再次受到关注。

曹峻先生认为，太湖地区传统的文化因素在马桥文化中占有绝对主要的地位，其所论本地传统因素不仅有年代略早的广富林文化，也有更早的良渚文化，即马桥文化主要源自所谓地域传统。另两个来源是南方几何印纹陶因素和北方因素包括二里头文化、岳石文化等，但都不是马桥文化的主要构成[1]。

另一方面，马桥文化源自浙南闽北地区的观点受到强烈质疑。焦天龙先生将浙南闽北的文化称为葫芦山文化，认为马桥文化同葫芦山文化的器物群差异极大，既不是同一个文化，也不存在前后传承关系。马桥文化很可能主要是外来北方文化因素与环太湖地区原有文化的混合变化体，也接受了来自南方的一些影响[2]。

今天反思马桥文化的探源过程，以上提出不同观点研究者的方法论基本相同，着重于文化因素的分析，只是研究材料的来源有所不同，对材料的观察视角有所不同，前者主要是福建地区的新材料和环太湖地区2000年以后的新发现。研究结论从1980年代重视或不排除本地传统，到1990年代特别注重乃至几乎完全关注外来文化的迁入，再到2000年以后再次关注本地传统，呈现了螺旋形（上升）的变化过程。

展望今后这一课题研究的深入，除了完善方法论、运用更多的技术手段，更应该做系统的思考。首先是以良渚文明衰变后的社会动荡、环太湖地区进入发展低谷为背景，观察钱山漾、广富林和马桥文化在一个较短时期内先后兴起的动因。其次是关注自然环境和生业方式对地域性文化因素延续与变革的作用。第三，环太湖地区使用印纹陶始于广富林文化，盛于马桥文化。印纹陶的成形方式虽然落后，但是其原料选择和烧成窑温火候却是新技术，特别是（原始）瓷的发明更可称为高科技了。如果印纹陶和（原始）瓷制作技术从外引进，那么是否有文化的传播和人群的迁移？较早而且普遍使用印纹陶的百越族群分布辽阔，支系繁多，故有百越之称谓，对其进行文化因素分析将是一个大课题。换言之，环太湖地区的印纹陶技术及其相关文化和人群来自百越的哪个支系是本课题深化、细化的重要抓手。

---

［1］ 曹峻：《马桥文化再认识》，《考古》2010年11期。
［2］ 焦天龙：《论马桥文化的起源》，《南方文物》2010年1期。

三、遗存分布与自然环境

1960年代马桥发掘着重解决了年代关系和文化内涵及其属性等问题,填补了环太湖地区夏商时期的空白。通过发掘认识到遗址坐落于一道被称为"竹冈"的贝壳砂堤之上,从而为这道海岸线的形成时间提供了比较准确的依据。但是当时并未深刻认识聚落与砂堤的相互关系,对遗址分布范围的了解也需要进一步完善。

1990年代马桥发掘,环境考古受到极大重视,通过调查、勘探和发掘,依靠不同学科研究者的参与,运用孢粉、植硅石、磁化率、动物计量统计等多种分析方法和技术,基本复原了马桥遗址的周边环境,揭示了遗址的分布规律。为适应当时的地理环境,遗址沿砂堤和紧靠砂堤的东西两侧,呈大致南北长、东西窄的宽带状分布,南北至少1000米,东西大约150米,总面积超过150000平方米,是以往认识的数十倍。

钱山漾遗址1950年代的发掘第一次从地层上发现了马桥文化及其同新石器时期文化的层位关系。2005～2006年的发掘摸清了文化遗存的分布状况,而且通过多项科技手段,大致复原了遗址所在自然环境。值得注意的是,遗址南部的C块区域(2005～2006年划分)有比较丰富的广富林文化遗存,相距数百米的遗址A块区域50年代发掘却未见广富林文化遗存,马桥文化层和钱山漾文化层之间发现了因水沉积而形成的堆积层位。

浙江余杭茅山遗址发现了广富林文化农田被水淹没的遗迹,水淹层直接覆盖于农田中的牛蹄印痕之上,表明水淹的突发性。无独有偶,广富林遗址也发现了广富林文化遗存上牛蹄印痕被淹没的遗迹。这两个遗址都没有发现典型的马桥文化遗存,是马桥文化时期环境变迁的重要依据。

崧泽曾进行过数次大规模发掘,多未发现马桥文化遗存。仅1987年冬抢救性发掘时,在崧泽墓地中心西南200余米处有很小范围发现。14号探方中保存了厚仅20厘米的马桥文化层,遗物不多。而在相隔仅20米的15号探方就未见此层堆积。可以看出,崧泽遗址的马桥文化居住址延续时间不长,规模比较小,或者相当分散。松江姚家圈遗址大致类似,曾调查采集到马桥文化的有段石锛和叶脉纹陶片等,也发现了崧泽文化遗物,但是1989年正式发掘时,崧泽文化遗存相当丰富,马桥文化遗存却一无所获。

从上述研究可以看出,马桥文化研究是如何从注重文化属性和年代关系,发展到延续关注相关基础问题的同时开始着力于遗址全貌和环境。对马桥文化环境关注还源自同良渚文化的相关性。良渚文化因具有复杂的社会组织形式使有些研究者认为已经超越酋邦(古国),进入国家(王国),文明延续1000年后衰变转型。良渚之后其所在区域的主要部分进入社会发展高峰之间的低谷,其原因值得深究。有的研究结果表明,良渚文化的衰变原因同环境变迁有关。良渚文化衰变和社会发展低谷形成是该时段自然环境背景受到学术界关注的出发点之一。

现有研究表明，广富林文化和马桥文化是环境发生系统性变异的特定阶段。茅山和广富林都在广富林或广富林后某个时期发生较大范围水淹事件，并均缺失马桥文化。钱山漾大约在广富林时期发生局部水淹事件，据已有发掘材料，该遗址的广富林遗存范围小于之前的钱山漾文化和之后的马桥文化。一些含有马桥文化遗存的地点内分布区域缩小且分散。2000年发表的《环太湖地区夏商遗址环境研究》根据当时材料探讨了马桥文化遗址分布特征与环境[1]，但是此后并无新的研究成果，相比较这一时期对良渚环境研究的全面深化不能不说是一个遗憾。今后一段时间应该关注分布于不同地域的文化遗存同环境的相互关系，太湖东和东北、太湖南和太湖西可能是三个具有不同互动关系的区域。

这个课题下还有一些值得汲取的教训。由于参加人员较多，个别研究者发表结果时未与考古人员沟通，在环境研究中弄错了层位和位置而得出错误结论。经验和教训使我们对科技考古理念的认识更加深刻。科技考古不是考古学的分支学科，而是特指将科技方法和技术应用于考古学。科技考古研究最终还是要落实到考古上，是考古研究，而非一般意义上的科技研究。科技考古要落到实处，就必须以考古学科为主导。以考古问题决定研究目标和研究对象。考古人和科技人应该相互了解不同学科的理论、方法和技术，共同制定计划，经常沟通，这样才能做好科技考古。

四、印纹陶、(原始)瓷的起源和产地

1990年代马桥发掘和整理研究阶段，考古和硅酸盐研究者密切合作，共同探讨，认为马桥文化的陶瓷产业正处于技术创新的转变时期，(原始)瓷是在烧制硬陶的基础上发明的新工艺和新产品，环太湖地区是目前所知年代最早的(原始)瓷使用地之一。研究还将马桥文化红褐陶(印纹陶)上经常出现的陶文同新工艺相联系，认为是陶工发明的专门记号，记录生产流程，以提高生产技术[2]。

马桥文化印纹陶(红褐陶)广泛使用，(原始)瓷数量虽少，但同印纹陶关系紧密。如果在技术层面上为(原始)瓷寻源，就是印纹陶选料方法的不断完善和掌控窑温的技术革新。马桥文化印纹陶和(原始)瓷的来源同马桥文化探源的相关程度很高，在特定意义上甚至可以说是同一个问题。有较多研究者将马桥文化的来源聚焦于以肩头弄遗存为代表的文化，实际上主要就是指印纹陶，也正因为此，有的研究者将马桥和肩头弄合并为同一个文化。马桥文化印纹陶同浙南闽北地区的相互关联还可以从族属方面观察。浙南闽北地区属于百越的一部分，百越地区的印纹陶不仅出现早，而且长时期稳定分布与发展。马桥文化之前，其所在的环太湖地区不属于百越，可能同东夷族的关联更

---

[1] 宋建：《环太湖地区夏商遗址环境研究》，《环境考古研究(第二辑)》，科学出版社，2000年。
[2] 宋建、周丽娟：《论马桥文化的陶文》，《上海博物馆集刊(第八期)》，上海书画出版社，2000年。

为紧密。环太湖地区的印纹陶出现比较晚，马桥文化包含大量印纹陶，从外部寻找原因顺理成章。马桥文化印纹陶和（原始）瓷是产品的输入还是技术的引进，是相关问题的另一方面。40年来的研究围绕这两个方面开展。

印纹陶最早出现且距环太湖地区最近的是浙江西南部的好川遗存。环太湖地区与好川遗存年代大致相当的是良渚文化后期的偏晚阶段和良渚文明衰变后的钱山漾文化，但几乎未见与好川遗存相同的印纹陶。好川遗存与马桥文化之间经历广富林文化，这是马桥文化印纹陶与好川遗存之间的连接点。现在可以确定的是，环太湖地区的印纹陶始于广富林文化，纹样种类同马桥文化颇为相似，但数量有限。好川和广富林均未发现像马桥文化那样的组合纹样。组合纹样是环太湖地区从广富林文化出现印纹陶以来逐渐发展的结果，还是马桥文化又有新的外来因素，是一个值得思索的问题。从文化关系上看，广富林文化和马桥文化之间仍有缺环，人群组成发生变化，可能也存在年代缺环。这又回到了马桥文化来源的问题。

关于产地问题，马桥遗址发现了一些几乎无法使用的印纹陶残次品，暗示了当地就是产地之一的可能性，但是没有发现窑址。而且烧制印纹陶和（原始）瓷对材料和窑温的要求极高，同普通陶器不是一个等级，因此当地可能在烧制普通陶器的基础上做过尝试，但是没有成功。

太湖南部是马桥文化的核心分布区，2009年以来在浙江湖州东苕溪地区发现了不少马桥文化窑址，它们以烧制（原始）瓷为主，也烧制印纹硬陶，其中最为重要的是湖州南山和瓢山这两处窑址[1]。发掘者为窑址断代参照了马桥文化的分期，并且对比了多地出土的（原始）瓷和硬陶，对窑址标本作系列化碳14测年。这些测年数据与断代结论和业已存在的马桥文化分期结果互为坚实支撑。

（原始）瓷是马桥文化的高端产品，虽然在各遗址发现很少，但是因为代表了尖端的生产能力和新兴的行业，一直得到研究者的关注。（原始）瓷和印纹陶由于其特殊的原材料和对窑炉结构的更高要求，很难在各群落自行烧制，现在终于确认了马桥文化（原始）瓷的生产地点，无疑是马桥文化研究的重大突破。从各地出土品可以看出，这些窑址的产品不仅供应环太湖地区，而且销往宁镇地区。夏商时期（原始）瓷在长江、黄河流域均有发现，学术界为寻找其产地而不懈努力多年。长期以来我们重点关注于浙南闽北和赣东北地区，在这些地区发现的印纹硬陶和（原始）瓷数量大、质量精，相同的器形曾发现于二里头、郑州、殷墟等夏商都城遗址，同时这里也发现了窑址等陶瓷业遗址。湖州的发现为在更广阔区域寻找（原始）瓷产地和物流方式找到了新的出发点，在马桥文化和（原始）瓷领域，其学术价值都是不言而喻的。

在东苕溪地区调查发掘陶瓷业遗址的同时还发现了密集分布的马桥文化至西周春秋遗址，其中最重要的当属下菰城。但是由于课题设计等方面的原因，下菰城的工作才

---

[1] 浙江省文物考古研究所、湖州市博物馆、德清县博物馆：《东苕溪流域夏商时期原始瓷遗址》，文物出版社，2015年。

刚刚开始。必须认识到,陶瓷业考古应该同聚落形态研究紧密结合。(原始)瓷的规模化生产以综合经济能力为后盾,以产品需求为导向,以严密的社会管理为手段。因此今后要以下菰城为抓手,作为研讨(原始)瓷产业社会背景的起点,在东苕溪地区全方位研究马桥文化,并将其作为深化马桥文化中心聚落和相关聚落形态研究的良好开端。

(原始)瓷是百越同中原交往的关键媒介之一。东苕溪中下游湖州、德清一线的(原始)瓷产业商周时期生产规模持续扩大,形成高效集中的产业中心。这里不仅生产具有广泛实用性的生活器皿,也生产为各等级权贵服务的礼器,特别是很可能已经成为吴越王室御用礼器的指定产地并由王室或其下属机构管理。瓷业的兴盛为吴越文化的崛起奠定了扎实的经济基础。马桥文化地处呈新月形区域的百越北端,是同中原交往的起点,也是百越地区崛起的发端。马桥文化后,长江下游再崛起,迎来新一轮发展高峰。

以上反思前两项是基础问题,即马桥文化的时间、空间和谱系,后两项既是对马桥文化生存环境和先进技术的研究,也试图回答该地区社会发展中间期的形成原因和再度兴起的经济基础等重要问题。反思以往,展望未来,学人当共同勠力走向马桥文化研究的新时代。

原载浙江省文物考古研究所:《中国南方先秦考古学术研讨会论文集》,
文物出版社,2019年

《江苏常熟钱底巷遗址发掘报告》结语*

（一）钱底巷遗址的崧泽文化遗存，依据上、中、下三层叠压的文化层堆积，结合陶器形制的排比分析，被分为三期。地层的直接叠压和典型陶器器形序列发展的连续性，均表明钱底巷遗址在崧泽文化阶段为长期持续使用的定居地。通过与青浦的崧泽、福泉山和常州圩墩等遗址的对比，可以确认钱底巷的崧泽文化第一期的年代上限略早于青浦崧泽第一期墓葬，大致同福泉山的崧泽文化早期遗存相当。该期有些陶器的风格与马家浜文化比较接近，表现出由马家浜文化向崧泽文化演化的轨迹。钱底巷的崧泽文化第三期虽与青浦崧泽第三期墓葬的年代接近，但仍然存在一些区别。青浦崧泽第三期的壶、杯类器物，流行花瓣式圈足，在钱底巷就很少见。这种区别可能反映了钱底巷第三期的结束年代要略早于崧泽第三期。

钱底巷的崧泽文化陶器形式，大多数与以往发现的崧泽文化陶器相仿，但是也有少数器形为以往所不见。如B型陶鼎（M1∶1），现存双足，一侧安把手，已经残损，把手上应该还有一足，否则无法放置。这种形态的陶鼎过去未曾发现。吴县草鞋山出过一种"三足壶形陶器"（M162∶1）[1]，可能是鬶盉类器物的祖型。钱底巷B型陶鼎的足、把手安装方式与之相似。钱底巷的D型陶豆（ⅣT1406③∶1），敛口，折肩，直线斜腹，喇叭形圈足上镂大圆孔，形状比较特殊，与青浦崧泽出土名为罐形豆者，形状也有异。此外，钱底巷遗址发现了多件安单柄的陶器，如C型陶鼎（M3∶4）、B1式陶壶（ⅣT1406④）等，这在环太湖地区的崧泽文化遗存中比较少见。如果溯江而上，安徽潜山的薛家岗[2]和南京的北阴阳营[3]二遗址则发现了一些安柄的陶器。薛家岗的鬶、鼎、钵；北阴阳营的鬶、盉、盆，均有安装单柄的。同时，从这二处遗址的部分陶器上，可以看出崧泽文化的特点十分鲜明，如薛家岗的陶壶、薛家岗和北阴阳营陶豆圈足上的圆形与弧线三角形或Y形的组合镂孔等。由此反映出长江中下游地区新石器时代文化的某些共性和环太湖地区与其他地区的相互交流。

（二）本季发掘的重要收获之一是以ⅢT604第3、4层为代表的商周文化遗存得到

---

  * 宋建执笔。

[1] 南京博物院：《江苏吴县草鞋山遗址》，《文物资料丛刊（第三集）》，文物出版社，1980年。

[2] 安徽省文物工作队：《潜山薛家岗新石器时代遗址》，《考古学报》1982年3期。

[3] 南京博物院：《北阴阳营——新石器时代及商周时期遗址发掘报告》，文物出版社，1993年。

确认。类似的文化内涵过去发现不多。已知比较重要的遗址有上海的青浦寺前、金山亭林、江苏吴县的张墓村、郭新河,浙江萧山的蜀山等。其中寺前、亭林、蜀山经过正式发掘,但正式报告迄今尚未发表,仅间接披露了一小部分材料[1]。张墓村与郭新河属调查资料[2]。关于这类遗存,70年代末已有学者将它们分出,命名为"亭林类型"[3]。不过因实际发现和公布材料的限制,对它们的了解并不太多,以至于或将此类遗存与马桥文化相混,或将它们与更晚的遗存归并到一起。钱底巷遗址的发掘与材料的公布,使学术界获得了比较明晰的认识。以该遗址所发现的单纯文化堆积及其内涵为标尺,可以衡量、检验以往的调查资料或内涵不太单一的发掘资料,这将十分有助于研究工作的深入。初步的研究结果表明,以钱底巷Ⅲ T604 3层和4层为代表的文化遗存分布在环太湖地区,与马桥文化大致相同。它的主要文化面貌是马桥文化的延续与发展,并含有中原地区商、周文化因素和宁镇地区湖熟文化因素[4]。

(三)钱底巷遗址未见良渚文化的地层堆积,但是发现了个别良渚文化遗物,如剖面为丁字形的鼎足等。没有发现马桥文化遗存,殷墟文化后期至西周前期文化遗存的分布区域也比较小。从西周后期开始,钱底巷遗址又进入一个新的繁荣时期,一直延续到春秋末年。

为说明人类居住与自然环境状况的相互关系,请南京大学大地海洋系徐馨先生对采自该遗址的28块孢粉样进行了分析,初步划分出四个孢粉带,据此探讨了相应时期钱底巷遗址的环境概貌。崧泽文化早期,气候比现在稍显湿暖,遗址及其周围水域面积较大,分布比较多的池塘与港汊。崧泽文化中晚期,水域面积较前有所缩小,陆地面积相应扩大,气候略偏干凉,由于喜冷成分没有出现,因此还不能说是干冷气候。殷墟文化晚期至春秋末年,在环境变迁方面可细分为三个时期:早期耐干旱的草本植物缺失,提示地面湿度较大;中期比较干旱,水域较小;晚期长江江面抬高,发生过江水沿港汊倒灌的现象[5]。

如果将钱底巷与上海青浦的崧泽、寺前遗址对比,可以获得人类定居与环境变迁相互关系的信息。崧泽遗址的文化遗存主要是马家浜文化、崧泽文化和殷墟晚期至春秋时期,也发现过零星的良渚文化遗物和马桥文化遗存,后者的分布区域很小,文化层仅厚10厘米左右[6]。寺前遗址1966年的发掘,文化内涵同钱底巷十分近似,以崧泽文化与商周文化为主,也有良渚文化遗物。90年代初又发掘出丰富的良渚文化遗存,但是仍然缺失马桥文化[7]。钱底巷的孢粉分析结果说明崧泽文化晚期气候渐趋干凉,而良渚文

[1] 黄宣佩、张明华:《上海地区古文化遗址综述》,《上海博物馆集刊(第二期)》,上海古籍出版社,1982年;林华东:《对湖熟文化正名分期及其他》,《东南文化》1990年5期。
[2] 吴县文物管理委员会:《江苏吴县越溪张墓村遗址调查》,《考古》1989年2期;姚勤德:《江苏吴县南部地区古遗址调查简报》,《考古》1990年10期。
[3] 黄宣佩、孙维昌:《上海地区几何印纹陶遗存的分期》,《文物集刊(第三集)》,1981年。
[4] 宋建:《马桥文化的去向》(待刊)。
[5] 徐馨、朱明伦:《第四纪环境论文选集》,香港金陵书社出版公司,1992年,第178～182页。
[6] 上海市文物管理委员会:《1987年上海青浦县崧泽遗址的发掘》,《考古》1992年3期。
[7] 中国考古学会:《中国考古学年鉴(1992)》,文物出版社,1994年。

化时气候长期干凉,则为更多的分析、研究所证明[1]。这段时间,陆地广阔,非常适合人类较长时期的定居生活,聚落数量比前一时期明显增加。从寺前遗址的两次发掘可知,新石器时代的不同阶段,会在同一遗址选择不同区域作为生活区。因此有理由相信,在已经发现良渚文化遗物的钱底巷和崧泽,应该或曾经有过更加丰富的同时期文化堆积。良渚文化之后,气候转为湿暖,水域扩大,或水域的分布时常变动。这种自然环境一直延续到商周之际,此时钱底巷的地面湿度仍然较大。因此,马桥文化的聚落发现得比较少,人们在一个居住地的分布面积比较小,延续时间一般也就不会太长。可见,环境因素应该是不少遗址缺失或很少马桥文化遗存的主要原因。

原载《考古学报》1996年4期

---

[1] 王开发、张玉兰:《根据孢粉分析推论沪杭地区一万多年来的气候变迁》,《历史地理》创刊号,1981年。

试论滁河流域的周代文化

滁河,古称涂水,是长江下游的支流,河源出安徽肥东县东北,东流经安徽含山、全椒、滁州和江苏江浦等地,于六合县入长江,滁河流域的西面为巢湖水系,东南临长江,北面的张八岭是长江流域与淮河流域的分水岭。

滁河流域考古工作开始于50年代中叶,安徽省博物馆在滁河上游的肥东县调查了几处古文化遗址[1],当时定为新石器时代,实际上所获遗物多数属于商周时期。50年代末,滁河下游的江苏仪征、六合、江浦和安徽滁县等地相继有所发现,引起南京博物院的重视。1961年他们在该地区进行了一次全面调查,确认了30余处台形遗址[2],为滁河流域考古奠定了基础。1983年,南京博物院、南京大学和南京市博物馆等单位在江浦县文化馆配合下,分别勘查了江浦县境内的20余处遗址,根据采集陶片,确定其中绝大多数属于周代,从而深化了对遗址内涵的认识。滁河流域发掘过的周代遗址比较少,资料已经发表的有安徽含山县的大城墩[3]和孙家岗[4]、肥东县吴大墩[5]、江苏江浦县的蒋塍子[6]和曹王塍子[7]、仪征县甘草山[8]。蒋塍子和曹王塍子仅含单一的周代文化遗存,孙家岗与甘草山的上限可到晚商,大城墩和吴大墩的周代文化层下还包含丰富的新石器时代和夏商时期遗存。这六处遗址是我们研究滁河地区周代文化的基本材料。

50年代初,根据当时的调查资料,一般认为苏皖境内的长江两岸属于"湖熟文化"分布范围,江北文化内涵与江南基本一样[9],所指长江北岸包括滁河下游地区。这种观点的影响很大,直到最近发表的论文中,"湖熟文化"的北界仍被划定在"与宁镇山脉相

[1] 安徽省博物馆:《安徽省新石器时代遗址的调查》,《考古学报》1957年1期。
[2] 南京博物院:《江苏仪六地区湖熟文化遗址调查》,《考古》1962年3期。
[3] 安徽省文物考古研究所、含山县文物管理所:《安徽含山大城墩遗址第四次发掘报告》,《考古》1989年2期。
[4] 安徽省展览、博物馆:《安徽含山县孙家岗商代遗址调查与试掘》,《考古》1977年3期。
[5] 张敬国、贾庆元:《肥东县古城吴大墩遗址试掘简报》,《文物研究(第一辑)》,黄山书社,1985年。
[6] 蒋塍子遗址考古队:《江浦县蒋塍子遗址发掘报告》,《东南文化》1990年1、2期合刊。
[7] 南京博物馆:《江浦县曹王塍子遗址试掘简报》,《东南文化(第二辑)》,江苏古籍出版社,1987年。
[8] 江苏省驻仪征化纤公司文物工作队:《仪征胥浦甘草山遗址的发掘》,《东南文化(第二辑)》,江苏古籍出版社,1987年。
[9] 蒋赞初:《关于江苏的原始文化遗址》,《考古学报》1959年4期;曾昭燏、尹焕章:《试论湖熟文化》,《考古学报》1959年4期。

对峙的江北蜀冈丘陵地带"[1]。近十年来,田野工作广泛开展,发掘资料日益增多,横贯苏皖的滁河地区青铜文化越来越显示出重要性。该地区的地域性特征已经引起注意,例如曹王塍子遗址的发掘报告指出:"西周文化层受中原文化影响较大,文化内涵与苏南宁镇地区同期文化遗存有着一定的区别",而春秋文化层中,"苏南地区同期文化影响增大"。不过,同文又认为长江两岸的共同之处是主要的,皆属"湖熟文化"遗存。

本文将以滁河地区周代文化分期为基础,观察不同文化因素的更迭与变迁,以阐明它们与长江以南周代文化的相互关系。

一、周代文化分期

滁河流域的6处周代遗址,除含山孙家岗外,都发掘出多层叠压的文化堆积,其中尤以江浦蒋塍子遗址延续时间长、文化遗存丰富。各遗址的地层关系是进行文化分期的重要依据。陶器是周代普通聚落遗址中数量最多的人工制品,是居民最主要的生活用具。根据地层叠压关系和陶器各要素的变化,可将周代文化分成四期。

第一期文化　各遗址的文化遗存都相当丰富,以蒋塍子遗址T106的第8b、8a、7层、T201的第9、8、7层和含山大城墩第四次发掘T17的第5A层为代表。

这期常见陶系有夹砂红褐陶、泥质红陶、泥质黑陶与灰陶。夹砂红褐陶占50%左右,最具特色,颜色偏灰,因此也有称灰陶的,表面多有黑色烟炱,泥质红陶略少,黑陶与灰陶更少。此外,在个别遗址发现了夹砂黄陶与泥质黄陶。基本不见硬陶与原始瓷。器表加工与装饰经常运用打磨、压印、刻划与堆塑堆贴等形式。打磨主要施于泥质黑陶、灰陶之上,表面平整光亮。压印绳纹在夹砂红褐陶上极为盛行。刻划纹的种类有填线三角纹、锯齿纹、网纶、叶脉纹等。堆塑与堆贴,有的只具装饰功能,如圆饼形、螺旋形等,均贴于陶器的腹部,也有的堆贴兼有实用价值,如在甗腰部堆塑一圈泥条,使上、下两段的黏接更加牢固,大型的缸、盆上甚至有两周以上的泥条,以加固庞大的器身。此期几何印纹罕见,只有填短直线与方块的平行线纹、乱雷纹等,前者是滁河地区很典型的纹饰,以后几期都有所出现(图一)。

常见的陶器种类,炊器以鬲、甗为大宗,盛食器有盆、簋、豆、罐(图二)。

鬲　有绳纹鬲与素面鬲两种,素面鬲很少,仅见残片。绳纹鬲皆夹砂陶,侈沿,方唇,沿、腹夹角接近或大于90度,可以看出有粗短的颈部,弧形联裆,平柱形或锥形足,绳纹比较细,个别还在上腹部堆贴圆泥片。

甗　亦有绳纹与素面之分,夹砂陶,均未见复原器。甗腰的特征及变化规律相当明显。本期的两种甗,腰上多堆贴泥条,泥条上按捺密集的单排或双排指印。绳纹较细,或饰间断绳纹。

---

[1]　刘建国、张敏:《论湖熟文化分期》,《东南文化》1989年1期。

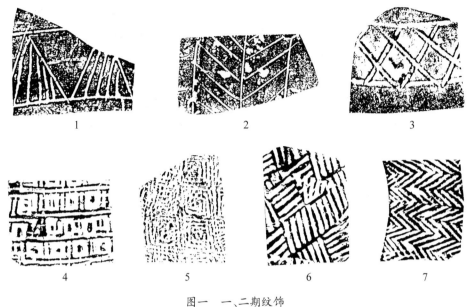

图一　一、二期纹饰

1～3. 一期刻划纹　　4、5. 一期印纹　　6、7. 二期印纹

　　盆　分深腹与浅腹。深腹盆数量多，使用普遍，以夹细砂陶为主，亦不乏泥质陶。侈沿，个别沿略外翻，方唇居多，少量圆唇，器腹微鼓斜收，底微凹或近平，常饰细绳纹或间断绳纹，或饰弦纹。浅腹盆数量很少，皆为泥质陶，敞口，弧腹，小底近平，饰绳纹，或部分抹去。

　　簋　泥质灰、黑陶居多，亦见少数夹砂陶。侈沿，方唇，圆弧腹，圈足比较矮，常饰三角纹与网纹，有的加印绳纹，器底亦有，后又大部抹去，这显然是制作过程中留下的痕迹。有些黑陶表面被磨光。

　　豆　常见泥质红陶，豆盘较深，器口一般较直，少数敛口，平沿稍向内勾，折腹或圆腹，筒形粗高圈足，也有中部内弧形高圈足。装饰简单，除了弦纹，仅见在豆盘上贴附圆形泥片。

　　罐　有些也可称为瓮。以泥质灰、黑陶为主。侈口，圆肩，深腹，底近平，常饰绳纹，有的肩部附对称宽鸭嘴形耳，也有的附方形竖錾紧贴器身，或与器壁的夹角比较小。

　　本期还有几种比较少见的陶器。缸，仅复原一件，泥质黄陶，器形很大，侈沿，深腹，平底，通体饰绳纹，器身上下各堆贴一周泥条。刻槽盆，只发现残片，泥质黑陶，外饰绳纹，内刻菱形槽。

　　第二期文化　与前期相同，都是文化发展的繁荣时期，以蒋塍子遗址T106的第6、5层和T201的第6、5层为代表。

　　这期仍以夹砂红褐陶为最多，偏晚阶段，颜色偏灰者有所减少，出现部分偏红者，泥质陶比前期稍少，其中主要为红陶，不见夹砂黄陶与泥质黄陶，出现少量硬陶与原始瓷。表面装饰仍然以压印绳纹、磨光、刻划与堆塑堆贴比较流行。但是夹砂红褐陶的器表随

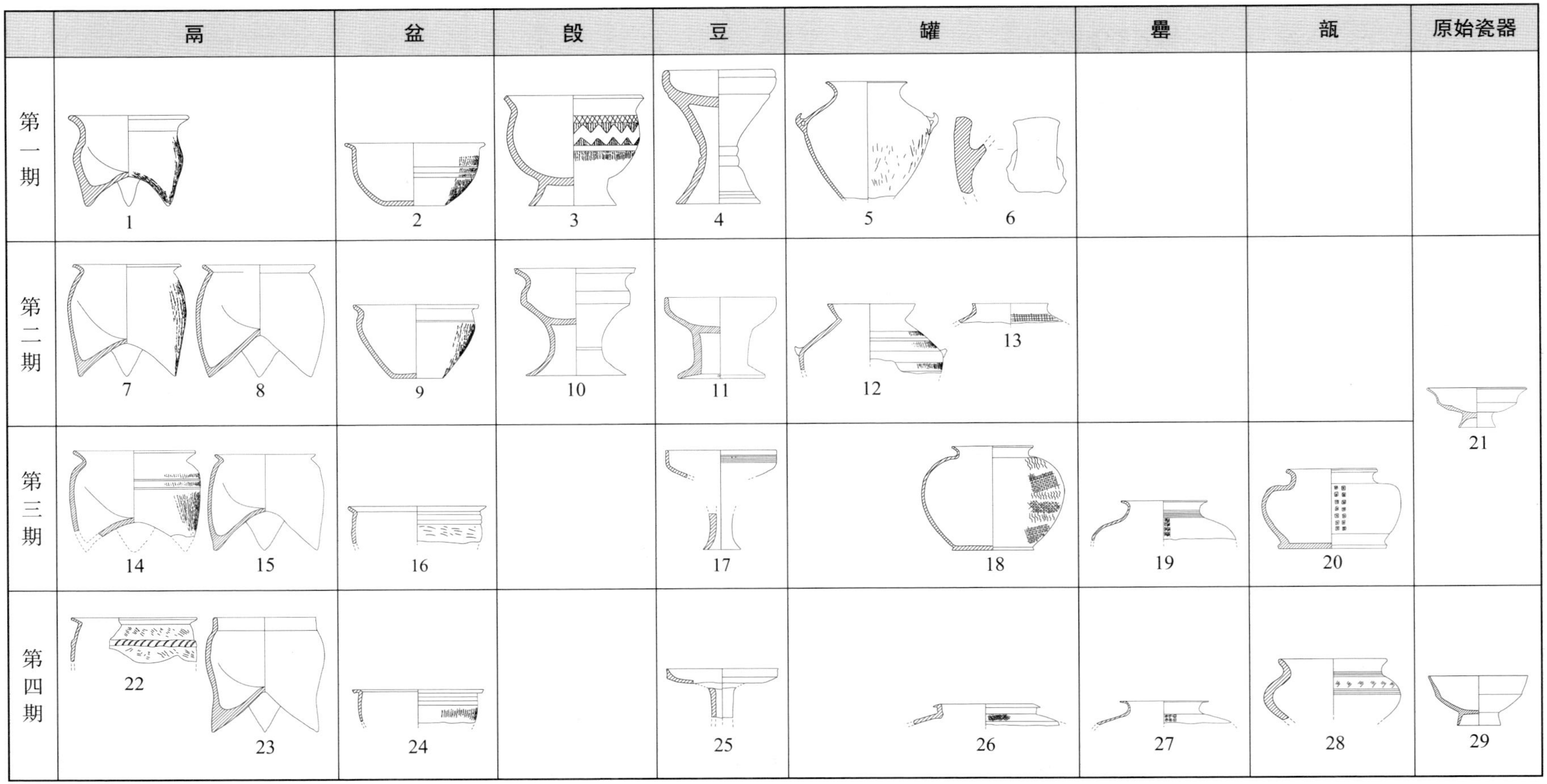

图二　周代陶器分期

1、4、9. 吴大墩　3、10. 大城墩　23. 甘草山　其余. 蒋摩子

	鬲	盆	簋	豆	罐	甗	盅	瓿	原始瓷器
第一期	1	2	3	4	5　6				
第二期	7　8	9	10	11	12　13				21
第三期	14　15	16		17	18	19	20		
第四期	22　23	24		25	26	27	28		29

着颜色的渐变,装饰也发生了变化,一般色偏灰者常饰绳纹,色偏红者常为素面,本期素面比前期有所增加。几何印纹很少,种类有席纹、折线纹、回纹、方格纹等。席纹,个体形态不规则,既不像方形,又不是规则的菱形,折线纹,印痕深且清晰,多为锐角转折。

陶器类别与前期相近,但是绳纹鬲、甗有所减少,素面鬲、甗增加,前期少见的缸、刻槽盆已经消失,新出现原始瓷豆。

鬲　绳纹鬲,侈沿,方唇,沿、腹夹角接近或稍小于90度,略显瘪裆,有的联裆比较低矮,鬲足仍分平柱形与尖锥形两种,绳纹由细变粗。素面鬲,表面加工粗糙,常见刮抹痕迹,形体比较长或近方形,斜侈沿,圆唇,口径常大于两足间距,高联裆,裆内分割比较明显,锥形深袋足。

甗　绳纹甗与素面甗的共同特征是腰部一般不再堆贴泥条,而是按捺排列稀疏的指窝,绳纹甗饰较粗绳纹。

盆　深腹盆,泥质陶比细砂陶多见,斜折沿,折痕不太明显,方唇,斜收腹,小平底,也有少量腹部明显外鼓。多饰绳纹与弦纹,个别堆贴有楔形压痕的泥条。浅腹盆仍少见,皆泥质陶,平侈沿,薄圆唇,斜腹,常见素面。

簋　以泥质灰、黑陶为主,敞口,窄折肩,折腹斜收,圈足比较高,器表装饰简化,仅见弦纹。

豆　前期的泥质红陶豆较少,而泥质黑陶豆居多。形态多样,主要有两种,一种是从前期豆演化而来,敞口,平沿稍向内勾,斜腹内收,喇叭形高圈足。另一种即泥质黑陶豆,有直口,也有敛口,斜腹,直筒形高圈足,近足底时外撇。装饰亦趋简化,常见素面。新出的原始瓷豆,施淡绿色釉,灰白胎,侈口,上腹部内束,折腹或圆腹,下腹部弧收或斜收。

罐　种类繁多,其中两种特别具有典型性。一种为泥质黑陶圆肩罐,斜侈口,平沿内勾,肩部多有长方形錾,錾体小于前期,器表多数经过打磨,饰绳纹,或间断绳纹。另一种是泥质红陶罐,直口略侈,常饰方格纹。

第三期文化　不如前两期丰富。以蒋塍子T106第4、3层和T201第4、3层为代表。

这期夹砂红褐陶数量更多,其中颜色偏红者已经超过偏灰者,泥质陶器的总数比较少,主要部分仍然为红陶。硬陶与原始瓷比前期明显增加。器表装饰方面,夹砂红褐陶中素面大大增加,绳纹减少,在蒋塍子T201,素面已是绳纹的两倍。泥质陶系的磨光与刻划工艺衰落,除弦纹外,其他刻划纹已极少见到。几何形印纹的数量迅速增长,种类增多,令人注目。常见的典型纹饰有,变体雷纹,从螺旋形雷纹变化而来,以对称的L形相互咬合为特征;席纹,单元一般比较大,出现规则的菱形席纹与人字形席纹;方格纹,种类比较多,有普通方格、大方格,还有双线方格;回纹、印纹突出,风格粗犷;折线纹多为纯角转折。有的折线间还杂短斜线;复线方格纹,中心方格内常填各类型符号,如一、=、/、H、日、目等;叶脉纹,个别中线为双线。其他纹饰有复线菱纹、填线菱纹、填+复线菱纹、复线三角纹、填线三角纹、复线半圆纹,还有填不同纹样的平行线纹,如填短折线、短直线、米字、复线菱纹等等(图三)。

图三　三期纹饰

陶器种类发生一些变化。鬲、甗、盆、豆、罐继续盛行,簋少见。原始瓷豆增多,新出现硬陶罍、瓿和原始瓷碗等。

鬲 绳纹鬲比前期少,侈沿,方唇,亦有圆唇,沿、腹夹角常小于90度,联裆低矮,瘪裆明显,锥形足,有的足端内勾,饰粗绳纹。素面鬲比前期多,整体近方形或扁方形,折沿,圆唇,常见口径小于两足间距,联裆比较低,内裆分割平纯,锥形浅袋足。

甗 无论绳纹甗还是素面甗,均以腰部不按指窝者多见,不见堆贴泥条。

盆 常见泥质灰陶与黑陶深腹盆,斜折沿,折痕明显,仍以方唇为主,偶见圆唇,器腹形态很多,有斜直腹、圆鼓腹,还有折腹,饰粗绳纹或弦纹,也有素面。泥质陶浅腹盆少见,斜腹,小平底,常饰粗绳纹。

豆 前两期流行的粗高圈足豆趋于消失,而细柄圈足豆涌现,多为泥质黑陶与灰陶,直口,豆盘较深,折腹,常饰弦纹。

原始瓷豆 施釉,但是附着力不强,经常剥落,敞口,上部稍向内弧,折腹,矮圈足外撇。

罐 前期的黑陶圆肩罐少见,饰几何印纹的陶罐增加,分泥质红陶系与泥质紫色硬陶系,前者侈沿,常饰变体雷纹;后者侈沿略卷,圆肩,鼓腹弧收,平底,常饰折线纹、回纹组合印纹。

新出现的硬陶罍,未能复原,口沿斜侈;瓿,侈沿,方唇,耸肩,扁腹,底部周缘向外凸出,似扁饼形。器物皆常饰几何形印纹。原始瓷碗,内施螺旋纹,厚饼形底。

第四期文化 一般位于遗址偏上部,由于遭到后世长期的扰乱与破坏,保存情况不好,出土遗物破碎。有些遗址缺乏这期遗存。典型地层是蒋塍子第2层与甘草山第3A层。

这期的各陶系比例与前期相差不大,只是夹砂陶中有一些纯灰陶,硬陶数量明显增加,大约为前期的二至四倍,说明高温陶窑更加普及,制陶技术逐步发展。夹砂红(褐)陶中,素面更多,已近90%。泥质红陶与紫色硬陶普遍装饰几何形印纹,各种纹饰多姿多彩,极富变化。除变体雷纹已经消失外,第三期的多数纹饰在本期仍然流行,不过有的纹饰形态发生变化。席纹,多为规则的菱形小席纹;方格纹的种类更多,新出现组合方格、填田方格、填×方格、填方块方格等;回纹,印痕浅,风格纤细;折线纹,出现线间夹杂叶脉纹;填以不同纹样的复线方格纹数量猛增,在硬陶中格外盛行。本期新的纹饰有复线圆圈纹、小方格(麻布)纹、填方格之平行线纹、复线方格纹中夹杂叶脉纹。另外,在泥质灰陶与硬陶上盛行刻划弦纹间夹多根平行短斜线。(图四)

陶器种类与前期接近,只是原始瓷碗大增,原始瓷豆减少。

鬲 绳纹鬲很少,未能复原,残片中多见夹砂灰陶鬲,斜折沿,方唇,锥形足,饰规整的细绳纹。素面鬲,直口,腹上部外鼓,联裆低矮,锥形足略外撇。

甗 发现不多,有一种夹砂灰陶甗,其特征为腰部有紧密的长方形凹窝。

盆 仍以深腹盆为主,夹砂陶、泥质陶均有,折沿近平,方唇,多饰绳纹,个别腹部堆贴宽泥片,上有楔形压痕。另一种折肩盆,泥质灰陶,宽侈沿,方唇,微鼓腹,平底,肩部

图四　四期纹饰

施间夹短斜线的弦纹,腹部绳纹被抹去。

豆　皆为泥质陶细柄豆,浅盘,直口,折腹,细高柄。原始瓷豆少见,特征是敞口,上腹斜直,折腹,矮圈足近直。

碗　原始瓷,常见薄饼形底。

罐　多见泥质印纹陶罐,口部特征为卷沿或翻沿,饰菱形小席纹与小方格纹。

罍　以硬陶为主,卷沿,薄圆唇,拍印多种几何形纹饰。

瓿　以硬陶为主,侈口,斜肩,斜腹,平底。

上述各期文化的相对年代可以通过与中原周文化、相邻地区文化进行比较得以确定。

第一期　绳纹联裆鬲略显短颈的作风与陕西长安普渡村西周早中期的Ⅲ式鬲相似[1]。

---

[1]　中国社会科学院考古研究所沣西发掘队:《1984年长安普渡村西周墓葬发掘简报》,《考古》1988年9期。

侈沿深腹盆的形态接近长安张家坡西周早期的Ⅰ式盆[1]。粗把高圈足豆的形制与装饰风格也见于普渡村西周早期墓葬的Ⅱ式、Ⅲ式豆。簋，弧腹、矮圈足，刻划三角纹，或再印绳纹，同类作风在中原西周早期文化遗存中盛行。附贴小圆饼与陕西的西周早中期陶器相同，见之于豆盘、簋腹、罐肩之上。甗腰上按捺密集指痕则与江苏丹徒断山墩遗址一期文化相同[2]，后者的年代大约为西周前期。据此，将第一期年代定在西周前期比较恰当。

第二期　绳纹联裆鬲的上半部形态与张家坡西周晚期Ⅳ式鬲近似，附长方形平錾的圆肩罐亦见于西周晚期居址[3]。甗腰上经常按捺排列稀疏的指捺窝，与西周后期的断山墩二期文化相同。素面联裆鬲与江苏丹徒烟墩山M2出土陶鬲相近[4]。M2发掘报告将该墓年代断在西周早期，但是从墓内随葬的陶鬲、硬陶罐、甗看，其形制多与断山墩二期文化相同或类似，原始瓷豆则与镇江马迹山遗址[5]所出相同。实际上马迹山遗址的文化内涵比较复杂，跨越年代较长，已有研究者将那件豆的年代定为西周后期[6]，比较符合实际情况。通过以上对比与分析，可知第二期属于西周后期的文化遗存。

第三期　属于这一期的蒋塍子T207第3层发现了两件青铜戈，出土时相叠在一起。两件铜戈形制相像。援部的上刃与内部的上缘基本上连成直线，援较窄，内比较长，内、援之比为1：2.2～2.4，戈锋为斜边相等的圭头形，无上栏齿。形制与春秋早期的虢太子元徒戈相近，而与西周时期的舌形锋、宽援短内戈相去较远，又不同于春秋晚期的援上刃呈弧线、内上翘的戈。这期的原始瓷豆与河南信阳平西五号春秋早期墓葬的两件硬陶豆近似[7]。因此本期年代应属春秋早期，上限或可进入西周末年。

第四期　浅盘细柄豆与山西曲沃天马曲村遗址春秋战国之交的Ⅷ式豆近似[8]，也是鄂东地区战国时期的常见器物[9]。一些陶器器表装饰小方格（麻布）纹，同出遗物还有蚁鼻钱和铁器。现在一般认为，铁器与小方格（麻布）纹出现于春秋末年，蚁鼻钱在滁河流域出现可能已进入战国。这样，可以认为第四期大约为春秋后期至战国初年。

二、滁河流域周代文化与"湖熟文化"

30年来，"湖熟文化"的年代与内涵一直不是十分清晰。命名伊始，曾昭燏等学者就指出"湖熟文化"可以区分为上、下两层，下层的上限可至商末甚至更早，发达年代在

[1]　中国科学院考古研究所：《沣西发掘报告》，文物出版社，1962年。
[2]　《丹徒断山墩遗址发掘简介》，《东南文化》1990年5期。
[3]　中国科学院考古研究所：《沣西发掘报告》，文物出版社，1962年。
[4]　江苏省丹徒考古队：《江苏丹徒大港土墩墓发掘报告》，《文物》1987年5期。
[5]　镇江博物馆：《镇江市马迹山遗址的发掘》，《文物》1983年11期。
[6]　刘建国、张敏：《论湖熟文化分期》，《东南文化》1989年1期。
[7]　信阳地区文管会、信阳市文管会：《河南信阳市平西五号春秋墓发掘简报》，《考古》1989年1期。
[8]　北京大学考古专业商周组等：《晋豫鄂三省考古调查简报》，《文物》1982年7期。
[9]　湖北省文物管理委员会：《湖北宣城"楚皇城"遗址调查》，《考古》1965年8期。

西周初叶,上层的下限当春秋战国之交,距今二千四五百年[1]。张永年进一步将"湖熟文化下层"分为两种类型,前一种以北阴阳营第3层为代表,与殷商接近,后一种以锁金村为代表,相当于西周[2]。到1979年,张永年的观点得到进一步发展,"湖熟文化下层"实际上变成了"湖熟文化"全部,称"湖熟文化"分两期,"早期为公元前1540±90年(相当于商代初期),晚期为公元前1195±105年(相当于西周初期)"[3]。上述成果仍然是80年代"湖熟文化"研究的基本框架[4]。

1973年发掘江宁点将台[5]和80年代初发掘句容城(孙)头山[6]后,张永年的区分法得到地层证据,并有突破,即发现了早于"湖熟文化早期"的文化遗存。以此为基础,"湖熟文化"又被分为早、中、晚三期[7]。

70年代后期开始发掘的苏南土墩墓群和80年代发掘的丹徒断山墩、赵家窑团山[8]二遗址,使曾先生提出后淡忘多年的"湖熟文化上层"重新受到关注,"湖熟文化"再度成为宁镇地区青铜文化的统一名称,并分成五阶段八期[9]。

本节下面所提到的"湖熟文化"仅指宁镇地区的周代文化遗存,包括土墩墓。西周时期以断山墩一、二期与团山四期为代表,春秋时期以断山墩三、四期与团山五、六期为代表。

"湖熟文化"的陶器具有鲜明的特色。夹砂红陶与泥质红陶自始至终是陶器的主要成分,而泥质灰陶与泥质黑陶所占比例比较小,硬陶与原始瓷一直存在,数量逐渐增加。有一组相对独立稳定的器物群,如侈口联裆鬲、束腰联裆甗、锥足鼎、矮圈足豆、浅腹大平底盆、广口深腹盆、小口矮领(颈)罐等。器表以不加任何修饰的素面和拍印几何形花纹最为典型。所有这些构成了陶器的独特个性,反映了"湖熟文化"的同一性与延续性。

西周时期,滁河流域的陶器与"湖熟文化"对比,在很多方面表现了程度不同的差别。

陶系方面,"湖熟文化"的夹砂红陶呈鲜艳的砖红色,数量很多,根据团山遗址出土陶片的统计,在第6层和第4层分别占同层陶瓷片总数的89.4%和76.6%,滁河地区少见这类夹砂红陶,盛行的夹砂红褐陶偏灰色,而且年代越早,偏灰者越多,有的发掘报告直接称为灰陶。蒋滕子T201第九层至第六层的红褐陶在42.8%至49.2%之间,第五层增至79%。

陶器种类、形态方面,两地区别更加容易辨别(图五)。

[1] 蒋赞初:《关于江苏的原始文化遗址》,《考古学报》1959年4期;曾昭燏、尹焕章:《试论湖熟文化》,《考古学报》1959年4期;曾昭燏、尹焕章:《古代江苏历史上的两个问题》,《江苏省出土文物选集》,文物出版社,1963年。

[2] 张永年:《关于"湖熟文化"的若干问题》,《考古》1962年1期。

[3] 文物编辑委员会:《文物考古工作三十年》,文物出版社,1979年。

[4] 魏正瑾:《宁镇地区新石器时代文化的特点与分期》,《考古》1983年9期。

[5] 南京博物院:《江宁汤山点将台遗址》,《东南文化》1987年3期。

[6] 镇江市博物馆:《江苏句容城头山遗址试掘简报》,《考古》1985年4期。

[7] 刘建国:《浅论宁镇地区古代文化的几个问题》,《考古》1986年8期。

[8] 团山遗址考古队:《丹徒赵家窑团山遗址》,《东南文化》1989年1期。

[9] 刘建国、张敏:《论湖熟文化分期》,《东南文化》1989年1期。

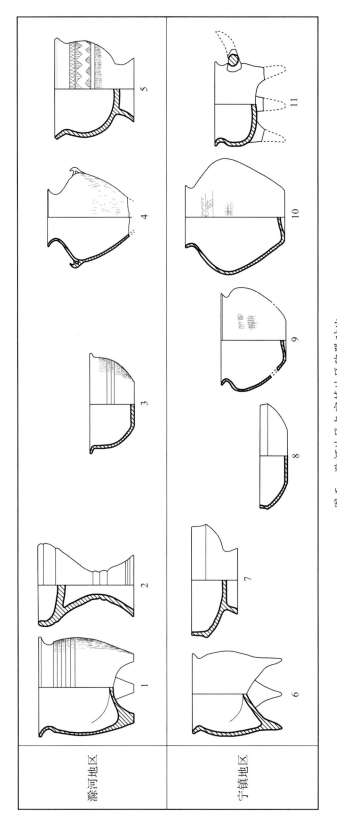

图五　滁河地区与宁镇地区陶器对比

1、3、4. 蒋膛子　2. 吴大墩　5. 大城墩　6. 烟墩山　7. 团山　8～11. 断山墩

鬲　虽然同为最主要炊器,但是风格判然有别。宁镇地区盛行素面联裆鬲,不仅在遗址中数量众多,而且还经常作为随葬品出现在同时期土墩墓内。其特征是通体素面,口沿一般比较窄,斜侈沿,圆唇,弧形联裆,有的裆部甚高,空袋足下都贴附一段实足根,种类很多,有近似圆柱形的,有圆柱形而端部内勾的,还有尖锥形的。"湖熟文化"的素面鬲源远流长。目前所见最早的一件当推团山H11所出的大口宽折沿肥袋足鬲,年代可至商代晚期。春秋时期素面鬲仍然盛行,断山墩遗址出土很多。

滁河地区流行绳纹联裆鬲,通体满饰绳纹,其特征是宽沿,方唇者居多,年代偏早的常显出颈与肩部,矮圆弧联裆,其中有一部分为"瘪裆鬲"。

值得指出的是,滁河地区流行绳纹鬲的同时,也出现了素面鬲,风格与宁镇地区类似,但是数量比绳纹鬲少得多,它们在陶器中所占比例更无法与宁镇地区相比,而绳纹陶鬲在"湖熟文化"中则可谓凤毛麟角,以断山墩为例,只在西周晚期遗存中复原一件,团山的两件则已到春秋时期了。

甗　"湖熟文化"几乎都是素面甗。滁河地区绳纹甗与素面甗共存,但是前者数量大大多于后者,与鬲完全相同。

鼎　也是宁镇地区主要炊器之一,虽然不如鬲多,却一直与鬲共存。可分深腹釜罐形鼎与浅腹盆形鼎两种,均以素面、圆锥足或椭圆锥足为特征,有的附羊角形把手。宁镇地区陶鼎自新石器时代出现之后,绵延不断,自成体系,在商周"湖熟文化"中与鬲、甗平分秋色。

与宁镇地区形成鲜明对照,滁河地区缺乏鼎类器。蒋膯子遗址的数百平方米西周遗存中,没有复原一件陶鼎,甚至要想在陶片内分辨出鼎形也很困难,其余遗址的情形大致相同。

豆　长江南北同以豆作为主要食器,流行样式却大相径庭。宁镇地区的矮圈足豆是豆类的主体,数量可观。以泥质灰陶居多,也有泥质黑陶,几乎都是素面,偶见弦纹,外形基本特征为直口,折腹,矮圈足。到春秋时期,矮圈足豆更多。

滁河地区盛行粗柄高圈足豆,以泥质红陶居多,也有细砂红陶,器口样式较多,但以直口为主,或稍侈,或微敛,圆腹多,折腹少,圈足甚高,有直筒形,也有中段内弧的。常饰弦纹,有的豆盘外贴附圆形泥饼。

簋　滁河地区簋是仅次于豆的常用食器。有泥质陶,也有夹砂陶。器形特征为敞口,方唇,年代较早者,深腹矮圈足,常饰三角划纹;年代较晚者,浅腹高圈足。

宁镇地区西周早期陶簋就比较少见,点将台出土一件西周初陶簋残片,厚方唇,沿内有凹槽,饰绳纹与划纹,此后簋就基本绝迹了。

盆　深腹盆是滁河地区盆类中最为普及的一种,各遗址都发现了许多残片。复原器也比较多,它们的共同特征是,盆口较大,侈沿或斜折沿,方唇居多,盆腹弧度较小,略外鼓,深腹,小凹圜底或小平底,底径通常不到口径的二分之一,陶系除泥质陶外,还有夹细砂陶,器表饰绳纹者占相当比例。

宁镇地区富于个性的盆有两种。一种是以泥质灰陶为主的浅腹盆,另一种为泥质红陶的深腹盆。前者的器口颇似矮圈足豆,直口,或稍侈,折腹,大平底,底径多超过口径的二分之一。除少量饰弦纹外,差不多都是素面。深腹盆恰恰相反,全身满饰几何形印纹,侈沿,斜肩斜腹,或圆肩圆腹,平底,也有凹圜底。

罐 为了适合各种不同的用途,形态差异很大。滁河地区特别流行泥质黑灰陶圆肩罐,其特征为侈沿,圆肩上常有宽鸭嘴形耳或方形、长方形鋬,器表多经打磨,施绳纹。

宁镇地区则流行泥质红陶圆肩罐,形态特征是小口,有矮领,斜腹,平底或凹圜底。除个别饰绳纹之外,均通体饰几何形印纹。

在陶器表面的加工、装饰方面,两个地区的差别亦不难识别。

"湖熟文化"的夹砂红陶与泥质灰、黑陶,仅个别饰绳纹和简单的弦纹,而绝大多数都不作装饰,因此称素面陶器为宁镇地区的一大特色绝不为过。经常拍印几何形纹饰是"湖熟文化"陶器的又一特色。据团山遗址第四期的统计,饰纹陶片占总数的19.4%,其中主要是几何形印纹,种类有梯格纹、回纹、折线纹、云雷纹、变体雷纹、方格纹、席纹、羽状纹,其他遗址还发现过复线菱纹与叶脉纹。如果考虑到基本为素面的夹砂红陶在陶器总数中所占比例之高,那么这个19.4%就相当可观了。

长江以北的滁河地区,情况就大不相同了。夹砂红褐陶上,绳纹占据主导地位,总数始终超过素面,而且年代越早,差距越大。我们可以从蒋膳子T201的统计中看到红褐陶上绳纹与素面关系的动态变化(表一)。从西周初年全部都是绳纹到西周晚期绳纹、素面接近各半。鬲、盆、罐等类陶器上常印满绳纹,甚至有的鬲足底部与盆、罐的底部都有。多数绳纹比较细,印痕比较深,其中有一部分为间断绳纹。

滁河地区的刻划纹亦颇具特色。虽然从数量上看,刻划纹比绳纹少得多,但是种类很丰富,有填线三角纹、叶脉纹,还有网纹、锯齿纹等。其他常见装饰方式还有戳印圆圈纹;泥质陶器上施打磨,表面光亮;鬲腹上部、豆盘上附贴圆形泥片等等。

表一

年　代	百分比 纹饰 地层		绳　纹	素　面
西周前期	9		100	0
	8		90.9	9.1
	7		64.3	35.7
西周后期	6		66.7	33.3
	5		51.2	48.8

表二

年　代	百分比 地层	纹饰	绳　纹	素　面
春秋早期	4		39.4	60.6
	3		26.2	73.8
春秋晚期	2		11.8	89.2

　　正如在盛行绳纹的同时亦有素面一样,滁河地区几何印纹并非绝迹。不过西周前期极少,以蒋塍子遗址为例,有的探方仅一两片,有的探方一片也没有。到西周晚期略有增加。曹王塍子的西周文化层同样以绳纹为主,几何印纹极少。

　　根据以上分析,西周时期滁河地区与"湖熟文化"的差别显而易见。但是,春秋时期差别逐渐缩小,出现同一化趋势。夹砂红褐陶的颜色不再像西周时期那样灰暗,而转变为偏红,饰绳纹者始终少于素面,而且前者越来越少,后者日益增多。我们仍以蒋塍子T201的统计说明变化过程(表二)。与素面陶逐层增加相对应,几何印纹发生了更加明显的同步变化:蒋塍子T201第4层几何印纹陶片数占陶片总量的5.4%,第3层增至8.1%,第2层激增为20%。纹饰种类相当繁复,计有三十余种之多,其中的多数与别的几何纹共同构成组合纹样,主要为两种纹饰,个别为三种纹饰的组合。素面鬲、甗增多,超过了绳纹鬲、甗。泥质红陶小口矮领罐、饰几何纹的硬陶罍与硬陶瓿、原始瓷豆与碗等器皿的陶系、形态、装饰与"湖熟文化"相差无几。它们有些是春秋时期才出现,有些这个时期特别盛行。

三、余　论

　　滁河地区的周代文化是整体延续性与发展阶段性的统一体。前者集中反映在陶器的表面工艺和器物形态方面。夹砂红褐陶中,绳纹与素面始终共存,各占一定比例,此消彼长,绳纹由多至少,素面由少到多。陶器群相对稳定,饰绳纹的联裆鬲、束腰甗和深腹盆尤为突出,它们各自自成系统,纵贯周代始末,并且具有清晰的演化轨迹。周代文化分为四期,一期与二期的文化要素比较接近,三期与四期亦然,因此可以归并为两大发展阶段。前一阶段,各遗址的文化遗存都十分丰富,堪称整个文化发展的繁荣时期,以绳纹为大宗,在夹砂红褐陶中多于素面。泥质陶的表面磨光、刻划纹饰十分流行,相反,几何形印纹极少见到,种类亦很贫乏。簋比较常见,盛行粗把高圈足豆,罐肩上常见宽鸭嘴形耳和方形、长方形錾。后一阶段的文化遗存在各遗址中或部分缺失,或不够丰富。夹砂红褐陶中素面已成主体。硬陶与原始瓷逐渐增多。泥质红陶与硬陶普遍拍印几何形印纹,多种多样,富于变化。簋已很少见到。粗把豆为细柄豆所取代。原始瓷豆与碗成为日常生活中的常用食器,还出现了硬陶罍与硬陶瓿。

过去,大多数研究者都将滁河流域的周代文化归到以宁镇地区为分布中心的"湖熟文化"系统。实际上,西周时期长江两岸陶器方面的差异不难识别。宁镇地区盛行鲜艳的砖红色素面夹砂陶。滁河地区则常见灰暗的绳纹夹砂红褐陶。宁镇地区流行几何形纹饰,拍印技法简便易行,既能满足制陶工艺的要求,又兼备装饰陶器美化生活的功能,千百年间一脉相承;滁河地区的几何形纹饰只是偶有发现,无论是种类,还是数量,都无法与宁镇地区匹敌。宁镇地区的器物群,素面侈沿联裆鬲、素面束腰联裆甗、素面锥足鼎、矮圈足豆、浅腹大平底盆、几何印纹广口深腹盆、几何印纹小口矮领罐皆颇有特色;而滁河地区的典型器形为绳纹方唇联裆鬲、绳纹方唇束腰甗、敞口方唇簋、粗把高圈足豆、深腹小底盆、带耳、錾的圆肩罐。

多年来,由于发掘资料所限,难以满足基础研究工作的需要,因此无法全面、准确地认识滁河地区周代文化的全貌,这是可以理解的。现在正是进行重新认识的契机,只要充分地考虑到文化要素的变迁对判定文化属性的意义,不仅看到长江南北文化面貌的小同,更应该注意它们之间的大异,就不难得出比较符合客观实际的判断。基于本文的分析,我建议将滁河地区的周代文化从"湖熟文化"中分离出来。在地域上,滁河地区位于江淮地区东南部,与宁镇地区与皖东南地区隔江对峙。在文化面貌上,江淮地区的周代文化与"湖熟文化"在这里发生重叠,西周时期前者占据主导地位,春秋时期,后者又压倒了前者。因此,滁河流域周代文化既不同于"湖熟文化",又与江淮周代文化有所区别,是一个独立的文化区域。江淮周代文化应属淮夷创造的文化。许多青铜器铭文记载,西周时期的淮夷非常强盛,多次发动反抗西周王朝的战争,甚至深入到王朝直属领地,西周军队也屡次讨伐淮夷、南淮夷。这个时期,滁河地区处于淮夷势力圈内。因此长江以北地区的文化面貌大同小异。周代的"湖熟文化"就是吴文化。虽然吴立国很早,但其进入政治、军事上的真正强盛时期已到春秋。吴国四处征伐,势力范围迅速扩大。此时,滁河地区的文化面貌与"湖熟文化"趋同,就不难理解了。

原载《东南文化》1990年5期

古代文明化进程

嵩山地区与太湖地区文明进程的比较研究

一、前　　言

中国文明的起源、形成是一个相当长时期的发展进程。在黄河流域高度发达的商周文明之前，中国境内许多地区都开始了各自的文明进程。由于受到多种不同因素的制约和影响，各地文明进程的速度与方向不完全相同，表现出不同的文明进程特征。

河南嵩山伊洛地区是夏文化的发祥地。大约公元前25世纪至公元前16世纪，这里先后崛起了河南龙山文化的王湾类型与二里头文化。二里头文化是夏文化的主要组成部分，王湾类型也与夏文化有关。史籍记载夏代是我国历史的第一个朝代，已经进入文明时期。夏文化对后来的商文化发生过深刻的影响。因此在探讨文明进程课题时，这个地区值得特别关注。

长江下游的太湖地区是良渚文化与马桥文化的分布中心区域。两个文化的年代跨度为公元前第三千纪与公元前第二千纪，大部分时期与王湾类型、二里头文化重叠。近年来良渚文化的考古发现与研究进展很快，为研究文明进程提供了许多新鲜的资料。马桥文化的研究也达到了一定深度，笔者曾探讨过良渚文化向马桥文化的演化过程问题[1]。这些都为阐释太湖地区文明进程准备了比较充分的条件。

本文旨在通过上述两个地区考古材料的比较来研究文明进程的不同特征，希望对中国文明起源的内在规律这一大课题的研究有所帮助。

二、文明要素的形成与发展

为了确定社会群体或考古学文化在文明进程中的恰当位置，衡量它们的发展程度，必须提出若干项标准，也就是文明要素。

首先是青铜的冶铸。青铜器在中国古代文明中占有异乎寻常的特殊地位。商周文

---

[1]　宋建:《良渚文化向马桥文化演化过程初探》,《上海博物馆集刊(第五期)》,上海古籍出版社,1990年。

明几乎所有重大的政治活动、军事行动、礼仪制度、贵族等级与生活都与青铜密切相关。祭祀、分封、征伐、朝聘、宴飨、葬仪等都必须使用青铜器。"国之大事，在祀与戎"，祭祀的礼器与战争的武器绝大多数都用青铜制成，可见青铜与国家的紧密联系，以至有的学者甚至认为商周国都的选定与变迁都同青铜相关[1]。商周青铜器不再是普通的容器、武器，而是国家政权、礼仪制度、政治宗教特权、贵族等级地位的物化形式。

商周文明是高度发达的青铜文明。青铜成为商周文明特殊物质的原因却要从年代更早的文化中寻找。铜是人类最早认识的金属，其冶铸是相当复杂的工艺过程，多次改变了物质的物理属性，冶炼将固态的矿石、燃料变为液态的金属与气态的二氧化碳，浇铸又将液态变为固态的各类器具。冶铸改变物态的同时，因外力作用，物质的内在化学结构也随之发生变化。这些变化代表着一门新兴工业的诞生，它显然不是原来石器与陶器的生产机制所能胜任的。日益发展的铜工业催生日趋严密的生产组织机构，同时也造就了一批新型的组织者。他们要组织管理不同层次不同职能的劳动者，筹集供应原料，分配制成品，还要设计改进工艺流程，安排各部门的生产。青铜冶铸代表了生产力的飞跃及由此产生组织机构的复杂化，是文明进程的一项重要内涵。

恩格斯指出，"国家是文明社会的概括"[2]。国家形态的社会与非国家形态的社会之间的本质区别为是否设立了凌驾于社会之上的合法公共权力。设立公共权力的根本目的是为了解决不同经济状况、社会地位的各集团之间的冲突，调和它们之间的矛盾。在探讨文明进程时，可把这种集团称为阶层。换言之，早期国家建立在产生阶层的基础之上，阶层分化是与国家相关的考古学内涵之一。

与设立合法公共权力有关的另一项考古学内涵是大型建筑工程，如城堡、城市、宫殿、宗庙、陵寝等等。城市出现的契机比较复杂，它产生在经济发展较快、人口增殖较多、生产分工、财富权力相对集中这样一个特定时期。此时生产力与社会结构较之前一阶段发生了明显变化，逐渐形成了新型的人文地缘关系——城乡关系。城市与乡村功能分化，各自发挥不同的作用。城乡之间既是统治与被统治的对立关系，又是一种相互依存的关系。它们的相互作用促进了社会经济的迅速发展。建造城堡城市工程浩大，多以夯土墙把城内城外分开，城内筑有宫殿、宗庙一类的大型建筑物，通常有较为集中的手工业遗存。这就需要组织大批人力物力从事建筑工程，只有建立某种组织机构才能适应工程建设的需求。机构一旦建立便会随着社会的发展变得愈来愈复杂严密，最终成为凌驾于社会之上的公共权力。另一方面，也只有这种权力机构才能动员、驱使人们来进行如此浩大的工程。此外，这个权力机构还要协调新形成的城乡关系，实施各项管理职能。更重要的是它将会有效地保护统治者的政治地位与经济利益。

最后一项文明要素是文字。恩格斯最早提出文字的发明及应用于文献记录是从野蛮时代高级阶段过渡到文明时代的标帜之一[3]，后来许多学者都将文字作为文明要

[1] 张光直：《关于中国初期"城市"这个概念》，《文物》1985年2期。
[2] 恩格斯：《家庭、私有制和国家的起源》，人民出版社，1972年。
[3] 恩格斯：《家庭、私有制和国家的起源》，人民出版社，1972年。

素[1]。世界著名的古代文明如埃及文明、西亚文明、玛雅文明和商周文明都是有成熟文字体系的文明。因此，文字的起源、由原始到成熟而形成文字体系也是文明进程的一项重要因素。文字的使用延长了信息保留的时间，扩大了信息分布的空间，使生活在不同时间空间的人进行交往成为可能。以文字作为交流媒介，不同地区的群体能够进行更广泛、更频繁、更便捷的交往，从而促进了贸易的发展、知识的传递和民族的融合。由于有了文字，后人可以继承借鉴前人的经验和知识，推动社会更快进步。文字的发展过程是社会结构日趋复杂的指示器。

综上所述，铜与青铜的冶铸、社会阶层的分化、大型建筑工程如城堡城市、文字的发明和使用是研究文明发展进程的四项重要因素。

（一）铜器与冶铸遗存

黄河流域是金属冶铸发生最早的地区之一。王湾类型已在几个地点发现了铜器和炼铜遗存。河南临汝煤山二期文化的两个灰坑都出土熔铜器皿坩埚的碎片，上面残留凝结的铜液，经化验分析，含铜量大约是95%，为红铜[2]。郑州西郊牛砦也出土了坩埚碎片，经检验分析，确认是熔化铅青铜的炉壁[3]。牛砦还曾出土铜锈块，经北京钢铁学院化验，为铜锡合金的青铜[4]。郑州的另一个遗址董砦发现过一件指甲般大小的方铜片，但未报道化验情况[5]。

二里头文化早期青铜器仍以小型工具为主，出现乐器铃，有种镶嵌绿松石的兽面铜牌特别重要，它已不是普通的装饰，而应是祭祀用具，蕴含某种神秘难测的内涵。二里头文化晚期出现了几种重要的武器，有曲内戈、直内戈和戚。工艺复杂的礼器有爵、斝、盉等[6]，它们是考古发掘中年代最早的青铜礼器（图一）。青铜礼器在中国先秦文化的尊崇地位始于二里头文化。

良渚文化的后半段与王湾类型年代相近，但是至今未见铜器实物。

马桥文化的前半叶与二里头文化相近，然而它的冶铜业远逊于二里头文化，发掘出土的只有上海马桥的铜刀、凿[7]和嘉兴雀幕桥的铜渣[8]。铜刀经鉴定含杂质很多，冶炼技术不高。此外，在长兴收集到一件铜钺[9]，形制同马桥四层出土的石钺近似，应属马桥文化。

显然太湖地区的金属冶铸业与嵩山地区的差距甚大，但是良渚文化的玉器不仅能与嵩山地区的青铜器相媲美，更重要的是良渚文化玉器所深蕴的特殊意识观念，可能对二里头文化、商周文明产生过较大影响。

---

[1]　李学勤：《重新估价中国古代文明》，《先秦史论文集》，陕西人文杂志社增刊，1982年。
[2]　《河南临汝煤山遗址发掘报告》，《考古学报》1982年4期。
[3]　李京华：《关于中原地区早期冶铜技术及相关问题的几点看法》，《文物》1985年12期。
[4]　安金槐：《试论河南地区龙山文化的社会性质》，《中原文物》1989年1期。
[5]　严文明：《论中国的铜石并用时代》，《史前研究》1984年1期。
[6]　《中国重大考古发现》，文物出版社，1989年。
[7]　《上海马桥遗址第一、二次发掘》，《考古学报》1978年1期。
[8]　《中国考古学年鉴（1984年）》，文物出版社，1985年。
[9]　《浙江长兴出土五件商周铜器》，《文物》1979年11期。

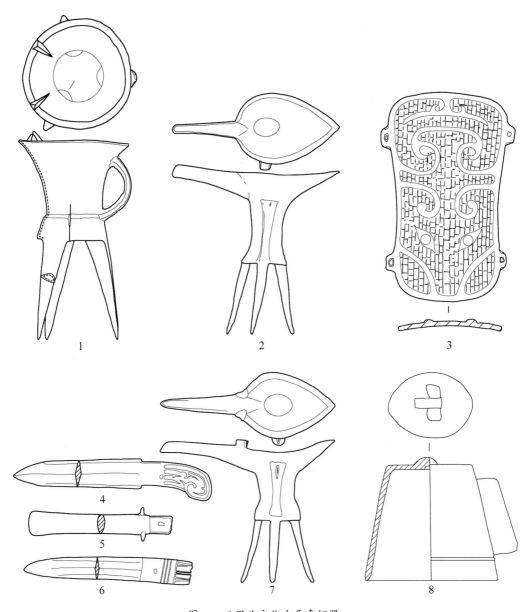

图一　二里头文化主要青铜器

1. 斝　2、7. 爵　3. 兽面牌　4、6. 戈　5. 戚　8. 铃

（均偃师二里头出土）

太湖地区玉器传统十分悠久。距今约6500年的马家浜文化早期开始出现最早的玉器，其后崧泽文化玉器的种类和数量有所增多。美化生活是马家浜文化和崧泽文化玉器的主要功能。

良渚文化玉器的数量急剧增加，种类繁多。玉器功能发生质的变化，礼器分化出来，并占有很大比例。最重要的礼器是钺和琮。钺是权杖，是行政管理权和军事统辖权的象征。琮则是特殊意识观念的化身。玉器的纹饰母题是神人（面）、兽（面）和禽鸟

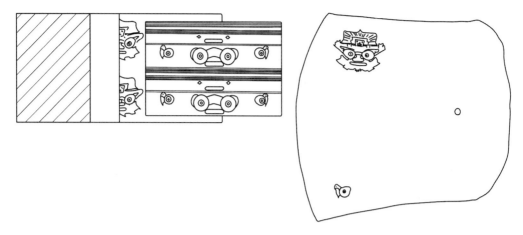

图二　良渚文化的玉琮、玉钺与纹饰
（余杭反山出土）

（图二），它们在显示及强化玉礼器的功能方面扮演了重要的角色。

青铜器在商周文明的重要价值在于它们是国家政权、礼仪制度、政治宗教特权、贵族等级地位的物化形式。同样，玉器在良渚文化的重要价值在于它们是行政管理、军事统辖、宗教意识的物化形式。二者具有同等重要的社会功能。

良渚文化之后玉器及其纹饰母题消失殆尽，而商周文明却以相近形式在青铜器上表现良渚文化母题兽面和禽鸟。此类母题所反映的观念意识在《左传·宣公三年》上有段记载："昔夏之方有德也，远方图物，贡金九枚，铸鼎象物，百物而为之备，使民知神奸。故民入川泽山林，不逢不若，螭魅罔两，莫能逢之。用能协于上下，以承天休。"这段记载的关键意义是青铜器纹饰表现的动物可以帮助巫觋通天地[1]。商周贵族认为，某些动物能够在人间、自然界、神灵之间进行沟通。不难看出这种观念与良渚玉器之间的紧密联系。有理由推论，商周铜器与动物纹样的结合主要源于良渚玉器与动物纹样的结合，换言之，商周贵族的意识观念可能受到良渚文化一定程度的影响。只有把生产力、社会组织机构、意识观念三者结合，才能完整地理解青铜成为文明进程特殊物质的原因。

（二）大型工程建筑

嵩山地区的大型工程建筑是城堡和城市，城内的宫殿、宗庙；太湖地区是高台形墓地。

王湾类型的城堡是登封王城岗[2]，它是现已发现龙山时代的多座城堡之一。城堡建于略高出周围地平面的土岗上，由东西并列的两座小城组成。根据残存遗迹推测，东城可能为正方形。西城的东墙就是东城的西墙，西城平面近正方形，面积7000多平方

---

[1] 张光直：《商周青铜器上的动物纹样》，《考古与文物》1981年2期。
[2] 《登封王城岗遗址的发掘》，《文物》1983年3期。

米。城墙挖基础槽后夯筑而成。城内建筑遗存保存不好，只发现了断续的夯土，难以看出全貌。城内还发现了一批"奠基坑"，坑内埋有人骨。

在龙山时代城堡基础上，二里头文化出现了偃师二里头遗址这样的城市。二里头地处洛河、伊河之间，洛阳平原的中心地区，纵横约2000米，总面积达400万平方米。城市中部为宫殿区，约8万平方米，共探出夯土基址几十座。其中1号和2号宫殿已经全部揭开。1号宫殿是高出地面0.8米、面积1万平方米的夯土台基建筑，规模宏大。中心殿堂略高于台基面，面阔八间，进深三间，位于台基中部偏北。宫殿大门在南面，正对殿堂。中间为庭，有几个较大的祭祀坑。2号宫殿也是一座组合建筑。城市南部是青铜工业区，不仅出土了许多陶范、铜渣和坩埚的碎片，而且还发掘出浇铸铜器的场地，总面积在1万平方米以上。城市北部是烧制陶器和制作骨器的场所，发现了陶窑、骨料和骨器半成品等。无论是从建筑规模还是城内布局与设施看，二里头都堪称大型建筑工程的杰作，是一座规模宏大、布局严整的城市[1]。

太湖地区良渚文化的高台形墓地是人工堆筑而成，有三种不同的形式：一种完全是从平地堆筑起高台，如余杭反山[2]；另一种是在稍高出周围地面的早一时期的墓地上再堆土加高，如青浦福泉山[3]、吴县草鞋山[4]；第三种是利用自然地貌，在矮山上筑起祭坛，后来又成为墓地，如余杭瑶山[5]。余杭瓶窑良渚周围地区是高台形墓地的集中地。在纵横大约5公里的范围内，除已经确认的反山、瑶山外，吴家埠[6]的良渚早期墓葬出过玉璧和冠形器，据调查附近高地在基建时发现过大墓。此外，在芦村、照山、黄泥墩、钟家村、桑树头等地点出过玉器[7]。根据最近考察到的迹象，在上述诸地点的中心可能保存着一处规模极为可观的遗址[8]。

瓶窑良渚地区是良渚文化权力、财富和知识的中心。在太湖地区还分布着比上述地区分散的多处高台形墓地，青浦福泉山就是其中比较典型的一处。营造高台墓地的工作量很大，如按照反山长90、宽30、高4米，则需要搬运一万多方土，此外还要平整土地，堆土夯实，都须耗费大量工时。因此，高台墓地同嵩山地区的城堡城市一样，也是大型工程建筑，绝非使用者依靠自己的力量就能够建成的，必须用某种特殊的手段调动、组织大批劳动者。这说明良渚文化与嵩山地区的社会组织水平比较接近。瓶窑良渚地区的聚落形态很可能已经接近二里头那样的城市规模水平。

马桥文化迄今未见大型建筑工程，既没有嵩山地区那样的城堡城市，也没有良渚文

［1］赵芝荃：《二里头文化与二里岗期文化》，《庆祝苏秉琦考古五十五年论文集》，文物出版社，1989年；《河南偃师二里头早商宫殿遗址发掘简报》，《考古》1974年4期；《河南偃师二里头二号宫殿遗址发掘简报》，《考古》1983年3期。

［2］《浙江余杭反山良渚墓地发掘简报》，《文物》1988年1期。

［3］《上海青浦福泉山遗址》，《东南文化》1987年1期。

［4］《江苏吴县草鞋山遗址》，《文物资料丛刊(第三集)》，文物出版社，1980年。

［5］《余杭瑶山良渚文化祭坛遗址发掘简报》，《文物》1988年1期。

［6］《考古学年鉴(1984年)》，文物出版社，1985年。

［7］《良渚文化玉器》"前言""良渚文化玉器出土地点分布图"，文物出版社、香港两木出版社，1989年。

［8］《良渚文化玉器》"前言""良渚文化玉器出土地点分布图"，文物出版社、香港两木出版社，1989年。

化那样的高台墓地。马桥文化已知的聚落面积都不很大,相当分散。崧泽遗址1987年发掘,14号探方残留了一层马桥文化层,但在相距数米的15号探方中就没有。松江姚家圈遗址过去调查时采集到马桥文化的陶片,但是1989年发掘时却没有马桥文化层。多数遗址中的马桥文化层都很薄,其原因或被晚期遗存扰乱破坏比较严重,或遗址使用时间很短,居民经常迁徙。

　　综上所述,在太湖地区,良渚文化就出现了瓶窑那样权力与财富高度集中的地区,而马桥文化只有分散的小型聚落。二者的社会面貌反差很大,而且同社会发展的一般法则相悖。同一时期在嵩山地区则走过了从聚落分化、出现小城堡到权力、财富集中到较大城市这样一个完整的发展过程。

(三) 社会阶层的分化

　　良渚文化几百座墓葬的规模有很大差别,充分折射出社会结构的多级性。良渚文化最高级别的墓葬出现在余杭瑶山和反山、青浦福泉山等几处墓地,最典型的是反山12号墓,该墓随葬的琮与钺上刻有完整的神人形象,为目前传世和出土器物中仅有的两件。另一座是福泉山65号墓(原编号T22M5),刀形墓坑,面积4.54平方米,共随葬玉、陶、石器126件。随葬玉琮和带柄玉钺是最高等级墓葬的特点,玉钺柄皆朽,仅存安装在柄上的玉冒和玉镦,有的残留镶嵌在木柄上的小玉粒。第二等级的墓葬以随葬丰富的玉器为特征。这个等级比较复杂,包含三种类型。第一种类型以带柄玉钺为最重要的随葬品,如福泉山第74号墓(原编号T27M2),未发现墓坑,但仅随葬品的分布面积就有2平方米多,共有170件,带柄玉钺安放在人骨架旁。第二种类型以玉琮为最主要的随葬品,如武进寺墩1号墓[1],随葬品数量不多却相当精美,有2件玉琮,5件玉璧。第三种类型不随葬带柄玉钺和玉琮,其他种类的玉器却十分丰富,如瑶山墓地北列的五座墓,其中7号墓共随葬了96件(组)器物。第三等级的墓葬一般只随葬日常生活器皿和生产工具,个别有少量小件玉器,如金山坟1号墓随葬1件小型玉锥形器。第四等级的墓葬不随葬任何器物,如马桥4号墓。

　　以上四个等级的墓葬分葬于高台墓地和平地墓地。第一等级全都埋在人工堆筑的高地或自然高地,第二等级亦常葬于高台墓地,第三、四等级则常埋葬在平地,墓地形态与墓葬等级相互对应。由于墓葬等级与墓地形态所反映的葬仪规格只具有相对的稳定性,它们同死者的社会地位并非完全等同,从以上分出的四个等级六种类型的墓葬看,良渚文化至少存在四个阶层,同阶层内还有身份、职业的区别,实际情况可能还要复杂。

　　王湾类型目前还没有发现独立的墓地,只在一些遗址中分布着零星的墓葬,都是小墓,多数墓没有随葬品,少数墓随葬几件陶器。王湾类型的房址发现较多,地面建筑的房基均以比较纯净的土铺垫而成,有的经过夯打,其上再用白灰面抹平成居住面。墙用草拌泥土筑成,有的内有木骨洞。

---

[1]《江苏武进寺墩遗址的试掘》,《考古》1981年3期。

　　综合王湾类型的城堡、墓葬、居址、"奠基坑"等,王湾类型的社会阶层结构处于较低水平,比较简单。在社会较高层的是王城岗城内的居住者,他们是这个时期正在形成、逐步得到加强的公共权力的执行者,因此社会地位比较高。在社会较底层的是小墓和普通地面建筑的主人。至于王城岗城内"奠基坑"的死者,当然属于社会最底层。他们的来源比较复杂,一部分可能是本群体成员,而相当一部分是以战争等特殊手段从敌对群体掳掠过来的。

　　二里头文化社会阶层金字塔顶端的是二里头遗址1号宫殿、2号宫殿和宫殿内1号大墓的主人。1号大墓墓坑面积是迄今发现二里头文化墓葬中最大的,达20余平方米,墓坑深6.1米,可惜该墓被盗,但从残留的遗物如朱砂(朱漆)陶龙头、放置在红漆木匣内的狗,可以看出其规格之高。第二等级以随葬青铜礼器的墓葬为代表,主要集中在二里头。第二等级内还能细分:随葬两种青铜礼器的墓,如二里头Ⅵ区9号墓,随葬铜斝、铜爵各一件,其他还有漆觚、玉柄形器、陶盉、陶簋、陶大口尊、圆腹罐、海贝等;只随葬铜爵而不随葬铜斝的墓,如二里头Ⅵ区11号墓,随葬铜爵、铜铃、兽面铜牌、玉戚璧、玉圭、玉刀、玉柄形器、玉管状器、绿松石管、陶盉、陶爵等[1]。这个阶层的墓坑面积一般都小于5平方米,远远不如1号大墓,将来有可能在第一、二阶层之间再分化出一个阶层。第三阶层的墓葬分布面比较广,很多遗址都有发现。它们的墓坑面积较小,一般都有随葬品,主要是陶器,没有铜礼器,数量多寡不等,少者仅一件,多者数十件,表明了同阶层内还有地位高低及贫富的差别。第三阶层之下是一大批无墓坑、埋在灰坑和地层中的人骨。他们生前一无所有,甚至完全丧失了人身自由,生活在社会最底层。

　　如果将二里头文化的社会阶层与王湾类型对照,显然前者的阶层结构要复杂得多。王湾类型目前只能分出三个阶层,二里头文化能分为四个,甚至有可能分为五个。二里头文化的最高层比王湾类型掌握了更为集中的、远超出其他阶层之上的权力。两者的社会最底层则有诸多相似之处,只是二里头文化比王湾类型更加普遍,发现地点更多,人数也更多。不难看出,二里头文化的社会阶层结构和王湾类型关系密切,前者是在后者的基础上有进一步分化。

　　在太湖地区,良渚文化的阶层结构已经相当复杂,可分四层,而对马桥文化却几乎一无所知。社会阶层分化过程出现明显断裂,目前只能理解为太湖地区的社会群体组成发生变化,社会结构因此有所改变。这与对陶器、原始文字等文化因素的分析是一致的[2]。

　　太湖地区与嵩山地区阶层结构分化过程不同,还表现在太湖地区迄今尚未发现类似于嵩山地区那种属于社会最底层的考古资料。虽然福泉山三座墓葬内埋有殉人[3],但是确定殉人社会身份比较困难。商代大墓的殉人有的一无所有,而有的不仅有随葬品,而且个别比一般墓葬的随葬品还要丰富。福泉山殉人有的也有玉质随葬品。因此殉人的社会地位差别很大,很难划为同一阶层。福泉山三座墓葬殉人的身份肯定不同于嵩山地区的社会最底层。

---

[1]　《1984年秋河南偃师二里头遗址发现的几座墓葬》,《考古》1986年4期。
[2]　宋建:《良渚文化向马桥文化演化过程初探》,《上海博物馆集刊(第五期)》,上海古籍出版社,1990年。
[3]　《上海青浦福泉山遗址》,《东南文化》1987年1期。

（四）原始文字

我国最早的成熟文字体系是商代后期的甲骨文。从甲骨文往上追溯汉字的起源还有一段很长的距离。在汉字起源过程中，那些与后来成熟文字体系有关的资料可暂称为原始文字。它们有的与成熟文字的关系十分密切，是成熟文字的渊源；有的只是局部地区、某段时间流行的特定徽记，在汉字起源过程中逐渐被淘汰。但是后者在流行的地区与时间范围内所具备的交流媒介功能与前者相同。

王湾类型的原始文字发现不多，王城岗三期文化发现了一个"共"字，刻在陶器之上[1]。二里头文化原始文字的数量增加，种类有几十种之多。一般刻在尊罐类器物的口沿部或者肩部，其中尤以大口尊居多。目前所见二里头文化的原始文字绝大多数是一件器物上只刻一个。值得注意的是陕西商县紫荆遗址的一件磨光灰陶瓠，分别在瓠下部两侧及底部刻划了三个原始文字（图三）[2]。

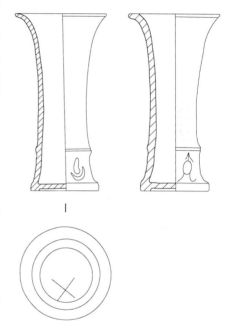

图三　二里头文化陶瓠的原始文字
（商县紫荆出土）

良渚文化的原始文字有好几十种，其中有些字形从崧泽文化图案演变而来的轨迹非常清晰。良渚文化原始文字已经发展到能够用多个并连的原始文字表达比较完整的内容，组成一个简单的句子。上海马桥是两个字，吴县澄湖是四个或五个字[3]。良渚文化还在几个不同的地点发现了形体非常近似的原始文字，字形似鱼骨，分别刻划在美国弗利尔美术馆所藏良渚文化玉璧边缘、金山亭林的陶片、余杭南湖的陶尊肩腹部（图四）。此外在昆山太史淀陶器口沿上也刻有类似的字形。

良渚文化还有一种有趣的资料，它们有的单独出现，如上海博物馆所藏玉琮上部所刻（图五），有的性质似为图案，数个刻在一件陶器上，有的平行排列，也有的组成菱形图案，但更多的还是夹在禽鸟之间（图六）。这类资料似具有两种功能，一种是单纯装饰的图案，因其反复出现在禽鸟之中，肯定带有某种寓意。从特定的寓意中演绎出另外一种功能，即徽记。它们与原始文字有某种相通之处，也在多个地点重复出现，如松江广富林的陶鼎盖、嘉兴雀幕桥的双鼻壶、青浦西漾淀的陶尊、福泉山的陶豆与双鼻壶等。这类资料既是图案又是徽记，值得注意的是它们同大汶口文化最常见的原始文字的一个

[1] 李先登：《登封告成王城岗遗址的初步分析》，《中国考古学会第四次年会论文集》，文物出版社，1985年。
[2] 王宜涛：《商县紫荆遗址发现二里头文化陶文字》，《考古与文物》1983年4期。
[3] 《江苏吴县澄湖古井群的发掘》，《文物资料丛刊（第九集）》，文物出版社，1985年；参观吴县文管会所藏实物。

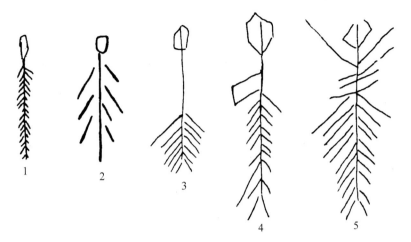

图四　良渚文化原始文字

1. 弗利尔美术馆藏品　2. 金山亭林出土　3～5. 余杭南湖出土

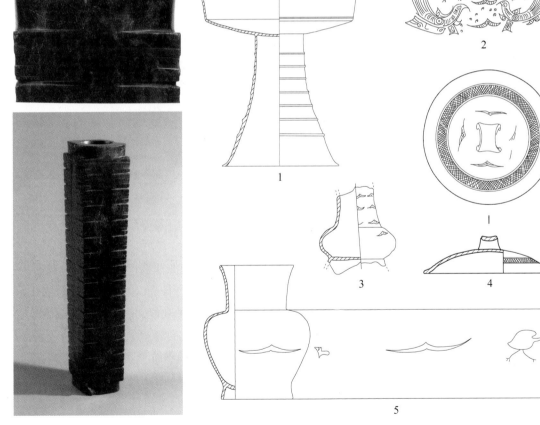

图五　良渚文化玉琮及刻纹
（上海博物馆藏品）

图六　良渚文化陶器及刻纹

1、2. 豆及豆盘上的刻纹（青浦福泉山出土）　3. 双鼻壶（嘉兴雀幕桥出土）
4. 鼎盖（松江广富林出土）　5. 尊（青浦西漾淀出土）

图七　大汶口文化的原始文字

形符完全一样(图七,1),更能说明它们和原始文字的密切关系。

马桥文化的原始文字与良渚文化不同,形体结构比较简单,不见良渚文化那种图画式的原始文字,而且一件器物上只一个,通常刻于陶器口沿之上。

上述四个文化类型中,唯有良渚文化的原始文字比较好地体现了文字起源的部分过程。从象形的图画开始,与象意的记号徽记并存,经历了亦图亦文阶段。其发展趋势应走向完全表音的成熟文字体系。

良渚文化因有多个单字联合组成句子的例证,因此它的原始文字也是诸文化类型中最进步的。其进步意义在于一个单字只能表达简单的意思,接受者还需要猜测联想,而句子却能表达比较完整的事实与思想,能够传递完整的信息。原始文字的进步性显示出良渚人的思维能力和表达水平,在文字起源到形成成熟文字体系过程中具有重大意义。反观二里头文化,虽然一件陶瓿上刻了三个原始文字,但是所刻部位不一,间隔距离较大,不能肯定它们是否联用以表述一个独立的内容。

三、社会环境与文化交往机制

公元前第三千纪黄河流域中下游地区除了王湾类型外,还有几个文明进程大致相同的文化。

海岱地区的大汶口文化和龙山文化。

大汶口文化晚期,泰安大汶口等墓地所反映的贫富分化比较显著[1]。至龙山文化,

---

[1]《大汶口》,文物出版社,1974年。

贫富分化更为强烈,出现少数大型的显贵墓葬,山东临朐朱封203号墓是迄今发掘最大的一座[1]。据对诸城呈子、胶县三里河、潍坊姚官庄等墓地材料的综合研究[2],山东龙山文化的社会成员可以分六七个阶层,代表了这一文化高度发达地区"从部落首领、贵族到氏族一般成员的等级差别"。

大汶口文化的原始文字现有八种(图七),主要刻于陶大口尊的腹部,有些刻在传世的玉器上。山东莒县陵阳河遗址是出土原始文字最为集中的地点,所有八种那里都有,可能是知识与权力相对集中之地[3]。

大汶口文化已经出现铜器。大汶口1号墓随葬的一件小骨镞上附着铜绿,含铜率很低,仅9.9%,推测是用铜器加工骨镞留下的痕迹。山东龙山文化出土铜件较多,比较重要的是胶县三里河的残铜钻,经北京钢铁研究院的电子探针微区分析,是含锌量很高的黄铜[4]。

山东龙山文化的城子崖城是我国距今4000年前几处城址中最大的一处。城址平面近方形,总面积约20万平方米[5]。它不仅大于同时期的其他城,而且超过湖北黄陂的商代盘龙城。这里还出土过精美的蛋壳陶器。城子崖体现了山东龙山文化的经济能力和权力财富的集中程度。

豫东地区的造律台类型。

代表造律台类型文明进程的是淮阳平粮台遗址[6]。遗址的主要部分是夯土墙围绕的城址,建筑在一个高出周围地面3～5米的大形土丘之上,城内面积34000多平方米。城南北各有一座城门,南门两边有门卫房,门道下有排水管道,可排出城内积水。城内房屋建筑已发掘十余座,最重要的是4号房,为人工堆土夯筑的高台形建筑,台高72厘米,在高台上用土坯砌墙,分隔成四间,房北是走廊,周围还有散水。此外,城内出土过铜渣。

晋南的陶寺类型。

山西襄汾陶寺是面积达300万平方米的大型聚落。陶寺墓地的等级结构清楚反映了社会阶层的分化。700座墓可分三型:大型墓数量很少,墓坑大,结构复杂,随葬品极其丰富精美;小型墓数量最多,墓坑小而简陋,绝大多数没有随葬品;中型墓的规格和数量介于二者之间。这三型墓代表了不同的阶层[7]。

陶寺类型已出现原始文字,据发掘者披露,共有三个,用毛笔书写在同一件陶寺类型晚期的陶扁壶上[8]。

---

[1]《临朐县西朱封龙山文化重椁墓的清理》,《海岱考古(第1辑)》,山东大学出版社,1989年;《山东临朐朱封龙山文化墓葬》,《考古》1990年7期。

[2] 高炜:《龙山时代的礼制》《庆祝苏秉琦考古五十五年论文集》,文物出版社,1989年。

[3] 李学勤:《论新出大汶口文化陶器符号》,《文物》1987年12期。

[4]《胶县三里河》,文物出版社,1988年。

[5]《中国文物报》1990年7月26日。

[6]《河南淮阳平粮台龙山文化城址试掘简报》,《文物》1983年3期。

[7] 高炜:《试论陶寺遗址和陶寺类型龙山文化》,《华夏文明(第1集)》,北京大学出版社,1987年;高炜:《龙山时代的礼制》,《庆祝苏秉琦考古五十五年论文集》,文物出版社,1989年。

[8]《中国文明起源座谈纪要》,《考古》1989年12期。

陶寺墓地出土的一件红铜铃,是目前所见最早的复合范铸品,表明其金属铸造工艺水平已经不低。红铜铃出自一座小墓,而在随葬丰富器物的大型墓中却不见铜器,可能意味着这个阶段铜器还没有获得像以后那样崇高的地位,与社会成员的等级高低关系不大。

除上述三个文化区,还在其他地点发现了更多的铜器和以城堡为中心的大型聚落,这两种文明要素大多数都分布在黄河流域,而且全部都在长江以北(图八)。

同一时期长江流域及以南地区,经济能力和社会结构的复杂化程度以太湖地区最高,不仅有比较进步的原始文字、社会成员的多层等级关系,而且出现了集政治、军事、宗教等为一体的权力财富中心。长江以南其他地区的文明进程均落后于良渚文化。

王湾类型与良渚文化所处社会环境不同,二者的文化交往机制亦有所区别。

王湾类型流行所谓"丛葬坑",常在废弃的水井、窖穴和地层中埋有人骨架,有男女成人,老人小孩。骨架多凌乱不堪,有的身首分离,有的肢体残缺不全,砍手断足,有些砍截痕迹很清楚,还有些表现出明显的挣扎状态。在登封王城岗,发掘出二十多个埋人骨的奠基坑。每坑多则七人,少则二三人,有的只埋解体的肢骨或头骨。同一时期,中原地区其他文化类型也发现了"丛葬坑",其中最重要的是邯郸涧沟第18号灰坑,坑内埋十具人骨架,七个成年人(五男二女),三个小孩。其中一个35岁至40岁的男性,头骨上有六处伤痕。涧沟的龙山文化遗存共有九个人头骨上有清晰的斧砍伤痕与剥头皮的刀割痕,死者都是中青年,没有老人小孩[1]。中原地区这种屡见不鲜的"丛葬坑",只能放在当时部落、酋邦林立,战争连绵不断的背景下才有合理的解释。

频繁的战争使这个阶段的文化遗存中武器所占比例倍增。陶寺3015号大墓内放置成束的石镞[2]。诸城呈子一共发掘出116件石器,其中就有28件是镞,骨器中镞的数量超过一半,53件骨器有29件是镞[3]。潍坊姚官庄出土的194件石器中有64件镞、7件矛头,50件骨角器就有23件角镞[4]。临朐朱封203号大墓随葬了玉钺和13件石镞、5件骨镞。频繁的战争也留下了大量战争的牺牲品。那些"丛葬坑"的死者,大部分应是战争俘虏或战死者。

战争加强与促进了各群体之间的相互交往、影响,加速了各群体的联合与文化的融合。据《列子·黄帝篇》,黄帝与炎帝战于阪泉,"帅熊罴狼豹貙虎为前驱,雕鹖鹰鸢为旗帜",说明黄帝族领导组织了临时的战争联盟。战争造成的兼并是各群体联合的又一条途径,据《山海经·海外南经》等记载,后羿族射十日、杀猰貐、诛凿齿、杀九婴……,十日、猰貐等正是不同群体的名称。后羿族也在战争兼并中强大起来,至夏代初年,同其他夷人一起与夏族发生了激烈的冲突。

[1] 邹衡:《关于夏商时期北方地区诸邻境文化的初步探讨》,《夏商周考古学论文集》,文物出版社,1980年。
[2] 《1978～1980年山西襄汾陶寺墓地发掘简报》,《考古》1983年1期。
[3] 《山东诸城呈子遗址发掘报告》,《考古学报》1980年3期。
[4] 《山东姚官庄遗址发掘报告》,《文物资料丛刊(第五集)》,文物出版社,1982年。

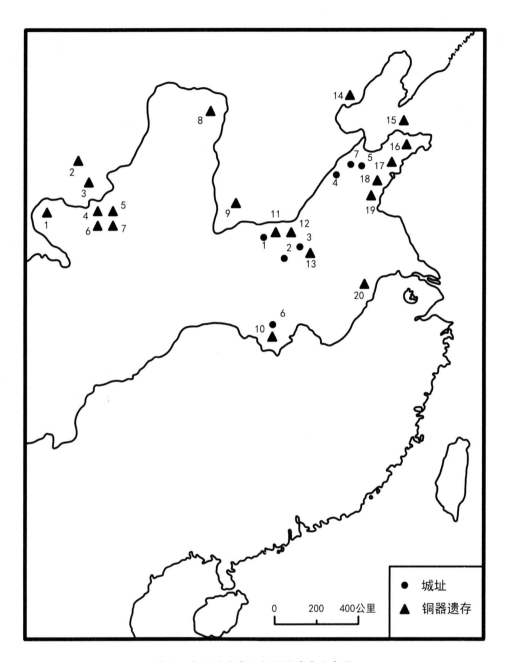

图八　龙山时代城址与铜器遗存分布图

城址：1. 登封王城岗　2. 堰城郝家台　3. 淮阳平粮台　4. 历城城子崖

　　　5. 寿光边线王　6. 天门石河　7. 邹平丁公

铜器遗存：1. 贵南尕马台　2. 武威皇娘娘台　3. 永登蒋家坪　4. 永靖大何庄　5. 永靖秦魏家

　　　　　6. 广河西坪　7. 广河齐家坪　8. 伊金霍洛旗朱开沟　9. 襄汾陶寺　10. 天门石河

　　　　　11. 郑州董砦　12. 郑州牛砦　13. 淮阳平粮台　14. 唐山大城山　15. 长岛店子

　　　　　16. 栖霞杨家圈　17. 胶县三里河　18. 诸城呈子　19. 日照尧王城　20. 含山大城墩

　　夏文化的主要部分就是二里头文化,其陶器含有东方文化因素,这一般是指大汶口文化、山东龙山文化[1]。东方因素还源于豫东、豫东北和鲁西的龙山文化。山东茌平尚庄[2]的瓦足器,器身和瓦足都同二里头文化的相似,无疑是其先驱(图九,1、2)。如果去掉瓦足,就是一件浅腹大平底盆,从器形特征和制陶工艺分析,瓦足器同大平底盆风格接近。后者也是二里头文化常见器物,却比较罕见于王湾类型,特别在以嵩山为中心的伊洛地区十分罕见,只是在偏东的郑州地区有些发现,当是受到豫东和豫东北龙山文化的影响(图九,3、4)。王湾类型流行深腹釜形鼎,一种鼎足是小乳丁或小尖足,另一种是侧装扁三角足(图九,5、6),二里头文化鼎腹稍浅,几乎是清一色的侧装扁三角足(图九,8)。这种罐形鼎是豫东地区造律台类型的常用炊器,鼎形也与二里头文化十分接近(图九,7),却不见小乳丁足和小尖足的深腹鼎。因此,王湾类型、二里头文化交替过程中,鼎形变化受到东方影响的可能性是存在的。

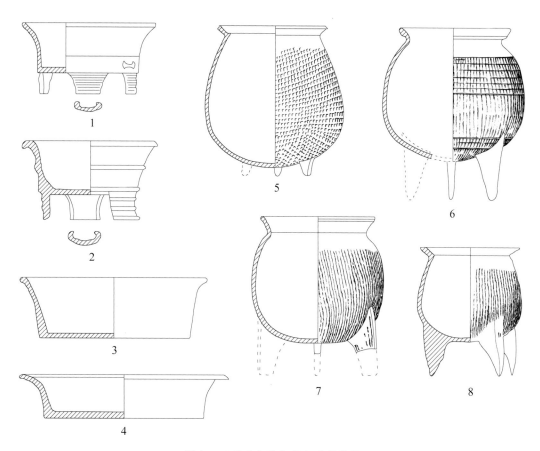

图九　二里头文化与龙山时代陶器

1、3、7. 豫东鲁西龙山文化(茌平尚庄、永城王油坊、商丘坞墙出土)　5、6. 王湾类型(临汝煤山出土)

2、4、8. 二里头文化(偃师二里头、临汝煤山、密县新砦出土)

[1] 李伯谦:《二里头类型的文化性质与族属问题》,《文物》1986年6期。

[2] 《山东茌平县尚庄遗址第一次发掘简报》,《文物》1978年4期。

　　夏以鸡彝为礼器，邹衡认为鸡彝就是二里头文化常见的封口盉[1]。过去只见到陶盉，现在又新发现形制酷似的青铜盉。它们的原型是陶鬶，源于山东地区，以后渐向其他地区扩散。可见能够代表夏文化深层内涵的礼器，也受到了东方文化因素的影响。

　　二里头文化受东方文化因素较大影响的历史背景最可能是夏初太康失国至少康中兴。正是在此几十年中，一直以伊洛地区为活动中心的夏人与东方的夷人接触频繁，争夺激烈。据《左传·襄公四年》《古本竹书纪年》和《左传·哀公元年》等记载及有关考证[2]，夏人这段时间频繁活动的区域都在豫东、北和鲁西地区，这与二里头文化陶器的东方因素来源一致。

　　根据以上分析，部族之间的争夺强化了不同地区群体与文化的接触，战争是王湾类型向二里头文化过渡的催化剂。借此嵩山地区得以吸收东方文化因素，从而诞生了源于王湾类型而又呈现出崭新文化面貌的二里头文化。以此为契机，二里头文化成为广泛吸收其他地区先进文化因素的一支文化。

　　使用带范蕊的复合范铸造的青铜器，二里头文化有斝、爵、盉和铜铃。而王湾类型只有冶铸铜的工具残块和残铜片。早于二里头文化的陶寺类型铜铃是复合范铸品，它比二里头文化铜铃稍扁，横剖面为橄榄形，二里头文化铜铃横剖面多数为橄榄形，也有近圆形的(图一〇)。二里头文化铜铃也出自墓葬，常放在死者腰部附近，陶寺类型的铜铃放在胯部，非常近似。而且两地铜铃上都有麻布或其他织品的痕迹。有理由推

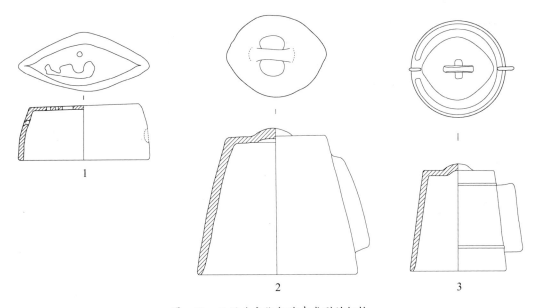

图一〇　二里头文化与陶寺类型的铜铃

1. 襄汾陶寺出土　2、3. 偃师二里头出土

[1]　邹衡：《试论夏文化》，《夏商周考古学论文集》，文物出版社，1980年。
[2]　邹衡：《夏文化分布区域内有关夏人传说的地望考》，《夏商周考古学论文集》，文物出版社，1980年。

论,二里头文化的复合范技术源于陶寺
类型,甚至铜铃的使用方式都可能是陶
寺风格的延续。

二里头文化玉器多数出自晚期墓葬,
比较常见的是钺、圭、柄形器、多孔刀、戈、
管,其他还有琮、筒形镯、璋等。有些玉器
饰彩绘与刻纹,如兽面纹、云雷纹和菱形
纹。但是王湾类型玉器少见,因此二里头
文化玉器不是在本地新石器文化基础上
发展起来的,应当另有来源。

新石器时代玉器比较发达的是良渚
文化、红山文化、大汶口文化和山东龙山
文化。红山文化年代同二里头文化难以
衔接。良渚文化与二里头文化玉器形制
近似的有钺、筒形镯、管、多孔刀、锥形器
等;在大汶口、山东龙山文化中有钺、筒
形镯、管、锥形器等。这三个文化同二里
头文化玉器的关系最为密切,很可能是
后者的主要来源。此外,陶寺类型已经
发现多件玉钺、玉琮。薛家岗文化是多
孔石刀最丰富的文化。它们也可能是二里头玉器的来源或间接来源。

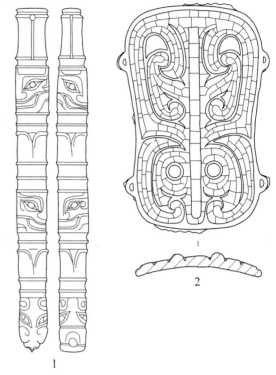

图一一　二里头文化兽面纹
1. 玉柄形器　2. 青铜牌
(均偃师二里头出土)

二里头文化玉器与青铜牌饰上饰有兽面纹(图一一),还发现了兽面纹漆器残片。
早于二里头文化的诸史前文化,兽面纹出现最早、发现最多的是良渚文化,其次是大汶
口文化和山东龙山文化。事实上良渚文化兽面纹早在大汶口文化时期就已北传至海
岱文化区内(详后)。很可能二里头文化在接受良渚文化与东方地区玉器传统时,也
吸收了兽面纹,其构图显然经过改造。兽面纹进入中原地区时,一开始仍只饰于玉器
上,后来又移植到青铜器上。二里头文化目前仅见青铜兽面纹牌饰,到商代兽面纹发
展成为青铜礼器上压倒一切的母题。它们所反映的特定观念,是三代青铜文明的主要
内涵之一。

二里头文化同其他文化群体频繁交往,吸收了新技术、新观念,迈出了文明进程至
为关键的一步。同一时期太湖地区与区外文化交往的特点同嵩山地区不完全一样,良
渚文化阶段更多地表现文化的扩散性。

江苏新沂花厅墓地在大汶口文化分布区内,年代亦与大汶口文化相当[1]。然而墓

[1]《1987年江苏新沂花厅遗址的发掘》,《文物》1990年2期;《江苏新沂花厅遗址1989年发掘纪要》,《东南文化》
　　1990年1期、2期合集。

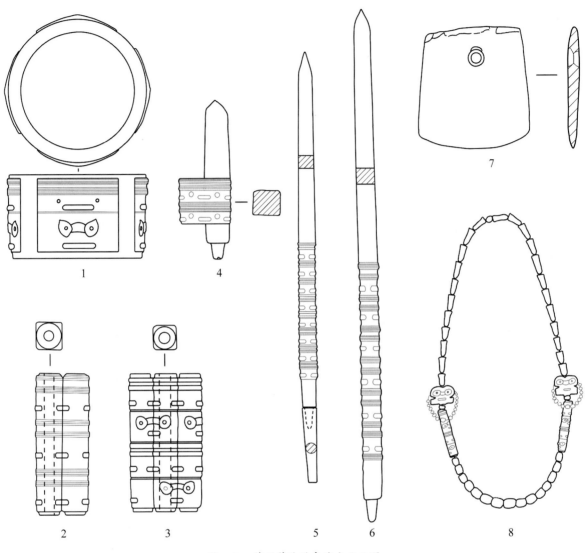

图一二　花厅墓地的良渚文化玉器

1～3. 玉琮　4～6. 玉锥形器　7. 玉钺　8. 玉串饰

葬随葬器物，良渚文化因素所占比例很高。玉器大多数出自10座大型墓，类别有琮、锥形器、钺、有段锛、冠饰、镯、环、琮形管、璜、串饰等。器形和纹饰都是典型的良渚文化传统，无疑是良渚文化的玉器（图一二）。陶器亦有相当一部分属于良渚文化，如双鼻壶、贯耳壶、高领罐、阔把壶、豆及其圈足上饰瓦棱纹（竹节纹）或窄长方形镂孔（图一三）。它们与太湖地区出土的良渚文化陶器风格完全相同。

与花厅资料有关的是现藏于中国历史博物馆的一件良渚文化长玉琮，19节，高49.2厘米。玉琮上端正中部刻一符号，为大汶口文化的一种原始文字（图七，1）。这件玉琮的出土地点和出土状况均不明确。介绍者从玉琮原所有者是山东人而猜测出土于山东

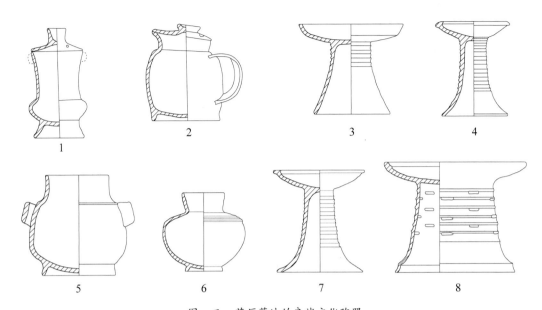

图一三　花厅墓地的良渚文化陶器

1. 双鼻壶　2. 阔把壶　3、4、7、8. 豆　5. 贯耳壶　6. 高领罐

地区[1]，如果再考虑到原始文字，则应该出自大汶口文化的分布区内。

良渚文化的玉器发现比较多的另一个集中区域是广东的石峡文化，发表资料中有9件玉琮或石琮，分别出自曲江石峡与床板样、海丰田墘圩、封开鹿尾村[2]四个地点。琮分四型：

A 型　单节，兽面，可以再分圆筒状和近方形两种。均出自石峡墓地，后者为17号墓，前者不明（图一四，1、2）。

B 型　单节，神面，出自石峡墓地，墓号不详（图一四，3）。

C 型　双段，神面兽面，出自田墘圩（图一四，4）。

D 型　多节，神面，或神面不清。其中五节两件，出自石峡105号墓与床板样。三节一件，出自田墘圩。两节一件，出自鹿尾村1号墓（图一四，5、6、7）。

以上共8件琮，另一件形制不详。这四型在良渚文化中都有发现。

石峡墓地还出土了13件良渚风格的玉、石圆锥形器，发掘简报称为笄（图一四，8）。简报发表了出土锥形器的43号墓平面图，因属二次迁葬，无法确定其使用方法。根据良渚文化墓葬锥形器放置位置，或成组放在头部，或作为串饰的组件，还有挂在腰部或握于手中的，因此它的使用方法可能比较复杂，在没更恰当的名称之前，还是泛称为锥形器比较合适。

［1］《中国文物报》1987年10月1日。

［2］杨式挺：《石峡文化类型遗存的内涵分布及其与樊城堆文化的关系》，《纪念马坝人化石发现卅周年文集》，文物出版社，1988年；杨式挺：《广东新石器时代文化及相关问题的探讨》，《史前研究》1986年1期、2期合集；《广东海丰县发现玉琮和青铜兵器》，《考古》1990年8期。

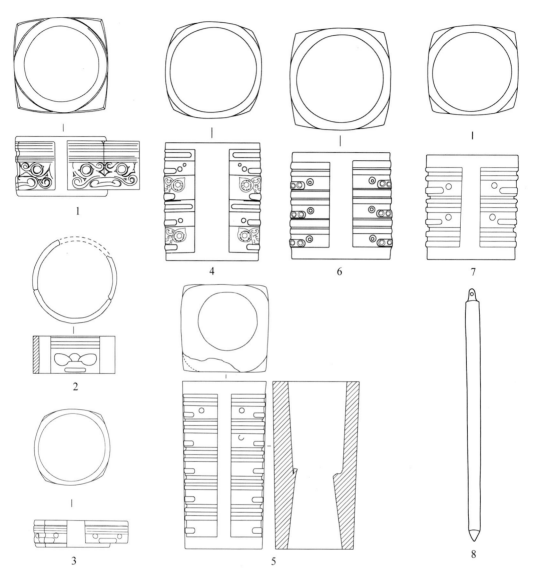

图一四　广东地区的琮与锥形器

1、2、3、5、8. 曲江石峡出土　4、6. 海丰田墘圩出土　7. 封开鹿尾村出土

除了琮和锥形器,石峡墓地的玉石璧、瑗、环、玦、璜等和陶鬶与双鼻壶等同良渚文化也有比较密切的关系(图一五)。

新石器时代的琮,太湖地区发掘出土数量最多、品种最丰富,那里是琮的发源地、繁盛区。以太湖地区为中心,琮向各地传播扩散。

长江以南地区发现的琮,除了石峡文化的9件外,还有:

1. 江西丰城市荣塘乡弓塘村官坟山出土[1],透闪石,八节,神面(图一六)。

[1]《丰城出土的良渚文化玉器》,《江西文物》1989年2期。

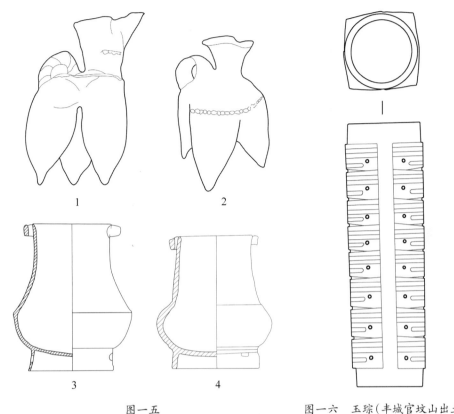

图一五
　　1、3. 石峡文化陶鬶与双鼻壶（曲江石峡出土）
　2、4. 良渚文化陶鬶与双鼻壶（嘉兴雀幕桥、苏州越城出土）

图一六　　玉琮（丰城官坟山出土）

2. 江西新余拾年山出土[1]，玉质。

3. 湖南安乡度家岗出土[2]，玉质，五节，未见纹饰。

长江以北地区，除新沂花厅外，还有：

1. 江苏海安青墩出土[3]，玉质，节数不详，神面。

2. 江苏涟水三里墩出土[4]，玉质，单节，神面（图一七，1）。

3. 江苏阜宁陆庄3号墓出土[5]，玉质，单节，神面（图一七，2）。

4. 安徽定远山根许1号墓出土[6]，玉质，七节，神面（图一七，3）。

　5. 山西襄汾陶寺出土，确切件数不详，已发表三件，其中267号墓的玉琮，外刻三道横槽（图一七，4）。1990年北京故宫博物院展出3168号墓的玉琮，外方内圆，中部一道

［1］《中国文物报》1990年3月8日。

［2］中村慎一:《中國新石器時代の玉琮》（日文），东京大学文学部考古学研究纪要第8号，1989年。

［3］《江苏海安青墩遗址》附录一:《1976年南通博物馆在青墩遗址调查时发现的琮璧等玉器》，《考古学报》1983年2期。

［4］《良渚文化玉器》“前言”“良渚文化玉器出土地点分布图”，文物出版社、香港两木出版社，1989年。

［5］《良渚文化玉器》“前言”“良渚文化玉器出土地点分布图”，文物出版社、香港两木出版社，1989年。

［6］《良渚文化玉器》“前言”“良渚文化玉器出土地点分布图”，文物出版社、香港两木出版社，1989年。

图一七　玉琮

1. 涟水三里墩出土　2. 阜宁陆庄出土　3. 定远山根许出土　4. 襄汾陶寺出土　5. 延安芦山峁出土

深横槽将玉琮分为两节，两节中部各有一道凹弦纹。

6. 陕西延安芦山峁村出土两件[1]，玉质。据简报描述，"上、下分饰饕餮纹"（图一七，5）。

从琮的分布（图一八）与相关文化内涵可以看出良渚文化辐射扩散的几种不同形式。江苏新沂花厅出土良渚文化玉器数量多、种类全，而且伴出了多种良渚文化陶器，不能认为仅是一般的文化因素交流，如看作是一支良渚文化人群的远距离迁徙则较恰

---

[1]《延安市发现的古代玉器》，《文物》1984年2期。

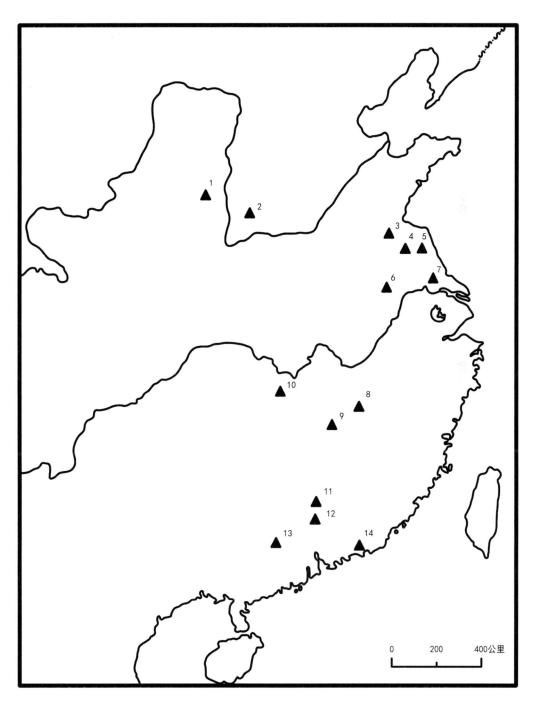

图一八　琮出土地点分布图（太湖地区以外）

1. 延安芦山峁　2. 襄汾陶寺　3. 新沂花厅　4. 涟水三里墩　5. 阜宁陆庄　6. 定远山根许

7. 海安青墩　8. 丰城官坟山　9. 新余拾年山　10. 安乡度家岗　11. 曲江石峡　12. 曲江床板样

13. 封开鹿尾村　14. 海丰田墘圩

图一九　背壶（青浦福泉山出土）

当。从携带大量精美玉器和八座人殉墓分析，迁徙者以良渚文化的社会显贵为首应当无疑。迁徙路线是陆路。海安青墩，阜宁陆庄、涟水三里墩三地所出玉琮皆是典型的良渚文化风格。从太湖地区经过这三个地点至花厅，可能就是良渚文化向北迁移的陆上路线之一。大汶口文化因素也由此传到太湖地区，典型一例就是福泉山墓地出土的背壶（图一九）。

石峡文化玉器种类虽多，但最具良渚文化特征的还是琮和锥形器。与花厅明显不同的是，石峡文化陶器风格富有当地特色，所占比例很高，而良渚风格的陶器很少。良渚琮和锥形器向南传播的路线可分陆路和海路。陆路沿长江中下游平原到达鄱阳湖平原及赣江流域河谷平原，再经五岭隘口进入广东。发现玉琮的官坟山、拾年山正位于这条路线上。分布于鄱阳湖赣江流域的樊城堆类型同南边的石硖文化、东边的良渚文化也有一定的亲缘关系。关于海路，海丰田墘圩的两件玉琮是居民挖贝壳时，在4米多深的贝壳层中挖出来的，同出两件玉环。经调查，出土地点附近没有其他文化遗物。田墘圩东北傍碣石湾，南临南海。碣石湾是一处优良的避风港湾。地理条件和玉器出土环境都暗示玉琮来自海上。余杭反山、瑶山和青浦福泉山等有多座良渚文化墓葬随葬鲨鱼牙齿。能捕获鲨鱼表明良渚人已经具备航海本领。这更增大了良渚玉琮通过海路传播的可能性。

陶寺墓地出土多件玉琮和石琮，同一墓地伴出的主要玉石器还有钺、瑷和臂环。陶寺类型的陶器同良渚文化没有什么联系。值得注意的是V形石刀，陶寺3015号墓随葬三件，为一组，较大的一件通长60厘米。V形石刀在太湖地区常见，或称为"破土器"，二者形制十分相似（图二〇，1、2）。距陶寺直线距离大约200公里的延安芦山峁村也发现一件V形石刀（图二〇，3），与玉琮同出一地，都是征集品。同时征集的还有其他玉器。这两个地点的玉石琮都无清楚线图，据文字描述和照片，后者更似良渚风格，前者同典型的良渚玉琮相比存在细微差别。陶寺的钺、瑷、臂环等虽是良渚文化的常见器物，但在大汶口——山东龙山文化中也不罕见。因此认为陶寺类型受到良渚文化的间接影响比较合理，山东地区

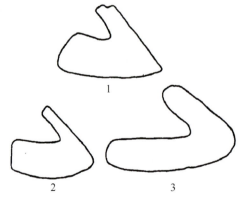

图二〇　V形石刀
1. 余杭余家堰出土　2. 襄汾陶寺出土
3. 延安芦山峁出土

可能是良渚文化向华北地区扩散的过渡地带。芦山峁村玉石器年代不一,埋藏原因和来源都比较复杂。

琮是良渚文化扩散最主要的因素,应同琮的功能有关,目前关于琮的功能归纳起来大致有五种说法。一是祭地的礼器,是周代"以苍璧礼天,以黄琮礼地"的历史渊源[1]。与此相反的另一种看法根据瑶山祭坛是祭天场所,而墓葬却只随葬玉琮不见玉璧,因此推测玉琮用以祭天[2]。三是可能同巫术有关,目的是避邪和保护死者,同时也不否认同商代礼玉有联系[3]。四是敛尸的瑞玉,珍贵的财富和权力的显示方式[4]。五是天地贯通的象征,政治权力和统治者的象征[5]。上述看法都有合理成分,以此为基础,还可以对琮的内涵作进一步解释。良渚文化琮在太湖地区的分布点很多,然而它们的形制、纹饰的规范同一程度却相当高,显然是在同一种思想意识支配下的产物。这种意识就是良渚时期人们对社会与自然界的整体看法,也就是对天地万物的解释。谁拥有玉琮,谁就拥有对社会和自然界的解释权,因而也就拥有政治的统治权力和财富的支配权力。换言之,权力来自良渚社会的"宇宙观",那种特定的意识观念,它的物化形式最重要的就是琮。琮出现在太湖地区之外,实质就是良渚文化观念意识的传播,琮所代表的观念意识的传播和扩散构成了良渚文化对外交往的基本模式。

良渚文化之后,琮在太湖地区突然绝迹,象征着一种观念形态的消失,也暗示了理解和运用这种观念意识的集团离开了太湖地区。这时,一支全新的文化——马桥文化在太湖地区诞生。它是浙南闽北以浙江江山肩头弄遗存为代表的文化北进至太湖地区,吸收了良渚文化一部分制陶工艺技术而形成的。在发展过程中,它又同中原地区的夏商文化、山东地区的岳石文化进行过交往,陶器的形态、纹饰都受到了它们的影响[6]。

四、结　语

人类社会群体的文明进程通常受到三方面因素的制约,即文明要素的形成和发展;社会环境和文化交往机制;自然生态环境。本文就嵩山地区与太湖地区前两个方面的因素进行了比较研究。

在文明要素的形成和发展方面:

1. 铜器与冶铸遗存。黄河流域是我国金属冶铸发生最早的地区,王湾类型已经发现了几处铜器遗存。二里头文化铜器种类较多,重要的是出现了武器和礼器。良渚文

[1] 汪遵国:《良渚文化"玉敛葬"述略》,《文物》1984年2期。
[2] 中村慎一:《中國新石器時代の玉琮》(日文),东京大学文学部考古学研究纪要第8号,1989年。
[3] 王巍:《商文化玉器渊源探索》,《考古》1989年9期。
[4] 马承源:《从刚卯到玉琮的探索——兼论红山文化玉器对良渚文化玉器的影响》,《辽海文物学刊》1989年1期。
[5] 张光直:《谈"琮"及其在中国古史上的意义》,《文物与考古论集》,文物出版社,1986年。
[6] 宋建:《马桥文化探源》,《东南文化》1988年1期。

化迄今尚未发现铜器遗存,马桥文化铜器种类不多,有的铜器冶炼技术不高,没有礼器。嵩山地区的铸铜工业明显比太湖地区先进。但是良渚文化玉礼器亦具重要的社会功能,其中所蕴含的意识观念可能对夏商周的青铜文明产生过影响。

2. 大型工程建筑。王湾类型的王城岗遗址以面积不大的城堡为中心,城堡内有夯土建筑遗存。二里头文化的二里头遗址是一座规模宏大、布局严整的城市,是权力、财富的集中地。良渚文化的高台墓地也代表了权力与财富的集中,瓶窑附近众多高台墓地与规模可观的遗址似已接近二里头那样的城市规模水平。但是马桥文化没有发现较大的工程建筑。太湖地区与嵩山地区建筑形态与发展过程有显著差异。

3. 社会阶层的分化。王湾类型、二里头文化、良渚文化都存在社会阶层分化的金字塔结构。马桥文化缺乏这方面的资料,可能反映了太湖地区两个文化的社会结构有所不同。二里头文化的社会阶层在王湾类型基础上进一步分化,社会结构变得更为复杂。太湖地区还缺乏像嵩山地区那样的社会最底层,表明两个地区社会内部冲突的激化程度和对外战争的规模均有所不同。

4. 原始文字。良渚文化能连用几个单字组成句子,马桥文化的原始文字比较简单,不是良渚文化的直接延续。王湾类型原始文字较少,二里头文化原始文字增加很多,并发现在一件陶瓠上刻三个单字,但所刻部位不一,不是连用。因此,良渚文化的原始文字最进步。

在社会环境与文化交往机制方面:

嵩山地区与太湖地区的文明进程发生在不尽相同的社会环境之中。龙山时代,前者所在的黄河中下游流域,海岱、豫东、晋南等地区文明进程差别不大,铜器和城堡两项文明要素都分布在长江以北地区。反之,太湖地区良渚文化文明进程的速度明显快于长江以南的其他地区。不同的社会环境使二地的交往机制受到影响,嵩山地区主要表现为频繁的战争,良渚文化主要表现为意识观念的传播。王湾类型至二里头文化发展的连续性,决定了嵩山地区以战争为主体的交往机制从王湾类型一直延续到二里头文化。而在太湖地区,考古学文化性质的改变决定了以观念传播为主体的交往机制随着良渚文化被马桥文化取代而结束。以战争为主体的交往机制的功能是:战时联盟和战后兼并促进社会组织机构向复杂化方向发展,社会群体的组织形式由血缘群体逐渐向地域群体演进。战争强化了各群体之间经济文化的接触交往,有利于推动文明进程。良渚文化的社会组织机构建立在同一观念意识基础之上,较早时期就达到比较复杂的水平。尽管社会经济有所发展,观念意识却未变化,因此社会组织机构也难向更高水平发展,血缘与观念意识共同成为维系群体内部关系的纽带。良渚文化向外传播意识观念的同时,输出了高超的治玉工艺和制陶技术,但吸收其他群体的先进技艺却不太多。它的交往机制具有比较明显的单向扩散性质。

良渚文化观念意识向北传播直接到达海岱地区。二里头文化礼器盉的祖型是海岱地区的鬶,很可能它还从那里间接吸收了良渚文化的观念意识及其物化形式——玉器和兽面纹。兽面纹所代表的观念意识与青铜所代表的生产力变革、严密的组织机构三者的结合，最终使青铜成为中国文明进程的特殊物质。二里头文化在对外交往中广泛吸收东方文化和其他文化的先进因素，良渚文化向外传播自己的观念意识，两种不同的交往机制客观上成为三者实现结合的推动力。可以说中国的文明进程率先在黄河流域完成，是全国很多地区包括太湖地区良渚文明进程的共同结果。

良渚文化之后，太湖地区文明进程的速度、方向都有所改变，其原因一方面同考古学文化性质的变化有关，另一方面良渚文化向马桥文化演化过程中受到自然环境变迁的影响。这个地区文明进程后来在黄河流域文明的推动下才得以最终完成。

本文以较多篇幅论述了嵩山地区所在黄河流域中下游的战争背景和后果、良渚文化观念意识的传播，目的是比较两种各具特征的交往机制，探讨它们同文明进程的内在联系和文明进程的规律。《左传》"国之大事，在祀与戎"。根据古人意识，国家的一项重要职能是战争，对内镇压，对外征伐防御；另一项重要职能是利用观念意识的信仰来进行统治，维护国家政权。实际上，祀与戎不仅是国家的重要职能，也是从氏族社会向国家社会发展的重要内容，是文明进程中的"大事"。本文所述正是试图从一个侧面阐明祀与戎在探讨文明进程课题中的重大意义。

原载《上海博物馆集刊（第六期）》，上海古籍出版社，1992年

《中国文明起源研讨会纪要》发言

　　我接着邵先生谈点看法。刚才邵先生引了恩格斯的语录,我觉得"国家是文明社会的概括"这句话最为重要。在某种意义上,国家与文明社会是一个含义,都是指达到一定复杂程度的社会或人们共同体。文明社会与国家一样都是指复杂社会。从恩格斯以来,有关文明与国家起源的理论很多,比如刚才提到原生文明与次生文明问题,国家也有原生国家与次生国家的区别。在氏族部落社会与国家社会之间,过去多称军事民主制,现在有些不同的提法,例如酋邦就是一种提法。20世纪初以来,世界各地的考古材料也相当多。我们应根据大量的新材料进行研究,丰富国家与文明起源的理论。

　　"文明"是多种社会科学学科常用的词汇,但用在考古学上应有其特定的含义。文明应反映在一定的考古学内涵中。文明起源问题的实质就是复杂社会的形成过程。因此探讨文明起源就是分析那些促进社会向复杂化方向发展的考古学内涵。我认为这样的考古学内涵,也就是文明要素,共有六项。

　　首先我想从"国家是文明社会的概括"谈起。国家的本质是一个阶级统治另一个阶级的工具,国家是阶级矛盾激化到不可调和时的产物。这与杨锡璋先生说的"文明就是人与人的关系发生变化"是同一个含义。国家建立的基础是人与人的关系发生变化,社会成员可以分为几个不同的集团,它们的经济状况、社会地位、社会职能各不相同,甚至相互对立。不同集团的分化或称阶层分化是第一项文明要素,这种分化的最终结果是设立凌驾于社会之上的合法公共权力,形成复杂形式的社会。

　　第二项是城市。一般也把文明时代的开始叫作"城市革命"。对于城市的界说有几种不同的理解,对是否有城墙也有不同的看法。我认为城市应具备几个"集中"。一是人口的集中。在城乡分化过程中,人口向中心地区集中,人口数量增殖很快。城市是人口集中的聚落,乡村是人口分散的聚落。另一种情况是,若干个聚落分布集中,关系紧密,可能也与城市起源有关。二是手工业的集中,城乡分化的内容之一是城市生产以手工业为主,乡村以从事农业为主。还有权力与财富的集中、文化知识的集中。考古学遗存中如能反映这几个集中,就能够称为城市。

　　第三项是大型工程建筑。比如夯土城墙,像王城岗、城子崖那样的;宫殿、宗庙等大型建筑;还有良渚文化的高台墓地。建造大型建筑的能力来自生产力达到一定水平、宗教的统一力量和强大的社会组织机构,这些都是社会向复杂化方向发展的标志。

第四项是文字。商代的甲骨文是中国最早的成熟文字，是为王室服务的。而西亚的成熟文字主要用于商业。中国文字的发明肯定比甲骨文早许多时间，文字的起源和文字系统的形成过程实际上就是社会复杂化的过程。因为在简单社会，人们的交往空间狭窄，信息延续时间短，所以没有产生文字的必要。随着社会的复杂化进程，迫切需要扩大信息传播的空间、延续信息保留的时间，文字的功能正在于此。

第五项是青铜器。它首先代表了新的生产力。虽然用于生产的青铜器所占比例很低，青铜器并未直接开发生产力，但是青铜的冶铸是以生产力的总体发展水平为基础的，它的生产过程也体现了生产力的进步。例如，青铜的冶铸就是相当复杂的工艺过程，多次改变了物质的物理属性，冶炼将固态的矿石与燃料变为液态，然后凝固再熔解，浇铸成固态的多类器具。同时因外力作用，物质的内在化学结构也随之发生变化。青铜器也说明了生产关系的变化。因生产工艺的复杂，需要严密的生产组织机构，它要组织管理不同层次与职能的生产者、筹集原材料、设计工艺流程、安排生产，还要分配制成品。但是青铜器最重要的还是它所蕴含的观念、礼制。在夏商周三代文明中，政治活动、军事行动和宗教生活都离不开青铜器。青铜器是国家政权、宗教观念和等级制度的物化形式。综合生产力、生产关系与观念礼制三个方面，青铜器肯定是一项重要的文明要素。

但是，铜器成为国家政权、等级制度的物化形式并不是一开始就有的。现在发现最早的复合范铸品是陶寺的铜铃，出在一座小墓中。陶寺墓地代表较高等级的是漆木器与彩绘陶器（高炜插话：出铜器的小墓是晚期的，晚期尚未发现大墓）。当然将来有可能在陶寺晚期大墓中也发现铜器，但是根据现有材料看来，当时铜器与等级、礼制观念的关系并不密切。因此三代文明中的青铜器除了有生产技术的起源，还有一个观念形态的起源问题。这就必须谈到良渚文化的玉器。良渚文化玉器的主要功能不是装饰，而与青铜器相同，也是政权、等级和宗教观念的物化形式。良渚文化神像、兽面等纹样所反映的观念可能对三代青铜文明产生过深刻的影响。从这个意义上，我认为良渚文化的玉器，应该是我这里所说的第六项文明要素。

根据上面所谈的，我想讨论中国文明起源，重点应该是社会阶层的分化、城市、大型工程建筑、文字、青铜器和与青铜器礼制观念来源有关的玉器。

这次讨论文明起源问题中，不少同志提到治水，提到治水在文明起源中的地位问题，谈到为什么良渚文化、山东龙山文化以后社会面貌发生了较大的变化。有人认为当时有水患。因此将来做工作时要注意被水淹过的遗迹，注意自然环境与生态环境的变化、气候的变化。思路要放开，不要仅限于从考古学本身去考虑。

原载《考古》1992年6期

论良渚文明的兴衰过程

自1936年施昕更先生在良渚找到一种新的黑陶文化,1959年正式命名为良渚文化以来,不断出现新的考古发现和研究成果。特别是最近一二十年来,良渚文化考古发掘取得惊人的进展,为世人瞩目,良渚文化是中国文明起源课题中一个新的研究焦点,良渚文明是中国文明进程最重要的组成部分之一。

良渚文化从崧泽文化发展而来,后来为马桥文化所取代,经历了1000多年的历程。伴随这一历程,良渚文明从开始走向繁荣兴盛,最后由盛至衰。本文首先对良渚文化的分期与年代进行分析,然后以此为基础,探讨良渚文明的兴衰过程。

一、关于良渚文化的分期

1. 分期工作的基础与材料

早在1936年调查发掘良渚镇诸遗址时,就已经显露出某些良渚文化遗存可以分出早晚的迹象。例如,尽管陶器都出自所谓"黑陶层",但是有些器物如细高柄的豆,其中多数都有竹节纹,主要见之于"黑陶层"的上部,而"黑陶层"的下部则基本不出这种豆[1]。此后,通过众多遗址和墓地的发掘,这种有早晚区分迹象的资料日益增多,为良渚文化的综合性分期奠定了基础。

1977年的南京会议上,有学者指出,良渚文化各遗址的"内涵不尽相同,可能还有时代早晚的区别,就是说,似乎良渚文化本身还可以分期,同时又认为、由于对其典型遗址的发掘做得不够,分期工作还有待于今后的努力"[2]。比较明确一些的观点是"'良渚文化'应有早晚期的区别。大体上可以认为吴兴钱山漾和杭州水田畈二址是较早的遗存,杭州良渚和嘉兴雀幕桥二址则是较晚的遗存"。还指出了陶器和石器的早晚期区别[3]。还有学者把青浦崧泽第一次发掘的中层51座墓和钱山漾下层一起都归入前期良

---

[1] 施昕更:《良渚——杭县第二区黑陶文化遗址初步报告》,浙江省教育厅,1938年。
[2] 牟永抗、魏正瑾:《马家浜文化和良渚文化——太湖流域原始文化的分期问题》,《文物》1978年4期。
[3] 蒋赞初:《对于长江下游新石器时代文化几个问题的再认识》,《文物集刊(第一集)》,文物出版社,1980年。

渚文化[1]。这一年的5月，南京博物院发掘了张陵山西山的11座墓，其中，下层的6座属于崧泽文化，上层的5座则既有崧泽文化的某些特征，又有更多的方面接近良渚文化，于是在有关文章中提出了张陵山类型的称谓。当时对于这个类型的文化属性有不同的看法，有的称为"青莲岗文化江南类型的第四期"[2]，有的把它归入良渚文化的早段，同属于早段的还有越城中层、马桥五层、钱山漾下层和松江广富林等，又把良渚文化的晚段叫雀幕桥类型，包括良渚、吴江梅堰、吴县澄湖和昆山太史淀等有关遗存[3]。

张陵山西山墓葬的发掘虽然没有为良渚文化的分期提供直接的地层依据，但是如果将它与越城中层的部分墓葬和有地层关系的草鞋山第四至第二层的墓葬结合起来比较，问题就比较清楚了，草鞋山第四层墓葬与张陵山上层墓葬接近，为良渚文化的早期，即张陵山期；草鞋山第二层则与1972年清理的雀幕桥墓葬相当，为良渚文化的晚期，即雀幕桥期[4]。后来又有明确意见把良渚文化分三期[5]，早期有草鞋山四层、张陵山西山上层、越城中层和吴兴邱城上层，中期有钱山漾下层、马桥五层等，晚期有草鞋山二层等。

1978年以来，浙江省文物考古研究所先后发掘了7个地点80座良渚文化墓葬。以几组地层关系为基础进行器物排比后，把它们分为四期。这四期大体上包括了从良渚文化开始到结束的整个过程，1986年11月在杭州召开的"纪念良渚文化发现五十周年学术讨论会"上，整理者报告了这批材料和初步的研究成果[6]，过去曾经在好几个地点发掘了处于同一地层中的墓葬，由于缺乏各墓之间的相对层位关系，虽然意识到相互间有早晚区别，但是仍然把它们分在同一期。现在，浙江这批材料中的几组层位关系和分期结果为以前的同层墓葬的细分期提供了十分有益的参考性借鉴。

1987年，我在前人研究成果的基础之上，对良渚文化作了综合性分期，分为三期五段。当时根据双鼻壶的演化序列，觉得良渚文化还有晚于第五段的遗存。不过因限于材料和认识，未能作进一步的分析[7]。

80年代，上海市文物管理委员会分几次大规模发掘了福泉山遗址，不仅确认了福泉山是人工堆筑起来的高台贵族墓地，而且发现了多处地层、墓葬的叠压和打破关系。以福泉山材料为基础所作的分期研究，将良渚文化分为五期[8]，对良渚文化综合性分期的另一种尝试是分四期，其中，第四期又分前段与后段[9]。最近，又有学者将良渚文化共分六期十段，这是迄今最细的分期方案[10]。

［1］吴汝祚：《太湖地区的原始文化》，《文物集刊（第一集）》，文物出版社，1980年。
［2］南京博物院：《长江下游新石器时代文化若干问题的探析》，《文物》1978年4期。
［3］南京博物院：《太湖地区的原始文化》，《文物集刊（第一集）》，文物出版社，1980年。
［4］汪遵国：《太期地区原始文化的分析》，《中国考古学会第一次年会论文集》，文物出版社，1980年。
［5］张之恒：《试论良渚文化的分期》，纪念良渚文化发现五十周年会议论文，1986年。
［6］芮国耀：《浙江良渚文化小墓的分期》，纪念良渚文化发现五十周年会议论文，1986年。
［7］宋建：《太湖地区文明探源》，南京大学硕士论文，1987年。
［8］黄宣佩：《论良渚文化的分期》，《上海博物馆集刊（第六期）》，上海古籍出版社，1992年。
［9］栾丰实：《良渚文化的分期和年代》，《中原文物》1992年3期。
［10］芮国耀：《良渚文化时空论》，《文明的曙光》，浙江人民出版社，1986年。

80年代末至90年代,日本学者也就良渚文化的分期问题提出了自己的方案,中村慎一分了六期[1];渡边芳朗分了四期,第三期和第四期又各分前段与后段[2]。

自1987年以来的几种综合性分期方案,器物演化序列和分期早晚关系都比较接近,差别主要是有些单位的期段确认不完全一致。但是上述各方案都有一个共同的缺陷,对良渚文化最末一段的认识比较单薄。如笔者对晚于第五段的遗存未作进一步的分析,也有学者推测良渚文化还有晚于他所分第四期的遗存[3]。本文就是在1987年笔者所分五段的基础上再添加一段,共分六段,以弥补以往分期方案的缺陷。

文化分期的基础是地层关系和典型陶器的演化序列。

地层和墓葬的叠压和打破关系有下列几处(组),它们是分期的依据或参照。

青浦福泉山自上而下的第一层和第三层(此分层据261页[8],发掘简报称第二至第四层[4])。第三层有10墓(M1、M2、M3、M126、M139、M143、M148~M151),第二层有6墓(M115、M120、M124、M135、M140、M145),第一层下部有5墓(M94、M109、M132、M144、M146),第一层上部根据地表深度分,较深者有6墓(M53、M60、M65、M74、M103、M136),较浅者有5墓(M9、M40、M67、M101、M128)。

吴县草鞋山自上而下的第二至第四层[5]。

福泉山M94叠压M126;M101、M132、M135和M139依次叠压,M139又打破M143;M144和M146叠压M145,M145又叠压M149和M150,M150下压M151。

海宁千金角M5叠压在M9之上[6]。

平湖平丘墩M1打破M7;M13打破M11;M15打破M16;M19打破M20[7]。

福泉山和草鞋山二遗址的各地层实际上是不同时期墓地的人工堆土,反映了早晚顺序。墓葬的早晚顺序则应该依据其开口层位,距地表深度只能作为参考。

良渚时期多数墓葬都有数量不等的随葬品,其中最多的是陶器。其种类并不很复杂,最常见的只有三种,即鼎、豆与双鼻壶。阔把壶发现不太多,然而序列比较清楚。因此这四种陶器是进行排比研究的典型陶器。在根据地层关系确立了典型陶器的演化序列后,再按照不同的器物组合进行分段和分期。

2. 陶器形制分类与序列

(1)鼎

比较常见的是一种深腹盆形鼎,底稍凸,或者近平。主要依照鼎足的差异,分七式。

Ⅰ式　侧装的翅形足,足内缘为弧线,与外缘相连成尖足端着地,通常足剖面最厚

[1]　中村慎一:《中国新石器时代の玉琮》,《東京大学文学部考古学研究室研究紀要(8)》。
[2]　渡边芳朗:《葬送儀禮と階層性》,《日本中国考古学會會報》第4號,1994年9月。
[3]　栾丰实:《良渚文化的分期和年代》,《中原文物》1992年3期。
[4]　上海市文物管理委员会:《上海青浦福泉山良渚文化墓地》,《文物》1986年10期。
[5]　南京博物院:《江苏吴县草鞋山遗址》,《文物资料丛刊(第三集)》,文物出版社,1980年。
[6]　浙江省文物考古研究所:《浙江北部地区良渚文化墓葬的发掘(1978~1986)》,《浙江省文物考古研究所学刊》,科学出版社,1993年。
[7]　浙江省文物考古研究所:《浙江北部地区良渚文化墓葬的发掘(1978~1986)》,《浙江省文物考古研究所学刊》,科学出版社,1993年。

处在中部,内外缘呈尖圆状。以张陵山西山M4∶26为例(图一,1)[1]。

Ⅱ式　翅形足的内缘为斜线,不与外缘相连,平足端着地,足剖面最厚处在外缘,外缘面平,内缘面尖圆。以越城M2∶4为例(图一,2)[2]。

Ⅲ式　足的内缘为斜线,或接近直线。足剖面外缘加厚,是向T形足转化的过渡形态。以马桥94IM5∶1为例(图一,3)[3]。

Ⅳ式　足剖面为T形,足侧面宽于外缘面。以草鞋山M198(1)∶2为例(图一,4)。

Ⅴ式　内壁近口处有两折,似短颈,T形足,足外缘面与足侧面宽度接近。以千金角M8∶8为例(图一,5)。

Ⅵ式　短颈同Ⅴ式,T形足,足外缘面宽于足侧面。以徐步桥M12∶4为例(图一,6)。

Ⅶ式　折沿,足外缘面宽于足侧面。以千金角M3∶5为例(图一,7)。

(2)豆

豆分两种。一种是豆盘壁方折,称为折腹豆,数量甚多。另一种豆盘壁圆弧,称为圆腹豆,数量比较少。两种豆都是泥质,有的表面呈黑色。

① 折腹豆,分6式。

Ⅰ式　深盘,粗矮圈足。以福泉山M120∶9为例(图二,1)。

Ⅱ式　圈足稍高。以马桥94IM5∶3为例(图二,2)。

Ⅲ式　圈足粗高,圈足上常有凸棱。以越城M7∶3为例(图二,3)。

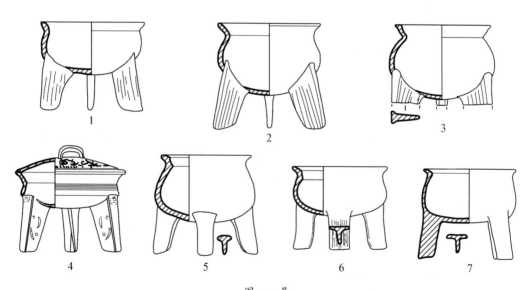

图一　鼎

1. Ⅰ式(张陵山西山M4∶26)　2. Ⅱ式(越城M2∶4)　3. Ⅲ式(马桥94IM5∶1)
4. Ⅳ式(草鞋山M198(1)∶2)　5. Ⅴ式(千金角M8∶8)　6 Ⅵ式(徐步桥M12∶4)　7. Ⅶ式(千金角M3∶5)

[1]　南京博物院:《江苏吴县张陵山遗址发掘简报》,《文物资料丛刊(第六集)》,文物出版社,1982年。
[2]　南京博物院:《江苏越城遗址的发掘》,《考古》1982年5期。
[3]　上海市文物管理委员会:《上海市闵行区马桥遗址1993～1995年发掘报告》,《考古学报》1997年2期。

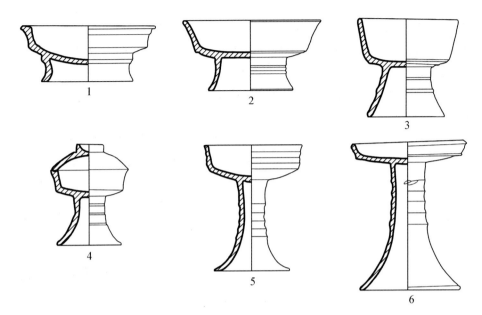

图二　折腹豆

1. Ⅰ式（福泉山M120∶9）　2. Ⅱ式（马桥94IM5∶3）　3. Ⅲ式（越城M7∶3）
4. Ⅳ式（福泉山M60∶42）　5. Ⅴ式（福泉山M74∶2）　6. Ⅵ式（平丘墩M9∶9）

Ⅳ式　圈足趋细高,有凸棱。以福泉山M60∶42为例(图二,4)。

Ⅴ式　细体圈足很高,圈足上多道凸棱呈竹节状。以福泉山M74∶2为例(图二,5)。

Ⅵ式　似Ⅴ式,唯敞口翻缘,例如平丘墩M9∶9(图二,6)。

② 圆腹豆,分5式。

Ⅰ式　直口,或微敛口,粗矮圈足。以张陵山西山M4的一件为例。足壁近直,略显外鼓(图三,1)。同墓另一件,圈足上有圆形镂孔。

Ⅱ式　口似Ⅰ式,圈足稍高。以越城M2∶2为例,圈足上有对开的四个方孔,上下各有一周由相对三角夹两圆点为一组,由六组组成的刻划纹(图三,2)。

Ⅲ式　敞口,圈足比较细高,足上有凸棱一至三周。以平丘墩M7∶3为例,圈足上有凸棱三周,棱上有长方形镂孔(图三,3)。

Ⅳ式　敞口,圈足细高,下部外撇成喇叭形,足上有多道凸棱。以福泉山M65的一件为例,椭圆形口,足上凸棱五周(图三,4)。

Ⅴ式　似Ⅳ式,唯敞口翻缘,例如福泉山M40∶16(图三,5)。

③ 双鼻壶

基本特征是口沿旁为双贯穿小鼻,有领或颈,扁腹,圈足,泥质灰陶,器表多呈黑色。可分6式。

Ⅰ式　形体呈扁形,低直领,深腹,饼底矮圈足,足壁直。以张陵山西山M5的一件为例(图四,1)。

Ⅱ式　领部趋高,以福泉山M120∶2为例(图四,2)。

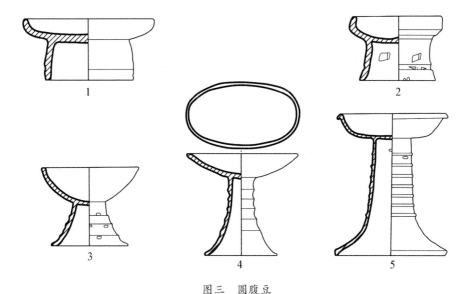

图三　圆腹豆
1. Ⅰ式（张陵山西山 M4：21）　2. Ⅱ式（越城 M2：2）　3. Ⅲ式（平丘墩 M7：3）
4. Ⅳ式（福泉山 M65：93）　5. Ⅴ式（福泉山 M40：16）

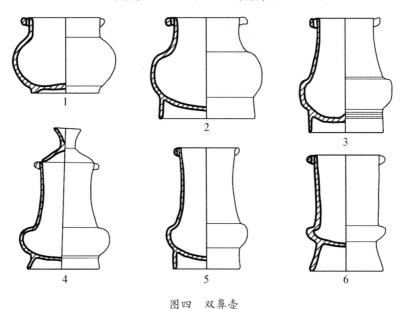

图四　双鼻壶
1. Ⅰ式（张陵山西山 M5）　2. Ⅱ式（福泉山 M120：2）　3. Ⅲ式（马桥 94IM5：3）
4. Ⅳ式（福泉山 M74：166）　5. Ⅴ式（福泉山 M101：83）　6. Ⅵ式（千金角 M3：6）

Ⅲ式　形体肥高，粗领，深腹，圈足较高，足壁近直。以马桥 94IM5：3 为例（图四，3）。

Ⅳ式　形体瘦高，口径小于领高，浅腹，高圈足外撇。以福泉山 M74：166 为例。有盖，盖上与器身通体饰蛇鸟纹，圈足上有三个椭圆形镂孔（图四，4）。

Ⅴ式　形体瘦长，瘦高领。以福泉山 M101 的一件为例（图四，5）。

Ⅵ式　似Ⅴ式，浅扁腹，圈足很高，以千金角 M3：6 为例（图四，6）。

④ 阔把壶

共同特征是有流、阔把。发现数量不多,形制差异较大。分为5式。

Ⅰ式 短流稍上翘,直腹斜收,平底。例如张陵山西山M4的一件(图五,1)。

Ⅱ式 舌形流上翘,鼓腹,最大腹径偏中下部,平底下三小足。例如越城M6:5(图五,2)。

Ⅲ式 似Ⅱ式,唯为溜肩,最大腹径在上部。以福泉山M60:50为例(图五,3)。

Ⅳ式 流上翘较高,圆肩。例如福泉山M74:12(图五,4)。

Ⅴ式 圆肩更加明显,下腹斜内收,不如Ⅳ式那么鼓出,圈足。例如亭林88M7:4,双阔把(图五,5)[1]。

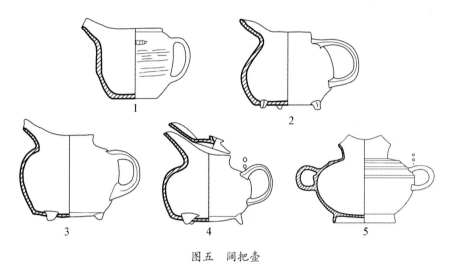

图五 阔把壶

1. Ⅰ式(张陵山西山M4:12) 2. Ⅱ式(越城M6:5) 3. Ⅲ式(福泉山M60:50)
4. Ⅳ式(福泉山M74:12) 5. Ⅴ式(亭林88M7:4)

3. 分期

按照陶器组合形式的不同,将有典型陶器的单位分成六组。地层关系为六组单位的早晚顺序提供了初步证据,例如海宁千金角M9的鼎足为T形,外缘面宽度接近于侧面,应属Ⅴ式,双鼻壶形体瘦高,浅腹,为Ⅳ式,所以该墓大致可归入第五组。千金角M5的T形鼎足,外缘面宽于侧面,应属Ⅵ式,双鼻壶长颈,扁腹,亦为Ⅵ式,可归入第六组。M5叠压M9,因此第五组早于第六组无疑。青浦果园第三层出T形足,第四层出扁三角形足,证明第四、五、六组晚于第一、二组[2]。福泉山M120在第二层,所出折腹豆圈足粗矮,为Ⅰ式,双鼻壶,领部较矮,腹较深,属第二组。M74在第一层,所出折腹豆细体高圈足,为Ⅴ式,双鼻壶形体瘦高,浅腹,为Ⅳ式,属第五组,可知第五组晚于第二组。

[1] 孙维昌:《良渚文化陶器纹饰研究》,《上海博物馆集刊(第六期)》,上海古籍出版社,1992年。
[2] 黄宣佩、张明华:《上海地区古文化综述》,《上海博物馆集刊(第二期)》,上海古籍出版社,1982年。

这样就能够将六组墓葬视为有早晚发展关系的六个发展阶段，即可以分为六段。五种标准陶器的演化特征如下：

鼎，从侈缘到斜折沿、沿下角比较大，发展到内壁近口处有两折，似短颈，再到折沿、沿下角小；从扁翅足到T形足，足外缘面逐渐加宽加厚。

此外，良渚文化圆锥形足的陶鼎比较少见，它们在第五段以后的特征是圆锥形足比较长，鼎盖是圈足状捉手。

折腹豆，圈足从粗矮到细高；足壁弧度从近似直线到曲线；足上凸棱从少到多呈多竹节状。

圆腹豆，器口从直口或微敛到敞口，翻缘；圈足的演化大致似折腹豆，唯凸棱从无到有。在数量上，折腹豆比圆腹豆多，可是在第一、二段，圆腹豆更为常见。

豆在第六段比较少见，食器以簋或圈足盘取代。

双鼻壶，从低直领到瘦高领，从深腹到扁腹，圈足由矮到高，足壁弧度也有逐渐增加的趋向。

双鼻壶在第六段出现以假圈足为特征的器底。

阔把壶，从折腹无肩到鼓腹、肩部明显；第一段无足、大平底，以后有三足或圈足；流似乎也有加长上翘的趋势。

以上对每种器物都从不同的几个方面分析了各自的演变规律。需要指出的是，器物不同部位的演变有时并非同步，特别是在考察了大量的陶器之后，会有更深刻的认识。有些部位的变化可能快一点，另一些则稍慢，在某一阶段甚至看不出变化。这种现象一方面说明了事物演变过程中的复杂性，各种偶然现象都有发生的可能。另一方面，正如在陶器中可以分出变化较快、特征明显的标准分期陶器和变化慢、特征不突出的其他陶器一样，在一类陶器的不同部位也有发展快慢的区别。对此，既要考虑典型部位的变化，又要顾及不同部位发生变化的相互关联性。

上面所分的六段墓葬，各相邻段都有程度不同的重叠与交错，这正是一个文化连续发展的结果。四段和五段重叠尤为明显，例如，Ⅳ式双鼻壶两段都很多。在遗址方面，这两段还难以分开，因此将它们合并为一期。二段和三段的遗址情况大致相同，也合并为一期。这样，良渚文化可以分成四期，第一期即第一段，第二期含第二、三段，第三期含第四、五段，第四期即第六段。

二、关于良渚文化的年代

在已经确立的环太湖地区文化序列中，良渚文化晚于崧泽文化，早于马桥文化。良渚文化的绝对年代可以据[14]C方法和热释光技术的测定数据作为参考。现将这些年代数据按早晚顺序排列，如表一（[14]C年代的半衰期取5730年，距今年代以1950年为起点）。据此良渚文化最早的年代数据是 5295 ± 120（ZK1250，经校正）。最晚的两个年

表一　良渚文化年代测定数据一览表

序号	方法	编　号	出土地点	标本种类	距今年代
1	C*	ZK1250	福泉山	炭化木	4730±80（5295±120）
2	C	ZK-49	钱山漾T22①	炭化稻谷	4700±100（5260±135）
3	C	ZK-97	钱山漾乙区①	木杵	4695±90（5255±130）
4	C	BK89025	龙南南区F1	草木灰	4685±90（5240±130）
5	C	BK91010	寺前J7	竹木片	4645±70（5195±120）
6	T**	SB25a	亭林T4（下）	陶片	5140±470
7	C	ZK89026	龙南南区H22	草木灰	4595±80（5135±120）
8	C	南大78古1	溧阳洋渚（下）	木头	4433±110（4950±145）
9	C	ZK-44	余杭安溪T3①	木头	4335±85（4820±180）
10	T	SB25c	亭林T4（下）	陶片	4800±410
11	C	BK89024	龙南南区H1	木炭	4290±100（4765±145）
12	T	SB71	福泉山（良渚中早期）	陶片	4760±210
13	C	ZK2271	龙南F1	稻谷炭	4280±125（4750±165）
14	C	南博8301	寺墩T108②	炭粒	4270±205（4740±230）
15	T	SB166	福泉山T8①	陶片	4720±400
16	C	ZK-47	钱山漾T16③	木千篰	4245±85（4710±140）
17	T	SB70	福泉山（良渚中早期）	陶片	4660±470
18	T	SB167	福泉山T8①	陶片	4640±430
19	T	SB102a	马桥T6⑤	陶片	4590±320
20	T	SB74a	福泉山T8③	陶片	4580±430
21	C	ZK-50	钱山漾T13①	竹绳	4140±85（4580±135）
22	T	SBMc	马桥⑤	陶鬶袋足	4550±460
23	T	SB73c	福泉山T8③	陶片	4530±340
24	T	SBMb	马桥⑤	陶罐口	4510±440
25	C	ZK292	果园T6④	木头	4080±100（4505±145）
26	T	SBMa	马桥⑤	陶杯把	4490±470
27	T	SB73a	福泉山T8③	陶片	4490±430

续　表

序号	方法	编　号	出土地点	标本种类	距今年代
28	T	SB101a	马桥T6⑤	陶片	4460±260
29	T	SB74b	福泉山T8③	陶片	4380±450
30	C	ZK-242	雀幕桥	木板	3940±95　（4330±145）
31	T	SB102b	马桥T6⑤	陶片	4300±340
32	T	SB67	福泉山（良渚晚期）	陶片	4300±300
33	T	SB25d	亭林T4（下）	陶片	4210±500
34	C	ZK-254	亭林T1②	木炭	3840±95　（4200±145）
35	T	SB25c	亭林T4（下）	陶片	4140±320
36	T	SB73b	福泉山T8③	陶片	4120±370
37	T	SB101b	马桥T6⑤	陶片	4120±280
38	T	SB25b	亭林T4（下）	陶片	4110±360
39	T	SBMc	马桥⑤	陶鬶口	4100±390
40	T	SB68	福泉山（良渚晚期）	陶片	4100±190
41	C	ZK-2109	德清辉山M2	木葬具	3740±75　（4080±100）
42	T	SB165	福泉山T8③	陶片	3960±360
43	C	ZK-2272	亭林M12	人骨	3640±150　（3955±165）

*[14]C测年　**热释光测年

代数据是德清辉山M2的木质葬具（ZK2109，经校正）和金山亭林M12（ZK2272，经校正），年代分别是4080±100和3955±165。辉山M2共随葬三件陶器：鼎、圈足盆和尊。发掘报告将此墓放在三期后段，是这批墓葬中最晚的一段[1]。报告虽然没有发表辉山M2的随葬陶器图，但是参照出有相同器物的其他墓葬，此墓的鼎和尊还不是各自序列中最晚的形制。亭林M12的发表材料只有一件假圈足双鼻壶，属第六段[2]。二墓的[14]C年代可作参考。

　　基于环太湖地区的文化序列和年代测定数据，多数学者认为良渚文化开始于公元前第四千纪末，或距今5000年左右，结束于距今4000年前后，但是也有个别学者有不

［1］浙江省文物考古研究所：《浙江北部地区良渚文化墓葬的发掘（1978～1986）》，《浙江省文物考古研究所学刊》，科学出版社，1993年。
［2］黄宣佩：《论良渚文化的分期》，《上海博物馆集刊（第六期）》，上海古籍出版社，1992年。

同的看法,在详细比较了大汶口文化与崧泽、良渚文化的关系后,认为良渚文化的结束年代要大大早于距今4000年,而仅比大汶口文化的结束年代稍晚,即大汶口文化"晚期阶段的年代约在距今5000～4600年之间",良渚文化的"年代约在距今5500～4500年前后"[1]。

确定良渚文化的年代,应该以它的分期为基础。在将良渚文化与大汶口文化作比较研究时,应该指出良渚文化的具体期别与大汶口文化相异同的关系。

分析良渚文化和大汶口文化的对应关系,不能不提到大口尊。这是互见于环太湖地区与海岱地区的一类重要器物,常常是较大墓葬的特殊随葬品之一。海岱地区发现大口尊数量比较多的是大汶口文化中晚期阶段。良渚文化发现大口尊的有马桥、反山、瑶山和福泉山等地点。

马桥遗址自50年代末发现以来,60年代和90年代各进行过大规模的发掘。现据60年代的发掘品分析,良渚文化内涵以第二期为主,上限略早,个别器物的下限可到第三期前段(总第四段)[2]。马桥遗址地层中出土的大口尊也应归属于这段时间。

福泉山是目前出土大口尊最多的墓地,已经发表的3件分别出自T3M2、M132和M139[3]。T3M2同出双鼻壶,领低直,深腹,饼形底,小鼻未穿孔,当是穿孔双鼻壶的雏形。因此该墓属于第一段,甚至可能偏早(图六,1)。M132同出鼎、豆、阔把壶等典型陶器,为确认它的期段提供了重要的依据。鼎有多件,较晚的一件为Ⅲ式。豆,折腹,与Ⅲ式比较接近。阔把壶为Ⅱ式(图六,5～9)。因此断在第三段比较合适。M139被M132所叠压,同出陶鼎为侧装扁足,陶豆有弧线三角和圆形镂孔,保留了一些崧泽文化风格(图六,2～4),不会晚于第一段。

反山墓地1986年发现了4件大口尊,都是墓葬的随葬品[4]。其中,M18同出一件陶折腹豆,接近本文所分之Ⅲ式,当属第二期晚段(总第三段)。目前虽然尚未明了反山大口尊的具体形态,但据发掘简报称,大口尊为"大敞口,唇部较厚,深筒状,向下内收成尖圜底或小平底,上腹部有刻划成凸棱形的数周装饰。与上海福泉山T3M2:4出土的釜形器十分相似"。釜形器即大口尊,福泉山T3M2的期别可作反山大口尊的参照。此外,反山发掘简报发表了M15、M17、M20、M22、M23等墓葬的部分陶器,均可归入第二期(图七)。虽未知此五墓是否随葬了大口尊,但可旁证反山诸墓多为第二期。

瑶山墓地所出大口尊数量不详,简报发表的M1、M7和M11各随葬了一件大口尊[5]。因未见陶器,所以还难以确认瑶山各墓的具体期段。发掘简报认为,"其年代约与反山墓地相当或稍早"。

此外,在草鞋山T802M1也出了一件大口尊,夹砂红陶,"口部压印一周网状宽带",

[1] 栾丰实:《论大汶口文化与崧泽、良渚文化的关系》,《中国考古学会第九次年会论文集》,文物出版社,1997年。
[2] 上海市文物管理委员会:《上海马桥遗址第一、二次发掘》,《考古学报》1978年1期。
[3] 黄宣佩:《论良渚文化的分期》,《上海博物馆集刊(第六期)》,上海古籍出版社,1992年;黄宣佩、宋建、孙维昌:《良渚文化珍品展》,香港市政局,1992年。
[4] 浙江省文物考古研究所反山考古队:《浙江余杭反山良渚墓地发掘简报》,《文物》1988年1期。
[5] 浙江省文物考古研究所:《余杭瑶山良渚文化祭坛遗址发掘简报》,《文物》1988年1期。

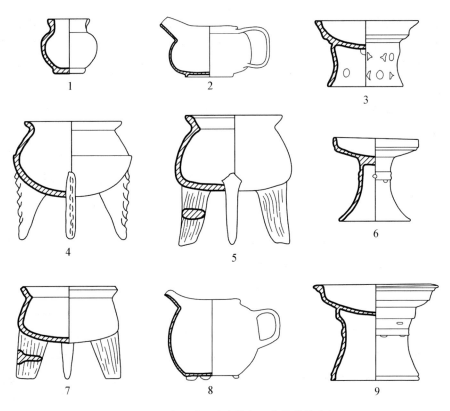

图六　福泉山陶器(随葬大口尊墓葬所出)

1. 双鼻壶(T3M2)　2. 阔把壶(M139)　3. 豆(M139)　4. 鼎(M139)　5. 鼎(M132)　6. 豆(M132)
7. 鼎(M132)　8. 阔把壶(M132)　9. 豆(M132)

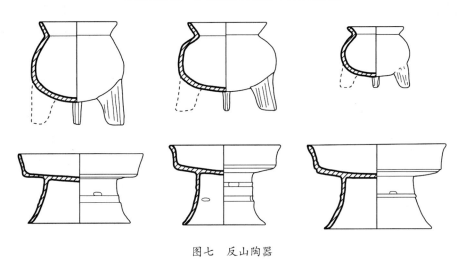

图七　反山陶器

下部有红、黄色彩绘，形制与福泉山T3M2所出相近，网状宽带极似T3M2所称"凸菱形纹"。T802M1与大口尊同出的折肩折腹壶具有崧泽文化风格。查草鞋山地层，T802M1约相当于第四层，其上第二层有M198，属本文所分之第四段，其下有第六层的崧泽文化墓葬共89座。简报将T802M1"看作是早期良渚文化",而从它的崧泽遗风、尚未出现良渚文化典型陶器看,我认为它在良渚文化第一段中还是略偏早的。实际上,崧泽文化已经出现了大口尊,张陵山下层和草鞋山第六层都有发现。

根据以上对发现大口尊的良渚文化遗存年代的分析,可知绝大多数大口尊出自第一期和第二期遗存,第三期前段比较少见。从大口尊的对比看,良渚文化的第一期至第三期前段(总第四段)应该与大汶口文化的中晚期大致相当。

花厅是海岱地区包含良渚文化因素最多的一处墓地[1],对花厅进行具体分析将进一步有助于认识大汶口文化与良渚文化的对应关系。总的看来,花厅墓地属于大汶口文化系统,一部分墓葬属大汶口文化中期,大部分属于晚期,该墓地所含良渚文化因素以玉器具有典型意义,神像纹玉琮和方体锥形器是良渚文化独特的观念形态的物化,尤为重要。这两类玉器在反山、瑶山墓葬中已经出现,形制相同,属于第二期。花厅墓地所出陶器,也有一部分表现出与良渚文化近似的风格。如M18,除了随葬玉琮和方锥形器外,带流阔把陶杯也属良渚文化。虽然带流阔把杯不是借以分期的典型陶器,但是如果参照典型陶器的分段也能够排列出它的演化序列。M18的带流阔把杯形体比较粗胖,短流比较平(图八,1)。环太湖地区出土阔把杯较多,多出自有共存典型陶器的墓葬之中。福泉山M65:2,杯体直径较大,长流,同墓出鼎Ⅳ、圆腹豆Ⅳ,归入第四段(图八,2)。平丘墩M9:5,形体略瘦,上部以竹节状凸棱装饰,同墓出鼎Ⅵ、折腹豆Ⅵ,归第六段(图八,3)。福泉山M40:112,形体细高,斜长流上翘,同墓出鼎Ⅶ、圆腹豆Ⅴ,亦归入六段(图八,4)。据此,可以归纳出带流阔把杯的演化序列,形体大致由粗胖向瘦高,口部由短平流向斜长流发展,稍晚者或以竹节状凸棱装饰。花厅M18的阔把杯,形体较胖,流较短,当早于福泉山M65:2,因此不会晚至第四段。花厅M20随葬的瓦棱纹陶豆接近良渚文化第四段的装饰风格,又有几件豆的圈足上饰圆形和三角形镂孔,具有崧泽文化的某些遗风。

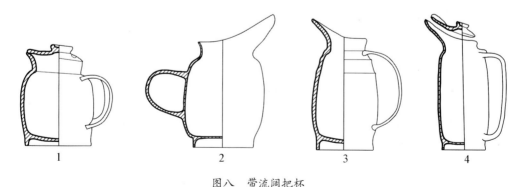

图八　带流阔把杯

1. 花厅M18　2. 福泉山M65　3. 平丘墩M9　4. 福泉山M40

[1] 南京博物院:《1987年江苏新沂花厅遗址的发掘》,《文物》1990年2期;南京博物院花厅考古队:《江苏新沂花厅遗址1989年发掘纪要》,《东南文化》1990年1、2期。

花厅墓地的几座大墓用人殉葬。人殉现象在良渚文化中比较少见，反山、瑶山的最高等级大墓均未发现人殉现象。福泉山墓地发掘了为数不多的几座人殉墓葬，已经发表了2座。一座是M139，所属期、段前已述。另一座是M145，发表陶器甚少，据发掘者研究，福泉山的良渚文化墓葬分为五期，M145属第二期。花厅有的大墓还随葬大口尊。良渚文化墓葬随葬大口尊流行于第一期至第三期前段（总第四段）。这些可以在判定良渚文化和大汶口文化对应关系时作为参考。综合陶器形制、墓葬习俗等因素，花厅墓地应该主要与良渚文化第二期相对应，上限可推前，下限可以到良渚文化第三期前段（总第四段）。

因此，良渚文化的下限不可能与大汶口文化的结束年代相近，而应该晚相当长的一段时间。关于大汶口文化的分期，目前比较一致的意见是分为早中晚三期，各期还能细分。对于其年代，最早者取邳县大墩子下层标本，为4494±200B.C.（ZK90，经校正），最晚者，取潍县鲁家口下层标本，为2340±145B.C.（ZK317，经校正）。据此，夏鼐先生认为大汶口文化"至少跨着公元前4500～前2300年"[1]。将公元前2300年作为大汶口文化年代的下限似乎略晚。如结合山东龙山文化的起讫年代大约为公元前2400年前后至前2000年前后，则山东龙山文化的起始年代就是大汶口文化的结束年代。良渚文化第一至第四段可以与大汶口文化中晚期对应，但是其上限应该晚于大汶口文化中期的上限，即开始于距今5200年左右。后两段的陶豆特别盛行竹节状凸棱，与山东龙山文化的高柄杯有相似的装饰技法（图九），二者年代也大致相当，距今约4400～4000年。这样，良渚文化共经历了1200年，每段为200年左右。

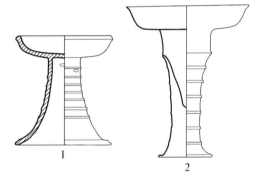

图九　豆
1. 良渚文化　2. 山东龙山文化

三、良渚文明的发展过程

1. 良渚文明的开始

恩格斯指出："国家是文明社会的概括"。文明的开始同国家的起源密切相关。国家的本质是阶级统治的工具，国家是阶级矛盾激化到不可调和时的产物。国家建立的基础是人际关系发生变化，社会成员趋于划分为若干个不同的集团，他们有各不相同的经济状况、社会职能和社会地位，从而形成不同的社会阶层。

崧泽文化尚未出现明显的社会阶层分化。崧泽墓地的100座墓葬中，绝大多数都有

---

[1]　夏鼐：《碳-14测定年代和中国史前考古学》，《考古》1977年4期。

随葬品,随葬品的数量大多数不超过10件,最多的M21也只有17件。用玉器随葬的共有15座,各墓1～3件不等,数量很少,其中两座幼儿墓各随葬了一件玉璜。M21虽然随葬品最多,却没有玉器[1]。

良渚文化出现了比较明显的社会阶层分化现象,第一期已有少数高居于一般社会成员之上的显贵人物,出现了为他们专门建筑的高台墓地。

高台墓地是良渚文化上层人物的墓地形式,人工堆筑而成,是一种比较大型的工程建筑。福泉山墓地的第四层属于第一期,堆积在崧泽文化早期居住遗址和晚期墓地之上。根据福泉山T8的东壁剖面,崧泽时期的各层堆积均大致呈水平状,而良渚文化第一期堆积为斜坡,由土墩中央向周围倾斜。此层堆积的最厚处达两米,黄土比较纯净,所包含的遗物也比较少。对于它的成因,简报作者未曾谈及。我认为,这已经是良渚第一期人有意识堆筑的墓地,不过这种墓地利用了较早时期因人类活动而形成的高地,自身所堆土的高度有限,工作量不大。因此可以把这个时期的墓地看作是高台墓地的初级形态。

福泉山M139的墓主是这一时期少数有代表性的显贵人物之一。他是一个二十多岁的成年男子,有大于一般人物的墓坑,随葬品的数量和质量尤为可观。环绕在人体中下部周围的12件石钺最为引人注目,其中一件安柄,置于身体右侧。随葬的玉器有镯、琮、管、珠和锥形器。随葬陶器最重要的是一件大口尊,放在脚端。多件彩绘陶器也很有特色,器形有罐、豆和器盖。在墓主的脚端还陪葬了一个女子,年龄与墓主相仿,屈身屈肢朝向墓主。陪葬者也随葬了几件玉器,有玉管和玉环等。同一时期,张陵山上层的墓葬随葬了种类更多的玉器,如冠形器、镯、璜、管、坠等。其中一件玉镯的外壁有四块对称的长方形凸面,凸面上刻划兽面纹,形态和纹饰与玉琮都有一些相似之处,可看作玉琮的滥觞。玉琮是良渚文化中非常重要的一类玉器,对于良渚文化社会上层思想意识的形成和发展,意义重大。

2. 良渚文明的繁盛

第二期和第三期是良渚文明进入繁荣兴盛的时期。浙江余杭良渚、瓶窑地区的大型遗址群已具有很大规模,在33平方公里多的范围内已经调查到五十余处遗址,是良渚文化聚落分布最密集的地区。遗址群大致分为西北和东南两大块,良渚在东、瓶窑在西。西遗址群的中心是莫角山超大型基址,在它的西北、北、东北分布着已经发掘的汇观山、反山和瑶山等祭坛墓地,周围还有其他高土台。虽然多数高土台未经发掘,但是已经了解到它们也是人工堆筑而成。在整个良渚文化区域内,良渚瓶窑地区是这些大型人为工程建筑分布密度最高的地区。

莫角山超大型建筑基址的发现是良渚文化研究的重大突破。这处基址是由人工堆筑的高台,东西长670、南北宽450米,总面积达30余万平方米,规模极其宏大。基址经过夯筑,夯层明显,夯窝清晰。已经发现了多个大型柱洞,直径在50厘米左右。在基址

---

[1] 上海市文物管理委员会:《崧泽》,文物出版社,1987年。

之上，分布着几处突出的台地[1]。另外还发现了一处直径约20多米的重要遗迹，呈锅底状，最厚处达1.1米，由草木灰层和红烧土（有些大块红烧土上残留夹在其中的棍杆痕迹）间隔堆积而成。对这一重要遗迹，一般认为是"燎祭"现象，也有学者推测这是焚烧过的土坯墙残块被再次利用，铺垫夯实，重建新的宫殿[2]。无论怎样，莫角山基址都称得上是一处极其重要的超级政治礼仪性建筑。关于这处建筑基址的建造与使用时间，根据在前述"燎祭"现象之上叠压了一座随葬鼎、豆、罐的所谓良渚文化中期墓葬[3]，建筑基址的使用就不会晚于这个时期。如果认为这是利用被毁坏建筑物的材料进行重建，那么从整个堆积顺序就可以判断出，被毁建筑物的使用时间更早。再据这处基址周围分布着多处贵族墓地看，它的始建年代不应晚于第二期。

莫角山基址东北方向的瑶山祭坛已经作了大面积的发掘揭露，结构与建造过程比较清楚。祭坛建于海拔35米的小山顶上，先要将山顶削平，然后从山下搬运来不同颜色与质地的土壤，堆筑成三重方台：中央是红土台，第二重是灰土圈，最外重是黄褐色斑土台，土台外再用砾石叠砌护坡。整个祭坛大致呈方形，面积约400平方米。在莫角山基址以北相距不远的反山墓地完全是从平地堆筑起的明显凸出地表的高土台。墓地长90、宽30、高7米（从原生地面算起），估计用土量约2万立方米。建筑这个墓地先要平整土地，从附近取土，堆土夯实，然后挖墓坑，最后还要在土台顶部封土，需要耗费大量工时。反山墓地现已发掘一半，埋葬着11座上层贵族的大墓。

这一时期，社会阶层的分化更为加剧，社会上层与下层的差别极为悬殊。在社会上层内部还有等级和职能的差别。最高等级的墓葬在第二期数量比较少，主要集中在良渚瓶窑地区，第三期数量增多，并且扩展到其他地区，如青浦福泉山和武进寺墩等地。最高等级墓葬的共同特点是随葬玉琮和完整的带柄玉钺。玉钺柄长约70至80厘米，皆已朽，仅存安装在柄上的玉冒和玉镦，或有原来镶嵌在柄上的小玉粒。带柄玉钺出土时位于人体胸部一侧，似作手持状。反山M12随葬的玉琮与玉钺上还雕刻着完整的神像。福泉山M65和寺墩M3也有玉琮和完整玉钺随葬[4]。后者随葬品的分布面积达4平方米，大量的玉质礼器放置在人体周围。其他贵族墓葬以随葬各类制作精良的玉礼器为明显特征。根据玉礼器的属性，贵族墓葬包含了三种类型。甲种墓以带柄玉钺为最重要的随葬品，没有玉琮；乙种墓的随葬品中没有带柄玉钺，但随葬玉琮；丙种墓不随葬带柄玉钺和玉琮，其他种类的玉礼器十分丰富，例如余杭瑶山墓地北列的5座墓。

良渚文化的玉器有深刻的观念意识内涵，为贵族所掌握，是礼仪制度的物化形式，也是拥有和支配财富的象征，属于礼器。良渚文化玉礼器门类众多，其中最重要的当为玉钺和玉琮。玉钺自斧锛类生产工具分化演变而来，出现较早。配有玉冒、玉镦的完整玉钺是最高等级的权杖，拥有权杖就是拥有权力。玉琮为良渚文化所特有，典型形态的

————————
[1]《余杭莫角山清理大型建筑基址》，《中国文物报》1993年10月10日。
[2] 严文明：《良渚随笔》，《文明的曙光》，浙江人民出版社，1986年。
[3] 王明达：《良渚遗址群田野考古概述》，《文明的曙光》，浙江人民出版社，1986年。
[4] 南京博物院：《1982年江苏常州武进寺墩遗址的发掘》，《考古》1984年2期。

玉琮在第二期刚刚出现。玉琮纹饰的规范同一程度很高,以由神人(面)和兽(面)组成的神像为主,或以鸟纹辅之,几乎所有纹饰都是在此基础上的演绎和变化。玉琮与神像的结合使拥有者能与天地鬼神对话,掌握了对社会和自然界的解释权。因此拥有玉钺和玉琮是等级最高的贵族。

社会下层的墓葬数量比较多,一般只随葬日常生活器皿与生产工具,个别墓葬有少量小件玉器。还有一些墓葬没有随葬品。上海马桥、吴县越城等地的墓葬都属这个阶层。

良渚文明的繁盛时期,在它的控制区域内构筑了权力和财富分布的多级结构。良渚瓶窑地区有超大型的建筑基址、祭台和人工堆筑的高台墓地,也是贵族墓葬最集中、出土玉礼器最多的地区,因此,这里是权力和财富高度集中的地区。良渚瓶窑地区聚落密布,已经发现的五十余处聚落遗址,组成了一个相互关联的聚落群,人口密度在良渚文化分布区内为最高。从权力、财富、人口的集中程度看,良渚瓶窑地区已经具备了都城的要素,是良渚文化的最高中心。

最高中心之下围绕着一批次级中心,如寺墩、草鞋山、福泉山等高台墓地和相关的同等级聚落。在这些地点也集中了相当的权力和财富。而数量更多的普通聚落和墓地又分布于次级中心之间,例如马桥和越城。多层次的聚落规模和多级权力、财富分布结构,表明良渚文化不仅社会成员由不同的阶层所组成,而且社会构成的形式也可区分出不同的层次,城和乡在分化,社会的复杂化具有相当的广度和深度。

文字的起源和文字系统的形成过程是社会复杂化过程的另一个重要方面。已知的中国成熟文字系统是商代的甲骨文,在此之前的属于原始文字。良渚文化之前,环太湖地区已经开始使用原始文字,至良渚文化时期,原始文字种类增加,有几十种之多。它们多刻划在陶器上,也有一些刻划在玉器上,发现陶文的有武进寺墩、吴县澄湖、上海马桥、金山亭林、余杭南湖和良渚等遗址。

良渚文明的繁盛时期也是良渚文化原始文字最发达的阶段,出现了多字排列的完整句子。地层关系清楚或出土环境明确的多字陶器共有3件:马桥阔把杯、澄湖贯耳壶和南湖圈足罐[1]。马桥阔把杯是60年代的发掘品,出自遗址的第五层,该层所出遗物主要以本文所分之第二期为主,下限可到第三期前段(总第四段)。这件阔把杯的形制比较独特,未见相同器形,杯身呈竹节形,把手甚宽,此风格盛行于第三期,因此阔把杯的年代当为第二期和第三期前段。阔把杯上残留的两个字,并排刻于器底。澄湖贯耳壶,鱼篓形,是良渚文化比较典型的器类之一,以第二期和第三期最为常见。贯耳壶上共有四个字,在腹部排成一行。南湖圈足罐出土于良渚瓶窑地区,是调查采集品,形体与雀幕桥M3:17比较接近,只是略显瘦高,年代可能稍晚,约当第三期后段(总第五段)。圈足罐上字数最多,11个陶文绕肩部一周排列。

---

[1] 上海市文物管理委员会:《上海马桥遗址第一、二次发掘》,《考古学报》1978年1期;南京博物院、吴县文管会:《江苏吴县澄湖古井群的发掘》,《文物资料丛刊(第九集)》,文物出版社,1985年;沈德祥:《余杭县出土的良渚文化和马桥文化的陶器刻划符号》,《东南文化》1991年5期。

多字排列组句是原始文字发展过程中的一项突出成就，因为句子能够传递完整的信息，比起只能表达简单意思的单个字来无疑是一个飞跃。多字排列组句是良渚文明进入繁盛阶段的重要标志之一。

良渚文化繁盛时期，不仅在直接统治区域内具有相当高的社会复杂化程度，而且与统治区域以外的地区进行交往，有些交往甚至带有明显的规模不小的扩张性质。根据现有资料，良渚文化与域外地区交往有三条路线，一条是向北，进入大汶口文化的分布区；第二条向南，到达岭南地区；第三条向西，至长江中游地区。

良渚文化进入大汶口文化的分布区最有典型意义的是江苏北部的花厅。花厅墓地的出土器物数量虽然以属大汶口文化者占优，但是良渚文化因素亦占一定比例，特征明显，玉琮、锥形器、钺、有段锛、冠形器、镯等，器形和神像纹都属良渚文化传统。一部分陶器也与环太湖地区出土的良渚文化陶器风格近似，但在整体感觉上又有一些细微的差别。

良渚文化进入大汶口文化分布区的路线，应该是自南京附近地区越过长江，南京北阴阳营出土刻有原始文字的陶大口尊[1]，江宁昝庙发现了良渚文化的玉冠形器[2]，它们是良渚文化到达这个地区的物证。长江以北的海安青墩、涟水三里墩和阜宁陆庄等地都留下了良渚贵族到过的足迹。三个地点都出土过玉琮，后两地的玉琮都是单节、神面，青墩的一件节数不详，也是神面，它们都属良渚文化[3]。良渚文化就是沿着这条路线来到了大汶口文化的分布区。大汶口文化因素也通过这条路线来到环太湖地区，青浦福泉山 M67 出土的陶背壶是大汶口文化的典型器。

广东石峡和省内其他地点也出土了良渚文化玉石质的琮、锥形器、璧、瑗、环、璜等[4]。从地理位置看，环太湖地区与广东省之间是江西省，曾在江西的丰城官墩山和新余拾年山发现过琮[5]，那里应该是良渚文化向广东传播途经的地区。此外，出土良渚文化玉琮的海丰田墘镇近海，玉琮是从四米多深的贝壳层中挖出[6]。良渚文化有些墓葬用鲨鱼牙齿随葬，表明他们能够航海去捕捉鲨鱼。这些迹象提示，可能还有一条良渚因素南传的海上路线。

长江中游地区，在湖北黄梅陆墩遗址发掘出 21 座墓葬，M3 和 M19 随葬的石钺均安装了经过精细加工的骨镦，复原安柄的完整钺长 66 厘米[7]。良渚文化的完整玉钺有玉镦，这是二者之间的相似性。陆墩墓葬随葬品中还有双鼻壶和长短不一的玉锥形器，皆

[1] 南京博物院：《长江下游新石器时代文化若干问题的探析》，《文物》1978年4期。

[2] 浙江省文物考古研究所、上海市文物管理委员会、南京博物院：《良渚文化玉器》，文物出版社、两木出版社，1989年。

[3] 浙江省文物考古研究所、上海市文物管理委员会、南京博物院：《良渚文化玉器》，文物出版社、两木出版社，1989年；南京博物院：《江苏海安青墩遗址》，《考古学报》1983年2期。

[4] 广东省博物馆、曲江县文化局石峡发掘小组：《广东曲江石峡墓葬发掘简报》，《文物》1978年7期。

[5] 万德强：《丰城出土的良渚文化玉器》，《江西文物》1989年2期；《中国文物报》1990年3月8日。

[6] 杨式挺：《石峡文化类型遗存的内涵分布及其与樊城堆文化的关系》，《纪念马坝人化石发现卅周年文集》，文物出版社，1988年。

[7] 中国社会科学院考古研究所湖北工作队：《湖北黄梅陆墩新石器时代墓葬》，《考古》1991年6期。

具良渚文化风格。不过陆墩没有发现神像纹。良渚文化与长江中游地区的交往路线，应该是沿长江，途经南京、江宁等地。良渚文化中很少见的多孔石刀，在长江中游的薛家岗文化中很常见，也是经这条路线过来。

上述三种交往的性质不尽相同。花厅墓地随葬玉琮、锥形器的主人非良渚文化贵族莫属。这些玉器的制法、形态和纹饰与环太湖地区出土的良渚文化玉器完全一样，为墓主人携带来到海岱地区无疑。拥有玉礼器的良渚贵族，带领一支人群从环太湖地区远距离迁移到这里，定居下来。因为所出陶器虽具良渚风格，但仍有细微差别，所以推测为当地制造。这样，这支良渚人群就在当地居住了一段比较长的时间。居住在花厅的不仅有外来的良渚人，也有当地原有居民大汶口人。后者是怎样接纳前者的？换言之，二者以怎样的方式进行接触？看起来，除了有良渚人以武力征服当地大汶口人的可能性外，也不应该排斥非武力扩张的另一种可能。众所周知，良渚文化的玉器，尤其是玉琮和神像纹，有非常深刻的观念意识内涵。虽然已有一些学者试图对此内涵作出解释，但是要想深入到它的内核、完全理解它则是非常困难的，甚至几乎是不可能的。不过，它们所蕴含的超自然力量，使拥有者具备与天地鬼神对话的能力，却可以作为我们理解良渚文化观念意识的基础。有了超自然力量，有了与天地鬼神对话的能力，也就掌握了对社会和自然界的解释权。实行这种力量和能力，还必须通过不为常人所理解的特殊的操作过程，这就更加增添了它的神秘性。当良渚贵族以其神秘的操作显示力量和权力时，征服当地居民的过程也就开始了。可以说，良渚贵族是用传播意识观念的形式征服了花厅的居民，实现了异族的统治。

岭南地区发现了带神像纹的玉琮和锥形器，因此，良渚文化向这里扩张的形式应该与花厅相似。所不同的是扩张的规模和结果。来到岭南地区的良渚人群虽有贵族带领，但规模比较小。它们携带玉器，试图开发岭南地区，后来融入当地原有居民之中。

良渚文化和长江中游地区是另一种性质的交往，良渚文化因素所占比例很小，也未见代表观念形态的玉琮和神像纹等，因此二者只是双向的人群往来。

通过以上三种不同的交往形式和规模，良渚文明在直接统治区域外，也达到了对外影响和扩张的最繁盛阶段。

3. 良渚文明由盛至衰

第四期是良渚文明由盛至衰的时期。

良渚瓶窑地区是权力和财富的集中地和良渚文明的最高中心，但是这里还未曾发掘出第四期的上层贵族墓葬。如前节所述，这一地区可以分为东、西两片，西片在第二期前后极其繁荣，因此是否存在三期后繁荣区向东扩展的可能？传以前在东片盗掘出土玉器甚多，流散于海内外，可惜已经无从考察它们的出土地点与所属年代的关系。

良渚遗址群的发掘清理最早始于东片。早在1936年，施昕更先生就在良渚镇周围的棋盘坟、横圩里等地点进行了发掘。50年代以来，又作了大量深入细致的调查工作，并且发掘清理了长坟、荀山东坡和庙前等地点。根据这些材料，文化内涵仅局限于普通的生活遗存和墓葬，能够反映良渚文明中心地位的资料还比较少见。同时，在这些遗存中也很少见到明确属于第四期的典型单位。因此与前面的繁荣对照,这个时期良渚文明的最高中心似乎正处于衰退之中。

环太湖地区还分布着多处良渚文明的次级中心,如草鞋山、赵陵山、张陵山、少卿山、福泉山和寺墩等,目前只在福泉山和寺墩发现了第四期遗存。福泉山的M40(T15M3)是一座规模相当大的贵族墓葬,随葬品以3件玉琮最为突出,其中两件饰三节简化神像纹的玉琮,相叠起来实为一件被分割开的长玉琮。其他还有玉钺、玉璧和锥形器等。但是从贵族墓葬及其随葬品的数量和质量看,福泉山的第四期遗存已经无法与前相比。

属于这个时期的多数文化遗存为中下层贵族和平民所留下,亭林墓地的一部分墓葬即是其中之一。该墓地不似福泉山、反山那样有明显的高台,1988年和1990年先后两次共发掘出23座良渚文化墓葬,多属第三期和第四期。23座墓共随葬玉器、陶器和石器达数百件之多,其中有一座墓就随葬了30件。最重要的一件随葬品是九节玉琮。M3的墓主人左手握有一件方体玉锥形器。其他玉器还有璧、琮形管、镯等。陶器也不乏精品[1]。这些珍贵的随葬器物显示亭林墓地应该是一处以中下层贵族为首的墓地。此外,在浙江的千金角、徐步桥和平邱墩等地也发现了第四期的墓葬,皆属平民阶层。

虽然现在还无法对第四期的社会面貌作出更加深入全面的分析,但是就上述考古成果至少可以说,它的发展程度不高于第二期和第三期,良渚文明也由此进入了盛极而衰的时期。

原载浙江省文物考古研究所:《良渚文化研究——纪念良渚文化发现六十周年国际学术研讨会文集》,科学出版社,1999年

---

[1] 王正书:《金山县亭林良渚文化墓地》,《中国考古学年鉴(1989)》,文物出版社,1990年;王正书、孙维昌:《金山亭林新石器时代遗址》,《中国考古学年鉴(1991)》,文物出版社,1992年;黄宣佩:《论良渚文化的分期》,《上海博物馆集刊(第六期)》,上海古籍出版社,1992年。

公元前第三千纪中国东部地区的历史进程

——以良渚文化墓地为中心

  中国东部地区是从地理学意义中衍生出的考古学概念，包括黄河与长江两条大河的下游三角洲地区及其中间区域和邻境，现在所属行政区为山东省、江苏省、上海市和浙江省。公元前第三千纪中国东部地区的历史进程出现第一次社会发展高潮，在早期文明化进程中占据很高地位，对此已有专文论述[1]。本文以东部地区南端的良渚文化墓地为中心作进一步阐释。

  讨论历史进程的前提是年代学研究。早先我的良渚文化分期方案是四期6段[2]，现根据新的材料，以原来的方案为基础分五期，其中第二期和第三期各自分为两段，第四期也有偏早与偏晚的区分。合并后，第一期和第二期为良渚文化前期，其余为后期。目前还没有发现第五期的墓葬[3]。

  本文对墓地的分类以能否用玉、怎样用玉为标准。良渚文化是以宗教及其相关活动为中心的早期文明，玉器是开展宗教活动的物质媒介，或者说玉器是良渚观念形态的物化形式，因此玉器在良渚文明中具有极其崇高的地位。玉在自然界是一种稀缺物品，寻找不易，开采艰难。玉在雕琢成器的过程中有多道复杂的工艺，治玉工匠是特殊人才。良渚玉器器类之多，在新石器时代首屈一指。那些比发丝更细密的纹饰及其所蕴含的神秘内涵，我们今天还无法完全破解其奥秘。拥有玉器的人或集团的社会地位应该高于不拥有者，能够在不同的层面上掌控玉器的人或集团代表了不同的社会等级。从能否掌控玉器和所掌控玉器的品类，可以将良渚文化墓地分为不同的类型。

  反山[4]和瑶山[5]是等级最高的墓地，又位于良渚文化的中心，显然具有典型意义。

[1] 宋建：《中国东部地区在文明化进程中的地位》，《东方考古（第1集）》，科学出版社，2004年，第319～328页。

[2] 宋建：《论良渚文明的兴衰过程》，《良渚文化研究——纪念良渚文化发现六十周年国际学术讨论会文集》，科学出版社，1999年，第86～103页。

[3] 宋建：《良渚文化衰变研究》，《浙江省文物考古研究所学刊（第八辑）——纪念良渚遗址发现七十周年学术研讨会文集》，科学出版社，2006年，第227～237页。

[4] 浙江省文物考古研究所：《反山》，文物出版社，2005年。

[5] 浙江省文物考古研究所：《瑶山》，文物出版社，2003年。

通过对比,发现这两处墓地随葬玉器的配置最为完备和规范,可以作为其他墓地的参照标准。瑶山共13座墓葬,分南北两列,南列7座墓的规格明显高于北列的6座墓。13座墓每墓都有1件梳背。南列7墓还各有1件玉钺和1件三叉器,其中1墓的钺为安装瑁、镦的完整配置(下文称完整钺)。南列中有5墓随葬玉琮。所有墓均没有玉璧。

反山的9座墓(除年代较晚的M19和M21),每墓有一件梳背。5座墓各有1件玉钺和1件三叉器,这5件玉钺中,3件是完整钺,1件有镦无瑁。8座墓有玉琮。7座墓有玉璧,M23的玉璧最多,有54件,M15和M16最少,仅1件,M17和M18没有玉璧。

综合上述要素可以看出,在高层贵族中,梳背是基本配置,每人1件。三叉器和玉钺是略高于半数的高层贵族的配置,这两种器物有必然的对应关系,即有钺就有三叉器,反之亦然。因三种器物均只有1件,说明它们的功能比较单一,主要用于代表身份,没有复杂的操作功能。梳背和三叉器出土时都置于头部,梳背与其他材质的梳一起使用,梳插入头发,梳背暴露于外。头部是人体位置最高、最重要的部分,插于此最易辨别身份。三叉器下端有孔,可以另接带单榫的附件,可能也安置在头上。钺执于手,反山绝大多数钺都安装了瑁、镦,而瑶山只有M7为完整钺。有三叉器与玉钺者比无此二器者的地位要高。完整钺的规格应该高于钺。

以上三种器物的配置,反山和瑶山相同,规范程度很高,存在严格的制度性约束是没有疑义的。

琮不像上述三种器物那样高度规范。反山出琮的8座墓中有5座墓同出钺和三叉器。瑶山出琮的5座墓均在南列,同出钺和三叉器。不同点是反山有琮的墓未必都有钺和三叉器,而瑶山有钺和三叉器的墓未必有琮。

在琮的数量及其同钺的关系方面,两墓地也有不同。瑶山有完整钺的M7只有两件琮,无完整配置钺的瑶山M12却有8件琮,为最多的墓。琮最少的M9只有1件。反山M12地位最高,有6件琮,没有钺和三叉器的M15和M22相对地位最低,没有琮。

琮的数量、琮与其他器物的对应关系等可变因素的存在,加上各琮形制和纹饰的差别,表明琮的内涵比钺等三种器物复杂,不仅有身份、地位层面的内涵,还应该有操作功能的内涵。琮的使用有很高程度的规范,但在确定等级地位方面未必有严格的制度性约束。

玉璧在反山各墓的数量多寡悬殊,并存在没有玉璧的墓葬,其中M7琮、钺、三叉器、梳背齐全,独缺玉璧。璧与这4种器物没有必然的对应关系。

瑶山更是所有墓葬均不随葬玉璧。这种现象发生在制度性建设最为规范的良渚中心,最具说服力的解释应该是,玉璧不具备贵族身份地位的标志性作用,应该也不具备重要的操作功能。

在高层贵族中,琮和钺多共存,各自也可单独存在;三叉器依附于钺;梳背为基本配置。琮和钺地位高,为一类器,尤以完整钺的等级最高;三叉器和梳背地位低,为二类器。两类玉器合并称为重要玉器。表一所排列的玉器种类和组合顺序应该是两处墓地的高层贵族等级顺序,也是本文良渚文化墓葬分类的主要依据。

表一　反山、瑶山重要玉器分布

		反　　山	瑶　　山
1	琮、完整钺、三叉器、梳背	+	+
2	琮、钺、三叉器、梳背	+	
3	钺、三叉器、梳背		
4	琮、梳背	+	
5	梳背	+	+

良渚以外地区不如反山、瑶山规范,有一类器的未必有二类器。三叉器在良渚以外地区比较少见,主要出在距良渚中心最近的浙江嘉兴地区,在距良渚比较远的苏南和上海不见。梳背的数量明显多于三叉器,分布区域也广于三叉器。完全符合良渚地区那样用玉规范的墓葬不多,浙江嘉兴地区的普安桥M11是其中1座,同出钺、琮、三叉器和梳背四种器物[1]。梳背与琮的关联性比较复杂。新地里M137有琮但无典型形态的梳背,但有一件被称为"端饰"的玉器,它的底边下有V型凹槽,插于槽内的是一"扁平骨牙质"器,其安装位置与梳背相同,安装方式与梳背相近,出自胸上部近头骨处,本文称为"似梳背器"[2]。其他地点琮与梳背共存的有张陵山西山M4[3]、少卿山M1[4]和草鞋山M199[5]。但更多的是琮与梳背不共存的情况,如科学发掘的草鞋山M198有琮却无梳背。高城墩尽管有4座墓随葬玉琮,但在发表资料中不见梳背[6]。寺墩保存完好的M3有33件琮但无梳背[7]。资料发表比较完整的福泉山更能说明琮与梳背不关联的情况:出梳背的共4墓,M109、M74、M101、M60,每墓1件,均无玉琮,有玉琮的5座墓均无梳背[8]。梳背与完整钺亦无必然的关联,良渚以外地区有完整钺的三座墓,只有福泉山M74有梳背,寺墩M3和福泉山M65则无。

良渚以外地区用玉不甚规范,表明良渚中心同外围乃至边缘地区在用玉规范程度上的差别,它是探讨用玉规范时空变化的重要资料,并不影响以能否用玉、怎样用玉作为良渚墓地分类的标准。下面将拥有一类器的作为前三类墓地,它们的区别是拥有一类器的墓葬数量和延续时间段。只拥有二类器的为第四类墓地。没有重要玉器的为第五类墓地。

---

[1]　北京大学考古系等:《浙江桐乡普安桥遗址发掘简报》,《文物》1998年4期,第61～74页。
[2]　浙江省文物考古研究所、桐乡市文物管理委员会:《新地里》,文物出版社,2006年。
[3]　南京博物院:《江苏吴县张陵山遗址发掘简报》,《文物资料丛刊(第六集)》,文物出版社,1982年,第25～36页。
[4]　苏州博物馆、昆山县文管会:《江苏省昆山县少卿山遗址》,《文物》1988年1期,第52～57页。
[5]　南京博物院:《苏州草鞋山良渚文化墓葬》,《东方文明之光——良渚文化发现60周年纪念文集(1936～1996)》,海南国际新闻出版中心,1996年,第1～17页。
[6]　江苏省高城墩联合考古队:《江阴高城墩遗址发掘简报》,《文物》2001年5期,第4～21页。
[7]　南京博物院:《1982年江苏常州武进寺墩遗址的发掘》,《考古》1984年2期,第109～129页。
[8]　上海市文物管理委员会:《福泉山》,文物出版社,2000年。

第一类墓地

有多座墓葬随葬一类器,以埋葬高等级贵族为主的墓地。

良渚地区的第一类墓地,除了反山、瑶山,还有汇观山。良渚附近地区有横山,有三叉器而无梳背。根据反山、瑶山两类器物的配置形式,有时三叉器或可兼有梳背的功能。比较远离良渚地区的第一类墓地,有江阴高城墩、武进寺墩、吴县草鞋山,资料公布很少的无锡丘承墩也应该归于第一类。

高城墩是一处非常重要的良渚文化墓地,原有面积近万平方米,高出周围地面约10米,但1975年后遭受持续性毁坏,到1999～2000年发掘时仅在墩北部残存2000多平方米。在残存范围内发掘了1157平方米,共清理14座墓葬。

高城墩经发掘出土的玉琮有5件,分属于4座墓葬。墓地被破坏期间收集到2件。墓坑面积最大的M13早年被局部破坏,据当地村民说,当时出过"几斤重的大玉琮",显然高城墩原来埋藏的玉琮总数应该不止7件。根据已掌握的材料,高城墩埋藏玉琮数量之多在良渚文化前期仅次于瑶山和反山,显现高城墩在远离良渚最高中心直线距离约180公里之外所占据的特殊位置。同时也要看到高城墩不见完整钺,在重要玉器的配置方面与反山、瑶山的差距。

高城墩各墓葬的随葬陶器大多数属于良渚文化第二期。M8所出折腹豆(M8∶11)与属于良渚文化第三期前段的福泉山M60的豆(M60∶42)形制相近,是年代最晚的一座墓。M8位于墓地的西北隅,其西面和北面的发掘区域内没有墓葬。高城墩残存土墩是最北部的一部分,最北一排墓葬以北还有空白区域,因此这排墓葬应该就是墓地的北界。土墩西部虽被破坏,但M8西部还有较多空地,根据该墓地的墓葬分布间隔,它的西面不应该有墓葬。M8是安排在高城墩西北边缘的一座墓。

寺墩发现4座随葬玉琮的大墓,均属于良渚文化后期。其中唯一保存完好的M3共有33件琮和2件钺,其中1件为完整钺。4座大墓东西横向排列,周围近旁没有发现其他墓葬。年代较晚的M1和M5埋于外侧,M3和M4埋于中间,M3和M4的年代可能比较接近。

吴县草鞋山至少有4座高等级贵族墓葬,但只有1座即M198为科学发掘,为第三期早段,出3件琮。M199为采集品,包括3件玉琮,其中一件为12节。还没有发现同时期等级较低的墓葬。草鞋山高等级贵族活动也延续了一段时间,但其长度不能确定。

无锡丘承墩共发现10座良渚后期墓葬,未被扰乱的3座均随葬很多玉器,其中2座即M3和M5随葬玉琮。其余7座墓都被扰动,原有状况不明。从发表的陶器看,丘承墩墓地使用年代与草鞋山接近[1]。

第一类墓地在时间与空间的分布上具有一些值得注意的特征。良渚第一期没有发现第一类墓地,第二期发现的也不多,而且分布点很少,多集中在良渚遗址群区。良渚遗址群之外唯一的分布点是高城墩。从远离良渚遗址群的地缘关系看,高城墩在良渚前期的北部地区占有十分重要的地位。

[1]《江苏无锡丘承墩遗址首次发现良渚文化高台墓地的双祭台》,《中国文物报》2006年4月19日第1版。

高城墩M8是该墓地年代最晚、分布于墓地边缘的墓葬。M8的玉琮采用了一种十分罕见的随葬方式,将一个不到四分之一的玉琮分为五片后放在墓主头部。据发掘简报,在分布于墓地西北部的M8等几座墓葬之上覆盖了一层厚约20厘米的灰白土,土质细腻坚硬,表明高城墩在最后一座墓葬下葬、墓地最终停止使用时,曾有一次性大面积铺土覆盖,很可能这是墓地终结时进行的特别仪式。自此往后良渚文化延续数百年,但是这里不再是墓地。

良渚后期第一类墓地的时空分布有了明显变化。良渚遗址群内还没有发现第一类墓地,但在遗址群内的几个地点发现玉琮,如吴家埠的高15.51厘米6节人首纹玉琮、文家山的残多节玉琮、瓶窑外窑的长16厘米的玉琮钻芯等,高等级贵族仍然在遗址群活动,不能排除存在第一类墓葬的可能。在遗址群外的多个地点发现第一类墓地,如寺墩、丘承墩、草鞋山等。

寺墩遗址在高城墩东南大约15公里,高城墩的贵族活动从第二期延续到第三期前段,寺墩遗址从三期后段延续到四期。这两处高等级贵族活动中心聚落的彼衰此兴似隐藏着某种深刻的含义。

第二类墓地

良渚前期为第三类墓地,后期另辟高等级贵族专用墓区,性质同第一类墓地。目前能够确认的只有青浦福泉山一处。

福泉山的良渚文化墓葬一共有30座,其墓位的安排大致可以分为四个区域,2座墓散布于墓地北缘。22座墓密集埋在墓地西部,叠压关系相当复杂,延续时间很长。6座墓分布在墓地中部和东部,排列比较规则,墓位有特意的安排。

前期,西部墓区有2座墓随葬一类玉器,M109的重要玉器有钺和梳背各1件,另有3件璧;M144随葬玉钺。西部墓区的前期墓葬少数不随葬玉器,多数墓葬随葬数量不等的玉器、陶器和石器。

后期,西部墓区继续使用,有3座墓随葬了一类器,M101随葬钺和梳背各1件;M136有玉钺。M74的墓位安排在该墓区最北端,随葬品的数量与质量都相当可观,最重要的是一件完整钺。后期又在西部墓区以东开辟新的墓区,安排新产生的掌控玉琮的高等级贵族墓位,即中部墓组和东部墓组。两墓组均大致南北向排列,比较有序,M60、M65和M67在中部,M9和M40在东部,被破坏的M53相距稍远,从排列看,应该也属中部。其中5座墓出一类器,未出一类器的M60有梳背和玉璧。从随葬品分析,中部墓组早于东部墓组,中部墓组的M60和M65最早。东部墓组的M40最晚。中部墓组与东部墓组、西部墓区之间都各有宽十多米的无墓葬区域。

墓地类型的转变是福泉山主人的地位显著提升的标志。

第三类墓地

整个墓地只有个别墓葬随葬一类器。

江苏张陵山西山发掘5座墓葬,其中3座(M1～M3)规模小,仅随葬陶器、石器4至7件。M4随葬以玉琮领头的40多件器物,M5也随葬了玉坠、玉管等40多件随葬品,同另3座墓的差别非常明显。

　　浙江桐乡新地里遗址经过大面积发掘,良渚文化遗存从早到晚延续了相当长的时间,只有一座墓随葬玉琮和"似梳背器",即M137。发掘者将140座墓葬分为六段,M137为第1段,同其余9座墓是新地里最早的一批墓葬。这10座葬于不同的位置,M137等5座墓在西部土台上,M137位于土台中心。从位置、墓坑、葬具、随葬品诸要素分析,M137无疑是等级最高者。这5座墓关系密切,为共时墓地,规模同张陵山西山相仿(表二)。

表二　新地里西部土台上的墓葬

	墓坑(m²)	葬具	陶器	玉器	石器
M118	约1.5	未发现	6	4	1
M120	约3.86	有	7	1	1
M136	约1.15	未发现	3		
M137	约3.95	有	7	18	
M138	约0.61	未发现	2		

　　新地里晚于M137的M121随葬1件钺,另有1件璧。

　　普安桥从崧泽—良渚过渡段一直延续到良渚文化较晚时期,仅有一座墓葬M11规格较高,随葬玉琮、钺、梳背、三叉器各1件,符合由反山、瑶山所体现的玉器使用规范。与M11共时的遗存情况不详,暂作为第三类墓地。

　　海盐龙潭港,墓地被一条南北向浅沟区分为沟西的大墓区和沟东的小墓区,沟西的5座大墓以M9领衔,随葬钺和梳背等。

　　亭林共发掘23座墓葬,仅1座随葬9节长琮。

　　在东太湖地区,除了张陵山西山,还有昆山的赵陵山[1]、少卿山和绰墩[2]和张陵山东山均出土一类玉器。科学发掘品有赵陵山M77的1件琮和张陵山东山发掘探方中的1件玉琮残片[3]。张陵山东山采集品中有玉钺、瑁和琮形管,据称出自M1。采集品还有少卿山的2件琮、钺和梳背,因有共出自一座墓葬的可能性,编号为M1,以及绰墩的1件琮。

　　这五个地点的6件玉琮或其所属单位,最早的是张陵山西山M4。张陵山东山的玉琮残片,分三节,其中两节为一组包括神人兽面的神像,一节为神人。类似纹饰见于反山M17:2、瑶山西区(2842)和寺墩M5:13,最早出现的时间不会早于第二期晚段。张陵山东山的这件玉琮残片还有一个值得注意之处,它的下端射口部分已被截去,不能排除为四节甚至更多的可能,这样年代就更晚。因此最晚的是张陵山东山。五个地点的

[1]　江苏省赵陵山考古队:《江苏昆山赵陵山遗址第一、二次发掘简报》,《东方文明之光——良渚文化发现60周年纪念文集(1936～1996)》,海南国际新闻出版中心,1996年,第18～41页。
[2]　南京博物院、昆山县文化馆:《江苏昆山绰墩遗址的调查与发掘》,《文物》1984年2期,第6～11页。
[3]　南京博物院、角直保圣寺文物保管所:《江苏吴县张陵山东山遗址》,《文物》1986年10期,第26～35页。

早晚顺序为张陵山西山—赵陵山—少卿山—绰墩—张陵山东山,大致从第一期到第二期晚段。除绰墩和张陵山东山的年代比较接近,其余均可排除共时的可能。这五个地点作为第三类墓地只是良渚文化中某一段时间,而且基本不共时,或者说时间是先后延续的。我曾将这几个出玉琮的地点作为良渚文化区域性的次级中心,并提出假说:以掌控玉琮为表现形式,区域中心发生转移[1]。

第四类墓地

整个墓地,仅个别墓葬随葬二类器。

良渚地区有钵衣山[2]、吴家埠[3]、庙前[4]等遗址。

钵衣山,在610平方米的发掘范围内发现4座墓葬,其中2座不完整。2座完好和1座不完整的墓葬随葬玉器,其中M2随葬玉梳背和玉璧等。从发表资料看,这几座墓葬的年代比较接近,鼎、豆等陶器形制与反山大致相同。

吴家埠,在1000余平方米的发掘范围发现了20座良渚文化前期墓葬,较早阶段墓葬的随葬品数量少,玉器只有管、珠一类的饰品,只有较晚阶段的M8随葬梳背和玉璧。从不能使用到可以使用梳背是一个明显的转折,表明该社群地位的升格。值得注意的是,吴家埠遗址的采集品中有一件6节玉琮,比M8更晚,显然该集团的地位继M8以后还在继续提升。

庙前遗址延续时间很长,从良渚前期一直延续下来。前期有第四次发掘的M9,随葬1件形制比较特殊的梳背。后期有第五、六次发掘的M7,随葬梳背(因朽而不能起取),同出璧。

良渚以外地区有常熟罗墩,桐乡叭喇浜、徐家浜等遗址。

罗墩有14座良渚前期墓葬,M7的墓坑面积最大,随葬玉、陶、石等质地的随葬品共48件,其中有玉梳背、玉镯等[5]。

叭喇浜,良渚后期的M13随葬三叉器,另有M11随葬玉璧[6]。

徐家浜,在300多平方米范围内发现良渚前期墓葬6座,M6随葬梳背。其西相距约百米的章家浜发现5座同时期墓葬[7]。

第五类墓地

不随葬重要玉器。在各类墓地中数量最多。在良渚地区有上口山。良渚以外地区

[1] 宋建:《中国东部地区在文明化进程中的地位》,《东方考古(第1集)》,科学出版社,2004年12月,第319~328页。

[2] 浙江省文物考古研究所:《浙江余杭钵衣山遗址发掘简报》,《文物》2002年10期,第67~75页。

[3] 浙江省文物考古研究所:《余杭吴家埠新石器时代遗址》,《浙江省文物考古研究所学刊——建所十周年纪念(1980~1990)》,科学出版社,1993年,第55~84页。

[4] 浙江省文物考古研究所:《庙前》,文物出版社,2005年。

[5] 苏州博物馆、常熟博物馆:《江苏常熟罗墩遗址发掘简报》,《文物》1999年7期,第16~30页。

[6] 浙江省文物考古研究所:《桐乡叭喇浜遗址发掘》,《沪杭甬高速公路考古报告》,文物出版社,2002年,第1~31页。

[7] 浙江省文物考古研究所:《桐乡章家浜、徐家浜良渚文化墓葬发掘》,《沪杭甬高速公路考古报告》,文物出版社,2002年,第32~50页。

有广富林、马桥、龙南、平丘墩、千金角等。

良渚文化各类墓地的空间分布和历时性变化意味着社会结构的动态发展,是推演这一地区大约1000年间历史进程的重要依据。

第一类墓地的分布,最集中的区域是良渚地区及邻近的横山,另一分布区在远离良渚地区的江苏南部,而与良渚地区距离最近的嘉兴地区没有。这表明良渚文化最高层集团控制力的强弱应该同空间距离相关。

第一类墓地在良渚前期少而后期多,良渚以外地区前期只有高城墩,后期有寺墩、草鞋山和丘承墩等。福泉山则在后期发生了从第三类墓地向第一类墓地的转化。目前在良渚地区还没有发现后期第一类墓地。良渚和良渚以外地区拥有第一类墓地的族群都具有很高的社会地位。第一类墓地后期比前期数量上的增加,表明良渚地区高层集团控制力的强弱同时间有关,即前期强而后期弱,前期应属权力相对集中的单中心治理模式。尽管高城墩属于前期第一类墓地,但是其重要玉器的品类、数量都不如良渚地区的第一类墓地,因此其等级也应该低于良渚地区,可能与良渚地区保持一种相对独立的依附关系。良渚后期第一类墓葬数量的增加和分布面积的扩大,很可能表明它们同良渚地区的关系不同于前期,它们所代表的群落可能具有较以往更强的独立性。

原载《中国史研究(第5辑)》(韩国),2007年

从广富林遗存看环太湖地区早期文明的衰变

早期文明是指夏商周成熟的文明社会诞生之前的文明化进程。环太湖地区早期文明是自崧泽文化晚期以来到良渚文化的整个发展过程,经历了兴起、繁盛到衰变等阶段。一段时期以来,学界和社会对文明的兴起和繁盛给予了更多的关注,实际上,文明的衰变同样也是文明化进程研究的重要组成部分。

千年之交,在上海松江广富林遗址发现了一类非当地文化传统的新石器时代文化遗存,完全不同于环太湖地区现已认识的所有其他新石器文化。广富林遗存的年代正处于环太湖地区早期文明的衰变时期,在探讨文明化进程课题中提出了新的问题。为便于深入研究,我们暂称这类新遗存为广富林遗存[1]。目前发现的典型广富林遗存还非常少,对此还有一个不断研究和深化认识的过程。本文拟通过对广富林遗存的研究,探讨环太湖地区早期文明的衰变。

一、广富林遗存的年代、文化谱系及来源

广富林遗存同环太湖地区的文化看不出有直接的渊源关系,但同豫鲁皖的王油坊类型在文化谱系上存在一定的渊源关系[2]。里下河地区的南荡类型是王油坊类型和广富林遗存之间在文化谱系和地域上的连接点(图一)[3]。

广富林遗存的年代可以同王油坊类型和南荡遗存的年代互为参考。王油坊类型是龙山时代的文化,王油坊遗址的8个^{14}C测年数据,绝大多数落在2500～2200BC(经树轮校正)之间。南荡和周邶墩两地点共测得5个^{14}C年代,经树轮校正后均不早于2000BC[4]。广富林遗存目前仅测得两个^{14}C年代,分别是3770±60和3780±60B.P.,经树轮校正后为2310和2320BC。目前初步判断,广富林遗存的年代相当于王油坊类型晚

[1] 广富林考古队:《广富林遗存的发现与思考》,《中国文物报》2000年9月13日第3版;上海博物馆考古研究部:《上海松江区广富林遗址1999～2000年发掘简报》,《考古》2002年10期。

[2] 中国社会科学院考古研究所河南二队、河南商丘地区文物管理委员会:《河南永城王油坊遗址发掘报告》,《考古学集刊(第五集)》,中国社会科学出版社,1987年。

[3] 南京博物院考古研究所、扬州博物馆、兴化博物馆:《江苏兴化戴家舍南荡遗址》,《文物》1995年4期。

[4] 南京博物院考古研究所、扬州博物馆、高邮文管会:《江苏高邮周邶墩遗址发掘报告》,《考古学报》1997年4期。

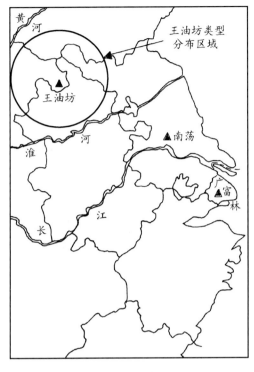

图一 广富林遗存来源示意图

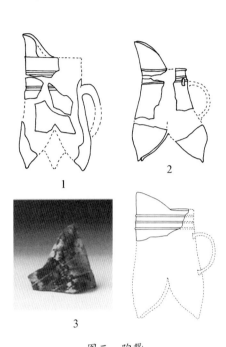

图二 陶鬶
1. 王油坊遗存 2. 南荡遗存 3. 广富林遗存

期至稍晚于王油坊类型,距今4000年前后。广富林遗存在环太湖地区延续的时间不长。

广富林遗存的生活遗迹目前只发现了灰坑,坑口平面近椭圆形,坑壁近直,平底,其功能应为窖穴,用以储存物品。另外还发现了浅坑形的洼地,洼地内堆积了生活垃圾,属于自然洼地形的垃圾坑。

陶器最能够反映文化遗存的渊源关系。广富林遗存的陶器中明显直接从王油坊类型输入的有白陶带流鬶和竖条纹筒形杯。陶鬶,薄胎,流不太高,近口沿处饰凸弦纹(图二)。陶杯,泥质灰陶,仅有下半部,杯身下部内收,近底部外撇,有一周凸棱,底近平微凹,杯身饰竖条纹,近底部饰弦纹,轮制,杯底内有轮旋痕,中心有乳状凸起(图三)。这两类器物目前在广富林遗址都仅发现了一件,器形同河南王油坊、安徽蒙城尉迟寺等王油坊类型遗址所出的完全一样,它们是王油坊类型在原活动区域的产品。

广富林遗存同王油坊类型相近的还有多种陶器和各类以不同技法制作的纹饰。广富林遗存的陶鼎多为垂腹釜形,口沿面上呈凹弧状,以承盖(图四)。鼎足以三角形侧扁足最为流行,足外缘或有指按捺,两侧面或刻竖条纹,足根外侧常有手指捏痕,鼎足部位的内壁常见近椭圆形捺窝(图五)。陶豆有粗柄喇叭形圈足和浅盘细高柄形两大类,前者的豆盘比较深,弧腹,豆柄粗矮(图六);后者浅盘敛口或敞口,细柄上常饰多道凸棱,最上端的那道凸棱比较粗壮(图七)。瓮,直领或短颈,有的领部内壁内凹。陶瓮的器形都比较大,其肩腹部常有数周附加堆纹,以加固器身(图八)。盆有多种不同的形制,

图三　陶杯

南荡

王油坊

广富林

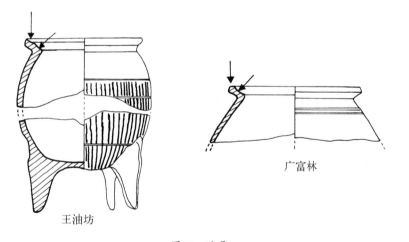

王油坊

广富林

图四　陶鼎

一种为浅斜腹,另一种是深腹,敛口,它们都是平底微内凹,外观似假圈足。还有一种盆
为斜腹,大平底(图九)。器盖,胎比较薄,矮圈状捉手。广富林遗存的陶器中带纹饰的
大约占三分之一。纹饰的制作技法主要有压印、刻划和附加堆纹。压印纹饰有绳纹、
篮纹和方格纹,其中以绳纹最常见,并有粗细和排列形式的差别,弦断绳纹也十分流行
(图一〇)。刻划纹种类比较多,饰有单线方格纹、复线菱格纹、叶脉纹、八字纹、错向斜
线纹、相交斜线纹、竖条纹等。附加堆纹围绕器物堆贴,其上多有指捺纹(图一一)。其

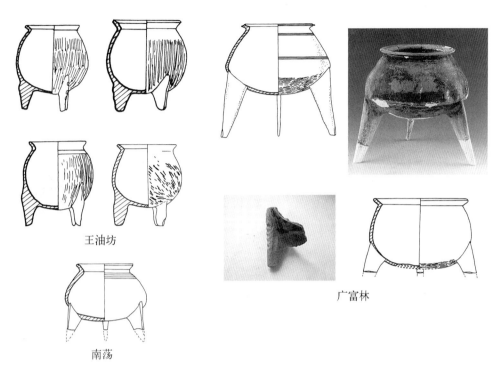

王油坊

南荡

广富林

图五　陶鼎

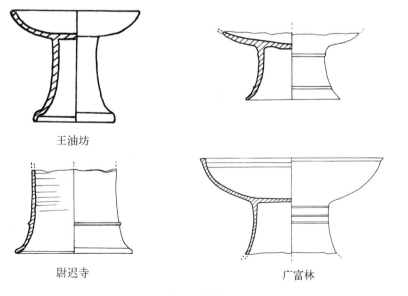

王油坊

尉迟寺

广富林

图六　陶豆

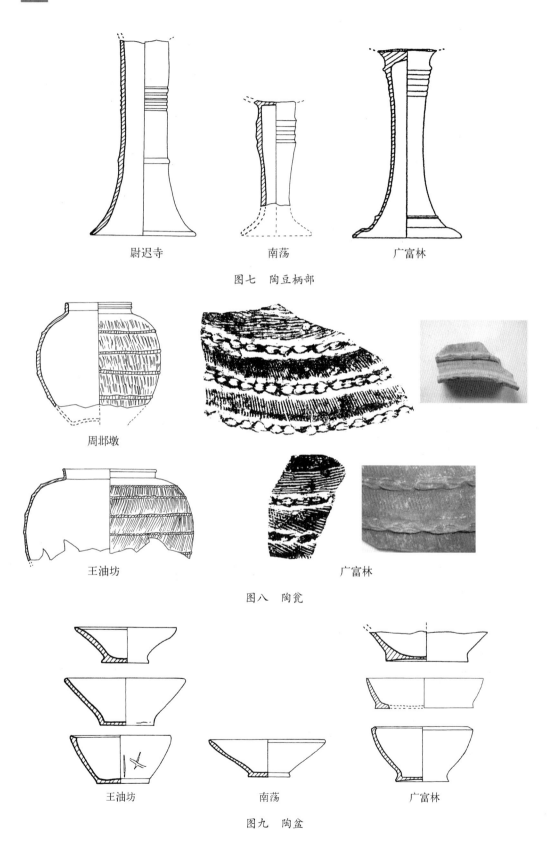

图七　陶豆柄部

尉迟寺　　　　南荡　　　　广富林

图八　陶瓮

周邶墩

王油坊　　　　　　　广富林

图九　陶盆

王油坊　　　　南荡　　　　广富林

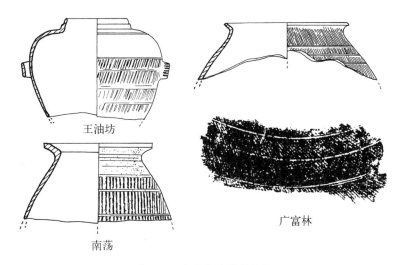

王油坊

南荡

广富林

图一〇　陶器上的弦断绳纹

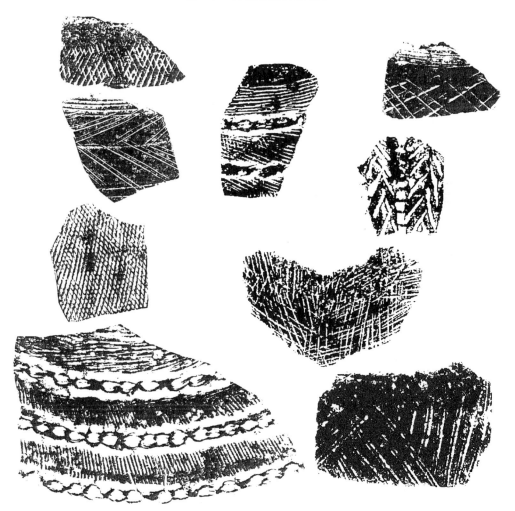

图一一　陶器上的装饰纹样(广富林)

他纹饰还有弦纹和凸棱纹等。王油坊类型陶器上的流行纹饰有篮纹、绳纹、方格纹和附加堆纹,刻划纹中有竖条纹、交叉浅槽纹和平行斜槽纹。其中,复线菱格纹同王油坊类型的交叉浅槽纹相似(图一二),错向斜线纹同王油坊类型的平行斜槽纹相似(图一三)。

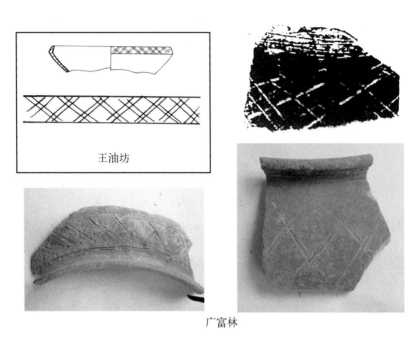

图一二　复线菱格纹与交叉浅槽纹

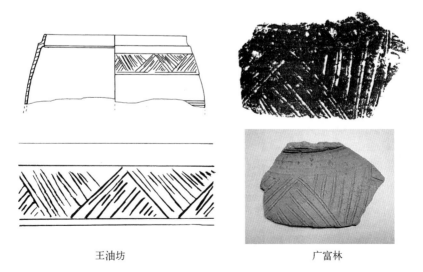

图一三　错向斜线纹与平行斜槽纹

二、广富林遗存的分布

环太湖地区发现的广富林遗存非常少,目前可以基本确认的遗址有广富林和太湖西岸的江苏宜兴骆驼墩[1]。自发现广富林遗存并提出这一新问题后,笔者在一些正式或非正式的场合了解到江浙两省的一些遗址中也存在着广富林遗存,但在实地考察辨认后,感到它们同广富林遗存并不一样。在上海地区,广富林仍然是唯一的一处包含广富林遗存的遗址。看来,广富林遗存在环太湖地区的聚落点很少。

在广富林遗址,广富林遗存的分布面积很小,同遗址中的良渚文化相比显得很不相称。从1999年开始,我们在广富林遗址确定基点,以象限方法划分,进行了重点发掘和大范围的勘探。经过近几年的田野工作,我们对广富林遗存的分布范围已经有了初步的认识。

广富林遗存分布的东部,在ⅠT0546第8层发现一件杯身饰竖条纹的陶杯;ⅠT0445第7层发现一件陶豆,泥质灰陶,弧腹,粗喇叭形圈足,圈足上饰两道窄带状弦纹。这是目前所知发现广富林遗存最东部的位置。从遗存的分布情况看,遗址的范围还应该向东有所延伸。

遗存的西北部发掘了ⅠT2327探沟,地层分为5层。在探沟东部的第4层下有一个灰坑遗迹,浅洼地形。包含物中有少量陶片,皆为夹砂陶,饰绳纹,另有一块明显经火烤的兽骨。第5层厚约50厘米,土色黄,含铁锈,土质较坚硬。出土陶片有夹砂陶、泥质陶等,可辨器形有鼎、钵等。鼎足为侧装三角足,陶器纹饰有绳纹和各式的刻划纹(相交斜线、错向斜线等)。这是典型的广富林遗存堆积。第5层之下为青灰土,土质坚硬,纯净,为生土。

广富林遗存的中部发掘了ⅠT1433探方,第4～6层出土遗物基本相同,主要有陶片、动物骨骼和少量石器,属于广富林遗存。第7、8层属于良渚文化。

从ⅠT2327到ⅠT0546,从西北至东南的直线距离大约130米。

在东北端的ⅠT2247、西北端的ⅠT2314和东端的ⅠT0557均不见广富林遗存,因此遗存分布在这些方向上不会越过这几个点。

综合上述发掘与勘探结果,广富林遗存的分布面积应该在10000平方米以上,不到20000平方米。广富林遗址的总面积达150000平方米,分布面积最大的时期为春秋战国—汉代,广富林遗存只占整个遗址的很小部分。

广富林遗址中,崧泽—良渚文化过渡段和良渚文化遗存的分布面积也很大。从1999年以来的发掘与勘探结果看,良渚文化墓地在Ⅱ区,一共发现了27座墓葬,其中26座属于1～3段,1座属于4段。

---

[1] 林留根在"长江下游文明化进程学术研讨会"上的演讲。

崧泽—良渚文化过渡段和良渚文化遗存分布的西北端可到Ⅳ T2319,经发掘,该点的第3层厚约40厘米,土色灰黄,含铁锈,土质较致密。出土遗物主要为崧泽—良渚过渡段的陶片。

Ⅰ T1433,广富林遗存下所叠压的第7、8层属于良渚文化。

Ⅰ T2314中过渡段和良渚文化遗存最丰富,地层可分为5层,总厚度达1米左右。第4层厚约18厘米,所出鼎足皆为方翅形,厚背,当为良渚文化第3段遗存。第5层所出陶豆为折腹,圈足多比较粗矮,属于1～2段的遗存。第6层最厚处达30厘米,所出陶鼎多为折腹,折腹处有明显凸脊,另外还出凿形足等,此层属于过渡段至第1段的堆积。第8层厚约10厘米,陶器有的夹稻壳,陶质较疏松,鼎为折腹,折腹处凸脊不太明显,属于过渡段堆积,也可能略早。

Ⅳ T2319和Ⅰ T2314的下部地层中都出土了过渡段和良渚文化的遗物,西部的Ⅳ T2319地层较浅而中部的Ⅰ T2314较深。出土遗物与Ⅱ区墓葬随葬品相比有较大的差别,是生活实用器。过渡段和良渚文化实用器中还有Ⅳ T0905出土的陶鼎,据此可以判断,Ⅳ区和Ⅰ区是过渡段和良渚文化的生活区域,尚未在该区域内发现墓葬。墓地在生活区的南部。

从Ⅳ T2319到Ⅰ T1433和Ⅱ区良渚文化墓地的直线距离分别大约是260米和220米。从Ⅰ T2314到略早文化墓地的直线距离大约180米。从Ⅰ T2314的文化层堆积丰富程度分析,遗存分布还要向北延伸,距遗址的边缘还有相当距离。崧泽—良渚过渡段至良渚文化在这个区域的分布范围已经超过了50000平方米,是广富林遗存的3～4倍。

另外,在广富林村以南区域,也发现了独立分布的良渚文化遗存。

综上所述,广富林遗存在环太湖地区仅分布着很少的几处,在广富林遗址的分布空间也相当有限,无法同良渚文化和春秋战国、汉代遗存相比。

三、广富林遗存同良渚文化的关系

关于广富林遗存同良渚文化的关系,涉及良渚文化的结束年代。传统认为良渚文化的结束年代在距今4000年前后。因20世纪80年代末江苏花厅墓地的发现,逐渐有部分学者就良渚文化的结束年代提出了不同的看法,认为良渚文化的结束年代仅比大汶口文化的结束年代稍晚,即大约4500年前后,不进入龙山时代[1]。这次在长江下游文明化进程学术研讨会上,关于良渚文化的结束年代仍然存在着两种不同观点。

持良渚文化没有进入龙山时代观点的学者主要依据的是对良渚文化和大汶口文化—龙山文化的内涵比较。我曾经对存在于良渚文化和大汶口文化中,形态与功能有

[1] 栾丰实:《论大汶口文化与崧泽、良渚文化的关系》,载《中国考古学会第九次年会论文集》,文物出版社,1997年。

共同之处的大口尊(缸)进行比较[1]。大汶口文化的大口尊流行于它的中晚期阶段。良渚文化的典型大口尊在马桥、反山、瑶山和福泉山等多个地点都有发现,几乎都出于第一期和第二期遗存,个别属第三期前段(四期6段分期方案[2])。良渚文化的大口尊直接源自崧泽文化,崧泽61T2：31,夹砂红褐陶,直口,直腹,圜底,中下部拍印粗浅的蓝纹。江苏张陵山遗址也出土了多件。

良渚文化第4段后,大口尊形态发生了明显变化。这一阶段良渚文化陶器出现了两种新器形,一种或被称为"簋",夹砂红陶或灰陶,也有个别为泥质,陶胎多比较厚,带圈足,腹部刻印菱格纹,出自福泉山和寺墩等遗址。已有学者将这类"簋"指认为缸[3],即大口尊,这是正确的。另一种或被称为"器盖",出自亭林,同样为厚胎红陶,夹粗砂砾,但浅腹,不带圈足,饰压印篮纹,两者的共同点是陶胎和装饰,它们同大多数陶器迥异,却同大口尊相似。正是从这里我们看到了大口尊的变异,可以给这两种形态有异的器物同一个名称——异形大口尊。随葬圈足异形大口尊的有福泉山M40和寺墩M3、M1。圈足异形大口尊均放置在墓葬的南端(可能是头端)。圜底异形大口尊出自亭林M16,放置在脚端。值得注意的是这几座墓葬都是随葬多节形玉琮的大型墓葬。从年代上分析,异形大口尊晚于大口尊。根据对大口尊的比较,良渚文化第1段至第4段与大汶口文化的中晚期大致相当,异形大口尊的流行时间已经进入龙山时代。

以大汶口文化墓地中出土的良渚文化遗存来推断良渚文化的年代,不失为一种比较好的方法,但是应该建立在对良渚文化分期的基础上。花厅墓地包含了比较多的良渚文化因素。玉器中的神像纹玉琮和方体锥形器是良渚文化中特色最为鲜明的器物,相同形制的这两类玉器在反山、瑶山墓葬中都已经出现,属于良渚文化第二期。花厅墓地的部分陶器与良渚文化风格雷同,这里暂以资料发表略多的M18、M20作对比。M18随葬有玉琮和方锥形器,在随葬的陶器中,鼎为凿形足,豆的圈足上饰圆形和三角形镂孔,皆具崧泽文化遗风;阔把杯,体胖流短,因此不会晚至良渚文化第4段。M20随葬有数件带圆形和三角形镂孔的豆,但另几件饰瓦棱纹的豆又接近良渚文化第4段的风格。花厅墓地中有的大墓还随葬有大口尊,与良渚文化第一、二期比较流行的葬仪相同。花厅大墓的人殉现象比较普遍。良渚文化墓葬的人殉现象以赵陵山和福泉山两墓地比较集中。赵陵山墓地的中心是一处面积超过5000平方米、高于4米的土台,从墓地中揭示的遗迹可以看到相当复杂的社会现象,M56和M57是其中的两座人殉墓葬,其年代至迟到良渚文化第二期。福泉山墓地的两座人殉墓葬M139和M145分别属于第一期和第二期。综合上述对比,花厅墓地大致同良渚文化第二期相对应,上限稍早,下限可以到良渚文化第三期前段(总第4段)。

[1] 上海市文物管理委员会:《上海市闵行区马桥遗址1993～1995年发掘报告》,《考古学报》1997年2期。

[2] 宋建:《论良渚文明的兴衰过程》,《良渚文化研究——纪念良渚文化发现六十周年国际学术讨论会文集》,科学出版社,1999年。

[3] 孙国平:《良渚文化陶缸观察与分析》,《纪念浙江省文物考古研究所建所二十周年论文集1979～1999》,西泠印社,1999年。

根据以上分析,与大汶口文化中晚期年代相当的良渚文化大体上是它的第1段至第4段,第5段以后已经超出了大汶口文化,进入龙山文化阶段。从良渚文化第5段开始,良渚文化经过了它的鼎盛阶段后逐渐走向衰落。

广富林遗址的良渚文化遗存非常丰富,现在已经发掘了几十座良渚文化墓葬,绝大多数属于第1～3段。1961年发掘的M2,从随葬陶鼎形制看,可以进入第5段。最近又发掘出良渚文化第5段和第6段的遗存。虽然广富林遗址中良渚文化的分布范围要比广富林遗存大很多,但是延续千年之久的良渚文化的分布范围肯定不会一成不变,根据目前所知,第5、6两段遗存的分布范围比较小。现在我们对广富林遗址的良渚文化各期段遗存分布的了解才刚刚开始,还有很多工作要做。我们希望从良渚文化分布范围和区域的变化之中探讨良渚文化走向衰落的过程。应该关注良渚文化衰落过程同遗址数量变化的关系、同各遗址内分布区域变化的关系。

广富林遗存的发现似乎支持了良渚文化不进入龙山时代的观点,其实不然。广富林遗存的年代在距今4000年前后,现有资料表明,它是在良渚文化走向衰落的最后阶段来到环太湖地区,来到广富林的。广富林遗存的生存空间远远小于良渚文化,延续时间也比良渚文化短得多。广富林遗存生存在环太湖地区早期文明进程的末期,从这个意义上讲,它同良渚文化都经历了长江下游早期文明的最后历程。

四、环太湖地区早期文明的衰变

崧泽文化晚期,环太湖地区的自然环境出现了有利于人类社会生存与发展的明显变化,先民在一些原来不适合生存的地方开始了比较长期的定居生活,遗址的数量有所增加。以农业为基础的社会经济进入良性循环,创造出本地区自有人类居住以来前所未有的巨大的物质财富。经过一段时期的平稳发展,良渚文化第二期进入早期文明发展的鼎盛时期,良渚瓶窑地区是早期文明的最高发展中心,反山和瑶山墓地是其代表。这一时期,良渚瓶窑的外围出现了一批如福泉山、草鞋山等为代表的次级中心。可以说自然环境的良性转变是早期文明走向繁盛的基本要素之一。

良渚文化在中国的文明化进程中崛起的另一基本要素是其社会运行机制。良渚社会是一种以宗教为力量源泉的、高度组织一体化的社会。为了使社会机器顺利运转,一直将大量的人力和物质资源投入到各层贵族的精神活动领域,其物质反映就是遍布于各地的祭坛,大量精美玉器的生产、使用和随葬。各层贵族统治者通过此类活动弘扬其意识观念,并从中获取和加强管理社会的力量。从特定的时间尺度看,可以将良渚的文明化上升阶段看作是一个迅速发展、畸形膨胀的进程。

良渚文明的衰变发生在良渚文化第四期。在良渚文明最高中心,明确属于第四期的典型遗存很少见到,已经出现明显衰退的征兆。在次级中心,目前也只在福泉山和寺墩发现了个别第四期上层贵族墓葬。次级中心贵族墓葬随葬品的数量和质量,已经无法与最高中心相比，也无法与同遗址的前期遗存相比。中下层贵族和平民阶层所留下的遗存比较多，但其绝对数字再也不能同良渚文化的鼎盛时期相提并论了。

良渚文化发生衰变的动因虽然探讨者很多，也做了一些资料积累和研究工作，但是更多的还是停留在理论探索和假说的层面，应该说前面还有一段很长的路要走。根据现有资料和研究状况，我认为良渚文化的衰变同它的崛起有着十分强烈的相关性。

环境变迁是良渚文明发生衰变的自然动因。现在已经发现的一些迹象表明，在良渚文化第二期后可能发生了不利于维持文明进程的环境事件。根据地理学者的研究，上海西南部属于泻湖沉积区域，成陆年代比较晚，成陆之后地势仍然相当低洼，是上海海拔高度最低的地区，仅2米左右。因此这个区域遗址的分布比较稀疏，直到崧泽文化晚期才开始了人类的定居生活。但是到良渚文化第二期后，有的遗址的文化层发生了中断。上海的姚家圈和浙江的钱山漾在文化中断后的很长时间都无人居住。上海的马桥在良渚文化第二期后中断，其上覆盖了一层洪水堆积层，其后到良渚文化末期，又有人居住，但从文化层的堆积状况上已经看不到第二期那样丰富的人类活动遗存。

环境变迁可能会有不同的表现，可以确定的事件是洪灾。导致洪灾的直接原因是海平面上升，因海湾的扩大和地下水位抬升，湖泊、沼泽等水域面积也随之增大。这些变化极大地影响了先民的生活。良渚文化第二期后文明进程出现停滞，自然环境恶化的原因不容忽视。但是自然环境的恶化对良渚文明的打击并不是毁灭性的，在此之后，仍然发展了数百年，良渚文明衰变还应该有其他的原因。

我们已经认识到，良渚文明的社会组织形式一体化的程度很高，宗教是社会组织得以平稳运行的基础，是这台机器转动的润滑剂，也是调节社会各个阶层、各部门乃至各成员相互关系的融合剂。在宗教的旗帜下，其运转和调节的力量之强大可能是我们今天所难以想象的。良渚社会将大量的人力和物力资源投入到维系社会发展的宗教活动之中，从文物考古资料中我们看到了宗教活动的物化形式——大量精美绝伦的玉器和高耸的祭坛、贵族墓地。良渚文明的崛起离不开宗教。良渚文明的运行机制也存在着极大的弊端。这种机制是一条由多个环节组成的社会链，一旦因某种原因缺失一个或若干个环节，整个社会链就会断裂。诸多环节中农业生产能力无疑是最重要的一环。众多的宗教活动几乎都是纯消耗性的开支，需要大量的生产活动支撑，以获得生存必需品。如果农业的生产能力和宗教活动的消耗失去平衡，大量的宗教活动必将难以持续。宗教力量的减弱和生存的困难还会导致社会的动荡。农业生产能力的强弱同自然环境的优劣密切相关。玉料的供应是社会链的另一个重要环节。玉器是宗教活动的基本物质，必须保证足够的玉料来源和供应渠道，很难想象如果没有玉器，良渚文明会是怎样。良渚文明还通过宗教的传播向异域扩张。当时在中国各地的区域文明化进程中，宗教力量都或多或少地发挥着作用。良渚宗教在传播过程中必将同异教发生冲突，良渚部族也会同异族发生冲突甚至激烈的战争。宗教冲突和战争的失利会直接对社会链的完整性造成巨大的影响。良渚文明的衰变同它的社会运行机制有关。

现在看来，要比过去更加充分地去认识良渚文化晚期走向衰落的复杂性，迄今为止这种复杂性似乎尚未得到足够的重视。从现有考古材料看，有几个方面的资料可以表现良渚文明衰变阶段的复杂变化。首先是良渚文化第5段和第6段遗存明显减少，尤其是后者。上海地区包含良渚文化第6段遗存比较丰富的只有亭林遗址，福泉山、马桥等遗址都很贫乏，广富林遗址也仅新发现了很少的第6段遗存。还应该看到良渚文化衰落时期有外来文化进入环太湖地区的迹象，其中以同王油坊类型关系密切的广富林遗存最典型，特征最鲜明。可能还有来自其他地区类型的龙山文化。良渚文化同浙江南部早有来往，以后在环太湖地区取代良渚文化的马桥文化就是来自浙南闽北地区。由于多种因素的共同作用，环太湖地区经历了激烈的社会动荡。这个过程不会太短，良渚文化从作为环太湖地区的主体逐渐沦为从属，不断衰退，最后在不断的异族入侵中，终于全部融合到其他文化之中，良渚文明也走完了从兴起、繁盛到衰亡的全过程。

原载上海博物馆：《长江下游地区文明化进程学术研讨会论文集》，

上海书画出版社，2004年

长江下游的社会文明化进程

　　中国的文明化进程是一个多元的、复杂的演进过程。长江下游是中国早期文明发展速度最快、发展程度最高的地区,在文明起源和发展史上占有重要的地位。

　　长江下游的社会文明化进程的加速发展始于崧泽—良渚过渡阶段。距今大约5500年时,长江下游的自然环境出现了有利于人类社会生存与发展的明显变化。环境的优劣同人类生存与发展相关,这在长江三角洲前端的环太湖地区尤为重要。这里自然地理的特征是以太湖为中心的碟形洼地,海拔高度比较低,洼地中心高出平均海平面只有2~4米。区域内分布着广阔的水域,地貌形态受到海平面和长江水量变化的控制,制约了先民的生存空间。考古资料显示,崧泽文化晚期以后三角洲前端遗址的数量增加。据统计,良渚文化早期遗址的数量是崧泽文化晚期的两倍以上。遗址数量的快速增加,既是原住民大量繁衍的结果,也可以看作是外来人口迁入,在原来不适合生存的环太湖地区开始定居生活的证据。此时以农业为基础的社会经济进入良性循环,创造出本地区自有人类居住以来最繁荣的物质文化。自然环境的良性转变是早期文明走向繁盛的基本要素之一。

　　经过数百年的发展,进入公元前第三千纪时长江下游的早期文明达到了巅峰,城乡分化,社会等级关系十分复杂。城乡分化使得聚落分布和组成结构完全不同于以往。城垣并非是城所必备的,城所必备的是政治权力、物质财富和人口分布的高度集中。良渚文明城乡分化表现为聚落组成为多层的金字塔形结构,金字塔尖端在浙江余杭的良渚与瓶窑,这里是良渚文明的中心。虽然城垣是否存在尚未确认,但是根据最新的调查统计,在33.8平方公里的范围内,一共分布着100多处遗址,组成了相互关系密切的遗址群,成为长江下游遗址分布密度最高的地区。莫角山在遗址群的中央,长方形,正方向,面积达30万平方米,规模极为宏大。莫角山遗址上有三座土台,发掘和调查表明,土台之间有一块3万平方米左右的夯土基址。莫角山周围分布着反山、瑶山和汇观山等祭坛和高层贵族墓地,它们共同体现了良渚文明最高等级的政治权力和物质财富,是城乡分化的顶端。金字塔的高端以玉琮为中心,目前随葬玉琮的墓地和曾经出土过玉琮的地点已有数十处,如草鞋山、福泉山、寺墩等,他们是良渚文明的次级中心。城乡分化金字塔中端和底端是不能使用玉琮和很少使用玉器的中下层聚落。分化为3~4层的聚落形态从一定程度上反映了当时的社会组织结构,即以金字塔尖端为最高统治集团的、多层次的社会管理体制,这是社会复杂化的一个明显标志。

目前已经确认的良渚文明次级中心都分布在杭嘉湖平原和太湖、东太湖平原,而钱塘江、富春江以南几乎是空白。其原因除了自然环境的阻隔和文化传统的延续外,还有潜在的宗教心理因素和宗教的控制能力,从而显示出政治和经济在更广泛范围的相对集中。

良渚文化社会阶层结构同样复杂。从墓葬的规模等级看,良渚文化的社会成员分五个阶层,第一阶层和第二阶层的标志物是随葬玉琮和玉钺,他们掌握了最高的神权、政权和兵权。第一阶层的墓葬在良渚文化的最高中心,如余杭反山M12,最近了解的材料显示,墓主一手持钺,一手还握着一柄特殊的杖,不由得使人联想到《书·牧誓》中关于武王持黄钺和白旄的记载,M12的墓主应该就是"良渚国"的国王。第二阶层在次级中心,如青浦福泉山M65。这两个阶层分别是两级中心某一特定时期的最高统治者。第三阶层的墓葬以随葬大量玉器为特征,大多数在不同等级的中心聚落。根据随葬玉器的不同种类,第三阶层还可以细分,分别代表贵族集团内部的不同身份与职掌。第一至第三阶层属于上层贵族,埋葬在人工堆筑的高台墓地。第四阶层的墓葬只随葬生活器皿和生产工具,个别有少量小件玉器。这一阶层主要为社会普通成员,属于平民阶层。第五阶层的墓葬不随葬任何器物,可以看作是平民阶层中的贫穷者,一般而言,他们的社会地位也最低。

良渚文明以宗教为源泉、社会组织高度一体化,各层贵族以宗教的力量掌握不同的政治运作权与财富支配权。为了使社会机器顺利运转,良渚人一直将大量的人力和物质资源投入到各层贵族的精神活动领域,其物质反映就是遍布于各地的祭坛、大量精美玉器的生产、使用和随葬。贵族统治者通过此类活动弘扬其意识观念,并从中获取和加强管理社会的力量。可以说良渚社会各层面的活动均以玉为中心,玉是良渚社会赖以生存的最重要资源,在显示宗教的凝聚力和约束力并借以促进群体内的向心程度方面扮演了极其重要的角色。

良渚文明已经具有使用文字的能力,并且初步掌握了运用文字的技巧。根据对马桥、澄湖、南湖等地陶文的研究,良渚先民除了以象形的形式创造文字,会意、指事等造字方法也应该已经产生。更重要的是,他们还会将若干个单字组成句子以表达对事物完整的叙述。只是因材料太少而问题太多,目前只能将这些陶文称为原始文字。

良渚文明进入巅峰后进入维持阶段,又经历了比较长的衰变过程。作为权力和财富的集中地和良渚文明的最高中心,良渚—瓶窑地区在中期极其繁荣,但是目前还没有考古材料能够表明晚期继续保持繁荣。对早年从这里出土流失的玉器不能确认,又没有发现晚期高层贵族的墓葬,这应该看作良渚文明最高中心处于衰退中的征兆。在次级中心,目前仅在福泉山和寺墩等少数几个地点发现了个别晚期的上层贵族墓葬,但随葬品的数量和质量明显在走下坡路。良渚文明的衰变是长江下游文明化进程不可缺少的组成部分,可以提供一个完整的文明化发展过程。目前不同学科的研究者正在共同努力探讨良渚文明衰变的动因。我认为良渚文明是在几种不同因素的作用下,逐渐走向衰变。

人与环境的相互关系是否和谐同社会的发展或衰退密切相关。自然环境的优化是长江三角洲地区文明化进程加速的原因之一,文明进程出现停滞则可能有环境恶化的背景。虽然并没有材料能够支持良渚文明彻底毁于洪水,但是洪灾频发确实是水网低地环境恶化的主要形式。良渚中期以后马桥遗址遭受了洪水的侵袭,其他考古资料也显示村落被洪水冲毁或淹没的迹象。但是在马桥的洪水堆积层上埋有良渚晚期的墓葬,证明良渚中期后的洪水并没有毁灭良渚文明。文明化进程虽然停滞,却没有消失。

良渚文明的社会运作形式很独特,极端依赖于宗教,在宗教旗下,良渚文明的社会运行机制具有惊人的力量,宗教是良渚文明兴盛的基础,也是调节社会各阶层、各部门乃至各成员相互关系的溶化、溶合剂。但是,这样的运作机制也存在着极大的弊端。众多的宗教活动几乎都是纯消耗性的开支,需要大量的经济活动支撑,农业是获得生活资源的最重要的经济活动,农业的生产能力如果与宗教活动的消耗失去平衡,后果是灾难性的。农业生产能力的强弱又依赖于自然环境。玉器是宗教活动的重要物质,良渚文明的社会运作不能缺少玉。农业经济、自然环境、玉器制作等,共同组成了一条由多个大小环节组成的社会链,一旦缺失若干个环节,整个社会链就会断裂。良渚文明是在社会链的断裂与弥补的矛盾中逐渐衰变的。

良渚文明在衰变的最后阶段,受到了外来文化的侵扰,其中有的来自黄河流域,以王油坊类型的特征最为明显;有的来自南方地区以几何形印纹为特征的文化遗存。目前已有迹象表明距今大约4000年时,长江下游地区在外来文化的冲击下经历了激烈的社会动荡。最终同王油坊类型关系紧密的广富林遗存逐渐占据了主导地位,取代了良渚文化。地区文明走完了发展、到达巅峰、逐渐衰变到消亡的全过程。

原载《文史哲》2004年1期,《新华文摘》2004年7期全文转载

中国东部地区在文明化进程中的地位

　　中国地理分西部高原山地和东部平原丘陵两大块,前者背靠内陆腹地,后者面向海洋,在地貌、气候等方面迥然有异。本文所涉及的中国东部地区是从地理学意义中衍生出的考古学概念,包括黄河与长江两条大河的下游三角洲地区及其中间区域和邻境,行政区划为山东、江苏、上海和浙江。其中北边的海岱地区和南边的环太湖地区为考古学文化长期、稳定发展的中心区域,也是早期文明发展程度最高的地区,因其文明化进程完整而具有典型意义。

　　早期文明是中国文明发展的特定时期,也是探寻中国文明起源的关键时期。由于文献记载的缺失和地下资料的不完整,因此对早期文明的认识和探寻是一个不断提出和发展理论、改进方法和积累资料的过程。近年来在这些方面已有长足的进展,对东部地区在中国文明化进程中地位的认识日益深化。本文同意将二里头文化认定为夏文化,夏文明应该是中国最早的成熟文明,着重观察和分析二里头文化和东部地区社会复杂化的物质表现,前者旨在了解中国成熟文明开端的实质,作为研究早期文明进程的参照体,后者是本文的目的:阐释中国东部地区在文明化进程中的地位。

一

　　1991年的"中国文明起源研讨会"上,我提出社会复杂化进程的六项考古学内涵[1]:阶层分化、城市、大型工程建筑、青铜器、玉器和文字。二里头文化和东部地区目前发现的都是原始文字,数量很少,本文从略,着重讨论前五项。

　　二里头文化的社会成员严格分层,阶级分化十分显著。反映分化程度最典型的是墓葬材料,揭示了当时复杂的社会关系和森严的等级制度。二里头遗址2号宫殿内的1号大墓,墓坑面积很大,达20余平方米,墓坑深6.1米[2]。虽然墓葬早已被盗,但是残留的朱砂陶龙头、放置在红漆木匣内的狗,仍然可以看到墓主高贵的身份,从墓葬位置和墓

---

[1]　《中国文明起源研讨会纪要(1991年11月27～30日)》,《考古》1992年6期。
[2]　中国社会科学院考古研究所:《偃师二里头——1959～1978年考古发掘报告》,中国大百科全书出版社,1999年。

坑规模可以判断是考古发现的地位最高者。自此往下，二里头文化的社会成员至少可以分为四个不同的阶层[1]。

城市是对一类聚落的静态描述，城乡分化是社会复杂化的动态过程，城乡分化导致聚落结构发生本质性的变化。大型建筑工程如城垣、宫殿等都与城乡分化密切相关。

二里头文化最高等级的聚落是偃师二里头遗址，种种迹象表明这里是夏代的都城[2]。遗址分布在3～4平方公里的范围内，地形略高于周围地区。根据勘探，在该范围的周边存在所谓"沟状堆积"，目前尚未发现城垣。作为最高等级的都市，二里头的营建具有严密的规划，其布局相当规整。都城内建造了纵横交错的大道，在宫殿区外东侧发现的南北向大道已探明长度近700米，北侧大道和南侧大道已探明的长度均超过300米，两路间距约400米。目前已经在城内发现了宫殿区、墓葬区和工业生产区。

宫殿区在都市的中部偏东，总面积大约120000平方米。宫殿区以城垣围绕，现已确认东城垣的长度超过280米，北城垣超过250米，墙体宽2米左右。据《偃师二里头》，宫殿区内现已探明34座夯土基址，发掘了2座。近年又发掘了另4座大型夯土建筑基址。这6座基址的始建年代从二里头文化的2期到4期。各基址大体上都可以分为中心殿堂、廊庑、广庭等几种不同的功能组成部分。宫殿内多有复杂的给排水设施，如陶排水管道、石板排水沟等。宫殿区内有道路，在有的路面发现了长逾百米的木结构排水暗渠。6座基址中，有的是在另一处基址废弃了一段时间后又在原址上兴建，建筑格局发生变化。可以看出，二里头宫殿区作为夏代的社会政治中心延续年代长，营建和改扩建规划应该相当周密详尽。

已发现的下层贵族墓葬主要集中在宫殿区的北面和东北（Ⅲ、Ⅴ、Ⅵ区），宫殿区的西和西南也有发现（Ⅶ、Ⅷ区）。目前可以认为，下层贵族主要埋葬在宫殿区外的周边区域。

近年又在宫殿区内发现了成排的贵族墓，3号基址内分布着成排的贵族墓葬，现已清理了5座，随葬铜器、玉器、漆器、白陶器、印纹釉陶器（或原始青瓷）、嵌绿松石工艺品、蚌制工艺品、海贝等。

在二里头遗址南部发现了冶铸青铜器的遗存，有陶范、坩埚和铜渣等，这里应该是青铜生产工业区。

与二里头这样的中心都市相比，伊洛河流域还分布着大量规模不等的聚落。据对伊洛河支流坞罗河的考古调查，二里头文化遗址共有21处，其中，面积在1万平方米以下的有9处，1万～5万平方米的有9处，5万～20万平方米的有2处，60万平方米的仅稍柴遗址一处[3]。面积不到5万平方米的应该都属于普通的村落遗址，稍柴遗址应为该

[1]　宋建：《嵩山地区与太湖地区文明进程的比较研究》，《上海博物馆集刊（第六期）》，上海古籍出版社，1992年。
[2]　中国社会科学院考古研究所：《偃师二里头——1959～1978年考古发掘报告》，中国大百科全书出版社，1999年；《二里头遗址现存范围及成因初步廓清》，《中国文物报》2001年3月7日第1版；《二里头遗址宫殿区考古又有重要发现》，《中国文物报》2003年1月17日第1版。
[3]　陈星灿、刘莉等：《中国文明腹地的社会复杂化进程——伊洛河地区的聚落形态研究》，《考古学报》2003年2期。

区域内的一个次级聚落中心。从二里头到稍柴,再到5万米以下的普通村落,不仅聚落的分布面积差异悬殊,而且活动在各聚落的社会成员结构以及各阶层成员的生存与活动方式也各具特征。由此可见,二里头文化的城乡分化已经达到相当的深度,聚落规模呈复杂的多级结构,不同等级的聚落之间存在着很大的级差。

二里头文化的青铜制造业已经比较成熟,能够制作多种不同形制的容器、兵器等,掌握了比较复杂的铜器镶嵌工艺。

划分为多个阶层的社会结构、复杂的多等级聚落和青铜制造业的规模化生产都指向一点:二里头文化具有比较复杂的社会组织形式,已经开始了国家层面上的管理模式。

二

以二里头文化为参照体,我们再来分析东部地区的文明化进程。

中国东部地区文明化进程的两个中心区域分别为北边的海岱地区和南边的环太湖地区,它们大约都在距今5500年时开始加速文明化的发展进程,海岱地区为大汶口文化中期,环太湖地区为崧泽—良渚过渡阶段。经过数百年的发展,进入公元前3000年时长江下游的早期文明先行达到巅峰。海岱地区稍晚,巅峰出现于龙山文化早中期。

良渚文化巅峰阶段的社会阶层分化相当复杂,已经发现了最高等级的墓葬,如余杭反山M12,最近了解的材料显示,墓主一手持钺,一手还握着一柄特殊的杖,不由得使人联想到《书·牧誓》中关于武王持黄钺和白旄的记载。M12的墓主应该就是"良渚国"的国王。根据墓葬的规模等级,反山M12享有良渚社会至高无上的地位。反山M12之下可以分四个阶层,第一阶层和第二阶层的标志物是随葬玉琮和玉钺,他们掌握了不同等级的中心聚落的神权、政权和兵权。第一阶层的墓葬在良渚文化的最高中心聚落,第二阶层在次级中心聚落,如青浦福泉山M65。这两个阶层分别是两级中心某一特定时期的最高统治者。第三阶层的墓葬以随葬大量玉器为特征,大多数在不同等级的中心聚落。根据随葬玉器的不同种类,第三阶层还可以细分,分别代表贵族集团内部的不同身份与职掌。第一至第三阶层属于上层贵族,埋葬在人工堆筑的高台墓地。第四阶层的墓葬只随葬生活器皿和生产工具,个别有少量小件玉器。这一阶层主要为社会普通成员,属于平民阶层。第五阶层的墓葬不随葬任何器物,可以看作是平民阶层中的贫穷者,一般而言,他们的社会地位也最低。

海岱地区大汶口中晚期墓葬随葬品的种类、质量和数量悬殊。栾丰实以随葬品的数量将大汶口等六处墓地的墓葬分为5类,并认为社会分化"更重要的是在反映权力和地位的物化内容上"[1]。随葬品的差别同聚落的规模等级有强烈的相关性,即聚落规模

---

[1] 栾丰实:《大汶口文化的社会发展进程研究》,《古代文明(第2卷)》,文物出版社,2003年。

越大、等级越高,该聚落最大墓葬的等级也就越高,反之亦然。大汶口和陵阳河都属于规模比较大的聚落,目前发现的几座随葬品最丰富的墓葬都发现于这两个遗址[1]。

除了随葬品的数量最为直观外,墓葬中还包含了多种与社会阶层分化关系密切的变量,如墓坑的规模和随葬品的品类、质量及与之相关的功能。大汶口是这一时期已经确认的最大聚落,可以通过分析该遗址大汶口文化晚期的25座墓葬进一步观察当时的社会分化特征[2]。经对比与筛选,我认为与社会地位相关的最重要的变量是墓坑的面积和随葬品中的玉铲(如按功能,可称为钺)、骨雕筒和牙雕筒。坑口面积超过10平方米的墓葬共有3座,随葬玉铲的有2座,一座墓葬中随葬牙、骨两种雕筒的有2座(表一)。这是大汶口文化晚期最重要的几座墓葬。另外还有几座墓葬只随葬骨雕筒或牙雕筒中的一种,墓坑又不到10平方米而且未随葬玉铲的,不包括在内。三项变量中,唯一齐备的只有M10,该墓也是25座墓葬中随葬品最多的,仅陶器就有90多件。毫无疑问,M10是大汶口文化晚期地位最高的。M10之下还有第二等和第三等墓,前者的随葬品数量多超过60件,并多以骨、牙雕筒随葬,后者随葬品少,以陶器为主,配以少量生产工具和装饰品,很少以骨牙雕筒随葬。值得注意的是大汶口文化晚期的25座墓葬都有随葬品。

表一　大汶口文化晚期高等级墓葬(大汶口遗址)

	M10	M60	M117	M126
墓坑超过10M²	★	★		★
玉铲	★		★	
骨、牙雕筒	★		★	★

从大汶口文化到龙山文化是一个渐进的发展过程,龙山文化时期到达了海岱地区文明化进程的巅峰。这一时期阶层分化更为剧烈,应该已经形成了严格的等级制度。临朐朱封的两座墓葬是目前发现的社会地位最高的,墓坑面积超过20平方米,有比较复杂的棺椁结构,随葬彩绘器物箱、玉钺和蛋壳陶器等。随葬陶器器类完整,有严格的组合关系[3]。龙山文化的礼制已经相当完善和严密。这两座墓葬应该已相当接近海岱地区龙山文化最高等级的规格,但是疑问还是存在。首先,朱封遗址现存面积仅10万平方米,同墓葬的规模无法匹配。其次,从日照两城遗址出土的器物上刻复杂的神像,规格更高,而且是目前比较明确的面积最大的有城垣的中心聚落。因此还不能排除龙山文化有更高等级墓葬的可能。朱封两座墓葬之下,至少还可以分出三个阶层。

邵望平注意到,"迄今为止,还没有哪一座龙山时代大墓的随葬品在数量上能超过大汶口文化大墓",认为大汶口文化随葬的是夸富的贵重物品,龙山文化是代表社会地

---

[1]　花厅墓地的大墓包含众多良渚文化因素,性质特殊,应另作分析。
[2]　山东省文物管理处、济南市博物馆:《大汶口——新石器时代墓葬发掘报告》,文物出版社,1974年。
[3]　中国社会科学院考古研究所山东工作队:《山东临朐朱封龙山文化墓葬》,《考古》1990年7期。

位与贵族身份的礼器[1]。这一认识概括了文明化进程中"随葬品"符号含义的变化。前述栾丰实已经提到大汶口文化随葬品的数量不是唯一划分阶层的依据。大汶口文化晚期玉钺已经具有高身份的含义。海岱地区社会成员区分成多个阶层,阶层之间的差异应该表现在对财富不同的支配能力和社会等级地位,大汶口中晚期可能比较偏向财富,龙山文化则更偏向社会身份。

早期文明进程中不断深化的城乡分化使得聚落分布和组成结构完全不同于以往。城垣并非是城所必备的,城所必备的是政治权力、物质财富和人口分布的高度集中。环太湖地区良渚文化的城乡分化表现为非常典型的金字塔形的多层次的聚落结构,浙江余杭的良渚与瓶窑是这个结构的最顶端,在33.8平方公里的范围内遗址分布密度非常大,现已发现了100多处遗址[2]。这许多遗址中最重要的是莫角山,位居遗址群中央,平面为正方向的长方形,面积达30万平方米,规模极为宏大。莫角山遗址上有三座土台,发掘和调查表明,土台之间有一块3万平方米左右的夯土基址。莫角山周围分布着反山、瑶山和汇观山等祭坛和高层贵族墓地。

在良渚—瓶窑之下,金字塔形的聚落结构至少还有两层,高层的聚落以拥有玉琮为标志,它们代表了良渚文明的次级中心,目前已有数十处聚落发现或出土了玉琮,如草鞋山、福泉山、寺墩等。位于聚落结构中下层的标志是不能使用玉琮和很少使用玉器的。分化为三至四层的聚落从一定程度上反映了当时的社会组织与管理结构,即以金字塔尖端为最高统治集团的、多层次的社会管理体制,这是社会复杂化的一个明显标志。

东太湖地区是出土玉琮比较集中的区域,有吴县张陵山西山[3]、昆山的赵陵山[4]、少卿山[5]和绰墩[6],吴县的张陵山东山[7]和草鞋山[8]。前三处遗址的玉琮分别出自三座墓葬,绰墩的一件玉琮为采集品。张陵山东山的发掘探方中出土一件玉琮残片,采集品中有两件琮形管,据称出自一墓。草鞋山M198出三琮,M199为采集品,其中有两件玉琮。这六个地点出玉琮的墓葬并参考张陵山东山的玉琮残片,它们的年代差别很大,从良渚文化早期直到良渚文化晚期偏早阶段,可排序为张陵山西山—赵陵山—少卿山—绰墩—张陵山东山—草鞋山。六个地点除绰墩和张陵山东山的年代比较接近外,其余均可排除共时的可能。这几个地点的相互关系是一个很值得关注的问题。张陵山西山和东山为两个土台,相距大约100米,但二地点玉琮的年代相距很远。上述大多数地点已经发现的材料表明该地点良渚文化遗存延续的时间都相当长,然而拥有玉琮的仅

[1] 邵望平:《礼制——中国古代文明的一大特征》,《文史哲》2004年1期。
[2] 浙江省文物考古研究所:《余杭良渚遗址群调查简报》,《文物》2002年10期。
[3] 南京博物院:《江苏吴县张陵山遗址发掘简报》,《文物资料丛刊(第六集)》,文物出版社,1982年。
[4] 江苏省赵陵山考古队:《江苏昆山赵陵山遗址第一、二次发掘简报》,《东方文明之光——良渚文化发现60周年纪念文集(1936～1996)》,海南国际新闻出版中心,1996年。
[5] 苏州博物馆、昆山县文管会:《江苏省昆山县少卿山遗址》,《文物》1988年1期。
[6] 南京博物院、昆山县文化馆:《江苏昆山绰墩遗址的调查与发掘》,《文物》1984年2期。
[7] 南京博物院、角直保圣寺文物保管所:《江苏吴县张陵山东山遗址》,《文物》1986年10期。
[8] 南京博物院:《苏州草鞋山良渚文化墓葬》,《东方文明之光——良渚文化发现60周年纪念文集(1936～1996)》,海南国际新闻出版中心,1996年。

为其中一段时间。绰墩不仅有良渚文化早中期的遗存,近年又发现了良渚文化末期遗存[1],而玉琮大约可归属于良渚文化第3段[2]。赵陵山有一种比较奇特的埋葬现象,在随葬玉琮的M77之后有所谓"丛葬",发掘者从人骨等迹象判断为"非正常死亡者"。这种现象在目前良渚文化的考古发现中还是独一无二的,暗示在M77所指向的次级中心之后,可能发生了剧烈的社会变故。如果依据这些确认的材料,上述六个遗址作为次级中心只是各地点良渚文化阶段中的某一段时间。这里我们大胆提出一个假说,良渚文明的次级中心很可能存在两种延续形式,一种如福泉山,在整个良渚文化时期都是作为次级中心;另一种如东太湖地区,由于某种特定的原因,区域中心发生定期或不定期的转移。

另外还有一种现象值得注意,已经发现的良渚文化次级中心都在钱塘江、富春江北的杭嘉湖平原和太湖、东太湖平原,呈半月形分布在最高中心的西、北和东北,江南还没有发现。钱塘江、富春江南北有不同的聚落形态,似反映了不同的相互关系和社会结构。我们如果追寻两个地区的文化渊源关系就可以看到,距今7000年以来,江南北分别为河姆渡文化和罗家角一马家浜文化,属于不同的族群。虽然距今5500年以后强势的良渚文化在钱塘江、富春江南逐渐占据主导地位,两边的文化差异越来越小,但是历史文化渊源、潜在的宗教心理因素和政治控制能力还在发挥作用,钱塘江、富春江南的聚落分化显得滞后,同政治中心联系的纽带相对松弛。

海岱地区聚落分化的考古研究现状不同于环太湖地区,有比较明显的多区域特征。大汶口文化时期莒县的陵阳河区域积累的资料比其他区域略多。从公布的41处大汶口文化晚期遗址看,以陵阳河遗址为中心,形成三级聚落结构。第一级1处,即陵阳河,面积达数十万平方米,第二级6处,面积在6万~10万米之间,其余为第三级[3]。

龙山文化时期,海岱地区的聚落分化更加复杂。张学海根据遗址的分布面积,将各聚落群的遗址分为三至五个等级,最高等级的遗址面积在30万平方米以上。另外对有城垣的遗址,又根据城垣所包括的范围,将这类遗址分为四级,最大的两个是阳谷景阳岗和茌平教场铺,面积40万平方米[4]。现在我们对遗址范围进行调查的方法和标准,有或无城垣遗址的关系,以及遗址等级的确定标准,都是相当复杂的问题,既有理论方面的,也有方法、技术方面的,要在大范围内作比较准确的调查和确认,恐怕还有很多工作要做。20世纪90年代以来,由中美双方组成的联合考古队尝试在小范围区域——日照地区开展系统区域调查,在聚落形态分化的理论和方法上进行了很有意义的探索和实

[1] 林留根:《绰墩遗址良渚文化聚落与晚期良渚文化遗存》,《绰墩山——绰墩遗址论文集》(《东南文化》2003年增刊1)。

[2] 宋建:《论良渚文明的兴衰过程》,《良渚文化研究——纪念良渚文化发现六十周年国际学术讨论会文集》,科学出版社,1999年。将良渚文化分成六段。

[3] 栾丰实:《大汶口文化的社会发展进程研究》,《古代文明(第2卷)》,文物出版社,2003年。

[4] 张学海:《山东史前聚落时空关系宏观研究——苏秉琦学术思想在山东考古的再实践》,《苏秉琦与当代中国考古学》,科学出版社,2001年。

践,收获颇丰[1]。由于他们采用了同一的调查方法和确认标准,因此材料比较翔实,具有可比性,可以作为海岱地区龙山文化聚落分化研究比较可靠的个案。

日照地区的龙山文化聚落大致是以"群"来分布的,即遗址相对比较集中地聚集在一个区域,区域内遗址分布密集,区域外遗址分布稀疏,存在大片的空白。因为同一地区的汉代聚落分布已经完全看不出有类似的"群"的分布特征,所以可以基本排除因自然环境、地貌差异而导致空白的可能。调查者将5个聚落群指认为一个"核心聚落群"和4个"小聚落群",核心聚落群的位置恰好在中心,各小聚落群同核心聚落群的距离大致相等[2]。各聚落群内的遗址等级分化非常鲜明,各分为2～4个等级,核心聚落群的等级层次最多。除了核心聚落群和小聚落群明显属于不同等级,不同的小聚落群之间也存在差异。调查者注意到的差异变量有聚落群的总面积、遗址数量、平均遗址面积和各不同等级的遗址面积等。小聚落群之间的差异所反映的问题可能也比较复杂,例如不同小聚落群同核心聚落群的关系、小聚落群之间的关系等。从调查资料还可以看出,遗址范围和城垣范围是两回事,丹土城垣的面积大约25万平方米,而遗址范围要大得多,海岱地区其他有城垣的遗址也是这样,城垣内外的关系值得特别关注。

两城遗址和丹土遗址的分布范围都非常大,分别为246.8和130.7万平方米,都有城垣与夯土基址。两城出土的玉器规格超过临朐朱封墓葬。丹土也出土过大量精美的玉器[3]。两城和丹土相距仅2公里,在龙山文化早中期共存。它们是两个不同等级的中心聚落吗?还是共同组成了一个高等级的中心聚落?现有材料还难以提供答案。

丹土城垣的范围在海岱地区不算太大,两城仅发现了城垣迹象,范围还不清楚。海岱地区比丹土城垣更大的还有景阳岗与教场铺,大致相当的有城子崖。丹土、两城同海岱地区其他城垣的关系,以及在海岱地区龙山文化整体聚落等级结构中的地位,还是未知数。

刘莉在研究黄河流域龙山时代的聚落结构时取了几个材料较多的地区为样本,认为有单中心、多中心和散中心聚落结构之区分,具体到山东,两城所在的日照地区为单中心,景阳岗、教场铺所在的鲁西地区为多中心[4]。如果从大地理环境和考古学文化思考,并考虑到今后调查方法的发展与材料的不断积累,也可以将海岱地区作为中国东部的北片,是一个整体。在这个地区,有多个区域发现了以城垣为标志的核心聚落,同时也有未必是核心聚落的城垣遗址或还没有发现城垣的核心聚落。两城虽然是目前确认的等级最高的聚落,但是还不能看作是整个海岱地区的中心,只能暂时认定为日照区域的中心。这样,从整个海岱地区看,龙山文化并未见到单一的社会政治中心。在考古学

[1] 中美两城地区联合考古队:《山东日照市两城地区的考古调查》,《考古》1997年4期;中美两城地区联合考古队:《山东日照地区系统区域调查的新收获》,《考古》2002年5期。
[2] 这是调查者目前的认识。因为调查的设计就是以两城镇遗址为中心展开的,该认识的确认还有待调查区域的扩大。
[3] 栾丰实:《日照地区大汶口、龙山文化聚落形态之研究》,《中国考古学跨世纪的回顾和前瞻(1999年西陵国际学术研讨会文集)》,科学出版社,2000年。
[4] 刘莉:《龙山文化的酋邦与聚落形态》,《华夏考古》1998年1期。

文化方面,一些学者尝试在海岱龙山文化中划分了若干类型[1]。从聚落分布状况而提出的"地区"概念同文化类型的关系也是一个必须深入探讨的问题。

环太湖地区的良渚文化却是比较典型的单中心聚落结构。这个中心就是良渚—瓶窑聚落群,它是良渚社会唯一的最高政治中心,福泉山、草鞋山等属于较高层次的次级中心。作出这样判断的理由,除了分布地域、考古学文化的同一性外,在相当程度上是依据良渚文化的宗教至上和统一的宗教体系。良渚文明以宗教作为维系社会组织高度一体化的纽带,政治运作和财富支配均以宗教的形式来实现。玉琮和神像是良渚宗教力量的最高体现,是地位、身份和权力最为集中的物化形式,因此我们以是否拥有玉琮作为次级中心的标准。

海岱地区的龙山文化也表现出文化内部的宗教同一性,两城出土的神像纹饰肯定具有精神文化方面的含义,宗教在强化社会组织机能方面亦具有一定的作用。但是现在还没有在海岱地区的其他地点发现同样的神像,已有材料不支持海岱地区宗教的凝聚力和约束力以及群体内的向心程度能够达到良渚文化的水平。

海岱地区龙山文化冶铸铜器已是不争的事实,说明龙山社会在获得自然资源,控制复杂的生产活动方面具有很高的水平。不过目前确认的海岱地区铜器都是单合范的工具。而在其他地区的龙山文化已经发现了复合范的铜器,如登封王城岗的铜容器残片和陶寺的铜铃等。发掘者认为王城岗的铜容器残片器形与同时期的陶鬶相似,可能是铜鬶[2],从而预示了海岱地区制作复合范铜器的可能。

良渚文化目前尚未发现冶铸铜器的实例,却发现了大量的玉器成品、半成品和制作玉器的工具。治玉体现了良渚文明规模化生产的组织能力,用玉使宗教的凝聚力和约束力以物质的方式操作运转,在促进群体内的向心程度方面扮演了极其重要的角色,从而形成良渚文明单中心、多层次的聚落结构与管理机制。因此可以毫不夸张地说玉是良渚文明赖以生存的最重要资源。

三

本节着重阐释东部地区早期文明在中国文明化进程中的地位。

良渚文化巅峰阶段社会阶层分化程度的材料最丰富,因此所表现的社会结构最复杂:良渚瓶窑地区发现了相当于"王"的墓葬;在与平民相对的贵族内部可以分出不同的等级。海岱地区现已发现的最高等级的墓葬和层级最高的聚落并非同一地点,前者在临朐朱封,后者在日照两城,地理上相距甚远。海岱地区很可能还会发现更高身份的墓葬。而二里头文化已发现的最高等级的墓葬D2M1被盗,其余的多为中下层贵族。D2M1显然距离"王"的身份还有距离。二里头文化的阶层分化没有显示比东部地区更

[1] 栾丰实:《海岱龙山文化的分期和类型》,《海岱地区考古研究》,山东大学出版社,1997年。
[2] 河南省文物研究所、中国历史博物馆考古部:《登封王城岗与阳城》,文物出版社,1992年。

为复杂的迹象，当然其原因应该是考古材料的富贫程度不同步。如果将良渚的莫角山认定为良渚文明的政治管理中心，即一般意义上的宫殿区，那么高等级的墓地反山、瑶山等与莫角山都相隔一定的距离。商代晚期都城殷墟的宫殿区内虽然有"妇好"等身份很高者的墓葬，但是王陵区仍然在较远的洹河北岸。二里头的"王陵区"很可能也在宫殿区外较远之处。海岱地区两城等高层次聚落也存在寻找高等级墓地的问题。

在聚落结构与城乡分化方面，海岱地区的日照小区域和二里头文化中心伊洛河的支流坞罗河流域分别开展了系统调查。从公布的调查结果看，聚落的等级差别非常明显，级差很大。海岱地区的聚落分布显示了不同等级的聚落之间相互依存和依附的关系。二里头文化最高等级聚落二里头是布局严整的都市，规模超过了海岱地区，城乡分化的程度也应该高于海岱地区。环太湖地区聚落结构的特征是在大区域内次级中心的分布情况比较清楚，或许还能根据玉琮的年代推论次级中心转移的问题。另一特征是最高中心的布局比较散，表现出"群"的形式。"群"的中心莫角山总面积是二里头宫殿区的2.5倍，小规模的发掘表明这里的建筑结构非同寻常。只是现在在良渚—瓶窑要做的事情还很多，目前还不可能将它同二里头做更深入的比较。

中国东部地区的两大早期文明先后发生衰变。良渚文化的衰变开始得比较早，大体上可以同海岱地区早期文明进入巅峰时期相互衔接。良渚文化的衰变过程相当漫长。良渚—瓶窑地区在相当于反山瑶山时期是最繁荣时期，但是目前的考古材料不能够表明晚期继续保持着同样的繁荣，可能衰变已经发生。如果是这样，接下来的问题是良渚文化的衰变是否开始于它的最高中心地区。

在出玉琮的次级中心，仅在福泉山和寺墩等少数几个地点发现了个别晚期的上层贵族墓葬，但随葬品的数量和质量没有达到良渚文明巅峰阶段的水平。

自20世纪80年代中叶以来，良渚文明衰变的原因是研究者特别感兴趣的课题。现在看来良渚文明这样一个庞大的社会体系发生衰变的动因相当复杂，首先应该从它的社会运作机制方面分析。良渚文明的运作机制依赖宗教已经到了无以复加的程度。宗教不仅是一般意义上的沟通人界和神界，更是调节社会各阶层、各部门乃至各成员相互关系的溶化、溶合剂，是整个社会运作的基础。唯有此，才有可能在那么广阔的区域形成单中心的金字塔形的聚落结构与社会管理模式。良渚文明因为这种机制而崛起，也因为它的弊端而衰变。以宗教为基础的社会活动就像是一条由多个大小环节组成的链，为了维持这条链的完整性，不能缺失哪怕是其中的一个环节。玉是开展宗教活动最重要的物质基础，玉的生产过程无疑是其中最大的环。作为纯消耗性开支的宗教活动需要大量的经济活动支撑，农业是获得生活资源的最重要的经济活动，农业的生产能力如果与宗教活动的消耗失去平衡，后果是灾难性的。农业生产能力的强弱又依赖于自然环境。几乎所有研究良渚文化衰亡原因的地理学者和部分考古学者都将自然环境的变化作为这个早期文明消失的最重要原因甚至是唯一的原因。由于环太湖地区特殊的地形，自然环境的优化或恶化确实同该地区文明化进程的发展或衰退密切相关。良渚中期与晚期之间马桥遗址遭受了洪水的侵袭，其他考古资料也显示村落被洪水冲毁或淹没的迹象。洪水的频繁泛滥是水网低地环境恶化的主要形式,肯定制约了良渚文明的发展。但是目前并没有可靠的材料支持良渚文明彻底毁于洪水,环太湖地区的文明化进程虽然停滞,却没有消失。除了自然环境之外,还有内部竞争、对外关系等环节。这些环节对维持社会链的完整性来说,缺一不可,否则社会链就会断裂。良渚文明经历了很长时期的维持与衰变过程,表明它的运行机制具有很强大的弥补和修复能力。

良渚文明在衰变的最后阶段,因外来文化的进入等多种因素的共同作用而经历了激烈的社会动荡。外来者有的来自黄河流域,以王油坊类型的特征最为明显;有的来自南方地区以几何形印纹为特征的文化遗存。最终同王油坊类型关系紧密的广富林遗存逐渐占据了主导地位,良渚文化从作为环太湖地区的主体逐渐沦为从属,终于全部融入其他文化之中。地区文明走完了发展、到达巅峰、逐渐衰变到消亡的全过程。

海岱地区的衰退发生在龙山文化晚期。同环太湖地区相比,海岱地区早期文明衰变的过程比较短。龙山晚期不仅遗址的数量减少,而且遗址的面积也变小了。从日照区域的系统调查看,衰退从龙山文化晚期延续到岳石文化,而且呈加速度变化。调查工作仅在6个遗址采集到零星的岳石文化陶片,与龙山文化早中期的反差极大[1]。这种变化虽然在年代上与环太湖地区不同步,但表现形式比较相似。龙山晚期的另一显著变化表现在陶器方面,贵族礼仪用具蛋壳陶器的数量急剧减少趋于消失,陶器的整体作风变得厚重古朴[2],这种变化一直延续到岳石文化。

龙山文化时期,海岱地区同中原地区一样是黄河流域的强势文化。海岱文明同中原文明长期竞争,前者逐渐落后,而后者在地理位置、社会发展和文化交往机制,以及自然环境等方面的优势逐渐凸显出来。海岱地区最终未能迈出向成熟文明发展的关键一步。虽然后来在中原地区和长江下游仍然可以看到岳石文化的影响力,甚至在某些时段还产生了强大的作用力,但是这种力量已经不再是社会复杂化过程中的主流了,正如历史时期处在发展阶段比较初级的社会也会对比较高级的社会发生作用一样。

从以上粗略比较可以看出,环太湖地区与海岱地区早期文明巅峰时期的社会复杂化已经发展到相当高的水平。如果仅就现有的考古资料作结论,在有些方面两个地区的社会复杂化程度并不比二里头文化低。中国东部地区在文明化进程中的地位举足轻重,对中华文明的形成产生了深远的影响。

公元前第三千纪时,中国的多个地区文明化进程都在快速发展,除了海岱与环太湖地区,比较典型的还有黄河流域的河南龙山文化、陶寺类型和长江流域的屈家岭—石家河文化。中国的早期文明是多元的,又是此伏彼起的。一直到夏文明的崛起,中原文明才逐步奠定了在中华文明发展史最重要的地位,成为中华文明多元一体过程的关键节点。

原载山东大学东方考古研究中心:《东方考古(第1集)》,科学出版社,2004年

[1] 中美两城地区联合考古队:《山东日照地区系统区域调查的新收获》,《考古》2002年5期。

[2] 栾丰实:《论岳石文化的来源》,《海岱地区考古研究》,山东大学出版社,1997年。

长江中游的文明化进程

——与环太湖地区比较

中国的文明化进程是一个多元的、复杂的演进过程。长江中游是中国早期文明发展比较迅速、发展程度也比较高的区域。公元前第三千纪长江中游的文明化进程同黄河流域的中原地区和海岱地区、长江下游的环太湖地区分庭抗礼,各有千秋,在中国文明起源和发展史上占有重要的地位。

一、聚落形态的金字塔形所反映的社会组织结构

屈家岭文化—石家河文化早期[1],长江中游发现了多处城址,城址面积大小不等(图一)。本文主要以面积作为衡量该地域城址规模的标准,将这个时期的城址分为几个等级。

最高等级的城址是湖北天门的石家河。石家河城的平面略呈长方形,南北向稍长,达1200米,总面积为120万平方米。现存城墙高3～8米,墙底部宽达30～50米。城墙外侧的护城河宽60～100米,河深4～6米。石家河中心城的建筑年代为屈家岭文化晚期,石家河文化继续使用,延续时间达数百年之久。

第二等级的城址是江陵阴湘城、公安鸡鸣城、荆门马家垸和应城门板湾,面积20余万平方米[2]。阴湘城平面略呈大圆角方形,面积约20万平方米。城墙高8米,宽40米。四面城墙均有缺口,可能就是城门所在。城墙外侧的护城河,宽约20米,深2米。马家垸城平面呈梯形,北城墙短,南城墙长,总面积24万平方米左右。现存城墙高5米余,宽30米。四面城墙现各有一个缺口,疑为城门,其中有的似为水门。城墙外侧的护城河由人工开挖的壕沟与天然河道连接而成,宽20～50米,深4～5米。

---

[1] 本文的石家河文化早期包括有的研究者所指的早中期。

[2] 湖北应城陶家湖城址面积67万平方米,未发掘,据调查认为城址始建年代"可能是屈家岭文化时期"(李桃元、夏丰:《湖北应城陶家湖古城址调查》,《文物》2001年4期)。待城址年代得到确认后,第二等级的城址还能细分。

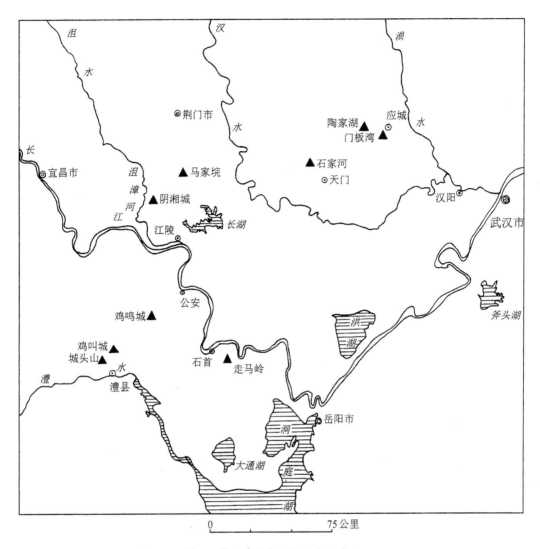

图一　长江中游新石器时代的城址

　　第三等级的城址是澧县城头山、石首走马岭等，10万平方米左右。面积最大的鸡叫城有15万平方米[1]。

　　除了以上三个等级的城址之外，还有更多的不建城墙的村落。其中有一部分村落实际上是依附于城址的，它们同地处中心位置的城址共同组成了大型的聚落群。在以石家河城为中心的8平方公里范围内，一共分布着几十处中小型村落，环绕分布在中心城的周围。第二等级的马家垸城也是一个中心城，周围分布着比较密集的村落，中心城和中小型村落共同组成马家垸聚落群。其他的城址应该也存在着类似的分布状况，只是我们的了解有的多一些，有的还很不够。

———————

［1］　湖南省文物考古研究所：《澧县鸡叫城古城址试掘简报》，《文物》2002年5期。

长江中游三个等级的城址,第一等级和第二等级之间差别很大,前者是后者的5~6倍,第二等级和第三等级的差别比较小。级差的不同和规模的宏大显示了石家河城的特殊地位。据推算,石家河城垣的土方量约为76万立方米,直接和间接参与建设这个工程至少需数万人[1]。石家河城作为最高等级的聚落,其管理者可能组织了非本城居民而又在管理范围内的社会成员参与这一大型建筑工程。非本城居民参与筑城可能也发生在山西襄汾陶寺遗址,在陶寺南城墙的夯土层内发现了被人为砸碎的人头骨和肢骨残片,发掘者判断是"外乡"筑城者在取土时挖到了早期当地人的墓葬,因对立和仇视而将骨骸砸碎后筑入城墙内[2]。长江中游各城址中目前尚未发现这样激烈对立的现象。

现在发现的始建或扩建于屈家岭文化—石家河文化早期的城址,大多数分布在石家河城的西和西南,且相距较远,相距较近的是应城的陶家湖和门板湾,在石家河城以东。张绪球以文化遗存是否最具有典型性和某区域文化遗存的发展水平是否高于其他区域为标准,划出了石家河文化的中心区[3]。石家河城和陶家湖城、门板湾城在中心区范围内。洞庭湖区北和西北是城比较集中的区域,现已发现5座城(湖南澧县城头山和鸡叫城、湖北石首走马岭、湖北公安的鸡鸣城和鸡鸣城),另外还有一处遗址可能有夯土城墙(湖南临澧丘城)[4]。其中前4座材料比较丰富的均为第三等级的小城。这是一个比较独特的文化区,屈家岭文化中属于划城岗类型[5],到石家河文化,这里仍被作为一个类型看待[6]。

类似的聚落分布和组成结构也发生在长江下游的环太湖地区,只是我们现在所掌握的反映这种结构的材料同长江中游有所不同。迄今良渚文化中我们还没有确认是否有城垣,但是良渚文化由墓地、墓葬的等级以及重要的玉器所折射的聚落规模,证明环太湖地区的聚落也可以分为若干个等级。良渚文化最高层的中心聚落群在浙江余杭的良渚与瓶窑,根据最新的调查统计,在33.8平方公里的范围内,一共分布着100多处遗址[7]。莫角山是遗址群的中心,长方形,正方向,面积达30万平方米,规模极为宏大。莫角山遗址上有三座土台,发掘和调查表明,土台之间有一块3万平方米左右的夯土基址[8]。良渚聚落群内还有像反山、瑶山那样的祭坛和高层贵族墓地[9]。良渚文化的第二等聚落即次级中心以发现玉琮的墓地为标准,曾经出土过玉琮的地点可供参考。中村慎

[1] 中村慎一:《石家河遗迹をめぐる诸问题》,《日本中国考古学会会报》1997年7号。
[2] 何驽:《陶寺城址南墙夯土层中人骨说明的问题》,《中国文物报》2002年3月8日第7版。
[3] 张绪球:《石家河文化的分期分布和类型》,《考古学报》1991年4期。
[4] 何介钧:《长江中游史前古城与古国研究》,《苏秉琦与当代中国考古学》,科学出版社,2001年。因鸡鸣城具体位置不详,本文图一上未标。
[5] 荆州市博物馆、石首市博物馆、武汉大学历史系考古专业:《湖北石首市走马岭新石器时代遗址发掘简报》,《考古》1998年4期。
[6] 张绪球:《石家河文化的分期分布和类型》,《考古学报》1991年4期。
[7] 浙江省文物考古研究所:《余杭良渚遗址群调查简报》,《文物》2002年10期。
[8] 浙江省文物考古研究所:《余杭莫角山遗址1992~1993年的发掘》,《文物》2001年12期。
[9] 浙江省文物考古研究所反山考古队:《浙江余杭反山良渚墓地发掘简报》,《文物》1988年1期;浙江省文物考古研究所:《余杭瑶山良渚文化祭坛遗址发掘简报》,《文物》1988年1期。

一绘制了发现玉琮的27个地点（不包括良渚遗址群）的分布图，并依据位置与相互距离而合并为若干个集群，大部分遗址群内包含从早期到晚期的遗址[1]。次级中心下又还有更多的村落。

长江中游和长江下游的聚落组成都可以看成是金字塔形结构，从一定程度上反映了当时的社会组织结构，即以金字塔尖端为最高统治集团的、多层次的社会管理体制。金字塔尖端是一个群体或一个考古学文化区、一个地域的中心。刘莉将黄河流域龙山时代的聚落结构分为单中心、多中心和散中心三种类型，单中心的聚落结构代表了最复杂和最进步的酋邦[2]。该文认为，单中心聚落结构的主要特征是："某种程度上的文化上的一致性"和"小中心围绕大中心分布，相应地，前者又被低一级聚落紧紧包围"。长江下游良渚文化是比较典型的单中心聚落结构，其最高统治中心就是良渚—瓶窑聚落群，其下还有不少次级中心，如福泉山、草鞋山等，形成了多层管理的政治体制。如果按照中村慎一的集群划分，按现已出土的玉琮形制为吴县—昆山遗址群各作为次级中心时期的年代排序，从早到晚为张陵山、赵陵山、少卿山、绰墩、草鞋山。同一群内不同地点的相互关系是一个很值得关注的问题。我们从现有材料还看到，良渚文化次级中心都分布在钱塘江、富春江北的杭嘉湖平原和太湖、东太湖平原，江南几乎就是一个空白。造成这种聚落分布现象，自然环境的阻隔可能是一个原因，但肯定不是主要的，主要原因应该同当地文化、族群的延续有关。距今7000年以来，钱塘江、富春江南北主要分属于两个大的集团——罗家角—马家浜文化与河姆渡文化，以后逐渐融合，良渚文化基本完成融合过程。即使如此，由于历史文化的渊源关系，可能还有潜在的宗教心理因素，钱塘江、富春江南的聚落复杂化程度仍然不如钱塘江、富春江北。

我们判断良渚文化是比较典型的单中心聚落结构，除了分布地域、考古学文化的同一性外，在相当程度上是依据良渚文化的宗教至上和统一的宗教体系。冈村秀典从上引刘莉的分析出发，认为"屈家岭—石家河文化也是一个单中心型的聚落构造"[3]。长江中游也在一定程度上表现了文化内部的宗教同一性，宗教在强化社会组织机能方面具有一定的作用，中村慎一认为，石家河的筑城就利用了宗教的力量[4]。石家河聚落群和石家河文化早期其他遗址中出土的大量红陶杯和陶塑，也并非实用器，而具有精神文化方面的含义[5]。但是从已有材料看，长江中游宗教的凝聚力和约束力以及群体内的向心程度显然不如良渚文化。长江中游的城几乎都始建于屈家岭文化，现在所确认的石家河城虽然等级最高，却不是最早的。石家河城垣夯层中的陶片几乎全是屈家岭文化晚期的，说明它的始建年代不会早于屈家岭文化晚期，在城垣南端东拐的地方，有石家

[1] 中村慎一：《良渚文化的遗址群》，《古代文明（第2卷）》，文物出版社，2003年。
[2] 刘莉、陈星灿：《龙山文化的酋邦与聚落形态》，《华夏考古》1998年1期。
[3] 冈村秀典：《屈家岭·石家河文化属城市文明吗》，《稻作 陶器和都市的起源》，文物出版社，2000年。
[4] 中村慎一：《石家河遗迹をめぐる诸问题》，《日本中国考古学会会报》1997年7号。
[5] 石家河考古队：《石家河遗址群调查报告》，《南方民族考古（第五辑）》，四川科学技术出版社，1993年，第287页。

河早期地层压着城垣，说明它不会晚于石家河早期[1]。而走马岭城的始建年代"相当于屈家岭文化早期"[2]，城头山的始建年代更早[3]。这两座始建年代最早的城都位于洞庭湖区的西和西北，以考古学文化的概念分析，这个区域同石家河城的所在地分属于不同的类型。我们已经知道，石家河城内的中心位置谭家岭还分布着大溪文化的墓葬和灰坑[4]，那么从大溪文化到屈家岭文化早期，在现在确认的石家河城建城之前具有怎样的聚落规模？石家河是否可能存在年代更早的城？总之，如果我们将长江中游作为单中心型聚落结构，还应该在时间和空间的动态过程中作更多的考察。

二、社会阶层的分化

社会阶层的分化是文明化进程和社会复杂化的必然过程。前节聚落规模的分化是阶层分化的表现形式之一，除此之外，长江中游的社会阶层分化还表现为居住址、墓葬规模的差异。

在石家河城内中部有一块面积很大的台地，名谭家岭。台地的顶面比较平坦，中部略高，分布着大面积的成片连接的红烧土堆积[5]。经小规模发掘，发现屈家岭文化晚期的房屋，其中一座大房子，仅发掘一角，墙壁的厚度约1米，应是一处规模相当可观的大型建筑[6]。

在肖家屋脊发掘了23座石家河文化早期的土坑墓，反映了当时长江中游社会阶层发生分化的一般性特征：

1. 墓葬规模存在差别，表现在墓坑的大小和随葬品的数量上。

M7是石家河遗址迄今所发现的最大的墓葬，墓坑规模3.2×2.35米。随葬品数量最多，包括陶器102件和石钺1件。报告称该墓为"单人二次葬，人骨摆放成仰身直肢的形状"，应为带棺的厝葬。随葬品数量居第二位的M54，墓坑规模也比较大，为2.6×1.05米，随葬102件陶器，不随葬石钺。无随葬品或随葬品比较少的墓葬，墓坑的规模也比较小。

2. 随葬品的多寡同性别和年龄有一定的关联。

上述随葬品数量位居第一和第二位的墓葬，墓主均为男性。没有随葬品的共有6座墓，其中未被破坏而且可以辨认墓主性别与年龄的有3座，2座为儿童，1座为女性，年龄

［1］ 严文明：《石家河考古记（代序）》，《肖家屋脊》，文物出版社，1999年，第1～5页。
［2］ 荆州市博物馆、石首市博物馆、武汉大学历史系考古专业：《湖北石首市走马岭新石器时代遗址发掘简报》，《考古》1998年4期。
［3］ 湖南省文物考古研究所：《澧县城头山古城址1997～1998年度发掘简报》，《文物》1999年6期。
［4］ 石家河考古队：《石家河遗址群调查报告》，《南方民族考古（第五辑）》，四川科学技术出版社，1993年，第229页。
［5］ 石家河考古队：《石家河遗址群调查报告》，《南方民族考古（第五辑）》，四川科学技术出版社，1993年，第228～230页。
［6］ 严文明：《石家河考古记（代序）》，《肖家屋脊》，文物出版社，1999年，第1～5页；《石家河遗址第五次发掘获新成果》，《中国文物报》1990年4月5日第1版。

不详。但M48为女性，有43件随葬品，它的位置也比较特殊，孤零零地在中片墓区的东北，与其余墓葬相距近20米。

3. 以随葬陶器为主，一般不随葬生产工具。除M7外，仅有1座墓（M48）随葬了3件纺轮与1件石凿。

4. 23座墓葬中的20座分布在三个区域，南片和中片相隔40余米，中片与北片相隔更远，达80米。随葬品最多的M7位于南片墓区的中心，随葬品次多的M54位于北片墓区的中心，没有随葬品的女性（M55）和两个儿童（M70、M72）埋葬在M54的近旁。

石家河遗址群的邓家湾也发现了石家河文化的墓地，具有与肖家屋脊墓地相似的特征。43座土坑墓中有8座墓没有随葬品，它们都是规模最小的窄长方形墓坑，此类墓坑即使有随葬品，也很少。四周有二层台的墓坑规模最大，随葬品也最多[1]。其中比较引人注目的是M32，随葬品最为丰富，有50件陶器和1件石器，墓主"似为10岁左右的少年"。简报中还提到墓主人骨架南端有一个头骨，枕骨部有一个被利器刺透的三角形豁口[2]。

张绪球在比较了肖家屋脊的屈家岭文化和石家河文化早期墓葬后指出，前者有贫富分化，但不很明显，而后者在墓葬形制大小和随葬品多寡方面存在极大的悬殊[3]。冈村秀典则认为单凭随葬陶器的多寡并不能确认墓主人的身份高低[4]。然而毕竟陶器作为消费品，占有量的多少仍是可支配财富量的象征，因此同身份的高低肯定有强烈的关联性。不过从上述材料看，似乎还很难得出"极大的悬殊"这一结论。因此，以现有材料想深入分析石家河文化社会阶层的分化确实还存在很多困难。

我们以环太湖地区作为比照对象，发现良渚文化社会阶层的结构要复杂得多。根据墓葬材料，良渚文化的社会成员分五个阶层，第一阶层和第二阶层墓葬的标志物是随葬玉琮和玉钺，他们掌握了最高的神权、政权和兵权。第一阶层的墓葬在良渚文化的最高中心，如余杭反山M12，第二阶层在次级中心，如青浦福泉山M65，他们分别是两级中心某一特定时期的最高统治者。第三阶层的墓葬以随葬大量玉器为特征，大多数在不同等级的中心聚落。根据随葬玉器的不同种类，第三阶层还可以细分，分别代表贵族集团内部的不同身份与职掌。第一至第三阶层属于上层贵族，埋葬在人工堆筑的高台墓地。第四阶层的墓葬只随葬生活器皿和生产工具，个别有少量小件玉器。这一阶层主要为社会普通成员，属于平民阶层。第五阶层的墓葬不随葬任何器物，可以看作是平民阶层中的贫穷者，一般而言，他们的社会地位也最低[5]。

同良渚文化的贵族墓葬比较，肖家屋脊两片墓地的中心人物M7和M54的地位都不可能很高。肖家屋脊三片墓地应该是三个父系家族墓地，以男性为中心，女性和孩童

[1] 石家河考古队：《邓家湾》，文物出版社，2003年，第258页。
[2] 石河考古队：《湖北省石河遗址群1987年发掘简报》，《文物》1990年8期。发掘报告未提及此头骨。
[3] 张绪球：《长江中游史前城址和石家河聚落群》，《稻作 陶器和都市的起源》，文物出版社，2000年。
[4] 冈村秀典：《屈家岭·石家河文化属城市文明吗》，《稻作 陶器和都市的起源》，文物出版社，2000年。
[5] 宋建：《嵩山地区与太湖地区文明进程的比较研究》，《上海博物馆集刊（第六期）》，上海古籍出版社，1992年。原分四个阶层，现根据聚落等级的差别，将原第一阶层分成两个阶层。

基本处于从属地位,这从北片墓地可以看得十分清楚。当然也不应排斥像邓家湾M32那样的特例,或可以作别的解释。这三个家族在更大的社会组织机构譬如氏族或宗族中有不同的地位,中片M7墓主的身份显然高于北片和南片。M7墓主不仅墓坑最大,随葬的陶器最多,更重要的是他有表现身份的钺。钺的使用和它的象征性意义在文明化进程中应该具有相当大的共性。

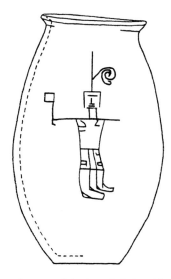

图二 石家河文化早期中口罐(H357：5)

石家河文化早期的一件中口罐(H357：5)刻有持钺人像,头顶插羽,右手握钺,是一个有一定身份的人物(图二)。钺既然为有较高身份者所有之物,其制作工艺必定精致。在阴湘城发现的一件钺柄上髹红褐二色漆,并刻花纹[1]。从石家河城的巨大规模看,我们肯定还没有发现这里的最高统治者,在最高统治者和M7墓主之间甚至还有上层贵族。良渚—瓶窑是良渚文化的最高中心,那里不仅发现了高等级贵族的墓葬,而且还发现了贵族集团内部不同阶层的墓葬和平民墓葬[2]。庙前、上口山、钵衣山等墓地中既有随葬玉璧、玉冠形器的墓葬,也有仅随葬陶器甚至没有随葬品的小墓[3],它们同反山、瑶山等墓地一起表现了在良渚文化最高中心区各等级贵族与平民的不同存在状态,揭示了当时复杂的社会结构。相比较,石家河文化的材料远远不够,要达到复原石家河文化的社会结构的目的,还有很多工作要做。

三、文明化进程的突变与动荡

石家河文化早期直接自屈家岭文化发展而来,这从陶器的演变关系上看得特别清楚。肖家屋脊从屈家岭文化延续发展到石家河文化早期的陶器有很多种,如高领罐、中口罐、碗、高圈足杯和斜腹杯等,直腹或垂腹的小鼎与三分叉捉手的器盖配套为两阶段所共有。有些器物虽然在报告中的名称不一,但延续关系是明显的,如屈家岭文化二期的壶形器和石家河文化早期的高圈足杯C型和D型[4]。从肖家屋脊墓葬的分布也可以看出石家河文化早期同屈家岭文化紧密衔接的关系,南、中、北三片是屈家岭文化第二期到石家河文化早期的共同墓地。长江中游发现的城址的始建年代,除了城头山遗址,

[1] 张绪球：《长江中游史前城址和石家河聚落群》,《稻作 陶器和都市的起源》,文物出版社,2000年。
[2] 浙江省文物考古研究所：《余杭良渚遗址群调查简报》,《文物》2002年10期。
[3] 浙江省文物考古研究所：《余杭良渚庙前遗址发掘的主要收获》,《浙江省文物考古研究所学刊》,科学出版社,1993年；浙江省文物考古研究所：《浙江良渚庙前遗址第五、六次发掘简报》,《文物》2001年12期；浙江省文物考古研究所：《浙江余杭上口山遗址发掘简报》,《文物》2002年10期；浙江省文物考古研究所：《浙江余杭钵衣山遗址发掘简报》,《文物》2002年10期。
[4] 石家河考古队：《肖家屋脊》,文物出版社,1999年。

都在屈家岭文化期间,而且都在城内发现了石家河文化遗存,城址被连续使用[1],有的还发现了石家河时期补筑城墙的证据。据1993年发表的调查材料统计,在石家河遗址,屈家岭文化时期聚落群范围内分布着10处以上的聚居点,主要集中在包括后来石家河文化在内的整个聚落群分布范围的中部。石家河文化早期,聚居点增加至22处,而此时的核心区几乎与屈家岭文化聚居点的密集区重叠[2]。可以这样说,石家河文化早期人口大量聚集到石家河,聚落群范围在屈家岭文化聚居点的基础上大大扩张。澧县鸡叫城始建于屈家岭文化期间,石家河文化早期扩建城垣[3]。从很多方面看,石家河文化早期是屈家岭文化的延续,我们现在仍然使用两个不同的文化名称,实际上已经主要是时间的概念了。同样,长江中游的文明化进程是从屈家岭文化到石家河文化的发展过程。

石家河文化晚期,长江中游的文明化进程发生突变,呈现出急剧衰退的迹象。在文明的最高中心石家河,城墙内外的文化遗存急剧减少,很可能石家河文化的城在此时已经消亡,与城有关的文明化进程已经终结,有些房屋开始在城垣上建造。石家河聚落群的遗址数量明显减少,由石家河文化早期的22个减少到晚期的13个,更重要的是,屈家岭文化和石家河文化早期的中心区域几乎不复存在,邓家岭和谭家岭都不见石家河文化晚期遗存,聚落群的东部和东南部是石家河文化晚期新的遗址集中区[4]。

石家河文化晚期,考古学文化也发生了变异,主要表现在陶器、玉器和埋葬习俗等方面。根据《肖家屋脊》的分析,在陶器方面,石家河文化早期流行的许多陶器的类和型,在石家河文化晚期不见或"趋于消亡"(可理解为少见或很少见)。同时石家河文化晚期出现了不少新的器类和型,它们明显具有中原地区的风格。玉器和埋葬习俗方面,石家河文化晚期出现了大量的玉器,尚不能从当地找到它们的源头。值得注意的是肖家屋脊瓮棺葬W6随葬的一件玉器,这是一个透雕的神像,造型与图案已经抽象,但可看出头戴冠,两侧角向上翘(图三,3)。W6是目前已经发掘的最大一座石家河文化晚期的瓮棺葬,墓葬位于中片墓地的中部,周围围绕着许多中小型的瓮棺葬。W6墓坑口径达1.4米,坑深0.8米,墓主为成人,一共随葬了56件玉器,另外还有3件其他随葬品。钟祥六合W9的玉神像为同类器,但比较具象,侧角上翘卷(图三,2)[5]。与六合W9玉神像形制非常相似的一件出自陶寺中期的大墓M22(图三,1)[6]。毫无疑问这些玉神像属于同一文化传统、同一宗教信仰。M22是目前在陶寺发现的唯一中期大墓,墓坑大,葬具结构复杂,随葬品量多质精,其中有玉琮、玉钺、玉戚等重器,墓坑填土中有一具被腰斩的

[1] 王红星:《长江中游地区新石器时代城壕聚落源起与功用之我见》,《长江中游地区文明化进程学术研讨会论文提要》,2003年4月。

[2] 石家河考古队:《石家河遗址群调查报告》,《南方民族考古(第五辑)》,四川科学技术出版社,1993年,第275、276页。

[3] 湖南省文物考古研究所:《澧县鸡叫城古城址试掘简报》,《文物》2002年5期。

[4] 石家河考古队:《石家河遗址群调查报告》,《南方民族考古(第五辑)》,四川科学技术出版社,1993年,第275、276页。

[5] 荆州地区博物馆、钟祥县博物馆:《钟祥六合遗址》,《江汉考古》1987年2期。

[6] 中国社会科学院考古研究所山西第二工作队、山西省考古研究所、山西省临汾市文物局:《2002年山西襄汾陶寺城址发掘》,《中国社会科学院古代文明研究中心通讯》2003年5期。

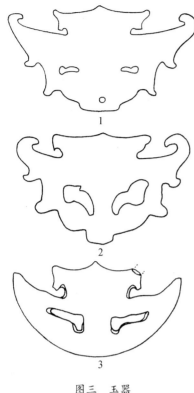

图三　玉器
1. 陶寺（M22）　2. 六合（W9）
3. 肖家屋脊（W6）

青年男性，发掘者定为人牲。石家河文化晚期的玉器在长江以北地区几乎都是瓮棺葬内的随葬品，除了肖家屋脊，同样的玉器与埋葬习俗也出现在荆州枣林岗和钟祥六合[1]。而这里长期流行的土坑墓到石家河文化晚期似乎也不再流行，肖家屋脊墓地从屈家岭文化延续使用到石家河文化晚期，土坑墓仅出现在屈家岭文化和石家河文化早期，石家河文化晚期不见，只有瓮棺葬。但是在长江以南洞庭湖西北的湖南澧县孙家岗仍流行土坑墓，玉器的品种和形制同长江以北相比较也有一些不同[2]。

对于石家河文化早期和晚期之间存在显著差别的主要原因，《肖家屋脊》是这样分析的："晚期遗存替代早期遗存只延续了一部分早期的文化因素，却融入了大量非当地文化传统的新文化因素，其中最主要的是河南龙山文化因素和山东龙山文化因素。这些新的文化因素，有的是外来文化的传入和影响，有的是文化交互作用。石家河文化晚期在融合了多种来源的文化因素之后，形成了有别于石家河文化早期的自身特色。"这一分析同我们对长江下游马桥文化和良渚文化关系的认识完全相同[3]。因此，石家河文化早期和晚期并不是同一个考古学文化的发展与延续，而是两个不同的考古学文化。韩建业、杨新改已经指出，石家河文化晚期不应再纳入石家河文化[4]，何驽甚至已经给它一个新的命名——肖家屋脊文化[5]。

新的文化意味着外来的族群势力进入长江中游，外来文明的强大力量干预了长江中游的文明化进程，使之发生突变。从陶器和部分玉器的分析比较，外来力量主要来自黄河流域。根据上古传说，黄河流域文化传统进入长江中游的历史背景是尧、舜、禹与苗蛮旷日持久的战争[6]。如果从传说推论，发生在距今4000年前中国文明化进程的关键时期，黄河中下游和长江中下游发生过很大的社会变动，这已经部分地为考古事实所证明。前述陶寺M22，一个非常重要的现象是在陶寺晚期该墓被捣毁，毁墓坑直接挖在M22的墓坑范围内，毁坏了葬具上部的大半，棺盖板被拖到毁墓坑的斜坡上，墓主的头

[1]　湖北省荆州博物馆：《枣林岗与堆金台——荆江大堤荆州马山段考古发掘报告》，科学出版社，1999年；荆州地区博物馆、钟祥县博物馆：《钟祥六合遗址》，《江汉考古》1987年2期。
[2]　湖南省文物考古研究所、澧县文物管理处：《澧县孙家岗新石器时代墓群发掘简报》，《文物》2000年12期。
[3]　上海市文物管理委员会：《上海市闵行区马桥遗址1993～1995年发掘报告》，《考古学报》1997年2期。
[4]　韩建业、杨新改：《王湾三期文化研究》，《考古学报》1997年1期，注释58。
[5]　何驽：《长江中游文明进程的阶段和特点》，《长江中游地区文明化进程学术研讨会论文提要》，2003年4月。
[6]　石兴邦、周星：《试论尧、舜、禹对苗蛮的战争——我国国家形成过程史的考察》，《史前研究》1988年辑刊。

骨残留在棺的衬板尸床上,棺内的随葬品被扰动。另外还发现了几个陶寺晚期的毁墓坑和捣毁陶寺中期墓葬时所形成的地层堆积。陶寺中期的城垣和宫殿也在晚期被大肆毁坏[1]。像这样反映剧烈社会动荡的考古材料是非常罕见的。

如果说长江中游文明化进程发生突变的主要原因是黄河流域族群的进入与域外文明的干预,以及由此而导致的社会动荡,那么从长江下游良渚文化中可以看到另一种文明衰变的模式。良渚文明的衰变是长江下游文明化进程的中断,其原因同长江中游最大的区别是,主要不是从外部,而应该从当地环境变迁和内部社会运行机制两方面寻找。良渚文明的衰变并非突变,而是经历了一个比较长的过程[2],因为环境恶化的后果是逐渐积累的,社会运行机制的弊端也是逐渐显露的。长江三角洲特殊的地貌使得人与环境的相互依存特别重要,本地文明化进程始于自然环境的优化,而环境的恶化也对人类社会产生负面效果。洪灾频发是水网低地环境恶化的主要形式,从一些考古资料可以看到村落被冲毁或淹没的迹象。良渚文化第二期后文明进程出现停滞,环境原因不容忽视。但是环境恶化对良渚文明的打击并不是毁灭性的,在此之后,仍然发展了数百年。良渚文明的社会运行机制很独特,极端依赖于宗教,社会组织高度一体化,大量的人力和物质资源投入到各层贵族的精神活动领域中,大量精美绝伦的玉器和高耸的祭坛、贵族墓地都是精神活动的物化形式。在宗教旗帜下,良渚文明的社会运作机制具有惊人的力量,甚至可以说良渚文明的兴起离不开宗教。我把这种机制比作社会链,某个环节缺失会导致链的断裂。良渚文明就是在社会链的断裂与弥补的矛盾中逐渐衰变的[3]。在这一过程中还应该看到有不同来源的外来文化在距今4000年进入环太湖地区的现象,其中有来自黄河流域的,以王油坊类型的特征最为明显,也有来自其他地区类型的龙山文化;还有来自南方地区以几何形印纹为特征的文化遗存。由于多种因素的共同作用,环太湖地区经历了激烈的社会动荡。最后,同王油坊类型关系紧密的广富林遗存逐渐占据了主导地位,成为环太湖地区一支新的文化。整个过程错综复杂,究竟是良渚文化的衰退招致外来者的进入,还是外来文化的入侵导致或促进良渚文化的衰变,或者互为因果,恐怕现在还不能给出答案,它将是今后研究的一个重要课题。

原载吉林大学边疆考古研究中心:《庆祝张忠培先生七十岁论文集》,
科学出版社,2004年

[1]　中国社会科学院考古研究所山西第二工作队、山西省考古研究所、山西省临汾市文物局:《2002年山西襄汾陶寺城址发掘》,《中国社会科学院古代文明研究中心通讯》2003年5期。

[2]　宋建:《良渚文明进程中水患背景的再探讨》,《古代文明研究通讯》1999年3期;宋建:《关于崧泽文化至良渚文化过渡阶段的几个问题》,《考古》2000年11期。

[3]　宋建:《从广富林遗存看早期文明的衰变》,《长江下游文明化进程学术研讨会论文集》,上海书画出版社,2004年,第214～228页。

江淮地区早期文明进程的断裂与边缘化

　　长江与淮河分别是我国第一与第三大河流，从广义上看，江淮地区的地域非常辽阔，以安徽为中心，东到江苏，东北到山东，西与西北到河南，西南达湖北。在这个区域内包含大汶口文化、山东龙山文化、河南龙山文化和石家河文化等多个考古学文化，这些文化又可以分属海岱地区、中原地区和长江中游地区。因此从广义的地域概念来讨论江淮地区的文明化进程缺乏科学性，也是不现实的。本文所论及的是狭义的江淮地区，大致划定在今天的安徽省及其邻近地区。

　　江淮地区并非中国早期文明多个中心地区之一，但也在较早时候开始了本地区的早期文明发展进程。在含山凌家滩遗址我们可以看到江淮地区的早期文明曾经发展到怎样的程度。

　　凌家滩遗址南面以裕溪河为界，地势由南向北逐渐抬高，岗地最高处的现海拔高度为25.6米。遗址中最重要的遗存都分布在中央的南北向高地上，自南向北为红烧土块大型基址、第一道壕沟、第一墓地、第二道壕沟和第二墓地，红烧土块大型基址面向南面的裕溪河[1]。仅就已经了解的部分看，这是一处具有某种设计观念而且布局十分讲究的大型聚落，在其形成过程中的某一阶段曾经作过详尽的规划。

　　两处墓地均位于这个遗址最高爽的地方，北边的第二墓地未经发掘，但做过勘探，南边的第一墓地先后经过四次发掘，现已发掘了68座墓葬。第一墓地的墓葬有大小之分，大墓基本分布在祭坛的南侧，而中小型则埋在其他位置。西南端的98 M29是一座大墓，墓坑口长270、宽150厘米，随葬了玉人和玉鹰等52件玉器、18件石器和16件陶器。87 M4埋葬位置在南侧正中，墓坑口长275、宽140厘米，大小同98 M29相近，随葬玉器103件（组），其中有玉龟，还有石器30件、陶器12件。西侧也埋有比较大的墓，如98M20，共随葬62件（组）器物，其中玉器有13件（组），包括玉钺、玉璜等，还有一组管钻后留下的玉芯共111件，墓主人应该同治玉的职能密切相关，因为玉所具有的特殊功能，所以治玉者也有比较高的社会地位。87 M15也位于西侧，墓坑口长250、宽134～142厘米，共随葬128件（组）器物，其中玉器94件（组），包括玉璜和49件玉管，它们或许是

---

[1]　张敬国：《凌家滩聚落与玉器文明》，《文物研究（第十三辑）》，黄山书社，2001年；安徽省文物考古研究所：《凌家滩》，文物出版社，2006年。

一组串饰,还随葬石器和陶器各17件。

上述4座墓葬显示凌家滩的社会成员之间已经产生等级的区分,87 M4和98 M29等级最高,98M20和87 M15次之,还有更低等级的墓葬。

目前凌家滩第一墓地是江淮地区等级分化十分显著,并是唯一的一处。我们不妨以良渚文明的墓地作为参照,看凌家滩社会成员阶层分化和等级区分在文明进程中的位置。

良渚文化前期[1],只有两个地区有独立的贵族墓地,一个是良渚文明的中心——良渚瓶窑地区,如反山墓地和瑶山墓地。另一地区在良渚文明核心区域北端并远离良渚瓶窑地区,江阴高城墩是这个地区唯一的专有贵族墓地。这处墓地共发掘了14座墓葬,只发表了简报,除了M9、M12和M14,其余11座墓葬的随葬品都或多或少公布了材料。其中随葬重要礼器(玉琮、钺、璧)的共有8座墓,其余3座墓也随葬了玉坠、玉珠等小型玉器[2]。

同一时期还有不少贵族和平民共用的墓地,以及更多的平民墓地。前者如江苏吴县张陵山东山和西山遗址。张陵山东山的发掘探方中出土1件玉琮残片,采集品中有2件琮形管,据称出自一墓[3]。张陵山西山共发掘5座墓葬,其中3座(M1～M3)规模小,随葬陶器、石器4至7件。随葬玉琮的M4有40多件随葬品,M5也随葬了玉坠、玉管等40多件随葬品,同另3座墓的差别非常明显[4]。贵族和平民共用的墓地还有浙江桐乡新地里遗址,在良渚前期有2处相互独立的墓地,西墓地M137的随葬器物虽然不多,但因为其中有1件玉琮,仍然可以将其视为该墓地等级最高者[5]。同一时期还有许多平民墓葬埋于同一墓地。

良渚后期发生变化,独立的贵族墓地数量增加,有些在前期被贵族与平民共用的墓地或只埋葬平民的墓地此时成为贵族所专用的墓地。如青浦福泉山,墓地西部自崧泽文化开始到良渚文化较晚时期连续使用,墓葬分布密集,墓葬之间的叠压关系比较复杂。良渚前期西墓区为贵族与平民共用。良渚后期在福泉山中部和东部辟出新的独立的贵族墓区,与西部墓区完全分隔开。后期共有6座墓,其中5座随葬玉琮,只有M60未随葬玉琮,但是随葬了许多重要的玉器,如璧、梳背、锥形器和福泉山发现的唯一带钩。福泉山中、东部墓区的这几座墓葬从第4段开始延续至第6段,说明从第4段起福泉山主人开始掌控玉琮而地位显著提升,因此有能力开辟高等级贵族的专有墓地[6]。吴县草鞋山是另一处贵族专用墓地,良渚后期至少有4座高等级贵族墓葬,还没有发现同时期等

[1] 良渚文化分前期与后期,前期包括一、二期,后期包括三至五期。宋建:《良渚文化衰变研究》,《浙江省文物考古研究所学刊(第八辑)——纪念良渚遗址发现七十周年学术研讨会文集》,科学出版社,2006年。
[2] 江苏省高城墩联合考古队:《江阴高城墩遗址发掘简报》,《文物》2001年5期。
[3] 南京博物院、甪直保圣寺文物保管所:《江苏吴县张陵山东山遗址》,《文物》1986年10期。
[4] 南京博物院:《江苏吴县张陵山遗址发掘简报》,《文物资料丛刊(第六集)》,文物出版社,1982年。
[5] 浙江省文物考古研究所、桐乡市文物管理委员会:《新地里》,文物出版社,2006年。
[6] 上海市文物管理委员会:《福泉山——新石器时代遗址发掘报告》,文物出版社,2000年。

级较低的墓葬[1]。无锡丘承墩共发现10座良渚晚期墓葬,未被扰乱的3座均为高等级贵族墓葬,而其余7座都被扰动,原有状况不明。因此不能完全排除这也是一处贵族专有墓地的可能[2]。

不同等级的墓葬埋于同一墓地可以上海金山亭林为例。亭林共发掘23座墓葬,仅1座随葬9节长琮[3]。

从以上所述可以看出良渚文化前期到后期在墓地和墓位的安排上是有变化的,这种变化可能意味着某种社会现象。在年代上良渚文化和凌家滩墓地大致相衔接。良渚文化多种墓地、墓区、墓位安排既有历时性的变化,又有共时性的并存,使我们确信良渚社会已经存在独立的贵族阶层。凌家滩遗址的年代可同良渚前期衔接,墓地安排同良渚前期不同地位者共用一处墓地具有可比性,但要确定凌家滩时期是否形成独立的贵族阶层,目前可供判读比较的材料还是太少。

凌家滩位于岗地南端的以红烧土块堆筑铺设的基址总面积近3000平方米,高1.5米左右,规模宏大,可能是神庙或祭坛等举行大型宗教活动的专用场所。在岗地的中线上还有3组巨石群,第一组当地称为"石头岗",有百块巨石,第二组约有十块,第三组巨石当地称为"石头圩",有三块巨石。这些巨石遗存可能也同宗教活动有关。宗教器具有玉鹰和刻图长方形玉版,这两件玉器的中央都刻八角星纹。另外还有玉龟等。联系到大型墓葬中量多质精的随葬品,以宗教主导的权力和财富开始趋于集中。

凌家滩遗址规模宏大,面积160万平方米以上,在其周围5～10公里范围内,分布有五六处小遗址[4]。这只是目前已经了解的情况,以凌家滩为中心的聚落分布应该远远不止这几处。

如果将视野放大,凌家滩与东向的南京北阴阳营和西向的潜山薛家岗的关系相当密切,在陶器上具有较多共性。凌家滩也是薛家岗同以环太湖地区为中心分布区的崧泽文化交往的通道。在玉器方面,凌家滩同北阴阳营一类遗存具有排他性的共同特征。凌家滩的玉璜十分特殊,一件玉璜在正中间位置一分为二,分断处的切断口齐平,又在近切断处纵向钻出小孔,侧面碾磨出连接两小孔的细浅槽,这样的玉璜已经发现多件。玉璜的两端有几种不同的形态:一种是两端为不同的动物头(龙、凤);第二种一端为虎头,另一端不详;第三种一端为尖形(鸟首),另一端较平。从玉璜的出土情况看,上述玉璜又可以分两类,一类是同一件玉璜的两个半件共存同出;另一类是只出一个半件。北阴阳营与之相类似的玉璜共有28件,其中27件为弧形,1件为桥形,它们与凌家滩的共同点是:1. 均在正中间位置断开,分为两个半件,断开部位切割平齐;2. 均在断开的一端纵向钻孔,侧面碾磨出连接两小孔的细浅槽;3. 既有两个半件共存一座墓葬的,也

[1]　南京博物院:《江苏吴县草鞋山遗址》,《文物资料丛刊(第三集)》,文物出版社,1980年。

[2]　《江苏无锡丘承墩遗址首次发现良渚文化高台墓地的双祭台》,《中国文物报》2006年4月19日第1版。

[3]　上海博物馆考古研究部:《上海金山区亭林遗址1988、1990年良渚文化墓葬的发掘》,《考古》2002年10期。

[4]　杨立新:《江淮地区的原始农业与文明形成的关系》,《文物研究(第十三辑)》,黄山书社,2005年。

仅出一个半件的[1]。但北阴阳营遗址所有玉璜的两端均大致同形(报告中弧形玉璜仅发表一件的图形,其他的应该是相同的),这是与凌家滩玉璜的不同之处。玉璜在中间断开,断口平整,似乎是一种刻意的行为。以往对此类玉璜的认识多是,玉璜在无意识地断裂后再有意识地磨平,但俞伟超先生对此作了全新的解释[2]。无论怎样解释,这肯定是一种特别的文化现象。我还没有看到这种现象出现在其他文化。

凌家滩与北阴阳营之间的直线距离大约为100公里,同北阴阳营一类遗存隔江相望,从它们具有排他性的文化行为看,或许可以认为同属一个文化。如果确实如此,那么该文化的聚落规模可能又多了一个层级。

在淮河以北地区,还没有发现同时期能与凌家滩并驾齐驱的早期文明进程材料。那里只发现了普通聚落遗存,它们除了具有较多的地域性特征,仍保留着当地文化的传统因素,如大约相当于大汶口文化中期的亳县富庄遗址[3]。

距今大约5000年,以凌家滩为代表的江淮地区早期文明进程发生断裂,或者说迄今尚未看到文明进程在凌家滩基础上怎样延续的迹象。此时,大汶口文化大规模向西扩展,首当其冲的就是江淮地区北部,原有文化彻底为大汶口文化所取代。后者是这一时期的强势文化,在其核心地区,社会阶层和等级明显分化。墓坑的规模、随葬品的品类和功能、数量和质量是大汶口文化墓葬中所包含的几种变量,其中多数变量同社会阶层和等级的高低呈正比例变化,即墓坑规模越大,随葬品数量越多、质量越好,那么其墓主的社会阶层和等级就越高。有些品类的随葬品只同高等级相关,如在大汶口墓地晚期的25座墓葬中,坑口面积超过10平方米的墓葬共有3座,其中1座(M10)随葬玉铲(此为通常给这类器具的称谓,其实际功能应为玉钺,为权势的物化形式)和牙、骨两种雕筒;1座(M126)只随葬牙、骨两种雕筒;但是另1座墓坑虽大(M60),却未随葬这三种器物。另有一墓(M117),墓坑不到10平方米,却随葬了玉铲和牙、骨两种雕筒。这4座墓的等级最高。次一等级的只随葬骨雕筒或牙雕筒中的一种,再次一等级的主要随葬品以陶器为主,或有少量生产工具和装饰品[4]。等级也同所在聚落的规模相关,聚落规模越大,该聚落最大墓葬的等级也就越高,大汶口和陵阳河属于规模比较大的聚落,目前发现的几座随葬品最丰富的墓葬都发现于这两个遗址。

江淮地区北部是大汶口文化的外围地带。区域内的蒙城尉迟寺遗址一般都认为是大汶口文化晚期,但同大汶口文化核心地区相比较,还是有不少相异之处。其中大口尊的使用方式及其功能的变异应该关注。在大汶口文化核心地区发现的大口尊绝大多数都是大型墓葬的随葬品,有的放置在坑内棺外靠近下肢处;也有的放置在脚端正中。从一般只有大型墓随葬大口尊并且相当一部分大口尊上刻有独特符号看,这应该是一种非常重要的器物。然而大口尊在尉迟寺遗址却有完全不同的使用方式,发掘报告的正

[1]　南京博物院:《北阴阳营——新石器时代及商周时期遗址发掘报告》,文物出版社,1993年。
[2]　俞伟超:《凌家滩璜形玉器刍议》,《凌家滩玉器》,文物出版社,2000年。
[3]　吴加安、梁中合、王吉怀:《皖北地区新石器文化遗存及其性质》,《文物研究(第八辑)》,黄山书社,1993年。
[4]　山东省文物管理处、济南市博物馆:《大汶口——新石器时代墓葬发掘报告》,文物出版社,1974年。

文发表了3件刻有符号的大口尊(M96、M177、M215)和5件没有符号的大口尊(M51、M168、M199、M140、M182),无一例外都是作为小孩墓的葬具[1]。后来又发现了大口尊成排埋葬的遗存,东西向和南北向大致呈直角相接,从照片看,大口尊为口底相接。发掘者认为是一种与祭祀活动相关的现象[2]。由此可见,外围地带的大汶口文化已经完全改变了大口尊的使用方式,也反映了大口尊的功能和人们意识观念的变化。

大汶口文化晚期,在皖北中部地区发现的一处遗址群包括17处遗址。根据遗址分布范围的大小,可以将17处遗址分为三个等级,第一等级1处,即尉迟寺遗址,面积约10万平方米;第二等级有3处,面积在2.5万平方米至3.5万平方米之间;第三等级遗址13处,面积均在1万平方米左右。尉迟寺同最近的遗址相距2.8公里,最远的不超过22公里。这种遗址规模分化的现象一直延续到当地的龙山文化[3]。如同海岱地区作横向比较,后者聚落分化的等级差更大。作为大型聚落的大汶口遗址分布范围超过80万平方米,野店遗址有56万平方米。中型遗址如前寨、三里河等,面积5万平方米左右。枣庄建新这样的小型遗址面积也有3万平方米[4]。大型遗址同小型遗址面积级差近27倍,而在皖北地区只有10倍。核心地区的级差明显大于外围地区,外围地区的大型遗址只略相当于核心地区的中型遗址。

栾丰实统计了6处大汶口文化晚期墓地的墓葬随葬品数量,等级最高的墓地为大汶口与陵阳河。随葬品100件以上的墓葬大汶口2座,陵阳河3座;51~100件的墓葬,二墓地各有7座;21~50件的,大汶口5座、陵阳河16座。等级最高的大汶口M10共有214件随葬品[5]。尉迟寺共有66座大汶口文化晚期至龙山文化早期的墓葬,随葬品中不见大汶口那样的贵重品,数量超过20件的只有3座,最多的M136也只有29件,墓坑面积不大,鲜有超过3平方米的。所有反映等级高低的变量,尉迟寺都明显落后于大汶口。

距今4500年以来,海岱地区的大汶口文化演进为山东龙山文化,由单一海岱地区文化主宰江淮北部地区的情况发生了变化,中原地区以王油坊类型为代表的文化也进入了这个地区,并进一步向南拓展,抵达巢湖地区。山东龙山文化是海岱地区文明化进程的巅峰,阶层和等级分化更为剧烈,应该已经形成严格的等级制度。在山东临朐朱封发现的2座墓葬墓坑面积都超过20平方米,随葬彩绘器物箱、玉钺和蛋壳陶器等,是已经发现的山东龙山文化墓葬中社会地位最高的[6]。聚落分化更加复杂,根据不同标准可以分若干个等级。大型聚落的一个重要特征是环有城垣,阳谷景阳岗和茌平教场铺是其中最大的两个,城垣内的面积达40万平方米[7]。以此比照,江淮地区很难见到类似的

[1] 中国社会科学院考古研究所:《蒙城尉迟寺——皖北新石器时代聚落遗存的发掘与研究》,科学出版社,2001年。
[2] 中国社会科学院考古研究所安徽工作队、蒙城县文化局:《安徽蒙城县尉迟寺遗址2003年发掘的新收获》,《考古》2004年3期。
[3] 中国社会科学院考古研究所安徽工作队:《皖北大汶口文化晚期聚落遗址群的初步考察》,《考古》1996年9期。
[4] 栾丰实:《大汶口文化的社会发展进程研究》,《古代文明(第2卷)》,文物出版社,2003。
[5] 中国社会科学院考古研究所安徽工作队:《皖北大汶口文化晚期聚落遗址群的初步考察》,《考古》1996年9期。
[6] 山东省文物考古研究所:《临朐县西朱封龙山文化重椁墓的清理》,《海岱考古》,山东大学出版社,1989年。
[7] 张学海:《山东史前聚落时空关系宏观研究——苏秉琦学术思想在山东考古的再实践》,《苏秉琦与当代中国考古学》,科学出版社,2001年。

早期文明迹象,如果仅以地区间考古发现不平衡恐怕难以解释。

在江淮地区南部,目前并不清楚凌家滩之后究竟被何种文化替代,或者说凌家滩文化是怎样消失的。再看与凌家滩关系密切或者同属一个文化的北阴阳营及其附近地区,南京昝庙遗址包含良渚前期遗存,北阴阳营H2的遗物中,良渚文化后期较晚阶段和山东龙山文化早期共存。薛家岗后期也受到良渚文化的影响,薛家岗M34的折盘豆属于良渚文化第二期,M11的折盘豆和M75的双鼻壶同属良渚文化第三期[1]。另外在薛家岗以西的太湖何家凸与宿松野人湾遗址均发现T形足鼎。巢湖以北的肥东刘岗和定远山根许发现了良渚文化后期的玉琮。上述发现表明强盛时期的良渚文化势力也到过江淮地区。

江淮地区早期文明进程的断裂和边缘化是中国多元一体文明起源的特异模式。有的学者从良渚文化与凌家滩玉器手工业的相似性、遗址和人口规模的彼消此长等,认为良渚文化的繁盛和凌家滩的衰亡是有联系的[2]。这可能是现阶段对江淮地区文明化进程断裂比较恰当的解释。要做出解释的另一问题是,未能在当地延续文明化进程的原因是什么? 同其地理位置有关吗? 我们看到距今5000年以来,周边的大汶口文化(后阶段)、龙山文化、石家河文化和良渚文化发展迅猛,成为早期文明的中心。而江淮地区千年间地处上述强势文化之间,或者是它们的外围地带,这可能对当地的文化传统带来影响,借用"边缘化"一词以说明之。我们已经获得的材料同当时的事实比起来是少之又少,因此希望有多一点的材料以证明上述解释。

原载安徽省文物考古研究所、安徽省考古学会:《文物研究(第十五辑)》,
黄山书社,2007年

[1] 安徽省文物考古研究所:《潜山薛家岗》,文物出版社,2004年。
[2] 张弛:《良渚社会的基本结构及其形成过程》,《新世纪的考古学——文化、区位、生态的多元互动》,紫禁城出版社,2006年。

苏秉琦先生的古国学说和红山文化的古国

——纪念苏秉琦先生诞辰百年、牛河梁遗址发现卅年

一般认为距今4000年的夏代才是中国最早的国家,但是根据史籍记载,在夏之前还有一个五帝时期。夏代积年还有大概的约数,五帝时期的时间就说不清了。可以确认的是距今5000多年以来的考古年代及其文化遗存。唯有以考古学为主,才能说明中国5000年的文明发展史,说明中国是绵绵不断、延续5000年的国家。1986年,苏秉琦先生就说:"六十五年前对传统史学观点'五千年文明'提出怀疑,现在该是如何证实它确有史实依据的问题了。"[1]考古学材料表明,从距今5000多年以来中国进入社会发展新时期,或叫文明化进程。对于这一特定时期有多种称谓,如军事民主制时期,社会组织形式是部落联盟;或以考古学命名方式,称为龙山时代;以物质特征,称为玉器时代;酋邦时期是从国外引入的称谓,另外还有城邦或邦国时期等。苏秉琦先生的国家发展三阶段论,将中国古代国家发展分为古国、方国、帝国三个阶段,古国所代表的就是距今5000多年至4000年前后这样一个特定时期。

一、苏秉琦先生的古国学说

1976年"文革"结束后,迎来了学术研究的春天。探索中国文明起源逐渐成为学术界的大课题。"文明"越来越多地出现在演讲和论文之中。如根据大汶口文化的陶文,将其论定为有文字可考的文明时代,或认为大汶口文化踏进文明时期的门槛;根据明显的贫富分化等,认为良渚文化处于文明时代的前夜;在辽河流域看到文明时代的曙光,等等。夏鼐先生1983年演讲、1985年出版《中国文明的起源》,提到当时史学界对文明的一般认识是"用来指一个社会已由氏族制度解体而进入有了国家组织的阶级社会的阶段",提出"文明三要素"即都市、文字、青铜器,认为应该用实物资料探索文明起源。此后形成了"中国文明探源"的第一波高潮。

---

[1] 苏秉琦:《纪念仰韶村遗址发现六十五周年》,《苏秉琦文集(三)》,文物出版社,2009年,第40～46页。

　　"古国学说"是苏秉琦先生"从氏族到国家和国家起源、形成与发展理论"的重要组成部分。这一理论的酝酿、形成和完善经历了三个阶段。最先提出的是"古文化古城古国"。苏秉琦先生所指的"古国"最早是同"古城"联系在一起的。1975年他提到"两重"(重点发掘、重点保护)的重点是"古城古国"[1]。后来又将"古城古国"同原始文化联系起来。1985年3月6日,《在"中国考古学会第五次年会"闭幕式上的讲话》中讲到福建崇安汉城时说,"它是闽江流域原始文化基础上发展起来的,一直保持着它自己文化传统的古城古国",讲到广州南越古城时说,"它是当地原始文化基础上所发展成的古城古国"[2]。当年10月13日在辽宁兴城座谈会上又完整表述了"古文化古城古国"概念,把古国定义为"高于部落之上的、稳定的、独立的政治实体。"[3]

　　稍后提出的是中国国家发展三部曲,其较早文字表述是1991年发表的《关于重建中国史前史的思考》:"'中国'的形成经历了从共识的'中国'(即相当于龙山时代或传说中的'五帝'时代。广大黄河、长江流域文化的交流、各大文化区系间的彼此认同),到理想的中国(三代的政治文化上的重组),到现实的中国——秦汉帝国。"[4]1992年8月完成、1997年正式发表的《环渤海考古的新起点——世界的中国考古学》一文中提法稍有不同:"从氏族到国家是有层次分阶段的,即从原始国家到城市国家、统一国家。"[5]"三部曲"的提法见诸文字是《中国文物报》1992年12月27日的《中国考古学的黄金时代即将到来——纪念北京大学创设考古专业四十年》:"从氏族到国家,国家起源、形成与发展曾经历的三部曲具体表现为:(一)从氏族到国家的起步(万年前到距今六千年)、古文化古城古国(约距今六千年到四千年);(二)方国—帝国(距今约四千年前到两千多年),史书汇载的夏、商、周三代;(三)中华一统实体(两千多年前以来)。"[6]1993年1月在《迎接中国考古学的新世纪》一文中最终形成国家发展三部曲理论的固定表述,即"古国—方国—帝国"[7]。

　　第三步是提出中国国家发展模式三类型。1993年11月29日,《在"中国考古学会第九次年会"上的讲话》中,苏秉琦先生归纳了中国国家问题的两个要点,一个是国家发展阶段的三部曲,另一个是发展模式三类型,即原生型、次生型和续生型[8],并且将红山文化界定为原生型的发展模式。

[1]　苏秉琦:《辽西古文化古城古国——试论当前考古工作重点和大课题》,《苏秉琦文集(三)》,文物出版社,2009年,第1～6页。

[2]　苏秉琦:《在"中国考古学会第五次年会"闭幕式上的讲话》,《苏秉琦文集(二)》,文物出版社,2009年,第361～363页。

[3]　苏秉琦:《辽西古文化古城古国——试论当前考古工作重点和大课题》,《苏秉琦文集(三)》,文物出版社,2009年,第1～6页。

[4]　苏秉琦:《关于重建中国史前史的思考》,《苏秉琦文集(三)》,文物出版社,2009年,第175～184页。

[5]　苏秉琦:《环渤海考古的新起点——世界的中国考古学》,《苏秉琦文集(三)》,文物出版社,2009年,第192～193页。

[6]　苏秉琦:《中国考古学的黄金时代即将到来——纪念北京大学创设考古专业四十年》,《苏秉琦文集(三)》,文物出版社,2009年,第202～203页。

[7]　苏秉琦:《迎接中国考古学的新世纪》,《苏秉琦文集(三)》,文物出版社,2009年,第204～219页。

[8]　苏秉琦:《在"中国考古学会第九次年会"上的讲话》,《苏秉琦文集(三)》,文物出版社,2009年,第230～231页。

苏秉琦先生这一完整的从氏族到国家和国家起源、形成与发展理论,对我们的研究具有宏观上的学术指导意义。"古国学说"是苏秉琦国家理论的重要组成部分,也是关于文明化进程的独立学说。"古国学说"为我们开创了一条新的研究途径,极大推进了中国文明探源大课题的全面发展。

二、红山文化的古国

中国北方地区尤其是红山文化是苏秉琦先生最为关注的,很早就开始提出红山文化在他的"古国学说"中的定位。1993年,苏秉琦先生认为红山后期"所揭示的社会已出现了基于公社又凌驾于公社之上的初级金字塔式社会结构,明确地说已发展到类似'城邦'的早期国家即古国阶段"[1]。1997年在《明报月刊》的访谈中认为在红山文化的极盛期"应具'古城'性质,甚至可能已是一个原始的国家——'古国'了",他还认为红山文化是国家发展三模式中的原生型,又称为"原生型文明"[2]。

对于红山文化后期的社会结构和组织形式,还有一些不同的提法,以严文明的提法为例,他在谈到以牛河梁为中心的红山社会时说:"他们显然结成了一个更高级别的组织,这组织至少是一个颇大的部落联盟乃至酋邦。"[3]

红山文化从距今大约6500年开始,延续时间长达1500年,可以分成三期。目前可以确定的是红山文化晚期属于古国时代。因为有一部分考古材料,特别是聚落与聚落群的期别、年代的不确定性,所以在讨论红山古国时可能具有一定程度的模糊性。

红山文化古国为原生型古国。所谓原生型,是指基本没有外来因素的作用,在当地随着族群的扩张和兼并、宗教的兴盛、军事征伐与防御、政治组织机构等多方面的发展而逐渐形成的古国。次生型,主要是在外部力量的作用下,社会结构和组织形式发生跨越性进展而快速形成。红山文化之前是赵宝沟文化,红山文化又经历了近千年的发展才进入古国阶段,在此过程中同社会组织形式相近的仰韶文化、凌家滩文化或其他未知文化,可能发生过相互作用或受到影响。红山古国是在当地发展起来,其过程目前还不清楚,但可以确定的是红山古国的形成中并未受到更高组织形式社会实体的强力作用,因此它是原生型古国。

红山文化古国有宏伟的礼仪建筑,以牛河梁的庙、坛和东山嘴的坛最为典型。牛河梁在一处形制比较复杂的建筑基址中发现以女性人体为主的泥塑,被称为女神庙。"坛"的表面"积石",因此也称为"积石坛"。"积石坛"平面分方形和圆形,如牛河梁第二地点

[1] 苏秉琦:《迎接中国考古学的新世纪》,《苏秉琦文集(三)》,文物出版社,2009年,第204~219页。

[2] 苏秉琦:《百万年连绵不断的中华文化——苏秉琦谈考古学的中国梦》,《苏秉琦文集(三)》,文物出版社,2009年,第261~274页。

[3] 严文明:《红山文化五十年——在红山文化国际学术研讨会上的讲话》,《红山文化研究——2004年红山文化国际学术研讨会论文集》,文物出版社,2006年,第5~11页。

和东山嘴的"积石坛"为圆形,牛河梁第五地点则有方形的"积石坛"。"积石冢"与"积石坛"的地面之形态相同,目前对其功能尚有不同认识[1]。郭大顺认为是"冢坛结合",积石冢具有祭坛功能,也有独立的祭坛,如牛河梁第二地点的圆形祭坛、第五地点的方形祭坛。根据这一区分方法,认为发现墓葬的属于"冢坛结合",未发现墓葬的是独立祭坛[2]。实际上目前我们对红山文化积石遗存的认识并不完整。牛河梁第二地点的"圆形祭坛",在表层积石下发现了3具人骨,对第五地点处于中间位置的"方形祭坛"了解不详,对多数祭坛只知其表面形制。考虑到被认为是独立祭坛的形态结构与"冢坛结合"者相同,将"积石坛"和"积石冢"区分为两种截然不同的遗存,尚缺乏确凿的证据,因此目前可称为"积石坛冢"。坛、冢二位一体的可能性是存在的,那些现在被称为"坛"的只是没有发现墓葬,甚至有这样的可能性:没有埋墓的"坛"只是"积石坛冢"的一种特殊形态。

　　红山文化古国的另一要素是权贵阶层的存在。牛河梁是权贵墓葬最多的区域,在有的"积石坛冢"发现权贵阶层的墓葬。在牛河梁已经确认了至少13处"积石坛冢"地点,经过发掘的有第二地点、第三地点、第五地点、第十六地点等。每个地点有一个或数个"积石坛冢",一个"积石坛冢"内有数量不等的墓葬。第二地点位于牛河梁遗址群的中心,是"积石坛冢"比较多的地点。从平面图看,"4号坛冢"很复杂,"坛冢"总数可能还不只以往论述中所提到的"四冢一坛"或"五冢一坛"。"坛冢"内那些有复杂或比较复杂结构的大型或较大型墓室的墓葬多随葬玉器,也有个别规模比较小、埋葬位置不太重要的墓葬也随葬了较多玉器。可以将随葬玉器的墓葬看作是红山古国的权贵,权贵阶层内部存在地位高低之分。区别红山文化不同地位的权贵墓葬通常根据几个变量,它们是墓葬所在的位置、不同的墓室结构与规模和随葬玉器的种类、质量与数量。郭大顺主要依据墓葬所在位置、墓室结构与规模,尝试将随葬玉器的权贵墓葬分为几个不同的等级,等级最高的是中心大墓,其下的等级顺序为台阶式墓、甲类石棺墓[3]。后来又将台阶式墓改为大型土圹石棺墓,并将随葬玉器的甲类石棺墓分为三类[4]。目前看来,从墓葬所在位置和墓室结构区分红山文化权贵的等级是比较有效的方法,而玉器的数量和种类在不同坛冢内相同等级的墓葬之间存在较大区别。如第三地点的M7和第五地点1号坛冢的M1同为中心大墓,前者只有3件玉器:马蹄状玉箍、琮形器、玉镯;后者有7件:玉璧、勾云形玉佩、玉箍、玉镯和玉龟等。根据埋葬位置和墓室规模,有的等级比较低的墓葬却随葬了比等级高的大墓更为丰富的玉器。第二地点1号坛冢的M21随葬了20件玉器,而同一坛冢内的台阶式墓(M25和M26南侧有台阶)分别只有7件和4件玉器。从玉器种类上看,红山文化还没有一种为所有权贵都拥有的玉器品种。年代

[1]　对于"积石冢",多认为是墓葬,唯有卜工认为是与墓葬无关的祭坛(卜工:《文明起源的中国模式》,科学出版社,2007年)。
[2]　郭大顺:《中华五千年文明的象征——牛河梁红山文化庙坛冢》,《牛河梁红山文化遗址与玉器精粹》,文物出版社,1997年。
[3]　郭大顺:《中华五千年文明的象征——牛河梁红山文化庙坛冢》,《牛河梁红山文化遗址与玉器精粹》,文物出版社,1997年。
[4]　郭大顺:《红山文化的"唯玉为葬"与辽河文明起源特征再认识》,《文物》1997年8期。

稍后的良渚文化有所不同，尽管也没有一种为所有不同等级的权贵所拥有的玉器品种，但是在良渚文化前期古国中心的反山和瑶山，埋于此的所有权贵都拥有一件玉梳背，并可根据这两处墓地中各墓葬的玉器配置，区分出权贵的不同等级。可以认为反山和瑶山代表了至少是良渚古国前期的用玉规范。而红山文化玉器的使用尚未形成制度性约束，甚至尚无带有某种规范意义的习俗，因此不能作为权贵等级的指示物。红山文化玉器可能只是经常使用的有助于拜神作法的器物和佩戴物。

红山文化古国的社会组织形式，在牛河梁、东山嘴等遗址有所反映。就牛河梁而言，不同的地点或不同的坛冢，一般认为代表了既相互联系又有不同亲缘关系的族群，最高等级墓葬分别属于不同的血缘集团。这种推论有其合理之处，但遗存中所反映的有些现象值得注意。据相关论述，在牛河梁发现墓葬的各个地点，单坛冢的有一个中心大墓，如有多个坛冢则只在其中一个埋设中心大墓。如第三地点（单坛冢）的M7；第五地点1号坛冢的M1；第二地点2号坛冢的M1；第十六地点的中心大墓等。换言之，每个地点只有一个地位最高者，同一地点的其他坛冢和墓葬，尽管有地位的差异，但都依附于地位最高者。如果从前述推论出发可以再推导出，红山文化古国存在的几百年间，一个血缘集团内只有一个等级最高的权贵。显然这不太符合常理，只有在血缘集团之间存在最高权力的转移，才有这种可能。实际上一个冢坛内的墓葬是有早晚关系和层位关系的。以第十六地点为例，2002～2003年发掘随葬玉器的墓葬分为两组："稍晚的一组"和"最晚的一组"，两组墓葬的方向不同，前组为东北—西南方向，后组为西北—东南方向。前组的M1随葬三联璧等5件玉器，后者的M14随葬玉璧等7件玉器[1]。一个地点如果有多个坛冢，它们之间也有层位关系。东山嘴遗址南部的几处圆形坛冢相互之间有层位关系[2]。牛河梁第二地点的4号坛冢实际上是多个坛冢，其中两个圆形坛冢的层位关系比较清楚，即西部者打破了东部的，另外似乎还存在方形坛冢，同这两个圆形坛冢也有层位关系。同一坛冢内的墓葬和同一地点的坛冢都存在由层位关系所决定的早晚关系，据此我们应该认为，牛河梁不同的地点并不确定具有共时性。这样就可提出另一种假说：牛河梁遗址群很可能为同一族群所拥有，是几百年间牛河梁古国最高等级所在族群的神庙、祭坛和墓冢[3]。红山文化分布范围内可能还存在其他古国，东山嘴是其中的一处。

三、古国的权力结构

苏秉琦先生十分形象地将中国文明起源比喻为"满天星斗"，对于中国的古国时代而言，这一比喻也恰如其分，其含义就是"天下万邦""执玉帛者万国"。"满天星斗"的

---

［1］《牛河梁红山文化遗址群》，《2003中国重要考古发现》，文物出版社，2004年。

［2］ 郭大顺、张克举：《辽宁省喀左县东山嘴红山文化建筑群址发掘简报》，《文物》1984年1期。

［3］ 2009年12月朱泓在昆明作有关"遗传基因"的演讲，我同他探讨了用"分子人类学"方法论证有关牛河梁族群关系假说的可能性。牛河梁保存完好的人骨是这项研究的材料基础。

古国有怎样的共性和哪些特性？如何体现中国文明起源的"多元一体"？这是我们在理解苏秉琦先生"古国学说"必须面对的问题。

我曾经比较中原与太湖地区文明化进程中社会环境和交往机制方面的不同，前者的重要社会特征是频繁的战争，后者为意识观念的传播。中原地区特指从王湾三期文化到二里头文化，太湖地区为良渚文化[1]。虽然当时并未提出与战争密切相关的军权在古国形成和发展过程中的作用，也未提出一统的观念形态在古国政治运作中所具有的决定性意义，但是已经看到了不同地区在文明化进程中的差异。后来，栾丰实提出文明化进程中的两种发展模式：世俗模式与宗教模式，并认为红山文化为宗教模式[2]。李伯谦提出古国的三种表现形式：以神权为主的神权古国；神权、军权、王权相结合的以神权为主的古国；军权、王权相结合的王权古国。他认为红山为神权古国[3]。

我同意红山文化的古国为神权古国，因为其具备了权力结构中神权倾向性的若干要素。

1. 有数量众多，形态规制的礼仪建筑，也就是前节所述的"积石坛冢"。这是祭神拜神的场所，也可作为主持祭祀的权贵及其相关人员的墓地。"积石坛冢"平面有圆形与方形或长方形，前者的直径多在20米以上，后者的边长与之相近。比较完整的形态应该是分为几层的，上小下大，周边是由大小不等、经简单加工的石块垒砌成的石坎。目前发现最大的"积石坛冢"在第十三地点又叫"转山子"的山岗顶部，圆形，直径在100米上下，总面积达10000平方米，以夯土堆筑、石块砌筑的台阶至少有三层，其规模十分惊人。规模相近的另一处"积石坛冢"在第一地点"女神庙"的北面，有三座"品字形"分布的方形或长方形"积石坛冢"连在一起，总分布范围达40000平方米。

2. 权贵墓葬只随葬玉器，没有其他材质的器物。牛河梁经发掘的四个地点发现墓葬，只有第二地点4号"积石坛冢"所在有几座墓葬随葬了单一形制的彩陶带盖瓮，每墓1件。这几座墓不随葬玉器，而且被叠压在4号"积石坛冢"之下[4]。实际上它们是与4号"积石坛冢"并非直接相关的遗存。权贵墓葬随葬的玉器是与宗教礼仪相关的器具，郭大顺称为"唯玉为葬"，并对红山文化的玉器作了精到阐释[5]。

3. 权贵墓葬随葬的玉器都是通常所指的佩戴品或装饰品，与礼仪行为相关，没有发现与生产、军事行为有关的器具[6]。目前了解到的只是在牛河梁第十六地点的扰土中

[1] 宋建：《嵩山地区与太湖地区文明进程的比较研究》，《上海博物馆集刊（第六期）》，上海古籍出版社，1992年。
[2] 栾丰实：《中国古代社会的文明化进程和相关问题》，《东方考古（第1集）》，科学出版社，2004年。
[3] 李伯谦：《中国古代文明演进的两种模式——红山、良渚、仰韶大墓随葬玉器观察随想》，《古代文明研究通讯》2008年总第38期。
[4] 辽宁省文物考古研究所：《辽宁牛河梁第二地点四号冢筒形器墓的发掘》，《文物》1997年8期。
[5] 郭大顺：《红山文化的"唯玉为葬"与辽河文明起源特征再认识》，《文物》1997年8期。
[6] 牛河梁第二地点Z1M23的"玉钺"（辽宁省文物考古研究所：《牛河梁红山文化第二地点一号冢石棺墓的发掘》，《文物》2008年10期），似钺者仅一边为弧线中有圆孔。但此器宽大于高；孔上缘至器边略大于孔下缘至器边；弧边与三直边相同，没有刃；近上边缘又有两小孔，供穿绶。此四点不同于钺，因此不能称钺。是受到钺形影响的佩饰。有些文章已经称为钺形璧。

发现玉石钺,扰土中还有玉龟、玉鸟等,当与红山文化有关[1]。从权贵墓葬的随葬品可以看出在这个阶层中完全没有尚武氛围,据此应该可以排除红山文化古国的权力结构中存在军权倾向。

与红山文化晚期年代相近的有凌家滩文化。凌家滩遗址南面以裕溪河为界,地势由南向北逐渐抬高,遗址中最重要的遗存都分布在中央的南北向高地上,自南向北为红烧土块大型基址、第一道壕沟、第一墓地和祭坛、第二道壕沟和第二墓地。红烧土块大型基址面向南面的裕溪河[2]。这处最重要的遗存的布局十分讲究,气势宏大,应该具有设计理念,作过详尽的规划。它虽然在低矮的丘陵平原地区,但可与高岗丘陵地区的牛河梁相媲美。与礼仪建筑关系最为密切的是位于第一墓地的祭坛和红烧土块大型基址。祭坛是大约1200平方米的台子,现存高度50多厘米,用土、石分三层堆筑而成。祭坛上及近旁埋有权贵墓葬。尽管结构差异很大,但这种坛墓相关的安排与红山文化相通是一目了然的。以红烧土块堆筑铺设的基址总面积近3000平方米,高1.5米左右,可能是神庙或祭坛,是举行大型宗教活动的专用场所。

凌家滩的宗教器具有玉龟、玉鹰和长方形刻图玉版,后两件玉器的中央都刻有八角星纹。值得注意的是凌家滩文化宗教器具与红山文化的相同者。凌家滩87M1和98M29各随葬3件玉人,双臂折向肩部,整体基本特征同牛河梁第十六地点的中心大墓M4的玉人相似。凌家滩07M23在墓室中部偏北、可能为墓主腹部放置玉龟1件和玉龟状扁圆形器2件,内置玉签。扁圆形器的形制同红山文化的玉斜口箍形器几近相同。因此,凌家滩古国也具有明显的神权倾向,同红山文化古国的权力结构相似。

但是凌家滩古国同红山文化古国的区别也很明显,凌家滩权贵还使用与生产用具相关的器具如斧、钺、锛,玉钺是权贵的重要随葬品。钺是从斧分离出的器具。斧用于砍伐,是人类最常使用的工具之一,有悠久的历史,并一直沿用至今。斧也是近身搏斗最好用的武器。可能是身强力壮善于捕猎、格斗者经常是族群的头领,于是斧逐渐成为权力的象征物,这就是钺。作为武器是钺的实用功能,作为权力象征是钺的观念功能。因为斧钺可作武器用,常被认为象征军权。

出现玉钺较早的另一重要地点是仰韶文化中期的河南灵宝西坡[3]。2005年以来发掘的34座墓葬中,随葬玉钺的有6座,但只是中型或中型偏大墓葬。墓坑最大的2座墓M27和M29,都没有玉钺,而随葬玉钺的6座墓中墓坑最大的是M8(表一)。这3座墓葬的墓坑面积在12.2平方米至17米之间,M27的墓室用所谓草拌泥封填,结构特殊,是所有已发掘墓葬中唯一的一座。如果这3座墓共时,那么尽管拥有玉钺的M8地位很高,但不如没有玉钺的M27高。

[1]《牛河梁红山文化遗址群》,《2003中国重要考古发现》,文物出版社,2004年。

[2] 张敬国:《凌家滩聚落与玉器文明》,《文物研究(第十三辑)》,黄山书社,2001年;安徽省文物考古研究所:《凌家滩》,文物出版社,2006年。

[3] 马萧林、李新伟、杨海青:《灵宝西坡仰韶文化墓地出土玉器初步研究》,《中原文物》2006年2期;中国社会科学院考古研究所河南一队、河南省文物考古研究所、三门峡市文物考古研究所、灵宝市文物保护管理所、荆山黄帝陵管理所:《河南灵宝市西坡遗址2006年发现的仰韶文化中期大型墓葬》,《考古》2007年2期。

表一 灵宝西坡的大型墓

	墓坑(长×宽-深)(米)	墓室结构	玉钺	陶器	墓主性别年龄
M27	5×3.4-1.5	草拌泥封填、木盖板		9件	男,成年
M29	4×3.3-1.85	木盖板		6件	男,成年
M8	3.95×3.09-2.35		1件	9件	男,30～35岁

6个拥有玉钺的墓主中,有1个成年男性、2个成年女性、1个14～16岁,可能是男性、1个4～5岁的小儿,这个小儿竟然随葬了三件玉钺,另1个性别不明。这些玉钺多数刃部较钝,未开锋,不是实用器。尽管拥有玉钺、地位很高的M8墓主为男性,但玉钺拥有者并不限于男性,成年女性也可拥有玉钺。女性和小儿拥有玉钺的原因不能确定,可能有的女性具有与男性相同的职能,也可能这是玉钺的观念性功能形成初期,使用玉钺尚未规范。但可以确定的是,她们在西坡族群中具有特殊的地位。

进入距今4500年的龙山阶段,中原地区反映军事、杀戮行为的遗存发现很多。山西陶寺ⅡM22是近年来发掘最大的中期权贵墓葬,出土了不少反映墓主身份的重要器物,其中有3件玉钺、2件大理石钺、2张木弓和放在红色箙内的7组骨镞。其他重要器物有3件玉戚、1件玉琮和玉兽面1组2件等。钺放在最显著的位置,在东壁近底部,以1具公猪下颌骨为轴心,紧贴东壁倒立放置(刃部朝上)5钺1戚,一边各3件[1]。ⅡM22的墓主是陶寺古国的国王级人物,其崇尚武力的特性一目了然。以玉钺为核心并辅以其他重器和兵器的埋葬形式显示了墓主具有强烈的军事色彩,掌控强大的军事力量,军权的重要性显而易见。陶寺文化中期的古国政权被颠覆后,胜利者扒毁城墙,捣毁大中型墓葬,包括ⅡM22,破坏宫殿,残杀失败者。战争的残酷性一览无余。

从陶寺看,军权在权力结构中具有倾向性是很明显的,因此古国阶段还有一类军权至上或以军权为主导的古国,特别在龙山阶段的中原地区,以军权为主导的权力结构应普遍存在。考古学科的性质决定了不可能从发掘材料中严格区分不同古国的权力结构,而且能够严格区分的古国极有可能是不存在的。因此只能对发掘资料观察辨识,分析其倾向性。神权古国通常有形制复杂、规模不等、数量众多的礼仪建筑,复杂多样的祭祀对象和礼仪器具,它们代表了共同的观念形态,同时缺乏具有军权倾向性特征的物质遗存。军权倾向性应该以各级权贵拥有各类兵器及其数量和军事杀戮遗存作为分析基础,判断军事统辖权在权力结构中是否具有至尊地位。

无论是神权古国还是军权古国都与自前古国时代以来长期存在于中国社会的族权密切相关,族权是古国权力结构的基础。西坡遗存尚看不出神权倾向,中型或中型偏大墓葬随葬玉钺,其中随葬3件玉钺的只是一个小儿。即使认为玉钺就是军权的直接象

[1] 中国社会科学院考古研究所山西队、山西省考古研究所、临汾市文物局:《陶寺城址发现陶寺文化中期墓葬》,《考古》2003年9期;何驽:《山西襄汾陶寺遗址近年来出土玉石器》,《古代文明研究通讯》2008年总38期。

征,因大墓的墓主不用玉钺随葬,掌控军权者并未占据已知的最高地位,军权倾向并不明显,因此不能得出军事统辖权在西坡权力结构中具有至尊地位的推论。西坡应该是以族权统治的非平等社会。凌家滩古国的权贵比较多地使用玉钺,玉钺已经成为权贵身份的标志物,但不随葬其他兵器,也未见与军事行为相关的遗存,神权是古国权力结构的主导。陶寺古国的军权主导倾向十分明显,但也不排斥神权。Ⅱ M22 的玉兽面放置在墓室东北角的壁龛内,玉兽面实质是神像的简化形式,突出的是神像的冠和介字形冠顶。陶寺古国有的大型建筑还具有重要的祭祀功能。神权与族权相结合可能是古国时代稳定而持久的政治结构。如果说以军权为主导的权力结构就是军权古国,那么它在漫长的古国时代可能只存在于某些特定的时空区域,为了应对特殊的内外部环境而采取的特殊手段。不同古国的政治结构都有历时的发展过程,即同一古国在不同的时间段可能具有不同的政治结构。

原载中国考古学会、朝阳市人民政府:《苏秉琦先生百年诞辰纪念文集》,
科学出版社,2012年

陶瓷理化测试分析与社会复杂化进程探索

探索社会复杂化进程有不同的途径，但是都离不开考古学。通过考古手段获取的实物资料很多，至关重要的是分析那些能说明社会向复杂化方向发展的考古学材料。当前对考古发掘所得实物材料的科学分析方法很多，陶瓷器的理化测试与分析是其中一种。

从结果看，目前对陶瓷的测试手段可分两类，一类可得到陶瓷的物理性能和物相组成，如烧结程度、密度、吸水率、是否出现莫来石晶相等，以及与之相关的烧成温度和气氛；另一类可得到陶瓷主次量和微痕量的元素组成，在作适当的统计分析后，可以分辨出不同来源的陶瓷原料。从这两类分析结果可以得到那些与社会复杂化进程相关的信息，或者说从陶瓷的生产、获得和使用中直接或间接地观察社会。这是从陶瓷测试分析探索社会复杂化进程时面临的首要问题。

陶瓷的两类测试手段可以直接提供陶瓷质量和烧制技术方面的信息，也可以根据化学组成将陶瓷分类。它们能帮助我们了解陶器特别是贵重陶器的生产方式和获得方式。贵重陶器是指那些原料获得不易、烧制技术要求较高、为社会上层人士使用和掌控的陶器，如黄河中下游地区与淮河流域北部龙山文化的白陶器、良渚文化的细刻纹陶器等。高质量的贵重陶器是否选用特殊原料，特殊原料的来源；贵重陶器是否采用了高端技术烧制等，是了解贵重陶器的基础问题。根据原料来源可间接了解贵重陶器的产地，进而分析贵重陶器的生产方式和获得方式，并推论当时的社会结构。普通陶器是人们必需的生活用具和墓葬随葬品。从普通陶器的化学组成可以分辨其原料的差异并寻找原料的来源。如果原料的来源不同，可能暗示有不同的生产者及其机构。考古遗迹中有不同规模的房址、房址群、村落遗址和墓区、墓地，而从这些遗迹出土的陶器与原料来源、生产规模的大小有可能是相关的。如果能发现这种关联则可推论生产陶器机构的层级，是各家庭、家族各自取得原料生产陶器，还是整个村落生产的。这时就能有一定根据地讨论普通陶器的生产方式，是否有专业的陶瓷生产者，陶瓷制造是否独立于其他产业之外等问题。另外，陶器有不同的质地，如夹粗砂、夹细砂、泥质、附加陶衣等，又可根据其用途分为不同的器类，如炊器、盛储器和食器等。可以尝试测试不同陶质或器类陶器的化学组成来分析是否存在以陶质或器类来组织生产单位的情况。

经过考古类型学方法的长期研究，考古学家可以从陶器的形态和装饰中提炼出各地区陶器在某一特定时段的基本特征。如果新发现一类与当地陶器基本特征不符的陶器或器物群，就要思索它们的来源。这些陶器可能是当地的仿制品，也可能是外来的输入品。陶器元素组成的测试可以显示出原料的来源。如果原料的来源与当地陶器相同，那就是本地的仿制品。如果原料的来源与当地陶器不同，就要根据考古学家判断出的来源地，挑选那里的陶器样品进行测试，或者与数据库资料对比，从而确定哪里才是输出地。在分辨出输入品和仿制品后可以进一步探讨其社会动因。

与社会复杂化相关的考古学内容有六项，其中有两项能够比较直接地利用陶器测试技术进行分析。一项是阶层分化和等级制度及其所反映的社会关系复杂化，另一项是聚落分化和聚落构成及其所反映的社会结构复杂化。这两种分化的最终结果都是出现凌驾于社会之上的合法公共权力，形成复杂形式的社会。在复杂社会的形成过程中，社会发生不同程度和形式的动荡，各种形式的群体分化与迁徙，或者重新组合。这种变化在同人群有着密切关系的陶瓷器上应该有所反映。本文将从以上三个方面对陶瓷测试分析在探索社会复杂化进程方面的作用和可能的局限作一探讨，以期对今后的研究有所裨益。

一、白陶器的生产与获得方式

龙山时代黄河流域的白陶器是一类比较特殊的器物。从考古发现看，白陶器具有相当高的社会地位。山东龙山文化的社会阶层等级分化十分明显，应该已经形成了严格的等级制度。临朐朱封的两座墓葬是目前发现的社会地位最高的墓葬。墓坑面积超过20平方米，有比较复杂的棺椁结构，随葬彩绘器物箱、玉钺和蛋壳陶器等[1]。随葬陶器器类完整，有严格的组合关系。其中，M202随葬4件陶鬶，其中3件是夹砂红陶，表面施白衣。M203随葬5件陶鬶，发表的2件也是夹砂红陶，表面施白衣。诸城呈子墓地有四座墓葬各随葬1件陶鬶，只有一座用木椁的墓（M72）随葬了白陶鬶[2]。山东龙山文化由墓葬所体现的等级制度已经相当完善和严密，随葬品的使用非常严格。陶鬶，尤其是白陶鬶是贵族墓葬必备的随葬品，也就是说，白陶鬶是山东龙山文化贵族身份的象征，是贵重陶器。

龙山时代已经形成以一个大型甚至超大型的聚落为中心的多层级网络结构，桐林与两城镇就是分布在不同区域的两个超大型的中心聚落。活动在中心聚落的一部分人社会地位很高，属于贵族阶层，其中的少数人是这个区域的地位最高者。因此除了大型墓，中心聚落是出土陶鬶尤其是白陶鬶最多的地方。

[1] 中国社会科学院考古研究所山东工作队：《山东临朐朱封龙山文化墓葬》，《考古》1990年7期。
[2] 山东昌潍地区文物管理组、诸城县博物馆：《山东诸城呈子遗址发掘报告》，《考古学报》1980年3期。

　　山东龙山文化的白陶几乎只用来制作陶鬶,因此白陶同鬶有特殊的内在联系。既然陶鬶,特别是白陶鬶有这样高的社会地位,研究者就特别关心它们与普通陶器的不同,在哪里制作,是否有一个统一的产地,贵族们怎样获得白陶鬶等问题。

　　中国科学院上海硅酸盐研究所(下文简称硅所)测试的陶器样品选自桐林与两城镇。桐林的样品包括三种胎体与外观,器形都是鬶。两城镇的样品除了一件红陶鬶把手和一件白陶陶笼外,其余都是白陶鬶。测试结果表明,这两个遗址的白陶鬶与当地其他陶器的原料完全不同。白陶中含有较多的铝与硅,其他陶器则含有较多的钠、镁等,白陶器与非白陶器的原料取自不同的区域。

　　白陶器与非白陶器的烧制技术也不一样。白陶鬶的烧成温度多数超过1000℃,主晶相中出现了高温下才能生成的莫来石和β-石英,而其他陶器的烧成温度一般在800～1000℃之间,极少数超过1000℃。这表明白陶有特殊的烧制方法,采用了当时最先进的烧制技术。先进技术所生产的尖端产品为社会地位最高者或较高者使用。

　　根据对白陶鬶主次量元素测试结果的分析,硅所认为桐林和两城镇白陶鬶的制作原料有所区别,因为“两城镇遗址出土陶鬶的化学组成比桐林遗址出土陶鬶的化学组成更向Al_2O_3变量点方向移动,即Al_2O_3含量更高”。而且从硅所测定的桐林带有白色表层的红陶鬶胎体看,其化学组成同陶鬶以外的当地其他陶器相似,而白色表层的化学组成则同当地白陶鬶相似,证明了桐林的陶鬶为当地生产。这样就可否定白陶鬶为其他某个地点统一生产的推测。

　　桐林和两城镇白陶鬶的微量、痕量元素所表现的差异比主次量元素更加明显,在因子分析三维散点图上分布在不同区域。桐林与两城镇的白陶鬶没有共同的产地,其中桐林的白陶鬶是当地生产的。在桐林和两城镇之间,白陶鬶的获得不存在分配、授受、馈赠和交换等方式。

　　然而,问题似乎并不那么简单。测试结果还表明在桐林和两城镇的这两个遗址内,各自的白陶鬶中氧化铝的含量差别很大,如桐林鬶把手的氧化铝含量为30.44,鬶的氧化铝含量最高为27.28,最低为15.77;两城镇鬶的氧化铝含量最高为34.52,最低为18.46。另外桐林白陶鬶的主次量化学组成中其他元素在不同样品中也比较分散,如氧化钙含量最高的两件分别为14.54和7.09,而含量最低的两件分别为0.62和0.63。对此,硅所指出,“从(桐林)遗址中发现的白色的岩石矿物来看,有含铁较低而含铝量高的高岭石和含铁量同样低而钙高的煅烧方解石”。另外,当地普通黄土中的钙含量也比较高。由此看来,即是在桐林一地,白陶原料的获得也不单一,这样就增加了白陶断源的变量和复杂性。另外,还有测试过程的复杂性。即使同一样品,在不同的实验室作出的结果也有可能有些差异。上海博物馆实验室的熊樱菲认为,对于同一样品,测试点选择及其污染情况的不同会使测试结果产生差异。另外,样品的数量还应该再多一点,这样统计学方法更有用武之地。

　　二里头文化时期的白陶器仍然是较高社会地位的指示器,几乎所有白陶都用来制作酒器,常见的酒器形制有斝、爵、盉等。商人好酒,青铜酒器的使用数量是反映等级高低的重要方面。二里头文化应该也是这样。

经过对二里头遗址二里头文化的62件各类陶器样品的测试,其微量、痕量元素组成被聚类分析后分为三组,A组49件,其中只有很少几件酒器;B组12件中除1件硬陶片外,均为酒器;C组仅1件爵。这62件样品的主因子分析结果与聚类分析完全相同。三组中的B组最重要,11件酒器中有7件白陶,4件夹细砂灰陶,后者的"胎土很可能与白陶属同一系统"[1]。广富林文化有两件从形态上看显然是外来的陶器:白陶斝和竖条纹灰陶杯。经硅所和复旦大学现代物理研究所(下文简称复旦)的主次量元素分析(表一),两件器物的铝含量都很高,但铁含量差别很大,灰陶杯的铁含量高达6%以上,如果铁含量高又在还原气氛下烧成,颜色就会泛灰。二里头4件夹细砂灰陶的主次量元素未作测试,而广富林的两件陶器未作微、痕量元素测试,这两个遗址的测试结果可互作参考。

表一　广富林陶斝、竖条纹杯的化学组成

测试单位	器形	wt%								μg/g
		Na_2O	MgO	Al_2O_3	SiO_2	K_2O	CaO	TiO_2	Fe_2O_3	P_2O_5
复旦	斝	1.50	1.71	25.7	66.3	1.46	0.42	0.87	2.02	100
硅所	斝	0.77	1.02	26.18	65.78	1.38	0.55	0.67	2.66	230
复旦	竖条纹杯	1.50	3.62	24.3	58.8	3.30	0.54	1.34	6.34	2000
硅所	竖条纹杯	1.15	3.79	23.26	59.37	3.72	0.63	0.90	6.19	800

二里头文化的白陶器中还有形制特殊的斗笠形器,出自一座贵族墓。三件斗笠形器呈品字形放置在墓主头骨上方,发掘者推测其为头饰或冠饰的组件[2]。同墓还出长64.5厘米的绿松石龙形器,显示了墓主的尊贵地位。据硅所测试,斗笠形器的化学组成为高铝、低硅、低铁,明显不同于其他白陶酒器。斗笠形器与其他白陶器皿的原料取自于不同地点,可以推测二者的生产地点也不相同。作为高端饰件,甚至是贵族身份标志物的斗笠形器和以酒器为主的器皿,可能由两个不同的生产机构制作。

在烧制技术方面,硅所测定了二里头5件白陶器样品的烧成温度,其中2件为1000℃,3件低于1000℃。其烧成温度与龙山时期桐林和两城镇的相近或略低。如果将白陶器的器形与烧成温度结合起来看,二里头文化的白陶同山东地区的龙山白陶应该没有传承关系。

南洼遗址和二里头遗址白陶器的微量、痕量元素在因子分析三维散点图上分布于

[1] 王增林、许宏:《二里头遗址陶器样品中子活化分析与研究》,《科技考古(第二辑)》,科学出版社,2007年。
[2] 中国社会科学院考古研究所二里头工作队:《河南偃师市二里头遗址中心区的考古新发现》,《考古》2005年7期。

不同区域[1]，表明它们不是在同一个地点选取原料的，南洼的白陶原料产地可能就在遗址附近[2]。原料来源不同，烧制地点应该也不在一起。同山东龙山文化的两城镇与桐林一样，二里头与南洼两遗址也是独自生产白陶器的。

二、聚落的分化与分布

在社会复杂化进程中聚落发生分化，出现不同规模的聚落，根据聚落的规模区分不同的层级。目前比较流行的方法是根据遗址的分布范围确定聚落规模。这种方法要求对遗址有相当程度的了解，如比较准确的分布范围、遗址的延续性和时间段、不同文化和不同时间段的遗址分布情况等。20世纪50年代以来考古调查所得到的遗址分布范围，绝大多数不能作为确定不同时段遗址分布范围的可靠资料。为了达到这一目标必须设计专门的调查方法。山东日照地区的小区域调查进行了有益的尝试，将该地区龙山文化的聚落区分为"核心聚落群"和"小聚落群"，各聚落群内的遗址分化非常明显，各分为2～4个层级，核心聚落群位于区域中心，遗址的层级最多[3]。将来要回答的问题是核心聚落群和小聚落群的关系，小聚落群之间的关系和各聚落群内聚落之间的关系等。

目前在海岱地区发现了以土垣环绕为标志的核心聚落，东部有两城镇和丹土，西部有景阳冈与教场铺，中部有桐林等。核心聚落的分布范围一般都很大。核心聚落尤其是土垣环绕的核心聚落是否为独立的社会政治中心，它们之间的相互关系，以及各核心聚落在海岱地区龙山文化整体聚落层级结构中的地位，还不清楚。海岱地区的龙山文化可以划分为若干类型。那些以各个核心聚落为中心的大小聚落群所构成的特定地区同文化类型的关系也是一个必须深入探讨的问题。

在环太湖地区，据现有资料我们似乎难以从遗址范围的角度看出聚落规模的层级区分，但是可以用"控制玉器能力"来区分聚落的等级。重要玉器为不同等级的贵族控制，等级越高的贵族所在聚落的层级就越高，一般来说聚落规模就越大。如果再同遗址分布的变量相结合，结论就比较可信了。以"控制玉器能力"为依据，我将良渚文化的聚落划分为五级。应该进一步关注同层级和不同层级聚落之间的关系。

根据第一节对桐林与两城镇白陶鬶原料来源的分析可以提出下列假说：作为贵重陶器的白陶鬶在山东龙山文化中并没有单一的生产地，桐林与两城镇的白陶鬶是当地生产、当地使用的，基本不存在分配、授受、馈赠和交换等产品交流方式。因此，桐林与两城镇是两个相互独立的政治实体，二者之间不存在特定的隶属关系。如果再进一步，山东龙山文化大型或超大型、一般以土垣环绕为特征的中心聚落相互独立，同一时期存

[1] 王增林：《古代陶器的中子活化分析与研究——中华文明探源第二阶段陶器分析》，《科技考古（第三辑）》，科学出版社，2011年。
[2] 韩国河等：《用中子活化分析研究南洼白陶的原料产地》，《中原文物》2007年6期。
[3] 中美两城地区联合考古队：《山东日照地区系统区域调查的新收获》，《考古》2002年5期。

在多个政治实体,社会结构是多中心的。

二里头与南洼两遗址所出白陶器的原料来源不同,因此它们也是各自独自生产白陶器的。那么是否可以提出如同山东龙山文化一样的假说呢?判断两个或若干聚落之间的关系,贵重陶器的生产与获得方式只是一方面,要证明上述假说还需要更多证据。有更重要的证据表明,二里头与南洼作为同一层级政治实体的可能性微乎其微。因为两遗址在遗址规模、聚落结构和人的身份等级等方面相差太大。同理,如认为南洼与二里头之间存在隶属关系,也需要有相关依据。

以土垣环绕的城址和以城址为中心的城外居住区域共同组成聚落,如果城垣外的居住区域比较分散,就是聚落群。据调查,丹土城垣围绕的面积大约25万平方米,而城垣内外的遗址总面积达130.7万平方米[1]。河南古城寨城垣围绕的面积约16万平方米,新石器时代的遗址总面积约270万平方米[2]。城垣内外的关系是值得关注的,古城寨城内东北部发现有大规模的夯土建筑基址群,显然不是一般的建筑。一般认为城垣内外的居住者分属于不同的阶层,具有不同的生活方式。

如果城内外居住者的生活方式不同,那么这两群人所使用的器具也应该有所区别,而这些器具的烧制可能是一起进行的,也可能是分别进行的。为了弄清楚上述问题,我们测试了古城寨城内与城外的普通陶器。

古城寨遗址的延续时间很长,从仰韶文化开始,经历了龙山、二里头、商、战国、汉等多个时期,测试样品则从仰韶晚期经龙山早期一直延续到龙山晚期。根据硅所对样品的主次量化学组成分析,硅和铝等元素的含量变化不大;从统计分析图看,各时期的陶器样品之间没有明显的界线,大部分都混在了一起。这表明在较长时期内制陶原料的来源没有明显变化,先民们过着长期而稳定的定居生活。

硅所测试的古城寨样品比较少(城内27个、城外12个),就主次量元素分析而言,没有看出城内与城外的区别。而中子分析的样品比较多(城内48个、城外52个),均为泥质陶,所测微量与痕量元素的因子分析表明,城内样品与城外样品在三维散点图的分布区域除有少量重叠外,大部分分布于不同的区域。这表明古城寨城垣内外泥质陶的微量元素与痕量元素组成基本上是不同的。城内与城外居住者使用的普通泥质陶器的原料来自不同的区域,它们的成型、烧制也应该是分别进行的。

三、广富林文化多元性与良渚文明的衰变

中国新石器时代的红山文化、凌家滩文化、良渚文化、石家河文化、大汶口—龙山文

[1] 栾丰实:《日照地区大汶口、龙山文化聚落形态之研究》,《中国考古学跨世纪的回顾和前瞻(1999年西陵国际学术研讨会文集)》,科学出版社,2000年。

[2] 河南省文物考古研究所、新密市炎黄历史文化研究会:《河南新密市古城寨龙山文化城址发掘简报》,《华夏考古》2002年2期。

化等都曾发生过早期文明,其中有的还发展到相当高的程度。但是最终只有中原地区完成了文明化进程,率先进入国家社会阶段,而其他早期文明或先或后走向衰退,有的消亡,有的被融合后以全新面貌跨入文明。文明的衰退也是文明化进程中的一个阶段,在关注中原文明不断发展时,也不应该遗忘其他早期文明的失落过程和原因。在这些失落文明中曾高度发展的良渚文明最受人关注,它在历经千年后发生衰变,最终为广富林文化所取代。

广富林遗址经历了崧泽—良渚过渡段,良渚文化前期、后期、末期(钱山漾期)和广富林文化的完整过程。从陶器观察,从良渚末期开始,良渚文化发生变异,出现外来文化因素,直至一支全新文化——广富林文化出现。测试良渚文化和广富林文化的陶器就是为了弄清二者的差异,了解广富林文化陶器的来源,进而探讨外来族群在环太湖地区文明化进程中的作用。

测试样品均出自广富林遗址,硅所和复旦分别在各自实验室作陶器化学组成的主次量和微痕量元素测试并作了分析[1]。硅所的"二维对应分析图"显示,广富林文化和良渚文化的陶器在主次量元素含量上部分陶器可以区分。复旦的"因子散点三维图"则显示,二者可以完全区分(图一)。从复旦的分析图看,尽管显示了区分,但是广富林文化陶器的一部分散点非常靠近良渚文化的散点区,也就是说二者的元素含量很相似。因此,我认为硅所的分析比较接近于事实。两个文化的陶器中部分陶器有不同的来源。

在硅所的"二维对应分析图"上,良渚文化和广富林文化中明显独立于散点聚集区以外的陶片有:

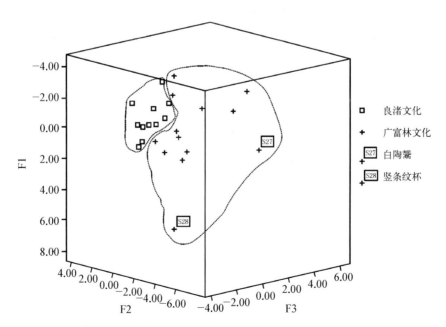

图一　广富林遗址中良渚文化与广富林文化陶片PIXE测试结果因子散点图

[1]　凌嘉炜:《PIXE在古陶瓷产地和制造工艺中的研究》,复旦大学硕士学位论文,2007年。

标本36，良渚文化T字形鼎足；

标本56，良渚文化圈足壶；

标本10，广富林文化陶罐片；

标本37，广富林文化灰陶罐腹片；

标本51，广富林文化竖条纹杯；

标本52，广富林文化白陶鬶。

复旦的"因子散点三维图"中有两个标本（广富林文化白陶鬶和竖条纹杯）分布在广富林文化散点区的边缘区域。

上述六个样品中，白陶鬶和竖条纹杯是来自王油坊类型的制品；标本56良渚文化圈足壶出自一座水井，共存陶器有垂腹鼎，鼎足残缺，从残留痕迹看为鱼鳍形足，属良渚文化末期。从器形看，这件圈足壶不是当地传统，应该也是外来的制品。标本10和标本37均为陶罐残片，外来的可能性很大。标本36 T字形鼎足，是良渚文化的典型器，独立于散点聚集区以外，对此还没有合理的解释。

硅所测试的标本30灰陶封口盉是一件孤立的残器，从器形看显然不属于本地传统，极有可能也是外来输入品。但是在硅所的分析图（图二）上，灰陶封口盉同印纹陶样品混在一起，似乎是用同一种原料生产的。灰陶封口盉的主次量元素含量同印纹陶究竟有没有区别？我提出这个问题后，请熊樱菲再作分析。她从化学组成看，灰陶盉与印纹陶元素含量的主要区别在于，灰陶盉的Fe_2O_3含量很低（2.65%），Al_2O_3/SiO_2比值也相对较低。由此我们可以相信，尽管灰陶盉同印纹陶的主次量元素含量接近，但仍然不是

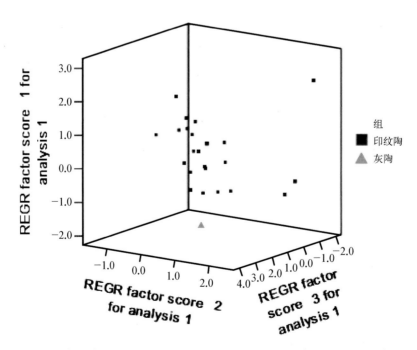

图二　广富林遗址的印纹陶和30号灰陶盉胎体主次量元素的三维对应分析图

同源的,这也同对陶器形态的认识一致。如果我们在将来有条件时再作微痕量元素测试就更好了。

硅所和复旦的分析图有一个共同点,即良渚文化标本的散点除个别外,绝大多数比较集中,而广富林文化标本的散点很分散。良渚文化散点比较集中表明其陶器原料的来源比较单一,也说明陶器的生产方式比较集中,规模相对比较大。1955年在良渚遗址群长坟地点,当地村民在水塘中发现了大量陶器和木炭,随后文物部门进行发掘,共获得陶器200余件,器形以双鼻壶、三鼻簋和竹节豆为主,有不少相同或相似器形[1]。1988年和1990年发掘的上海亭林墓地,以双鼻壶为随葬品之大宗,M16等级最高,随葬品中有27件双鼻壶[2]。陶器如此丰富与集中,也说明陶器生产有相当规模。广富林文化陶器原料的来源,从硅所的测量结果中可以看出,只有印纹陶的来源比较单一,其余则比较复杂,呈现出多源性。广富林文化陶器可能只有小部分是直接来自他地的产品,其中白陶鬶和竖条纹杯的器形特征最明显,与王油坊类型的同类器最为接近。广富林文化的大部分陶器的原料取自当地不同区域,其中有些与良渚文化的取料地相同。这种现象应该说明分散获取原料、小规模分散生产是广富林文化的陶器生产方式。它们同社会单元组成的方式、规模的关系,是应该认真思索的问题。印纹陶的原料来源比较单一,表明陶工们在使用原料方面有比较明确的目的,可供选择的原料很少。因为印纹陶对原料有特殊要求,获得原料不太容易,所以很可能是集中取料、集中生产的。

广富林竖条纹杯的铝含量明显高于广富林、桐林、两城镇的泥质灰陶和黑陶,而同白陶器的相近。竖条纹杯和白陶鬶来自王油坊类型的结论只是从形态特征判断的,还需要有更多证据才有说服力。这次测试的龙山白陶器出自两城镇、桐林二遗址。复旦测得的广富林白陶鬶和竖条纹杯的磷(P)含量数据分别为100和2000 μg/g,硅所数据为230和800 μg/g。两城镇陶器中,磷的平均含量为9894 μg/g,白陶器中磷的平均含量为7800 μg/g。而两城镇文化层和生土层中的磷含量都未超过2500 μg/g。硅所认为,两城镇陶工可能在原料中添加了草木灰之类含磷高的原料,因此陶器的磷含量非常高。这样看来,广富林白陶鬶和竖条纹杯的来源是两城镇的可能性不大。另外,广富林的竖条纹杯和白陶鬶,前者铁含量明显高,硅含量明显低,因此二者也不同源。

再比较广富林、桐林和两城镇白陶鬶的主次量化学组成(表二)。从熊樱菲所作分析图看,复旦所测广富林白陶鬶的数据独立于桐林和两城镇的集中分布区域之外,进一步表明其来源为两城镇的可能性很小,来源为桐林的可能性也不大;硅所测得数据在桐林和两城镇之间,似与桐林接近一些(图三)。从数据看,广富林与桐林最大的差异是K_2O的含量,后者的所有数据均比前者高;与两城镇的最大差异是P_2O_5,如前述。

从良渚文化到广富林文化,环太湖地区的社会结构发生了很大变动。从以上分析可以看到在陶器生产方式方面可能发生的变化。如果陶器原料来源比较单一反映了制

[1] 浙江省文物考古研究所:《良渚遗址群》,文物出版社,2005年。
[2] 上海博物馆考古研究部:《上海金山区亭林遗址1988、1990年良渚文化墓葬的发掘》,《考古》2002年10期。

表二　广富林、桐林、两城镇白陶鬶的化学组成

测试单位	编号	所属遗址	wt%								μg/g
			Na₂O	MgO	Al₂O₃	SiO₂	K₂O	CaO	TiO₂	Fe₂O₃	P₂O₅
复旦		广富林	1.50	1.71	25.7	66.3	1.46	0.42	0.87	2.02	100
硅所		广富林	0.77	1.02	26.18	65.78	1.38	0.55	0.67	2.66	230
51	TL-65	桐林	0.07	0.87	15.77	62	2.35	14.54	0.41	2.99	1440
52	TL-66	桐林	0.56	1.19	30.44	59.6	3.11	0.76	0.88	2.46	60
53	TL-67	桐林	0.21	0.99	23.96	66.26	2.69	2.38	0.65	1.84	220
54	TL-68	桐林	0.7	1.2	23.93	59.66	3.05	7.09	0.68	2.7	400
55	TL-69	桐林	0.45	1.31	27.28	63.19	3.21	0.84	0.65	2.07	200
56	TL-70	桐林	0.39	1.02	20.57	71.04	2.89	0.63	0.5	1.95	460
129	lcz-60	两城镇	0.27	0.59	23.83	67.28	2.38	1.99	0.77	1.9	15490
130	lcz-61	两城镇	0.07	0.48	18.46	76.53	0.39	0.69	0.44	1.95	6040
131	lcz-63	两城镇	0.17	0.67	32.63	59.99	1.52	0.9	0.75	2.37	2180
132	lcz-64	两城镇	0.76	0.48	25.31	67.55	0.98	0.74	0.7	2.48	460
133	lcz-65	两城镇	0.48	0.48	34.52	56.66	0.49	1.08	1.07	4.21	3050
134	lcz-66	两城镇	0.07	0.29	26.51	67.39	0.56	0.62	1.2	2.36	1460
135	lcz-67	两城镇	0.07	0.62	31.9	58.44	1.1	1.51	0.77	4.59	14740

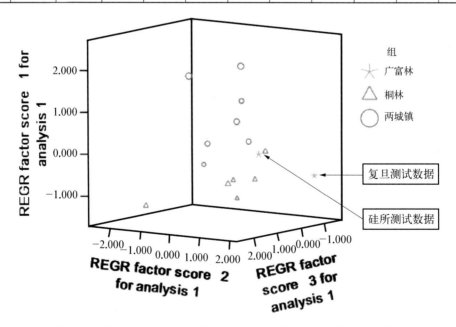

图三　广富林、桐林和两城镇所出白陶鬶主次量元素的三维对应分析图

陶作坊比较集中,就可以进一步推论良渚文化制陶业可能已经是规模比较大的专门化生产。如果陶器原料取自于多个地点反映了制陶作坊比较分散,也就可以进一步推论广富林文化制陶业由多个小规模的制陶作坊组成,很可能以家庭为单位。从广富林遗址的墓葬材料看,良渚文化的头向统一朝向西南,广富林文化则有几种不同的头向。制陶分散作业和墓葬多种头向表明,广富林文化的凝聚力比较弱,而与之相反的良渚文化具有较强的社群凝聚力。

四、结　语

从以上三个方面可以看出,用陶瓷测试分析结果解释社会复杂化的一些问题是可以有所作为的,今后可以继续尝试。

通过这次工作,我有几点想法。

1. 应该将陶瓷测试分析放在社会复杂化的大背景下,在设计课题时考古研究者和专事陶瓷测试分析的研究人员应该认真讨论研究目标和达到目标的可行性及其方法技术。

2. 根据研究目的,测试需要有根据不同标准分类、组合的陶器标本,如若干房址(群)或墓葬(区)所出陶器群,也要有同一类陶器如良渚文化的双鼻壶、山东龙山文化的蛋壳陶杯等。按照以往考古发掘的通行做法,修复陶器会将所有陶片都用上,以至于需要测试时却没有陶片标本。今后修复时应该留下若干陶片,以备测试之用。

3. 对陶瓷测试方法技术的局限性应有充分认识。任何测试、检查技术都有其局限,因此需要相互补充验证和不断完善。对测试结果既不要全盘接受,也不要一概否定,应该在综合多种证据的基础上认真分析,加以取舍。

4. 要认真做好测试数据的分析。化学组成因子对应分析图的结果,既取决于所选择的因子,也取决于所选择的陶器标本群,不同因子和陶器标本群经过计算,会得到不同的结果。考古研究者应该参与测试数据的分析,以得出最佳结果。

后记:笔者在本文的写作过程中多次向上海博物馆实验室熊樱菲女士请教有关陶瓷测试分析方面的问题,本文的图二、图三为熊樱菲女士根据测试数据制作的分析图。对这些帮助谨表感谢!

原载《科技考古(第三辑)》,科学出版社,2011 年

中国早期文明进程中的古国

——凌家滩和福泉山

在"文明探源"领域,研究者对有些学术概念的认识并不一致,有的甚至差异很大,而有的认识差异则逐渐减小,甚至开始趋同。例如,较长时期以来,大多数中国学者,尤其是考古研究者几乎不用甚至不赞成使用"社会复杂化"和"酋邦"概念。目前有关"文明探源"的国际交流越来越多,不应该因为概念的互不理解或相互排斥而受影响。本文拟就这两个概念同多数中国学者习用的"文明进程"和"古国"概念的相互关系作一探讨,并以凌家滩和福泉山作为实例,试图说明中国早期文明进程中的社会分化和古国演进。

一、文明起源、文明进程与社会复杂化,古国与酋邦

1980年代和90年代初,探讨中国文明起源的绝大多数研究者着重于文明因素的鉴别与分析,并且以某一地区、某一文化是否为文明社会作为讨论的焦点问题,甚至还有所谓"文明门槛内、门槛外、门槛上"的比较。在1991年中国考古学会第八次年会的闭幕式上,苏秉琦指出:"文明起源,换句话说,即'从氏族到国家'。"[1]1991年11月末,在中国社会科学院考古研究所召开的中国文明起源研讨会上,徐苹芳指出:"文明是文化发展的高级阶段,是从无阶级到有阶级,是从氏族到国家,是从原始社会到奴隶社会的历史进程的标志。"[2]两位前辈的观点非常鲜明,文明起源是历史进程或演进过程的研究,这是探讨文明起源的方向。

1980年代我作研究生论文时恰好赶上了文明起源逐渐成为学术热点的过程。我看了一些文章,了解到在社会发展研究的语汇中,与文明起源大致相似的有"社会复杂化"的表述,感到这一表述侧重于"进程"与"过程"的发现,能够更加贴切地反映研究对

---

[1] 苏秉琦:《在"中国考古学会第八次年会"闭幕式上的讲话(提纲)》,《苏秉琦文集》(三),文物出版社,2009年,第170～171页。

[2] 《中国文明起源研讨会纪要(1991年11月27～30日)》,《考古》1992年6期。

象。从1980年代末开始,对此有了一些粗浅的认识。也是在1991年11月末的那次研讨会上,我提出:"文明起源问题的实质是复杂社会的形成过程。因此探讨文明起源就是分析那些促进社会向复杂化方向发展的考古学内涵。"[1]这次发言与1992年发表的《嵩山地区与太湖地区文明进程的比较研究》概括了当时我对这一问题的认识[2]。

　　我认为"探讨文明起源就是分析那些促进社会向复杂化方向发展的考古学内涵"。这些"考古学内涵"是:第一,从阶层分化看社会关系的复杂化,"这种分化的最终结果是设立凌驾于社会之上的合法公共权力,形成复杂形式的社会";第二,从城市的出现看聚落的分化,"城市与乡村功能分化,各自发挥不同的作用",可以把聚落分化看作是社会结构的复杂化;第三,从大型工程看社会组织机构与管理方式的复杂化,"建造大型建筑的能力来自生产力达到一定水平、宗教的统一力量和强大的社会组织机构,这些都是社会向复杂化方向发展的标志";第四,从文字的起源和文字系统的形成看人类社会交往的复杂化,"随着社会的复杂化进程,迫切需要扩大信息传播的空间、延续信息保留的时间,文字的功能正在于此";第五,从青铜工业看社会组织机构与管理方式的复杂化,"日益发展的铜工业催生日趋严密的生产组织结构,同时也造就了一批新型的组织者。……青铜冶铸代表了生产力的飞跃及由此产生组织机构的复杂化,是文明进程的一项重要内涵"。青铜器的重要性还在于"它所蕴含的观念、礼制""是国家政权、宗教观念和等级制度的物化形式"。因为玉器中有一部分具有与青铜器相同的政治功能,所以也是与社会复杂化相关的文明要素。现在看来不仅如此,玉工业同青铜工业一样,也是社会组织复杂化的催化剂。因此玉工业是第六项与社会复杂化直接相关的考古学内涵。这六项考古学内涵也可以表达为文明要素,《嵩山地区与太湖地区文明进程的比较研究》一文以"文明要素的形成与发展"体现对文明进程的理解,目的是探讨社会关系、组织机构与管理方式、人类社会交往和聚落结构的复杂化。该文对文明要素论述的顺序为青铜与用玉、大型工程建筑、城市、社会阶层分化和原始文字。

　　相比较"社会复杂化",中国学者更常使用"文明化"或"文明化进程"等概念。"中国文明探源工程"起步阶段(预研究),上海博物馆和中国社会科学院考古研究所于2002年盛夏在上海博物馆共同举办"长江下游地区文明化进程学术研讨会",即用"文明化进程"表述这个概念。1990年代至本世纪初,有些中国学者似乎不太赞成使用"社会复杂化"概念。2006年出版的《中国文明起源研究》曾经就"文明起源问题的实质是复杂社会的形成过程"提法,评论为"在中国考古学界是首次提出","随着这种思想在后来中国文明起源研究中逐步滋长,却模糊了'文明'概念。即模糊了'国家是文明社会的概括',或模糊了'文明是进入了有了国家组织的阶级社会'这种早已明确的概念"[3]。显然这是一段比较有代表性的关于复杂社会研究的负面评论,

[1]　《中国文明起源研讨会纪要(1991年11月27～30日)》,《考古》1992年6期。
[2]　宋建:《嵩山地区与太湖地区文明进程的比较研究》,《上海博物馆集刊(第六期)》,上海古籍出版社,1992年。
[3]　朱乃诚:《中国文明起源研究》,福建人民出版社,2006年,第183页。

在这本书中很少见到这样的负面评论，即使对一些真正谈酋邦的文章也没有。如对谢维扬的《中国国家形成过程中的酋邦》，评论为"这是我国应用'酋邦理论'进行中国文明起源研究的早期代表性成果"（206页）。对于几篇"引用酋邦理论"的文章，评论为"应用酋邦理论进行中国文明起源的研究，还属于探索阶段……形成了一定的影响"（229页）。

需要指出，1991年的那次研讨会上我就认为恩格斯的"'国家是文明社会的概括'这句话最为重要"。文明是"进入有了国家组织的阶级社会"则是夏鼐在1983年演讲、1985年出版的《中国文明的起源》中提到的当时史学界对文明的一般认识，当然他应该也这样认为。苏秉琦认为，恩格斯早就清楚地表达了文明起源的确切含义，"指的就是家庭、私有制和国家的起源"[1]。社会发展的文明化进程同国家的起源密切相关，因此，在开展文明探源研究中，必然会涉及国家起源的问题。国家是人类社会发展到较高阶段的社会组织形式。

然而，"文明"究竟是什么，在不同的学科领域、不同的文化语境、不同的时间，有各种不同的表达形式，在文明起源研究领域同样如此。1978年改革开放后，中国学术界对中国文明起源的全面探讨兴起于1980年代中叶，文明的概念与标志问题在较长时期吸引了不少学者参与讨论，他们提出了各自对文明概念和标志的看法。有学者根据自己的理解，对各种不同的看法作了一定程度的归纳：在1986～1989年有6种不同看法；1989～1991年有13种；1992～2000年有9种倾向性意见。而苏秉琦认为在"文明"概念上花太多时间是不必要的，例如1986年他在辽宁兴城座谈会上指出："什么是文明，对文明如何解释，这不是顶关重要的，重要的是如何认识文明的起源，如何在实践中、在历史与考古的结合中加深对文明起源的认识。"[2]1991年苏秉琦又说："不要在'文明'或'文明因素'的概念上转圈子，花费过多的精力，而应在理论联系实际的基础上取得一些共识。"可见在当时学界对文明的概念并非"早已明确"，或者，各自认为早已明确，其实并无共识。

"文明起源问题的实质是复杂社会的形成过程"思想怎样在后来中国文明起源研究中逐步滋长，并模糊了"文明"的概念，相关评论没有细说。对于"模糊文明概念"的提法令人费解。我想这不仅不会模糊文明的概念，恰恰相反它强化了文明探源研究的可操作性，更有利于从"进程"或"过程"上探讨文明起源。"文明社会"的概念确实很清楚，就是"国家"，或"有了国家组织的阶级社会"，但是，文明起源研究的不是"国家"，也不是"有了国家组织的阶级社会"，而是研究"从氏族到国家"的过程，或者说是国家的形成过程。苏秉琦将中国的国家形成过程定义为古国、方国、帝国。国家形成又有不同的类型，苏秉琦将中国的国家形成分为原生型、次生型、续生型。还有学者提出了中国的"方国时代"和"方国文明"。国家是目前人类社会演进中最高级最复杂的组织形

[1]　《中国文明起源研讨会纪要（1991年11月27～30日）》，《考古》1992年6期。

[2]　苏秉琦：《文化与文明——在辽宁"兴城座谈会"上的讲话》，《苏秉琦文集》（三），文物出版社，2009年，第74～79页。

式，如果肯定"文明探源"就是研究"从氏族到国家"的过程，为什么要说"复杂社会的形成过程"思想模糊了"文明"的概念呢？

当然，中国学术界更愿意用"文明进程"表述这个过程也是有道理的，这比较符合我们的研究对象和研究目的。"文明化进程"和"复杂社会的形成过程"所表达的内涵是一样的，在运用"文明社会""文明化进程"概念时，不应该否认"社会复杂化"概念。实际上"社会复杂化"似乎更"国际"一些。据说研究中国考古学的西方学者大都不使用"文明社会"这一概念，只讨论酋邦或国家等问题[1]。

至于"社会复杂化"思想的逐步滋长，看来是事实，因为它得到了学界越来越多的认同，探讨文明起源同研究复杂社会的形成过程密切相关。2006年山东大学编撰的《东方考古（第3集）》，前六篇文章中有四篇为"复杂社会"的研究，作者来自三个国家。第一篇题为《环球观察：系统聚落形态调查对复杂社会研究的个性》，作者是美国芝加哥博物馆的加里·费曼、琳达·尼古拉斯。第二篇《酋邦社会变化过程的考古学观察——玻利尼西亚酋邦考古学研究的启示》，介绍酋邦的社会复杂状况，以作他山之石，作者是美国毕士普博物馆的焦天龙。第三篇是《山东新石器时代墓制所见阶级性及礼制的起源》，"对有关山东地区上述社会复杂化过程进行实证的研究"，作者是日本九州大学大学院人文科学研究所的宫本一夫。第四篇是山东大学东方考古研究中心栾丰实的《关于海岱地区史前城址的几个问题》，文章开头就提到"不少学者认为，城址的出现和发展，是史前社会复杂化进程中的重要变量"。栾丰实在更早一些的文章中归纳了史前时期社会变迁的三个显著特点，其中两点为社会复杂化，一点是"社会组织的宏观联结网络趋于复杂化"，主要指社会组织单位的层级形成过程；另一点是"社会经历了由平等的简单社会向分层的复杂社会的发展过程"，意指社会成员与群体的层级形成过程[2]。由此可见，"文明起源问题的实质是复杂社会的形成过程"的提法，并没有模糊"文明"的概念，也没有模糊"国家是文明社会的概括"的概念，而是使概念更加清晰，方法更加具有可操作性，认识的"逐步滋长"应该看作是学术的发展和进步。

同"社会复杂化"相联系的还有所谓"酋邦理论"，有学者认为"文明起源问题的实质是复杂社会的形成过程"的提法，"明显是受到有关酋邦理论的影响"。

我最早接触以"酋邦"作为社会演进一阶段的理论是在1980年代，张光直1980年出版的《Shang Civilization》中提到社会演进的四阶段论，即游团、部落、酋邦和国家[3]，当时觉得耳目一新。又为了写硕士学位论文读了一些相关论著，注意到近100多年来出现了多种国家起源的理论模式，酋邦等四阶段论只是其中一种。社会演进还有其他对不同阶段的划分与术语，如19世纪摩尔根的蒙昧、野蛮和文明，有我们所熟悉的原始社

---

[1] 焦天龙：《酋邦社会变化过程的考古学观察——玻利尼西亚酋邦考古学研究的启示》，《东方考古（第3集）》，科学出版社，2006年。
[2] 栾丰实：《中国古代社会的文明化进程和相关问题》，《东方考古（第1集）》，科学出版社，2004年。
[3] Chang, K. C., *Shang Civilization*, Yale University Press, New Haven and London, 1980, pp.361～364.

会、奴隶社会、封建社会,还有平等社会、等级社会、阶级社会和邦国、王国、帝国的区分等,从而形成不同的理论。

"复杂社会的形成过程"或者"社会复杂化"很难说只同所谓"酋邦理论"相关。"社会的复杂化"和"复杂社会的逐步形成"是人类社会演进的必经之路,其他演进理论同样要讨论,为什么一定要将其同"酋邦理论"挂钩。"复杂社会的形成过程"或"社会复杂化"是"文明起源"或"国家起源"的研究内容,也不是用"酋邦理论"所能概括的。酋邦只是社会演进过程中的一个阶段,如果要将以酋邦作为社会演进的某一阶段视作理论,称为"酋邦理论"也不妥,就像不会将摩尔根的理论称为"野蛮时代理论"一样,二者都只是当时比较流行的"社会演进理论"。如果确有概括与"酋邦"相关理论的必要,不妨以首先系统阐释这一理论的研究者命名,称为"塞维斯理论"。

当然,"塞维斯理论"中的"酋邦"阶段确实同"社会复杂化"的关系最为密切。但是究竟怎样通过酋邦来研究社会复杂化,也是众说纷纭。例如能否用、怎样用考古材料说明酋邦,或以为酋邦仅是具有一般性意义的学术概念,不能一一对号入座,或以为酋邦既是社会发展的一个特定阶段,就可以明确指出某个组织是否为酋邦。由此带来的另一个问题是酋邦究竟有没有统一的标准,还是表现了多样性。实际上这个问题同多年前展开热烈讨论的文明标准、文明要素问题十分相似。

尽管自1980年代以来,越来越多的中国考古研究者不同程度地知晓"塞维斯理论",但是使用"酋邦"术语者不多,甚至可以说寥寥无几,倒是狭义的历史研究者倡导和使用"酋邦"的比较多。

大致与"酋邦"相当的术语还有"古国""邦国""原始国家",以及与"原始国家"含义相近的"早期国家""城邦制国家"等。

将"古国"定义为中国社会政治组织形式发展即社会演进的一个阶段,是苏秉琦首先提出并将其系统化、完整化的。1985年10月13日苏秉琦在辽宁兴城座谈会上将"古国"定义为"高于部落之上的、稳定的、独立的政治实体"[1]。这是当时他对"古国"概念比较完整的表述。"高于部落之上"是关键,但未明确古国就是国家或原始国家。1949年以来马克思主义的国家起源理论在中国占主导地位,根据摩尔根和恩格斯对北美印第安人的观察、记述和研究,在部落之上还有所谓"部落联盟"[2],苏秉琦没有明确"高于部落之上"的是否为部落联盟。1992年苏秉琦将国家演进分为三个阶段,在这一年8月完成、1997年正式发表的《环渤海考古的新起点——世界的中国考古学》中,苏秉琦指出:"从氏族到国家是有层次分阶段的,即从原始国家到城市国家、统一国家"[3],但未指出古国是否相当于其中某个阶段。1992年苏秉琦关于国家演进三阶段的另一种表

[1] 苏秉琦:《辽西古文化古城古国——试论当前考古工作重点和大课题》,《苏秉琦文集》(三),文物出版社,2009年,第1～6页。

[2] 恩格斯:《家庭、私有制和国家的起源》,人民出版社,1972年,第91～93页。

[3] 苏秉琦:《环渤海考古的新起点——世界的中国考古学》,《苏秉琦文集》(三),文物出版社,2009年,第192～193页。

述见之于《中国文物报》1992年12月27日的《中国考古学的黄金时代即将到来——纪念北京大学创设考古专业四十年》："从氏族到国家，国家起源、形成与发展曾经历的三部曲具体表现为：（一）从氏族到国家的起步（万年前到距今六千年）、古文化古城古国（约距今六千年到四千年）；（二）方国—帝国（距今约四千年前到两千年前），史书汇载的夏、商、周三代；（三）中华一统实体（两千多年前以来）。"[1]1993年1月苏秉琦在《迎接中国考古学的新世纪》一文中最终形成国家发展三个阶段的固定表述，即"古国—方国—帝国"[2]。此时苏秉琦已经认为"高于部落之上"的"古国"是"原始国家"。

1990年代末苏秉琦在《中国文明起源新探》中系统地阐释了"古国"："红山文化在距今五千年以前，率先跨入古国阶段。以祭坛、女神庙、积石冢群和成批成套的玉质礼器为标志，出现了'早到五千年前的，反映原始公社氏族部落制的发展已达到产生基于公社、又凌驾于公社之上的高一级的组织形式'，即早期城邦式的原始国家已经产生。"这是认定"古国"是"原始国家"。

中国早就有"国""邦"二字，它们在周汉典籍中都比较常见，如《左传·哀公七年》的"禹合诸侯于涂山，执玉帛者万国"，《尚书·尧典》的"协和万邦"。"国"和"邦"可以分用，也可以连用，如《周礼·天官》："大宰之职，掌建邦之六典，以佐王治邦国。""国"和"邦"还可以互通，如《史记·五帝本纪》的"合和万国"，就是《尚书·尧典》的"协和万邦"。《说文·邑部》："邦，国也。"但是，这里的"国"和"邦"并不直接等同于或全部等同于学术概念中的"国家"。苏秉琦在"国"上加"古"，"古国"就成为一个新的学术概念，代表了社会政治组织演进的特定阶段。必须指出，苏秉琦的"古国"概念只是"原始国家"，还要发展为"方国"和"帝国"。"国家"加上限制词后就应该区别于没有加限制词的"国家"。严文明指出："龙山时代大概出现了许多酋邦或城邦国家，那大概也可以算是一种初级文明，到夏商则应进入了比较成熟的文明。"[3]因此，不应该将"古国"概念同"国家"概念完全等同，龙山时代的"城邦国家"也不是"成熟的文明"，就像我们将chiefdom翻译为"酋邦"，虽然"邦"与"国"可以互通，但是这里的"邦"也不是学术概念中的"国家"。

由此可见，苏秉琦所指"古国"是"高于部落之上"的"原始国家"，与"塞维斯理论"中的"酋邦"所在的社会组织演进位置基本相同。苏秉琦和塞维斯的两种表述方式都概括了人类社会组织形式从简单到复杂、从初级到高级的发展过程。由于"国"在中国已经使用数千年，加上"古"的限制后被赋予科学概念，因此作为中国研究者使用"古国"概念理所当然。不过根据目前研究现状，为了国际交流便于理解，使用"酋邦"也无可厚非，如同在表述"文明化"时使用"社会复杂化"概念类似。

———————————

[1] 苏秉琦：《中国考古学的黄金时代即将到来——纪念北京大学创设考古专业四十年》，《苏秉琦文集》（三），文物出版社，2009年，第202～203页。
[2] 苏秉琦：《迎接中国考古学的新世纪》，《苏秉琦文集》（三），文物出版社，2009年，第204～219页。
[3] 严文明：《龙山时代考古新发现的思考》，《纪念城子崖遗址发掘60周年国际学术讨论会文集》，齐鲁书社，1993年。

二、凌家滩古国的社会分化

社会分化是国家起源阶段社会发展的直接动力和基本动力,也是国家形成过程中最重要的表现形式。社会分化由多种基本要素构成。首先是人群和个人的社会位置。多种原因引发贫穷者与富裕者的分化,职业分工导致劳心者和劳力者的分化,于是出现了不同的社会阶层,从而由平等社会发展到区分阶层的社会。等级与阶层既相互关联又是两种不同的概念。阶层由职业分工、贫富程度等要素决定,或者同血缘、种群相关,同一阶层有着相似的生存方式和意识观念。不同阶层的社会地位有高低之分,因此容易与等级混同。严格地说,等级关系只存在于社会上层内,例如巫师等神职人员、军事首领,社会上层也是权贵阶层。权贵阶层内部成员的地位高低之分才是等级。社会分化的另一基本要素是聚落的分化,聚落分化可以分解为聚落规模的分化、聚落职能的分化、聚落之间相互关系的差异等。

凌家滩时期处于苏秉琦"三部曲"理论的古国阶段。本节通过观察凌家滩墓地着重剖析凌家滩古国的社会阶层分化,并以江苏张家港东山村遗址为参照,提出凌家滩古国社会阶层分化的独特性问题。

通过各类考古遗存观察社会分化的必备前提条件是所观察材料的共时性。举例来说,一个墓地延续使用了数百年,其早期阶段墓葬随葬品少,看上去比较贫穷,晚期阶段墓葬的随葬品多,看上去比较富有。对此可以有不同的解释,却不能以此证明在某一特定时期的社会分化情况,因为这批材料不具有共时性。

凌家滩墓地1987年和1998年发掘的墓葬已进行了分期,本文采纳的是发掘报告编写者的分期方案[1]。凌家滩墓地普遍分为四层,根据层位关系将墓葬分为三期。第一期墓葬开口于第4层下,仅有1座,即87M15。第二期墓葬开口于第3层下和第2层下。第三期墓葬开口于第1层下。发掘报告没有指出各期器物的特征。1998年后凌家滩又进行了几次发掘,其中有的墓葬说明了其层位关系,在公布完整资料、对所有墓葬全面分期之前,暂时认为不同批次发掘所划分层位的序号是一致的[2]。

在凌家滩分期的基础上,可以了解不同规模、不同类型的墓葬在各个时期的分布情况。本文主要以墓地的两个区域为例。

凌家滩墓地的南部居中区域集中埋葬了几座大墓,根据它们的层位关系可确定其下葬年代的早晚。除了第1层下,其他各层下都埋葬了大墓。最早的一座是87M15,被第4层叠压,它的东北角又被87M8打破。稍晚的一座是87M4,被第3层叠压。07M23也开口于第3层下,它的南侧被07M22打破。更晚的一座是打破87M15的87M8,开口

[1] 安徽省文物考古研究所:《凌家滩——田野考古发掘报告之一》,文物出版社,2006年。
[2] 张敬国:《凌家滩聚落与玉器文明》,《文物研究(第十三辑)》,黄山书社,2001年;安徽省文物考古研究所:《安徽含山县凌家滩遗址第五次发掘的新发现》,《考古》2008年3期。

于第2层下，这座墓葬共有43件玉质随葬品，其中有虎首玉璜和带齿玉璜，以及角刃钺（相对于弧刃钺）。可以看出，凌家滩墓地的南部居中区域对墓位的分配和管理比较严格，但是如果考虑到87M8打破了最早的87M15和07M22打破了07M23，这个区域的墓位管理并非自始至终都十分严格。

98M29是墓地南部的另一座大墓，墓位在西南端，开口于第2层下。但在南部东端埋了一座只随葬9件陶器的小墓98M32，开口于第3层下，层位上早于98M29。尽管两座墓葬的层位不同，但都属于第二期。墓地南部的东西两端在大致对称的位置埋了这样两座规模有着显著差异的墓葬；它们同其他墓葬之间都不存在直接的叠压关系，因此有很强的墓位意识，这是值得关注的两个现象。

凌家滩墓地的北部和偏北部的居中区域主要埋葬规模较小的墓。开口于第1层下的有4座：98M3，墓坑长1.46米，随葬玉镯1件，陶鼎1件；98M4，随葬罐、鼎；98M12，随葬玉环1件，石钺1件，陶器17件；还有98M17。开口于第2层下的有4座：98M5，墓坑长1.42米，随葬石凿1件，石锛3件，陶器2件；98M6，随葬玉钺1件，石锛1件，陶盆1件；还有98M8和98M13。

以上两个区域的大型墓和小型墓在时间关系上有所交错。大墓和小墓共存的层位是第2层下，考古分期是第二期。在这两个区域没有发现第4层下与第3层下的小墓和第1层下的大墓。

其他区域第1层下的墓葬大多都是小型墓，规模最大的是98M7，墓位在南部第一排东端，随葬5件玉璜和其他玉器、石器和陶器，总数达49件。凌家滩1987年和1998年发掘的墓葬和07M23共45座，用玉璜超过5件的只有7座，其中4座是前面提及的大型墓，由此可见玉璜在凌家滩文化用玉习俗规范中的较高地位。

第3层下的墓葬不多，属于小墓的只有1座，即前面提及的98M32。稍大一些的是98M31，主要随葬品是2件玉璜。

以墓葬的共时性为基础，凌家滩墓地所反映的古国社会分化的突出表现是贫富分化和职业分化。富裕和贫穷一般是指人们所拥有物质财富的多寡，从墓葬随葬品就能比较直观地看出墓主的经济状况。凌家滩墓地的各墓主之间已经产生了明显的贫富分化，有穷人和富人之分。职业分化则要根据一些特殊随葬品进行细致分析，以判定其职业指向。随葬品的种类、形制、数量和质量等多种变量所反映的经济状况和职业分工，代表了墓主人所拥有的经济资源、政治资源和可以掌控的社会资源。

对凌家滩社会成员的职业定位，比较有把握的是神职人员即巫师，和从事治玉的专业人员即玉工；对职业定位具有不确定性的还有军事人员（武士）、石匠、陶工等。凌家滩墓地包含多种不同职业的人员。贫富分化和职业分工具有一定程度的同步性，也就是说，个人的经济状况同他的职业具有一定程度的关联性。例如，人数不多的神职人员是凌家滩古国最富有的成员。

可以确定为神职人员的墓葬共有3座，其中2座在墓地南部居中区域：87M4和07M23，1座在南边第一排的西端：98M29。神职人员地位十分崇高。87M4的随葬品除

19件玉璜和3件玉钺外，最重要的是1件分体式玉龟和1块玉版，玉龟叠压在玉版之上。07M23随葬10余件玉璜和2件玉钺（据墓葬平面图之器物编号），另有1件玉龟和2件变体玉龟，这3件玉龟内都有玉签。目前凌家滩只有这两座墓葬随葬玉龟。98M29墓坑规模大，随葬玉版（碎），还有玉鹰、玉人和玉璜等。玉版、玉龟和玉签都具有深刻的宗教含义，是认识和解释社会和自然的工具，它们的拥有者掌控与神灵沟通的权力，握有神权，具有相当高的社会地位。

　　神职人员的墓葬都在整个墓地的最南端，这是整个墓地最靠近太阳的位置。同87M4和07M23在同一小区域的还有87M15。这三座墓葬的空间关系十分重要，87M15在87M4北侧约2米，07M23在87M15东侧近4米。07M23之南、87M4之东还有一座墓被现代墓叠压，疑似被盗。三座大型墓葬和一座未经确认墓葬的分布近似方形，其中间还有一处祭祀地点87M1。87M15是凌家滩墓地中年代最早的，也是唯一使用了3件玉冠徽的墓葬，说明墓主身份非同一般。他是凌家滩墓地的第一位使用者，应该就是古国的首领，新墓地的开创暗示了一个重大事件。87M15没有随葬那3个大巫师使用的通神器具，但也不能完全否定他兼职从业于神事。

　　从事治玉专业人员的墓葬不如神职人员那样集中。位于墓地西部的98M20共随葬62件（组）器物，其中有制作玉器使用管钻方法后留下的一组共111件玉芯，作为剩余玉料而且未制成新器的玉芯表明墓主的固定职业是治玉。98M20比较重要的随葬品是4件玉璜。98M18随葬9件玉芯，墓位靠近98M20。87M2随葬3件玉芯，墓位在南部第一排，介于98M29和居中大型墓葬区域之间，北距98M20达10余米。还有07M19和07M20，远在墓地已经发掘区域的西北端，两座墓都随葬大量残碎小玉料和加工后的边角料。根据发表的图版，07M20还有一些玉芯随葬。07M19和07M20以南距98M20近50米。

　　凌家滩有不少墓葬随葬了玉钺。玉钺同军事、军权乃至于王权的关系，是许多研究者感兴趣的问题。钺是从斧分离出的器具。斧用于砍伐，也是近身搏斗最好用的武器，为身强力壮，善于捕猎、格斗者常用，是力量的体现。由于斧钺的重要功能是武器，又进一步演变为军权的象征。商周时期，钺同王权具有密切关系，周武王伐商时秉持黄钺。浙江余杭良渚的权贵分成五个等级，其中前三个等级和一部分第四等级，每人配置一件玉钺，显示其拥有特殊权力。那么凌家滩人持有玉钺是否就是权力的掌控者？有没有出现权力等级的分化呢？

　　回答这两个问题就要观察凌家滩墓葬是如何使用玉钺的。首先可以看到凌家滩的大型墓未必都使用玉钺，而使用玉钺的大型墓，其用钺的数量，并不是凌家滩用钺墓中数量最多的。例如掌控神权的98M29是一座大型墓，有5件玉璜，却没有玉钺。位于凌家滩墓地南部居中的三座大型墓，都随葬玉钺，但数量却不是最多的。凌家滩用玉钺数量最多的是98M20，共有6件玉钺，其墓位在整个墓区中部偏西，不如前述三座大墓突出。98M20墓主是一个治玉者。以目前发现看，凌家滩古国用玉钺最多者的主要职业只是玉工，至多只是在治玉领域拥有比较大的权力而已。凌家滩随葬玉钺的墓葬大多数也随葬玉璜,以1987年和1998年的发掘资料为例,共有12座墓随葬玉钺,其中钺与璜共存的有10座。2座只随葬玉钺而不随葬玉璜的墓,随葬玉器都很少,98M6仅1件玉钺,98M21共有3件玉钺,但玉器总数只有6件。这2座墓的位置也不突出,98M21的墓位在98M20近旁,98M6靠近墓地北部边缘。从凌家滩墓地观察到的这些迹象都指示同一方向,凌家滩古国地位最高、权力最大的数人虽然也使用玉钺,但是玉钺在凌家滩并没有至高无上的突出地位,能否配置玉钺和玉钺的数量同使用者身份地位的相互关系并不确定,更未形成制度性规范,并不能从使用玉钺的数量上看出权力等级的分化。即使玉钺在某种程度上代表了权力或者特指军权,仅依赖玉钺掌控权力者的地位并非特别显赫。

根据以上分析,凌家滩古国的贫富分化和职业分化十分明显,社会分化程度已经相当严重,应该可以区分不同的社会阶层。分属于不同阶层的富裕者和贫穷者、掌控神权的巫师和制作玉器的玉工等各类不同职业的从业者离世后都埋在同一个墓地。尽管一部分大型墓的埋葬区域比较集中,从事治玉的工匠的墓葬却比较分散,富人和穷人并没有非常明显的区域划分与隔断。如果与年代大致同时甚至略早的江苏张家港东山村遗址比较,这种埋葬形式是凌家滩古国墓地的重要特色之一。

东山村的崧泽文化大型墓与小型墓分别埋在两个墓地[1]。2008～2010年东山村的发掘分3个区域,均为崧泽文化遗存。1区埋葬的都是小墓,已经发掘27座,大多数墓葬坑长2.2、宽0.8米,随葬品多在10件以上,较少的有2～3件,也有个别墓葬的随葬品在30件以上。3区埋葬的几乎都是大墓。已发掘大墓10座,墓坑一般长3、宽1.7米左右,随葬品多在30件以上,其中随葬玉器的种类比较丰富。大墓埋葬区域和小墓埋葬区域间隔距离超过90米,在两个墓葬区之间的2区只发现了同时期的建筑遗存。东山村墓地所揭示的社会分化表现为不同阶层分别埋葬于两处墓地。

凌家滩、东山村都已经发生社会分化,但是社会分化程度和表现方式有所差异。这种差异究竟是国家形成过程中不同阶段的差异,还是同一时期不同实体之间社会组织形式的差异? 这是在日后深化研究中应该努力回答的问题。

三、福泉山古国的社会演进

上海青浦福泉山在良渚文化前还经历了马家浜文化和崧泽文化。

马家浜文化总体上处于平等社会,生存方式比较简单,几乎没有多少生活剩余,社会成员的相互关系比较平等。但是在马家浜文化最后阶段个别遗址出现社会分化,例如江苏张家港东山村的首领级人物占有较多物质财富,社会地位比较高。

---

[1] 南京博物院、张家港市文广局、张家港博物馆:《江苏张家港市东山村新石器时代遗址》,《考古》2010年8期;南京博物院、张家港博物馆:《江苏张家港东山村遗址M91发掘报告》,《东南文化》2010年6期;南京博物院、张家港博物馆:《江苏张家港东山村遗址M101发掘报告》,《东南文化》2013年3期。

崧泽文化先民的生活方式延续了马家浜文化,社会分化现象逐渐增多。福泉山的崧泽文化墓地在福泉山地点西北部,共有19座墓葬,属于崧泽中期的有9座。其中2座墓各有随葬品15件,数量最多。随葬品质量最好的是M11,墓主右臂腕部套了4件象牙镯,该墓的随葬品总数也比较多,共12件。有4座墓的随葬品为零。如果从随葬品的数量与质量上看,墓葬之间的差别比较大,社会财富决定社会地位,平等社会逐渐走向末路。福泉山地点崧泽晚期墓葬10座,随葬品最多的是M24,共10件,其中有一件直径4.5厘米的小玉璧。这一阶段没有随葬品的墓葬有3座。福泉山19座崧泽文化墓葬的随葬品主要是实用陶器和生产工具,作为奢侈品的象牙器和玉器很少,而且都是小型器,没有玉璜。这同社会分化显著的东山村明显不同。

除了个人的占有财富、身份地位的差异外,崧泽文化的聚落也出现不同的层级,各社群的社会分化程度存在较大差异。目前发现层级最高的是东山村,社会分化程度最高,福泉山和崧泽略低,还有更低的江苏常熟钱底巷遗址等。崧泽文化的社会分化是良渚文化社会复杂化加速发展的基础。

良渚时期福泉山遗址分布范围内可以区分为若干地点,其中福泉山地点的良渚文化墓地是保存好而且发掘工作开展比较充分的一处墓地,为我们提供了分析社会演进的必要条件。2008年进行发掘的吴家场地点进一步深化了我们对社会演进的认识[1]。

福泉山地点的良渚文化墓葬一共30座。其中,M1仅有1件、M2无随葬品,难以确定它们下葬时间,且埋葬于墓地北缘。其余28座分为三个时期,初期6座、前期和后期各11座墓。这28座墓分别埋葬在三个不同区域:22座在墓地西部、崧泽文化墓地以南,墓位分布密集,叠压关系相当复杂,延续时间很长,其中初期6座,前期11座,后期5座;6座墓分布在墓地中部和东部,均为后期,排列比较规则,相互之间没有叠压打破关系,并有距离不等的间隔。

吴家场地点目前发掘了6座良渚文化后期墓葬,因为只是局部范围发掘,所以还不清楚该地点墓位是如何安排的。

良渚时期的福泉山形成了比崧泽文化更高级别的社会组织,进入古国阶段。福泉山古国的权贵阶层操控政治权力,掌握大量财富,剖析权贵是打开福泉山古国大门的钥匙。

良渚文化权贵阶层内已经形成不同的等级和对等级的制度性规范。严格执行等级制度的是浙江余杭良渚,根据对反山、瑶山等地点权贵墓葬的分析,良渚文化权贵分成五个等级,各等级所使用的玉器有严格的规范,各自使用不同品类组合的玉器。良渚文化的玉钺是权力的象征,玉钺持有者的地位都是社会权贵,男性地位高者必定持有玉钺。而且在余杭良渚已经存在制度性规范,规定了能否使用玉钺和怎样使用玉钺,用钺成为良渚等级制度的重要组成部分。

---

[1] 上海市文物管理委员会:《福泉山——新石器时代遗址发掘报告》,文物出版社,2000年;上海博物馆:《上海福泉山遗址吴家场墓地2010年发掘简报》,《考古》2015年10期。

良渚文化区域内都执行与余杭良渚大致相同的规范,但是表现方式有所不同,执行力度不及余杭良渚。例如余杭良渚有等级最高者,很可能是国王,他使用的权杖在其他地点没有发现。余杭良渚男性权贵所佩用的三叉形冠徽,仅在距余杭良渚最近的太湖东南部出现,太湖东部和北部地区没有发现。余杭良渚权贵都要配用的矩形冠徽,其他地点并非所有权贵都配用,有的地点甚至不配用矩形冠徽。福泉山古国两个地点用钺的方式与余杭良渚也有所不同。

福泉山地点的权贵共有11座墓,分成从第2到第5的四个等级,没有第1级。这11座墓分别归属于良渚文化前期第3段和后期的第4段至第6段。吴家场地点目前发现2座权贵墓,均为后期。前期第3段的M109和M144是福泉山古国最早的权贵墓葬,前者随葬1件玉钺和1件矩形冠徽,后者随葬1件玉钺,都属于第4级权贵。也就是说,从前期第3段开始福泉山进入由权贵治理的古国阶段。福泉山地点等级最高的是M65,随葬2件玉钺,其中1件安装玉帽和玉镦,2件玉琮。该墓属于后期第4段,从这段开始,福泉山古国才开始使用玉琮(表一)。

表一　福泉山的用玉和石钺

期	时间段*	墓葬	琮	完整钺	钺	矩形冠徽	璧或瑗	石钺
前期	3(3)	福泉山M109			1	1	3	3
	3(3)	福泉山M144			1			1
后期	4(4)	福泉山M136			1			3
	4(4)	福泉山M74		1	3	1		
	4(4)	福泉山M65	2	1	1		2	2
	?(4)	福泉山M53	2					
	4(4)	福泉山M60				1	2	2
	5(5)	福泉山M67	1					
	5(5)	福泉山M101			1	1		4
	6(5)	福泉山M9	3		2		4	5
	6(5)	福泉山M40	3		3		3	5
		吴家场M204	2		3		9	7
		吴家场M207	1		6		1	4

*时间段列项目是根据我的分期方案,括号内为报告中的分期。

反山、瑶山的男性权贵每人配置一件玉钺和若干件石钺,反山M14的石钺有16件,数量最多。除了瑶山M8,其余各墓的石钺都是墓内唯一的石制品类,能和玉器为伍,表明石钺在权贵心目中的地位非同凡响。良渚文化初期,福泉山M139随葬品中有12件石钺,脚端埋葬一个屈身侧卧女子,当为殉人。虽然M139没有代表权贵身份的那些玉器,但随葬大量石钺,参照余杭良渚石钺的社会意义,从良渚文化初期开始,福泉山的社会复杂化出现新的局面。

福泉山古国较崧泽文化时期有更加严密的社会组织,墓地管理的严格化体现了社会组织的严密性和古国的治理方式。良渚文化初期和前期,福泉山地点的墓地迁移到土台西部,墓位安排混乱,绝大多数墓葬存在比较复杂的叠压关系,墓地基本上没有得到严格管理。M139尽管是同时期墓葬中地位最高的,但是其上被多层墓葬所叠压,表明其没有明确的墓位标志。墓位的混乱直至前期第3段才开始有所变化。这时墓葬主人的身份发生明显分化,进入权贵阶层的M109和M144没有被其他墓葬叠压,因此这两座墓葬得到了有效管理,可能附有能够表明其位置的标志。其他未进入权贵阶层的前期第3段墓葬的管理仍然不很严格,有的墓葬被稍晚者所叠压。后期第4段至第6段,福泉山地点的墓葬分为三个区域。西区沿用前期墓地,有的墓葬还叠压在前期墓葬之上,权贵的等级明显提高,同时也埋葬地位较低者。中区和东区为新开辟的墓区,是权贵的专用墓地。三个墓区的后期墓葬相互之间都没有叠压,表明墓地管理严格有效,它的开始和延续恰与玉琮的使用同步。西区的三座权贵墓葬延续了前期特点,只配置玉钺、不掌控玉琮者的身份没有发生变化。而新开辟的中区和东区的大多数权贵都掌控玉琮,开始承担新的职能,这是一个值得注意的现象。

作为管理严密的社会组织,治理福泉山古国有两种权力体系:神权和军权。神权的物化形式是良渚文化特有的神像。完整的神像为神人、神兽合一的图像。图像由上下两部分构成,上半部为头戴大型羽冠的神人上半身,下半部为半蹲的神兽,或以为神人骑在神兽上。余杭良渚还有单独的神兽图像。神像的载体绝大多数是玉器,也有象牙器,极个别为陶器。

福泉山古国的玉器上出现疑似神像的是M144的柄形器。柄形器上有六节似为琮形的方座,每个方座分上下两部分,上部的四面为三道平行弦纹,下部的以方座四角为中线各有一个条形凸面。柄形器在良渚文化中仅此一件,方座装饰与简化的神人相仿,弦纹在上,可能代表羽冠,条形凸面在下,可能表现口鼻。

福泉山出现神像纹饰的确切时间是良渚文化后期,在等级稍高的权贵墓葬中都有神像纹饰的玉器,有琮、锥形器、坠、管等,其中最重要的是玉琮,个别权贵配用神像纹饰的象牙器。

福泉山地点随葬玉琮的墓葬共有5座,第4段的M65是第2级墓,等级最高,其余都是3级和4级墓。吴家场地点有2座,都是3级墓。神像纹饰象牙权杖只有第6段的两座墓葬随葬,吴家场地点M207随葬2件,福泉山地点M9发现象牙器,发掘和清理时未能辨识器形,可能是1件。

良渚后期第4段福泉山地点重新安排和严格管理的墓地、权贵等级的大幅度提升,标志着福泉山古国发展到一个全新阶段。新阶段的到来应该同第4段开始使用玉琮密不可分。

　　在众多良渚文化聚落(社群)中,只有少数聚落(社群)拥有玉琮。而在拥有玉琮的聚落(社群)中,多数聚落(社群)只有1件玉琮,或者说只有一个权贵人物可以使用玉琮。可以根据是否拥有玉琮和怎样拥有玉琮对良渚文化聚落(社群)进行区分。就目前发现,良渚文化前期,除了余杭良渚,其他拥有玉琮的聚落只有江苏江阴高城墩的多个权贵使用玉琮,其余地点都只发现1件。浙江桐乡新地里的发掘范围较大,发现了140座墓葬,只有属于前期第1段的M137随葬1件玉琮。良渚文化后期,一个社群内有多个权贵使用玉琮的聚落增加,福泉山即为其中的一个。从福泉山看到了古国的发展同拥有玉琮的关联,从高城墩发现了使用玉琮方式的改变同古国终结或迁移的关联。

　　1990年代初我把当时对良渚文化玉琮作为礼仪用器的功能认识归纳为五种,并认为良渚文化的琮是社会与自然界整体观念的物质载体,如果掌控琮,就是掌控了对社会和自然界的解释权,也就是掌控了政治统治权和财富支配权[1]。这就是玉琮神像纹饰所代表的神权的真实内涵。对聚落和社群而言,玉琮被赋予了特殊的社会背景关系,包含这个聚落(社群)同较高等级、相同等级或较低等级聚落(社群)之间的相互关系。或者说,玉琮蕴含了掌控它的聚落(社群)在良渚文化范围内的社会位置。福泉山古国的跨越式发展盖源自掌控玉琮,实质是神权,神授之予权。

　　福泉山古国的另一种权力系统同钺的使用相关联。福泉山古国权贵使用玉钺从前期第3段开始,此前只使用石钺,如M139。后期多数权贵使用玉钺。福泉山地点的11座权贵墓中,有8座使用玉钺。吴家场地点已经发现2座使用玉钺的墓。这10座使用玉钺的权贵墓中有5座的用钺数量超过1件,都属于后期。福泉山地点用钺最多的墓是M40,用5件,属于后期6段。吴家场地点用钺最多的墓是M207,用6件。

　　如果以余杭良渚为参照,福泉山古国的用玉钺方式具有自身特色。第一个特色为是否用玉钺的墓葬数量不够平衡。反山的9座墓,5座用玉钺,4座不用玉钺。瑶山的13座墓,南列7座用玉钺,北列6座不用玉钺。而福泉山地点11座权贵墓,8座用玉钺,3座不用玉钺。如果只看福泉山地点的后期,则6座用玉钺,3座不用玉钺。现在一般认为余杭良渚的反山、瑶山地点用玉钺者为男性,不用玉钺者为女性。那么福泉山地点权贵性别比例不如余杭良渚平衡。这个特色暗示,福泉山古国的治理比较突出男性权贵控制的力量和世俗权力。得出这一认识的前提条件是,良渚文化的女性权贵一概不用玉钺。

　　玉钺是余杭良渚男性权贵的基本配置之一,同时又只能使用1件。反山和瑶山的男性除用玉钺外,都还使用数量不等的石钺,反山有些女性也用石钺,瑶山女性不用。反山男性使用石钺数量悬殊,M20随葬24件,M17仅2件。瑶山各墓随葬石钺的数量差别不大。余杭良渚前期,玉钺作为等级规范的象征意义大于力量和权力的象征意义,而可能以增加石钺数量的方式显示力量和权力。目前对余杭良渚后期权贵用钺方式尚不了解。

　　福泉山古国前期的2座权贵墓都仅使用1件玉钺,后期8座墓葬使用玉钺,其中5座多于1件。在数量方面,良渚文化前期和后期使用玉钺的方式有所不同。这种变化也发

[1]　宋建:《嵩山地区与太湖地区文明进程的比较研究》,《上海博物馆集刊(第六期)》,上海古籍出版社,1992年。

生在其他地点。良渚前期，高城墩的用钺规范同余杭良渚基本保持一致，但石器配置略有差异。高城墩有3座墓葬使用玉钺，各墓1件，其中2座还各随葬4件石钺[1]。高城墩权贵配置1件玉钺或再增配若干石钺的方式，与余杭良渚相同。但是高城墩的14座墓葬中有11座配置石钺，随葬石器中除石钺占绝大多数外，还有少量石锛和多孔刀。良渚后期，江苏邱城墩未遭扰动的3座权贵墓葬都配置玉钺，数量超过1件，最多的是M5，随葬3件玉钺和7件石钺（斧），M3有2件玉钺（斧），但石钺（斧）最多，达17件。M11有2件玉钺和8件石钺。江苏寺墩保存完好的M3墓主是2级权贵，随葬玉钺2件，其中1件是配置完整的玉钺，另外还有4件石钺。江苏草鞋山M198随葬2件玉钺（斧）。由此可见，良渚后期大多数高等级权贵使用1件以上的玉钺，玉钺的主要功能从等级规范的象征变化为表现力量和权力。

山西襄汾陶寺遗址的权贵阶层以玉钺表现权力的象征意义更加明显。陶寺早期的5座大型墓葬以M3015已发表资料较多。虽然遭到晚期灰坑的破坏，但仍出土各类器物178件和被晚期灰坑所扰动的30件器物。其中，玉器有4件玉钺，玉瑗、玉管等，另外还有1件石钺[2]。陶寺中期的大型墓ⅡM22随葬不少反映墓主身份的重要器物，其中有3件玉钺、2件大理石钺、2张木弓和放在红色箙内的7组骨镞。其他重要器物有3件玉戚、1件玉琮和玉兽面1组2件等。钺放在最显著的位置，在东壁近底部，以1具公猪下颌骨为轴心，紧贴东壁倒立放置（刃部朝上）5钺1戚，一边各3件。1件玉琮放在南1龛的漆木盒内，盒内还有两件玉戚。

M3015和ⅡM22是陶寺的国王级人物，随葬品的种类数量虽然不完整，但都具有了崇尚武力的特性，以玉钺为核心并辅以其他重器和兵器的埋葬形式表现出墓主强烈的军事色彩，军权的重要性显而易见。对照陶寺，福泉山古国后期改变了一墓只用一件玉钺的规范，应该隐藏了后期新出现的特定政治内涵，即权贵集团在后期加强了军权在古国权力系统中的地位。

综上所述，上海福泉山是良渚文化目前发现的保存比较完好、发掘比较完整、时间序列清晰的古国遗址，因此是探讨古国社会演进的重要样本。本文以剖析福泉山权贵阶层作为阐释古国演进的途径，认为良渚文化的前后期之间，在权贵等级的提升、管理的严密和严格化以及权力的运作等方面都发生了显著变化，这些变化揭示了福泉山古国的演进过程。

原载上海博物馆：《"城市与文明"学术研讨会论文集》，上海古籍出版社，2016年

---

[1] 高城墩M1和M13遭受破坏，随葬品数量作为参考。
[2] M3015发表资料欠缺。玉石钺数量引自高炜：《陶寺文化玉器及相关问题》，《东亚玉器》，香港中文大学中国考古艺术研究中心，1998年；又载于解希恭：《襄汾陶寺遗址研究》，科学出版社，2007年。4件玉钺中有2件软玉、2件假玉。

良渚

——神权主导的复合型古国

    国家形成过程中最重要的表现形式是社会分化,古代社会复杂化进程的基本动力也是社会分化。聚落分化是社会分化的关键性要素,是研究国家起源和社会复杂化的最重要抓手,甚至可以理解为唯一的抓手。聚落形态的演变包含聚落的规模、聚落的职能和聚落之间相互关系的过程性变化。其中研究聚落规模的基本方法是区分聚落的层级。在操作层面上,西亚和美洲的田野实践通常以进行区域调查为基础,按照聚落的面积区分聚落层级。这个方法也被借鉴于中国,例如在海岱地区和中原地区所做的聚落研究。目前在环太湖地区尚未开展大范围野外作业,因此无从了解聚落面积与层级的联系。另外由于水网地区独特的生存环境和聚居方式,能否有效地确定遗址的分布范围,并以分布范围决定聚落等级,也是需要验证的。良渚文化的墓葬材料比较丰富,阶层和等级的划分比较清楚,因此有的研究者根据墓葬所属阶层和等级推导所在聚落的层级[1]。

一、良渚文化的聚落层级

(一) 依据玉琮拥有方式划分聚落层级

    良渚文化的社会运作以神权为主导,创造了独特的神祇系统,主神为其核心,人形神和虎神合二为一。主神完整版目前仅见于浙江余杭反山M12[2],主神省略版、简化版和变异版等发现比较多,后者以不同的时间、空间和使用方式自前者衍生。主神载体最重要和最主要的为玉琮,主神形象的集大成者亦为玉琮,只有玉琮一种器物包含主神形象的各种版本,玉琮的形和主神的纹二位一体是良渚神权的完美表达,可以说拥有玉琮就是掌控神权。因此,判断良渚文化的聚落形态和层级,除了应该参考墓葬的阶层和等

---

[1]　郭明建:《良渚文化宏观聚落研究》,《考古学报》2014年1期。

[2]　如反山M12的琮(M12∶98)、钺(M12∶100)、柱形器(M12∶87)上的主神完整版。浙江省文物考古研究所:《反山——良渚遗址群考古报告之二》,文物出版社,2005年。

级外,还应该特别关注玉琮的拥有方式。实际上,良渚文化各聚落的墓葬所属阶层、等级与玉琮拥有方式的关联度非常突出。

良渚文化的多数聚落不拥有玉琮,拥有玉琮的是少数聚落,后者存在不同的拥有方式:(1)持续性拥有:单一聚落有多个(两个以上,含两个)权贵使用玉琮,并在离世后用以随葬,这些权贵墓葬的时间表现延续性;(2)间断性拥有:单一聚落有多个(两个以上,含两个)权贵使用玉琮,但是它们在时间轴线上有间断;(3)短暂性拥有:聚落中只有一个权贵随葬玉琮,有些玉琮非发掘品,但在该聚落只发现1件玉琮。

根据是否拥有玉琮和上述拥有玉琮的三种不同方式,良渚文化的聚落可以区分为不同的层级:(1)第一层级:以第一种方式拥有玉琮;(2)第二层级:以第二种方式拥有玉琮;(3)第三层级:以第三种方式拥有玉琮;(4)第四层级:不拥有玉琮。

根据社会延续发展的阶段性特征,良渚文化分成初期、前期、后期和末期[1]。初期是良渚文化的形成期,前期是兴盛期,后期是变革期,末期是衰变期。初期因包含此前的崧泽文化因素,也被称为"崧泽—良渚过渡段",如果不局限于某些物质遗存,而是从社会发生明显变化的角度看,这一阶段属于良渚文化更为恰当;末期,原有文明消亡,外来族群进入,社会形态剧变。末期的区域性差异比较大,文化因素复杂多元,有些区域演变为钱山漾文化。

浙江余杭的良渚—瓶窑地区无疑是社会发展中心,相比较其他地区,良渚—瓶窑的考古资料最为丰富。总体上,良渚—瓶窑的规模与其他聚落(群)之间存在巨大落差。现在学术界已经将良渚—瓶窑作为包括许多地点的聚落整体对待,而将其他地区大多数聚落作为单一聚落,即便有少数所谓的"聚落群""遗址群",其"群"内的功能性表现也远远不如良渚—瓶窑清晰。因此良渚—瓶窑是层级远高于其他聚落之上的超级聚落,本文区分聚落的层级只在良渚—瓶窑以外的其他聚落中进行。

(二)超级聚落"良渚"

学术界对良渚—瓶窑的认识过程相当长,20世纪90年代以前是将区域内每个发现文化遗存的地点均认定为独立的遗址,或作为完全独立的遗址对待。1987年提出了"'良渚'遗址群"的概念[2],嗣后逐步完善了对遗址群的认识。在这个特定区域,遗址分布密集,相互距离比较近,而和区域外遗址的相互距离比较远,因此区域内的遗址组成了一个特殊的"群"。对于"群"内各遗址的功能以及相互关系的认识,也随着资料的积累而不断深化[3]。2006年以来城垣的发现,特别是城垣西北水坝工程遗址发现后,学术界普遍认为已经难以用"遗址群"概括这样一个涵盖多种功能的聚落。在发明更

---

[1] 宋建:《良渚文化的兴衰过程》,《良渚文化研究——纪念良渚文化发现六十周年国际学术讨论会文集》,科学出版社,1999年。该文将良渚文化分为四期,相当于本文的前期与后期。
[2] 王明达:《"良渚"遗址群概述》,《良渚文化(余杭文史资料第三辑)》,1987年。
[3] 浙江省文物考古研究所:《良渚遗址群——良渚遗址群考古报告之三》,文物出版社,2005年。

为贴切的术语之前,本文暂用"良渚"这一相对模糊的概念。对于过去"遗址"的概念,本文认为,其中能够确定功能的直接按功能定名,如"古尚顶宫城""反山墓地";不能够确定功能或功能多样的,则称为"地点"。

从功能出发,"良渚"可区分为不同的区域[1]。

1. 城垣内的政治中心区

城垣内是政治中心区。以古尚顶为中心,城垣内是最高等级权贵活动或者围绕最高等级权贵开展活动的主要场所。

城垣平面格局略呈圆角长方形,正南北方向,南北长约1910、东西宽约1770米,总面积约300万平方米。城垣内外均环绕有河道。已经发现8个水门——四面城垣各2个,在南城垣中部还有1个陆门。

城垣内近中央偏北为宫殿区,宫殿建于高台之上,实际就是宫城——古尚顶宫城。高台"宫城"的东西向670、南北向450米,现地面以上高达10米;高台的形成除了西部的一部分利用了自然高地外,主要为人工堆筑而成,堆筑厚度最高达12米;高台整体呈覆斗形,台顶面积为28万平方米。台顶之上又筑有三个土台,分别名为大莫角山、小莫角山和乌龟山,是3座高于台基面的最重要的宫殿或宫殿组。偏于东北端的大莫角山宫殿组体量最大,台基底部东西向约180、南北向约97米,比古尚顶高台顶部高出6米。大莫角山上已经发现了四座房屋基址。除了这三处主要的宫殿(组),"古尚顶宫城"还有其他宫殿基址和以沙土夯筑的广场(庭?)。

在"古尚顶宫城"大型高台东侧坡的废弃堆积中,堆放了大约1万～1.5万千克的炭化稻米,据考古发掘人员推测,应该是粮仓遭遇了突如其来的大火被焚烧,无法食用的稻米被集中丢弃。粮仓距离丢弃区不会很远,应该就在"古尚顶宫城"内,为宫城专用粮仓。

在紧邻"古尚顶宫城"西侧发现的河道,与城垣内外的环绕河流相通,是获取外来物资的通道;河道旁还有可供泊船以装卸运输物资的栈桥码头。这是目前所了解的宫城物资供应的一种方式。

城垣内还有最高等级的权贵——"王室成员"的墓地反山。反山墓地在"古尚顶宫城"的西北,且相距不远,体现了二者的密切相关性。反山是人力堆筑的高于现地表5～6米的土台,面积约2700平方米。1986年发掘了土台的西半部分,一共发现9座前期三段的权贵墓葬。其中M12和M20是目前发现等级最高的两座墓,其标志性器物分别是M12的玉权杖和M20的象牙权杖:前者仅此一件;后者也仅在青浦福泉山[2]、桐乡姚家山[3]等少数地点的高等级权贵墓葬中发现。

[1] 关于良渚古城的考古发掘资料主要参考刘斌、王宁远:《2006～2013年良渚古城考古的主要收获》,《东南文化》2014年2期。
[2] 上海市文物管理委员会:《福泉山——新石器时代遗址发掘报告》,文物出版社,2000年。
[3] 王宁远、周伟民、朱宏中:《桐乡姚家山发现良渚文化高等贵族墓》,《崧泽·良渚文化在嘉兴》,摄影出版社,2005年。

"良渚"的反山墓地、瑶山神坛墓地[1]等权贵墓葬实行用玉的制度性规范,权杖、完整钺(配备瑁、镦,下同)、钺、三叉形冠徽和矩形冠徽是区分权贵等级和性别的标志性玉器;琮表达神权并用以操作神事,与权贵等级密切相关。以反山为例,权贵分为五个等级:其中M12为第一等级,使用权杖、完整钺、琮、三叉形冠徽和矩形冠徽;M20为第二等级,使用完整钺、琮、三叉形冠徽和矩形冠徽[2]。

城垣内发现玉琮的还有钟家村地点[3],西距古尚顶宫城约200米,遗存范围东西150～220、南北约300米,中部被老104国道穿越。该地点出土过三叉形冠徽[4];20世纪30年代施昕更曾记述有挖掘玉器的旧坑,"解放后村民们也曾在路南农田中翻出玉琮、璧等重要器物"[5]。另外,新近发现反山以南不远的姜家山墓地随葬玉琮[6]。

2. 城垣外的不同功能区

与城垣内的政治中心区相对应,城垣外有几种不同的功能区。

距城垣最近的是数百米外的众多地点,目前除了西部偏北和北部偏西的区段外,其他区段都有分布。这些地点大多呈长条状,与城垣几乎平行,并断断续续地环绕了城垣的大部分。北边东段有扁担山、和尚地,东边有美人地、里山、高村等,南边有卞家山,西南端有文家山、东杨家村和西杨家村等,看似构成了拱卫城垣内政治中心区的外围,或称为"外郭"。

值得注意的是,扁担山和美人地的开始时间都是后期五段,连续使用到末期(钱山漾文化阶段)[7]。根据钻探,城垣以东区域多为湿地和水域,可供生活的地域不多。良渚后期随着环境的改变和人口的增加,有规划地在东、南外围以原有地形为基础堆筑条状高地,既增加了居住区域,又对城垣区域形成拱卫之势。目前在这个区域没有发现农耕遗迹[8],因此东、南条状高地的居住者为非农业人口的可能性是存在的。这几乎一周的城垣外区域涵盖了居住区、墓地、河道码头等功能区。其中,出土玉琮的地点有文家山[9]等,传1949年以前出过玉琮的地点有扁担山[10]等。这里主要是等级略低的权贵及其家族、族群的居住与活动区。

距离政治中心区稍远一些的是两处神坛和大祭司(巫师)的家族墓地。目前发现的两处良渚文化前期神坛都建在城垣之外的矮山之上:瑶山在城垣东北约5公里处,汇观

[1] 浙江省文物考古研究所:《瑶山——良渚遗址群考古报告之一》,文物出版社,2003年。
[2] 宋建:《良渚文化的用玉与等级》,《上海博物馆集刊(第十一期)》,上海书画出版社,2008年。
[3] 浙江省文物考古研究所:《杭州市良渚古城外郭的探查与美人地和扁担山的发掘》,《考古》2015年1期。
[4] 浙江省文物考古研究所:《杭州市良渚古城外郭的探查与美人地和扁担山的发掘》,《考古》2015年1期。
[5] 浙江省文物考古研究所:《良渚遗址群——良渚遗址考古报告之三》,文物出版社,2005年,第198、67页;施昕更:《良渚——杭县第二区黑陶文化遗址初步报告》,浙江省教育厅,1938年,第18页。
[6] 浙江省文物考古研究所发掘资料,王宁远提供信息。
[7] 浙江省文物考古研究所:《杭州市良渚古城外郭的探查与美人地和扁担山的发掘》,《考古》2015年1期。
[8] 刘斌、王宁远:《2006～2013年良渚古城考古的主要收获》,《东南文化》2014年2期。
[9] 浙江省文物考古研究所:《文家山——良渚遗址考古报告之五》,文物出版社,2011年。
[10] 浙江省文物考古研究所:《杭州市良渚古城外郭的探查与美人地和扁担山的发掘》,《考古》2015年1期。

山在城垣西偏北约2公里处[1]，它们都既是神坛，又是大祭司的家族墓地。两处神坛的形制结构相似。瑶山神坛在海拔35米的山丘上，东半部因采石被破坏直至地平。神坛为阶梯覆斗状三重矩形，中间为红土台，其外是先挖沟然后在沟内填满灰土的外框，外面一重是灰白色砾石铺就的台面，台下是石头护坡。汇观山在海拔22米的山丘上，东西两侧为二级阶状，阶上有南北向的槽沟。瑶山神坛上有13座祭司及其相关者的墓葬，汇观山神坛上发现4座墓葬。

另外有子母墩[2]，在北城垣以北，人工堆筑，方锥形，边长80、相对高度11米，有两级阶，结构略似汇观山。凤山位于城垣外西南的高地，主体已经被采石取平[3]。凤山坡地上有丰富的良渚文化遗存，出土玉琮2件，均为两节人形神面。这两个地点都不可排除作为神坛的可能性。

距离政治中心区稍远一些的还有多处权贵生活区和墓地，以及不同的功能区，其中拥有玉琮的地点有余杭官井头[4]、梅家里[5]、吴家埠[6]和羊尾巴山、卢村、苏家村[7]等。

（三）第一层级聚落：持续性拥有玉琮

"良渚"之下为第一层级聚落，以持续性拥有玉琮为特征。前期第一层级聚落只有江苏江阴高城墩[8]和浙江余杭玉架山[9]两处，后期数量增加，以上海青浦福泉山为代表。

1. 高城墩

高城墩北枕长江，距"良渚"大约200公里，是整个良渚时期距"良渚"最远的第一层级聚落。目前学术界对高城墩的认识仅停留在墓地，尚未进入对聚落的全面考察。墓地的破坏相当严重，发掘时仅保存2000平方米。墓地的西面、北面已经到达边缘，但仍保留高台的坡状结构；南部和东部则被破坏殆尽。当地人描述高台原貌为面积近万平方米，高度达10余米；但现存高度仅5米左右。因此发掘所见只是墓地的很小部分，原来当有更多等级相近的墓葬。

根据墓葬的排序可知，位于发掘区域东南部的墓葬早于西北部。根据墓葬埋设比较密集，而北部和西部存在较大范围的无墓葬区域的特征，确定了墓葬分布的西、

［1］浙江省文物考古研究所、余杭市文物管理委员会：《浙江余杭汇观山良渚文化祭坛与墓地发掘简报》，《文物》1997年7期。
［2］浙江省文物考古研究所：《良渚遗址群——良渚遗址考古报告之三》，文物出版社，2005年，第50页。
［3］浙江省文物考古研究所：《良渚遗址群——良渚遗址考古报告之三》，文物出版社，2005年，第54页。
［4］赵晔：《浙江良渚官井头遗址》，《2013中国重要考古发现》，文物出版社，2014年。
［5］浙江省文物考古研究所、北京大学考古文博学院、北京大学中国考古学研究中心、良渚博物院、杭州市余杭博物馆：《权力与信仰——良渚遗址群考古特展》，文物出版社，2015年，385页。
［6］浙江省文物考古研究所：《余杭吴家埠新石器时代遗址》，《浙江省文物考古研究所学刊》，科学出版社，1993年。
［7］浙江省文物考古研究所：《良渚遗址群——良渚遗址考古报告之三》，文物出版社，2005年，第42、49、69页。
［8］南京博物院、江阴博物馆：《高城墩》，文物出版社，2009年。
［9］楼航、葛建良、方中华：《浙江余杭玉架山发现良渚文化环壕聚落遗址》，《中国文物报》2010年2月26日第4版。

北地界。M13位于发掘区域的最南端，是已发掘墓葬中墓坑最大的，虽然墓葬的一部分已经被破坏，但从发掘部分和被破坏时出土的玉器看，M13年代最早，所采集玉琮的时代相当于"良渚"的瑶山时期，应是高城墩等级最高的墓葬之一。因此，高城墩至少在M13的阶段已经获得神权，成为目前所知年代最早、规模仅次于"良渚"的第一层级聚落。

神权在高城墩延续了比较长的时间，发掘的14座墓葬中有5座随葬玉琮，可知掌控神权的祭司人数在高城墩权贵中占三分之一强。其中又有2座墓葬各随葬2件玉琮，M13已知至少有2件，可知拥有2件或2件以上玉琮的墓主所占比例居多（表一）。

表一　高城墩权贵的用玉数量统计（单位：件）

墓号	玉琮	玉钺	玉璧	墓号	玉琮	玉钺	玉璧
M1*		1	1	M8	1		2
M2*			1	M9			
M3	1			M10			1
M4				M11	2		1
M5	2	1	1	M12*			
M6				M13*	2	1	1
M7				M14			

*被破坏的墓葬。

高城墩随葬玉琮墓葬中值得关注的还有M8。该墓将一件玉琮的大约四分之一的部分打破成五片放在墓主的头部，这种随葬破碎玉琮的方式极为罕见。M8的墓位在墓地的西北边缘，北边有M14，不随葬琮和钺，且随葬品总量和随葬玉器都很少。M8是目前所知最晚的随葬玉琮的墓。发掘显示，高城墩墓地停止埋葬行为后被整体覆盖了一层厚约20厘米的灰白土。M8随葬破碎玉琮，又是年代最晚的玉琮墓，随后墓地被灰白土层覆盖，这些迹象暗示了重大的社会变故，破碎玉琮很可能和高城墩墓地的终结或高城墩这一群体丧失了玉琮的使用权相关[1]，表明高城墩掌控神权被终止。但是，如果像当地人所言土台原高10余米，而发掘时仅存5米左右，那么已经失去的5米左右高度的土台的上部是否仍然为良渚人筑建？其性质如何？本文认为，如果要关注高城墩的延续性，这是必须提出的问题。

高城墩发生重大社会变故后进入良渚文化后期，环太湖地区兴起多个第一层级聚

---

[1]　宋建：《良渚文化玉琮一种特殊的使用方式》，《中国文物报》2005年6月17日第7版。

落,如江苏常州武进寺墩[1]、上海青浦福泉山、江苏苏州草鞋山[2]、无锡邱城墩[3]等,其中寺墩距离高城墩最近。

2. 福泉山

福泉山已经发现两处权贵墓地,其中福泉山墓地的发掘面积大,学术界对墓地的全貌了解比较清楚;吴家场墓地[4]发掘范围小,学术界对墓地只有初步认识。福泉山历史悠久,发展历经数千年,福泉山墓地始于崧泽文化,延续于良渚文化,至良渚前期第三段等级明显提升,标志是出现2座随葬玉钺的墓葬M109和M144,说明该聚落的首领进入良渚文化的权贵阶层。这一时期的聚落权贵和非权贵成员均埋葬于墓地的同一墓区——西区,表明非权贵成员与权贵关系紧密,可能是权贵的家族成员或随从。值得注意的是,福泉山墓地西区的墓位安排一直比较混乱,墓坑叠压打破关系比较复杂,但是第三段的这2座权贵墓葬没有被其他墓葬叠压,这一方面显示他们的地位很高,另一方面表明此时福泉山开始贯彻墓地的管理理念。

福泉山获得神权始于良渚后期。在此之前,M144随葬的1件柄形器上出现疑似主神像,似可以被理解为福泉山聚落渴望得到神权的首次尝试。良渚后期福泉山墓地的9座权贵墓葬中就有5座使用玉琮,吴家场墓地有2座使用玉琮,两处墓地共有4座墓各用2件玉琮。福泉山墓地用琮墓的时间段分布比较均等,第四段2座,第五段1座,第六段2座,说明福泉山权贵持续性掌控神权,聚落地位和层级大幅度提升并延续(表二)。

继前期三段后,后期福泉山墓地的管理更为严格规范。墓地分为西区、中区和东区三个区域,西区是前期墓地的延续,中区和东区是新开辟的墓区。后期福泉山墓地为权贵专有,应该有专人或机构管理,未再发生叠压打破等混乱现象。值得注意的是,后期西区的3座权贵墓葬的用玉方式延续了前期三段,即只配置玉钺,不掌控玉琮;中区和东区的大多数权贵都拥有玉琮,表明神权是后期被赋予的新权力,祭司等神职人员死后都葬于新墓区。墓地的严格管理体现了玉琮的掌控增强了社群的政治水平和组织能力。

福泉山聚落的消亡应当同良渚文明的衰变密切相关,但是在墓地上还没有见到发生社会变故的明显迹象。

[1] 南京博物院:《1982年江苏常州武进寺墩遗址的发掘》,《考古》1984年2期;江苏省寺墩考古队:《江苏武进寺墩遗址第四、第五次发掘》,《东方文明之光——良渚文化发现60周年纪念文集》,海南国际新闻出版中心,1996年。

[2] 南京博物院:《江苏吴县草鞋山遗址》,《文物资料丛刊(第三集)》,文物出版社,1980年;南京博物院:《苏州草鞋山良渚文化墓葬》,《东方文明之光——良渚文化发现60周年纪念文集》,海南国际新闻出版中心,1996年。

[3] 南京博物院、江苏省考古研究所、无锡市锡山区文物管理委员会:《邱城墩——太湖西北部新石器时代遗址发掘报告》,科学出版社,2010年。

[4] 上海博物馆:《上海福泉山遗址吴家场墓地2010年发掘简报》,《考古》2015年10期。

表二　福泉山权贵的用玉数量统计（单位：件）

期别	时间段*	墓葬	琮	完整钺	钺	矩形冠徽	璧或瑗
前期	3（3）	福泉山M109			1	1	3
	3（3）	福泉山M144			1		
后期	4（4）	福泉山M136			1		
	4（4）	福泉山M74		1	3	1	
	4（4）	福泉山M65	2	1	1		2
	?（4）	福泉山M53	2				
	4（4）	福泉山M60				1	2
	5（5）	福泉山M67	1				
	5（5）	福泉山M101			1	1	
	6（5）	福泉山M9	3		2		4
	6（5）	福泉山M40	3		3		3
		吴家场M204	2		3		9
		吴家场M207	1		6		1

*时间段采用笔者的分期，括号内为原报告中的分期。

3. 寺墩

寺墩发现4座随葬玉琮的大墓，其中唯一保存完好的M3共有33件琮和2件钺，其中1件为带瑁、镦的完整钺。4座大墓东西横向排列，周围近旁没有发现其他墓葬。除M4，其余3座墓都有陶器，为确定它们的期别提供了依据；没有陶器的M4则可以依靠玉器确定大致年代。4座大墓的墓位安排，属于后期六段的M1和M5埋于外侧，后期五段的M3埋于中间，M4在M3旁，年代可能比较接近。上述资料表明这是后期五段和六段权贵的专有墓地，墓主即4位权贵都拥有数量不等，但至少2件玉琮，权势很大（表三）。

表三　寺墩权贵的用玉数量统计（单位：件）

墓号	琮	完整钺	钺	矩形冠徽	璧或瑗
M1*	2				5
M3	33	1	1		24
M4**	1+10余件				1+10余件
M5*	2		1		2

*被破坏的墓葬；

**M4发掘出土玉琮1件，1973年前出土10余件。

（四）第二层级聚落：间断性拥有玉琮

第二层级的聚落为间断性拥有玉琮,如江苏苏州张陵山[1]。学术界对张陵山的全貌了解不多,目前只在西山和东山进行过发掘。西山和东山是两处权贵墓地,相距约100米,面积各为6000平方米,略小于福泉山墓地的7200平方米,但远大于吴家场墓地。西山发掘了崧泽文化墓葬6座和良渚文化墓葬5座,后者中的M4随葬镯形琮1件;东山破坏严重,收集的玉器被认为属于同一墓M1,有2件琮形管、1件大孔玉斧和1件玉瑁等重要玉器,还在文化层中发现1件残玉琮。从张陵山所发现的遗存看,2件玉琮分属不同的墓地,玉琮年代相去甚远,西山M4为前期一段,东山文化层的残玉琮不早于前期三段,表明张陵山至少曾先后在两段时间拥有玉琮,其间中断时间较长。可以确认的资料显示,两个墓地、两段时间分别仅发现1件玉琮,拥有玉琮的方式同第一层级有所不同。

（五）第三层级聚落：短暂性拥有玉琮

第三层级聚落发现较多,以发掘工作比较充分的浙江桐乡新地里[2]和普安桥[3]、江苏昆山赵陵山[4]为其代表。

1. 新地里

新地里经过较大范围发掘,发现了140座良渚文化墓葬,从前期延续到后期。通过新地里墓地,我们可以在一个长时段观察用玉、用琮和获得神权的完整过程(表四)。

表四　新地里权贵的用玉和石钺数量统计(单位：件)

时间段*		墓葬	琮	钺	矩形冠徽	三叉形冠徽	璧或瑗	似冠徽	石钺
前期	一	M137	1					1	
	二	M108			1	1			2
	二	M98			1				4
后期	四	M121		1				1	2
	五	M28				1	2		8
	五	M124			1				1
	五	M6			1				
	六	M5			1				1

*时间段采用发掘报告的分段。

[1] 南京博物院:《江苏吴县张陵山遗址发掘简报》,《文物资料丛刊(第六集)》,文物出版社,1982年;汪遵国、王新:《江苏吴县张陵山东山遗址》,《文物》1986年10期。
[2] 浙江省文物考古研究所、桐乡市文物管理委员会:《新地里》,文物出版社,2006年。
[3] 北京大学考古系、浙江省文物考古研究所、日本上智大学:《浙江桐乡普安桥遗址发掘简报》,《文物》1998年4期。
[4] 南京博物院:《赵陵山——1990～1995年度发掘报告》,文物出版社,2012年。

新地里最早的M137随葬1件玉琮。M137埋设在西部早期土台上,并被后来土台扩展时的人工堆筑土层所覆盖。埋于土台上的还有另外2座权贵墓葬:M108随葬三叉形冠徽和矩形冠徽各1件,M98随葬矩形冠徽1件。尽管在发掘报告中M108、M98比M137晚一个阶段,但是根据对墓葬层位关系和随葬陶器序列的分析可知,3座墓葬的下葬时间相隔并不太远,这三位权贵差不多同时获得了较高的社会地位。M137的层位关系还表明,墓主被授予神权后大大提高了新地里社群的政治地位,为此人工堆筑土台作为纪念性构筑物,墓主去世后埋葬于土台上,成为墓地的第一个使用者。M137以后再无用琮的墓葬,表明该墓地所代表的群体失去神权。

2. 普安桥

普安桥是一个大型土墩,20世纪90年代发掘600多平方米,发掘范围东西向横跨整个土墩,土墩之上清理出良渚文化初期、前期墓葬17座。发掘简报用5件陶豆(分别出自于M15、M16、M8、M1、M11)说明这17座墓葬的时间过程,其中使用玉琮的M11位于这一过程的最末端,表明普安桥社群在良渚前期被授予神权。玉琮出自M11墓主的右下臂外侧,为切割过的半截玉琮,琮的射环内及其两端部分发现臂骨痕迹,可知其使用方式为套于右臂。

M11墓主使用玉琮、玉钺、矩形冠徽和三叉形冠徽,是良渚文化权贵第三等级的男性,完全符合"良渚"用玉规范。但是现有资料所显示的M11是年代最晚的墓葬之一,不同于新地里M137因为拥有玉琮而成为新的开拓者。或由于普安桥发掘区域与范围所限,土墩的未发掘部分还会有晚于M11的墓葬。

3. 赵陵山

赵陵山是人工堆筑而起的高土台,分多次堆筑和补筑修整,第一次堆筑至高3米左右,以后又加高1米多,显示这个聚落具有相当多的人力资源和很强的组织能力。

从墓地的使用时间看,赵陵山聚落兴起于良渚初期,经过一段时期的发展后,在良渚前期已有相当实力,出现了M77墓主这样的首领。M77位于人工堆筑的台基上,墓位在该墓地的最东部,周边与其他墓葬有较大间隔,也无其他墓葬叠压其上,凸显了墓主地位之显赫。随葬的贵重物品除玉琮外,还有头戴鸟冠的玉人、冠徽等。玉琮置于墓主右手上,素面。这种未雕刻主神的玉琮是极为罕见的,其原因无从知晓,可能墓主或以墓主为代表的社群尚未获得神权的正式授予。

(六)第四层级聚落:不拥有玉琮

这一层级内存在很大差异,有的相当强盛如浙江海宁小兜里[1],只是目前尚未发现玉琮。看来今后学术界应该根据聚落规模对第四层级进一步细分,其中规模较大、实力强盛者很可能会因玉琮的新发现而提升聚落层级。

以上所介绍的"良渚"和各层级聚落共同构成了神权主导的良渚古国。良渚文化

[1]　浙江省文物考古研究所、海宁市博物馆:《小兜里》,文物出版社,2015年。

主神形象统一,为至上神。良渚文化有共同的神祇系统、统一的观念形态和信仰体系,由此奠定了良渚古国的政治基础。各层级聚落在良渚古国中的社会位置决定于其怎样掌控神权,换言之,玉琮的拥有方式可以折射出拥有者所在聚落的层级及其与其他层级聚落之间的相互关系。新地里因为获得了神权而堆筑高台作为纪念性建筑,掌控玉琮的权贵离世后埋在该纪念性建筑上(侧)面,成为墓地最早的墓葬之一,甚至可能就是第一座墓葬。高城墩丧失神权是一次重大事件,暗示社会发生了变动。

神权是维系"良渚"和各层级聚落关系的纽带,制约了超级聚落同各层级聚落之间的相互关系;并随着时间、空间的不同而发生过程性和共时性变化。良渚后期同前期之间存在显著差异,各层级聚落与"良渚"的距离也是相当重要的影响因子。第一层级持续性拥有代表神权的玉琮,因此和"良渚"的关系显得尤为重要。

二、琮、钺的使用与权力结构的变化

(一)玉琮的分割与神权的授受

上文关注了玉琮持续拥有、间断拥有和短暂拥有等不同的拥有方式,同样,玉琮的授受方式也值得关注。良渚文化玉琮上存在被刻意分割的现象,前期有出自普安桥M11和张陵山东山等的玉琮,后期有出自福泉山M40和余杭横山M2[1]等的玉琮。普安桥M11的玉琮上端没有射口,显然是一件被截断的玉琮,很像是两节的人形神面玉琮被分割为两件,M11墓主得到了其中的一件——玉琮的下半部分。张陵山东山的玉琮出自地层,仅存一角,可以复原。玉琮为一段加一节,上部一段两节为人虎主神,下部一节为人形神面。下部一节的底端被截去,下端没有射口。这件玉琮至少被截去一节虎神而分割为两件,分割方式与普安桥者大致相同。良渚后期的福泉山M40随葬被分割为两件的六节人形神面玉琮,分割于第三节和第四节之间,第三节的鼻部改制为下射口,第四节的部分弦纹改制为上射口,但是两件分割琮随葬于同一座墓。横山M2玉琮为八节人形神面,从第四、五节之间分割成为两件,第四节的眼鼻部改制为下射口,第五节的弦纹改制为上射口,两件分割琮亦随葬于同一座墓。反山M21玉琮现存为五节人形神面,被切割了下部,最下面一节的眼鼻部分改制成下射口。如果参照福泉山M40和横山M2的分割方式,这件琮原为十节。值得注意的是,自上往下第二节和第三节之间的四角有明显切割痕迹,或为准备实施再分割。另外还有海宁余墩庙[2]M6的琮,三节人形神面,上节人形神的眼睛部分已被改为上射口部分,其弦纹部分可能改为另一琮的下射口。

[1] 浙江省余杭县文管会:《浙江余杭横山良渚文化墓葬清理简报》,《东方文明之光——良渚文化发现60周年纪念文集》,海南国际新闻出版中心,1996年。

[2] 刘斌、赵晔:《海宁发现良渚文化重要墓地》,《中国文物报》1995年8月6日;浙江文物考古研究所、海宁市博物馆:《崧泽·良渚文化在嘉兴》,浙江摄影出版社,2005年。

　　玉琮被切割的直接效果是增加了数量，从一件变为两件，甚至可能更多。玉琮是神权的物化，玉琮分割当暗指神权的分配与授受，换言之，是为了神权的分配和授予而分割玉琮。如果权贵仍然拥有被切割的玉琮全部，意味着可以授予别人，玉琮虽然已被分割但尚未授予；如果只拥有被切割的玉琮的一部分，意味着或此器受之于人，或已将另一部分授之于人。将玉琮分割可能是授受神权时采用的特殊方式。

　　拥有被分割玉琮的一部分的是前期的普安桥 M11、张陵山东山地层和后期的反山 M21 等。张陵山东山和普安桥各为第二层级和第三层级聚落，被授予神权的可能性比较大。反山 M21 的玉琮不完整，不排除随葬完整器的可能，这件不完整玉琮上还有新的切割点，尽管未实施切割，但墓主能够授神权于他人的可能性增加了。虽然 M21 地位已经大不如前期反山的墓主，但因地处"良渚"，仍然不可小觑。反山 M21 玉琮的一部分可能是授予神权后被留存，并准备再次分割授权。拥有玉琮完整器的是后期的福泉山 M40 和横山 M2，两者都是第一层级聚落，他们掌控着授权予其他群落的能力。

　　如果以上述论证为前提，那么良渚前期只发现了接受玉琮的聚落，最高者为第二层级，授予者当为"良渚"。高城墩和玉架山是否具备授予神权的能力还不能确定，后者凭借同"良渚"的特殊关系跻身第一层级，授予玉琮的可能性更小。良渚后期，授予玉琮者有"良渚"和第一层级聚落，作为超级聚落的"良渚"仍然具备授神权于他人的能力，同时有的第一层级聚落也参与了授权，如福泉山和横山。由此可见，良渚后期神权分散，权力中心数量增加。

（二）良渚文化的用玉规范

　　良渚文化前期，在"良渚"建立了用玉等级规范，各权贵依据其等级和性别使用玉器，对玉钺和冠徽等重要玉器有明确的使用规范，如男性不用玉璜，女性不用玉钺，那些等级高并掌控神权的权贵还配置数量不等的玉琮。这套规范在反山、瑶山和汇观山等前期权贵墓地严格执行；但晚期的情况缺乏资料，尚不清楚如何执行。

　　用玉规范在其他聚落的执行情况比较复杂。前期的执行可以粗分为三个区域和三种不同情况。第一个区域是邻近"良渚"的临平地区，执行比较严格。玉架山 M149，墓主为男性，随葬玉琮、矩形冠徽和三叉形冠徽各1件，并以朱漆柄石钺替代玉钺；玉架山 M200，墓主为女性，随葬琮形镯和特异形冠徽各1件；灯笼山 M9[1]，随葬1件玉琮，地位较高，但因墓葬南端头部被破坏，随葬不完整。第二个区域是太湖东部的广阔地区，执行规范比较灵活：区域南部多用三叉形冠徽，个别不用；区域北部不用。区域南部的普安桥 M11 是严格执行用玉规范的代表，随葬玉琮、玉钺、矩形冠徽和三叉形冠徽各1件；新地里 M108 随葬矩形冠徽、三叉形冠徽各1件和石钺2件；小兜里没有发现玉琮，有5座墓各使用1件玉钺，却无一墓用三叉形冠徽，使用玉钺的 M2 和 M8 还使用玉

---

［1］　浙江省文物考古研究所：《杭州市余杭区临平灯笼山遗址发掘喜获成果》，《中国文物报》2009年1月16日第2版。

璜。目前小兜里是区域南部用玉明显不符"良渚"规范的独特个案。区域北部的福泉山M109用1件玉钺和1件矩形冠徽；M144只用1件玉钺，没有冠徽。第三个区域是太湖北部的高城墩，北枕长江，远离"良渚"，是目前已知良渚文化集中分布区域的北缘。高城墩权贵只用玉琮、玉钺，不用冠徽，有别于"良渚"规范，但是用玉钺者均只用1件，不用玉钺用石钺者，亦仅用1件，与"良渚"的规范保持一致。

良渚文化后期，即使在邻近"良渚"的临平地区，用玉规范的执行也已松弛，如保存完好的横山M2，随葬4件玉琮、1件玉钺和1件三叉形冠徽，却未用矩形冠徽。新崛起的多个第一层级聚落的执行方式则更为灵活多变。

根据上述用玉等级规范的执行情况，可知前期"良渚"对其他聚落的控制力比较强，能够有效控制邻近的临平地区，基本控制太湖东南部，太湖东北既受到"良渚"的控制，又保有一定程度的独立性，对太湖北部高城墩的控制力最为薄弱；后期"良渚"基本丧失了对第一层级聚落的控制力。

第一层级聚落前期仅两处，为高城墩和玉架山，后者包含玉架山、灯笼山等多个地点，高城墩和玉架山分别位于距"良渚"最远和最近的两端。空间距离近使玉架山和"良渚"保持密切的关系和紧密的联系，并有助于玉架山位列第一层级。高城墩和玉架山虽为同层级聚落，但是仍然存在相当大的差别。后期多个第一层级聚落兴起，除了太湖北部可能与高城墩有延续关系的寺墩外，还有福泉山、草鞋山、邱城墩等，有迹象显示太湖东南部也出现了第一层级，如随葬象牙质权杖的姚家山。其中，福泉山是发掘工作开展最多的遗址，资料最丰富，从福泉山可以看到第一层级聚落逐渐强盛的基础和过程。前期的福泉山在太湖东部众多聚落中并不突出，规模不大，首领地位不高，直到前期最后一段才使用冠徽和玉钺。后期的福泉山存在福泉山和吴家场两个权贵墓地，福泉山墓地为权贵专有，性质与反山相当；吴家场M207墓主使用了两件象牙质权杖，其地位直追反山M20墓主。

后期的"良渚"尚未发现能与福泉山比肩的遗存，实力明显削弱，从权贵墓葬及所用玉琮可以看到其势力已经大不如前期。多节型高琮是后期玉琮的典型形制，然而"良渚"发现很少。良渚镇梅家里墓地仅一座墓使用玉琮：M18是一座被破坏的墓葬，残存随葬品有1件高琮、2件玉璧。反山M21也是一座被破坏的墓葬，残存随葬品中的重要玉器只有1件高琮，其他只有小件玉器和绿松石、石钺和3件陶器。已发掘部分的反山墓地分为前期与后期，以前期为主，共有9座墓葬，后期仅发现2座残墓：M19和M21，两墓的规模等级与前期墓葬相去甚远。这2座墓的墓位间杂于前期的前排墓葬中，位于M16两边，墓位明确的M21并没有破坏前期墓葬。虽然M21和前期墓葬有一段时间间隔，但当时应该仍然清楚前期的墓地安排。M21墓主的地位显然无法与近旁的M16相比，更不用说M12和M20了。无论如何，M21的墓主也是一位权贵，却未能单独另辟墓地，而是栖身于前期墓地中，其缘由耐人寻味。吴家埠和文家山发现了多节型高琮，前者为收集品，后者为残器，出自地层，为多节人形神面，残剩上部三节。由上可见，尽管后期"良渚"看似依然强大，但是在外围多个第一层级聚落崛起的背景下，随着各自实力的此消彼长，"良渚"对福泉山等聚落的控制力基本丧失当属必然。

（三）用钺方式体现权力结构的变化

如果说玉琮是物化的神权，那么玉钺就是物化的族权、军权乃至王权。从良渚文化玉钺的使用可以看到其表现权力的微妙变化。前期权贵使用玉钺每人都超过1件，即使如反山M12和M20那样的至尊地位的墓主，也没有突破。无论在"良渚"还是在其他地点几乎没有例外，这显然已成规范。后期不少权贵用钺超过1件，福泉山的一些权贵用钺甚至多达5件或6件，用钺的规范显然不再严格。用钺规范从严格执行到随意变通，显示后期"良渚"的管控能力不断削弱甚至缺失，相反那些第一层级聚落的独立性却在持续增强，甚至可能完全脱离了"良渚"的掌控。玉钺是崇尚武力的象征，后期用钺数量的变化指向权力结构的变化，可以认为后期军权的分量在良渚权力系统中大为增强，世俗权力得到提升，同时也暗示了战争频率的增加。

三、结　语

良渚文化的玉琮和主神蕴含着复杂的信仰体系，神权维系着各种相互关联的社会关系，从而保证了良渚古国的整体集中性与同一性。神权纽带的紧绷或松弛表明"良渚"超级聚落控制力的强大或削弱乃至丧失，体现了良渚古国的松散性与复合性。大体上，前期良渚古国的政治结构高度集中，"良渚"紧握神权，对各层级聚落保持强大的控制力，只有远在太湖北部的高城墩具有相对独立性；后期良渚古国的政治结构相当松散，多个第一层级聚落崛起，虽然它们都尊崇同一位主神，但是政治局面已然呈现多雄并立，良渚古国分化为多个古国，其中的强者如福泉山俨然与"良渚"平起平坐。延续千年的良渚古国是以神权为主导的复合型古国，良渚后期多个古国权贵用钺数量的增加当有其深刻的政治背景，代表了新出现的政治内涵，权贵集团加强了世俗权力的地位，体现了权力系统的结构性变动。

原载《东南文化》2017年2期

良渚文化分期新论

　　良渚文化的分期研究实质性启动于1977年,有研究者认为"'良渚文化'应有早晚期的区别。大体上可以认为吴兴钱山漾和杭州水田畈二址是较早的遗存,杭州良渚和嘉兴雀幕桥二址则是较晚的遗存"[1]。20世纪80年代中叶对浙江几处墓地所发现的墓葬根据陶器变化序列分为四期,这是良渚文化陶器编年的突破性进展,为良渚文化的分期研究奠定基础。此后,依据陶器编年,多种良渚文化遗存的综合分期方案被制定。目前根据文化发展的总体特征,一般将良渚文化分为早、中、晚三期。

　　1987年我的分期方案将良渚文化分为四期6段,随着新材料的发现和认识的深入,后来又提出了第1段前的崧泽—良渚过渡段和第6段后的文化遗存。我曾尝试以陶器编年和文化遗存分期为基础,着眼于社会发展,将良渚文明分为"开始、繁盛和由盛至衰"三个时期[2]。后来更加深刻地认识到陶器编年和文化分期是手段,阐明社会发展基本法则是目的,2016年11月在杭州召开的良渚文化发现80周年研讨会演讲中,将良渚文化分为初期、前期、后期和末期,分别为良渚文明的"兴起、繁盛、变革、衰亡"四个阶段。

一、初期——文明的兴起

　　初期的典型遗存是上海青浦福泉山发掘报告的良渚文化第一期遗存(图一)[3]、江苏昆山赵陵山4层下的墓葬(图二、三)[4]和浙江湖州毘山埋设于土台上的墓葬[5]。

　　对这类遗存的文化属性,有的研究者将其归入崧泽文化,其方法是提出明确的良渚文化标准,那些没有达到这些标准的遗存一概被归入崧泽文化,例如南河浜遗址的这类

[1] 蒋赞初:《对于长江下游新石器时代文化几个问题的再认识》,《文物集刊(第一集)》,文物出版社,1980年。
[2] 宋建:《论良渚文明的兴衰过程》,《良渚文化研究——纪念良渚文化发现六十周年国际学术讨论会文集》,科学出版社,1999年。
[3] 上海市文物管理委员会:《福泉山——新石器时代遗址发掘报告》,文物出版社,2000年。
[4] 南京博物院:《赵陵山——1990～1995年度发掘报告》,文物出版社,2012年。
[5] 浙江省文物考古研究所、湖州市博物馆:《毘山》,文物出版社,2006年。

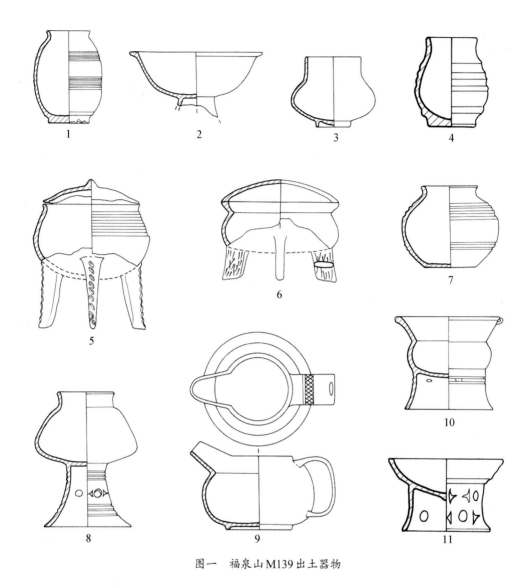

图一 福泉山 M139 出土器物

遗存[1]。也有研究者提出了"过渡期"概念,如福泉山的良渚文化遗存被分为五期,发掘报告指出,"一期具有浓厚的崧泽文化遗风,但已出现了良渚文化的典型器,属于崧泽向良渚的过渡期"[2],认识略显模糊。目前"过渡期"或"过渡段"的认识得到较多研究者的认同。还有研究者提出崧泽文化演化为良渚文化过程中的区域性差异,环太湖地区北部文化遗存的过渡性特征比较明显,而南部地区特别是良渚地区不存在"过渡期"[3]。相左意见则认为"良渚地区普遍存在一个较长的过渡阶段"[4]。

［1］ 浙江省文物考古研究所:《南河浜——崧泽文化遗址发掘报告》,文物出版社,2005年。
［2］ 上海市文物管理委员会:《福泉山——新石器时代遗址发掘报告》,文物出版社,2000年,第130页。
［3］ 浙江省文物考古研究所:《庙前》,文物出版社,2005年,第122页。
［4］ 赵晔:《大雄山丘陵——一个曾被忽视的文化片区》,《崧泽文化学术研讨会论文集(2014)》,文物出版社,2016年。

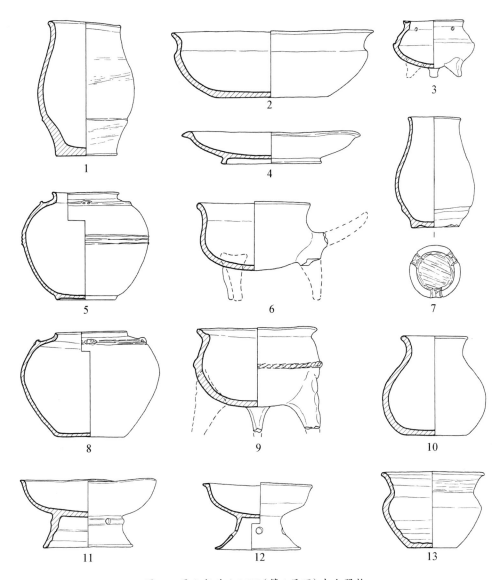

图二　昆山赵陵山M58（第4层下）出土器物

崧泽和良渚之间存在文化因素特征的阶段性变化，两类不同因素或多或少地共存于一个特定时期，这就是所谓"过渡期"。由于对典型文化因素的认识差异，也由于文化分布的时间和空间对两类因素此消彼长的影响，产生了对"过渡期"的几种不同认识。这些认识的主要依据是遗存的形态特征，尤以陶器形制、纹饰为甚。

从崧泽文化到良渚文化，虽然存在外来文化的干预，但主体是同一地区考古学文化的连续性发展，族群并未发生颠覆性改变。如果单纯考虑遗存的形态特征，两文化之间的差异主要是时间因素起主导作用。但是从崧泽到良渚，经济能力和社会关系确实发生了翻天覆地的改变，如果从社会变革的角度重新思考所谓"过渡期"，不仅可以为这一特定阶段准确定位，更重要的是认识考古学文化演变的复杂性，以及考古学文化演变

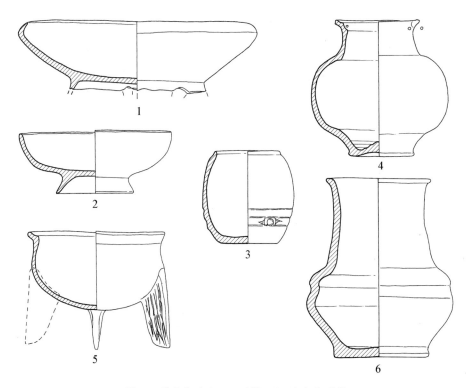

图三　昆山赵陵山M80(第4层下)出土器物

同社会变革之间的深层关系。

　　环太湖地区包含崧泽文化的遗址绝大部分延续到良渚文化,很少有遗址终止于崧泽文化或"过渡期"。长期以来都不曾发现良渚文化的崧泽遗址现在也有新的发现。良渚文化进入社会大发展时期,文明化进程加速,除非有特殊原因,绝大多数崧泽遗址都以扩张的态势进入良渚文化。观察从崧泽文化过渡到良渚文化的过程,不仅有助于了解过渡方式,更有助于解释过渡期的性质。福泉山发掘工作充分,文化演进的路径十分清晰,是了解这一过程的最佳案例之一。

　　福泉山土墩之下最早是马家浜文化的生活遗存,崧泽文化时期西北部成为墓地,距地表6.8米。至发掘报告所称的"过渡期"或良渚文化第一期阶段,崧泽文化墓地以南区域形成新的墓地,共有墓葬6座,埋设于"黄土层"中,墓坑口距地表3米左右。值得注意的是,崧泽墓地和过渡期墓地垂直相隔厚达近4米的土层,发掘报告虽然对该土层的成因没做任何解释,但在湖沼平原地区形成这样厚的土层应当不是自然堆积,而是人工堆筑起来的高台。目前所知崧泽时期尚未出现高度近4米的人工高台,因此将福泉山堆筑这样的高台视为一次重大的社会变化是理所当然的。高台的出现是发生在福泉山群落的重要事件,也是社会变动的标志性事件,奠定了日后社会发展的基础。对良渚文化而言,这一事件理应作为新时期的开端,从此时开始进入良渚文化。

如果根据器物形态排序,福泉山的崧泽时期最晚墓葬是M24,陶器已具有过渡期特征。M24下葬后堆筑4米高台,"过渡期"或良渚文化第一期6座墓随后下葬,这几个行为在时间上是连续的,间隔时间可能不太长。社会分期决定于重大社会事件,不应将个别器物的形态变化作为分期的关键因素,当然也就不能将福泉山M24作为良渚文化的开端。

赵陵山和福泉山在大致同一时间开始出现先堆筑高土台再埋设墓葬的形式。赵陵山4层下的墓葬是该墓地最早的一批墓葬,埋设墓葬之前对原有地形进行了整治,并堆筑了高3米以上的土台。

将所谓"过渡期"改订为良渚文化初期并确定其为良渚文化的开端,不仅因为这个时期福泉山、赵陵山等地发生了重大的社会事件,而且还因为有不少遗址从此时开始才为人类所利用,或经过长时期中断后再次启用。这些遗址中比较重要的有"良渚"超级聚落中的数处地点,其中吴家埠和庙前在马家浜文化之后中断,良渚初期再度兴起。还有浙江的海盐周家浜、湖州毘山,江苏的昆山朱墓墩、少卿山、吴江龙南、苏州越城,上海的松江汤庙村、青浦金山坟等。新聚落的出现和聚落数量的增加说明环太湖地区的社会面貌发生了比较明显的改变。

二、前期——文明的繁盛

典型遗存是良渚超级聚落中的瑶山、莫角山和反山等。

良渚文明的社会形态是以神权主导的复合型古国。人类为什么需要神和神权?人类文明的兴起、一统王权的形成和延续为什么常常仰仗神权的力量?主要原因不外乎这三项:一为获得自然和社会异象的解释权;二为掌控强化族群凝聚力的本源;三为完成社会治理和统治并实现它们的合法性。良渚文化之前,河姆渡、高庙、红山、凌家滩、崧泽等文化或遗存都创造了本族群神祇的形象。良渚文化可能吸收了早先神祇的一部分元素,早在良渚前期的起始,就创造了本文化神祇的基本形象。从目前材料出发,主神最初为人形神和兽神分离的形象。良渚地区大雄山南麓的官井头M37(图四)和瑶山M7玉琮上的人面纹饰,官井头M21、瑶山M7(图五)和反山M16的透雕人形佩饰,综合二者,人形神为清晰的三角形眼眦,下肢为踞形。张陵山西山的圆筒形琮上的兽首,带两大角并有獠牙,此兽首形可分化为带角龙首和有獠牙的虎首(图六)。人与虎复合为一,成为良渚文化的主神(图七)。

图四　官井头M37出土玉琮

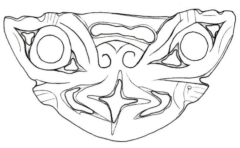

图五　瑶山M7出土透雕人形玉佩饰

图六　张陵山西山圆筒形玉琮

琮是良渚主神最主要和最重要的玉器载体，在比较常见的玉器中唯有玉琮，几乎每一件上都有主神或主神上部的人形神形象，除了寥寥数件可能为半成品的例外。因此主神的图和玉琮的器是良渚文化神权的具象体现。

现在已无从知晓神权如何运作之细节，但从考古发掘的玉琮存在方式或可复原其大概。从反山和瑶山上层权贵墓葬中看到，他们用琮的数量不像用钺、三叉形冠徽等那么固定，多者如瑶山M12的8件、反山M12的6件，少者仅1件。反山和瑶山都有不用玉琮的墓葬，其中瑶山北列的6座权贵墓都不用玉琮。因此，玉琮缺乏与等级的直接相关性，很可能仅为那些掌控神权

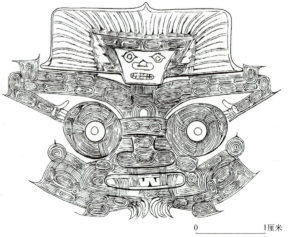

0　　　　　　1厘米

图七　良渚文化主神（反山M12：98）

或运作神权的人所拥有。普安桥墓葬所见玉琮套于人体前臂或腕部,这可能是运作神权或神事的一种操作方式。良渚前期拥有玉琮的聚落中,大多数仅有一件,如普安桥、新地里等,层级比较低,他们被授予神权应该直接源于良渚超级聚落。良渚文化的重要玉器中被分割的只有玉琮,分割的原因可能是为了分配玉琮,即授予神权(图八)。

图八　普安桥M11出土玉琮

前期,良渚超级聚落开展全面的建设,极其耗费人力和物力资源的是环城的土垣、古尚顶宫城和城外西北的水坝体系等大型工程。瑶山和反山是最高等级权贵的墓葬和祭坛。这些充分体现了良渚是前期独一无二的中心(图九)。

图九　良渚古城

良渚超级聚落的权贵用玉具有严格规范,其体现于使用重要玉器的种类,重要玉器是权杖、组合钺、单体钺、三叉形冠徽和矩形冠徽,一类玉器均只用一件,以不同种类玉器的组合表明他们的身份、性别和等级。但是在远离良渚的高城墩,权贵使用玉钺虽然均只用一件,但是墓葬中未发现以三叉形冠徽和矩形冠徽随葬,表明这套用玉规范在良渚文化区域内并未被全面、严格执行。

良渚超级聚落以外的其他高层级聚落发现很少,目前可以确定的仅有高城墩和玉架山两处。高城墩是年代最早、等级仅次于良渚的聚落。经考古发掘的高城墩14座墓葬(4座已遭不同程度破坏),有5座随葬玉琮,表明神权的长时期延续。其中M8随葬一件破碎玉琮,是良渚文化权贵随葬玉琮方式的唯一个案。根据M8在墓地上的位置和下葬年代排列,这是最晚的一座,当与该墓地的终止或者发生其他重大事件相关。高城墩长江北邻,远离良渚,其特殊的地理位置和仅次于良渚的聚落等级,表明其同良渚的关系非常独特,在良渚文明的社会结构中扮演了十分特殊的角色。

余杭玉架山遗址是前期高层级聚落的另一种形式。玉架山距离良渚很近,由6个相互分离并且各自环壕的地点组成,各地点均有独立的墓地。玉架山人群应该是由6个相互关系紧密的小族群组成的大族群。目前玉架山发现的前期使用玉琮的小族群有2个,其中玉架山地点有2座墓用琮;灯笼山地点有1座墓用琮,使用玉琮的墓葬分布于两个地点,不同于高城墩。玉琮是神权的物化,玉琮的分别拥有,表明作为玉架山族群联合体,神权在内部各小族群轮替。有理由认为,玉架山同良渚相距不远,相互关系当十分密切,玉架山很可能受到良渚的直接掌控。

三、后期——文明的变革

进入良渚后期,虽然神权仍然是社会运作的发动机,发挥着主导作用,但是社会结构发生了重大变化。

良渚超级聚落出现了一系列衰变迹象。迄今为止尚未发现独立的最高等级权贵墓地。反山M21是唯一一座随葬玉琮的墓葬,但是非常奇特的是,M21跻身于前期墓地中,而不是独立的后期权贵墓地。

良渚土垣内外和土垣圈内的河道中发现了大量残破陶器等遗物。由于土垣宽达数十米,明显大于防御的需要,因此推想其可能具有防洪、防涝功能,换言之,土垣一方面可以阻挡洪水,另一方面能够在洪水来临、水位增高、水域面积扩大时,人们可以临时或较长时间居住于土垣之上。土垣内外的河道内沉积的大量残破陶器应该是土垣之上居住者的生活废弃物品。这一现象表明,或者后期水患极为严重,迫使人们居住于土垣上长期生活;或者后期城市管理功能大大削弱,疏于河道的疏浚,导致河道内垃圾堆积。前者表明水患对日常生活和社会发展的负面影响,后者反映这一时期执政者的执行能力远不如前期。

　　良渚超级聚落之外更多的第一层级聚落崛起是后期最重要的特征,除了寺墩延续了邻近的高城墩的繁荣之外,福泉山、草鞋山、邱城墩等都是后期快速兴盛并持续发展的中心聚落。福泉山发现两处权贵墓地:福泉山墓地和吴家场墓地,前者基本未被后世扰动并且经过比较全面的大范围发掘,是第一层级聚落中最能反映当时社会面貌的地点(图一〇)。福泉山墓地的开辟始于崧泽文化,终于良渚后期。良渚前期第三段的M109和M144均随葬玉钺,是福泉山社会等级开始提升的重要标识。良渚后期福泉山聚落的社会等级发生巨大跨越,福泉山墓地的5座权贵墓葬使用玉琮,吴家场墓地虽然发掘范围不大,但是已经发现2座墓葬使用玉琮,其中1座吴家场M207还使用2件象牙质权杖(图一一),而且这两处墓地共有4座墓各用2件玉琮。这些表明后期的福泉山持续地掌控神权,在以神权主导的良渚复合型古国中持续性占据高端地位。

　　琮与钺表示两种权力,琮是神权的化身,钺是世俗权力的代表,在一些特定场合就是王权和(或)军权。神权和世俗权力可以相互转化,互为依托,世俗权力仰仗神权获得其合法性,神权通过世俗权力由精神支柱转化为治理社会的实际功用。但是二者毕竟是不同的权力体系,其相互关系就是权力结构,良渚文化权贵使用钺和琮的动态性状态体现了权力的结构性变动。

图一〇　福泉山墓地和吴家场墓地

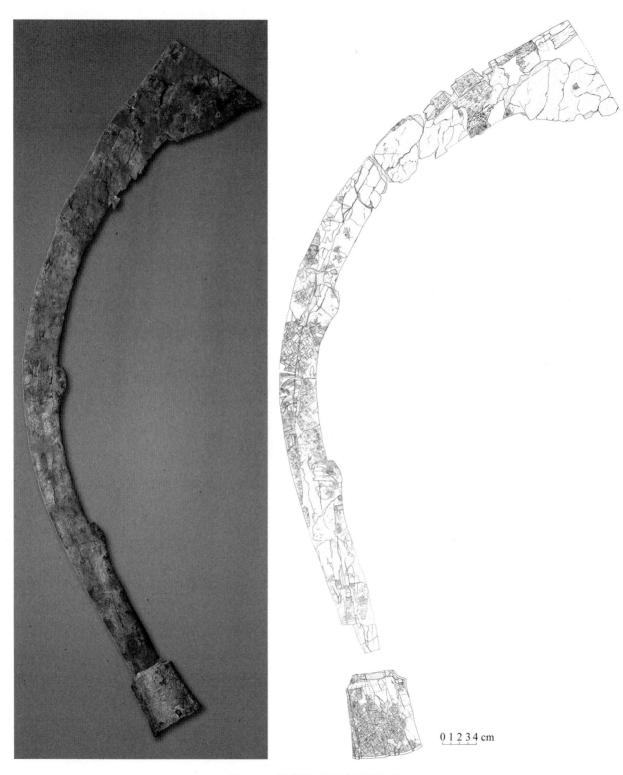

图一一　吴家场M207象牙质权杖

　　良渚前期,反山权贵凡使用玉钺者必有玉琮,少数用琮者却没有配置玉钺。瑶山使用钺琮情况与反山相比略有差异,使用玉琮者必有玉钺,少数有钺者则无玉琮,使用琮钺的权贵墓葬全部葬于墓地南列。反山和瑶山凡使用玉钺者均仅配用1件。从这里可以看到,良渚前期掌控神权和世俗权力具有相当高的一致性,大多数最高级别的权贵同时握有两大权力,只有少数权贵分工明确,或只握有神权,如反山的M23和M18;或只握有世俗权力,如瑶山的M3和M8。凡用玉钺者均配用1件,显示玉钺表现世俗权力的严格规范。总体上看,前期权贵对神权和世俗权力配置的相对同一性和集中性体现了相当程度的社会稳定性。

　　但是到了良渚后期,这种相对比较平衡的权力结构有所变动,目前只有福泉山墓地比较充分地揭示了这种变动。首先是握有世俗权力的权贵墓葬的区域性分布,M74、M101、M136这3座墓葬分布于西区,该区没有掌控神权的权贵墓。而中区和东区的有5座墓随葬玉琮,其中3座配置玉钺。福泉山墓地握有两种权力的权贵比例少于前期的反山、瑶山。吴家场墓地的2座墓都配置了琮与钺。由于该墓地目前的发掘区域不大,难以全面比照。后期比较大的变动是权贵用玉钺数量突破了1件,以福泉山为例,有8个权贵用钺,超过1件者有5个,最多的是吴家场M207,用了6件玉钺。其他几处第一层级聚落亦如此。前期的用钺规范已经被破坏,后期世俗权力的地位更加突出。由于后期良渚复合型古国的多极化明显强于前期,几个第一层级聚落之间的相互关系也是后期新出现的社会特征,为维护各自的稳定性,在神权主导的基础上进一步加强世俗权力当属必需,这应该是权力结构性变动的深层原因。

四、末期——文明的衰亡

　　后期的结束标志环太湖地区进入一个新的时期,作为复合型古国的良渚文化已经消亡,社会上层的政治操作和精神活动基本终止,社会环境动荡不安,族群迁移变动频繁,文化因素复杂多元。根据碳十四测年数据,这个时期经历了大约100～200年。对于这样一个特定阶段的名称,2006年6月上海松江召开的"环太湖地区新石器时代末期暨广富林遗存学术研讨会",我将会议发言整理成文,认为可以暂时将此阶段"看作是良渚文化的延续或后续"[1]。2006年良渚发现七十周年,我提交了《良渚文化衰变研究》一文,将福泉山M40和寺墩M5认定为古国最晚时期的权贵墓葬,试图分辨出其后的墓葬遗存。这样,原来认定的良渚文化第四期还可以细分,晚于福泉山M40和寺墩M5的平民墓葬为良渚文化第四期第7段。又通过与好川遗存的比较,认为良渚文化还有"第五期"遗存,暂将其下限定在与好川墓地下限相同的时间[2]。另外还有个别研究者根据有些区域,特别是在良渚—瓶窑地区,因良渚文化因素的延续,提出了"良渚文化晚期后段"的概

[1]《环太湖地区新石器时代末期考古学研究的新进展》,《中国文物报》2006年7月21日第7版。
[2] 宋建:《良渚文化衰变研究》,《浙江省文物考古研究所学刊(第八辑)——纪念良渚遗址发现七十周年学术研讨会文集》,科学出版社,2006年。

念[1]。2014年10月15日在浙江湖州召开的"环太湖地区新石器时代晚期文化暨钱山漾遗址学术研讨会"上,正式提出"钱山漾文化"的命名,这是更加关注这一时期复杂多元的文化因素及其所反映的社会现象的学术新起点。

根据现有材料,还不能确定良渚诸古国上层政治活动的终点就是钱山漾文化的起点,钱山漾文化的分布也不能覆盖良渚文化的分布区,特别是良渚—瓶窑地区。如果仅以钱山漾文化来包容动荡不安的时间和文化多元的空间,似难以胜任。而"良渚文化末期"不再是一个单纯考古学文化属性的概念,更多的是表明社会发展阶段和时间概念,包容性较强。良渚文化末期在时间上包含了钱山漾文化。

在人群和文化的传承方面,末期与后期关系比较紧密的首先是遂昌好川,好川墓地的主人为良渚文化族群南迁者中的一支,他们在好川定居后,接受了当地原住民的一部分习俗,但并未摒弃原有的主流习俗,其随葬品中有相当一部分保留了原生地的特征。从后期到末期,好川遗存具有连贯的陶器编年,通过比较好川遗存同其他遗存的相关性,可以确定良渚古国消亡的相对年代和末期的年代上限。好川墓地分五期,良渚后期第6段大致与好川三期前段相当。垂棱豆在好川常见,垂棱有其演变轨迹,第五期的M28和M30豆的垂棱最宽。垂棱豆在其他地区很少见,庄桥坟、徐步桥、庙前、广富林等地有零星发现,其中有些垂棱较宽者同好川四期相近。好川管流盉存续于三期后段至五期,根据其演变序列,环太湖地区的管流盉相当于好川的四期前段和后段。好川细颈鬶存在于第五期,环太湖地区的多个遗址均有发现(图一二)。通过以上比较,可以认定末期起始于好川墓地第三期后段,延续至第五期。

末期的文化生态呈现出多元化格局,明显有异于前期与后期的同一性格局,也不同于初期的文化演进过程中的过渡性特征。根据文化要素的异同,目前可以分为四个区域,将来随着新的发现和研究的深化还可以有所增减。

环太湖地区良渚文化的核心区域指太湖的北部、东部和东南部,这里有超级聚落,即所谓"良渚古城",后期这里存在多个第一层级聚落,即福泉山等古国,代表性遗存发现于"良渚古城"。

该区域的"良渚古城"范围内的末期遗存分布比较普遍,叠压于后期遗存之上,陶器等同后期相比较具有较强延续性,同时也受到其他遗存的影响。典型遗址有文家山、葡萄畈、扁担山等。

良渚文化的主流型鼎足是翅形—T形系列,演变轨迹十分清晰。末期,此系列式微,形态发生变异,由精巧而粗陋,侧视T形,明显上宽下窄。后期最晚阶段孕育扁侧足的新器形,并流行于末期。末期还出现了少量非当地传统的鱼鳍形足陶鼎。根据文家山第二层的统计,鼎足共229个,其中,扁侧足183个、鱼鳍足22个、圆锥足16个、T形足3个(图一三)。扁侧足数量是鱼鳍足的8倍多。值得注意的是,这类遗存多为日常生活

---

[1] 陈明辉、刘斌:《关于"良渚文化晚期后段"的考古学思考》,《禹会村遗址研究——禹会村遗址与淮河流域文明研讨会论文集》,科学出版社,2014年。

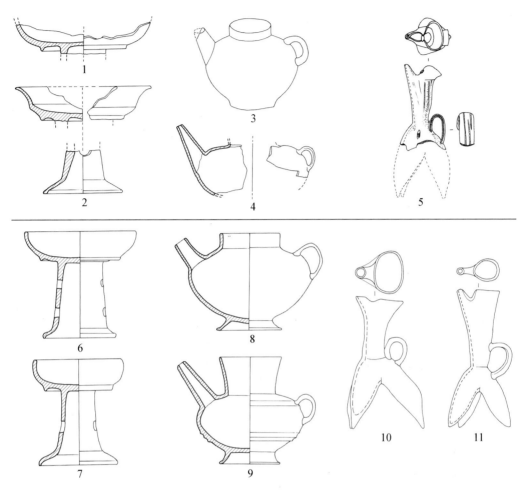

图一二　环太湖地区与好川出土的垂棱豆、管流盉、细颈鬶

1、2、6、7. 垂棱豆　3、4、8、9. 管流盉　5、10、11. 细颈鬶（1～5为环太湖地区出土,6～11为好川出土）

的废弃物,有些叠压在前期或后期的高台或墓地之上,表明高台已经失去了原有的政治和社会功能,原有体制基本崩溃,传统习俗遭到破坏。

福泉山、寺墩、草鞋山等古国,目前还没有辨识出末期遗存。同"良渚古城"一样,这些古国社会组织水平和经济能力相当高,原有社会结构崩溃之后,日常生活当会部分延续,其遗存很可能同"良渚古城"相似。

这一时期其他层级的聚落遗址发现很少,目前确认的仅广富林、龙南等少数几处。其中以广富林具有代表性,文化遗存分布范围比较大,文化面貌既有同"良渚古城"相似的一面,即延续原有特征,如陶器中的管流盉、垂棱豆、扁侧足等,也有不少新的钱山漾文化因素,如鱼鳍形足鼎、细颈鬶、弦断绳纹等,二者之间可能存在年代差异,或有部分共存,有待于进一步厘清年代关系。

太湖西南部地区,目前尚未发现第一层级聚落,代表性遗存发现于湖州钱山漾,已被命名为钱山漾文化。该文化的代表性陶器器形和纹饰有鱼鳍形足鼎、细颈鬶、粗柄豆、中

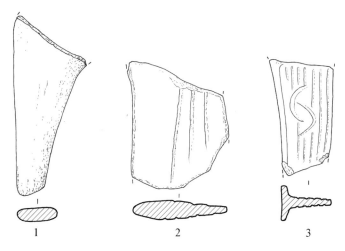

图一三　文家山出土的三种鼎足
1. 扁侧足　2. 鱼鳍形足　3. "T"形足

口深腹罐和弦断绳纹等,特征性很强(图一四)。钱山漾文化也有扁侧足鼎,但所占比例较低,根据钱山漾遗址的统计,钱山漾一期遗存(即钱山漾文化)的鼎足共1223个,其中鱼鳍足932个、扁侧足和扁方足共78个,还有其他形制鼎足,未见T形足。扁侧足和扁方足之和仅为鱼鳍足的8%多一点。与"良渚古城"的文家山对照,二者之间差异明显。

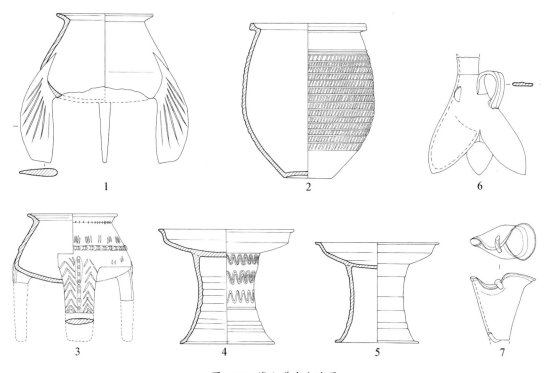

图一四　钱山漾出土陶器
1. 鱼鳍形足鼎　2. 中口深腹罐　3. 舌形足鼎　4、5. 粗柄豆　6、7. 细颈鬶

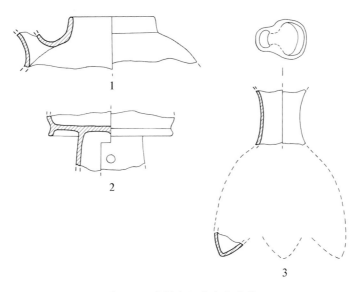

图一五　诸暨尖山湾出土陶器

1. 管流盉　2. 垂棱豆　3. 细颈鬶

　　钱塘江以南地区北部，目前亦未发现第一层级聚落，代表性遗存发现于诸暨尖山湾。尖山湾出土的鼎足有扁侧足、圆锥足和鱼鳍足，数量依次递减，扁侧足数量是鱼鳍足的4倍多，二者差距远远小于钱山漾和文家山。尖山湾还发现了垂棱豆、细颈鬶和管流盉等（图一五）[1]。

　　浙南地区，代表性遗存发现于遂昌好川，文化属性为良渚文化的地方性变体"好川遗存"，也有研究者称为"好川文化"。好川遗存目前的发现主要是墓葬，属于末期的墓葬始于第三期后段，结束于第五期。扁侧足和扁方足鼎在好川第一期已经出现，以后沿用，但由于数量比较少，还不能说明其演变规律。好川墓地未见T形足。管流盉、垂棱豆和鬶均出自墓葬，均有完整清晰的变化序列，而其他地区的管流盉和陶鬶尚未发现作为随葬品。值得关注的是，陶鬶从后期到末期的粗颈、中粗颈到细颈，以及开口到捏口的完整序列，可以作为钱山漾文化细颈鬶寻源的参照系（图一六）。

　　上述四个区域既文化面貌总体各异，又相互关联。钱塘江以北的两个区域受到黄淮地区，并通过江淮地区的较强影响，甚至可以称为冲击。钱塘江以南区域受黄淮、江淮地区的影响甚小，浙南地区几乎没有受到干扰。对这四个区域来说，来自长江以北文化因素强与弱的差异，同距离远近的区别具有非常强烈的相关性。

　　环太湖的北、东、东南地区曾经走在文明化进程的最前列，有超级聚落"良渚古城"和第一层级聚落。走到末期，复合型古国虽已消亡，但固有生活方式仍然延续了一段时间。而在长江以北地区和环太湖西南部的双重强烈冲击下，这一地区文化面貌发生了重大改变。同时可能依然存在文化面貌的区域性差异，发展程度最高的"良渚古城"延

---

[1]　浙江省文物考古研究所、诸暨博物馆、浦江博物馆：《楼家桥、尖塘山背、尖山湾》，文物出版社，2010年。

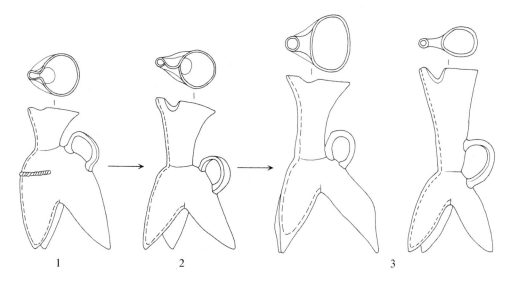

图一六　好川陶鬹序列

1. 粗颈　2. 中粗颈　3. 细颈

续旧习俗、老传统的惰性更多一些。当"良渚古城"以外的广大地区人们怀着绝望中挣扎的心情,离乡背井,远走他乡时,这里的人们依然怀念以往有序而富足的生活,久久不愿离去,因而留下了这个时期表现最多延续性的生活遗存。

太湖西南部区域早一阶段聚落的层级比较低,目前发现文化遗存最丰富典型的钱山漾遗址此前尚无人定居,因此更易被外来移民作为首选聚居点。

钱塘江以南尚亦未发现高层级聚落,其北部距"良渚古城"不远,外来移民进入后这里还保留了一部分固有习俗。

浙南地区地处偏远,原来就有顽强的当地文化传统,当其他地区进入新阶段时,这里的固有生活习俗继续保留,仍然在原有的发展进程中延续,古国的消亡对这里几乎没有造成任何影响,也几乎没有其他外来因素的进入。

综上所述,良渚末期100～200年间动荡不安,虽人烟稀少,但来来往往,文化多元,互为影响,此消彼长,其后除浙南地区外都进入了广富林文化新的相对稳定时期。

原载辽宁省文物考古研究所:《庆祝郭大顺先生八秩华诞论文集》,

文物出版社,2018年

文化、社会、环境

河姆渡文化的冠冕及鸟鱼纹饰

河姆渡文化不仅有丰富的以稻作农业为基础的物质内涵，而且还有深刻的精神内涵。其中以陶器为载体的几种刻划纹饰就是河姆渡人精神文化的反映。本文在前人研究的基础上，将这几种纹饰完整识读为冠冕及其相关者，以尝试进入先民复杂而神秘的精神世界。

河姆渡文化中与冠冕样式相关的纹饰共有三种。第一种（图一，1）和第二种（图一，2）纹样有些相似。第三种（图一，3展开图之左半部分）和第四种（图一，3展开图之右半部分）饰于同一件陶器上。第三种和第四种都是组合纹饰[1]。

对于这四种纹饰以往有不同识读。第一种纹饰，《河姆渡》发掘报告描述为"一方形框上刻五叶纹图案"，另一残缺图为"叶文和连珠纹"。对于第一种纹饰多年之前就

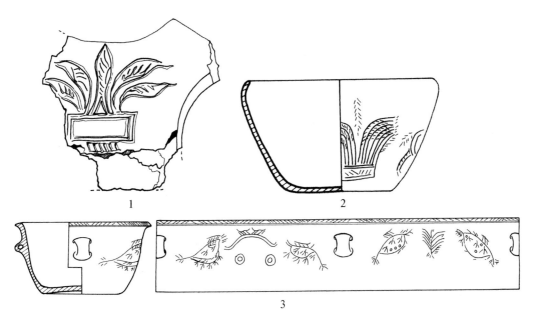

图一　河姆渡文化冠冕纹

1. 第一种　2. 第二种　3. 第三种（展开左半部分）和第四种（展开右半部分）

[1]　浙江省文物考古研究所：《河姆渡——新石器时代遗址考古发掘报告》，文物出版社，2003年。

有其他认识,其中最早认为这种纹饰与冠冕相关的,是1989年牟永抗认为纹饰的载体为"硕大的陶件,可能就是一种陶质神冠"[1]。完稿于1988年11月19日,出版于1989年的《〈良渚文化玉器〉前言》中,牟永抗在引用了李学勤对大汶口文化一种"饰有羽毛的冠"的陶文释读后,认为河姆渡文化的这种纹饰及其载体都与之相似,"可能都是一种有实际用途的冠"。大汶口文化所谓"饰有羽毛的冠"的陶文刻在大口尊外腹部,发现于山东莒县陵阳河和江苏南京北阴阳营等地。李学勤还认为陶文"形象明显经过抽象化",同"皇"有关系,"原始的'皇'或许就是一种用羽毛装饰的冠"[2]。比较大汶口文化陶文与河姆渡文化第一种纹饰,二者有一定的相似性,差异在于上部中央的那一部分。

第二种纹饰,《河姆渡》发掘报告认为是"稻穗纹"。这一判读为许多研究者采纳,并以此说明河姆渡文化的稻作农业。而认为这一纹饰与冠冕相关的最早提出者(1994年)应该是杜金鹏,他认为这种纹饰同第一种纹饰都"极可能也是当时高层统治者的羽冠图形"[3]。

第三种纹饰,《河姆渡》发掘报告认为是"鸟和抽象性图案"。而早在1991年林华东就指出"两侧各刻一鸟,中间刻兽目一对,上有如同弓形的冠饰"[4],即这组纹饰的中央上部与冠冕相关。大多数研究者同意这一识读,并将这组纹饰分解为三种元素:中央上方为冠冕,下方为兽目,两侧为鸟。

第四种纹饰,《河姆渡》发掘报告认为是"鸟和植物(禾)"。但是河姆渡发掘者最初的认识似乎不是鸟,而是鱼,1978年发表的发掘简报中将这种纹饰称为"鱼藻纹"。还有识读为"鸟禾纹"或"鱼禾纹"等。

综合目前对上述纹饰的识读,第一种和第二种,除了识读为"冠""羽冠"之外,其他看法多认为是植物一类。对第三种纹饰中央上方,多认为是"冠",下方的两组圆圈纹,也有少数学者释读为太阳和月亮[5]。第四种纹饰目前还没有研究者认为这组纹饰同冠冕相关。对于前三种,我同意一部分学者的看法,纹饰或纹饰主体与冠冕相关。下面对这四种纹饰作完整识读。

图二　山东莒县陵阳河陶文

第一种纹饰下部的长方形是冠,有的长方形内排列小圆圈纹,为冠上的装饰。长方形上为羽饰,构图为片状羽毛。图案完整者有五片羽毛。山东莒县陵阳河的陶文(图二)比河姆渡的复杂,上下两部分分离,上部中央是冠徽,其下的扁形者为冠,两侧弯曲者为四片羽毛。下部倒梯形者同良渚文化神像面部(或谓面具)相似,只是略去了五官。陶文的完整含义是戴羽冠的神面。河姆渡文化和大汶口文化的符号

[1] 牟永抗:《良渚玉器上神崇拜的探索》,《庆祝苏秉琦考古五十五年论文集》,文物出版社,1989年。
[2] 李学勤:《论新出大汶口文化陶器符号》,《文物》1987年12期。
[3] 杜金鹏:《说皇》,《文物》1994年7期。
[4] 林华东:《论良渚文化玉琮》,《东南文化》1991年6期。
[5] 牟永抗:《东方史前时期太阳崇拜的考古学观察》,《故宫学术季刊》1993年4期(北京大学"迎接21世纪的中国考古学"国际学术研讨会论文)。

显然存在逻辑发展关系。

第二种纹饰下部也是长方形冠,长方形内的短线为冠上装饰。冠上插满羽饰,中间直立者为主羽。纹饰在一件残缺的陶器上,羽冠右侧有一残缺图案,似为动物。

第三种纹饰的中部是头戴冠冕的神像面部或被神化的人像面部,冠冕为弯弓形,两端上翘,冠冕之上有冠徽,没有羽饰。冠徽的样式同大汶口文化陶文的冠徽上部相同。神像面部仅以两个双圆圈代表大眼来表现。这个图案的含义与大汶口文化陶文相同,为戴冠的神。戴冠的神像两侧是鸟。值得注意的是,河姆渡文化的冠、神和双鸟也可以融为一体(图三)。

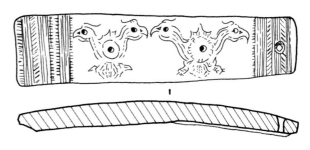

图三　河姆渡文化冠、神和双鸟合一纹饰

第四种纹饰的中部是有羽饰的冠,即羽冠,冠冕的图像被省略为四根短斜线,冠冕上直立一片独立的羽,在羽冠两侧是鱼。在新石器时代和商代的器物、图像和陶文上都曾发现过冠冕之上或头上饰有单片(根)羽毛。石家河文化的肖家屋脊H357一件深腹陶罐的腹部有人的完整图像,人像头顶正中有一线分为两支,一为直线,另一为曲旋线,是羽毛的抽象图。人像双臂平举,右手持钺,显示其身份(图四,1)。商代后期墓葬安阳小屯M331的圆雕玉人首戴冠,冠上插一片长羽(图四,2)。大汶口文化的一个陶文为冠和冠上的单羽,此冠形似冠徽(图四,3)。良渚文化玉器和陶器上也有相似的符号和陶文,以往或识读为鱼骨,实际上也应该识读为冠上或头上的单羽(图四,4、5)。

对于河姆渡第四种纹饰单羽冠两侧的动物纹样以往有不同识读,一种读为鸟,另一种读为鱼。这组纹饰同第三种纹饰两侧的鸟纹如果不仔细分辨,确实极易相互混淆。

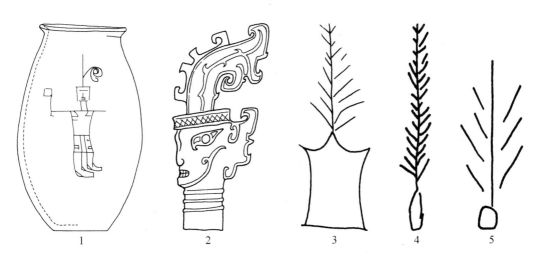

图四　羽冠纹

1. 肖家屋脊H357深腹罐腹部人像　2. 安阳小屯M331玉人　3. 大汶口文化陶文
4. 良渚文化玉器符号　5. 良渚文化陶文

图五　河姆渡木鱼

但细致观察，相异之处也很明显。第三种纹饰的鸟的身体在全图中的比例明显小于第四种纹饰的鱼纹。鸟纹有足，尽管四足夸张，并非完全写实；鱼纹无足，尽管右侧鱼的前端近头下部似足，但是仍然不能改变整体无足的形象。鸟身上只有一种纹样，象征羽毛；鱼身上有两种纹样，其中一种为小圆圈。河姆渡遗址（4B）层有一件木雕的鱼（图五）。除了在头部钻挖出大圆窝表现眼睛，还在其他部位钻挖大小不等的圆窝，表现鱼身上的鳞片。在鱼身上用圆形代表鳞片应该是河姆渡人的一种思维与表现方式。第四种纹饰鱼身上的小圆圈就是鳞片的象征，鸟身上没有这种圆圈。

河姆渡第三种和第四种纹饰饰于同一件陶盆上，以陶盆的双耳为界，分为两幅。二者布局相同，其构图元素所隐喻的内涵相同，表现的是同一个主题，具有同样的社会功能。即都是以冠冕为中心、以动物辅佐两侧的组合纹饰。不同之处是羽冠表现形式，一种有冠徽而无羽饰，另一种有羽饰而无冠徽；羽冠两侧的动物不同，一种为鸟，另一种是鱼。以往将这两种纹饰作完全不相关的识读，至少在逻辑上不通，难以理解。

以冠冕为中心、两侧为动物的布局可能还出现在第二种纹饰上。从报告发表的线图和描述中可以了解到在中央羽冠的右侧另有一幅残缺图，像是动物。羽冠左侧已残缺，不排斥存在与右侧对称图案的可能性。这样河姆渡文化的冠冕纹饰及其布局就不是孤例了。

河姆渡文化冠冕可以分解为三个要素：冠、羽饰和冠徽，羽饰又分多羽和单羽。上述第一种和第二种纹饰是多羽饰冠，第三种纹饰是带有冠徽的冠，没有羽饰，第四种纹饰的中心是单羽饰冠。多羽饰冠自河姆渡文化出现后长期延续，如我们在大汶口文化的符号、良渚文化和龙山文化的玉器和商周青铜器上所见到的那样。单羽饰的冠同样长期延续，见之于大汶口文化符号、良渚文化符号和石家河文化陶器图。河姆渡文化的冠徽也是目前所见到的最早的冠徽样式，并成为以后不同时期冠徽的基本样式。良渚文化的玉梳背（冠形器）和玉三叉形器实际上都是冠徽。

河姆渡文化中以鸟辅佐在神两侧的图像较早被识读，这种表现方式不仅在良渚文化高层贵族所使用的玉器上得到延续（图六，1），也是商周时期青铜器上最重要的纹饰之一（图六，2）。所不同的是，通常习惯于将良渚文化的主体纹饰称为神像纹或兽面纹，商周青铜器的主体纹饰为饕餮纹。河姆渡文化陶器、良渚文化玉器和商周青铜器上的这些纹饰内不仅内涵相通，而且表现形式相同，它们是不同时期或不同文化人们心目中无限崇敬之主，人类同它们可以相互感应，因此它们似乎又是有生命的，是人格化的神灵，也是神灵化的人。

河姆渡文化以鱼辅佐在羽冠两侧，羽冠代表了神灵，是神灵的象征物。这种表现方式极为罕见，从未引起关注。缺乏参照比较应该是这一纹样至今未被正确识读的重要

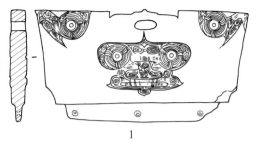

图六　鸟辅神侧纹
1. 良渚文化玉器纹饰　2. 西周青铜器纹饰

原因。河姆渡文化的同一件陶器上饰有鸟、鱼两种不同纹饰，且各自都以神灵为中心，为正确识读这类纹饰提供了极为难得的直接参照。

为什么河姆渡文化要用鸟和鱼辅佐在神灵两侧，比较直观的解释是，7000多年前的先民因向往上天和入水而可能对鸟和鱼具有某种特殊的崇拜。原始部族或者社群的首领渴望通过鸟和鱼的辅佐而获得鸟和鱼的本领，或者他们以为神灵具备了上天入水的本领。用现在的话说，希望在鸟和鱼的帮助下能够像鸟和鱼一样，了解自然和解释自然。但是这只是对鸟鱼纹饰的表层认识，鱼纹和鸟纹，尤其是后者，同神灵的密切关系应该还有需要进一步探寻的深层因素。

在4000年以前的新石器时代，各种动物的图像十分常见，其中鱼和鸟都有不同形态的图案和雕塑，但是其中只有比较少的一部分，鸟和鱼在同一件器物上出现，上述河姆渡第三种和第四种纹饰就是其中之一。此外在其他遗址也出土过一些鱼鸟共存的纹饰，例如：

1. 陕西宝鸡北首岭M57的鸟衔鱼图；
2. 河南临汝阎村的鸟衔鱼图（图七）[1]；
3. 陕西武功游凤的鱼身鸟首图（图八）[2]；
4. 陕西临潼姜寨的鱼和鸟首图（图九）[3]。

第1例至第3例，鱼和鸟相连在一起。第4例的鱼和鸟没有直接相连。第3例和第4例的鱼和鸟首的纹样风格完全相同。这4例都属于仰韶文化。另外夏商时期的马桥文化陶器上也有鱼鸟图，上海马桥遗址出土的陶器上用压印技法印制不相连接的鱼和鸟（图一○）。马桥文化的动物纹样很少见，目前仅见鱼和鸟这两种动物，这从一个侧面反映了鱼和鸟在马桥文化先民心目中的位置。

对于上述4例（类）所属仰韶文化的鸟和鱼及其相互关系，目前主要有两种不同识读。一种识读为，鸟和鱼是两个不同部族的图腾，第2例整幅图反映的是两个部族的关

［1］　临汝县文化馆：《临汝阎村新石器时代遗址调查》，《中原文物》1981年1期。
［2］　西安半坡博物馆、武功县文化馆：《陕西武功发现新石器时代遗址》，《考古》1975年2期。
［3］　西安半坡博物馆、陕西省考古研究所、临潼县博物馆：《姜寨——新石器时代遗址发掘报告》，文物出版社，1988年。

图七　鸟衔鱼图
河南临汝阎村

图八　鱼身鸟首图
陕西武功游凤

图九　鱼和鸟首图
陕西临潼姜寨

图一〇　鱼和鸟图
上海马桥

系——控制与反控制、征服与反征服。另一种识读为：鸟和鱼分别代表男女两性，鸟鱼相连暗喻男女交媾，鸟衔鱼具有性行为含义。还有个别学者在排除了鱼和鸟作为图腾的识读后，从第二种识读进一步发展，认为鱼鸟纹饰表现的是转生巫术[1]。

我同意不应该将仰韶文化中的鸟和鱼的形象表现，仅作为图腾来认识。河姆渡文化用不同材质所勾画的鱼鸟纹饰和圆雕也不是图腾。鱼和鸟在某些特定场合可以隐喻性别，这种思维方式在中国延续几千年直至当代，如电影《巫山云雨》用片名直接表示"性"，又用鱼作为"性"符号[2]。

在鸟和鱼为性隐喻的前提下，上述的第3例陕西武功游凤的鱼身鸟首图实际上所表现的不一定就是鸟首鱼身。仔细辨认这幅图，鸟首顶端正对着鱼身，如果是作为鱼头，鸟首应该倒过来朝向前方才符合实际。这幅图看上去更像是鸟首叠压在鱼头之上，也就是说鸟首和鱼头重叠在一起。而从第4例陕西临潼姜寨的图看，鱼和鸟首各自独立描绘。因为第3例和第4例两幅图的风格完全相同，所以它们表现的应该是某个特定人群对鱼和鸟的认识，或者说表现了鱼鸟相互关系的两种不同存在或行为。鱼头和鸟首相对而重叠，可能表现了鱼和鸟的某一特定行为。表现鱼鸟关系比较多的形象是鸟衔鱼，而鸟首叠鱼头比较罕见。如果"鸟首叠鱼头"的认识是对鱼鸟关系的另一种解读，那么其隐喻同"鸟喙衔鱼"应该相通。

由于鱼和鸟这两种生物具有隐喻性别的功能，即鸟为男性、鱼为女性的象征，因此

[1]　何努：《鸟衔鱼图案的转生巫术含意探讨》，《江汉考古》1997年3期。
[2]　房国栋、冯东：《论〈巫山云雨〉中"鱼"的文化涵义》，《北京电影学院学报》2009年1期。

对河姆渡文化冠冕两侧的鱼鸟纹饰的解释就应该从人类崇尚鱼鸟本领的表层认识中更加深入,同神像(羽冠也是神的化身)相伴的鱼鸟纹饰是否具有某种特殊的社会功能。

为什么河姆渡文化神像要用鱼和鸟辅佐于侧,而晚于河姆渡文化的良渚文化神人(像)只有鸟在两边,更晚的商周时期则为龙和鸟或龙鸟二者。这种差别应该蕴含了相当深刻的内涵。河姆渡文化时期对神人的崇拜是否存在性别的差异?如果是,那么鱼和鸟是否就是表示差异的一种手段?另一个相关问题是,河姆渡文化的神人(人神)本体是否有性别的区分?良渚文化在表现与神人相关的主题时只用鸟,这是否为鱼鸟合二为一,对神人的崇拜不再有性别的差异,或者神人本体不再有性别的区分?到商周时期人神观念的表达又有新变化。从河姆渡文化到良渚文化的变化,是否与不同性别社会地位的变化相关?

能够直接从考古材料中辨识不同性别社会地位的一般方法是比较墓葬的规模、结构和随葬品中象征等级地位的高端器具。河姆渡文化缺乏认识这一问题的直接材料,但是可以从其他文化的相关材料中观察性别和社会地位相互关系的变化。

仰韶文化中已经发现明显的等级分化现象。河南灵宝西坡2005年以来发掘的34座墓葬中,规模大、墓室结构复杂的有3座墓葬,墓主人均为成年男性(表一)。其中M8和M27各随葬2件大口尊(或称缸),西坡墓地目前只发现这两座墓葬随葬大口尊[1]。说明在距今大约5300年的仰韶文化中期,男性具有较高的社会地位。

表一　河南灵宝西坡的大型墓

	墓坑(长×宽−深)(米)	墓室结构	玉钺	陶器	墓主性别年龄
M27	5.03×3.36−1.92	以木板封盖		9件(含大口尊2件)	男,35岁
M29	4×3.3−1.9	以木板封盖		6件	男,40～45岁
M8	3.95×3.09−2.2		1件	9件(含大口尊2件)	男,40岁

但是,从反映墓主身份的随葬品看,还不能认为西坡的男性已经具有至高无上的社会地位。玉钺为良渚文化高层贵族所配备,比良渚文化年代更早的崧泽文化、凌家滩文化、仰韶文化也使用玉钺。灵宝西坡有9座墓葬一共随葬了13件玉钺,上述3座大型墓中只有M8随葬了玉钺,墓主为成年男性。其余8座随葬玉钺的墓主除了1座性别不明外,有4座女性单人墓葬,1座女性和3岁幼儿的二次合葬(M11),只有2座墓葬为男性单人墓葬。多数玉钺没有开锋,刃部较钝,因此不是实用器。这种不能实用的玉钺应该属于礼仪器具。

[1]　马萧林、李新伟、杨海青:《灵宝西坡仰韶文化墓地出土玉器初步研究》,《中原文物》2006年2期;中国社会科学院考古研究所河南一队、河南省文物考古研究所、三门峡市文物考古研究所、灵宝市文物保护管理所、荆山黄帝陵管理所:《河南灵宝市西坡遗址2006年发现的仰韶文化中期大型墓葬》,《考古》2007年2期;中国社会科学院考古研究所、河南省文物考古研究所:《灵宝西坡墓地》,文物出版社,2010年。本文所用材料以《灵宝西坡墓地》为准。

以上反映墓主社会地位的指示物似乎存在矛盾，即墓坑最大、墓室结构最复杂的2个墓主为男性（M27、M29），而使用玉钺并确定性别的墓主有5个女性、1个幼儿和3个男性。这种现象应该在一定程度上反映了西坡的社会结构，在族群上层人物中，反映地位高低的性别差异已经显现，男性显然具有更高的社会地位，而使用玉钺的女性在西坡族群中也具有较高的地位。西坡发掘报告综合考虑与社会地位相关的多种变量，将西坡的34座墓葬分为四个等级。第一等级有3座，只有2座（M8、M27）能够确定性别，均为男性。第二等级有6座，只有1座男性（M29），另5座均为女性。

长江下游的崧泽文化也发现了明显的等级分化现象。等级分化既发生在社群之间，也表现在社群内部。江苏张家港东山村遗址代表了社会等级位置比较高的社群，也是目前发现崧泽文化中等级位置最高的社群。东山村社会上层有专门的埋葬区域。已经发掘的8座大墓规模较大，墓坑长度多数在3米左右，最长有3.3米，宽度多在1.6米左右，最宽为1.8米。随葬品数量多在30件以上，最多有56件，其中玉器的数量多在10件以上，最多有19件。M91是能够鉴别性别的少数大型墓葬之一，墓主为成年男性，墓口长3.15米、宽1.76米，随葬品比较丰富，其中代表等级身份的有1件夹砂红陶大口尊（或称缸）和1件玉钺。玉钺横置在左侧胸部下方。因受限于能够鉴别性别的大型墓葬太少，目前只能以M91作为崧泽文化上层男性随葬玉钺的一个例证。东山村另一座能够鉴别性别的大型墓是M95，墓坑口长3.03、宽1.6米，略小于M91。墓主为成年女性，其胸部有1件分体式玉璜[1]。

上海青浦崧泽遗址在崧泽文化社群中的等级位置显然低于东山村。1960和1970年代发掘的100座崧泽文化墓葬，共有13座墓葬随葬玉璜，其中女性7座，男性1座，幼儿2座，性别不明的3座。玉璜几乎是女性的专有品。在崧泽这个特定社群，女性对玉器的拥有数具有压倒性优势。随葬品最多的1座墓为男性，M21共有17件，其中9件是石锛、石斧、石凿等生产工具，没有玉器。在这样一个没有明显等级分化的社群，男性承担繁重的生产任务，女性则享有资源相对稀缺的玉器。

从上述三个案例可以看出，距今5500年前后有三种差异已经显现。一是性别差异，不同性别的随葬品有所不同，男性的社会地位呈上升趋势，但并非十分明显。二是社群差异，有的社群等级位置高于另一社群。三是社会地位差异，社群成员的地位有高低之分。值得注意的是，在社会等级位置比较高的社群内，性别差异相对明显，男性的社会地位高于女性。

稍晚一个时期，距今5000年前后的良渚文化，性别差异在社会地位上是否有明确反映是一个需要深入探讨的问题。由于良渚文化高层贵族大墓的人骨保存状况多不太好，对于那些不能确定性别者，尝试根据墓葬中其他材料进行分析。

---

[1]　南京博物院、张家港市文广局、张家港博物馆：《江苏张家港市东山村新石器时代遗址》，《考古》2010年8期；南京博物院林留根提供资料。

浙江余杭瑶山墓地经过科学发掘的12座墓排列为南北两排，南排6座，北排6座。只见于南排墓葬随葬的玉器有：三叉器、成组锥形器、钺、琮、牌饰。只见于北排墓葬随葬的玉器有：璜、纺轮。瑶山墓地随葬器物中唯一的1件玉鸟，出自南排墓葬M2。另外，北排墓葬有5座随葬圆牌，南排只有1座，为M2（表二）。

表二　浙江余杭瑶山墓葬随葬玉器

	南　　排						北　　排					
	M2	M3	M7	M8	M9	M10	M1	M4	M5	M6	M11	M14
三叉器	1	1	1	1	1	1						
成组锥形器	1	1	1	1	1	1						
钺	1	1	1	1								
琮	2		2		1	3						
牌饰			1		1	1						
璜							2	2		1	4	1
纺轮										1	1	
圆牌	1						6	8	3		13	1
鸟	1											

浙江余杭反山墓地中保存较好而且年代相近的共9座墓也排列为南北两排，南排5座，北排4座。南排有4座墓随葬钺和三叉器，北排只有M20随葬这两种器物。南排5座墓均随葬成组锥形器，北排只有M20和M18。北排有2座墓随葬璜，南排有1座，为M16。北排中随葬璜的2座墓也随葬圆牌，南排没有圆牌。北排有1座墓随葬纺轮，南排没有。南排有4座墓各随葬1件玉鸟，北排墓没有。北排墓只有1座M22随葬玉鱼1件，南排没有（表三）。

不难看出，这两处墓地的南北两排墓葬的随葬玉器品类存在差异，瑶山墓地更为明显，而反山墓地北排的M20明显与其他北排墓葬不同。兼顾这两处墓地，南排墓葬常用而北排不用或不常用的玉器有：三叉器、钺、成组锥形器；北排墓葬常用而南排不用或不常用的玉器有：璜、圆牌、纺轮。玉鸟只出自南排墓葬。玉鱼很少见，只有反山北排墓葬的M22随葬1件。

瑶山发掘报告的作者已经指出，瑶山南排墓葬和北排墓葬随葬玉器存在差异的原因应该是因为不同的性别，即北排墓葬为女性，南排为男性。如果将反山M20作为一个特例（究竟是男性不按规范葬在北排，还是一个特殊的女性，使用了男性的陪葬品，目前还是无法做出圆满回答），那么对瑶山的解释也可以使用于反山。对于反山M20为何埋葬于北排，本文不作进一步解释。从崧泽文化墓葬中随葬玉璜者大多为女性的鉴定结

表三　浙江余杭反山墓葬随葬玉器

	南　排					北　排		
	M12	M14	M15	M16	M17	M18	M20	M22	M23
三叉器	1	1		1	1		1		
成组锥形器	9	9	7	9	7	3	9		
钺	1	1		1	1		1		
璜				1				2	2
圆牌								6	7
纺轮								1	
鸟		1	1	1	1				
鱼								1	

果看,瑶山发掘报告对墓主性别推断的可信度比较高。这两处墓地,尤其是反山,对理解鱼鸟同人类性别的关系提供了又一个依据,良渚文化时期鸟和男性保持比较紧密的相关性,而鱼尽管和女性仍然保持相关性,但其相关程度已经大为减弱。

葬于南排的M12是反山墓地已经发掘墓葬中最重要的一座,也是良渚文化中社会地位最高的一座,仅此一例就可以说明这一时期的最高首领,或者说国王由男性担任。从男性墓葬的埋葬位置看,他们比较普遍地享有较之女性更高的社会地位,不仅因为国王葬于南排,而且在北半球位置越偏南则距离太阳越近,这在极端崇尚太阳的时期是至关重要的。

从距今5500年前后的仰韶文化中期和崧泽文化到距今5000年前后的良渚文化,性别与社会地位的相关性在社会上层显然发生了明显变化。前者,尽管男性的社会地位呈上升趋势,但女性仍然具有相当高的社会地位,二者之间的差异并非十分明显;后者,男性对性别的自我认同程度很高,具有为社会意识所公认的高于女性的社会地位,并且在墓位安排和随葬品使用等方面已经形成制度性规范。到商周时期,男性在国家政权、家族内都占据了统治地位。

河姆渡文化的年代早于仰韶文化和崧泽文化,尽管目前还缺乏直接材料反映这一时期男女性别的社会地位是否存在明显差别,但从人类社会进化的一般性法则分析,性别所表现的社会地位差异不太可能大于仰韶文化和崧泽文化,河姆渡文化的女性应该具有不低于男性的社会地位。

根据以上对鱼、鸟两种动物同人类性别的特殊关联性和对仰韶文化、崧泽文化、良渚文化中性别同社会地位相互关系的分析,以及对河姆渡文化中性别同社会地位相互关系的推断,我对河姆渡第三种和第四种纹饰提出以下假说:

1. 与对神灵的崇敬和崇拜相关。同一件陶器上的两种纹饰蕴含同一内涵的阴阳两面，即河姆渡文化神人（人神）的双性。良渚文化和商周时期该主题中鱼的缺失，表明神人（人神）由双性共享转化为单性（男性）独存。

2. 与族群内社会结构相关。河姆渡文化男性和女性首领共同主宰族群，仰韶文化和崧泽文化开始转型，但仍然基本延续河姆渡文化那样的族群治理模式，良渚文化全面完成社会结构的转型。随着从总体上女性社会地位的降低，以鱼隐喻女性首领的题材布局消失，但是鱼的性隐喻长期存在。

原载山东大学东方考古研究中心：《东方考古（第8集）》，科学出版社，2012年

附记： 本文为2011年5月27日在浙江余姚召开的"全球视野：河姆渡文化国际学术论坛"而作，并以此为题作大会发言。

凌家滩文化的冠、冠徽及相关问题

凌家滩遗址位于安徽省含山县，面积达160万平方米，是凌家滩文化最大的典型遗址。凌家滩遗址南面是裕溪河，遗址地貌由南向北逐渐抬高，最重要的遗存都分布在中央的南北向高地上。目前发现的重要遗存有红烧土块大型基址、墓地、祭坛与壕沟等，红烧土块大型基址在南部，面向裕溪河。

凌家滩墓地先后经过五次发掘，1987年和1998年共发掘三次，发现44座凌家滩文化墓葬，这批资料已经以发掘报告形式完整公布。2000年第四次发掘，发掘区在前三次发掘区的西北部，共发现新石器时代墓葬24座。2007年第五次发掘又发现新石器时代墓葬4座，其中3座在西北部，1座位于前三次发掘区域墓地的南部，即07M23，是一座大型墓葬[1]。凌家滩墓地发掘出土的戴冠玉人和玉冠徽是本文的研究对象，本文将阐释它们的定名、使用方式、使用人的社会地位、在新石器时代冠冕传统中的位置等相关问题。

一、凌家滩文化戴冠玉人和玉冠徽

根据凌家滩发掘报告，有2座墓葬随葬戴冠玉人，87M1和98M29各3件。87M1的性质尚存在疑问，野外工作时未发现明确的墓坑，仅在地面隐隐见到椭圆形平面，而凌家滩墓地并不存在椭圆形墓坑，因此有人认为这不是墓葬，而是所谓祭祀坑。实际上究竟是否有坑也不能确认，如果属于祭祀行为，叫祭祀地点比较稳妥。

除了下肢姿势不同，87M1和98M29所出戴冠玉人基本相同（图一），均头戴冠，手臂佩镯，腰束带。冠正面都有方格状装饰，有的冠背面也有，据此判断玉人所戴之冠一周有方格纹饰。98M29的玉人比较厚，因此表现冠顶更为清晰。从正面看，冠顶正中为一尖状凸起，俯视则为一条凸起，王仁湘识读为纵梁[2]，可从之。纵梁凸起稍大的98M29：14和98M29：16两件，纵梁上各有两个小凹坑。87M1的3件玉人，双腿直立，

[1] 安徽省文物考古研究所：《凌家滩》，文物出版社，2006年；张敬国：《凌家滩聚落与玉器文明》，《文物研究（第十三辑）》，黄山书社，2001年；安徽省文物考古研究所：《安徽含山县凌家滩遗址第五次发掘的新发现》，《考古》2008年3期。

[2] 王仁湘：《中国史前的纵梁冠——由凌家滩遗址出土玉人说起》，《中原文物》2007年3期。

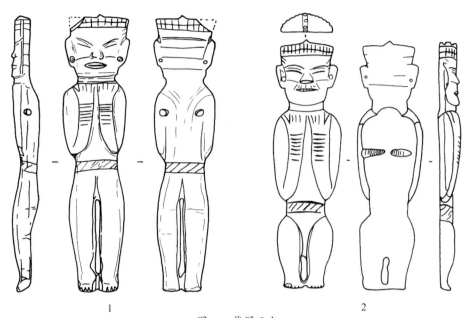

图一　戴冠玉人

1. 立式玉人（凌家滩87M1）　2. 半蹲式玉人（凌家滩98M29）

为立姿。98M29的3件玉人，膝部关节弯曲，一般认为是坐姿。坐是一种特定状态，依赖于其他器具或物体。距今5000多年前还没有固定的坐具，并无固定坐姿，况且也不能确指玉人正坐着。我认为看作是半蹲姿比较合理。半蹲姿和立姿可能都是玉人所代表的真人经常采用的行为姿势。

　　87M1的立姿玉人平置并相互叠压，近旁被判断为同一处遗迹的还有分体玉璜、玉环、玉玦、石璧和陶器等。这处祭祀地点的位置很重要，在墓地南部居中，它的周围已经发掘3座大墓，南端和北端紧邻大型墓87M4和87M15，东北距大型墓07M23约3米（图二）。出半蹲姿玉人的98M29在已经发掘墓地的西南端，是一座大墓，墓坑口长270、宽150厘米，随葬品包括玉人和玉鹰等52件玉器、18件石器和16件陶器。3件玉人的出土位置偏向墓坑东侧中部偏南，相互靠近略呈品字形分布。发掘报告依据墓内随葬器物的位置，判断墓主头向朝南。我同意这一判断，这样三个玉人应该在墓主的右臂或右手位置。墓葬平面图上的玉人尽管很小，但仍可分辨略微分开的双腿朝南，即玉人头向北。然而图版恰相反，双腿朝北头向南。图版是准确的，玉人的头向同所判断的墓主头向相同，均向南。与右侧玉人相对的左侧是此墓最重要的随葬品之一——玉鹰，应该在

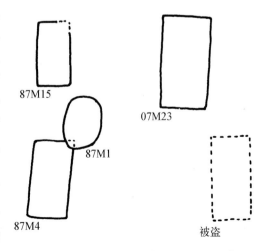

图二　凌家滩墓地的大型墓和祭祀地点分布图

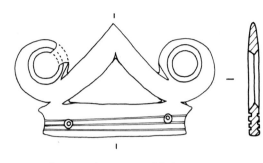

图三　人字形玉冠徽（凌家滩87M15）

墓主的左侧手臂位置。

凌家滩随葬玉冠徽的墓葬也是2座，随葬了不同形制的两种玉冠徽。87M15有3件人字形冠徽，其中保存完整者1件（87M15∶38）（图三），另2件根据残缺痕迹和残缺部分复原，形制与完整者基本相同，只是冠徽的下半部有钻2孔与3孔的区分。87M15的位置就在放置3件玉人的祭祀地点87M1的近旁，墓坑口长250、宽134～142厘米，共随葬128件（组）器物，其中玉器94件（组），包括30件玉璜和49件玉管，它们或许是一组串饰，还随葬石器和陶器各17件。3件冠徽都出自墓坑内南部，即墓主头部位置。

另一种形制的玉冠徽仅1件，出自87M10（图四）。冠徽主体为一动物，下部钻一排4孔，供安装插件。发掘者认为此动物是兔，因此叫兔饰。朱乃诚将此器同红山文化回首玉凤作比较，认为二者相似，将动物改定为鸟[1]。我同意朱乃诚的识读。其理由为，鸟形的相似性是主要的，另一方面从发现的实物看，以鸟和鸟羽作为冠饰或冠的一部分比较常见，而以兔作为冠饰则未见，因此识读为鸟比兔更具合理性。87M10位于凌家滩墓地中部偏西，规模不大，随葬7件玉器、16件石器和6件陶器。鸟形玉冠徽出土位置在墓坑内南部，即墓主头部，近旁还有石钺、石锛和陶罐等。

凌家滩发掘报告将人字形玉冠徽称为冠饰。杨晶根据1999年浙江海盐周家浜的考古发现，认为凌家滩的所谓"冠饰"和"兔饰"同良渚文化的玉梳背相同，也是梳背。并认为中国史前时期那些有"精美背饰的梳子，很可能已经演化成为一种插在头发上的饰物或标识，所以在这类梳子之中暴露于头发之外的梳背部分，理所当然成为器具的主体而倍受关注。这里'玉'背梳子业已成为标识墓主人身份的一种重要标志"[2]。良渚文化的玉梳背实际上是冠徽的主体部分（详见本文第二节），凌家滩的冠饰或梳背是冠徽，准确地说，是冠徽的主体，冠徽的插件为有机质，已经朽蚀无存，或者未随冠徽主体随葬。

凌家滩文化玉冠徽的佩戴方式可以从良渚文化玉器纹饰和龙山文化玉器上得到启示。征集的浙江余杭瑶山M12玉琮（编号2789）神像分上下两组，上组为戴羽冠的似人

图四　鸟形玉冠徽（凌家滩87M10）

［1］　朱乃诚：《论红山文化玉兽面珏形饰的渊源》，《文物》2011年2期。
［2］　杨晶：《史前时期的梳子》，《考古与文物》2002年5期。

图五　佩人字形冠徽的神像（浙江瑶山）

图六　玉神像（山西羊舌）

神面，下组为似兽神面。似兽神面正中连接双大眼的桥形凸起上有一人字形冠徽，这一部位当为额部(图五)[1]。良渚文化神像佩人字形冠徽的纹饰仅见此一例，也未发现良渚文化的人字形冠徽玉器。山西曲沃羊舌村晋侯大墓中出土一件龙山文化玉雕神像，一面是戴冠似人神面，另一面是戴冠似兽神面，冠上有冠徽(图六)[2]。从这两个图像可以推想凌家滩文化人字形冠徽的使用方式，人字形冠徽佩戴于前额正中或冠上，重点显示人字形主体，下端带小孔部分作为连接配置未必显露。

二、冠徽与冠徽佩戴者的社会地位
——以良渚文化为参照

　　良渚文化的冠徽有矩形和三叉形。矩形冠徽曾经有过多种不同名称，或依据其形制，或推测其功能，如"倒梯形""垂幛形""冠形"和"玉符"等，随着1980年代良渚权贵大墓的一系列重大发现，确认这类器物与冠冕相关，随即统一于"冠形""冠状""冠饰"等同性质名称。杜金鹏在此基础上作了进一步推测，是"嵌在冠顶上的饰件""冠上的徽识"或"冠徽"[3]。因周家浜遗址发现这类器物同象牙质多齿器连接并组配在一起，使它的定名有了新的进展，多齿器被理所当然地定名为"梳"，"冠饰"也顺理成章地更名为"梳背"(图七)。尽管研究者已经认识到这种特殊"梳背"的体量多大于"梳"，其装饰多复杂于"梳"，而且认识到梳背是器具的主体，并是使用者身份的标识，但是大多数研究者仍将它们归类于梳。我认为，既然这类器具的主体是"梳背"而不是"梳"，其功能也不是"梳"，就应该准确定名，回到其与"冠"相关的本来意义。冠形、冠状都是就形制而

［1］　浙江省文物考古研究所：《瑶山》，文物出版社，2003年，第183页，图二三二。
［2］　李建生、王金平：《浅论山西出土的玉器》，《文物世界》2006年5期。
［3］　杜金鹏：《说皇》，《文物》1994年7期。

言，它的真正功能也不仅仅是像冠的或冠上的装饰，而是身份的标识和地位的徽记。杜金鹏对其作为"冠上的徽识"或"冠徽"的功能性判断是准确的。周家浜的重要发现只是明确了玉冠徽的使用方式，但是不应该误读为"玉梳背"。现在应该回到它的本义，定名为冠徽，并根据形制，细分其为矩形冠徽。它由上下两部分组配而成，上部是冠徽主体，嵌入下部的多齿插件。三叉形冠徽的"中叉"纵贯一孔，当配置另一种形制的插件。

图七　带象牙插件的玉冠徽（浙江周家浜）

无论是凌家滩文化还是良渚文化，抑或新石器时代的其他文化，冠徽在墓葬中的出土位置都在头部或头端。良渚文化使用矩形冠徽是通过多齿插件将其固定于头部或冠冕之上。凌家滩文化冠徽还没有发现插件，其使用方式当与良渚文化相同。参照瑶山M12玉琮上拟兽神面额部的人字形冠徽，良渚文化矩形冠徽和凌家滩文化人字形冠徽的插件部分在佩戴时均不显露在外。

凌家滩文化哪些人可以佩戴冠徽，是否形成某种规制，这是以良渚文化作为参照的另一个问题。良渚文化权贵阶层的用玉已经形成不同程度的制度性规范，良渚古国瑶山墓地权贵的用玉则显示了严格的制度性规范。从瑶山墓地的用玉可以看到（表一），所有墓葬每座都仅随葬一件矩形冠徽；不同的性别使用不同种类的玉器。瑶山墓地的墓葬分为南北两排，虽然没有发现可资确定性别的人骨，但是根据墓葬随葬品和有关资料旁证，南排埋葬男性、北排埋葬女性的认识目前没有异议。瑶山南排墓葬（男性）每座都随葬三叉形冠徽一件。良渚古国权贵阶层用玉规范与性别相关的因素至少包括这几点：矩形冠徽是权贵阶层中所有成员的基本配置；三叉形冠徽是权贵阶层中男性成员的基本配置；这两种冠徽也是相关成员的必备配置。

良渚古国权贵阶层还以用玉的品类识别社会地位和确定等级高低，有六种玉器具有关键性意义，即权杖、配置完整的钺、无完整配置的钺、琮、三叉形冠徽和矩形冠徽。在这六种玉器中仅仅使用矩形冠徽者是瑶山权贵中地位最低的，均为女性。使用矩形和三叉形两种冠徽，并使用六种玉器中的其他玉器者，因品类不一而代表了不同的等级（表二）。

从1987年至2007年凌家滩先后五次一共发掘72座墓葬，其中，1987和1998年发掘的44座墓葬公布了完整资料，07M23公布资料比较多。这45座墓葬的人骨几乎都没有保存下来，根据人骨确定性别已无可能。

玉璜和玉钺在良渚文化瑶山墓地分别出自不同的墓葬，分属于女性和男性所有。崧泽文化玉璜绝大多数为女性的随葬品。因此，如果人骨保存不好，璜和钺是推定崧泽文化和良渚文化墓主性别的参照物之一。但是，凌家滩的45座墓葬中有9座既随葬玉钺又随葬玉璜，另有15座墓钺和璜均未随葬，璜和钺共存或二者皆无的墓葬所占比例比较高。这样，在凌家滩，钺和璜失去了作为推定性别参照物的功能，也就无从了解凌家

表一　浙江余杭瑶山墓葬随葬玉器

	南　排						北　排					
	M2	M3	M7	M8	M9	M10	M1	M4	M5	M6	M11	M14
矩形冠徽	1	1	1	1	1	1	1	1	1	1	1	1
三叉形冠徽	1	1	1	1	1	1						
成组锥形器	1	1	1	1	1	1						
钺	1	1	1	1		1						
琮	2		2		1	3						
牌饰			1									
璜							2	2		1	4	1
纺轮										1	1	
圆牌	1						6	8	3		13	1
鸟	1											

表二　良渚遗址群高等级墓地的用玉与等级

等级		反山	瑶山	汇观山
1	权杖、完整钺、琮、三叉形冠徽、矩形冠徽	+		
2	完整钺、琮、三叉形冠徽、矩形冠徽	+	+	
3	钺、琮、三叉形冠徽、矩形冠徽	+	+	+
4-1	钺、三叉形冠徽、矩形冠徽		+	
4-2	琮、矩形冠徽	+		
5	矩形冠徽	+	+	

滩的冠徽与性别是否存在对应关系。

　　凌家滩墓地佩戴冠徽的2座墓葬,87M15的随葬品数量和质量都远远超过87M10。87M15位于墓地南部居中,这个位置已经发现3座大墓,另2座是87M4和07M23。87M15在87M4在北侧约2米,07M23在87M15东侧近4米。07M23之南、87M4之东还有一座墓被现代墓叠压,疑似被盗。这4座墓葬的分布近似方形,其中间还有一处祭祀地点87M1。87M4随葬品除了19件玉璜和3件玉钺外,最重要的是1件分体式玉龟和1块玉版,玉龟叠压在玉版之上。07M23随葬10余件玉璜和2件玉钺(据墓葬平面图之器物编号),另有1件玉龟和2件变形玉龟,这三件玉龟内都有玉签。目前凌家滩发掘墓葬中只有这2座墓葬随葬玉龟。凌家滩另一座随葬玉版的墓葬是98M29,墓位在南边第一排的西端,墓坑规模大,随葬玉器还有玉鹰、玉人、玉璜等。玉版、玉龟和玉签都具有深刻的宗教含义,是认识和解释社会和自然的工具,它们的所有者掌控与神灵沟通的权力,握有神权,具有相当高的社会地位。

位于凌家滩墓地南部居中的3座大墓,87M15随葬30件玉璜,87M4有19件,07M23有10余件,是45座墓葬中随葬玉璜最多的3座,其余墓葬最多者仅6件(87M17)。张敬国认为"璜在凌家滩遗址是一种极为重要的器物,推测可能代表使用者的身份、地位和权力"[1]。虽然这3座大墓都随葬玉钺,但数量却不是最多的。随葬玉钺最多的是98M20,有6件钺,其墓位在整个墓区中部偏西,不如前述三座大墓突出。98M20共随葬62件(组)器物,其他随葬品中重要者主要是4件玉璜,另有一组制作玉器管钻后留下的玉芯共111件。随葬未成器的玉芯,暗示墓主同治玉职能的关联性。凌家滩随葬玉钺的墓葬大多数也随葬玉璜,只随葬玉钺不随葬玉璜的只有2座墓,随葬玉器都很少,98M6仅1件玉钺,98M21共有3件玉钺,但玉器总数只有6件。98M21的墓位在98M20近旁,98M6靠近墓地北部边缘。另外上述掌控神权的98M29有5件玉璜,却没有玉钺。这些迹象都指示同一方向,凌家滩社群地位最高的数人虽然也使用玉钺,但是玉钺在凌家滩并没有至高无上的突出地位,能否配置玉钺和玉钺的数量同使用者身份地位的相互关系并不确定,更未形成制度性规范。即使像有些研究者指出玉钺代表了军权,凌家滩掌控军权者的地位并非特别显赫。

凌家滩87M15随葬3件人字形冠徽,是我们研究的45座墓葬中唯一的,随葬30件玉璜是45座墓葬中最多的,又同掌控神权的87M4和07M23埋葬在同一小区域,另外这3座大墓之间还有一处很重要的祭祀地点(87M1),这在凌家滩墓地也是唯一的。凡此种种,可以断定87M15的社会地位非同凡响。

使用鸟形冠徽的87M10的墓位距98M21和98M20不远,随葬玉器的品类和数量均不突出。鸟形冠徽和人字形冠徽是否代表了不同的社会地位?为什么掌控神权的几座大墓都不用冠徽?凌家滩文化的权贵是怎样使用玉冠徽的?现有材料还不足以回答这些问题,但是有一点可以确定,凌家滩文化的冠徽不是标识权贵身份的必备配置,与使用者社会地位的关联方式基本不同于良渚文化。

三、冠、冠徽和羽饰的识读
——以中国新石器时代为中心

中国新石器时代的冠冕已经相当复杂,应该已经形成了相对独立的传统,夏商周时期在此基础上传承与发展。但是目前我们对冠冕传统了解甚少,甚至对其表现方式还存在误读。我认为现在应该从冠冕的准确识读做起,以作为重建中国新石器时代冠冕传统的基础。

---

[1]　安徽省文物考古研究所:《安徽含山县凌家滩遗址第五次发掘的新发现》,《考古》2008年3期。

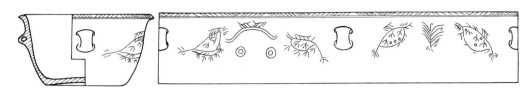

图八　河姆渡文化冠冕和鸟鱼纹饰

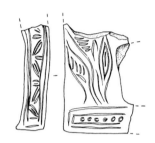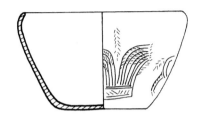

图九　河姆渡文化羽冠

　　冠冕可以分解为冠、冠徽和羽饰三种元素。在图像上出现这三种元素最早的是河姆渡文化。从河姆渡出土的一件陶盆上有对称的两组纹饰(图八)，一组纹饰的中部是头戴冠的神像面部或被神化的人像面部，冠为弯弓形，两端上翘，冠上有冠徽，没有羽饰。戴冠的神像两侧是鸟。另一组纹饰的中部是有羽饰的冠，冠被省略为四根短斜线，冠上直立一片独立的羽，羽冠两侧是鱼。河姆渡文化还有多片羽饰的冠，冠为长方形，有的冠上还有装饰，一种装饰是单排小圆圈纹，另一种是短斜线纹(图九)。陶盆上的单羽冠图表明仅用短斜线就可以代表冠。河姆渡文化冠上的圆圈纹和短斜线装饰同凌家滩文化冠上的小方格纹有异曲同工之妙。

　　河姆渡文化冠冕尚未在单一图像上同时具备冠、冠徽和羽饰三元素。山东莒县陵阳河出土大汶口文化大口尊上的图符同时具备冠冕三元素。图符由上部中央的冠徽、其下的扁形冠、四片弯曲羽饰和倒梯形神像面部(或谓面具)组成，其完整含义是戴羽冠的神像(图一〇)。

　　从冠、冠徽和羽饰三元素观察冠冕纹饰和符号，可以看到不同的表现形式，除了三元素具备者外，还有：有冠徽和羽饰，但没有明显表现为冠的图像；有冠和冠顶正中的冠徽，没有羽饰；有冠和羽饰，没有冠徽；只有冠，没有冠徽和羽饰。有羽饰者，又有单羽、双羽和多羽之区分(图一一)。凌家滩文化戴冠玉人只有冠，没有冠徽和羽饰。然而凌家滩玉人所戴之冠有个细节值得注意，98M29随葬的玉人冠上的纵梁有两个小凹坑，其真实用途可能同配以羽饰有关。

　　良渚文化还有一类所谓"台阶形"图符，刻于玉琮和玉璧之上，被不少研究者看作是"坎坛"外貌的象形。1992

图一〇　大汶口文化戴羽冠神像图符

图一一

年我曾撰文,根据"台阶形"图符的形状同良渚文化的冠形器(即矩形冠徽)和大汶口文化的陶器图符相似,认为这是一种比较少见的高冠,高冠中央的"日鸟合一"图形既是对太阳的崇拜,也反映了高冠的崇高地位,大多数高冠的上端有装饰,一种是鸟饰,另一种是羽饰(图一二)[1]。

但是后来公布的考古材料表明真实的情况并不像原先认为只是"少见的高冠"那么简单,浙江遂昌的好川墓地和大汶口文化发现了"台阶形"的实体,都是玉片,形态很

---

[1] 宋建:《良渚文化的陶文和玉器徽记》,《中国文物世界》1992年总83期。

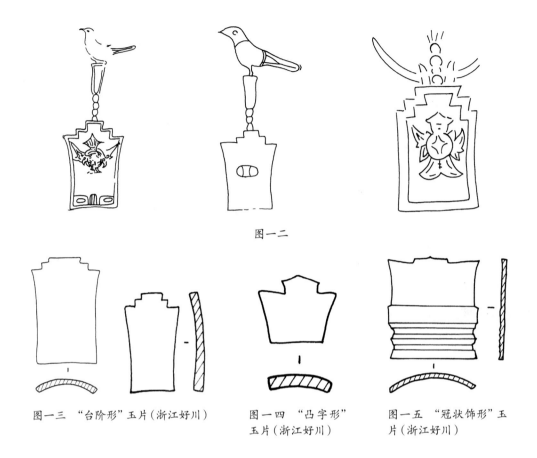

图一二

图一三 "台阶形"玉片（浙江好川）　　图一四 "凸字形"　　图一五 "冠状饰形"玉
　　　　　　　　　　　　　　　　　　　　玉片（浙江好川）　　　　片（浙江好川）

小，显然不是高冠实体。尤为重要的是，好川的玉片就出自墓葬，从而为研究其使用方式、功能和定名提供了直接依据。

好川墓地有4座墓随葬了"台阶形"玉片，它们是M10、M37、M60和M62，各墓出2～4件不等[1]。玉片的横剖面为弧形，凸起的正面经过高质量抛光处理，而背面较为粗糙（图一三）。与"台阶形"玉片同出的还有其他形制的玉片，其中最值得注意的是M10的"凸字形"玉片（图一四）和M60的"冠状饰形"玉片（图一五），前者与3件"台阶形"玉片共出一墓，"台阶形"玉片大致呈等距离分布，"凸字形"玉片稍远；后者与2件"台阶形"和1件"梯形"玉片共出一墓，4件玉片相互叠在一起。"凸字形"玉片的形态同大汶口文化符号上部的冠徽相似，可以认为它就是冠徽。"冠状饰形"玉片的上半部与良渚文化的矩形冠徽相同，显然也是冠徽。实为冠徽的"凸字形"玉片和"冠状饰形"玉片对识读"台阶形"玉片的借鉴意义不言而喻。上述玉片与其他形制的玉片都同仅存漆痕的有机质物体同出，再考虑到玉片仅在凸起面作精细处理，据此判断这些玉片可能是"漆器"上的黏贴物或镶嵌物。

随葬"台阶形"玉片和与之相关的所谓"漆器"的4座墓葬均未发现人骨，它们同

---

[1] 浙江省文物考古研究所、遂昌县文物管理委员会：《好川墓地》，文物出版社，2001年。

人体部位的相对位置主要依赖间接证据。好川墓地的80座墓葬中有70座的墓坑方向是西北—东南向，而唯一人骨保存完好的M36头向是135度，因此判断70座墓葬的头向是东南向。随葬"台阶形"玉片的4座墓葬头向在102～140度之间，这就确定了其头部大致位置，进而明确4座墓的玉片均出自头端。除了玉片，好川墓葬还发现了石片，它们都被认为是"漆器"上的黏贴物或镶嵌物。这类"漆器"的形态对确定"台阶形"玉片的功能至关重要。根据残留痕，"漆器"有"圆棍状""亚腰形"和"长条形"等。M37和M62各有一件玉箍与玉片共出，玉箍内径小于3厘米，这应该就是"圆棍状"器物的直径。黏贴或镶嵌"台阶形"等形态玉片的"漆器"是头上的佩饰，或为冠冕的组成部分。

图一六　戴鸟冠玉人（江苏赵陵山）

好川的发现从"台阶形"玉片的使用方式和功能上证明，良渚文化玉琮和玉璧上的"台阶形"图形符号原本含义确与"坎坛"外形无关，而同冠冕相关。"台阶形"是一种形制独特的图形，应该有其独特的内涵，问题是"同冠冕相关"难道仅仅是或者一直是像好川遗存所表现的那样作为佩饰的一部分吗？江苏昆山赵陵山有件玉器是戴冠玉人的侧面像，冠上连接一鸟，冠和鸟的连接方式同"台阶形"图形符号相似（图一六）。尽管玉人所戴之冠为平顶而非台阶形，并未证明"台阶形"图形符号就是"高冠"，但是证明了冠上立鸟的存在，鸟立于冠之上的表现方式为考察中国新石器时代冠冕传统提供了十分重要的参照。

好川M60"冠状饰形"玉片的前身就是良渚文化的矩形冠徽，但形制发生了变化，下部由良渚文化连接插件的扁形凸榫改变为另一形态，好川报告认为是"抽象神面"。特别是矩形冠徽由良渚文化的平面改变为好川遗存的弧面，明确表明了使用方式的嬗变，良渚文化矩形冠徽是插在头上或冠上，而在好川遗存，冠徽变形为复杂的冠冕佩饰上的众多配件之一。

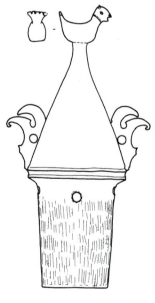

图一七　陶质"神器"（安徽尉迟寺）

安徽蒙城尉迟寺出土的陶质"神器"可能属于另一类嬗变。这件"神器"通高59.5厘米，横剖面为圆形，中部直径22厘米，中间空，顶端立一鸟，对称的两侧为弯曲的羽饰（图一七）[1]。将这件神器同山东莒县陵阳河冠冕图符和良渚

[1]　中国社会科学院考古研究所、安徽省蒙城县文化局《蒙城尉迟寺（第二部）》，科学出版社，2007年，第148～149页。

文化顶端立鸟的台阶形图符放在一起，有助于思考乃至于解释三者之间观念形态的内在联系。辨识"台阶形"符号，并联系已经确认的冠、冠徽和羽饰，可以初步理解冠冕传统的复杂性。其中，既要看到冠冕的实用性，如凌家滩文化、良渚文化权贵使用的冠徽，又要看到冠冕的符号化，如河姆渡文化以冠冕作为神像符号，而比较困难的是要看到冠冕的变异。"台阶形"器是实用的，它同冠、冠徽密切相关，已明确的一种方式是黏贴或镶嵌在有机质物体上并使用于头部。玉琮和玉璧"台阶形"上立鸟的图像符号或不立鸟的简略形式可能具有两重性，是其不同于好川的另一种实用性的图形表现，或者是它的符号化。尉迟寺的陶质"神器"则是典型的冠冕变异，发掘报告称为"神器"是有道理的，它源自冠冕，又完全脱离了冠冕的实用功能，它就是一尊神。这就是目前我对上述与冠冕相关的器物、纹饰、图符之间逻辑关系的理解。

原载杨晶、蒋卫东：《玉魂国魄——中国古代玉器与传统文化讨论会文集（五）（中华玉文化特刊）》，浙江古籍出版社，2012

红山文化权贵的头饰

　　头部的装饰是服饰文化的重要组成部分,具有美化形象、丰富生活内涵的功能。在不少特定的社会背景,头饰还是辨别个人身份、表现地位等级的标识,如冠、冕、徽、章等。早在距今7000年河姆渡文化时期就使用羽冠和冠徽以作为头饰和身份的标志物。良渚文化权贵的基本配置是冠徽,置于冠上或头部。凌家滩文化和龙山文化等也发现冠徽或专用头饰。红山文化晚期社会分化,权贵产生,是否头部也有专用佩饰?头饰是否具有标识身份的功能?本文根据目前的考古材料试图回答这些问题。

　　根据辽宁省牛河梁遗址的考古发现,在红山文化权贵墓葬头部发现的玉器有三环形玉器、玉凤(鹄、天鹅)、勾云形佩饰和斜口筒形器等四类,它们都可能同头上或冠上的佩饰有关。

　　三环形玉器,或依据所判断其用途而称为梳背饰。考古发现的数量很少,可以基本明确同人体部位关系的目前只有两件。

　　双兽首三孔器(牛河梁N16Z1-79M1∶4),器体近似长条状,长8.9、高2.6厘米(图一)。主体是横排的三个大圆孔,上端随三圆孔呈三连弧状,下端为直线窄榫,两端各一个圆雕兽首,或以为猪首,或以为熊首。下端窄榫部从下向上锥钻单向钻孔,与大圆孔相通,中间2孔,两侧各1孔,相邻的两小孔各自偏向窄榫侧缘。根据窄榫和小圆孔,可以判断此器可固定在其下部的器件上。4个小孔的位置看来为刻意设计,可以更牢靠地固定于另一器件上。

　　双兽首三孔器出自墓葬西侧的扰土,同时发现的还有1件形体较大的棒锥形玉器。考古发掘中发现该墓墓主腰部左侧随葬2件棒锥形玉器,与西侧扰土中的一件相比形制相同,形体较小。根据这些迹象可以判断双兽首三孔器为79M1的随葬品。又根据考古发掘清理的是墓主的下半身,上半部被扰动无存,因此双兽首三孔器应该放置在墓主的上半身。

　　双人首三孔器(牛河梁N2Z1M17∶1),器体近似长方形,长6.8、高3.1厘米(图二)。整体布局同双兽首三孔器相同,不同之处是两端为圆雕人首,下端窄榫上有三个侧向孔,与三个大圆孔相对应,小孔为双向锥钻。

　　双人首三孔器所出墓葬以石板砌成小墓室,墓室口长0.51、宽0.25厘米,是一处葬头墓,仅葬头骨和一手掌骨,头骨脸面向上,女性,年龄50～55岁。可以确定的随葬品

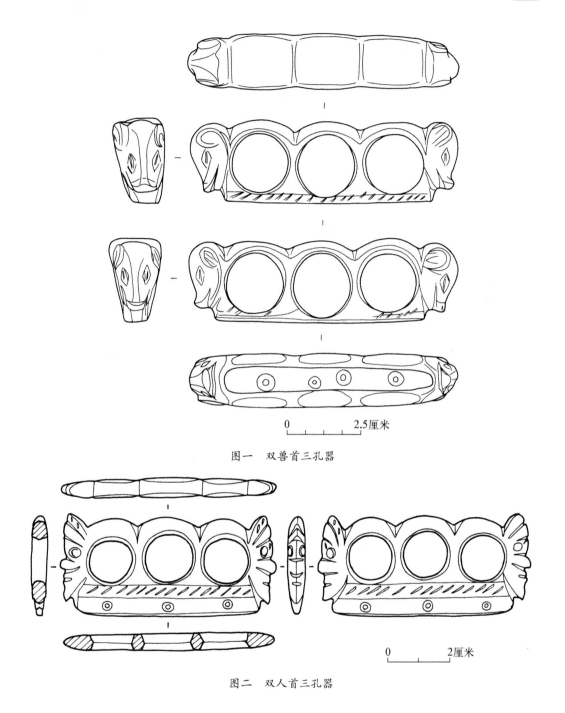

图一　双兽首三孔器

图二　双人首三孔器

　　仅此双人首三孔器一件,放置在头骨右下侧。另外在墓口上有一件凤首饰。双人首三孔器随头骨陪葬,依附于头的可能性较大。类似的三孔器,发掘出土者仅此1件,对于研判其功能和使用方式具有比较重要的意义。

　　玉凤(牛河梁N16Z1M4:1),又名玉鹄、玉天鹅,只发现1件(图三)。整体扁薄,正面中部略凸起,背面较平整,凤作回首卧姿,高冠圆睛。背面有四个竖穿隧孔,分布对

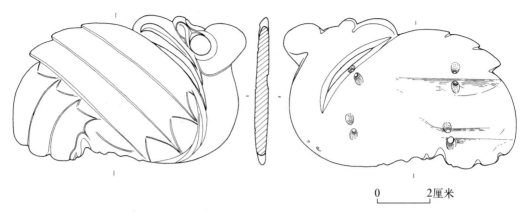

图三　玉凤

称，基本呈长方形。玉凤出土时横置于头骨前，正面朝上，正俯视可以看见玉凤的较大部分。

勾云形佩饰，发现的数量很多，器形富于变化，常见的是整体大致呈长方形，中部略呈方形，中央为弯钩状镂空，四角伸出，略显钩状。勾云形佩饰在墓葬内放置于人体的不同部位，如头部、腹部等。

牛河梁N16Z1-79M2：1，出自头端（人骨上半部已朽不存），背面4对牛鼻孔（图四）。简报称"应是固定在帽子上戴在头上的装饰物，或许是具有某种特殊意义的一种权力的标志"。这可能是较早时期发现不多、对这类器物出土位置的了解比较片面而得出的初步判断。随着考古发现的不断增多，不再认为勾云形佩饰是固定的头饰或帽饰。现已发现勾云形佩饰有置于左肩上部，如牛河梁N2Z1M21，墓主为成年男性；置于腹部，如牛河梁N2Z1M24，男女合葬，器物为女性所有；竖置于右腹上部，如牛河梁N5Z1M1，这是一座独立的中心大墓，墓主为成年男性。

斜口筒形器，又名马蹄形玉箍、斜口箍形器，发现数量很多。形制比较一致，作椭圆形筒状，一端为斜口，另一端为平口，平口端在椭圆长径的相对处钻2个小孔，但也有个别没有小孔（牛河梁N2Z4M15：4）。随葬斜口筒形器的墓葬，多数墓葬只有1件，且出土时多数位于墓主头部，少数在其他部位。少数墓随葬2件斜口筒形器。

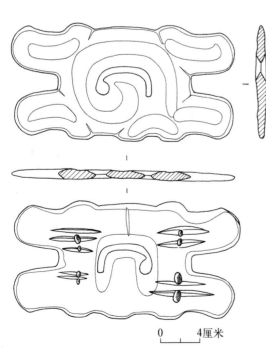

图四　勾云形佩饰

斜口筒形器位于墓主头部的,举以下3例。

牛河梁N2Z1M4,1件,竖置于头左侧。斜口面朝下,斜口端向北。

牛河梁N2Z1M21,1件,横置头顶部,斜口面朝下,斜口端向北。墓主为成年男性。

牛河梁N2Z1M22,1件,横置头顶部,斜口面朝下,斜口端向北。

斜口筒形器出土位置不在墓主头部的,举以下2例。

牛河梁N16-79M2∶4(图五),人骨仅存一颗前白齿和两段小腿骨,从而可以了解人骨的大致位置。斜口筒形器1件放在右胸部,斜口面向上,斜口端指向脚部。

牛河梁N16M4∶2,1件,放在人骨右胸部,斜口面向上,斜口端指向头部。

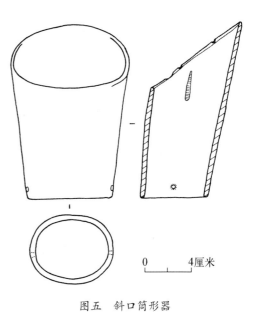

图五　斜口筒形器

一座墓内随葬2件斜口筒形器的,举以下2例。

牛河梁N2Z1M25,1件在后颈部位下横置,斜口面朝下。另1件在右手(或右胯)部,斜口面朝上,斜口端斜指向脚部。墓主经二人先后鉴定,分别为女性,35~40岁;男性,40岁。

牛河梁N2Z4M15,1件在头顶部横置,斜口面朝上。另1件在右侧胸部,斜口面朝上,斜口端指向脚部。墓主为女性,35~40岁。

没有放置在头部的斜口筒形器一般置于身体右侧又多置于右胸部,斜口面朝上,斜口端有的指向头部,有的指向脚部。根据斜口筒形器在墓葬中与人骨的位置关系和自身形制,以往对其功能做过不同推测与判断,较多研究者曾认为是"冠饰"或"束发器",少数以为是所谓"护臂器"。

以上四类玉器,前两类即三孔形玉器和玉凤目前发现出自人体头部,尚未发现出自人体其他部位,因此可能为专用头饰。但这两类玉器有确切出土依据的都只是孤例,因此尚有待更多例证。后两类即勾云形佩饰和斜口筒形器除了出自头部外,也出自身体其他部位,绝大多数出自人体胸腹部,因此不是头饰,或者可以用为头饰,但不是专用头饰。

斜口筒形器的功能性定名因为凌家滩2007年的考古发现而提出新的认识。凌家滩07M23是红山文化分布区域之外而且与红山文化年代大致相当的唯一随葬斜口筒形器的墓葬。2件斜口筒形器和1件玉龟放在相邻处,而且中间均有玉签,从而为探讨斜口筒形器的功能提供了极其重要的线索。凌家滩07M23人骨已无存,发掘者判断2件斜口筒形器和1件玉龟在腰部正中位置,据图似还应该偏下一些。斜口筒形器在平端的一面单向钻(自外向内)3个小孔,钻孔位置与红山文化斜口筒形器不同(图六)。玉龟一端背上

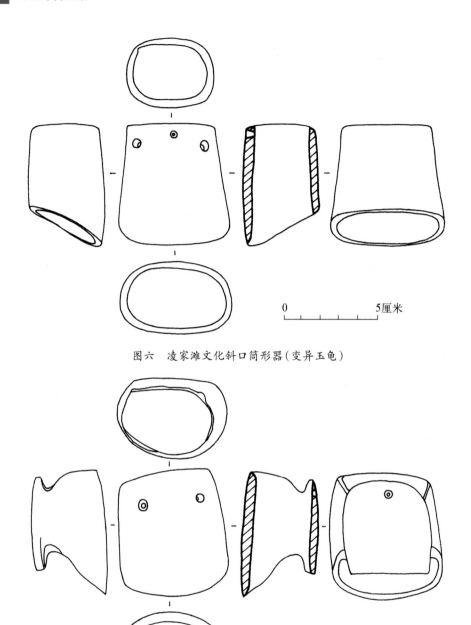

图六　凌家滩文化斜口筒形器（变异玉龟）

图七　凌家滩文化玉龟

钻2孔,腹上钻1孔(图七)。可以认为凌家滩的斜口筒形器就是玉龟形体的变异[1]。

自凌家滩重要发现公布以来,有些研究者认为红山文化的斜口筒形器也是玉龟的变异。但是这个判断并非定论。在数量上,红山文化斜口筒形器非常流行,而凌家滩文化

---

[1]　安徽省文物考古研究所:《安徽含山县凌家滩遗址第五次发掘的新发现》,《考古》2008年3期。

只有1座墓葬出。在形制上，二者存在差异，钻孔位置有所不同。另外器物同墓主人体的位置关系也不同。更重要的是，还存在文化要素传播的时间和方向、传播的主体与客体，以及传播的路线等更加深层次的问题有待探讨。

图八　良渚文化带象牙插件的玉冠徽

红山文化玉三孔器除了考古发掘出土者外，还有采集、收藏品，如内蒙古巴林右旗拉斯台出土的和台北故宫博物院收藏的各1件。《牛河梁》发掘报告将玉三孔器作了功能性定名，称为梳背。而较早的发掘简报上并未称梳背，双兽首三孔器根据形态而名为猪首玉饰[1]；双人首三孔器在2008年发表的简报上称为双人首三孔玉饰[2]。发掘报告改定名为"梳背"，当同良渚文化所谓"梳背"的发现和定名相关，或者说受到直接的启发和借鉴。良渚文化有一类出自墓葬人体头部的"冠形器"，曾有过多种不同的名称。浙江周家浜发现了"冠形器"的装配方式（图八），它同象牙质多齿器相连接并组配在一起，多齿器定名为"梳"，"冠形器"为"梳背"似乎确凿无疑。根据这一重要发现，凌家滩87M15等随葬的"冠饰"、红山文化的三孔器等，因为其下缘钻孔，可以同另一器相连接，同良渚文化"梳背"具有相似性，所以被推测为"梳背饰"[3]。

"梳背"和"梳"是一套组配器具，就其实用性而言，它的主体是带齿的"梳"，"梳背"是附件，安装"梳背"是为了握持使用的便利。而良渚文化的所谓"梳背"是器具的主体，并且是使用者身份的标识，而所谓"梳"只是附件，配备"梳"是为了使用"梳背"。我已经将良渚文化的"梳背"和凌家滩文化的"冠饰"或"梳背"改定名为"冠徽"。这种形制的冠徽由两部分组配而成，上部是冠徽的主体，下部是多齿插件。周家浜发现的重要性在于明确了玉冠徽的使用方式，而不应该将类似的器具都识读为"梳背"[4]。

牛河梁2件三孔器的钻孔部位不同，双兽首三孔器（牛河梁N16Z1-79M1∶4）的钻孔上下垂直，双人首三孔器（牛河梁N2Z1M17∶1）为侧向钻孔，因此它们与可能为有机质的配件的组配方式是不一样的。实际上良渚文化的冠徽也有两种形制与其不同的组配方式。矩形冠徽配梳形的齿状插件，矩形冠徽下部的窄榫插入齿状插件上端的浅槽内再用短销固定。良渚文化另一种冠徽为三叉形，"中叉"纵贯一孔。目前尚未确认三叉形冠徽的佩戴方式。

[1] 李恭笃：《辽宁凌源县三官甸子城子山遗址试掘报告》，《考古》1986年6期。
[2] 辽宁省文物考古研究所：《牛河梁红山文化第二地点一号冢石棺墓的发掘》，《文物》2008年10期。
[3] 杨晶：《良渚文化玉质梳背饰及其相关问题研究》，《文物》2002年11期。
[4] 宋建：《凌家滩文化的冠、冠徽及相关问题》，《玉魂国魄——中国古代玉器与传统文化学术讨论会文集（五）（中华玉文化特刊）》，浙江古籍出版社，2012年。

良渚文化矩形冠徽发现很多，在用玉的制度性规范最为严格的反山和瑶山两处权贵墓地，矩形冠徽是每个男女权贵的基本配置，是进入权贵圈的外在标识物，每人1件，男性权贵再附加1件三叉形冠徽。良渚文化的其他墓地，使用冠徽的规范程度不如反山和瑶山，有的权贵墓葬中没有冠徽，但只能使用1件的形式不变。凌家滩墓地只有两座墓葬使用了冠徽，既不普遍也不规范。其中87M15使用3件，87M10用1件。这两座权贵墓葬的等级差距很大，87M15墓主地位显赫，墓位在整个墓地的南部居中，共随葬128件（组）器物，其中玉器94件（组），包括30件玉璜。87M10位于凌家滩墓地中部偏西，规模不大，随葬7件玉器、16件石器和6件陶器。如果将凌家滩文化和良渚文化，尤其是反山和瑶山，放在一个历时性过程，冠徽的使用经历了从个别到广泛、从比较随意到规范的发展变化。

红山文化玉三孔器同良渚文化矩形冠徽和凌家滩文化冠徽的相似性在于都在下缘钻孔，与另一器件组合，而且出土位置相同，都在人体头部。那么玉三孔器是否也可以定名为冠徽？因为牛河梁已经有较大规模的发掘，但三孔器发现很少，另外形制同凌家滩文化和良渚文化相比仍然存在较大差异，目前认定它就是作为权贵的特定标识似无把握，因此称为头饰，而不叫冠徽。

红山文化作为头饰使用的另一种器物是玉凤，形体上同凌家滩文化的鸟形冠徽具有一些相似性，最直观的是外形均作回首状，但是使用方式不同（图九）。凌家滩文化的鸟形冠徽下端有榫，钻4孔，使用方式与良渚文化矩形冠徽相同，需要装配附件。红山文化玉凤的背面有四个隧孔，当用绳线缝缀。基于与三孔器相近的原因，目前对玉凤的功能性定位为头饰比较恰当。

图九　凌家滩文化鸟形冠徽

良渚文化的矩形冠徽和三叉形冠徽分别是男女权贵和男性权贵的标识。红山文化的头饰尽管数量很少，却有不同的种类，如果加上可以兼用于头饰的勾云形佩饰和斜口筒形器则种类更多，它们是否也可能作为不同所有者的标识？为回答这个问题要特别关注牛河梁第十六地点上层积石坛冢（N16Z1）。N16Z1一共发现8座墓葬，根据其埋葬位置分成两组，以南隔墙为界，墙北有北组4座，墙南有南组4座。考古发掘的层位关系表明，南组墓葬的建造和下葬时间晚于北组，两组墓葬的关系并非十分密切。N16Z1北组是使用四种器物的唯一积石坛冢墓葬组，值得特别重视。

N16Z1北组的4座墓葬的下葬时序为，N6Z1M4最早，N16Z1-79M2次之，N16Z1-79M3和N16Z1-79M1最晚（图一〇）。但是这个排列只是下葬的顺序，并不能说明各墓下葬间隔时间的长短。

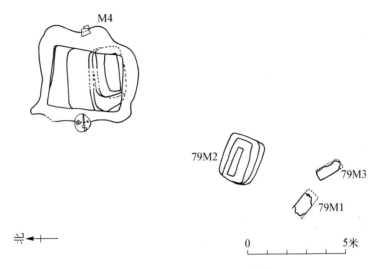

图一〇　牛河梁N16Z1北组墓葬

　　N16Z1M4是一座中心大墓,等级最高。墓圹为长方形竖穴基岩坑,长3.9、宽3.1、深4.68米,墓圹一侧有台阶,墓圹底部用石板垒砌墓室。随葬品中有1件玉凤、1件斜口筒形器,以及其他玉器。玉凤出土时横置平放于头骨前。斜口筒形器放置在人骨右胸上,斜口端指向头部,斜口面朝上。墓主为男性,40～45岁。

　　N16Z1-79M2在N16Z1M4以南约6米。墓圹、墓室的结构同N16Z1M4相近,但是规模小很多,墓圹长2.54、宽1.5、深1.2米,台阶的阶数少而且不明显。该墓的人体骨骸保存很不好,仅发现前臼齿和小腿骨,因此可以确定头向。随葬品中有1件勾云形佩饰、1件斜口筒形器、1件玉鸟以及其他玉器。勾云形佩饰位于头端,斜口筒形器应该在右胸部位置,斜口面朝上,斜口端指向脚端。玉鸟在脚端。墓主已经成年,性别不清。尽管勾云形佩饰和斜口筒形器都有一些发现于头部,有可能作为头饰使用过,但在这座特定墓葬,显然勾云形佩饰作为头饰的可能性大于斜口筒形器。另外,在这座坛冢,2座墓葬的斜口筒形器出土位置基本一样。

　　N16Z1-79M3和N16Z1-79M1东西并列,在N16Z1-79M2以南约3米。二墓结构相近,墓室底平铺石板,墓室壁应立砌石板。N16Z1-79M1为长方形竖穴土坑,N16Z1-79M3墓坑已不存。N16Z1-79M1随葬双兽首三孔器和其他玉器,墓主为成年男性。据发掘者推断,双兽首三孔器应该放置在墓主的上半身,参照双人首三孔器的出土位置,这件双兽首三孔器很可能置于头部。N16Z1-79M3被破坏,未见随葬品,不知墓主性别年龄。

　　郭大顺研究红山文化墓葬的分类与等级,主要依据墓葬在坛冢上的位置、墓室结构与规模,将随葬玉器的权贵墓葬分为几个不同的等级,中心大墓等级最高,其下的等级顺序为台阶式墓、甲类石棺墓[1]。后来又将台阶式墓改为大型土圹石棺墓,并将随葬玉

[1] 郭大顺:《中华五千年文明的象征——牛河梁红山文化庙坛冢》,《牛河梁红山文化遗址与玉器精粹》,文物出版社,1997年。

器的甲类石棺墓再分为三类[1]。根据此分类,牛河梁N16Z1随葬玉凤、勾云形佩饰和三孔器的3座墓葬显然分属于三个不同的等级。如果仅就N16Z1这一座坛冢看,头饰的形制与权贵等级的关系似乎已经很明确了。但是问题当然不会如此简单。牛河梁发掘了这么多坛冢,N16Z1只是孤例。如何解释这一现象,是已经出现了头饰形制与等级高低呈现对应关系的萌芽,还是头饰的佩戴同权贵等级没有关系,N16Z1的4座墓葬所反映的对应关系纯属偶然?目前还难有定论。当然如果参照河姆渡文化、凌家滩文化和良渚文化等,认为红山文化的权贵开始用头饰标识身份还是比较有把握的。

综上所述,根据现有考古发掘材料,红山文化的玉三孔器和玉凤可能是专用头饰,勾云形佩饰和斜口筒形器可以作为头饰使用,但非专用。玉三孔器的“梳背”定名不是定论,准确定名有待确认其功能。牛河梁的1座坛冢中表现出不同形制的头饰同权贵等级的内在联系,表明红山文化的头饰可以标识权贵的身份。

原载辽宁省文物考古研究所:《红山文化学术研讨会论文集》,

辽宁人民出版社,2013年

---

[1]　郭大顺:《红山文化的“唯玉为葬”与辽河文明起源特征再认识》,《文物》1997年8期。

广富林考古新发现

——梅花鹿石钺图

2001年度广富林考古发掘了一座良渚文化墓葬，随葬品中有一件陶尊，陶尊腹部以刻划技法画了一幅梅花鹿石钺图（图一）。一只梅花鹿长着两只长角，惟妙惟肖，旁有一件带柄的石钺，柄向外弧曲呈未张开的弓形，柄下端还安装着镦。旁边还有一图，可惜已经大部分磨损，从残留痕迹看似一鹿（图二）。以前具象和抽象的石钺曾数次被发现，在浙江桐乡新地里的一块陶片上也刻着梅花鹿的图像，但是梅花鹿和石钺两种图形组合在一起，在良渚文化中还是第一次发现。

鹿科动物在良渚文化先民的生活中有着重要作用，尤其是梅花鹿（图三）。根据马桥遗址20世纪90年代发掘的动物资料的数量统计，鹿科动物占所有动物的44%，而仅梅花鹿一项就占动物总量的四分之一（图四）。梅花鹿在先民的生活中有多种不同的用途。在物质活动方面，鹿肉富含蛋白质等多种营养

图一

图三

图二

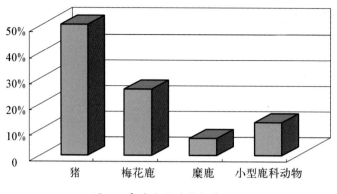

图四　良渚文化动物数量比例

物质,可供食用;鹿骨和鹿角可用以制作各类生产工具。在精神活动方面,古人的观念意识是万物皆有灵,祖先也有灵,他们要经常进行祭祀活动,供奉祖先和各种神灵,鹿就是其中一种特别的供品,广富林良渚文化墓地上用鹿头祭祀先人,马桥文化中发现了用鹿角祭祀的特殊现象。古代礼书对祭品种类有详尽记载,其中最重要的是牛、羊、猪三种,唯独没有提到鹿。有此遗漏,可能有多方面的原因,如年代的久远、地域的差异和环境的变迁等。商代之前的长江流域,鹿的地位特别高。不仅在马桥,其他遗址中的鹿科动物也占有相当高的比例。浙江河姆渡鹿科动物的数量是猪的数倍,罗家角也以鹿科动物为主,猪次之,至崧泽文化时期仍以鹿科动物为主。只是到了良渚文化时期,猪等家养动物的比例才超过了鹿科等野生动物。这种情况出现的原因是,随着定居生活的发展,经济过度开发,获取野生资源渐趋不易,迫使先民加大饲养家畜的比例。

钺,源自斧,再往前推就是旧石器时代的打制砍伐器或砍砸器。史前社会是刀耕火种,开荒种地时石斧是最合适的工具。后来随着社会的发展,又被兼用为氏族之间仇杀和械斗的兵器,因此石斧同人类的关系是非常密切的。由于石斧经常被作为兵器使用,逐渐被赋予权力的含义。含有权力的这部分石斧就有了新的名称——石钺。钺因此而成为权力的象征,甲骨文中的“王”字就是“钺”的象形。旧石器时代的砍伐器或砍砸器或称为手斧,直接握在手中使用,新石器时代的石斧装木柄。随着石斧地位的提高,安装形式也复杂起来,上海崧泽发现的一件,柄下端安装了骨镦;江苏金坛三星村的则在柄上端安装鹰形骨帽,像这种安装复杂的组合式器件就属于钺了。良渚文化已经走到了中国文明进程中的关键时期,在多个地点的上层贵族墓葬中随葬着包括钺、帽、镦完整组合的豪华式玉钺,上海福泉山就有两套。因为它们代表了真实的权力,所以可以叫作权杖(图五)。

从梅花鹿在良渚先民物质和精神活动中的重要地位和石钺的功能分析,我们有理由相信,梅花鹿石钺图记录了一次大型的由氏族首领亲率的集体活动。石钺就是权杖,代表了权力和有组织的大规模行动,鹿为行动的对象。这可以是一次狩猎,以捕获鹿科动物为目的;也可以是一次祭祀,祭品就是梅花鹿。

这幅梅花鹿石钺图也为探索中国文字的起源和发展提供了极其重要的线索。文字的起源和发展是目前正在开展的中华文明探源工程中的一个重要方面。中国的文字起源走过了一个从原始文字到成熟文字的发展过程。商代的甲骨文系统是目前得到确认的中国最早的成熟文字,夏代只是在河南二里头等遗址发现了许多陶文,绝大多数都是单字,仅极个别的是多字,但并未连接成句,只能称作原始文字。良渚文化是史前时期原始文字发现最多也最为进步的文化,原始文字的种类有几十种之多。原始文字的书写采用刻写方法,大多数以陶器作为文字的载体,也有一些刻在玉器表面。发现陶文的有武进寺墩、吴县澄湖、上海马桥、金山亭林、余杭南湖和良渚等遗址。

　　良渚文化原始文字的进步性表现在出现了多字排列的完整句,这是原始文字发展过程中的一项突出成就。因为句子能够传递完整的信息,比起只能表达简单意思的单个字来说无疑是一个飞跃。良渚文化的单个字发现比较多,出现也早,良渚文化进入繁盛阶段之后才发明了多字排列组句。迄今为止,良渚文化的多字组句出现在多件陶器上,据报道,20世纪30年代就已见到。但是考古地层关系清楚或出土时周围埋藏环境明确的只有3件。20世纪60年代在上海马桥发掘出土了一只阔把杯,形制比较独特,很少发现有相同的器形。杯身粗矮,呈多

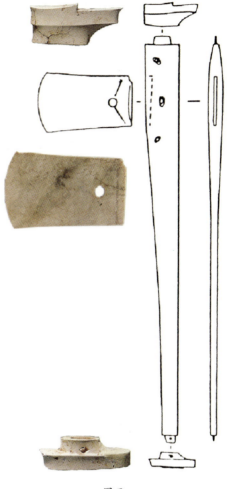

图五

棱竹节形,把手非常阔,因此叫阔把杯。阔把杯底已残损,幸好保留了两个字(图六)。这是得到公认的我国最早的二字连用资料,对探讨文字起源和演变具有特别意义,因此被郭沫若先生作为我国古文字发明的重要依据,收入到《中国史稿》一书。

　　第二件载文陶器是江苏澄湖出土的贯耳壶,鱼篓形,壶的腹部并排刻了四个字(图七),因字数比较多,更像一句完整的句子。第三件是余杭南湖的圈足罐(图八),虽是调查采集品,但是它的出土环境是清楚的。这件陶器上的字数最多,绕肩腹部一周刻了

图六

十一个字,其中有的叫作图似乎更为合适,真是图文并茂,反映了文字起源阶段的真实情况。南湖圈足罐上有一幅动物图,从形象看是狗。狗同良渚先民的生活也有相当密切的关系,广富林墓地发现了埋着整只狗的祭祀坑。代表石钺的字在澄湖贯耳壶上出现,有帽有镦。马桥阔把壶上也有一件工具,其主体以一根横线表示,与表示石钺的矩形不同,这件工具应该是石镰。从钺的实物到广富林圈足尊的石钺图,再到澄湖贯耳壶的图形文字,可以很清楚地看到从图到文的演化轨迹(图九),以实物揭示了汉字造字方法"六书"之一———象形文字的起源过程。

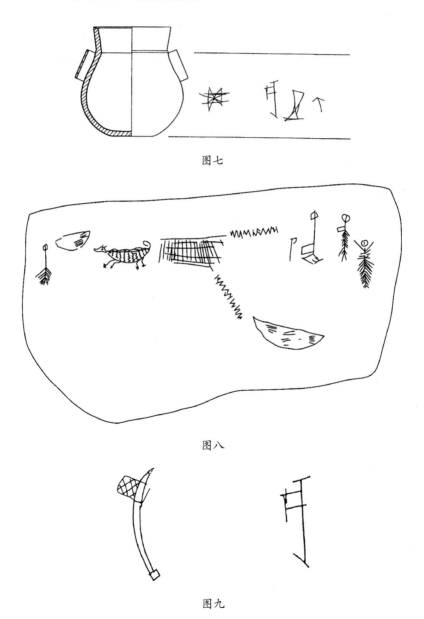

图七

图八

图九

良渚文化的陶文和玉器徽记

中国是一个有文字记载历史的悠久的文明古国。如果从商代后期的甲骨文开始算起,距今已有三千几百年了。尽管几千年来,汉字的形体、含义发生了很大的变化,但是作为单一的文字系统,它一直延续到今天,这在全世界的文明古国中是绝无仅有的。商代甲骨文已经形成一套完整的成熟文字体系,然而从甲骨文往上追溯中国文字的起源还有一大段空白。随着新石器时代和青铜时代早期考古发掘的广泛开展和日益深入的研究,这个空白正被越来越多的成果填补起来。良渚文化陶器上的原始文字与玉器上的徽记就是其中最为引人注目的一个部分。

良渚文化陶文与玉器徽记同汉字起源的关系十分密切。它们有些就是商代甲骨文的渊源,另一些则是仅在良渚文化中流行的特定的符号,在以后的文字演变过程中逐渐被淘汰。它们都具备一定的交流媒介功能。以前我曾经在《良渚文化向马桥文化演化过程初探》一文中,对良渚文化陶器上的原始文字做过专门探讨。最近几年又发现了一些新的陶文和玉器徽记。这里把两种资料集中在一起,作一概括性简短介绍,也谈谈笔者对它们各自特征与相互关系的理解,并借此说明它们在汉字起源过程中的意义和影响。

一、良渚文化的陶文

良渚文化的陶文现已发现了好几十种,陶文出土地点遍及太湖周围地区的多个遗址,其中有江苏省的武进寺墩、昆山太史淀、吴县澄湖;上海市的上海马桥、金山亭林;浙江省的杭州良渚、余杭南湖。

良渚文化陶文的刻划部位似有一定规律,单个陶文绝大多数刻于陶器的底部,其中又主要是圈足器,少数刻在陶器的肩腹部,极个别刻在陶器的口沿上。多个陶文一般刻于肩腹部,如吴县澄湖的贯耳壶(图一)和余杭南湖的圈足罐,但是上海马桥的两个陶文仍刻在陶杯的底部(图二)。

良渚文化的陶文有几个值得重视的特征。

首先从形体结构上分析,有些陶文同甲骨文非常近似,我们不仅能参照甲骨文来解

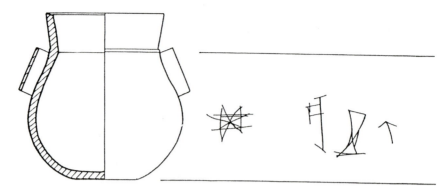

图一　陶贯耳壶上的陶文
（良渚文化　江苏吴县澄湖出土）

图二　陶杯上的陶文
（良渚文化　上海马桥出土）

释这些陶文的含义，而且还可以进一步推论：它们与甲骨文同源，或者就是甲骨文的前身。金山亭林的带盖圈足罐底部的刻文显然是一个"井"字（图三），刻划形式与字体结构甚至同现代字都十分相似。在太湖地区，水井的发明和使用很早。1987年底，由上海市文物管理委员会主持发掘了青浦崧泽遗址，我们清理了马家浜文化晚期的一座直筒形水井，距今大约六千年。到良渚文化时期，使用水井已十分普遍，出现了特制的井圈，

2　　　　　1

图三　陶圈足罐上的陶文
（良渚文化　上海金山亭林出土）

有的是用圆木剖开成几片，然后掏空，再用榫卯拼合，作为井圈；还有的用竹子编织成井圈。它们都是圆直筒形，与这个"井"字的结构不同。那么这个"井"字到底指的是什么呢？我们只能依靠长江下游地区新石器时代的考古材料，将这个字与实物遗存对照，以求得科学的符合现实实际的解释。浙江余姚河姆渡遗址第二文化层发现了一个坑形木构建筑，它由200多根桩木和长圆木组成，分内外两部分，外围是一圈近圆形的栅栏桩，直径6米，面积28平方米，里面是方

形竖井，边长约2米。发掘报告认为这个木构建筑是水井。但是从它那6米的直径、分内外两重的结构分析，我认为它应该是一座储藏物品的"窖穴"。在浙江嘉兴雀幕桥遗址有一座良渚文化的木构建筑，现场清理时在底部发现5根井字相交的圆木，3根东西向，相互距离是50厘米，上面2根是南北向，间距70厘米。这种结构当然不是水井，那么它是不是墓葬呢？目前已发现的良渚文化墓葬葬具全部是将原木剖为两片，掏空后再上下相合在一起，作为棺木。因此雀幕桥的木构建筑也不是葬具，而是一座用木条搭成井字形框架的"窖穴"。1990年底在浙江余杭庙前又发掘了一座保存完整的方形竖井式窖穴，四周有木框架支撑。至此，我们可以确认金山亭林带盖圈足罐上的"井"字不能释为水井，而应释为竖井式窖穴。或者说，"井"的本义是竖井式窖穴，水井是它的引申义，这种引申恐怕已是良渚文化以后的事情了。

　　吴县澄湖贯耳壶上左起第二个字是"钺"字，同甲骨文很相像，是良渚文化钺的完整形态的象形字（图四），由冒、钺、柲和镦共四部分组成。

　　上海马桥陶杯底部有一个字同甲骨文的"戈"字基本相同。良渚文化是否有作为专门武器的戈，现在还要打一个问号。然而，戈是从农业生产工具镰中分化出来的。良渚文化石镰发现很多，我认为这个字释为"镰"比较合理，它是带柄石镰的象形。

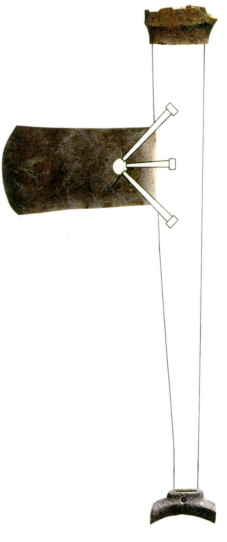

图四　玉钺
（良渚文化　上海青浦福泉山出土）

　　良渚文化陶文与甲骨文相同的还有一些数字与干支字。数字有"五""六""十"，干支有"甲""癸"等（图五）。

　　良渚文化陶文的第二个特征是能够用几个字很有序地排列在一起，组成一个完整的句子，即形成了简单的"辞章"。多字相连的陶器共有3件。马桥陶杯上的句子最短，现存两个字，因左边一字已释为镰，所以这个句子应该与农业生产有关。澄湖贯耳壶上四字组成一句，刻在壶腹部。第一个字是一种抽象画的图案，见于多件新石器时代的器物上，含义不清。第二个字是"钺"，第三个字似"五"，第四字可释为"镞"。这个句子

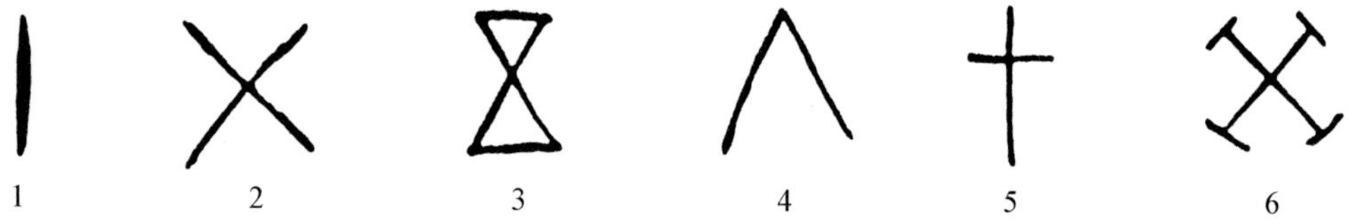

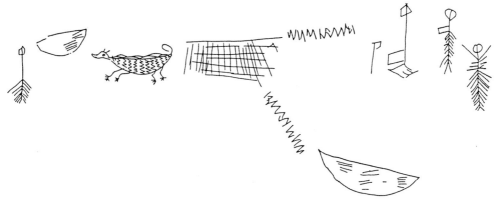

图五　陶文中的数字与干支字

（良渚文化　1、2、4、5、6. 杭州良渚发现　3. 上海马桥发现）

图六　陶圈足罐上的陶文

（良渚文化　浙江余杭南湖出土）

出现了两种器物,都可作兵器用,看来它与战争行为有关。余杭南湖的圈足罐肩部共刻画了十一个原始文字,是现在所见到的陶文中最长的一句(图六)。左起第一、十、十一字,形似鱼骨或其变体,左起第三字是一个四腿动物,第四字可释为"网",第五和第七个字上下各有一个,它们延续前四个字的意义,并一分为二,与后面的词(组)连接。从整体上看,这句话描述了以渔猎所获为食物的生活场景。

　　良渚文化陶文的第三个特征是,有些陶文分别在几个遗址中出现。以图七所示,昆山太史淀陶罐上一个,金山亭林陶片上一个和余杭南湖圈足罐上三个,形体近似。同样的文体在几个地点出现,表明它们已经是相对固定的交流媒介。在良渚文化这个大群体内,人们能够用同样的陶文作互相理解与交流。

　　良渚文化陶文的这三个特点中,最重要的是能用多个单字组成句子,在甲骨文之前的原始文字中无疑是最进步的。一个单字只能表达简单的意思,接受者有时还需要猜测联想,而句子却能表达比较完整的事实与思想,能够传递完整的讯息。原始文字的进步性显示出良渚人的思维能力与表达水平都不低,人们能够进行较深层次的交往。

　　从良渚文化陶文的结构还可以归纳出三种不同的原始文字表达方式。一种是写实性极强的图画,如余杭南湖圈足罐上的动物和器皿;另一种虽然也是象形,但已有一定程度的抽象化,如井、钺、镰等字;第三种则是约定俗成的特别记号,如那些类似甲骨文数字和干支字的陶文。这三种表义方式在甲骨文中也有,不过良渚文化陶文的第一种表义方式是更为直接的图画,这是讨论文字演化规律一个值得注意的现象。

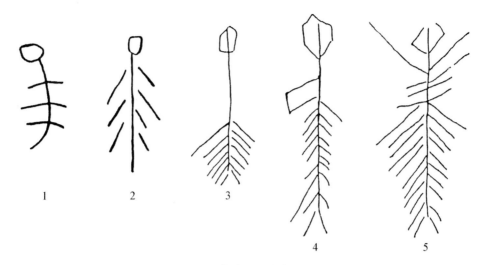

图七　良渚文化的陶文

（1. 江苏昆山太史淀发现　2. 上海金山亭林发现　3. 浙江余杭南湖发现）

　　除了上述陶文外，良渚文化还有一种有趣的资料，陶器、玉器上都有，刻在陶器上的应看作是一种图案，形如　（以插图说明）。青浦福泉山的高圈足豆，豆盘与圈足上刻满了精细的花纹，这个图案夹在两只飞鸟纹之间（图八）。在嘉兴雀幕桥的双鼻壶上，这个图案平行排列刻在壶颈和腹部。松江广富林的鼎盖，捉手周围刻四个图案（图九）。青浦西漾淀的尊，腹部刻两个这样的图案，间夹在鸟纹之间（图一〇）。余杭南湖的椭圆形豆，图案刻在盘内一个双重圆圈（应是太阳）的两侧（图一一）。与这种图案相似的是刻在青浦福泉山阔把壶流下的图案，只发现一个（图一二）。两种图案差别细微，前者下部不凸出，或微内凹，后者则突出成半圆，与余杭反山的玉鸟圆雕相像（图一三），凸出的半圆形为鸟首。据此分析，两种图案都是鸟的正面形象。此外，前一种图案还刻在玉器上，是一种特定的徽记。

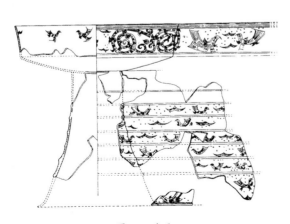

图八　陶豆

（良渚文化　上海青浦福泉山出土）

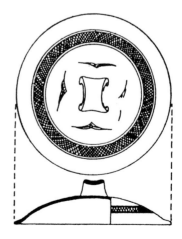

图九　陶鼎盖

（良渚文化　上海广富林出土）

图一〇　陶尊

（良渚文化　上海青浦西漾淀出土）

图一一　陶豆

（良渚文化　浙江余杭南湖出土）

图一二　陶阔把壶

（良渚文化　上海青浦福泉山出土）

图一三　玉鸟

（良渚文化　浙江余杭反山出土）

二、良渚文化的玉器徽记

良渚文化玉器上刻有徽记的，现在已经发表了5件玉璧和5件玉琮。

（一）华盛顿弗利尔美术博物馆（Freer Gallery of Art）有4件玉璧，3件玉璧面上的徽记非常清晰（图一四，1～3），其中一件边缘上也有图案与徽记（图一四，4）。另一件

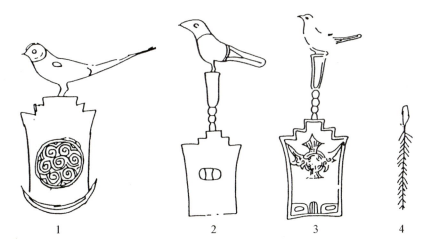

图一四　玉璧上的徽记

（良渚文化　美国华盛顿弗利尔美术博物馆藏）

玉璧已残。

（二）浙江余杭近年出土了一件玉璧,两面各有一个徽记(图一五)。

（三）上海博物馆收藏的一件玉琮,上部有一个徽记(图一六)。

（四）北京中国历史博物馆收藏的一件玉琮,上部有一个徽记。

（五）北京首都博物馆收藏的一件玉琮,上部有一个徽记(图一七)。

（六）台湾台北故宫博物院收藏的一件玉琮,上部两面各有一个徽记(图一八)。

（七）Gieseler, G 著录的一件玉琮,上部刻一个徽记(图一九)。

这些刻有徽记的玉器中,只有余杭的一件玉璧知道出土地区,但具体地点与出土情况都不太清楚。1980 年代在浙江良渚地区考古发掘出土了大批玉器,迄今尚未发现徽

图一五　玉璧上的徽记

（良渚文化　浙江余杭安溪

　　　出土）

图一六　玉琮上的徽记
（良渚文化）

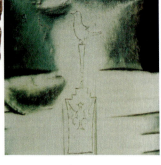

图一七　玉琮上的徽记
（良渚文化）

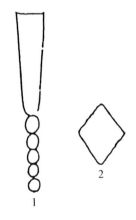

图一八　玉琮上的徽记
（良渚文化　台湾台北故宫博物院藏）

图一九　玉琮上的徽记
（良渚文化）

记，可见良渚文化玉器上刻徽记还是一种比较少见的现象。

上述序号一、二、五、六、七共7件玉器上的徽记，虽然形体不完全相同，但都有部分相通之处，因此可以看作是同一大类。这是良渚文化最重要的一类徽记，可以分解为四个组成部分。

第一部分是徽记下部的外框，6件玉器上都有，应该是这类徽记的主要部分（图二〇，1）。外框上部呈台阶形，两侧线条流畅，下端略内收。关于这个图形所包含的内容，有人根据外形称为"盾形"，有的学者称它为"坎坛"，还有的研究者试释为"山"。我尝试从另一个角度来理解它的含义。大汶口文化中有两种陶文与它有诸多相似之处（图二〇，2、3）。它们的上部都有"台阶"，只是在"台阶"的宽度与高度上存在一些差别。两侧缘向下都内收，并略呈曲线。李学勤先生认为这两个陶文都是象形的，一个像

图二〇　玉器及陶文徽记

（良渚文化　1. 玉器徽记　2、3. 大汶口文化陶文　4～6. 玉冠形器　4、5. 上海青浦福泉山发现
6. 浙江余杭反山发现）

饰有羽毛的冠，另一个可能是不加羽饰的冠[1]。良渚文化有一种玉器因似神像头上的羽冠，而称为冠形器。冠形器中有几件形制比较特别，它们的上缘凸出部分也呈"台阶"状，两侧缘斜内收（图二〇，4～6、图二一），与大汶口文化的两个陶文很像，与良渚文化的这个图形当然也很近似。其中不同的是，图形的顶端较宽，而玉器的顶端较窄，比较起来器物更似大汶口文化的陶文。从刻有神像的冠形器看，其上缘的凸出部分正是羽冠。冠形器的下缘都有凸榫，榫上穿孔，考古发现表明它与木质物体结合在一起。大汶口文化目前还没有发现这样的冠形器。值得注意的是长江南岸的南京地区，在江宁昝庙出土过冠形器，在南京北阴阳营则有类似图二〇，3的陶文，陶文刻在大口缸形器上，与大汶口文化一样。

另外还有一种形制稍有不同的冠形器（图二二，1），它的上缘是凸圆弧。如果

图二一　玉冠形器

（良渚文化　浙江余杭反山出土）

[1]　李学勤：《论新出大汶口文化陶器符号》，《文物》1987年12期。

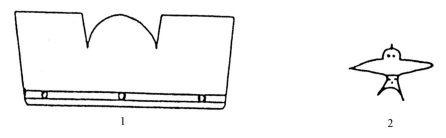

图二二 玉冠形器和玉璧纹饰

（良渚文化 1. 玉冠形器,江苏吴县张陵山出土 2. 玉璧纹饰,美国华盛顿弗利尔美术博物馆藏）

单独看这个凸圆弧,可以使人们联想到良渚文化鸟形玉雕,还有弗利尔美术博物馆藏玉璧侧缘上的鸟纹(图二二,2),鸟首都是半圆形。这件冠形器出土于江苏吴县张陵山,属于良渚文化的早期。看来较早时期的冠形器上部是模仿鸟首的形状,较晚时期的冠形器则是模仿羽冠的形状。羽毛源自鸟,是鸟的象征,因此两种不同形制的冠形器却蕴含着相同的观念。

这类徽记的第二部分在第一部分外框之内,在弗利尔美术博物馆的2件玉璧上作圆形和椭圆形,直接表示太阳。其余四个是同一种图形,它们是太阳与鸟的结合,或称"日鸟合一"(图二三,1)。中央部分表示太阳,太阳的上部是鸟首,同余杭反山出土的鸟形玉雕的鸟首近似(图二三,3),只是由曲线变为直折线,顶部突出部分是从鸟喙变化过

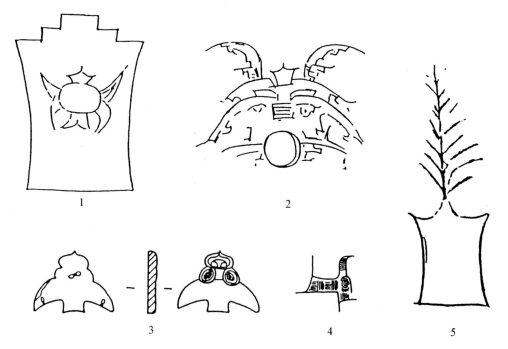

图二三 玉器徽记等

（1. 玉器徽记 2. 玉斧纹饰,美国福格美术博物馆藏 3. 玉鸟,浙江余杭瑶山出土
4. 陶器纹饰,上海青浦福泉山发现 5. 大汶口文化陶文）

来的。在另一些图形上，它直接就是冠。美国福格美术博物馆（Fogg Museum of Art）所藏一件玉斧，两面均刻有神像纹，头顶正中就是这个冠形，两边还有向两侧弯曲的羽饰（图二三，2）。而大汶口文化的一个陶文是这种冠的象形，尖顶端的树枝形大概是另一种插于顶上的羽饰（图二三，5）。前面谈到的大汶口文化陶文的顶部也似这种冠形。虽然徽记、器物和陶文有所差别，但我认为它们的来源同一，均以模仿鸟首发展而来。

太阳的两边是鸟翅。下部是分叉的鸟尾。分叉鸟尾在良渚文化中常见，既有正面鸟形（图二二，2）；也有青浦福泉山阔把壶腹部的侧面飞鸟（图二三，4）。

这个徽记的第三部分一般在第一部分顶端之上，它的上部再侧立一鸟，即这个徽记的第四部分。个别情况它也单独作为一个徽记，如台北故宫博物院的玉琮（图一八，1）。Gieseler所著录的玉琮上徽记比较独特，在四个圆珠之上有几根短线，两侧还有弧曲线（图一九），与大汶口文化的陶文略似，也和福格美术博物馆的神像上部图形接近，因此它应该代表了羽饰。

关于这类徽记的完整含义众说纷纭，一种释为"岛"，上部是"鸟"，下部是"山"。但是依笔者的看法，下部不应该是"山"，释为"岛"并不妥当。另一种释为"坎坛"及其附属物[1]。粗看起来，这个徽记确实有点像玛雅文化的塔庙，不过塔庙的上部虽为多层结构，却是上小下大的覆斗形，与这个徽记第一部分的弧线内收结构迥异。再说现在良渚文化遗存中也没有发现这种结构的"坎坛"，因此释为"坎坛"仍嫌证据不足。我认为这个徽记是一种比较少见的高冠，高冠中央的"日鸟合一"图形既是对太阳的崇拜，也反映了高冠的崇高地位。大多数冠顶上有装饰，一种是鸟饰，另一种是羽饰。

玉器上第二种徽记只有一个，形似正面飞翔的鸟（图一六），刻在玉琮上部中央，位置十分突出。它同陶器上的一种常见图案相同，但属性已发生变化，成为一种独立的玉器徽记。

第三种徽记也只有一个，同样刻在玉琮上部中心位置，徽记下部形似第二种徽记，上部是圆形太阳，与大汶口文化的一种常见陶文相同。

日本林巳奈夫先生认为，第二种与第三种徽记都是大汶口文化的"记号"，良渚文化玉器上刻大汶口文化的徽记"显示了属于不同文化的民族之间友好的例证"[2]。不过这种看法有些地方是可以商榷的。第二种徽记是从良渚文化的陶器图案演变过来，这已经十分清楚了，当然不应该看作是大汶口文化的记号。至于第三种徽记，如作为太阳与鸟的组合图形，那么它在良渚文化陶器上也有，只是组合形式有些不同（图一一）。太阳与鸟是古代人类普遍崇拜的对象，因此目前恐怕还难以断言这就是在良渚文化玉器上刻大汶口文化的徽记。

第四种徽记刻在玉璧边缘（图一四，4），形态同一种见于多个良渚文化遗址的陶文相似（图七）。

---

［1］ 饶宗颐：《大汶口"明神"记号与后代礼制》，《中国文化（第二集）》，三联书店，1990年。
［2］ 林巳奈夫：《良渚文化和大汶口文化中的图像记号》，1990年国际越文化讨论会论文，浙江杭州。

另外还有两种徽记都只发现一个,玉璧面上的一个似"璋形"(图一五,1),它的另一面还刻着第一种徽记(图一五,2)。另一种刻在玉琮上部(图一八,2)。因它们数量太少,这里暂不作讨论。

良渚文化的玉器绝大多数都是礼器,它们是这个时期政治特权和宗教观念的物化形式,为社会上层贵族所操纵。玉器上的徽记是贵族权势地位的象征,同时也反映出统治着良渚社会的观念形态。因此玉器徽记的基本功能与陶文不同。在另一方面,有的玉器徽记直接借用了陶器的固定图案,还有的玉器徽记形体同陶文相似。它们的这种联系显示出两者的共性,都是以形示意、交流信息的媒介。可以说,良渚文化的陶器原始文字和玉器徽记对探讨中国文字起源具有同等重要的意义。它们对中国文字系统的最终形成产生过深远的影响。

原载《中国文物世界》1992年总83期

良渚文化玉琮一种特殊的使用方式

　　良渚文化玉琮现在能够确认的使用载体只有墓葬。在墓葬中玉琮有不同的放置位置和使用方式。最常见的放置部位是下臂、腕和手上（旁），如江苏赵陵山 M77 的玉琮在右手部；浙江普安桥 M11 的玉琮在右下臂外侧，因琮内及其两端遗留臂骨痕迹，判断原来是套在下臂上；浙江新地里 M137 最清楚，玉琮出土时就套在腕部，尺骨、桡骨穿入琮孔内。有些随葬玉琮的墓葬人骨已经朽蚀，玉琮放在墓坑中部，与下臂、腕和手的关系相当密切。这类墓葬随葬的玉琮如果只有一件，一般都在右侧；如果有多件，也以放在右边的数量居多，如浙江反山 M20 右侧放 3 件，左侧仅 1 件。由此可见，右手、腕、臂是安置玉琮的基本位置。另有少数墓葬的玉琮放在头部，反山 M12 的琮王位于头部右侧，江苏高城墩 M5 的头部叠放了两件玉琮。还有一种将琮分割后使用的方式，有的分割为二件随葬于同一座墓，如上海福泉山 M40，也有的分割后仅将其中的一件放入墓中，如普安桥 M11。这类将琮分割后使用的方式也不多见。

　　除了这几种使用方式外，我们在高城墩 M8 发现了一种非常特殊的使用方式，该墓将一个不到四分之一的玉琮分为五片后放在墓主头部。反山 M12 有多件玉琮，但是只有一件体量最大、纹饰最繁缛的琮王放置在头部，据此可以认为玉琮放在头部似乎比放在手臂部显示了更加尊崇的地位，除反山外，也只有高城墩的两座墓（M5、M8）这样放置。高城墩 M8 墓坑面积在经科学发掘的墓葬中居第二位（据墓葬分布图），但是为什么只用不到四分之一的玉琮，再分为五片，这究竟蕴含了什么特别的意义？

　　高城墩是一处非常重要的良渚文化前期墓地，原有面积近万平方米，高出周围地面约 10 米，但 1975 年后遭受持续性毁坏，到 1999～2000 年发掘时仅在墩北部残存 2000 多平方米。发掘出土的玉琮有 5 件，遗址被破坏期间收集到 2 件，墓坑面积最大的 M13 早年被局部破坏，据当地村民说当时出过"几斤重的大玉琮"，显然高城墩原来埋藏的玉琮总数应该不只 7 件。根据已掌握的材料，高城墩埋藏玉琮数量之多在良渚文化前期仅次于浙江良渚遗址群的瑶山和反山等，显现高城墩在远离良渚最高中心一二百公里之外所占据的特殊位置。高城墩出土的玉琮同良渚最高中心也存在非常密切的关系，采集品高城墩：1（图一，1）同瑶山 M10：19（图一，2）相似程度很高，神像的人首与兽首均满刻细密的纹饰。高城墩：1 人首上部的两带线形冠之间，还刻有象征冠上图案的细刻纹，而瑶山 M10：19 省去了这一部分，瑶山 M2：22 则有

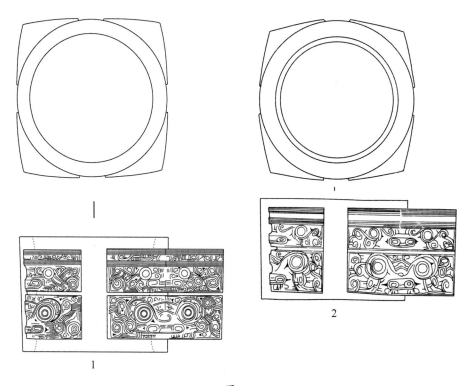

图一

冠上的细刻纹。构图、布局、纹样、刻工如此之相似，说明高城墩的这件玉琮同良渚最高中心的玉琮有共同的来源。

在高城墩遗址的残存范围内发掘了1157平方米，共清理14座墓葬。发掘所布探方靠北的T0206～T0706共500余平方米，除M10的北缘外，未发现墓葬，因此发掘的墓葬应该就是墓区分布的北界。M8位于墓地的西北隅，根据墓地各墓葬的分布间隔，似乎M8的北部与西部不应该再有墓葬，换言之，M8是安排在高城墩最边缘的一座墓。

高城墩目前发表的只是简报，公布材料有限。发表的陶器大多数属于良渚文化第二期，M8所出折腹豆（M8：11）（图二，1）与属于良渚文化第三期前段的福泉山M60的豆（M60：42）（图二，2）形制相近，M8已经进入良渚文化第三期，是高城墩墓地中年代最晚的一座墓，这同前面分析的整个墓地的安排相合。据发掘简报，在分布于墓地西北部的M8等几座墓葬上覆盖了一层厚约20厘米的灰白土，土质细腻坚硬，发掘者认为这层土"似经平头夯类工具加工"。比较靠近墓地中心的M1等墓葬，只提及被打破的地层，未提及其上覆盖的地层，看来在这一区域灰白土已经被更晚的地层破坏。这些迹象表明高城墩在最后的一座墓葬下葬、墓地最终停止使用时，曾经一次性大面积铺土覆盖，这很可能是墓地终结时进行的特别仪式。自此往后良渚文化延续数百年，但是再也没有墓葬埋在这里了。

江苏寺墩遗址在高城墩东南大约15公里，发现4座良渚文化大墓，它们呈东西横

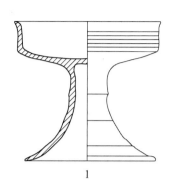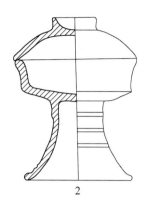

图二

向排列，周围近旁没有发现其他墓葬。这4座墓葬均随葬玉琮，最多的为M3，共33件；最少的是M1，仅2件，因是残墓，原来可能不只这个数。除M4，其余3座墓都有陶器。M1有件"杯形器"（M1∶2），大口斜壁，外饰篮纹，口径约10厘米，高约6厘米。亭林出1件所谓"器盖"（M16∶73），口径23、高11.3厘米，实际上是异形大口尊。寺墩M1的这件"杯形器"形制与异形大口尊相似，但形体更小，更明器化，年代进入良渚文化第四期。M3出4件陶器，其中圈足异形大口尊、双鼻壶与豆均属良渚文化第三期。M5随葬鼎、豆、双鼻壶组合，具有明显的第四期特征。M4发掘出土的琮饰一组完整的神像（M4∶1），年代比较早，但在收集的琮中有多节长琮，其中编号为寺∶38的是九节人首纹长琮。三节及以上的人首纹最早出现在琮形管上，瑶山M2和M7都有三节人首纹琮形管，而同时期的人首纹琮不超过2节，如瑶山M2∶23。自瑶山西区收集的玉器据说出自墓葬，出现了六节人首纹琮形管（编号2846），年代应略晚于主墓地的三节人首纹琮形管。良渚第二期尚未出现三节及以上的人首纹的多节琮，它们出现于良渚第三期，在第三期后段和第四期比较流行。参照寺墩另3座墓葬的年代，M4也不太可能超出这一范围。如果与高城墩比较，寺墩4座大墓都晚于高城墩M8。

　　寺墩M4的玉琮（M4∶1）（图三，1）同瑶山M2∶22（图三，2）相似，人首上部的两带线形冠之间都刻有象征冠上图案的细刻纹，纹饰细部的相同程度令人惊叹，几乎就是同一个高级玉师所为。这件玉琮不仅将寺墩同良渚最高中心紧密地联系在一起，而且同

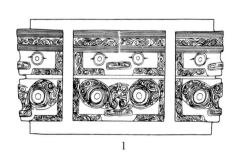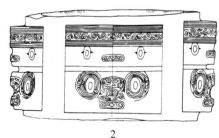

图三

高城墩也有特殊的关系。如果可以认定高城墩M8下葬后由于某种原因高城墩人离开了当地,他们最可能的目的地就是15公里外的寺墩。

我们现在可以为高城墩M8玉琮采用特殊使用形式的原因提出两个相关的假说:一个是因为高城墩墓地的终结,另一个是从M8开始,高城墩这一群体丧失了玉琮的使用权。这两个假说可以在今后的发掘和研究中分别验证。

原载《中国文物报》2005年6月17日第7版

良渚文化的用玉与等级

　　玉是自然界的一种稀缺物品，寻找不易，开采艰难。玉在雕琢成器的过程中有多道复杂的工艺过程，治玉工匠是特殊人才。尤其是良渚玉器，种类之多，纹饰之精细，在新石器时代首屈一指。良渚文化是以宗教及其相关行为为中心的早期文明，玉器是开展宗教行为的物质媒介，或者说玉器是良渚观念形态的物化形式，因此玉器在良渚文明中具有极其崇高的地位。拥有玉器的人或集团的社会地位应该高于不拥有者，能够在不同的层面上掌控玉器的人或集团代表了不同的社会地位和层次。

　　1992年我将能够掌控玉器的人分两个等级，第一等级拥有玉琮和带柄玉钺。第二等级又分三种类型，第一种类型拥有带柄玉钺；第二种类型拥有玉琮；第三种类型没有带柄玉钺和玉琮，但其他玉器丰富[1]。本文以此为基础，根据持续增加的考古材料，对良渚文化的用玉和等级作更深入的阐释。

一

　　良渚遗址群是良渚文化的中心，位于遗址群的反山和瑶山是等级最高的墓地。两处墓地随葬玉器的配置最为规范，比较重要的玉器是钺、琮、梳背、三叉器、玉璧。通过反山和瑶山各墓葬的玉器组合可以看出这些玉器与等级相关的意义。

　　瑶山共13座墓葬，分南北两列，南列7座墓的规格明显高于北列的6座墓。13座墓每墓都有1件梳背。南列7墓还各有1件玉钺和1件三叉器，其中1墓的钺是安装瑁、镦的完整配置。南列中5墓随葬玉琮。所有墓均没有玉璧。

　　反山的9座墓（除年代较晚的M19和M21），每墓有一件梳背。5座墓各有1件玉钺和1件三叉器，这5件玉钺中，3件安装瑁、镦，1件有镦无瑁。8座墓有玉琮。7座墓有玉璧，M23的玉璧最多，有54件；M15和M16最少，仅1件；M17和M18没有玉璧。

　　汇观山是良渚地区另一处高等级贵族墓地，但遭受了比较严重的破坏，只有M4保存完整，其主要玉器的配置与反山M17相同（表一）。

---

[1]　宋建：《嵩山地区与太湖地区文明进程的比较研究》，《上海博物馆集刊（第六期）》，上海古籍出版社，1992年。

表一　反山、瑶山、汇观山随葬的重要玉器和石钺

		琮	钺	瑁	镦	梳背（冠饰）	三叉器	璧	石钺
反山	M14	3	1	1	1	1	1	26	16*
	M17	2	1			1	1		2
	M12	6	1	1	1	1	1	2	5
	M16	1	1		1	1	1	1	2
	M15					1		1	3
	M23	3				1		54	
	M22					1		3	
	M20	4	1	1	1	1	1	43	24
	M18	1				1			1
瑶山 北列	M1					1			
	M4					1			
	M5					1			
	M14					1			
	M11					1			
	M6					1			
瑶山 南列	M3		1			1	1		2
	M10	3	1			1	1		2
	M9	1	1			1	1		1
	M7	2	1	1	1	1	1		3
	M12	8	1			1	1		3
	M2	2	1			1	1		2
	M8		1			1	1		1**
汇观山	M4	2	1			1	1	1	

*反山各墓的石钺都是该墓唯一的石器类别。

**瑶山除了 M8，其余各墓的石钺是该墓唯一的石器类别。

综合上述要素可以看出，在高层贵族中，梳背是基本配置，每人 1 件。三叉器和玉钺是略高于半数的高层贵族的配置，这两种器物有必然的对应关系，即有钺就有三叉器，反之亦然。因上述三种器物均只有 1 件，说明它们的功能比较单一，主要用于代表身份，

没有特别复杂的操作功能。梳背和三叉器出土时都置于头部，与其他材质的梳一起使用，梳插入头发，梳背暴露于外。头部是人体位置最高、最重要的部分，插于此最易辨别身份。三叉器下端有孔，可以另接带单榫的附件，可能也安置在头上。钺执于手，反山绝大多数钺都安装了瑁、镦，而瑶山只有M7的钺安装。有三叉器与玉钺者比无此二器者的地位要高。完整配置钺的规格应该高于无此配置者。

以上三种器物的配置，反山和瑶山相同，规范的程度很高，存在严格的制度性约束应该没有疑义。

钺作为权力的象征物源自石斧，其起源可以追溯到距今大约5500年以前，崧泽的带镦石斧和金坛三星村带瑁镦的石斧制作比较精致，显露其权力内涵的雏形。钺在甲骨文和金文中是"王"字的象形[1]，《书·牧誓》中关于武王指挥军队讨伐商王朝执黄钺和白旄的记载，表明商周时期钺的崇高地位。上海博物馆收藏的一件大型铜钺，高35.6、刃宽33.2厘米，围绕大孔一周镶嵌十字形绿松石，制作精美，颇具王者之气，被认为属于夏代。

从崧泽和三星村的石斧（钺）到三代的王者之器经历了很长时间，其间的变化过程应该探究。这里既有物质层面的材质、形态的变化，也有精神层面的观念意识变化，后者尤为重要。反山和瑶山的完整玉钺是等级观念完全成熟的标志，其使用具有极其严格的规范。

玉钺为礼器无疑，但是对与玉钺相关的石钺和石斧如何界定，认识尚未一致。黄宣佩从形态上区分斧与钺，斧的刃两端不露刃角，钺则露刃角[2]。蒋卫东认为，像黄宣佩"这样的区分也带来了意想不到的问题，如显贵者墓葬中最常见的往往是体厚弧刃、刃两端不露刃角的斧，此类斧常常没有使用痕迹，大多还未开刃，它显然是一类跟地位等级较高的显贵者墓葬密切相关的礼仪用器。而整器扁薄，两端露刃角或刃角外翘整器呈'风'字形的钺是平民墓葬中常见的随葬器物"。因此，"仍将整器呈扁平长方形的穿孔斧形器统称为钺，而将良渚文化遗址中偶见的一种体形厚重、没有穿孔、整器呈长方形、横截面呈椭圆形的双面刃石器称为斧"[3]。张敬国在《凌家滩》发掘报告中的区分标准与蒋卫东基本相同：不穿孔者为斧，穿孔者除了个别为铲外，均为钺。以形态区分的附加标准还有是否有锋刃和使用痕迹。

凌家滩玉钺和石钺（用报告称谓）在形态上有较大差异。玉钺的基本特征是：窄体、小孔、有刃角，只有极少的几件是窄体、无刃角和宽体、无刃角。石钺的基本特征是：宽体、大孔、无刃角，但也有少数是窄体、有刃角和宽体、有刃角。因此凌家滩玉钺和石钺的形态区分还是比较清楚的。报告对玉钺和石钺的锋刃与使用痕迹少有说明，从线图看，玉钺和石钺都有锋刃，有的石钺"刃口锋利"，有的石钺刃口有"破损"。凌家滩的玉钺和石钺不仅形态有所区别，而且功能也有所区别，石钺比较多地作为实用器。凌家

［1］ 林沄：《说"王"》，《考古》1965年6期。
［2］ 上海市文物管理委员会：《福泉山——新石器时代遗址发掘报告》，文物出版社，2000年。
［3］ 浙江省文物考古研究所、桐乡市文物管理委员会：《新地里》，文物出版社，2006年，第345页。

滩人已经懂得用精美而且比较稀缺的材质制作礼仪用具，用比较常见又不那么精美的材质制作实用器，后者称"斧"更合适。当然也不排斥凌家滩的许多石钺中确有一些具有"钺"的功能。

反山和瑶山墓地玉钺同石钺的形态基本不相同，玉钺为小孔、有刃角；石钺为大孔、无刃角，这一区别同凌家滩是一样的。不同点是，反山、瑶山玉钺以宽体为常见形态，窄体很少见；凌家滩以窄体为主。

反山墓地有5座墓各使用玉钺1件，并且都配置了数量不等的石钺，最多的是M20，有24件石钺，而地位最高的M12只有5件石钺。瑶山墓地有7座墓各使用玉钺1件，也都配置了数量不等的石钺，可见玉钺同石钺的关联程度非常高。反山、瑶山共有14座墓随葬了石钺，其中只有瑶山M8随葬了石钺以外的其他石器，其余都只随葬石钺一类。可见石钺的意义非同寻常，是高等级贵族尤其是用玉钺者的必备配置，确实为礼仪用器。为了区分这两类钺，下文将小孔、有刃角的钺称为A型钺，另一类为B型钺。

从实用器具的斧到礼仪用器的钺，这是观念的转变，应该经历了比较长的过程。这一过程有几个关键节点：1. 从实用器或替代品到固定用途的专用器，或者说从二者互用到各自有相对稳定的形态；2. 玉质钺的出现，作为尊崇而贵重的器物，一定会转向以精美而稀缺的材质来制作；3. 从一般的象征物到有某种制度规范、约束的用器，也就是使用玉钺规范的确立，什么人可以用玉钺，怎样用。

凌家滩共有11座墓用玉钺。最多的98M20有6件，但是墓主的身份未必很高，其随葬品中有111个玉芯而其他玉质成品很少，很可能只是一个身怀治玉绝技的工匠。其他的10座墓随葬1～3件玉钺不等。87M4有3件玉钺，其他随葬品还有玉版、玉龟、玉璧、玉璜等，总共103件玉器。同为3件玉钺的98M21，还有玉璧、玉环，只有6件玉器，差距非常悬殊。因此很难从玉钺配置作出可信度比较高的身份推断，玉钺的使用没有严格的规范。可以说，凌家滩正在经历斧、钺观念转变的前两个节点。

以器物类型学的视角，反山、瑶山A型钺和B型钺的分类显然是凌家滩的发展。礼仪用具的转变也走到第三个节点，玉钺的使用有严格的规范和制度性约束。从A型玉钺的有无、完整玉钺与玉钺的区别，可以清晰地分辨高等级贵族身份和等级。

反山、瑶山的石钺绝大多数为B型，A型石钺很少。各墓石钺数量不等，尤其是反山相当悬殊。石钺的有无基本同该墓是否有玉钺对应，但是反山另有两座无玉钺的墓葬也随葬了石钺。石钺的有无、数量多寡同等级高低的关联程度远远不如玉钺明显。

良渚遗址群以外地区石钺的使用更为复杂。例如新地里，"地位较高的显贵者墓葬中常有多件石钺随葬……而一般的平民墓葬内也有石钺随葬"[1]，其中既有A型或近似于A型石钺，也有B型或近似于B型石钺。鉴于石钺的复杂性，本文对它的讨论不作深入。

琮不像上述三种器物那样有高度的规范。反山出琮的8座墓中有5座墓同出玉钺和三叉器。瑶山出琮的5座墓均在南列，同出玉钺和三叉器。不同点是反山有琮的墓未

---

[1] 浙江省文物考古研究所、桐乡市文物管理委员会：《新地里》，文物出版社，2006年，第345页。

必都有钺和三叉器,而瑶山有钺和三叉器的墓未必有琮。

在琮的数量及其同钺的关系方面,两墓地也有不同。瑶山有完整配置钺的M7只有两件琮,无完整配置钺的瑶山M12却有8件琮,为玉琮数量最多的墓。琮最少的瑶山M9只有1件。反山M12地位最高,有6件琮;没有钺和三叉器的M15和M22相对地位最低,没有琮。

由于上述琮的数量、琮与其他器物的对应关系等可变因素的存在,再加上各琮的形制和纹饰的差别,表明琮的内涵比钺等三种器物复杂,不仅有身份、地位层面的内涵,还应该有操作功能的内涵。琮的使用有很高程度的规范,但在确定等级地位方面未必有严格的制度性约束。

玉璧在反山各墓的数量多寡悬殊,并存在没有玉璧的墓葬,其中M17琮、钺、三叉器、梳背齐全,独缺玉璧。璧与这4种器物没有必然的对应关系。

瑶山更是所有墓葬均不随葬玉璧。这种现象发生在制度性建设最为规范的良渚中心,最具说服力的解释应该是,玉璧不具备贵族身份地位的标志性作用,应该也不具备重要的操作功能。

余杭反山M12,墓主一手持钺,另一手还握着一柄特殊的权杖,与武王征商时的配置几乎相同。反山M12等级最高,享有良渚社会至高无上的地位。

表二是贵族五个等级的用玉规范,4-1与4-2为同一等级。玉器重要性的顺序的是:权杖、完整钺、钺或琮、三叉器、梳背。

表二　良渚遗址群高等级墓地的用玉与等级

等级		反山	瑶山	汇观山
1	权杖、完整钺、琮、三叉器、梳背	+		
2	完整钺、琮、三叉器、梳背	+	+	
3	钺、琮、三叉器、梳背	+	+	+
4-1	钺、三叉器、梳背		+	
4-2	琮、梳背	+		
5	梳背	+	+	

二

良渚以外地区的用玉不如反山、瑶山规范。嘉兴地区的普安桥M11是少数符合规范的墓葬之一,琮、钺、梳背、三叉器共存。三叉器在良渚以外地区比较少见,在距良渚比较远的苏南和上海不见,主要出在距良渚地区最近的浙江嘉兴地区。梳背的数量明显多于三叉器,分布区域也广于三叉器,甚至远至南京的昝庙遗址也有发现。梳背的使用方式在数量上符合规范,如一墓只能使用一件,但配置方式差异很大。新地里M137有琮但无典型形态的梳背,但有一件被称为"端饰"的玉器,它的底边下有V型凹槽,插于槽内的是一"扁平骨牙质"器,其安装位置与梳背相同,安装方式与梳背相近,本文称"似梳背器"。其他地区琮与梳背共存的有张陵山西山M4、少卿山M1和草鞋山M199。但更多的是琮与梳背不共存,如科学发掘的草鞋山M198有琮却无梳背。高城墩尽管有4座随葬玉琮墓,但在发表资料中不见梳背。寺墩保存完好的M3有33件琮但无梳背,寺墩M5虽然保存尚可,但缺的恰恰是头部情况。资料发表比较完整的福泉山更能说明琮与梳背不关联的情况:出梳背的共4墓,M109、M74、M101、M60,每墓1件,均无玉琮,有玉琮的5座墓均无梳背。梳背与钺的关联性也比较复杂。目前发现有完整钺的3座墓,只有福泉山M74有梳背。福泉山有玉钺的墓葬大约有半数没有梳背。因此在良渚地区以外,梳背并不是贵族的必备器。

鉴于良渚以外地区用玉的不规范,下文讨论主要根据玉器重要性的顺序——完整钺、钺或琮、三叉器、梳背——来确定等级,根据掌控不同玉器和掌控玉器的延续性来区分不同的遗址,并以此说明良渚社会不同等级贵族的存在方式与特征。

1. 贵族地位的获得与不间断延续——以福泉山为例

福泉山遗址早先是马家浜文化和崧泽文化早期的村落,崧泽文化中晚期成为墓地,一直延续到良渚文化后期都是墓地。"崧泽—良渚过渡段"和良渚文化墓葬一共有30座,其墓位的安排大致可以分为四个区域,2座墓散布于墓地北缘。22座墓密集埋在墓地西部,叠压关系相当复杂,延续时间很长,从"崧泽—良渚过渡段"直到良渚后期[1]。6座墓分布在墓地中部和东部,排列比较规则,墓位有特意的安排。

从"崧泽—良渚过渡段"开始,福泉山族群内已经开始分化,出现所谓"殉人"现象和墓葬之间随葬品种类、数量的差别。M139和M145均有"殉人",随葬品的规格也很高。M139有锥形器、镯、环、珞等玉器,身上放置两排石钺共12件,其中右臂上的1件有朽蚀的钺柄痕迹,约85厘米长。M145有笄、镯、环、珞等玉器。

"崧泽—良渚过渡段"和良渚前期的17座墓葬中有13座墓随葬了石斧(钺),另4座墓中1件石器都没有,换言之,只要有石器随葬必有石斧(钺)。有些墓的石斧(钺)还不少,如M132有7件,M151有5件,M94和M124各有4件。而有"殉人"的M145只随葬1件石斧(钺)。这样普遍而大量随葬石斧(钺)完全看不出使用规范,因此不可能是权力和等级的特殊标志物。

福泉山最早获得贵族地位的是西部墓区的M109和M144,均属于前期第3段,前者随葬玉钺和梳背各1件。另有3件璧;后者随葬玉钺1件。此时福泉山真正成为较高等级的贵族墓地,并一直延续到第6段(表三)。

---

[1] 福泉山的良渚文化墓葬中有的属于"崧泽—良渚过渡段",宋建:《良渚文化年代之讨论》,《故宫学术季刊》2005年2期。良渚文化墓葬分前期与后期,前期包括一期和二期的1～3段,后期包括三期和四期的4～7段。

良渚后期4～6段期间，福泉山的贵族墓葬不仅数量增加，地位也提高了许多。西部墓区继续使用，有3座墓随葬玉钺。M101随葬钺和梳背各1件，M136玉钺1件。M74的墓位安排在该墓区最北端，随葬品的数量与质量都相当可观，最重要的是一件完整钺。从第4段开始又在中东部区域开辟新的墓区，安排新产生的掌控玉琮的高等级贵族墓位，即中部墓组和东部墓组。两墓组各大致南北向排列，比较有序，M60、M65和M67在中部，M9和M40在东部，被破坏的M53相距稍远，从排列看，应该也属中部。其中5座墓出钺、琮，M60虽无钺、琮，但有梳背和玉璧。从随葬品分析，中部墓组早于东部墓组，中部墓组的M60和M65最早。东部墓组的M40最晚。中部墓组与东部墓组、西部墓区之间都各有宽十多米的无墓葬区域。

表三　福泉山的用玉

时间段*	墓　　葬	琮	完整钺	钺	梳背（冠饰）	三叉器	璧或瑗
3（3）	福泉山M109			1	1		3
3（3）	福泉山M144			1			
4（4）	福泉山M136			1			
4（4）	福泉山M74		1	3	1		
4（4）	福泉山M65	2	1	1			2
？（4）	福泉山M53	2					
4（4）	福泉山M60				1		2
5（5）	福泉山M67	1					
5（5）	福泉山M101			1	1		
6（5）	福泉山M9	3		2			4
6（5）	福泉山M40	3		3			3

*时间段列项目是根据我的分期方案，括号内为报告中的分期。

福泉山没有三叉器，如果不考虑此项，第3段的M109和M144为四级。第4段有5座墓，M65虽无梳背，却有完整钺和琮，地位很高，应属二级。M74的钺比较多，且有1件完整钺，这在良渚以外地区是很少见的，但无琮，地位应低于二级。M136为四级。M60最低，为五级。第5段的两座墓葬地位相当，为四级。第6段的两座墓为三级。

良渚后期还有2座墓，即M103、M128未纳入贵族等级，它们都在西部墓区。

福泉山M109基本符合反山、瑶山所代表的严格的用玉规范。良渚后期开辟高等级专有墓地，并大致同时出现两座最高等级的墓葬M74和M65，分别葬在西区和中组。墓位的新辟和重新安排，与贵族等级的越级提升应该有相当程度的关联。值得注意的是良渚后期西部墓区5座墓相互之间以及与前期的M109之间没有叠压和打破关系，与前期西部墓区复杂的地层关系完全不同,表明后期墓位安排和管理的制度性特征。

2. 贵族地位的获得与间断性延续——以新地里为例

浙江桐乡新地里遗址经过大面积发掘,良渚文化遗存从早到晚延续了相当长的时间,发掘者将140座墓葬分为六段。从表四可以看出新地里用玉分两个时段,前3座墓为良渚前期,后5座墓为后期。

表四　新地里用玉器、石钺时间表

时间段*		墓葬	琮	钺	梳背	三叉器	璧或瑗	似梳背器	石钺
前期	1	M137	1					1	
	2	M108			1	1			2
	2	M98			1				4
后期	4	M121		1			1		2
	5	M28				1	2		8
	5	M124			1				1
	5	M6			1				
	6	M5			1				1

*时间段列项目为发掘报告的分段。

前期有3座墓用玉:M137、M108、M98。根据发掘报告,M137属于第一层位,M108和M98属于第二层位。第一层位墓葬“主要埋设在西面早期土台台面及土台北面的平地上”,M137在11B层下,打破西面早期土台,11B层是西面早期土台最初向东向西扩展的人工堆筑土层。M108和M98在8层下,也打破西面早期土台。西部早期土台堆筑后开始作为墓地,在使用过程中经过数次扩建,都是在土台周围的斜坡上堆土,并未全部覆盖土台。大范围的堆土覆盖土台是第8层。M137被压在第一次覆土层下,M108和M98在第8层大范围的覆土层下。由于此3墓都埋在早期土台上,之间并无必然的早晚关系。

再看这3座墓葬的陶器,M137共有陶容器6件,A2式鼎1件,A2式双鼻壶2件,A1式圈足盘、D型圈足盘和A1式平底罐各1件。其中A1式平底罐,全墓地仅此1件;D型圈足盘仅2件,不能作比较。着重讨论前面三种陶器。

A2式鼎,墓地发掘区共出土7件,分属于7座墓,其中属于1段的有2座:M120和M137;属于2段的有5座:M58、M63、M98、M108和M105。

A2式双鼻壶,共出土11件,分属于8座墓,其中属于1段的有3座:M120、M137和M136;属于2段的有3座:M63、M109和M111,属于3段的有2座:M91、M99。

A1式圈足盘共15件,分属于13座墓,其中属于1段的只有M137;属于2段的有5

座：M63、M104、M109、M110和M111；属于3段的有3座：M51、M60和M91；属于4段的有4座：M61、M66、M72和M78。

这三种器物都跨段存在，有的还延续了比较长的时间段。因此，虽然M137和M98、M108在报告中分别属于1段和2段，但是，地层堆积顺序和陶器类型学研究表明他们下葬的时间相隔并不太远，而他们的生存期可能有一段时间是重叠的。这3座墓葬获得较高社会地位近乎同时。

M137随葬玉琮和"似梳背器"，玉琮套在左臂腕部，"似梳背器"在胸部靠上。M108随葬玉梳背和三叉器，均出自头部。M98随葬玉梳背，置于头部。这3座墓的随葬玉器比较符合按等级用玉的规范。M137以玉琮和"似梳背器"相配，属四级。M98和M108随葬梳背，属五级。

新地里第3段没有可以纳入贵族等级的墓葬，该社群此时地位比较低。中断了一段时间后，在新地里第4段再次获得较高地位。4段的M121位于发掘区的西南角，这里是一个相对比较独立的墓群，附近同属第4段的还有5座墓：M114、M115、M116、M123、M128，以及第5段的M119，大致以M121为中心。其中，M121的墓坑面积最大，据发掘者判断，使用了体量较大、侧边竖直的长方形棺，随葬1件玉钺、1件玉璧，属于四级。

第5段的M28随葬1件神像形三叉器，形体同普通三叉器区别很大，但从其上有三孔、下有一孔看，使用方法与普通三叉器相同，出土位置在头部，功能也应该与普通三叉器相同。另有2件玉璧，属五级。第5段的M124和第6段的M5各随葬梳背1件，地位应大致相当，属五级。第5段的M6严重被扰动，残存的随葬品仅有1件梳背和1件残鼎碎片，从有梳背看，应当还有其他随葬品，只是详情已经无从了解。

新地里在良渚文化的前期和后期各有1座四级墓，是这处规模比较大的墓地中等级最高的2座。在新地里墓地使用之初，就有个别人获得贵族地位，首领使用玉琮，低一级者使用梳背。以后新地里社群失去使用玉琮的资格。在缺失贵族行为以后经历了一段时间又恢复，但改为使用玉钺，仍为四级。

3. 贵族身份异地延续的假说

江阴高城墩原有面积近万平方米，高出周围地面约10米，但1975年后遭受持续性毁坏，到1999～2000年发掘时仅在墩北部残存2000多平方米。在残存范围内发掘了1157平方米，共清理14座墓葬。

高城墩发表材料中不见三叉器和梳背，但是琮和钺这些规格更高的玉器比较多，有7件玉琮和3件玉钺，其中2件玉琮为征集品。从发表信息归纳，玉钺的使用符合良渚地区的规范，一墓只有1件玉钺。从玉琮和玉钺的使用情况看，高城墩至少分三个等级，最高级为第三级，确认1座，即M5。墓坑面积最大的M13早年被局部破坏，据当地村民说当时出过"几斤重的大玉琮"，可能也是三级墓葬甚至更高。随葬玉钺的四级墓有1座。随葬玉琮的四级墓有3座。这样，高城墩较高等级贵族墓葬至少有6座。

高城墩征集的玉琮同瑶山的一件极为相似，既显现二者紧密的联系，也表明它们相近的年代。高城墩墓葬的随葬陶器大多数属于良渚文化前期的第二期。高城墩远离良渚地区,直线距离大约180公里,在良渚文化前期这是一处良渚地区之外等级最高的遗址。

高城墩的重要地位延续到M8时终结。M8位于墓地的西北隅,其西面和北面的发掘区域内没有发现墓葬。高城墩现保存了土墩的最北部分,而在最北面一排墓葬以北还有空白区域,表明这排墓葬就是墓地的北界。土墩西部虽被破坏,但M8西部还有较多空地,从墓葬分布间隔看,M8以西也没有墓葬,因此这是分布在高城墩西北边缘的一座墓。M8也是高城墩年代最晚的一座墓,为良渚文化第三期4段。M8随葬的玉琮不到四分之一并分为五片后放在墓主头部,M8等几座墓葬上还大面积覆盖了一层厚约20厘米的灰白土,这两种罕见行为很可能同墓地的终结有关。

高城墩贵族行为在第三期4段中止之后,其东南大约15公里的武进寺墩遗址开始繁荣,出现高等级贵族的墓葬。寺墩现已发现4座随葬玉琮的大墓,东西横向排列,周围近旁没有发现其他墓葬。其中唯一保存完好的M3共有33件琮,1件完整钺和1件玉钺,另外还有24件璧,是1座二级墓,等级与福泉山并列,仅次于反山。另外3座的等级至少为四级,因其被破坏,不排除其中有三级甚至二级墓的可能。

寺墩4座大墓除M4外,其余3座墓都有陶器。根据陶器形态比较,M1和M5最晚,属良渚第四期6段。M3的埋葬年代为第三期5段。M4的收集玉器中有1件九节人首纹长琮(寺:38)[1]。这类多节长琮不见于反山、瑶山,最早出现于良渚第三期4段,流行于第三期5段和第四期,因此M4大致在其余三墓的年代范围中[2]。

寺墩与高城墩各自延续了比较长的时间,年代基本衔接,等级大致相当。它们是距离良渚遗址群最远的墓地,而相互距离又很近。两处中心聚落的彼衰此兴似隐藏着某种深刻的含义。

与寺墩、高城墩不同,还有一些地点的贵族行为延续时间很短。江苏东太湖地区有5个这样的地点,它们是吴县张陵山西山和东山,昆山的赵陵山[3]、少卿山和绰墩[4]。张陵山西山发掘了5座墓,只有M4随葬玉琮,随葬品有40余件。赵陵山只有M77有琮,这是两个发掘地点,都仅发现一位四级贵族。张陵山东山发掘探方中有1件玉琮残片[5],征集品中有玉瑁和琮形管,据称出自一墓M1。综合考虑,张陵山东山是存在四级贵族行为的地点。少卿山的1件钺、2件琮和1件梳背为征集品,因有共出自一座墓葬的可能性,编号为M1,是1座三级贵族墓。绰墩的1件琮为征集品。这5个地点都只能认为只有1座四级或以上贵族墓。绰墩和张陵山东山的年代比较接近,其余均可排除共时的可

[1] 陈丽华:《常州市博物馆收藏的良渚文化玉器》,《东方文明之光——良渚文化发现60周年纪念文集(1936～1996)》,海南国际新闻出版中心,1996年。
[2] 宋建:《良渚文化衰变研究》,《浙江省文物考古研究所学刊(第八辑)——纪念良渚遗址发现七十周年学术研讨会文集》,科学出版社,2006年。
[3] 江苏省赵陵山考古队:《江苏昆山赵陵山遗址第一、二次发掘简报》,《东方文明之光——良渚文化发现60周年纪念文集(1936～1996)》,海南国际新闻出版中心,1996年。
[4] 南京博物院、昆山县文化馆:《江苏昆山绰墩遗址的调查与发掘》,《文物》1984年2期。
[5] 南京博物院、甪直保圣寺文物保管所:《江苏吴县张陵山东山遗址》,《文物》1986年10期。

能,其早晚顺序为张陵山西山—赵陵山—少卿山—绰墩、张陵山东山,大致从第一期到第二期3段。

与东太湖地区类似的现象还发生在浙江桐乡地区。距新地里遗址西南约500米的湾里村遗址(留良乡湾里村李家木桥组)出土过玉琮。桐乡县出土过玉琮的地点还有屠甸镇普安桥、虎啸乡店街塘、高桥乡桃子村[1]。

东太湖地区和桐乡地区都在一个有限的区域内发现了多个贵族行为地点。东太湖地区经过发掘的张陵山西山、赵陵山都只有1座四级墓。桐乡地区经过发掘的普安桥有1座四级墓,新地里有2座四级墓,其中1座为前期,1座为后期,其间存在较长时段的间隔。如果说张陵山西山、赵陵山等受到发掘范围和保存状况的限制,不能排除存在更多贵族行为的可能性,那么新地里的大范围发掘应该是有说服力的:不少地点的四级或四级以上的贵族行为只存在于一个较短的时间段。像福泉山那样较长时间不间断延续的墓地,是贵族行为的一种形式,在良渚遗址群以外地区比较少见。像张陵山西山、赵陵山那样是贵族行为的另一种形式。对于后者,我把这些地点作为良渚文化区域性的次级中心,并提出假说:以掌控玉琮为表现形式,区域中心发生转移[2]。与转移同时发生的就是贵族行为在此地的中止和在彼地的获得,贵族等级大致相当。高城墩和寺墩的彼衰此兴是另一种转移形式,具体表现是它们各自的延续时间比较长。中村慎一认为"良渚玉器可能是在某种政治关系下由上层分配到下层的"[3]。如果从此假说再进一步,就是贵族身份是由最高等级的贵族确定并授予,贵族身份延续时间的长短也是由最高等级贵族决定的。

原载上海博物馆:《上海博物馆集刊(第十一期)》,上海书画出版社,2008年

---

[1] 浙江省文物考古研究所、桐乡市文物管理委员会:《新地里》,文物出版社,2006年,第4页。
[2] 宋建:《中国东部地区在文明化进程中的地位》,《东方考古(第1集)》,科学出版社,2004年。
[3] 中村慎一:《良渚文化的遗址群》,《古代文明(第2卷)》,文物出版社,2003年。

中国东部地区距今约4000年玉琮功能之讨论

——以良渚文化为参照

本文论及中国东部地区特指甘肃、青海、宁夏以东地区。甘青宁的玉琮特色鲜明，但绝大多数不是考古发掘品，研究其功能的依据不足。距今约4000年前后主要指良渚文化后的一段时期，可能有的材料已经进入夏时期。

玉琮是良渚文化列为首位的礼仪用器。1990年代初我把良渚文化玉琮作为礼仪用器的功能归纳为五种看法，并认为良渚文化的琮是对社会与自然界整体观念的物质载体，如果掌控琮，就是掌控对社会和自然界的解释权，也就是掌控了政治统治权和财富支配权[1]。

良渚文化时期玉琮向其他地区扩散，不仅输出了琮的形态，也传播了良渚文化的观念。但是良渚文化衰变后，是否仍然延续了玉琮的传统功能，抑或发生变异。有些研究者认为发生了某些变异，同时也有研究者认为，所谓玉琮功能世俗化，玉琮礼制意义已消失、被遗忘，玉琮文化已衰弱的认识"与事实不符"，"似是而非"[2]。

本文主要利用考古发掘材料，并参照个别非发掘品，根据玉琮的原生埋藏环境，分析玉琮的使用方式，并与良渚文化比较，从而判断其功能的异同。

距今4000年前后玉琮的原生埋藏环境有以下四种情况：完整玉琮出自墓葬；残破玉琮出自墓葬；完整玉琮出自非墓葬；残破玉琮出自非墓葬。

1. 完整玉琮出自墓葬

广东曲江石峡，玉琮出自石峡文化遗存。墓葬中一共发现6件玉琮，每座墓各只发现1件。石峡文化墓葬分为三期，随葬玉琮的6座墓葬都属于第三期的大型墓。杨式挺在其论文中披露了石峡第三期墓葬可以细分为六组[3]。一般来说，"组"的概念在分期中代表了相对不确定的年代排序。根据杨式挺所分的期、组，属于三期1组的有3件（M10、M17、M69），属于三期2组的有2件（M104、M105），属于三期6组的有1件

[1] 宋建：《嵩山地区与太湖地区文明进程的比较研究》，《上海博物馆集刊（第六期）》，上海古籍出版社，1992年。
[2] 邓淑萍：《史前至夏时期璧、琮时空分布的检视与再思》，《玉魂国魄——中国古代玉器与传统文化学术讨论会文集（四）》，浙江古籍出版社，2010年。
[3] 杨式挺：《广东史前玉石器初探》，《东亚玉器》第三册，香港中文大学中国考古艺术研究中心，1998年。

（M54）。这6座墓葬中，有玉石钺共存的共两座：M104，同墓随葬透闪石类的钺2件（材质鉴定为眼测，下同）；M54，同墓随葬高岭岩的钺1件。另外广东封开禄美村M1也随葬了琮和钺。

石峡考古简报发表的随葬三棱形石镞的M104为三期2组，随葬折线纹圈足罐的M45为三期6组。环太湖地区的三棱形石镞流行于广富林文化。折线纹圈足罐在浙江遂昌好川墓地出现于该墓地分五期方案的三期后段和四期。这样，石峡第三期大致相当于良渚文化后期，下限要更晚一些。

石峡第三期的6件玉琮均属良渚文化传统，但是其中有些玉琮为良渚文化，有些是石峡文化的仿制品，由于良渚观念的传播扩散而为遥远的石峡文化所采纳。这一传统也在一定程度上影响了石峡的埋葬习俗。石峡第三期墓葬共有44座，如果依据所随葬的玉器种类和是否随葬玉器，可以将墓主区分为不同的阶层和等级。

山西襄汾陶寺，玉琮出自陶寺文化遗存。据初步统计，墓葬随葬的玉琮共14件。

1980年代研究者将陶寺墓葬分为大型、中型和小型，大型墓和小型墓各分甲种和乙种，中型墓内再分甲种、乙种和丙种[1]。随后不久又将中型墓改分为甲、乙、丙、丁四种，其中甲种和乙种是原来甲种墓中根据性别的细分，甲种为男性墓，乙种为女性墓[2]。1996年同一作者开始使用"类"的概念来区分墓葬等级[3]，"大率可分为六类（一、二类仅见于早期），每类之间墓主身份有较大差别，一至四类又各含2～4型"[4]。例如M3015原来称为大型甲种墓，此时改称为一类甲型大墓。

陶寺早期的大型墓即一类、二类墓不用玉琮随葬。以社会最上层的5座大型墓葬为例，它们集中分布在同一区域，有同一朝向，规模明显大于其他墓葬，虽然它们均遭到晚期灰坑不同程度的破坏，但从残存的板灰和朱砂痕迹看，其葬具为朱绘木棺，并铺撒朱砂。各墓均有十分丰富的随葬品，如鼍鼓、特磬、蟠龙纹陶盘、成套的玉器、彩绘陶器和彩绘(漆)木器等[5]。M3015出土保留原下葬状态的器物178件、被晚期灰坑所扰动的30件，其中，玉器有4件玉钺，玉瑗、玉管等，另外还有1件石钺[6]。

21世纪初，在陶寺中期小城内的墓地发现一座随葬玉琮的大型墓ⅡM22。墓中出土了不少反映墓主身份的重要器物，其中有3件玉钺、2件大理石钺、2张木弓和放在红色箙内的7组骨镞。其他重要器物有3件玉戚、1件玉琮和玉兽面1组2件等。钺放在最

[1] 高炜、高天麟、张岱海：《关于陶寺墓地的几个问题》，《考古》1983年6期。
[2] 高炜：《试论陶寺遗址和陶寺类型龙山文化》，《华夏考古（第一集）》，北京大学出版社，1987年。又载于解希恭：《襄汾陶寺遗址研究》，科学出版社，2007年。
[3] 陶寺墓葬分类的提法首见于中国社会科学院考古研究所山西工作队、临汾地区文化局：《山西襄汾县陶寺遗址发掘简报》，《考古》1980年1期。共分三类，但未提及分类的依据。
[4] 高炜：《晋西南与中国古代文明的形成》，《汾河湾——丁村文化与晋文化考古学术研讨会文集》，山西高校联合出版社，1996年。又载于解希恭：《襄汾陶寺遗址研究》，科学出版社，2007年。
[5] 中国社会科学院考古研究所山西工作队、临汾地区文化局：《1978～1980年山西襄汾陶寺墓地发掘简报》，《考古》1983年1期。
[6] M3015发表资料欠缺，该墓随葬玉石钺数量引自高炜：《陶寺文化玉器及相关问题》，《东亚玉器》第一册，香港中文大学中国考古艺术研究中心，1998年。又载于解希恭：《襄汾陶寺遗址研究》，科学出版社，2007年。4件玉钺中有2件软玉、2件假玉。

显著的位置,在东壁近底部,以1具公猪下颌骨为轴心,紧贴东壁、刃部朝上放置5钺1戚,一边各3件。1件玉琮放在南1龛的漆木盒内,盒内还有两件玉戚[1]。

M3015等五座大型墓是陶寺古国早期的国王级人物,ⅡM22是古国中期的国王。据已经公布的材料,这两座墓葬后来都遭受了不同程度的扰动破坏,随葬品种类数量残缺,但仍然显示ⅡM22的墓主随葬了不同种类的武器,M3015随葬5件玉石钺。中期国王崇尚武力的特性似乎比起早期更加突出,以玉钺为核心并辅以其他重器和兵器的埋葬形式展现墓主具有强烈的军事色彩,掌控强大的军事力量,军权的重要性显而易见。

从陶寺早期到中期是陶寺古国发展的前后两阶段。早期的中心是由城垣围绕,面积为50多万平方米的城址,中期城址在早期城址基础上扩建到280万平方米,并且直接利用了早期城址的部分城垣。早期城址内的宫殿区到中期被翻修扩建或重建。早期城到中期城的延续反映了陶寺古国的持续发展。早期国王墓葬M3015的随葬玉器以4件玉钺为中心,中期国王墓葬ⅡM22的中心位置放置5钺1戚,以钺为中心的国王用玉制度从早期延续至中期。然而,早期的五个国王都不用玉琮,中期目前只发现一座国王墓葬,用玉琮随葬。玉琮不是陶寺古国国王墓葬必备的随葬品,中期国王用玉琮可能同他的其他特定身份相关。

陶寺其余随葬玉琮的墓葬共13座,为1980年代称为中型墓中的甲种和乙种,1990年代改称三类墓。这13座墓葬每座墓各随葬1件玉琮,墓主男性占多数,也有女性。玉琮一般放在右臂上,或套在右臂上,个别平置于胸腹上[2]。发表材料中,M1271(原编号M271),随葬品6件,无陶器,玉琮放在右前臂上,墓主为40岁左右男性[3]。M1267(原编号M267),随葬玉琮;M1282,随葬石琮;M3168,随葬玉琮。陶寺的10余件玉琮上均未见神像纹饰。

2. 残破玉琮出自墓葬

湖北荆州枣林岗,两座瓮棺葬各出1件残破玉琮。对枣林岗这批瓮棺葬的考古学文化属性尚无定论,一般认为属于石家河文化晚期,但也有研究者认为不属于石家河文化,而称肖家屋脊文化或后石家河文化。

枣林岗瓮棺葬只随葬玉器,多数是残器碎片。有的墓葬仅随葬一片或一部分残片,有的墓葬中的玉器碎片可以拼对成大片,个别可以拼对成完整器。因此发掘者判断为将玉器打碎后取一块或一部分或全部碎片随葬。

3. 完整玉琮出自非墓葬

上海松江广富林,共3件,其中2件出自灰坑,1件出自文化层,都属于广富林文化[4]。

[1] 中国社会科学院考古研究所山西队、山西省考古研究所、临汾市文物局:《陶寺城址发现陶寺文化中期墓葬》,《考古》2003年9期;何驽:《山西襄汾陶寺遗址近年来出土玉石器》,《古代文明研究通讯》2008年总38期。
[2] 高炜:《陶寺文化玉器及相关问题》,《东亚玉器》第一册,香港中文大学中国考古艺术研究中心,1998年。又载于解希恭:《襄汾陶寺遗址研究》,科学出版社,2007年。
[3] 中国社会科学院考古研究所山西工作队、临汾地区文化局:《山西襄汾县陶寺遗址发掘简报》,《考古》1980年1期。
[4] 广富林出土玉琮,本论文集(指《玉魂国魄》)有专文介绍。

湖南安乡度家岗[1]，非发掘品，为农民动土挖出。何介钧"考虑到紧邻的居住址有石家河文化的地层，因此，这件玉琮应属石家河文化墓葬所出"。这里所提出的文化属性与出土环境均为推测。从广富林的玉琮均出自文化层或灰坑，而且广富林和度家岗琮的形制相近，因此不能排除度家岗玉琮出自非墓葬的可能性。

4. 残破玉琮出自非墓葬

上海松江广富林，共2件残器，其中1件出自灰坑，另1件出自文化层，都属于广富林文化。

江西新余拾年山，1件残器，仅存琮的一角，出自文化层[2]。拾年山遗址1989年发掘"新石器时代晚期"墓葬52座，规模都不大，随葬品中未见玉琮，以陶器为主，还有少量石器。

福建霞浦黄瓜山，1件残器，出自文化层[3]。

以上玉琮的四种埋藏环境反映了不同的使用方式，它们的社会功能可以在同良渚文化比较的基础上进行分析判断。

考古发掘的良渚文化玉琮几乎所有的都以完整形式出自高等级的权贵墓葬。根据玉琮与所有者的关系，可以看出玉琮的社会功能除了前面所提到的一般性认识外，还有其他值得关注之处。浙江余杭反山和瑶山是与良渚城、良渚古国直接相关的最高等级权贵墓地，玉礼器的使用已经具备制度性规范，以使用玉器的种类来表现权贵的等级[4]。权杖、不同配置的两种玉钺、矩形冠徽和三叉形冠徽等玉器，权贵配备它们时，品类组合有所不同而使用数量单一，不同的种类只能各使用1件，具有严格的规制，是权贵不同等级的标识性玉器。作为对比，玉琮在反山、瑶山各个权贵的墓中或有或无，使用数量多寡不一，因此玉琮不是权贵等级的标识物，而是具有操作性功能的器物。玉琮是良渚文化观念形态的最重要载体，这种观念形态必须在操作中得到体现。

良渚文化玉琮的社会功能还应该关注的是玉琮的出土地点和数量。从环太湖地区发现玉琮的多处遗址看，玉琮可能同聚落的规模和等级，以及聚落结构的复杂程度有关。玉琮出现在一些中等级的聚落中缺乏延续性，尤其是良渚文化前期。对那些掌控玉琮的中等级聚落来说，玉琮被赋予特殊的社会背景关系，包含这个聚落同较高等级、相同等级或较低等级聚落之间的相互关系。或者说，玉琮蕴含了聚落在良渚文化范围内的社会位置。如果失去对玉琮的掌控，那么与玉琮相关的社会背景关系就随之失去。

石峡文化的玉琮无论其来源是输入、传播，还是仿制，都具备了良渚文化玉琮的基本风格，可以归属于良渚文化传统。它们的年代也同良渚文化后期相近。不过被排为

[1] 图：邓聪：《东亚玉器》第三册，香港中文大学中国考古艺术研究中心，1998年，第75页；文：何介钧：《湖南史前玉器》，《东亚玉器》第一册，香港中文大学中国考古艺术研究中心，1998年。

[2] 江西省文物考古研究所、厦门大学人类学系、新余市博物馆：《新余市拾年山遗址第三次发掘》，《东南文化》1991年5期。

[3] 吴春明：《福建先秦玉器初探》，《东亚玉器》第一册，香港中文大学中国考古艺术研究中心，1998年。

[4] 宋建：《良渚文化的用玉与等级》，《上海博物馆集刊（第十一期）》，上海书画出版社，2008年。

三期2组的M104随葬的三棱形石镞出现时间较晚,石峡文化的年代或许还可以再考订。不管怎样,石峡文化第三期都是本文所述玉琮使用时间最早的,而且同距今4000年还相隔了一段时间。只是因为这是同良渚文化玉琮最具相似性的一批材料,所以用以对照。在另一方面,石峡文化墓葬所代表的社群同良渚文化无关,但是在第三期新出现与良渚文化密切相关的玉石器,其中玉琮的辨识性最强,琮和钺共同随葬或分别随葬也同良渚文化强烈关联。还可以用良渚文化的标准,根据随葬品将石峡墓葬的墓主区分为不同的阶层和等级,那些随葬琮和钺的是等级较高或最高的。因此石峡文化玉琮被赋予的功能同良渚文化玉琮最为接近。

陶寺文化玉琮的形态风格同良渚文化之间存在比较大的区别。随葬玉琮的大型墓只有中期1座,早期5座大型墓都未随葬琮,其余13座随葬玉琮(个别石质)的都是中型墓,或称三类墓。可以看出陶寺文化最高等级权贵的神职职能弱化,而那些可能同神职相关者的等级稍低。也就是说,如果陶寺文化琮的功能仍然同良渚文化相同,那么操作琮、解释琮所包含之观念的人在族群内的地位显然要低于良渚文化。现在只在陶寺等个别的遗址中发现玉琮,玉琮同聚落的内在联系尚不清楚。

陶寺M3015和ⅡM22这类国王墓葬中,钺和戚成为核心器具,从数量、形态和质地的多样性看,它们取代了琮,可能具有了操作性功能。取代的原因应该是龙山阶段中原地区剧烈的族群冲突和不同利益集团之间的斗争。陶寺文化早期和中期的大中型墓葬在晚期都被破坏,重要随葬品仍然保存或部分保存表明这是政治破坏,而不是经济掠夺。失败者的城墙和宫殿被捣毁,利益对立者被杀害,政权被颠覆。这个时期军事行为成为比较普遍的社会事件,由此而来的是军权的地位日益突出。陶寺的国王墓葬包含浓郁的军事色彩,显示国王直接掌控着强大的军事力量,军权在陶寺文化的权力结构中具有明显的倾向性。良渚文化主要依靠观念形态以维持权力的稳定运作,陶寺文化改变为主要依赖强大的军事力量。良渚文化要用琮来表现精神力量,陶寺文化更需要用兵器展现实力,琮的作用退居次席。这应该就是两个文化的琮在社会功能方面的基本区别。

湖北荆州枣林岗墓葬使用破碎残缺的琮作为随葬品。除了湖南度家岗的琮有个别学者推测出自石家河文化墓葬外,目前尚未在石家河文化或后石家河文化墓葬中发现完整玉琮随葬。反观良渚文化权贵墓葬,一般不用残破玉琮,二者使用琮的方式完全不同。

良渚文化权贵用残破缺损玉琮随葬的极为罕见,江苏江阴高城墩M8是一例。这座墓采用了一种非常特殊的方式使用玉琮,将一件玉琮的大约四分之一部分打碎成五片后放在墓主的头部。良渚权贵墓葬中玉琮的位置多在墓主的右手、腕、臂部,有些玉琮出土时就套在臂上,也有少数放置在头部。反山M12随葬多件玉琮,但是只有一件体量最大、纹饰最繁缛的琮王放置在头部。玉琮放在头部应该是显示其地位的尊崇,放在手臂部表明其操作性质。陶寺文化玉琮放置于右臂上或套在右臂继承了良渚文化的形式,即继承了玉琮的操作性质。那种认为陶寺琮是一手镯,其功能回归世俗的认识是经不住推敲的。高城墩M8将玉琮放置在头部显示了重要性，但玉琮残破又令人费解。早先我根据发表的考古简报，M8的墓位在墓地的西北隅，在分布于墓地西北部的包括M8等几座墓葬上覆盖了一层厚约20厘米的灰白土，土质细腻坚硬。而比较靠近墓地中心的M1等墓葬，只提及被打破的地层，未提及其上覆盖的地层，看来在这一区域灰白土已经被更晚的地层破坏。这些迹象表明高城墩在最后一座墓葬下葬、墓地最终停止使用时，曾经一次性大面积铺土覆盖，很可能是墓地终结时进行的特别仪式。自此往后的良渚文化延续数百年，但是再也没有墓葬埋在高城墩了。据此，我就M8玉琮采用破碎方式随葬的原因提出两个相关的假说：一个是因为高城墩墓地的终结，另一个是从M8开始，高城墩这一群体丧失了玉琮的使用权[1]。但是在高城墩考古报告发表后发现材料明显有出入。所有墓葬在探方中的位置，简报和报告完全不一样。特别是在报告中，M8的北部还有M14，即M14才是位于墓地最西北隅的墓葬。高城墩所有的墓葬都开口于4a层下，4a层是覆盖在整个墓地上，应该是墓地终结时的覆土，也就是简报上的所谓"灰白土"。然而，报告将4a和4b两层统一解释为高台的第二次大规模扩建。如果4a层是扩建，那么这次扩建应当同4a层下的14座墓葬无关，扩建的目的是什么？高城墩报告将14座墓葬分为早晚两期，又各分为两段。M8和M11是晚期的两座大墓，M8墓坑大，随葬1件破碎残缺玉琮，M11墓坑略小，随葬2件完整玉琮。晚期就这两座墓随葬琮。二墓的其他随葬品形制近似，难以确定它们的相对年代关系。发掘报告认为M11晚于M8的依据似有不足。因此，我就M8玉琮采用破碎方式随葬的原因提出的两个假说依然成立。

另外，属大汶口文化的山东荏平尚庄M27，随葬一件类似琮的器物，青玉，内圆外方，出土时断为三截，分别盖在两眼和左耳孔上。复原后还缺一段，原来可能是四截。其他随葬品还有陶器4件和骨匕、獐牙[2]。

高城墩M8、尚庄M27和枣林岗瓮棺葬都以残破玉琮或类似琮随葬，但其中所蕴含的社会意义并不相同。前两座墓葬在各自所属的文化区域均为孤例。对高城墩来说，玉琮被赋予的特殊社会背景关系，到M8时发生变化。尚庄M27更像是人为将类似玉琮打碎为四块，拟分别覆盖在死者的两眼和双耳上，缺少一块的原因不得而知。这是一种特殊的埋葬习俗还是违反习俗的某种埋葬方式，仅从这一孤例尚难以做出比较有说服力的解释，但是或可看作玉覆面的起源。枣林岗瓮棺葬普遍随葬包括玉琮在内的多种残破玉器，这在同一文化属性亦为瓮棺葬的其他地点如钟祥六合、天门石家河肖家屋脊却很少见，因此应该是一种很特殊的埋葬习俗。

出自非墓葬的玉琮在保存与埋藏方面有几个特点：1. 不仅有残损玉琮，也有完整器；2. 广富林遗址发掘面积很大，确认发现的完整和残损玉琮有5件，数量比较多；3. 玉琮都同生活废弃物共存，还没有发现其他埋藏背景。

---

[1] 宋建：《良渚文化玉琮一种特殊的使用方式》，《中国文物报》2005年6月17日第7版。
[2] 山东省文物考古研究所：《荏平尚庄新石器时代遗址》，《考古学报》1985年4期。

良渚文化经考古发掘出自非墓葬的玉琮成品比较罕见。良渚遗址群苏家村1963年发掘出1件残损玉琮，一种说法是出自良渚文化层位，另一种说法是出自良渚文化之后的晚期地层[1]。如果采纳后者，即同良渚文化玉琮的埋藏背景无关。

广富林文化时期，尽管广富林遗址的分布面积很大，但只是一处多半为湖沼环绕的村落。为数不多的墓葬绝大多数没有随葬品，即使有随葬品也只是少数几件陶器、石器，墓主都是一般人。同样，拾年山的墓葬也不随葬琮。就是在广富林这样十分普通的聚落居然发掘出5件玉琮，似乎难以解释。良渚文化前期发现多件玉琮的遗址非常少，主要集中在良渚遗址群，如反山、瑶山、汇观山等国王以及僚属的墓地，其他地点只有江阴高城墩。良渚文化后期有所增加，如武进寺墩、苏州草鞋山、无锡邱城墩、青浦福泉山、桐乡姚家山等。无论前期还是后期，大多数遗址都只在墓地众多墓葬中的一座随葬1件玉琮，如昆山赵陵山、金山亭林、桐乡普安桥、新地里等。良渚玉琮的埋藏数量、地点和时间似有内在规律，可能蕴藏了特定的社会背景关系。而在广富林、拾年山等遗址完全看不到良渚玉琮神圣崇高地位的延续。

论及此，可以认为关于良渚文化以后玉琮是否世俗化、完全没有礼制意义的问题，恐怕不能一概而论。在不同文化、不同时间，良渚文化所开创的观念形态还不同程度得到延续，并在延续中发生变异，其表现方式和内涵还有待于更多的考古发掘材料，尤其是文明进程加快步伐的黄河流域、淮河流域的材料。当然，玉琮所代表的主要以神权治国的观念随着良渚文化的衰变而终结，也是不言而喻的。

原载《玉魂国魄——中国古代玉器与传统文化学术讨论会文集（六）（中华玉文化特刊）》，浙江古籍出版社，2014年

---

[1] 前说据牟永抗：《关于良渚、马家浜考古的若干回忆》，《农业考古》1999年3期，又刊载于《牟永抗考古学文集》（科学出版社，2009年）第681页；后说据《良渚遗址群》（文物出版社，2005年）第156页。

"冠状器（图）"和"台形器（图）"之辨与辩

　　"冠状器（图）"（或称"冠形器"）和"台形器（图）"在良渚文化中比较特别，不仅有器，而且在一些最重要的器物上还有其图形，或许表明了这两类器（图）的重要地位。良渚文化主神同玉器与象牙器存在十分紧密的关系，器上有人虎主神图形的以玉琮为首，其他还有玉"冠状器"、玉质或象牙权杖和个别玉钺等重要的礼器。唯一没有人虎主神图形的重要礼器只有玉璧。出现于主神图上的重要礼器，目前可以确认者仅有"冠状器"。礼器上有"台形器"图形的有玉璧与玉琮，而发掘出土的仅见于玉璧。"冠状器"形制多样，存续于良渚文化始终。"台形器（图）"则现身于良渚后期的稍晚段。"冠状器"自发现以来有几种不同名称，有的出现于上海博物馆2023年《实证中国》展览及其图录。器物同类而异名，既为研究与展示带来不便，也是研究进一步深化的课题。现状是因器、图互证而认识趋近。"台形器（图）"也有不同形态，并同其他图形组合。"台形"同祭坛的关系，"台形器（图）"的功能与定名，也是需要讨论的问题。

一

　　《实证中国》展览对形制相近的器物分别称为"冠状器"和梳的"背"，以前者为主，后者只有1件，为1999年浙江海盐周家浜出土（图一，1~3）。因为后者发现了这类器物上下组合的装配方式，下半部的六齿器即被认定为"梳"，上半部即为"背"；前者没有发现下半部，因此称"冠状器"。显然这样的命名并不严谨。被称为"冠状器"的还有一种为"人字形"，凌家滩出土。尽管其形制独特，但是因为其下缘有两孔，该特征与其他"冠状器"相同，故名之（图一，4）。

　　展览图录第222号器即包含周家浜出土的所谓"梳背"，器物说明有几种不同名称，主名为"玉背象牙梳"；简介将"背"称为"冠状器"；详细说明又称"冠部"。英文将该器之"背"译为"Top"，而其他"冠状器"则英译为"Crest"（图二）。详细说明是对器物的解释深化，但是既没有使用主名称的"背"，称为"背部"，也没有使用简介的"冠状器"，称为"冠状器部"，而是新创造了一个"冠部"。这样的器物说明看上去令读者莫衷一是，如坠云雾。恐怕该器物说明并非仅仅表明撰写者或编者的认识，而是绝大多数

1   2   3   4

图一 "冠状器"和"梳背"

1. 海盐周家浜 M30∶1   2. 余杭北村 M106∶3   3. 余杭官井头 M64∶4   4. 含山凌家滩 87M15∶38

---

222. 玉背象牙梳

良渚文化（距今约 5300—4300 年）

1999 年浙江海盐周家浜遗址 30 号墓出土（M30:1）

通长 10.0 厘米

冠状器：高 3.28 厘米，上宽 6.9 厘米，下宽 4.7 厘米，厚 0.56 厘米

浙江省文物考古研究所藏

Ivory Comb with Jade Top

Liangzhu culture (ca. 5300 – 4300 BP)

Unearthed from tomb M30, Zhoujiabang site, Haiyan, Zhejiang province, 1999

Overall length 10.0 cm

Crest: height 3.28 cm, upper width 6.9 cm, lower width 4.7 cm, thickness 0.56 cm

Zhejiang Provincial Institute of Cultural Relics and Archaeology

    冠部近白色，沁蚀较严重。扁倒梯形，顶部平直，中部减地做成台阶状"介"字形。两侧缘斜直。器身打磨光滑，不见切割凹痕。凸榫上连接有象牙梳齿，梳齿也呈倒梯形，上部琢刻有细密的编织纹，下部为六根梳齿。

图二 《实证中国》第 222 号器物说明

研究者在此类器物定名问题上的纠结。

    首先提出"冠状器"之名的是牟永抗先生。该类器物自 1970 年代发现以来，虽然认定属于良渚文化，但是学界对其功用与名称茫茫然，无奈中只得按照其形制相似性而称为"某形器"，例如"垂幛形器""倒梯形器"等。1986 年良渚反山的发现石破天惊，牟先生据此提出了"冠状器"之名。至今，该名称提出的过程和结果仍然颇具启发性，先生的几篇论文有详细描述[1]。《论良渚》文中多次提及"倒梯形器"，并指出反山 M15∶7 的

---

[1] 牟永抗：《论良渚》，《浙江省新近十年的考古工作（1979～1989）》，《试论良渚文化和大汶口文化的关系》，以上三文均载于《牟永抗考古学文集》，科学出版社，2009 年。

"透雕倒梯形器中心的线刻神像头部,也围着相似的饰物,应是一种穿缀在皮革或织物的束发巾或额饰带";"倒梯形器,正是正视神像的冠……是玉质的神冠";"正面神冠的下缘有凸起的扁榫,并有细孔用以穿插固定"。然后,先生将假设神像与"倒梯形器"相互结合,指出,神像的"额端平齐,并较厚实,能在头顶开细长的凹槽",神像"可能是木质、骨质或象牙制品等,没有能保存下来"。先生认为"倒梯形器"是神像的冠,即神冠,并强调这是正面神冠(图三)。《论良渚》补记云,该文于1986年10月16日下午完稿,是为年末召开的良渚发现50周年学术会议而作。当时只发了会议打印稿,正式发表已到2009年出版《牟永抗考古学文集》,补记说明了相隔23年的原因。

图三　"神冠"使用示意图(据牟永抗先生意)

四年之后,1990年发表的《浙江省新近十年的考古工作(1979～1989)》,称"冠状饰是新近得以判明用途的一种良渚玉器,从在墓内的放置部位及伴出的器物得知,它是安置在某种偶像头部的冠饰。""放置部位"当指"冠状饰"均出自头部,但未明确指明"伴出的器物"为何。该文将"神冠"称为"冠状饰"或"冠饰","神像"更名为"偶像"。大约同时,先生在《试论良渚文化和大汶口文化的关系》(1989年中国考古年会提交论文,1992年出版)中指出:"在为良渚文化玉质冠状器定名时,曾将……神人兽面像中神人头部冠戴形状、安柄玉钺前端的玉瓥和玉质冠状饰出土部位及其周围的迹象联系起来综合分析……具有相似的社会功能,即某种信仰或崇拜对象,物化或偶像化头部饰物。"是文完备了定名的主要依据,即"神人头部冠戴形状",明确了"冠状器定名",这应该就是所谓"冠状"的由来。

尽管牟永抗先生当年提出"冠状器"具有重要的学术意义,但是在30多年后回看,仍不妨对命名过程和结论作认知反思。当时虽然注意到所有的"冠状器"都出自墓主头部,但是并未考虑器物为人所用于头部的可能性,而是直接提出了"神像"或"偶像"假说。差不多同时期发现的凌家滩87M15,根据器物出土于墓葬南端(当为头部),即称为冠饰。反思第二点是将羽饰的外形等同于冠。良渚主神之冠正视近凸形或弓形,前檐高,两侧低,略似风帽,冠上有羽饰,"冠状器"上缘并非与"神人头部冠戴形状"相像,而是与神人冠上的羽饰外廓形相像(图四)。并且所谓"冠状器"上缘不仅有冠羽饰的"宝盖头"形状,还有圆弧顶、平顶、台阶顶等多种形态(图五,1、2),"冠状"并不能囊括。由于认知的不确定性和模糊性,虽然提出神冠、偶像冠之假说,但因其不确定性而以"冠状器"作为暂用名。这一用就是30多年,至今仍然沿用,并有扩大化倾向。

当时牟永抗先生除了认识正面神冠,还识读了另一种很少有人关注的"神冠":"若

图四 神人头部冠戴
（反山 M12：98）

1

2

图五 "冠状器"顶部形态
1. 瑶山 M1：3 2. 官井头 M51：3

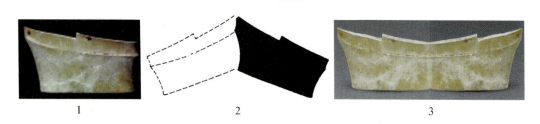

1 2 3

图六 玉瑁及其展开图
1. 玉瑁（旧名靴形器）（反山 M12：105） 2. 玉瑁展开图（据牟永抗先生） 3. 玉瑁展开图

将'倒梯形器'按中线一折为二，恰是一'舰形器'，反山 M12 的'舰形器'的线刻真实地描绘了自身的使用图像"（图六，1）。无论"倒梯形器"还是所谓"舰形器"，先生认为"两者都应是玉质的神冠，只不过是正面和侧面的两种形态而已"。所谓"舰形器"当为"靴形器"之误，这两类所谓的"某形器"皆为 1984 年福泉山发掘后因为不识其功能而提出的，钺柄上端者被称为"靴形器"，下端者为"舰形器"。牟永抗先生此论在 1990年发表的论文中已不再提及，但提及"完整的玉钺是由龠、钺、镈三个部件安柄组装而成"。"龠"，后称为"瑁"；"镈"，后来称"镦"。先生将瑁展开后酷似所谓"介字形冠"（图六，2）。如以反转形式展开，则恰似所谓"冠状器"（图六，3）。这种将器物展开的认知是牟永抗先生认识某些器物的重要方法，例如后来将琮从三维展开为二维平面图，对于理解先人创造器物的概念认知具有极佳的启迪意义[1]。

1999年周家浜发现玉质"冠状器"和象牙"六齿器"的装配组合，"六齿器"被视为"梳"，"冠状器"理所当然被看作"梳背"。此时开始，"梳背"定名开始取代"冠状器"，并且一度得到普遍认同，目前仍有不少研究者认同"梳背说"，并将此说扩大到良渚文化之外，例如凌家滩的几种器物都被认作"梳背"，包括原先定名为冠饰者。至此，"偶像用冠状饰或冠状器说"似乎不再有存在可能。

由于"有齿器"的有机质地特性，迄今发现这一时间段的"有齿器"极为罕见，仍以周家浜出土者最为完整。虽然从形制看，周家浜"六齿器"就是梳，但问题是，"有齿器"的功能确实是梳吗？或者说，"有齿器"只有梳的单一功能吗？实际上早在2002年杨晶先生就认为中国史前时期那些"暴露于头发之外的梳背部分，理所当然成为器具的主体而倍受关注"，"这里'玉'背梳子业已成为标识墓主人身份的一种重要标志"[2]。该论述十分精辟：器具的主体是梳背而非梳齿；"玉"背梳子是身份的重要标志。

良渚文化器物纹饰为辨识"梳背"的使用与功能提供了更为直接的证据。目前至少已经发现三件器物上的图像有"梳背"，但都没有"梳"与之组配，图像上也不存在供"梳"使用的位置，换言之，"梳背"可以不依赖于"梳"而独立使用。三幅图像的"梳背"都出现于虎神两眼之间、前额正中，其标识性作用十分明确。那么，这样的器物还能够叫"梳背"吗？上述器物有两件分别于1986和1987年发现，一件出自反山M12，相同器形、图像者共有4件，名为半圆形器（图七，1）；另一件出自瑶山M12（采集2789），为玉琮（图七，2）。然而这两件器物在发掘报告中均未提及"冠状器"图像，其中瑶山M12（2789）是这样描述人字形"冠状器"的："两眼之间有微凸的鼻梁，上面阴刻卷云纹"，是将人字形认知为卷云纹。另一件有"梳背"图形的是2011年初发现的福泉山吴家场M207的象牙权杖之镦（图七，3）。

《凌家滩玉器》2000年出版，发表了87M15的冠饰，上端呈人字形，此时并未称"冠状器"，也未称"梳背"。杨晶先生2002年引用凌家滩这件所谓"'人字'直角"的冠饰，并"暂将其认定为梳背饰"[3]。杨文插图也引用了瑶山M12（采集2789）的玉琮图，但未作直接说明。经核对，该图引自瑶山发掘简报[4]，原图不够准确，难以识别为凌家滩87M15那样的冠饰。2003年《瑶山》发掘报告出版，才有清晰准确的人字形冠饰图像问世，但似乎很长时间并未引起学界关注。

《反山》发掘报告2005年出版，仍然称其为"冠状器"，并对"梳背"提出商榷性意见。报告结语称："'梳背'之功能是否涵盖了良渚文化所有的同类玉器，尚可商榷。至少反山发掘后冠状器不再倒置称为'佩'了。"这句话可理解为，"冠状器"这类器物，有

[1] 牟永抗：《关于璧琮功能的考古学观察——良渚古玉研究之一》，《东方博物（第4辑）》，浙江大学出版社，1999年，又载于《牟永抗考古学文集》，科学出版社，2009年。
[2] 杨晶：《史前时期的梳子》，《考古与文物》2002年5期。
[3] 杨晶：《良渚文化玉质梳背饰及其相关问题研究》，《文物》2002年11期
[4] 浙江省文物考古研究所：《余杭瑶山良渚文化祭坛遗址发掘简报》，《文物》1988年1期。

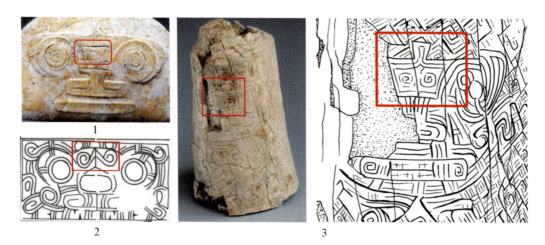

图七　虎神上"冠状器图"

1.反山M12：85　2.瑶山M12（采集2789）　3.吴家场M207：61

的是梳背，有的不是；或者说，有的"冠状器"具有梳背功能，有的不具有，"冠状器"还有梳背之外的其他功能。至于怎样区分，作者没有进一步阐释。可以明确的是，结语已经部分否定了"冠状器"的梳背功能，但又未提出新的名称，而是回归"冠状器"。必须指出，此时之"冠状器"已非彼时之"冠状器"，原来认为的偶像之冠并未发现。又过去近20年，这类器物的名称已经越来越多地回归"冠状器"，以至于《实证中国》大展，仅周家浜那一件的主名还保留了"玉背"之名，简介却称"冠状器"，其余所有的都称"冠状器"，甚至自发现凌家滩以来存续多年的冠饰定名，亦被更名为"冠状器"。

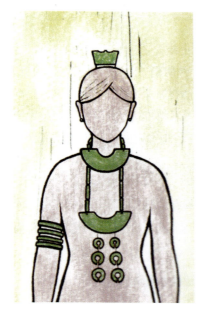

图八　"冠状器"使用示意图，引自《实证中国》第252器物

综上所述，1986年牟永抗先生根据反山的发现，提出"冠状器"功用的猜想，"冠状器"可以通过下缘穿孔直接安装于神偶像的头顶。1999年周家浜的发现否定了这个猜想。2005年反山发掘报告又对"梳背"功能提出质疑，再次使用"冠状器"之名，但定名回归考虑更多的应该是人使用"冠状器"。为此，《实证中国》根据这个假说绘制了在人的头顶部安置"冠状器"的示意图（图八）。尽管这只是示意图，但看上去应该不是"冠状器"正确的使用方法，因为没有考虑到需安装"有齿器"使用的可能性，即头顶完全没有安插"有齿器"的空间。

所谓"冠状器"究竟应该定为何名？研究者们正纠结于冠状器、梳背、冠三者之间。对"冠状器"定名之初的反思简而言之，"冠状"并非来自良渚主神的"冠戴"，而是"冠戴"之上的"宝盖头羽饰"。主神之冠形的前身尚有河姆渡陶器纹饰的弓形冠之迹（图

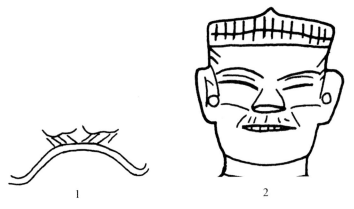

图九　河姆渡与凌家滩冠戴图
1.陶器上的冠图（河姆渡 T29（4）：46）　2.玉人冠戴（凌家滩 98M29：16）

九，1），宝盖头羽饰形的前身则有凌家滩玉人的尖顶冠（纵梁冠）可循（图九，2）。因此描述良渚主神羽饰的准确用语是"凌家滩冠形（冠状）羽饰"，也就是说，凌家滩之冠形是良渚主神羽饰和"冠状器"的共同创作来源。至于"梳背"，除了虑及器物的基本功能外，还因为图形显示了虎神使用所谓"梳背"的方式，从而确认所谓"梳背"在意识观念与实际使用上可以为人、神共用，而神可以完全脱离"有齿器"，只用"梳背"。此"梳背"实与梳无关，这就进一步证明"梳背"定名的不妥之处。

　　虽然"冠"只是展览图录上并不十分确定的用语，但是冠是可以套住、罩住或框住头部的，按照中国绝大部分汉人的束发习俗，冠也可以罩住发髻，因此，像"冠状器"这样的片状物也不可称为"冠"。南北朝时期有的冠上饰件形似"介字形冠"，名为"珰"，或"圭形珰"，此时的冠和冠上饰件分为两类，不可混淆（图一〇，1）[1]。以此推之，新石器时代的冠和冠上饰件或头上饰物应该也是两类器物。山西羊舌出土、当为

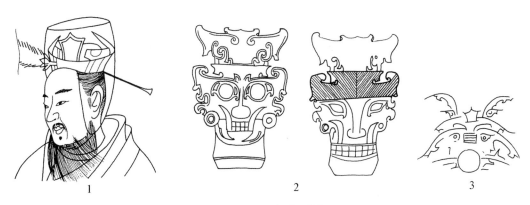

图一〇　冠与"冠饰"
1.引自孙机《华夏衣冠—中国古代服饰文化》63页图 3-14-2　2.山西羊舌征集　3.哈佛大学福格博物馆藏品

[1]　孙机：《华夏衣冠——中国古代服饰文化》，上海古籍出版社，2016年。

龙山时代的一件双面神人首,其中一面头上戴冠,冠上另有冠饰(图一〇,2)。况且,凌家滩文化和良渚文化的图形和器物都各自存在冠和"冠状器",因此所谓"冠状器"也不可能被称为冠。还有些过去被称为"介字形冠"的图形,仅凭图形尚难以分辨,如果实体为片状,同理不应称冠(图一〇,3)。

考虑到"冠状器"只是临时名称,在明确器物功能后即可赋予新名作为正式名称。

二

"台形器(图)"从形制上可以分为两类:"阶台形"和"平台形"。本次展览共展出三件(幅)"阶台形器(图)"(图一一,1、2),关于器形与图形,图录的详细说明称为"'祭坛'符号"(212器)、"'祭坛'形符号"(213器)或"一般认为是祭坛"(214器)。看来对于"阶台形"为"祭坛"或"祭坛形"仍然是目前比较普遍认同的看法。所谓"祭坛"或"祭坛形"针对的都是"阶台形",而非"平台形"。

目前能查到最早提出"祭坛说"的是饶宗颐先生,1990年始将"阶台形"释为"坎坛"及其附属物,1991年改称为"祭坛"[1],但均未提及作此认定的任何依据。实际上,"祭坛"和"祭坛形"是两个完全不同的概念。"祭坛"是指与图、器相同的事物存在,器、图为模仿真实存在的事物实体。"祭坛形"是指图、器的形状与现存或曾经存在的事物实体相似,以便于描述尚未认识的器物或图形。

先看祭坛。良渚文化考古发现被确认祭坛的有瑶山和汇观山两处,都建于小矮的基岩山体上。其中,瑶山于1987年发掘,后来又进行过补充发掘和清理,为建考古遗址

1

2

图一一　阶台形器(图)

1. 福泉山 M230∶65　2. 蒋庄 M36∶1

[1]　饶宗颐:《大汶口"明神"记号与后代礼制》,《中国文化》1990年2期;《有翼太阳与古代东方文明》,《明报:二十五周年纪念特大号》,1991年。

公园恢复了所谓祭坛和墓地的全貌。瑶山的整体形态呈占地面积较大但较矮的漫坡状，石坎为保护漫坡山体而建，并未显现明显的台阶状（图一二，1）。良渚子母墩看似堆筑于平地上，相对高度11米，未经全面清理揭露，外形似有两层台阶，但不能确定是否为祭坛（图一二，2）。良渚之外的台墩形遗址还有不少，经发掘确定为高等级权贵墓地者

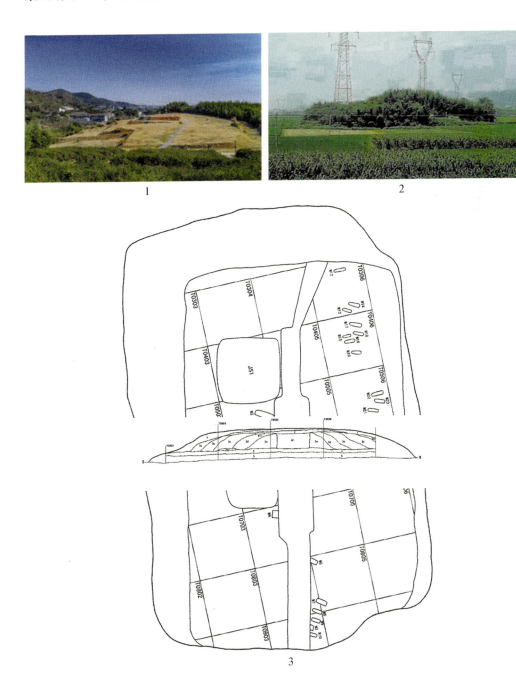

图一二　良渚文化台墩

1. 瑶山　2. 子母墩　3. 邱城墩

的台墩外形尤为明显，如无锡邱城墩（图一二，3）、上海福泉山等。虽然这些台墩有高度的差异，但是台墩底部径长为其高度的数倍则是共同属性。以上良渚文化的祭坛和台墩外貌同"台形器（图）"相去甚远，因此器、图为祭坛说与事实并不相符。

饶宗颐先生提出"祭坛说"一文的主题是古代文明中所谓"日、月"和"有翼太阳"图形，并列举了中国之外与之相关的图形加以对比。假定先生也将"台形"和国外相似遗存比较，本文可以列举两个遗存为例。一个是西亚加喜特时期（公元前两千纪后半）的塔庙，高187英尺，约合57米（图一三，1）；另一个是墨西哥乌斯马尔的魔术师金字塔（公元8～11世纪），高38米（图一三，2）。西亚塔庙和玛雅金字塔都具有多种功能，既是朝祭神祇的场所，即神庙，也是政治中心，玛雅文明的所谓金字塔内还发现过国王的陵墓。这两类建筑都有祭神功能，因此也可以理解为大型祭坛。从高度和占地面积的比例看，它们的外形比起良渚祭坛或台墩形高等级墓地都更加接近于"台形器（图）"。真实的建筑遗存和"台形器（图）"外形上最大的差别是塔庙或金字塔整体为上小下大形，而"台形器（图）"上边略大于下边，且两侧略向内弧。如果饶宗颐先生提出"祭坛"假说参照了异域文明的实体，那至多也就是有所形似的"祭坛形"而已，对研究"台形器（图）"的功能和定名并没有多少实际意义。几十年来良渚文化新发现层出不穷，如果仅从象形的视角为不认识的器与图定名或描述，那么官井头发现的凸形"冠状器"更像良渚子母墩的外形。

"台形器（图）"并不表示良渚祭坛，"台形""祭坛形"也就如同"倒梯形""冠形"一样，只为便于说明形状，真正需要做的工作是探究它们的功能。

1　　　　　　　　　　　　　　　　　2

图一三　高台遗存

1. 西亚塔庙　2. 墨西哥乌斯马尔的魔术师金字塔

　　浙江好川的发现为探究"台形器（图）"提供了最为直接的依据。这里共发现4座墓葬随葬"台形器"，均出自被发掘者判断为墓主头部的位置，而且它们近旁留有髹漆器物的痕迹。其中M60共2件"阶台形器"，其他有1件"倒梯形器"，即"平台形器"，1件有座"冠状器"，4件侧视玉鸟（图一四，1、2）。所谓有座"冠状器"不同于普通"冠状器"，其下缘没有带穿孔的凸榫，取而代之者看似"台座"，这再次证明"冠状器"不须使用"有齿器"的独立存在。"台形器"和有座"冠状器"等的整体两面都呈凸凹状，凸面为正面，微微凸起，表面经过抛光，凹面为背面，微微内凹，未经抛光。这些器物当镶贴于近似于圆柱体的漆器表面，整体为一件精美的冠。

　　反山和瑶山都是良渚文化最高等级和高等级权贵的墓地，反山4座和瑶山1座墓葬各随葬一组4件半圆形器，都出自头部、"冠状器"近旁，发掘报告推断为冠帽周围的饰件。半圆形器都在一面（背面）有隧孔，可以缝缀；另一面（正面）有纹饰或光洁。其中，反山M12等级最高，半圆形器上饰有虎神。浙江好川、山东陵阳河所出"台形器"同样多为4件组合方式，此方式应当源自良渚前期的反山和瑶山，亦为冠上饰件。或以为镶贴"台形器"与"冠状器"的髹漆之物不是冠，而是别的器件。除非有充分依据，否则将镶贴"冠状器"且出自头部的物件却不认定为冠是不合理的。

　　"台形器（图）"可以同鸟和连珠条组合，器和图有明确的对应关系，二者的区别仅在于，图形的阶台、连珠条和鸟连为一体，器物则分别制作，然后组合镶嵌于有机质器体

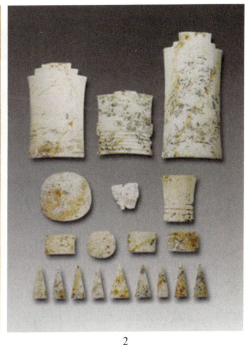

1　　　　　　　　　　　　　　　　　2

图一四　好川M60玉片

1. 发掘现场　2. 各类玉片

之上。图形的组合比较复杂,可以有多达几十种的组合图形[1]。目前"台形器"与其他器形的完整组合,仅在好川等地非良渚文化核心区域发现。核心区域"台形器"仅发现于福泉山M230,出土时被压于靠近墓主足部的陶器之下。福泉山M204还发现鸟形玉片,既有正视鸟,也有侧视鸟,其中有些出自2件阔把黑陶器内,位于所葬个体头骨旁,有些散布于墓内。"台形器"与鸟的埋藏情境完全不同于好川等地,个中原因值得思索。"台形图"发现稍多,良渚核心区内确知出土地点的有浙江安溪百亩山和临平玉架山、江苏草鞋山和少卿山等,非核心区有江苏蒋庄。

　　对于"阶台形"与鸟的组合图,以往还提出过鸟立于"祭坛"或"高台"之上的假说,既然"祭坛说"不能成立,当然也就没有"鸟立祭坛"的可能性,高台不知指向何物? 然而,鸟立于冠上确是真实的存在,这类玉器见于良渚文化、肖家屋脊文化等(图一五,1、2)。大汶口文化长期以来被认作"日月山"的图形只是一种误读,正确的识读是"日鸟冠",鸟负日而飞翔于冠(冠徽)上(图一五,3、4)。

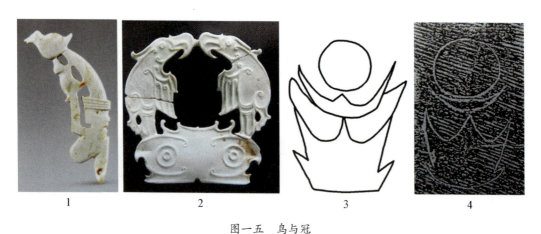

图一五　鸟与冠
1. 赵陵山M77:71　2. 石家河谭家岭W9　3. 尉迟寺JS4:1　4. 大朱家村征集

三

　　"冠状器(图)"形制丰富多样,"台形器(图)"以"阶台形"更为常见,好川M60之发现表明二者具有内在关联。前者之名称,2012年前我同绝大多数研究者一样,曾先后称为"冠状器"和"梳背"。2012年发表论文前,第一次注意到凌家滩87M15出土、当时定名为"冠饰"的图形也出现于从瑶山出土的玉琮之上,图形不见实物的穿孔下缘,余者完全相同[2]。当时的认识是,"梳齿"插入后并未显现,被关注的是"梳背","梳齿"只是便于固

[1] 宋建:《良渚文化太阳主神与冠徽》,《南方文物》2023年6期。
[2] 宋建:《凌家滩的冠、冠徽及相关问题》,《玉魂国魄——中国古代玉器与传统文化讨论会文集(五):中华玉文化特刊》,浙江古籍出版社,2012年。

定的插件，插于发髻或冠上，只将"梳背"暴露于外，被赋予标识性功能。早在1999年周家浜"梳背"发现之前，杜金鹏先生就对此类器物的功能提出假说，认为是"嵌在冠顶上的饰件""冠上的徽识"或"冠徽"[1]。我觉得"冠徽"一词达意、简明且适用，既体现了器物的功能，也基本体现了器物的使用方式，因此将凌家滩冠饰和良渚文化"冠状器"或"梳背"一并定名为冠徽，前者名"人字形冠徽"，后者"矩形冠徽"。现在进一步认识到，人使用"梳背"才需要配置插件，神在使用时根本就不需要插件，良渚神权观念只存在"梳背"主体，甚至为安装插件而专门设计的有孔下缘也不再需要。如果以为"梳背"亦可作为标识不需另行定名，那么对于人使用尚可，对于神而言"梳背"之名就不再恰当。

在"台形"被认作"祭坛"之初的1992年，我即撰文指出，良渚文化有少数"冠状器"顶部中央呈现阶状，同有阶的"台形"相关，应该属于同类，而不是什么"祭坛"[2]。浙江安溪百亩山发现一件十分重要的玉璧，两面皆有图形，一面是"阶台形"，另一面图形少有人关注，实际上两面图形对辨识"阶台形"的功用具有关键性作用（图一六，1、2）。与"阶台形"相对的另一面图形是一顶高冠，下端可套于发髻上，并用短笄类器插入固定。高冠图形亦见之于龙山时代，且更为华美（图一六，3）。百亩山玉璧双面所刻图形之内涵相互对应参照，一面是冠，另一面与冠密切相关，很有说服力。后来又有好川"阶台形"实体和有座"冠状器"的发现。以上述发现为依据，辅以大汶口文化一些相关图形的识读，在2018年的一次学术会议上我第一次将有阶"台形器（图）"也认定为冠徽，称为台阶形冠徽，不久之后即成文发表[3]。

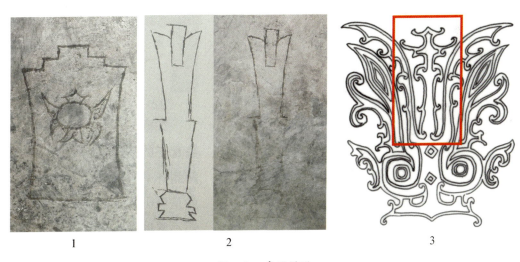

图一六　高冠图形

1. 安溪百亩山征集　2. 安溪百亩山征集　3. 台北故宫博物院藏品

[1] 杜金鹏：《说皇》，《文物》1994年7期。

[2] 宋建：《良渚文化的陶文和玉器徽记》，《中国文物世界》1992年总83期。

[3] 宋建：《公元前第三千纪中国东部的太阳神——大汶口文化、良渚文化图形符号新考》，《东方考古（第16集）》，科学出版社，2019年。

现在看来当时将良渚文化"冠状器"称为"矩形冠徽",是不准确的。正如前文所指出的,"冠状器"丰富多样,"矩形"难以概括。"台阶形冠徽"名称亦有不妥,因为还有少量"平台形"。因此将"台阶形"更名为"阶台形",并与"平台形"合并称为"台形"。

行文至此可以给出一个易于分辨且便于操作的定名方案。首先必须区分冠和冠徽。冠,圈状,可以套住、罩住、框住头部或发髻。冠徽,片状,以插用、镶贴、缝缀等方式,或单独使用插于发髻,或附着于冠及冠类物件。冠徽单独使用,可以作为冠的象征或特殊标识。单件冠徽与冠一同使用时,仅作为一种特殊标识。多件相同或几种不同形制的冠徽组配使用,可以作为标识,也可以作为装饰。

根据此定名方案,将"冠状器(图)"与"台形器(图)"均定名为冠徽。从"冠状器"和"梳背"而来的冠徽,可称为普通冠徽。前面或可加上形态修饰词,如人字形冠徽、平顶冠徽、凸形冠徽、宝盖顶冠徽等。除了普通冠徽,还有台形冠徽、半圆形冠徽等。台形冠徽又分为两类:阶台形和平台形,以前者为大宗。几乎所有普通冠徽为单件使用,其下缘有数个穿孔,以安装多齿插件以供插用。台形冠徽常见多件使用,完整组合者当为4件,镶贴于有机质的冠上。从普通冠徽派生的有座冠徽现仅见1件,既无穿孔,亦无插件,与台形冠徽一起镶贴于冠上。半圆形冠徽少见,4件组合,可能缝缀于冠上,为最高等级和高等级权贵所用。

最后,谨以"实至名归""名正言顺"作为本文的结束。

良渚文化主神新证

　　逾五千年的中国文明率先发端于东南，早在崧泽阶段，江苏的东山村已经发生明显的社会分化，进入良渚阶段，文明化进程加快步伐，社会结构出现质的变化，并与世界其他地区的早期文明同步发展。

　　中国东南地区的早期文明，良渚文化神权的地位和作用特别突出。但是由于缺乏可靠的文字记载，对于良渚文化神祇系统的认知几乎空白，因此目前只能对其图像进行分析，并利用更晚的文字、文献和民族志进行对照解释。良渚文化神祇系统包含人形神、兽神（虎神、龙神）、鸟神、太阳神、人虎复合神等。其中，人虎复合神通常称为神像，表现方式最为复杂，当为良渚文化的主神。

　　主神的完整形态发现于1986年发掘的反山M12，它作为拥有完整形态主神的墓葬，现在仍然是唯一的（图一）。反山发掘报告描述主神最为详尽的是"琮王"（M12 ： 98）："主体为一神人，其脸面呈倒梯形，重圈圆眼，两侧有小三角形的眼角，宽鼻以上以弧线勾出鼻翼，宽嘴内有一条长横线、七条短竖线刻出上下两排十六颗牙齿。头上所戴，内层为帽，线刻卷云纹八组；外层为宝盖头结构，高耸宽大，刻二十二组边缘双线、中间单线环组而成的放射状'羽翎'（光芒线）。脸面与冠帽均为微凸的浅浮雕。神人上肢以阴文线刻而成，作弯曲状，抬臂弯肘，手作五指平伸。上肢上密布由卷云纹、弧线、横竖直线组成的繁缛纹饰，关节部位均刻出外伸尖角（如同小尖喙）。在神人胸腹部位以浅浮雕琢出兽面，用两个椭圆形凸面象征眼睑、重圈眼，以连接眼睑的桥形凸面象征眼梁，宽鼻勾出鼻梁和鼻翼，宽嘴刻出双唇、尖齿和两对獠牙，上獠牙在外缘伸出下唇，下獠牙在内缘伸出上唇。兽面的眼睑、眼梁、鼻上刻有由卷云纹、长短弧线、横竖线组成的纹饰。"对主神下部描述见之于反山M17的矩形冠徽（冠状器）："蹲踞状的下肢体和鸟形爪"。

图一　人虎复合主神

反山M12 ：98琮王纹饰，引自《反山（下）》，图版一六〇，文物出版社，2005年

　　对人虎复合神的主流认识是：上人下虎，不见人的下半身，双臂弯肘。王仁湘对此认识提出了颠

覆性异议:"'神人面'只是一个装饰,它就是冠上的一个兽面图案。这是一顶完美的兽面冠,神或巫师的脸就在这兽面冠的下方。"[1]这就是说,戴冠的神人实质是以兽面装饰的冠,兽面是神或巫师。然而王仁湘仅解释了"神人"的省略图形,却忽略了人虎复合神完整图像的上臂,因此缺乏说服力。

　　主神构成的直接来源可以追溯至良渚文化前期1段,张陵山西山M4的玉镯式琮纹饰一般认为是兽面纹,其獠牙(犬齿)特征同年代晚于它的虎神(一般称为兽面纹)相同。但是它的圆形大眼和前额上面的两个大角与龙神(一般称为龙首纹)相同。因此,张陵山西山M4的玉镯式琮纹饰是同虎神、龙神年代最为接近的原型,这是尚未分化的兽神(图二)。兽神形象源自对现实世界的观察和对虚拟世界的憧憬,分化后的虎神、龙神延续了这种思维创造方式。虎神可能源自对猫科动物的观察,龙神的原型可能是爬行动物的蛇亚目。猫科动物的眼睛虽有眼角,但是不如人类明显;蛇亚目动物基本就是圆眼。张陵山兽神的眼睛没有眼角。

　　瑶山、反山所代表的良渚文化前期,尖刺形纹饰是重要的构图元素,许多研究者认为以之表现羽饰、眼角。尖刺纹还出现在鸟身与兽面上,甚至个别虎神的鼻侧、嘴旁和嘴内牙齿也有尖刺纹(图三)。龙神的眼侧都没有尖刺纹,但极个别龙神的眼睛上部有尖刺纹(图四),但肯定不是眼角。被视为虎神眼角的尖刺纹在眼睛两侧位置多数呈对

图二　兽神

张陵山西山M4玉镯式琮,引自《中国玉器全集(7)》,
第32页,科学出版社,2005年

图三　虎神的尖刺纹　　　　　　　图四　龙神眼睛上部的尖刺纹

瑶山M4:34玉璜,引自《瑶山》,第62页,图六八,上,文　　瑶山M2:17玉圆牌纹饰,引自《瑶山》,第
物出版社,2003年　　　　　　　44页,图四二,右,文物出版社,2003年

---

[1]　王仁湘:《史前玉器中的"双子琮"——兼说良渚文化玉器上的兽面冠饰》,《文物》2008年6期。

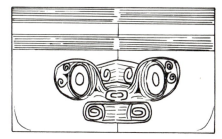

1. 虎神眼侧的对称尖刺纹

2. 虎神眼侧的不对称尖刺纹

3. 虎神眼侧的特别位置的尖刺纹
（图上红框为原图所附）

图五　虎神眼侧的尖刺纹

1. 瑶山M12玉琮纹饰，引自《瑶山》，第180页，图二二九，中，文物出版社，2003年；
2. 瑶山M3：3玉三叉形冠徽，引自《瑶山》，第54页，图五四，左，文物出版社，2003年；
3. 临平玉架山M200：58玉镯式琮纹饰，《权力与信仰》，第94页，图35，文物出版社，2015年

称状，如瑶山M12的收藏品玉琮（图五，1）、高城墩M13玉琮、反山M17冠徽等；少数不对称，如瑶山M3三叉形冠徽（图五，2）。临平玉架山M200镯式琮上的虎神似瑶山同类器纹饰，眼球内侧和大眼眶外侧均有尖刺纹（图五，3）。这种将尖刺纹放到大眼眶外的方式很特别，不见于良渚的瑶山、反山等地点。良渚文化后期的虎神眼睛趋于规整简洁，尖刺纹眼角几近绝迹。值得关注的是，反山M12人虎复合神完整图像的虎神眼睛没有尖刺纹眼角，那些省略比较少、图形相对复杂的人虎复合神的虎神眼睛都没有尖刺纹眼角。因此综合考虑时间、纹饰繁简和风格特征等要素，被看作是虎神眼角的尖刺纹是一种可有可无而且位置或不固定的装饰。

良渚文化人形神的眼睛以有眼角者居多，尤其是良渚文化前期的那些人虎复合神的人形神眼睛几乎都有眼角。眼角表现有的为小三角形，有的因纹饰太小而难以制作，用短横线替代，但在那些主要流行于良渚文化后期的多层简化人形神常省略眼角。

人形神和虎神眼睛两侧的装饰具有完全相反的逻辑关系。人形神的载体体积越大，眼角图像就越清晰具象，例如在以人虎复合神装饰的玉琮之上；体积越小，眼角图像就越模糊抽象，例如琮形管、锥形器上。人形神越简单，眼角的图像就越简单，从三角到短线，直至省略不见，后者如三节以上玉琮的多层简化人形神。反之，虎神的图像越大且完整者，眼睛的尖刺纹眼角反倒缺失，例如完整或省略较少的人虎复合神上的虎神没

有眼角,带腿爪的完整虎神也没有眼角。虽然眼角的有无并不是区别虎神和人形神的标准,但是对于那些有清晰眼角又同常见的虎神图像有异者,必须仔细辨析。

　　瑶山M7随葬1件玉牌饰,发掘报告对其图像是这样描述的:"整器采用透雕和阴线刻技法,为神兽纹。两角各对钻1个圆孔为眼,眼两侧以线切割法镂扩成弧边三角形的镂孔,组成眼眶及眼睑,边周再用阴刻线勾勒。两眼之间的额头有不规则的长条形镂孔,鼻孔为阴刻的卷云纹。鼻下端有弧边十字镂孔,似是嘴。眼眶以下的两侧各有1个锯齿状突起,颇似蛙爪,十字镂孔及其两侧的形态更似蛙的后腿,故整器又如变形的伏蛙。"这个图像的特征是圆眼球加清晰的三角形眼角,双腿屈于下,双膝居中,双足分离于两侧(图六)。虎神上从未见这样清晰的眼角,而且虎神双足聚于下部正中,与玉牌饰图像完全不同,因此这件牌饰肯定不是常见的虎神。龙神为圆眼球无眼角,当也不是龙神。那么是否如发掘报告所描述的"如变形的伏蛙"? 瑶山、反山均未见圆雕蛙,也没有确切的蛙图像。从张陵山西山的似蛙圆雕看不出任何同瑶山牌饰图像的相似性(图七)。

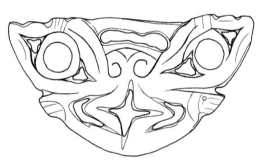

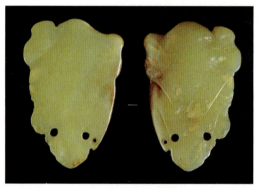

图六　人形神牌饰
瑶山M7：55,引自《瑶山》,第96页,图一一三,上左,文物出版社,2003年

图七　似蛙玉圆雕
张陵山西山M4,引自《中国玉器全集(7)》,第18页,科学出版社,2005年

　　清晰的三角形眼角为人形神的特征之一,牌饰图像应该是新辨识出的良渚文化人形神。这个人形神的下肢很可能就是人虎复合神在虎神后面的人形神下半身。马承源比较了青铜器兽面纹饰与青铜铸造、玉石雕刻立体物象的差异,认为:"古人的艺术技巧,表现平面构图的准确性,远比立体雕塑的准确性要困难得多,如果没有适当地掌握透视方法,那么物体的平面图,尤其是正视的平面图,是无法确切表现出来的。"[1]良渚文化玉工已经掌握精湛的玉雕工艺技术,以减地法做浮雕和阴线刻技术都运用得炉火纯青,但是他们以平面构图表现立体图像的能力肯定不会优于商周青铜器的制作者。人虎复合神和人形神牌饰都是平面图像,难以准确表达立体形象。解析人形神下半身姿势,还必须借助于良渚文化和其他文化的玉人圆雕,以获得必要的启迪。

――――――――――――

[1]　马承源:《商周青铜器纹饰综述》,《商周青铜器纹饰》,文物出版社,1984年。

凌家滩玉人,共发现6件,均为正面,头上戴冠,双臂折向肩颈部并戴镯,3件玉人立姿,3件半蹲姿,分别出自两座墓(图八,1、2)。

牛河梁玉人,正面,戴冠,双臂折向颈下胸部,似立姿(图八,3)。

张陵山西山 M5 玉人,侧面,头戴高冠,锥钻未穿透之小圆眼,未表现下肢(图八,4)。

赵陵山 M77 玉人,侧面,头戴平冠,冠顶有柱,柱上一鸟,锥钻未穿透之小圆眼,全蹲姿即踞姿,大腿膝盖上翘近胸腹(图八,5)。

1. 立姿玉人　　　　2. 半蹲姿玉人　　　　3. 玉人圆雕　　　　4. 高冠玉人

 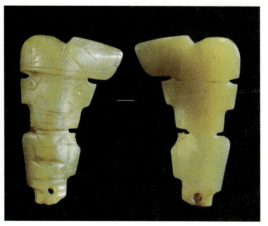

5. 全蹲姿(踞姿)玉人　　　　　　6. 戴冠玉人

图八　玉人圆雕

1. 凌家滩87M1:3,引自《凌家滩》,彩版一三,文物出版社,2006年;

2. 凌家滩98M29:16,引自《凌家滩》,彩版二〇〇,3,文物出版社,2006年;

3. 牛河梁N16M4:4,引自《牛河梁——红山文化遗址发掘报告(1983~2003年度)》,图版二七九,1,文物出版社,2012年;

4. 张陵山西山M5,引自《中国玉器全集(7)》,第17页,科学出版社,2005年;

5. 赵陵山M77,引自《中国玉器全集(7)》,第16页,科学出版社,2005年;

6. 朝墩头M12,引自《中国玉器全集(7)》,第19页,科学出版社,2005年

图九　商代踞姿玉人
引自《殷墟妇好墓》，第
154页，图八一，1，文物出
版社，1980年

朝墩头M12玉人，正面，头戴冠，梭形眼，圆眼球，双臂叠抱于腹部，未表现下肢（图八，6）。

这10件玉人都戴冠，赵陵山M77玉人的冠相当讲究，凌家滩玉人手臂上戴镯，显然这些玉人都不是普通人，而是族群乃至古国的权贵，因此他们的姿势对辨析良渚文化人形神的姿势具有重要的参考价值。这些玉人看上去都郑重其事，很可能是权贵从事正式活动的几种常规姿势。凌家滩玉人为正面像，有两种姿势，一为立姿，另一种下肢较短，双膝似突出，有研究者认为是坐姿，但当时肯定没有专门的坐具，或称为半蹲姿更为贴切。赵陵山玉人为侧面像，全蹲即踞姿十分清晰。良渚文化踞姿和凌家滩文化、红山文化双臂向上屈折的姿势都延续至商代（图九）。

瑶山M7玉牌饰的人形神，双膝在正中下方，两足在侧，足高于膝应该是艺术创作的需要，并非等同于实际姿势。如果将牌饰的人形神正面二维图像复原为侧面三维图像，应该是双膝落地，两脚在后，即同踞姿密切相关并从踞姿演变而来的跽姿。

商周时期，跽姿是最为常见的姿势，上肢为双臂下垂、两手抚膝，如殷墟妇好墓随葬的玉石圆雕人像，多为双膝双足着地、臀部坐于踵上的跽姿（图一〇）。西周青铜器上用平面纹饰表现跽姿人，形体姿势与妇好墓的圆雕人像完全相同（图一一）。对于这样的正视平面图，如果不是对双手抚膝的跽姿了解甚多，就难以一目了然。由此可见，古人用二维图形表现立体物像确实很难做到准确再现。

 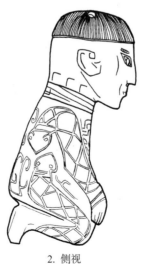

1. 正视　　　　2. 侧视

图一〇　商代跽姿玉人圆雕
引自《殷墟妇好墓》，第153页，图八〇，2，文物出版社，1980年

图一一　西周跽姿玉人纹饰
引自《商周青铜器纹饰》，第995图，
文物出版社，1984年

　　良渚文化人形神"上肢以阴文线刻而成,作弯曲状,抬臂弯肘,手作五指平伸"的姿势也需要再作探讨。凌家滩和牛河梁的正面玉人上肢折向肩颈部,或颈下胸部,朝墩头的正面玉人双臂叠抱于腹部,赵陵山的侧面玉人手臂似屈向背后,均同人形神差别较大。然而在先秦古文字中发现了同人形神相似的形体。甲骨文和金文各有两个字,都由两个形符组成,其中的一个形符,两字相同,即"示"。另一个形符为跽姿人形,其上肢的姿势分两种,一种是双臂下垂(图一二,1),另一种是双臂环抱(图一二,2),《甲骨文编》和《金文编》都把它们归入同一字,即"祝"。但是这两个字有不同形符,是两种不同手臂姿势的象形,因此字义未必完全相同。《说文》云:"示,天𠃌象,见吉凶,所以示人也,从二(古文上),三𠂔,日月星也,观乎天文,以察时变,示,神事也。"《周礼·春官》记载:"大祝,掌六祝之辞,以事鬼神示,……掌六祈,以同鬼神示。"显然示与神事、鬼神相关。许慎对"示"字形的解释不对,但是对字义的理解则有可取之处。人以不同的手臂姿势跽于"示"旁,是否在做不同的事情,或"掌六祝之辞",或"掌六祈",就不得而知了,但他肯定是在从事神事,与鬼神交通,他就是"祝"。

1. 双臂下垂的"祝"字形　　　　2. 双臂环抱的"祝"字形

图一二　商周时期的"祝"字形

　　商周时期双臂下垂的图像很常见,如前述之玉雕和纹饰,但是双臂环抱的实物圆雕很少见,殷墟妇好墓的一件玉雕人双臂环抱于腹部(图一三,1)。有趣的是,这是一件双面玉雕,一面是双臂环抱的女性,另一面是双臂下垂的男性(图一三,2),与古文字"祝"的两种臂姿相似,不过玉雕女性的手臂不似"祝"字那样高抬而环抱。良渚人形神上肢"作弯曲状,抬臂弯肘",实际上是同"祝"相同的双臂高抬环抱姿,只是二维图像不能显示清晰的立体感。新辨识为我们更加全面地认识商周"祝"的真实形象提供了可能,并可以进一步将这种姿势的来源追溯到千余年前的良渚文化。特别值得一提的是,良渚主神由人形神和虎神组合,人形神跽于虎神之后,商代和西周双手抚膝者的胸腹部也有一个兽面,商代兽面有角(见图一〇),西周兽面为菱形"鼻"(见图一一),同良渚文化的龙神似有渊源关系。这个兽面神是否就是"示",或为"示"的某种形式?《周礼》和《说文》都记述了"示"与鬼神的相关性,因此"示"很可能就是各种鬼神的文字表述,"示"就是神界。良渚文化的虎神、龙神和商周时期的兽面都是神灵。

　　甲骨文和金文的"祝"经常用如动词,义为向神灵祭告、祷告。《说文解字》:"祝,祭主赞辞者,从示从人、口。一曰从兑省。《易》曰,'兑为口为巫'。"段玉裁注:"此以三字

1. 双臂环保　　　　　2. 双臂下垂

图一三　商代双面玉人

会意,谓以人口交神也。"朱骏声《说文通训定声》祝字下云:"按祝所以悦神也。""祝"
又是名词,从甲骨文和金文的字形看,不仅会意,而且象形,其本义是以跽姿与神灵交往
的人,是商周时期的神职官员。据《周礼》记载,祝有多种官职,有大祝、小祝、甸祝、丧
祝、诅祝。《仪礼·士丧礼》记载有夏祝、商祝。铜器铭文上还有五邑祝、九馘祝(郘簋、
申簋盖)。《周礼》记载,大祝是宗伯的属官,为下大夫和上士,在卿之下,似乎地位不高,
但是这恐怕不是西周时期的实际情况,西周铜器铭文肯定更加准确地反映祝的真实地
位。《禽簋》:"王伐盖(奄)侯,周公谋,禽祝。"同一个禽在《禽鼎》铭文上为"大祝"。禽
是西周开国重臣周公旦的长子,担任西周王朝的要职大祝,又是鲁国的第一代侯。禽在
周王征伐盖(奄)侯时祭告上天神灵,可见其地位之尊。《长甶盉》铭文:"穆王飨醴,即井
伯、大祝射",大祝参与了周穆王的祭祀活动,此事件还记录于青铜器上,他的地位应相
当高。因此,铜器铭文中的祝、大祝肯定要比《周礼》的大祝地位高得多[1]。《礼记·曲
礼》记载:"天子建天官,先六大,曰大宰、大宗、大史、大祝、大士、大卜。"《禽鼎》和《长
甶盉》铭文上的大祝应该是"六大"中的大祝,是周王直接管辖的高官,而非仅为下大夫
的大祝。商代的祝直接听命于殷王,一定也有尊崇的社会地位。

　　与祝的职掌相近的神职官员还有巫。《周礼·春官》记载有司巫、男巫和女巫。《公
羊传》隐公四年何休注:"巫者,事鬼神。"《说文》云:"巫,巫祝也。"尽管段玉裁认为:
"不得以祝释巫",但是这两类神职官员经常同时出场。《周礼·春官》记载:"男巫,……
王吊,则与祝前";"女巫,……若王后吊,则与祝前";"丧祝,掌丧祭祝号,王吊,则与巫

[1]　张亚初、刘雨:《西周金文官制研究》,中华书局,1986年。

前。"《礼记·檀弓下》记载:"君临臣丧,以巫、祝桃茢执戈",贾公彦疏云:"桃茢二者,祝与巫执之。"在一些特定场合,祝必须代行巫职,如《礼记·丧服大记》记载:"巫止于门外,君释菜,祝先入升堂";《仪礼·士丧礼》记载:"巫止于庙门外,祝代之",郑玄注:"诸侯临臣之丧则使祝代巫。"因此,周代的祝和巫"事鬼神"的职能可以相通,是最重要的两类神职官员。

通过良渚文化主神与商周时期"祝"的对比,让我们重新认识了良渚文化主神的隐秘内涵:人形神姿势和匍匐于前的虎神同商周之"祝"的异曲同工;人形神与虎神的关系和巫祝与神灵的关系,以及二者之间的关联性,进而为开启"祝"的溯源大门找到了一把直接相关的钥匙。

良渚文化虎神源自于张陵山兽神,在龙神与虎神的分化中形成。而人形神完整形态仅见于反山M12,省略形态的年代稍早,瑶山M2矩形冠徽的人形神省略上臂,瑶山M7的玉牌饰是人形神的变体,此时应该已有像反山M12那样的完整形态,我们期待新的发现。商周时期的祝、大祝是直接为国王效力的神职高官,图像与"祝"字一形符相似的人形神可能源自良渚文化最高等级的神职高官——大巫师或大祭司,他们同神界沟通时都采用双臂环抱的踞姿。

人形神的基本装束为羽饰。头上戴冠,冠托由八个单元的云雷纹组成,上面有几十根呈放射状的线条,代表羽,这就是羽冠。另外还有一种略作简化的羽冠,省去了冠托,用弧线与尖刺纹相间以构成羽饰。良渚前期尖刺纹在各类神像上都有,出现部位也呈多样性,除前述者外,还出现在一部分云雷纹旁。

云雷纹是良渚文化中颇具特色的纹样,几乎都出现在玉器、象牙器等贵重物品上,陶器上较为罕见,是构成人形神、虎神、鸟神、龙神的基本元素。云雷纹在商代至西周早期最为盛行,北宋沈括以其"象云气之形""回旋之声",似古文云、雷二字,因此称为云雷纹。也有人认为云雷纹起源于人的指纹。不过这两种推测都很牵强,没有说服力。民族学资料能够辅助我们寻求云雷纹的含义。近代印度尼西亚原始部落中有一支博奈欧(Borneo)人,他们的主题纹饰是紧密结合在一起的鸟纹和螺旋纹;所罗门岛上有种贝类雕刻,以螺旋纹为母题,当地人认为是一种鸟的抽象化表现形式[1]。螺旋纹和云雷纹的构图相同,都是以线条自中心向外环绕,实际上是同一种纹饰的不同名称。印尼和所罗门族群的云雷纹都同鸟类相关,比起云雷说和指纹说,鸟类相关说对于良渚文化诸神应当更加容易理解,云雷纹可能象征鸟羽。良渚人形神不仅头戴羽冠,而且身上也有羽类饰物。羽饰在良渚文化贵重品的装饰母题及其所反映的社会上层观念中具有特殊意义。

借助于古代文献和民族志,可以进一步探讨良渚羽饰的功能。周王朝设置专职官员从民间征收鸟羽。《周礼·地官》有羽人:"掌以时徵羽翮于山泽之农",《考工

---

[1] Badner, Mino, Some evidences of Dong-son-derived influence in the art of the Admiralty Islands, in *Early Chinese Art and Its Possible Influence in the Pacific Basin* (Neol Barnard ed.), Authorized Taiwan Edition, 1974, pp.597-629.

记》有"锤氏",掌"染羽"等,后者大概属于羽翮的精加工。羽由专职官员管理必有其重要用途。《考工记》"锤氏染羽"条下郑玄注:"所以饰旌旗及王后之车",装饰是羽的一种功能,周代贵族用以装饰他们的旌旗和车辆。羽的又一项功能是某种舞蹈的道具,要握羽而舞。《公羊传》隐公五年记载:"初献六羽",何休注:"持羽而舞。"《诗·王风》:"左执翿",《诗·陈风》:"值其鹭羽","值其鹭翿",《传》云:"值,持也。"所谓"六羽",六是持羽舞者的佾数,就是六排,每排8人。周代对于各类等级地位的贵族所能使用的器具制定了严格规定,文献记载和考古研究的结果都已经证明,周代贵族使用礼器、乐器和车辆都有定制。持羽而舞者的"佾"也有其定制,《左传》隐公五年记载:"天子用八,诸侯用六,大夫四,士二",鲁公为诸侯,所以用六羽,即六佾。虽然身份的贵贱主要体现在舞者人数上,但是因为舞者均持羽,羽也渗入了等级地位的内涵。

《周礼·春官》上记载几种使用羽饰的舞蹈,如"凡舞,有帗舞,有羽舞,有皇舞,有旄舞……"其中,关于"羽舞"和"皇舞",《周礼·地官》云:"舞师……教羽舞,帅而舞四方之祭祀,教皇舞,帅而舞旱暵之事。"《礼记·王制》记载:"有虞氏,皇而祭。""羽舞"和"皇舞"都属于祭祀舞蹈,后者可祭天求雨。"羽舞"使用羽的方式当为值羽、执羽。至于"皇舞"如何用羽,在《周礼·地官》舞师条下郑玄注引郑司农云:"皇舞,蒙羽舞,书或为翠。"又《周礼·春官》乐师条下郑玄注:"故书皇作翠,郑司农云,'翠舞者,以羽冒复头上,衣饰翡翠之羽,翠读为皇,书亦或为皇'。"可知"皇舞"就是头上复羽、衣服上饰羽而舞。《说文》的解释大致相同,

图一四 金文"皇"

并且指明了祭祀对象:"翠,乐舞,以羽翿自翳其首,以祀星辰也",又云:"翳,华盖也",段玉裁注:"按以羽,故其字从羽,翳之言蔽,引申为凡蔽之称。"蒙、复、翳、蔽,四字的字义相似,义为羽在头顶之上。金文的"皇"字实际上就是羽在头上安放的形式(图一四)。"皇"上部形符是三羽至五羽的羽冠,下部形符"土"是冠托。因此,"皇舞"就是头戴有羽饰的冠,身上的衣服特指饰"翡翠之羽",进行祭祀活动。

近代许多原始部族认为某些特殊物品具有神秘性质,从而被赋予巫术的力量。例如插戴鹰羽即有老鹰般的力量、智慧和敏锐的视力[1]。有些古籍记载了上古时期与羽有关的巫术和巫觋,如《山海经》有羽民国,其民身生毛羽(《海外南经》《大荒南经》等)。羽民又见于《淮南子》等书。《楚辞·远游》还有羽人,"仍羽人于丹丘兮,留不死之旧乡",郭璞注"羽民"云:"画似仙人",王逸注"羽人"云:"或曰,人得道身生毛羽也。"近人袁珂进一步认为"《远游》之所谓'羽人'、'不死',乃人学道登仙之两阶段"[2]。如此看来,羽人就是所谓"得道"者或"仙人",是那种具有超越凡人的特殊本领者。当然,

———————

[1] [法]列维-布留尔著,丁由译:《原始思维》,商务印书馆,1985年。
[2] 袁珂:《山海经校注》,上海古籍出版社,1980年。

人不会身体长满鸟羽,应该理解为身上满饰赋予巫术能量的鸟羽。以羽民称国,则是崇尚鸟羽巫术功能的部族。崇尚鸟羽的实质是对鸟的膜拜。鸟在广阔天地间自由自在地翱翔,来去无踪影常给古人带来无限的遐想,成为古人仰慕的特殊对象。一些特定的鸟因其神奇而演变为神,并形成特定观念。《说文》称"凤"为"神鸟""鸾"为"赤神灵之精"。神鸟能够帮助人与神界相互沟通,甲骨文有"于帝史凤",郭沫若解释为"此言'于帝史凤'者,盖视为天帝之使"[1]。古代和一些近代原始部族认为有些鸟同自然界和社会的变化密切关联,具有超自然的力量,甚至认为有些特殊鸟类的出现能够导致整个国家与社会的盛衰,例如《国语·周语》记载:"周之兴也,鸑鷟鸣于岐山。"鸑鷟是凤的别名,所谓"凤鸣岐山"。《山海经·大荒西经》记载:"爰有青鸉、黄鹜、青鸟、黄鸟,其所集者其国亡。"印度尼西亚民族志记录了土著人以为鸟类与祖先、冥界之间很久以来一直有紧密联系,在一些送葬灵船上绘有人鸟复合的生物[2]。人类仰慕和膜拜鸟类、以鸟通神的具体形式通常是扮演成鸟,或鸟的某一部分,如鸟首,《山海经·海内经》:"有盐长之国,有人焉鸟首,名曰鸟氏";如鸟足,《山海经·海内经》:"有赢氏,鸟足","又有黑人,虎首鸟足";如鸟身,《山海经》记载的人面鸟身者有九凤、禺强等,《墨子·明鬼下》云:"有神入门而左,鸟身,……此神名句芒。"春秋晚期一件青铜戈的援部有人面鸟身的完整图像[3]。有的鸟神外形似鸡,如《说文》云:"鸾,赤神灵之精也,赤色五彩,鸡形";《山海经·南次三经》记载:"其状如鸡,五彩而文,名曰凤皇。"近代有些部族认为鸡具有神性,中国云南的佤族有鸡卦,南苏丹的赞德(ZANDE)人用鸡占卜。用鸡算卦占卜体现了鸟的灵性、神性和以鸟通神的可操作性。

人类崇尚鸟的神奇并体现之于图像,可以追溯至河姆渡文化,一件陶盆上的两幅图不仅有鸟,而且有羽毛、羽冠和戴冠的神[4]。河姆渡陶盆图像是良渚文化主神及其所反映的尊神观念的基本来源之一,因此也是商周时期事神观念和青铜器母题的重要来源。

良渚文化是尊神、事神观念的集大成时期,也是以复杂图像表现神灵观的时期。图像所见主神为人虎复合,人形神的上半身在上,下半身隐于后,双臂环抱作踞姿;虎神在下,匍匐于人形神下半身前。为获得鸟的神性,以助与神灵沟通,良渚文化不仅有鸟神,而且人形神头戴羽冠、全身羽饰或身着羽衣,其衣冠同文献记载的周代皇舞者几乎完全相同。虎神自张陵山西山M4的兽神分化而来,它既可以同人形神复合成为主神,也是独立的神,是良渚文化的主要神祇。完整或基本完整形态的人形神几乎都同虎神复合为主神,其结构和观念约千年后神奇再现于甲骨文和金文的"祝"。"祝"的象形与会意反映了形态和动作的客观存在,因此我们有理由相信,人形神的形象和结构应该原创于

［1］　郭沫若:《卜辞通纂》,东京,1933年。

［2］　Badner, Mino, Some evidences of Dong-son-derived influence in the art of the Admiralty Islands, in *Early Chinese Art and Its Possible Influence in the Pacific Basin* (Neol Barnard ed.), Authorized Taiwan Edition, 1974, pp.597–629.

［3］　上海博物馆青铜器研究组:《商周青铜器纹饰》,文物出版社,1984年,第991图。

［4］　宋建:《河姆渡文化的冠冕及鸟鱼纹饰》,《东方考古(第8集)》,科学出版社,2012年。

良渚文化大巫师事神、通神的真实写照。主神形象的确立不晚于良渚文化鼎盛时期的瑶山祭坛墓地阶段。商周时期的"祝"是可以伴随于王之左右的神职高官，良渚主神完整图像目前仅见于反山M12，其墓位在反山墓地西部墓群南排居中，以显其尊崇，随葬品的品质位居良渚文化第一，墓主身份至少是一位最高等级的大巫师。良渚以神权治国，神的极权性在4000多年前的中国境内无出其右者，因此反山M12墓主既是大巫师、又是一代国王的可能性很大。

　　良渚文化延续千年后发生衰变，中国东南地区的文明进程落入低谷，但是良渚的神灵观在后来的商周文明中被继承与改造，继续发挥作用。商周时期的文字、文献和器物不仅是重建良渚文化尊神、事神观念和操作方式的有力证据，而且反映华夏文明的传承与发展。中国东南地区早期文明在更为广阔的天地发扬光大。

原载《南方文物》2016年2期

公元前第三千纪中国东部的太阳神

——大汶口文化、良渚文化图形符号新考

中国新石器时代的太阳图像很多[1]，其中，大汶口文化和良渚文化的太阳多与鸟和其他图像组合为复合图。大汶口文化和良渚文化分布于中国东部地区，前者中晚期和后者年代一部分重叠，并发生交往，二者的太阳复合图像可能存在相关性。这两种图像的研究颇为丰富，解释各有异同，有些研究者认为大汶口图像为文字，将其看作是中国文字的起源[2]。本文在前人研究的基础上对图像内涵、功用、社会关联进行新的识读，探讨太阳崇拜的方式，并从太阳崇拜探索中国早期文明的特征。

大汶口文化的太阳复合图像一般由两个或三个图形符号、上中下相叠组合而成（图一），其中由两个图形组合者没有下部图形。这三个图形，上部为圆形，被认定为太阳，对此认识基本没有异议。中部图形分两种，一种为弯月形，因此有研究者认为是表示"新月"；另一种在弯月形中间突出小尖，被认为是"火"（唐兰），还有研究者进一步发挥，看作是"天象中的大火星"之"火"（王震中）。除此之外，还有"云气"说（于省吾）、"飞鸟"说（高明）。上图和中图的组合，"新月"说者认识为"日月"，"飞鸟"说者认为此图形寓于"飞鸟载日"的神话传说。下部图形多为平底五尖形，识读为五峰山（于省吾），对这一看法也基本没有异议。

图一　莒县陵阳河

[1]　牟永抗：《东方史前时期太阳崇拜的考古学观察》，《牟永抗考古学文集》，科学出版社，2009年。

[2]　栾丰实：《论大汶口文化的刻画图像文字》，《栾丰实考古文集（三）》，文物出版社，2017年；牛清波：《中国早期刻画符号整理与研究》，安徽大学博士学位论文，2013年。二文总结前人研究，所引论著比较全面，可供参阅，本文仅择要列出前人学术观点。

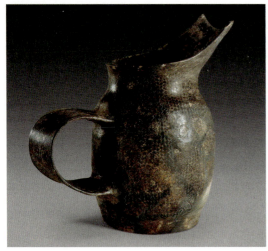

图二　青浦福泉山 M65：2

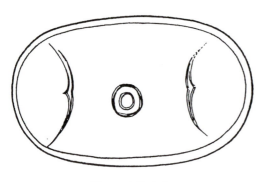

图三　余杭南湖

良渚文化表现正面飞翔之鸟与大汶口文化大同小异,上边中间几乎都有尖凸,下边或为弧线,或中间有与上边对应的尖凸,个别下边中间为一小半圆形,如福泉山阔把壶宽流下所刻(图二)。良渚文化中既有相伴于太阳的鸟,也有不与太阳相伴的鸟。相伴于太阳的鸟见于余杭南湖的豆盘内底(图三),与大汶口文化不同的是,大汶口文化太阳在鸟之上,即所谓"飞鸟载日",良渚文化鸟在太阳两侧,未直观表现"飞鸟载日"。中国国家博物馆收藏的玉琮上有太阳在飞鸟之上的图像,玉琮为良渚文化,图形则不见于良渚文化核心区。此器非考古发掘品,因此无法确认图形的文化属性,不能排除玉琮在大汶口文化核心区被加刻图像。良渚文化比较常见不与太阳相伴的鸟。还常在一件器物上有两种鸟形,一种为展翅飞翔的正面形象,另一种为侧面形象,两种鸟形相间排列,共存于一器,如青浦西漾淀的尊和福泉山的豆(图四)。福泉山阔把壶的宽流下正中为正面鸟,壶体有多个侧向鸟。

参照良渚文化两种鸟形共存图形,大汶口文化此类图形之中图有凸尖者为鸟的可信度甚高。而无凸尖者或以为省略,亦为鸟。但是在美索不达米亚,最晚自公元前第三千纪末的新苏美尔时期(乌尔第三王朝)开始,公元前第二千纪的巴比伦和亚述帝国,太阳和新月常常是固定搭配,既有同大汶口文化完全一样的上下搭配者(图五,1),也有左右分离者(图五,2)[1]。因此,新月说的可能性依然存在。

[1]《メソポタミア文明展》,日本,2000年;饶宗颐:《有翼太阳与古代东方文明——良渚玉器刻符与大汶口陶文的再检讨》,《饶宗颐二十世纪学术文集》卷一,中国人民大学出版社,2009年。这仅为目前我所看到的,应该有早于苏美尔复兴时期的,这样就同大汶口晚期相去不远了。

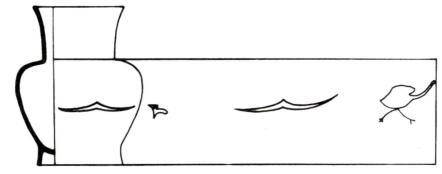

1. 青浦西漾淀

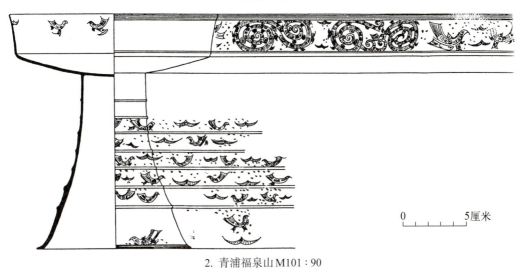

0 ⊢⊢⊢⊢⊢ 5厘米

2. 青浦福泉山 M101：90

图四　青浦西漾淀和福泉山

1

2

图五　美索不达米亚的日和月

　　对于下图，以往几乎没有异议，认为是"山"的象形，但是经过对图形的辨析，我认为对"山"形的认定大有可讨论商榷之处，已经到了重新认识的时候了。

　　多数所谓"山"形绝大多数都有五尖，论者以为"五峰"。这五尖的高度大有讲究，比较常见的是五尖并非同一高度,中尖最高,两侧尖逐渐下移,外侧两尖最低。注意图一的外侧两尖与中间三尖有所区别,外侧两尖形体一般小于中间三尖,中尖与两侧尖的高差一般小于两侧尖与外侧两尖的高差。

　　还有另一部分图像的所谓"山"形,其中部三尖与外侧两尖的差别更加明显,中部三尖的尖端显著高于外侧两尖(图六);有的图像中部三尖的尖端接近于同等高度或完全同高(图七);有的两侧尖甚至高于中尖,中部三尖的形体也明显大于外侧两尖(图八);还有的图形外侧两尖的尖端不向上,而是向两外侧(图九)。如果说以上图像还能隐约看出五峰的山形,那么也有图形已经完全脱离山形,整体可以理解为近似长方形之上的三叉形,长方形的上边两角出尖(图一〇),完全无涉于"山"形。如果图一〇早点发现,看不出它

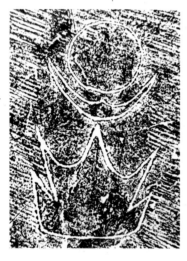

1. M289:1　　　　　2. M321:2

图六　蒙城尉迟寺M96:2　　　　　　　　图七　蒙城尉迟寺

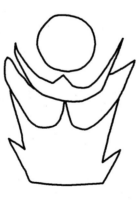

图八　蒙城尉迟寺JS4:1　　　　　　　图九　莒县大朱家村

图一〇　蒙城尉迟寺 M215:1　　　　　图一一　蒙城尉迟寺 T2512⑥:2

同山峰的联系，就不可能联想到所谓"五峰山"。另外还有一
种图形只有三尖，中尖与侧尖的尖端同高（图一一），很显然这
是图一〇的省略形式，省却了下部的近似长方形，证明了中部
三尖形和外侧两尖形的不同性质，由于性质不同而具备了可分
离的属性。以上图形类比已经几乎明白无误地表明，中部三尖
形和外侧两尖形所表现的根本不是"五峰山"形，而是两类性
质不同又相互关联的事物。

　　那么下图究竟是什么？试将其比照大汶口文化的另几
种图形。图一二的上部似叶脉形，下部近长方形，上边有三
尖，已有学者指出这是三尖的冠，三尖之中尖端插单羽（李学
勤）。图一二的下部与良渚文化图形（图一三）相似，后者一
般认为是冠。图一四上部中央有凸出三尖，极似图一二和图
一三，中尖上有短竖线，为插入物，或为单羽省略图，图形上部
两端有尖凸，同五尖有形似之妙，但三尖与二尖分离。更为精
妙的是图一五，图形由上中下三部分组成，上图和中图为太阳
和鸟，下图与图一四外形相似，细部不同，上部分成三支，中支
顶端为小三尖，但是如果将三支的上边线相连，又是一个大三
尖。至此，所谓"五峰山"的谜底已经被彻底揭开，答案是一
顶"三尖冠"，图一〇之下部图像是这类图形中最易辨识的典
型"三尖冠"。

　　"三尖冠"之形可谓源远流长，河姆渡文化中已经出现了
类似的图形，龙山文化比较常见，一般称为"介字形冠"，是

图一二　莒县陵阳河 M25:1

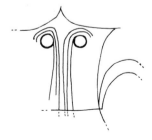

图一三　余杭三亩里

图一四　莒县大朱家村M17：1　　　　　　　　　图一五　蒙城尉迟寺M177：1

形态比较固定的一类"三尖冠"。长期以来大汶口文化的相当部分"三尖冠"被误读为"五峰山"，现在应当还其原貌与本义。大汶口文化冠或冠徽的形态比较多，其中一种为"介字形"，样式有所差异。形制多样性可能同社会演进的历时性、地位等级的多级性，以及区域、族群的差异性相关，这是留待今后继续探讨的课题。

　　图一〇之下部图像，上为三叉形，下近似为上边两端出尖的长方形，两部分虽然相连，但表示了不同的事物。上部是三尖的特异形式，形态与良渚文化的三叉形冠徽相似（图一六），二者应当具有相似的功能。大汶口文化还有一种图形（图一七，1），分为上下两部分，上部为带羽饰的冠，下部残缺严重，经研究复原，形似图一〇下图像的下部，或可作为参考（图一七，2）。金文的"皇"字上部形符有三至五根短竖线，《王制》郑注："皇，冕属，画羽饰焉。"或认为短竖线表示三羽至五羽，为羽冠。图一〇下图像的上部和良渚文化三叉形冠徽形制的来源是否同三羽形相关？中国的冠冕与冠徽形制和观念的

1　　　　　　　　　　　　　2

图一六　反山M12：83　　　　　　　　　图一七　莒县陵阳河M17：1及复原图

起源与变化过程，也是留待今后继续探讨的课题。

　　综上所述，大汶口文化核心区域内的日、鸟、冠图形（不排除含日、月、冠图形）既有三图组合，也有上中二图组合。上中二图均为组合图形，不见单独出现者。下图一般不单独出现，除了个别异形者如图一四，几乎都是与上中二图相组合。这两种组合关系反映了图形创造者和使用者对三种图形内涵的基本认识，形成不可变更的固定概念。换言之，日、鸟为固定搭配，不可分离；冠绝大多数须同日、鸟搭配结合。

　　与大汶口文化图形符号几乎都以陶大口尊为固定载体不同，良渚文化在陶器上的图形符号形体与组合比较丰富，作为载体的陶器形态也不固定，然而在玉器上虽图形有变化，却万变不离其宗，轨迹十分清晰。图像载体主要是玉璧，少见玉琮。"台阶形"、太阳和立鸟是主要的构图元素，还有"日鸟合一"图形，整体观察从太阳边缘突出的部分，上为鸟首、两侧为鸟翅、下为鸟尾（图一八），图一三是鸟首的放大型，有双目。对太阳和鸟的辨识基本没有异议，鸟的形象，以侧向立鸟为多，也有个别同大汶口文化基

图一八　"台阶形""日鸟合一"和立鸟

本相同的正向飞鸟，后者在陶器上比较多。凌家滩文化的日、鸟、猪三位一体的玉器，构图与"日鸟合一"相似，太阳位于中央，上为鸟首，下为鸟尾，但双翼为猪首形（图一九）。河姆渡文化的"日鸟合一"图布局虽相似，但又是一种形式，太阳仍然居中，上端三尖形、下端鸟尾与良渚文化相同，并有双腿，然而太阳两侧为鸟首（图二〇），这里的三尖形

图一九　凌家滩98M29：6

可识读为"冠"，从鸟首演绎而来。虽然先民的鸟冠、鸟首观念存在时间、空间、理解和表现的差异，将来还会发现新的图形，但是鸟与太阳融为一体、鸟就是太阳的一部分之观念是完全一致的，因此可以暂名为鸟形太阳。

　　对"台阶形"的异议较多，有几种不同看法，"高台说"为主流认识，有所谓"祭台"、台座、"盾形层台""坎坛"、祭坛

图二〇　余姚河姆渡T21④：18

等名称；也有研究者认为是"五峰山形"，居中一峰为平顶；个别看法为"盾形"。大汶口文化区域和浙江南部的好川遗存还发现台阶形玉器实体，器形同图形中一部分相同，但台阶形实体上未见鸟形太阳等图像。

"高台说"的来源除了其象形性外，良渚文化的土台确实十分常见，不仅见于良渚古城的古尚顶宫室、瑶山等多处祭坛墓地内，而且在等级略低的聚落，高度不等的"台"也是常见的以土构为主的建筑形式，这些土台已经被发现是有台阶的。中国境内还有像石峁皇城台那样的多层级高台。放眼世界文明，埃及最早的金字塔并非斜坡金字形，而是台阶形，后来才有包筑于台阶外的斜坡。美索不达米亚和玛雅的宫室、墓葬等都不乏"多阶高台"。另外埃及代表法老的象形文字通常是鹰神荷鲁斯侧立于宫室神庙之上，同良渚文化鸟侧立于"台阶形"之上似为异曲同工。鉴于此，虽无确凿证据，"台阶形高台"仍可备一说。

"台阶形高台"之论虽为一说，但并非无懈可击。"台阶形"图形与高台实体在形态上存在较大差别，图形的"台阶"为三阶，包括顶部，"台阶"位置很高，如果说这是一处高台建筑，那么更像是建于高山、高墩或高地之上，如瑶山的祭坛墓地那样。然而瑶山之属在良渚文化中很少见到，绝大多数都是堆土筑建于平地的台地。良渚文化的台地究竟有多少台阶并不是十分清楚，但是其他古代文明的高台台阶普遍多于三阶，埃及古王国时期的萨加拉金字塔有五阶，中美洲金字塔的台阶普遍都很多，石峁的皇城台因利用了山体基岩，外部包砌石阶很多层，而像"台阶形"图像表现的三阶形态应该比较罕见。

"平顶五峰山说"或多或少受到大汶口文化所谓"尖顶五峰山"的影响，二者之间存在某种相似性或相关性。良渚"台阶形"与大汶口一部分"五尖形"的相似点是中间最高，两侧依次降低，良渚"台阶形"皆为平底，而大汶口"五尖形"中一部分为平底。良渚与大汶口的另一相似之处是这类图形都可以同太阳与鸟共同构成组合图形。正因为有这些相似性，所以有研究者认定二者有所关联，大汶口图形为"尖顶五峰山"，良渚图形为"平顶五峰山"。"尖顶五峰山"被否定后，对"平顶五峰山"当然必须重新认识。

大汶口文化有一部分图形同"尖顶五峰山"迥然有异，或有台阶(图二一)，有的阶上还有"羽毛"，如图一七。这一类图形多数研究者认为是"冠"或"羽冠"，但也可能是一种冠徽。不难看出，良渚"台阶形"同大汶口此类图像台阶特征的关联性。

良渚文化与"冠"密切相关的玉器实体是"三叉形冠徽"和"矩形冠徽"。前面已经提及大汶口文化三尖形冠和良渚文化三叉形冠徽形态上的相似性。而矩形冠徽同大汶口文化图形符号"冠"的相似性主要集中在顶端中心的凸起。少数矩形冠徽中心凸起为台阶状(图二二，1、2、3)，如将其放大就与大汶口文化的台阶形相似。良渚文化异形冠徽的台阶形就更加明显了(图二二，4)。

与"台阶形"有所关联的还有石家河谭家岭W9的"透雕玉牌饰"(图二三)，整器上部分为三层，下部内收。高层居中，中心顶端尖状凸起，两侧角上翘，中层面近平，两侧角亦上翘，下层面略向下弧。由于该器出自瓮棺，无从了解它同人体部位的关系。与此器风格近似的玉器出自临朐西朱封M202(图二四)，与另一件玉柄在头部附近。谭家岭

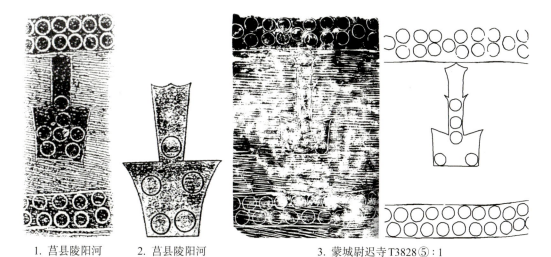

1. 莒县陵阳河　　2. 莒县陵阳河　　　　　3. 蒙城尉迟寺 T3828⑤：1

图二一　莒县陵阳河和蒙城尉迟寺

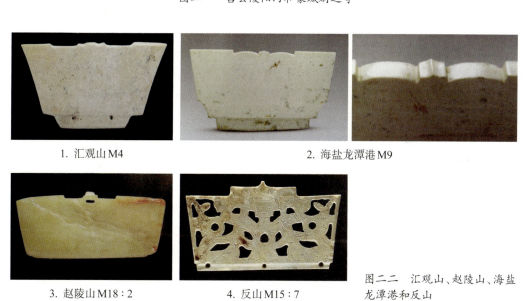

1. 汇观山 M4　　　　　　　　　2. 海盐龙潭港 M9

3. 赵陵山 M18：2　　　4. 反山 M15：7　　　图二二　汇观山、赵陵山、海盐
龙潭港和反山

图二三　石家河谭家岭 W9　　　　图二四　临朐西朱封 M202

和西朱封这两件器物的实用功能都是"冠徽",文化属性分别为肖家屋脊文化和山东龙山文化,年代相近。"台阶形"与上述两件冠徽外形的关联进一步使我们从"冠"的视角重新认识"台阶形"。

欲了解"台阶形"等的功能和使用方式,比较直观的方法是观察其出土状况。目前出土实体的有山东莒县陵阳河与浙江遂昌好川等地点,后者是考古发掘品。好川有四座墓随葬了"台阶形"玉片,它们是M10(好川三期前段)、M37(好川三期后段)、M60(好川四期后段)和M62(好川四期前段),各墓出2～4件不等[1]。与"台阶形"共出的有鸟和"串圆形",这三种玉片相连就是玉器上刻划的完整图形,作为实体的三者可以分开,再以某种形式相组合。还有其他形制的玉片与"台阶形"玉片共出。这些玉片组合特别应该关注的有两组:M10为一组,1件"凸字形"玉片与3件"台阶形"玉片,后者大致等距分布,前者稍远;M60为一组,1件"冠状饰形"、2件"台阶形"和1件"梯形"玉片,相互叠在一起。M10组的"凸字形"玉片呈二阶状,顶部中心尖状凸起,两侧边向下内收(图二五,1),形状与大汶口文化一图形相似(图二五,2)。M60组"冠状饰形"玉片的上半部与良渚文化的矩形冠徽相同,亦为冠徽(图二六)。这两种玉片在各组合均只有一件,各配置2或3件"台阶形"玉片。各类玉片的横剖面一般为弧形,凸起的正面经抛光处理,而背面较为粗糙,玉片近旁有漆痕,髹漆物体已朽无存,因此,玉片是髹漆物体的黏贴物或镶嵌物。"台阶形"玉片出自墓葬的一端,虽然4座墓葬均未发现人骨,但好川的其他墓葬材料间接表明该端为头端,据此确定,好川的"台阶形"等形状玉片及其依附的髹漆物体是头上的佩饰。

综上所述,"台阶形"与良渚文化常见矩形冠徽的变体组合配置(好川M60),也同大汶口文化被认为是"冠"或"冠徽"的相似图形组合配置(好川M10);这两种组合器件出自人体头部位置;"台阶形"同良渚的少数矩形冠徽顶端、肖家屋脊文化和山东龙山

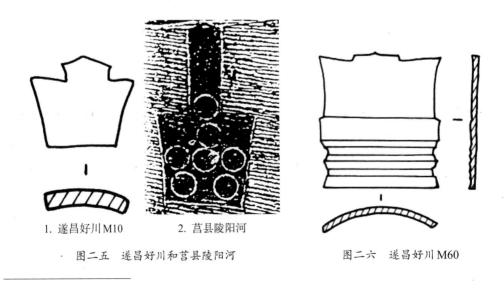

1. 遂昌好川M10　　2. 莒县陵阳河

图二五　遂昌好川和莒县陵阳河　　　　　　图二六　遂昌好川M60

[1]　浙江省文物考古研究所、遂昌县文物管理委员会:《好川墓地》,文物出版社,2001年。

文化的透雕冠徽具有部分相似性,因此"台阶形"的使用功能同头部的佩饰、冠冕相关。

好川M60"台阶形"玉片同其他形制的玉片组合黏贴或镶嵌于髹漆物体上,出自于头端,这是一种怎样的器物?所幸好川M60经严谨细致的科学发掘,公布材料比较完整,因此有条件尝试复原(图二七)。这件器物由22件不同形制的玉片和1件髹漆物件(不知其实际,姑且看作1件)组成,出土时的分布范围为15×13厘米,组合件的实际大小当小于此。玉片皆有弧度,推测是贴合于接近圆柱形的髹漆物件外围,从弧度可以大致推算圆柱体的规格。发掘者认为,3片长方形和9片三角形玉片合围于髹漆物件的上下两端,从之。紧靠下端三角形玉片之上是1件冠徽和1件梯形玉片,皆凸面朝上,被压于下的2件台阶形玉片皆凹面向上,显然这是围成一周的4件,冠徽居中居上,位于前部的中心。M10是1件冠徽配3件台阶形玉片,此当为原装规范搭配,M60的那件梯形玉片当等同于台阶形玉片。M60有2件近似圆形的玉片,至少其中的1件可识读为太阳。最后4件,1件为侧向鸟,另3件发掘者认为沁蚀严重,无法辨识。但若仔细观察,4件的外形轮廓相似,其中位于中下部呈等腰三角形分布的3件细部相同,如果其中1件是被识读者,那么另2件则可以肯定为侧向鸟。对照线图和照片,可知1件鸟的凸弧面朝上,另2件凹弧面朝上。那件难以辨识的玉片很可能也是鸟,四鸟的排列当与台阶形、冠徽的排列相同,等距围在髹漆物件一周。圆形玉片在鸟的上部。另一种复原形式为四鸟同二圆形玉片合围一周。两件圆形玉片凸面和凹面的分辨有难度,可观察实物后确认。22件玉片和髹漆物件复原后就是一件精美的冠冕。台阶形玉片是好川权贵头顶冠冕的组配件之一。考虑到台阶形与良渚矩形冠徽、肖家屋脊文化和山东龙山文化冠徽,以及

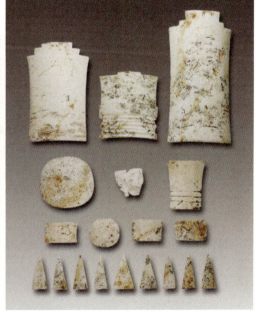

图二七　遂昌好川M60

大汶口文化冠或冠徽图像的形态相似性和观念相关性,可以确认这是一类新辨识出的冠徽——台阶形冠徽[1]。

好川遗存的矩形冠徽形制和使用方式发生了较大变化,良渚核心区的矩形冠徽主体下边为扁形突榫,嵌入多齿插件(或称为梳背,不妥)后插入头部或冠上。好川M60矩形冠徽没有扁形突榫和多齿插件,而是在下部增添底座,整体为弧状并贴附或镶嵌于髹漆冠冕上,从相对独立的冠徽变异为冠冕的众多组配件之一。良渚文化核心区域台阶形冠徽实体极为罕见,好川遗存作为良渚文化的变体,其使用方式可以作为重要参照。至于从核心区到边远区台阶形冠徽的使用方式有无变化,怎样变化,尚有待于更多新材料的发现。

观念的延续和嬗变是更深层次的问题。根据好川遗存的发现,1件变体矩形冠徽配数件台阶形冠徽,矩形冠徽的数量限制于1件延续了核心区的使用规范,似乎矩形冠徽为主角,而台阶形冠徽为配角。收集品和少数出土品中,台阶形冠徽、太阳、鸟形太阳和鸟为组合图形,主要以玉璧、少数以玉琮为载体,具有独特的精神内涵。好川冠冕上的玉片形态基本延续了图形,但缺失了鸟形太阳,这是图形和实体的差异,还是其他原因尚不得而知。鸟和太阳的关系发生变化还表现在,图形的鸟在顶端,太阳在台阶形冠徽框内;玉片的鸟在太阳之下,或并列无上下之关系。好川玉片虽为侧向鸟,但如果是太阳在鸟之上的复原结果就与大汶口文化相同。另外好川玉片作为实体存在缺失了同玉器载体的关联。这些不同之处是观念在延续中的变化,还是材料的缺失,尚不得而知。

良渚核心区和好川、蒋庄等边远区,几乎所有相关的玉质实体和图像都有太阳,是核心元素。图形的太阳位于台阶形冠徽框内之中央或略偏上下。太阳有繁简之区别,其中复杂者,为鸟形太阳;简单者为圆形和椭圆形,内有一或二根线条。鸟在图像中可有可无,有的图像台阶之上有鸟,有的则无鸟(图二八)。目前核心区域年代更早的昆山赵陵山玉人戴平顶冠,冠上有侧体鸟,连接方式同台阶形冠徽上的侧鸟相似(图二九)。石家河谭家岭的冠徽上部两端各立一鸟(图三〇),是鸟同冠相关联的另一种表现形式。顶端立鸟的一件重器出自安徽蒙城尉迟寺,陶质,高59.5厘米,横剖面为圆形,中空,直径22厘米,顶端立一鸟,对称的两侧各有两条向侧下弯曲片状体[2]。同陵阳河的图符对照可知下曲片状体为羽饰,因此这件重器是"冠",大小亦同实体冠相符,以陶制作,当已经嬗变为神器,供奉或祭祀用之(图三一)。

---

[1] 我对"台阶形"图符的认识过程是:1992年根据"台阶形"图符的形状同良渚文化冠形器(即矩形冠徽)和大汶口文化陶器图像相似,认为这是一种比较少见的高冠,高冠中央的"日鸟合一"图形既是对太阳的崇拜,也反映了高冠的崇高地位(《良渚文化的陶文和玉器徽记》,《中国文物世界》1992年总83期)。后来好川墓地发现了"台阶形"的实体,是形态很小的玉片,显然不是高冠实体。这些玉片出自墓葬,从而为研究其使用方式、功能和定名提供了直接依据。因此认识更改为台阶形等和"漆器"是头上的佩饰,或为冠冕的组成部分(《凌家滩的冠、冠徽及相关问题》,《玉魂国魄——中国古代玉器与传统文化讨论会文集(五)》,浙江古籍出版社,2012年)。

[2] 中国社会科学院考古研究所、安徽省蒙城县文化局:《蒙城尉迟寺(第二部)》,科学出版社,2007年,第148～149页。

1. "台阶形"、太阳
和立鸟

2. "台阶形"、太阳和立鸟

3. "台阶形" "日鸟合一"太
阳和立鸟

4. "台阶形"和"日鸟合一"

5. 余杭百亩山

6. 兴化蒋庄 M36：1

图二八

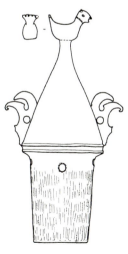

图二九　昆山赵陵山 M77：71

图三〇　石家河谭家岭 W9

图三一　蒙城尉迟寺
T2318⑦：1

大汶口文化和良渚文化的共同之处是太阳和鸟,大汶口文化图像鸟几乎总是和太阳在一起,不可分离;良渚文化出现日鸟合一,即鸟形太阳,表现形式更为复杂。

关于太阳和鸟,以及二者之间的关系,中国古代文献多有记载,研究成果颇丰。中国古代神话中名"羲和"者同太阳关系密切,《山海经》谓之"帝俊之妻,生十日",《楚辞·离骚》:"吾令羲和弭节兮",《楚辞·天问》:"羲和之未扬,若华何光",王逸《楚辞章句疏证》:"羲和,日御也",一般将羲和理解为驾太阳车者,但是细究原文本义与上下文,羲和就是太阳亦无不可。有些研究者就认为,羲和就是远古时期的太阳神[1]。至于鸟具有灵性、神性,文献记载就更多了[2]。考

图三二　余姚河姆渡 T226③B:79

古发掘的相关实物资料很多,鸟与太阳既有相互独立,也有合为一体,前者有河姆渡文化的"双鸟朝阳"象牙器之双鸟在太阳两侧(图三二)、大汶口文化的"飞鸟载日"等,后者见之于河姆渡文化、凌家滩文化、良渚文化等。

古埃及是最早而且保留丰富遗存的文明。因有文字记载而知埃及众多神祇中最为重要的是太阳神"拉(Ra)"和鹰神"荷鲁斯(Horus)"。公元前25～前24世纪的第五王朝,拉成为古埃及主神,统治天空、大地和地下。太阳神拉的经典形象是鹰首人形,鹰首顶圆盘状太阳(图三三,1)。鹰神荷鲁斯(Horus)亦鹰首人形,戴白冠与红冠,象征统一上下埃及的王权(图三三,2)。新王国时期埃及建都于底比斯,底比斯地方神"阿蒙(Amun)"的地位迅速提升勃兴,并同全埃及主神拉相结合为阿蒙-拉(Amun-Ra),为新王国时期最高神。第十八王朝晚期国王埃赫那吞(阿肯那顿)(Akhenaten)进行宗教改革,要改变这种复杂情况,镇压对拉的多神崇拜体系,改多神为一神,独尊太阳"阿吞(Aten)"(图三三,3)。阿吞是拉的形象中的太阳那部分,只是一个圆形的太阳放光芒。埃赫那吞死后,改革被废止,恢复了拉的原有形象和地位。

美索不达米亚的亚述主神阿舒尔(Ashur)被称为众神之王。亚述是靠武力建立起来的强大帝国,因而国家的一切包括政治、经济、文化都染上浓厚的军事色彩,宗教也不例外。阿舒尔首先是一个武士之神,具有亚述人尚武好战的秉性,也执掌丰饶,主宰了人世间的风调雨顺。阿舒尔形象常常是有鸟首、翼、尾的太阳(图三四)[3]。不难看出,阿舒尔形象同良渚文化鸟形太阳的相似性。

中国传统文化和埃及、亚述等文明,太阳、鸟以及太阳与鸟的复合经常为神灵的表现形式或就是神灵,因此可以将大汶口文化和良渚文化的同样形式识读为神灵[4]。

[1] 汤洪、黄关蓉:《屈辞"羲和"文化再解读》,《四川师范大学学报(社会科学版)》2014年4期;何新:《诸神的起源》,三联书店,1986年。
[2] 宋建:《良渚文化主神新证》,《南方文物》2016年2期。
[3] 王迟:《萨勒马纳萨尔三世的黑色方尖碑》,《大众考古》2016年11期。
[4] 饶宗颐将太阳与鸟的复合神称为有翼太阳,并撰文研究,见于《有翼太阳与古代东方文明——良渚玉器刻符与大汶口陶文的再检讨》,《饶宗颐二十世纪学术文集》卷一,中国人民大学出版社,2009年。

1. 埃及太阳神拉（Ra）　　2. 埃及鹰神荷鲁斯　　3. 埃及太阳神阿吞（Aten）
　　　　　　　　　　　　　　（Horus）

图三三　埃及太阳神和鹰神

与太阳和鸟相关联并组合为一个完整图形符号的，大汶口文化是本文辨识的冠或冠徽；良渚文化是台阶形冠徽，好川出土的同形实体是冠冕的组配件之一。

图形的组合可以表示不同事物之间的相互关系。河姆渡文化与鸟相关的组合图形有两种，一种为陶片纹饰，两侧为鸟，中间为戴冠的双眼以示"神人"（图三五），可以理解为同神灵沟通的人在河姆渡

图三四　亚述主神有翼太阳阿舒尔（Ashur）

族群中具有极高乃至最高地位，图形反映了鸟和"神人"的关系。另一种为象牙器纹饰，同样两侧为鸟，但中间为太阳，太阳居中当为主神，图形反映了鸟或鸟神与太阳主神的关系。这两种组合在良渚文化的鸟和人兽主神之关系上得到发扬光大（图三六）。

大汶口文化的三图组合，如果认定太阳和鸟为神灵，代表了神界或宗教，那么位居其下的冠或冠徽就是族长、酋长，甚至是古国的国王，代表了人界或世俗。太阳、鸟和冠、冠徽，有的合体，有的一分为二，表现了神和人的关系，二者既分属两界，又同为一体。

良渚文化的多图组合，太阳、鸟和日鸟合一，代表了神灵；台阶形冠徽在好川是冠冕

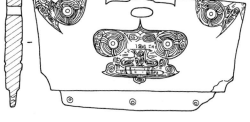

图三五　余姚河姆渡 T29④：46　　　　　图三六　反山 M22：11

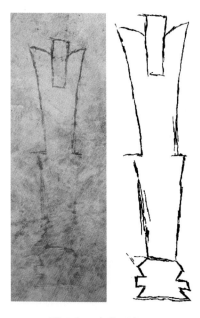

图三七　余姚百亩山

的组成部分,与矩形冠徽等均为权贵的指示物,在良渚核心区是否还有过更重要的功能尚未可知。图像表现之台阶形冠徽框内都有太阳,二者不可分离;因存在无鸟形的独立太阳,有的台阶形冠徽上亦无鸟,表明日、鸟有时可分离,这是良渚文化与大汶口文化相异处,可能是两种文化(人群)对日与鸟和神与人相互关系的不同观念。

目前所见仅有余杭百亩山玉璧两面均有图像,一面是日鸟合一神灵的台阶形冠徽,另一面图像奇特,研究者以为形似牙璋,或疑为圭[1],但因缺乏象形性,从者甚少,因此一般泛推为礼器(图三七)。实际上,此图像同大汶口文化和良渚文化的多种图像具有可比性,试将其分解为三部分,上端与大汶口文化带羽饰冠顶或不带羽饰冠(徽)顶端相同,侧角出尖,中央单线或双线突出(图三八)。中段较为细长,大约二分之一处突出尖端,同大汶口文化的一种冠(徽)相似(图三九)。下端近底处外侈,呈小喇叭形,中部两侧向外突出,似插一短杆,相似者见之于一玉筒状器上图像,其下端近底处外敞,呈大喇叭形,下端中部和上部各插一短杆,纵横相交(图四〇,1)。玉筒状器上部图像似良渚文化阶状冠徽(图四〇,2),又似展翅之鸟,中间圆形为太阳,即"日鸟合一"图形。因此,此图像的上端和中段是冠(徽),下端喇叭形安置于头上,因有短杆固定,当套置于发髻上。玉筒状器图像也是这样的安置,但用纵横两根短杆固定。此图形同玉璧另一面的台阶形冠徽互为关联,相映生辉。

正如台阶形冠徽的使用在好川找到了归宿,这一近似于长条形图像的实体也要求证于好川。好川墓地80座墓葬有19座墓葬发现一类非常特殊的器物(组),几乎都出自头部,现场仅存红色漆痕和数量不等、形体各异的玉石片,玉石片当镶嵌或黏附于红

[1]　牟永抗:《南丫岛"牙璋"探微》,《牟永抗考古学文集》,科学出版社,2009年;饶宗颐:《有翼太阳与古代东方文明——良渚玉器刻符与大汶口陶文的再检讨》,《饶宗颐二十世纪学术文集》卷一,中国人民大学出版社,2009年。

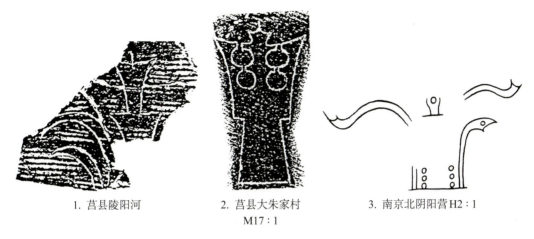

1. 莒县陵阳河　　　2. 莒县大朱家村　　　3. 南京北阴阳营H2：1
　　　　　　　　　　　　M17：1

图三八　莒县陵阳河、莒县大朱家村和南京北阴阳营

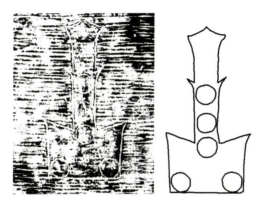

图三九　蒙城尉迟寺T3828⑤：1

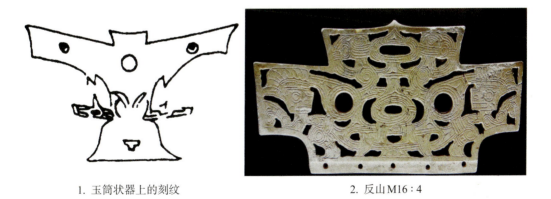

1. 玉筒状器上的刻纹　　　　　　2. 反山M16：4

图四〇　玉筒状器刻纹和良渚文化阶状冠徽

色鬃漆物件上，前述M60即在其中，是一件精美的近似于圆柱形的冠冕。发掘报告将这些鬃漆物件外形描述为圆棍状、柄形、亚腰形、长条形等，其原有外形似乎都是圆柱形及其变异，其功用当与M60冠冕相同。玉璧上近似长条形的图像无法判断整体是

否为圆柱形或片状,但作为套置于发髻上的器物,很可能上下均为圆柱体,这就同好川的发现相互吻合了。好川的髹漆冠冕有的内插棍状物体,而其近旁多有玉锥形器,推测前者可能是将冠冕与发髻更好固定的配件,后者既可以作为配件也有显示身份的功能。这种大致呈长条形状的冠(徽)亦见于大汶口文化的彩陶图形(图四一)和龙山文化的玉圭刻纹(图四二),二者构图布局相同,中央为冠(徽),两侧为羽。山东临朐西朱封M202的冠徽与长约19.46厘米的玉柄组配成器(图四三),发掘报告详细描述了冠徽出土情况:"在玉冠饰(按:冠徽)及周围还出有凌乱的红色彩绘。推测当时玉冠饰有可能是盛放于一件涂有红色彩绘的盒内,其与头骨之间有很多细小的绿松石片,形状不规则,有方形、长方形、三角形等,这些绿松石片可能是作为装饰物镶在某种木质器物上随葬的,器物腐朽之后,仅剩下绿松石片,也有可能是一种头饰"(《临朐西朱封》172页)。如果考虑棺内器物可能发生移位,那么这件所谓"红色彩绘盒"或"头饰"应该是镶嵌绿松石片的物件,与冠徽、玉柄共同组配为一件华丽的冠冕。至此余杭百亩

图四一　邳州大墩子

图四二　玉圭上的刻纹

图四三　临朐西朱封M202

山玉璧上近似长条形的图形已然显露真容，是冠冕的一种形制。虽然玉筒状器上的图像上部更像是片状物体，好川似乎没有发现，但是它与好川已发现物件的功用相同，使用方式亦相同。

良渚文化太阳神与台阶形冠徽具有全新的图形构成，是有别于人兽合一主神的新神祇，它与主神存在的时间、空间不尽相同，现身于良渚后期晚段至末期，地域向南拓展至浙南山地。玉璧被选择为主要的神祇载体，中选者多体量较大。玉璧从未作为主神载体，这在良渚文化较大形玉器中极为罕见。以往曾用作主神载体的器类，除个别玉琮外，一概不被用作新神祇的载体。目前存世的良渚太阳神与台阶形冠徽，传世品多，出土品少，科学发掘品更少，后者几乎都见于浙南山地好川等地点和长江以北的兴化蒋庄，皆为墓葬随葬品。良渚核心区发掘玉璧刻划图像的有福泉山M40和玉架山M16，各有1件玉璧；少卿山M9并非墓葬而是一个残器瘗埋坑，其中分属于2件玉璧的残片上有图像。此4件玉璧图像都模糊不清，均未见台阶形。少卿山M9的1件玉璧刻划无台阶之框形内有太阳。值得注意的是，福泉山M40和少卿山M9共3件玉璧图像都是出土若干年后才被发现。余杭百亩山玉璧图像比较清晰，其中一面图像为日鸟合一的太阳神和台阶形冠徽，虽出自核心区，但为征集品，埋藏背景不明。

新神祇是不同于主神的特殊存在，在良渚核心区并不流行，不为权贵社会主流认同，以至于学界对其抱有疑虑，研究不够深入，很少有研究者探寻被深藏其内的精神信仰和社会背景。根据以上材料与分析，本文尝试对良渚文化太阳神和台阶形冠徽的命运提出以下解读方案，作为研究之假说，供启迪思路，寻找真相。

良渚后期，某个国王或上层权贵某一集团希望改变原来的信仰体系，将目光转向北边常有往来交流的大汶口文化，决定采纳其太阳信仰，并将大汶口文化的信仰形式"飞鸟载日"——飞鸟背负太阳在天空运行——改造为"日鸟合一"，让太阳生出鸟首、翅、尾而自行翱翔。本着浑然融汇的观念，大汶口文化的神（太阳）、人（冠或冠徽）可分离之观念亦被改造为神（太阳）、人（台阶形冠徽）一体。新观念的创立者大刀阔斧改造了少数玉琮——原有神祇最重要的载体，在玉琮的居中居高位置增添新的神祇，寓意其地位高于主神。但是更重要的是创造了新的神祇载体玉璧，承载太阳信仰的功能，因为大件玉器中只有玉璧尚未被赋予神的内核。台阶形冠徽成为权贵阶层的新冠徽，业已存在的矩形冠徽的形制和使用方式被加以改造。但是这次信仰体系的改革十分短暂，很快就失败了。良渚文化固有的主神信仰体系得以延续，胜利者试图抹去信仰改革的所有痕迹，以打击和清除改革主谋者和执行者。胜利者先抹除玉器上的图像[1]，继而销毁相关玉器，少卿山M9即此行为之遗存，台阶形冠徽等玉片实体在良渚核心区则极为罕见。抹除图像的玉器被继续利用，福泉山M40玉璧等属于未彻底抹除者，更多的被抹除者早已难觅踪迹或难以辨识。这是在良渚核心区域所见与短暂改革相关内涵残剩无几

---

[1]　2006年11月邓淑萍认为可能发生过抹去图像的事情（方向明：《中国玉器通史——新石器时代南方卷》，海天出版社，2014年，第243页）。

的根本原因。太阳信仰的主谋和执行者被迫丢弃玉器，余杭百亩山出土的那件使人疑窦丛生的玉璧难道正是映射了此类行为？改革失败后出逃的权贵主要出路就是离乡背井，奔走他乡，如浙南的好川等地，并将他们的信仰体系带入，在边远地区与当地族群结合，继续繁衍生息。兴化蒋庄刻有太阳与台阶形冠徽图形的玉璧和山东的台阶形冠徽玉片也是失利者外逃的遗存。此外，好川与蒋庄都以陶鬶随葬，这一习俗尚未见于核心区，或可作为观念变革的旁证。此后良渚核心区内仅出现过陶器上的台阶形图像，或许是偶尔唤起的对那次短命改革的些许记忆。

原载山东大学文化遗产研究院：《东方考古（第16集）》，科学出版社，2019年

良渚文化太阳主神与冠徽

  良渚文明的政治结构是以神权为主导的复合型古国。神权的物化形式是玉琮和主神图形的二位一体。除了极其少量未完成的，所有玉琮上都有主神图形，包括完整型、省略型、简化型、变异型等。主神的完整形式是人神和虎神的结合。人神和虎神亦可分离，有的图形只有人神，有的只有虎神。玉琮和主神在整个良渚文化时期始终存在，但是不同时期的玉琮形制和图形表现有所不同。

  与玉琮和主神图形相同，冠徽也存续于整个良渚时期。冠徽形制多样，堪称良渚文化之最。自发现以来，冠徽曾经有过多个名称，但命名方法不外乎两种：一是根据其外形，如1986年之前曾被称为倒梯形器等；1986年以后因为反山、瑶山等地的重要发现，又命名为冠状器或冠形器。另一命名方法是根据其功用，如梳背、冠徽或冠饰。虽然冠状器也包含了功用的内核，但是本质上仍然是以形制命名。我赞成使用冠徽作为这一大类器物的总称[1]。

  玉琮、主神图形和冠徽在良渚文明的政治结构中都发挥了其他器类、图形无可替代的作用，而且在良渚后期的某个时段，表现主神的器物和图形发生变革，更同冠徽产生了紧密的内在关联，因此本文将三者一起讨论。

  目前发现的主神完整型二维图形，上部为人神的上半身，下部为虎神的正视像，人神的下半身在虎神后部，为虎神所遮挡。迄今尚未发现确定的人神下半身形象，然而人神应该有其完整形象是符合常理的，因此人神的完整形象是有待探讨并逐步解决的重要问题之一。既然连完整的主神图形都没有或不可能全面展现人神，那么就应该从其他途径去探寻。

  良渚玉器种类很多，但是有一类装饰特殊图像的玉器数量很少，图像完整者仅有两件，一件是瑶山M7：55，发掘报告称为玉牌饰；另一件是反山M16：3，发掘报告称为玉璜。两件器物的图像主题基本相同，其解读却有一些差别。瑶山M7：55（图一，1），报告描述中对图像解读有两点至关重要：（1）眼两侧的"弧边三角形的镂孔，组成眼眶及眼睑"；（2）"眼眶以下的两侧各有1个锯齿状突起，颇似蛙爪，十字镂孔及其两侧的形态

---

[1] 宋建：《凌家滩的冠、冠徽及相关问题》，《玉魂国魄——中国古代玉器与传统文化讨论会文集（五）（中华玉文化特刊）》，浙江古籍出版社，2012年。

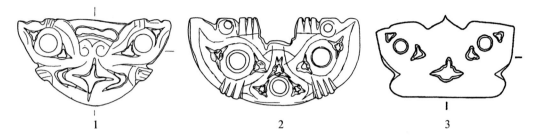

图一　装饰特殊图像的良渚玉器

1. 玉牌饰（瑶山M7：55）　2. 玉璜（反山M16：3）　3. 玉兽面牌饰（官井头M21：6）

更似蛙的后腿"。报告将此图像称为"神兽"。反山M16：3（图一，2），报告定性为"神人兽面"，描述的两个要点分别是：（1）对上下两侧的短竖刻线有不同认识，"上端两侧之各三道竖向线磨代表神人部分"，"下侧还磨有爪样纹样"；（2）"兽面纹为重圈眼，斜上下的弧尖状眼睑"。另有一器，图像比以上二器简略：官井头M21：6（图一，3），发掘简报称为玉兽面牌饰，将眼描述为"以圆孔加斜向Y形"，Y形又称弧边三角形。又描述"两边有槽口凸显兽面眼眶和下颚轮廓"。发掘报告对反山、瑶山二器的共同认识是，眼睛由圆形和弧边三角形构成，下侧有爪形纹样。而对官井头器的识读是圆形和Y形组成的眼睛置于大眼眶内。三器都被认为是兽面或神兽，只是反山M16：3还有被看作"代表神人部分"的纹饰。现仔细辨识，瑶山M7：55的上侧也有与反山M16：3相同的所谓"短竖刻线"，线图表现清晰，但发掘报告未作文字描述。

　　我同意前二器对眼睛的认识，也基本认同其对器物下侧所谓"爪形"的识读；不同意者为反山M16：3上侧的"短竖刻线"代表神人，因为没有可供参考的旁证，发掘报告也未说明此识读从何而来。简报对官井头M21：6大眼眶的解释比较新颖，独特之处在于将玉器轮廓识读为兽面的眼眶。圆眼球加类似于三角形的尖刺纹在兽面眼睛上有例，可作为参照。良渚前期的兽面可以区分为虎神和龙神。龙神眼侧都没有尖刺纹，但个别龙神眼睛的上部有尖刺纹。有的虎神眼睛两侧有尖刺纹，多数呈对称状，因此常被认作虎眼的眼角，其外还有大眼眶。上述三器的三角形或Y形是与此类尖刺纹类比，被识读为兽面的眼角。但是在反山M12人虎复合神完整图形中，虎神眼睛两侧并没有尖刺纹，良渚前期那些省略比较少、图形相对复杂的人虎复合神的虎眼也都没有尖刺纹。良渚后期的虎眼趋于规整简洁，尖刺纹几近绝迹。虑及多种因素，常被看作虎神眼角的尖刺纹，实际上是一种可有可无而且位置并不固定的装饰[1]。

　　瑶山M7：50和反山M16：8是两件良渚前期玉琮，与上述前二器各分别出自同一座墓。两件玉琮各仅有一节，饰人神图形，神眼比较具象，眼角与眼睑连为一体，近似于三角形（图二，1、2）。朝墩头等年代相近的玉人眼近似此形（图二，3）。因此，依据兽眼和人眼的形态差异，将前述瑶山、反山和官井头三器图像眼睛两侧的三角形看作是人神

――――――――

[1]　宋建：《良渚文化主神新证》，《南方文物》2016年2期。

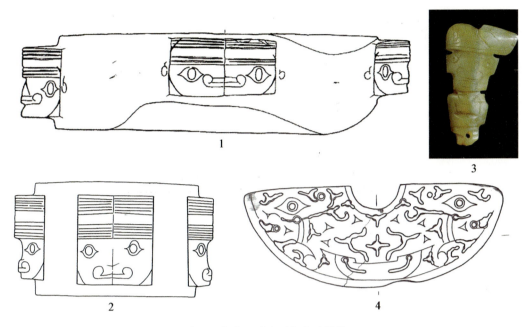

图二 良渚玉器人形与人面图像

1. 玉琮（瑶山 M7∶50） 2. 玉琮（反山 M16∶8） 3. 玉人（朝墩头） 4. 玉璜（瑶山 M11∶84）

的眼角更加合理，图像并非兽神，而为人神。据此，瑶山 M11∶84 玉璜图像也是人神（图二，4）。因为良渚人神眼角更多的是以尖刺纹或短横线表现，眼角的具象表现反倒未曾引起足够的重视，或被误读。

以上器物被认定为人神图像，那么所谓"爪"就是"足"了。如果将人足与兽爪比较，其差异一目了然，人足为平趾，虎爪为尖趾。瑶山报告解读 M7∶55，判读器物下部"十字镂孔"的两侧是腿，并推测为"蛙腿"，即将图像识读为人神，那么这是人神的双腿。图像显示人神膝部落地，双足撇向两侧。这个姿势非常难做，如果考虑到二维图形难以准确表现前后关系，应该识读为膝部落地的"跽坐"，但后部双足看似并未合并，而是向两侧外撇。要将二维平面图还原为三维立体图，即还原人神的姿态，除了应该解析本图形外，还要参照其他器物作为参照。新石器时代的圆雕玉石人，红山文化和凌家滩文化有所发现，但是采用跽坐姿者极为罕见。凌家滩文化唯一的一件残损跽坐人像，前部双膝并拢，后部双足残损，小腿似略向外分（图三，1）。立体跽坐人像后来比较多见于商文化和三星堆文化等。商文化玉石人跽坐标准式较多，小腿平行，双足靠近。三星堆铜人跽坐有非标准式的，其小腿及双足向两边分开（图三，2）。瑶山 M7∶55 神人的下肢姿态应该更接近于三星堆铜人的非标准式。当然也不排除另一可能，即因二维图形无法表现曲折向后的小腿而设计了向两侧展开。实际姿势究竟如何，还有待于日后发现良渚圆雕玉人。据此，主神完整图形人神被虎神遮挡的下半身亦应该行跽坐姿。

反山 M16∶3 和瑶山 M7∶55 二器，除了下部有人神的足部，其上侧还有刻工完全相同的纹饰。反山者，刻痕清晰，甚至可见表面的浅刻槽和侧缘的凹口；瑶山者，刻痕不甚

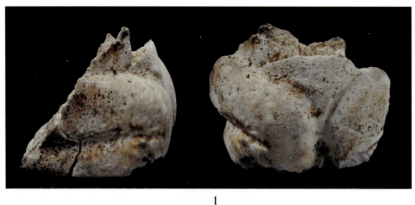

图三　玉人和铜人像

1. 凌家滩踞坐玉人（万氏坟：2，疑为属07M22）　2. 三星堆铜人

清晰，可见刻纹，未见明显刻槽和凹口，被发掘报告忽略而未作文字描述。比较刻工相同之处，并揣摩设计者的思路，反山瑶山二器的上侧缘纹饰应该表现人神的双手，手为平指，同凌家滩玉人相同。瑶山M7：55很可能还隐含了人神的上肢，就在双眼侧旁，与下肢上下对称。

人神上肢究竟为何种姿势，仅从上述为适配器形而设计的二维图像确实不易看出，瑶山仅隐现从身体两侧上举至头上方。现已发现的新石器时代至夏商时期的立体形象，有红山文化和凌家滩文化玉人的双臂向前曲肘；有商代玉人或青铜人双臂下垂、双手抚膝，还有双臂垂抱于腹前，但是没有发现双臂上举的姿势。

为探寻良渚人神姿势的秘密，关注到从马王堆汉墓发现的帛书"导引图"[1]。导引法究竟归属道家之术还是为道家所利用，其实并不十分重要，重要的是导引法的形而下作用为强身健体、延年益寿，形而上作用就是得道成仙，进入神界，从而人、神合一。大巫师的职能是沟通人界和神界，从而获得对自然界和社会的解释权，并获取政治统治和社会管理的合法性。良渚人神是大巫师和天神的二元一体，既是人神，也是神人。认识上可供参考的是，郭大顺先生将牛河梁第十六地点M4的红山文化玉人称为被神化的"玉巫人"，其神态是"以气作法"[2]。汉代"导引图"绘就很多种姿势，可作为普通人健身的姿势，应该也是巫师作法得道为神为仙的姿势，可运用于人与神沟通的操作之中，从而期望在政治运作中产生特异效能。"导引图"27图，踞坐，双足略有外撇，双臂上举过头（图四，1、2）。36图，踞坐，双臂上举相交于头上方（图四，3、4）。良渚文化先民具备了很高的观察能力和艺术表现力，器物上一些动物和房屋的图像都非常逼真，虎神上的人字形冠徽同凌家滩出土的玉冠徽实体几乎一模一样。因此我们期待发现良渚神人（巫人）上肢除环抱姿外，其他姿势的准确图形，当前，汉代"导引图"或可作为有益的参考。

［1］ 马王堆汉墓帛书整理小组：《导引图论文集》，文物出版社，1979年。

［2］ 郭大顺：《红山文化"玉巫人"的发现与"萨满式文明"的有关问题》，《文物》2008年10期。

1　　　　2　　　　3　　　　4

图四　马王堆汉墓发现的帛书"导引图"

1、3. 原图　2、4. 临摹复原图

　　良渚文化的冠徽出现于该文化初期,原先或称为崧泽—良渚过渡段。官井头已发表资料中有两件冠徽属于这个时期,即M21：7和M64：4(图五,1),发表者称为"早期"。同一资料发表了M64和另一座"早期"墓葬M65的随葬陶器,两座墓随葬陶豆的豆盘下剔刻装饰具有典型的初期特征[1]。官井头两件冠徽的形制差异比较大,但下部都没有清晰的凸榫,这个特征与瑶山M1和凌家滩文化冠徽相同。瑶山M1随葬陶鼎,翅形足横剖面中部厚而内外缘薄,这是翅形足刚出现的典型特征。但是在另一座被定为"早期"的北村M106,所出冠徽下侧有清晰凸榫,与以上所列官井头两座墓和瑶山M1或存在年代早晚关系。与凌家滩文化不同的是,良渚文化如随葬冠徽,一墓只有一件,置于头部。在良渚古城区域,冠徽甚至成为权贵的基本配置,表明良渚文化使用冠徽有其规制,古城区域尤为严格。

　　冠徽是良渚文化的重要礼器,有的被刻画于主神或单独虎神图形上,使我们能够直观了解冠徽的配用方式,就目前所见这在礼器中是唯一的,从一个侧面反映了冠徽对良渚礼制的重要作用。现已发现三例配用不同形制冠徽的图形,冠徽均在虎神两眼之间的前额之上,无一例外。反山M12,即所谓"王陵",虎神所配冠徽为比较典型的"倒梯形"(图五,2),其实体发现较多。瑶山M12(征集2789),虎神配人字形冠徽(图五,3),实体仅在凌家滩发现3件。福泉山M207：61,虎神载体为象牙权杖之镦,所配冠徽似凸字形(图五,4、5),反山M15的冠徽(M15：7)与之相近。象牙权杖上下共刻画十个人虎合一的主神,所有者等级为"福泉山古国之王"无疑。上述配置冠徽的都是虎神,而非人神,这一现象值得关注。

　　良渚后期,主神信仰发生突然并相对短暂的变革,突出表现是发明了直观的太阳

---

[1]　浙江省文物考古研究所：《杭州市余杭区官井头遗址良渚文化遗存》,《考古》2023年1期。

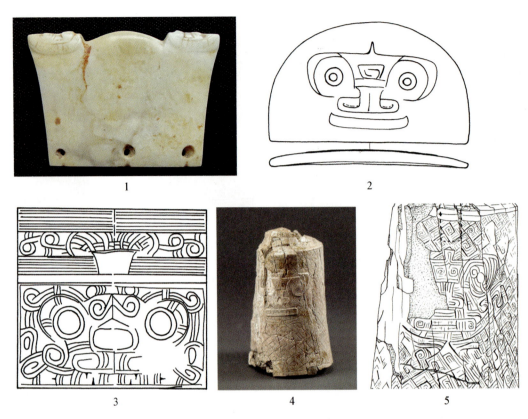

图五　冠徽和配用冠徽的主神图形

1. 冠徽（官井头 M64：4）　2. 反山 M12：78　3. 瑶山 M12 征集　4、5. 福泉山 M207：61

图形、台形图和与台形实体相关者。台形可分阶台形和平台形两类，以前者为主，亦称台阶形。很早就有研究者提出阶台形是所谓"坎台"或"祭坛"的象形，这一认识在20世纪90年代被很多研究者接受，后来虽有一些新的认识，但"祭坛说"仍为主流。1992年，我发现少数"冠状器"顶部中央的阶状表现、"冠状器"和阶台形（台阶形）共有的上宽下窄即所谓"倒梯形"特征，从而认为二者关系密切，应该属于同类器形，而不是什么"祭坛"。2018年的一次学术会议上我已将台阶形认定为冠徽，称为台阶形冠徽[1]，本文改称阶台形冠徽。另外还有少数平台形冠徽。

　　新的发现表明良渚前期已经存在以阶台为特征的冠徽。官井头 M53 的一件，为凸字形的二层阶（图六，1）[2]，其上侧缘尚未出现圆弧顶或冠形顶（或称宝盖头）。无独有偶，福泉山 M256 又出了一件三层阶的冠徽，上侧缘中央为冠形顶（图六，2）[3]。由此可见，后期出现的阶台形冠徽并非凭空创造，当有所本。

［1］　宋建：《公元前第三千纪中国东部的太阳神——大汶口文化、良渚文化图形符号新考》，《东方考古（16集）》，科学出版社，2019年。

［2］　赵晔：《大雄山丘陵及官井头遗址揭秘——追寻良渚文明的源头》，《大众考古》2015年7期。

［3］　上海博物馆发掘资料，《中国文物报》待刊。

图六　良渚前期以阶台为特征的冠徽
1. 官井头M51∶3　2. 福泉山M256∶2

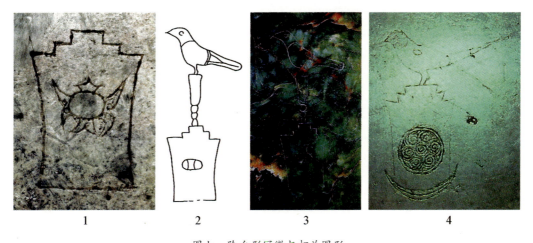

图七　阶台形冠徽与相关图形
1. 安溪百亩山征集　2～4. 华盛顿弗利尔博物馆藏品(2与3为同器)

　　良渚后期的直观太阳和台形有多种不同形态,根据其组合关系解析为三个维度:
1. 台形; 2. 台形之内; 3. 台形之上。这三个维度在不同方向发生变化,从而可以组成多种不同形态,理论上可达数十种之多。无论阶台形还是平台形,其两侧边均略向内弧,上端略宽于下端。还有一类是无台形,所见者为台形之上的图形或实体。台形之内有五种图形:一种是"日鸟合一",即有鸟首、鸟翅和鸟尾的圆形或近圆形太阳,简称阳鸟(图七,1);第二种是有鸟首的圆形或近圆形太阳;第三种是圆形、近圆形或椭圆形太阳(图七,2、3);第四种是圆形太阳下有所谓"新月形"(图七,4)。台形实体内未发现图形。台形之上的形态有连珠条形(或条形)及其上的侧视鸟;有鸟而无连珠条形;有连珠条形而无鸟。

　　上述台形等的实体或其载体有征集收藏品,但不知确切出土地点,也有发掘出土或虽非发掘品但知道出土地点。后者相较于前者可以比较清晰判断其年代和相关背景,是本文主要的研究材料。

　　浙江遂昌好川是发掘台形等实体最多的地点。

　　好川M10,共3件阶台形,其中2件大小基本相同,1件稍大。其他形制的玉片有凸字形1件、连珠条形1件,另有多件圆形、近长方形、凹弧边四边形和不规则形玉片。

　　好川M37,共3件阶台形,其中2件大小基本相同,1件稍大。以及其他形制的玉片。

　　好川M60,共2件阶台形、1件平台形、1件有座冠徽、4件侧视鸟以及其他玉片(图八)。有座冠徽的上半部主体常见于良渚文化核心区,我曾称为矩形冠徽,现在看来,由于冠徽的形制品类甚多,实际上难以"矩形"概括之。

图八　好川M60出土玉片

好川M62，共4件阶台形，大小基本相同。其他玉片共12件，形状有长方形、圆形等。

以上四组玉片可镶贴（镶嵌）于髹漆物件上，复原后就是一件精美的冠冕。M62的4件阶台形冠徽，当为完整组合；M10和M60虽不完整，但各以凸字形和平台形、有座冠徽代之，仍然组成4件一组。唯M37缺了1件。M60的4件侧视鸟也是一套完整组合。

除好川之外，其他出土台形实体的还有上海福泉山和山东莒县陵阳河。

福泉山M230，1件阶台形，出土时被压于靠近墓主足部的陶器之下[1]。

陵阳河为出土后征集。据称，1960年发现，可能出自墓葬，共征集7件玉片，其中4件为阶台形，大小不一，当为一组。

良渚前期有一类半圆形玉器出自最高等级和高等级权贵墓葬，其中反山4座，瑶山2座。反山各墓的半圆形器均4件为一组，集中出自头部，等级最高的反山M12的半圆形器上饰有虎神。瑶山M12为征集品，半圆形器亦为4件，但出土位置不明。瑶山M10有6件半圆形器，位置靠近，出自墓葬中下部。值得注意的是，虽同为半圆形器，但出自头部和出自中下部的成组件数不同，前者4件，后者6件。钻孔方式亦不同，出自头部者，均在一面（背面）有隧孔，另一面（正面）有纹饰或光洁；出自中下部者均为对钻孔。因此，以上虽同名半圆形器或半圆形饰，实质是完全不同功用与使用方式的两类器物。反山4座墓的半圆形器出土位置均在冠徽近旁，通过隧孔可以缝缀，发掘报告推断为冠帽周围的饰件。看来这类半圆形器就是最高等级和高等级权贵的冠冕配饰，可直接称为半圆形冠饰。良渚后期阶台形冠徽和鸟的各4件组合方式当源于此，亦为冠冕配件。

经考古发掘出土台形图载体的有以下几个地点：

江苏兴化蒋庄M36，为捡骨二次葬，墓主为40～45岁女性。阶台形图，阶台形内有圆形太阳，载体为玉璧。

江苏昆山少卿山M9，实为瘗埋坑，埋有玉璧残片共8片，其中M9∶5与M9∶8两片能够拼合，但仍为残件，剩余6片不能拼合，因此至多可能有7件玉璧。M9∶5、M9∶8拼合的残玉璧上刻有平台形，其内刻划模糊，有椭圆形和被称为"八"字形的，后者仅隐约可见，观察者指出这是"'介'字形冠部的残痕，略似'介字形'鸟首"。M9∶9残玉璧，所刻图形上部为侧鸟，"下部有细杆，连接一长棒状物"[2]，此即本文所称之"条形"。

浙江临平玉架山M16，玉璧上刻平台形，平台形内无图。同墓还随葬1件玉琮与12件石钺[3]。

出土后征集并知道出土地点的有以下两处。

浙江安溪百亩山，玉璧两面均有图形，非常罕见。一面图形为阶台形，其内为阳鸟；另一面图形为高冠。

［1］　上海博物馆：《实证中国——崧泽·良渚文明考古特集》，上海书画出版社，2023年。
［2］　王华杰、左骏：《昆山少卿山遗址新发现的良渚玉璧刻符》，《东南文化》2009年5期。
［3］　楼航、葛建良、方中华：《浙江余杭玉架山良渚遗址发掘》，中国文物信息网，2010年3月16日。

江苏草鞋山,玉璧上刻平台形,平台形内为圆形太阳[1]。

以上发掘和征集的实体和图形载体玉璧所在地点,位于良渚文化核心区域的有福泉山、草鞋山、少卿山、玉架山,均为拥有玉琮的高等级聚落,百亩山更是在良渚古城周边,玉架山 M16 直接拥有玉琮。

下面对台形实体和图形的存续年代稍作讨论。据发掘报告,好川墓葬分五期,4 座随葬台形实体的墓葬年代,分别是三期前段(M10)、三期后段(M37)和四期前段(M62)、四期后段(M60)。好川分期与笔者的良渚四期六段分期方案大致对应的是:好川第三期相当于良渚第四期。好川第四期相当于良渚第四期中一部分年代较晚的遗存[2],可以分出作为第四期七段。好川第五期出细颈鬶,与钱山漾文化相同。而良渚钟家港南段发掘出土细颈鬶和鱼鳍形鼎足,发掘简报称"归入良渚文化晚期晚段","与钱山漾文化早期年代有交叉"[3]。目前环太湖地区尚未发现相当于好川墓地第五期的墓葬,而好川第五期也未见台形实体或图形。

关于陵阳河台形实体的年代,栾丰实先生推定陵阳河征集的大汶口文化图形符号之年代,先参考经发掘出土的同类型图形符号,认为属于大汶口文化晚期阶段第六期的可能性最大,继以陵阳河没有发现大汶口文化中期阶段遗存,因此确定陵阳河征集图形符号均属于晚期[4]。同理,陵阳河征集的阶台形实体属于大汶口文化晚期的可能性很大。

蒋庄 M36、少卿山 M9 和玉架山 M16 概言之均属良渚文化后期。据同出器物尚不能判定其准确期别。

从以上讨论可知,人虎主神信仰变革发生时间不晚于良渚后期第四期六段。

良渚文化信仰是如何从复杂繁缛的主神图形变革为直观的太阳图形,并创造出新型的台形冠徽?回答这个问题的前提是如何认识主神。牟永抗先生研究良渚文化信仰崇拜时提出了十分重要的方法与推论,他将良渚主神理解为太阳神[5]。因为人虎合一的主神外形同太阳相去甚远,所以难以得到认同。但是如果以良渚文明延续千年、良渚是神权主导的复合型早期国家作为认识基础,那么信仰主体就不会发生实质性变化。因此,良渚后期的太阳崇拜虽是一次重大的信仰变革,但只是信仰形式的变革,也就是说,在整个良渚文化时期太阳神自始至终都是信仰崇拜的主体。如这样认识,良渚主神就是太阳神的思路必豁然开朗。为了同太阳神更紧密联系,良渚人同时创造了琮作为主神图形的载体。玉琮虽然不是主神唯一的载体,但毫无疑问是最重要的载体。牟永抗

[1] 苏州市吴中区博物馆编著,陈曾路主编:《吴中博物馆导览》,江苏凤凰文艺出版社,2020年。
[2] 宋建:《良渚文化衰变研究》,《浙江省文物考古研究所学刊(第八辑)——纪念良渚遗址发现七十周年学术研讨会文集》,科学出版社,2006年。
[3] 浙江省文物考古研究所:《杭州市余杭区良渚古城钟家港南段2016年的发掘》,《考古》2023年1期。
[4] 栾丰实:《论大汶口文化的刻画图像文字》,《桃李成蹊集——庆祝安志敏先生八十寿辰》,香港中文大学中国考古艺术研究中心,2004年,又载于《栾丰实考古文集(三)》,文物出版社,2017年。
[5] 牟永抗:《东方史前时期太阳崇拜的考古学观察》,《故宫学术季刊》(台北)第12卷4期,又载于《牟永抗考古学文集》,科学出版社,2009年。

先生的图形思维解析能力在对玉琮的理解上得到充分体现,他将玉琮从三维形态展开为二维图形,中央为两重圆:孔与射,外围是琮的四角四槽,自中央向外呈360度放射,并总体上理解为"在其特定的东方式宇宙观的基础上,巫或萨满信仰中天人交流的工具",进而又将这个二维图形同凌家滩出土玉版上的图形作了类比性提示,誉为"如此神似不能不使人惊叹不已"[1]。

良渚文化的玉器制造业在本地呈现跨越式发展,使用玉器成为良渚权贵不可或缺的政治操作和生活方式,凌家滩文化是其最重要的源头。良渚文化的信仰崇拜从凌家滩文化吸收了关键要素。因为良渚玉琮展开二维图形同凌家滩玉版图形惊人神似,所以可以将玉版图形看作是玉琮发明的直接来源之一。凌家滩玉版共出土两件,一件出自87M4,另一件出自98M29。87M4内与玉版共出的有玉龟;98M29内与玉版共出的有玉鸟,呈猪首形双翅,鸟身所负图形与玉版中央之图形相似。87M4和98M29同另外3座墓位于凌家滩墓地最南侧,位置极其重要,而其中4座更位于南侧中央,大致呈方形四角分布,尤为显赫。位于方形西北端的87M15随葬了三件人字形冠徽。位于东南端的07M22被严重扰动,但仍然发现了两件残损玉人,一件为踞坐形,另一件头戴三叶形冠。位于东北端的07M23随葬一件玉龟和二件变体玉龟,玉龟内都有玉签。87M4位于西南端[2]。玉版和玉鹰的纹饰、踞坐玉人和人字形冠徽,这些凌家滩文化最高等级权贵的标志都被良渚文化继承与光大。

对凌家滩玉版、玉鹰上的纹饰,有多种不同识读,但是比较流行的是太阳与太阳崇拜、方位与天地二说,笔者同意前说。但是在远古时代并非只有这一种形式表示太阳崇拜,例如河姆渡文化和三星堆文化都有各自表示太阳崇拜的不同形式。另一方面,也不是所有的所谓"八角星"就是太阳,例如马桥阔把杯和澄湖贯耳壶上的"八角星"图符就未必表示太阳。将八角星外带圆形框的图形认定为太阳,还必须参照出土背景、所有者身份、图形载体等多重条件综合考虑才能确定。

西亚文明的主要神祇之一沙马什(Shamash,苏美尔语为Utu)是太阳神,也是光明与正义之神。在著名的汉谟拉比法典大石碑上,古巴比伦国王汉谟拉比站立于坐着的沙马什前,太阳神在这里代表正义(图九,1)。如果以千年为时间段,即公元前3000纪后半至公元前2000纪后半,沙马什具有图形神和人格神两种不同的表现,图形神和人格神可以同时出现,也可以各自单独存在,汉谟拉比法典大石碑上的太阳神为人格神。沙马什图形最多见的是四角四波曲线(光线)的圆盘,个别为八角八波曲线圆盘,甚至还有少数不带圆盘的(图九,2)。沙马什图形经常同月神辛(Sin)上下连体,后者的图形为新月。也有太阳神、月神、星神三图形并列同出(图九,3)。太阳神和星神

[1] 牟永抗:《关于璧琮功能的考古学观察——良渚古玉研究之一》,《东方博物》第4辑,浙江大学出版社,1999年,又载于《牟永抗考古学文集》,科学出版社,2009年。

[2] 安徽省文物考古研究所:《凌家滩——田野考古发掘报告之一》,文物出版社,2006年;安徽省文物考古研究所:《安徽含山县凌家滩遗址第五次发掘的新发现》,《考古》2008年3期;凌家滩遗址考古队:《安徽含山县凌家滩遗址新石器时代墓葬的清理》,《考古》2020年11期。

图九　西亚太阳神沙马什（Shamash）与星神、月神

1. 人格太阳神　2. 图形和人格太阳神　3. 月神、星神和太阳神图形

（《メソポタミア文明展》，日本，2000年，第141、143、235图）

为兄妹，或兄弟和姐妹（brother/sister）。星神伊斯塔（Ishtar）的图形为八角，没有波曲线，一般也没有圆盘。可以看出，凌家滩太阳图形同西亚的太阳神和星神图形存在较多相似性。

　　如同西亚的太阳图形存在几种不同的形式，凌家滩文化的太阳在玉版和玉鹰上的图形也有区别。玉版太阳为两重圆，内圆之内有八角纹，内外圆之间有八道光，外圆之外有四道光。玉鹰太阳亦为两重圆，内外圆之间有八角纹。现在还不能确定凌家滩文化是否有像西亚那样的人格化太阳神。良渚文化在表达太阳的观念上延续了凌家滩文化，但是创造了一个不同的太阳之形——琮，其展开后的二维图形有中央的双重圆和呈放射状的四角四槽,分别表现太阳和光。又创造了人格化太阳神,即人神与虎神复合的主神。琮上必有主神,玉琮的四角四槽均有主神是最完整全面的形式,目前仅见于第一等级的反山M12。普遍存在的是琮之四角有主神。虽然主神可以脱离玉琮,以其他玉器为载体,但是玉琮绝对离不开主神,玉琮之器和主神之图是太阳神信仰的二位一体,器与图结合,其神权的力量才是至高无上的。

　　良渚后期信仰变革首先选择玉璧作为太阳的新载体。玉璧有外缘和中孔的双重圆,保留了玉琮的部分特点。而且,玉璧在重要玉器中从未作过人虎主神的载体,这是其被选出作为新的太阳载体的另一个原因。变革的第二种方式是创造"日鸟合一"、直观太阳和新颖的台形冠徽,以及其他辅助形态。玉璧、太阳和冠徽的结合为信仰变革的核心。此外,还改造了固有冠徽的使用方式。冠徽传承千年,无论形制如何多样,早晚发生怎样变化,底侧有一排数孔以安装多齿插件、直接插用的方式一直延续,贯穿良渚文化于始终。然而就在变革期间,放弃了多齿插件,取消底侧一排数孔,增设底座,并与台形冠徽组合镶嵌或镶贴于有机质冠冕之上。改造形制与创新使用方式并举,目前仅见于好川M60。有少数玉琮也参与到变革中,在玉琮一面中槽的最上部加刻太阳或与之相关的其他新图形。从玉琮与人虎主神的二元同一到玉璧、日鸟合一(鸟形太阳)或太阳和台形冠徽的三位一体,信仰体系一脉相承。选用玉璧、琮上加刻和冠徽创新等行为都明白无误地表明,发生在这个特定时期的变革理念就是简洁、直观和省工,但又必须完整保留太阳信仰的内核。目前尚不能确定的是,良渚文明步入后期的信仰变革是否同巩固权力、挽救社会颓势有关。

　　中国神话传说中有三个重要人物与太阳相关:后羿、夸父、羲和,据此,中国目前已经制定的两个太阳探测计划,分别以"羲和"和"夸父"命名,尤以羲和同太阳的关系最为紧密。据《楚辞·离骚》:"吾令羲和弭节兮";《楚辞·天问》:"羲和之未扬,若华何光",前者被理解为太阳的"御者",驾驭太阳车的人;后者更像是太阳自身。在一些不同来源的神话中,太阳日复一日、东升西降地运行需要借助于特定"工具",例如埃及太阳神拉(Ra)的形象是头顶太阳圆盘的鸟首人,并经常立于或坐在太阳船上(图一〇,1);亚述主神阿舒尔(Ashur)的图形是带翼、尾的太阳圆盘(图一〇,2),亚述由此而得名。2019年我在丹麦国家博物馆参观,看到一件精美的青铜马车,车载黄金太阳圆盘(图一〇,3),据展品说明为斯堪的纳维亚青铜时代早期,公元前1400年。良渚人虎主神两侧常有鸟、凌家滩玉鹰背负太阳、良渚后期出现"日鸟合一"图形,虎和鸟应该都是太阳运行的工具或助手。《山海经·大荒东经》云:"一日方至,一日方出,皆载于鸟",亦可备一说。

　　良渚后期"日鸟合一"的理念除了来自凌家滩文化,还可能同年代相近的大汶口文化晚期创造并使用的太阳图形有着更为直接的关联。尽管图形不同,但是日、鸟、冠(冠徽)三位一体的观念,为良渚文化后期和大汶口文化晚期所共有,然而长期以来它们在各自所属文化中均被误读。大汶口文化图形自20世纪70年代发现始即被古文字学家采用文字研究方法,识读为文字"日月山""日鸟山""日鸟火",等等,这种识读一直延

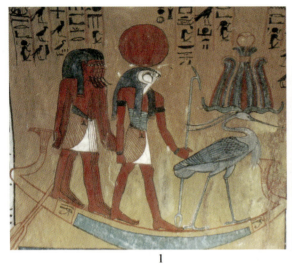

1

2

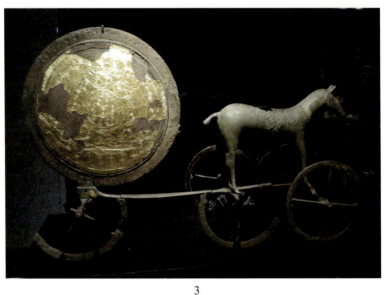

3

图一〇　诸古代文明的太阳图形
1. 埃及太阳神拉（Ra）（《エジプト文明展》，日本，2000年，179页）
2. 亚述主神阿舒尔（Ashur）（王迟《萨勒马纳萨尔三世的黑色方尖碑》，《大众考古》2016年11期）
3. 斯堪的纳维亚太阳圆盘（丹麦国家博物馆藏品，自摄）

续到今天。质疑者不是没有，但是声音过于微弱，人微言轻，几乎不能改变古文字学大家所作之结论。实际上这类图形绝对不可能是文字，甚至称其为原始文字都十分勉强，仅仅是若干年后发明文字时被利用的图符形体而已。良渚文化的阶台形，虽然总体上没有被直接看作文字，但作为"坎坛""祭坛""高台"形的认识亦根深蒂固，至今似仍难以动摇。此类图符中，"日"与"鸟"均象形，几乎一望而知，而"冠（冠徽）"的图形如同良渚文化冠徽那样形体多样，且有先入为主的传统认识，故被误读至今。凌家滩07M22

图一一　凌家滩文化三叶冠和大汶口文化三尖冠

1. 凌家滩07M22　2. 尉迟寺T2512⑥：2　3. 尉迟寺JS4：1

随葬玉人头顶三叶冠（图一一，1），与大汶口文化的三尖冠（冠徽）异曲同工（图一一，2），为认定大汶口文化的三尖冠（冠徽）提供了最直接的旁证。因此，这类图形（图符）的真实含义是"日鸟冠"，而不是其他。大汶口文化究竟有没有五尖冠（冠徽），抑或仍为三尖，外侧两尖另有所指，如同有的图形所显示的那样，中央三尖与两侧尖形态迥异（图一一，3）。我虽倾向于认同后者，但仍期待于新的证据。

　　至于所谓"新月"或"月牙"形，大汶口文化可以确定的仅一例，即山东大朱家村征集品，为太阳、新月和三尖冠的上下组合（图一二，1）。在良渚文化，与阶台形、太阳等组合的新月也只见一例，以阶台形为框，太阳在框内，新月在框下，太阳、新月亦为上下组合（见图七，4），图形以玉璧为载体。大汶口文化中，与太阳呈上下组合的图形，绝大多

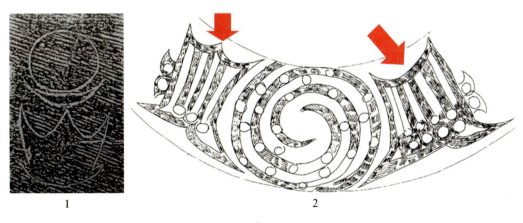

图一二　鸟形与新月形

1. 大朱家村征集　2. 庙前H2：50

数都是中央有凸尖的正视鸟形,而非新月形。正视鸟形也是良渚文化陶器的常见纹饰,新月形却极其罕见。特别有趣的是,浙江庙前一件陶器的纹饰,正视鸟与新月在整幅图像中呈对称布局(图一二,2)。此类极为罕见的新月和常见的正视鸟是何种关系,是否可能偶尔忽略、省略(如大朱家村者),还是艺术家的刻意创新(如庙前者),抑或确为日月同辉? 这同样期待于新的考古发现和有说服力的解释。

原载《南方文物》2023年6期

禹会村遗址及其同"禹"之关系试读[*]

安徽省蚌埠市禹会遗址的考古工作是"中国文明探源工程"的重要项目之一,近年经过几个年度的连续发掘,取得了许多重要收获。现已发表考古简报,并公布了主要的发掘资料和研究成果[1]。根据这些材料和发掘期间的现场考察,我认为目前对禹会遗址的基本认识,以及对中国文明起源研究具有关键性学术价值的看法主要体现在两个方面:1. 这是一处具有十分明显的祭祀性质的遗址;2. 这处遗址同历史记载"禹会万国"事件的关联性质。在现场考察和研读相关材料的基础上,本文拟对这两点认识作进一步试读。

禹会遗址的发掘简报和许多文章都认为该遗址具有明显的祭祀性质。祭祀是先民们对待神灵和祖先的特定行为,反映了先民的精神活动。祭祀行为有不同的对象,还有多种祭祀方式。考古实践中对有些不易理解的遗迹现象,经常解释为祭祀活动的外在表现,看似具有明确的功能性指向,实际上比较宽泛。本文对禹会"祭台"采用"台基"这一名称,使其没有确定的功能性指向。

禹会的台基大体呈北部宽南部窄的近似长方形,南北长108米,东西宽13~23.5米,面积约2000平方米。台基的建造是在当时的地面上挖出槽坑,然后用灰、黄、白三种不同颜色的土堆筑起来。下部以灰土堆筑,土质较硬且纯净,厚度达到0.8米。灰土之上以黄土铺垫,土质亦纯净,厚度为0.15~0.2厘米。黄土之上被白土覆盖,土质细腻,厚度与黄土相近。发掘简报的图五显示,台基北端的所谓"白土边界线",向发掘探方外延伸,东侧被所谓"祭祀沟"打破,因此现在发掘的台基并非使用时期的全貌。资料上提到了台基上"不同部位晚期墓葬的剖面""不同部位的遗迹剖面",但是没有明确表述是否对横贯台基的东西向不同部分进行过解剖,如果解剖,应当能从槽坑看出台基的完整形制和范围,因为槽坑打破第4层的位置是清楚的。

台基上的遗迹根据建筑顺序分为两类,一类是同台基表面的白土面连为一体,另一类不同白土面连为一体,似打破了白土面等地层。前者有"凸岭""凹槽"和"圆形圜底

---

* 本文为国家社科基金重大项目"中国国家起源的理论与方法"(12&ZD133)阶段成果并受"上海085社会学学科内涵建设科研项目"资助。

[1] 中国社会科学院考古研究所安徽工作队:《安徽蚌埠市禹会龙山文化遗址祭祀台基发掘简报》,《考古》2013年1期;《禹会村遗址——大型礼仪性建筑基址》(内部资料)。

坑"等,都是在灰土堆筑后完成,然后与台基整体一起在灰土层面上依次铺设黄土和白土。后者有柱洞、"烧祭面""方土台"和"长排柱坑"等,这类遗迹都是在白土层面全部铺设完毕后完成,其中有的直接建在白土层面上,如"烧祭面",有的又挖在铺设好的台基上,破坏了不同深度的铺设面和基础。对于同白土面连为一体的遗迹,属于台基的组成部分当无问题。对于未同白土面连为一体的遗迹则可做些分析。根据发掘所揭示的迹象有两种可能的相互关系,一种可能性是这些遗迹与台基同时建成,它们是与台基统一的组成部分。但是也不能排除另一种可能性,即台基多次使用,是在不同时间进行活动时所添置的设施,或者说是针对某一次特定活动所增加的新设施。这些设施有柱洞、"烧祭面""方土台"和"长排柱坑"等。

"祭祀沟"在台基西侧,为南北长东西短的长条形,与台基平面走向近似,应该是台基的附属设施。沟内主要埋藏残碎陶器、粮食和动物骨骼。沟内堆积虽然可以分出层位,但是同一件陶器的残片有的出自相隔较远的层位,因此层位关系所反映的时间段很短,可以认为是一次形成的,即这处"祭祀沟"的堆积代表了一次活动。根据简报文字,"祭祀沟"的开口与台基面处于一个平面,与白土覆盖的部位相距约1米。但是如简报图五所示,台基上的"凸岭"与"祭祀沟"边相接,而"凸岭"上是有白土层覆盖并同台基面连为一体的,因此"祭祀沟"的开挖晚于台基,破坏了原有台基的西部边缘。从揭露迹象看,解释为在台基上使用陶器、动物和粮食的某一次活动后,在台基西侧挖沟,将上述物品埋藏于此,是比较合理的。

对色彩的使用和认同可能代表了某种特定的观念,或者说是对天、地、人、物的个性化认识。例如良渚文化瑶山祭坛使用红、黑、白三种颜色。良渚文化彩绘陶很少,流行色彩是黑色陶器上绘红彩和黄彩。

禹会的先民崇尚灰、黄、白三色,在不同的活动场所都使用这三种颜色,除了台基,还有在台基西南的发掘二区发现的"圆圈遗迹"。四个"圆圈遗迹"面积相同,直径大约1米,内圆用白色土,以黄色土圈围在白色内圆外,白、黄二色均为同心圆,黄色土圈外是灰色土。根据剖面图和照片,这四个"圆圈遗迹"的建筑方法是先在灰土堆积上(应该也是人工有意堆筑)挖出圆形基坑,坑底和周边铺设黄土,中央铺设白土。可能在揭开的平面上原先还有黄、白二色的土台。"圆圈遗迹"周围有多个灰坑,各坑内埋藏一件完整器物。可将这些灰坑理解为对象是"圆圈遗迹"的特定行为。

有助于说明台基功用的还有主要出土于台基旁边的"祭祀沟"内陶器。这批陶器的质量比较差,烧成火候较低,根据测试为550～903℃。陶质疏松,极易破碎。"祭祀沟"内的堆积分为四层,但是有的同一件陶器的碎片分别出自第一层和第四层,因此沟内层位所反映的时间段很短。陶器破碎的原因不外乎两个,一个是在台基上的活动结束后被人为打破后丢弃,另一个原因是陶器质量太差,使用过程中就破了。现在一般都将陶器质量差归因于仅为一次活动使用而制作,从而作为祭祀功能的旁证。实际上在墓葬和祭祀活动中都有人为将随葬品和祭品破坏的情况,后者也可以作为判断台基功能的旁证。

禹会遗址的发掘简报和许多文章还认为该遗址可以同"禹会诸侯"的事件关联或紧密关联，甚至直接指认这里就是中国历史上这一重大事件发生的实际场所。目前这一推断都来自间接证据。首先是地名的相关性，认为"禹会"地名源自《左传》等典籍上记载的"禹会诸侯于涂山，执玉帛者万国"；第二是发掘出所谓"大型祭祀活动的遗迹"；第三是陶器风格的多元性，包含了多种地域性元素，表明参与活动人群的不同来源；第四是陶器质量很差，是在当地为了活动赶工制作的。

对于这些认识，首先可以讨论的是遗址性质。禹会遗址的台基和附近的相关遗迹是目前最重要的发现，因此发掘简报和大多数研究都强调了禹会遗址的祭祀性功能，认为遗址性质特殊。但是禹会遗址的保存现状为南北向长条分布，南北长约2500米，东西宽约200米。现存部分的面积已达50万平方米。禹会又叫禹会岗，原先是一岗地，因修建淮河大堤、蚌埠至淮南的公路，以及耕作、水土流失等原因，岗地面积已经大大减少，治淮等建设过程也对遗址造成了严重破坏。呈长条状分布的遗址很少见。上海马桥遗址因为位于近海的砂堤之上，遗址循砂堤走向形成，为南北长1000米以上，东西仅150的长条状分布，这是由遗址所在环境所决定的。现在禹会遗址西边紧贴南北流向的淮河，淮河水道的变迁可能毁坏了遗址的西部。因此禹会遗址的这种长条状分布应该不是它的原貌。禹会遗址的东西方向分布应该超过200米，也就是说遗址面积要超过50万平方米。这样大的遗址应该不仅仅是一处所谓"祭祀性质"的遗址。

从台基所在的层位堆积看，堆筑台基的灰土层打破了第4层，该层包含红烧土颗粒和少量碎陶片。简报指出，堆筑祭祀台基是先挖坑槽时打破第4层，也就是说堆筑台基时第4层已经形成且同台基无关。台基之上又被龙山层所压，并包含红烧土颗粒和陶片。在该发掘区域，台基的建造和使用只发生在禹会遗址存在期内的部分时间段。

如果没有文字记载或者确切的物质遗存，"祭祀"只是一个比较模糊的概念，例如禹会的台基等，并不清楚它的祭祀对象是什么。不妨称为礼仪性活动，似包容性更广，祭祀只是大型礼仪活动的一项内容。因此不应该将禹会遗址整体定性为"祭祀性质"。

禹会遗址规模很大，保存至今的所谓"祭祀性遗迹"只是其中很小部分。建造台基之前和之后都有人的活动，在台基等遗迹区域之外和它们建造使用的时间段之外，禹会的先民还做什么？禹会遗址还具有其他功能吗？

禹会遗址发现的陶器大多数出自台基西侧的沟内。陶质多比较疏松，常见器物变形或器形不对称，陶器烧成温度明显偏低。总之，这批陶器的质量比较差，非实用器。发掘者推测是各地前来参加祭祀活动的人群在当地临时制作的。然而，要使推测成为事实，还有不少研究要做，如从物质层面上，有制陶原料的来源、烧制地点、陶工等，遗址内还应该存在制陶工业区域，目前尚未发现；从精神层面上，当时人们如何认识祭祀的对象，如神灵祖先，为什么可以用粗制滥造的物品进行祭祀活动？

对禹会遗址，尤其是台基遗迹的功能性分析，文献记载发挥了很重要的作用。如何认识文献记载，怎样利用文献记载，也是一个需要厘清的问题。中国历史上有个名为"夏"的王朝，虽然受到20世纪前半叶疑古学派的强力质疑，但一般人都还相信"夏"是中国的第一个王朝。但中国历史文献对夏的记述比夏所处年代晚得多,这也是疑古学派质疑的主要原因。由于商代甲骨文的发现证明了商代后期的历史,也证明了有关商代后期的历史文献记载的可信程度,因此几乎所有的中国学者和一部分外国学者都认为夏王朝的确存在。禹是夏王朝的开创者,由于那件著名的青铜器豳公盨的发现,出土文字记载大禹史迹的时间提早到西周中期,铭文记载了禹治水治国的事情。"禹会诸侯"事件在政治上的重要性不亚于大禹治水,因此才会出现在《左传》等传世文献上。寄希望于将来能够发现记载这一重大政治事件的出土文字。相信"夏"和"禹"的存在,是信史,这是将禹会遗址和禹相联系的前提。

严肃谨慎的考古学家在解释发掘材料时,也会用文献记载加以对照,事例很多,以二里头文化开始阶段出现较多的中国东部地区文化因素为例,就曾以"后羿代夏"和"少康中兴"的历史事件说明之,因为后羿是活动在东部地区的部族,少康也在东部地区活动过比较长的时间。目前这一解释得到不少学者的认同。如果同意这样的方法论——参照晚期(晚于事件发生以后一段时期)的文字记载进行比较对照,那么采纳与"禹"有关的记载并解释禹会遗址同"禹会诸侯"事件的关联,也无可厚非。

将禹会遗址同"禹会诸侯"事件直接关联的另一个重要前提是,以台基和"祭祀沟"为代表的那次活动的年代。考古发掘简报判断遗址的年代为龙山文化晚期。环境考古学者对禹会年代的判定与简报不同,认为该遗址"应该很好地包含了龙山文化的各个时期",研究论文标识了所测样品的埋藏位置深度,并将禹会遗存分为龙山文化出现之初(距今4500年前后)、龙山文化的出现到中期和龙山文化的中期到后期(距今4100年前后)[1]三个阶段。碳十四年代有两组数据(树轮校正年代)。一组是发掘一区的,发表在考古简报上,有两个数据,1个数据样品出自台基的白土层上,置信度较高的年代是公元前2460～前2400年,另1个数据样品出自"底距白土层10厘米",置信度较高的年代是公元前2360～前2290年。另一组年代数据是发掘二区的,公布了四个数据,综合这四个数据中的置信度较高者,年代是公元前2460～前2245年。两组数据年代略有参差。如果不论置信度,以上6个数据距今最近的是公元前2200年。

关键问题是禹的生存年代同禹会遗址台基年代的整合。禹是启的父亲,这对父子被认为是中国第一个王朝夏的创建者。经过"夏商周断代工程"长达数年的多学科研究,仍然没弄清楚创建年代是什么时候,夏代的年代学框架仍然十分模糊,无法动摇传统认识,即公元前21世纪是夏王朝的开始。禹会遗址台基面上的碳十四年代为公元前24～前23世纪,两者之间存在200年的时间差距。夏王朝的开始年代和台基面上的碳十四年代都是相对的认识,必须做改订才能得出"禹会诸侯事件"同"禹会台基上的活动"直接相关的结论。

为了说明禹会遗址"十分复杂"的文化面貌,考古简报将禹会陶器同相关的其他文化陶器进行比较,并指出其相似性,这类相似性有助于我们从另一个角度认识禹会遗址

---

[1]　张广胜等:《安徽蚌埠禹会村遗址4.5～4.0 kaBP龙山文化的环境考古》,《地理学报》2009年7期。

的年代。禹会陶器同王油坊类型的相似性着重于侧三角形扁足鼎。同山东龙山文化相似的有鬼脸式鼎足、鬶和高柄杯。同滁河流域江浦牛头岗遗址的比较,特别提到"足尖外侧的按窝"同禹会的鼎非常接近。同上海广富林遗址的比较也提到这类鼎足,并且指出,广富林的垂腹鼎、鼓腹罐、垂腹罐和钵形釜(实为大型器盖)均同禹会所出相似。同石家河文化的比较,着重于两类器物,一类是盉(鬶),石家河文化和禹会都发现了长颈捏流和长颈管状流两种形制。禹会和石家河的另一种相似器类是凹底罐。

广富林遗址是广富林文化的典型遗址,另外一处重要遗址是浙江钱山漾,禹会简报上提到的钱山漾M1即为广富林文化。广富林和钱山漾等遗址的层位关系已经为广富林文化相对早晚关系的确定提供了可靠的地层依据。广富林文化晚于"以鱼鳍足鼎和细颈鬶为代表的遗存",即所谓"钱山漾一期遗存",早于马桥文化。这类细颈鬶同禹会和石家河的所谓"长颈捏流鬶"是同一类陶器。在钱山漾的"钱山漾一期遗存"中还发现了鬼脸式鼎足并多见弦断绳纹,亦见于禹会。

碳十四测年对广富林文化确切年代的认定具有重要的参考价值。目前,钱山漾遗址有3个碳十四测年数据,广富林遗址共有7个。其中,钱山漾的3个和广富林的4个数据均由北京大学以加速器质谱(AMS)测试,并使用相同的树轮校正曲线。钱山漾的测试样品为木头和木炭,碳十四年代(距今年代)为3545、3580、3775,误差值均为±35。广富林的测试样品为桃核、葫芦籽和稻米,碳十四年代(距今年代)为3555、3635、3665、3730,误差值均为±25。钱山漾3个数据和广富林4个数据的年代范围分别是230年和175年。但是,如果考虑误差值,这7个碳十四数据的综合年代范围则可达300年。参照它们的树轮校正年代及其置信度,广富林文化存续了大约200余年,其距今年代落在距今4100~3900年范围内的可能性较大,或略超出这个范围。结合陶器形制特征和测年数据,禹会遗址可能跨钱山漾阶段并进入广富林文化所属年代,但禹会遗址的年代下限应该早于广富林文化的下限。如果这样认识,禹会遗址年代已经延伸到距今4100年后,即公元前21世纪,同"禹会诸侯"的年代比较接近。

禹会遗址的考古发现非常重要,是中国文明探源工程的重大发现。因为这一具有深远意义的研究成果而又提出了新的问题。我们应该以此为基础,在田野考古、文字记载和年代学整合等方面继续深化,不断完善,努力重建中国文明的发展进程。

原载中国社会科学院古代文明研究中心等:《禹会村遗址研究——禹会村遗址与淮河流域文明研讨会论文集》,科学出版社,2014年

长江下游地区的早期印纹陶研究

——以广富林文化和马桥文化为中心

印纹陶一般是指以运用拍印为主的技法制作的带几何形纹饰的陶器。印纹陶是中国东南地区新石器时代晚期至春秋战国时期诸考古学文化的基本特征之一。印纹陶对考古学文化谱系、陶瓷技术发展史、中国东南地区人类种群的分布与迁徙等问题的研究都具有十分重要的学术意义。

本文的早期印纹陶为商代和商代以前的印纹陶。长江下游平原地区从广富林文化开始首先制造印纹陶，随后点将台文化、马桥文化和湖熟文化都使用印纹陶，其中尤以马桥文化使用的最为广泛。本文通过对长江下游地区这几个考古学文化印纹陶器的器类、形制、纹饰和制造技术的分析，阐明不同文化之间印纹陶的相互关系，厘清谱系，并探讨印纹陶的来源。

一

点将台文化和湖熟文化主要分布于江苏省宁镇地区。20世纪50和60年代的遗址发掘材料中已经包含了点将台文化遗存，但并未被识别出来。直到1973年点将台遗址发掘，才第一次从埋藏文化遗存的层位上区分出点将台文化并认识其基本特征，当时称为"下文化层"[1]。随着70和80年代资料的积累和认识的深化，1989年正式提出点将台文化的命名[2]。目前对点将台文化的年代只有一个相对粗略的推断，大约在距今4100～3700年。湖熟文化的名称是1959年提出的，对其年代、分布、文化内涵曾经有过许多争议。在《江苏考古五十年》一书中，对各种不同意见分析综合后，认定了湖熟文化的几个关键问题[3]。我同意作者关于年代的认识，即湖熟文化上承点将台文化，下接江苏普遍流行土墩墓的西周时期。

广富林文化和马桥文化主要分布于江浙沪接壤的环太湖地区。同点将台文化的发现

---

[1] 南京博物院：《江宁汤山点将台遗址》，《东南文化》1987年3期。

[2] 张敏：《试论点将台文化》，《东南文化》1989年3期。

[3] 邹厚本：《江苏考古五十年》，南京出版社，2000年。

过程类似，20世纪中叶的发掘材料包含了广富林文化遗存，但是一直到20世纪末才确认了广富林文化，并以"广富林遗存"作为暂定名称，2006年正式提出了广富林文化的命名。广富林文化的年代距今大约4200～3900年。马桥文化被发现以后，曾被称为马桥四层文化、马桥类型文化，浙江境内的同类文化还被称叫作高祭台类型。20世纪80年代以来，绝大多数研究者都开始使用马桥文化这一名称。马桥文化的年代距今大约3900～3200年。

点将台文化的印纹种类比较少，有绳纹、篮纹、方格纹和穗纹。前三种纹饰普遍存在于龙山时代，尤其是黄河流域。它们在工艺上采用"印"的技法，主要用压印、滚印法，也用拍印法。因此从技术意义上讲，这三类纹饰都是印纹。但它们同新石器时代末期以来流行于中国东南地区的印纹陶是有区别的，学术界一般也不认为带有这几种纹饰的陶器是印纹陶。不过方格纹、篮纹同绳纹有所区别，在特定概念的印纹陶出现以后，方格纹的载体同其他印纹陶基本相同，并采用拍印法，因此又将这一类方格纹作为印纹陶的一种纹饰来对待。而篮纹同条纹具有相似性。对方格纹和篮纹应该以个案为基础作特殊处理，有的方格纹和篮纹陶器可以看作是印纹陶。穗纹粗看似叶脉纹，细看穗纹的个体为稻谷形，而叶脉纹由直线条组成，穗纹和叶脉纹是两种不同的纹饰。以往的研究者已经正确地将这种差别区分出来，并认为湖熟文化的叶脉纹有可能是从点将台文化的穗纹演变而来的。点将台文化的所谓"印纹"种类很少，并且同流行于长江下游地区的几何印纹少有联系。值得注意的是，点将台文化中出现了刻划的梯格纹，同湖熟文化特别流行的印制梯格纹具有相似性。因为点将台文化和湖熟文化分布地域部分重叠，所以刻划梯格纹可能同湖熟文化的印制梯格纹具有渊源关系。值得注意的是，比点将台文化年代更早的福建浦城牛鼻山遗址上层有拍印梯格纹，这为探寻梯格纹来源提供了另一种途径。

湖熟文化印纹陶，可以从《江苏考古五十年》的归纳中看出其种类和演变的概貌。湖熟文化分三期：第一期，如果排除绳纹和篮纹，只有方格纹、梯格纹和穗纹，这一期同点将台文化关系紧密。第二期，印纹陶器的数量明显增多，梯格纹最具特色，并且在数量上超过绳纹，其他纹饰有方格纹、云雷纹、贝纹、叶脉纹（羽状纹）和折线纹，未提及穗纹，复合纹饰有云雷纹与梯格纹、云雷纹与贝纹、梯格纹与篮纹、梯格纹与叶脉纹；第三期，主要流行云雷纹和回纹，也有梯格纹、方格纹和折线纹，未提及贝纹和羽状纹。

广富林文化时期是几何形印纹陶在长江下游地区开始出现的时期，但是在陶器中所占比例很低。现以广富林遗址TD9说明其比例关系。TD9是一处生活废弃物的堆积，包含物中主要是陶器残片。各类陶片的数量及其所占比例详见表一。印纹陶实际上是泥质陶中的一类，因其特征明显，分出单列。印纹陶的陶质、颜色、器形和纹饰等要素同其他泥质陶有明显区别。在TD9中，印纹陶仅占所有陶器的3.4%（表一）。

表一　广富林TD9陶系统计

	夹砂陶	夹稻（谷）陶	泥质陶1	泥质陶2（印纹陶）	合计
数量（片）	303	11	54	13	381
%	79.5	2.9	14.2	3.4	100

广富林TD9印纹陶的颜色有黄白色、橘红色和紫褐色等,其中后两种比较常见。除了颜色不同,橘红色和紫褐色印纹陶的硬度和烧成温度也有所差异。印纹陶系列中的所谓黄白陶很少,其特征是浅黄色中泛白。对广富林文化印纹陶样品的测试结果表明,紫褐色印纹陶的化学组成同其他印纹陶的区别比较大,在以铁、铝、锰为变量的二维对应分析图上(图一),非紫褐色印纹陶比起紫褐色者更向铝的变量点方向移动,而紫褐色印纹陶则向铁的变量点方向移动[1]。非紫褐色印纹陶在此分析图上的位置,同广富林出土的白陶鬶比较靠近,但白陶鬶的铝含量略高,铁含量略低。从中可以看出这三类陶器的颜色差异同铁和铝的含量相关。

广富林文化印纹陶的载体,几乎都是罐、壶类的盛器或水器,底部形态为凹圜底和圈足,几乎不见圜底器。现已发现的印纹陶复原完整器很少,其中有方格纹高领圈足尊、方格纹带流阔把壶等(图二)。可辨识的陶器局部特征有高领折肩、宽折沿和卷沿等。陶片中印纹的种类比较丰富,除了方格纹,还有菱格纹、叶脉纹、雷纹、席纹、条纹、折线纹等(图三)。有些纹样不太清楚,暂称为双茎叶脉纹(图三,8)、方框方格纹等(图三,9),另外还有篮纹。尚未发现两种纹饰同在一件器物上的复合纹饰。经观察,广富林文化印纹的有些基本特征值得关注。例如一部分纹饰的拍印重叠率比较高,不易分辨纹饰的单元。条纹的排列不整齐,线条之间不平行或交错排列,同篮纹有些相似。大多数折线纹的折角近90°,或略大,有的折线纹在其折处呈圆弧状,比较近似水波纹,或

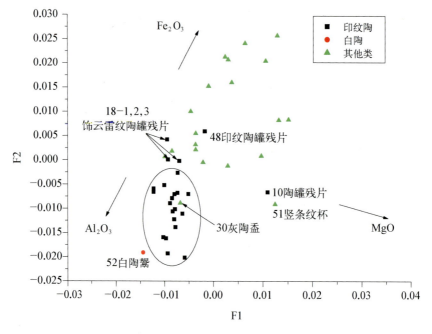

图一 广富林文化陶器主次量元素二维对应分析图

[1] 鲁晓珂等:《上海广富林遗址陶器的科技研究》,《科技考古(第三辑)》,科学出版社,2011年。

1   2

图二　广富林文化印纹陶器
1. 方格纹高领圈足尊（H983-1）　2. 方格纹带流阔把壶（H1543-3）

1   2

3   4

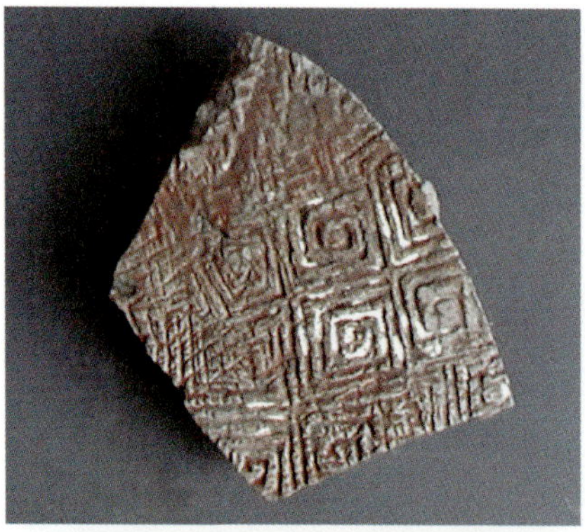

图三　广富林文化印纹陶纹饰

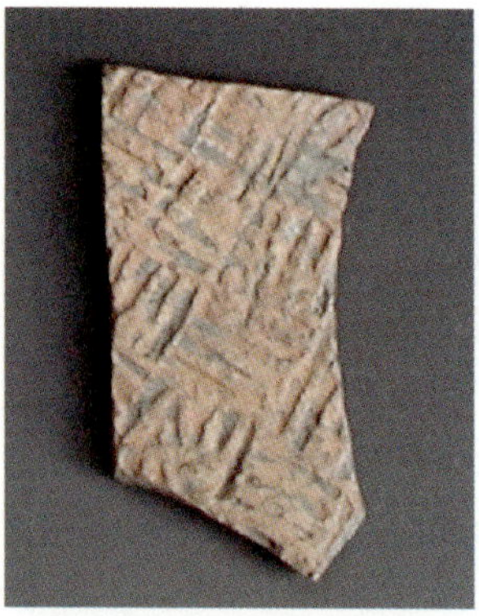

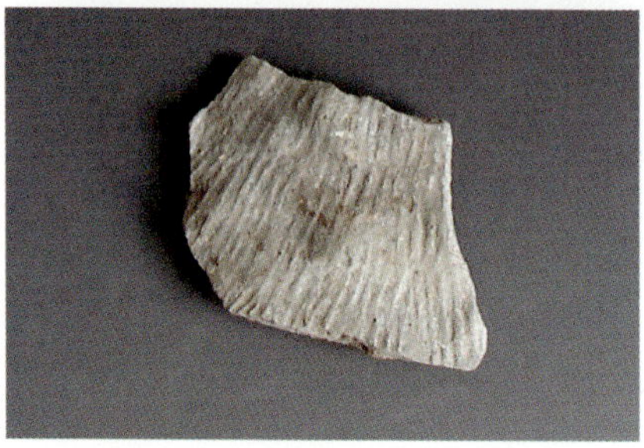

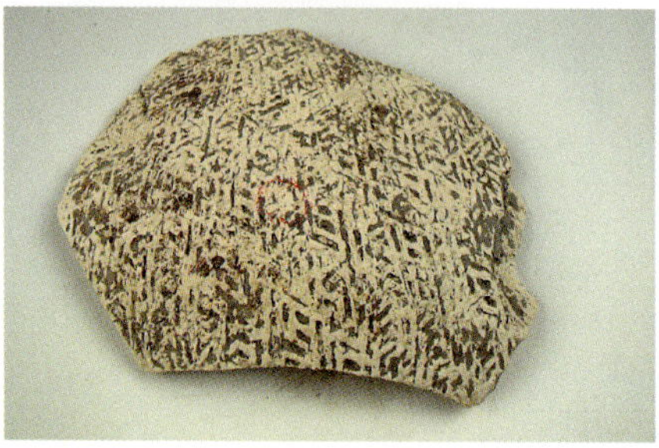

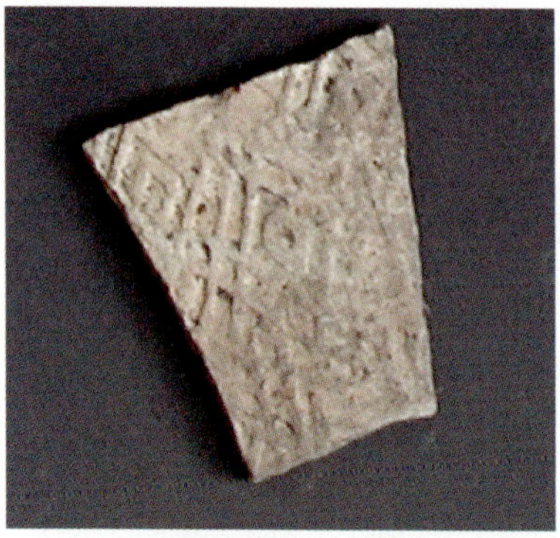

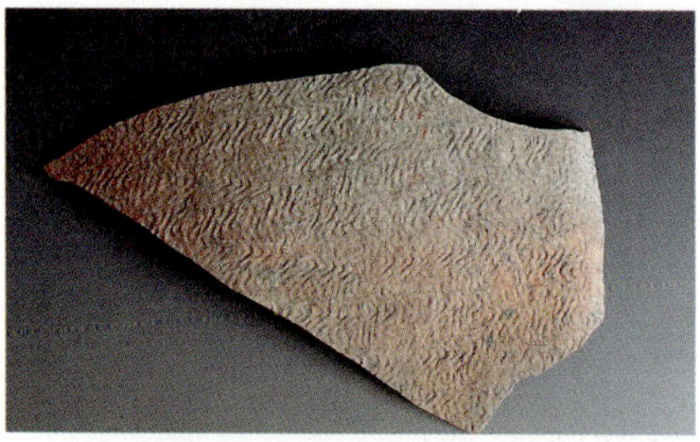

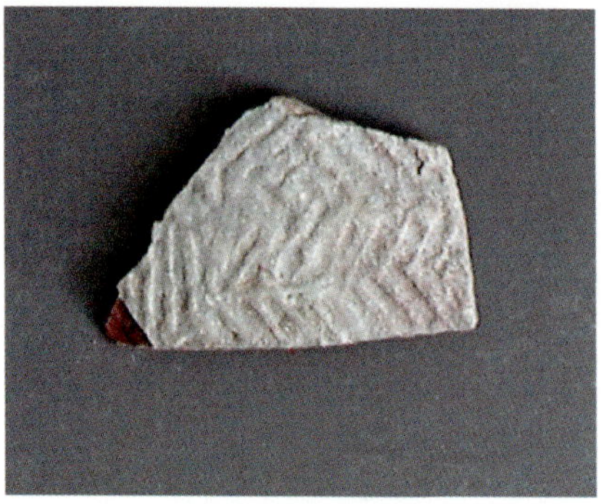

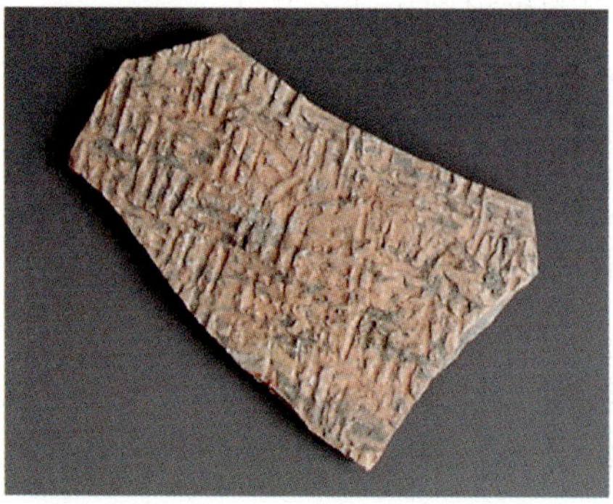

1. 方格纹（ⅠT1338⑤）　2. 菱格纹（ⅠT1338⑥）　3、4. 叶脉纹（ⅠT1338⑤）　5. 雷纹（H124）
6、12. 席纹（ⅠT1339⑥、ⅠT1338④）　7. 条纹（ⅠT1338④）　8. 双茎叶脉纹（ⅠT1338④）
9. 方框方格纹（ⅠT1339⑥）　10. 折线纹（ⅠT1338④）　11. 折线纹到叶脉纹（H121）

可看作水波纹的变体(图三,10)。有个别折线纹的一个单元在折处有根相交的短直线,为叶脉纹中间的经脉,实际上这个单元就是叶脉纹(图三,11),从中可以看出叶脉纹同折线纹的关系。有些席纹的相隔单元的短线不在同一直线上(图三,12)。

在广富林TD9的陶片纹饰中,叶脉纹和折线纹是典型的几何形纹饰,方格纹也是印纹陶中比较常见的纹饰。绳纹主要饰于夹砂陶上,在泥质陶上很少见到。划纹(竖向)和凸弦纹只是印纹陶上的辅助性纹饰,也就是说,印纹陶上有印纹和其他辅助性纹饰的组合纹样(表二)。

表二　广富林TD9陶片纹饰统计

	黄白色陶	橘红色陶	紫褐色陶	合计(片)
叶脉纹		1		1
折线纹		2		2
方格纹(小)		5		5
篮纹	1		1	2
绳纹			1	1
划纹(竖向)			1	1
凸弦纹			1	1
合计(片)	1	8	4	13

上述广富林文化印纹陶的不同纹样之间具有某种程度的相关性。方格纹与菱格纹以相交直线构成方形和菱形。篮纹的线条较短且不平行,条纹的线条较长且相互平行。另有一类纹饰介于篮纹和条纹之间,线条比较长,相互之间有的平行,有的相交。有些折线纹的折处近似弧线,同水波纹相似,统计时或被认作水波纹。因在广富林文化的折线纹中的折角处添加短直线,这就成了叶脉纹。

马桥文化陶器分为四系:夹砂陶、泥质红褐陶、泥质灰陶和泥质黑陶,泥质红褐陶在数量上占有绝对优势。根据对上海马桥遗址两个探方马桥文化所有文化层的陶片统计,红褐陶所占比例达51%(图四)。而在这两个探方的最早文化层中(③F层),红褐陶的比例还要略高一些(图五)。

泥质灰陶和泥质黑陶的成型方法、陶器种类、装饰技法和纹饰类别等,大致相同。在以轮制方法成型的陶器中,器类主要是簋、豆、瓿、觯、尊、器盖等,也有一部分盆,纹饰制作以戳印、压印技法为主,纹样有菱形云雷纹、斜云雷纹、蝶状云雷纹等。另一部分以泥条盘筑法成型的陶器绝大多数为泥质灰陶,器类主要是盆,还有刻槽盆和钵,纹饰制作以拍印或滚印技法为主,纹样有方格纹、绳纹和篮纹等,它们同泥质红褐陶有少许相似,而泥质黑陶中很少见到这种技法。

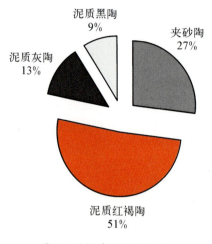

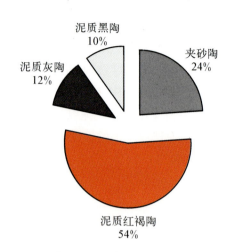

图四　马桥遗址陶系比例1　　　　　图五　马桥遗址陶系比例2

　　泥质红褐陶的提法带有一点模糊性，它实际上指的是在制法、纹饰、器形等方面具有很多共性，而在颜色和硬度上存在明显差异的大类，颜色包括橘红、红褐、灰褐、紫褐等，其硬度从橘红到紫褐渐次增加。颜色、硬度差异的实质是胎料成分和烧制工艺的区别。红褐陶系的常见器类是各种不同规格的罐、小盆和鸭形壶，最常见的纹饰是条纹、条格纹、叶脉纹、折线纹、方格纹、席纹等六种，比较少见的纹饰是云雷纹、菱格纹和篮纹。红褐陶系还有两种或两种以上纹饰的复合纹样，如方格纹和席纹、方格纹和条纹、折线纹和条纹、叶脉纹和条格纹、叶脉纹和条纹、叶脉纹和席纹等（图六）。

　　广富林文化同马桥文化印纹陶纹样的相似程度非常高，二者共有的纹饰有条纹、方格纹、菱格纹、折线纹、叶脉纹、篮纹、雷纹、席纹，但是在马桥文化中数量最多的条格纹

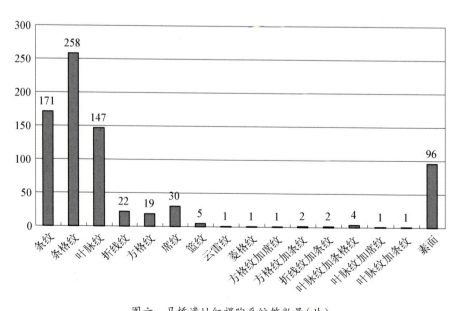

图六　马桥遗址红褐陶系纹饰数量（片）

不见于广富林文化。马桥文化条格纹同条纹关系密切,应该是自条纹变化而来的。经对马桥遗址6个探方年代最早的③F层陶片统计,条格纹的总量超过条纹。广富林文化和马桥文化的差异还有,前者尚未发现两种几何形印纹的组合纹样,而马桥文化的组合纹样虽然数量不多,但品种并不少。

以上长江下游地区的四个文化,点将台文化的穗纹很有特点,但延续的时间比较短。湖熟文化的梯格纹和贝纹都带有浓郁的地方性风格,梯格纹在商代末期扩散至环太湖地区和钱塘江以南地区,其来源应该同点将台文化的刻划梯格纹相关,同时年代上早于湖熟文化和点将台文化的福建浦城牛鼻山遗址拍印梯格纹也是值得关注的可能性来源之一。湖熟文化第三期的回纹与直角雷纹近似,二者在年代上有先后,回纹结构的来源当为直角雷纹。湖熟文化的其他印纹都与广富林文化和马桥文化相同。湖熟文化的开始年代晚于环太湖地区的两个文化,印纹也不如后者流行程度那么高。在涉及湖熟文化印纹陶的来源问题时,《江苏考古五十年》认为其源头是马桥文化。实际上湖熟文化的梯格纹和贝纹特别具有地域文化特征,而其余纹饰则同其他考古学文化,尤其同广富林文化和马桥文化具有很强的共性。如果从纹饰出现时间早晚和地域的相邻性角度作进一步推断,湖熟文化的这些纹饰当来自广富林文化和马桥文化的传播。

二

在广富林文化发现之前,我对马桥文化以拍印纹样为特征的红褐陶源流的基本看法是,它们同浙南闽北的"肩头弄期"文化关系密切,是肩头弄一单元文化遗存影响下的产物,并与二单元和三单元并行发展。其拍印技法同福建的昙石山文化也有关系,马桥文化红褐陶系同昙石山文化的联系很可能以浙南闽北地区作为交往通道[1]。1997年浙江遂昌好川遗址的发现为马桥文化印纹陶探源提供了一批全新的资料。因为好川遗存的文化内涵同良渚文化的密切关系,我提出,"良渚文化走向衰落之际,浙南闽北的文化又趁机向北扩展,马桥文化以红褐陶为特征的文化因素就是在这一背景下发展起来的"[2]。

随着广富林文化的发现,无论从广富林文化和马桥文化的早晚关系上,还是从这两个文化印纹陶纹饰的较高相似性上,都为马桥文化的印纹红褐陶找到了一个新的来源。虽然目前广富林文化印纹陶的数量很少,但毕竟是长江下游地区可以确定的年代最早的印纹陶。良渚文化几乎不见印纹陶,以往一些研究过印纹陶的学者将浙江吴兴钱山漾和邱城二遗址中发现的印纹陶误以为属于良渚文化,实际上那是马桥

[1] 宋建:《马桥文化探源》,《东南文化》1988年1期。
[2] 上海市文物管理委员会:《马桥——1993~1997年发掘报告》,上海书画出版社,2002年,第375页。

文化的器物。钱山漾期采用"印"的方法制作的纹饰除了绳纹、篮纹、方格纹外，几乎不见严格意义上的"几何形印纹"。因此，延续约千年的良渚文化，包括钱山漾期，没有拍印技法和几何形印纹的传统。长江下游印纹陶是否存在外来源头是一个值得关注的问题。

早于广富林文化，并与良渚文化晚期至钱山漾期年代大致相当的浙江遂昌好川墓地，器物组合明确，年代排序比较准确[1]。好川遗存同良渚文化关系密切，我认为好川遗存是良渚文化向南拓展的变体。好川遗存是探寻长江下游印纹陶发源地的重点。

1997年好川墓地发掘了80座墓葬和若干探沟。根据发掘报告，80座墓葬分为五期，第三期和第四期又各自分前后两段。墓葬的随葬品中共有46件印纹陶罐，其中矮圈足罐14件，圜底罐32件，在随葬陶器中约占6%的比例。其中有一部分印纹陶被认为属于硬陶。随葬印纹陶的纹饰有折线纹、条纹、叶脉纹等。

好川墓地被发掘之前，所有墓葬的墓口均在施工过程中遭受到不同程度的破坏。发掘报告称"好川墓地直接建在自然丘陵岗顶上，没有叠压或打破早期的任何文化堆积"，但是细读后发现还是存在层位关系可供探究。其中有以下三组层位关系：

第一组：M13（第五期）打破H3。H3包含的印纹陶纹饰有条纹和折线纹，H3中还有少量着黑陶。着黑陶饰条纹的比较多，少数饰折线纹。

第二组：H2打破M59（第三期后段）。H2中包含的印纹陶纹饰有条纹和方格纹。所含陶片中有着黑陶，多饰条纹。

第三组：发掘报告称，"为了解墓地的地层叠压情况，在T23的中部开1×10米的探沟"，在这条探沟内发现了厚0.3～0.5米的文化层。发掘报告中的"好川墓地墓葬分布图"显示，M71的墓坑边缘与T23中部探沟的南壁相连。发掘时，M71的墓坑深0.78米。从发掘报告所介绍的这些线索分析，M71应该打破了T23的文化层。M71是好川第五期墓葬，即该墓地最晚期。T23的文化层所含陶片中有印纹陶和着黑陶，印纹种类以条纹和席纹多见，也有少量麦穗纹、云雷纹等，着黑陶多拍印很浅的条纹。M71随葬一件饰叶脉纹的硬陶圜底罐，墓坑填土中有一片拍印错向条纹的硬陶罐口沿残片。

以好川的这三组层位关系为基础，在印纹陶技术发展的早期阶段存在几个关键点：1. 着黑陶出现的时间不晚于以M71所代表的好川墓地第五期。这样就可以将肩头弄期遗存中比较常见、马桥文化中也有发现的着黑陶的出现时间提早到好川遗存时期。好川发掘报告特别指出，被第五期墓葬M13打破的H3中所包含的着黑陶特征同肩头弄一期着黑陶相似。2. 好川墓地随葬的罐以圜底为特征，没有以凹圜底为特征的罐，但在不晚于第五期的T23文化层中出现凹圜底，而凹圜底罐是年代稍晚的肩头弄期遗存的基本特征。从着黑陶和凹圜底这两种因素看，好川墓地第五期同肩头弄期最早遗存年代已经接近。

[1] 浙江省文物考古研究所、遂昌县文物管理委员会：《好川墓地》，文物出版社，2001年。

同好川遗存一样,中国东南地区出现印纹陶的时间都早于长江下游地区。可以从以下的东南地区典型遗址中看到印纹陶的基本特征,以资同长江下游地区比较。

福建的典型遗址有地处山地丘陵的浦城牛鼻山和沿海地区的闽侯昙石山。牛鼻山距好川不远。牛鼻山墓葬分早晚两期,早期没有发现印纹陶。根据"上层墓葬陶器纹饰情况统计表",随葬陶器以素面陶器为主,占46.6%。晚期的几何纹样有方格纹、梯格纹和叶脉纹,各占比例为2.9%、5.8%和5.8%。从牛鼻山晚期墓葬中的平端石镞、中细颈陶鬶和有嘴壶,以及陶器的圜底特征分析,其年代当同好川墓地晚期相近[1]。

昙石山遗址的第八次发掘(1996～1997年)比较完整地发表了资料,并厘清了以往不甚清晰的认识,明确将昙石山遗址分为四个时期,并对第二至第四期进行了文化命名[2]。其中只有第二期被界定为昙石山文化,距今5000～4000年;第三期为黄瓜山文化,距今4000～3500年;第四期为黄土仑文化,距今3500～3000年;第一期文化早于距今5000年。据昙石山第八次发掘报告,在第一期文化陶器的各类纹饰和制作技法中,拍印的绳纹、条纹和竖篮纹最为常见。从纹饰看,在条纹的纵横相交区块形成了方格纹雏形。对于这一期,第六次发掘(1964～1965)报告称其为下层,提到了13片几何印纹硬陶,但是在对下层遗物的描述中又没有特别提到它们的纹样形式[3]。1974年的第七次发掘又认为"13片几何印纹硬陶"的说法"似不可靠"[4]。第八次发掘证明,第一期文化没有几何印纹硬陶。第二期即昙石山文化陶器的纹饰以拍印纹为主,纹饰种类除了绳纹、条纹、篮纹外,还有方格纹、长方格纹、梯格纹、折线纹、叶脉纹等。从纹饰看,两件梯格纹有所区别,一件为多排平行短线纹,另一件也是多排平行短线纹,但在排与排之间以篮纹相隔。第三期即黄瓜山文化的陶器纹饰制法绝大多数为拍印法,纹饰种类有所增加,除了绳纹、条纹和篮纹外,还有方格纹、栅篱纹、折线纹、叶脉纹、席纹、云雷纹等。所谓栅篱纹实际上就是长方格纹。在陶器形态总体特征方面,昙石山文化的釜类器都是圜底,壶罐类器以矮圈足为主,个别为圜底。

浙闽赣交界区域的江西广丰社山头遗址也是出现印纹陶比较早的遗址[5]。社山头的新石器时代文化分为三期,第一期已经出现印纹陶,纹饰有折线纹、重圈纹等,第二期纹饰有折线纹、漩涡纹等,可能还有叶脉纹(有文字描述,未见图),第三期新增席纹。关于社山头三期文化的各自年代,第一期和第二期的陶鬶和石镞同好川遗存同类器接近,没有见到这两期的凹圜底器类。虽然在被好川第五期墓葬M71打破的T23的文化层中存在凹圜底器的残片,但在好川墓葬随葬品中没有凹圜底器。据此,社山头下层文化第二期应该不晚于好川墓地第五期。社山头第三期出现了凹圜底

［1］ 福建省博物馆:《福建浦城县牛鼻山新石器时代遗址第一、二次发掘》,《考古学报》1996年2期。

［2］ 福建博物院:《闽侯昙石山遗址第八次发掘报告》,科学出版社,2004年。

［3］ 福建省博物馆:《闽侯昙石山遗址第六次发掘报告》,《考古学报》1976年1期。

［4］ 福建省博物馆:《福建闽侯昙石山遗址发掘新收获》,《考古》1983年12期。

［5］ 江西省文物考古研究所、厦门大学人类学系、广丰县文物管理所:《江西广丰社山头遗址发掘》,《东南文化》1993年4期;江西省文物考古研究所、厦门大学历史系考古专业、广丰县文物管理所:《江西广丰社山头遗址第三次发掘》,《南方文物》1997年1期。

器,该期封口盉的出现表明,其年代已到龙山文化的较晚阶段,因此这一期晚于好川墓地第五期。

江西中西部的新余拾年山遗址[1],其第二期和第三期的几何形印纹有折线纹。值得注意的是,在第三期发现一件残玉琮,其形制、纹饰接近广富林文化玉琮。另外,第三期还有硬陶。这一期的年代同广丰社山头第三期和广富林文化相近。

根据以上材料可知,广富林文化之前或与广富林文化年代大致相当时期,浙赣闽等地都已经制作了印纹陶,从文化传统延续和生产技术传承的视角分析,这些地区有可能是长江下游地区印纹陶的来源。但其中特别值得关注的还是浙南地区的好川遗存。广富林文化印纹陶器的底部特征为圈足和凹圜底,好川遗存的随葬印纹陶罐以圜底和矮圈足为特征,但文化层中存在凹圜底器。广富林文化的纹饰比好川遗存略显复杂,但作为基本纹饰的条纹、折线纹、叶脉纹、席纹和云雷纹等在好川遗存中都已经出现。因此从陶器风格、存续年代和地理位置等因素考虑,浙南地区是广富林印纹陶来源的可能性更大。

马桥文化广泛使用印纹陶的生活方式是否直接源自广富林文化呢? 如前所述,这两个文化的印纹陶虽然纹饰种类相近,但是数量悬殊。而且从陶器的总体风格上看,马桥文化和广富林文化之间还存在较大差距,二者恐怕还不是直接的、唯一的渊源关系。广富林文化陶器中的主要因素来自长江以北地区,也包含少量印纹陶因素。马桥文化初期大量使用印纹陶,而来自长江以北地区的因素萎缩。陶器风格的变化是考古学文化面貌发生变化的最直接反映,文化面貌的差异暗示了从广富林文化到马桥文化期间的人口移动方向和社会变迁规模。根据马桥文化印纹红褐陶系同肩头弄期陶器的相似性等因素,笔者认为浙南闽北是马桥文化的主要来源。随着广富林文化的发现,可以将环太湖地区受到浙南闽北(还应该包括赣东北)地区影响的时间提前到广富林文化,但是这种影响在广富林文化中显然不占主导地位。马桥文化初期发生根本性变化,来自浙南闽北地区的文化因素占据主导地位,文化性质完全改变。

广泛或比较广泛地使用印纹陶是夏商时期中国东南地区考古学文化的基本特征,该地区区分出的多个考古学文化是否有可能都是在当地产生并发展了印纹陶呢? 长江下游地区以环太湖地区的印纹陶出现最早、使用最广泛,那么环太湖地区是否也可看作是印纹陶的发源地之一呢? 我认为,尽管从理论上讲不同地区都有产生和延续相同技术传统的可能,但是现有材料尚不足以对此作出肯定回答。我的回答是否定的,理由除了前文已述各地印纹陶产生年代的比较外,还有:1. 从地缘关系看,印纹陶的分布区是长江以南的中国东南地区,而长江下游沿岸地区是印纹陶分布的边缘地带。2. 制作印纹陶的泥条盘筑法是比较落后的制陶技术,其生产效率低,所制器物器形不规整、欠美观。中国早期文明发展比较早的地区,在其进入文明化进程的发展阶段时基本就放弃

[1] 江西省文物考古研究所、厦门大学人类学系、新余市博物馆:《新余市拾年山遗址第三次发掘》,《东南文化》1991年5期。

了这种技术。即使在夏商周时期印纹陶成为中国东南地区的盛行风格,也未对中原地区产生大的影响。3. 原始瓷的选料和烧制等同印纹陶的关系相当密切,原始瓷是当时陶瓷领域的高端产品,原始瓷生产是高端的制造技术。中原地区较早就出现了原始瓷产品,却将低端的普通印纹陶产品基本排斥在外。尽管原始瓷的产地在哪里目前尚无定论,但至少说明先进文化区是有选择地接受(输入、引进或生产)新产品的。4. 长江下游地区特别是环太湖地区是中国最早进入早期文明的地区之一,较早时期的制陶技术已从泥条盘筑法发展到轮制法。后来环太湖地区再回到早已被摒弃的落后技术一定有特殊原因,我认为其原因就是良渚文化末期发生的文明衰变。这一时期社会动荡,传统被抛弃,之后便是随人口迁徙而来的技术系统的轮回。

原载《中国考古学会第十四次年会论文集(2011)》,文物出版社,2012年

论马桥文化的陶文[*]

　　马桥文化发现至今已经30年,20世纪60年代和90年代中叶先后在上海马桥遗址进行过几次大规模的考古发掘,获得了丰富的陶文资料。60年代的陶文资料于1978年发表,学者们已经从不同角度进行过研究。90年代的资料目前尚在整理之中。除马桥外,上海查山和江苏澄湖等遗址也发现了少量陶文。本文的研究对象以马桥90年代中叶的发掘资料为主,并参照了60年代的马桥材料。通过比较,归纳马桥文化陶文的特征,分析它们与其他文化类型陶文的关系,讨论陶文的功能与含义。

一、陶文的资料

　　商代后期的甲骨文和金文是中国最早的成熟文字体系。对早于甲骨文、金文又与文字有关的那部分资料如何认识,怎样定性,学术界一直存在不同的看法。有的学者直接把它们称为文字,并根据后来的甲骨文字形,解释陶文的意思[1]。也有的学者认为,直接将早于甲骨文的陶文对照甲骨文进行解释,并因此就认为汉字的历史上推了三千年或二千年,是很不科学的,而应该谨慎地称为符号。这样,即使由于谨慎而把原始文字说成了一般的符号,问题并不严重[2]。

　　究竟早期的陶文与成熟文字的形成有没有联系?对此,严文明先生指出,在文字产生以前的符号同文字产生以后仍然存在的符号还是有区别的,不能认为文字产生以前的各种符号体系同文字的产生没有一点关系[3]。换言之,成熟文字之前的符号与汉字的形成是有一定联系的。对于与汉字形成有联系的符号,我们认为还是应该给予它们一个合适的名称。符号通常可以界定为人类在特定的时空环境下所创造的,可以表达某种相对固定的意义,在某个人类群体中通行的交流媒介。在这个意义上,各种不同的文字都是符号。当然符号的含义太丰富,不仅可以是图形、字形,而且可以是手势、颜色和物体。这样就有

　　* 与周丽娟合著。
[1] 于省吾:《关于古文字研究的若干问题》,《文物》1973年2期,第32～35页。
[2] 裘锡圭:《究竟是不是文字——谈谈我国新石器时代使用的符号》,《文物天地》1993年2期,第26～30页。
[3] 严文明:《半坡类型陶器刻划符号的分类和解释》,《文物天地》1993年6期,第40～42页。

必要把那些与后来的成熟文字有一定联系的特殊符号区别出来,因此建议把这类符号作为原始文字来认识,而不再用符号这个概念[1]。本文所提到的陶文指刻划在陶器上的文字,既有原始文字,也有甲骨文出现以后的成熟文字。实际上,从原始文字到成熟文字的形成,是一个不断延续的过程,二者可以从系统上加以区别,有的个体却是很难严格区分的。

马桥文化陶文集中发现在上海马桥遗址,经初步统计,90年代中叶的资料共有250多个单字,这应该归因于只有马桥遗址经过大规模发掘、比较系统地收集资料有关。1993～1995年马桥遗址总共发掘了2381平方米,属于马桥文化的第三层分为若干个小层,不同的小层代表了相对早晚的年代关系。

马桥文化的大多数陶文刻在陶罐口沿的沿面上(图一),一小部分刻在鼎类炊器的口沿面上(图二),只有极其罕见的几个刻在器盖和陶盆上(图三)。

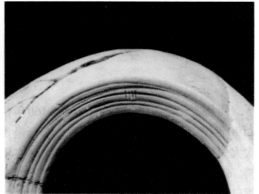

图一　陶罐口沿上的陶文

ⅡT619③E:6

图二　陶鼎口沿上的陶文

ⅡT1120③D:9

---

[1] 宋建:《良渚文化到马桥文化的演化过程初探》,《上海博物馆集刊(第五期)》,上海古籍出版社,1990年,第59～66页。

图三　陶盆口沿上的陶文

ⅡT819③D：4

从目前观察到的陶文看，绝大部分是入窑焙烧前刻的，有的陶文刻道边缘有因胎质未完全干透时，用力刻划从而挤压陶胎而留下的鼓凸，甚至有的陶文在二笔交汇处第一笔被第二笔的鼓凸物所阻断（图四，1、2），这类陶文的刻道一般比较粗且深（图四，3、4）。

图四　马桥文化的陶文

1.ⅡT917③B　2.ⅡT521③F　3.ⅡT522③：E　4.ⅡT722③E　5.ⅡT825③B　6.ⅡT722③：B

7.ⅡT520③B　8.ⅡH246

也有极少数陶文是陶器烧成后刻的，它们的刻道纤细、浅显，有的还露出冲刀痕迹（图四，5、6）。至于刻划陶文用的工具，除竹、木、骨质常见的尖锐器外，还有一种马桥文化所独有的，即以指甲为工具，此类工具尚未在别的文化或遗址中见诸报道。以指甲为工具主要刻划的是那些短弧线，其弧度与指甲横截面一致，刻槽中间深、两头浅，一般见于先刻文然后入窑焙烧的陶器上（图四，7、8）。

马桥文化的这些单字，同形合并，归为59种。又将形体结构相似、含义可能具有一些共性的若干种单字作为一类，这样可以分成六类。

A类：横或竖的直线或弧线，直线用尖锐工具刻划，占多数；弧线用指甲压刻，比较少。所谓横和竖是指线段与口沿边缘平行或者垂直。还有少数斜线，依据其接近程度分别归入横或竖。一个单字的线段多为一至三条，排列基本平行。只有极个别的超过三条，线段非平行排列的也比较少见（图五）。

A类陶文的结构最简单，而数量却是最多的，共有8种62个。它们在地层上的分布很散，从较早的3F层到较晚的3A层都有。A类陶文的载体有3件鼎、1件盖，其余都是罐（表一）。

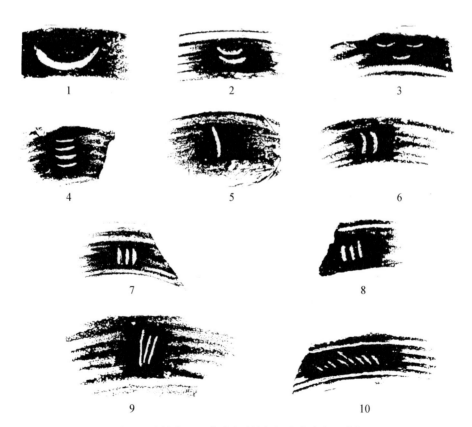

图五　马桥文化A类陶文（横或竖的直线或弧线）

1. ⅡT522③E　2. ⅡT519③F　3. ⅡH246　4. ⅡT720③C　5. ⅡT620③F　6. ⅡT932③B　7. ⅡT522③F
8. ⅡT922③D　9. ⅡT1032③D　10. ⅡT922③B

表一

	横	竖	合计		横	竖	合计
一	8个	14个	22个	四	1个		1个
二	6个	17个	23个	八		1个	1个
三	1个	14个	15个	合计	16个	46个	62个

B类：是A类的扩展与补充，即在横或竖的线段上再添加一道，有竖、横、折的区别。添加的线段多在近旁，也有一些纵贯或者横穿几道平行线段（图六）。

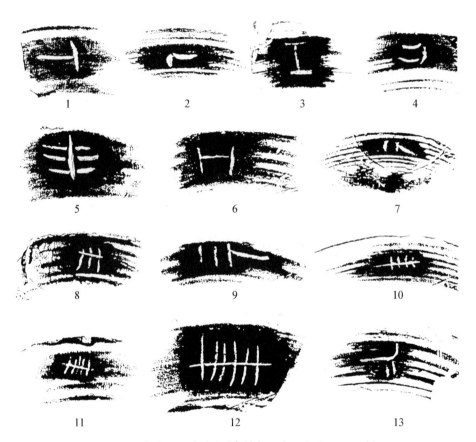

图六　马桥文化B类陶文（在横或竖线段上再添加一道）

1. ⅡTD203　2. ⅡT735③C　3. ⅡH148　4. ⅡT620③D　5. ⅡT722③E　6. ⅡT621③F　7. ⅡT825③B
8. ⅡH118　9. ⅡT1120③E　10. ⅡT519③E　11. ⅡT913③B　12. ⅡT73③D　13. ⅡT521③B

B类陶文的结构比A类复杂一些，共有9种40个，地层分布与A类相似。B类陶文的载体有2件鼎，其余为罐（表二）。

表二

	一横	二横	二竖	三横	三竖	四竖	五竖	六竖	合计
一竖	11	4		2					17
一横			8		7	1	1	1	18
一折			5						5
合计	11	4	13	2	7	1	1	1	40

C类: 两条线段相交叉及其扩展。

依据它们与口沿边缘的相对位置, 又可分十字相交(横线与口沿边缘平行)和斜线相交。扩展是在它们的一侧(变体1)或两侧(变体2)再加线段(图七)。

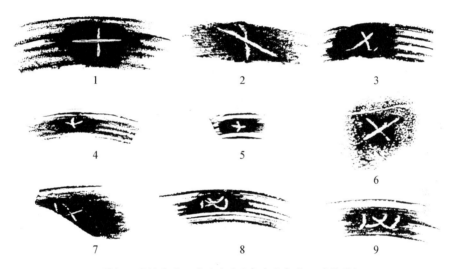

图七　马桥文化C类陶文(两条线段相交及其扩展)

1. ⅡT1134③D　2. ⅠT1308③B　3. ⅡT1019③A　4. ⅡT620③F　5. ⅡT522③D　6. ⅡT921③F
7. ⅡT723③D　8. ⅡT735③C　9. ⅡT720③C

C类总数比B类要少一些, 共4种19个, 多数分布在3C～3F层, 属于比较偏下的地层。C类陶文的载体有1件鼎、1件盖, 其余都是罐(表三)。

表三

十字相交	斜线相交	变体1	变体2	合计
7	9	1	2	19

D类: 二划相接成夹角及其扩展。夹角有朝外与朝内的区分, 指向口沿外缘为朝外; 指向口沿内缘为朝内。另有一部分是斜向, 依据其靠近程度分别归入朝外或朝内。扩展是在它们的一侧(变体1)或两侧(变体2)再添加线段(图八)。

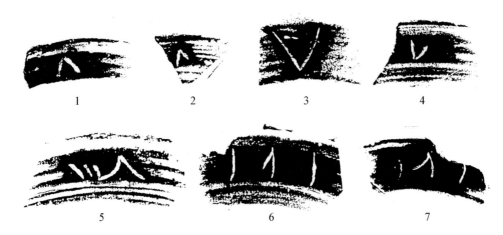

图八　马桥文化D类陶文（两划相接成夹角及其扩展）

1. ⅡT521③F　2. ⅡT720③B　3. ⅡT1020③E　4. ⅡT835③B　5. ⅡT932③B　6. ⅡT621③F　7. ⅡT924③B

D类中有少数夹角尖部未相连，或可单另列出，因数量比较少，暂归于此。

D类陶文有4种23个，它们的载体全部是罐，地层分布比较分散（表四）。

表四

朝外	朝内	变体1	变体2	合计
15	4	1	3	23

E类：与陶器上的叶脉形纹饰相似，有的与口沿缘平行，有的垂直。变体是指在叶脉形基础上的变化。有两种变体，一种是两侧仅各有一根短线，为变体1。另一种只有一侧短线，又细分为短直线（变体2A）与短弧线（变体2B）（图九）。

E类有5种38个，地层分布情况与A类相同，陶器载体有两件鼎，其余都是罐（表五）。

表五

平行	垂直	变体1	变体2A	变体2B	合计
9	12	10	3	4	38

F类：折线形和变体。共有21个，归为3种：两折、多折和变体。大多数是三线两折，少数有多折，最多者共7折。其中有4个为变体，都是两折，在中间线段的一侧加短直线，与E类的变体2A有相似点（图一○）。

F类陶文在早晚地层均有分布，陶器载体有一件鼎，其余为罐。

除了上述六类，还有不少不能归类的，共32个陶文，分26种，大多数每种只有一个，少数种有两个（图一一、一二）。这部分陶文，在早期地层种类和数量比较少，晚期地层的种类和数量比较多。陶文载体大多数仍然是罐，另有鼎和盆各一件。

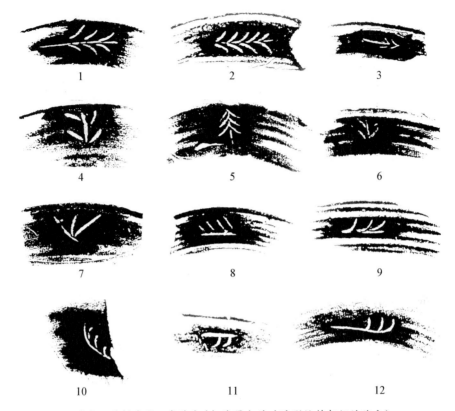

图九　马桥文化E类陶文（与陶器上的叶脉形纹饰相似的陶文）

1. ⅡT1233③D　2. ⅡT621③D　3. ⅡT1031③B　4. ⅡT931③B　5. ⅡT521③F　6. ⅡT723③D
7. ⅡT719③F　8. ⅡT720③B　9. ⅡT1035③B　10. ⅡT1121③E　11. ⅡT931③B　12. ⅡTD201

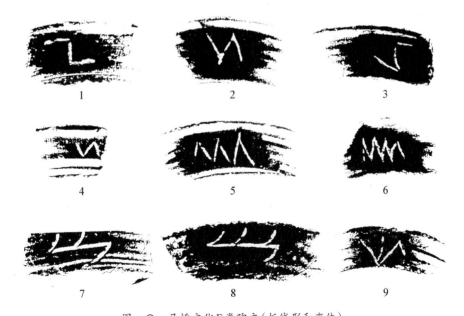

图一〇　马桥文化F类陶文（折线形和变体）

1. ⅡH148　2. ⅡT722③C　3. ⅡT735③C　4. ⅡT624③B　5. ⅡT620③D　6. ⅡT931③C
7. ⅡT931③B　8. ⅡT1121③B　9. ⅡTD201

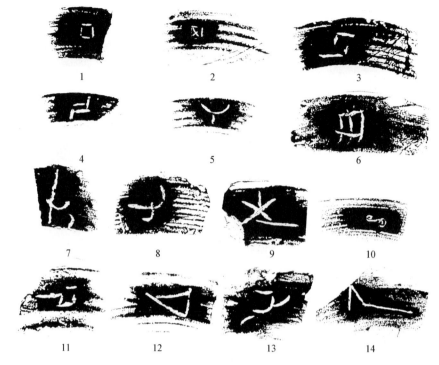

图一一　马桥文化的其他陶文

1. ⅡT722③B　2. ⅡT721③E　3. ⅡT932③D　4. ⅡT1231③B　5. ⅡT522③F　6. ⅡT521③F
7. ⅡT722③B　8. ⅡT722③C　9. ⅡT722③B　10. ⅡT825③B　11. ⅡT1333③A　12. ⅡT924③B
13. ⅡT622③F　14. ⅡTD203

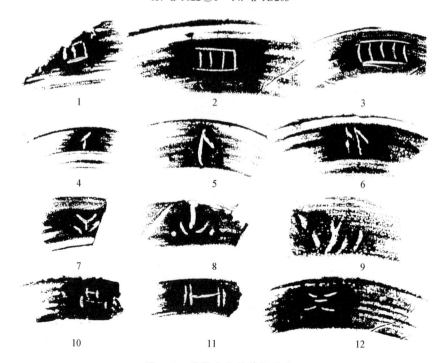

图一二　马桥文化的其他陶文

1. ⅡT923③A　2. ⅡT721③E　3. ⅡT520③D　4. ⅡT623③B　5. ⅡT825③B　6. Ⅱ1035③B
7. ⅡT720③E　8. ⅡT720③E　9. ⅡT931③B　10. ⅡT817③B　11. ⅡT931③B　12. ⅡT721③C

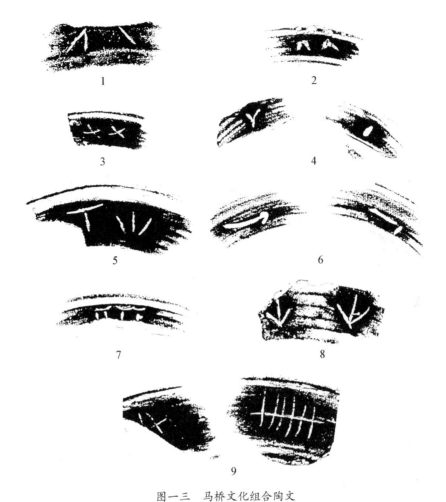

图一三　马桥文化组合陶文

1. Ⅱ T932③B　2. Ⅰ T1107③B　3. Ⅱ T719③B　4. Ⅰ T1208③B　5. Ⅱ T1121③E　6. Ⅰ T1108③B
7. Ⅱ TD101　8. Ⅱ TD201　9. Ⅱ T723③D

以上是一件陶器（陶片）只有一个陶文的资料，另有少数有两个陶文，马桥90年代中叶的发掘品共有10件这样的陶器（片）。两个陶文有的紧靠在一起，有的相隔开一段距离。大多数是同类符号的组合，马桥遗址有A、B、C、D、E类。少数是异类符号的组合，其中，多数与A类符号组合，个别与B类符号组合（图一三）。

二、陶文的比较

新石器时代和夏商时期，有许多遗址发现陶文，仰韶文化半坡类型年代早而且资料丰富，良渚文化与马桥文化有共同的分布区域，夏商时期与马桥文化年代接近。

半坡类型的陶文总数接近300个，同形合并，共有52种。绝大多数刻在陶钵口沿上。经细致观察，多数符号是在陶坯成型晾干尚未入窑烧制之前，用钝尖工具刻出，很少是烧成后再刻的。严文明先生将半坡类型的陶器符号分为六类，即竖、钩、刺、串和特殊符号与复合符号[1]。

马桥文化与半坡类型虽然地理位置相距遥远，年代上也相隔2000多年，但是陶文的刻工仍然有不少相似之处。它们多刻于某种器物的特定部位，半坡类型是陶钵的黑色宽带，马桥文化是陶罐的口沿沿面。二文化都以先刻后烧制为主。在刻划手段方面，马桥文化用指甲刻出弧形短线的特色非常鲜明，半坡类型尚未指出存在这样的刻法。

马桥文化与半坡类型陶文的形体结构也有一些是相像的，甚至完全相同。马桥文化的A类陶文与半坡类型的竖类近似（根据严文明先生的分类），不过马桥文化A类的表现形式更为丰富，有竖也有横，有直线也有弧线。为了表达更复杂的含义，马桥文化还出现了A类的扩展与补充——B类。B类中有一部分在半坡类型被分入串类。

马桥文化E类叶脉形见于半坡类型的特殊符号中，E类的变体2A与半坡类型的刺类完全相同。马桥文化的E类叶脉形和半坡类型的刺类在各自文化类型中都是数量比较多的大类。

马桥文化的F类，有的见于半坡类型的钩类，但是大部分有比较大的结构差异。半坡类型的特殊符号有几种在马桥文化中数量比较多，被单独分出，如C类和D类。

半坡类型的特殊符号类是所谓的"杂凑"，被分为同类只是因为它们难以归入其他各类。马桥文化也有一批未归类的陶文，结构与半坡类型多不相同。两个文化这部分陶文的共同点是种类多而相同个体少。

可以看出，马桥文化陶文的A类与B类同半坡类型的竖类、串类有比较多的共同点：1. 有简单易刻的形体结构。2. 单个陶文的总数最多，半坡类型的竖类有143个，马桥文化的A类和B类共有102个（93～95发掘）。3. 同种陶文最多的在马桥文化的A类和半坡类型的竖类中，可知它们是最常用的陶文。

良渚文化陶文的载体有多类器皿，如鼎、簋、罐、壶、杯等，刻划部位也没有定规，有的刻于器底，有的在肩腹部，也有的刻于口沿部，个别陶文刻在T形鼎足的外侧（亭林），另外还发现了刻于器物内壁底部的陶文。良渚文化有少数陶器刻有多字陶文，地层关系清楚或出土环境明确的有三件，其中两件刻于肩腹部，即澄湖贯耳壶和南湖圈足罐，贯耳壶上共有四个字，在腹部排成一行，圈足罐是迄今为止发现字数最多的一件陶器，十一个陶文绕肩部一周排列。另一件是马桥阔把杯，两个陶文并排刻于器底[2]。

在陶文的表现形式方面，良渚文化也呈现出多样性，其中，以写实性图画和象形符号最有特点。前者如南湖的圈足罐，上面所刻的动物和方格网形就各为一幅图画，李学勤先生释"虎"和"网"[3]。象形符号如金山亭林圈足罐底部的"井"。良渚文化水井已经普遍使用，多数都是土坑井。少数井有井圈，在嘉善新港、昆山太史淀和青浦西漾淀

［1］　严文明：《半坡类型陶器刻划符号的分类和解释》，《文物天地》1993年6期，第40～42页。
［2］　宋建：《良渚文化的陶文和玉器徽记》，《中国文物世界》1992年总83期，第55～66页。
［3］　李学勤：《良渚文化的多字陶文》，《吴地文化一万年》，中华书局，1994年，第3～15页。

发现的井圈都是大圆木剖开成几块,掏空后拼合而成。井圈皆为圆筒形。嘉兴雀木桥清理的一处木结构遗存,底部是五根井字相交的圆木,三根东西向,相互距50厘米,两根南北向,间距70厘米,结构不同于同时期的葬具和井圈,可能这就是"井"字的本义——一种窖藏的木框架遗存。

马桥文化也有"井"字,但是没有发现类似的木结构遗存。

总的看来,马桥文化与良渚文化陶文的差异相当明显,除了少数表意的记号比较接近,陶文载体和多数字形结构差别很大。尤其重要的是,良渚文化陶文能够将多个字有序排列,组成一个完整的句子。能够传递比较完整信息的词句比起只能表达简单意思的单字,是文字发展过程中的一个关键之处,也是一项非常了不起的成就。原始文字的进步是良渚文明进入繁盛阶段的重要标志之一。李学勤先生对此评价:"在所有已发现的史前陶器符号之间,良渚陶器的这些例子最符合严格的文字标准。它们有多个符号,可以用分析文字的方法去释读,恐怕不易否认它们就是文字。"[1]

虽然马桥文化和良渚文化有一样的分布区域,但是它们的文化面貌存在明显差异,尤其是马桥文化陶文的载体主要是属于红褐陶的各类罐,良渚文化根本就没有此类陶系,因此,两个文化所使用的陶文有诸多不同就不足为奇了,它们可能具有不同的功能。

夏商时期的陶文,在黄河流域的许多遗址都有发现,比较集中发现的几个遗址是夏时期的二里头、商代前期的郑州商城和商代后期的殷墟。

二里头陶文的载体比较固定,绝大多数刻在尊罐类器物的口沿或者肩部,以刻在大口尊的口沿上最为常见。一般一件陶器上只刻一个原始文字。刻划多个原始文字的一件陶器是陕西商县紫荆出土的灰陶瓠,分别在陶瓠下部两侧及底部刻了三个原始文字,互不相连。郑州商城的陶文,也多刻于大口尊的口沿上。

殷墟发现的陶文数量比较多,研究工作也做得比较系统。截至1989年的统计,一共发现近百件陶器(陶片)上刻有文字,共计有122个单字。陶文载体多样化,最多的几类陶器是盆、器盖和豆,其他还有簋、罍、罐、大口尊、鬲、"箕形器"和范等。陶文刻划的部位,食器类如盆、豆、簋等以及大口尊和鬲,多数刻于口沿近旁,个别刻于圈足或腹部。罍罐类多刻于肩腹部,个别刻在口沿上。大多数陶文仍然为单字,在统计的95件陶器上,只有18件刻有两个以上的单字。一件陶器上最多的有12个字,都是数字。非数字的陶文,大多数都只有2～4字,最多的一件上有7个字。殷墟文化时期已经有了非常成熟的文字系统,因此有足够的条件解释陶器上的文字。以字义分类,有人名或族名、数字、位置和记事[2]。

如果将夏商时期三个最重要的文化遗址所出陶文进行比较,可以看出二里头文化和郑州商城陶文的相似程度比较大,它们与殷墟陶文的相似程度比较小。例如二里头和郑州商城陶文的载体比较固定,多刻于大口尊的口沿上,字体结构比较简单,多为表

---

[1] 李学勤:《良渚文化的多字陶文》,《吴地文化一万年》,中华书局,1994年,第3～15页。

[2] 刘一曼:《殷墟陶文研究》,《庆祝苏秉琦考古五十五年论文集》,文物出版社,1989年,第346～361页。

意类的记号,基本不见多字陶文连用的形式。相反,殷墟陶文的载体不很固定,刻划部位不一,表意象形并存,多字陶文已占一定比例,虽然它们的字数还不算多。

马桥文化的年代与二里头文化和郑州商城最接近,陶文的相似程度也最高。它们都有比较固定的载体和同样的刻划部位,表意记号多,字形结构相同者不少,甚至据此可以作出相近的分类。已经公布的二里头文化陶文有几十种之多,如果按照马桥文化陶文的分类法,它的 A 类～F 类在二里头文化中都有。二里头文化也有一些无法归类的,它们同马桥文化的差异很大。遗憾的是,几十年来二里头和郑州商城做了大量的考古发掘工作,但是公布的陶文资料却比较有限,更未作比较系统的统计分类,因此现在还不具备就字形与数量的关系作进一步对比研究的条件。

三、陶文功能与含义的讨论

当马桥文化的第一批陶文公布后,学者们就开始从不同角度研究这批资料。最常用的方法是对照甲骨文来解释陶文。用同样的方法,半坡类型、大汶口文化和良渚文化等的原始文字也被释义。但是质疑者认为,由于时间和空间分布有相当大的距离,即使符号完全相同,也未必表示相同的意思,这在文字学与民族学资料中有不少典型例子。例如类似马桥文化的 C 类很常见,但是在不同的时间、空间或民族,可以表示不同的意义:古汉字表示"五",纳西族的东巴文和海南黎族的竹刻表示"十",云南的哈尼族曾用来表示"五十元",傈僳族曾用来表示相会的意思,等等[1]。严文明先生对半坡类型陶文的解释,也不赞成把它们同成熟文字作简单的类比,而是应该"结合当时的社会经济状况和文化特点,对其可能的含义作些逻辑性推测"。他在推测竖类的含义时指出,竖类"既然是最多的,那么它所代表的一类事物就应该是最常见或最经常发生的。它的结构又是最简单的,所以它表达的事物的层次也应该是简单明了的"。并进一步认为,它们是表示某种级别的符号,例如可能是陶器的质量等级[2]。

在讨论马桥文化陶文的含义时,我们首先注意到陶文的载体比较固定,绝大多数刻在陶罐的口沿上,属于红褐陶系。马桥文化的陶器分夹砂陶和泥质陶两大类。夹砂陶最常见的器形是鼎、甗和器盖。泥质陶从外观色质上,分黑陶、灰陶和红褐陶。黑陶和灰陶多为食器和酒器,也有一些盛储器,红褐陶多为盛储器,有各种不同形制的大罐和小罐,还有鸭形壶。说陶文的载体是罐实际上包含了许多不一样的器形。因此确切地说,马桥文化的陶文载体比较固定在红褐陶器的口沿上。

红褐陶系的特点是普遍采用泥条盘筑法成型,在良渚文化已经普遍使用轮制方法后,这是一种比较原始的手制成型方法。为了使陶胎更加致密,还要在陶器上拍打,器

[1] 汪宁生:《从原始记事到文字发明》,《考古学报》1981年1期,第1～44页。
[2] 严文明:《半坡类型陶器刻划符号的分类和解释》,《文物天地》1993年6期,第40～42页。

表多有拍印纹饰,以条格纹与叶脉纹最多。红褐陶系中已有一部分属于硬陶范畴,窑温较高者已经达到1100度左右。与轮制陶器比较,红褐陶系的生产工序多,盘筑成型和拍打装饰要分别进行。盛储器中大器比较多,为保持形态的稳定性,对成型工艺有特殊的要求。生产红褐陶器对烧制技术的要求也比较高,要特别注意胎料和窑温气氛的匹配。马桥文化时期烧制硬陶的技术尚处于初始阶段,对陶器胎料和窑温气氛的掌握尚不熟练,因此在发掘品中经常发现烧坏的陶器。正因为生产工序多,技术要求高,在马桥文化制陶业中,红褐陶器被看作是一类比较特殊的陶器大类。

陶文相对固定在红褐陶器大类可能与它们的工艺过程比较复杂有关,在这类陶系上刻陶文是为了记录一些与制陶相关的事情。一般而言,破译一种特殊的记录符号,必备条件是有比较充足的材料,并在不同的组合中多次出现。马桥文化陶文几乎没有什么组合,解释字义比较困难。不过,如果参照已知的成熟文字,并与陶文特定的功用结合起来,也不妨作为现有条件下的一种初步尝试。马桥文化的年代大致与二里头文化和郑州商城相当,下限与殷墟文化接近,因此参照殷墟的陶文是最恰当的。

殷墟陶器上的95个(组)陶文,有82个(组)可以释读,最多的是人名或族名,有42个(组),超过半数。第二位是数字,共20个(组),除3组被认为是卦辞,其余的多只有一个数字。另外还有8个(组)表示位置,5个(组)记事,多数是多字陶文。如果对照殷墟陶文,马桥陶文中,数字占有更大的比例,本文所分之A类和C类、D类的主要部分都是数字。诚如有的学者指出,本文所分之C类陶文在不同的时空和民族有不同的含义,也不排斥其他类陶文有类似现象。然而对那些简单陶文,如果考虑到视觉效果的直观性和人类思维、逻辑归纳的趋同性,那么结构最简单、数量最多即最常用的符号,即使时空不同,表达相近意思的可能性仍然不小。马桥文化陶文的B类和C类、D类的其他部分以数字为基本构架,又增加了简单的线段,它们是一种补充,是在数字之外的附加记录。研究者认为,殷墟陶文上的数字"表示记数还是器物在一套中的顺序,或者其他的含义,至今还没有令人信服的解释"[1]。我们根据对马桥文化陶文功能的理解,认为陶文记录了与红褐陶制作工艺过程有关的事情,但是它们究竟是表示制作顺序、陶器批量或器类的件数,尚不能确定。

E类和F类,大多数不见于殷墟。这两类各有较多的数量,表明它们的常用;个体之间又有一些局部的变化,用以记录同一类事物内的差异。结合陶文的功能,这两类陶文可能记录了制陶工序与过程的某些要点。根据现有资料,还没有发现陶文与陶器形制、纹饰存在必然联系。我们认为,红褐陶系工艺的最大难题是胎料的选择、处理和陶窑的温度气氛。马桥文化对此掌握不好,陶器的硬度和色质差别很大,次品量比较多。到商代晚期和西周,环太湖地区这类陶器的质量大大提高,硬陶、软陶泾渭分明,遗址、墓葬的出土品中坏器明显少于马桥文化,表明马桥文化以来,制陶工匠们一定经过了艰辛的探索与不断的总结。为了技术的改进提高,有必要记录制陶泥料的来源、数量和加

---

[1]　刘一曼:《殷墟陶文研究》,《庆祝苏秉琦考古五十五年论文集》,文物出版社,1989年,第346~361页。

工形式,也要记录陶窑的类别、陶器在窑内的位置等。E类和F类可能就是这样的记录。

马桥文化未分类的那部分陶文有26种,不算少,但是同形的不多,表明它们不如已经分类的陶文那样经常使用,它们应该是一类特殊的记号。我们注意到殷墟陶文记录了30个人名和族名,分刻于42件陶器(陶片)。虽然两种陶文的结构几乎没有相似点,但是如果从各自陶文的类别和功能考虑,或许在马桥文化的这部分陶文中,有的也记录了相同的内容,可能是陶器制作者或使用人的名字。

马桥文化的双字陶文很少,多数是两个同一类的陶文,不同类的都是分别与A类或B类的组合。它们不同于殷墟比较复杂的多字记事陶文,甚至比良渚文化的几组多字陶文还要简单。这可以从一个侧面证明马桥陶文比较单一的功能。同类陶文只是为了强调某一特殊记录,那些分别与A类或B类的组合则是在记录上再加量的概念。

字义常常是人们讨论原始文字最有兴趣的题目,也是研究者必须提出和逐步解决的问题。由于甲骨文之前的原始文字数量少,一般以单字形式出现,解释手段简单单一,不能充分验证。即使像良渚文化那样的多字陶文,也因数量太少,重复率极低,虽然作了释义的尝试,但仍然难以达成共识。因此探讨字义是一个随着资料的积累而不断研究的过程。上面的讨论只是以现有资料为基础,将陶文功能与字形结构相结合,并参照时代背景和文化背景比较接近的殷墟陶文,对马桥文化陶文释义的初步尝试。

原载上海博物馆:《上海博物馆集刊(第八期)》,上海书画出版社,2000年

马桥文化原始瓷和印纹陶研究

马桥文化是夏商时期以环太湖地区为分布中心区域的考古学文化,因发现于典型遗址——上海市闵行区马桥而得名。1990年代在马桥遗址进行了几次发掘,发掘总面积达2600平方米,获得了丰富的考古资料[1]。遗址出土了大量的印纹陶和夏商时期比较少见的原始瓷[2]。本文以马桥文化年代为依据,将原始瓷、印纹陶样品的考古学观察、化学组成分析和物理特性结合在一起,讨论原始瓷和印纹陶各自的特征和相互关系,进而探讨原始瓷的起源和产地。

一、观察与分析

从马桥发掘品中挑选原始瓷样品4件、印纹陶样品11件作形态观察、化学组成分析和烧成温度测试等[3]。金山坟出土的一件罐的化学组成为半定量分析,作为参考[4]。

(一)原始瓷

标本1,马桥ⅡT1021③B,罐腹片,外施青绿色釉,呈凝聚状,有裂纹,釉层最厚处达0.25毫米,胎体灰白,有层状大气孔,内壁有手指垫凹痕,釉下饰拍印席纹。烧成温度1150度。

标本2,马桥ⅡT621③C:3,豆盘,盘内施青绿色釉,多处有剥釉现象,口外缘无釉,外壁不施釉,釉层最厚处达0.15毫米,胎体灰白,盘内有轮旋痕,外壁有工具的刮削痕(图一)。

这种豆的完整器形:敛口,口沿旁有贴耳,浅弧

图一　原始瓷豆残片

[1]　上海市文物管理委员会:《上海市闵行区马桥遗址1993～1995年发掘报告》,《考古学报》1997年2期。
[2]　陈尧成、宋建等:《陶瓷高温釉起源新探》,《福建文博》1996年2期。
[3]　测试工作由中国科学院上海硅酸盐研究所和上海博物馆文物保护技术科学实验室承担。
[4]　上海市文物保管委员会:《上海青浦县金山坟遗址试掘》,《考古》1989年7期。

图二　原始瓷豆

腹,粗柄,大喇叭圈足,上部贴耳,圈足上饰凸棱和曲折形镂孔(图二)。

标本3,马桥ⅡTG21③,豆盘,盘内施青绿色釉,光亮度比较好,釉层最厚处达0.20毫米,胎体浅灰色,有层状大气孔,内壁有高低不平的轮旋痕,外壁有工具的刮削痕。烧成温度1179度。

标本4,马桥ⅡTD203,罐腹片,与另一器黏连在一起,应属烧制过程中的残次件。外壁施黑釉,光亮度比较好,釉层最厚处达0.15毫米,胎体深褐色,内壁高低不平,有垫窝痕,釉下拍印叶脉纹。

标本5,金山坟T5:4,罐,鼓腹,凹底,肩附双耳,外壁施黑釉,釉层最厚处达0.25毫米,胎体紫褐色,烧结,釉下拍印小方格纹。

原始瓷釉、胎的化学组成见表一和表二。

(二) 印纹陶

标本6,ⅡT521③F,鸭形壶口颈及壶身上部,外壁施黑色涂层,厚0.1毫米,局部光亮。胎体分两层,外层为深褐色,内层黑灰色。壶颈内外均有轮旋痕,器身内壁有垫窝痕。壶身涂层下施细绳纹。马桥遗址中发现了多件施黑色涂层的鸭形壶(图三)。

标本7,ⅡT921③F,残片,外壁褐色,局部光亮层厚0.05毫米,施折线纹,内壁有垫窝痕,胎体紫色。烧成温度1085度。

标本8,ⅡT819③B,残片,外壁暗绿色,局部光亮层厚0.05毫米,施小席纹,内壁比较平整,胎体灰色。

图三　施黑色涂层的鸭形陶壶

标本9,ⅡT922③D,残片,褐色,外施方格纹,内壁平整(图四,下右)。

标本10,ⅡT918③F,罐腹片,深褐色,局部偏黑色,外施篮纹。烧成温度1077度(图四,下中)。

标本11,ⅡH281,罐腹片,外壁施黑色涂层,厚0.4毫米,胎体紫褐色,外施席纹。烧成温度1103度(图五)。

标本12,ⅡT717③B1,内外施暗红色涂层,厚达0.8毫米,胎体深灰色,外施方

图四　印纹陶片

格纹。烧成温度1114度（图四，下左）。

　　标本13，ⅡT1032③A，罐腹片，内外壁皆橘红色，平均厚度2毫米，胎体灰色，外施条格纹。烧成温度902度。

　　标本14，ⅡT624③C，罐腹片，橘红色，局部夹灰色薄层，外壁施叶脉纹。烧成温度953度（图四，上左）。

　　标本15，ⅡT1121③C，罐腹片，红褐色，外壁施折线纹，烧成温度999度（图四，上右）。

　　标本16，ⅡT717③B2，罐腹片，胎体三夹层，内外橘红、中间深灰色，外施折线纹。烧成温度994度（图四，上中）。

　　印纹陶涂层和胎的化学组成见表三和表四。

图五　施黑色涂层的陶片

表一　原始瓷釉的化学组成

标本号	实验号	SiO$_2$	Al$_2$O$_3$	CaO	MgO	K$_2$O	Na$_2$O	Fe$_2$O$_3$	TiO$_2$	MnO	P$_2$O$_5$
1	XM1	57.02	15.02	17.37	2.22	2.07	1.31	3.89	0.81	0.29	0.7
2	XM2	64.75	13.70	11.34	2.25	1.74	0.85	4.46	0.7	0.25	0.5
3	XM3	66.04	14.18	11.47	1.82	1.37	0.96	3.09	0.89	0.21	0.5
4	XM4	63.65	13.95	8.85	2.06	2.39	1.50	6.36	0.95	0.29	0.4
6	XM5	67.21	18.4	1.16	0.79	4.67	2.17	4.59	0.96		

表二　原始瓷胎的化学组成

标本号	实验号	SiO$_2$	Al$_2$O$_3$	CaO	MgO	K$_2$O	Na$_2$O	Fe$_2$O$_3$	TiO$_2$	MnO	P$_2$O$_5$
1	XM1	71.6	19.1	0.6	0.7	2.5	1.0	2.9	1.0	0.01	0.2
2	XM2	73.5	17.9	0.6	0.7	1.5	0.4	3.8	1.0	< 0.01	0.2
3	XM3	75.8	16.3	0.8	0.4	2.2	1.0	1.8	1.0	0.02	0.1
4	XM4	72.1	16.5	0.6	0.6	2.1	1.1	5.3	1.0	0.03	0.2

表三　印纹陶涂层的化学组成

标本号	实验号	SiO$_2$	Al$_2$O$_3$	CaO	MgO	K$_2$O	Na$_2$O	Fe$_2$O$_3$	TiO$_2$	MnO	P$_2$O$_5$
6	XM5	67.21	18.4	1.16	0.79	4.67	2.17	4.59	0.96		
11	XM11	60.4	18.9	2.3	1.8	2.3	1.0	8.5	1.0	0.07	0.2
12	XM12	61.1	26.9	0.8	1.1	2.2	0.5	5.6	1.1	0.03	0.2

表四 印纹陶胎的化学组成

标本号	实验号	SiO$_2$	Al$_2$O$_3$	CaO	MgO	K$_2$O	Na$_2$O	Fe$_2$O$_3$	TiO$_2$	MnO	P$_2$O$_5$
6	XM5	69.8	18.4	0.6	0.8	1.8	0.8	6.0	1.3	<0.01	0.2
7	XM6	71.7	17.7	0.6	0.9	2.2	1.1	4.2	1.0	0.03	0.1
8	XM7	76.5	15.3	0.4	0.7	1.8	<0.1	3.5	1.0	0.01	0.2
9	XM8	70.0	19.9	0.7	1.0	2.2	0.9	3.7	1.0	0.01	0.1
10	XM10	71.5	17.5	0.7	0.7	1.8	0.8	5.3	1.2	0.01	0.1
11	XM11	68.4	19.9	1.0	0.9	2.4	0.8	5.0	1.0	0.03	0.2
12	XM12	65.2	22.8	0.9	0.9	2.4	1.0	5.0	1.0	0.05	0.4
13	XM13	67.3	20.62	0.82	1.13	2.65	0.99	6.27	1.08	0.02	0.34
14	XM14	67.15	23.30	0.98	1.15	2.27	0.96	5.13	0.95	0.02	0.13
15	XM15	65.3	17.8	0.7	0.8	1.8	1.2	10.8	0.9	0.03	0.1
16	XM16	67.08	20.46	0.87	0.99	1.87	1.0	5.59	1.01	0.02	0.13

二、讨论与综合

（一）原始瓷特征

原始瓷器形只有罐和豆两类。罐类器，均施釉于器外。豆类器，多数施釉于豆盘内，豆盘外不施釉。例如标本2（XM2），豆盘的敛口外缘虽然朝上，但无釉。这一方面否定了所谓窑内"落灰釉"的可能，证明确为人工施釉，另一方面说明在原始瓷发明之初，其目的和功用就十分明确，盘内施釉，既增加了观赏性，又使之不吸水，具有优良的实用性。

有的学者曾建议，"似乎可以将以瓷石类原料制胎，并施有釉的商周时期的陶瓷产品称为原始瓷器；而与印纹硬陶胎体组成相同的那部分带釉器物（由富Fe$_2$O$_3$黏土配制而成）则应称为釉陶"，以示二者之间的区别[1]。我认为这一建议是可以商榷的。首先，建议者所确认的原始瓷并非肯定以瓷石为原料，只是"估计"和"推测"。其次，釉陶一词，常有其特定的含义，"一般所说的'釉陶'应是指在用陶土作胎的陶器表面涂上铅釉，在低温中（即摄氏1000度以下）烧制而成的带釉陶器"[2]，这在考古学和陶瓷研究中已经形成了比较固定的概念。就马桥文化的原始瓷而言，大致可以区分为两种胎体，一

---

[1] 罗宏杰、李家治：《试论原始瓷器的定义》，《考古》1998年7期。

[2] 安金槐：《河南原始瓷器的发现与研究》，《中原文物》1989年3期。

种富 Fe_2O_3（氧化铁），近褐色，另一种 Fe_2O_3 较贫，接近于所谓以瓷石为原料，灰白色胎。两种胎体的 SiO_2（氧化硅）含量都比较高，均超过了70%，这一特点同其他地点出土的商周原始瓷胎相近[1]。当然，既然称为原始瓷，就不可避免地带有许多原始性，胎质的非单一性就是其中的一种表现，尤其是在原始瓷发明初期，更是如此。

原始瓷釉有黑釉和青绿釉，黑釉 Fe_2O_3（氧化铁）的含量比较高。四个样品釉层的厚度达到0.15～0.25毫米，标本3和标本4釉层的质量比较高，覆盖整个胎面，光亮透明，已经完全形成玻璃态。标本1和标本2釉层的质量比较差，有明显的开裂或剥落。

在各标本釉的化学组成中，SiO_2（氧化硅）的含量比较接近，另一种主要成分 Al_2O_3（氧化铝）的含量也比较接近，含量差异最大的是 CaO（氧化钙），最少者（标本4，8.85%）仅是最高者的（标本1，17.37%）的一半。曾有学者对浙江瓷釉的化学组成变化进行研究，认为浙江瓷釉在形成发展过程中，有氧化钙含量从低到高，然后又从高到低的变化规律，而氧化钾的含量则顺着泥釉、原始瓷釉、越窑瓷釉到龙泉瓷釉由高到低，再由低到高，与氧化钙相反[2]。但是如果从更大的范围分析商周时期的原始瓷，发现瓷釉的化学组成特征同马桥文化原始瓷釉相似，氧化钙含量的差异也很大。低者如河北藁城原始瓷釉的氧化钙含量为6.49%，江西吴城的一个商代样品低到4.61%。而高者河南郑州的商代原始瓷釉，氧化钙达到20.5%，河南洛阳西周前期为18.42%，高低相差达4倍左右，差值甚至高于马桥文化[3]。罗宏杰等在分析原始瓷釉的化学组成时指出，原始瓷釉分为富氧化铁和富氧化钙两类，后者中含量高者达25.2%（JLO1样品），含量低者仅8.45%（JYJ6样品）[4]。这样，商周原始瓷釉的钙含量差异就很难用随时代不同而发生变化来解释。张福康认为，原始瓷釉的主要原料是草木灰或草木灰配以适当黏土[5]。因为在不同种类的草木灰中，钙含量的差异非常大，这种差异也表现在不同地区、不同季节、不同树龄的木本植物灰中。这恰好同原始瓷釉化学组成变化特征相似。但是在草木灰中氧化硅含量的变动也很大（1.61%～94.36%），而原始瓷釉中的氧化硅含量变动要小得多，因此草木灰只是原始瓷釉的一种配料。原始瓷釉的主要配料是黏土，因黏土所含的氧化硅非常高，即使加入草木灰，氧化硅含量的变化也不明显。而黏土中的氧化钙含量很低，掺入不同的草木灰，必定导致氧化钙含量的显著变化。由此可见，夏商周时期原始瓷的釉料是在制胎黏土中加进了草木灰配制而成。另外，各种草木灰还含有锰和磷，而原始瓷釉组成中锰和磷的含量要明显高于原始瓷胎的组成，这就进一步支持了釉料中掺入了草木灰的判断[6]。

（二）印纹陶特征

印纹陶是新石器时代末至夏商周时期分布于我国东南地区的文化遗存，代表了陶

[1] 陈铁梅、Rapp G. Jr.等：《中子活化分析对商时期原始瓷产地的研究》，《考古》1997年7期。
[2] 李家治、罗宏杰：《浙江地区古陶瓷工艺发展过程的研究》，《硅酸盐学报》1993年2期。
[3] 陈尧成、宋建等：《陶瓷高温釉起源新探》，《福建文博》1996年2期。
[4] 罗宏杰、李家治等：《原始瓷釉的化学组成及显微结构研究》，《硅酸盐学报》1996年1期。
[5] 张福康：《中国传统高温釉的起源》，《中国古陶瓷研究》，科学出版社，1987年。
[6] 陈尧成、宋建等：《陶瓷高温釉起源新探》，《福建文博》1996年2期。

瓷发展史的一个重要阶段。相对于普通陶器和瓷器而言，它们在化学组成和物理形态方面具有明显的自身特征。李家治等根据中国古陶瓷化学成分数据库中所列的浙江地区古陶瓷胎的分子式，作出相应化学组成分布图，发现陶器、原始瓷和瓷器大体上分成三个不同的区域，而印纹陶大部分分布于陶器区域的下部，接近原始瓷和成熟瓷器区，而且还有一部分印纹陶的组成点就落在原始瓷区和龙泉瓷器区内，因此印纹陶在化学组成上具有相当的分散性[1]。不过这项研究没有将印纹陶从物理特征和烧成温度上加以区分。印纹陶有软、硬之别，烧成温度也有高、低之分。从总体上看，马桥文化印纹陶的陶质从软到硬是一种渐变过程，与之相应，它们的烧成温度也是由低至高的渐变，二者之间存在某种对应关系。那么陶质的软硬、烧成温度的高低是否同其化学组成也有联系。如果答案是肯定的，那么就可能解释印纹陶在化学组成上的分散性，或者至少是一种解释。因此在进行马桥文化的这批印纹陶样品的观察和测试时，我们特别注意了这个问题。结果发现，马桥文化印纹陶质的软硬、烧成温度的高低同陶胎化学组成确有一些联系。一般来说，烧成温度高于1000度的，陶质多比较硬，陶胎呈深褐与紫褐色，可称为硬陶。烧成温度低于1000度的，陶质多比较软，陶胎呈橘红或红褐色，可称为软陶。其化学组成，硬陶的 SiO_2（氧化硅）的含量高于软陶，而软陶的 RO（氧化钙和氧化镁）高于硬陶。

印纹陶化学组成的差异说明，马桥文化陶工事实上已经在使用不同的原材料，用不同的窑温火候与气氛，成功地烧出了不同质地的陶器。但是在印纹陶发明之初，这种成功带有一定的偶然性。马桥文化印纹陶的颜色和质地都是渐次变化，软陶和硬陶的区分并不都很明显，烧坏的残次品也不少，反映并不能很好掌握烧成温度和气氛。在测试样品中有个别标本（标本12）化学组成比较接近其他软陶，却有较高的烧成温度，其色质特征不明显，介于软硬陶之间，这是一个原材料和技术配合不够好的例证。西周以后制作印纹陶技术和工艺显著进步，硬陶和软陶的区分十分明晰。从偶然的成功到有选择地利用不同材料、改善窑室结构以得到不同的窑温，从而烧制出不同的产品，陶工一定经历了长时期艰苦的探索与试验。马桥文化印纹陶上常刻陶文，而其他色质的陶器上很少见，应该也是技术发展的需要。在漫长的探索和试验过程中，陶工在相关的陶器上刻陶文作简单却很重要的记录，记下原料的产地、处理方法和烧制过程等要项，以不断地总结经验，改进技术，提高产品的质量[2]。

（三）原始瓷和印纹陶的关系

原始瓷的发明与印纹陶的发展关系密切。

印纹陶产生于公元前第三千纪的后半段。环太湖地区马桥文化的先行者良渚文化是否发明印纹陶，目前还不能确认，但是在它的近邻——浙西南地区的遂昌好川遗址已经发现印纹陶与良渚文化遗物共存[3]。印纹陶的诞生使烧窑技术迅速发展，窑温提高到

［1］ 李家治、罗宏杰：《浙江地区古陶瓷工艺发展过程的研究》，《硅酸盐学报》1993年2期。

［2］ 宋建：《马桥文化陶文研究》，待刊。

［3］ 王海明、罗兆荣：《遂昌好川发现良渚文化大型墓地》，《中国文物报》1997年10月19日。

1100度左右，甚至超过了1100度。在这一温度下烧成的硬陶，质地已相当致密坚硬，吸水率比较低。当烧成温度接近1200度时，就具备了产生原始瓷器的技术条件。因此可以说，印纹陶的发明和烧制印纹陶技术的发展，为原始瓷的发明做好了技术准备。

构成原始瓷的物质是胎和釉。如前所述，马桥文化原始瓷有两种不同的胎质，一种胎质的含铁量高，呈紫褐或深褐色，与普通不施釉的硬陶相同，一般施黑釉。另一种原始瓷的胎体含铁量低，呈灰白色，这是一种不同于普通硬陶的新胎质，它们多施青黄釉或青绿釉。在马桥文化中，前一种胎质的原始瓷出现得比较早，约在夏商之际，更加接近原始瓷的源头。后一种原始瓷的出现显示了新材质的发明。两种胎质原始瓷的共同之处是硅的含量明显高于软陶，略高于硬陶或与之接近。可以说，印纹陶烧制技术的进步同时也是原材料选择与处理技术的进步，恰恰是后者直接为原始瓷胎料准备了物质上的条件。在原始瓷起源和早期发展阶段（夏商时期），陶工不再满足于仅仅使用旧材料，而是不断地寻找更好的新材料。他们对不同材料的辨别、使用也是一个不断探索和试验的过程，并未过分刻意区分两种胎料，因此新旧材料的原始瓷共存。另一方面，在新材料出现之后，也并非都在上面施釉，吴城就发现了这类器物[1]，严格说，它们仍然只是硬陶。

原始瓷的必备条件之一是表面施釉。人们不满足于陶器的内在品质和外表观感。为了改变器皿的外观，增加其表面的光洁度，进一步降低吸水率，人们开始尝试直接在印纹陶表明增加一层涂层。标本6外壁所施的黑色涂层，厚0.1毫米，未完全玻化，仅局部光亮，表明它的烧成温度还没有达到使涂层完全熔化的程度。另一方面，印纹陶在高温烧制过程中，因窑内由气流夹带的草木灰落在红热胎体上，熔融后形成玻璃态物质，会显示出轻微的光洁度，如标本7和标本8的器表局部都有很薄的光亮层。这一结果也促使产生人工施加涂层的愿望。印纹硬陶在高温下烧造，其致密度和吸水率比其他陶质已有很大的改善，被作为施加涂层的首选，也不排除曾施加于其他陶胎上遭致失败的可能。普通涂层和釉层的制作流程相似，其主要工艺都是将原材料制成细泥浆，覆盖在胎体表面。可以说釉的制作工艺是普通涂层制作工艺的改进与发展。工匠经过反复试验后，终于在涂层工艺的基础上制作出具有一定厚度、在高温下熔融而完全玻化的釉层，原始瓷诞生了。

总之，印纹陶的生产为原始瓷的发明奠定了坚实的物质基础，做好了充分的技术准备，人们对产品质量的追求和对美的渴望是原始瓷诞生的真正动力。

三、原始瓷起源和产地的探讨

作为一种新材质和新技术，原始瓷自诞生后即在先民的生活中得到使用，黄河流域和长江流域的不少遗址都发现了原始瓷，这是讨论原始瓷起源问题的重要资料。讨论起源问题最重要的是年代，因此以年代确切为标准，挑选出郑州、盘龙城等地出土的原

---

[1] 罗宏杰、李家治：《试论原始瓷器的定义》，《考古》1998年7期。

始瓷进行比较。

黄河流域以郑州出土的原始瓷最集中,完整器多出自墓葬和窖藏。郑州南顺城街H1是一处较大的窖藏,出土了三件原始瓷尊,其中两件圈足尊为灰胎,青灰色釉,一件圜底尊为红胎,青灰色釉。经观察,两件圈足尊釉的附着力很弱,剥落严重,釉下的小方格纹似被抹过,不清晰[1]。铭功路M2随葬一件原始瓷尊,凹圜底,黄灰色胎,黄绿色釉施于器表和器内的上部,肩部饰席纹,腹部饰条纹[2]。郑州小双桥遗址出土的原始瓷以尊类器为主,灰胎或灰白胎,釉的附着力很差,有的甚至剥落殆尽[3]。

河北藁城台西遗址是黄河流域另一处发现原始瓷较多的重要遗址。发掘报告将遗址的居住址分早晚两期,共发现了172片原始瓷。原始瓷胎以灰白色为主,紫褐色仅有3片,釉下多有几何形纹饰[4]。

长江流域发现原始瓷的重要遗址是湖北黄陂盘龙城和江西清江吴城。盘龙城遗址的原始瓷胎色黄白,釉的附着力弱,已经大部分剥落,器形有尊和罐(瓮),饰方格纹、S纹等[5]。吴城遗址共分三期,其中第一期相当于二里岗上层,根据对70年代发掘品的统计,釉陶占3.84%,原始瓷占0.23%。这里所指的釉陶和原始瓷应该属于两种不同胎体的原始瓷[6]。

邹衡将先商文化和早商文化分为四段八组,其中第一段为先商期(Ⅰ、Ⅱ组),第二至第四段为早商期(Ⅲ~Ⅷ组),即商代前期[7]。以此分期为准,上述原始瓷都属于商代前期,而且多数为第三段,年代最早的是盘龙城楼M1(二段Ⅳ组)。

夏代是否已经出现原始瓷,目前尚无确凿的证据。二里头文化发现了极个别似带涂层的陶片,因为没有做细致的观察和测试,因此还不能确定此涂层的性质和质量。

在本文论及的马桥文化原始瓷中,标本1~标本3属商代前期,标本4属夏商之际。从年代上看,马桥文化的原始瓷同其他地区发现的原始瓷年代相当,甚至略早。从技术与工艺发展的角度分析,马桥文化印纹陶占很大比例,尤其是部分印纹陶的烧成温度已经达到1100度,硬度相当高。印纹陶的大量烧制,需要寻找新的材料,不断改进技术,从而为原始瓷的产生奠定了坚实的基础。而在上述其他发现原始瓷的地区,除了吴城,都没有发现印纹陶的大规模生产,似乎并不具备发明原始瓷的必备条件。值得注意的是,相当于夏代的马桥文化早期已经出现在硬陶上施加涂层的尝试,标本6上涂有厚0.1毫米的涂层,因其尚未完全熔融玻化,所以还不能算釉,也就不是原始瓷。但是从印纹软陶、硬陶发展到施涂层硬陶,最后发明施釉原始瓷的发展脉络十分清晰。

[1] 河南省文物考古研究所等:《郑州南顺城街青铜器窖藏坑发掘简报》,《华夏考古》1998年3期。
[2] 郑州市博物馆:《郑州市铭功路西侧的两座商代墓》,《考古》1965年10期。
[3] 河南省文物考古研究所等:《1995年郑州小双桥遗址的发掘》,《华夏考古》1996年3期。
[4] 河北省文物研究所:《藁城台西商代遗址》,文物出版社,1985年。
[5] 湖北省博物馆:《1963年湖北黄陂盘龙城商代遗址的发掘》,《文物》1976年1期;湖北省博物馆、北京大学考古专业盘龙城发掘队:《盘龙城1974年度田野考古纪要》,《文物》1976年2期;湖北省博物馆:《盘龙城商代二里冈期的青铜器》,《文物》1976年2期。
[6] 李科友、彭适凡:《略论江西吴城商代原始瓷器》,《文物》1975年7期。
[7] 邹衡:《试论夏文化》,《夏商周考古学论文集》,文物出版社,1980年。

马桥文化的主要来源是分布于浙南闽北的肩头弄文化遗存[1]。该文化遗存的一个重要特征是"着黑陶",或称为"泥釉黑陶",就是施黑色涂层的印纹陶。测试数据表明,肩头弄文化遗存的"泥釉黑陶"化学组成同马桥文化黑色涂层(标本6)相近[2]。肩头弄遗存"着黑陶"的数量大大高于马桥文化,据统计,肩头弄一至三单元(夏商时期)"着黑陶"占陶器总数的39%[3]。根据涂层的数量比例和文化的渊源关系,在印纹陶上施黑色涂层的审美需求与技术尝试应源自肩头弄遗存,以后再向北传播到环太湖地区。肩头弄的"泥釉黑陶"一共测试了4个样品,胎体中均未发现莫来石,涂层无光亮,而且吸水,不能称原始瓷[4]。其中样品ZhJ1(1)实际烧成温度是1050度,在实验室中重新加热到1250度时,涂层熔成光滑、黑褐色的釉,胎体的吸水率随之变小,变成了原始瓷。可见涂层黑陶向原始瓷发展,烧成温度的提高至为关键。肩头弄4个样品的化学组成,氧化铝所占比例相当高,达到25%～31%,而氧化钙、氧化镁等助熔剂所占比例又很低,因此它们能在高温下不变形。样品ZhJ1(4)在实验室加热到1410度时都未发生起泡和变形现象,这样又对烧窑技术和窑温提出了更高的要求。目前在早于或相当于标本4黑釉原始瓷(最早的原始瓷标本,夏商之际)的肩头弄遗存测试样品中,还没有原始瓷。这里固然有原材料和技术工艺的问题,但是更可能有考古发掘不足和样品选择时存在的问题。如果充分考虑印纹陶和涂层技术在原始瓷起源过程中的重要作用,原始瓷的发源地应该就在浙南闽北地区。1997年在浙南的遂昌好川发现印纹陶与良渚文化遗物共存,这是进一步追溯印纹陶和原始瓷起源的重大发现。

如果认定原始瓷源于浙南闽北地区,那么以后原始瓷的主要产地在哪里,是否也在南方? 对于这个问题,早在60年代初就有不同的看法。周仁等从化学成分的角度指出,西周时期北方原始瓷同南方吴越地区的原始瓷非常接近,怀疑北方原始瓷非本地烧制;夏鼐则从二者形制和装饰上的相似性,推测它们可能是南方烧造的[5]。安金槐则持相反观点,因为在郑州、洛阳等地发现了烧坏的原始瓷残片,绝不可能从南方运输残次品到北方来[6],河南出土的原始瓷器就是在当地烧制的[7]。进入90年代后,随着考古发掘品的积累、科学测试技术的进步和分析研究方法的创新,原始瓷产地的研究又有了新的进展。罗宏杰等根据南北方出土原始瓷的化学组成、工艺基础以及它们与陶器及瓷器的发展关系,再结合原始瓷的出土情况等多方面信息,系统研究了南北方出土原始瓷的关系,得出北方出土的原始瓷应是南方烧造的结论[8]。陈铁梅等分析了郑州、盘龙城、吴城、荆南寺、铜鼓山等五个遗址陶瓷中微量和痕量元素组成,以及常量元素组成,认为吴

[1]　宋建:《马桥文化探源》,《东南文化》1988年1期。
[2]　陈尧成、宋建等:《陶瓷高温釉起源新探》,《福建文博》1996年2期。
[3]　杨楠:《江南土墩遗存研究》,民族出版社,1998年。
[4]　李家治、邓泽群等:《浙江江山泥釉黑陶及原始瓷的研究》,《中国古陶瓷研究》,科学出版社,1987年。
[5]　周仁、李家治等:《张家坡西周居住遗址陶瓷碎片的研究》,《考古》1960年9期。
[6]　安金槐:《谈谈郑州商代瓷器的几个问题》,《文物》1960年8、9期。
[7]　安金槐:《河南原始瓷器的发现与研究》,《中原文物》1989年3期。
[8]　罗宏杰、李家治等:《北方出土原始瓷烧造地区的研究》,《硅酸盐学报》1996年3期。

城及其邻近地区可能是商代原始瓷器的生产中心,同时又认为应该区别批量生产原始瓷的地区与试图生产,甚至成功生产了少量原始瓷的个别地点[1]。

罗、陈二文代表了近年在原始瓷产地研究领域取得的新进展。其重要性在于他们的研究已经深入到事物的深层次结构,将文物考古研究同新技术很好地结合在一起,因此,他们的结论比起单一的形态比较更加接近于事实。如果说罗宏杰等以南方和北方来区分产地还过于笼统,那么陈铁梅等所确定的原始瓷产地则具有更多的实际意义。吴城第一期、盘龙城和郑州等地的原始瓷年代相近,均为商代前期,吴城及其邻近地区成为这个时期原始瓷的生产中心,同时并不排除其他地点也生产少量原始瓷的可能。

本文将浙南闽北地区认定为原始瓷的起源地。由于肩头弄的部分遗存年代早于吴城,而且两地相距不远,在原始瓷的起源和生产上无疑应该有某种内在的联系。在追寻这种联系时,介于两地之间的江西鹰潭角山遗址成为连接的桥梁[2]。角山遗存的年代与吴城文化部分重叠,主要内涵为商代晚期。角山遗址出土的陶器、原始瓷的化学组成同吴城所出非常接近,以至于陈铁梅等将两地样品归并到一起,同其他几个地点的样品进行比较[3]。因此原始瓷的生产中心——吴城及其邻近地区,实际上应该包括了角山及其邻近地区,即赣东北。另一方面,角山遗址出土的部分陶器表面也施有一层黑衣,"极似浙江江山出土的泥釉黑陶"[4],看来也属于施黑色涂层的印纹陶。制作黑色涂层陶器的地域由浙南闽北扩大到赣东北地区。原始瓷的发源地和商代原始瓷的生产中心区部分重合并且连成一片,这就是浙南闽北和赣北地区。今后应该就原始瓷的起源和产地问题,在这片地区做更多的工作,以期有新的发现和突破。

原载《文物》2000 年 3 期

---

[1] 陈铁梅、Rapp G. Jr. 等:《中子活化分析对商时期原始瓷产地的研究》,《考古》1997 年 7 期。
[2] 江西文物工作队等:《鹰潭角山商代窑址试掘简报》,《江西历史文物》1987 年 2 期。
[3] 陈铁梅、Rapp G. Jr. 等:《中子活化分析对商时期原始瓷产地的研究》,《考古》1997 年 7 期。
[4] 廖根深:《鹰潭角山陶器符号及其与制陶的关系》,《古陶瓷科学技术 1989 年国际讨论会论文集》,上海科学技术文献出版社,1992 年。

绰墩马桥文化四题

绰墩遗址自1961年发现以来已经40多年了,但取得许多重要成果是最近五六年的事情。2003年6月13日,发掘领队丁金龙先生请我观摩了这些年来出土的部分陶器,又到遗址现场看环境,并约写与马桥文化相关的文章,我欣然从命。

如果将1959年上海马桥遗址的发现作为马桥文化研究的源头,到今天已经40多年了,但实际上早在20世纪30年代就已经发现了马桥文化的遗物,只是因被良渚文化的光辉掩盖着而默默无闻,我们不认识它。60年代从马桥遗址我们找到了马桥文化叠压在良渚文化之上的地层堆积关系,逐步确认了马桥文化在长江三角洲地区早期文化谱系上的时空位置。"文革"十年动乱结束后,1978年发表了马桥遗址60年代两次发掘的报告,是年召开的"南方印纹陶学术讨论会"基本确立了马桥的学术地位。1978年不仅是中国南方考古学研究的一个重要时间节点,也在马桥文化研究史上具有里程碑的意义。1990年代又在马桥进行了大规模发掘,以复原马桥先民生存与发展的面貌为目的,对文化遗存和自然遗存开展了多学科的研究,其成果已经以发掘报告的形式公布[1]。

一、云 雷 纹

在观摩(观与摩)绰墩的出土遗物时,我对一块云雷纹陶片印象最深,几乎是第一眼就看到了。准确地说,这是雷纹,用尖锐工具刻成,方正而有棱角,一个个横向排列,中间有间隔。它的载体是泥质灰黑陶,陶胎质地居中,不软不硬。之所以让我印象深刻,是因为云雷纹在青铜文明中的地位非同一般,马桥文化云雷纹虽然流行,但刻成的云雷纹很少见到。

云雷纹中似乎隐藏着神秘的气氛,夏商周三代文明的代表——青铜器上以云雷纹装饰极为盛行,西周中期之前,以云雷纹装饰的青铜器十之八九,差不多就是青铜礼器的代名词了。夏商时期陶器上的云雷纹也不少见。大概是青铜文明在人们脑海中的印象太深刻了,陶器上的云雷纹,甚至同青铜器形态相似的陶器,多年以来都被认为是仿

---

[1] 上海市文物管理委员会:《马桥——1993～1997年发掘报告》,上海书画出版社,2002年。

造,陶器仿青铜器,陶器上的云雷纹仿青铜器上的云雷纹。过去很少有人去逆向思考。马桥文化让我们在陶器上看到了更多的更丰富多彩的云雷纹,其普及程度远远超过了夏文化和商文化陶器。还没有人对马桥文化陶器上云雷纹的数量作过精确的统计,不过可以肯定的是,饮器和食器上云雷纹的比例与青铜器相比恐怕不会逊色。

马桥文化的云雷纹形式多样,最流行的是:菱形雷纹、斜云雷纹、蝶形云雷纹和方形雷纹。绰墩这一件就是方形雷纹。

云雷纹的制作几乎都是采用压印或戳印方法,先制作一个印模,然后印在将干未干的陶胎上。我们曾见到两个单元的印纹交错重叠在一起,但是这种现象只是偶有发现,表明马桥陶工的劳作风格总体是认真严谨的,偶然的差错反倒为我们的研究提供了方便。

陶器云雷纹模仿青铜器的说法显然是不确切的。目前发现的二里头文化(夏文化)青铜器几乎都是素面,而二里头文化的陶器上云雷纹并不罕见,陶工们制作云雷纹时还很难找到可供模仿的青铜器样本。于是又产生了新的问题,马桥文化云雷纹的源头在哪里。三代文明在中国古代文明甚至世界文明史上的地位曾经使中原或黄河流域成为中国文明起源的代名词,中原地区以外出现的文化要素源自中原似乎是顺理成章的,马桥文化的云雷纹当然应该是夏文化传播的结果,甚至已经有人设想了传播的原因和途径。以前对二里头文化与夏文化的对应关系有过多种排列,其中一种是,二里头文化一、二期为夏文化,三、四期是商文化。据一些记载,夏被商灭后,夏桀向南逃奔至南巢,因此也将云雷纹带到了南方长江流域。现在二里头文化1~4期都是夏文化的论断已经基本达成共识,相应的新解释是,夏建立第一个王朝后国力强盛,屡屡南征,向长江流域扩张,由此带来了黄河流域的一系列文化要素。

文化因素的传播首先要明确的问题是分析对象的年代和传播的路径。马桥文化的云雷纹盛行于早期和中期,根据地层堆积的顺序、器物形态、纹饰的比较,并参考碳十四和热释光的测年,马桥文化早期的年代大约与二里头文化二期相当,因此马桥文化云雷纹的出现同二里头文化的出现并不存在明显的时间差。如果进一步比较云雷印纹在环太湖地区与嵩山地区流行的时间和程度,我们可以有把握地说,马桥文化云雷纹的源头不是二里头文化。

我早就注意到良渚文化的云雷纹不仅陶器上有,更是玉器纹饰的主要构图要素。上海青浦寺前遗址出土的一件双鼻壶,双鼻之下各有一个云雷纹,颈部有七排逆时针外旋的云纹。玉器上的云雷纹作为构图要素主要表现神像与鸟身上的羽毛。良渚文化陶器和玉器上的云雷纹都是运用刻划技法精刻而成。以往一直以为良渚文化和马桥文化云雷纹虽然形式基本相同,但是制作技术却分别属于两种不同的传统而不认为二者之间有直接的传承关系。现在终于在绰墩发现了刻划的云雷纹,在一定程度上为二文化的传承提供了佐证。

实际上长江下游地区刻划云雷纹的传统由来已久,只是实物很少发现而已。江苏金坛三星村出土过一件距今已达5500多年的陶豆。云雷纹刻在豆盘上,红白二色共四组。这应该是迄今所见年代最早的云雷纹了[1]。

云雷纹因为纹饰像云和雷的古字形而得名，纹饰与字义是否有直接的联系就很难说了。有云雷纹的时候还没有云、雷二字，云雷纹是否确实为云雷的象形而产生也很难说。现在看到长江下游水网地区云雷纹的出现要远远早于青铜器上的云雷纹倒有一些想法。寺前的云雷纹双鼻壶，器形属良渚文化第3段，大约距今4700年，比青铜器云雷纹要早差不多1000年。双鼻壶颈部的七排云雷纹呈没有棱角的旋涡状，双鼻下的云雷纹正在向有棱角的雷纹过渡，亦像旋涡。水网地区多水，河汉湖港密布，先民们熟悉水，依靠水，而旋涡是水中极神秘的事物，产生于水流、水速的变化，来去均无影踪，其变幻莫测恐怕不会亚于云气的变化。先民将旋涡艺术化后刻在器皿上，其寓意深刻，耐人寻味。此仅为一说而已。

二、饮 与 食

马桥文化先民对饮与食的重视程度首先可以从丰富多样的饮器和食器中见其一斑。食器有豆、簋、盘和三足盘等，它们都有多种不同的规格。豆的形态变化最多，有圆盘与折盘、粗柄与细柄和大与小之别。饮器有觯、觚、鸭形壶和尊。觯是马桥文化中最具有地域性特色的器皿，造型独特，觯的形态变化在饮器中也是最多的。豆、簋、觯、觚的绝大多数以排列规整或挥洒自如的云雷纹装饰，变化多端。马桥先民在美化器物，增加饮与食的趣味上颇费了一番心思。可以说饮器和食器是马桥文化先民最看重的两大类器物。

乍一看绰墩的陶器标本时，并没有看到很多饮器，问丁金龙先生，答绰墩马桥文化的饮器是很少。经粗略翻检，只看到两种饮器，一种是觯，另一种是细柄杯，前者在上海马桥遗址是大量的，后者则很少见。我想将来在全面整理绰墩资料时，可以注意这一现象所可能反映的先民生活。

饮器一般叫作酒器。商代贵族好饮酒是出了名的，因此而有了"酒池肉林"丧国的故事。周代开国之君专门发布《酒诰》，告诫为治理国家必须节制饮酒。青铜酒器在夏商时期的地位很高，夏代种类不多的礼器中就有爵和斝，商代觚和爵更是成为贵族等级高低的标志物，即使普通平民的墓葬随葬品中，陶觚、爵也是必不可少的。酒还是巫师作法的道具，通神的媒介，萨满饮酒后进入亢奋状态才能够与天地沟通。我们可以从中理解隐藏在马桥文化饮器后的文化内涵与社会背景。

绰墩一共发现了几十个马桥文化的灰坑，其中有几个比较特别，如H69，形状近圆形，长径达2.9米，坑深3.6米；H79，形状近方形，长径1.95米，深3.1米。这两个灰坑的深度比绝大多数水井都要深，但是从它们的形状看，又不太像只有蓄水功能的水井。这

---

[1] 王根富、孙参：《三星村遗址考古新发现》，《人民画报》1999年1期。

类特别的灰坑究竟用作什么呢？

马桥遗址也有一个形制十分特殊的灰坑,坑口近似长方形,长2.9米,宽1.4米,坑的一端有自上而下的三层台阶,各台阶高度22～30厘米不等,台阶下去后为一深坑,从灰坑口到底部有1.7米。根据灰坑的形状可以判断,这是一个储存物品的窖穴。然而这样的深度已同马桥遗址的水井相近,所以深坑内难以存放干物。江苏高邮龙虬庄遗址也有比较多的特殊灰坑,发掘者判断为养殖坑。我们推测马桥遗址的这一灰坑很可能是用来养殖、存放水生物的,日常生活中可将捕获的鱼、鳖等水生动物临时放养在坑内,供随时取之食用。环太湖地区临江河湖海,水生动物资源极为丰富,先民的食谱中,海鲜河鲜占有很重要的位置,马桥遗址出土了牡蛎、文蛤、青蛤、鲨鱼、鲈鱼、鳖等的遗骸。绰墩遗址虽然不临海,可能不会有什么海生动物,但遗址周围河湖港汊分布密集,为先民们提供了丰富的食物来源,为供不时之需,为保鲜提高食物品质,都需要有存放水生动物的场所。这种形制特殊、只有水网地域才需要的灰坑(储物坑)就应运而生了。

马桥先民食谱中的另一大类是鹿科动物,有梅花鹿、麋鹿、獐等。我们对马桥遗址20世纪90年代发掘的动物数量作了比较精确的统计,马桥文化前期鹿科动物占所有动物的77%,马桥文化后期占66%。鹿科动物中数量最多的是梅花鹿。鹿肉鲜美,富含蛋白质等多种营养成分,鹿是马桥先民最重要的肉食资源。从孢粉分析资料看,长江下游不仅有水网,而且还分布着茂密的森林草原和广阔的沼泽地,这正是适合鹿科动物生长繁衍的生态环境。自新石器时代开始,鹿就成为先民的主要肉食来源。浙江河姆渡遗址中,鹿科动物的数量是猪的数倍,罗家角遗址也是鹿科动物最多,人工饲养的猪要比鹿少。崧泽文化时期人们的肉食仍然以鹿科动物为主。从崧泽文化晚期开始,经过崧泽—良渚过渡段,直到良渚文化时期,自然环境朝着有利于人类活动的方向发展,人口数量迅速增加,耕地面积扩大,森林草原面积缩小,野生动物减少。良渚先民们获取野生资源越来越不容易,被迫加大了饲养家畜的比例。从考古资料看,良渚文化先民消费的猪肉数量超过了鹿肉。但是马桥文化又发生变化,再次以鹿科动物作为主要的肉食。野生动物的增加说明森林草原的面积再次扩大,自然环境的变化改变了马桥先民获得肉食的方式,捕猎活动超过了饲养家畜,先民的饮食习惯和食谱也随之改变。

鹿科动物常常群体活动,鹿科中的麋鹿又是一种比较大型的动物,为提高狩猎效率,先民经常采取大规模围捕行动。集体猎鹿是先民们一项非常重要的活动。广富林的良渚文化墓葬随葬品中有一件陶尊,陶尊腹部以刻划技法画了一幅梅花鹿石钺图,一只长着两只长角的梅花鹿,旁有一件带柄的石钺,钺柄向外弧曲,柄下端还安装着镦,旁边还绘一物,可惜已经大部分磨损,从残留痕迹看似鹿。石钺就是权杖,代表了权力和有组织的大规模行动,梅花鹿是行动的对象。因此梅花鹿石钺图可能记录了一次由氏族首领亲率的集体捕猎鹿群的行动,也可能记录了氏族首领参与的和鹿有关的仪式,梅花鹿代表仪式的主体,或者就是祭品。90年代马桥遗址发现了可能同猎鹿相关的仪式的遗迹现象。在这处遗迹(ⅠTD1)最下部的中间是一排东西向排列的鹿角,鹿角周围和上面堆积着陶片和动物遗骸,遗迹上部密集堆积着陶器及其残件、残石器和动物骨骼。

马桥文化先民的食谱中稻米的消费量比较低。马桥文化与水稻相关的植硅石含量比较少，甚至少于良渚文化和马桥文化以后的阶段。这似乎标志着马桥先民种植水稻的面积比较小，稻米的总产量比较低。马桥先民很可能主要从大自然中直接获取食物。

三、印纹陶与原始瓷

在观摩绰墩的马桥文化陶器时我们看到有部分陶器器形不规整，甚至有明显的变形，还有一些印纹陶器出现鼓泡，胎内中间根本就未烧结，内外硬，中间疏松，就像夹心饼干一样，同以前看到的马桥文化陶器相同。如果再比较一下良渚文化的陶器，会产生制陶技术倒退的感觉。实际上这恰恰表明了马桥文化的陶器生产正处于技术创新的转变时期，在这个特殊阶段出现比较多的残次产品，应该说是正常的。

马桥文化陶器生产的技术创新是印纹陶的大规模生产，其中有相当一部分是火候很高的硬陶，并开始制作原始瓷。根据对印纹陶的科学测试，它们的烧成温度均超过900度，硬陶已经达到1100度左右，部分印纹陶的器表还附着黑色涂层。硬陶和软陶之间存在颜色、质地、火候的差别。分析测试表明，软陶和硬陶的陶胎化学组成也是不一样的，主要的差别是二氧化硅和熔剂的含量。如果陶土中的熔剂（氧化钙和氧化镁）含量高，陶器在比较低的温度下就会烧结，硬度就不会高。如果对熔剂含量高的胎土仍然用更高的温度烧制，那陶器就很容易变形。另一方面，如果熔剂含量低，就会在高温下烧出硬陶，但是这对于窑炉和烧窑技术就提出了更高的要求，达不到要求，陶器都不能烧结。对印纹陶的测试很清楚地表明马桥文化的陶工已经懂得选择特殊的原材料烧制硬陶，并且在设计获得高温的窑炉上开始了最早的实践。

但是，毕竟马桥文化先民烧制硬陶的技术还处于初创阶段，陶工们对制陶原材料的认识，对窑温、窑内气氛的掌握都不够熟练，技术需要不断地改进和逐步完善，窑炉的结构也在不断地改造和更新之中。马桥先民经常在陶器上留有记号，称为陶文，我看到的绰墩遗址材料，陶文都刻在橙黄陶罐的口沿面上。为了表述的方便，我把印纹陶统称为红褐陶，实际上它包含了很多种不同的颜色，有橙黄、橘红、深褐和紫褐等。颜色的不同主要取决于陶器的烧成温度，也同烧成气氛有关。我们收集的马桥文化陶文绝大多数都刻在红褐陶的口沿面上，绰墩也不例外，仅H36一个灰坑就已经看到了6件陶罐口沿上刻有记号。这些陶文都是在陶器入窑烧制前刻上去的，而且都刻在一眼就可以看到的口沿上，非常醒目。从陶文载体的特性、陶文的部位和制陶业的技术背景分析，这些陶文很可能是陶工发明的专门记号。实际上不仅在马桥文化，赣东北地区的类似陶器的口沿上也刻划了各种记号，研究人员以前就认为记号同陶业有关[1]。陶工们为了将制

---

[1] 廖根深：《鹰潭角山陶器符号及其与制陶的关系》，《古陶瓷科学技术——1989年国际讨论会论文集》，上海科学技术文献出版社，1992年。

陶新技术的过程要项记录下来以总结经验,进一步提高,就在陶器的口沿上刻记号,内容可能是记录原材料的产地来源和加工形式、陶窑的种类和烧制过程,等等。

印纹陶的出现表明当时对窑室的结构作了改进,烧窑技术快速提高,窑温已经达到1100度左右,甚至更高。硬陶的吸水率降低,质地致密坚硬。当窑温接近1200度时,就具备了制作原始瓷器的技术条件。印纹陶的发明和烧制印纹陶技术的发展,为原始瓷的发明做好了技术准备。

原始瓷是在烧制硬陶的基础上发明的新工艺和新产品,其表面有一层光亮的釉。但是马桥文化原始瓷釉的质量不高,釉面常有裂纹,或有釉层脱落现象。原始瓷器的种类目前只发现罐和豆。罐上的釉均施于器外;豆上的釉多数施于豆盘内,豆盘外不施釉。这样就肯定了这是人工施釉,而不是所谓窑内的"落灰釉"。施釉可以使器物光亮而且不易吸水,表明在原始瓷发明的初始阶段就已经考虑了原始瓷既有观赏性又有实用性的双重功能。

马桥文化原始瓷的年代同其他地区发现的大致相当,甚至略早。而从技术与工艺发展的角度分析,马桥先民通过烧制印纹陶而创造了高温烧窑技术,从而使原始瓷的发明在技术上得到保证。实际上在生产原始瓷前,马桥文化早期(相当于夏代)就已尝试在硬陶上施加涂层,只是因为温度不够高,涂层没有完全熔融玻化,就不能算釉,也就不是原始瓷。这种涂层在马桥文化的源头肩头弄遗存中数量很多,叫作"着黑陶",或"泥釉黑陶"。为弄清涂层与釉的差别做过科学试验,涂层陶器的实际烧成温度是1050度,当在实验室重新加热到1250度时,涂层就熔成光滑呈黑褐色的釉,胎体的吸水率也随之变小,陶器变成了原始瓷[1]。由此可见涂层黑陶向原始瓷发展,烧成温度的提高至为关键。从印纹软陶、硬陶发展到施涂层的硬陶,最后发明施釉的原始瓷,我们看到了清晰的发展脉络。马桥文化的原始瓷既有青绿釉,也有黑釉。黑釉原始瓷非常罕见,目前还没有发现比马桥文化更早的黑釉原始瓷,因此可以将黑釉原始瓷看作是马桥文化的一大发明。

四、马桥文化源流的新思考

绰墩遗址给人印象最深的是各个时期的遗存堆积相当丰富,人类活动延绵不息。从马家浜文化开始,先民就在这里定居,种植水稻,已经发掘了马家浜文化的稻田、房屋和墓地。良渚文化是绰墩社会发展程度最高的时期,聚落分布广阔,河流横贯其间,河岸上房屋排列,还发现了祭台和贵族墓地。马桥文化及其以后阶段,先民们仍然不断在绰墩繁衍生息。像这样生生不息,几乎没有间断的遗址在长江三角洲并不多见。

一直到不久前,我们都以为马桥文化之前就是良渚文化,或者认为其间有一段或长

---

[1] 李家治、邓泽群、张志刚、陈士萍、牟永抗、毛兆廷:《浙江江山泥釉黑陶及原始瓷的研究》,《中国古陶瓷研究》,科学出版社,1987年。

或短的间隔无人类活动,其原因多归于洪水等环境因素。但是随着世纪之交广富林遗存的发现[1],学界正在改变看法,开始比以往更加关注良渚文化末期社会的动荡和文化的变迁。这次观摩绰墩遗址翻阅相关材料时,也看到了广富林遗存,比较典型的是H91。这个灰坑实际上是一个浅洼地,面积比较大,有十多平方米。所见材料中有3件陶鼎的残片,一种是刻划近似菱形的小方格纹的鼎底片(图一),另一种是饰弦断短条文的鼎腹片。另外还有饰于罐类器上的错向斜线纹和篮纹。

图一 近似菱形的小方格纹 H91：7鼎底

广富林遗存陶器具有明显的特征。鼎多为垂腹或圆腹釜形,方唇,唇上多有一周弦纹,口沿面凹弧,鼎足多为三角形侧扁足,足外缘或有指按捺,足侧面或刻竖条纹,鼎足部位的内壁常见扁椭圆形按窝。豆多为浅盘细高柄形,浅盘敛口或敞口,盘内的圜形凹窝很有特点,豆盘下的细柄上常饰多道凸棱,最上端的凸棱比较粗壮,也有粗柄喇叭形圈足的陶豆。瓮和罐,直领或短颈,圆肩,凹底。带流鬶,薄胎,流不太高。深腹盆,侈沿,窄圆肩,口沿内壁有一周凹槽。浅腹盆,斜腹,大平底。筒形杯,平底,近底部有一周凸棱,杯身饰竖条纹。器盖,凸平顶捏手。另一种器盖,胎比较薄,矮圈状捏手。纹饰的制作技法主要有压印、刻划和附加堆纹。压印纹饰有绳纹、篮纹和方格纹,其中以绳纹最常见,并有粗细和排列形式的差别。刻划纹种类比较多,有单线方格纹、复线菱格纹、叶脉纹、八字纹、错向斜线纹、相交斜线纹、竖条纹等。附加堆纹围绕器物堆贴,其上多有指捺纹,大型器物如瓮上常有数周附加堆纹。其他纹饰还有弦纹和凸棱纹等。绰墩H91出的几种纹饰都见于广富林,其中鼎腹部饰弦断短条文应该是良渚文化最末阶段遗存的延续或遗留。

广富林遗存的石器最具有典型性的是三棱石镞。

广富林遗存的分布点,除了首先被确认的上海松江广富林遗址和这次看到的绰墩遗址,还有江苏宜兴的骆驼墩遗址,此外浙江也有线索,有待得到辨认。

马桥文化的主要特征是大量的几何形纹饰的印纹陶,而良渚文化不见。2003年春夏之交我们在属于广富林遗存的单位中发现了很少量的印纹陶。马桥文化印纹陶的装饰技法与风格源自浙南闽北地区。广富林遗存中出现印纹陶为浙南闽北文化遗存的北渐过程提出了新的问题。

上海马桥遗址文化遗存最丰富的是马桥文化的早期和中期,相当于夏代的中晚期和商代前期,叠压在马桥文化中期地层之上的主要是东周时期。环太湖地区的夏商周时期,因为有了马桥遗址而对夏代中晚期至商代前期了解比较多,西周以后的土墩石室遗存,又使我们比较熟悉周代的吴越文化,唯独商代后期至西周初的考古发现和研究比较薄弱。经初步研究,这一阶段暂称为马桥文化晚期与后马桥文化。属于前者的有亭

---

[1] 广富林考古队：《广富林遗存的发现与思考》,《中国文物报》2000年9月13日第3版。

林、查山等遗址的部分遗存；属于后者的有寺前、亭林、钱底巷等遗址的部分遗存，也称为亭林类型。因20世纪70年代发掘的亭林中层包含了马桥文化晚期和后马桥文化两个时期，看来以亭林类型命名似不太合适。

我曾经尝试归纳这个中间阶段文化遗存的特征，其中大量梯格纹是非常重要的新文化因素之一。梯格纹在宁镇地区出现比较早，在环太湖地区出现比较晚，在大多数马桥文化早中期遗存中几乎不见。环太湖地区的梯格纹应该是宁镇地区文化向东部扩展的结果。

绰墩遗址的重要性除了前述种种之外，也体现在马桥文化晚期及其以后的文化的延续性和变异性，弥补了马桥遗址的不足。绰墩属于这一阶段比较典型的两个单位是H75和H85。H75中有梯格纹，数量不详，共存的有折线纹与回纹组合、折线纹与方格纹组合、圈点纹和梯格纹组合，以及菱形雷纹等（图二）。H85中有梯格纹，多重菱格纹（图三）、条格纹和叶脉纹组合等。另外在观摩绰墩标本时还看到了典型的后马桥文化器物灰陶高三足盘等。以往对这一阶段提出的年代学框架比较粗略，绰墩遗址众多灰坑的发现为建立更为详尽的编年体系，并在编年的基础上弄清环太湖地区的文化谱系及其与宁镇地区的互动关系，最终阐释吴越文化的产生与发展进程和长江三角洲青铜文明的源和流提供了重要资料。

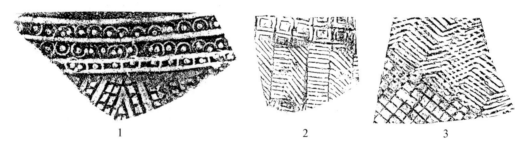

图二　绰墩遗址H75出土纹饰拓片
1. 圈点纹与梯格纹组合纹（H75：9罐局部）　2. 折线纹与回纹组合纹（H75：12陶片）
3. 折线纹与方格纹组合纹（H75：18陶片）

图三　多重菱格纹
H85：8陶片

原载《绰墩山——绰墩遗址论文集（《东南文化》2003增刊1）》

妇好玉(石)人的辨形与溯源

　　玉器在中国社会各阶层中受到普遍的喜爱,并深刻影响社会文化的发展,对于绵绵不断的中国古代文明长河具有十分重要的标志性意义。中国文明化进程中,玉器蕴藏深邃的精神文化内涵。

　　因甲骨文的发现和破译,商代成为中国最早使用成熟文字的时期,商代史可以通过同时期文字所展现,因此商文明是世界公认的高水平、高质量文明。20世纪20年代以来在商代后期都城殷墟进行了近百年的几乎持续性考古发掘,为了解商文明提供了极其珍贵的实物史料。但是由于西北冈的殷王陵无一保存原状,严重不利于阐释和研究殷代高层社会。1976年夏机遇降临,在小屯宫殿宗庙区域发掘了妇好墓。它是当时乃至迄今完整保存的最高等级的商王室成员墓葬,出土青铜、玉、象牙等各类材质的珍贵文物。考古发掘和甲骨文、铭文相互印证,展现了商代晚期社会的方方面面。

　　妇好墓的玉器有礼器、人物和动物,后者主要是鸟,还有鱼。玉人可以比较直观地反映当时上层贵族的形象和行为,例如他们的发式和头饰、服饰与佩戴、习用的身姿,进而可以探讨他们的身份与职能。玉人可引导我们直接观察殷人。

　　妇好墓发掘报告称共发现玉人13件,在玉器总量中占有较高比例。报告将玉人分为几种不同的类别。其中有圆雕全身像和人头像5件,浮雕全身像和人面像7件,人虎合一头像1件。另外还有圆雕石质全身像2件。实际发表的图像有:玉石圆雕全身像6件和人头像2件,玉浮雕全身像4件和人面像1件,人兽合一头像1件。所谓浮雕应该更名为片雕更为恰当。发掘报告只对这些玉人作了客观性描述性分类,实际上根据不同的标准还可以将玉石人像分类细化。本文根据玉石人像的身姿、头饰与发式、性别、与动物的关系等,尝试辨别这些玉石人像的形制,作分类比较,并观察它们的内在联系。

　　从身形姿势上,玉人可以分为三类。

　　半蹲姿,1件,为圆雕(图一)。

　　踞姿,4件,均为片雕的侧身人像。上肢向上折弯至近肩部,下肢作深蹲状。有3件双手似作紧握状向内侧(图二,标本470),1件为手指张开,掌向外侧(图三,标本357)。

图一

图二　标本470　　　　　图三　标本357

　　踞姿,5件,均为圆雕人像。上肢为双臂下垂、两手抚膝,双膝双足着地、臀部坐于踵上(图四,标本371)。

　　以上三种身姿,踞姿数量最多。商周时期,踞姿是十分常见的姿势。踞姿初看很像跽姿,但上肢有明显差异,踞姿的膝盖上翘,而跽姿的膝盖平落于地面。

　　根据头饰与发式,玉石人像有戴冠者和不戴冠者之区分,冠又有高冠、低冠之别,不戴冠者有长辫、短发之别。

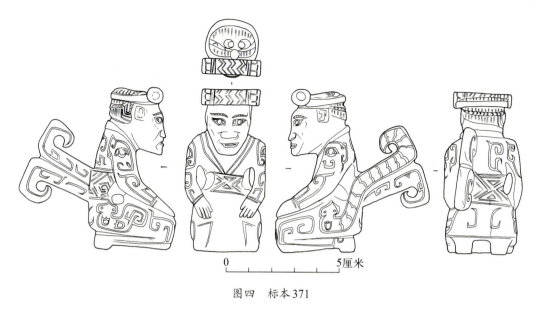

图四　标本371

4件片雕侧身踞姿人像均戴冠。标本470戴高冠（见图二），另3件戴低冠（图五，标本518）。

1件圆雕半蹲姿玉人和1件片雕头像（图六，标本576）的头饰相同，发式为短发，头顶两侧各有一高凸起，报告描述为"角状发髻"，但也有可能是一种特殊的分体冠。值得注意的是，头像"顶中部有一斜孔，可供镶嵌或佩戴"，如是，则可能还另配有头饰。

2件圆雕踞姿人像（见图四、图七，标本376）为长辫盘于头，并带圆箍形"颎"（发饰）。

3件圆雕踞姿人像的共同之处是没有长辫，但又有所不同。标本372，短发，头顶中心结一短辫，垂于脑后（图八）。标本375，短发。标本377，石雕比较粗糙，似为短发，脑后似有下垂发髻（图九）。

1件人兽合一的圆雕（图一〇，标本577），一面为人面，另一面为兽面，人面一侧可见清晰发丝，为短发。

性别在这些玉人上也有所体现，明确显示性别的是1件半蹲姿圆雕玉人。实际上这是1件双性合一的玉人，为裸体双面，一面为男性，另一面为女性，都有十分清晰的性器官。男性双臂下垂，女性双臂环抱于下腹部（见图一）。

上述明显展现发式的玉人，长辫盘于头和短发是两种一眼可辨的不同发式，有理由相信，发式不同表明性别

图五　标本518

图六　标本576

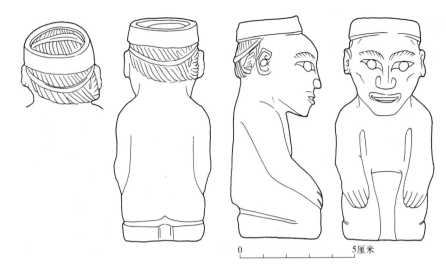

图七　标本376

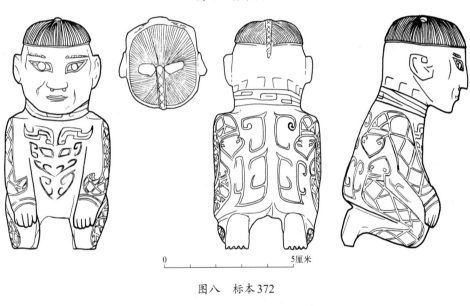

图八　标本372

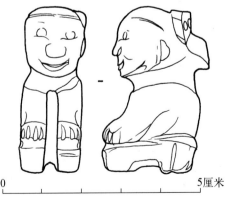

图九　标本377

图一〇　标本 577

不同，长辫为女性，短发为男性。支持这一性别指认的另一个依据是，身形的不同，长辫玉人被雕出了细腰特征，腰部和臂部分离，而短发玉人的腰部和臂部不分离，看不出腰部的粗细。应该认为这是玉工的观察入微，以此可以体现男女两性在体形上的显著差异。

人兽合一圆雕的表现手法与双性玉人相同，即一面是人面，另一面是兽面。商代青铜器上流行与此兽面相同的纹饰，长期以来被称为饕餮纹，也称兽面纹。妇好墓所出圆雕玉人中有一件的胸腹部雕有兽面，形象与人兽合一圆雕近似，头上部均有一对大角。很难将这种兽同现实中的某种动物直接对应。

妇好墓中的这些玉石人像究竟是实有其人，即以现实社会的某位或某类特定人物形象为参照，还是仅为纯艺术或精神层面的创造？标本 371 圆雕玉人是妇好墓所有玉石人像中玉质最好、雕工最精、刻画最细的一件，也是唯一有配挂器物的一件，对还原其人具有最好的客观条件。发掘报告称这件玉人腰部佩挂的是一宽柄器，并推测是武器或具有某种含义的器物。而张光直将这件器物指向巫师和巫术用具。朱乃诚认为这件宽柄器与同墓所出的青铜铲形器（标本 715）是同类器，但不是铲，而是戚钺类的兵器，进而将圆雕玉人直接指认为就是墓主妇好，因为妇好具有军事统领的身份。

值得注意的是，从身形姿势和发式头饰，这些玉人明显可以分为两大类，一类是戴冠、双臂屈折向肩部、踞姿，另一类是无冠、双臂下垂、跽姿。它们代表了身份不同、职掌各异的两类人吗？如果说冠在圆雕人像上难以表现故而省却，那么双臂、双腿姿态为何不同呢？这确实引人思索、耐人寻味。

追寻妇好墓人像身姿的起源可以到距今 5000 年前后探寻，中国东部地区的凌家滩文化、红山文化和良渚文化都发现了玉人。凌家滩文化玉人，共发现 6 件，均为正面形象的片状玉雕。玉人头上戴低冠，双臂折向肩颈部并在下臂戴镯。其中 3 件玉人为立姿，另 3 件下肢较短，双膝似突出，当为半蹲姿，分别出自两座墓（图一一）。有研究者描述后 3 件为坐姿，似为不妥，东方文化较晚才使用固定的坐具，所谓坐的概念可能伴随固

图一一   图一二   图一三

图一四

定坐具的出现才得以普遍使用，因此这里用半蹲姿称之。红山文化的牛河梁玉人，近似于片雕，正面，头戴低冠，双臂折向颈下胸部，似立姿（图一二），整体形象同凌家滩玉人相似。良渚文化的赵陵山 M77 玉人，为侧面形象的片雕，头戴平冠，冠顶有柱，柱上一鸟，锥钻未穿透之小圆眼，踞姿，上肢似上举，下肢膝盖上翘近胸腹（图一三）。另外还有 2 件没有表现下肢的，如良渚文化的张陵山西山 M5 玉人，侧面，头戴高冠，锥钻未穿透之小圆眼（图一四）。这 9 件玉人看上去都郑重其事，可能表现了当时从事正式活动的几种常规姿势。

妇好墓的 4 件片雕侧身人像均为踞姿，显然继承了赵陵山 M77 玉人，而双臂向上屈折向肩部，则延续了凌家滩和牛河梁玉人。妇好墓的半蹲姿玉人仅有 1 件，为双性，同凌家滩 3 件半蹲姿玉人的传承关系也是显而易见的。

妇好墓双性玉人的上肢采用了不同的姿势，男性为双臂下垂，女性为双臂环抱于下腹部。江苏朝墩头 M12 的玉人，正面形象，头戴冠，梭形眼，圆眼球（图一五）。虽刻工粗犷，刀法简练，其双手形态远不如凌家滩玉人的清晰，但可以看出表现双臂环抱、双手貌似相叠或相接于腹部的姿势，也可以算作是妇好玉人双臂环抱的雏形。

良渚文化主神的完整形态发现极少，目前仅见之于反山 M12。反山发掘报告对主神上肢的描述为"神人上肢以阴文线刻而成，作弯曲状，抬臂弯肘，手作五指平伸。上肢上密布由卷云纹、弧线、横竖直线组成的繁缛纹饰，关节部位均刻出外伸尖角（如同小尖喙）"（图一六）。良渚文化先民的社会分工已经相当细化，那些玉工、陶工有高超的艺术表现能力，但是他们却没有足够的能力在二维载体上表现三维图像，甚至一二千年后

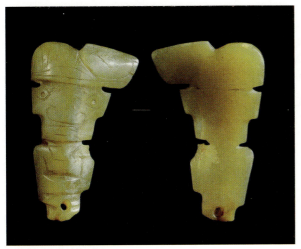

图一五   图一六

的商周时期依然如此。马承源对此有精准的评论："古人的艺术技巧，表现平面构图的
准确性，远比立体雕塑的准确性要困难得多，如果没有适当地掌握透视方法，那么物体
的平面图，尤其是正视的平面图，是无法确切表现出来的。"[1]经仔细琢磨，所谓"作弯曲
状，抬臂弯肘"，实际上要表现的是"双臂环抱"，只是二维图像不能显示清晰的立体感。
此与朝墩头M12玉人不同者就是双手是否相连接，环抱姿则完全相同。

　　双性玉人的双臂下垂和双臂环抱还是中国古文字的象形字，甲骨文和金文各有两
字，均由两个形符组成，其中的一个形符，两字相同，即"示"。另一个形符为跽姿人形，
其上肢的姿势，分别是双性玉人的两种上肢姿势（图一七，1、2），《甲骨文编》和《金文
编》都把它们归入同一字，即"祝"。由此可见这两种臂姿的源远流长。

　　妇好墓的5件圆雕人像的跽姿，以现有资料难以找到被公认的直接相关的先行者，
那么跽姿究竟起源于何时？

　　良渚瑶山M7随葬1件玉牌饰，片状透雕一生物。发掘报告描述该图像为："整器采
用透雕和阴线刻技法，为神兽纹。两角各对钻1个圆孔为眼，眼两侧以线切割法镂扩成

1   2

图一七

---

[1]　马承源：《商周青铜器纹饰综述》，《商周青铜器纹饰》，文物出版社，1984年。

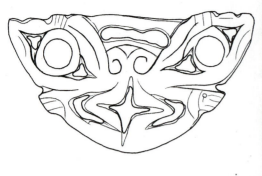

图一八

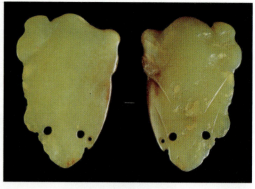

图一九

弧边三角形的镂孔,组成眼眶及眼睑,边周再用阴刻线勾勒。两眼之间的额头有不规则的长条形镂孔,鼻孔为阴刻的卷云纹。鼻下端有弧边十字镂孔,似是嘴。眼眶以下的两侧各有1个锯齿状突起,颇似蛙爪,十字镂孔及其两侧的形态更似蛙的后腿,故整器又如变形的伏蛙"(图一八)。反山M16的1件玉牌饰与此件相似。这个图像的特征是圆眼球加清晰的三角形眼角,双腿屈于下,双膝居中,双足分离于两侧,它是"伏蛙"吗?

良渚文化被解读为蛙的还有江苏吴县(今苏州吴中区)张陵山M4的那件圆雕,形似蛙(图一九),但形体同这件片状透雕生物相去甚远,更何况作为两栖类的蛙科动物眼睛为凸起的圆形大眼,没有眼角,因此不可能是"伏蛙"。良渚文化的龙神没有眼角

图二〇

(图二〇),主神完整形象中居下居前的虎神也没有眼角。尽管良渚文化前期有些虎神的眼睛旁有三角形小尖刺,有的研究者认为这就是"兽"的眼角,但是,一方面这类三角形小尖刺是常用装饰技法,用于多个不同位置,甚至有些虎神的口内都用(图二一),另一方面良渚文化后期的虎眼旁几乎不用三角形小尖刺,因此难以确认,或者说并非专用,并缺乏普遍性。因此有这样清晰眼角的生物不是虎神。再者,这件所谓"伏蛙"的双足分离于身体下方两侧的形象同虎神双足聚于下部正中的形象也完全不同。良渚文化主神中的人形神眼睛以小三角形表现眼角。在现实社会中,猫科动物的眼角远不如人类清晰对称。可以说,清晰的三角形眼角为人形神的特征之一。人眼和兽眼的区别延续至商代,妇好墓的人兽合一圆雕表现得尤为清晰(见图一〇)。因此瑶山M7的片状透雕器所描绘的是新辨识的良渚文化"人",即人形神。

瑶山M7玉牌饰的"人形神"形象姿势十分奇特，他双膝落地，双足外撇并略微上抬于两侧，人类摆出这样的姿势似乎难度很高。踞姿也是双膝落地，这件玉牌是否为商周时期常见的"踞姿"？是否为了在这样一块特定形制的玉片上再现踞姿的"人形神"而采用了极为夸张的艺术

图二一

手法？正如平面构图难以表现"双臂环抱"一样，也很难表现"踞姿"。如果比较妇好的圆雕和西周青铜器上的图像（图二二），同样都是"踞姿"，圆雕人一目了然，认识图像人却要使用观者的知识储备。良渚文化这件人形神牌饰，双膝落地同现实的"踞姿"相同；两足在侧是为了表现在后的小腿的脚，因为不能表现而不得不将其改至两侧，否则就只能像铜器图像那样略去小腿与脚；两足略高于膝则是适应了特定器形。如果将牌饰的人形神正面二维图像复原为侧面三维图像，应该就是双膝落地，两脚在后的踞姿。为什么良渚文化踞姿直到现在才被辨识，或提出辨识的可能，原因或有二：一是踞姿在4000多年以前并不常见；二是非圆雕难以表现踞姿。或许商周时期盛行的踞姿可以溯源至良渚文化。

将反山M12"人"虎复合的主神和瑶山M7的"人形神"结合，就可以揭示"人形神"的完整形象，简而言之，双臂环抱作踞姿。妇好墓15件玉石人像中没有1件是双臂环抱的踞姿，而甲骨文和金文的"祝"却都有这样的姿势。然而这种姿势的实物极为罕见，现可举商代晚期山东滕州前掌大M46的"兽首人身踞坐"圆雕为例。此件兽首微低，上身微向前倾，上肢至肘部弯曲向前平伸并略向内曲，并靠近踞姿人身的大腿（图二三）。显然这就是双臂环抱的踞姿，字形和实物形象完全一致。

妇好墓中那件人兽合一的双面圆雕（标本577），一面为人面，另一面为兽面。另外在一件最为精致的圆雕玉人胸腹部有一长角的兽面，被认为是服装上的装饰。良渚文

图二二

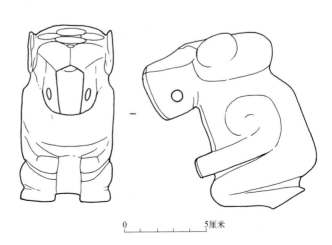

0　　　　　　5厘米

图二三　前掌大M46：3

化也有人兽合一的形象,此人为人形神,此兽为虎神,二者复合为良渚文化的主神,其完整形象不仅有面,还有肢体。人形神的上肢已见前述,不见下半身,虎神前肢弯曲作匍匐状,双爪居于中。由于从瑶山M7的玉牌饰上辨识出良渚文化人形神的图像,认识到人形神采用踞姿,那么有理由相信主神完整形象中的人形神也是踞姿,人形神下半身隐于虎神后。这样,以往对良渚文化神像(主神)上人下兽(虎)的主流认识可以进一步完善,补充了前虎神后人形神的认识。

前文论及甲骨文、金文中的"祝"字,其中一种写法是,前为"示",后为双臂环抱而踞的人。《说文》云:"示……观乎天文,以察时变,示,神事也。"《周礼·春官》记载:"大祝,掌六祝之辞,以事鬼神示……掌六祈,以同鬼神示。"显然"示"与神事、鬼神相关。踞于"示"旁之人当为神职人员,巫觋、祭司之类,正在从事鬼神之事,与鬼神交通。祝作为名词时,指以踞姿与神灵交往的人;作为动词,意为向神灵祭告、祷告。《说文解字》载:"祝,祭主赞辞者,从示,从人、口,一曰从兑省。《易》曰,'兑为口为巫'。"段玉裁注:"此以三字会意,谓以人口交神也。"朱骏声《说文通训定声》祝字下云:"按祝所以悦神也。"

良渚文化人形神和虎神复合为主神的形象,如果认识到不仅有看得见的上"人"下虎,而且有隐含的前"人"后虎,那么人形神踞于虎神之后,同"祝"的关联性就十分明显了。虎神就是一类鬼神,是神界的组成部分,"示"很可能就是各种鬼神的文字表述。因此妇好墓人兽合一圆雕中的兽面和圆雕玉人胸腹部的兽面也是神灵,它们同良渚文化主神亦不无渊源,特别是圆雕玉人之上人与神的关系,及其同良渚主神,同"祝"的相关性,尤为值得思索。

妇好墓中有一件双性合一的圆雕玉人,两面以清晰的性器官表现男女性别。商代及早于商代的玉器表现性别者,尤其像这样一件器物的两面为两性者是十分罕见的。

先民们表现性别的方式一般比较直接,也易于辨识,如在新石器时代的陶器和岩画上。可能还存在另一种隐喻的表现方式。河姆渡文化的一件陶盆在对称位置有简洁图像,一侧图像的中间是冠和两个圆圈,表现戴冠者,两边是对称的鸟;正对面另一侧图像的中间是羽冠,两边是对称的鱼(图二四)。戴冠者和羽冠都代表了社会上层人物,鸟和鱼除了其表层含义,可能还有深层的性别隐喻:鸟为男性、鱼为女性。河姆渡文化冠冕两侧的鱼鸟纹饰具有某种特殊的社会功能,羽冠升华为神人(人神),鸟和鱼暗喻性别,陶盆上对称的两组纹饰蕴含同一内涵的阴阳两面,即河姆渡文化神人(人神)的双性[1]。

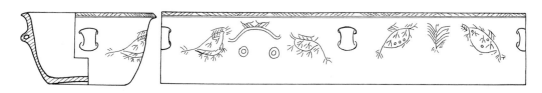

图二四

---

[1] 宋建:《河姆渡文化的冠冕及鸟鱼纹饰》,《东方考古(第8集)》,科学出版社,2012年。

虽然河姆渡文化和商代后期相去数千年，但是在一件器物的两面表示不同性别，似乎存在某种相关性。

妇好墓的玉石人像，并延伸扩展至商代及以前不同材质上展现的人物形象，均蕴含了丰富的历史信息。本文以妇好墓出土的人像为切入点，观察其表现手法，辨识人像的性别（单性和双性）、身份，分析人兽合一的内涵，并追溯商代人物身姿的起源，探讨良渚文化以来人、兽、神的相互关系，从中我们看到了中国精神文化的博大精深和绵绵不断的传承。

原载中国社会科学院考古研究所等：《夏商玉器及玉文化学术研讨会论文集》，
岭南美术出版社，2018年

关于西周时期的用鼎问题

用鼎制度是周代礼乐制度的重要组成部分。《仪礼》记载，国君（诸侯）用九鼎，卿用七鼎，大夫用五鼎，士用三鼎或一鼎。《春秋公羊传·桓公二年》何休注亦云："礼祭：天子九鼎，诸侯七，卿大夫五，元士三也。"二书说法虽稍有不同，但都说明周人是以身份的高低来确定用鼎的数量的。

铭文中涉及用鼎内容的青铜礼器，有函皇父盘，铭为"函皇父乍雕妘般、盉、尊器、鼎簋一具，自豕鼎降十有一、簋八、两罍两壶"[1]，还有郑季盨，铭为"叔尃父乍奠季宝钟六，金尊，盨四，鼎七"[2]。这两件青铜礼器都属西周晚期，铭文记载着有关鼎、簋（西周晚期有以盨代簋的）以及其他礼器相配使用的情况。

近几十年来，许多研究商周礼制的学者都曾注意到周人的用鼎制度。郭宝钧在发掘河南汲县山彪镇后，第一次提出了所谓"列鼎制度"，即若干件"铜鼎的形状、花纹相似，只是尺寸大小，依次递减"[3]。现在，多数人也还用这个定义来解释"列鼎"。近年，俞伟超、高明对"列鼎"的定义提出了新的看法，并且深入研究和全面分析了周代的用鼎制度[4]。

本文将在上述研究的基础上，主要根据考古发掘资料，对西周时期用鼎制度再作一次探讨，并试图说明西周主要礼器的组合特征和用鼎制度的变化情况。

一、商和周青铜礼器组合的比较

为了说明周人用鼎制度的特征，我们先将商周两种文化的青铜礼器组合进行比较。所用材料是已经公开发表的河南安阳殷墟、陕西、甘肃以及河南洛阳地区随葬青铜礼器的墓葬，它们的年代为商代后期和西周早期[5]。

---

[1] 陈梦家：《西周铜器断代（三）》，《考古学报》1956年1期。

[2] 中国科学院考古研究所沣西考古队：《陕西长安张家坡西周墓清理简报》，《考古》1965年9期。

[3] 郭宝钧：《山彪镇和琉璃阁》，科学出版社，1959年。

[4] 俞伟超、高明：《周代用鼎制度研究（上）（中）（下）》，《北京大学学报（哲学社会科学版）》1978年1期、1978年2期、1979年1期。

[5] 商代后期指殷墟第一至第四期（采用邹衡的殷墟四期分法，详见《试论殷墟文化分期》，《夏商周考古学论文集》）；西周分期采用一般的三期分法。本文所用墓葬材料不包括：（1）期别不清的；（2）严重被盗的；（3）仅出一件青铜礼器的；（4）铜器组合比较复杂的大中型墓葬。

属于殷墟第一、二期的共有十七座墓（表一）。其中的武官殉人墓W8、W1、E9、E10（序号6～9）尽管都分布在大墓东、西两侧的二层台上而附于大墓，但是它们各自都有墓坑，并且随葬青铜礼器，且原发掘者推测W8和E9分别为两侧殉人的"领队"[1]，故我们把这几座墓不作附属墓看待。这四座殉人墓中的青铜礼器有各自的组合，不能把它们笼统地放在一起作为一种组合对待。

表一　殷墟第一、二期墓葬青铜礼器组合

序号	铜器数量 墓号 器形、组合	爵	觚	鼎	簋	其他器形
1	YM331[2]	3	3	2		斝3罍1甗1尊2盉1卣1
2	YM388[3]	2	2	1		斝2罍1卣1
3	YM232[4]	2	2	1		斝2罍1甗1盘1
4	YM333[5]	2	2	2		斝2罍1尊1
5	59武官M1[6]	2	2	2		斝1甗1瓿1
6	武官殉人墓W8	2	2	1		
7	武官殉人墓W1	1	1			
8	武官殉人墓E9	1	1		1	卣1
9	武官殉人墓E10	1	1			
10	殷西M613	1	1	1		瓿1
11	殷西M413	1	1			
12	殷西M354	1	1			
13	殷西M391	1	1			
14	殷西M627	1	1			
15	殷西M161	1	1			
16	53大司空M157[7]	1	1			
17	76AXTM17[8]	1	1	1		

说明：

1. "武官殉人墓"就是属于武官大墓的殉人墓葬；
2. "殷西"就是殷墟西区墓葬[9]，下同。

［1］郭宝钧：《一九五〇年春殷墟发掘报告》，《考古学报》第五册，1951年。
［2］李济：《记小屯出土之青铜器》，《中国考古学报》第三册，1948年。
［3］李济：《记小屯出土之青铜器》，《中国考古学报》第三册，1948年。
［4］石璋如：《小屯，第一本丙编，殷墟墓葬之三，南组墓葬附北组墓葬补遗》，"中研院"史语所，1973年。
［5］李济：《记小屯出土之青铜器》，《中国考古学报》第三册，1948年。
［6］中国社会科学院考古研究所安阳工作队：《安阳武官村北的一座殷墓》，《考古》1979年3期。
［7］马得志、周永珍、张云鹏：《一九五三年安阳大司空村发掘报告》，《考古学报》第九册，1955年。
［8］中国社会科学院考古研究所安阳工作队：《安阳小屯村北的两座殷代墓》，《考古学报》1981年4期。
［9］中国社会科学院考古研究所安阳工作队：《1969～1977年殷墟西区墓葬发掘报告》，《考古学报》1979年1期。

从表一可以看出,殷墟第一、二期各墓葬中的青铜礼器,最多的有十七件,最少的仅有两件,但是,每座墓必有觚和爵,而且它们在墓中是成套出现的,多者三套,少者一套。由此可见,觚爵组合是这一时期青铜礼器的基本组合形式。

殷墟第三期墓葬共有二十座(表二),随葬青铜礼器的基本组合形式与第一、二期的完全相同,仍然是觚爵组合,在数量上同样也有套数多少的区别。但是,这一期有三座墓(序号11～13)除了有觚爵各一件外,还有一件鼎和一件簋。可以看出,这里的鼎簋与觚爵相同,也是一种固定的搭配,这是本期新出现的组合形式,然而,这种组合并不单独存在,它们只与觚爵组合共存。另外,我们注意到有鼎簋组合的五座墓中,有三座是在殷墟西区第八墓区。

表二 殷墟第三期墓葬青铜礼器组合

序号	铜器数量 器形、组合 墓号	觚	爵	鼎	簋	其他器形	墓区
1	YM238[1]	3	3			斝1卣1方彝2壶1罍1	
2	大司空58M51[2]	2	2	2	1	卣2尊1	
3	西北冈M1022[3]	1	2			斝2卣1方彝1角1觯2	
4	殷西M198	1	1			斝1	三
5	四盘磨M8[4]	1	1				
6	高楼庄57M9[5]	1	1				
7	殷西(共八墓)	1	1				二(2) 三(6)
8	后冈71M12△[6]	1	1				
9	殷西M976	1	1				七
10	殷西M355	1	1	1	1	瓿1	三
11	殷西M268	1	1	1	1		八
12	殷西M271	1	1	1	1		八
13	殷西M1127	1	1	1	1		八

说明:
1. "墓区"仅指"殷墟西区墓葬"中的墓区,表三、四相同;
2. "殷西"八座墓中属于第二墓区的有M64、M74;属于第三墓区的有M170、M294、M356、M626、M757、M777;
3. △表示被盗,后同。

[1] 石璋如:《小屯,第一本丙编,殷墟墓葬之一,北组墓葬》,"中研院"史语所,1960年。
[2] 河南省文化局文物工作队:《1958年春河南安阳市大司空村殷代墓葬发掘简报》,《考古通讯》1958年10期。
[3] 梁思永:《殷墟发掘展览目录》,《梁思永考古论文集》,科学出版社,1959年;陈梦家:《殷代铜器》,《考古学报》第七册,1954年。
[4] 郭宝钧:《一九五〇年春殷墟发掘报告》,《考古学报》第五册,1951年。
[5] 周到、刘东亚:《1957年秋安阳高楼庄殷代遗址发掘》,《考古》1963年4期。
[6] 安阳工作队:《1971年安阳后岗发掘简报》,《考古》1972年3期。

殷墟第四期墓葬共有三十八座。随葬器物中新出现了铅器和仿铜陶器，它们应该是代替青铜礼器的。这个时期青铜礼器和铅礼器主要有三种组合形式（表三）：

表三　殷墟第四期墓葬青铜、铅礼器组合

序号	器形、组合 铜器数量 墓号	觚	爵	鼎	簋	其他器形	墓区
1	殷西M737	1 1 X	1 1 X	1 X			三
2	殷西（共十墓）	1	1				二（3） 三（5） 四（2）
3	殷西M793	1	1			觶1	三
4	殷西M1052	1 X	1 X				六
5	殷西M1080△	1	1				六
6	殷西M1135	1	1			卣1尊1	八
7	殷西M269	1	1		1	斝1卣1尊1	八
8	殷西M1118	1	1	1			四
9	殷西M1125	1	1	1			八
10	四盘磨M4[1]	1	1		1		
11	殷西M907	2	1	1	1	斝1卣1尊1	七
12	殷西M1015	1	1	1	1	卣1尊1	六
13	殷西M263	1	1	1	1	卣1尊1	八
14	殷西M222△	2	2	1	1		四
15	殷西M279	1	1	1	1		八
16	殷西M606△	1 X	1 X	1 X	1 X		三
17	殷西M220	1 X	1 X	1 X	1 X		四
18	殷西M979	1 X	1 X	1 X	1 X		七
19	殷西M275			1	1		八
20	殷西M607△			1 X	1 X		三
21	殷西M853△		1 X	1 X	1 X		三
22	西北冈M2020[2]	1					

说明：

1. X 表示铅礼器；
2. 属于第二墓区的有M121、M122、M124；第三墓区的有M363、M733、M781、M800△、M856；第四墓区的有M234、M1116。

---

[1]　郭宝钧：《一九五〇年春殷墟发掘报告》，《考古学报》第五册，1951年。
[2]　梁思永：《殷墟发掘展览目录》，《梁思永考古论文集》，科学出版社，1959年；陈梦家：《殷代铜器》，《考古学报》第七册，1954年。

（一）瓠爵组合，共十九座墓（序号1～10）。除殷西M737外，都只有一套瓠爵。

（二）瓠爵组合与鼎簋组合共存，共八座墓（序号11～18），除殷西M907和M222外，各墓都有一套瓠爵加一套鼎簋。

（三）鼎簋组合，仅三墓（序号19～21）。其中两墓被盗，组合可能不完整，另一墓属于殷墟西区第八墓区。

殷墟第四期墓葬中仿铜陶礼器的组合形式基本相同（表四），除殷西M1134外，都是瓠爵组合与鼎簋组合共存。

表四　殷墟第四期墓葬仿铜陶礼器组合

序号	数量　器形、组合　墓号	瓠	爵	鼎	簋	其他器形	墓区
1	殷西M216Δ	2 1+	2	1	1	斝1尊1瓿1	四
2	殷西M4	2	2	1	1	斝1尊1卣1	五
3	殷西M1057	2	2	1	1	斝1尊1卣1觯1罍1	六
4	殷西M1133	2	2	1	1	斝1尊1卣1觯1	八
5	大司空M53[1]	2+	2+	1	1	斝1尊1卣1觯1+	
6	四盘磨M6Δ[2]	1	1	1	1	斝1尊1瓿1卣1盉1	
7	殷西M1134	1	1	1		尊1卣1觯1	八

说明：
+表示青铜礼器。

从以上分析可知，殷墟的前后衔接的四期墓葬中，随葬青铜礼器都以瓠爵作为基本组合形式，鼎簋组合则从无到有，从少到多，从与瓠鼎共存到单独存在（表五）。

表五　殷墟各期墓葬随葬礼器变化对比

组合墓类数（%）期别	青铜礼器、铅礼器墓								仿铜陶礼器墓				合计	%
	瓠爵组合	%	瓠爵鼎簋组合	%	鼎簋组合	%	其他	%	瓠爵组合	%	瓠爵鼎簋组合	%		
一期 二期	17	100											17	100
三期	15	75	5	25									20	100
四期	19	50	8	21.1	3	7.9	1	2.6	1	2.6	6	15.8	38	100

[1]　中国科学院考古研究所安阳发掘队：《1962年安阳大司空村发掘简报》，《考古》1964年8期。
[2]　郭宝钧：《一九五〇年春殷墟发掘报告》，《考古学报》第五册，1951年。

我们再将西周早期三十六座墓葬中（包括一些先周墓葬）的青铜礼器组合形式归纳如下（见表六）：

表六　西周早期（先周）墓葬青铜礼器组合

序号	铜器数量　器形、组合　墓号	圆鼎	方鼎	簋	甗	爵	觯	其他器物
1	长安张家坡67M87[1]	2		1	1	2		卣1尊1
2	长安马王村墓[2]	2		1	1	2	1	卣1瓿1
3	洛阳东郊墓[3]	2		1	1	2	1	尊2瓿1
4	洛阳北窑墓[4]	1		1	1	2	1	卣1尊1罍1
5	泾阳高家堡墓[5]	2		2		2	1	卣2尊1瓿1盉1盘1
6	甘肃灵台白草坡M1[6]	5	2	3		1	1	卣3尊2瓿1罍1盉1角1
7	甘肃灵台白草坡M2[7]		2	2			1	卣2尊1瓿1盉1
8	宝鸡茹家庄桥梁厂墓[8]	1		1		1		卣1
9	岐山贺家73M1Δ[9]	1		1				卣2罍1罍1瓶1
10	宝鸡峪泉墓[10]	1		2			1	卣1
11	甘肃灵台姚家河M1[11]	1		1				
12	甘肃灵台西岭M1[12]	1		1				
13	宝鸡竹园沟M1[13]	5		3			1	罐4

[1]　中国社会科学院考古研究所沣西发掘队：《1967年长安张家坡西周墓葬的发掘》，《考古学报》1980年4期。
[2]　梁星彭、冯孝堂：《陕西长安、扶风出土西周铜器》，《考古》1963年8期。
[3]　傅永魁：《洛阳东郊西周墓发掘简报》，《考古》1959年4期。
[4]　洛阳博物馆：《洛阳北窑西周墓清理记》，《考古》1972年2期。
[5]　葛今：《泾阳高家堡早周墓葬发掘记》，《文物》1972年7期。
[6]　甘肃省博物馆文物工作队：《甘肃灵台白草坡西周墓》，《考古学报》1977年2期。
[7]　甘肃省博物馆文物工作队：《甘肃灵台白草坡西周墓》，《考古学报》1977年2期。
[8]　王光永：《宝鸡市茹家庄发现西周早期铜器》，《考古与文物》1980年创刊号。
[9]　陕西省博物馆、陕西省文物管理委员会：《陕西岐山贺家村西周墓葬》，《考古》1976年1期。
[10]　王光永：《陕西省宝鸡市峪泉生产队发现西周早期墓葬》，《文物》1975年3期。
[11]　甘肃省博物馆文物队、灵台县文化馆：《甘肃灵台县两周墓葬》，《考古》1976年1期。
[12]　甘肃省博物馆文物队、灵台县文化馆：《甘肃灵台县两周墓葬》，《考古》1976年1期。
[13]　宝鸡市博物馆、渭滨区文化馆：《宝鸡竹园沟等地西周墓》，《考古》1978年5期。

续　表

序号	铜器数量 器形、组合 墓号	圆鼎	方鼎	簋	瓿	爵	觯	其他器物
14	岐山贺家66M[1]	2	2	1				卣1罍1角1
15	岐山贺家73M5[2]	1		1				
16	扶风上康M2[3]	2		2				
17	长安客省庄77M1[4]	3		2				
18	长安张家坡60M101[5]	1		1				
19	长安张家坡67M54[6]	1		1				
20	长安张家坡76M3[7]	1		1				
21	长安张家坡M178[8]	1		1				
22	乾县临平墓[9]	3		1				
23	岐山贺家73M6[10]	1(鬲)		1				
24	长安张家坡67M85[11]			1	1	1		
25	耀县丁家沟墓[12]	1			1	1	1	尊1
26	洛阳54秋M3∶01[13]	1X			1X	2X	1X	卣1X 尊1X 罍1X
27	扶风云塘76M13[14]	1				2	1	卣1尊1鬲1
28	扶风云塘76M10[15]		1			1	1	尊1

[1] 长水:《岐山贺家村出土的西周铜器》,《文物》1972年6期。
[2] 陕西省博物馆、陕西省文物管理委员会:《陕西岐山贺家村西周墓葬》,《考古》1976年1期。
[3] 陕西省文物管理委员会:《陕西岐山、扶风周墓清理记》,《考古》1960年8期。
[4] 中国社会科学院考古研究所沣西发掘队:《1976～1978年长安沣西发掘简报》,《考古》1981年1期。
[5] 中国科学院考古研究所沣西发掘队:《1960年秋陕西长安张家坡发掘简报》,《考古》1962年1期。
[6] 中国社会科学院考古研究所沣西发掘队:《1967年长安张家坡西周墓葬的发掘》,《考古学报》1980年4期。
[7] 中国社会科学院考古研究所沣西发掘队:《1976～1978年长安沣西发掘简报》,《考古》1981年1期。
[8] 中国科学院考古研究所:《沣西发掘报告》,文物出版社,1962年。
[9] 尚志儒等:《陕西省近年收集的部分商周青铜器》,《文物资料丛刊(第二集)》,文物出版社,1978年。
[10] 陕西省博物馆、陕西省文物管理委员会:《陕西岐山贺家村西周墓葬》,《考古》1976年1期。
[11] 中国社会科学院考古研究所沣西发掘队:《1967年长安张家坡西周墓葬的发掘》,《考古学报》1980年4期。
[12] 贺梓城:《耀县发现一批周代铜器》,《文物参考资料》1956年11期。
[13] 河南省文化局文物工作队第二队:《洛阳的两个西周墓》,《考古通讯》1956年1期。
[14] 陕西周原考古队:《扶风云塘西周墓》,《文物》1980年4期。
[15] 陕西周原考古队:《扶风云塘西周墓》,《文物》1980年4期。

续　表

序号	铜器数量　器形、组合　墓号	圆鼎	方鼎	簋	瓿	爵	觯	其他器物
29	甘肃灵台洞山墓[1]	2						尊1
30	扶风召李75M1[2]	1					1	卣1壶1
31	扶风岐山M8[3]					1	1	
32	长安张家坡61M307[4]					1	1	
33	长安张家坡61M404[5]					1	1	
34	长安张家坡67M16[6]					1	1	
35	长安张家坡67M28[7]					1	1	
36	洛阳东M13[8]					1	1	

说明:

1. 表中除甘肃和洛阳外,未标省名者均在陕西省;
2. X 表示铅礼器。

第一组,鼎簋组合加其他(序号1～23)。根据附加的器形组合,这一组又可分为四个亚组:

A组,附加瓿爵(序号1)。

B组,附加瓿爵觯(序号2～4)。

C组,附加爵觯(序号5～8)。

D组,除以上三个亚组外,或附加觯,或附加爵,或附加其他器形,或仅鼎簋(序号9～23,其中23以鬲代鼎)。

第二组,鼎或簋加其他(序号24～30),也分四个亚组:

A组,附加瓿爵(序号24)。

B组,附加瓿爵觯(序号25、26)。

C组,附加爵觯(序号27、28)。

[1] 甘肃省博物馆文物队、灵台县文化馆:《甘肃灵台县两周墓葬》,《考古》1976年1期。

[2] 陕西省文物管理委员会:《陕西扶风县召李村一号周墓清理简报》,《文物》1976年6期。

[3] 陕西省文物管理委员会:《陕西扶风岐山周代遗址和墓葬调查发掘报告》,《考古》1963年12期。

[4] 张长寿:《殷商时代的青铜容器》,《考古学报》1979年3期。

[5] 张长寿:《殷商时代的青铜容器》,《考古学报》1979年3期。

[6] 中国社会科学院考古研究所沣西发掘队:《1967年长安张家坡西周墓葬的发掘》,《考古学报》1980年4期。

[7] 中国社会科学院考古研究所沣西发掘队:《1967年长安张家坡西周墓葬的发掘》,《考古学报》1980年4期。

[8] 洛阳博物馆:《洛阳北窑村西周遗址1974年度发掘简报》,《文物》1981年7期。

D组,附加其他器形(序号29、30)。

第三组,爵觯组合(序号31～36)。

上述三组中,第一组的数量最多,第二和第三组的总和刚过第一组的半数。显然,西周早期(包括先周,下同),第一组即鼎簋组合占主导地位。

第一和第二组中的A组即附加的觚爵组合(这种组合在殷墟墓葬中占主导地位)仅有两墓,而且其中一墓与鼎簋组合共存。显然,觚爵组合只处于从属地位。B组即附加的觚爵觯组合最早出现在殷墟第三期的西北冈M1022,在殷墟第四期中已占有一定的比例,但在西周早期已不多见,而且限于一定的时间和地区范围。单纯的爵觯组合在商代罕见,王世民、张亚初曾以此作为区分商周青铜器的诸标准之一[1]。

以上分别叙述了殷墟晚商墓葬和洛阳以西地区西周早期墓葬中随葬青铜礼器的组合情况,下面再来讨论二者之间存在的差异和产生这种差异的原因。

前所列举的晚商墓葬中,几乎每墓出觚爵,多者,有三套;少者,仅一套。对这种数量上的差别,邹衡认为是反映死者地位的高低,换言之,商贵族的身份等级是根据所使用的觚爵数量来确定的[2]。可以说,这种礼器的使用方法是商文化礼制的一个重要组成部分,至少一直持续到商末。

固定的鼎簋组合形式是在殷墟第三期墓葬中才出现的,为数不多而且与觚爵组合并存,其中一多半出于殷墟西区第八墓区。到了第四期,鼎簋组合有所增加,但是只有一座墓(M275)出鼎簋而无觚爵,这座墓恰好也在第八墓区[3]。殷墟西区墓葬中墓区的划分有一定的意义,即"具有一个特定范围的墓地,保持着特定的生活习俗和埋葬习俗的各个墓区的死者,生前应属不同集团的成员,这个不同集团的组织形式可暂称为'族'。这八个不同的墓区就是八个不同'族'的墓地"[4]。如果这个结论不错,我们可以进一步推论:属于第八墓区的这个"族"在殷墟第三期时由于某种原因与外界有了接触,于是开始出现固定的鼎簋组合形式。

与殷墟的晚商墓葬完全不同,西周早期的墓葬占主导地位的是鼎簋组合。关于固定的鼎簋配合使用,除了西周晚期的铜器铭文和东周的文献有一些记载外,更早些时候,在铜器上就有鼎簋二字连用的铭文。例如宝鸡茹家庄的圆鼎(M1乙:13)铭:"弜白乍自为鼎簋";双耳双环簋(M1乙:8)铭:"弜白乍旅用鼎簋。"根据原报告,M1乙:13的年代约在康昭时期[5]。我们认为,西周早期铜器铭文中就有鼎簋组合的记载不是偶然的,应该是为了指明周文化鼎簋相配的使用方式。

西周早期单独觚爵组合已经不见了,与其他礼器共存的(多数与鼎簋组合共存),数量也很少。下面通过具体分析七座有觚爵组合的墓葬的年代和性质来说明这种商文化

[1] 王世民、张亚初:《殷代乙辛时期铜器的初步研究》,1979年中国古文学学年会打印稿。
[2] 北京大学历史系考古教研室商周组:《商周考古》,文物出版社,1979年。
[3] 殷墟西区M607和M853均被盗,恐怕组合不全。
[4] 中国社会科学院考古研究所安阳工作队:《1969～1977年殷墟西区墓葬发掘报告》,《考古学报》1979年1期。
[5] 宝鸡茹家庄西周墓发掘队:《陕西省宝鸡市茹家庄西周墓发掘简报》,《文物》1976年4期。

中的铜器基本组合形式存在于周文化中的原因。

（1）耀县丁家沟墓，所出铜器中除觚爵外，还有鼎、觯、尊各一件。这些铜器的年代可早到殷墟第三期，而且形制、纹饰显然是商文化作风，邹衡把觚、爵、觯、尊都定为商式铜器。墓葬中还出了一件折肩陶罐，与斗鸡台所出相同，因此被定为先周墓葬[1]。

（2）长安马王村墓，年代在商代末年，下限可能到武王。

（3）长安张家坡67M85和67M87原报告定为第二期，"年代约为西周初年至成康时期"。但是，67M85墓中所出铜簋，无耳，圈足上有一对方形穿孔，腹部和圈足都是素面，与殷墟西区属于第三期的M355铜簋有些相似；另一件联裆陶鬲，体形长方，斜折沿，沿折角大于90°，这都是时代较早的特征。67M87的铜鼎，深腹，颇具晚商作风；特别是铜卣，盖顶捉手为纽状，绳索状提梁，极似宝鸡峪泉墓和长安马王村墓所出铜卣。另外，该墓的分裆陶鬲，体形近长方，领较高，较直。因此，我们认为这两座墓的年代可早到武王以前。

可以说，以上四座墓葬都是先周时期的。这时，周人虽然已经有了与商王朝抗衡的力量，但是，商王朝仍然以其强大的实力存在于东方，商文化对周文化的影响要大得多。因此，这四座先周墓葬中的觚爵组合形式和不少商式铜器的出现应该是受到了商文化的影响。

（4）洛阳54秋M3∶01、洛阳东郊墓、洛阳北瑶墓，这三座墓的铜器组合形式基本相同。成王时，周公迁殷民于洛邑，这些殷民死后当然不会葬于别处。近些年，在洛阳东北郊清理了大批西周早期墓葬，其中就有殷人墓[2]。根据所处的地理位置和铜器组合，这三座墓很可能属于西周早期的殷贵族墓葬。这些殷贵族在逐步接受周人礼制的同时，还保留了某些商文化原有的礼制，仍以觚爵组合的形式随葬是不足为奇的[3]。

通过以上讨论，我们得出的结论是：周文化和商文化的青铜礼器基本组合形式是明显不同的，商以觚爵为主，周以鼎簋为主。周人的用鼎制度就是以鼎簋组合作为基础的。

二、西周用鼎制度的变化

周代的用鼎制度先后延续了几百年，在这几百年中，社会不断发生变化，作为上层建筑的礼制也必然会产生各种相应的变动。这里我们根据陕甘和洛阳以西地区随葬三鼎以上的墓葬，来探讨西周时期鼎制的变化情况。

西周早期共有四座墓：

---

[1] 邹衡：《论先周文化》，《夏商周考古学论文集》，文物出版社，1980年。

[2] 洛阳博物馆：《洛阳北窑村西周遗址1974年度发掘简报》，《文物》1981年7期。

[3] 长甶墓（见陕西省文管会：《长安普渡村西周墓的发掘》，《考古学报》1957年1期）的觚爵组合是一例外，这可能是商文化影响的最后残余。

（1）长安客省庄77M1，出三件圆鼎两件簋。圆鼎中有两件形制、纹饰、大小相同，另一件稍小，形制、纹饰不同于前两件。簋的形制、纹饰、大小相同。

（2）乾县临平墓，出三件圆鼎一件簋。三件圆鼎的形制、大小各不相同，最大者和最小者纹饰相似。

（3）甘肃灵台白草坡M1，出五件圆鼎三件簋。圆鼎分两种，一种是柱足连裆，共三件，大小、纹饰互不相同；另一种分裆，大小不同，纹饰也不完全一致。三件簋中，有两件完全相同。

（4）宝鸡竹园沟M1，出五件圆鼎三件簋。圆鼎的形制基本一致，区别仅在耳部，三件为绳索状立耳，两件为横断面呈方形的立耳。这五件鼎的纹饰也大体相同而大小依次递减。三件簋的形制相似，纹饰不同。

以上四座墓，根据铜鼎的形制、纹饰、大小的异同情况，可以分为三类组合（西周中、晚期以同一标准分类）：

（一）甲类组合，即（1），三件鼎中有两件不但形制、纹饰相同，而且大小也相同。

（二）乙类组合，即（2）、（3），鼎的形制、纹饰不同，但它们的尺寸由大到小依次递减。

（三）丙类组合，即（4），鼎的形制、纹饰相同或相似，尺寸由大到小依次递减。

这四座墓的年代，（1）、（2）较早，可到成王，（3）次之，约为成康时期，（4）最晚，约在昭王。

西周中期共有六座墓：

（1）宝鸡茹家庄M1乙[1]，出五件圆鼎五件簋。圆鼎有一件带盘鸟足鼎，形制特殊，余四件圆鼎，形制不完全相同，或有纹饰，或素面，大小依次递减。五件簋的形制、纹饰也互不相同。

（2）宝鸡茹家庄M2[2]，出五件圆鼎五件簋。五件圆鼎中，有附耳带盖鼎两件，形制、纹饰、铭文均同，一大一小；立耳圆鼎两件，形制不同；独柱带盘鼎一件。五件簋分三种形制，其中的两种形制各有两件，它们的纹饰、大小也各自相同。

（3）宝鸡茹家庄M1甲[3]，出五件圆鼎四件簋。鼎的形制完全一样，均素面，大小依次递减。簋的形制、大小相同，素面。

（4）扶风刘家丰姬墓[4]，出三件圆鼎两件簋。三件鼎，大小依次递减。两件簋的形制相同。

（5）、（6）长安普渡村长由墓[5]和临潼南罗墓[6]，各出四件圆鼎两件簋。鼎的形制相似，大小依次递减，但是纹饰互不相同。两件簋的形制、纹饰相同。

这六座墓也分三类组合：

---

［1］　中国社会科学院考古研究所安阳工作队：《1969～1977年殷墟西区墓葬发掘报告》，《考古学报》1979年1期。
［2］　中国社会科学院考古研究所安阳工作队：《1969～1977年殷墟西区墓葬发掘报告》，《考古学报》1979年1期。
［3］　中国社会科学院考古研究所安阳工作队：《1969～1977年殷墟西区墓葬发掘报告》，《考古学报》1979年1期。
［4］　俞伟超、高明：《周代用鼎制度研究（中）》，《北京大学学报（哲学社会科学版）》1978年2期，注释67。
［5］　洛阳博物馆：《洛阳北窑村西周遗址1974年度发掘简报》，《文物》1981年7期。
［6］　赵康民：《临潼南罗西周墓出土青铜器》，《文物》1982年1期。

（一）乙类组合，即（1）、（2），不过，这两座墓各有一件形制罕见的鼎。

（二）丙类组合，即（3）、（4）。

（三）丁类组合，即（5）、（6），鼎的形制相似，大小依次递减，但是纹饰不同。

西周中期，甲类组合已不见，乙类的（1）、（2）和丙类的（3）一般被认为一个家族的异穴合葬墓，墓主人分别为𢨻伯及其配偶井姬与姜儿。

从铜器形制分析，这三座墓的铜器特别是鼎簋具有某些明显不同于典型周文化的特征。如扁腹鼎（见原报告图版肆：2上，下同）、附耳带盖鼎（图版捌：2、3）、带盘鸟足鼎（图版柒：1）、独柱带盘鼎（图版捌：5）、扁腹簋（图版肆：2下，图25）、衔环簋（图版柒：2）等，形制较特殊，在一般的西周墓中是不见的。而有少数鼎簋及甗、鬲、盘、卣等则与西周时期常见器物基本相同。这三座墓的青铜器可分为两大组，它们或许代表了两种不同的文化，一种是典型的周文化；另一种，张长寿认为可能与寺洼—安国文化有关[1]。看来，这三座墓已采用了属于周人礼制的鼎簋组合形式，同时又还存在另一种文化的铜器形制，因此还不能把它们看作是典型的周文化墓葬。

西周晚期至春秋初共有十一座墓：

（1）河南三门峡市上村岭M1052[2]，出七鼎六簋。七件鼎的形制基本一致而大小依次递减，其中六件纹饰完全相同[3]。六件簋的形制基本相同，纹饰完全一样。

（2）、（3）上村岭M1706和M1810[4]，各出五鼎四簋。鼎的形制、纹饰完全相同，大小依次递减。簋的形制、纹饰也完全相同。

（4）、（5）上村岭M1705和M1820[5]，各出三鼎四簋。鼎的形制、纹饰完全一样，大小依次递减。簋的形制、纹饰也完全相同。

（6）上村岭M1602[6]，出三鼎四簋。鼎的形制、纹饰相似，大小不详。簋的形制、纹饰相同。

（7）上村岭M1721[7]，出三鼎，无簋。鼎的形制、纹饰相同，大小依次递减。

（8）扶风庄白墓[8]，出四鼎五簋。鼎的形制、纹饰、铭文完全相同，大小依次递减。簋的形制相似，纹饰有两种。

（9）宝鸡渭滨区姜城堡墓[9]，出三鼎两簋。鼎的形制、纹饰完全相同，大小依次递减。簋的形制、纹饰也都相同。

［1］　张长寿：《论宝鸡茹家庄发现的西周铜器》，《考古》1980年6期。
［2］　中国科学院考古研究所：《上村岭虢国墓地》，科学出版社，1959年。
［3］　原报告只发表两件鼎的图版，形制略有差异，其中一件（1052∶139）饰垂鳞纹、雷纹，另一件（1052∶148）饰变形夔纹，后者应代表了6件相同形制的鼎。
［4］　张长寿：《论宝鸡茹家庄发现的西周铜器》，《考古》1980年6期。
［5］　张长寿：《论宝鸡茹家庄发现的西周铜器》，《考古》1980年6期。
［6］　张长寿：《论宝鸡茹家庄发现的西周铜器》，《考古》1980年6期。
［7］　张长寿：《论宝鸡茹家庄发现的西周铜器》，《考古》1980年6期。
［8］　史言：《扶风庄白大队出土的一批西周铜器》，《文物》1972年6期。
［9］　王光永：《宝鸡市渭滨区姜城堡东周墓葬》，《考古》1979年6期。

（10）户县宋村74M3[1]，出五鼎四簋。鼎的形制一样，都是素面，大小依次递减。簋的形制、纹饰大小完全相同。

（11）长安张家坡墓[2]，出三鼎四盨。三件鼎的形制、纹饰各不相同。

以上十一座墓绝大多数都是丙类组合，有（2）（3）（4）（5）（7）（8）（9）（10）。（1）共有七鼎，仅有一件鼎纹饰不同，也可归入此类。另外，这一期的丙类组合中，除了形制、纹饰都相同外，还有铭文也相同的一组鼎。

（6）的三件鼎尺寸不详，暂不归类。

至于（11），如果只根据鼎的形制、纹饰情况，似可归入乙类，但是，这三件鼎的年代差距很大，有早有晚，看来原来它们并不一定属于墓主人所有，更不一定是成套使用的，很可能它们是临时凑合作为代用品埋入墓中的。

从上述西周时期的铜器墓中可以看出：甲类组合只存在于西周早期，仅一墓，而且在早期中还是偏早的。乙类组合存在于西周早期和中期，各有两墓。丙类组合在早中晚三期中都有，早期一座，中期两座，晚期九座。西周晚期没有甲、乙两类组合。另外，丁类组合有两座墓，属于中期，其特征接近丙类组合。因此，在年代上，甲类组合最早，乙类组合次之，丙类组合较晚。

郭宝钧曾提出"列鼎"的概念。通常必须具备两个条件，才能称为"列鼎"：（一）几个鼎的大小依次递减；（二）它们的形制、纹饰相同或者相似。乙类组合只具备前一个条件，不能叫"列鼎"；丙类组合完全具备这两个条件，因而就是"列鼎"；乙类组合主要出现在昭王以前，昭王以后只有两座墓（茹家庄M1乙和M2）属于乙类组合，这两座墓具有某种非典型周文化的因素，也就是说，在西周中期，典型的周文化墓葬中已基本不见乙类组合。丙类组合最早出现在昭王时期。在年代上，丙类组合和乙类组合紧密衔接，在鼎的使用方式上，丙类组合比乙类组合更加规范。因此，我们认为丙类组合是从乙类组合发展而来的，换言之，西周用鼎的表现形式不是一成不变的[3]。

可以肯定，西周早期周人的鼎制已经完全形成。西周时期，用鼎的表现形式经历了前后两个发展阶段，它们的分界大约在昭王时期。前一阶段，用鼎的表现形式是乙类组合；后一阶段，主要是丙类组合即"列鼎"，也就是说，所谓"列鼎"只是用鼎制度后一阶段的表现形式，这正反映了西周用鼎有个逐步趋于规范化的过程。

余　　论

商和周既是先后建立的两个奴隶制国家，又是活动在不同地区的两个族，因此，他们的文化习俗、礼仪制度都存在不同程度的差异。商和周各自用来表示贵族身份的礼

[1]　陕西省文管会秦墓发掘组：《陕西户县宋村春秋秦墓发掘简报》，《文物》1975年10期。
[2]　中国科学院考古研究所沣西发掘队：《陕西长安张家坡西周墓清理简报》，《考古》1965年9期。
[3]　丁类组合两座墓的年代不晚于穆王，因此可以把丁类组合看作是丙类组合出现初期的一种特定表现形式。

器组合完全不同,它们分别以觚爵、鼎簋作为青铜礼器的基本组合形式。殷墟第三、四期出现了数量由少到多的觚爵组合与鼎簋组合共存的墓葬。这些情况的出现看来不像偶然的,不过因受到现有材料的限制,我们还不便对这些现象作出解释。

关于西周时期制定各种礼仪制度的问题,先秦文献记载有分歧,莫衷一是。顾颉刚先生认为:"'周公制礼'这件事是应该肯定的,因为在开国的时候哪能不定出许多的制度和仪节来,周公是那时的行政首长,就是政府部门的共同工作也得归功于他。"[1]我们认为,既然周人在灭商以前就有其独特的习俗,那么在灭商之后,周人就完全有必要建立起各种相应的礼仪制度,其中当然包括确定贵族等级的用鼎制度。所谓"周因于殷礼"只能表示新礼仪制度中吸收了商礼的某些有益因素。至于新礼制的制定者当然不会是周公一个人,他只是作为西周上层贵族的代表而已。

原载《考古与文物》1983年1期

附记 笔者写作本文时,承蒙北京大学历史系考古专业邹衡先生多次提出宝贵意见,深表谢意。

后记:

论文引用资料截止于1982年,论文发表后即发现在表六中遗漏一墓,现补于此(《文物》1972年10期)。洛阳庞家沟M410,随葬青铜鼎、簋、鬲、罍、壶、觯各1件,归入周代青铜礼器组合第一组D组。

---

[1] 顾颉刚:《"周公制礼"的传说和〈周官〉一书的出现》,《文史(第六辑)》,中华书局,1963年。

吴文化辉煌的青铜文明

很长时期以来，只要一提起华夏青铜文明，世人总是习惯性地注视中原大地，很少有人认为广阔的长江流域同样也哺育了中国的青铜文明。但是近10多年来，中国南方的青铜文化展现出全新的面貌，重大考古发现层出不穷，长江上游有广汉三星堆，长江下游有新干大洋洲，其璀璨夺目的青铜器引起世人瞩目。

地处长江之尾的环太湖地区，在新石器时代的良渚文化时期，曾经是世界范围内文明进程最为迅速的地区之一。大约经历了1000余年后，吴文化又从这里再度崛起。吴文化既具有鲜明的个性和强烈的地方特征，又与中华文明融为一体。青铜文化就是表现这种同一性的最佳例证。

目前可以把吴地青铜文化的发轫追溯到相当于中原夏商时期的马桥文化，上海马桥遗址出土了铜刀和铜凿。但是这个时期，环太湖地区青铜文化水平不高，铸造技术比较粗糙，无法与中原地区匹敌。从西周时期开始，吴地的青铜冶铸业得到了迅速发展。特别是春秋后期，进入这个地区青铜文化最辉煌的阶段。青铜器的造型、装饰艺术和铸造技术，不仅在长江流域独树一帜，可同中原地区相媲美，而且在某些方面居世界领先地位。广阔的长江流域同样也哺育了中国的青铜文明。

本文以考古发掘资料为主，有重点地阐述吴文化青铜礼器、乐器、生产工具和兵器在艺术和技术上的特征，把握它们的发展脉络，以期确立它们在中华文明史上重要的地位。

一、礼　　器

礼器是青铜器中最重要的大类，数量多，种类全，在贵族的朝聘、宴飨、祭祀等重大社会活动中扮演着重要的角色。青铜礼器也是贵族死后位置最显赫的随葬品。吴文化的青铜礼器大部分出自各个等级的贵族墓葬，也有一些出自窖藏。

以今日吴县为中心，从江苏和安徽的南部、长江以北的沿江地区和浙江北部等地出土的青铜礼器可分为两大发展阶段。早期阶段为西周和春秋前期，晚期阶段为春秋后期。从礼器形制和纹饰的风格、青铜合金成分的变化、青铜礼器所揭示的吴与周边地区的交往,及其所反映的政治、经济和军事实力看,两个阶段均有显著区别。

早期阶段,青铜礼器的主要出土地在镇江及周围地区。常见器类有鼎、簋、尊、盘、匜等。与中原地区的周代文化一样,鼎和簋的地位最特殊,是贵族礼仪活动的必备器皿,也是他们社会地位的象征,使用最广泛,因此考古发掘出土的鼎和簋也最多。

这一阶段,礼器分为从中原地区输入和在当地铸造两大系,其中后者又有模仿中原与独立创造之区别。模仿中原的青铜器存在不同的仿真程度,有的模仿得惟妙惟肖,有的则仅有部分相似。在此阶段,因为中原地区青铜铸造技术要比当地高出许多,所以从中原地区输入的青铜器质量要比当地铸造的精良。当地主要是在模仿的基础上发展冶铸业,经历了从模仿、改造到创新的演化历程。

江苏丹阳司徒出土的I式铜鼎[1],模仿中原地区西周中期铜鼎形制,口径明显小于腹径,最大腹径靠下部,整体正视呈梯形,鼎耳立于口沿之上,它的剖面结构为方形,装饰极其简单,仅在腹部饰一道凸弦纹。这件铜鼎只是三个柱形足比中原地区出土铜鼎稍微短一些,从而暴露了模仿的痕迹。

江苏丹徒母子墩大墓随葬的几件铜鼎[2],形制完全模仿中原地区,但是纹饰经过改造,有的饰一条宽带云雷纹,有的饰变形、变体鸟纹,形态与结构完全不见于中原地区。综合考察形制和装饰,这几件铜鼎无疑属于模仿与独创相结合的一种形式。

由吴文化完全独创的铜鼎,在丹徒烟墩山等地多有发现[3]。它们的体态多数都比较小,鼎身为浅盆形,腹部与底部连为流畅的弧形轮廓线,鼎足向外撇,立耳之上有的还铸有小动物。

丹徒母子墩墓出土的兽首耳青铜簋,器形基本上仿自中原地区西周早期簋,器腹比较深,腹壁比较直。纹饰的总体布局结构为模仿,而其纹样则经过改造。腹身中部的主体纹饰仍属兽面居中、夔纹分列两侧的常见结构,纹样缺乏形象,亦欠对称,是制作者任意想象、随意发挥所为。铜簋口沿下的装饰,以蝶形浮雕代替兽首,夔纹完全失去了原形,被改造成独具地方特色的纠结勾连状图案。

另一种铜簋,扁体、束颈、鼓腹、圈足,有的铜簋还在圈足下面再附三个小扁足,器耳作变体夔龙形。铜簋器表常常饰富于变化的纠结勾连变异夔纹,或饰填以短折线的小方格纹。此类铜簋虽然从形体上看,似还残留着西周中晚期周式铜簋的孑遗,却更多地表现了本地铸造业的改造创新能力。

铜尊中的垂腹尊,形态酷似中原地区所出,如出自丹阳司徒的一件铜尊[4]。腹部饰凤鸟纹,虽然属于模仿周式,但是改造成分也不少。凤鸟作顾首式,鸟头转向后方,羽冠向后卷曲,凤尾上卷后再向前,整体呈现出旋曲状;而周式凤鸟的大冠多垂于头前,凤尾向后延伸。此件铜尊纹饰的特异之处还在于两凤鸟之间夹着一个小体蟾蜍纹,过去绝

[1] 镇江市博物馆、丹阳县文管会:《江苏丹阳出土的西周青铜器》,《文物》1980年8期。
[2] 镇江市博物馆、丹徒县文管会:《江苏丹徒大港母子墩西周青铜器墓发掘简报》,《文物》1984年5期。
[3] 江苏省文管会:《江苏丹徒烟墩山西周墓及附葬坑出土的小器物补充材料》,《文物参考资料》1956年1期。
[4] 镇江市博物馆、丹阳县文管会:《江苏丹阳出土的西周青铜器》,《文物》1980年8期。

未见过。

吴文化的三段式筒形尊比垂腹尊多,形制模仿周式,不同之处是腹部略外鼓。这种以腹部外鼓为特征的改造在晚期阶段更为突出。尊腹上装饰的宽带状勾连云纹则完全属于创新。

苏南地区发现的大多数铜盘,形制和纹饰都显示出创新的特征。它们的腹壁与圈足都比较直,附耳多与口沿齐平,靠近或紧贴盘身,因此失去了器耳的实用价值,徒具象征意义。铜盘的装饰母题多为纠结勾连状花纹。

本地铸造的铜器在外观与合金成分比例上,同从中原地区输入的青铜器相比,差别也是很显著的。本地铜器,器表色质比较灰暗,去锈后多呈青灰色;输入铜器,多为墨绿色,除锈之后呈橙黄色。色质的差异反映了铜器所含主要成分的不同。本地铸造的青铜器所含成分中重铅,多属铜、铅二元或铜、铅、锡三元合金。三元青铜器的铅所占比例多于锡。中原系的青铜器多为铜、锡二元的锡青铜则是众所周知的事实。

晚期阶段,青铜礼器在环太湖地区有广泛的分布。青铜铸造业已经基本脱离模仿的形式,本地独创的青铜器继续发展、更新。吴国的迅速崛起强盛,使其与周边地区,特别与长江流域的楚、越、蔡、舒等国交往密切。不少吴国铸造的青铜器通过各种形式流向其他地区,周边诸国的青铜器也相应流入吴地。双向乃至多向交流促进了青铜冶铸业的发展。各地青铜礼器造型和纹饰的同一性日益加强,逐步形成了具有一些共性的南方系青铜文化。

晚期阶段青铜礼器的种类仍以铜鼎为大项,铜簋已经绝迹,取而代之的是铜簠,铜尊依然存在,另外还新发现了铜甗与铜盉等新型礼器。

江苏吴县何山墓葬的两件铜鼎是本地独创的形制,从早期阶段同类器物演变过来[1]。鼎身仍然作浅盆形,但是腹壁变直,底变平,鼎足的剖面结构为椭圆形或扁圆形,多数铜鼎的足端都明显外撇。独创类铜鼎在苏南、皖东南一带多有发现,演变规律自成体系,具有相当浓郁的地方特色。

在各地发现属于晚期阶段的铜鼎中,有些器虽然可以确定为吴国铸器,但其形制已经不再为吴所独有。如陕西凤翔高王寺窖藏中发现的三件铜鼎,形制大体上相同,为深腹、圜底、附耳、蹄足外撇,器盖中央有提环,靠近盖边缘处有三个等距分布的"8"形纽。根据原来的报道,铜鼎饰"凤鸟纹、夔龙纹、云雷纹"[2]。因铜鼎内底部铸有铭文,是"武王孙无壬"作器,所以确定属于吴器。相同或者形态近似的铜鼎在吴地也有发现,如苏州虎丘土坑墓葬随葬的两件[3]。它们的形制与凤翔所出铜鼎略有不同,主要表现在它们的蹄足外撇更加突出,环纽作小立兽形。此外,器盖与器身的装饰主题都是双钩S形纹。这种纹饰特别值得注意,同一座墓葬中随葬的铜盉、铜缶均以双钩S纹作为主要装饰。无独有偶,环太湖地区原始瓷器上堆贴S形装饰久盛不衰,而在其他地区,春秋时

[1] 吴县文管会:《江苏吴县何山东周墓》,《文物》1984年5期。
[2] 韩伟、曹明檀:《陕西凤翔高王寺战国铜器窖藏》,《文物》1981年1期。
[3] 苏州博物馆考古组:《苏州虎丘东周墓》,《文物》1981年11期。

期铜器装饰主要流行卷曲纠结的蟠螭纹，看来吴文化铜器上的双钩S纹是以这两种装饰风格为基础的进一步创新，将S形与螭体结合为一，同时省去了螭首，可谓别具一格。另一方面，具有明显外撇的鼎足、器盖上有提环与小纽的铜鼎在吴国的周边地区也有发现，特别是与吴国往来频繁的楚、蔡等地发现较多。河南淅川下寺的10号墓、11号墓属春秋晚期楚墓[1]，各随葬了几件铜鼎，其盖上的环、纽、外撇的鼎足，都与吴地所出酷似。不过饰双钩S纹的，绝大多数见于苏南与长江以北的沿江地区，如从江苏丹徒粮山大墓和六合程桥三号墓出土的几件，仅有个别流入他地。从这类铜鼎，既可以看出吴文化的创新，也反映了吴文化与其他文化的交往，并体现了交往过程中，在区域范围的变化、文化因素的传播与融合等方面，层次与深度的差异。

　　铜簠在吴地发现较少，早期阶段不见，晚期阶段在吴县何山墓葬中出土了两套。铜簠形制为直口，斜腹，曲尺形足，饰蟠螭纹。以往曾在北京海淀出土一件形制相仿的铜簠，器内底部铸有铭文，"吴王御士尹氏叔婊作旅簠"[2]。从铭文看，此器应该看作是吴器，然而它的风格却完全是楚式的，相同形制和纹饰的铜簠在楚墓中出土甚多。吴县何山墓葬还随葬一件铜盏，饰蟠螭纹，肩部的铭文是"楚叔之孙途为之盏"，因此属楚器无疑。苏州虎丘墓和丹徒王家山大墓亦各出一件铜盏[3]，形制虽与途盏接近，却饰双钩S纹，这应该就是吴器与楚器之间的区别。吴县何山墓出土的另外一件铜鼎，也饰蟠螭纹，与同一墓葬的簠、盏相同。比较上述诸器，吴王御士之簠为楚式，楚叔之孙作盏又与虎丘等地的吴式盏形态十分相近。从中不难悟出，春秋后期南方青铜器具有的某些共性。

　　春秋时期，三段式铜尊在中原地区早已绝迹，环太湖地区却仍在使用，并在前一阶段改造创新的基础上继续发展。与早期相比，铜尊形态上最大的变化在其腹部，显得特别鼓出，呈扁柿形。铜尊的装饰更是绝对独创，母题是突出似芒的棘刺纹，秀丽纤细，无与伦比。目前棘刺纹铜尊的发现地点主要是吴地，数量不多。安徽寿县蔡侯墓中随葬的蔡侯尊，虽然模仿了三段式筒形尊的外形，但是由于棘刺纹铸造技术的难度极高，因此无法仿制出来。

　　镇江粮山大墓出土的铜甗是晚期阶段新创的器形，它的上部为深腹甑，下部是三矮足浅腹鼎，装饰简朴，仅在甑腹饰三道凸弦纹[4]。中原地区无论陶甗还是铜甗，都是鬲式甗，宁镇地区陶甗亦如此。环太湖地区马桥文化的实足鼎式甗，上半部深，下半部浅，附三条细高足，西周时期开始流行矮实足鼎式陶甗[5]。粮山铜甗即仿自这种西周时期的陶甗，在铜器中当属首创。

　　晚期阶段，当地铸造的青铜礼器的合金成分，大多数是铜、锡、铅三元合金，其中锡

［1］　河南省文物研究所、河南省丹江库区考古发掘队、淅川县博物馆：《淅川下寺春秋楚墓》，文物出版社，1991年。
［2］　北京市文物组：《海淀区发现春秋时代铜器》，《文物》1958年5期。
［3］　刘建国：《镇江市谏壁王家山东周青铜器墓》，《文物》1987年12期。
［4］　镇江市博物馆：《江苏丹徒出土东周青铜器》，《考古》1981年5期。
［5］　宋建：《马桥文化的去向》，《中国考古学会第九次年会论文集（1993）》，文物出版社，1997年。

所占比例多于铅,这同其他地区铸造的青铜器已经没有大的区别。

二、乐　器

与礼器相比,青铜乐器的种类比较少,亦具有同样鲜明的个性和强烈的地方特征。不少乐器出自墓葬。随葬乐器的墓葬规模一般都比较大,随葬品中既有众多礼器,也有几种不同的乐器,如丹徒的北山顶大墓和王家山大墓。规模中小型的墓葬,虽随葬青铜礼器,但多数没有乐器,这从一个方面说明了乐器的特殊地位。有些乐器虽埋藏在地下,但是无法确认是否为墓葬。还有的乐器发现于湖泊之中,这同吴文化乐器中不少属于军乐器有关,它们偶然散失于战争之中,江苏武进奄城出土的钩镶就属于这种情况,上海青浦淀山湖底也捞起过钩镶。

大多数吴文化青铜乐器的年代为春秋时期,其中又以春秋后期居多。主要器类是钟、镎于和钩镶。

铜钟是周代使用很普遍的乐器。吴文化分布区域内发现的铜钟属性比较复杂,从铭文可以得知有些并非吴器,而是长江流域周边之国的器物。这是春秋后期的常见现象,同前节所述青铜礼器的情况是一样的。吴器中的铜钟,除著名的者减钟外,江苏高淳县青山茶场出土的两件铜钟,艺术特征更具吴地风格[1]。两件都是甬钟,外形近似,从形制上看,很难区别其与中原地区铜钟的差异,但是它们的装饰体现出个性特征。两件钟的舞面、篆、钲、鼓等部位均有花纹,纹饰布局、结构十分近似,而细部差异又很明显。一件钟的纹饰线条组合比较粗放;另一件则较为细密。它们的舞面都是以圆柱形甬为中心,周围饰对称的卷云纹,云纹的圆拐处有歧出的小尾。钲与篆部饰长条形上下卷曲的花纹,一般也统称云纹。鼓部饰卷云纹,两侧各有上下两个鸟翅形凸出物。以形态不同的云纹作为主体纹样是吴文化青铜器的装饰特色之一,小尾状歧出与鸟翅形饰在吴式礼器上也不少见,钲与篆部的纹饰则带有模仿、简化回首卷尾夔纹的痕迹。

镎于是春秋时期新出现的一种军乐器,延续使用至战国汉代。镎于主要流行于长江流域及华南地区,黄河流域遗址比较少见。吴地出土的镎于在整个编年系统中属于较早者,有两种不同的形制。丹徒北山顶大墓出土青铜镎于三件[2],大小编成一列,形制基本相同,装饰也只有很小的差异。这是比较常见的顶部有浅盘的镎于,盘中央有虎纽,虎身饰似叶脉状的曲折纹,同吴文化陶器上的几何形印纹如出一辙。虎纽周围的盘内纹饰均以云雷纹为主题,细部结构有些变化,比较繁复的一件由十字形纹饰带分成四个部分,带内饰有小尾的卷云纹,四个部分纹饰相同,都是云雷纹,其圆拐处有扇形块状凸出。镎于身为规则椭圆桶形,圆鼓肩,肩上饰一周带有鸟翅状歧出物的云雷纹,其下

---

[1]　刘兴:《镇江地区近年出土的青铜器》,《文物资料丛刊(第五集)》,文物出版社,1981年。
[2]　江苏省丹徒考古队:《江苏丹徒北山顶春秋墓发掘报告》,《东南文化》1988年3、4期。

饰有小尾的变体云雷纹。此外在隧部还有由八条曲体小龙组成的近方形装饰。

丹徒王家山大墓出土的一列三件镈于形制独特,在现存镈于中绝无仅有。镈于顶部无盘,凸弧顶,圆鼓肩,侧视之,其上部朝前倾,呈不对称造型。镈于顶有虎纽,虎身饰雷纹。镈于身的纹饰有四类,上部朝前倾斜凸出处饰浅浮雕人面纹;隧部有鸟纹;顶面和腹身的其他部位都饰变化多端的云纹,有的带有小尾,有的上下卷曲,模仿夔体;还有一类是凸起的螺旋纹。从这三件镈于的造型和纹饰看,地区特征很突出,模仿痕迹趋于模糊。

钩镰与镈于同出,成为互相呼应的军乐器。北山顶和王家山两座大墓中都各出一件钩镰。钩镰也可自成一列,武进奄城的一列共有大小相次的七件。钩镰是吴地很流行的军乐器,各地出土者形制十分近似。它们的装饰比钟、镈于都要简单,素面者比较多,有的仅饰弦纹。浙江绍兴出土的配儿钩镰代表了装饰比较复杂的一类,其主体纹饰在钩镰身靠近舞的部位,为一周宽带状云雷纹和三角形勾连云雷纹[1]。尤为珍贵的是,这两件钩镰的钲部两侧有铭文,作器者是吴王子配儿。有学者考证,配儿是吴王阖闾先立的太子波,即夫差之兄[2]。出土乐器中能确定为吴王族所铸者极其罕见,因此它们对判定钩镰的国别具有特别的意义。

三、工具与兵器

工具与兵器铸造成型技术相似,比礼器和乐器都要简单,使用方式又同出一源,稍后再分流。用青铜制造工具、兵器的起源甚早,制作简单铜工具的时间能够追溯到新石器时代晚期,铜兵器的使用在夏代的二里头文化时期也不鲜见。

环太湖地区出土的青铜工具种类繁多,在生产中使用比较广泛。吴国兵器的制作更加突出,其先进的技术不仅在中国,就是在全世界也首屈一指。

青铜工具包含手工业工具和农业生产工具两大类,现代常用的手工工具有不少在周代就已出现。手工业工具有斧、锛、锯、凿、削,农业工具有锄、耨、镰、铚等。

斧是常用的砍伐工具,除了用于手工业外,还可以开垦荒地,开辟耕地。各类铜斧大小不一、形制近似,多数为长方形銎、弧形刃。

铜锛可以加工木材,是发现最多的一种手工业工具。种类很多,适合于对各种木料进行不同的加工处理。从形态上分,铜锛有宽体的,也有窄体的,有直体平刃的,也有束腰弧刃的,多数为长方形銎口,也有的銎口一侧作弧线。有些銎口内还残留部分木柄,说明它们都是实用的工具。

凿和锯都是重要的木作工具。凿体一般窄长,单斜面刃;锯为长方条形,一侧有锯

---

[1] 绍兴市文管会:《绍兴发现两件钩镰》,《考古》1983年4期。
[2] 沙孟海:《配儿钩镰考释》,《考古》1983年4期。

齿,同现在使用的钢凿、钢锯相似。

铜锄是锄草、翻地的农具。苏州城东北出土的两件,均为马蹄形,弧刃,一件上端一面有横梁相连,一面开口;另一件双面都开口,可以插入带柄木板[1]。

铜耨是中耕农具,可在水田中操作,器形与新石器时代的耘田器很相似。铜耨中部凸起长方形銎,可装柄,双翼翘起,有横梁与銎口相连,刃口为弧角形。

收割农具有镰与铚两种。镰装柄使用,器形作梯形或弯月形,表面有密集的平行斜向凹槽,直刃或弧刃,有的刃部还有细密的锯齿,更易割断谷物。铜铚直接握于手中,收割谷穗。铚上一般有两个圆形小穿,便于捆系在手上。

《周礼·考工记》郑玄注:"粤地……出金锡,铸冶之业,田器尤多。"正反映了长江流域青铜生产工具发达先进的实际情况。

环太湖地区兵器的起源是相当早的。太湖南岸的浙江长兴县收集到一件青铜钺,两范合铸,有内,平肩,弧刃两侧凸出翘起,钺身饰叶脉纹和方格纹。形制与纹饰都带有鲜明的地方性特征,年代可早到商代[2]。吴兴袁家汇出土的另一件青铜兵器三边有刃,前刃弧凸,形体介于戈、钺之间,饰方格纹,与铜钺相同,都是吴文化年代最早的铜兵器[3]。

周代青铜兵器得到更加广泛的使用,品种日益增多,铸造技艺更加精良。戈、矛、戟和剑为常备兵器。铜戈是商周时期最流行的兵器,用于勾杀与啄杀。各地铜戈的形制非常接近,缺乏地区个性,吴文化铜戈亦如此。铜戈在出土兵器中数量最多,有无胡戈、短胡戈、长胡戈,还有无穿、少穿、多穿之分,与中原地区一样。铜矛用于刺杀,发现也不少,仅丹徒母子墩一座墓葬就随葬了八件。铜矛的形制很多,从骹口分,有平口、凹弧口、分叉口;从锋、翼分,有圆脊双翼带倒刺,也有菱形脊刃,不带倒刺。湖北江陵出土的吴王夫差自作矛是著名的吴王铜矛。戟是戈与矛的结合,可以勾杀,又能刺杀,是一种构造比较先进的兵器。目前发现的戟不多,远远少于戈与矛。王家山大墓出土一件铜戟,戈、矛分铸,然后组合装配在一根柲上。其形制特征与单件戈、矛相同。

吴国青铜兵器中,在海内外特别享有盛誉的是铜剑。早在西周时期,铜剑就开始逐步流行,领先于中原地区,成为东周时期中原铜剑的主要渊源之一。春秋后期,吴越铜剑的铸造技术远远超过中原地区,名剑频出。最著名的铜剑有"攻太子姑发"剑,是吴王诸樊作太子时所铸,还有"攻敔王夫差"剑等。这些名剑铸造精良,锋锷犀利,装饰华美,是不可多得的宝物。遗憾的是,著名宝剑多不出于吴地,近者出土于吴楚交界的皖南地区,远者至楚国腹地,甚至到了黄河流域的齐晋之地。这种现象当与吴楚之间频繁的战争、各路诸侯羡慕吴越名剑争相搜罗有关。

环太湖地区虽然少出名剑,但是也不乏佳品。苏州葑门河道内发现的一柄铜剑,中脊凸起,锋锷锐利,剑格上铸饕餮纹。特别引人注目的是,它同一些名剑一样,在剑

[1] 苏州博物馆考古组:《苏州城东北发现东周铜器》,《考古》1980年8期。
[2] 夏星南:《浙江长兴出土五件商周铜器》,《文物》1979年11期。
[3] 刘兴:《东南地区青铜器分期》,《考古与文物》1985年5期。

身上装饰菱形与海棠形暗纹[1]。据研究,吴越青铜兵器上的暗纹是一种极其高超的装饰技术,剑身与暗纹是两种不同的材料,剑体的金属成分与普通铜剑近似,而暗纹部分含有丰富的锡和铁[2]。两种不同的材料采用何种工艺结合在一起,现在还是一个谜。吴越铜剑的铸造工艺出类拔萃,不仅限于此。吴江、吴县等地收藏的一些铜剑中,在剑首端部有多周同心圆凸纹,有的在宽仅4.2到4.4毫米的距离内,竟有四周同心圆凸纹,凸纹的间隔部分还有极其细密的绳纹。铸造如此精巧细密的纹饰,对铸造时所用外范的质量要求非常高,既要细腻,具备优良的可雕性,又要有相当的强度。吴越铜剑铸造还普遍采用了先进的双金属技术,剑脊先铸,含锡量较低,因而具有较好的韧性;双锷后铸,含锡量较高,因此硬度较强,从而使之成为刚韧兼备的宝剑。难怪秦汉典籍中留下了许多吴越铜剑的记载,吴国干将、莫邪铸剑,吴公子季札中原挂剑成为脍炙人口的美妙传说。

纵观吴文化的青铜文明,生产工具与兵器出现最早,这固然与它们的铸造技术相对比较初级、简单有关,但是从本质上看,它们是人类基本生存的必需,所以得到优先发展。吴文化青铜生产工具的门类特别齐全,在各大类铜器中所占比例很高,无疑是吴文化在重视生产力发展方面具有悠久历史的见证。吴文化的青铜兵器一旦出现,就展现出很强烈的土生土长风格,其装饰风格完全与当地盛行的几何形印纹陶融为一体。吴文化晚期的青铜宝剑之精良使见者无不叹为观止,吴国工匠高超金属工艺的奥秘正在成为全世界科技考古学者研究的课题。吴文化使用礼器的时间比中原地区晚,造型与装饰都是从单纯模仿、模仿与创新相结合开始,然后逐渐形成长江流域青铜文化共性,并与中原文化相互影响。吴文化乐器,在祭祀、宴飨方面的功能与中原文化完全一样,在军事功能方面则个性鲜明,以錞于和钩镭的配套使用格外突出。

前473年,吴灭于越;前334年,越又被楚所灭,吴越之地遂成为楚的政治势力范围。从此以后,楚文化遗存越来越多地出现在这个地区。外来的文化与当地的传统加快了融合的步伐。吴文化青铜文明走完了从发生、繁荣到辉煌的历程,最后融进一个全新的文化体系之中。

原载吴县政协文史资料委员会:《吴地文化一万年》,中华书局,1994年

---

[1]　廖志豪等:《苏州葑门河道内发现东周青铜文物》,《文物》1982年2期。
[2]　谭德睿、黄龙:《越吴文化系青铜技术考察报告(之一)》,1992年南方青铜文化学术讨论会论文(上海)。

晋侯墓地浅论

本文参照虢、卫、燕等国的公墓资料,讨论了晋国公墓的墓地制度和用鼎制度,认为周代诸侯墓地并没有整齐划一的形式。《周礼》归纳了周代不同国君(诸侯)的墓地情况,设计出理想的整齐划一的公墓形式。用鼎制度的表现形式经历了一个发展过程,列鼎形式开始于昭穆时期,西周晚期普遍实行。西周时期诸侯常礼用5鼎,文献记载用7鼎或9鼎是晚些时候或礼加一等时所用。

晋侯墓地位于天马—曲村遗址的中心区域,分布范围近20000平方米,自西周早期到春秋早期连续使用,现已发现9组19座晋侯夫妇的墓葬。尽管20世纪90年代晋侯墓地被严重盗掘,但仍然是迄今为止延续使用时间最长、保存资料最丰富的周代诸侯墓地。晋侯墓地的发现不仅证明了天马—曲村遗址确为西周时期的晋国都城,而且为研究周代的墓地制度、等级制度等提供了不可多得的实物资料。

一、墓 地 制 度

根据文献记载,周代的墓地分公墓和邦墓两类。公墓是国君、诸侯和卿大夫等高层贵族的墓地,邦墓是"万民所葬地"。本文只讨论公墓。《周礼》记载的公墓墓地规划和墓葬排列形式是:"先王之葬居中,以昭穆为左右。凡诸侯居左右以前,卿大夫士居后,各以其族。凡死于兵者不入兆域。凡有功者居前,以爵等为丘封之度与其树数。"以此推之,在各诸侯国中亦有相对等的墓地安排。从这个规划可以看出,公墓应该包含了四项内容:1. 墓葬按昭穆排列;2. 不同等级的高层贵族埋葬于同一墓地;3. 非正常死亡者被排除在公墓之外;4. 墓葬位置、坟丘大小等同生前的功爵相关联。以此为参照,可以归纳出晋侯墓地的特征。

(一)晋侯的墓葬都集中埋葬在同一墓地

1993年以来共发掘清理了9组共19座墓葬。除M6组因被盗几无残留、M93组偏居西北隅外,其余7组墓葬的随葬青铜器上都有"晋侯"铭文,从而确认这里是埋葬几代晋侯的公墓。其中年代最早的M114组和M9组铜器铭文仅见晋侯，未知其名，另外5组中共出现了6个晋侯的名或字，仅有晋侯苏见于《世本》。至于无"晋侯"铭文的2组墓，从墓地的排列和分布看，M6组是晋侯及夫人的并穴合葬墓无疑，对M93组的墓主存在不同的看法，有晋文侯和殇叔两种意见。

在晋侯墓地的勘探中发现其南北两侧各有一道壕沟，在南壕沟位置曾开探沟发掘，明确它形成于晋侯墓地之前，具体时间不详，北壕沟未明确其开挖年代[1]。查晋侯墓地的6次发掘简报，凡注明地层关系的，均未提及墓地范围内有早于西周时期的文化遗存，墓葬多打破生土。再看1980年代在曲村北发掘的600余座周代墓也未见打破早期文化遗存，同样挖在生土上[2]。根据调查发掘资料，天马—曲村是有早于周代的文化遗存的，但是相当贫乏。虢国墓地现已发现存在一道东西向的壕沟，将以国君为中心的墓地同其他中下层贵族、平民的墓地分隔开[3]。晋侯墓地的这两条壕沟恰好在墓地的南北两侧，恐怕还不能完全排除与墓地相关联的可能性。这两条壕沟在西周前期被晋侯墓地利用、同晋侯墓地的规划（兆域）有关的可能性更大。晋侯墓地的第5次发掘，还发现"M33、M91和M92均直接打破生土或早期壕沟"。因只是一个简报，材料公布仅限于此，不太清楚是哪个墓打破了早期壕沟。这个发现非常重要，如果南北两侧的壕沟是墓地的边界，这道位于中西部的壕沟又与之同时或被利用，那么墓地的早期（早于打破该壕沟的墓葬）范围就要小于现在发现的晋侯墓葬的分布范围，晋侯墓地的兆域可能经过了不止一次的规划。另外，M93组的2座墓年代最晚，已到春秋早期，偏居在墓地西北隅，明显同其他8组墓葬间隔。发掘简报称该组墓葬局部打破了西周晚期的文化层，M93的南墓道还打破了一座西周晚期的小型墓。值得注意的是，其他8组墓葬均未提及墓葬打破西周遗存的情况。这从另一方面表明，在晋侯墓地的早期规划中，并未将M93组墓葬所在位置放在晋侯墓地的范围内，因此那里迟至西周晚期还有人群活动和埋葬。M93随葬铜戈，据判断墓主当为男性，随葬的一对方壶上有铭文"晋叔家父"。从墓葬位置和地层关系等分析，该墓主人是殇叔的可能性比较大。至于墓地东侧是否有壕沟，现在还不清楚。

（二）晋侯墓并未按昭穆形式排列

9组墓葬排列形式的依据是其下葬的早晚顺序。所谓昭穆排列即年代最早的墓在中间，然后按照顺序分别向左右两侧依次排列。在M114组发现之前有三种不同的墓葬排序，我同意第5次简报的排序形式。因M114组的发现而提出了新的问题，初步意见这是最早的一组墓。这样，原来提出的南排和北排依然成立，先北排，后南排，分别从东向西排列。M114组和M91组在南北两排之间遥遥相对。M93组已在兆域之外，另当别

［1］　孙华：《周代前期的周人墓地》，《远望集——陕西省考古研究所华诞四十周年纪念文集》，陕西人民美术出版社，1998年。
［2］　邹衡：《天马—曲村》，科学出版社，2000年。
［3］　河南省文物考古研究所、三门峡市文物工作队：《三门峡虢国墓（第一卷）》，文物出版社，1999年。

论。8组墓葬的排列显然与昭穆无关,但是除了南北两排按序自东向西排列外,晋侯墓地作为一个整体,似乎看不出有计划、有规律的排列,这恐怕还是同墓地分阶段的规划有关。前述M91等所打破的壕沟可能为西周前期墓地规划所利用,那么打破壕沟的墓葬就突破了墓地的原有规划,偏离了墓葬顺序排列的位置,墓地规划被改变。M114组是最早的一组墓,很可能是晋侯燮父夫妇的墓葬,此时国号由唐改为晋,新确定了晋侯墓葬的地域。M9组同其后的墓葬排列有规律可循,同M114组却看不出明显的关联。据此墓地的初次规划应始于M9组,即晋武侯宁族。M91组没有按序向西排列,埋葬在与M114组遥遥相对的位置。

(三)晋侯墓地不葬晋国的其他高层贵族

晋侯墓地除了葬晋侯与夫人以及陪葬的车马坑外,还在南排发现了一些同时期的墓葬。在M31的墓道西南侧,南北向一列埋了三座墓,墓坑规模很小,仅随葬陶器,墓主都是女性。M31是夫人墓,此三墓应是作为陪葬的下层奴婢。另外在M8、M64、M62、M63和M93等的墓室上和近旁,以及陪葬于M8的车马坑上,还发现了一些祭祀坑[1],分别埋人牲、动物、玉器和铜车马器等,另有个别空坑,推测为血祭坑。除此之外没有发现其他墓葬,与《周礼》记载公墓墓地也葬卿大夫及其同族人明显不符。

(四)非正常死亡者的墓葬位置

有一种意见认为M93组是晋文侯仇及夫人墓。据《史记·晋世家》记载,晋文侯仇在位35年,但是墓葬中未见一件自作器,这就成为唯一的无晋侯铜器墓葬。这组墓还打破了西周的文化遗存,表明这里应该已在西周时期晋侯的兆域之外,否则就无法理解。M93组也可能是殇叔之墓。据《史记·晋世家》记载,殇叔为晋穆侯弟,晋穆侯死后自立,致使太子仇出奔。四年后,"仇率其徒袭殇叔而立"。殇叔之墓,按顺序应该在M64组之西,或者往南另起一排,但却葬在西北隅原来的平民活动地与墓区,也可算是"死于兵者不入兆域"了,这同原始社会以来凶死者不能葬入氏族墓地是一脉相承的。20世纪50年代发掘的虢国墓地,M1052虢太子墓和M1810是地位仅次于虢国国君的两座墓,分别用7鼎和5鼎,墓位在墓地西部偏北。俞伟超认为此二墓"孤零零地偏处于以上各兆域之西,显然正是因为死于非命'不入兆域'"。[2]几十年后,90年代又在壕沟以北的国君墓区新发现一座太子墓,M2011随葬了一件"太子车斧",证明虢国太子应该同葬于国君墓区。M1052虢太子元徒不仅葬在壕沟以南,而且远离国君墓区,因此俞伟超的意见是正确的。虢太子元徒即使不入兆域也被厚葬,殇叔得到厚葬就不是孤例了。

晋侯墓地最早的晋侯是燮父,更早的唐叔虞的墓葬在哪里?《天马—曲村》发掘报告推论曲村北的M6081很有可能就是唐叔虞的墓。M6081是曲村北已经发掘的600多

[1] 李伯谦:《从晋侯墓地看西周公墓墓地制度的几个问题》,《考古》1997年11期。
[2] 俞伟超:《上村岭虢国墓地新发现所揭示的几个问题》,《中国文物报》1991年2月3日第3版。

座西周春秋墓葬中唯一的4鼎墓,规格最高。另外还有4座3鼎墓,其中的3座和M6081同属西周早期前段,1座3鼎墓为西周早期后段。规格最高的几座墓葬年代都集中在西周早期,可见曲村北是西周初年唐(晋)的高层贵族墓地。M6081墓坑为南北向,另3座同期段的3鼎墓为东西向,鼎的数量和墓坑的方向均显示二者之间的区别。西周早期前段的两座3鼎墓值得注意:M6195,墓主为男性,其北有同期段的M6197,墓主为女性,二墓应属并穴合葬,其东北有三号车马坑;M6210,墓主为男性,其东有四号车马坑。墓主可能是唐叔虞的M6081理应有车马坑陪葬,但是因它在发掘区的边缘,周围遗存可能并未完全搞清。早期前段的另一座3鼎墓M6069也在发掘区的边缘,尚未发现车马坑。以车马坑陪葬是晋侯墓地的重要特征,除了M91组没有发现车马坑,其余8组都有长方形的车马坑陪葬,位置均在主墓以东。M6195组和M6210同晋侯墓的相似处非常明显。根据上述资料可以作出进一步推论,西周初年叔虞封于唐,后同另三位高层贵族同葬于曲村北,他们在使用礼器的数量上存在差异,但是都享受陪葬车马坑的待遇。燮父改国号为晋,另辟新的公墓区,以后历代晋侯都葬在那里。叔虞的墓地也改作他用,成为"万民所葬"的邦墓。这一变化就发生在西周早期,曲村北还有4座2鼎墓,其中3座早期前段,1座早期后段,以后这里就不再埋葬中高层贵族了。

　　目前已经发掘的周代诸侯墓地除了晋国外,还有虢国、卫国、燕国和应国。虢国墓地在河南三门峡上村岭,于20世纪50年代和90年代分别发掘,目前墓葬发掘总数已在500座以上。墓地以壕沟为界,沟南是虢国公族墓地,50年代发掘的234座墓位于沟南墓地的南部。公族墓地中地位最高的是M1052虢太子墓,用7鼎,其余大多数是不随葬青铜器的小墓。沟北是国君等高层贵族墓地,目前一共发现墓葬和车马坑等116座,已经发掘清理了其中的18座墓葬、4座车马坑和2座马坑。墓葬中等级最高的是两位国君:虢季(M2001)和虢仲(M2009),此外还有夫人墓、太子墓和卿大夫墓等。值得注意的是,沟南墓地的南片(50年代发掘)和北片之间存在宽达70余米的空白地带。据勘探,北片墓地大、中、小型墓都有。从分布看,北片墓地同国君墓地有更加紧密的联系。

　　卫国墓地在河南浚县辛村,20世纪30年代共发现8座大型墓、60座中小型墓和车马坑、马坑等。8座大型墓分处东西两块,中间相隔了100多米。中小型墓散落分布,主要在西块大型墓的东部。卫国国君墓地和公族墓地在一起,孙华认为,卫国贵族与平民是"根据他们与卫国国君关系的亲疏而散布在国君大型墓的东南"[1]。燕国和应国的墓地分布与卫国有相似之处,即墓地内既有国君的墓葬,也有一般贵族和平民墓葬。由此可见,周代诸侯的墓地并没有整齐划一的形式,既有与一般贵族、平民明显分开的单独的诸侯墓地,如晋国墓地,也有诸侯与贵族、平民葬于同一处大墓地,如卫国等墓地。虢国墓地介于二者之间,以国君为中心的墓区和公族墓区在同一处大墓地,却以壕沟为

---

[1]　孙华:《周代前期的周人墓地》,《远望集——陕西省考古研究所华诞四十周年纪念文集》,陕西人民美术出版社,1998年。

界。后者更像《周礼》所描述的公墓形式，但排列形式并非昭穆制。看来战国时期成书的《周礼》只是归纳了当时所了解的周代不同国君（诸侯）的墓地情况，设计出理想的、整齐划一的公墓形式。

二、用 鼎 制 度

晋侯墓地的9组19座墓，有完整的4组未被盗，即M9组、M91组、M64组和M93组，共9墓。另有2墓分属于2组，未被盗。被盗掘的墓葬一共有8座。

保存完好的11座墓葬的鼎簋相配使用情况如下，以墓葬年代先后为序：

M113，夫人墓，资料不全，鼎共8件，已知有圆鼎2、方鼎2；簋共6件，已知2件，形制、纹饰不同。另有一件晋侯尊（猪形）。

M9，晋侯墓，资料不全，已知鼎有三种不同的形制，其中一件为晋侯圆鼎。

M13，夫人墓，资料不全，已知有5件鼎，分为两种不同的形制；4件簋，有三种形制。

M91，晋侯墓，7鼎5簋，形制纹饰均不详。同出晋侯僰马方壶和晋侯喜父铜片。

M92，夫人墓，2鼎，形制不一，其中一件为晋侯对鼎。同出晋侯僰马圆壶和晋侯喜父盘。

M31，夫人墓，3鼎，为列鼎；2簋，形制相同。

M64，晋侯墓，5鼎，其中2件是晋侯邦父鼎，另3件不详，可知鼎至少有两种；4簋，形制纹饰相同。

M62，夫人墓，3鼎，为列鼎；4簋，形制纹饰相同。

M63，夫人墓，3鼎，2簋，形制纹饰不详。

M93，5鼎，为列鼎；6簋，形制纹饰相同。同出晋侯家父方壶2件。

M102，4鼎，其中列鼎一套3件；5簋，其中相同者4件。

以上11座墓大体分两类，年代偏早的5座为非列鼎类，年代偏晚的6座为列鼎类。

以下是被盗的8座墓。

M114，晋侯墓，劫后残余的铜器已知有方鼎2，簋1，另外在盗洞底部有方鼎、圆鼎和簋等青铜器残片，可知该墓的方鼎不少于3件。带"晋侯"铭的有簋和鸟形尊。

M6和M7，被盗后几无残存，铜礼器的情况一无所知。

M33，晋侯墓，残存2鼎，其中1件为晋侯僰马鼎，可知鼎至少有两种；1簋。

M32，夫人墓，不详。

M1，晋侯墓，发掘简报称，在追缴回的被盗文物中有1件鼎可能属于M1，该鼎素面，柱足。

M2，夫人墓，残存1鼎，柱足。

90年代初，上海博物馆从香港收回一批晋侯青铜器，其中三件长方形盨的盖钮在M2发现，从而明确了它们的归属。这套属于M2的长方形盨为晋侯对所作，共4件，其中 3 件为上海博物馆收藏,另 1 件现在美国一私人收藏家手中[1]。上海博物馆收藏的 3 件,器形、纹饰和铭文均相同,大小略有参差,是一套列盨。

另外还有一套晋侯对盨,椭圆形,其中有 2 件分别为上海博物馆和日本收藏[2]。马承源曾在香港见过另 1 件,铭文已经损坏。发掘 M1 时又发现劫后残余的一块盨盖残片,可能与香港的 1 件为同器,也不能排除就是第 4 件的可能性。这一套列盨应该是 M1 晋侯的随葬品,晋侯对和夫人各随葬了一套 4 件的晋侯盨。

晋侯对鼎除了 M92 的 1 件,上海博物馆从香港收回的青铜器中也有 1 件,据说是与晋侯对盨同时发现的,这样就应该出自 M1 组中的一座墓。这两件晋侯对鼎均饰重环纹,然而形制和铭文都不同,显然分属两套。如果与 M1 和 M2 的两套列盨相配,两套晋侯对鼎也应该是列鼎。

M8,晋侯墓,劫后残余晋侯稣鼎 1 件、晋侯(匹或斯)方座簋 2 件,还发现了另 1 件簋的方座残片。晋侯稣鼎被盗 4 件,现已由上海博物馆等单位收回 3 件,另 1 件在一藏家手中,上海博物馆还收回晋侯(匹或斯)方座簋 1 件。5 件稣鼎同形同纹同铭,大小不一,为一套列鼎。3 件方座簋亦同形同纹同铭,大小略有参差,加上方座残片,为 4 件列簋无疑。

被盗的 8 座墓也大体分两类,M1 组和 M8 是列鼎墓,其余为非列鼎墓或不详。

综合上述两类资料,可以确认实行列鼎形式最早的是晋侯对,晋侯对鼎分别出自 M92 和 M1 组,与之相配的是晋侯对盨。M92 是夫人墓,随葬青铜器上出现了三个晋侯的名字,根据墓葬排列顺序和逻辑判断,M92 墓主下葬时,晋侯对已经即位,将一套列鼎中的 1 件作为陪葬放入其母的墓室。晋侯对生存的年代大约相当于周厉王前后,早于周厉王的 M91 组,M92 肯定不是列鼎,M91 没有公布详细材料,更早的 M33 组和 M6 组均严重被盗,鼎簋相配情况搞不清楚,西周早期的两组墓已知的鼎和簋都有多种不同形制。

西周用鼎制度的表现形式经历了一个发展过程,列鼎是其规范的表现形式,大约开始于昭穆时期,西周中期情况比较复杂,西周晚期除个别特殊者,几乎都是列鼎形式[3]。这在晋侯墓地得到新的证明。遗憾的是晋侯墓地的 8 座墓葬惨遭盗掘,资料不够完整,西周中期的情况尚不清楚。

根据前一节的分析,西周早期晋国的高中层贵族葬于曲村北随葬 3 鼎以上的墓葬共有 5 座。

M6081,男性,可能是叔虞墓。4 鼎,包括三种不同的形制,分别放置在三处不同的位置,其中 2 件小圆鼎形制、大小相同,放在一起。2 簋,形制、纹饰相同,大小略有参差。

M6069,当为女性,3 圆鼎,纹饰不同。1 簋。

M6195,男性,3 圆鼎,其中 1 件素面,另 2 件纹饰不同。2 簋,形制、装饰、大小均相同。

---

[1] 周亚:《馆藏晋侯青铜器概论》,《上海博物馆集刊(第七期)》,上海书画出版社,1996 年。

[2] 孙华:《关于晋侯稣/斷组墓的几个问题》,《文物》1997 年 8 期。

[3] 宋建:《关于西周时期的用鼎问题》,《考古与文物》1983 年 1 期。

M6210，男性，3圆鼎，纹饰不同，分放三处。2簋，形制相近，纹饰不同。

M6308，性别不明，3圆鼎，形制纹饰不同。2簋，形制、纹饰相同，大小接近。

以上5座墓，鼎的形制、纹饰差异较大，非列鼎，在墓内多放置在不同的位置。随葬2件簋的4座墓中，有3座墓是列簋形式，无论是否列簋，2件簋都放在一起。虽然晋侯墓地M13的4件簋有三种不同的形制，但是曲村北墓葬表明，用鼎形式的规范完善似乎是从列簋开始的。

目前所知晋侯墓地用鼎最多的是M91，晋侯用了7鼎，应该以双数6簋相配，但只用了5簋。其余的晋侯用5鼎，夫人用3鼎，夫人比晋侯低一个等级。按照《公羊传》何休注所言，用5鼎是卿大夫的等级，如按《仪礼》则为大夫，用鼎规格偏低。叔虞作为成王之弟、西周初年就被分封的王室重臣，他和后世晋侯的用鼎状况似乎于理不通。但是再看一下其他诸侯的用鼎情况，晋侯用5鼎又不是孤例。应国墓地已经初步公布了3座大墓的材料。其中，M95在西周晚期偏早阶段，是甲字形大墓，用5鼎6簋，其中铜礼器仅3鼎4簋，另2鼎2簋是明器。礼器鼎和簋的作器者均为"公"，同日为同一事由而铸。同墓随葬的盨、壶、盘上有"应伯"铭，因此"公"应该就是应公[1]。另一座带墓道的甲字形大墓的年代为西周早期[2]，可能同以前出土的一批应公铜器有关[3]。这批铜器中有应公鼎2件、应公方鼎1件和应公簋2件等，仅3鼎2簋，可能有所散失。看来应公的等级礼遇加上明器才是5鼎，不加明器仅为3鼎。

虢国国君墓区有三座7鼎墓，墓主分别为虢季、虢仲和太子车。沟南公族墓地有一座7鼎墓，墓主为太子元徒，国君和太子在用鼎数量上享受同等待遇。国君夫人和太子夫人可用5鼎或3鼎。看来虢国比起晋国和应国来都要礼高一等。

《左传》僖公二十四年记载："邗、晋、应、韩，武之穆也"，晋国和应国都是西周初年受封的同姓诸侯。晋国和应国墓地都自西周早期延续使用到春秋早期。地处三门峡的虢国，因墓地自西周晚期延续到春秋早期，两座国君墓葬又都属西周晚期，因而否定了虢国随周平王东迁而来的说法，而且《国语·郑语》明确记载幽王八年在成周附近已有虢国。这一时期虢国同周王室的关系非同一般，有多人在王室为卿士，西周晚期周厉王时有虢公长父，周宣王时有虢文公，春秋早期有虢公忌父，这些担任中央王室重臣的虢公，有的可能就是虢国的国君。而晋国的情况稍有不同，周初叔虞和燮先后事成王、康王，是王室的重要人物[4]，但以后至晋文公成为春秋霸主之前，晋国的地位并不突出，被认为是"偏侯"[5]，可能这就是在用鼎制度上晋国与虢国相差一个等级的主要原因。晋、应、虢的国君和公族墓地是目前考古资料保存最好的，看来西周至春秋早期诸侯的用鼎并不是像文献记载的那样用9鼎或7鼎，周人真正的礼制是用少牢5鼎，只有像虢国国君

[1] 河南省文物研究所、平顶山市文物管理委员会：《平顶山应国墓地九十五号墓的发掘》，《华夏考古》1992年3期。
[2] 姜涛、贺全法、廖佳行：《商周时期的应国考辨及其相关问题》，《河南文物考古论集》，河南人民出版社，1996年。
[3] 陈梦家：《西周铜器断代（三）》，《考古学报》1956年1期。
[4] 《逸周书·王会解》："成周之会……唐叔、荀叔、周公在左，太公望在右。"《左传》昭公十二年："……燮父、禽父并事康王。"
[5] 《国语·晋语一》："今晋之方，偏侯也。其土又小，大国在侧，虽欲纵惑，未获专也。"

那样,同时又在中央王室任卿士才能礼加一等,用7鼎。

西周建国之后,为了维护政权统治,制定了各项礼乐制度,其中就有墓地制度和用鼎制度。在漫长的时间和广阔的空间,制度的制定和执行既有规范与完善,也有因地制宜和灵活执行,并且不乏破坏和僭越。现在我们所看到的有关周代制度的文献记载,却规范同一而且一成不变。必须指出,这些记载都是后人的追记,他们必定受到时间和空间的限制,不可能全面了解实际情况,同时也为了社会现实和当时政治的需要,掺入了不少理想成分,构思出一套完美的制度,常与事实不完全相符。因此考古发掘对验证文献记载,并互为补充,了解制度的实际执行情况具有举足轻重的作用。

原载上海博物馆:《晋侯墓地出土青铜器国际学术研讨会论文集》,

上海书画出版社,2002年

人和族群的考古学观察

——兼论遗传学方法在考古学中的应用前景

考古学作为人文学科的组成部分不仅要探讨人类活动所留下的物质遗存及其所代表的生活和生产活动,也关心活动的主体——人和族群以及他们各自的互动关系。自现代考古学在中国开展以来,主要是通过考古学方法研究人类的物质文化遗存,并利用丰富的历史文献记载和民族志资料了解与解释人和族群的活动,也以体质人类学方法研究人类自身,现在已经取得了丰硕的成果。近些年来,遗传学方法日益渗透到传统考古学的研究领域,拓展了考古学的研究内容,促进考古学向着更深的层次发展。本文拟从考古学角度出发对人和族群以及他们各自的互动关系进行观察,继而讨论遗传学方法在考古学上的应用前景。

一、社会组织关系

古代先民以血缘、地域、等级为纽带组成了一个个的集团和族群,根据史籍记载,中国古代第一级的部族集团有东夷、西戎、北狄和南蛮,次一级的如长江以南又有百越、百濮和三苗等集团。殷商时期的殷人存在族群组织,文献上有明确记载,《左传》定公四年:"分鲁公……殷民六族……分康叔……殷民七族。"文献还记载了先民生前聚族而居,死后聚族而葬,《周礼·地官·司徒》:"以本俗六安万民……二曰族坟墓",就是指以"族"的组织形式来安排墓地。《周礼·春官·宗伯》:"先王之葬居中,以昭穆为左右。凡诸侯居左右以前,卿大夫士居后,各以其族",表明周代在以"族"的形式规划墓地、排列墓葬的同时也依据了等级地位的高低。考古发掘中发现了不同的墓地安排形式。

殷墟西区墓地一共分了八个墓区,墓区之间有明显的空白地带不埋墓葬(图一)[1]。埋墓葬最多的是第三墓区,共有389座墓(图二)。不同的墓区之间存在一些明显的差异,具体表现在随葬陶器的器类组合、青铜器的有无和数量多寡等。各墓区都各自延续

---

[1]　中国社会科学院考古研究所安阳工作队:《1969～1977年殷墟西区墓葬发掘报告》,《考古学报》1979年1期。

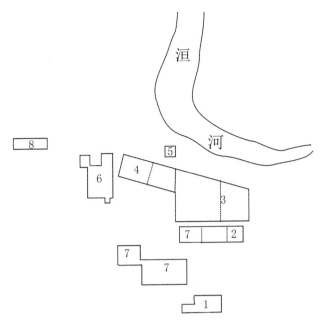

图一　殷墟西区墓地分区示意图

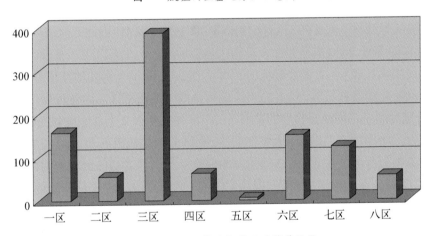

图二　殷墟西区墓地各墓区的墓葬数量

使用,因此墓区之间的差异不能反映年代上的早晚关系。墓葬随葬品的种类和数量可以反映各墓区墓主的身份,以及他们政治、经济地位的差别。青铜器通常是贵族身份的象征,八个墓区中,有七个墓区的部分墓葬随葬了青铜器,同时各墓区的大多数墓葬都只随葬陶器,代表了平民身份,也就是说,各墓区都有贵族和平民,因此墓区的区分也不反映墓主的等级地位。殷民中存在"族"的组织形式,商代青铜器上也常有氏族的徽号标记。值得注意的是,第七墓区一共有三座墓随葬的10件青铜器上铸有同一种族徽,据此推断这是该"族"的墓区。八个墓区应该代表了殷民中的八个"族"。

　　良渚文化墓地中的墓区划分是近些年新提出的问题,典型的例子是浙江的龙潭港和上海的广富林二遗址。龙潭港以一条浅沟将墓地分成两个墓区,沟西墓区是大墓墓

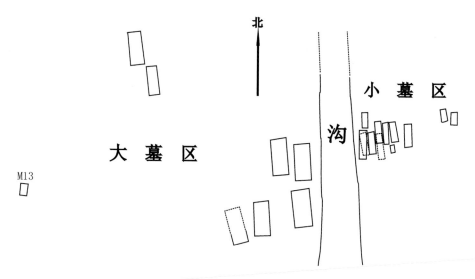

图三　龙潭港良渚文化墓地分区示意图

区,共发掘7座大墓,墓坑规模比较大,可以确定的墓坑长度均在3米以上,根据随葬品判断,墓主的地位比较高(图三)。该墓区内的M13,发掘者将其归入小墓。据发掘报告,M13的随葬品除了陶器外,还有6件玉珠,墓主是一儿童,因此不应该以成人墓的标准来确定它的等级,M13被埋葬在大墓墓区是合理的。沟东墓区为小墓墓区,共发掘12座墓,墓坑规模比较小,大多数墓坑的长度不到2米,除了个别墓随葬小型玉器和骨牙器,一般只随葬陶器和石器,墓主的地位显然要低于沟西墓区。由此可见,龙潭港的两个墓区分别为两个不同社会阶层的墓葬[1]。广富林的良渚文化墓地现分为两个墓区,墓区之间有宽约6米的空白地带,地势稍低洼,墓区的边缘放置石块。G18位于此空白地带,沟的走向为西南—东北,同墓葬的方向完全一致。虽然G18的开挖时间早于埋墓,以后被填没后又在上面铺设芦草,但从它的布局分析,应该看作是墓地的有机组成部分,在规划墓地时就开始划分区域。西墓区已经发掘了6座墓,东墓区发掘了20座墓。两个墓区都以随葬陶器和石器为主,只有个别墓随葬了小型玉器[2]。因此广富林与龙潭港不同,墓区并不反映社会阶层的区分,可能代表了不同的氏(家)族组织成员。

二、世袭制和奴隶制

文明起源是一个世界性的课题,20世纪90年代中国掀起了一个探索文明起源的高潮。目前学术界已经就文明起源是多元的、延续发展的过程达成共识。国家的组织形

---

[1]　浙江省文物考古研究所、海盐县博物馆:《浙江海盐县龙潭港良渚文化墓地》,《考古》2001年10期。
[2]　上海博物馆考古部:《上海市松江广富林遗址1999~2000年发掘简报》,《考古》2002年10期。

式是文明社会的重要标志。据史籍记载,中国的部落联盟(酋邦)和国家的首领是由禅让转变为世袭,王位继承的血缘亲族关系与否成为国家形成过程中的重要因素。国家形态的社会组织形式的另一个重要标志是社会成员被区分为不同的阶层,处于社会最底层的是奴隶。中国最早的国家社会是奴隶制社会。世袭制和奴隶制是探索中国文明进程至关重要的两个方面。

　　山西陶寺是一处非常重要的龙山时代遗址,近年发现了城墙[1],很多迹象表明陶寺很可能是一处"都城",可能同"尧都"相关。陶寺墓地已经发掘出1000多座墓葬,墓葬规模差别很大,随葬品多寡不等,或没有任何随葬品,反映了当时复杂的社会结构,社会成员可以划分为不同的阶层。在社会最上层的是5座超大型墓葬,集中分布在同一个区域,有同一的朝向(图四)。这5座墓葬的规模明显大于其他类型的墓葬,虽然它们均遭到晚期灰坑不同程度的破坏,但从残存的板灰和朱砂痕迹看,其葬具为朱绘木棺,并铺撒朱砂。各墓均有十分丰富的随葬品,如M3015共出土各类器物178件,还要加上被晚期灰坑所扰动的30件器物。超大型墓葬的随葬品有鼍鼓、特磬、蟠龙纹陶盘(图五)、成套的玉器、彩绘陶器和彩绘(漆)木器等[2]。将这5座墓葬的主人称为5个"王"应该是不过分的。陶寺墓地规划严整,排列有序,分为三个区域。东南区埋葬了以中型墓为主体的7排墓葬,中区埋葬的几乎都是没有任何随葬品的小墓,5座大墓集中埋葬在西北区,是该区4排墓葬的为首者。在三座大墓旁各自还有一二座中型墓,它们的随葬品都相当精致,从墓地安排上看,它们同大墓的关系相当密切,有研究者推测这类中型墓的主人

北

图四　陶寺超大型墓葬分布示意图　　　　图五　蟠龙纹陶盘

[1]　梁星彭:《陶寺城址的发现及其学术意义》,《中国文物报》2002年4月12日第7版。
[2]　中国社会科学院考古研究所山西工作队、临汾地区文化局:《1978～1980年山西襄汾陶寺墓地发掘简报》,《考古》1983年1期。

或许是大墓主人的妻妾[1]。可以认为陶寺墓地的阶层分化和等级关系已经发展到相当高的阶段。必须提出的问题是这5个"王墓"相互之间的血缘关系，传统的考古学方法无法解决他们之间的亲疏远近关系。陶寺发掘简报称小墓的骨骸保存较好，大墓也有部分保存，这就使遗传学方法有了用武之地。现在看来，陶寺墓地恐怕是了解龙山时代是否已经出现王位世袭制的一批最佳材料了。

中原地区的龙山时代遗存中经常发现所谓"丛葬坑"，人骨杂乱堆积在坑内，有的肢体残缺不全，有的身首异处。邯郸涧沟的HJ2H18是一个袋形圆坑，坑内埋着10具人骨，其中有7具为成人，3具为儿童，有的头骨上有伤痕或火烧痕迹。据分析，这些人是同时被杀害的，可能是部族之间战争的结果。在邯郸涧沟还发现了被剥过头皮的人头骨，民族志上有猎取异族人头并剥头皮的记载，研究者推断涧沟的人头骨也属于同样的性质[2]。在陶寺南城墙的夯土层内发现了被人为砸碎的人头骨和肢骨残片，发掘者认为这是陶寺古城当地人的遗骸，筑城者在取土建筑城墙时无意间挖破了早期当地人的墓葬，将骨骸砸碎后筑入城墙内，并据此推断筑城者和当地人严重对立，甚至仇视，筑城者是被征调的"外乡人"，具有"徭役"的性质[3]。

长江流域的发现有所不同。福泉山M139的墓主是这一时期少数有代表性的显贵人物之一，他是一个二十多岁的成年男子，有大于一般人物的墓坑，随葬品的数量和质量尤为可观。环绕在人骨架中下部周围的12件石钺最为引人注目，其中一件按柄，置于身体右侧。随葬的玉器有镯、珩、管、珠和锥形器。最重要的随葬陶器是一件大口尊，放在脚端。多件彩绘陶器也很有特色，器形有罐、豆和器盖。墓主的脚端还陪葬了一个女子，年龄与墓主相仿，屈身屈肢朝向墓主。陪葬者也随葬了几件玉器，有玉管和玉环等。墓主人同脚端女子的关系，考古学上可以作出不同的解释，以奴婢陪葬是其中一种[4]。

良渚文化还存在一类身份卑微地位低下的人群。江苏赵陵山是一处人工堆筑的高台墓地，所埋墓主中有的具有较高的社会地位，如M77，也埋葬了一批中小型墓葬。紧靠高台墓地旁的西北处有所谓"丛葬群"，共发现了19具人骨，分三排埋葬。这批墓葬的特点是，没有墓坑和葬具，葬式多样，有的肢体不全，有的仅存头骨，还有的作捆绑状。"丛葬群"旁有一大片黑灰[5]。黑灰在良渚墓地上多有发现，是"燎祭"的遗迹。用火、用牲和用红烧土是良渚文化最常见的三种祭祀形式。用牲以动物为主，包括鹿、猪、狗等。夏商时期可以确定使用了人牲，赵陵山的"丛葬群"如果是人牲那就是年代最早的了。

[1] 高炜：《中原龙山文化葬制研究》，《中国考古学论丛——中国社会科学院考古研究所建所40年纪念》，科学出版社，1995年。
[2] 邹衡：《关于夏商时期北方地区诸邻境文化的初步探讨》，《夏商周考古学论文集》，文物出版社，1980年。
[3] 何驽：《陶寺城址南墙夯土层中人骨说明的问题》，《中国文物报》2002年3月8日第7版。
[4] 上海市文物管理委员会、主编黄宣佩：《福泉山》，文物出版社，2000年。
[5] 江苏省赵陵山考古队：《江苏昆山赵陵山遗址第一、二次发掘简报》，《东方文明之光——良渚文化发现60周年纪念文集（1936～1996）》，海南国际新闻出版中心，1996年。

上述丛葬坑、丛葬群、用"外乡人"（或外族人）筑城等均同奴隶制社会的起源有关。早期奴隶是怎样产生的，他们的来源是什么？历史学根据文献记载，文化人类学、民族学根据民族志和亲临现场调查，了解到奴隶可以分为族外奴隶和族内奴隶，前者是外族人，因战争和仇杀被俘后成为奴隶；后者是本族人，在社会阶层的分化中逐渐沦为社会底层，或犯罪，或严重违反族规被惩罚而成为奴隶。龙山时代战争频繁，史籍多有记载。战争不仅使社会组织形式复杂化，也使族外奴隶阶层的形成成为可能。良渚文化的鼎盛时期，势力强盛，频频向外扩张，对外的交往关系广泛而深入，不能排除发生远距离的外族通婚或掳掠外族女子供本族上层贵族驱使的现象。良渚文化和龙山时代都发生了严重的阶层分化，为产生族内奴隶提供了必备的条件。同样，传统的考古学方法无法解决同族或异族的问题，我们希望能通过遗传学方法，了解贵族、平民和奴隶之间的血缘遗传关系，从而为探索奴隶制社会的起源和奴隶的来源增加一把新钥匙。

三、环太湖地区早期人群的来源

环太湖地区同周边地区相比，成陆比较晚，在新石器文化发展了数千年后才出现了定居的农耕村落。距今4000年前后，环太湖地区先后又来了两支外族人群，一支创造了广富林遗存，另一支创造了马桥文化。确定这几支人群的来源、族属和迁移途径是环太湖地区考古研究的一项重要课题。

距今10000年至7000多年时，随着全球性气候转暖，冰川消退，海面快速上升，环太湖的绝大部分地区成为一片汪洋。距今7000多年时，海平面上升趋缓，长江带来的泥沙沉积使环太湖地区逐渐成陆，开始适合人类的生存。罗家角文化是目前所发现的人类最早的足迹，其活动区域在太湖以南的杭嘉湖地区[1]。大约同一时期杭州湾以南分布着河姆渡文化——长江下游地区的另一支早期文化，钱塘江南发现了跨湖桥遗址[2]。考古学上这三支不同性质的文化遗存通常被认为是由不同来源的人群所创造的。当长江三角洲成陆后，其他地区的人群为了开辟新的生存空间来到了这片新土地，他们来自什么地方？由于跨湖桥遗址发现的部分陶器具有长江中游地区的风格，可能是这支人群的发源地。罗家角文化经马家浜文化、崧泽文化，最后发展为良渚文化，河姆渡文化后来也进入良渚文化阶段，早期分别由两支人群所创造的文化经过数千年发展，在物质遗存和宗教信仰方面逐渐趋于同一，他们是这个地区的原住民。

距今4300多年时有一支新的人群来到了环太湖地区。1999年冬在上海广富林发现并确认了一支非当地文化传统的新石器时代文化遗存，它们完全不同于环太湖地区现已认识的新石器文化，因此暂命名为广富林遗存。广富林遗存目前仅测得两个碳

---

[1] 罗家角考古队：《桐乡县罗家角遗址发掘报告》，《浙江省文物考古研究所学刊》，文物出版社，1993年。
[2] 浙江省文物管理委员会、浙江省博物馆：《河姆渡遗址第一期发掘报告》，《考古学报》1978年1期；浙江省文物考古研究所：《萧山跨湖桥新石器时代遗址》，《浙江省文物考古研究所学刊》，长征出版社，1997年。

十四年代,分别是3770±60和3780±60BP,经树轮校正后为前2310年和前2320年。考古学辨别一个文化的基本方法是了解其遗物的形态特征。广富林遗存的陶器特征鲜明,它的制作方法、装饰花纹和器类形态明显不同于土著遗存(图六),因此它是一支外来文化,代表了一支外来族群[1]。

广富林遗存来自何处?文化面貌相似且距离上海最近的是长江以北的南荡遗存。它分布在江苏高邮、兴化一带的里下河地区,这里地形低洼,环境潮湿,分布着众多湖荡沼泽。广富林遗存与南荡遗存相似之处表现在陶器的陶系、纹饰、器类和器形方面(图七)。南荡遗存在里下河地区也是一支外来文化,在当地同样找不到来源。在它到来之前的1000多年间,因自然环境恶劣,这个地区几乎无人居住。南荡遗存在里下河地区只存在了不太长的时间,以后似乎神秘地消失了。在追寻南荡遗存的来源时,研究者找到了王油坊类型(图八)[2]。这一类型分布在豫东鲁西南和皖北地区[3]。距今4000多年时,

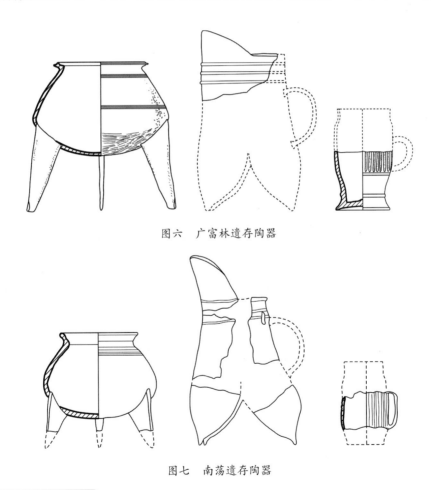

图六　广富林遗存陶器

图七　南荡遗存陶器

［1］　广富林考古队:《广富林遗存的发现与思考》,《中国文物报》2000年9月13日第3版。
［2］　南京博物院考古研究所、扬州博物馆、兴化博物馆:《江苏兴化戴家舍南荡遗址》,《文物》1995年4期。
［3］　中国社会科学院考古研究所河南二队、河南商丘地区文物管理委员会:《河南永城王油坊遗址发掘报告》,《考古学集刊(第五集)》,中国社会科学出版社,1987年。

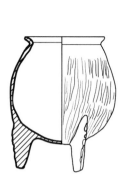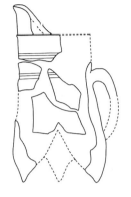

图八　王油坊类型陶器

王油坊类型或其一部分向南迁徙，不仅到达了里下河地区，也来到了路途更为遥远的环太湖地区的前缘——上海。目前在环太湖地区发现的广富林遗存很少，看来他们的活动空间和时间都十分有限，他们同当地原住民的交往情况还需要努力探寻。

广富林遗存之后，又一支外来族群出现在环太湖地区，这支族群创造了马桥文化。马桥文化的诸文化要素中除了一部分陶器、石器同本地土著良渚文化有关外，良渚文化观念形态、等级制度等的物化形式如玉器、高台墓地等在马桥文化中完全绝迹。

马桥文化的泥质红褐陶器最具特色，可以细分为橘红、红褐、灰褐、紫褐等色，各自的硬度和吸水率也有所不同。以泥条盘筑法成型后再施拍打是制作红褐陶器的基本方法，拍打同时在器表形成印纹，主要有条格纹和叶脉纹（图九）。经测试分析，可知泥质红褐陶器颜色和质地的差别是由烧制工艺所决定的。黑釉原始瓷器是马桥文化的一大

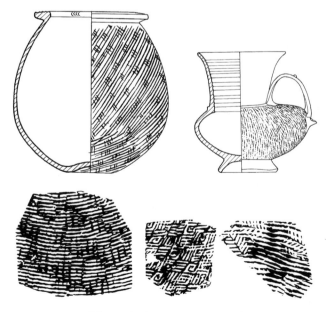

图九　马桥文化红褐陶器与纹饰

发明，从硬陶上施加黑色涂层发展而来。经过比较，红褐陶和黑色涂层的制作技术源自浙南闽北的肩头弄文化遗存，马桥文化代表了一支从南部迁徙过来的族群。

马桥文化陶器的另一大类是泥质灰黑陶。泥质灰黑陶中，胎表全黑的极为少见，大部分是器表黑，即所谓"黑衣陶"或"黑皮陶"。制作泥质灰黑陶器采用轮制技术，以圈足器和平底器为主，弦纹常见，还有部分陶器饰模印花纹，绝大多数是富于变化的云雷纹。器类主要有簋、豆、小盆等食器和瓤、觯等酒器。这部分陶器同良渚文化的关系比较密切。马桥文化的部分石器如斜柄石刀、石锛等同良渚文化也存在比较明显的延续关系。

早在公元前三千纪的前半，浙江南部就同环太湖地区有了交往。当时良渚文化十分强盛，向区域外拓展，北向到了江苏北部，南向到了浙江南部，良渚文化的影响力甚至还到了更远的地方。从浙南好川墓地发现的良渚文化玉器和陶器看[1]，此时环太湖地区的文化因素已经深入到浙南闽北的腹地。可能也就在这个时候，浙南地区的先民对环太湖地区有了初步的了解。公元前第三千纪的后半，良渚文化渐趋衰落，以后浙南闽北的族群趁机向北扩展，在原来良渚文化分布区域创造了马桥文化。

考古发掘和研究已经确认，环太湖地区最早的人类、原住民和后来迁徙过来的两支人群，虽然都曾活动于同一空间，但有不同的发源地，属于血缘关系比较远的若干支族群。

四、遗传学方法的应用和展望

考古学的目标是要研究古代人的活动。长期以来考古学研究的主要对象是物，包括文化遗物和自然遗物两类，文化遗物中的生产工具和生活器皿反映了人的生产手段、结果和生活形式；从自然遗物例如动物、植物、微体古生物中可以解译人的生存环境和生存方式，这是通过物来研究人。人生存于不同的社会群体之中，人与人之间、群体和群体之间的亲疏远近各有异同，存在非常复杂的互动关系，考古学也通过发掘出的遗迹和遗物来研究人的这种关系，如前三节所述。狭义的考古学研究所揭示的是人的社会属性或人文属性，而广义的考古学还应该进一步揭示人的自然属性，例如体质人类学所作的研究。现在，遗传学方法在深化考古学研究、为传统考古学提供相对精确的科学依据方面具有十分广阔的前景。遗传学方法有助于从分子生物学的层面上阐明群体之间和群体内不同个体之间的遗传关系。

人和族群的遗传距离各自存在不同等级的远近关系。遗传距离最远的是考古学文化和类型，以及暂时未能确定文化、类型的考古学遗存。距今4000年前后上海地区的先后两支移民群体——广富林遗存和马桥文化，同当时上海的原住民良渚文化之间就应该存在着这样的遗传关系，广富林遗存、马桥文化同良渚文化之间的遗传距离反映了先民族属的差异。

---

[1]　浙江省文物考古研究所、遂昌县文物管理委员会：《好川墓地》，文物出版社，2001年。

遗传距离稍近的是同一族属内的氏族或家族之间的关系。古代先民以血缘关系为纽带组成集团。据文献记载，先民生前聚族而居，死后聚族而葬，就是以"族"的组织形式居住和埋葬。考古发现了不同的墓地安排形式，殷墟西区、龙潭港和广富林等墓地内都可各自区分为几个墓区，龙潭港墓区的划分反映了等级关系，而殷墟西区、广富林的墓区可能代表了不同的氏族或家族。

中原地区龙山时代的"丛葬坑"、陶寺古城的筑城者、良渚文化的"丛葬群"是一类特殊的遗存，人文科学研究一般将它们定性为被俘、被奴役的异族人，或者是地位低下的本族奴婢，这样，他们同当地贵族或平民之间的遗传距离就可能存在远近的差异。确定他们之间的相互关系将有助于解决族内或族外奴隶的问题，为探索中国奴隶制的起源开辟一条新的途径。

遗传距离最近的应该是同一个氏族、家族内个体的遗传关系。山西陶寺的发现反映了当时复杂的社会结构，如果当时确实已经出现了同一家族内部的王位世袭，那么5个超大型墓葬之间的遗传距离就是最近的，反之，则说明王位尚未在本家族内继承。王位世袭制何时产生对追寻中国文明的发展进程是至关重要的。

由此可见，人文科学方法和遗传学方法是考古研究的两个扇面，分别回答了人的社会属性和自然属性的问题。过去一段时间，上海博物馆考古部和复旦大学遗传学研究中心合作，以及吉林大学边疆考古研究中心已经开始了对古代人与族群自然属性的应用性研究。上海博物馆考古部和复旦大学遗传学研究中心合作研究的课题对象是创造良渚文化和马桥文化的人群，上海博物馆考古部提供了5个良渚文化和2个马桥文化的人骨标本，并阐释考古学背景，复旦大学遗传学研究中心分析其遗传基因。初步的研究结果是，良渚文化和马桥文化先民从线粒体DNA上反映的母系遗传是没有差异的，它们的Y染色体SNP单倍型都是以M119C和M95T两类突变型为主，在遗传关系上具有一致性，都是典型的百越民族群体[1]。

马桥文化的主要来源是肩头弄文化遗存，但是二者毕竟存在区别，马桥文化不等于肩头弄遗存[2]，马桥文化中也包含了良渚文化的因素，再者，良渚文化的足迹曾到达过浙江南部——马桥文化的来源地，因此马桥文化同良渚文化人群的遗传关系应该是比较复杂的，发生遗传变异的可能性也是存在的。另外，目前提供给遗传学研究的样品还太少，遗传基因数据库正在逐步建立，况且遗传学方法自身也有一个不断发展、完善的过程。考古学在中国经历了近一个世纪的发展才建立起文化谱系，而且现在仍然在完善中，遗传学方法在考古学中的应用刚刚起步，还有一段很长的路要走。

原载上海博物馆：《人和族群的考古学观察——兼论遗传学方法在考古学中的应用前景》，《上海博物馆集刊（第九期）》，上海书画出版社，2002年

［1］　上海市文物管理委员会：《马桥——1993～1997年发掘报告》，上海书画出版社，2002年。
［2］　宋建：《马桥文化的分区和类型》，《东南文化》1999年6期。

良渚文明进程中水患背景的再探讨

　　崛起于环太湖地区的良渚文化具有严格分层的社会结构,出现了财富、权力、知识和人口高度集中的中心聚落和聚落群,聚落的规模、分布和权力、财富的分布相符,呈现有规律的多极结构。良渚文化进入早期文明阶段,环太湖地区的文明进程处于快速发展时期,文明发展程度领先于中国境内的其他地区。然而,良渚文明并没有继续向前发展,除了个别文明因素的延续,良渚文明在它的原生地逐渐衰变,良渚文化随之消亡,环太湖地区文明进程的方向和速度也因此而明显改变。

　　大约在1980年代的后半叶,有少数论者开始探寻良渚文化衰亡的原因,认为是洪水或海侵造成的特大水灾导致良渚文化突然灭亡,后来有更多的考古学和地理学研究者补充阐释。这种观点可称为"水亡良渚说"。在此期间,笔者一直关注着有关讨论,进行思考,觉得对良渚文明进程中水患背景还有再探讨的必要。

　　首先探讨的问题是,良渚文化是否突然灭亡? 这个问题关系良渚文化的发展过程,因此要提到良渚文化的分期。目前有几种不同的分期方案,我以前提出分四期,现在根据新的材料及相关研究,主张分五期。第一期与第二期为良渚文化前期,第三期与第四期为后期,第五期为末期[1]。第二期是良渚文化最为繁荣兴盛的阶段,可以说良渚文化是在一个不太长的时期快速走向繁盛。很多考古材料证明,良渚文化第二期具备了早期文明社会的若干项基本特征。浙江余杭反山和瑶山墓地的主人们无疑是社会最上层的代表,他们是等级最高的贵族,掌握了至高无上的权力和大量财富。而上海闵行马桥、江苏苏州越城等地墓葬的主人则处于社会下层。严格分层的社会结构已经形成。良渚—瓶窑区域范围内,有城墙围绕的面积达290万平方米的城址,城墙内外分布着100多处遗址,其中有建筑规模宏大的莫角山,也有代表权力、财富的反山和瑶山,还有更多的聚居区。这个区域聚集着社会精英,体现了政治、宗教力量和经济实力,人口相对集中。把这些要素综合在一起,可以看出良渚—瓶窑所具有的早期国家功能,这里是良渚文明的中心,或者说是"良渚国"的都城。在都城区域,第二期的社会发展程度最高。良渚第三期,都城以外区域的次级中心势力强盛,如上海青浦福泉山、江苏武进

[1] 宋建:《论良渚文明的兴衰过程》,《良渚文化研究——纪念良渚文化发现六十周年国际学术讨论会文集》,科学出版社,1999年,第86~103页;宋建:《良渚文化衰变研究》,《浙江省文物考古研究所学刊(第八辑)——纪念良渚遗址发现七十周年学术研讨会文集》,科学出版社,2006年,第227~237页。

寺墩和苏州草鞋山等,并延续至第四期前段。对良渚文化整体而言,这是比较平稳发展的阶段。到第四期后段,福泉山等地点由墓葬所反映的贵族活动已不存在,目前仅在太湖东南地区发现规格比较低的墓葬。良渚文化第五期遗存,在良渚—瓶窑地区只有零星发现,其他区域发现的遗址也很少,上海松江广富林、浙江湖州钱山漾、江苏吴江龙南是其代表。这是良渚文化最后的衰变阶段。良渚文化走过了从兴起到鼎盛,再由平稳发展到衰变,最终走向消亡的全过程。良渚文化突然灭亡的观点与事实不符。

"水亡良渚说"之所以认为良渚文化突然灭亡,大概是为了说明水患的突然性和巨大的破坏作用。实际上,正如将良渚文明进程放在文化分期的基础上进行研究一样,对水患的研究也要以分期为基础。遗憾的是,有些论者恰恰是忽略了这一点,他们每每引用良渚文化层上的淤土层、冲积层来证明水患导致灭亡,却没有指出淤土层或冲积层是叠压在良渚文化哪一期的地层之上。以马桥遗址为例,在1990年代发掘的Ⅰ区地层堆积中马桥文化层(第三层)和良渚文化层(第五层)之间有一层自然堆积层(第四层)。通过对相关的土壤粒度等的分析,判断该自然堆积层为水成。于是,这一地层堆积过程被解释为良渚文化后发生了大水灾。事实是,就在第四层的层表有一座良渚文化第四期的墓葬。由此证明,水灾发生在良渚文化第四期之前,水灾后良渚先民继续在马桥生存。因此以此来说明良渚文化最后阶段的大水灾导致良渚文化的突然灭亡是很荒唐的[1]。

钱山漾遗址两个含淤土层的地层剖面是"水亡良渚说"经常引用的。甲区的第四层和第二层之间是淤土(第三层)(图一),乙区的第四层中或之上也有断续的淤土。以往我们根据1950年代的发掘材料[2],都认为第四层是良渚文化,第二层是马桥文化。我还根据当时对所谓"鱼鳍形鼎足"年代的共识,认为该遗址的良渚文化为第二期,并以此为依据批评"水亡良渚说"。2000年初在广富林遗址发现广富林文化(当时称"广富林遗存")时,在其下的文化层中发现"鱼鳍形鼎足",开始怀疑其年代,后来将与"鱼鳍

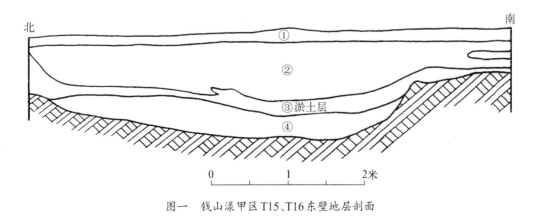

图一　钱山漾甲区T15、T16东壁地层剖面

[1]　宋建:《长江三角洲新石器时代"文化中断说"商榷》,《南京大学历史系考古专业成立三十周年纪念文集》,天津人民出版社,2002年,第13~17页。
[2]　浙江省文物管理委员会:《吴兴钱山漾遗址第一、二次发掘报告》,《考古学报》1960年2期,第73~91页。

形鼎足”共存的“细颈鬶”同浙江遂昌好川墓地联系起来,把“鱼鳍形鼎足”的年代定位于同良渚文化末期相关的特定阶段[1]。

2005年钱山漾的发掘包含了以细颈鬶和鱼鳍形鼎足为代表的文化遗存、广富林文化和马桥文化等三个时期的遗存[2]。1950年代发掘的甲区第四层含细颈鬶的颈部,当时对该类器不太认识,误称为尖底壶。甲区第二层,含“原始形态的几何印纹陶”和“三棱石镞”。三棱石镞在以细颈鬶和鱼鳍形鼎足为代表的文化遗存和广富林文化中都有发现,印纹陶虽是马桥文化的陶器大类,但是在广富林文化中也有少量印纹陶。第三层是淤土层,沉积于以细颈鬶和鱼鳍形鼎足为代表的文化遗存之后。乙区的地层堆积与甲区基本相同,但有些局部的淤层夹在第四层中间。

以细颈鬶和鱼鳍形鼎足为代表的文化遗存所属主要时段与好川墓地第五期相当,下限则要更晚一些。这一时期环太湖地区遗址数量大大少于前一阶段,文化因素越来越多元与复杂化,多种迹象表明社会的动荡不安。良渚文化走到了尽头,而从社会发展角度看,良渚文明此时已不复存在。对于这个特定时期的文化定性尚存在不同意见,有的学者认为已经不属于良渚文化,并提出新的文化命名。我认为,目前的材料不足以对这样一种文化因素复杂多源的遗存定性,可暂时将其看作是良渚文化的延续或后续。钱山漾的水淹事件就发生在这一特定时期的遗存之后,显然不能将其作为良渚文化消亡于水患的重要依据。

在对良渚文明的衰亡原因进行探讨时,还发生了将良渚文化后发生大水灾作为一种先入为主的模式随意解释考古资料的现象,对象是马桥遗址。该遗址的分布比较独特,因贝壳砂堤区域地势高亢,适合建立定居点,所以沿贝壳砂堤大约330～340度的走向安排聚落的布局。这是聚落分布范围与自然环境相互协调的范例。砂堤是聚落分布的中轴线,越靠近砂堤区域,文化遗存就越丰富,而远离砂堤区域的文化遗存比较贫乏。解释者在遗址中线附近(东部)和距离中线以西100余米处(西部)分别采集了两个土壤样品,作孢粉分析等,得出的结论是,良渚文化后先民为东部海水所迫,自东向西迁移,导致东部文化遗存贫乏,西部丰富[3]。事实是,他们把采样地点的方位完全搞反了。另外,浙江杭州水田畈的淤土层明明叠压在上文化层(商周时期)之上(图二),居然也被用作“水亡良渚”的证据[4]。从这里得到的教训是,将水灾作为一种模式,随意使用考古资料,甚至错用考古资料来加以解释,会产生多么大的谬误!

探讨良渚文明进程和自然环境变迁的相互关系,必须以环太湖地区的考古学文化分期作为研究的基础,还应该考虑社会与自然的多方面因素对文明进程的影响和作用,决不应该以水灾作为固定的模式。

[1] 宋建:《环太湖地区新石器时代末期考古学研究的新进展》,《中国文物报》2006年7月21日第7版。
[2] 丁品:《浙江湖州钱山漾遗址第三次发掘带来的新思考》,《南方文物》2006年4期,第73～76页。
[3] 李珍等:《上海马桥遗址孢粉组合及先人活动环境分析》,《同济大学学报(社会科学版)》1996年2期。
[4] 张明华:《良渚文化突然消亡的原因是洪水泛滥》,《江汉考古》1998年1期,第62～65页;叶文宪:《良渚文化去向蠡测》,《良渚文化》,余杭县政协文史资料委员会,1987年。

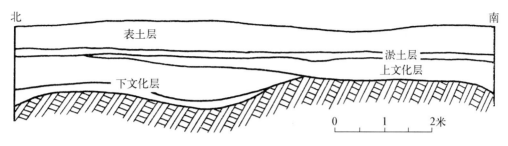

图二　水田畈T6东壁地层剖面

我在1980年代就参与到对环太湖地区文明进程的探讨中,将"自然环境的变迁"作为一项重点讨论的内容[1]。我主张良渚文化衰亡和环太湖地区文明进程的中断不仅有水患作为自然背景,而且还有其社会背景。二十年来考古资料的积累、对环境考古的理解与参与,使我逐渐形成了水患对良渚文化影响的基本认识,对良渚文明衰变、衰亡的原因也有了更深刻的思考。

环太湖地区的环境变迁与该区域特殊的自然条件密切相关。这里的地貌特征是以太湖为中心的碟形洼地,平均海拔高程很低,尤以靠近太湖的中间地区为甚。这样的特定区域极易受海面升降的影响。当海面上升时,海水可能侵入沿海的地势低洼地区,还可能导致内水向外排泄不畅,洪水泛滥。

崧泽文化早中期,大约距今5500年以前,是海平面比较高的时期,因此环太湖地区的崧泽文化遗址比较少,并分布在地势比较高的地区。有的地理学研究者把距今3000年以前的上海分为三种不同的地貌区域,上海西南部是泻湖沉积区,主要包括现在的松江和金山的一部分,成陆时间比较晚。成陆之前,这里曾经是海湾,后来演变成小片相互被泻湖、咸水沼泽隔离的陆地,地势比较低洼,是当时上海境内最不适合古人居住生存的区域[2]。直到崧泽文化晚期和崧泽—良渚文化的过渡阶段,这里才陆续出现定居村落,如松江的姚家圈、汤村庙和广富林等遗址。表明在5500～5200年间,自然环境逐步改善,海平面降到了自第四纪最后一次冰期结束以来的低点。

随后,良渚文化迅速崛起,成为中国新石器时代最辉煌的文化之一,除了宗教信仰的神圣力量外,恐怕与其经济实力的强大也难以分开,而经济实力的强大正是以自然环境的改善为背景的。其结果是在太湖东南的良渚—瓶窑地区形成权力和财富的顶级中心。

良渚—瓶窑地区,第二期就是良渚文明的最高中心,按照正常的发展轨道,应该继续保持前进势头。虽然从吴家埠、文家山等地发现的多节玉琮,以及卞家山的变体鸟纹漆器,可知第二期以后高等级的贵族仍然在这里活动,但是根据较新的数据,良渚遗址

[1] 宋建:《太湖地区文明探源——从良渚文化到马桥文化》,南京大学硕士学位论文,1987年;宋建:《良渚文化向马桥文化的演化过程初探》,《上海博物馆集刊(第五期)》,上海古籍出版社,1990年,第59～66页。
[2] 李金安、严钦尚:《上海地区全新世中晚期沉积环境的演变》,《长江三角洲现代沉积研究》,华东师范大学出版社,1987年,第126～134页。

群晚期遗址的数量比中期少[1]，也没有发现像反山第一阶段那样最高等级的墓葬。目前还看不出第二期以后良渚文明最高中心维持着强势发展。此时在其他区域则有多个次级中心快速崛起或继续繁荣，其中比较典型的是福泉山和寺墩。福泉山在良渚前期的地位并不太高，只埋葬了两座四级贵族墓，后期发生转折性变化，开辟贵族专用墓区，贵族的等级序列比较完整，已发现四座二级和三级墓葬，是快速崛起的例证。寺墩的高等级贵族墓地虽然也是从后期才开始，但有迹象表明它继承了高城墩遗址的区域中心地位。另外，草鞋山、和江苏无锡丘承墩也是后期崛起的次级中心。

良渚文明最高中心同次级中心之间的相互关系发生了微妙的变化，在时间上，变化发生在良渚文化后期；在空间上，这些强盛的次级中心分布在比较远离最高中心的苏沪地区。这应该是探讨良渚文明衰变的有效切入点。本文着重探讨相关的自然环境因素。

由于环太湖地区特殊的自然环境，良渚文化的不同阶段都会遭遇水患的威胁。在原来地势就相当低洼的地区，如上海境内的泻湖沉积区，人类活动中断时间较早，姚家圈和汤村庙二遗址自良渚文化第二期开始就不再有人居住，并延续了相当长的时间。良渚文化后期与末期被水成地层覆盖过的遗址有马桥和钱山漾。马桥Ⅰ区的第五层大致相当于第二期，随后文化层中断，其上的第四层为自然堆积。钱山漾的淤积层覆盖在以细颈鬶和鱼鳍形鼎足为代表的文化遗存之上。这两处遗址的水成地层之上都有相对年代明确的文化层，因此可以肯定水淹的年代。上海奉贤江海遗址的"淤土层"沉积在良渚文化层上。覆盖在"淤土层"上的文化层中有两件石镞，无挺，底端平（图三）[2]。这样的石镞在以往发现的良渚文化中比较少见，1990年代对马桥遗址的大范围发掘，马桥文化中一件都没有发现。好川和广富林的发掘使我们比较清楚地认识了这类石镞应该归属于良渚文化，流行于第四期后段。如果能够确定含此类石镞的是良渚后期或末期地层，那么江海的水淹就发生在此前。根据高蒙河的截止于2003年上半年的统计，良渚早期有遗址56处，中期89处，晚期减少，只有64处[3]。遗址减少有多种原因，其中不能排除水患

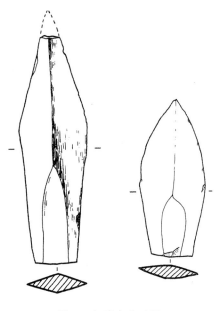

图三　江海出土石镞

[1]　浙江省文物考古研究所：《良渚遗址群》，文物出版社，2005年。报告将良渚文化分早、中、晚三期，同我的五期方案不能完全对应，只能表达粗略的年代顺序。

[2]　张明华：《良渚文化突然消亡的原因是洪水泛滥》，《江汉考古》1998年1期，第62～65页；上海市文物管理委员会：《上海奉贤县江海遗址1996年发掘简报》，《考古》2002年11期，第20～29页。

[3]　高蒙河：《长江下游考古地理》，复旦大学出版社，2005年。

的原因,良渚晚期遗址减少是水灾频发的间接证据。但有的遗址并没有因水灾导致良渚时期当地人类活动的终止,如马桥遗址所在地势高亢,水灾过后良渚先民又继续在那里生存。洪灾是否发生以及发生和延续的时间、洪灾的程度同遗址所在的空间位置密切相关。

根据环境学者的研究,当全新世冰后期海侵时,杭州附近地区成为浅海湾,良渚遗址群地处浅海湾的边缘部分。随后逐渐演变为江河、湖沼与水网平原[1]。在相当长时期,这里不适合人类生存,或者说,可供人类定居的地域很少。考古调查所知良渚遗址群内的马家浜文化遗存,仅吴家埠、荀山东坡等少数几处,是当时的高地。崧泽文化遗址更是几乎不见。进入良渚文化,遗址数量大为增加,表明环境的趋好,还要看到良渚先民对环境的适应与改造、开发。

新发现的良渚城在遗址群西片,城墙南北长约1800至1900米,东西宽约1500至1700米,城墙底部普遍铺垫石块,其上再用较纯净的黄土堆筑而成。发掘者没有确定城墙的始筑年代,只说使用下限不晚于良渚文化晚期[2]。从良渚遗址群的繁荣期看,城墙应该筑于前期。塘山位于良渚遗址群北部,绵延数千米,其基础是人工营筑的长堤。基底用石块铺垫,上面堆土,土层中还夹杂一些水平排列的石块,营筑方法同城墙相似。塘山以北没有发现遗址。发掘者认为塘山是"具有防水功能的人工工程",阻挡来自北侧山麓的洪水[3]。良渚城建于由浅海湾演变过来的湖沼地区,地势低洼,水域范围很大。面对如此环境首先要做的事情是改造环境与挡住环境的破坏源。塘山和城墙具备了这一功能,当然后者还具有强大的政治功能。

塘山和城墙对良渚遗址群的繁荣与良渚文明的崛起发挥了重要作用。然而遗址群所处环境使其对自然条件的变化比较敏感。有迹象表明,良渚后期自然条件确实发生一些变化。对良渚遗址群的环境研究提供了三个遗址的孢粉分析材料,其中,王家庄遗址发表的材料不能确定其期别。石前圩遗址,考古报告定为良渚晚期,而环境研究报告又将其放在总5期中的2~4期,使人无所适从。只有巫山可以根据发表的陶豆图,大致定为良渚三期后段和四期。研究报告将巫山放在良渚遗址群环境分期的最后一个阶段,指明此时"环境恶劣"。值得注意的是,这一时期在孢粉、藻类组合中,环纹藻的含量特别高,分析认为"反映的气候环境是寒冷而干燥"[4]。

对大量环纹藻及其相关组合,以及所指示的气候环境存在不同看法。广富林遗址从良渚末期到广富林文化,孢粉组合中的蕨类孢子、藻类所占百分比逐渐增加,广富林文化稍晚时期达到最高值,水生植物繁茂。马桥遗址中马桥文化地层的环纹藻、双星藻

[1] 浙江自然博物馆金幸生等:《余杭良渚遗址群古环境研究》,《良渚遗址群》,文物出版社,2005年,第327~344页。
[2] 刘斌:《良渚遗址发现5000年古城》,《中国文物报》2007年12月5日第1版。
[3] 浙江省文物考古研究所:《良渚遗址群》,文物出版社,2005年,第118~122页。
[4] 浙江自然博物馆金幸生等:《余杭良渚遗址群古环境研究》,《良渚遗址群》,文物出版社,2005年,第327~344页。

等淡水藻类含量远高于良渚文化。淡水藻类含量的增加表明水域面积的扩大[1]。1990年代我们对马桥遗址的环境考古研究，也认为马桥文化时期环境变化的明显标志之一就是水域扩展[2]。在良渚遗址群及周边，与水域分布范围密切相关的是苕溪。据研究，古苕溪在遗址群南由西向东注入钱塘江，如苕溪上游洪峰下泄时，遇到钱塘江高潮顶托，将导致苕溪水漫向北面地势低洼地区，良渚遗址群所在地区的水域将随之扩大，甚至发生内涝。无论良渚晚期及以后的气候环境是寒冷干燥还是水域扩张，都表明环境变迁向坏的趋势。

从大尺度的时间范围看，几千年间水患一直伴随着居住在环太湖地区的先民，也确实带来过巨大的灾难，但是也应该看到先民同水患进行了持续不断地顽强抗争，良渚先民更以宗教崇拜为强大的号召力量，一定程度地改造与开发环境，减轻减少水患的危害。水患并没有导致良渚文明突然消亡，也不是良渚文明走向衰亡的唯一原因。良渚文明这样一个庞大的社会体系发生衰变的动因相当复杂，我提出了"社会链的松弛和断裂"的解释方式。良渚文明社会链由四个大环构成，以玉为中心的社会运作机制、以稻作农业为中心的物质经济基础、文明赖以生存的自然条件和生态环境、文明进程中复杂的社会环境。各大环又由若干中小环组成。良渚文明的衰变起因于这些不同规格环节的缺失而导致社会链的松弛乃至断裂[3]。就环境而言，短时期内超量雨水导致洪水泛滥和海平面上升引起的泄洪不畅、海潮顶托倒灌是环太湖地区环境恶化的主要形式。该地区文明化进程同自然环境变迁的相关程度可能高于其他地区。自然生态环境是良渚文明社会链的四个大环之一，它的变化必将影响社会链上的其他环，从而促进、维持或延缓良渚文明的进程。社会链的最终断裂就是良渚文明的消亡。

本文出自中国考古学会:《中国考古学会第十次年会论文集(1999)》,
文物出版社,2008年

---

[1] 张玉兰:《从微体古生物研究探究良渚文化突然消亡的原因》,《环境考古研究(第四辑)》,北京大学出版社,2007年,第327～332页。
[2] 上海市文物管理委员会:《马桥——1993～1997年发掘报告》,上海书画出版社,2002年,第340～346页。
[3] 宋建:《良渚文明的历程》,待刊。

马桥遗址古环境探析[*]

马桥遗址位于上海市闵行区,1993～1995年我们在马桥遗址进行大规模发掘,简报已经发表[1]。发掘时采集了土壤样品作实验室分析。有的地理学研究者就部分分析结果已作研究。但是因有的研究未同考古工作充分结合,用错材料,因此得出了错误的结论。本文严格以考古资料为基础,结合样品分析结果,研究马桥遗址良渚文化先民的生存环境,并纠正一些结论中存在的谬误之处。

一、地貌基础与先民定居生活的开始

马桥遗址坐落在一道称为"竹冈"的贝壳砂堤上,走向大约330～340度[2]。砂堤厚约几十厘米,宽约几十米,其底部平坦,中间厚,向两侧变薄,西侧的倾斜度比较大,东侧倾斜度比较小。它的主要物质组成是贝壳及其碎屑,海浪与潮汐带来的物质沉积在原来地势比较高亢的地带,海水退去后,带去泥沙,留下了比重比较大的贝壳砂,形成了这道长堤,它的年代为距今5500年左右。

马桥遗址的地貌基础就是这道贝壳砂堤,地势比较高亢。砂堤形成后,人类从其他地方迁徙到这里,依堤而居,开始了定居的生活。马桥遗址形态呈南北长、东西宽的宽带状,宽带走向330～340度左右,与砂堤的走向基本一致。根据考古资料的年代学分析,马桥遗址最早被人类利用是崧泽文化向良渚文化发展的过渡阶段,开始于距今5400年前后。

二、文化遗存、沉积环境和微古分析

贝壳砂堤特殊的地貌形态形成自然的阻隔,以致砂堤两侧有不同的堆积。砂堤西侧

---

[*] 共同讨论,宋建执笔。
[1] 上海市文物管理委员会:《上海市闵行区马桥遗址1993～1995年发掘报告》,《考古学报》1997年2期。
[2] 章申民等:《上海滨海平原贝壳砂堤》,《长江三角洲现代沉积研究》,华东师范大学出版社,1982年。

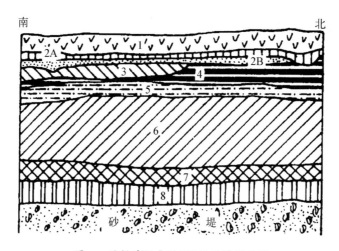

图一　马桥遗址Ⅰ区T1011西壁剖面图

1. 现代耕土　2. 2A. 黄色土　2B. 灰黑色土　3. 深褐色土　4. 青黄色土　5. 黄褐色土
6. 青黄色土　7. 灰褐色土　8. 青灰色土

的Ⅰ T1011代表了这个区域的文化遗存和自然物质的沉积过程,也反映了各个时期的地貌。Ⅰ T1011西壁剖面地层堆积自上而下为(图一)(参考637页注释[1],Ⅰ T1011北壁剖面):

第一层是现代耕土层,厚25～30厘米。

第二层是马桥文化以后各个时期的堆积,分两小层。②A层,厚7～15厘米,色黄,质适中。②B层,厚0～10厘米,色灰黑,质地比较疏松。

第三层为马桥文化时期所堆积的人类文化遗存,厚0～22厘米,色深褐,质紧密,呈胶结状。这一层包含了许多生活遗迹和遗物。

第四层不含文化遗物,是在良渚文化时期形成的自然堆积,厚7～32厘米,色青黄,质地比较黏,夹杂锈斑。特别值得注意的是在该层的层面上有一座良渚文化第六段的墓葬M4,它是第四层形成于良渚文化时期的确凿证据。

第五层为良渚文化人类活动的遗留,厚15～27厘米,色黄褐,质较致密,含陶器残片、石镞和大量红烧土块,有的红烧土块一面比较平整,另一面有夹芦苇、竹竿的痕迹,应该是经过火烧的墙体或屋面残块。

第六层不包含文化遗存,也是良渚文化时期的自然堆积,厚70～86厘米,其底界由东向西明显倾斜。此层色青黄,质黏,夹杂锈斑。

第七层厚20～28厘米,色灰褐,质适中偏软,由东向西倾斜,含有大量良渚文化时期的残破陶器和红烧土块,有不少陶器残片比较大,而且棱角分明,因此可以确认为当地遗留,绝非水力搬运的结果。这一层也包含贝壳与贝壳砂等。

第八层是厚约30厘米的青灰色黏土,是人类到来以前形成的自然堆积,包含贝壳与贝壳砂,不见文化遗物。

第八层下是贝壳砂堤。

这个剖面是马桥遗址各个时期文化遗存堆积和自然堆积的真实反映。良渚文化和马桥文化之间并不存在自然堆积,相反,在良渚文化时期却有两次没有文化遗物的地层。为了判明各堆积地层不同的沉积特征,我们采集了土壤样品由南京大学和华东师范大学作了微体古生物分析和沉积物粒度分析。

南京大学的分析样品采自ⅠT1011西壁剖面的南端,除耕土层外,在其余各层一共采集了13块样品,其中,只有偏下部地层的样品含底栖有孔虫和广盐性陆相介形虫(表一)[1]。华东师范大学分析了贝壳砂堤层中的样品,有孔虫数量最多。

表一　ⅠT1011地层与微体古生物分析结果

地　　层	样品编号	底栖有孔虫	广盐性陆相介形虫
第六层下部	6c	有	无
第六层底部	6d	有	有
第七层上部	7a	有	有
第七层下部	7b	有	有
第八层	8	有	有
贝壳砂堤层		有	

从表一中可以看出,贝壳砂堤层到第六层的下部都存在有孔虫,但是各地层的有孔虫数量有所不同。我们以每10克干样的有孔虫个体数量进行比较。样品6c中只有一个有孔虫个体,与其他样品相比,差别过于悬殊,因此可以忽略不计。从下部堆积往上,贝壳砂堤层的有孔虫个体数为600,样品8至6d的有孔虫个体数分别是520、430、480和200,呈现出逐渐减少的趋势,而且尤以第七层和第六层的差别比较大。这些有孔虫的主要属种是生活在半咸水中的滨岸种,而介形虫则主要生活在淡水中,也能不同程度地容忍低盐度水体[2]。因此有孔虫数量的递减从整体上反映出了本地区一次持续的海退过程。由于第六层只是靠近底部才存在有孔虫,而且数量明显减少,表明这次海退过程已经结束,岸线已经逐渐东去,远离马桥遗址。

第七层是马桥遗址最早被人类利用并较长时期的定居所遗留的堆积物,在此之前人类还不能在这里定居。此时,虽然良渚文化的先民已经到了这里,但是有孔虫的存在,说明距离海水并不是太远,还经常处于半咸水的滨岸环境。另一方面,有孔虫的种类和数量又在逐渐减少,表明正处于海退过程的较后阶段。随着海水逐渐远离,地下水位也开始降低,陆地面积渐渐扩大,增加了人类的生存与活动空间。从考古学文化所反映的时段分析,第七层属于从崧泽文化向良渚文化的过渡阶段。

---

[1]　朱诚等:《上海马桥遗址文化断层成因研究》,《科学通报》1996年2期。
[2]　朱诚等:《上海马桥遗址文化断层成因研究》,《科学通报》1996年2期。

第六层的形成过程中没有发现人类活动的因素。这时海退已经结束，海水已经远离遗址。那么究竟是什么原因导致这层自然堆积的形成呢？南京大学分析了第四层的土壤粒度，结果发现第四层的沉积属于长期积水的淡水湖沼环境，并且发生过洪水冲积[1]。而第六层堆积的土壤质地、粒度与第四层相同。这两层的另一个共同点是磁化率值都比较低，而其他地层则有比较高的磁化率值[2]。因此，我们认为第六层的沉积原因应该与第四层相同。不过，由于第六层是堆积在砂堤内侧，当时还是一个斜坡地上，周围物质可以集中沉积，因此它的形成时间未必很长。

在砂堤东侧，由于没有贝壳砂堤作为天然屏障，不远处即面对海洋，地形更加低洼潮湿。有些洼地积水成沼泽，已与海水隔断。这样的环境不适合人类的长期定居，因此在整个良渚文化时期，地层堆积以自然因素为主。贝壳砂屑与青黄色黏土混杂在一起，在地层下部接近砂堤部分，贝壳砂的含量稍多，越往地层上部，贝壳砂逐渐稀少。地层中还夹杂着红烧土团块和团粒，直径3～6厘米，多数表面圆滑。这一现象表明了良渚时期的地层堆积在流水的冲刷和搬运过程中，陶片和红烧土的棱角大部分都被磨去。

砂堤东侧很少留下良渚文化人类活动的迹象。值得注意的是在ⅡT1331，靠近贝壳砂堤顶端不远的东侧发现了一处良渚文化红烧土活动面（相当于ⅠT1011的第七层）。这层活动面成片分布在探方的西南角，距地表深约86厘米，在此探方的分布面积大约为2×3平方米。红烧土层厚10～18厘米，质地比较致密。其内不含有孔虫，而它下面的贝壳砂堤层内含有丰富的有孔虫，每10克干样含600多枚，共有20多种。红烧土面之上的地层也含有孔虫，但是种类比较少。据此可以认为，这层红烧土面非原生土壤，而应该是从其他地方搬运过来，铺垫在贝壳砂堤上，打（夯）压结实，然后再以大火烧烤，使其硬结，以利居住。但是由于砂堤东侧没有阻挡海潮侵袭的屏障，水患频仍，因此这里无法成为长期的居住址，红烧土活动面经短期使用后即告废弃。覆盖在红烧土活动面之上的自然沉积，厚15～20厘米，贝壳砂与土壤混杂，有孔虫仅见5种，数量也大大减少，每10克干样不足40枚。这层堆积仍为水的作用而形成，但是海水已经更加远离砂堤，因此有孔虫的种类和数量都远远少于贝壳砂堤层内的含量。一直到马桥文化时期，砂堤东侧的自然环境才有了明显的变化。据华东师范大学地理系的初步调查，在马桥遗址以东大约1公里多的颛桥附近，存在着一道晚于竹冈砂堤的贝壳堤。海水被阻隔在这道砂堤以东，因此竹冈砂堤东侧才能成为马桥文化广泛分布的定居之处。

三、讨　论

根据考古发掘、调查和微体古生物的分析，在距今5500年左右竹冈砂堤形成之后，

---

［1］　朱诚等：《上海马桥遗址文化断层成因研究》，《科学通报》1996年2期。
［2］　朱诚等：《上海马桥遗址沉积环境研究报告》，国家自然科学基金与南京大学现代分析中心测试基金资助项目，待刊。

东面不远即面临开阔的浅海,随后开始了一次大范围的海退过程。从砂堤形成开始,这个区域就未遭受过大规模的海侵。竹冈以西,还有两道砂堤——紫冈和沙冈,沙冈在最西面,紫冈在沙冈与竹冈之间。沙冈与竹冈相距3000米左右。我们曾在沙冈以西的沙脊村附近作过调查,发现一处3米多深的剖面,有明显的泻湖沉积地层。这处剖面的上部是泥炭,是泻湖淤积后的沼泽,淤积时间大约是距今2900年,它的下面是泻湖。这样就肯定了最西一道砂堤(沙冈)的西面是泻湖。三道砂堤之间是低洼的湿地,当天文大潮时,海水会由东向西涌入这块低洼地。因海潮的间歇性作用,这里可能还分布着平行的东西向潮沟。显然,低洼的湿地不适合居住。

竹冈砂堤形成之后,先民就迁移至马桥遗址定居。以砂堤为屏障,他们的居住区域几乎都在砂堤西侧,因为距离砂堤不远,就是大片低洼湿地,所以先民们只能居住在砂堤上和紧靠砂堤的西侧,死后也都埋葬在这里。特殊的环境特征造就了非同寻常的聚落布局,马桥遗址的分布是与砂堤走向完全一致的宽带形。先民们偶尔也到砂堤东侧建立短期活动的营地。这时虽然居住址距离海岸线已经有一定距离,但是地势低洼,又没有砂堤作为屏障,因此仍然有大面积的水域,不适合人类长期居住,只能当作临时的活动点。

在良渚文化时期,这里至少发生过两次水灾,留下了Ⅰ T1011第六层和第四层的自然沉积。根据对第六层和第四层堆积物的分析,其中基本不含有孔虫等海相化石,因此可以推论这两次水灾并非海侵造成,而有可能是海面升高后导致地下水位的相应抬升,以至湖沼面积扩大;或者是洪水泛滥,积水无法及时排出,其沉积物形成了两个没有人类活动迹象的自然堆积地层。

必须指出,Ⅰ T1011第四层不是良渚文化最末期的堆积,它的上面还叠压着良渚文化第六段的墓葬M4。因此以这层的洪积成因作为依据,进而作出洪灾毁灭了良渚文化的解释,是不够全面的。

1992年为研究太湖地区的古环境、1994～1995年马桥遗址发掘时,同济大学几位年轻的研究者两次从地层中采集了土壤样品,进行孢粉组合分析和先人活动环境研究[1],认为良渚文化时期"长江三角洲向海推进,遗址距海较远,地面相对高爽",商周时期"海面上升,海水迫近遗址"。这里的"商周"不够确切,应该是夏商时期的马桥文化。根据我们的研究,马桥遗址建立在砂堤之上,良渚文化时期,所在地势相对高爽,并非距海较远。到马桥文化时期,海水不仅没有迫近遗址,而且由于东部逐渐形成一道新的砂堤,海水被阻隔,马桥文化的先民反而拓展了他们的生存空间,定居区域扩大到砂堤的东侧。

由于没有同考古工作很好地结合,他们的研究在应用资料上不够严谨。为了说明马桥文化时期海水向遗址迫近,人们向更高的山岗地区迁移,在不了解具体探方位置的情况下,作出了想象性的解释。实际上,文中所称的T1和T2都在南部的Ⅰ区,而T1205

---

[1] 李珍等:《上海马桥遗址孢粉组合及先人活动环境分析》,《同济大学学报(社会科学版)》1996年2期。

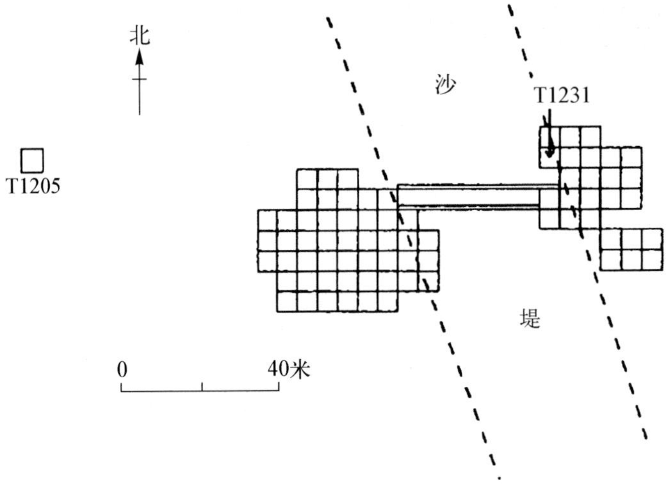

图二 马桥遗址Ⅱ区探方分布图

和 T1231 在北部的Ⅱ区，两处的采样点南北相距数百米，不能理解成东西排列。更为严重的是，T1205 在西，距离砂堤顶部的遗址中线比较远，位于遗址的边缘区域，已经靠近遗址西面的低洼湿地，因此文化遗存相对贫乏；T1231 在东，是遗址的中部区域，文化层堆积十分丰富（图二）。而文章竟然把这两个探方的位置搞颠倒了，认为先民为水所迫，从东（T1205）向西部的山地（T1231）迁移，从而导致重大谬误。进一步说，即使探方位置不误，在面临海水迫近时，迁移 100 多米是否有实际意义？

通过马桥遗址的发掘及其遗址环境的研究，我们进一步认识到，遗址的古环境研究乃至考古的多学科综合研究，必须以扎实的考古学资料为基础，这样才能得到符合客观实际的结论。

原载《考古》1999 年 8 期

环太湖地区夏商遗址环境研究

　　环太湖地区是长江三角洲的江南部分,南临杭州湾,东濒黄海、东海,西为茅山山地与天目山地,现行政区包括上海市、江苏省东南部和浙江省北部。地区内只有少数突出的孤立山岗,主要分布在无锡苏州一带,海拔300米左右,绝大多数区域属于平原地貌,以太湖为中心的碟形洼地是其重要的地貌特征,周围地区较高,中间地区较低。平原地区海拔高度4~6米,而洼地中心高出平均海面仅2~4米。环太湖地区是长江下游一个相对独立的地理单元。

　　在环太湖地区的考古研究中,对自然环境因素的关注大约始于80年代中叶,研究者们注意到本地区特殊的自然地理条件使人类在生存与发展方面所受到的影响,开始探讨古代先人与自然环境相互作用的动力和后果。现在对这个地区史前遗址的分布规律和环境变迁,已有比较深入的研究[1]。该地区的文明进程同自然环境的变化也有相当密切的关系[2]。

　　本文以当前资料积累和研究为基础,提出本地区夏商遗址的环境问题,目的是进一步强化考古研究中的环境意识,扩大人类文化研究的内涵,并将史前遗址的环境研究向历史时期拓展。

　　夏商时期,广阔的中原大地已经是典型的青铜时代,基本完成了向文明社会演化的进程。近十多年来,由于长江上游广汉三星堆和长江中游新干大洋洲的重大考古发现,已经使越来越多的人认识到,广阔的长江流域同样哺育了中国的青铜文明。地处长江之尾的环太湖地区,作为一个独立的地理单元,夏商时期也形成了一支独特的具有鲜明个性的考古学文化,即马桥文化。

　　马桥文化的起始年代大致与良渚文化的结束年代相衔接,大约为距今4000年。马桥文化的结束年代不晚于中原地区殷墟文化的晚期。目前,在环太湖地区发现并确认的夏商时期遗址近40处(图一),上海境内有13处,借以进行文化命名的马桥遗址在今上海市闵行区,位于市中心人民广场西南大约10公里。本文的研究对象就是这些遗址,其中特别被关注的是最近两年经过大规模发掘的马桥遗址。

---

[1] 吴建民:《长江三角洲史前遗址的分布与环境变迁》,《东南文化》1988年6期,第16~36页。
[2] 宋建:《良渚文化向马桥文化的演化过程初探》,《上海博物馆集刊(第五期)》,上海古籍出版社,1990年,第59~66页。

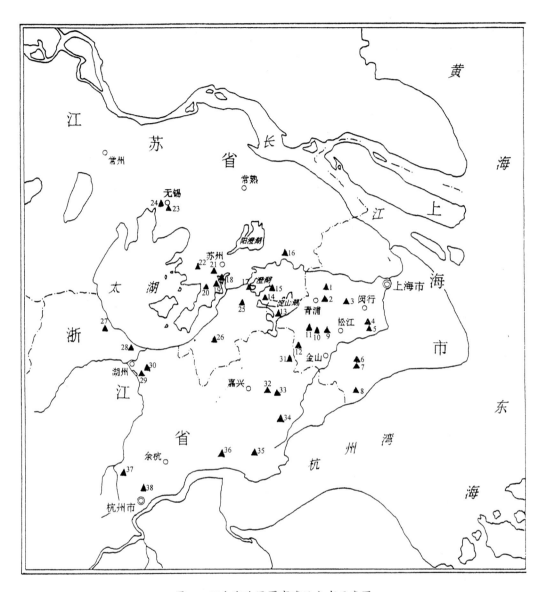

图一 环太湖地区夏商遗址分布示意图

▲为遗址：1. 福泉山 2. 崧泽 3. 刘夏 4. 马桥 5. 董家村 6. 亭林 7. 招贤浜 8. 查山
9. 姚家圈 10. 汤庙村 11. 泖洲 12. 金山坟 13. 淀泽湖 14. 太史淀 15. 陈墓 16. 荣庄 17. 澄湖
18. 张墓村 19. 徐巷 20. 郭新河 21. 高景山 22. 星火 23. 许巷 24. 仙蠡墩 25. 九里湖
26. 龙南 27. 上莘桥 28. 邱城 29. 钱山漾 30. 莫蓉（花城） 31. 大往 32. 雀幕桥 33. 姚墩
34. 新篁 35. 三官墩 36. 达泽庙 37. 水田畈 38. 长明桥

一、遗址的现代地貌

我们在调查、勘探和发掘古代遗址，或者在寻找、确认它们时，首先映入眼帘的是遗址的现代地理环境。分布于环太湖地区的近40处夏商遗址，现代地貌差别很大，大致可以区分为四种地貌：坡地、台墩、平地和湖泊。

坡地遗址，一般分布在山坡东南方向的坡地上或山脚下，朝阳。由于长年的流水冲刷等侵蚀作用，多数遗址的文化堆积已遭受不同程度的破坏，文化遗物暴露于地表，或者在表土层下就是夏商文化层。坡地遗址以上海金山县的查山遗址比较典型[1]。

台墩遗址，是突出于地表一定高度的台墩，近旁有河流或湖泊。这类遗址一般保存比较好，夏商文化层埋藏在表土或晚期地层下，如浙江海宁县三官墩遗址[2]。

平地遗址，遗址表面为平地，文化层埋藏在地下，大多数遗址在地面上看不到任何迹象，只是在开河挖坑时，暴露出文化遗物和文化层。平地遗址以马桥遗址最具代表性[3]。

湖泊遗址，都淹没在湖泊中。在人工围筑鱼塘、围垦耕地时，因排干湖水，从湖底露出古代遗迹、遗物，如水井、灰坑、柱洞等，有时在捕捞作业时捞出古代遗物。太湖东部的吴县澄湖[4]、吴江九里湖、昆山太史淀都是这类遗址。

上述四种地貌形态的夏商遗址，以台墩形和平地形最多，山坡形较少。这应该与环太湖地区从总体上看属于平原地貌有关。

二、文化遗存的分布

文化遗存的分布可以从两个方面进行考察，一方面从横向：在一定区域范围内，聚落遗址的分布范围、聚落之间的相互距离和相互关系，还应该包括一个聚落内，居址和居址群的分布情况；另一方面从纵向：遗址内文化遗存的堆积厚度和密度。在这两种考察的基础上，可以进一步探讨遗址和周围环境的关系、遗址的堆积过程、文化遗存堆积和自然堆积的关系等课题。

根据文化遗存的分布情况和保存状况，这里将环太湖地区的夏商遗址分为三类。

第一类遗址，夏商时期文化遗存的分布面积较大，文化内涵十分丰富或者比较丰富，保存情况良好。这类遗址中最重要的是马桥遗址。该遗址为平地型，自50年代末发现以来，已经发掘多次。经过最近的调查与发掘，了解到它是顺一道贝壳砂堤呈宽带状分布，遗址中心东西宽达100多米，南北长达700米以上，东西两侧还有几十米宽的边缘区域。遗址宽带状的走向与砂堤走向相同，大约为330～340度。这样看来，马桥遗址的面积比原先估计的要大得多，60年代的发掘区只是遗址的南部。遗址的中部，由于近年开挖鱼塘，遭到相当严重的破坏，当事人告知，在开挖鱼塘时，挖出许多带纹饰的

[1] 黄宣佩、张明华：《上海地区古文化遗址综述》，《上海博物馆集刊（第二期）》，上海古籍出版社，1982年，第211～231页。

[2] 杨楠：《浙江海宁三官墩新石器时代遗址》，《中国考古学年鉴（1987）》，文物出版社，1988年，第154页。

[3] 上海市文管会：《上海马桥遗址第一、二次发掘》，《考古学报》1978年1期，第109～137页。

[4] 南京博物院、吴县文管会：《江苏吴县澄湖古井群的发掘》，《文物资料丛刊（第九集）》，文物出版社，1985年，第1～22页。

陶器及其残件,显然这就是马桥文化遗存。遗址北部保存较好,马桥文化遗存相当丰富,文化层在砂堤东侧的堆积厚度为30～60厘米,比较薄;在砂堤西侧的堆积厚度为30～130厘米,比较厚。根据陶器年代和碳十四年代学研究,马桥文化先民在这里长期生存,遗址延续使用的时间有好几百年。

第一类遗址中还有金山县查山遗址,属坡地型,1972年作小规模发掘,遗址范围超过15000平方米。在第11号探方内,马桥文化层的厚度近70厘米,表明它的堆积时间相当长。

第一类遗址的台墩型有上海青浦县金山坟[1]、浙江海宁县达泽庙[2]和江苏吴县张墓村[3]等。达泽庙是一个近20000平方米的大土墩,墩顶比周围农田高2.5米。张墓村遗址西高东低,西部是台地,东部地势平坦,高差大约1米。金山坟遗址范围大约为40000平方米。遗址中心保留一台墩,现存为不规则形,东西65米,南北15～20米,高约2米。在墩上发掘的第5号探方剖面地层表明,自墩顶至深1米左右是晚期遗存,其下的商周文化层厚达84～122厘米,此层上部为商末至周代文化,下部是马桥文化。根据土墩保存现状与地层堆积综合分析,土墩范围原来要大得多,现存的只是残余部分。金山坟遗址除了有商周文化层,还发现了崧泽文化和良渚文化遗存,对不同时期文化堆积的分布范围,目前所知很少,只是考虑到整个遗址的面积和商周文化层的厚度,暂将它归入本类。

第二类遗址,马桥文化遗存的分布范围小,或者比较分散,文化堆积不够丰富。此类遗址中的上海青浦县崧泽和松江县姚家圈是平地型遗址。前者曾进行过两次大规模发掘,都没有发现马桥文化遗存。1987年冬抢救性发掘时,在崧泽墓地中心西南200余米处发现了马桥文化遗存。14号探方中保存了厚仅20厘米的马桥文化层,遗物不多。而在相隔仅20米的15号探方就未见此层堆积。可以看出,崧泽遗址的马桥文化居住址延续时间不长,规模比较小,或者相当分散[4]。姚家圈遗址调查采集到马桥文化的有段石锛和叶脉纹陶片等,也发现了崧泽文化遗物。但是1989年正式发掘时,崧泽文化遗存相当丰富,马桥文化遗存却一无所获[5]。

江苏无锡许巷遗址发掘比较早,60年代初对这个遗址的文化属性和年代的认知比较模糊。现根据出土遗物中有条格纹凹底罐等,应当归于夏商时期。许巷遗址属台墩型,南北径120米,东西径76米,墩高1.5～2.5米,文化堆积厚30～40厘米[6]。

第三类遗址,虽然有夏商时期文化遗存,但是遭受后世扰乱破坏非常严重。此类遗址主要是湖泊型,如上海青浦县淀山湖遗址,从湖中打捞出良渚文化的耘田器、黑衣灰

[1] 上海市文管会:《上海青浦县金山坟遗址试掘》,《考古》1989年7期,第577～590页。
[2] 王明达:《海宁市达泽庙崧泽文化至战国时期遗址》,《中国考古学年鉴(1991)》,文物出版社,1992年,第182～183页
[3] 吴县文管会:《江苏吴县越溪张墓村遗址调查》,《考古》1989年2期,第118～122页。
[4] 上海市文管会:《1987年上海青浦县崧泽遗址的发掘》,《考古》1992年3期,第204～219页。
[5] 宋建:《松江县姚家圈新石器时代遗址》,《中国考古学年鉴(1990)》,文物出版社,1991年,第200～201页。
[6] 江苏省文物工作队:《江苏无锡许巷村新石器时代遗址》,《考古》1961年8期,第457页。

陶器;夏商时期的带柄石刀、石钺和拍印条格纹、叶脉纹及云雷纹的陶器残片,还有春秋战国时代的印纹硬陶等[1]。湖泊型遗址一般都受到过自然侵蚀的作用。另外,还有受到人为因素扰动破坏的遗址,如上海松江县汤庙村,在这个遗址的所谓晚期遗存中发现了马桥文化的半月形石刀和斜柄石刀、饰叶脉纹的凹底陶罐等,又有春秋战国、汉晋和唐代的遗物,其中年代最晚的是宋代。从这个遗址可以看到夏商文化堆积被多次扰动的复杂情况[2]。

以上三类不同分布状况的遗址与现代地貌形态的关系为:第一类主要是台墩型和山坡型,也有平地型;第二类主要是平地型,也有少数情况不太清楚的台墩型;第三类主要是湖泊型,也有少数湖泊与地下结合型。这种对应关系所反应的总趋势是:现代地貌位置比较高的遗址,一般分布面积比较大,延续时间比较长;位置低者则反之,而且容易被水淹没。那些完全被水淹没的遗址即所谓湖泊型遗址,证明了环太湖地区发生过水域与陆地相互变迁的事实。

由于这种对应只说明了文化遗存和现代地貌的相互关系,因此有必要继续探寻遗址形成、使用时期的地形环境和随后地貌形态的变迁,以进一步揭示它们的过去。

三、遗址的古代环境与遗址分布之关系

史前和历史各时期环境的复原是一项多学科的研究,需要对古植物、古动物、微古生物、沉积相、古气候等作综合性分析。目前已经围绕这个课题在长江三角洲地区作了一些工作,尤其是对上海地区全新世中晚期沉积环境已能大致复原[3]。

大约距今3000年的上海地貌大致分为三块区域(图二)。一块是与江浙接壤的西部地区(Ⅰ区),距今7000年已经成陆,该地区的东缘即为此时的岸线。这里地面原来就比较高起,全新世以来基本没有被海水淹没。第二块是所谓"反曲砂嘴沉积区"(Ⅲ区),在当时上海的最东部。该区在大约距今6500年刚刚开始出露水面,距今5000年形成了2～3条贝壳砂堤。该区域地势相对比较高亢。实际上这是各地贝壳砂堤区域共同的地貌特征,如苏北的贝壳砂堤分布区地势高爽,海拔高度一般在4～5米,西侧里下河地区,地势低卑,海拔仅2米。在上海地区,由于贝壳砂堤的形成,阻止了水流的贯通,因此在西部地区和反曲砂嘴沉积区域之间形成泻湖沉积区(Ⅱ区),地势相对低注。

上海境内地处或者邻近"反曲砂嘴沉积区"的马桥文化遗址共有五处:马桥、查山、亭林、招贤浜、董家村。前三处经过发掘的都是第一类遗址。由于这个地区高爽的地

---

[1] 黄宣佩、张明华:《上海地区古文化遗址综述》,《上海博物馆集刊(第二期)》,上海古籍出版社,1982年,第211～231页。

[2] 上海市文管会:《上海松江县汤庙村遗址》,《考古》1985年7期,第584～594页。

[3] 严钦尚、洪雪晴:《长江三角洲南部平原全新世海侵问题》,《长江三角洲现代沉积研究》,华东师范大学出版社,1987年,第92～102页;李金安、严钦尚:《上海地区全新世中晚期沉积环境的演变》,《长江三角洲现代沉积研究》,华东师范大学出版社,1987年,第126～134页。

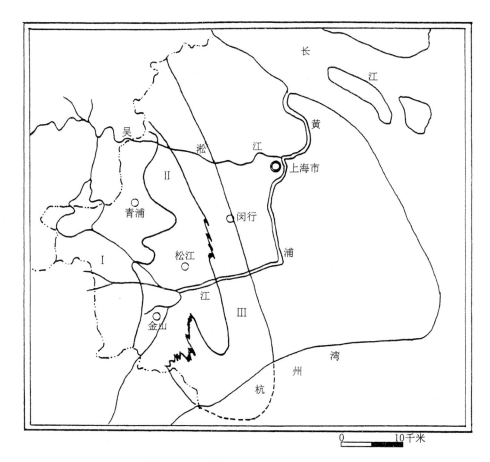

图二　上海地区沉积分区（距今4000年）

形,遭受水淹的可能性很小,因此先人们能在那里长期定居,繁衍生息。伴随着长期的定居生活,人类群体的规模持续扩大,聚落的空间范围也在不断拓展,从而留下了分布面积大、地层堆积厚的遗址。"反曲砂嘴沉积区"是我们今后寻找新的马桥文化遗址,进行发掘与研究的重要地区。

在泻湖沉积区内的马桥文化遗址有四处:崧泽、姚家圈、福泉山和刘夏。多数属于第二类遗址。这个区域湖泊众多,水域面积非常辽阔,地势低卑,因此遭受水患的机会大大增加。为了避开水害,先民们很难在一处地点长期居住,他们被迫经常迁徙,远走他乡,或者在邻近地区另觅高地。本区域内已经发现的夏商遗址,文化堆积一般比较薄,或者比较分散,这应该是先民适应环境、顽强生存的如实反映。值得注意的是,泻湖沉积区的遗址多分布在该区的北端,这是否暗示着其余地区的自然环境更加恶劣,几乎无法供人居住? 对地理研究者来说,则可以进一步分析该区域内沉积环境的差异。

上海西部地区成陆较早,地势高起,也适合人类长期定居。只是因为自然和人为的侵蚀、扰动,这个地区已发现的马桥文化遗存受到比较严重的破坏。但是,地理环境的分析为我们提供了新的思路:应该加强那里的调查工作,以期找到更多的古文化遗址。

四、遗址地貌形态的变迁

夏商遗址的现代地貌是几千年来人类行为和自然因素对该遗址原始地貌多重作用的结果。各类不同现代地貌的遗址，其形成时期的原始地貌一般也有所不同；现代地貌相同的遗址，原始地貌却未必一样。在遗址的使用阶段，人类的生产活动和生活行为会改变遗址的地貌。例如，建造台基式建筑必须从其他地方搬运物质来垫高地面；普通建筑废弃之后，原有的建筑材料、设施和日用物件被埋藏在原地，二者都使局部地形隆起。反之，开挖壕沟、取土又会使局部地形凹陷。不过从总体上看，人类的行为是在抬高他们聚居地点的地面，现在是这样，古代也是这样。自然因素也在影响地貌形态，使之发生变化。海潮、风暴、江河会带来沉积物质，使遗址所在的低洼地被逐渐填平，或者使地面逐渐加高。自然的堆积力量有时是非常惊人的，可使人类文化遗存被埋藏在很深的地下。自然力在不同的条件下也会形成完全相反的结果。例如江湖之水对滨岸或近岸遗址的冲刷，会严重侵蚀、破坏文化遗存；而在有些地区，风暴又会带走覆盖在文化遗存上的沙土，使古代文化再现。另一方面，某一时期的遗址废弃后，可能又会有新的人群迁入此地，或者堆积，或者侵蚀，这也会改变那一特定时期遗址的地貌形态。

遗址所在地貌的变化，反映了在人类和自然行为的双重作用下，遗址的堆积和侵蚀过程。分析这个过程，可以解释具有不同现代地貌的遗址的形成基础和原因。对于相同现代地貌的遗址，如果文化方面存在差异，除了探讨形成差异的社会原因外，还不妨换一个角度，从原始环境上去寻找原因。以此来揭示人类行为对自然环境的影响、自然环境对人类行为的制约。

夏商时期，环太湖地区的坡地型遗址，地貌变化比较微弱。原始地貌即为略显平缓的坡地，文化遗存堆积其上。顺坡而下的流水是主要的侵蚀力。它对近地表的文化遗存构成破坏作用，但是对总的地貌形态影响并不大。

台墩型遗址的地貌变化比坡地复杂。研究者在论及台墩型遗址时，一般都强调人类择高而居，有时却忽略了遗址的原始地貌和复杂的堆积过程。实际上在研究一个特定时期的文化现象时，首先必须了解各相关因素之间的相互关系，这里就是文化遗存和土墩的关系。太湖地区含夏商文化的土墩型遗址，至少有两种不同的情况。一种是建筑在早期文化的土墩遗存之上，比较常见的是在良渚文化的土冢上，如达泽庙遗址，土墩高2.5米，夏商文化层下是良渚文化时期人工堆筑的高台土冢，良渚土墩分两次堆成，填土中虽然有崧泽文化陶片，但是未见原生堆积，应是良渚时期人们从附近的崧泽文化遗址取土搬运的二次堆积。马桥文化时期，人们选择了这个高地居住，这才能称为马桥人的择高而居。另一种情况恰恰相反，堆高土墩是晚一阶段人类的行为，他们在夏商文化遗存上堆土，形成高地，青浦金山坟应该属于这类遗存。绝不能依据台墩现存高度来断定夏商时期人类对居地的选择行为。

环太湖地区的平地型遗址地貌变化最为复杂,原始地貌和现代地貌常常有很大的差别。马桥遗址的现代地貌是非常典型的平地,地表平坦,海拔高度4.1米。1993～1994年,我们在马桥遗址组织了一次大规模的考古发掘,对遗址的原始地貌、堆积和形成过程进行了仔细观察和认真分析,发现遗址所在,几千年来的地貌形态发生了很大的变化,变化动因既有人类的行为,又有自然的因素。

这里根据一个典型地层剖面来分析、解释马桥遗址的原始地貌和堆积过程。图三所示是一个东西向的剖面,第一层和第二层是马桥文化之后的堆积,第三层是马桥文化层,第四层为青黄色黏土,基本不含人工制品,这是两个文化层之间的间歇层,第五层是良渚文化层,第六层与第四层相同,但是因为二者深度不一,水浸程度有别,所以它们的颜色稍有差异,第七层又是良渚文化层,第八层已经不见人工制品,其下是贝壳砂堤。该地层剖面在贝壳砂堤的西侧,可以看出砂堤的倾斜度比较大,其上的八、七、六层仍然有很明显的倾斜,至第六层的顶界,地势已经趋于平坦。

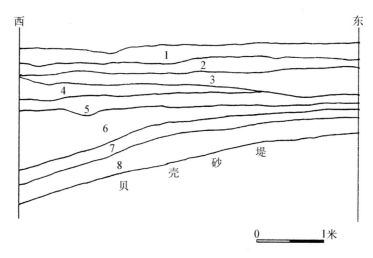

图三　马桥遗址93T1011北壁地层剖面(复原)

贝壳砂堤东侧不同于西侧。从砂堤顶(即距地表最浅处)往东大约20米,地势基本平坦,然后才开始有所倾斜。其次,砂堤东侧基本缺失第八层和第六层。以第三层即马桥文化层为主要堆积。

从这个地层剖面可以复原马桥遗址的原始地貌和堆积过程。马桥遗址的地貌基础是地势比较高亢的贝壳砂堤区。这道砂堤是吴淞江以南所谓"冈身"地区偏东的一条,古称竹冈,其形成年代为距今5500年左右。砂堤的物质组成包括贝壳及其碎屑和细砂,厚约几十厘米,宽约几十米,其底部平坦,中间厚,向两侧变薄,西侧的倾斜度比较大,东侧倾斜度比较小。海浪与潮汐带来的物质沉积在原来地势比较高亢的地带,退潮及岸线前伸时,又带走一部分物质,堆积在砂堤的东缘,这是砂堤地貌形成的自然因素。

贝壳砂堤形成之后经过短暂的自然堆积即成为良渚文化先民的居地。此时遗址的地表高差比较悬殊，最高处是砂堤的顶部，距现今地面仅几十厘米，宽度只有五米左右。最低处在砂堤西侧，即向内陆一侧，已知距地表达1.5米以上。嗣后，砂堤在自然因素作用下堆积黏土，在人为因素作用下堆积良渚文化遗存。经过近千年的文化堆积和自然沉积，砂堤上及其两侧的地面已经比较平坦，马桥文化的先民开始在这里定居，留下了丰富的马桥文化层，其堆积在砂堤东侧比较薄，在砂堤西侧比较厚。砂堤顶部，表土层下就是马桥文化层，最薄。从遗址堆积过程分析，靠近砂堤顶部的文化层最初也应该比较厚，为弓背形地貌。遗址废弃后，因各种复杂的堆积和侵蚀作用，变成了现在的平地。

人类行为和自然因素还会使古代文化遗存遭受破坏。除了前述被自然侵蚀的淀山湖和被人为破坏的汤村庙这两个典型实例，还有些遗址因自然侵蚀被破坏了一部分。吴县澄湖和吴兴钱山漾就是其中的两处。

澄湖遗址发现于70年代澄湖西岸围湖造田时。当时在几个湖湾处筑坝，抽干坝内湖水后，湖底暴露大批古井，也有个别井在湖岸边。根据发表材料，有三口水井可以确认属马桥文化。其中一口在湖岸边，井口距地表约1米，井自深1.7米，打破原生土的部分为1.25米，原生土上是文化层，厚度应该是0.45米。该文化层的内涵，原报告未作说明。另两口水井，井口都在湖内，报告未指明具体位置，因是围湖造田，距离湖岸不会太远。从残留的三口水井看，澄湖遗址的夏商文化遗存应该是处村落，被破坏得相当厉害，残剩无几，文化层已经基本不存，水井埋藏比较深，因此能够保留一部分。

钱山漾是一个湖荡的名字，东西宽约1公里，南北长约3公里，是东苕溪的一段。钱山漾遗址在此漾东南，1956年调查时，在干枯的滩上采获了大量的文化遗物。这个遗址遭受侵蚀没有澄湖严重，当时岸旁的遗址剩余部分还保留了比较完好的文化堆积。二遗址遭受侵蚀的原因基本一样，主要是水的作用。根据钱山漾遗址所处位置，遭受侵蚀应在冬春季节西北风肆虐时最为严重，拍岸浪猛击东南方的遗址，文化遗存逐渐塌陷水中，部分质量比较大的遗物如石器、陶片等遗留在原地，被水淹没，待枯水季节，它们又暴露于地表[1]。

昆山太史淀和吴江同里九里湖等遗址，都发生了类似的侵蚀现象。这些湖泊和近湖遗址遭受严重破坏，除了拍岸水浪作用外，还同它们特殊的地理位置有关。大多数遗址距太湖不远，地处太湖之水向外宣泄的通道地区。太湖是碟形洼地的中心，越是靠近太湖，地势越低，向东渐高。这样特殊的地形，致使邻近太湖的地区极易遭受水患。另一方面，近几千年来的海平面呈上升趋势，致使环太湖地区的地下水位作相应抬升。它们既加剧了遗址遭受破坏的强度，也在不断改变着人类的居住环境。

---

[1] 浙江省文管会：《吴兴钱山漾遗址第一、二次发掘报告》，《考古学报》1960年2期，第73～91页。

五、结　语

目前在环太湖地区发现并且确认了近40处夏商遗址,其现代地貌分为坡地、台墩、平原、湖泊四种形态。它们决定于遗址开始形成时的地貌和几千年来的堆积与侵蚀。除了坡地型遗址地貌变化比较小外,其余地貌都有不同程度的变化。平地型和湖泊型或近湖遗址是地貌变化比较大的遗址。分析遗址从原始地貌到现代地貌的变迁原因与过程,不仅可以探讨人类与自然互为制约、影响的关系,而且还能从另一角度解释考古学文化的差异。

这些遗址中,夏商文化遗存的分布和保存状况有三种情况:一,分布面积大,文化内涵丰富;二,分布范围小或分散,文化堆积不够丰富;三,文化遗存遭受扰乱破坏严重。这种差异与遗址的现代地貌有一定程度的对应关系:位置比较高的遗址,一般分布面积比较大,延续时间比较长;位置低者则反之。但是更重要的是,它们与遗址的原始地貌和地理位置密切相关。

文化遗存比较丰富、保存状况也不错的遗址,首先是地处所谓反曲砂嘴沉积区域,或者原始地貌为台墩形者。前者在距今4000年左右是环太湖地区地形最高亢的区域,后者是突出于地表的高地,二者都比较适合人类的长期定居。其次,环太湖地区的中西部,成陆比较早,距今7000年以来,人类就一直在那里繁衍生息,留下了各个时期的文化遗存,包括夏商文化遗存。但是,由于砂堤区域的形成,东部地区的地势逐渐抬高,中西部地区成为典型的碟形低地,积水易,排水难,加上因海平面变化而升高的地下水,终于导致太湖以东地区不少遗址遭受侵蚀,甚至完全淹没于湖中。文化遗存贫乏分散、保存欠佳的遗址主要在原始地貌比较低洼的地区,如泻湖沉积区。这里遭受水患的几率高,先民们被迫经常迁徙,避开水域,甚至远走他乡,寻找更加适合居住的地区。

原载周昆叔、宋豫秦:《环境考古研究(第二辑)》,科学出版社,2000年

长江三角洲新石器时代的"文化中断说"商榷

距今5900～4000年，长江三角洲的新石器时代先后经历了崧泽文化和良渚文化，后来被夏商时期的马桥文化所替代。崧泽文化和良渚文化之间、良渚文化和马桥文化之间如何衔接，是学术界一直关注的课题，并从不同的视角开展讨论。"文化中断说"就是其中一种看法，认为这三个文化之间都有所谓"中断"，并将"中断"的原因归于环境恶化，如气候变冷和洪水泛滥。对于"文化中断说"，笔者有些不同的看法，特撰本文阐明观点。

一、关于崧泽文化和良渚文化之间的"文化中断"

崧泽文化和良渚文化之间存在"文化中断"的论点是由环境地理研究者提出的。在《太湖东岸平原中全新世气候转型事件与新石器文化中断》(以下简称《太湖东岸》)一文中[1]，作者认为："发生在5365a B.P.～5160a B.P.(^{14}C年代)之间的一次气候快速变冷、转湿事件使阳澄湖群湖面至少上升了3 m(淤泥层高度)，地表水域急剧扩张，中断了这里的文明长达200年左右。由于生存环境恶化，先民被迫移出本区，向西部宜溧山地和宁镇丘陵迁徙，崧泽文化消失。"200年以后，"先民又迁回本区创造了较为发达的良渚文化"。笔者在考察这一论点的依据时，发现存在一些问题，值得提出来进一步讨论。

首先是年代学问题。《太湖东岸》的作者1993年在江苏吴县草鞋山遗址共取得了24个样品，作孢粉组合分析和沉积物粒度、磁化率分析，并声称"样品年代采用传统放射性碳化测定并经树轮校正"。经仔细阅读论文后发现，所用的4个^{14}C年代数据分别发表于1977、1979和1983年(见原注16、17、18)，其中ZK-433还采自张陵山，它们都是1970年代做的年代测定，数据均未作树轮校正[2]。而且，更令人不可思议的是，《太湖东岸》作者竟然将这4个^{14}C年代同1993年的24个分析样品的采取深度完美无缺地捏合

[1] 于世永、朱诚、曲维正：《太湖东岸平原中全新世气候转型事件与新石器文化中断》，《地理科学》1999年6期。
[2] 中国社会科学院考古研究所：《中国考古学中碳十四年代数据集(1965～1991)》，文物出版社，1992年。

在一起（原文图3）。该文认为崧泽文化和良渚文化之间中断了200年的唯一年代依据就是这4个 ^{14}C 年代数据中的两个，一个是距今5365年（ZK-202），《太湖东岸》作者将它放在崧泽文化。事实是，碳标本采自草鞋山T203第八层，属于"马家浜类型"[1]。另一个数据属于良渚文化，距今5160年（ZK-433），二者之间相差205年。《太湖东岸》作者在引用相关资料、确定文化年代时显然是很不严肃的。退一步说，即使用了崧泽文化的 ^{14}C 年代数据，也还有一个文化分期问题。虽然目前考古界对良渚文化和崧泽文化的分期还存在一些不同的看法，但是它们各自可以区分为若干期、段则已是共识。年代数据究竟代表崧泽文化和良渚文化的哪期哪段，是作出新的重要结论的先决条件。当然， ^{14}C 年代与考古学分期的对应关系是非常复杂的，牵涉很多方面的因素，暂时不清楚也是很自然的事情，但是，严谨的科学研究者决不应该仅仅依据两个孤立的年代数据，就草率地作出"文化中断"的结论。再者，《太湖东岸》所引用的良渚文化年代数据的一个标准偏差就是230年。有考古年代学常识的人对这样一个 ^{14}C 年代数据的实际意义应该很清楚。如果以这样两个既不知道其所代表的文化期，又存在如此之大的偏差，更何况还是错误地引用资料，就得出"文化中断"的重大结论，不是显得太缺乏说服力吗？

第二个问题是测试样品在地层中的位置和考古学文化、地理环境的关系。《太湖东岸》将深115～75厘米作为一个沉积时间段。该时间段的孢粉组合为带Ⅱ，带Ⅱ又分早期和晚期。但是，该时间段的粒度和磁化率却未按照早期和晚期来分别叙述。如果同考古学文化对应，可以参照原文图3，深115～75厘米包括了两个时期，较早的时期相当于崧泽文化和良渚文化之间的黑色淤土层，较晚的时期相当于良渚文化。如此，则孢粉带Ⅱ和相关的沉积物粒度和磁化率所反映的就应该是这两个时期的环境。据原文图3，孢粉带Ⅱ的早期应该等同于黑色淤土层，孢粉组合中木本植物总量比较少，其中又以喜湿的松属为主，旱生的草本植物也急剧减少，蒿属、藜科、莎草科、禾本科仅占花粉总数的25%，而喜湿的蕨类植物和香蒲迅速增加。因此，孢粉带Ⅱ的早期从整体上反映出冷湿的气候环境。然而必须注意的是，分析样品采自于黑色淤泥层，即应该属于河湖沼泽相沉积环境。孢粉带Ⅱ早期所反映的应该是采样地点邻近地区的小环境。如果仅仅以单一地点的小环境来证明这一时期整体"环境恶化，先民被迫移出本区，向西部宜溧山地和宁镇丘陵迁徙，崧泽文化消失"，恐怕证据还不够充分。

另外，《太湖东岸》还根据沉积物磁化率等的波动曲线，指出"本区经历过两次短暂的干旱事件"。在该文图4中进一步以图表的形式明确表示：干旱事件Ⅰ和年代刻度5365a B.P.相当，干旱事件Ⅱ同5160a B.P.相当，恰好是所谓"文化中断"时期的两端。不知道作者是如何得出这样精确的年代的。

环太湖地区的田野考古和文化谱系研究已经建立了比较可靠的年代标尺，这应该是我们研究环境事件的基础。根据考古年代标尺，崧泽文化分早中晚三期，持续发展大约500年，到距今5400年时结束。良渚文化的分期自1977年以来研究者已经制定了多

---

[1] 南京博物院：《江苏吴县草鞋山遗址》，《文物资料丛刊（第三集）》，文物出版社，1980年。

种方案。根据地层堆积的前后关系和典型陶器的逻辑演变关系,我将良渚文化分为四期六段,其中第二期和第三期各分为两段。根据目前积累的几十个[14]C和热释光年代测定数据,良渚文化的年代范围大致落在距今5200～4000年。良渚文化的年代学框架据此得以确立,它一共延续了1200年左右,分为六个时间段,每段大约200年左右[1]。

崧泽文化和良渚文化的分布区域大致相同,但是崧泽文化遗址的数量明显少于良渚文化,特别是崧泽文化早中期的遗址尤其少,大多分布在地势比较高的地区。以上海地区为例,崧泽文化的遗址仅有七处,良渚文化遗址增加到十六处[2]。而且,在七处崧泽文化遗址中有的仅含晚期遗存,如松江姚家圈。

典型的崧泽文化和典型的良渚文化之间,文化面貌有比较大的差异。正是这些差异的存在,才能很方便地将它们定义为两支文化。但是,在它们之间还有一个兼具二文化不同特征的特殊阶段。在松江汤庙村和姚家圈、吴江龙南、嘉兴双桥等遗址都发现了这个特殊阶段的文化遗存。无论从地层前后关系,还是从陶器演化序列看,这类特殊遗存都介于崧泽文化和良渚文化之间,我们将其称为崧泽—良渚过渡段[3]。过渡段的时间大约是距今5400～5200年。由于过渡段的客观存在,崧泽文化和良渚文化之间不存在年代上的缺环,也没有所谓"文化中断"现象。两个不同命名的文化实际上是由过渡段所连接的一个连续的发展过程,是为同一个族群所创造的文化的不同发展阶段。

从崧泽文化到良渚文化遗址数量的增加反映了人口快速增长和定居范围的迅速扩大,同时也指示了生产能力的进步和发展、自然环境的优化。这个变化就发生在崧泽—良渚文化过渡段,这个阶段既是长江三角洲地区自然环境发生变化的关键时期,也是遗址数量开始明显增多的重要时期。过去很长时期以来一直不适合人类居住生存的地区这时也逐渐有人迁徙过来,建立了他们新的定居点。上海的西南部属于泻湖沉积区域,在贝壳砂堤形成过程中,这里由海湾慢慢演变为泻湖、咸水沼泽和相互分隔、面积比较小的陆地,一直是上海境内最低洼的地区。新石器时代这个地区长时期无人居住,迄今为止尚未发现马家浜文化和崧泽文化早中期的遗址就是明证。上海西南部目前发现年代最早的遗址是松江广富林、汤庙村和姚家圈,除姚家圈开始于崧泽文化晚期外,另两个遗址都开始于崧泽—良渚文化的过渡段,并且一直延续到良渚文化时期。值得注意的是,这几处遗址都在泻湖沉积区域的北部,即邻近较早成陆的西部地区和地势比较高亢的"冈身"地区。遗址的出现时间和分布地区提示了两个信息,一是在崧泽—良渚文化的过渡段,地理环境确实出现了明显好转的迹象,江河水位比较低,陆地较前有所扩大。二是泻湖沉积区域的成陆有一个由北向南的过程。实际上在新石器时代这个地区的大部分区域的环境条件仍然相当恶劣,人类无法定居。即使在上面提到的几处遗址,文化遗存的分布仍然相当分散,文化层的堆积也比较薄,先民们只能根据水域的变化,

[1] 宋建:《论良渚文明的兴衰过程》,《良渚文化研究——纪念良渚文化发现六十周年论文集》,科学出版社,1999年。
[2] 上海市文物管理委员会:《上海市文物考古五十年》,《新中国考古五十年》,文物出版社,1999年。
[3] 宋建:《关于崧泽文化至良渚文化过渡阶段的几个问题》,《考古》2000年11期。

经常在小范围内迁移,更换住地。

从考古学和环境变迁研究中所得出的结论恰恰同"崧泽—良渚中断"观点相反。崧泽文化和良渚文化之间确有一个大约200年左右的间隔,但这一间隔,既不是什么"消失",也不是"中断",而是崧泽文化向良渚文化的自然演进,即"过渡段"。"过渡段"在环太湖地区的文明进程中是一个十分关键的时期。借助于崧泽文化晚期以来自然环境由劣转优,自然条件较之以往更加适合人类生存与发展的需要,先民不仅没有"被迫移出本区",而是加快了繁衍生息的步伐,人口增加,活动范围明显扩大,生产力也得到快速发展。这为良渚文化之初以农业为基础的社会经济进入良性循环状态奠定了坚实的基础,很快就创造出环太湖地区自有人类居住以来前所未有的巨大的物质财富,随后在良渚文化第二期发展到该地区早期文明的鼎盛时期。

二、关于良渚文化后的"文化中断"

崧泽文化和良渚文化之间存在"文化中断",是地理研究者提出的,考古界并无此一说。但是,"良渚文化中断"不仅引起许多地理研究人员的关注,更是环太湖地区考古学研究的一道难题。崧泽文化和良渚文化是同一族群所创造的文化的不同发展阶段,而良渚文化确实是中止了它的发展,为另一族群所创造的马桥文化所替代。

地理研究者在探讨"良渚文化中断"时有其专业的视角,基本上都归因于环境的变化,是灾变毁灭了良渚文化或迫使良渚先民远走他乡。《试论良渚文化中断的成因及其去向》(以下简称《中断的成因》)所持的观点即是其中之一[1]。《中断的成因》作者认为,"良渚文化断层是由古洪水形成的,这场大洪水是导致良渚文化中断的主要原因",作者"于1994～1995年度对马桥遗址第四次发掘现场作了调查分析","为了探寻文化断层的成因,我们对具有典型良渚晚期文化断层的马桥遗址进行了沉积学、微古和孢粉分析"。《中断的成因》作者之一的朱诚在《上海马桥地区全新世中晚期环境演变》(以下简称《环境演变》)中提到,"1993年秋笔者参加了由上海市文物保护与管理委员会和上海市博物馆组织的考古发掘工作",将"上海马桥遗址作为一个典型剖面",采集了分析样品[2]。我是1990年代马桥遗址发掘的领队和主持人,1993年底我们正在马桥遗址进行1990年代的第一次发掘。当时朱诚同吴建民一起来到马桥发掘现场,在编号为ⅠT1011的西壁剖面的南部采集了土壤样品,承担了样品分析和马桥遗址的环境研究工作。目前,马桥发掘报告已经完成,朱诚的工作成果将作为报告的第六章第一节予以发表。

既然马桥遗址1990年代的发掘材料是朱诚等提出"良渚文化断层"论点的重要依

---

[1]　程鹏、朱诚:《试论良渚文化中断的成因及其去向》,《东南文化》1999年4期。
[2]　于世永、朱诚、史威:《上海马桥地区全新世中晚期环境演变》,《海洋学报》1998年1期。

据之一,那么首先必须对相关论文中所采用的材料进行甄别。《中断的成因》图二"马桥遗址T1011西壁西南角剖面综合分析"中的"层号"和"层位"二栏有明显错误。表一、表二为正误对照。

<table>
<tr><td colspan="2" align="center">表一　错误的地层顺序</td></tr>
</table>

层号	层　　位
1	耕作层
2	唐宋层
3	自然层
4	马桥文化层
5	自然层
6	良渚文化层
7	自然层
8	贝壳层
9	淤泥层

表二　正确的地层顺序

地层顺序	年代和内涵
1	表土层
2	唐宋层
3	马桥文化层
4	自然层
5	良渚文化层
6	自然层
7	良渚文化层
8	自然层(生土层)

　　《环境演变》一文中也有多处基本材料的错误。例如马桥遗址的第七层是良渚文化层,相当于良渚文化第1段和第2段,大约距今5200～4800年,而不是"自然层",采自该层的样品7b的年代6150±120也与考古研究断定的年代存在明显的差距。关于几道贝壳砂堤的位置,《环境演变》图一和第5节"海岸线变迁"的文字叙述明显有误,正确的贝壳砂堤位置自西向东应该是沙冈、紫冈、竹冈,形成时间亦自西向东由早到晚。另外,文中说"马桥遗址剖面第4层"发现古树,也与事实不符。

　　朱诚等论证良渚文化断层的一个重要依据是马桥遗址1993～1994年发掘的Ⅰ区地层堆积中马桥文化层(第3层)和良渚文化层(第5层)之间有一层自然堆积(第4层)。通过对相关的土壤粒度等的分析,判断该自然堆积层为水成。于是,这一地层堆积过程被解释为良渚文化后发生了大水灾,导致了文化断层现象。但是,就在第4层的层表有一座良渚文化第四期第6段的墓葬M4,由此而证明,水灾发生在良渚文化第四期第6段之前,而不是整个良渚文化之后。以马桥遗址的地层堆积为证说明良渚文化后的大水灾是完全靠不住的。

　　在探讨良渚文化断层问题时,还发生了将良渚文化后发生大水灾作为一种先入为主的模式随意解释考古资料的现象,对象仍然是马桥遗址[1]。马桥遗址的分布比较独特,是沿贝壳砂堤的走向安排聚落的布局,以适应自然环境。砂堤是聚落分布的中轴线。越是靠近聚落分布中轴线的区域,文化遗存越是丰富,远离中轴线的区域文化遗存

---

[1]　李珍等:《上海马桥遗址孢粉组合及先人活动环境分析》,《同济大学学报(社会科学版)》1996年2期。

就比较贫乏。解释者在遗址中轴线的附近（东部）和距中轴线以西100余米处（西部）分别采集了两个土壤样品，作孢粉分析等，得出的结论是，良渚文化后先民为东部海水所迫，自东向西迁移，导致东部文化遗存贫乏，西部丰富。事实是，他们把采样地点的方位完全搞反了。从这里得到的教训是，将水灾作为一种模式，随意用考古资料，甚至错用考古资料来加以解释，会产生多么大的谬误！

如本文第一节所述，自崧泽—良渚过渡段到良渚文化第二期的600年是环太湖地区社会经济快速发展的时期。经过这段时间的发展，良渚文化具有了严格分层的社会结构，出现了财富、权力、知识和人口高度集中的中心聚落和聚落群，聚落的规模、分布和权力、财富的分布相符，呈现有规律的多极结构。然而，良渚社会的文明进程并没有继续向前发展，相反逐渐衰退。除了个别文明因素的延续，良渚文化在它的原生地走向了灭亡。环太湖地区文明进程的方向和速度也因此而明显改变。对于这一变异，我认为既有自然环境背景，也有其社会背景。

自然环境背景无疑同环太湖地区特殊的自然条件密切相关。这个地区是以太湖为中心呈碟形的洼地，平均海拔高程很低，尤以靠近太湖的中间地区为甚。特殊的自然条件使得环太湖地区极易受到海平面升降的影响。当海面上升时，海水可能侵入沿海的地势低洼地区，还可能导致内水向外排泄不畅，洪水泛滥。良渚文化的发展必定受制于这一特殊的自然环境，水患是良渚文化发展的大敌。但是我不同意一些"水患说"者所说的洪水导致良渚文化突然灭亡。至为关键的一点是，一些论者对水患的研究没有以良渚文化的分期为基础。他们在引用良渚文化层上的淤土层、冲积层来证明水患导致灭亡，却没有指出淤土层或冲积层是叠压在良渚文化哪一期的地层之上，或者没有注意它的上面是否还有良渚文化遗存。马桥遗址第四层所反映的洪水就是发生在良渚文化第6段之前，而不是良渚文化之后。钱山漾遗址甲区的上、下层之间是淤土层，下层是良渚文化，上层是马桥文化。乙区的下层之上也有断续的淤土，同样下层是良渚文化，上层是马桥文化。但是如果了解良渚文化的分期就会知道，下层只是良渚文化的第二期，此后遗址被水淹没。由此可见，水灾对良渚文化的负面作用是相对长期、比较缓慢的，它们并不能也没有导致良渚文化的突然灭亡。

良渚社会的发展是一个相当长的过程。第二期是良渚文化最为繁荣兴盛的阶段，甚至可以说，良渚文化是在一个不太长的时段内迅速走向繁盛。很多考古材料证明，良渚文化第二期具备了若干项文明社会的基本特征。反山和瑶山墓地的主人们无疑是社会最上层的代表，他们是最高级的巫师或者酋长，更可能的是二者兼而有之，他们掌握了巨量的财富和至高无上的权力。而马桥、越城等地墓葬的主人则处于社会下层。可以说，严格分层的社会结构已经形成。良渚—瓶窑区域范围内，集中分布了几十处遗址，其中有建筑规模宏大的莫角山，也有代表了权力、财富的反山和瑶山，还有更多的聚居区。这个区域聚集着社会精英，体现了强大的政治力量和宗教力量，人口相对集中。把这些要素综合在一起，可以看出良渚—瓶窑具备了城的主要特征和功能，是权力和财富的顶级中心。以后的第三期和第四期，良渚文明的发展程度再也没有超过第二期。

在经过了平稳发展的第三期后，第四期表现出明显的衰退迹象，至此，良渚文化走完了从兴起到鼎盛，再由平稳发展到衰退，最后走向消亡的全过程。良渚文化突然灭亡的观点与事实不符。

　　由另一族群所创造的马桥文化最终替代了良渚文化，其兴起于环太湖地区。马桥文化的主要来源是分布于浙南闽北的肩头弄文化遗存。1990年代末在这个地区发现了好川墓地[1]。墓地的较早阶段与良渚文化相当，其中包含了一些良渚文化的因素，有些因素更渊源于崧泽文化。良渚文化发展到鼎盛时期时曾经大肆向外扩张。从目前的考古资料看，良渚文化向外扩张的路线可以分为北、南、西三线，向北到了海岱地区，向西沿长江而上，向南的主要陆路是通过鄱阳湖、赣江等地区，然后直下岭南。2001年初在四川腹地的成都也发现了良渚文化神权的物化器——玉琮。良渚势力到达浙南闽北地区应该是南向的一条支线。虽然良渚文化的势力已经影响浙南闽北地区，但是未能对当地实行彻底的控制。这是浙南闽北地区族群同环太湖地区族群交往的开始。后来随着良渚文化的衰落，良渚势力逐渐退出。浙南闽北的族群趁机向北扩展。马桥文化以红褐陶为特征的文化因素就是在这一背景下发展起来的，并取代了良渚文化，环太湖地区进入了一个新的发展时期。

原载蒋赞初：《南京大学历史系考古专业成立三十周年纪念文集》，

天津人民出版社，2002年

---

[1]　王海明、罗兆荣：《遂昌好川发现良渚文化大型墓地》，《中国文物报》1997年10月19日。

上海考古与遗址保护

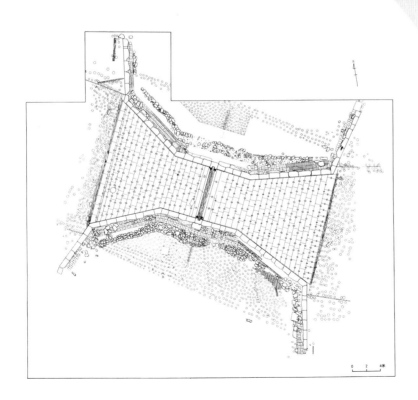

上海考古的回顾和展望

　　上海位于中国第一大河长江的入海口处，北枕长江，南临杭州湾，东濒海，西接太湖平原，是以太湖为中心的碟形洼地的东缘部分。进入全新世后，随着全球性的气候转暖，冰川消退，海平面迅速上升。距今10000年至7000年，除少数山丘成为孤岛外，上海绝大部分地区为一片汪洋。7000年后，海平面上升趋缓，西部地区率先沉积成为陆地。接着在波浪、海潮、江流的相互顶托、共同作用下，形成了长江南岸的沙嘴。沙嘴区域地势较高，沙嘴以内变为海湾。在沙嘴东侧的海浪波涛冲击下，将近海泥沙和贝壳残骸堆积在沙嘴上。大约在距今5500年左右，吴淞江以南地区形成了三道贝壳砂堤，即所谓冈身。以后砂堤以西的海湾封闭变成潟湖，并不断淤积，分割为众多的湖泊和沼泽，潟湖演变为湖沼平原。冈身以东区域继续在江海的共同作用下不断堆积，逐渐成为陆地。

　　据历史文献记载，上海的历史可以追溯到周代，吴立国后，为吴地。越灭吴，上海属越。其后地属楚之江东郡，秦、西汉之会稽郡，东汉之吴郡。唐天宝十年（751年）置华亭县，上海在华亭县东北境。元设松江府，华亭县属之，又新立上海县，亦属松江府。清代先设江南行省，后分江南为江苏、安徽二省，松江府隶江苏省。

　　因为上海成陆比较晚，汉代之前上海的陆地面积很小，上海的历史地位在近代之前无足轻重，所以长期以来上海无古可考的观念成为人们的思维定势。实际上早在1930年代就在上海发现了戚家墩遗址，1950年代以来，上海考古力量逐渐壮大，考古工作日益蓬勃地开展起来，有许多重要发现，学术研究也取得了丰硕的成果[1]。

一

　　上海的考古工作始于20世纪30年代。1935年早秋，因江苏武进奄城遗址的发现，学界注意到金山戚家墩亦有类似的几何形印纹陶器，金祖同、卫聚贤等到戚家墩探访调查，从而在上海地区发现了第一处古代遗址。当年末，金祖同著《金山访古记》，叶恭

---

[1] 上海市文物管理委员会：《上海市文物考古五十年》，《新中国考古五十年》，文物出版社，1999年；黄宣佩：《上海考古五十年成就》，《上海博物馆集刊（第八期）》，上海书画出版社，2000年。

绰、卫聚贤为序，以石印形式发表了上海第一部考古著作。为了在长江下游的江南地区找到更多的古代遗址，了解长江流域的古代文化，当时以上海为中心，在上海及其邻近的杭州、苏州、镇江等地多次召开展览会和讲演会，向大众介绍古代文化，媒体也多有报道。以此为契机，1936年8月30日在上海成立了吴越史地研究会，蔡元培为会长，卫聚贤为总干事。这段时间是环太湖地区考古工作的开始阶段，发现了一系列重要的遗址，如杭州的良渚、古荡，苏州的越城等。1937年，抗日战争爆发，吴越史地研究会停止活动，上海考古昙花一现后随之中断[1]。

自1958年开始，市郊各县划归上海市管辖后，考古工作逐步开展起来，至1970年代后半叶，是上海考古工作的开创和发展阶段。通过重点调查和实地勘探发现了一批古代遗址[2]。60年代发掘了上海马桥(今属闵行)[3]和青浦崧泽等遗址[4]，为建立环太湖地区的考古年代学框架、研究文化谱系提供了珍贵的资料。1970年代的后半叶，学术界基本确立了"崧泽文化"和"马桥文化"的命名，对其在环太湖地区考古学文化发展中的重要地位达成共识。这一时期还发掘清理了不少汉代以后的文化遗存，如嘉定外冈的战国墓和西汉墓[5]、闵行朱行的南宋张珵墓[6]和上海市区的明代潘氏家族墓地[7]。经过20年的田野工作，上海地区古代文化的时空分布有了比较清晰的轮廓，初步建立了自马家浜文化，经崧泽文化、良渚文化，至马桥文化和商周时期文化的基本的年代学框架，为制定规划、开展课题研究奠定了坚实的基础。

1977年讨论新石器文化的南京会议和1978年讨论印纹陶遗存的庐山会议是有关长江流域和南方考古的两次重要会议，在考古春天来临之际，其意义重大，影响深远。上海的考古工作进入新的阶段。1980年代以来，环太湖地区的考古年代学框架得到进一步补充和完善，并且瞄准了重点课题。1982～1987年的青浦福泉山发掘，揭露面积达2235平方米[8]；1993～1997年，闵行马桥共发掘2728平方米[9]，这是上海考古史上规模最大的两项发掘。另外还发掘了金山亭林[10]、奉贤江海、松江姚家圈[11]等多处遗址。通过这一系列田野工作，年代学框架更加完备，确立了良渚文化的分期；提出了崧泽文化向良渚文化之间过渡阶段的问题；以地层关系为依据，第一次对马桥文化进行了分期。1999年以来在松江广富林发现了一种新的文化遗存，从一个新的视角关注本地区的文化谱系。文明起源和良渚文化文明进程是以年代学为基础开展的一项重点课题，

---

[1]　卫聚贤：《吴越考古汇志》，《说文月刊》第一卷第三期，1939年。

[2]　黄宣佩、张明华：《上海地区古文化遗址综述》，《上海博物馆集刊(第二期)》，上海古籍出版社，1982年。

[3]　上海市文物保管委员会：《上海马桥遗址第一、二次发掘》，《考古学报》1978年1期。

[4]　上海市文物保管委员会：《崧泽——新石器时代遗址发掘报告》，文物出版社，1987年。

[5]　黄宣佩：《上海市嘉定县外冈古墓清理》，《考古》1959年12期。

[6]　沈令昕、谢稚柳：《上海西郊朱行乡发现宋墓》，《考古》1959年2期。

[7]　上海市文物保管委员会：《上海市卢湾区明潘氏墓发掘简报》，《考古》1961年8期。

[8]　上海市文物管理委员会：《福泉山——新石器时代遗址发掘报告》，文物出版社，2000年。

[9]　上海市文物管理委员会：《上海市闵行区马桥遗址1993～1995年发掘报告》，《考古学报》1997年2期。

[10]　上海博物馆考古研究部：《上海金山区亭林遗址1988/1990年良渚文化墓葬的发掘》，《考古》2002年10期。

[11]　上海市文物管理委员会考古部：《上海市松江县姚家圈遗址发掘简报》，《考古》2001年9期。

现已取得阶段性的综合研究成果。马桥遗址发掘中开展多学科综合研究，特别在环境考古方面作了比较多的工作，积极探索人类的生存、发展同自然环境变迁的相互关系。目前正在进行的是根据广富林新资料提出的早期移民文化的课题。正是以重点课题为龙头，带动了上海的考古工作，学科建设得到长足的进展。

二

下面将上海考古的重要发现和学术进展归纳为六项。

（一）建立年代学框架和文化谱系

1. 上海最早的人类足迹

马家浜文化是上海最早的新石器时代文化，1961年发掘青浦崧泽时第一次在本地区发现，后来在青浦福泉山和金山查山也有发现，均属马家浜文化的偏晚阶段，为浙北、苏南地区较早阶段的马家浜文化随着成陆过程逐渐向东扩展而形成，这是人类的足迹第一次踏上上海的土地。马家浜文化的最重要发现是1987和1989年在崧泽遗址发现的二口水井[1]，是我国迄今发现年代最早、最有代表性的实例，在水井发展史上占有十分重要的一席之地。1961年崧泽遗址发掘出马家浜文化的炭化稻谷，经鉴定为籼、粳两个不同的亚种，都是人工培植稻。这是当时发现年代最早的稻谷标本，为探索水稻起源提供了珍贵的第一手资料，即使今天它们也是研究稻作农业发展过程的难得实物。

2. 崧泽文化的发现和分期

1961～1995年崧泽墓地共发掘四次，清理136座崧泽文化墓葬。崧泽墓地延续时间长，随葬器物丰富，是这个阶段规模最大的墓地。根据前两次的发掘资料，主要以陶器的形制演变和器类组合为依据，将墓葬分为三期。1990年代第四次发掘崧泽墓地，新发现17座墓葬有叠压或打破关系[2]，为分期提供了可靠的地层学依据。崧泽墓地的三期基本上代表了崧泽文化完整的发展过程，通过崧泽墓地的分期工作建立了崧泽文化的年代标尺。

3. 关于崧泽文化和良渚文化之间的过渡阶段

青浦福泉山、松江汤庙村[3]和姚家圈等遗址发现了一类介于崧泽文化和良渚文化之间的文化遗存，显示二文化之间的延续关系非常紧密。对这类遗存的属性，看法不尽一致，一般将其归入崧泽文化，但是要晚于崧泽墓地第三期。也有的认为借以命名的崧泽墓地是单纯的崧泽文化，对于那些出现了新文化因素的遗存，就不宜仍然放在崧泽文

[1]　上海市文物管理委员会：《1987年上海青浦县崧泽遗址的发掘》，《考古》1992年3期。

[2]　上海市文物管理委员会：《1994～1995年上海青浦崧泽遗址的发掘》，《上海博物馆集刊（第八期）》，上海书画出版社，2000年。

[3]　上海市文物管理委员会：《上海松江县汤庙村遗址》，《考古》1985年7期。

化。另一方面，因为有部分崧泽文化因素的延续，所以放在良渚文化也不甚妥当。因此可以将这类遗存单独作为一个阶段，称为"崧泽—良渚文化过渡段"[1]。汤庙村和广富林最早的文化遗存都是"崧泽—良渚文化过渡段"，其所在的松江地区在地理环境上属于由海湾转变为潟湖后的沉积区，地势低洼，自"过渡段"往前，长期以来无人类足迹。从"崧泽—良渚文化过渡段"开始这里成为聚居地。

4. 良渚文化的分期研究

良渚文化遗存在上海有广泛的分布，存在于福泉山、青浦寺前村[2]和金山坟[3]等十六处遗址中。良渚文化持续发展1000多年，其分期是一个必须解决的问题，一些研究者作了积极的尝试。福泉山一共发现了31座良渚文化墓葬，其中有13座存在直接的地层叠压关系。一处墓地中有比例这么高的地层关系在良渚文化中极为罕见，为分期研究提供了充足的依据。据此将福泉山的良渚文化遗存分为五期。关于良渚文化综合的编年方案是将其分为四期6段，第1段上接崧泽—良渚文化过渡段，第6段的年代下限距今大约4000年[4]。

5. 马桥文化的编年和文化谱系

1960年代马桥遗址两次发掘均未发现马桥文化自身的地层关系，曾统称为"马桥四层"。1990年代发现了马桥文化多层叠压和开口于不同地层下的遗迹，马桥文化分期即以此为基础。根据器物形态的演变速率，挑选鼎、豆、鬹、瓠、器盖等，排比后将马桥遗址的马桥文化遗存分两期4段，分别代表了马桥文化的早期和中期，马桥文化晚期遗存比较贫乏，以金山亭林第④层和查山第③层的部分遗存为代表[5]。马桥文化的年代为距今3900～3200年，持续发展达700年。马桥文化的主要来源是浙南闽北的肩头弄文化遗存，部分内涵是良渚文化的延续，其形成和发展过程中受到黄河流域夏、商文化和岳石文化的（交互）影响。

6. 本地印纹陶遗存的分期研究

几何印纹陶是夏商周时期我国东南地区文化遗存的主要内涵，长期以来笼统称为印纹陶文化。至1970年代后期，越来越多的研究者认识到应该按地区分类型研究印纹陶遗存。基于这一认识，按照地层关系和器物的演变，将上海地区的印纹陶遗存分为三期，第一期为夏商时期，实际就是马桥文化，第二期定为西周时期，第三期是春秋至战国早期[6]。后来有的研究者又将第二期的年代上推到商代后期的晚段，并将延续到西周早期的这一段称为"后马桥文化"[7]。

［1］ 宋建：《关于崧泽文化至良渚文化过渡阶段的几个问题》，《考古》2000年11期。
［2］ 上海博物馆考古研究部：《上海青浦寺前史前遗址的发掘》，《考古》2002年第10期。
［3］ 上海市文物管理委员会：《上海青浦县金山坟遗址试掘》，《考古》1989年7期。
［4］ 宋建：《论良渚文明的兴衰过程》，《良渚文化研究——纪念良渚文化发现六十周年国际学术讨论会文集》，科学出版社，1999年。
［5］ 孙维昌：《上海市金山县查山和亭林遗址试掘》，《南方文物》1997年3期。
［6］ 黄宣佩、孙维昌：《上海地区几何印纹陶遗存的分期》，《文物集刊（第三集）》，文物出版社，1981年。
［7］ 宋建：《马桥文化的去向》，《中国考古学会第九次年会论文集（1993）》，文物出版社，1997年。

（二）福泉山发掘和良渚文明进程研究

　　1980年代福泉山遗址的发现与发掘是良渚文化研究的重大突破，当时曾经在中国考古界引起轰动。在发掘过程中发现并得以确认的人工堆筑的高土台贵族墓地，为太湖地区良渚文化高土台性质的认定提供了重要的范例。金山亭林、闵行马桥由中小型墓葬构成的墓地与福泉山形成鲜明对比。1990年7月，在上海举办了"良渚文化学术讨论会"和主要以福泉山材料为主的"上海地区良渚文化展览"。正是在此背景下，提出了"良渚文明进程研究"的课题。

　　以考古学视角探讨文明进程，既要作社会进程一般法则的运用和理论的探讨，也应该根据考古学实践提出适合于本学科的理论和研究途径。国家是人类最复杂的社会组织形式，文明社会就是指达到一定复杂程度的社会或人们的共同体。所谓文明进程即社会的复杂化过程。探讨文明进程就必须分析那些促进或影响社会向复杂化方向发展的内在因素与外部环境，以考古学方法发现和探索与之相关的物化形式。

　　福泉山高台墓地是良渚文化贵族的墓地形式，人工堆筑而成，是一种比较大型的工程建筑。墓地上一共埋葬了31座上层贵族和与之密切相关者的墓葬。中下层贵族和平民多被埋葬在平地或略为高起的台地上，如亭林和马桥墓地。根据埋葬形式、随葬品的种类和数量，可以将良渚社会成员划分为四个不同的阶层[1]。福泉山还发现了用人殉葬或祭祀的现象。M139墓主的随葬品中有12件钺，脚端埋葬屈身侧卧一女子，当为殉人。M145墓坑外北面另有一小坑，坑内埋葬侧身二人，一女子，一少年。皆双臂反缚于身后，作挣扎状。此坑当为人牲祭祀。马桥发现一种不同寻常的葬式，ⅠM5头向北偏西，上肢折向肩部，而良渚文化的绝大多数墓葬都是头向南，上肢下垂两侧或置于下腹部。ⅠM5在人骨左胸部还有1件石镞，镞锋斜插入肋骨，异常的葬式可能同特异死因有关。从福泉山等地的考古材料可以看出，简单社会向复杂社会演进，社会成员逐渐分化为不同的阶层，阶层之间发生冲突是不可避免的，有时甚至是激烈的暴力冲突。

　　良渚文化社会复杂化过程的另一项重要标志是已经建立了一套比较完整而系统的礼制，以规范社会各群体、成员之间的相互关系，这种关系基本上是由他们各自同神灵的亲疏远近和同神灵沟通的操作形式所决定的。为此而设计出各种形制的礼器，或赋予旧形制以新功能来实行礼制。玉器中最重要的两类礼器是钺和琮。上海一共出土了两套完整的"豪华形"钺，由冒、钺身和镦组配而成，它们均出自福泉山，也有研究者将其称为"戚"[2]。这种三件套的玉钺在福泉山、江苏寺墩等遗址刚发现时并未被认识，因浙江反山的发现而反思进而得到识别。1995年崧泽墓也出土了一件崧泽文化带有骨质镦的石钺，找到了这一顶尖礼器的来源。琮在福泉山发现较多，主要是短琮（少节），只有M40随葬了一件长琮，多节，但被分割为两段。上海发现玉琮的另一个地点是亭林，

---

［1］　宋建：《嵩山地区与太湖地区文明进程的比较研究》，《上海博物馆集刊（第八期）》，上海古籍出版社，1992年。
［2］　张明华：《良渚玉戚研究》，《考古》1989年7期。

（T5）M16随葬了一件九节琮。亭林是一处低平台地的墓地，最高等级的墓葬就是M16。琮的功用相当神秘，能够贯通天地[1]。冠形器和锥形器也是礼器，其功能的讨论也是复原良渚礼制的一项重要内容[2]。浙江海盐周家浜发现冠形器是象牙梳的梳背[3]，但是冠形器是否只有梳背一种功能，还有待更多的实物资料，作进一步探讨。良渚文化的玉器，尤其是玉琮和神像纹，有非常深刻的观念意识内涵，蕴含着超自然的力量，使拥有者具备与天地鬼神对话的能力，掌握了对社会和自然界的解释权。良渚人同神灵沟通的形式相当复杂，福泉山发现的祭祀遗迹可能仅是其中的一种[4]。

福泉山还以出土形制多样、精巧绝伦的陶礼器堪称良渚文化之最，如器形奇特的黑陶鸟形盉、红褐色彩绘的高柄盖陶罐、细如发丝的鸟首蛇身盘曲纹和飞鸟纹等，它们不仅反映了良渚文化杰出的制陶工艺，也是古代艺术品的巅峰之作。

探讨文明进程，文字是关键的要素之一。在简单社会，人们的交往空间狭窄，信息延续的时间很短，因而缺乏产生文字的客观需要。随着社会的复杂化进程，迫切需要扩大信息传播的空间，延续信息保留的时间。文字具备了这种功能。1960年代马桥遗址出土的一件良渚文化黑衣泥质陶杯的底部刻两个原始文字，这是我国最早的文字连用的实物资料，对追寻汉字起源具有重要意义。

良渚文明从发端、兴盛，最后走向衰亡，前后经过了大约1200年。关于良渚文化衰亡的原因，有的研究者根据奉贤江海遗址的良渚文化层上有洪水沉积物，赞同"洪灾说"[5]。也有的研究者根据马桥遗址洪水冲积层上还有良渚文化第6段的墓葬，主张水患对良渚文化的影响是一个持续性的过程[6]。

（三）马桥发掘和多学科综合研究

考古的多学科综合研究开始于20世纪六七十年代的崧泽遗址发掘，采用孢粉和动物习性分析方法，复原了距今6000年前后遗址周围的地貌、植被和气候。并由地质矿物学者鉴定石器，了解其原料产地。可以说，上海的环境考古早在这个时候就已经开始，旨在通过自然科学手段复原古代环境。1990年代对环境考古的理念有了新的进展，认识到自然环境在人类社会的生存和发展过程中产生过重要的作用。自然环境既是人类生存和发展的物质基础，又会制约甚至改变社会发展进程的方向和速度。人类既要依赖自然环境而生存，又会在一定程度上影响环境，改变环境。环境考古的目的就是研究人和自然的关系。环境考古的手段也日益多样化，普遍运用植硅石分析、磁化率分析、动物计量统计等技术。为了实践新理念，运用新方法，各相关学科的研究人员有必要在

［1］ 马承源：《从刚卯到玉琮的探索——兼论红山文化玉器对良渚文化玉器的影响》，《辽海文物学刊》1989年1期。
［2］ 张明华：《良渚玉符试探》，《文物》1990年12期；江松：《良渚文化的冠形器》，《考古》1994年4期；王正书：《良渚文化玉锥形器研究》，《南方文物》1999年4期。
［3］ 浙江省文物考古研究所：《浙江考古精华》文物出版社，1999年。
［4］ 黄宣佩：《福泉山遗址发现的文明迹象》，《考古》1993年2期。
［5］ 张明华：《良渚文化突然消亡的原因是洪水泛滥》，《江汉考古》1998年1期。
［6］ 宋建、洪雪晴：《上海马桥遗址古环境探析》，《考古》1999年8期。

发掘时就介入田野工作中。因此在1994～1995年配合基建大规模发掘马桥遗址之前，不同学科的研究者一起制定规划，提出问题，商讨解决问题的途径。通过田野工作中的密切合作，马桥遗址的环境考古研究工作取得重大进展。

1960年代马桥发掘着重解决了年代关系和文化内涵问题，填补了环太湖地区夏商时期的空白。1990年代除了解决马桥文化的编年和谱系关系，更重要的是掌握了遗址的分布规律。马桥遗址坐落在一道被称为"竹冈"的贝壳砂堤之上，为适应当时的地理环境，遗址沿砂堤和紧靠砂堤的东西两侧，呈南北长、东西窄的宽带状分布，南北至少1000米，东西大约150米，总面积超过150000平方米。马桥遗址分布同自然环境的关系十分紧密，具有典型性，对将来分析同类遗址不乏借鉴意义。从更大的范围看，上海地区的马桥文化遗址分布也具有显著特点。根据地理研究者的复原，3000年前上海的沉积环境粗略分三个区域：西部地区、潟湖沉积区和砂堤沉积区[1]。在潟湖沉积区尚未见到成片分布的马桥文化遗址，砂堤上的马桥遗址面积最大，其他区域的遗址面积小、分布散，类似的分布情况在环太湖地区比较普遍。由此说明，马桥文化确实生存在一种不同以往的环境之中，水域范围明显扩大，森林草原的覆盖面积大为增加。环境变迁在马桥先民的生存方式上也得到反映。根据植硅石分析资料，马桥文化时期的稻亚科扇形植硅石的含量普遍偏低。而良渚文化和马桥文化以后的地层中稻亚科扇形植硅石的含量明显增高，显示以稻作为主的栽培农业在马桥文化经济生活中所占的比例明显不及良渚文化和马桥文化以后的时期。马桥文化先民获取肉食资源的形式也明显不同于良渚文化。据马桥遗址出土动物遗骸最小个体的统计，良渚文化猪的数量多于鹿科动物，马桥文化猪少于鹿科动物，尤以马桥文化前期为甚。人类获取肉食资源的形式从以家畜饲养为主、狩猎活动为辅转变为以狩猎活动为主、家畜饲养为辅。稻作农业活动的减少和获取肉食资源方式的转变都说明马桥文化的生存形式比起良渚文化有明显的变化。产生这一变化的环境背景和文化背景都值得引起我们足够的重视。自然条件、人类生存方式和文化变迁互为因果。

马桥文化的主要内涵是印纹陶（红褐陶），有颜色和质地软硬的差别。马桥、金山坟等遗址还发现了少量夏商时期的原始瓷。根据考古学和硅酸盐研究者的共同探讨，认为马桥文化的陶器生产正处于技术创新的转变时期，新出现了火候相当高的硬陶和原始瓷[2]。硬陶的烧成温度已经达到1100度左右，其陶胎化学组成中，二氧化硅和熔剂的含量不同于软陶，表明陶工已经懂得选择特殊的原材料烧制硬陶。原始瓷是在烧制硬陶的基础上发明的新工艺和新产品，其表面有一层光亮的釉。马桥文化的原始瓷既有青绿釉，也有黑釉，环太湖地区是目前所知年代最早的原始瓷出产地之一，黑釉原始瓷尤为罕见，可以将黑釉原始瓷看作是马桥文化的一大发明。马桥文化的红褐陶器口沿

[1] 李金安、严钦尚：《上海地区全新世中晚期沉积环境的演变》，《长江三角洲现代沉积研究》，华东师范大学出版社，1987年。

[2] 陈尧成、宋建等：《上海马桥夏商原始瓷的制作工艺研究》，《陶瓷学报》1996年3期；陈尧成、宋建等：《上海马桥夏商陶器研究》，《陶瓷学报》1999年3期。

上常刻陶文，根据形体不同可分六类，可能是陶工发明的专门记号，记录陶器新工艺的生产流程，以提高生产技术。

（四）广富林遗存的发现

广富林遗址发现于1960年代初[1]。1999年以来进行了比较全面的勘探和新的发掘，新发现了非当地文化传统的新石器时代文化遗存，我们认为应该给予这类遗存一个新的名称：广富林遗存，以便于深入研究[2]。

广富林遗存的生活遗迹目前只发现了灰坑，坑口平面近椭圆形，坑壁近直，平底，其功能当为窖穴，用以储存物品。陶器具有鲜明的特征，纹饰有压印的绳纹、篮纹和方格纹，刻划的方格纹、菱格纹、叶脉纹、错向斜线纹等，还有附加堆纹围绕器物堆贴。常见器形有垂腹釜形鼎、细高柄浅盘豆、直领瓮、带流鬹和竖条纹筒形杯等。

实际上1960年代广富林遗址的初次发掘已经发现了这类新文化遗存，例如在遗址下层发现的刻划纹饰、侧装扁足的陶鼎和尖锥形鬲足等。但是以当时对环太湖地区古文化乃至全国其他地区新石器文化的认识水平，还不能看到此类遗存的重要性。在30多年后中国的新石器文化谱系越来越清晰的今天，广富林遗存在环太湖地区文化发展过程中的作用和意义凸显出来。

广富林遗存同良渚文化差别很大，在当地找不到它的渊源关系，却同长江以北、分布在江苏高邮、兴化一带的里下河地区的南荡文化遗存有很多相同和相似之处，表现在陶器的陶系、纹饰、器类和器形等方面。南荡文化遗存在里下河地区也是一支外来文化，来源是黄河流域的王油坊类型[3]。根据目前掌握的资料，王油坊类型也是广富林遗存的主要来源，陶器上的相似点很多。广富林遗存与王油坊类型之间也存在差别，最显而易见的差别是王油坊遗址中流行蚌器和在陶器中掺蚌壳末，而广富林遗存不见。广富林遗存目前仅测得两个^{14}C年代，分别是3770±60和3780±60B.P，经树轮校正后为前2310年和前2320年。要确定广富林遗存的年代，仅靠这两个数据显然不够，目前只能初步判断广富林遗存与南荡遗存的年代大致相当，或是王油坊类型的最晚阶段。

环太湖地区像广富林这样典型的遗存目前仅此一处，如果认定它是一支移民文化，那么将提出为什么移民、移民的路线、外来者和原住民是否发生了直接的碰撞以及碰撞的结果等一系列问题。这是研究环太湖地区新石器文化发展和文明进程的新课题。

（五）战国—明代的重要发现和研究

在青浦重固、金山戚家墩、嘉定外冈等地发现了一批战国时期的墓葬。根据墓葬的随葬品分析，这些墓葬可以分为两类，第一类墓葬的随葬品以印纹硬陶和原始瓷器为主，具有浓郁的本地文化色彩，属于吴越文化传统，是当地原有居住者的墓葬。戚家墩

---

[1] 上海市文物保管委员会：《上海松江县广富林新石器时代遗址试探》，《考古》1962年9期。

[2] 广富林考古队：《广富林遗存的发现与思考》，《中国文物报》2000年9月13日第3版。

[3] 南京博物院考古研究所、扬州博物馆、兴化博物馆：《江苏兴化戴家舍南荡遗址》，《文物》1995年4期。

的五座墓即为第一类墓葬,随葬器物中有坛、罐、盆、鼎、盅等[1]。第二类墓葬的随葬品以泥质灰陶为主,为楚人之墓,属于楚文化传统。在重固发掘的四座战国晚期楚墓,均为长方形土坑墓,随葬品以鼎、豆、盒、壶为基本组合形式,此外还有罐、钫、勺、玉璧、陶俑头和陶俑手等[2]。这是战国时期楚文化已经深入到上海地区的实证。前333年楚灭越,上海地区成为楚相春申君的封地,是上海又简称"申"的由来。

青浦福泉山汉代墓地、浦东严桥唐代遗址和北蔡的唐代古船是比较重要的汉唐时期遗存。福泉山汉墓是上海规模最大,保存最完好的西汉墓葬群,共有西汉早中期墓葬96座,随葬品组合为釉陶和灰陶的鼎、盒、壶、瓿、罐等,其他有铜镜、铜矛、铜印、石砚、石珌和铁剑等。石砚上残留墨迹,经红外图谱分析,初步定为炭制墨,这是研究制墨历史的珍贵资料[3]。浦东严桥唐代村落遗址,出土大量唐代瓷器,有越窑青釉、黑褐釉瓷执壶,长沙窑青黄釉瓷壶等[4]。唐代古船发现于海滩细泥沙堆积中,船体结构和制造工艺较为原始,是从独木舟向木板船发展的一种过渡形式,在船舶发展史方面值得关注[5]。

宋元明时期上海社会经济发展较快,留下了比较丰富的文化遗存。嘉定北宋赵铸夫妇墓的夫人墓室是用一种外包皮纸、内为糯米浆掺石灰搅和制成的砖块砌成,皮纸原料为桑皮,纤维匀度好,拉力强,是研究宋代造纸技术的实物资料[6]。闵行朱行南宋张珪墓形制特殊,墓室分上下层,每层又分两间,在下层放木棺的一间,正中放置石雕道教神像,神像后面有一块砖刻插屏,浮雕道教人物、松树等。宝山南宋谭氏夫妇合葬墓随葬品相当丰富,鎏金心形香囊上透雕"交颈鸳鸯戏荷图";瓜棱形银盒盖面刻观音坐像、祥云、仙鹤,盒底刻松、竹、山、溪等,反映出宋代精湛的工艺技艺[7]。青浦元代水利专家与画家任仁发及其子任墓群出土的八瓣莲花形漆奁、陶渊明赏菊图雕漆盒、官窑青瓷开片垂胆瓶均为珍品[8]。明代墓葬多为家族墓地,卢湾区李惠利中学墓群按昭穆排列的墓葬分布值得注意[9]。卢湾区潘氏三座墓内共随葬300余件器物,其中官职为"光禄寺掌署监事"的潘允徵墓内随葬一列仪仗木俑,由乐俑、文武官俑、隶役俑、侍吏俑、侍童俑、轿夫俑及轿子等组成,场面宏大;一整套家具明器,十分罕见,具有很高的历史研究和艺术观赏价值。

1970年代以来为了配合维修工程,发掘清理了一批宋元明时期的古塔地宫和天宫。嘉定元法华塔塔心室下有两个地宫,上面是仅具象征性的明代地宫,元代地宫筑于厚1米多的毛石条塔基础下,长方形,内装藏石函、石菩萨像、铜佛像等[10]。松江明西林塔地

[1] 上海市文物保管委员会:《上海市金山县戚家墩遗址发掘简报》,《考古》1973年1期。
[2] 上海市文物保管委员会:《上海青浦县重固战国墓》,《考古》1988年8期。
[3] 王正书:《上海福泉山西汉墓群发掘》,《考古》1988年8期。
[4] 黄宣佩、吴贵芳:《从严桥遗址推断上海唐代海岸的位置》,《考古》1976年5期。
[5] 上海博物馆、王正书:《川扬河古船发掘简报》,《文物》1983年7期。
[6] 上海博物馆考古部王正书:《上海嘉定宋赵铸夫妇墓》,《文物》1982年6期。
[7] 《上海文物博物馆志》编纂委员会:《上海文物博物馆志》,上海社会科学院出版社,1997年。
[8] 上海博物馆沈令昕、许勇翔:《上海市青浦县元代任氏墓群记述》,《文物》1982年7期。
[9] 何民华:《上海市李惠利中学明代墓葬发掘简报》,《东南文化》1999年6期。
[10] 上海市文物管理委员会:《上海嘉定法华塔元明地宫清理简报》,《文物》1999年2期。

宫近方形,地宫后半部为凹形三级阶梯式供台,供奉鎏金银铜塔、玉石佛像等,另有玉、琥珀、珊瑚、水晶等供品。地宫内置《松江华亭西林禅院》石碑一通,记载西林塔为明正统九年(1444年)开始迁建,正统十年六月封存地宫。西林塔天宫位于塔刹覆盆之下的砖砌体内,方形。内藏鎏金银铜佛像、鎏金铜佛诞生像等。天宫中置《西林大明禅寺重建圆应宝塔志》石碑一通,记载天宫为明正统十三年十二月所封存。据此可以确定西林塔的建造一共用了大约六年时间。

(六)上海成陆过程及海岸线变迁的研究

在考古工作全面展开之前,上海的成陆过程仅靠文献记载和计算泥沙沉积量来推算,利用考古资料复原海岸线变迁为上海的成陆过程的研究提供了一个新的途径。

上海最早成陆的是青浦一带的西部地区,有两处马家浜文化的遗址位于该地区。以后在长江南岸形成沙嘴,又逐渐堆积成为砂堤,因砂堤区域地势较高,被称为“冈身”。冈身的走向西北自江苏常熟福山,经嘉定外冈、闵行马桥,到奉贤柘林一线。冈身区域内有多道砂堤,是不同时期的海岸线。根据考古资料确定年代最早是吴淞江以南的几道砂堤。在坐落于竹冈之上的马桥遗址发现了崧泽—良渚过渡阶段的遗存,距今达5400年,最西面的沙冈年代最早。考古资料还证明,吴淞江以北的砂堤不同于江南。江北外冈砂堤外侧出土过海生动物骨骼,碳14测年为距今2185±90年;外冈镇段的冈身上发现了战国晚期墓葬和春秋时期的陶罐。至今尚未在吴淞江以北的砂堤内侧发现早于东周时期的文化遗存。因此吴淞江北岸的外冈形成时间晚于江南的竹冈等砂堤,而并非江南砂堤的自然延伸[1]。尽管吴淞江南北的多道砂堤形成于不同的时间,几千年来的地貌变迁使之形成了地势高亢、看似相连的冈身地带。

上海市区的成陆时间,以前一般靠推断唐代所筑旧瀚海塘的位置来估算,曾将海岸线定在闸港、龙华、徐家汇、曹家渡一线,这样上海浦西市中心区大部分的成陆要晚于唐代。一系列的考古发现纠正了这一看法,虹口区广中路发现的南朝瓷碗、瓷罐是上海市区发现的唯一的南朝遗存,中山北路出土唐代黄褐釉瓷碗,共和新路发现唐代青黄釉瓷罐。严桥遗址的发现更将唐代的海岸线位置推到了浦东。经地质调查,在南起奉贤县海边,经奉城西,南汇下沙、周浦,浦东新区的北蔡,至宝山月浦一线,存在着断续的砂堤,此线以东未发现唐代遗存,从而初步确定了上海唐代的海岸线。

三

新的世纪已经来临,展望上海考古,可谓任重道远。

---

[1] 黄宣佩、周丽娟:《上海考古发现与古地理环境》,《同济大学学报(社会科学版)》1997年2期。

（一）瞄准重点课题开展工作

1. 人和环境

进入全新世以来，上海是一个成陆比较晚的地区，又经历了较长的成陆过程，自然环境几经变迁。人类是在怎样的环境背景下迁移至上海定居、经济开发和繁衍生息？环境对人类在这块土地上的生存发展产生了什么影响，人类的活动又怎样改变了环境？这些问题都需要我们用考古材料来回答。

2. 文明进程

文明起源及其进程，不仅是上海考古，而且也是本学科所面临的重大课题。我们立足上海，要扎扎实实地做好本地的事，继续就良渚文化的社会结构、外来文化（广富林遗存、马桥文化）的进入在文明进程中的作用等开展工作，但是更必须将这一大课题放到环太湖地区、长江流域、中国乃至世界等不同的层面上作全方位、多视角的探讨。

3. 城镇起源和发展

上海具有6000年的悠久历史，同时又是一个后起的城市。据文献记载，上海境内最早的行政区划是华亭县，建于唐天宝十年（751年），其后是元至元二十九年（1292年）成立的上海县。近年广富林遗址发现了丰富的汉代遗存，其中有比较重要的建筑材料。另外在上海市区内也发现了大型的古代建筑遗存。新世纪的考古要为解决上海城镇的起源和发展问题提供实物资料。

以上三个课题，既是上海考古工作的近期重点，也是新世纪的长期目标。

（二）理论、方法和技术的探索和运用

构建理论框架、完善研究方法和运用高新技术是实现新世纪上海考古重点课题不可或缺的三个方面。我们要围绕学术课题开展考古学理论和方法的探索，要了解国内外的新进展，取其精华运用到课题研究中，并在实践中改进完善。

由于科学技术的迅猛发展，大大拓展了人们对各种事物的认知能力。不同的学科之间交叉渗透，相互合作，高新技术必将越来越多地运用于考古学科。这一方面为解决原有问题提供了新的路径，另一方面又在新的技术背景下提出了新的问题，甚至创建新的学科分支。考古学将随着新技术的运用而不断焕发出新的活力。

（三）构筑考古人才高地

肩负新世纪的重任必须首先构筑考古人才高地，这也是实现上海考古可持续发展的关键。经过不懈的努力，上海考古研究人员的梯队结构、知识结构已渐趋合理，但是现在的学科分支越来越细，技术更新加速，因此当务之急是培养、引进复合性人才，或者利用外脑，加强相互协作。只有真正构筑起考古人才的高地，瞄准重点课题才不会是一句空话。

原载《考古》2002年10期

申城寻踪

以田野考古探寻上海历史踪迹开端于1936年发现金山戚家墩遗址。自1950年代开始，上海考古力量逐渐壮大，考古学术研究蓬勃开展。现在已经确立了距今6000年以来的考古年代序列和上海地域的演变过程，构建起基本完整的时空框架。通过系统化研究，在上海早期文明化进程、海纳百川社会环境的形成、城镇发展之路，以及自然环境变迁与人类生存发展的依存关系等重点学术课题上取得突破性进展。

一、建立时空框架

据历史文献记载，周代吴立国后，上海地域为吴地。相传春秋时吴王寿梦筑华亭，上海曾是吴王的狩猎休憩地。越灭吴，上海属越。后属楚之江东郡，秦、西汉之会稽郡，东汉之吴郡。唐天宝十年（751年）置华亭县，上海在华亭县东北境。元设松江府，华亭县属之，又新立上海县，亦属松江府。清代先设江南行省，后分江南为江苏、安徽二省，松江府隶属江苏省。

金山戚家墩战国时期遗存的发现，将可靠的上海最早居住史首先定格于周代。而在邻近省份，1936年浙江西湖博物馆的施昕更先生在良渚发现以黑陶为特征的遗存，因为同黄河流域的龙山文化的一些相似性，而被认为是龙山文化在南方的一支，或称为浙江龙山文化。1959年夏鼐正式将其命名为良渚文化。1957年在嘉兴马家浜发现了年代更早的新石器文化遗存，1970年代也是由夏鼐提出，命名为马家浜文化。江苏省还发现了新石器时代的青莲岗文化和青铜时代的湖熟文化。

1958年，上海城市周边的农村地区划归上海管辖，考古调查与发掘随之开展，很快就有一系列重大发现。

1961年发掘青浦崧泽遗址，发现了距今6000年前的马家浜文化遗址，后来又在青浦福泉山、金山查山等遗址发现相同的文化遗存。这是上海人类活动的开端。

1961年发掘崧泽遗址时，还发现了一个新的考古学文化，距今年代为6000～5400年，1970年代被命名为崧泽文化。

1959～1960年发掘上海（现为闵行）马桥遗址，发现了良渚文化墓葬，这是自1936

年施昕更发现良渚以来,第一次发现良渚文化墓葬,为良渚文化研究增添了全新资料。

1999～2000年发掘松江广富林遗址,发现了距今4100～3900年的新的文化遗存,2006年命名为广富林文化。

1959～1960年和1966年马桥遗址的两次发掘和后来金山查山遗址的发掘,发现距今3900～3200年的新的文化遗存,1980年代初命名为马桥文化。

从1950年代末至2006年,经过40余年的田野工作,上海建立了自人类活动之初至商代末期的完整的考古年代序列:马家浜文化—崧泽文化—良渚文化—广富林文化—马桥文化,为深化课题研究奠定了坚实的年代学基础。需要特别指出的是,其中三个考古学文化是以上海地名命名的。

今日上海位于中国第一大河长江的入海口处,北枕长江,南临杭州湾,东濒海,西接太湖平原,是以太湖为中心的碟形洼地的东缘部分,面积6400余平方公里。但是6000年前上海的自然环境和陆地面积同现在有很大差异。6000年来,上海的空间演变过程表现为海岸线逐渐退缩,陆地不断延伸扩大,即所谓成陆过程。

考古全面展开之前,上海的空间演变过程主要依赖于文献记载和计算泥沙沉积量来推算,历史文献上虽有"冈身"和筑于唐开元年间的"旧瀚海塘"等记载,但多语焉不详。利用考古发现和环境考古学研究成果可以复原这一过程。

根据现代地理学研究,在进入全新世后,随着全球性的气候转暖,冰川消退,海平面迅速上升。距今10000年至7000年,除少数山丘成为孤岛外,上海绝大部分地区为一片汪洋。7000年后,海平面上升趋缓,邻近江浙的西部地区率先沉积成为陆地。接着在波浪、海潮、江流的相互顶托、共同作用下,形成了长江南岸的沙嘴。沙嘴区域地势较高,沙嘴以内变为海湾。在沙嘴东侧的海浪波涛冲击下,将近海泥沙和贝壳残骸堆积在沙嘴上,吴淞江以南地区形成了三道贝壳砂堤,即所谓冈身。以后砂堤以西的海湾封闭变成泻湖,并不断淤积,分割为众多的湖泊和沼泽,泻湖演变为湖沼平原。冈身以东区域继续在江海的共同作用下不断堆积,逐渐成为陆地。

地理学研究仅回答了环境变迁的大致过程,相对精确的年代必须依靠考古工作。1950年代以来的考古发现证明,上海最早成陆的是西部的青浦等地,崧泽和福泉山的马家浜时期遗址表明,至迟到距今约6000年时青浦等地区的自然环境适合人类的长期定居生活。随后逐渐成陆的是长江南岸的沙嘴、砂堤,并形成地势较高的冈身地带。冈身的走向在吴淞江以南地区经闵行马桥到奉贤柘林一线。由于砂堤的阻隔,砂堤西侧逐渐淤积成陆为湖沼平原地区。该区域内的松江广富林、姚家圈、汤庙村和闵行马桥等遗址中所包含的崧泽文化后期和良渚文化初期遗存,距今年代为5600～5200年。

吴淞江以北也有多道砂堤堆积形成的冈身,其走向西北自江苏常熟福山,经嘉定外冈等地。这段冈身看似与吴淞江南的冈身相连。但从上海境内的考古发现看,只在外冈附近的冈身上发现了战国晚期墓葬和春秋时期的陶罐,尚未发现年代更早的遗存。因此,吴淞江以北地区的成陆时间不同于以南地区,形成差异的原因应该是邻近吴淞江地区受到吴淞江河道变化的影响,水陆变迁的过程更加复杂。

上海陆地范围的另一个关键节点是1000多年前的唐代。考古发现之前一般靠推断唐代所筑旧瀚海塘的位置，将海岸线定在闸港、龙华、徐家汇、曹家渡一线，这样上海浦西市中心区大部分的成陆年代要晚于唐代。但是1972年上海浦东严桥（今浦建路、杨高路）唐代村落遗址的发现彻底纠正了这一看法。在浦西虹口区广中路则发现了年代更早的南朝遗存。可以确认，至少南朝时期上海的范围已经包括虹口，唐代扩大至浦东。因为在北蔡川扬河（沪南路陈家桥）发现了埋藏在海滩细泥沙堆积中的唐代古船，因此可以确定唐代海岸线大抵在严桥和北蔡之间。地质调查进一步证明，在南起奉贤县海边，经奉城西、南汇下沙、周浦、浦东新区的北蔡，至宝山月浦一线，存在着断续的砂堤，此线以东未发现唐代遗存，从而初步确定了上海唐代的海岸线走向，旧瀚海塘应该就在附近。

唐代以后上海陆地继续向东延伸，今浦东新区逐渐成为陆地。

二、福泉山与早期文明之光

青浦福泉山遗址丰富的文化层堆积过程是上海古代社会发展年表。因为地处成陆最早的上海西部，早在马家浜文化时期，福泉山就成为先民定居的村落。福泉山和崧泽二遗址的考古发现显示当时处于平等社会，生存方式比较简单，几乎没有什么剩余产品，社会成员的相互关系比较平等。崧泽文化先民的生活方式延续了马家浜文化，但是社会发生初步分化，平等社会逐渐走向末路。崧泽文化的社会分化是良渚文化社会复杂化加速发展的基础。

福泉山这处大型遗址的分布范围内可以区分为多个地点，福泉山地点的良渚文化墓地是保存好而且发掘工作开展比较充分的一处墓地。为我们提供了分析社会复杂化的必要条件。2008年新发现后进行发掘的吴家场地点进一步深化了对社会复杂化的认识。

福泉山地点的良渚文化墓葬共有30座。其中，M1仅有1件，M2无随葬品，难以确定它们的下葬时间，分散埋葬于墓地北缘。其余28座分为三个时期，初期6座、前期和后期各11座。这28座墓分别埋葬在三个不同区域：22座在墓地西部、崧泽文化墓地以南，墓位分布密集，叠压关系相当复杂，延续时间很长，其中初期6座，前期11座，后期5座；6座墓分布在墓地中部和东部，均为后期，排列比较规则，相互之间没有叠压打破关系，并有距离不等的间隔。

吴家场地点目前发掘了6座良渚文化后期墓葬，因为只是小范围发掘，所以还不清楚该地点墓位是如何安排的。

良渚时期的福泉山形成了比崧泽文化更高级别的社会组织，我用"古国"表述这一形式，相当于酋邦阶段。福泉山古国的权贵阶层操控权力的运作，掌握大量的财富。剖析权贵是打开福泉山古国大门的钥匙。

良渚文化权贵阶层内已经形成不同的等级和对等级的制度性规范。严格执行等级制度的是浙江余杭的良渚古国,根据对反山、瑶山等地点权贵墓葬的分析,良渚文化权贵分成五个等级,各等级所使用的玉器有严格的规范,各自使用不同品类组合的玉器。良渚文化的其他古国也执行大致相同的规范,但是表现方式有所不同,执行力度不及良渚古国。例如良渚古国有等级最高者,很可能是国王,他使用的权杖在其他地点没有发现。良渚古国男性权贵所佩用的三叉形冠徽,在太湖东部和北部的古国没有发现。良渚古国权贵都要佩用的矩形冠徽,其他古国并非所有权贵都佩用。福泉山古国两个地点用钺的方式与良渚古国也有所不同。

福泉山地点的权贵共有11座墓,分成从第2到第5的四个等级,没有第1级。这11座墓分别归属于良渚文化前期第3段和后期的第4段至第6段。吴家场地点目前发现2座权贵墓,均为后期。前期第3段的M109和M144是福泉山古国最早的权贵墓葬,前者随葬1件玉钺和1件矩形冠徽,后者随葬1件玉钺,都属于第4级权贵。也就是说,从前期第3段开始福泉山进入由权贵治理的古国阶段。福泉山地点等级最高的是M65,随葬2件玉钺,其中1件安装玉帽和玉镦,2件玉琮。该墓属于后期第4段。从这一段开始,福泉山古国才开始使用玉琮。

良渚古国的反山和瑶山二地点的男性权贵每人配置一件玉钺和若干件石钺,反山M14的石钺有16件,数量最多。除了瑶山M8,其余各墓的石钺都是墓内唯一的石制品类,能和玉器为伍,表明石钺在权贵心目中的地位非同凡响。福泉山在崧泽文化时期开始初步的社会分化,良渚文化初期的M139随葬品中有12件石钺,脚端埋葬一个屈身侧卧女子,当为殉人。虽然M139没有代表权贵身份的那些玉器,但随葬大量石钺,参照良渚古国石钺的社会意义,从良渚文化初期开始,福泉山的社会复杂化出现新的局面。

福泉山古国较崧泽文化时期有更严密的社会组织,墓地管理的严格化是体现社会组织的严密性和古国治理方式的一个方面。良渚文化初期和前期,福泉山地点的墓地迁移到土台西部,墓位安排混乱,绝大多数墓葬存在比较复杂的叠压关系,墓地基本上没有得到严格管理。M139尽管是同时期墓葬中地位最高的,但是其上被多层墓葬所叠压,表明其没有明确的墓位标志。墓位的混乱直至前期第3段才开始有所变化。这时墓葬主人的身份发生明显分化,进入权贵阶层的M109和M144没有被其他墓葬叠压,因此这两座墓葬得到有效管理,可能附有能够表明其位置的标志。其他未进入权贵阶层的前期第3段墓葬的管理仍然不很严格,有的墓葬被稍晚者所叠压。后期第4段至第6段,福泉山地点成为权贵专用墓地,墓葬分为三个区域,西区沿用前期墓地,有的墓葬还叠压在前期墓葬之上,中区和东区为新开辟的墓区。所有的后期墓葬相互之间都没有叠压,表明墓地管理严格有效,它的开始和延续恰与玉琮的使用同步。

作为管理严密的社会组织,治理福泉山古国有两种权力体系:神权和军权。神权的物化形式是良渚文化特有的神像。完整的神像为神人和神兽合一的图像。图像由上下两部分构成,上半部为头戴大型羽冠的神人上半身,下半部为半蹲的神兽,或以为神人骑在神兽上。在良渚古国还有单独的神兽图像。神像的载体绝大多数是玉器，也有象牙器，极个别为陶器。

福泉山古国的玉器上出现疑似为神像的是M144的柄形器。柄形器上有六节似为琮形的方座，每个方座有上下两部分，上部的四面为三道平行弦纹，下部以方座的四角为中心各有一个条形凸面。柄形器在良渚文化中仅此一件，方座装饰与简化的神人相仿，弦纹在上，可能代表羽冠，条形凸面在下，可能表现口鼻。

福泉山出现神像纹饰的确切时间是良渚文化后期，大多数权贵墓葬中都有带神像纹饰的玉器，个别有象牙器。带神像纹饰玉器有琮、锥形器、坠、管等，其中最重要的是玉琮。福泉山地点随葬玉琮的墓葬共有5座，第4段的M65是2级墓，等级最高，其余都是3级和4级墓。吴家场地点有2座，都是3级墓。带神像纹饰象牙权杖只有后期的2座墓葬随葬，吴家场地点M207随葬2件，福泉山地点M9象牙器，发掘和清理时未辨识完整器形，可能是1件。

良渚后期第4段福泉山地点重新安排和严格管理墓地，权贵等级的大幅度提升，标志着福泉山古国发展到一个全新阶段。新阶段的到来应该同第4段开始使用神像玉琮密不可分。1990年代初我把良渚文化玉琮作为礼仪用器的功能归纳为五种看法，并认为良渚文化的琮是对社会与自然界整体观念的物质载体，如果掌控琮，就是掌控对社会和自然界的解释权，也就是掌控了政治统治权和财富支配权。这就是玉琮神像纹饰所代表的神权的真实内涵。对聚落和社群而言，玉琮被赋予特殊的社会背景关系，包含这个聚落（社群）同较高等级、相同等级或较低等级聚落（社群）之间的相互关系。或者说，玉琮蕴含了掌控者所在聚落（社群）在良渚文化范围内的社会位置。福泉山古国的跨越式发展概源自神像玉琮，其实质是神权，神授之予权。

福泉山古国的另一种权力系统是军权。研究者多认为钺代表了军权。钺是从斧分离出的器具。斧用于砍伐，也是近身博斗最好用的武器，为身强力壮，善于捕猎、格斗者常用，是力量的体现。由于斧钺的重要功能是武器，又进一步演变为军权的象征。

福泉山古国权贵使用玉钺从前期的第3段开始，此前只使用石钺，如M139。后期多数权贵使用玉钺。福泉山地点的11座权贵墓中，有8座使用玉钺。吴家场地点已经发现2座使用玉钺的墓。这10座使用玉钺的权贵中有5座的用钺数量超过1件，都属于后期。福泉山地点用钺最多的是M40，用5件，属于后期6段。吴家场地点用钺最多的是M207，用6件。

如果以良渚古国为参照，福泉山古国的用钺方式具有自身特色。首先，是否用钺的墓葬数量不够平衡。反山的9座墓，5座用钺，4座不用钺。瑶山的13座墓，南列7座用钺，北列6座不用钺。而福泉山地点11座权贵墓，8座用钺，3座不用钺。如果只看福泉山地点的后期，则6座用钺，3座不用钺。现在一般认为良渚古国的用钺者为男性，不用钺者为女性。那么福泉山地点权贵性别不如良渚古国的反山、瑶山地点平衡。这个特色暗示，福泉山古国的治理比较突出男性权贵控制的力量和世俗权力。得出这一认识的前提条件是，良渚文化诸古国的女性权贵一概不用玉钺。

　　玉钺是良渚古国男性权贵的基本配置之一,同时又只能使用1件,其作为等级规范的象征意义大于力量和权力的象征意义。反山和瑶山的男性除用玉钺外,都还使用数量不等的石钺,反山的有些女性也用石钺,瑶山女性不用。反山男性使用石钺数量悬殊,M20随葬24件,M17仅2件,瑶山差别不大。良渚古国可能用增加石钺数量以显示力量和权力。

　　福泉山古国前期的2座权贵墓都仅使用1件玉钺,后期有8座墓使用玉钺,其中5座多于1件。前期和后期使用玉钺的方式有所不同。如果说良渚前期福泉山古国同良渚古国相同,玉钺的主要功能是等级规范的象征意义,那么良渚后期的福泉山古国玉钺的主要功能是表现力量和权力。

　　山西襄汾陶寺遗址的权贵阶层以玉钺表现权力的象征意义更加明显。陶寺早期大型墓M3015的数百件随葬品中有4件玉钺和1件石钺。陶寺中期大型墓ⅡM22随葬不少反映墓主身份的重要器物,其中有3件玉钺、2件大理石钺、2张木弓和放在红色箙内的7组骨镞。其他重要器物有3件玉戚、1件玉琮和玉兽面1组2件等。钺放在墓内最显著的位置。M3015和ⅡM22是陶寺古国的国王级人物,随葬品具有崇尚武力的特征,以玉钺为核心并辅以其他重器和兵器的埋葬形式表现出墓主强烈的军事色彩,军权的重要性显而易见。对照陶寺,福泉山古国在良渚后期改变了一墓只用一件玉钺的规范,加强了军权在古国权力系统中的地位。

三、海纳百川——广富林文化和马桥文化

　　良渚文化末期长江下游地区早期文明发生了衰变,延续发展1000余年的良渚文明走向末路,福泉山完成了古国发展的历史使命。与此同时,黄河、淮河两大流域的早期文明继续发展,长江流域以南地区也进入新的发展阶段。上海北方、西北方的海岱文明和中原文明向南扩张,上海南方、西南方以印纹陶为代表的文化向北拓展。距今4000年前后还发生了一次较大范围且延续时间比较长的环境变迁。正是在这些社会和自然的动荡背景下,上海开始了海纳百川的新时期,这就是距今4100～3200年左右的广富林文化和马桥文化时期。

　　上海的早期原住民来自邻近的江浙两省,马家浜文化先民是上海第一批定居者,他们一代代繁衍生息,崧泽文化和良渚文化都是他们的直系后代。始于1999年的广富林遗址全面勘探和大范围发掘,新发现了完全有别于早期原住民的新人群,他们所遗留下的遗存就是广富林文化。

　　新的人群使用同原住民完全不同的生活器皿和不太一样的生产工具。陶器常见器形有垂腹鼎、圜底釜、细高柄浅盘豆、直领瓮、白陶带流鬶、竖条纹筒形杯和封口盉等。陶器纹饰的制作技法主要有压印、刻划、堆贴和拍印,绳纹是最常见的压印纹饰,刻划纹样有方格纹、菱格纹、叶脉纹、错向斜线纹等,还有附加堆纹围绕器物堆贴。拍印纹主要

是各种几何形纹饰。印纹陶中极个别紫褐色者烧制火候较高,胎质较硬。生产工具中最有特色的是半月形石刀和双孔长方形石刀等。石镞的前锋截面有三角形、菱形和六边形等不同形制。

陶器的理化测试分析表明,良渚文化制作陶器为比较集中的生产方式,原料来源点单一或很少,生产规模相对比较大。而广富林文化陶器原料的来源,只有印纹陶比较单一,其余则比较复杂,呈现出多源性。陶器生产为分散获取原料和小规模分散型制作的生产方式。

广富林文化共发现9座墓葬,其中6座分布相对集中,其余3座分散分布。通过这些墓葬,我们对广富林文化的埋葬习俗有了初步了解。墓葬以长方形土坑竖穴为主,多为单人仰身直肢葬式,头向不一,有东北、西南和东南等不同方向。仅2座墓葬有随葬品。M35随葬器物最多,共8件,有陶鼎、罐、杯、豆、纺轮和石刀,放置在墓主右侧下肢骨处。M40是唯一的屈肢葬式,身体扭曲,上肢向上抬起,下肢弯曲,没有随葬品,墓主可能有特殊死因。在一处小墓地中存在多种埋葬头向,与原住民在同一墓地中墓主的头向基本一致的习俗完全不同,反映广富林人群内部缺乏认同感、社会凝聚力较弱的社群特征。

广富林遗址发掘出土5件完整或残损玉石琮,均出自灰坑或文化层,同生活废弃物共存。良渚文化玉琮与神权的关联性已述之于前节。良渚文化遗址能够发现玉琮的遗址并不多,数量超过1件玉琮的遗址更少。而在广富林这样十分普通的聚落居然发掘出5件玉石琮,只应该理解为,良渚文化所开创的以琮为核心的观念形态在广富林文化发生变异,琮所代表的主要以神权治国的观念随着良渚文化的衰变而终结。

广富林文化是一支外来的、人群背景比较复杂的考古学文化。与广富林出土的形制相同的白陶鬶和竖条纹杯还出现在分布于鲁西豫东皖北地区、以河南永城王油坊遗址为代表的王油坊文化(或称为造律台文化);分布于江淮地区、以江苏兴化南荡遗址为代表的南荡文化遗存。广富林文化特征性较强的一些陶器,在江淮地区有许多相似的器形。琮是良渚文化神权的物化载体,广富林文化琮同良渚文化琮的差异性不仅表现在形制和纹饰上,更重要的差异是从使用方式和埋藏方式上所表现的观念形态。良渚文化强盛时期向区域外传播,黄河、淮河流域发现的琮既有原创品,也有仿制品,还有改造品,龙山时代的琮同良渚文化琮相比甚至已经远离貌似的范畴。既然广富林文化的琮同当地良渚文化琮毫无关联,那么从北方反流回来也是可能的。印纹陶源于东南地区,广富林文化之前或与广富林文化年代大致相当时期,浙赣闽等地都已经制作印纹陶,其中特别值得关注的是浙南地区的好川遗存。广富林文化同好川遗存印纹陶器风格相似,再从存续年代和地理位置等因素考虑,浙南地区是广富林印纹陶来源的可能性更大。

马桥文化的发现早于广富林文化。根据闵行区马桥遗址的大范围发掘,可以比较深刻地理解马桥文化先民的生存方式、文化渊源和新生产技术的运用。

1990年代学界对环境考古理念的理解有了新的进展,充分认识到人类既要依赖自然环境而生存，又会在一定程度上影响环境，改变环境。环境考古的目的就是研究人和自然的关系。马桥考古运用多种环境考古研究技术，如植硅石分析、孢粉分析、磁化率分析、动物计量统计等。通过多学科研究，了解到马桥先民生存方式同水的关系十分密切。

马桥文化先民生活在"水环境"中。马桥遗址坐落在一道被称为"竹冈"的贝壳砂堤之上，为适应当时的地理环境，遗址沿砂堤呈南北长、东西窄的宽带状分布，东临海，西靠低洼的湖沼和灌木林。由于水域面积显著扩大，先民为避水，居住点分散并趋小规模化。如崧泽遗址在新石器时代分布范围比较大，而马桥时期的生活区很小，且延续时间短，为适应水域的改变经常迁移。浙江余杭茅山遗址的广富林文化农田上被厚厚的洪水泛滥层覆盖，广富林遗址邻近湖边区域也被淤积层覆盖。这是广富林文化以后洪水泛滥的直接证据。

环境变迁改变了马桥先民的生存方式。以稻作为主的栽培农业在马桥文化经济生活中所占的比例降低，获取肉食资源的形式也明显不同，猪的数量少于鹿科动物，尤以马桥文化前期为甚，从以家畜饲养为主、狩猎活动为辅转变为以狩猎活动为主、家畜饲养为辅。

马桥先民生存方式还同文化变迁及其所反映的人群迁徙相关。马桥文化的生活器皿中有大量的印纹陶器，其中盛储器几乎都是印纹陶器。马桥文化陶器的另一个特征是使用酒器，品类有觚、盉与鬹，鬹的数量尤为多。食器形态丰富多变，其中一类带凸脊的簋显示了独特的造型。根据陶器形态的比较，觚与盉源自河南中西部的夏文化（二里头文化），凸脊簋的基本特征同山东地区的岳石文化相似，因此马桥文化中仍然存在来自北方的因素，但是源头与广富林文化不同。马桥文化印纹陶的纹饰种类与广富林文化相近，它们直接源自广富林文化还是另有来源？必须看到，这两个文化印纹陶器皿的数量悬殊特别大，总体风格也有较大差距，因此它们并不是直接的渊源关系。广富林文化陶器风格以长江以北地区为主导，仅包含少量南方印纹陶因素。马桥文化初期印纹陶的数量猛增，来自浙南闽北赣东北地区的文化因素占据主导地位，而源自长江以北地区的因素不再突出。如果说陶器风格渊源和数量变动是人群迁徙活动的一种指示器，那么从广富林文化到马桥文化期间的人口移动方向和社会变迁规模都发生了较大变化。

随着文化的传播和人群的迁徙，一些代表新工艺新技术的产品在上海发现。一项是原始瓷。马桥时期的陶器生产处于陶瓷工业技术创新的转变时期，新出现了火候相当高的原始瓷。马桥、金山坟等遗址都发现了少量夏商时期的原始瓷器，既有青绿釉，也有黑釉。制作原始瓷器的关键技术是选择特殊的胎、釉材料和提高窑炉温度，掌握火候与烧成气氛。近年在浙江湖州、德清的东苕溪流域发现了夏商时期的原始瓷器生产场所，原始瓷豆的形制同马桥出土的完全相同，可以确定马桥时期已经从浙江输入当时的尖端产品。另一项是青铜器。上海的青铜器最早就属于马桥文化，都是制作技术相对简单的工具和武器。

四、城镇发展之路

西周后期至汉代,上海进入新一轮发展期,许多遗址都包含这个时期的遗存。广富林遗址的周—汉遗存分布范围很大,现已发掘的五万多平方米范围内,绝大多数区域都发现了这个时期先民的生活遗存。根据发掘调查,周—汉时期的广富林聚落范围至少达到数十万平方米。一系列重要发现充分显示广富林是一处相当繁荣、等级较高的聚落,已经显露出上海早期城镇的雏形。

广富林遗址发掘出土的春秋时期青铜礼器,完整者有两件尊,分别饰棘刺纹、变形兽面纹和圈点纹、变形蟠螭纹;一件青铜鼎(鬲)残件,饰鱼鳞纹,器身布满烟炱,是一件实用器物。1960年代广富林北面数公里的山坡上还出土过另一件纹饰更为精美的青铜尊。青铜礼器的使用反映了春秋时期吴国上层权贵在广富林的活动。

自马桥文化使用青铜器以来,上海本地铸造青铜器究竟开始于什么时候,广富林给出了最新的答案。这里发现了周代铸造青铜生产工具的石范和铸造青铜礼器的陶范。青铜铸造业是广富林聚落的一项重要手工业,也是可以确定的新兴产业。

占卜用的龟甲也是广富林的东周重要遗存,有些灰坑埋藏了卜甲,H493出土的十余片卜甲中,有的卜甲上有凿痕。

汉代广富林遗址继续发展势头,出土的绳纹板瓦、筒瓦、子母企口地砖等都是十分重要的建筑构件,尤其是地砖同长安未央宫使用的地砖形制相同,表明汉代的广富林可能存在规格甚高的官署性质的建筑。

2008～2013年在广富林区域的建设工程中发掘53390平方米,一共发现周代和汉代的水井295口,其中明确开凿于周代的共183口。J38是开凿于东周时期的水井,井圈结构复杂,为中间掏空的圆木,分上下两层,上层直径大,用突榫与下部井圈固定,木井圈外部还垒砌石块加固,木质井圈具有保护水质的作用。汉代水井多使用陶质井圈,一般由高40厘米左右的圆形陶构件拼接而成,井底一般为平底、土质。J291,残存4层陶质井圈,每层井圈有两个圆孔,井圈与井壁之间填充灰色黏土,土质细腻纯净,井底部平铺3块厚约5厘米的木板,木板上有方形孔。水井分布密度之高从一个侧面折射了当时人口的密集和聚落的兴盛。

751年(唐天宝十年),上海第一个行政建制——华亭县设立,元代又在此设松江府。1000多年来松江延续作为政治、经济中心或次中心,后代的建设和战乱,导致除了少数墓葬、瓷器遗存等,几乎看不到当年华亭的繁荣场景。但是,华亭以北大约30公里的青龙镇,地下遗存至今保存完好。2010年以来的考古调查与发掘开始揭露这个繁华市镇的冰山一角。

青龙镇位于今上海市青浦区白鹤镇青龙村,镇名得自东吴孙权曾在此建造青龙战舰。因为地处吴淞江下游南岸,这里具有建立大型港口的优越地理条件。随着航运和贸易规模不断扩大,青龙港成为东南地区最大的贸易港口之一,青龙镇也成为唐宋时期的重镇。据记载,青龙镇有三亭七塔十三寺二十二桥三十六坊,享有"小杭州"之美誉。

通过调查和探掘,了解到唐代青龙镇面积大约6平方公里,宋元时期扩大到25平方公里,城镇规模呈现快速的扩张态势。发现了唐宋时期的房屋基址、水井、铸造作坊、炉灶等遗迹。唐代房屋保存砖砌墙体和石柱础,近旁有砖砌炉灶。唐代铸造作坊遗存有火炉和铸造废弃堆积,含大量容器陶范残块和铸造残渣。唐代水井的井圈砌砖为磨砖对缝和榫卯结构,井内出土了鹦鹉衔绶带铜镜、铁釜、铁提梁鼎、褐釉腰鼓、银发簪、青釉瓷罐等。唐宋时期的各类遗存中出土陶瓷器数千件,绝大多数来自南方窑口,如长沙窑、越窑、龙泉窑、吉州窑、景德镇窑等。唐宋时期青龙镇的繁盛景象已初现端倪。

青龙镇的兴废同吴淞江的变迁密切相关。吴淞江源出太湖,经青龙镇北,东流入海,为上海明代以前最主要的河道,是上海真正的"母亲河"。据记载,唐代吴淞江下游近海处江面宽阔,达20里,后渐淤塞,从宋时的9里萎缩成元时的1里。吴淞江的淤塞萎缩对青龙镇乃至整个长江三角洲地区经济的影响十分巨大,以至于治理吴淞江是宋元以来上海最重要的事情。

领导元代吴淞江水利工程的任仁发是上海青浦人,身兼水利专家、朝廷官员和画家数职,官至浙东道宣慰副使,曾任都水少监。任氏家族墓地就在吴淞江南的青浦区重固镇新桥高家台,1950年代初被盗掘,收回的随葬品中不乏特精品,如官窑、龙泉窑、枢府釉瓷器,陶渊明东篱赏菊图漆盒,嵌松石珊瑚累丝幡形金饰品,青玉莲鹭纹炉顶等。从1304年(元大德八年)到1325年(元泰定二年),任仁发先后在吴淞江支流上建造了6座水闸,经考古发掘出土的志丹苑水闸就是其中之一。

志丹苑水闸位于上海市普陀区志丹路和延长西路交接处。水闸总面积1500平方米,由闸门、闸墙、底石、夯土等部分组成。是已发现的同类遗址中规模最大、做工最精、保存最好的一处,在中国水利工程发展史上有极其重要的地位。特别是对研究宋元时期江南地区的水利工程,吴淞江流域的历史变迁、吴淞江对整个长江三角洲的经济发展以及对上海城镇、城市发展所起的作用,具有非常重要的科学价值,也反映了当时上海甚至江南地区的经济发展水平。2006年,志丹苑遗址被评为当年全国十大考古发现之一,时任中国考古学会理事长的徐苹芳先生点评道:"这是一个年代十分标准的水闸,以前这样的遗迹发现很少。它是建立在宋元时代的吴淞江旧道上,说明上海在当时已很重视水利工程。此外,它的建筑模式完全符合宋代《营造法式》的要求。它的发掘对研究宋元时期江南地区的水利工程、流域的历史变迁等具有非常重要的科学价值。"

但是吴淞江的淤塞并未从根本上得到解决,繁华数百年的青龙镇逐渐走向湮没。在吴淞江南岸支流上海浦,由于商船停泊聚集,形成一个新的贸易港口,宋代先后设置酒务和市舶提举司,元代设立上海市舶司,1292年(至元二十九年)设上海县。同样从港口逐渐发展而来的上海镇全面取代了青龙镇。上海的日后发展依赖于明代黄浦江的形成。明永乐三年(1405年),户部尚书夏元吉采用上海人叶宗行的建议,治水另辟蹊径，放弃吴淞江下游故道，疏浚拓宽范家浜（今黄浦江自外白渡桥至复兴岛东一段），使吴淞江与黄浦沟通，史称"江浦合流"。新形成的黄浦江成为上海又一条"母亲河"，吴淞江也由此成为黄浦江的支流。两江格局奠定了上海繁荣的环境基础。

明代上海出了不少名人。今日上海老城中同这些名人相关并可探寻踪迹的是顾从礼倡议修筑的城墙和潘允端建造的豫园。

上海是由航运贸易兴起的城镇，起初没有建造城墙，明代在屡屡遭受倭寇海盗袭扰，为了抵御外患必须建造城墙。上海人顾从礼就是建城的积极倡议者。在得到朝廷的批准后，很快筑成上海城墙。顾从礼自己还捐粟4000石建小南门。

顾从礼的家族墓地位于卢湾区肇家浜路打浦桥附近，这里发现了10多座墓葬，根据墓葬排列及棺盖上的铭旌，可以确定这里就是顾从礼家族墓地。根据墓葬的排列方式，这里有顾从礼及其父亲、祖父、高祖及儿子等前后五代人的墓葬。顾从礼官至光禄寺少卿，四品官阶，享年84岁，夫妇合葬，身盖白土布，仰身躺在木板棺床上，双手于胸前相合。头戴乌纱帽，身着黄缎四云纹圆领宽袖常服，胸前一块补子，脚穿白布袜，黑靴。头侧放一匹布，2把木梳。孺人（夫人）头戴锡凤冠，上插金银玉发簪。身着黄缎褐色花纹服装，花纹绚丽。头旁放置1只漆梳妆盒，内装3把木梳。顾从礼之父顾东川是明嘉靖年间的太医院御医，精通医理。夫妇合葬，顾东川身着官服，头戴乌纱帽，胸部缝一方缎白鹭补子。夫妇随葬玉器、漆器、金银饰品和折扇等。

明代社会相对安定，经济长足发展，生活比较富庶。江南具有天然的环境优势，农业和棉纺织业发达，是国家重要的赋税来源。江南官绅富豪积累财富，纷纷兴建园林，上海老城中的豫园是明代上海的世家望族潘氏潘允端所建，今天仍是著名的旅游胜地。

上海发现的潘氏墓地分为潘恩、潘惠兄弟两支。兄潘恩一支的墓地目前确认的是潘恩子潘允端之墓，在徐汇区中山南二路天钥桥路附近，夫妇合葬，随葬玉器和瓷器等。豫园始建于潘允端任四川右布政使时期。

弟潘惠一支的墓地在肇嘉浜路，发掘了3座墓葬，分别为潘惠及其子潘允修、潘允徵的夫妇合葬墓。潘惠为光禄寺大官署署丞。潘允修是潘惠长子，太学生。潘允徵是潘惠次子，光禄寺掌醢署监事。出土石墓志，砖买地券，随葬品有木家具明器、木仪仗俑、金银饰件等。木仪仗俑，由乐俑、文武官俑、隶役俑、侍吏俑、侍童俑、轿夫俑及轿子等组成，场面宏大气派；家具明器，从室内陈设床、榻、橱、箱、桌、椅、凳、几、衣架、盆巾架，到生活用器马桶、面盆、脚盆、砚台盒、长方盒、圆盒等应有尽有，是明代木俑、家具断代的标准器。

从周汉时期的广富林城镇雏形，经吴淞江边青龙镇的繁荣，走到黄浦江畔上海城的兴盛。伴随着19世纪的隆隆炮声，在外力的作用下，上海的城镇—城市发展踏上新的里程。

原载上海博物馆：《申城寻踪：上海考古大展》，上海书画出版社，2014年

古代遗址的考古与保护
——以上海松江广富林为中心

一、前　言

　　大遗址考古与大遗址保护的结合，是21世纪头一个十年的重大事件。自改革开放以来，中国经济高速发展，走过了一些发达国家需要几倍时间才能走完的道路。与此同时也产生了一些问题，古代文化遗存没有得到最有效的保护即是其中之一。建设工程、城镇开发都在不同程度上损坏甚至损毁了古代遗存，更不用说盗墓行为所造成的毁灭性破坏。几十年来，尽管有识之士不断地呼吁、行动，甚至付出了生命的代价，但成效并不显著。进入21世纪以来，"科学发展观"的提出，成为政府行为和文化遗产保护理念的最佳契合点。从大遗址保护洛阳现场会、无锡现场会，到西安举办的大遗址保护高峰论坛和大遗址保护良渚论坛，再到2010年杭州举办的"大遗址考古和大遗址保护研讨会"，大遗址保护已经成为或正在成为各界人士的共识。

　　关于大遗址的定义，张忠培先生是这样界定的：大遗址"是各个考古学文化、各个王朝或皇朝和各个历史民族政权遗留下来的代表性遗址、城址、手工业作坊、采矿及冶炼遗址、墓地及陵墓、宗教性地面及地下遗存和水陆交通遗址等"，"它还包括历史上据某种信仰和传说而能保存某种记忆或仅具有纪念性的某些故址或陵墓"[1]。据笔者理解，大遗址应该不仅仅指那些古代都城、大城市遗址，也不仅是指那些面积在百万平方米级的各类遗址，还应该包括在特定时间、空间的代表性聚落遗址和特定考古学文化的典型遗址，而且保存比较好，它们都应该属于大遗址的范畴。

　　大遗址在所有遗址中是特别珍贵而重要的文化遗产，从政治、经济、文化等各个视角看，都应该对大遗址进行有效保护。保护大遗址的根本目的是传承和延续中华民族的灿烂文化和悠久历史。1992年5月苏秉琦先生为纪念中国历史博物馆八十周年题词，精辟论述了在中国大地上延续几百万年的人类发展史："超百万年的根系，上万年的

---

[1]　张忠培：《中国大遗址保护的问题》，《考古》2008年1期。

文明起步,五千年的古国,两千年的中华一统实体,这是我国的基本国情。"[1]大遗址就是以这几个标准划分时间段的连绵不断传至今天的实物遗存。保护大遗址就是保护中国的历史,保护中国的文化,保护国粹,这是我们必须达到的认识高度。对考古学科来说,保护大遗址能够为考古人提供长期的可持续的研究对象。考古学的研究对象就是遗址和遗址所承载的内涵。如果没有了得到妥善保护的遗址,考古人就将失去研究对象,考古学将不复存在,因此要为考古学科保护遗址。考古学是不断发展的,其所包含的思想、理论、方法、技术都处在不断更新发展的过程中。"一代更比一代强",因此,也要为以后的考古人保护遗址。今天的社会大众对文化生活和文化消费的需求日益增长,对"昨天"的兴趣越来越高,公众需要通过观赏实物、触摸实物来认识"昨天"。通过遗址的利用可以满足这方面的需求,在保护的基础上可以进行适当的展示。

长期以来,大多数职业考古人以学科目标作为自己主要的价值取向,对发掘与保护的关系不够关注。现在,我们应当从全面加强大遗址保护的认识高度来进行考古发掘,正确处理考古与保护的关系。在大遗址开展以学术目的为主导的考古发掘是必须的,其基础目标是弄清遗址的历时性分布范围、分布规律和考古学文化属性;深层目标是重建古代人类社会和自然环境及其相互关系,从而为科学地保护大遗址提供全面扎实的依据。考古发掘必须建立在详尽规划、充分论证的基础上,不能因为发掘而对大遗址造成实质性破坏。

二、广富林遗址的"大遗址保护"

广富林遗址是位于上海松江的一处大遗址,在20世纪60年代初发现并作了很小范围的试掘。1999年末对遗址进行了全面勘探,基本弄清了在没有现代建筑区域的遗址分布范围。1999～2003年在遗址的不同区域进行发掘。这一段时间取得了两项重要成果,一是发现了环太湖地区一个新的考古学文化——广富林文化;二是继浙江钱山漾遗址20世纪50年代发掘之后,比较集中地发现了以鱼鳍形鼎足为特征的遗存。

自1936年施昕更先生发掘良渚文化遗址开始至20世纪70年代末,逐渐建立起环太湖地区新石器时代至商代的文化发展序列,从距今大约7000年开始,先后经历了马家浜文化、崧泽文化、良渚文化和马桥文化。其中前三者的文化延续关系比较清晰,而良渚文化和马桥文化之间存在明显的缺环,对于这一缺环的性质和产生原因存在不同认识。良渚文化是一个发展程度相当高的早期文明,其后期的稍晚阶段逐渐走向衰落,最后发生衰变,良渚文明消失。复原良渚文明从发展、兴盛到衰变、消失的过程,探寻其原因,尤其是探寻其衰变的原因,是研究者长期的目标。与此相关的另一问题是,良渚文

---

[1] 苏秉琦:《在"第四次环渤海考古座谈会"上的讲话(提纲)》,载《苏秉琦文集》(三),文物出版社,2009年,第190～191页。

化哪里去了？是去了他地还是在当地演变为另一个文化，抑或被一外来文化融合以至于取代。广富林考古的成果开始实质性地回答这些问题，更重要的是其为下一步的研究开辟了道路。

在基本了解广富林遗址中没有现代建筑区域的历时性分布范围的基础上，我们划定了遗址的保护范围和建设控制地带，总面积大约为17万平方米。建设控制地带以外的东北部和北部为古代湖沼区域，西部、东南部和南部是现代村落，无法开展有效的勘探。随着研究的深入和城镇化的快速推进，我们认识到，这17万平方米范围的划定缺乏前瞻性，没有将居住生活区域外的周边环境和可能的生产区域保护起来，也没有将当代村落下埋藏古代遗存的可能性考虑在内。这为广富林遗址的完整保护留下了隐患，也是后来同松江新城的开发建设产生突出矛盾的主要原因之一。

从2003年开始，城市的规划建设者就开始了对广富林遗址所在区域的设计开发，甚至已经有了初步规划。后来因为对土地使用的宏观控制，推迟了开发的脚步。广富林遗址所在区域的全面开发和实质性启动始于2008年。此时将原规划拟建于遗址保护范围北部的银泽路与沿路河道北移至北部建设控制地带。经国家文物局批准，当年3月至9月，在银泽路的经过范围开展大范围勘探与发掘，发现了丰富的良渚文化、钱山漾期文化遗存、广富林文化和周代文化遗存。这一发现大大拓展了以往我们对广富林文化分布区域与分布特征的认知。另外还在湖沼边缘发现了约1000平方米的竹木构遗存。我们决定保护这片竹木构遗存分布区，并得到了开发建设方的支持，于是再次北移了银泽路的规划线路。

2008年下半年至2010年，建设方分阶段逐步拆除广富林现代村落建筑，清除地表废墟。这时，古代遗存保护和城镇开发建设的矛盾凸显，矛盾的焦点是怎样在原划定遗址保护区外的区域进行建设？如果发现古代文化遗存，特别是重要的古代遗存应该怎样保护？尽管因为缺乏前瞻性而没有划定恰当的遗址保护范围，但是我们有《中华人民共和国文物保护法》作为有效的法律依据，面对开发建设方据理力争。《文物保护法》第十八条、第二十条是我们有效的说理手段。建设方本着尊重法律、依法办事的基本原则，同意在原划定遗址保护区外的建设工程开工之前，先行开展考古勘探与发掘。

2009年上半年，建设方拟在遗址东部建造一组建筑，我们在勘探后进行发掘，发现这里是广富林文化的分布区，其他时期的遗存也相当丰富。2009年末，我们在遗址南部原先的现代村落区域全面勘探，面积达60000平方米，发现在勘探区域地下均埋藏古代遗存，其中的大约40000平方米埋藏着包括广富林文化的新石器时代遗存。通过2008、2009两个年度的发掘，完全改变了我们对遗址的认识，遗址的分布范围大大超过原划定的保护区，以前对广富林文化分布范围的判断是不完整的。2005年以前，我们认为广富林文化仅分布于10000平方米左右的范围内，实际上大大超出。以前认识不准确是因为不了解广富林文化先民的居住方式，未认识决定这种居住方式的自然环境和社会背景，当然也没有全面考虑早期文化受到晚期文化扰动而导致早期遗存保存不完整的因素。

在我们进行抢救性考古勘探与发掘工作时,建设方对广富林地块(广富林遗址分布区只是该地块的一小部分)制定了建设发展总体规划。根据规划,原划定的遗址保护区(大约17万平方米)必须保护,保护区外可以按照规划建设。该规划在2009年底正式批准之前,市规划部门征求了市文物主管部门的意见。文物部门意见中最重要的是,"应该在全面勘探对地下的文物遗存了解清楚后,再根据实际情况对规划作修改补充"。但时至今日仍未得到对这条意见的反馈信息。

三、大遗址保护的系统性

自1999年末以来的十多年对广富林遗址的发掘与保护,使我们认识到做好大遗址考古与保护工作是一项牵涉多方面的系统工程,它由以下三个分系统组成,在大遗址的考古与保护工作中相互作用。

(一) 操作

包括以下两个子系统:

1. 考古子系统

考古是大遗址保护的基础,通过田野考古与相应的研究工作,可以弄清楚遗址保护的对象和重点。田野考古从工作目的和形式上分为勘探与发掘。勘探是野外考古的前阶段,主要解决的是遗址的空间分布与时间延续问题。发掘是野外工作的后阶段,是勘探的延伸与深化,它一方面可以进一步补充勘探的成果,从而完善对遗址时间和空间的理解,更重要的是有较深层次的研究目标。遗址的空间分布不仅包括生活区和墓葬区,也应该包括生产区及生产生活所依赖的自然环境,即生活区和生产区的周边地域。遗址的形成是千万年以来各个文化时期先民持续或间断延续活动的结果,不同时期的先民可能有不同的生活区域和活动范围,因此田野考古也要弄清遗址的历时空间。历代先民的活动空间就是大遗址保护的对象。先民活动的性质和内容,产生了不同的文化遗存,以及和文化遗存密切相关的那部分自然遗存,这些是我们将大遗址的保护区域划分为重点保护区、一般保护区和建设控制地带的重要依据。

无论哪一种性质的考古发掘,都必须有科学、严密的工作规划。必须切忌那些没有明确目标、缺乏长远规划的考古发掘。考古工作者应该认识到,发掘会改变埋藏在地下的文物遗存的保存现状。因为这些古代遗存不会再生,所以,如果发掘不能准确、完整地揭示、解释它们,那就是一种损坏。由于理论、方法和技术的局限,所谓"完整与准确"实际上难以真正做到,因此考古工作者应该将发掘对古代遗存的影响和损坏尽可能地减到最低程度。当今年代,城市化席卷全国,道路、水利等基本建设遍及各地,再加上挖宝盗墓,古代文化遗存正在遭受前所未有的袭扰。现在我们说"发掘也会影响甚至损坏古代遗存",是要提醒考古工作者,要对古代文化遗存有敬畏之心。我们要限定发掘区域与范围,让每一次发掘发挥最大的效益。特别重要的是及时公布发掘成果,发表发掘报告。

2. 经济建设子系统

经济建设是一个非常宽泛的概念,包括铁路、公路、水利等工程,城镇乡村的发展建设,旅游观光的开发利用等。自20世纪80年代以来,中国的经济建设驶上了快车道,到21世纪时则发展更快。经济建设的高速发展为大遗址保护带来了双重影响。负面因素是建设的高速度和大规模,和由此带来的无序运作。21世纪初,广富林遗址尚远离松江老城区,从广富林进城只有一条农村道路,交通不便,没想到仅短短数年就成为新城区,遗址遭遇保护难题。正面因素是对文化遗产认识的提高和日益增长的经济实力。广富林文化成为新城开发的口号,走近遗址,"弘扬广富林文化"已耳熟能详。2008年以来广富林遗址的几次大范围发掘也获得了财力支撑。

所有的经济建设项目都应该在事前有完整详尽的规划,并且必须经过各有关方面的科学论证与审批。目前,尽管许多大中型项目都有建设规划,但仍然存在问题。最常见的问题是先建设,再规划,或边建设边规划。另外,建设规划中缺少文物保护的内容,也是一个十分普遍的现象。在建设过程中因为发现重要的古代文化遗存而要更改原有规划更是一件十分困难的事情。前述在划定广富林遗址的保护范围时没有将当时无法勘探的现代村落区域包括进来。当村落被拆迁后才进行勘探,发现地下均埋藏古代遗存,其中大部分区域保存着新石器时代文化遗存。为了保护这些新发现的古代遗存,考古工作者在勘探工作刚结束后就于2009年底提出修改区域建设发展规划,在规划中增加保护新发现遗存的内容,但困难很大,到2010年底仍未作修改。

(二) 理念

过去考古工作者对文物保护的关注集中于具体的出土文物的保护,对发掘出的文物小心清理,谨慎提取,认真保护。考古工作者也比较关注重要遗迹现象的保护,那些重要的遗迹或被整体搬迁到博物馆,或原址原位现场保护,以作进一步研究和向公众展示。现在我们应该认识到,这些保护的理念既是必需的,也是初步的。因此出土文物和重要遗迹的保护工作要继续做,同时要将保护理念提升到大遗址保护和文化遗产保护的水平。

以往考古工作者比较缺乏大遗址保护的理念,这是由考古学科的性质所决定的。考古是学术,是科学研究,考古的目的是探索人类的过去和逝去的社会,追寻人类社会演进的过程和动力。随着研究的深入和学术的发展,考古工作者对文化遗产保护的认识逐渐深化。如果缺乏文化遗产保护的理念,没有做好大遗址的保护工作,古代遗存被损毁,被灭失,那么,考古学就是无源之水,无本之木,最终自己也将消失。因此考古工作者要加强对大遗址保护工作的认识,考古不仅要做好学术研究,同时要做好大遗址的保护,二者不可偏废,要将考古工作融入文化遗产的保护工作中去。

在另一方面,政府,尤其是与文化遗产有切身利益关系的各级地方政府和建设开发商的文化遗产认知对大遗址保护至关重要。长期以来,文物保护和文化遗产的保护没有受到足够的重视,在有些时段有些地区的文物保护和文化遗产的保护工作被边缘化,更有甚者,在那些特殊年代,文化遗产被作为消灭的对象。

改革开放以来,特别是进入新世纪以来情况大有改观,从中央到地方各级政府对古代文化遗产的认识早已今非昔比。大遗址保护工作牵涉城镇乡村的发展规划,牵涉到经济建设的方方面面,因此大遗址保护应该由各级政府主导,也只有政府主导才能做好保护工作。政府对经济建设和大遗址保护的理念转换是做好文化遗产保护工作的前提之一。

以往几乎所有建设开发商的首要目标就是盈利。随着盈利目标的完成或接近完成,随着国家层面与社会大众、公众舆论对文化遗产的重视程度不断加强,一些大开发商或者其中的先知先觉者开始转变纯盈利的观念,将社会公益事业,其中也包括文化遗产的保护工作,纳入视野内。特别是那些有政府背景的建设开发部门,更是举起了文化遗产保护的大旗。这对中国文化遗产保护事业而言,无疑是一大幸事。

但文化遗产保护的目的究竟是什么,地方政府的一些官员和建设开发商都还存在某种程度的理念偏差。所谓"文化(文物)搭台,经济唱戏",正是这一偏差的形象表述。而对地方政府来说,"政绩观"和"GDP至上观"会左右文化遗产保护理念的理解与贯彻。很多地区的政府部门与大开发商关系十分密切,在各自价值取向的契合点上撑开文物保护的大旗,却违背了文物保护的正确理念。当前要特别注意这一倾向。

(三)制度

包括以下三个子系统:

1. 法制子系统

当下中国的法制建设正日臻完备和不断完善,但是随着社会发展,又会不断产生新的问题,它们对现行法规提出挑战。不合理、不能适应新情况的法规,有的要废止,有的要修改,还要针对新问题制定新法规。法制建设对文化遗产保护至关重要,《中华人民共和国文物保护法》是开展大遗址保护工作的重要武器。但是为了实现文物保护法规完备的目标我们还有很长的路要走。以上海为例,目前还没有一个法规,能够在城乡规划、工程建设中为保护地下文物发挥决定性作用。目前似乎只有在那些已经确定为文物保护单位的区域,在制定发展规划时会征询文物部门的意见,实际上并没有真正做到将文物保护工作纳入城乡发展规划中,文物部门在制定规划时也没有充分的话语权。在大中型工程建设中先行考古勘探的规定目前也只限于诸如西气东输、铁路公路等国家级工程,许多占地面积很大的房地产开发项目并没有执行先行考古勘探的规定。文物保护的法制建设将是一项长期的工作。

2. 体制子系统

"体制"的含义是指在中国国家基本制度下,各级政府机关、企业事业单位的机构设置和管理权限划分及其相应关系的制度,是有关各种组织形式的制度。体制是国家基本制度的重要体现形式,它为基本制度服务。基本制度具有相对稳定性和单一性,而体制则具有多样性和灵活性。

自20世纪70年代末中国开始改革开放以来，经济体制发生了重大转折，从计划经济体制逐渐转变为市场经济体制。经济体制要不断创新，对文物保护体制中不利于文物保护工作的也要改革创新。例如文物保护机构同城乡规划机构，同主导国家基本建设的机构之间的权限划分、相互关系，现有体制并非适应文物保护的现状，有些地区甚至不能满足文物保护的基本需求。例如在那些有大遗址分布的区域，制定城乡发展规划时，文物保护机构未必都具有基本的知情权和参与权。因此，文物保护体制的改革势在必行。

3. 机制子系统

机制的本义是指机器的构造和工作原理。现在机制的概念被广泛应用于自然现象和社会现象，指各类事物运行变化的方式和规律。相关事物、事件的发展变化和相互关系，首先由机制所决定，机制发挥基础性的作用。好机制的形成，是多种因素作用的结果，也是一个长期过程。好的机制对事物的发展变化将会起到积极的作用，即使在某些局部因素发生不确定变化时，好机制也能自动地迅速作出反应和相应调整。

改革开放30多年以来，我国逐步形成了比较好的文化遗产保护机制，文化遗产保护工作取得了不少引人瞩目的成就。在此基础上应该向更好的方向发展。

以上三大分系统及其所包含的各子系统共同构成了文化遗产保护，特别是大遗址保护的系统工程，它们相互作用，互为依托，缺一不可。该系统工程的运转协调与否，决定了大遗址保护工作的成败。

四、结　语

大遗址保护工作牵涉城乡建设、制定规划、经费预算与投资、改善民生等各个方面，唯有政府才能主导与协调，因此，大遗址保护工作的主体应该是各级政府。那么考古工作者在大遗址保护工作中能做什么呢？首先，如前所述，要确立全面保护的理念：不仅要做好发掘出土文物的保护、重要遗迹的现场保护或整体搬迁，也要做好遗址本体的保护，要将考古工作融入文化遗产的保护工作中。第二，扎实做好考古发掘与研究的本职工作，全面了解遗址的空间分布与时间延续问题，也就是遗址的各功能性区域和所在自然环境的共时性分布和历时性分布，从而为制定遗址保护规划提供详尽的科学资料。另外，还有一项工作经常被潜心于学术的职业考古人所忽视：争取与扩大自己的话语权。应该在媒体上更多地发出保护文化遗产的声音，影响舆论和政府官员，达到健全文化遗产保护的法制，改革体制，建立和强化机制的目标。

在今天这样一个机遇和挑战并存的时代，让我们全力以赴、兢兢业业地投入到保护文化遗产、保护大遗址的工作中，留住我们的文化、我们的历史、我们的根。

原为2010年10月16日在杭州"2010年大遗址考古与大遗址保护学术研讨会"上的发言。后载上海博物馆：《广富林考古发掘与研究论集》，上海古籍出版社，2014年

上海考古随想

——写在"上海考古新发现"特展闭幕之际

上海是一个现代化的国际大都市，直到现在可能还有很多人认为，它只是在近200年才从海边渔村发展成新兴城市。因此一谈到上海考古，很多人的脑海里会立刻产生几个问题：上海有古可考吗？在现代化大都市怎样考古？上海考古在中国乃至世界占有怎样的地位？从2003年12月31日至2004年1月29日在上海博物馆展出的"上海考古新发现"特展是上海的考古人奉献给本市人民的一份文化大餐，相信参观者已从展品中得到了答案。

上海只有6000多平方公里的土地，而且其中还有很大一部分成陆很晚，因此不少人，甚至包括一些业内人士谈到上海考古，总是有那么一点不屑一顾。在黄河流域发现仰韶、龙山和殷墟甲骨文时，人们对上海的地下文物还一无所知。1935年早秋，终于在金山戚家墩（现金山石化总厂区域）发现了春秋战国时期的几何形印纹陶器，这是上海地区发现的第一处古代遗址，是上海考古的开端。几千年前就有人住在上海了，可以考古了，这确实让上海人兴奋了一番。但是，上海开展考古之初，不仅一般的老百姓，就连考古工作者自己也存在疑问：大城市里怎样考古？柏油马路上如何发现古代遗存？通过不断的摸索，老一辈的考古学家找到了在上海寻找地下文物遗存的基本方法，发现了一大批古遗址和古墓葬。

半个世纪以来的考古实践已经证明，早在6000多年前上海就不是仅有渔猎生活的小渔村，当时的上海人不仅捕鱼狩猎，而且还种水稻、吃大米，过着自给自足的定居生活（图一）。中国考古学上的两个专用术语——崧泽文化和马桥文化就是以上海青浦的崧泽村和闵行的马桥镇命名的，因为是在那里首先发现了5000多年前和3000多年前的两个典型的古文化遗存。上海的多项考古成就在发现时曾位居第一，有的成就到今天仍然名列前茅。早在1961年就在青浦崧泽发现了马家浜文化的籼稻和粳稻两个品种的稻谷，当时是中国出土的年代最古老的稻谷。1987和1989年又在崧泽发现2座马家浜文化的直筒形水井，它们现在还是中国最早最有典型性的水井。6000年前的上海人已经发明了找水、储水的新技术。20世纪80年代青浦福泉山的发掘是良渚文化考古的重大突破，不仅进一步确认了一大批玉器的年代，更重要的是发现了人工堆筑的高台墓地，

图一 考古发掘现场

为在良渚等地寻找高规格的墓地和祭坛提供了可靠的依据,为此曾轰动考古界,并为上海市民津津乐道。良渚文化不仅是中国文明化进程的重要组成部分,也是世界文明化进程的一个独特模式,国际学术界给予特别的关注。从1999年以来松江广富林遗址连续5年发掘,最重要的发现是在环太湖地区第一次确认了紧接在良渚文化之后的广富林遗存,追溯了来自黄河流域的最早移民(图二)。这一新发现推动了长江下游文明发展史的研究。志丹苑水闸遗址的发掘是2002年中国重大考古发现。这处水闸建在现在的上海市区吴淞江流域,建筑结构严谨,做工考究,是国内目前发现较为完整的水闸遗址(图三)。待考古发掘全部完成后,将在原址建造一座世界一流的遗址博物馆。宋元明清时期是上海地区发展的重要时期,历年来从墓葬和塔基出土了玉器等精美文物,不仅是当时经济繁荣的一个侧面,也为这个时期的文物鉴定提供了可靠的考古依据(图四、五)。上述一系列考古发现说明,作为现代大都市的上海具有深

图二 广富林遗址出土的大石犁

图三　志丹苑水闸遗址

图四　青浦区寺前村遗址出土的南宋青釉炉　　图五　李惠利中学出土的明代银发罩

厚的历史文化底蕴、悠远而灿烂的古代文明。

　　进入新的世纪，城市面貌日新月异。在新时代怎样开展上海考古，发现更多的出土文物？我以为进一步加强文物保护的法制建设和执行是十分重要的环节。新的《中华人民共和国文物保护法》对埋藏在地下的文物怎样保护已经有了明确的原则规定，上海也正在制定适合上海地方特色的文物保护法规。如果我们严格执行，那么需要动土的大型工程项目在制定规划时都必须经过地下文物的保护论证。在这一方面，上海的电厂建设带了一个好头。去年，上海外高桥发电厂第三期工程规划论证，邀请考古人员参加，在确认工程不会影响文物保护后再施工。如果上海的工程项目都能像电厂建设这样，那将会大大拓展考古空间。遗憾的是相关的工作程序目前还不够完善，考古人员必须保持高度的敏感性，从各种渠道抓取工程信息和文物出土信息。在信息化时代，如何抓取有用的信息是一门学问。随着上海的日益国际化、现代化和经济文化的快速发展，工程施工人员和普通市民的文物保护意识越来越强，很多重要的文物出土信息就是由他们提供的。现在受广大市民非常关注的志丹苑元代水闸遗址，就是由热心市民报告地下出土异物而被发现确认的。近年来媒体对文物考古的信息越来越感兴趣，对抓取信息媒体自有一套行之有效的办法，如《新闻晨报》对提供信息者给予适当的物质奖励，就增加了一大批"耳目"。考古同媒体合作在获取更多的出土文物信息方面应该是大有可为的，问题是怎样找到恰当的切入点。我们相信，以文物法规的严格执行为坚强后盾，以考古工作者的敬业精神和职业敏感性抓取更多的出土文物信息，上海将会发现更多的古代遗存，在新一轮的城市建设中考古具有广阔的前景。

原载《上海文博》2004年1期

《志丹苑——上海元代水闸遗址研究文集》前言

前　言

　　元代水闸遗址的发现历程始于2001年5月3日，住宅小区"志丹苑"的基础建设遇阻为这一重大发现提供了最初的线索。迄今为止，水闸遗址先后经过三次发掘。第一次是2003年8月～11月的发掘，目的是确定遗址的性质、年代和准确的空间位置。在确保安全的地下深基坑围护工程完成后，2006年7月～12月进行第二次发掘，完整揭示了水闸遗址的全貌。因发掘成果具有极其重要的学术价值与历史价值，在国家文物局、中国考古学会和《中国文物报》联合主办的评选活动中，被评为"2006年十大考古发现"之一。第二次发掘结束后开始在原址原位建造水闸遗址博物馆。因建馆工程的需要，在已经被揭露的遗址上作全面回填保护。随着博物馆建筑主体工程的完成，2012年2月～6月进行第三次发掘，主要收获是通过平面清理和纵向解剖，分析水闸的建筑工艺及建造方法，系统还原水闸的建造过程。

　　志丹苑元代水闸遗址的发现是一项系统工程。700余年的漫长岁月在水闸上覆盖了厚厚的泥沙堆积和生活废墟，水闸主体深深埋藏在今天地面以下大约7米处。上海地处江海互动、泥沙沉积形成的三角洲平原，在此发掘埋藏得这样深的遗址属于开挖"深基坑"，对建筑工程安全性提出了严格的要求。因此考古发掘之前首先要进行地质、地理学领域的研究论证和建筑围护工程的设计、建设。

　　早在遗址发现之初就已经有了考古发掘之后建立上海第一座遗址博物馆的设想。当第一次发掘看清楚水闸遗址的学术价值后立即将博物馆的构思提上议事日程，在设计、建设"深基坑"围护工程时兼顾了考古发掘的安全、遗址整体结构的保护和博物馆建筑的基础工程，从而避免了多次设计和重复施工的弊端。

　　文物遗存是这项系统工程的主体，水闸遗址的保护必须始终放在头等重要的位置。保护工作分为遗址整体结构的保护和各类不同材质文物的保护。水闸由木、石、金属等不同材质的部件精心连接为一个整体。水闸废弃湮没后原封不动地埋藏在地下，其上覆压着厚达7米的泥沙等物质，700年来基本是稳定的。考古发掘、回填保护、围护工程等行为和地下水的升降改变了水闸的埋藏环境和地下应力，有些改变还反复多次，它们对原先稳定的水闸整体结构将会造成怎样的影响,这是保护水闸遗址必须重点考虑的问题,必须先行针对性研究、设计对策。木、石、金属等构件埋藏在饱水环境中,考古发掘使它们部分脱离了水环境,保护工作事先必须做好准备,做好预案,与发掘进程同步。

正是在做好文物保护、拟建遗址博物馆的充分准备基础上,再开始分阶段考古发掘,并在2012年6月完成田野工作。目前水闸遗址发掘资料的全面整理和深入研究正在进行中,我们将以发掘报告的形式完整公布资料和研究成果。考虑到十多年来已经发表了相当一部分发掘资料、研究论文和科普文章,也考虑到上海第一座遗址博物馆——元代水闸遗址博物馆建成开放,公众迫切知晓相关信息,因此将这些文字、图片结集出版,以满足公众与学界的需求。

这部文集共有19篇文章,大部分已经在书刊上发表,少数为新作。根据文章内容将本文集分为四个部分。第一部分为“发现”,有7篇文章,涵盖自2001年5月获得遗址的最初线索开始至2012年的第三次发掘,历时12年的水闸遗址发现历程。第二部分为“论证”,有5篇文章,是水闸遗址学术价值与文化底蕴的发掘。2001年和2006年分别召开两次专家论证会,前次论证会为考古发掘的顺利实施奠定了科学基础。后次论证会召开于全面了解水闸遗址的基本结构之后,完整地总结了考古发掘的水平和成就,论证了遗址在中国水利工程发展史和上海地方史研究方面的科学价值与学术意义。第三部分为“保护”,有2篇文章,内容分别为水闸遗址整体结构的保护和不同材质文物遗存的保护。第四部分为“研究”,有6篇文章,运用多学科方法和技术手段,专题研究水闸遗址的相关课题,重点是研究建造水闸的环境背景、建造技术和使用水闸的工作原理。

原载上海博物馆:《志丹苑——上海元代水闸遗址研究文集》,科学出版社,2015年

《志丹苑——上海元代水闸遗址考古报告》结语与后记

第四章　结　语

第一节　水闸建造年代和建造原因

　　水闸的建筑材料和水闸本体中所埋藏的遗物是确定水闸建造年代的直接证据。建造水闸的木桩上有八思巴文戳记。八思巴文是元代在古藏文基础上发明的一种特殊文字，使用范围比较小，主要用于官方文书和印戳，使用时间仅限于元代。水闸闸墙外侧的夯土层内（建造水闸时夯筑）埋藏的瓷器残片年代最晚者为元代。由此证明，水闸的建造年代为元代。

　　志丹苑水闸遗址距今吴淞江北岸1公里左右。吴淞江，源出太湖瓜泾口，注入东海，是上海明代以前最主要的河道，也是上海的"母亲河"。今吴淞江至黄渡以东的河道主要形成于明代。明永乐元年（1403年）治理吴淞江，放弃了原先的下游河道，同时在今外白渡桥至复兴岛东一段疏浚拓宽范家浜，形成新的河道。明隆庆三年（1569年），又在黄渡至福建路桥附近疏浚宋家浜，成为这段吴淞江的新河道，并在今外白渡桥处注入黄浦江。志丹苑水闸遗址的位置应该距元代吴淞江不远。

　　吴淞江在唐宋时期上海兴起和发展过程中曾经发挥过重要作用。然而，宋元时期的数百年间吴淞江逐渐淤塞，并日趋严重，极大影响了上海乃至整个长江三角洲地区的经济发展。治理吴淞江水系是这一时期江南地区最重要的水利任务，朝廷上下动用了大量人力、物力、财力以疏浚吴淞江。志丹苑水闸的位置表明其所在河流属于吴淞江水系无疑，建造志丹苑水闸是元代治理吴淞江水系庞大工程的组成部分。木桩上的八思巴文戳记表明水闸的建造是由官方主持的。上海人任仁发是著名的水利专家，曾担任元朝的都水监丞和都水少监，是负责治理吴淞江水系的主要官员，也是治水工程的设计者。任仁发提出吴淞江水系的治理方法有三条，"一曰浚河以泄水，二曰筑堤岸以障水，三曰置闸窦以限水"（《水利集·赵孟頫跋》）。在吴淞江及其支流上建造水闸是元代治理水患的主要方法之一，其基本原理是，关闭闸门以挡住潮流携带而来的泥沙，开启闸门泄水以冲刷河道，防止淤塞。从元大德八年（1304年）至元泰定二年（1325年）的二十余年间，先后在吴淞江水系建造了多座木闸和石闸，泰定二年所建之赵浦闸即列入其中。

元代,北面注入吴淞江的河流自东往西有"东彭越浦、西彭越浦、赵浦、大场浦、桃树浦"(《水利集》卷七)。今彭越浦、大场浦尚存,并沿用旧名,但二浦之间的赵浦仅留存部分河段,名夏长浦或下场浦,其南端在今灵石路西北断流。水闸遗址位置在大场浦、彭越浦之间,西北距今存夏长浦南端的直线距离约为1.3千米。因此志丹苑水闸遗址应该就是元泰定二年建造的赵浦闸。

第二节 水闸的建造技术与施工

宋代《营造法式》既是对以往官方工程的总结,也是对当时和以后各类工程建筑的规范。《营造法式》卷三"卷輂水窗"和"筑基"条所记载的施工过程同建造水闸有诸多相似之处,但因其是桥梁或水城门的拱券的施工,所以其结构同水闸有所差异。例如"卷輂水窗"记载的"上铺衬石方三路,用碎砖瓦打筑空处,令与衬石方平",就与水闸的施工方式完全不同。而在《水利集》卷十《营造法式》建造水闸的相关记载中,其建造技术和施工要求与志丹苑水闸的基本相同。

《水利集》卷十《营造法式》造石闸的工序为:1."立基";2."下桩";3.设"断水板";4.设"龙骨木";5.铺"万年枋";6.垒石。将文献记载和考古发现相结合,就可以复原水闸的建造过程。

首先是水闸的基础工程,以深坑中由木桩和木梁组成的框架为其基础工程。在河床上开挖深坑,沿深坑周壁打入木桩,名擗土桩(《水利集》的元代名称,下同),以加固围护。又在闸身位置打入密集木桩,名顶石桩,作为水闸的基础,上述过程称为"立基"和"下桩"。顶石桩等均用松木,桩之间的空隙用瓦砾、沙石、青滋泥等填实。然后在顶石桩之上架设木横梁,名龙骨木。顶石桩与龙骨木以榫卯结构相连接,据《水利集》所记,相接处"须凿窍楯楦牢,却用丁斜钉,又用瓦屑挨筑,十分牢固"。基础工程完成后建造水闸主体,其底部分为两层,下层万年枋,铺设在龙骨木上,万年枋以企口拼缝,再以铁钉加固。上层铺设底板石,同样以企口拼缝,以铁锭榫连接固定。接下来建造闸墙和闸门,伏驮石的石条拼缝之处使用黏接剂,伏驮石外侧再砌秤砖,秤砖外堆垒秤石,并用瓦砾、沙石、青滋泥等填实。最后在闸墙两侧打桩加固,名撒星桩和挨桩。

第三节 水闸的使用和年代

除上部残损外,水闸门柱的其余部分保存尚好。在两门柱的相对面上凿出闸板槽口,槽口下部插一块木闸板,为一块完整的木板,闸板上留有铁钉孔痕迹。闸门两侧底石上散置铁钩、铁环和铁锔等,当为闸板上的配件和启闭闸板的相关部件。根据这些有限的残存物,试复原水闸的使用方式。吴淞江水系所受到的潮流属于不正规半日潮,即一昼夜潮水两涨两落,因此每天启闭闸门两次。闸门由多块完整的木板组合而成,很可能是将全部木板拼合在一起,并以铁钉固定,残存的那块闸板上的铁钉孔应该是拼合木板时使用的。但是也不能排除闸板由未经拼合连接的几块板组成。前者启闭比较费力,后者相对省力。闸板上安置铁环,用铁钩钩住以启闭闸板。现存闸门石柱上半部两侧面开凿长条形孔眼,可能是安置突出的配件,以拴住吊起门板的绳索。这样,门板开启后仍然留在石柱槽口内,石柱应该比现在残留的更高,二石柱顶端应该还有横梁相连接。启闭闸板可能使用了简易机械。

根据水闸闸门处的堆积物中有典型的元代龙泉青瓷碗和韩瓶,水闸的使用年代为元代。

第四节　水闸的废弃年代及原因

然而,水闸运行仅几十年,就严重淤塞,无法使用,最终废弃。据清光绪《宝山县志》卷四《水利志·治迹》:"赵浦闸至正间旋废。"关于水闸废弃的原因应该做一些探讨。

设计、建造水闸的初衷是让闸门挡水以积蓄水势冲刷河床。但是,根据对水闸所在河道沉积物的分析,水闸建造之前,河道沉积物以粉砂为主,还有黏土和细砂,沉积物平均粒径较粗,为40～50 μm。水闸建造之后,仍然以粉砂为主,另有细砂和黏土,河道沉积物组成和平均粒径变化不大,后者甚至有略微变细的趋势。表明水闸建造后,所在河流的水动力没有明显变化,而且呈现减弱的趋势,并没有能够在落潮开启闸门时形成较强的水势,因此并未将淤积的泥沙清除干净。水闸废弃后,河道沉积物中的黏土含量增加,细砂含量降低,平均粒径显著变细,仅18～25 μm。这种变化表明水闸废弃之后,水动力明显弱于早先时候,泥沙愈发容易淤积,水闸主体很快就被覆盖。

影响吴淞江水动力的原因有些属于人为因素。任仁发寻找吴淞江水系的水流动力减弱导致淤塞的原因,指出"因吴江县一带傍太湖长桥下坝等七十余处出水口子或钉木植为栅,或以石筑狭河身为桥,或壅以土草为堰,官司置为驿道……将诸港汊皆闭塞"(《水利集》卷四),但导致河流无法形成较强水动力的根本原因是吴淞江水系所在的太湖碟形洼地地貌。这是长期以来在海平面上升和沿海长江泥沙堆积作用下所形成的自然环境。吴淞江流域各河流的河床坡降和水面坡降都很小,并随着海平面上升过程和沿海新生陆地的形成而进一步减小。因此几千年以来流域内的降水只能在平原上泛滥、滞留而很难下泄。

根据对水闸所在河道沉积物的磁组构参数分析、对藻类和有孔虫的鉴别归类,水闸建造之前有一个比较长的时期,降水丰富,吴淞江的淡水径流充沛,水动力比较稳定,但是后来呈减弱趋势,河流作用削弱,潮流作用加强。建闸之前吴淞江的河流作用正处于一个不断减弱的过程,潮流顶托入侵作用加强,因此沉积物中有孔虫含量较高。吴淞江流域淤积泥沙中有相当大的一部分是来自潮流所携带的泥沙。大量泥沙在长江三角洲形成过程中被江水携带而来,再随涨潮流倒灌入侵吴淞江流域,从而导致吴淞江逐渐淤塞变窄。任仁发治理吴淞江水系有一条基本理念,就是"潮来则闭闸而拒之,潮退则开闸而放之,滔滔不息,势若建瓴,直趋于海"(《水利集》卷二),但是他对潮流带来的巨量泥沙仍然估计不足,也没有充分认识到吴淞江水系特殊的地貌特征对建闸蓄水冲沙的负面影响。在吴淞江支流上建闸，充其量只能挡住被潮流携带入支流的泥沙，而对改变吴淞江淤塞的作用有限。

水闸废弃的直接原因可能是异常的一次性突发事件。这个地区夏秋季多发暴雨，潮水一天内两次涨落。为了闭闸挡潮，闸门开启的时间不长，如果恰遇天文大潮或风暴潮又突发暴雨，闸内立刻就会出现严重的壅水现象，吴淞江带来的大量物质无法下泄，必然堆积于闸门内的河道。考古发掘获得的地层沉积剖面表明，这次事件导致至少30厘米厚的泥沙淤积于河道，致使水闸从此无法运行而废弃。建赵浦闸之前还有两座建在新泾的木闸，建成不久就被突如其来的洪水冲毁，是另一次毁损水闸的突发事件。

据《水利集》卷二记载，任仁发最初计划在新开吴淞江上建闸十座，并在吴淞江水系的许多河流上置闸筑坝，"于吴淞江内两涂开挑……及修浚诸河，或闸或坝"（《水利集》卷四）。按照任仁发的设想，吴淞江水系的治理是一项牵涉面甚广的庞大工程，但是由于各种原因，实际建闸数量同任仁发的设想相去甚远，计划半途而废，少数建成的闸根本不能解决问题，志丹苑水闸也难免被废弃的厄运。

第五节 水闸的名称和位置

元泰定二年（1325年），于嘉定之赵浦、上海之潘家浜、乌泥泾三处，各置石闸两座。志丹苑水闸是石闸，当为元泰定二年所建六座石闸中的一座。据《水利集》卷七：吴淞江北岸有"东彭越浦、西彭越浦、赵浦、大场浦、桃树浦"。《三吴水考》："又东为桃树浦，又东为大场浦，又东为赵浦，又东为彭越浦，又东为卢泾浦，俱北通走马塘，南入吴淞江。"今大场浦、彭越浦的名称尚存，仍注入明代形成并延续至今的吴淞江河道。

本水闸遗址位于大场浦、彭越浦之间，西北距夏长浦（赵浦）南端断流处不远，因此水闸同赵浦的关系最为密切。清光绪《宝山县志》上有任仁发"置赵浦闸"的记载。因此水闸遗址很可能就是元泰定二年建造的赵浦闸。

但是也有研究者认为，赵浦闸并非建于吴淞江的支流赵浦上，而是直接建在吴淞江或吴淞江的分水河上。傅林祥认为，因为该闸距赵浦不远，所以名赵浦闸，以同吴淞江上的其他水闸相区分。提出这一看法的理由是，所有历史文献对赵浦闸的具体位置均无明确记载，因此只能根据任仁发的治水设想和建闸规划作出"推论"（以下简称傅文）[1]。推论就是具有逻辑性的推理，或者说就是一种假设。下面我们就傅林祥的推论逻辑性进行讨论。

傅文的推论排在首位的依据是，任仁发建闸的目的是解决吴淞江的淤塞问题，赵浦只是一条小河，水量有限，闸门能够挡住的泥沙很少，况且如果水闸建在赵浦上就无法挡住直接灌入吴淞江的潮沙。这一推论隐含的意思就是，在支流等小河流上建闸对于解决吴淞江的淤塞问题没有必要，即使建闸也没用，如果建闸就必须建于吴淞江

---

[1] 傅林祥：《上海志丹苑水闸遗址考略》，《学术月刊》2005年4期。

上。那么，文献记载任仁发为治理吴淞江水系而建的所有的闸是否都建在吴淞江或其分水河上，是进行这一推论的前提条件之一。据明《江南经略》卷一下记载："于嘉定之赵浦，上海之潘家浜、乌泥泾三处，各置石闸二座。"在吴淞江水系建造的石闸，不仅在赵浦，还有乌泥泾和潘家浜。后两条河流的大致位置是比较清楚的，它们都是吴淞江以南的河流，但对它们的流向，以往的研究者并没有一致看法，或以为它们北通吴淞江，即为吴淞江的支流。如果没有必要在支流上建闸，那么这四座石闸的位置，是否如同傅文推测赵浦位置的方法，建在靠近乌泥泾和潘家浜的吴淞江上？这恐怕是确定赵浦闸的位置时也要一并思考的问题。我们的看法是，文献所指三个地点各在三条河流上，而不是在吴淞江上。

傅文推论"赵浦闸"建在吴淞江上还有一个依据，赵浦没有分叉，不必建两座闸，也不可能建两座闸，因此"赵浦闸"是建在吴淞江上的闸。傅文解释了吴淞江同多闸的关系。傅在第102页上提到闸的宽度。据《水利集》卷二，"所开江身阔二十五丈，置闸十座，每闸阔二丈五尺，可以泄水二十五丈"。傅文指出，任仁发拟开十座闸，才能与吴淞江宽度相抵。一闸宽度2丈多，与志丹苑闸门宽6.8米相近。也就是说吴淞江上要建十座像志丹苑这样的闸才能解决问题。赵浦究竟有没有分叉姑且不论，也暂不论两闸是否都必须建在分叉河流上，仅就傅文对闸宽的理解提出问题。傅文第103页上同样是二十五丈约合75米的江身，只要两座赵浦闸就够了，因为志丹苑水闸的最宽处是30米（实际为32～33米，指闸两端的宽度，而非闸门）。傅文把闸两端的宽度与闸门宽度混为一谈，矛盾之处显而易见。

另一位胡昌新从志丹苑闸的河流方向认为志丹苑闸应该是吴淞江上的闸[1]。但是志丹苑水闸并非像胡文所论为东西向，而是方位角117度，即入水端西偏北，出水端东偏南。况且整条河流并非只有单一流向，例如黄河流向主体向东，但是也有向北、向南的河段。胡文复原的古虬江流向以东西向为主，但是也有一段近南北向。因此绝对以河流方向决定水闸的位置是很不科学的。

胡文认为任仁发设想的十闸同维则和尚见到实际建成的四闸"是设在河道横断面上，将水闸一字排列的并联方式"。傅文认为，按照吴淞江的宽度恰好相当于两座"赵浦闸"连接，也是所谓"并联方式"。志丹苑水闸的西南侧是居民小区，发现志丹苑水闸时，小区已经建成。我们向施工人员调查后得知，施工过程中只发现零散木桩，并未见类似于考古发现这样的构筑物。志丹苑水闸的东北侧是延长西路，地面以下布满各类管线。为考古发掘修建地下围护时曾经将地下管线搬迁再复位，施工中同样未发现任何古代构筑物。

但是现在只发现一座志丹苑闸，而文献记载了赵浦两闸，那么另一座闸在哪里呢？难道赵浦两座闸是建在同一条河流的不同位置？联系到乌泥泾和潘家浜应该都是不大的河流，为什么同赵浦一样，都要各建两闸？是否为"串联"的上下两闸？吴淞

---

[1] 胡昌新:《探索元代"志丹苑水闸"的悬案》，《上海水务》2011年4期。

江通海,吴淞江水系"昼夜两潮,四个时辰潮涨,八个时辰潮落"(《水利集》卷二),因此为了阻挡涨潮时潮沙涌入,闸门必须随潮涨潮落两次启闭,这样一昼夜间就有三分之一时间闸门是关闭的。江南地区经济繁荣,吴淞江水系大小河流舟楫穿梭,河运繁忙,必定受到闸门关闭的影响。如果建造相距不太远的上下两闸,潮来时两闸交替闭启,既挡住潮沙,又不影响舟船通航,岂不两全其美?任仁发治理吴淞江水系、统筹规划水闸布局,是否考虑到航运因素,以建两闸应对?这里也仅作推论,有待今后考古发现和研究的深入。

我们都很关注《水利集》对研究吴淞江水系治理的重要作用,《水利集》论及治水方法有十分关键的一句话:"于吴淞江内两涂……开挑及修浚诸河,或闸或坝,畎引太湖百川之水拘入本江身内,流转冲涤浑沙,则江河自然深浚"(《水利集》卷四)。由此可见,"或闸或坝"是"修浚诸河"的基本方式,包括了吴淞江之外的许多河流,目的是引百川之水入吴淞江。实际上在建赵浦闸之前已屡次在太湖、吴淞江水系建闸。大德三年(1299),"置浙西、平江(今苏州)河渠闸堰,凡七十八所……浚太湖及淀山湖"(《元史·成宗本纪》)。大德八年"开挑务要成就其余河道闸坝可以疏浚兴修者"(《水利集》卷一)。大德九年和大德十年的冬春疏浚吴淞江水系,"上引湖水下通东海及福山许浦等河俱已开通,亦导湖水入江达海,各置闸座依时启闭"(《水利集》卷四)。这些水闸中的绝大多数都应该置于较小的河流上。任仁发治水的三大措施是,"浚河港必深阔,筑围岸必高厚,置闸窦必多广"(《水利集》卷二);"考之志籍,傍海枕江一浦一堰皆有闸窦,盖欲蓄水于未旱之先,泄水于既涝之后,乃闸窦限水之功也,故不可不立"(《水利集》卷二),看来治水多建闸是有理论依据的。尽管因考古资料有限、文献记载不详的制约,志丹苑闸"建于赵浦"并非定论,但是根据以上分析,这比"建于吴淞江"的推论更加具有说服力。

后　记

志丹苑水闸考古项目始于2001年5月3日线索露头,发掘报告今日付梓,历经16个年头,作为项目责任人,终于了却一桩心愿。

2012年第三次发掘工作结束,考虑到发掘报告的编写需要一段时间,而经过几次发掘和多方研究已经积累了较多资料和成果,也为了满足水闸遗址博物馆开馆前后的需求,决定先出一本综合性文集。文集包含发现、论证、保护、研究等多方面内容。2014年下半年开始编写发掘报告,报告内容比较单一,主旨是完整公布发掘资料。以往资料凡与报告不一者,均以报告为准。对以往研究成果,如无深化,均仅作概括,不再重复。因此文集和报告为一整体,互为补充,互作参考。

发掘报告变动较大的是描述水闸结构所用的名称。水闸作为一类工程构筑,各构成部分都有专用名称,然而,不仅古代和当代的名称差异较大,即使古代不同时期的名称亦有所不同。以往发表的资料和研究成果所用名称比较杂,有的流行于不同朝代,如"地钉""衬石方",宋代《营造法式》即用,"衬河砖"和"荒石"等则不见于《营造法式》和《水利集》,当元代后始用。发掘报告对此作了修订,以元代著名的《水利集》卷十中的"造石闸"为依据,尽可能使用元代水闸各构成部分的名称。由于《水利集》记载的简洁、水闸保存和考古发掘的不够完整,并不能将实体与文字一一对应,为此作了不同的处理。对于那些文字描述明确而可以确定实体名称的均用之,如用"万年枋"替代"衬石枋";"秤砖"替代"衬河砖";"秤石"替代"荒石";不同名称的"桩",如"顶石桩"、"擗土桩"等,替代"地钉"。对于尚存疑问的,如"断水板",以往研究有两种不同意见,或以为在水闸中部闸门处的底板石以下,或以为在水闸两端的进水口和出水口,前者因为未发掘而不知详情,后者在"造石闸"文中无记载,本报告再次就此问题进行了讨论。"造石闸"还提到多种石构物,可以确定的有"伏趺石""并槛石""底板石"等。"禁口石"和"脚石"连用,位于"闸两边",并提及"闸正中禁口横槛",因此"禁口石"和"脚石"可能是"石门柱"和"顶柱石",但不确定,报告未用。为更清晰地描述,也用了少数清代使用的专有名称,如闸墙的分段:"正身""雁翅""裹头"等。为便于欲深化研究者,并供有兴趣者参考对照,发掘报告最后全部录入"造石闸"作为附录。

在水闸考古项目进展各阶段做过事、出过力的人很多,其中有著名的考古学家,有市、区各级各职能部门的行政官员,更多的是项目的直接参与者,包括考古、科技、工程等许多方面的人员,有关详情可以看《文集》的"考古大事记"。我们由衷感谢项目的所有参与者!

万事开头难,水闸考古能够实现的关键是2001年线索发现之初的两次重要会议。一次是当年6月18日召开,以时任中国考古学会理事长的徐萍芳先生为组长的专家论证会,考古、水利专家归纳学术意义,赞同考古发掘;另一次是7月14日召开的专题工作会议,由时任上海市市长徐匡迪主持召集,市领导拍板决定考古发掘,要求各方配合。自此,考古项目正式启动,进展比较顺利。

还要特别提到元代的两位名人:任仁发和赵孟頫。任仁发一生主要致力于水利事业,为治水作出重大贡献。他将历年治理吴淞江流域的过程和经验等汇集于《水利集》,为后人留下了宝贵财富,也为考古人从古代遗存再现那段历史提供了可以信赖和依靠的借鉴。赵孟頫作《水利集》跋,高度评价了任仁发的治水功绩:"水顺其性,民蒙其福,利泽在人心,名声满天下。"我们特地从赵孟頫所书辑出"志丹苑"三字为书名。

每次考古发掘结束后,多少都要留一些遗憾,志丹苑水闸也不例外。为了尽可能多地获取信息,我们在水闸两侧、出水端作了少量解剖,但是在伏趺石(石墙)内侧的闸身部分,只能从建筑施工的钻孔内看到一点底板石及以下的结构。细心的读者,特别是想深入了解一些细部结构的读者会感到失望,例如闸门各部位的连接、闸身中部和两端的"断水板",都不太清楚。无奈志丹苑水闸是迄今唯一的保存完好的元代水闸,理当原汁原味全貌保护与展示。但愿今后有新的发现以作更多解剖性发掘,实现考古人不懈地探究之愿。

元代为治理吴淞江而建闸多座,赵浦闸就有两座,但发现者甚少,经系统发掘的仅"志丹苑"一座。1948年的航片影像图上,赵浦(夏长浦)在今南端断流处继续南流至新村路北折向东,在靠近今子长路的同济医院处断流。新村路南,与新村路平行另有一河,图上无名。据调查,此河名老闸港,今宜君路坐落其上。老闸港东流至今志丹路折向南,流经志丹苑水闸附近继续东南向注入闸子江(今名真如港)后入吴淞江。老闸港旁原有两个石墩,分别位于今宜君路25弄和28弄附近,不知今在何处,或以为此石墩即闸门柱。难道这是另一处"赵浦闸"? 至本报告完成之日尚未在赵浦闸的位置上达成共识,在获得确凿证据之前,志丹苑闸是否建于赵浦之上的讨论还将继续。

原载上海博物馆:《志丹苑——上海元代水闸遗址考古报告》,科学出版社,2018年

其他

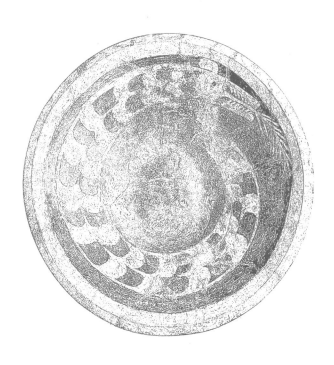

先生睿智之光指引我的学术路

2005年岁末,邹衡先生遽然离世。当时我正随张忠培先生在福建检查考古发掘工地,突然闻此噩耗,简直不敢相信自己的耳朵,回想当年10月间在河南偃师参加二里头会议同先生竟然是最后一面,不禁潸然泪下。今先生已走五年,谨以此文深切怀念先生。

1978年初我到北京大学历史系考古专业进修,先生是我的指导老师。那是我第一次见到先生。先生平易近人、循循善诱的形象,时常浮现在眼前。近30年间,每次进京、先生的几次来沪或在外省工作、会议,只要同先生见面,总是向先生请教学问、聆听先生的教诲。同先生在一起时间最长的有三次。第一次是1979年2月至1979年8月跟随先生学习期间;第二次是1980年下半年在先生的指导下发掘山西曲沃县曲村周代晋国墓地;第三次是1980年3月至8月在曲村整理1980年代的发掘资料。

1978年春节后我到北大,除了跟班听李伯谦老师讲授《商周考古》外,经常晚上去先生家。记得那时先生刚在《文物》杂志上发表《郑州商城即汤都亳说(摘要)》。篇幅不大,思想内容却极其深刻。"郑亳说"的重大学术意义正如先生所论:"既然郑州商城为商汤所居之亳都,自然就为早商与先商、早商与夏代提供了完全可靠的所谓界标,从而使中国考古学提高到崭新的水平,把中国的信史提前了六七百年之久。"当时对"郑亳说"质疑的石加尽管还"不思悔改(自评)",但也指出"影响深远的是'郑亳说'的创立。这是在学术界普遍持同一看法的情况下,力排众议,大胆提出的新说,并逐渐得到绝大多数学者的认同,从而改变了夏商周考古的整个格局。应当说'夏商周断代工程'的整个年代学框架,实际是以此为基础的"。但是在当时的学术界,几乎是一面倒的"西亳说",我在南京大学听《商周考古》课也是"西亳说"的教育,一直将郑州商城看作是商代中期的都城。先生"郑亳说"的提出不仅在学术界引起震动,对我的知识结构也是一个极大冲击。因为是摘要,文章在年代方面的叙述十分简略,只提到早商时期的分期、分段、分组,及其与年代的大致对应。当时的我对于分期还知道一点,对"段"和"组"几乎没有什么概念。因此最感到困惑的就是将中商的内容放到早商,那么还有没有中商?商都迁离亳后至殷墟之前,商王朝政治中心的文化遗存在哪里?对我的困惑,先生几乎用了一个晚上的时间(至子夜后)给我讲商代的考古年代学,其主要内容就是《再论"郑亳说"——兼答石加先生》一文中的第二节"关于郑州商文化遗址的年代与分期"，将整个商时期（包括先商）郑州的文化遗存历时性分布作了非常精到而简练的阐释。

那个夜晚先生的讲课解了我的心中之惑，回答了商的考古年代这样一个具体的研究问题，现在回想自己近30年来走过的学术之路，结果发现这一晚的授业与解惑使我获益良多，可以说是终身受益，是我进入考古学领域以来听过的最精彩的理论课，也是我学习、理解考古学方法论的一个新起点。从1980年代以来我特别关注事件的过程。1983年发表的《关于西周时期的用鼎问题》，根据青铜礼器的组合、形制等因素，论述西周用鼎表现形式的演变过程。1992年发表的《嵩山地区与太湖地区文明进程的比较研究》，着重以文明发展的进程作为探源研究的出发点。1997发表的《论良渚文明的兴衰过程》，以陶器分期作为年代学依据，将文明的发展过程区分为三个阶段。探讨这些课题的源头都必须追溯到先生对郑州商文化遗存研究在方法论方面的引领。

先生对古代文化遗存的时空关系有许多先人一步的独到见解，来自他的器物类型学研究，来自对各个地区不同年代陶器的熟悉程度与深刻理解。

在考古学研究领域陶片具有其他器物不能比拟的重要功用，先生的许多重大发现都同陶片有着千丝万缕的联系，晋国都城的确定是其中最为典型的一个实例，从陶片起步，找到了周代最重要封国的都城。回顾这一发现过程，真正堪称考古发现史和学术史上的奇迹。先生首先从陶片否定东汉以来影响颇大的晋都"晋阳说"。关于晋都所在，文献记载有所歧义。通过野外资料和实地踏勘，先生发现在太原及周边西周时期的陶片除了数量不多外，更重要的是这些陶片同周人所使用的陶器分属不同的传承，从而在文化系统上将它们排除在晋文化之外。再从陶片肯定"翼城说"，并认定晋都就在天马—曲村。然后在那里开始了十多年的艰辛努力，最后耐心地等到最后的辉煌——发现晋侯墓地！像这样令人惊叹、堪称完美的考古大发现，一环紧扣一环的探索链条，似乎只是"可遇不可求"的事情，先生竟然求到了。由此可见先生学术造诣之精深、科学境界之高远。

先生给我讲过不少在艰苦条件下从观摩陶器中所获得的乐趣。其中，1960年代初在北京昌平雪山发掘，已近假期，天气也似乎同地名相应，大雪弥漫，天寒地冻。绝大多数学生都已经离开发掘工地，只有"右派"学生跟随先生左右，通过陶片与古人对话。先生津津乐道于雪山，我仿佛也跟随先生进入雪夜与陶片的意境之中。正是以雪山发掘为基础，先生提出了雪山几期文化的命名，其中"雪山三期"就是后来为学术界所熟悉的"夏家店下层文化"。我接触夏家店下层文化是1978年进修时参加的考古资料整理实习。先生为我的进修安排了周密的计划，以进行系统的基础训练。这次实习地点安排在承德避暑山庄，实习对象是内蒙古敖汉旗大甸子墓地。也就是从这里开始，我对陶器逐渐痴迷起来，晚餐过后，经常在标本库房观摩、绘制陶器到深夜。

先生的考古器物类型学研究成果斐然，为学术界所公认，手下的"陶片功夫"十分了得。2009年李伯谦老师为纪念苏公100周年诞辰撰文，特别提到苏公对先生"陶片功夫"的认同，问道：考古教研室有谁能具备先生那样的本领。先生陶器功底的深厚也会带来意想不到的"麻烦"。我在避暑山庄对大甸子陶器的"痴迷",就曾被误以为是在为先生收集夏家店下层文化的资料。

先生回顾总结自己的学术生涯时,认为基本上完成了早年制定的研究计划,"把夏商周三代考古的基本框架勾画出了一个轮廓"。先生在夏商周考古领域所作的一项重大贡献是发现了夏文化,这是一段艰辛的也是快乐的学术发现之路。先生十分简要地将夏文化的发现归纳为几个方面,一个是同文献记载夏王朝活动的时间、空间的吻合度;再一个是夏王朝礼器鸡彝的确认;特别是通过对商文化的全面系统的研究找到了区分早商与夏代的可靠"界标"——商王朝建立之后的第一个都城亳都(郑州商城)。郑州商文化的研究是先生学术生涯的重要组成。1950年代的代表性研究成果是发表在1956年2期《考古学报》上的《试论郑州新发现的殷商遗址》,认定了郑州发现的是早于殷墟小屯的商文化遗存。其后20年间,学术界基本一致地认为郑州商城是商代中期的隞都。先生经过20年的搜集资料,缜密分析,认真思索,深入探索,建立了著名的"郑亳说",彻底改写夏商年代框架,是夏商考古的重大发现。

"郑亳说"的建立也改变了对二里头文化的认识。在此之前,或将二里头推定为所谓"西亳",二里头文化是先商与商代早期文化;或认为二里头文化早期是夏文化,晚期是商早期文化,北京大学商周考古的讲义将二里头文化归入商文化范畴。"郑亳说"建立后将二里头文化同夏文化联系起来。1978年春我在北京大学听李伯谦老师讲授"商周考古",相关内容称为"二里头文化与夏文化探索"。1980年我在南京大学开"商周考古"用了相同的题目。与北京大学相呼应,上海博物馆的青铜馆早在1980年代中叶就认同二里头文化属于夏代文化,将二里头文化的青铜器直接归属于夏代。

殷玮璋多年来直到今天一直主张二里头文化早期是夏文化、晚期是早商文化,他对先生在夏商文化研究上的突破有点不以为然。殷玮璋对学术研究的理解方式确实有点奇特,他不是从学科发展、学术进步、材料挖掘与积累等方面来观察新的理论与结论,而提出所谓研究思路、方法和"操作时的程序规则",他认为先生建立"郑亳说"的研究"与科学的操作规程是格格不入的"。

对殷玮璋所论,现已有商榷文章发表,也有道理。但我觉得殷玮璋发表这样的看法主要牵涉如何看待学术发展和学者的个人素养。先生1950年代研究早于殷墟的郑州商代文化的论文结语引用了几段"仲丁迁于隞"的文献,也提到武王之弟所封之"管",我想先生这样提到"隞"与"管",是为了说明郑州商城的宏大规模,只有这样的地方才能与之相匹配,暗示了郑州不同时期的商文化遗存与"隞""管"的相关性。当然也可以理解为先生之所以引用相关文献,只是当时认为存在着该城某个时期曾为"隞都"的可能性。但是先生从来没有确指郑州商城就是"隞",更没有认为二里头就是西亳,只提到二里头文化是早商或先商文化。以后在对夏商文化的系统研究中,先生彻底否定了郑州商城为隞都的可能性,同时也否定了二里头文化是早商或先商文化的观点。殷玮璋所述先生将汤都"西亳"变为夏代都城,属于臆断。李伯谦老师在先生的"郑亳说"提出之前,倾向性认为二里头遗址为西亳,二里头文化是早商文化。"郑亳说"提出后经过重新考虑与比较,同意"郑亳说",并认为二里头文化是夏文化的论据要有力得多。而殷玮璋对二里头遗址和二里头文化的认识一以贯之,以观点之不变应材料增加、研究深入、学术发展之万变。学者风范之雅俗、素养之高低,可以一目了然。

在学术研究领域尤其是考古学,由于发现新材料、发明新技术、运用新方法、梳理旧材料等而形成学术突破、完善或者改变原有学术观点应该是研究活动的过程,研究者大多经历过这样的事,或者都应该这样做。然而这对研究者个人来说需要胆识与勇气。

很长时期以来我一直认为环太湖地区考古学文化序列比较清楚,新石器时代的良渚文化之后,下接夏商时期的马桥文化,良渚文化和马桥文化之间不应该有很大的年代缺环,并根据良渚文化分期和碳14年代数据提出良渚文化的年代范围。另外对以浙江钱山漾遗址为代表的遗存,我也同意绝大多数研究者的意见,认为属于良渚文化前期。1999年末至2000年初,由我领队的上海松江广富林遗址的发掘,辨识并确认了一类新的文化遗存,晚于良渚文化,随后我们暂称为广富林遗存,2006年6月,我们正式提出广富林文化的命名。同时也发现了较多与钱山漾遗址相同的鱼鳍足鼎,这类陶鼎在以往的发现中比较少见,在良渚文化墓葬中从未见过,良渚文化中常见的是另一种形态的"鱼鳍足"。1980年代我就认识到良渚文化所谓"鱼鳍足"的差异,将常见的那种定名为"翅足"。后来在广富林又发现了包含"鱼鳍足"的灰坑打破随葬"T形足陶鼎"的墓葬,第一次从层位关系上确定了以鱼鳍足为特征的文化遗存的相对年代。这两项重要发现改变了以往我对环太湖地区考古学文化序列的认识。现在反思过去认识的产生原因。1950年代钱山漾遗址的碳14年代数据偏早,同时在钱山漾遗址也确实存在良渚文化前期就已出现的"翅形足陶鼎",因此错误地将以鱼鳍足为代表的遗存看作是年代较早的良渚文化。而广富林文化的陶器在1960年代就已经在广富林出土,但是被视为良渚文化,重大发现擦肩而过,以后也没有人注意。实际上在一些遗址中广富林文化的堆积很单薄,分布面小或分散,很容易被忽略。福泉山遗址发掘多次,只是在2009年春才第一次发现广富林文化遗存。有些遗址虽然包含广富林文化的遗存,但与广富林1960年代发掘的认识相同而未被辨识出来,并将其归入良渚文化或马桥文化。

广富林文化的发现和"钱山漾期"年代的重新认定,是环太湖地区文化谱系研究的前沿。但在2010年出版的《中国考古60年》的江苏篇中只字未提,尽管在宜兴骆驼墩和吴江龙南等遗址都有相关发现。同书浙江篇未将广富林文化纳入"环太湖地区新石器时代考古学文化的基本发展序列",但谨慎地提到"'广富林文化''钱山漾类型文化'新命名促进了良渚末期或后良渚时期文化面貌变迁的探索。"可以看出,对新发现或新观点抱谨慎、质疑的学术态度在科学研究过程中具有普遍性。

自河南偃师商代前期城址的发现,特别是经过"夏商周断代工程"后,中国学术界已经基本认同二里头文化为夏文化或夏文化的主要组成部分,对此,先生"郑亳说"的提出功不可没。当然,学者坚持自己的旧有观点,哪怕是绝大多数人都认为是错误的观点,也情有可原。郑光很早就对"郑亳说"提出问题,进行商讨,如他自己所说,"我与邹先生也有学术观点不一致的地方",现在似乎还"不思悔改"(自评),但他对先生的学术品格、风范、胆识钦佩之至。但殷玮璋不是这样,他在坚持自己旧观点时,还对新的研究结论煞有介事地提出所谓"科学规程"和"操作时的程序规则"的问题。对此,我有以下几点看法:

1. 碳14测年有很大的局限性,其方法还在不断发展中,所谓"绝对年代"仅具有相对的参考意义,其前提是严密的考古学研究基础。先生正是在这样的前提下用测年数据论证"郑亳说"的。殷玮璋的观点则完全缺乏深厚基础,论据薄弱,只能主要依靠测年数据中有利于其观点的一部分。这恐怕不能说是符合"科学的操作规程"的。

2. 先生在创新学术观点,率先提出新论据、新观点时使用"应该""很可能"等,是科学探索(当然包括考古)的习用语,是严肃学者特有的谨慎。而殷玮璋一方面认为这是凭"主观解释进行推测",另一方面自己却使用"例应"(当为"理应")"可能""似有"这样的用语(《考古》1984年4期,352~355页)。这是否是凭"主观解释进行推测"?科学研究中自相矛盾才是与"操作时的程序规则""格格不入"。

3. 先生根据新材料,进行新思考,提出新观点,是学术的创新和科学的进步,也是研究的规律和发展的结果。而殷玮璋一味指责,阻碍创新,倒是严重违反了"科学规程"。

4. 殷玮璋在学术讨论中不顾事实,编造了先生将汤都"西亳"变为夏代都城的研究过程,这简直就不是"科学"。

先生在夏商周考古领域的建树与学术贡献为国际学界瞩目,如果以所谓"科学的操作规程"来质疑先生的科学首创,我觉得是很荒谬的,因此有必要表明我的看法。这也是我在学术之路上受到先生引领的必然结果。

原载北京大学考古文博学院、北京大学中国考古学研究中心:
《考古学研究(八)——邹衡先生逝世五周年纪念文集》,科学出版社,2011年

上海的考古奠基者和文物守护人

——纪念黄宣佩先生

　　黄宣佩先生是当代中国著名的考古学家、上海考古事业的奠基者和领路人（图一）。1958年省、市管辖区域调整，黄先生的考古志向有了用武之地，于是立即开始调查发掘，并很快有了重大收获。他的一系列丰硕研究成果表明，上海不仅有古可考，而且在考古领域占有一席之地。马桥和崧泽的发掘奠定了黄先生在考古学界的学术地位，今天我们仍以早在几十年前上海就成为两个考古学文化的命名地而感到自豪。1980年代黄先生主持福泉山发掘，因为确认了良渚文化人工堆筑高土台、发现了连续堆积叠压的文化层和精美绝伦的玉器、陶器，使学术界重新认识距今5000年的中国有了全新的材料，也改变了上海是从小渔村直接跨越到大都市的传统看法。黄先生根据第一手考古资料研究上海成陆过程，论据坚实，结论准确，是上海历史地理的重大学术成果。他晚年主编《上海考古精粹》，以图文并茂的形式展示了为之奋斗一生的上海考古成就。

图一

　　黄先生也是上海文物的守护人，为上海的文物保护事业作出了巨大的贡献。1980年代中叶之前的考古部是一个很大的部门，承担了考古发掘、文物保护、上海史研究和展示等多项工作（图二）。长期担任考古部主任和分管考古的副馆长，黄先生是这些工作的领导者之一和直接负责人。1990年代上海博物馆新馆筹备、建设时期，黄先生更是承担了文物保护的绝大部分领导和具体工作（图三）。文物保护和建设发展对立统一，有时相互促进，有时矛盾频频。黄先生对我讲过一些为保护文物首当其冲，当仁不让的事情，诸如大光明电影院内部改造装修、上海大学

图二

图三

旧址事件直接面对高层等。我直接感受的是1994年马桥遗址的保护和志丹苑水闸遗址的保护。1993年底我在马桥遗址发掘,偶然间发现遗址的北部正在遭受严重破坏。新的发现比原来认识的遗址分布范围大很多,这对马桥遗址、上海考古和马桥文化显然是十分重要的新发现,于是立即向黄先生汇报。他同我一起来到遗址被破坏区域的开发建设工地。当时开发商手中握有用地批复，因此态度十分强硬，把我们和随行的媒体"请"了出去。这是我同黄先生一起因文物保护直面建设单位。2001年发现志丹苑元代水闸遗址线索时，黄先生已经离开领导岗位，但仍热心于文物保护。发现之初，因遗址所在牵涉正在施工的高层住宅，文管委领导颇为慎重，权衡利弊，意见分歧。黄先生具有极其敏锐的学术敏感性，特别是在上海文物保护事业上的地位举足轻重。他听了我的介绍并到遗址现场实地考察，随后我们又一起外出考察了北京、广州的古代水利工程考古遗址。其间黄先生多次表述了发掘志丹苑遗址、发掘和保护并重的思路，从而促进了发掘和保护元代水闸遗址的决策。

我同黄先生相识于1978年8月，那时我在北京大学进修，随北大教授们到江西庐山参加"南方印纹陶学术研讨会"。因为对上海的考古有特殊的家乡情怀，所以对黄先生所作的学术报告特别关注。那一年马桥遗址的发掘报告刚在《考古学报》发表，因其层位清晰，材料丰富，被不少学者引用。我对马桥的兴趣也源于此时。1980年暑假时到上海博物馆向黄先生求教，并提出想看马桥文化的出土品，先生欣然应允，随后打开考古部文物库房，让我用手触摸马桥，使我研究马桥更有底气。

我到上海博物馆之前，黄先生就是我的老师，1987年后既是我的老师，也是我的领导。在南京大学读研究生时，我的正式导师是著名考古学家蒋赞初先生。蒋先生为了更好地指导我的研究生学习，想到了聘请兼职导师，他们是黄宣佩、牟永抗和王劲三位先生。1950年代初中华人民共和国刚建立不久，百废待兴，为了更快地培养考古工作者，举办了考古训练班，训练班学员中的绝大多数后来都成为中国考古学领域的骨干和领军。考古训练班对中国考古事业所发挥的作用，堪比北伐时期的黄埔军校。蒋赞初先生当时是上述三位兼职导师的指导老师。学习期间，牟永抗先生在杭州给我讲课，安排考察。王劲先生写了厚厚一沓讲稿让我学习。黄先生虽然没有正式讲课，但那两年我每次到上博，都会向他请教。记得1986年冬先生带队在福泉山发掘，我去发掘工地学习，先生予以详细介绍与指导，并一起在考古队搭伙的重固公社食堂吃午餐。对那次现场听课我印象很深，对当时正在撰写的硕士学位论文有很大帮助。次年蒋先生又请黄先生担任我的论文评阅人。

黄先生学问严谨扎实，有一分材料说一分话，但对其他学者甚至后辈提出的观点，即使与自己的看法有所不同，总是以包容的方式一起探讨，绝不全盘否定。福泉山墓地的发掘实际上为良渚文化的分期提供了最完整的层位关系，先生将该墓地的良渚文化墓葬分为五期，基本涵盖了整个良渚文化分期、代表了良渚文化发展全过程。而我将良渚文化分为四期6段，首先在1987年的学位论文上提出，1997年良渚发现60周年时在讨论良渚文化兴衰过程时再次发表。先生是我学位论文的评阅人，评语中对我的分期方案有不同看法，后来又详细询问过这样分期的思路。我到上海博物馆后，黄先生是我的直接领导直到退休，但从未因为学术看法的差异而引申出学术以外的其他事情。黄先生的学术境界一直是我学习的榜样。

同黄先生在一起连续从事学术活动时间最长的一次是1990年代初的"中国文明起

源考察"。环太湖地区是早期文明进程中心之一,受到中国社科院考古研究所文明起源研究小组的高度关注。为了加强交流,共同探讨,该小组同环太湖地区两省一市及辽宁省的考古人员共同到黄河流域考察龙山和夏商时期最重要的几处都邑遗址。黄先生安排我同他一起代表上海参加活动。当时我到上海博物馆没几年,就作为最年轻的考察组成员参加了这次在"中国文明起源研究史"上可圈可点的重要活动,真是十分荣幸。这段时间我同黄先生以及其他学术前辈朝夕相处,学到了很多东西,为日后自己在"文明探源"领域的研究奠定了良好基础。

黄先生退休后仍然参与学术,笔耕不辍,对上海考古取得的每项成就都充满欣喜,或积极参与,或密切关注,全力支持。2002年我们同中国社科院考古研究所共同筹办了"长江下游地区文明化进程学术研讨会",黄先生撰写论文,会上多次发表重要演讲。2008年松江广富林遗址大规模发掘,引起公众和媒体的极大兴趣,东方电视台组织一档考古节目,请黄先生到发掘现场指导工作并回忆往昔。当时正值潮湿闷热的梅雨天,先生侃侃而谈,仿佛又回到了1960年代刚发现广富林时的快乐时光。有黄先生这样的老一辈考古学家压阵,实况直播非常成功,掀起了上海公众考古的一波高潮。

黄先生一生著述颇丰,除了专著外,学术论文散见于杂志、期刊、论文集等。将学术论文收集在一起出本专集,既是个人学术的汇集总结,也便于后学者。近年来出版个人论文集在学界已经是一件普通事情,对著名考古学家来说更非难事,但我从未听到先生谈及此愿。2012年是上海博物馆建馆60周年大庆,有意让老一辈学者汇总个人成果出个专集,我想首先应该为先生出,并立即着手安排。相信不久之后专集的出版将告慰于远行的先生。

原载《上海文博》2013年3期

《实证上海史》序

　　近来常有上海的朋友疑惑地问我，现在土葬越来越少，不久以后很可能就会绝迹，今后考古人岂不是无事可做了吗？甚至有些业内（广义的）的朋友也这样问。我想，陈杰的这部讲述上海考古的书应该可以回答这个问题。

　　很长时期以来，考古是象牙塔中的学问，极少为世人所知晓，考古就是"挖墓"可能是绝大多数人的看法。近些年来，随着中国经济的飞速发展，普通人手里有了点钱，或者很想手里有钱，开始收藏、买卖"文物"，因此又有些人将考古等同于鉴定文物。面对此类误读的考古学者应该承担怎样的责任？我想首先应该承担学术责任，同时也要面向公众。对于前者，自以为考古学者做得还是比较好的，考古大发现、发掘报告、学术专著不断问世，中国考古学正在经历黄金时代。至于后者，考古学者正在努力中。现在"公众考古"在中国兴起，相应的书刊杂志、影视网络如果不说是汗牛充栋，也是琳琅满目，甚至可以说是鱼龙混杂。但是，其中真正由负责任的考古学者做的只是少数，甚至是极少数。

　　我将涉及考古的作品分为学术、科普、通俗三大类，也有一些作品介于前二或者后二者之间。我同大多数考古学者一样几乎只写学术作品。我也一直想写一点以科普为目的的考古作品，实际上也作了点尝试，例如在《上海画报》上发表的《上海六千年》，在《上海滩》上刊载的《3500年前东海海堤上的村庄——马桥》。世纪之交的那几年，江苏昆山绰墩遗址有重要发现，因为我在马桥文化上有些研究心得，主持绰墩工作的丁金龙兄就约我写篇有关马桥文化的文章，我从"饮与食"等方面介绍了马桥文化的片段。这篇文章虽然刊载在学术刊物上，但我自以为不是纯学术论文，似可定位为学术性较强的科普文章。但是我从未上手写大部头的上海考古科普，其原因之一是难度比较大。

　　今天的上海地理版图中只是从1000多年前的唐代开始才有了华亭县这样的县级政府机构，后来也只是上升到松江府。因此古代上海在中国社会大格局中的政治地位是微不足道的。在中国封建社会这样一个以政治地位决定一切的地方，其经济、人文也只能达到相应的水平。上海自夏代以后直至近现代，只留下不多的能让世人瞩目的考古遗存。然而当我们转向另一视角，文明起源在新石器时代的神州大地，社会发展与文明起源恰似"满天星斗"。距今4000年以前的上海文化发展到相当高的水平，以上海地点命名的新石器时代文化有两个：崧泽文化和广富林文化。良渚文化时期，上海进入古代社会发展的巅峰。上海6000年历史进程的不平衡和丰富的新石器时代发现及由此带来的学术观点的交叉碰撞，为科普的考古带来了诸多难题。考古科普的另一难点是面对不同层次与需求的读者，科普作品的作者对考古必须有深刻的理解，写作语言要更加贴近公众，有更加熟练的文字技巧，才能让更多的人读得懂，看得下去。另外，科普与通俗还要有所区分。因此在我看来凭考古发现全方位解说上海古代不是一件容易的事情。

难事也要有人做，让公众知晓上海考古的重要发现，是上海考古研究人员的责任。《实证上海史——考古学视野下的古代上海》就是承担了这样一份责任。作者陈杰博士，本科和硕士研究生阶段在南京大学专攻中国考古学，因此有比较扎实的考古学基础，后来又在华东师范大学从事环境考古学研究，并获得博士学位。陈杰现在上海博物馆考古研究部工作，曾经主持、参加了多次田野考古发掘，具有较高的学术造诣和发展潜力。是责任、志趣和机缘促使陈杰完成了这样一部严谨并具有较强学术性的考古科普书。

上海6000年的考古发现在时间上分布不均，很容易使一部书或头重脚轻，或头重腿粗细腰身。为了避免这一弊端，陈杰在章节的分配和材料的取舍上可以说是动足了脑筋。第二章至第四章是考古发现最丰富的新石器时代和夏、商；第五章写的是古代上海的低谷——周代至汉代，地下出土资料比较贫乏，或者说与上海以外地区相比较没有多少特色；第六章和第七章是唐宋元明清，上海因优越的沿海沿江环境和城镇文化的兴起逐渐走向新的繁荣。这六章都各自分为三节，每节再各自分为三小节，内容的平衡在章节安排上得以体现，这是陈杰的独具匠心之处。当然，巧妇难为无米之炊，第五章在"吴越史地研究会"等方面所用笔墨较多，在保持章节匀称时却失去了认知上海考古史、考古人的平衡，这恐怕是一个遗憾。

丰富的新石器时代考古发现带来另一个问题，考古学家解密的欲望和探索的追求被充分地激发出来，从而产生不同甚至完全对立的学术观点，例如对是否有"玉器时代"、良渚文明衰变的原因等，现在都没有定论。上海的新石器时代至夏商时期共经历了五个考古学文化，它们之间的相互关系，早前的文化是怎样演变为后续文化的，这是考古研究的一个基本问题。上海有多处遗址都发现了一类介于崧泽文化和良渚文化之间的文化遗存，显示其间的延续关系非常紧密。对这类遗存属性的看法不尽一致。我认为这两个文化之间存在一个过渡时期，学术称谓是"崧泽—良渚文化过渡段"，产生原因是在社会发展的渐进过程中，不同地区演变速度的不平衡。存在"过渡时期"在社会发生较大变革时期带有普遍性，现在所谓"转型时期"就是这样。"过渡段"单独列出在上海还有一层特殊含义，这一阶段遗址数量增加，自然环境发生很大变化，上海进入和谐人地关系的新时期，从而为良渚文明的诞生奠定了物质基础。"过渡段"新出现石犁和鼎式甗，这是人类农业生产和使用能源的两项重大发明。由于这部书的定位，陈杰对这些不同的学术观点有所取舍，其中有的是他自己的研究结果，也有的是采用了别人的看法。这样写考古科普,可以让大多数读者在流畅、轻松地阅读中获得知识。

《实证上海史——考古学视野下的古代上海》内容翔实,以贴近大众的写作方式和流畅的文字,全面、系统地介绍了上海考古的一系列重要发现,让大家知晓主要用考古材料所反映的上海历史。在2010年精彩、难忘的上海世界博览会期间,这部基本以考古普及为取向的书,可以向世人展示悠久历史渊源的上海、深厚文化底蕴的上海。因此,值得向上海人,也向关注上海的人推荐。

原载陈杰:《实证上海史》,上海古籍出版社,2010年5月11日

《上海明墓》序

　　上海是一个后起的城镇（城市），唐代天宝十年（751年），上海才成为华亭县治所在。元代至元十四年（1277年），成为府城。元代至元二十九年（1292年），有了第二个县——上海县。自19世纪后半叶以来，上海在几十年间就由黄浦江畔的小县城迅速成为大都市。因此多年来许多人都认为上海是无古可考的。然而1949年以来的60年间，上海的考古人发现了数十处新石器时代至春秋战国时期的遗址，其中，崧泽、广富林、马桥都是考古学文化命名的重要遗址，在学术界产生了重大影响。2006年普陀区志丹苑元代水闸遗址从全国2000余项考古项目中脱颖而出，被评为"2006年度中国十大考古新发现"。2008年松江广富林遗址发掘又进入"中国十大考古新发现"候选名单。上海还发现了各时期的墓葬。从遗址中发现墓葬最多的崧泽一处就有马家浜文化墓葬17座，崧泽文化墓葬148座。秦汉以降，墓葬出土更多。明代墓葬是上海境内发现最多的，它们是了解上海明代社会的实物资料。然而，多年来这数百座明代墓葬只有少数随葬品特别丰富的有发掘简报，大量的材料被锁在资料柜内、睡在文物库房中。研究者对上海有这么多的明墓知之不多，社会各界的了解就更少了。

　　从60年来的考古实践看，上海最丰富的考古成果比较集中地体现在前后两端，前端是新石器时代至夏商时期，已经发表了《崧泽》、《福泉山》、《马桥》等三部报告；后端是明代墓葬，只比较零散地发表了为数不多的简报，或从鉴赏的角度挑选，有小部分珍贵文物散见于一些图录之中。两相对照，很不对称。将这数百座墓葬的材料全部公布，是考古研究的需要，也是学术界的期盼，更是历史赋予上海考古人的责任。

　　编写这样一本报告的困难是显而易见的。清理墓葬的原始记录详略不均，随葬品实物分散在多处博物馆，加上有些墓葬的发掘已经过去几十年了，想听到原先发掘者的回忆已是件难事。如此艰巨的任务落在了中年女学者何继英肩上。何继英1978年毕业于北京大学历史系考古专业。我同何继英相识很早，1978年我在北大进修时就在一起听课，后来又一起到承德避暑山庄参加敖汉旗大甸子墓地资料的整理实习。1990年代，何继英来到上海，开始在上海历史博物馆工作，知道我在主事上海考古时就想调过来，不久就如愿以偿。先后参加了马桥、广富林、志丹苑等遗址的发掘。这本发掘报告中有些墓葬就是她亲手发掘的。

　　自1949年以来,上海发掘的明代墓葬有400多座,几乎都是在各种各样大大小小的事件中被动清理的,其中有"农业学大寨"平整土地,有"文革"大反封资修,还有城市化进程与旧城改造。在不同时期的不同事件中,不同人清理墓葬的方法与记录形式各有不同。绝大部分墓葬都不是何继英发掘的,编写报告的第一件事就是查找、阅读发掘记录。如果是稍晚近些的事情,还尽可能找到当事人,了解更为详细的情况。时过境迁,出土文物早已分散在多家收藏单位,为观看和记录实物,所有相关的收藏单位都留下了何继英的足迹。为了有更为直接的环境感受,何继英几乎走遍了每一处墓葬点。为了做好这本报告,可以说努力做到了"上穷碧落下黄泉"。

　　怎样安排组织搜集到的材料,尽可能做到更好更完整地公布上海地区的明墓资料,是经过几番周折的。以往大多数考古报告是发表单一墓地中的若干座墓葬,墓葬数量多以百十计,这样的报告一般会单设章节,介绍墓地、墓葬概况与特征等。也有一些报告是几处墓地报告的合集,一般互不相关。这本明墓报告不同于上述两类,它包含了同时代同地区的百多处墓地。对这样的材料,如何编排写作。何继英反复斟酌后才确定了现在的体例。前面三章是公布材料,首先将纪年墓和无纪年墓分开,纪年墓按照家族分类、年代先后排列;无纪年墓以现在的行政区域分类,再按照墓葬的发现时间早晚排列。对于那些征集墓志但未发现墓葬的,另列一章,将墓志全部发表,排列顺序与纪年墓相同。看似零散还有点杂乱的材料经这么一编织,顿时觉得条理清晰,一目了然。为了便于检索,又设第七章,上海明代墓葬统计表,表中有索引,使读者可以快速了解上海发现的所有明墓,并可便捷地找到自己想再深一步探索的材料。

　　在系统整理、完整公布材料的基础上,她还结合文献对上海明墓的葬俗和重要随葬品进行深层次分析,形成自己独到的见解。这方面的研究内容集中在第四章和第五章。

　　第四章非常重要,是她对上海明墓深入研究后的心得,也是对上海埋葬习俗的全面总结。这样的编排形式为研究者与一般读者带来诸多便利:单独对某一墓地有兴趣,可在前三章挑选;作综合性、比较性研究,或者只想概括性地了解上海明墓,可读第四章。各类读者可以各取所需。这两章的研究有这样几个特点。

　　1. 将明代墓葬的分布放在上海地区明代经济的大背景下加以考察。松江是明代经济发展最好的地区之一,如以洪武二十六年(1393年)实征米麦数计算,松江府以仅占全国0.6%的田地,承担了全国4.14%的税粮。松江府城与上海县治附近是明代墓葬相对比较集中的埋葬区域。明代经济发达,人口增长,一些大户官宦人家的墓葬较多、墓地集中就可以理解了。

　　2. 将墓地安排、墓葬分布与墓志、文献记载相结合,解释上海明墓的墓地布局和家族、家庭的关系,又从地面建筑的内容与数量,同文献记载墓主人应有的官阶品位加以对照说明。这种从墓葬看人与人之间的血缘关系、亲属关系和社会关系、等级关系是考古学持续关注的主题。

3. 对于明代墓葬中比较重要的四类器物——墓志类、服饰类、铜镜和松江布——进行了具有相当水准的专题研究。这些器物以往受关注程度不高，很少有研究者对一大批普通明墓中的出土器物做深入探讨。何继英做了，而且做出了成绩。如明墓出土铜镜一项，从年代上分了唐代、宋金元和明代三个大的时期；从放置位置论及铜镜用途；又从纪年、镜形、装饰等方面进行分类表述与分析。从中可以看到她对明墓重要器物的钻研之深。

第六章介绍那些有文字记载的墓主，顺序按照墓主的官职品位排列，对于第一章纪年墓按照年代排序是一个补充，也为有兴趣于上海明代人物的读者提供了方便，增加了了解上海明墓的又一个途径。

我希望，无论是有所建树的资深研究者，还是刚入门不久的后学者，抑或是偶有兴趣的爱好者，读了这部书后都能有所收获，得到自己所需要的。我想这也是何继英所希望的。

原载上海市文物管理委员会：《上海明墓》，文物出版社，2009年6月14日

附录：宋建考古文集目录

（以发表时间为序）

后　记

2012年上海博物馆建馆60周年。记得稍早在青浦召开上博中层干部务虚会上，我以上博素以学术作为建馆纪念活动主要内容为由，提出应该为本馆资深研究人员出版专集。彼时有几家兄弟馆所已经这样做了，因此我的建议得到一些与会者的呼应。但不知什么原因，最终结果是每个学术部门出一本专集，包含该部门各研究人员的一篇代表作。此后虽先后将两位退休考古学者的论文结集出版，但未形成体系，也没有制度性安排。

2015年上博馆领导更替，这年8月我退休了。2016年除夕前，新任馆长杨志刚来寒舍走访，我又旧话重提。不久之后，上博学术委员会召开会议讨论此事，决定出版专集，从资深研究人员开始。后来又决定文集以"上海博物馆·学人文丛"名义连续出版。但当时有每人40万字上限的限制性规定。随后上博出版部主任陈凌曾征询我的意愿。当时我一方面正在编写志丹苑元代水闸的发掘报告，另一方面还想写两篇正在思考中的文章，就以让老先生先出为由婉拒了。

2020年下半年，文集事排上日程，我便先将目录发给陈凌，以申请出版经费。2021年11月，又按照要求将所有稿件发给陈凌，转交出版社。出版社历经10个月审稿，其间因疫情影响可能耽误了不少事情，2022年9月终于有了回音，出版社提出"文集图片需进一步处理"。我当然知道有不少图片质量不佳，虽然从1990年代中叶开始就用电脑写作，绝大部分文稿留存了电子文档，但是没有保存图片底稿，而保存电子图片大约已到2005年后。从10月开始，考古部于永逸帮我用电脑重绘线图、扫描照片。之后不久感到进度太慢，由考古部黄翔安排上海城建学院师生帮忙。接着又因"转段"、疫情暴发再度耽搁，直到2023年春节之后。5月下旬，终于完成图片重制的主要工作。在此谨向以上帮助编辑出版和图片重制的同仁、师生致以感激之情！

《文集》的准备过程除了那些技术性工作，更像是一次人生感悟，每每读到文字、看着图片，当年爬格码字、贴图排图的景象就会浮现眼前、出入脑海。为此，《文集》备有两份目录，前以专题分类，后按时间排序，既为查阅便利，亦为回顾求学求真之过程。

我的第一次求学是南京大学三年和北京大学一年半。由于南京大学的教学师资现状，我自1980年开始承担《商周考古》课程，并自以为顺利完成。随后开始了所谓的学术研究，至1985年开始的第二次求学，其间一共写了三篇文章，其中两篇收入本《文集》，一篇没有正式发表，故未收入。这三篇文章是我的研究起步，敝帚自珍，现在还保留着写作手稿。

未收入论文写于1983年，那年5月召开中国考古学会第四届年会，主题是"夏商文化和其他青铜文化"，我以列席代表身份参加了这次重要的年会。关于论文准备和参与年会，有些简略的当时文字，"文章《二里头文化与夏王朝的年代初探》，已打印出，准备寄出，开会能否去未知"，"5月7日到郑州参加考古学会年会，讨论夏商文化和其他青铜文化，会议期间，参观了登封王城岗和淮阳平粮台遗址，游了少林寺"。这次会上我与王明达先生相识，以后他多次提起我发言时放了彩色幻灯片，受到关注，但我记得放映的是塑胶投影片，并非幻灯片，正因为他的多次提及而加深了记忆。我先在小组讨论会上发言，俞伟超先生是小组召集人，推荐我到大会发言。夏鼐先生1983年5月11日的日记记道："今天上下午仍是小组讨论，我仍参加第一组，地点改在咖啡厅。上午高炜同志讲《山西陶寺遗址与夏文化》，陶寺遗址发掘颇为重要，但似与夏文化无关。接着王克林、宋建、刘绪、郑杰祥诸同志发言，散会时已近12时。"当时邹衡先生已经发表了系统全面的夏商文化研究成果。关于夏文化当年讨论的焦点有两个，一是二里头文化是否全部为夏文化？二是二里头文化是否为夏文化全部？我试图通过文化内涵的比较、C14测年及以数理统计方法减小年代数据偏差和与文献记载相互佐证，结论为二里头文化是夏文化，逐渐形成于文献记载的太康失邦至少康中兴期间。此文后来放下，再也没有修改过，当然也没有想到发表。回想其原因，主要恐怕还是考研纠葛而心绪不佳，读研及以后重心转移等。

十多年后开展"夏商周断代工程"，拙文所涉不仅仍然是一个重要问题，而且似乎还不仅如此，仍以太康失邦后发生的"穷寒代夏"解释二里头文化形成时的文化变异。但质疑者提出，二里头时代取代龙山时代是大范围变革，并非局限于二里头文化取代河南龙山文化之一部的较小范围，因此不易以"穷寒代夏"解释大区域的时代变革。C14测年也远比1983年撰文时更为复杂，相关争论甚至上升至"能量"之争、"向断代工程开战"云云（刘绪《夏商周考古探研》后记）。1983年后，虽然比较关注夏商断代，但未参加相关论争。现在回想，如果继续深入"夏王朝年代"讨论，一定会很有意思。

1985至1987年的研究生阶段是一个新的学术起点，研究方向是"新石器时代考古"，我的硕士学位论文题目为《太湖地区文明探源——从良渚文化到马桥文化》，分七个部分：前言、良渚文化的分期、马桥文化及其来源、几种重要文化因素的分析、早期文明的曙光、自然环境的变迁、余论。《文集》收录的《马桥文化探源》（1988）、《良渚文化向马桥文化的演化过程初探》（1990）二文均源自学位论文。关于良渚文化分期，是当时最细的陶器编年与综合分期，论文答辩时还被质疑。这一部分在时隔9年后的1996年良渚发现60年会议上提交，并扩展为《论良渚文明的兴衰过程》（1999）。《嵩山地区与太湖地区文明进程的比较研究》（1992）来自学位论文中"余论"的思考、材料准备和部分文字。学位论文的三个关键字：文明探源、良渚文化、马桥文化，成为我以后几十年学术研究的主攻方向，也是本《文集》的主要内容。学位论文的一节"自然环境的变迁"

延伸为我关注和研究的另一主题：环境考古和科技考古。

马桥文化是小众课题，之所以对其产生兴趣，一是第一次在学术会议上宣读相关论文；二是学位论文选题；三是马桥为上海及环太湖地区的夏商文化，这样以后寻找机会在马桥发掘就顺理成章了。马桥也特别眷顾于我，不经意间成为当时上海最大规模的田野工作。我做马桥的时间段主要集中于1990年代，涉及面比较广，而且很多科技考古都是在马桥做的，包括当时尚属前沿的基因研究实践。对基因研究的关注后来促使我写了《人和族群的考古学观察——兼论遗传学方法在考古学中的应用前景》（2002）。有关马桥文化讨论最多的是其来源，从1978年马桥发掘报告首次发表一直延续到1990年代。关于马桥文化来源不同观点的变化和必要的反思参见《马桥文化探源》文末补记和《马桥文化研究的反思》（2019）。

学位论文拓展和马桥文化研究告一段落后，我的学术兴趣转向良渚文化（文明）的来源和结束。读研期间，南京博物院汪遵国先生为我和李为民开设"太湖地区新石器文化"课程，以读书报告为作业，我主要分析了以苏州越城中层墓葬为代表的一批材料。1989年发掘松江姚家圈，同越城中层等有相似的文化内涵。即以读书报告和姚家圈发掘材料为基础写作《关于崧泽至良渚文化过渡阶段的几个问题》（2000）。关于凌家滩文化的两篇论文，《江淮地区早期文明进程的断裂与边缘化》（2007）和《凌家滩的冠、冠徽及相关问题》（2012），都是为参加学术会议而作。为后文写作收集资料时第一次发现瑶山M12玉琮上虎神额部配人字形冠徽，形制同凌家滩87M15所出3件如出一辙，冠徽这类特殊器类展现了两个文化的直接关联。以后又以几次演讲内容为基础，写作《中国早期文明进程中的古国——凌家滩和福泉山》（2016）。通过上述研究深入思考良渚文化（文明）的源头。随着好川、广富林等遗址的发掘，又感到早先所分"四期6段"之后良渚文化并未结束，故提出"良渚文化后阶段的年代学问题"，作为《良渚文化衰变研究》（2006）之一节。另外，对于以鱼鳍形足鼎和细颈鬶为代表的遗存，看作良渚文化末期（《环太湖地区新石器时代末期考古学研究的新进展》2006），钱山漾报告发表后，明确将其从良渚文化分出，为钱山漾文化（《钱山漾文化的提出与思考》2015）。以上探讨最后成文《良渚文化分期新论》（2018），从而形成完整认识。"崧泽—良渚文化过渡段"归入良渚文化，为初期。不再完全按照陶器形制，而更注重社会重大发展变化。这是良渚文明的崛起阶段，应该也是新纳入凌家滩文化的玉器技术和意识观念的时间节点。良渚文化末期不是单纯的陶器编年，也不是一般意义的考古学文化概念，而是从良渚文化衰变以后的社会变化出发，将良渚文化原所在区域分成几个小区域，其中有良渚古城核心区、钱塘江以南、钱山漾文化和好川遗址等，寻找它们之间的异同、良渚文明衰变后各自的社会变化。考古学发展至今，不应该再拘泥于狭义"文化"的更迭，更应该用力于延续1000年文明之后的社会动荡与变革。

2015年退休后，可以更加自由地支配时间，除了编写志丹苑发掘报告外，还写了几篇论文，主要是对以前思考问题的系统整理，主题是良渚文明的观念形态即信仰崇拜及其在良渚文明中的作用和地位。我在1980年代末就开始关注这一主题，认为良渚文化是同一时期最发达的,因而其对外交往形式主要是向外传播自身观念形态;玉器同青铜器一样可以作为文明要素是因为二者均具有蕴含观念形态的特质。还专门写过一篇论述良渚神像的文章,并呈交马承源先生征求意见,修改后投稿,被退回。当时还对良渚文化玉璧、玉琮上的图形徽记作过探讨,认为台阶形图像不是"坎坛"或"山",尝试以冠或冠形器(以后改称冠徽)的角度解释此图形,理解为一种"高冠",图形中央是"日鸟合一"图,表示"对太阳的崇拜"和"高冠的崇高地位"(《良渚文化的陶文和玉器徽记》1992)。因为发表于香港刊物,很少有人注意,或者不以为然。

退休后完成的《良渚文化主神新证》(2016)对那篇被退稿的良渚神像之文作较大改动,比较全面地重新论证和定义了主神的人、虎形象及其内核。该文探讨了"人神"的姿势,而凌家滩的踞坐人圆雕当时尚未发现。后来又专文论及此主题,着重阐释反山和瑶山的两件玉器是"踞坐人形"而非"虎(兽)形"(《良渚文化神人图像辨识》,《中国文物报》2023年4月21日第六版)。《良渚——神权主导的复合型古国》(2017)先在良渚发现80周年大会上口头发表,以神权崇拜作为探讨良渚古国性质的基础。因为主神和玉琮的二位一体,将持续性拥有玉琮理解为长时期掌控神权,以作为古国合法性基础,从而认为良渚古国是在神权主导下的复合型古国,良渚前期和后期存在明显变化。《公元前第三千纪中国东部的太阳神——大汶口文化、良渚文化图形符号新考》(2019)承接20多年前的初步探索,对大汶口图形符号和良渚后期玉器徽记做了比较系统的研究,完整阐释了余杭出土玉璧徽记的内涵,认为是冠、冠饰和太阳神崇拜,反映的是良渚后期短暂的信仰变革。牟永抗先生认为良渚主神是太阳神,将玉琮演绎为二维图形,推测其含义,并将此图形联系到凌家滩玉版图像(《东方史前时期太阳崇拜的考古学观察》《关于璧琮功能的考古学观察》)。原先我并未认同良渚主神即为太阳神,但将良渚后期的太阳神崇拜明确认作信仰变革后,才意识到这只是信仰形式变革,主体未变,主神即太阳神的思路豁然开朗。玉琮和主神图像是太阳神信仰的二位一体,玉琮的展开图形就是太阳和光,直接源于凌家滩玉版图像;人虎复合形则是太阳神的人格化。2023年5月7日"第二届中国凌家滩文化论坛"(马鞍山)所做主旨发言表述了这一认识,并指出,良渚文明的太阳神崇拜和礼制主要并直接来自凌家滩文化。此论成文后,收入本文集。

综上,除了简述《文集》的准备过程,主要概括本人走过的学术之路,也是对《访谈录》的必要补充。

2024年5月

图书在版编目（CIP）数据

宋建考古文集 / 宋建著. —上海：上海古籍出版
社,2024.7
（上海博物馆·学人文丛）
ISBN 978－7－5732－1146－0

Ⅰ.①宋…　Ⅱ.①宋…　Ⅲ.①考古工作–中国–文集
Ⅳ.①K87-53

中国国家版本馆CIP数据核字（2024）第089150号

上海博物馆·学人文丛
宋建考古文集
宋　建　著
上海古籍出版社出版发行
（上海市闵行区号景路 159 弄 1-5 号 A 座 5F　邮政编码 201101）
（1）网址：www.guji.com.cn
（2）E-mail: guji1 @ guji.com.cn
（3）易文网网址：www.ewen.co
上海丽佳制版印刷有限公司印刷
开本787×1092　1/16　印张48　插页4　字数1,023,000
2024 年 7 月第 1 版　2024 年 7 月第 1 次印刷
ISBN 978－7－5732－1146－0

K·3592　定价：498.00 元
如有质量问题，请与承印公司联系